PowerShell 5 – Windows-Automation
für Einsteiger und Profis

Dr. Tobias Weltner

PowerShell 5 –
Windows-Automation
für Einsteiger und Profis

Dr. Tobias Weltner

Lektorat: Ariane Hesse
Korrektorat: Sibylle Feldmann
Satz: mediaService, www.mediaservice.tv
Herstellung: Susanne Bröckelmann
Umschlaggestaltung: Michael Oreal, www.oreal.de, unter Verwendung eines Fotos von
                  Valerie Loiseleux / iStock. by Getty Images
Druck und Bindung: Druckerei C.H. Beck, www.becksche.de

Bibliografische Information der Deutschen Nationalbibliothek
Die Deutsche Nationalbibliothek verzeichnet diese Publikation in der
Deutschen Nationalbibliografie; detaillierte bibliografische Daten
sind im Internet über http://dnb.d-nb.de abrufbar.

ISBN:
Print   978-3-96009-009-0
PDF   978-3-96010-033-1
ePub   978-3-96010-034-8
mobi   978-3-96010-035-5

1. Auflage 2016
1. korrigierter Nachdruck 2018
Dieses Buch erscheint in Kooperation mit O'Reilly Media, Inc. unter dem Imprint
»O'REILLY«. O'REILLY ist ein Markenzeichen und eine eingetragene Marke von O'Reilly
Media, Inc. und wird mit Einwilligung des Eigentümers verwendet.
Copyright © 2016 dpunkt.verlag GmbH
Wieblinger Weg 17
69123 Heidelberg

5 4 3 2

Inhalt

Teil D   Remoting und Parallelverarbeitung ....

22 Fernzugriff und Netzwerk-Troubleshooting

23 Windows PowerShell-Remoting

Einführung

Wer braucht eigentlich PowerShell?

Jeder, der eine Aufgabe zweimal tut, sollte über Automation nachdenken. In der IT müssen viele Aufgaben nicht nur zweimal, sondern hundert- oder tausendfach erledigt werden. Und jeder kennt die wenig geliebten und immer wiederkehrenden Aufgaben: Monatliche Reports müssen erstellt oder Logbuchdaten durchforstet werden.

Was immer es ist und ganz gleich, ob beruflich oder privat motiviert: PowerShell ist die Sprache, mit der Sie solche Aufgaben beschreiben und danach so oft Sie mögen – und wann Sie mögen – von PowerShell ausführen lassen können. Das ist nicht nur bequemer, es kann auch im Not- oder Krisenfall wichtig sein. Wer dann die entsprechenden Notfallskripte zur Hand hat, lässt die in ruhigen Zeiten erarbeiteten Aufgaben blitzschnell abarbeiten.

Während Sie kleinere Aufgaben auf Ihrem eigenen Computer mit PowerShell automatisieren, ist diese Automationssprache auch für flächendeckende und unternehmensweite Automation hervorragend geeignet. Es gibt hier kaum Grenzen, und die PowerShell-Automation kann ganze Unternehmensstrukturen abbilden.

Über das sogenannte »PowerShell Remoting« (Kapitel 23) kommunizieren PowerShells über das Netzwerk miteinander, und dank PowerShell 6 steht PowerShell auch in heterogenen Landschaften zu Beispiel auf Linux und MacOS zur Verfügung.

Was die Frage aufwirft: Warum handelt dieses Buch eigentlich von PowerShell 5, wenn es offenbar auch ein PowerShell 6 gibt?

»Windows PowerShell« 5 vs. »PowerShell« 6

Seit der ersten »Windows PowerShell«-Version in 2006 ist inzwischen »Windows PowerShell« 5 auf allen Windows-Systemen ab Windows 7 und Server 2008R2 der empfohlene Standard. Sie müssen allenfalls noch Ihre »Windows PowerShell«-Version auf die aktuellste Version bringen, wobei Ihnen Kapitel 1 zur Seite steht. »Windows PowerShell« ist nun »fertiggestellt« und wird sich auch nicht mehr wesentlich ändern.

Stattdessen arbeitet Microsoft jetzt an »PowerShell« 6 weiter.

Huh? Ist es also doch nicht fertig? Die Wahrheit ist: »PowerShell« 6 ist nicht der Nachfolger von »Windows PowerShell« 5. Lassen Sie uns also kurz ein wenig Klarheit in die PowerShell-Versionen bringen, damit Sie wissen, welche PowerShell für Sie richtig ist.

»Windows PowerShell« ...

Die fest in Windows integrierte PowerShell nennt Microsoft »Windows PowerShell«. Sie wird auch künftig in Windows integriert sein und basiert auf dem vollständigen .NET Framework, also den vollständigen Programmierschnittstellen des Windows-Betriebssystems. »Windows PowerShell« kann deshalb alle Aspekte und Funktionen von Windows verwalten und automatisieren.

Diese »Windows PowerShell« gilt nun in Version 5 als ausgereift und fertiggestellt. Sie haben auf Jahre Planungssicherheit.

... und »PowerShell«

»PowerShell« 6 ist eine Neuentwicklung, die auf einem eingeschränkten und portablen .NET Framework basiert (dem sogenannten .NET Core). Es ist auch auf Linux und MacOS lauffähig und steht ausschließlich als optionaler Download von *https://github.com/PowerShell/PowerShell* zur Verfügung.

Der Vorzug von PowerShell 6 ist nicht etwa ein noch größerer Funktionsumfang. Wegen des eingeschränkten .NET Framework ist eher das Gegenteil der Fall. Der Vorzug von PowerShell 6 ist seine universelle Einsetzbarkeit. Es ist nicht mehr auf Windows beschränkt.

Zwar ist es technisch möglich, aber derzeit nicht besonders sinnvoll, auf Windows-Systemen die »PowerShell« 6 einzusetzen. Greifen Sie besser zur eingebauten »Windows PowerShell«. Sie kann deutlich mehr. Nur wenn Sie Nicht-Windows-Systeme in Ihre Automationspläne integrieren möchten, verwenden Sie dort »PowerShell« 6.

Über das »PowerShell Remoting« aus Kapitel 23 können »Windows PowerShell« und »Power-Shell« 6 quer über das Netzwerk miteinander kommunizieren.

Warum PowerShell lernen?

PowerShell-Analphabetismus konnte man als Windows-Administrator in den ersten Jahren noch gut kaschieren, doch inzwischen lässt sich dieses Defizit kaum noch verbergen. Zu allgegenwärtig ist PowerShell im Betriebssystem und in vielen Softwareprodukten, und wer es nicht beherrscht, kann häufig schlicht einen Teil seines Jobs nicht mehr erledigen.

Umgekehrt wird ein angenehmerer Schuh daraus: Wer sich bislang erfolgreich vor PowerShell »gedrückt« hat, kann sich mit einigen Wochen des Lernens (natürlich verbunden mit den üblichen Frustrationen, die zu jedem Erlernen dazugehören) das gesamte Funktionsspektrum der aktuellsten Windows-PowerShell-Version 5 zu eigen machen. Seit es PowerShell 6 auf Linux und MacOS gibt, können Sie Ihr PowerShell-Wissen sogar ohne großen Aufwand auch auf andere Betriebssysteme übertragen, und wer PowerShell beherrscht, wird für sein Unternehmen ein immer wertvollerer Mitarbeiter.

Moderne Lernkurve

Wer vor der PowerShell-Konsole sitzt, sieht vor allem Befehle – die *Cmdlets*. Sie funktionieren etwa so wie Befehle in anderen Konsolen (*Shells*). Allerdings unterstützt PowerShell so viele davon und ist auf so gleichartige Weise erweiterbar, dass man mit ganz geringen (und vor allen Dingen vollkommen einheitlichen und konsistenten) Grundkenntnissen fast alles damit administrieren kann. Weil alle Cmdlets auf denselben Grundregeln basieren, kann man das Wissen auch leicht auf andere Aufgabenbereiche und Cmdlets anwenden.

Die ersten Schritte mit Cmdlets sind einfach und benötigen kaum PowerShell-Kenntnisse. Auch der Umgang mit der PowerShell-Pipeline ist zunächst recht einfach. Dann aber steht man vor einer Steilwand, die autodidaktisch oft nur schwer zu meistern ist. Hier werden viele wichtige Grundlagen gelegt. Man beschäftigt sich mit Operatoren, Objekten und der wahren Natur von PowerShell. Diese Steilwand meistern Sie mit diesem Buch.

Sobald die Grundlagen einmal gelegt sind, flacht die Lernkurve stark ab, und alles wird gut: Ob Sie mit Microsoft Exchange ein Postfach anlegen, mit SharePoint eine Site veröffentlichen oder einfach nur Protokolldateien parsen oder Server verwalten wollen – Ihr PowerShell-Wissen befähigt Sie dazu, über den Tellerrand zu blicken und Ihre PowerShell-Erfahrung auch in ganz anderen IT-Bereichen einzusetzen. Entscheidend ist nun nur noch Ihr Fachwissen im jeweiligen Bereich.

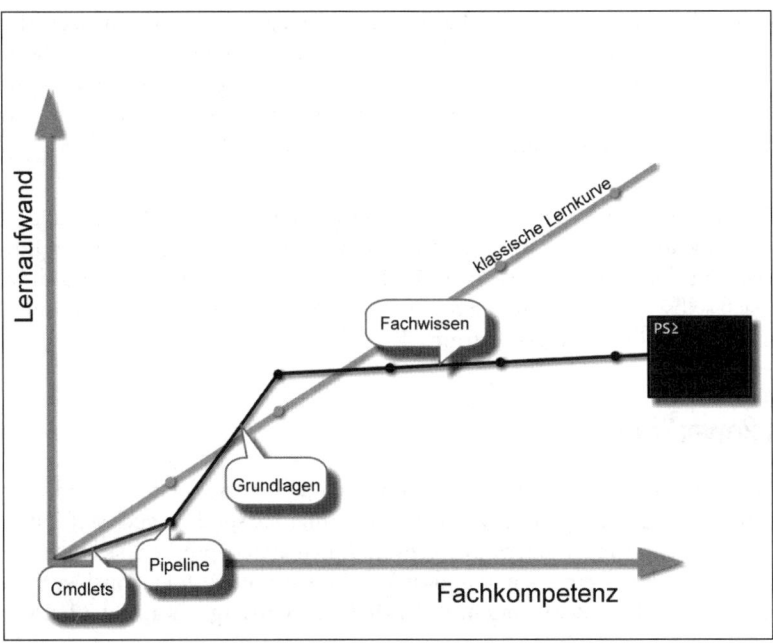

Abbildung E.1: Die PowerShell-Lernkurve ist nicht linear, sondern baut auf gemeinsamen Standards auf.

Sie müssen zwar schon selbst wissen, »warum« Sie ein Exchange-Postfach anlegen oder eine SharePoint-Site umbenennen wollen – »wie« das geschieht, ist aber dank der gemeinsamen PowerShell-Standards nun keine Frage mehr. Get-ADUser, Get-Mailbox, Get-SPSite und Get-VM beschaffen Ihnen mit denselben PowerShell-Grundkenntnissen Active-Directory-Benutzerkonten, Exchange-Server-Mailboxen, SharePoint-Sites oder VMware virtuelle Maschinen. Kennen Sie erst einmal ein Cmdlet, dann kennen Sie alle.

Computer – ich/ich – Computer: PowerShell als Fremdsprache

Entfernt man sich ein wenig von PowerShell und betrachtet die Technik mit mehr Abstand, verschwimmen die einzelnen Befehle zu etwas Neuem: einer Sprache. Tatsächlich benimmt sich PowerShell in vielen Aspekten genau wie eine Fremdsprache, wie Spanisch oder Italienisch etwa, nur dass Sie sich diesmal nicht mit dem Eisverkäufer unterhalten, sondern mit Ihrem Computer. Auch der Lernprozess, den Sie mit diesem Buch vor sich haben, verläuft ganz ähnlich.

Zuerst steht Vokabelpauken auf dem Plan, und schon nach wenigen Minuten werden Sie mit den ersten Vokabeln bereits einfache Aufgaben lösen können. Dieser erste Lernschritt bildet den Teil **»Interaktive Befehlskonsole«** dieses Buchs **(Kapitel 2–7)**. Hier lernen Sie den Umstieg von der klassischen *cmd.exe*-Befehlskonsole zur PowerShell, und für viele Administratoren reicht das Wissen aus diesem Teil bereits.

Dass PowerShell indes nicht eine klassische Textkonsole ist, sondern in Wirklichkeit eine hochmoderne objektorientierte Shell, entdecken Sie im Teil **»Objektorientierte Shell«** **(Kapitel 8–11)**.

PowerShell als Ersatz für VBScript und Batch

Nachdem Sie die Sprache beherrschen, wird bei Ihnen mit einiger Wahrscheinlichkeit der Wunsch aufkommen, PowerShell nicht nur interaktiv zu verwenden, sondern auch als vollwertige Programmier- und Skriptsprache, um damit einfache und auch komplexe Automationsaufgaben zu lösen. Dies erwartet Sie im Teil **»Automationssprache«** **(Kapitel 12–21)**: Hier geht es zum einen darum, wiederkehrende Aufgaben mit PowerShell-Lösungen ein für alle Mal zu lösen.

Zum anderen geht es aber vor allem darum, wie Sie in PowerShell selbst automatisieren, also dafür sorgen, dass Sie nicht ständig ein Rad neu erfinden müssen. Sie erfahren, wie sich Ihre Automationslösungen in neue eigene PowerShell-Befehle kapseln lassen und wie Sie diese neuen Befehle für sich selbst und Ihre Kollegen bereitstellen können. Mit jeder neuen Lösung, die Sie entwickeln, wächst so Ihr Lösungsspektrum.

Grenzenloses PowerShell

PowerShell wird zwar auf lokalen Computern ausgeführt, kennt aber kaum Grenzen. Es steht inzwischen nicht nur auf Windows-Betriebssystemen zur Verfügung, sondern auch auf Linux und MacOS. Alle PowerShells können über das Netzwerk miteinander sprechen, sich abstimmen und so die Grundlage für übergreifende und unternehmensweite Automationslösungen sein. Lesen Sie dazu mehr im Teil **»Remoting und Parallelverarbeitung«** **(Kapitel 22–25)**.

Neben der »räumlichen« Unabhängigkeit enthält PowerShell auch Wege, um die Sicherheitskontexte und Identitäten zu wechseln, in denen Befehle ausgeführt werden. Auch diese Technik beruht im Kern auf dem Remoting und bildet die Grundlage für JEA (*Just Enough Admin*), mit der eine rollenbasierte Administration möglich wird, zum Beispiel für Self-Servicing-Portale.

Strategische Plattform und Orchestrierung

Wer seine Infrastruktur »via Code« definieren und ausrollen möchte, findet in PowerShell auch hierzu machtvolle Lösungen.

Hierbei trennt PowerShell das »Was« vom »Wo«. Das »Was« könnte die Definition eines Webservers oder Active Directory sein. Das »Wo« entspräche den Konfigurationsdaten, also den jeweiligen Server- und Webnamen. Das »Wann« kann wiederum beliebig gewählt werden, denn sobald Infrastruktur als Code definiert ist, kann man die dahinterliegenden Automationsskripte jederzeit und beliebig häufig einsetzen. Mehr dazu zeigt Ihnen **»DevOps und Enterprise« (Kapitel 26/27)**.

Anwendungsentwicklung

Zwar war PowerShell ursprünglich als Automationssprache gedacht, die unbeaufsichtigt Aufgaben durchführt. Inzwischen wird PowerShell allerdings häufig auch zur Anwendungsentwicklung eingesetzt: Administratoren schreiben sich maßgeschneiderte Tools selbst oder stellen Tools dem Helpdesk zur Verfügung.

Wie man solche Oberflächen in PowerShell gestaltet, ist ebenso Thema des Teils **»Spezielle Techniken« (Kapitel 28–34)** wie innovative neue Wege, um Skripte zuverlässig zu entwickeln und weiterzupflegen. Mit dem *Test-Driven Development* (TDD), das ebenfalls aus der modernen Softwareentwicklung stammt, lassen sich PowerShell-Skripte äußerst zuverlässig und mit eingebauter Qualitätskontrolle herstellen.

Persönliche Entwicklung

PowerShell kann eine Karriereentscheidung sein. Wann immer Sie eine Aufgabe lösen, stehen dahinter unsichtbare Motivationen. Die offensichtlichste ist natürlich, die Aufgabe gut zu erledigen, denn dafür werden Sie (wahrscheinlich) bezahlt. Ebenso wichtig ist aber, was die Lösung dieser Aufgabe sonst noch für Sie bedeutet und wie sie in Ihre Lebensbilanz einfließt. Wer sich Tag für Tag durch Dialogfelder klickt, kann zwar enorm erfolgreich Aufgaben lösen, entwickelt seine Fähigkeiten aber nicht weiter, und wenn das Dialogfeld eines Tages nicht mehr da ist, gilt das vielleicht auch für den eigenen Arbeitsplatz.

Es mag Sie anfangs etwas mehr Zeit kosten, die Lösung damit zu automatisieren, aber bedenken Sie: Jede Extraminute, die Sie hier investieren, investieren Sie eigentlich in Ihre persönliche Fortbildung. Auch ein Arbeitgeber sollte dies als Chance verstehen und Freiräume dafür gestatten. Denn mit jeder erfolgreich gemeisterten PowerShell-Lösung wächst Ihre Sprachfertigkeit. Wer PowerShell am Ende fließend spricht, ist bestens aufgestellt für moderne IT-Landschaften.

Gerade wenn Sie vorher noch nie geskriptet haben, sehen Sie PowerShell als Chance: Wer den Zug zu VBScript-Zeiten vor zehn Jahren vielleicht verpasst hat, kann heute auf einen neuen Zug aufspringen.

Wie Sie dieses Buch nutzen

Dieses Buch setzt keinerlei Grundkenntnisse voraus, zumindest wenn Sie von vorn zu lesen beginnen. Wer unter Zeitdruck steht, kann auch quer einsteigen, und wer noch weniger Zeit hat, findet am Anfang jedes Kapitels eine Zusammenfassung, in der die jeweils wichtigsten Inhalte für Krisenzeiten zusammengefasst sind.

Die PowerShell-Beispiele im Buch sind jeweils in einer anderen Schriftart formatiert. Damit Sie leichter erkennen, welche Eingaben von Ihnen erwartet werden, wird bei allen Eingaben die PowerShell-Eingabeaufforderung PS> (einschließlich der Leerstelle hinter dem >) vorangestellt. Diese Eingabeaufforderung kann bei Ihnen auch anders aussehen und sollte in den Beispielen natürlich nicht mit eingegeben werden.

Viele PowerShell-Codebeispiele sind sehr kurz und können mit geringem Aufwand schnell eingetippt werden. Umfangreichere Beispiele sind mit einer Listing-Unterschrift gekennzeichnet. Unter dem dort genannten Dateinamen finden Sie die Codebeispiele auch in den Begleitmaterialien, die Sie hier herunterladen können: *http://downloads.oreilly.de/9783960090090*.

Sollte es zu diesem Buch Errata geben, finden Sie sie ebenfalls hier: *http://downloads.oreilly.de/9783960090090*.

Achtung

Bitte verwenden Sie die Begleitmaterialien immer im Kontext des entsprechenden Buchkapitels. Viele der Beispiele funktionieren nur, wenn Sie die entsprechenden Vorarbeiten im Kapitel beachtet haben, oder können auch unerwartete Resultate liefern, wenn man die Beispiele aus dem Zusammenhang des Kapitels reißt.

Noch mehr Unterstützung

Inzwischen gibt es in fast jedem Land eine starke PowerShell-Community. Auch in Ihrer Nähe finden sich »PowerShell User Groups«, in denen man kostenlos viel dazulernen und persönliche Kontakte aufbauen kann. Jährlich finden zudem internationale PowerShell-Konferenzen wie die »PowerShell Conference Europe« (*http://www.psconf.eu*) statt.

Falls bei der Arbeit mit diesem Buch Fragen auftauchen oder Sie Anregungen haben, besuchen Sie mich: *http://www.powertheshell.com*. Oder senden Sie mir eine Nachricht an meine Mailadresse *tobias.weltner@email.de*.

Bevor ich Ihnen jetzt viel Spaß mit PowerShell wünsche, geht noch ein großes Dankeschön an meine Lektorin Ariane Hesse und die Korrektorin Sibylle Feldmann, die dieses Buch mit allergrößtem Sachverstand und mit Sorgfalt begleitet haben.

Herzlichst Ihr

Dr. Tobias Weltner

Kapitel 1

PowerShell kennenlernen

Ausführlich werden in diesem Kapitel die folgenden Aspekte erläutert:

- **PowerShell-Host:** PowerShell ist Bestandteil von Windows und kein einzelnes Programm. Programme, die den Zugriff auf PowerShell ermöglichen, werden »Host« (»Gastgeber«) genannt. PowerShell liefert zwei Hosts mit: die PowerShell-Konsole (*PowerShell.exe*) und den komfortableren ISE-Editor (*PowerShell_ise.exe*).

- **Groß- und Kleinschreibung:** Die Groß- und Kleinschreibung wird bei Befehlen und Parameternamen nicht unterschieden.

- **Farbcodierung während der Eingabe:** Ab PowerShell 5 färbt nicht nur der ISE-Editor, sondern nun auch die PowerShell-Konsole Eingaben ein. Die Farben unterscheiden zwischen Befehlen, Parametern und Argumenten. So kann man Eingaben mit einem kurzen Blick auf die Farben auf Richtigkeit überprüfen. Enthält die Eingabe Syntaxfehler, also formale Fehler wie fehlende Anführungszeichen, kennzeichnet ISE diesen Teil mit einer roten Wellenlinie. Die Konsole zeigt eine rote spitze Klammer am Ende des Eingabeprompts an.

- **Ausgabebefehle und Umwandlungsabkürzungen:** PowerShell gibt Resultate sofort aus. Ein spezieller Ausgabebefehl wie echo ist nicht nötig. Auch unterstützt PowerShell einfache Rechenaufgaben, bei denen die in der IT üblichen Größenordnungen wie KB oder GB direkt (ohne Leerzeichen) an eine Zahl angefügt werden können. Mit dem Präfix 0x werden hexadezimale Zahlen markiert, und .. liefert einen Zahlenbereich, zum Beispiel 1..49.

- **Autovervollständigung:** Mit ⬆ und ⬇ gelangen Sie zurück zu Befehlsfolgen, die Sie schon einmal eingegeben haben. Möchten Sie einen Befehl nachträglich ändern oder erweitern, verwenden Sie die Pfeiltasten, um, anstatt den gesamten Befehl neu einzugeben, zu dem jeweiligen Befehl zurückzukehren und ihn zu ändern. Mit ⭾ aktivieren Sie die eingebaute Autovervollständigung. Diese kann Befehlsnamen, Pfadnamen und andere Eingaben für Sie vervollständigen. Drücken Sie die Taste mehrmals, zeigt PowerShell bei jedem Druck einen anderen Vorschlag. In ISE steht außerdem das IntelliSense-Menü zur Verfügung, das über ⌜Strg⌟+⌜Leertaste⌟ Eingabevorschläge nicht sofort einfügt, sondern zuerst in einem Kontextmenü anbietet.

- **Zeilen löschen und Befehlsabbruch:** Wollen Sie die gesamte aktuelle Zeile löschen, drücken Sie ⌜Esc⌟. Möchten Sie im Mehrzeilenmodus die aktuelle Zeile zwar nicht ausführen, aber auch nicht verlieren, drücken Sie ⌜Strg⌟+⌜C⌟.

- **Skriptausführung:** Anfangs kann PowerShell nur interaktive Befehle ausführen, aber keine Skripte. Mit Set-ExecutionPolicy sollte die Skriptausführung so bald wie möglich aktiviert werden, weil viele interaktive Befehle aus Skriptdateien geladen werden und andernfalls nicht funktionieren.

- **Hilfe zu PowerShell-Befehlen:** PowerShell-Befehle sind gut dokumentiert, aber die Dokumentation muss zunächst mit Update-Help aus dem Internet heruntergeladen werden.

- **Unterschiedliche PowerShell-Versionen:** Es gibt aktuell fünf PowerShell-Versionen, die alle aufeinander aufbauen. Die aktuelle PowerShell-Version erfährt man zum Beispiel über den Befehl $host.Version.

Häufig wird PowerShell gleichgesetzt mit der typisch blauen Textkonsole, die kryptische Befehlseingaben von Ihnen erwartet. Dieses Bild wäre aber falsch. PowerShell ist keine Textkonsole.

PowerShell ist eine Automationssprache und vollkommen unabhängig von bestimmten Programmen. Sie ist als Teil des »Windows Management Framework« (WMF) fest in das Betriebssystem Windows integriert. Die PowerShell-Konsole (*PowerShell.exe*) ist also lediglich ein Programm, mit dem man Kontakt zur PowerShell aufnehmen kann. Andere Programme können das auch, und so ist die PowerShell-Konsole längst nicht das einzige Programm, in dem Ihnen die Sprache »PowerShell« begegnet.

Bettet ein Programm – so wie die PowerShell-Konsole – die PowerShell-Sprache ein, wird es »PowerShell-Host« oder einfach nur »Host« genannt. Dieses englische Wort steht für »Gastgeber«, und so sind PowerShell-Programme Gastgeber für die PowerShell, bieten also die Bühne und Ihnen die Möglichkeit, Befehle an PowerShell zu senden und Ergebnisse zu empfangen. Ein weiterer solcher Host ist ebenfalls Bestandteil von Windows: der modernere »ISE«-Editor (»Integrated Script Environment«, *PowerShell_ise.exe*).

Profitipp

Alle Informationen zum verwendeten Host kann man in der PowerShell über die Variable $host abrufen:

```
PS> $Host  ⏎
```

```
Name            : Windows PowerShell ISE Host
Version         : 5.0.10240.16384
InstanceId      : 5dd5c034-c729-46f0-8381-7dac0532e28e
UI              : System.Management.Automation.Internal.Host.InternalHostUserInterface
CurrentCulture  : de-DE
CurrentUICulture : de-DE
PrivateData     : Microsoft.PowerShell.Host.ISE.ISEOptions
DebuggerEnabled : True
IsRunspacePushed : False
Runspace        : System.Management.Automation.Runspaces.LocalRunspace
```

Besonders spannend ist darin die Eigenschaft **PrivateData**. Sie verwaltet die hostspezifischen Einstellungen. In der PowerShell-Konsole stehen die folgenden Einstellungen zur Verfügung:

```
PS> $host.PrivateData  ⏎
```

```
ErrorForegroundColor    : Red
ErrorBackgroundColor    : White
WarningForegroundColor  : Yellow
WarningBackgroundColor  : Black
DebugForegroundColor    : Yellow
DebugBackgroundColor    : Black
VerboseForegroundColor  : Yellow
VerboseBackgroundColor  : Black
ProgressForegroundColor : Yellow
ProgressBackgroundColor : DarkCyan
```

Rufen Sie die gleiche Eigenschaft im ISE-Editor ab, stehen sehr viel mehr Einstellungsmöglichkeiten zur Verfügung:

```
PS> $host.PrivateData  ⏎
```

```
Window                  : Microsoft.Windows.PowerShell.Gui.Internal.MainWindow
SelectedScriptPaneState : Top
ShowDefaultSnippets     : True
ShowToolBar             : True
ShowOutlining           : True
ShowLineNumbers         : True
TokenColors             : {[Attribute, #FF00BFFF], [Command, #FF0000FF],
                          [CommandArgument, #FF8A2BE2], [CommandParameter,
                          #FF000080]...}
ConsoleTokenColors      : {[Attribute, #FFB0C4DE], [Command, #FFE0FFFF],
                          [CommandArgument, #FFEE82EE], [CommandParameter,
                          #FFFFE4B5]...}
XmlTokenColors          : {[Comment, #FF006400], [CommentDelimiter, #FF008000],
                          [ElementName, #FF8B0000], [MarkupExtension,
                          #FFFF8C00]...}
DefaultOptions          : Microsoft.PowerShell.Host.ISE.ISEOptions
FontSize                : 11
```

```
Zoom                                         : 115
FontName                                     : Lucida Console
ErrorForegroundColor                         : #FFE50000
ErrorBackgroundColor                         : #00FFFFFF
WarningForegroundColor                       : #FFB26200
WarningBackgroundColor                       : #00FFFFFF
VerboseForegroundColor                       : #FF007F7F
VerboseBackgroundColor                       : #00FFFFFF
DebugForegroundColor                         : #FF00FFFF
DebugBackgroundColor                         : #00FFFFFF
ConsolePaneBackgroundColor                   : #FF012456
ConsolePaneTextBackgroundColor               : #FF012456
ConsolePaneForegroundColor                   : #FFF5F5F5
ScriptPaneBackgroundColor                    : #FFFFFFFF
ScriptPaneForegroundColor                    : #FF000000
ShowWarningForDuplicateFiles                 : True
ShowWarningBeforeSavingOnRun                 : False
UseLocalHelp                                 : True
AutoSaveMinuteInterval                       : 2
MruCount                                     : 10
ShowIntellisenseInConsolePane                : True
ShowIntellisenseInScriptPane                 : True
UseEnterToSelectInConsolePaneIntellisense    : True
UseEnterToSelectInScriptPaneIntellisense     : True
IntellisenseTimeoutInSeconds                 : 3
```

Alle diese Eigenschaften können verändert werden und regeln also die Grundkonfiguration des jeweiligen Hosts. Möchten Sie zum Beispiel Fehlermeldungen künftig lieber auf weißem Hintergrund sehen, genügt diese Einstellung:

```
PS> $host.PrivateData.ErrorBackgroundColor = 'White' ⏎
```

Softwarehersteller können mit wenigen Zeilen Code PowerShell ebenfalls in ihre Anwendungen einbetten, also eigene Hosts erstellen. Weil alle diese Programme im Hintergrund auf dieselbe PowerShell-Engine zugreifen, gibt es trotz unterschiedlicher Hosts keine verschiedenen PowerShell-Dialekte. PowerShell-Code funktioniert überall gleich.

Die PowerShell-Konsole einrichten

Die PowerShell-Konsole *PowerShell.exe* wird mitunter liebevoll auch »DOS-Fenster mit anderem Prompt« genannt, was auf eine wichtige Gemeinsamkeit hinweist: Beide, das klassische Kommandozeileninterface *cmd.exe* und die PowerShell-Konsole *PowerShell.exe*, nutzen das gleiche primitive Konsolenfenstersystem. Sie sehen deshalb ähnlich aus, auch wenn sich ihr Innenleben vollkommen unterscheidet.

Das primitive Konsolenfenstersystem ist robust, benötigt wenig Speicher, bietet indes auch nur das Allernötigste und kennt kaum Komfort. Genutzt wird es, um einfache und kurze PowerShell-Befehle abzusetzen oder bereits vorbereitete PowerShell-Skripte auszuführen.

Mehr Unterstützung, insbesondere bei der Entwicklung von komplexeren PowerShell-Skripten und Kommandofolgen, liefert die ISE, ein alternativer PowerShell-Host. ISE steht für »Integrated Script Environment«, in der man wie in der Konsole interaktive Befehle eingeben, aber auch komplexere Skripte entwickeln kann.

PowerShell-Konsole starten

Um die PowerShell-Konsole erstmals zu starten, öffnen Sie mit ⊞+R das *Ausführen*-Fenster und geben darin ein: PowerShell ↵.

Nutzen Sie Windows 8 und höher, erreichen Sie die PowerShell auch über den Startbildschirm. Ist dieser sichtbar, geben Sie einfach PowerShell ein (auch wenn kein Suchfeld zu sehen ist, können Sie sofort lostippen, das Feld wird dann automatisch eingeblendet). Noch während Sie den Befehlsnamen eingeben, sucht Windows nach Anwendungen und zeigt die Kachel *Windows PowerShell*. Klicken Sie darauf, um die Konsole zu starten (Abbildung 1.1).

Abbildung 1.1: PowerShell vom Startbildschirm in Windows 8 aus starten.

In Windows 10 erreichen Sie PowerShell wahlweise auch wieder über das Startmenü (Abbildung 1.2).

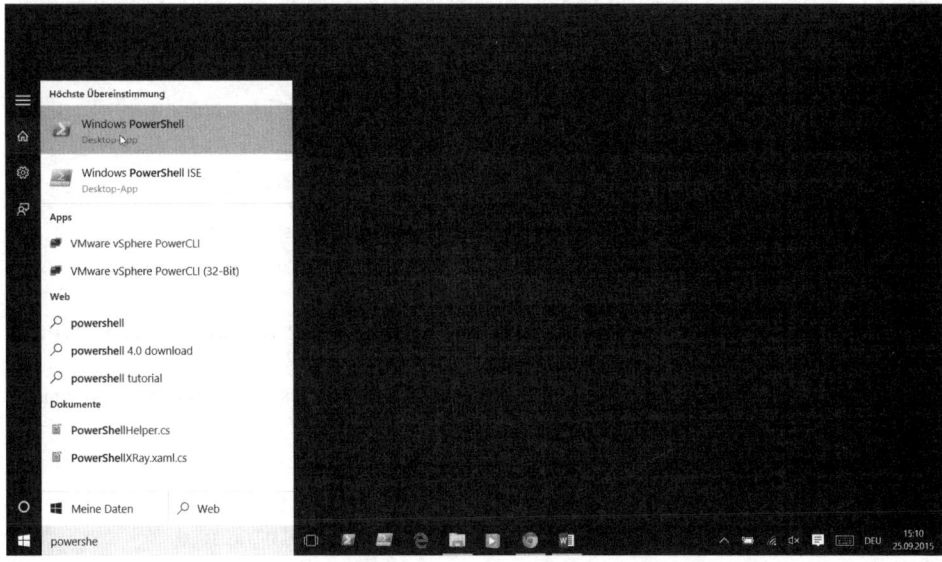

Abbildung 1.2: PowerShell über das Startmenü in Windows 10 öffnen.

Wenige Sekunden später präsentiert sich die hochmoderne objektorientierte PowerShell-Konsole. Besonders eindrucksvoll ist das Erlebnis anfangs indes nicht, denn es erscheint nur ein hässliches schwarzes oder blaues Konsolenfenster. Darin begrüßt Sie die Eingabeaufforderung, die mit »PS« beginnt und dahinter den Pfadnamen des aktuellen Ordners anzeigt. Außerdem blinkt eine Einfügemarke und ermuntert Sie mit dem Charme der 1980er-Jahre dazu, erste Befehle einzugeben (Abbildung 1.3).

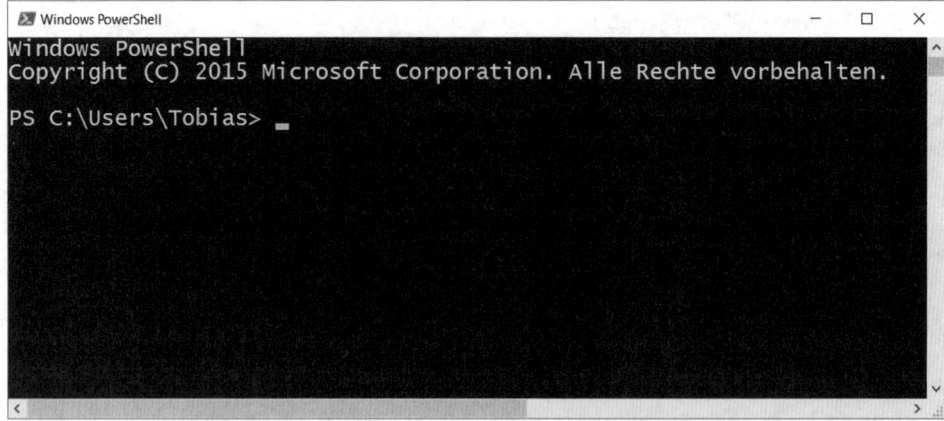

Abbildung 1.3: Die PowerShell-Konsole führt interaktive PowerShell-Befehle aus und benötigt wenig Speicher.

PowerShell-Version kontrollieren

Kontrollieren Sie zuerst, welche PowerShell-Version Sie verwenden. Es gibt fünf Versionen, die aufeinander aufbauen. Dieses Buch handelt von der aktuellsten PowerShell-Version, also 5.0, was Sie inspirieren sollte, Ihre PowerShell-Version ebenfalls auf Versionsstand 5.0 zu aktualisieren, falls Sie eine ältere Version vorfinden. Andernfalls können Sie einige in diesem Buch beschriebene Funktionalitäten nicht nutzen.

Ein besonders einfacher Weg, die Version Ihrer PowerShell zu prüfen, ist ein Blick auf das Copyright, das beim Start der Konsole erscheint:

Copyright-Jahr	PowerShell-Version
2006	Version 1.0. Diese Version ist veraltet und sollte nicht mehr eingesetzt werden.
2009	Version 2.0. Eingeführt mit Windows 7/Windows Server 2008R2. Als Update verfügbar für Windows XP, Vista sowie Windows Server 2003 und 2008.
2012	Version 3.0. Eingeführt mit Windows 8 und Windows Server 2012. Kann auf PowerShell 5 aktualisiert werden.
2013	Version 4.0. Eingeführt mit Windows 8.1 und Server 2012R2. Kann auf PowerShell 5 aktualisiert werden.
2015	Version 5.0. Eingeführt mit Windows 10 und Server 2016.

Tabelle 1.1: PowerShell-Versionen identifizieren.

So finden Sie die aktuell verwendete PowerShell-Version per Befehl heraus:

```
PS> $PSVersionTable  ↵
```

```
Name                        Value
----                        -----
PSVersion                   5.0.10240.16384
WSManStackVersion           3.0
SerializationVersion        1.1.0.1
CLRVersion                  4.0.30319.42000
```

```
BuildVersion                  10.0.10240.16384
PSCompatibleVersions          {1.0, 2.0, 3.0, 4.0...}
PSRemotingProtocolVersion     2.3
```

Hinter `PSVersion` findet sich die Version Ihrer PowerShell. Die übrigen Angaben betreffen verwandte Subsysteme, die die PowerShell ebenfalls benötigt. Steht hinter `PSVersion` nicht »5.0«, verwenden Sie eine veraltete Version. Das kostenfreie Update für PowerShell 5 ist ein Windows-Updatepaket (mit der Erweiterung *.msu*), das im Internet kostenfrei bereitsteht und per Doppelklick installiert wird. Bevor Sie PowerShell auf einem Produktionsserver aktualisieren, informieren Sie sich vorsichtshalber über die sonstige Software, die darauf läuft. Es gibt Software, die eng mit PowerShell verzahnt ist und vielleicht eine ganz bestimmte PowerShell-Version erfordert.

Symbol an Taskleiste heften

Als Nächstes sollten Sie die PowerShell-Konsole besser erreichbar machen. Dazu klicken Sie das PowerShell-Symbol in der Taskleiste mit der rechten Maustaste an und wählen im Kontextmenü *Dieses Programm an Taskleiste anheften* (Abbildung 1.4). Ziehen Sie das Symbol danach in der Taskleiste mit der Maus an den äußersten linken Rand, sodass es das erste Symbol in der Taskleiste ist. Schließen Sie die PowerShell-Konsole und öffnen Sie sie danach erneut mit einem Klick auf das angepinnte Symbol in der Taskleiste.

Abbildung 1.4: PowerShell-Symbol an die Taskleiste anheften.

Sie können PowerShell nun auch über die Tastenkombination ⊞+1 öffnen oder in den Vordergrund holen, sofern das PowerShell-Symbol das erste in Ihrer Taskleiste ist. Andernfalls verwenden Sie eine andere Zahl, die der Position des Symbols in der Taskleiste entsprechen muss. Spätestens jetzt sollte sich ein blaues und nicht schwarzes Konsolenfenster öffnen. Windows speichert Einstellungen wie die blaue Hintergrundfarbe oder die Bildschirmpuffergröße der Konsole in Verknüpfungen.

Bessere Schrift für die Konsole

Da PowerShell textorientiert ist und es auf jedes Zeichen ankommt, sollte die Schrift in der Konsole klar, deutlich und ermüdungsfrei zu lesen sein. Ist die Schrift zu winzig, justieren Sie nach.

Dazu klicken Sie auf das Konsolensymbol ganz links in der Titelleiste des geöffneten Konsolenfensters. Im Kontextmenü wählen Sie *Eigenschaften* (Abbildung 1.5) und können nun Farben, Schriftart und -größe sowie die Einstellungen des Konsolenpuffers (*Fensterpuffergröße*) festlegen (Abbildung 1.6).

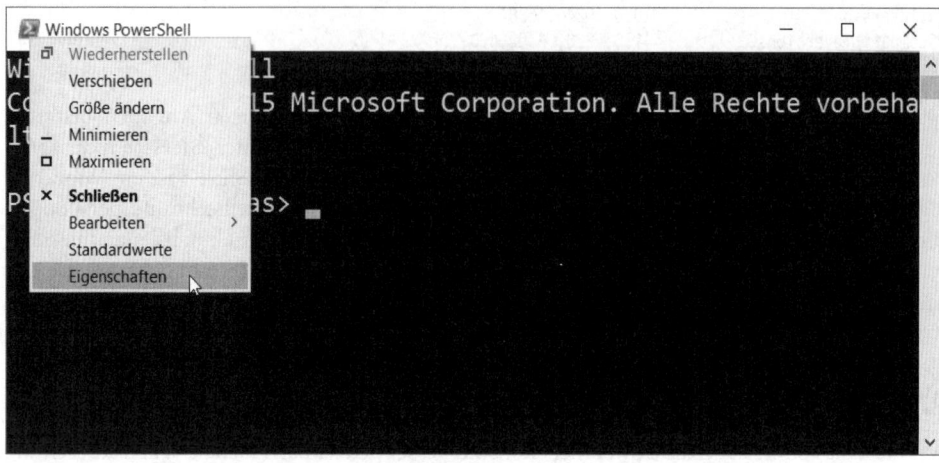

Abbildung 1.5: Einstellungen des Konsolenfensters ändern.

Die Schriftart wählen Sie auf der Registerkarte *Schriftart*. Empfohlen werden *TrueType*-Schriftarten, die nahtlos skalierbar sind und auch auf Displays mit hoher Auflösung scharf angezeigt werden.

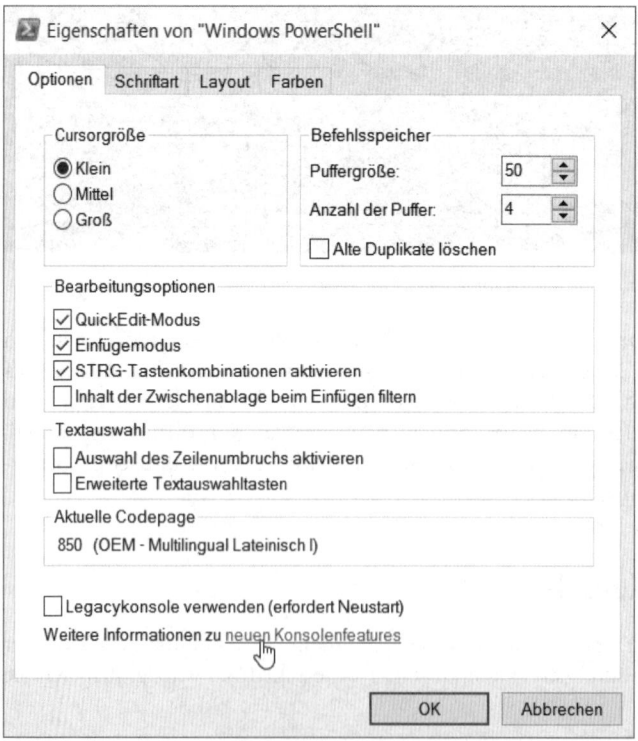

Abbildung 1.6: Die Konsoleneigenschaften bieten in Windows 10 zahlreiche neue Funktionalitäten.

Allerdings bietet das Schriftartenauswahlfeld anfangs nur wenige TrueType-Schriftarten an, denn die Konsole verfügt über einen zeichenbasierten Puffer, und so dürfen nur Schriftarten verwendet werden, bei denen alle Zeichen genau gleich breit sind. Deshalb regelt ein Eintrag in der Windows-Registrierungsdatenbank, welche Schriftarten in der Konsole zulässig sind.

Möchten Sie weitere TrueType-Schriftarten in der Konsole verwenden und sind sicher, dass diese Schriftarten gleiche Zeichenbreiten verwenden, lassen sich diese Schriften in der Registrierungsdatenbank unter diesem Schlüssel hinzufügen: *HKLM\SOFTWARE\Microsoft \Windows NT\CurrentVersion\Console\TrueTypeFont* (Abbildung 1.7).

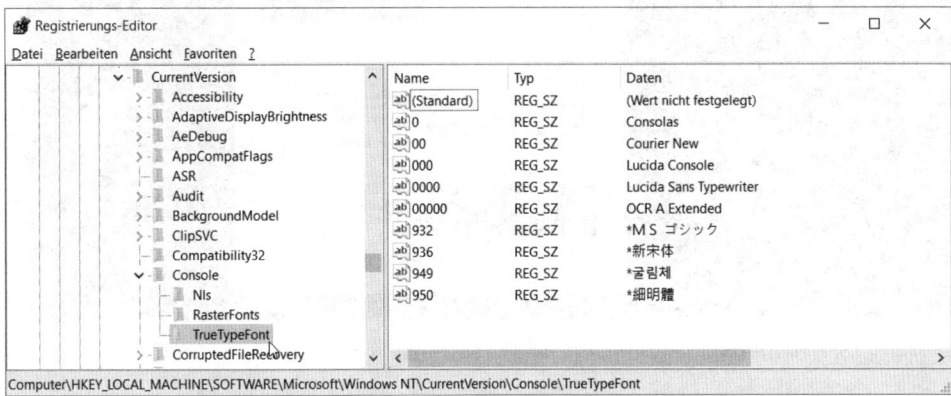

Abbildung 1.7: Weitere Schriftarten für die Konsole verwendbar machen.

Sie werden bald erfahren, wie PowerShell selbst Änderungen an der Registrierungsdatenbank vornehmen kann. Einstweilen hilft aber auch die gute alte REG-Datei. Dazu öffnen Sie den standardmäßigen Windows-Texteditor Notepad (der laut Fenstertitel eigentlich schlicht *Editor* heißt) zum Beispiel durch Eingabe von notepad in der PowerShell-Konsole. Geben Sie dann den folgenden Text ein:

```
Windows Registry Editor Version 5.00

[HKEY_LOCAL_MACHINE\SOFTWARE\Microsoft\Windows NT\CurrentVersion\Console\TrueTypeFont]
"0"="Consolas"
"00"="Courier New"
"000"="Lucida Console"
"0000"="Lucida Sans Typewriter"
"00000"="OCR A Extended"
```

Listing 1.1: Die REG-Datei schaltet weitere Konsolenschriftarten frei.

Speichern Sie die Datei unter dem Namen *konsolenschriften.reg*. Achten Sie darauf, dass sie anschließend tatsächlich die Erweiterung ».reg« trägt und nicht etwa ».reg.txt«. Das Symbol der Datei muss einen Registrierungseditor darstellen, kein Textdokument. Damit Notepad die Erweiterung ».txt« nicht einfach an Ihren Dateinamen anhängt, wählen Sie im *Speichern unter*-Dialog im Ausklappfeld *Dateityp* aus: *Alle Dateien*. Doppelklicken Sie anschließend auf die Datei, um die Definitionen in die Registrierungsdatenbank einzutragen. Hierzu benötigen Sie Administratorrechte.

Die Änderungen wirken sich erst aus, wenn Sie die PowerShell-Konsole neu öffnen. Danach stehen Ihnen im Schriftartenauswahlfenster alle Schriftarten zur Verfügung, die Sie in die Registrierungsdatenbank eingetragen haben (Abbildung 1.8).

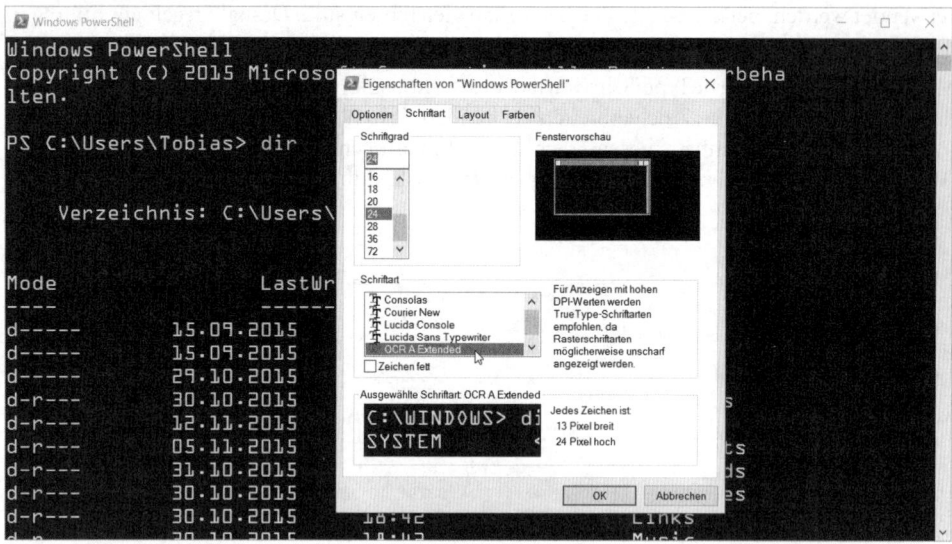

Abbildung 1.8: Futuristische neue Schriftarten für die PowerShell-Konsole nutzbar machen.

Neue Konsolenfunktionen bei Windows 10 aktivieren

Das Konsolenfenstersystem wurde von Microsoft viele Jahre nicht weiterentwickelt, und so herrschten darin Zustände, die man von modernen Windows-Anwendungen nicht mehr gewohnt ist. Markierungen sind beispielsweise nur auf Blockebene möglich, nicht zeilenweise. Das Einfügen und Kopieren von Text geschieht nicht mithilfe der üblichen Tastenkombinationen [Strg]+[V] und [Strg]+[C], stattdessen kopiert ein Rechtsklick markierten Text und fügt ihn auch wieder ein, und viele weitere Regeln erinnern eher an die 80er-Jahre als an aktuelle Standards.

In Windows 10 wurde das Konsolenfenstersystem endlich modernisiert. Nur eingeschaltet werden muss dieser Luxus möglicherweise noch. Dazu gehen Sie vor wie oben beschrieben und klicken auf das Anwendungssymbol in der Titelleiste der PowerShell-Konsole. Im Kontextmenü wählen Sie *Eigenschaften*. Klicken Sie dann auf die Registerkarte *Optionen*. Im unteren Teil muss die Option *Legacykonsole verwenden* abgeschaltet sein, damit die neuen, moderneren Funktionen aktiviert sind (Abbildung 1.6). Fehlt die Option ganz, verwenden Sie möglicherweise nicht Windows 10, sondern ein älteres Windows.

Eine vollständige Übersicht der vielen neuen Konsolenfeatures und Tastenkombinationen sehen Sie, wenn Sie im unteren Teil auf den Link ... *neuen Konsolenfeatures* klicken – jedenfalls dann, wenn Sie über eine Internetverbindung verfügen, denn der Link führt Sie zu einer Microsoft-Webseite.

Neu in der modernen Konsole ist auch ein Schieberegler, im Dialogfeld *Deckkraft* genannt, im unteren Bereich der Registerkarte *Farben*. Mit ihm kann die Konsolentransparenz gesteuert werden: Die Konsole wird auf Wunsch teilweise durchsichtig, was zumindest dann nützlich ist, wenn man die Konsole geöffnet in Bereitschaft lassen möchte, ohne den Blick auf andere Dinge ganz zu versperren (Abbildung 1.9).

Ebenfalls neu ist auf der Registerkarte *Layout* die Option *Textausgabe bei Größenänderung umbrechen*. Wird das Konsolenfenster verkleinert, gehen so keine Ausgaben mehr verloren, sondern werden in die nächste Zeile gesetzt.

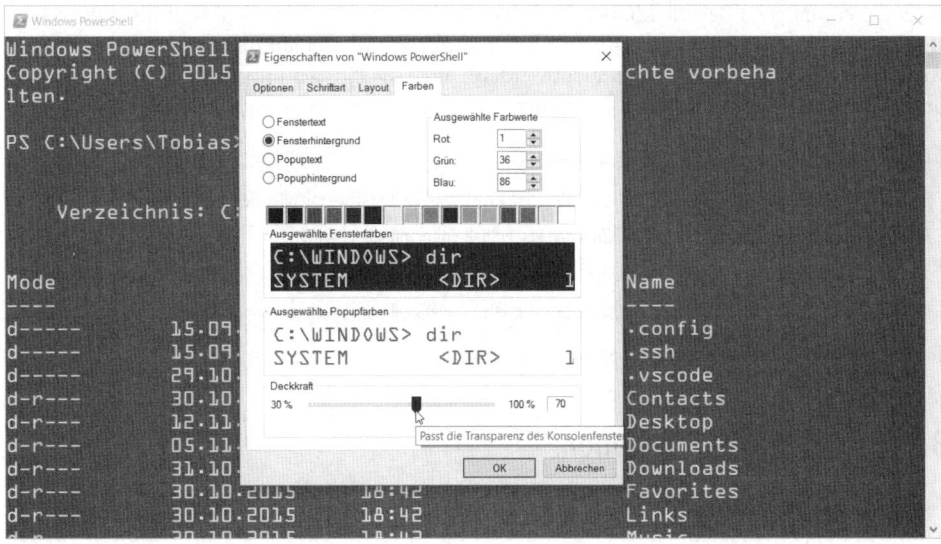

Abbildung 1.9: In Windows 10 kann die Deckkraft des Konsolenhintergrunds verändert werden.

Sprungliste: Administratorrechte und ISE

Haben Sie die PowerShell-Konsole wie oben beschrieben an die Taskleiste angeheftet und danach mindestens einmal gestartet, öffnet ein Rechtsklick auf das angeheftete Konsolensymbol nun die PowerShell-Sprungliste: ein Menü mit den wichtigsten PowerShell-Startbefehlen (Abbildung 1.10).

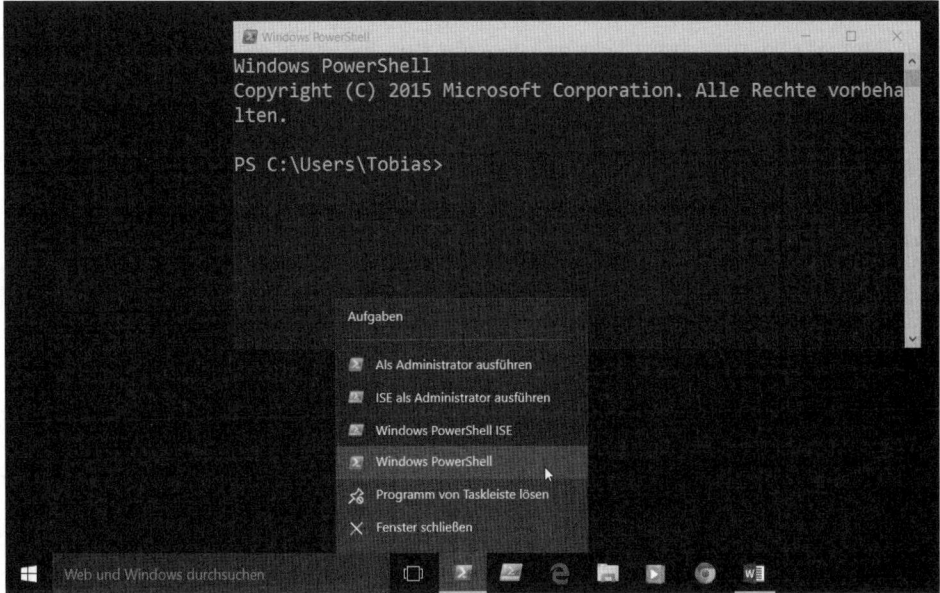

Abbildung 1.10: Sprungliste von PowerShell öffnen.

Über die enthaltenen Befehle können Sie PowerShell bei Bedarf mit vollen Administratorrechten starten (was Sie im Normalfall zum eigenen Schutz eher vermeiden und nur einsetzen sollten, wenn diese Rechte tatsächlich gebraucht werden). Auch die ISE, der integrierte Skripteditor, kann über die Sprungliste wahlweise normal oder mit Administratorrechten geöffnet werden.

Befehl	Beschreibung
Als Administrator ausführen	Öffnet die interaktive PowerShell-Konsole mit allen Rechten.
ISE als Administrator ausführen	Öffnet den PowerShell-Editor mit allen Rechten.
Windows PowerShell ISE	Öffnet den integrierten PowerShell-Skripteditor.
Windows PowerShell	Öffnet die interaktive PowerShell-Konsole ohne besondere Rechte.

Tabelle 1.2: Befehle in der PowerShell-Sprungliste.

32-Bit- und 64-Bit-Versionen

Auf 64-Bit-Versionen von Windows gibt es sowohl die PowerShell-Konsole als auch den ISE-Editor in doppelter Ausführung. Neben der 64-Bit-Version stehen zusätzlich 32-Bit-Versionen bereit. Sie sind daran zu erkennen, dass an den Namen ein »(x86)« angefügt ist.

Die 32-Bit-Versionen der PowerShell-Hosts sind nur für Ausnahmefälle gedacht, in denen ein Skript ausdrücklich im 32-Bit-Subsystem ausgeführt werden muss. Nötig ist das nur selten, zum Beispiel dann, wenn PowerShell auf Komponenten zugreifen soll, die es nur als 32-Bit-Versionen gibt. Im normalen Alltag setzen Sie immer die regulären 64-Bit-Versionen ein und achten darauf, dass hinter dem Programmnamen eben nicht der Zusatz »(x86)« steht.

PowerShell ISE einsetzen

Zwar dient die PowerShell ISE (*PowerShell_ise.exe*) in erster Linie als Skripteditor, mit dem man PowerShell-Skripte entwickeln und testen kann, doch wird sie auch als vollständiger Ersatz für die PowerShell-Konsole zur täglichen Arbeit eingesetzt. Starten Sie die ISE entweder über die soeben beschriebene Sprungliste mit dem Kontextmenübefehl *Windows PowerShell ISE* oder direkt aus einer geöffneten klassischen PowerShell-Konsole heraus:

```
PS> ise  ↵
```

Wenn Sie die ISE über den Konsolenbefehl ise starten, erhält sie die gleichen Rechte wie die Konsole.

Hinweis

Sollte die ISE gänzlich fehlen, verwenden Sie möglicherweise einen Windows Server 2008/2008R2 und eine alte PowerShell-Version. Früher war die ISE auf Servern eine optionale Komponente und das Feature nicht automatisch aktiviert. Sollte die ISE auf einem Server also fehlen, aktivieren Sie das entsprechende Windows-Feature einfach. Das geht mit PowerShell sehr viel schneller als über die grafische Oberfläche. Einzig Administratorrechte sind für solche Aufgaben erforderlich.

Starten Sie daher eine PowerShell-Konsole entweder über die Sprungliste mit *Als Administrator ausführen* oder halten Sie Strg + ⇧ gedrückt, bevor Sie das PowerShell-Symbol in der Taskleiste anklicken. Danach geben Sie diesen Befehl ein:

```
PS> Add-WindowsFeature -Name PowerShell-ISE  ↵
```

Der Befehl `Add-WindowsFeature` steht nur auf Servern zur Verfügung. Er stammt aus der Befehlserweiterung *ServerManager*, die auf Windows-Clients fehlt.

Nachdem PowerShell ISE erfolgreich nachgerüstet ist, erscheinen die Einträge für den ISE-Editor in der Sprungliste erst, wenn alle geöffneten PowerShell-Fenster geschlossen werden und Sie die PowerShell-Konsole danach erneut öffnen.

Abbildung 1.11: PowerShell ISE als Konsolenersatz.

Weil PowerShell ISE nicht nur ein moderner Ersatz für die interaktive Konsole ist, sondern auch als Skripteditor dient, sieht das Fenster möglicherweise bei Ihnen etwas anders aus als in Abbildung 1.11. Mit der Pfeilschaltfläche in der oberen rechten Ecke blenden Sie den Skriptbereich ein und aus. Im Augenblick sollten Sie den Skriptbereich im versteckten Zustand belassen. Über [Strg]+[R] kann der Skriptbereich gänzlich mauslos sichtbar und wieder unsichtbar gemacht werden.

Hilfreich sind auch die Schaltflächen in der Symbolleiste, mit denen Sie den interaktiven Konsolenteil wahlweise unten oder an der Seite anzeigen oder bei Bedarf eben auch ganz ausblenden, um maximalen Platz zur Eingabe von Skripten zu haben (Abbildung 1.12).

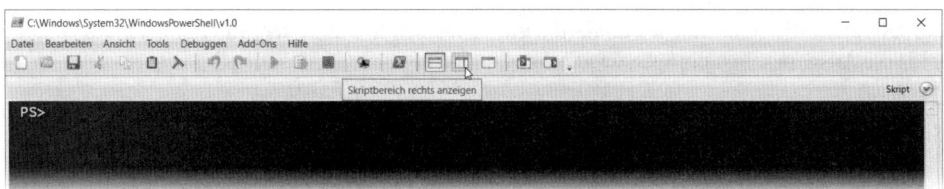

Abbildung 1.12: Über die Werkzeugleiste kann die interaktive PowerShell-Konsole ein- und ausgeblendet werden.

Mit dem Schieberegler am unteren rechten Fensterrand variieren Sie nahtlos die Schriftgröße. Ohne Maus verwenden Sie dazu [Strg]+[+] und [Strg]+[-].

Möchten Sie auch die Schriftart ändern, rufen Sie *Tools/Optionen* auf. Im Dialogfeld aktivieren Sie das Kontrollkästchen *Nur Festbreitenschriftart*, denn PowerShell ISE kommt zwar im Unterschied zur Konsole auch mit Proportionalschriftarten zurecht, aber weil hier die Schriftzeichen unterschiedlich breit sind (einem *m* wird zum Beispiel mehr Platz eingeräumt als einem *i*), führt dies zu Problemen bei der Ausgabe, wenn Tabellenspalten verrutschen und nicht mehr bündig erscheinen (Abbildung 1.13).

Im Listenfeld *Schriftfamilie* sehen Sie jetzt alle Schriftarten mit fester Zeichenbreite. Die Schriftart, die Sie auswählen, gilt sowohl für den interaktiven Konsolenbereich als auch den Skripteditor. Nicht alle Schriftarten, die die Liste anbietet, sind wirklich gut zu gebrauchen. Eine besonders gut lesbare Schriftart heißt »Consolas«. Die »Lucida Console« ist die Standardschriftart.

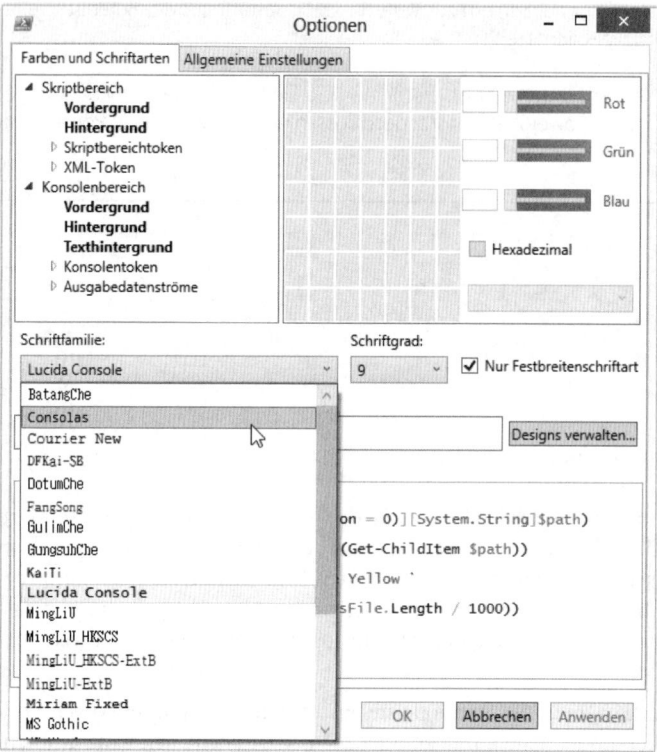

Abbildung 1.13: Andere Schriftart für ISE auswählen.

Notfalls stellt die Schaltfläche *Standard wiederherstellen* in der linken unteren Ecke des Dialogfelds die Ausgangseinstellungen wieder her.

Hinweis

Für den ISE-Editor existieren kommerzielle Erweiterungen, mit denen zahlreiche zusätzliche Funktionen nachgerüstet werden können. So wird aus dem einfachen ISE-Editor eine professionelle Entwicklungsumgebung. Die bekannteste Erweiterung heißt »ISESteroids« und kann als Testversion von *http://www.powertheshell.com* heruntergeladen werden. Am einfachsten gelingt dies über den folgenden Befehl, der den Download und die Installation kombiniert:

```
PS> Install-Module ISESteroids -Scope CurrentUser ⏎
```

Das Cmdlet `Install-Module` ist Teil von PowerShell 5 und kann für ältere PowerShell-Versionen unter dem Namen »PowerShellGet« beziehungsweise »PackageManagement« kostenfrei heruntergeladen und installiert werden. Bei Drucklegung dieses Buchs stand für ältere PowerShell-Versionen bereits eine Preview-Version zur Verfügung (*http://blogs.msdn.com/b/PowerShell/archive/2015/10/09/package-management-preview-for-PowerShell-4-amp-3-is-now-available.aspx*).

Nach Download und Installation wird die ISESteroids-Erweiterung mit dem folgenden Befehl bei Bedarf geladen:

```
PS> Start-Steroids ⏎
```

Die Konsole der ISE unterstützt einige besondere Tastenkombinationen (Tabelle 1.3).

Taste	Bedeutung
`Bild ↑`, `Bild ↓`	Ruft den ersten beziehungsweise letzten Befehl ab, den Sie in dieser Sitzung verwendet haben.
`↵`	Die eingegebene Zeile zur Ausführung an PowerShell senden.
`Ende`	Einfügemarke an das Ende der Zeile setzen.
`Entf`	Das Zeichen rechts von der Einfügemarke löschen.
`Esc`	Die aktuelle Zeile löschen.
`F1`	Hilfe zum aktuellen Befehl anfordern.
`←`, `→`	Einfügemarke ein Zeichen nach links oder rechts bewegen.
`↑`, `↓`	Zuletzt eingegebene Befehle zurückholen.
`Pos1`	Einfügemarke an den Anfang der Zeile setzen.
`Rück`	Das Zeichen links von der Einfügemarke löschen.
`Strg`+`-`	Schrift verkleinern.
`Strg`+`+`	Schrift vergrößern.
`Strg`+`C`	Befehlsausführung abbrechen (oder markierten Text in die Zwischenablage kopieren).
`⇧`+`↵`	Mehrzeilenmodus aktivieren (Fortsetzung der aktuellen Befehlszeile in einer neuen Zeile).
`Strg`+`Leertaste`	IntelliSense aktivieren (Autovervollständigungsmenü anzeigen).
`Strg`+`←`, `Strg`+`→`	Einfügemarke wortweise nach links oder rechts bewegen.
`Strg`+`R`	Skriptbereich ein- und ausblenden.
`Strg`+`U`	Markierten Text in Kleinbuchstaben umwandeln.
`Strg`+`V`	Inhalt der Zwischenablage einfügen.
`Strg`+`⇧`+`U`	Markierten Text in Großbuchstaben umwandeln.
`⇥`	Aktuelle Eingabe automatisch vervollständigen, falls möglich.

Tabelle 1.3: Wichtige Tastenkombinationen der Konsole im ISE-Editor.

Tipp

PowerShell ISE erhält in der Taskleiste ihr eigenes Symbol. Um ISE künftig direkt per Klick zu starten, klicken Sie mit der rechten Maustaste auf das Symbol von ISE in der Taskleiste und wählen *Dieses Programm an Taskleiste anheften*. Danach schieben Sie es nach links neben das Symbol der PowerShell-Konsole und können nun per Klick entscheiden, ob Sie die klassische Konsole oder lieber ISE öffnen möchten.

Denken Sie aber daran, dass nur das Symbol der PowerShell-Konsole per Rechtsklick die Sprungliste öffnet. Das Symbol der ISE verfügt über keine Sprungliste.

Erste Schritte mit PowerShell

Die Ausführung von Befehlen funktioniert in der klassischen PowerShell-Konsole und in ISE gleich: Sie geben einen Befehl ein, schicken ihn mit einem entschlossenen Druck auf ⏎ ab und warten dann gespannt, was als Nächstes geschieht. Wie Sie herausfinden, welche Befehle Ihnen zur Verfügung stehen, werden Sie gleich erfahren.

Wichtige Vorsichtsmaßnahmen

Damit das, was dann als Nächstes geschieht, keine unschöne Überraschung wird, sind ein paar vorausschauende Vorsichtsmaßnahmen ratsam. Mit nur zwei simplen Regeln entschärfen Sie das Potenzial karriierelimitierender Fehleingaben erheblich:

1. **Keine Administratorrechte:** Starten Sie PowerShell ohne spezielle Administratorrechte! So sind alle Einstellungen gesperrt, die das System ernstlich in Bedrängnis brächten. Ist die Windows-Benutzerkontensteuerung aktiv, passiert das automatisch (sofern Sie nicht über die Sprungliste auf vollen Administratorrechten bestehen). Ob PowerShell mit vollen Administratorrechten arbeitet, zeigt die Titelleiste des Fensters, in der dann das Wort *Administrator* :erscheint. Auf Servern ist die Windows-Benutzerkontensteuerung indes meist ausgeschaltet, sodass PowerShell hier stets mit vollen Rechten startet und Sie für erste Tests und die Einarbeitung in PowerShell besser ein eingeschränktes Benutzerkonto einrichten und verwenden sollten.

2. **Simulationsmodus:** Schalten Sie einen versteckten Simulationsmodus für noch mehr Schutz (und Einschränkungen) ein. Er bewirkt, dass PowerShell Änderungen am Computer nur simuliert, aber nicht ausführt. Dieser Schutz erstreckt sich auf die eingebauten PowerShell-Befehle, nicht aber auf klassische Konsolenbefehle wie beispielsweise *shutdown.exe*. So wird der Simulationsmodus eingeschaltet:

   ```
   PS> $WhatIfPreference = $true ⏎
   ```

3. Er gilt nur für die PowerShell-Instanz, in der der Befehl eingegeben wurde, und auch nur, bis diese Instanz wieder geschlossen wird.

Befehle eingeben

Im Fenster sehen Sie die Eingabeaufforderung. Sie beginnt mit PS, und dahinter steht der Pfadname des Ordners, in dem Sie sich gerade befinden. Eine blinkende Einfügemarke wartet auf Ihre ersten Eingaben. Sie werden gleich erfahren, welche Befehle PowerShell versteht, probieren Sie die Eingabe aber schon einmal aus. Geben Sie zum Beispiel ein:

```
PS> hallo ⏎
```

Sobald Sie ⏎ drücken, wird Ihre Eingabe an PowerShell geschickt und verarbeitet. Das Ergebnis folgt postwendend und ist in diesem Fall eine nüchterne rote Fehlermeldung:

```
hallo : Die Benennung "hallo" wurde nicht als Name eines Cmdlet, einer Funktion, einer Skriptdatei
oder eines ausführbaren Programms erkannt. Überprüfen Sie die Schreibweise des Namens, oder ob der
Pfad korrekt ist (sofern enthalten), und wiederholen Sie den Vorgang.
In Zeile:1 Zeichen:1
+ hallo
```

```
+  ~~~~~
    + CategoryInfo          : ObjectNotFound: (hallo:String) [], CommandNotFoundException
    + FullyQualifiedErrorId : CommandNotFoundException
```

Fehlermeldungen sind zwar üblicherweise eher unerfreulich, doch sollten Sie sich schon einmal daran gewöhnen, sie nicht routinemäßig zu ignorieren. Oft verraten sie bei PowerShell tatsächlich den Grund des Problems, und auch in diesem Beispiel ist das, was die Fehlermeldung zu sagen hat, recht treffend: Die Benennung »hallo«, also das, was Sie als Befehl an PowerShell geschickt haben, war kein ausführbarer Befehl. Ausführbare Befehle sind gemäß Fehlermeldung Cmdlets, Funktionen, Skriptdateien oder ausführbare Programme.

Den kryptischen Teil nach dem Klartext dürfen Sie freundlich ignorieren. Er verrät erfahrenen PowerShell-Skriptentwicklern bei Bedarf noch mehr über die Natur des Fehlers und wo genau er aufgetreten ist. Spannend wird dieser Teil erst, wenn Sie umfangreichere PowerShell-Skripte starten.

Profitipp

Falls es Sie stört, dass PowerShell in epischer Breite den Pfadnamen des aktuellen Ordners im Prompt anzeigt, geben Sie einmal diesen Befehl ein:

```
PS> cd \  ⏎
```

Damit wechseln Sie in den Stammordner des aktuellen Laufwerks, also vermutlich nach *C:*, und der Prompttext wird jetzt wesentlich kürzer und vergeudet keinen wertvollen Platz mehr in der Konsole. Später werden Sie bessere Wege kennenlernen, um den Prompt angenehmer zu formatieren, aber einstweilen hilft dieser Kniff schon mal weiter.

Ergebnisse empfangen

Geben Sie einen gültigen Befehl ein, wirft PowerShell fröhlich die erwarteten Ergebnisse aus. Möchten Sie zum Beispiel sehen, welche Dateien und Ordner sich in Ihrem aktuellen Ordner befinden, geben Sie ein: dir ⏎.

Sie erhalten eine mehr oder weniger lange Textliste, und es drängt sich das Gefühl auf, dass der Ordnerinhalt in einem normalen Explorer-Fenster mit seinen bunten Symbolen viel einfacher zu erfassen ist. Grundsätzlich kommuniziert PowerShell mit Ihnen auf Textbasis. Dass PowerShell mehr kann als ein Explorer-Fenster, zeigt der nächste Befehl, der sämtliche laufenden Prozesse auflistet:

```
PS> Get-Process  ⏎
```

Die Stärke von PowerShell ist also nicht unbedingt die Darstellung der Informationen, sondern vielmehr ihre ungeheure Flexibilität. Fast alle Belange und Informationen Ihres Computers lassen sich von hier aus steuern und anzeigen – wenn auch »nur« als Textdarstellung und mithilfe von Textbefehlen.

Hier die wichtigsten weiteren Grundregeln:

- **Groß- und Kleinschreibung:** Diese spielt bei Befehlen keine Rolle. PowerShell ist also nicht *case sensitive*. Bei Argumenten, also Informationen, die Sie einem Befehl zusätzlich mit auf den Weg geben, kann die Groß- und Kleinschreibung im Einzelfall dagegen sehr wohl entscheidend sein, zum Beispiel bei Kennwortabfragen.

- **Abbrechen und löschen:** Möchten Sie einen Befehl vorzeitig abbrechen, drücken Sie $\boxed{\text{Strg}}$+$\boxed{\text{C}}$. Um die aktuelle Eingabe zu löschen, drücken Sie $\boxed{\text{Esc}}$. Möchten Sie den Inhalt des Konsolenfensters löschen, verwenden Sie den Befehl cls.

Informationen speichern oder umleiten

Alle Befehle der PowerShell liefern »körperlose«, nackte Informationen. Wie diese letzten Endes dargestellt oder verwendet werden, steht auf einem anderen Blatt. Im einfachsten Fall unternehmen Sie nichts weiter mit den Informationen. Sie oxidieren dann automatisch zu Text, den die Konsole anzeigt.

Alternativ könnten Sie die Informationen aber auch in Variablen speichern, die bei PowerShell immer mit einem $ gekennzeichnet werden und wie Aufbewahrungsbehälter funktionieren:

```
PS> $info = ipconfig.exe  ↵
```

Die Informationen des Befehls liegen jetzt in der Variablen und werden nicht sichtbar ausgegeben. Erst wenn Sie die Variable ausgeben, tauchen die Informationen wieder auf:

```
PS> $info  ↵

Windows-IP-Konfiguration

Drahtlos-LAN-Adapter Wi-Fi:

    Verbindungsspezifisches DNS-Suffix: Speedport_W_921V_1_39_000
    IPv6-Adresse. . . . . . . . . . . : 2003:40:e765:5043:7ca6:5208:b378:5c84
    Temporäre IPv6-Adresse. . . . . . : 2003:40:e765:5043:6485:6291:7855:a81
    Verbindungslokale IPv6-Adresse  . : fe80::7ca6:5208:b378:5c84%11
    IPv4-Adresse  . . . . . . . . . . : 192.168.2.119
    Subnetzmaske  . . . . . . . . . . : 255.255.255.0
    Standardgateway . . . . . . . . . : fe80::1%11
                                        192.168.2.1

Ethernet-Adapter Bluetooth Network Connection:

    Medienstatus. . . . . . . . . . . : Medium getrennt
    Verbindungsspezifisches DNS-Suffix:
(...)
```

Mit Operatoren lassen sich die Informationen in Variablen dann zum Beispiel bearbeiten. Der nächste Befehl fischt aus der Variablen nur die Zeilen heraus, die den Begriff »IPv4« enthalten:

```
PS> $info -like '*IPv4*'  ↵
    IPv4-Adresse  . . . . . . . . . . : 192.168.2.119
```

Oder die Informationen werden zu einem anderen Befehl weitergeleitet. Out-GridView stellt sie zum Beispiel in einem separaten Fenster dar:

```
PS> ipconfig.exe | Out-GridView  ↵
```

Richtig gut funktioniert das, wenn Befehle nicht reinen Text zurückliefern, sondern sogenannte »Objekte«. Objekte strukturieren Informationen in einzelnen Spalten, den sogenannten »Eigenschaften« oder »Properties«. Der nächste Befehl liefert beispielsweise alle Dienste und verrät interessante Details zu jedem Dienst:

```
PS> Get-Service ⏎

Status   Name             DisplayName
------   ----             -----------
Running  AdobeARMservice  Adobe Acrobat Update Service
Stopped  AJRouter         AllJoyn-Routerdienst
Stopped  ALG              Gatewaydienst auf Anwendungsebene
Stopped  ANTS Memory Pro... ANTS Memory Profiler 8 Service
Stopped  ANTS Performanc... ANTS Performance Profiler 9 Service
Stopped  AppIDSvc         Anwendungsidentität
Running  Appinfo          Anwendungsinformationen
Running  Apple Mobile De... Apple Mobile Device Service
(...)
```

Werden solche Informationen weitergeleitet, zum Beispiel an `Out-GridView`, werden die Einzelinformationen in separaten Spalten angezeigt und lassen sich im GridView beispielsweise per Klick auf die Spaltenüberschrift sortieren (Abbildung 1.14):

```
PS> Get-Service | Out-GridView ⏎
```

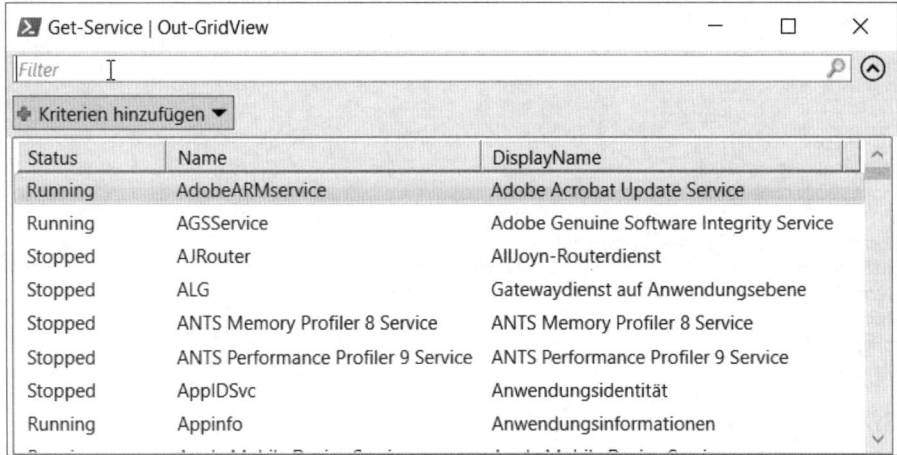

Abbildung 1.14: Befehlsergebnisse in einem Extrafenster anzeigen, dem »GridView«.

Hier erhalten Sie quasi bereits einen Vorgeschmack auf den »objektorientierten« Charakter der PowerShell, der in den folgenden Kapiteln immer wieder aufgegriffen wird. Mit `Select-Object` lassen sich so beispielsweise die Informationen bestimmen, an denen Sie interessiert sind:

```
PS> Get-Service | Select-Object -Property Status, DisplayName ⏎

Status DisplayName
------ -----------
Running Adobe Acrobat Update Service
Stopped AllJoyn-Routerdienst
Stopped Gatewaydienst auf Anwendungsebene
Stopped ANTS Memory Profiler 8 Service
Stopped ANTS Performance Profiler 9 Service
Stopped Anwendungsidentität
Running Anwendungsinformationen
(...)
```

Dasselbe Cmdlet macht auch deutlich, dass viele Befehle in Wahrheit sehr viel detailliertere Informationen liefern, als von der PowerShell-Konsole zunächst angezeigt werden. Fordern Sie mit dem Jokerzeichen * sämtliche Informationen an, prasseln sehr viel mehr Informationen auf Sie ein als ohne diesen Zusatz:

```
PS> Get-Service | Select-Object -Property * ⏎
```

```
Name                : AdobeARMservice
RequiredServices    : {}
CanPauseAndContinue : False
CanShutdown         : False
CanStop             : True
DisplayName         : Adobe Acrobat Update Service
DependentServices   : {}
MachineName         : .
ServiceName         : AdobeARMservice
ServicesDependedOn  : {}
ServiceHandle       :
Status              : Running
ServiceType         : Win32OwnProcess
Site                :
Container           :

Name                : AJRouter
RequiredServices    : {}
CanPauseAndContinue : False
CanShutdown         : False
CanStop             : False
DisplayName         : AllJoyn-Routerdienst
DependentServices   : {}
MachineName         : .
ServiceName         : AJRouter
ServicesDependedOn  : {}
ServiceHandle       :
Status              : Stopped
ServiceType         : Win32ShareProcess
Site                :
Container           :

Name                : ALG
RequiredServices    : {}
CanPauseAndContinue : False
CanShutdown         : False
CanStop             : False
DisplayName         : Gatewaydienst auf Anwendungsebene
DependentServices   : {}
MachineName         : .
ServiceName         : ALG
ServicesDependedOn  : {}
ServiceHandle       :
Status              : Stopped
ServiceType         : Win32OwnProcess
Site                :
Container           :
(...)
```

PowerShell schaltet die Darstellung dabei automatisch vom Tabellen- in den Listenmodus, weil nun zu viele Informationen anzuzeigen sind, als in eine einzige Textzeile passen würden.

IntelliSense-Unterstützung im ISE-Editor

Es ist durchaus beeindruckend, was die PowerShell leisten kann, auch wenn die Beispiele im vorangegangenen Abschnitt wohl mehr Fragen als Antworten aufgeworfen haben.

Störend ist zum Beispiel, dass die PowerShell nur dann etwas für Sie tut, wenn Sie die richtigen Befehle kennen. Es gibt keine praktischen Schaltflächen und Menüs in der textorientierten Befehlswelt der Automationssprachen.

Viel mehr Hilfestellung als in der Konsole erhalten Sie, wenn Sie zum ISE-Editor greifen. Dieser blendet IntelliSense-artige Auswahlmenüs ein, sobald Sie ein Schlüsselzeichen wie den Bindestrich (-) eingeben, und hilft Ihnen schon einmal etwas, auf intuitive Weise Befehle zu finden (Abbildung 1.15).

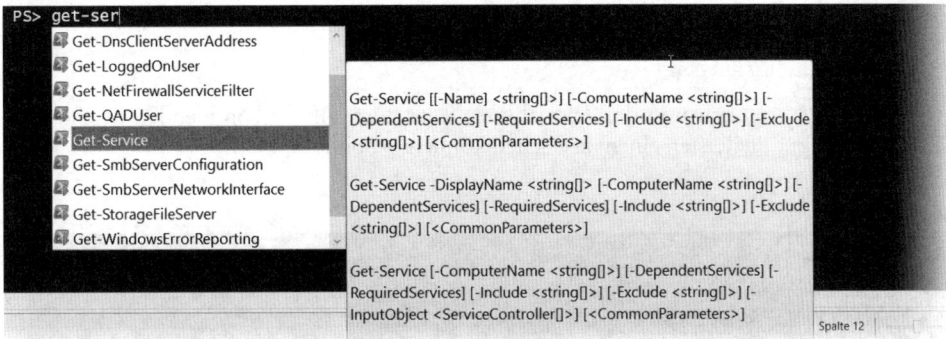

Abbildung 1.15: Moderne IntelliSense-Vervollständigung im ISE-Editor.

Das IntelliSense-Menü kann auch manuell jederzeit über `Strg`+`Leertaste` geöffnet werden.

Tipp

Ob ISE IntelliSense-Menüs anzeigen soll, bestimmen Sie über *Tools/Optionen* auf der Registerkarte *Allgemeine Einstellungen* im Bereich *IntelliSense*.

Autovervollständigung in der PowerShell-Konsole

In der PowerShell-Konsole steht – immerhin – eine Autovervollständigung zur Verfügung. Ein Druck auf ⇆ genügt, um die aktuelle Eingabe zu vervollständigen. Drücken Sie die Taste mehrmals, um weitere Vorschläge zu erhalten. ⇧+⇆ blättert einen Vorschlag zurück, falls Sie zu schnell waren.

Tipp

Bei der Autovervollständigung über ⇆ gilt die »Dreier-Regel«: Geben Sie mindestens drei Zeichen ein, bevor Sie ⇆ drücken. Bei PowerShell-Befehlen geben Sie mindestens den ersten Namensteil, den Bindestrich und dann drei Zeichen ein. Andernfalls gibt es zu viele infrage kommende Möglichkeiten, und ⇆ muss viel zu oft gedrückt werden, bis das richtige Ergebnis vorgeschlagen wird.

Die Autovervollständigung dient nicht nur der Bequemlichkeit. Sie vermeidet auch Tippfehler und macht sie deutlich. Liefert ⇥ zum Beispiel gar kein Resultat, liegt der Verdacht nahe, dass Sie sich bei Ihrer vorhandenen Eingabe bereits vertippt haben. Überprüfen Sie in diesem Fall, was Sie bisher eingegeben haben, und korrigieren Sie die Eingabe falls nötig. Danach versuchen Sie ⇥ noch einmal.

Die Autovervollständigung über ⇥ steht übrigens auch in ISE bereit und vervollständigt dann sofort, ohne dass sich ein Auswahlmenü einblendet.

Ab PowerShell 5 kann die Konsole sogar mit IntelliSense-artigen Auswahlmenüs aufwarten. Geben Sie den Beginn eines Befehls ein und drücken dann `Strg`+`Leertaste`, zeigt die Konsole die noch infrage kommenden Befehle an, die Sie mit den Pfeiltasten auswählen und mit der `Leertaste` übernehmen. Geben Sie zum Beispiel Folgendes ein und drücken Sie dann `Strg`+`Leertaste`:

`PS> Get-Pr` `Strg`+`Leertaste`

In PowerShell 5 erscheint nun das Auswahlmenü der noch infrage kommenden Befehle, aus denen Sie sich per Pfeiltasten einen aussuchen können (Abbildung 1.16).

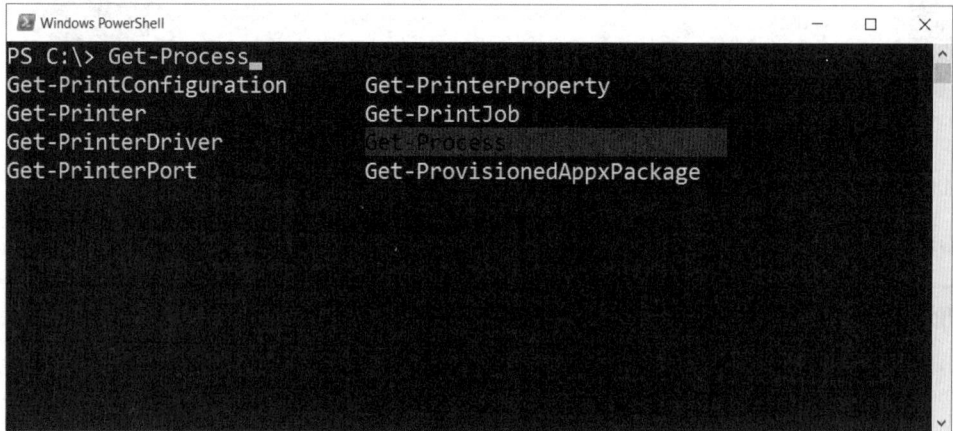

Abbildung 1.16: PowerShell 5 bietet auch in der Konsole eine Befehlsauswahl an.

Ist die Eingabe nicht eindeutig genug, fragt PowerShell gegebenenfalls nach, ob Sie wirklich alle infrage kommenden Befehle sehen wollen. Wenn Sie die Frage mit `J` beantworten, ergießt sich eine lange Liste möglicher Vervollständigungen – nicht so praktisch.

Zuständig dafür ist eine PowerShell-Erweiterung namens `PSReadLine`, die noch eine ganze Reihe weiterer Tricks auf Lager hat, wie Sie etwas später sehen. Möchten Sie diese Erweiterung in der PowerShell-Konsole nicht nutzen, geben Sie ein:

`PS> Remove-Module PSReadLine` ↵

Farbcodierungen verstehen

Eine wichtige Hilfestellung ist die Farbcodierung der aktuellen Befehlszeile. Sie zeigt sich »bunt«, solange Sie etwas darin eingeben und Ihre Eingabe noch nicht mit ⏎ an PowerShell geschickt haben. Die Farben dienen nicht bloß der Unterhaltung, Sie verdeutlichen, wie Power-Shell Ihre Eingaben interpretiert. Viele Eingabefehler lassen sich mithilfe der Farbcodierung besser verstehen und vermeiden.

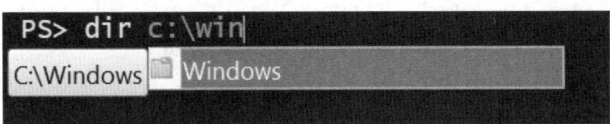

Abbildung 1.17: Farbcodierungen zeigen, wie PowerShell Ihre Eingaben versteht.

Geben Sie in ISE beispielsweise ein:

```
PS> dir C:\Windows ⏎
```

Das IntelliSense-Menü unterstützt Sie bei der Eingabe des Pfadnamens, und die Befehlszeile selbst wird in mehreren Farben dargestellt. Der Befehl dir erscheint in Weiß. Der Pfadname dagegen wird in Pink angezeigt (Abbildung 1.17). Weiße Befehlswörter repräsentieren also stets Befehle, und pinke Elemente entsprechen Argumenten (Zusatzinformationen), die Sie einem Befehl anfügen.

Ab PowerShell 5 bringt auch die PowerShell-Konsole mit dem Modul PSReadLine die Farbcodierung für die aktuelle Eingabe mit (Abbildung 1.18):

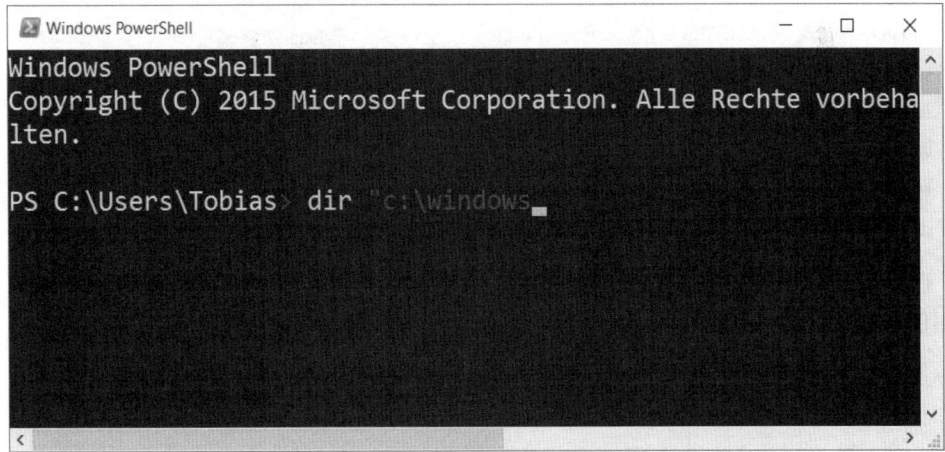

Abbildung 1.18: Farbcodierung und Syntaxfehleranzeige ab PowerShell 5 auch in der Konsole.

Syntaxfehler, also grammatikalische Fehler wie fehlende Klammern oder aus Sicht von Power-Shell unsinnige Eingaben, werden in der ISE mit einer roten Wellenlinie unterschlängelt, und wenn Sie den Mauszeiger auf diese Linie bewegen und kurz warten, verrät ein Tooltippfenster, was mit der Eingabe noch nicht stimmt (Abbildung 1.19). In der Konsole zeigt eine rote spitze Klammer im Eingabeprompt Syntaxfehler an.

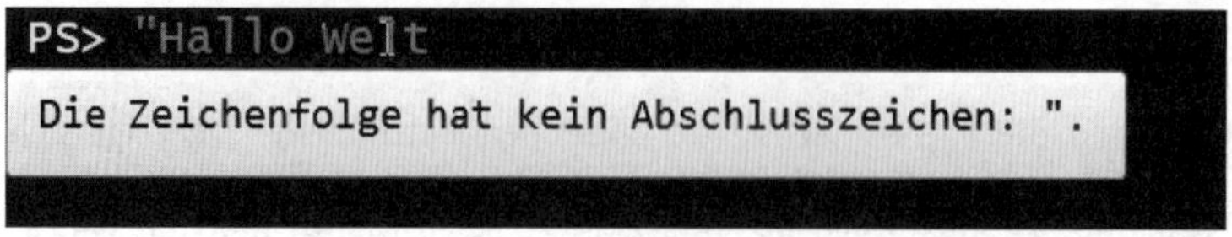

```
PS> "Hallo Welt
Die Zeichenfolge hat kein Abschlusszeichen: ".
```

Abbildung 1.19: Syntaxfehler werden rot unterschlängelt, und PowerShell nennt die Fehlerursache.

Über *Tools/Optionen* lassen sich in der ISE die Farbzuweisungen im Zweig *Skriptbereichtoken* und *Konsolentoken* einsehen und auch ändern (Abbildung 1.13). Tabelle 1.4 zeigt, welche Tokentypen farblich unterschieden werden und wie die Standardfarben eingestellt sind:

Typ	Konsole	Skriptbereich
Attribut	Hellblau	Blau
Befehl	Hellcyan	Dunkelblau
Befehlsargument	Violett	Violett
Befehlsparameter	Ocker	Navyblau
Kommentar	Hellgrün	Dunkelgrün
Gruppenstart	Weiß	Schwarz
Gruppenende	Weiß	Schwarz
Schlüsselwort	Hellcyan	Dunkelblau
Backtick (Zeilenfortsetzung)	Weiß	Schwarz
Schleifenbezeichnung	Hellcyan	Dunkelblau
Objekteigenschaft oder -methode	Weiß	Schwarz
Zahl	Ocker	Pink
Operator	Grau	Grau
Semikolon	Weiß	Schwarz
Zeichenfolge	Violettrot	Dunkelrot
Datentyp	Dunkelgrün	Grünblau
Variable	Orangerot	Orangerot

Tabelle 1.4: Farbcodierung der Befehlselemente in ISE.

Rechnen mit PowerShell

PowerShell unterstützt alle Grundrechenarten, und ein Ausgabebefehl ist überflüssig, sodass Sie Ihre Rechenaufgaben direkt in die Konsole eingeben können:

```
PS> 100 * 58 / 5.9 ⏎
983,050847457627
```

Wenn Sie genau hinschauen, werden Sie entdecken: Bei der Codeeingabe verwendet PowerShell als Dezimaltrennzeichen ausschließlich den Punkt. Das ist wichtig, damit Code länderübergreifend ausgeführt werden kann. Bei der Textausgabe der Rechenergebnisse wird als Dezimaltrennzeichen dagegen das in den regionalen Einstellungen Ihres Landes vorgesehene Zeichen benutzt – in Deutschland also ein Komma.

Hinweis

Das Komma hat bei der Codeeingabe ebenfalls eine feste Bedeutung: Es bildet Listen (oder in Programmierdeutsch: Arrays beziehungsweise Felder):

```
PS> 1,2,3  ⏎
1
2
3

PS> 1,2,3 * 3  ⏎
1
2
3
1
2
3
1
2
3
```

Auch die Farbcodierung Ihrer Eingaben sollten Sie im Blick behalten. Operatoren wie das Pluszeichen (+), das Minuszeichen (-) oder das Komma erscheinen stets in Grau. Zahlen haben eine eigene Farbe, und auch Texte in Anführungszeichen werden mit separater Farbe markiert:

```
PS> 'Hallo' * 10
```

Runde Klammern funktionieren genau wie in der Mathematik und führen zuerst die Anweisungen in den Klammern aus:

```
PS> 3+5*10  ⏎
53

PS> (3+5)*10  ⏎
80
```

Profitipp

Runde Klammern sind bei PowerShell nicht auf Rechenoperationen beschränkt. Man kann sie überall dort einsetzen, wo es Missverständnisse bezüglich der Ausführungsreihenfolge geben könnte. Alles, was in runden Klammern steht, wird zuerst ausgeführt, und dann wird an dieser Stelle mit dem Ergebnis weitergearbeitet.

Vielleicht erinnern Sie sich an eines der ersten Beispiele in diesem Kapitel – darin wurde das Ergebnis von *ipconfig.exe* in einer Variablen gespeichert, und diese wurde dann mit dem Operator **-like** gefiltert, um nur Zeilen auszugeben, in denen »IPv4-Adresse« steht.

Mithilfe der runden Klammern kann man dies auch ohne Variablen in einem Ausdruck formulieren. Allerdings sind solche Ausdrücke nicht besonders leserlich:

```
PS C:\> (ipconfig.exe) -like '*IPv4*'  ⏎
   IPv4-Adresse . . . . . . . . . . : 192.168.2.119
```

Umwandlungen

Mit dem Präfix 0x lassen sich hexadezimale Notationen kennzeichnen und auf diese Weise automatisch in ihren Dezimalwert umwandeln:

```
PS> 0xff ⏎
255
```

Die in der IT üblichen Größenordnungen wie KB, MB, GB, TB und PB dürfen ebenfalls eingesetzt werden, wenn sie einer Zahl ohne Leerzeichen folgen:

```
PS> 1MB ⏎
1048576
```

```
PS> 8.9TB ⏎
9785653487206,4
```

```
PS> 0x8eKB ⏎
145408
```

Hat sich dennoch ein Leerzeichen zwischen Zahl und Einheit geschmuggelt, ändern sich sofort die Farben. In der Konsole erscheint der folgende Ausdruck in Weiß, repräsentiert also eine Zahl:

```
PS> 1MB
```

Mit Leerzeichen wird die Zahl 1 weiterhin in Weiß angezeigt, aber MB ist nun gelb, also in der Farbe für die Befehle. Für PowerShell sieht die Eingabe nun so aus, als würden Sie eine Zahl und dann einen Befehl eingeben wollen:

```
PS> 1 MB
```

Drücken Sie ⏎ und schicken diese Eingabe zu PowerShell, kommt es jetzt zu einem Fehler:

```
PS C:\> 1 MB ⏎
In Zeile:1 Zeichen:3
+ 1 MB
+   ~~
Unerwartetes Token "MB" in Ausdruck oder Anweisung
    + CategoryInfo          : ParserError: (:)
    RecordException
    + FullyQualifiedErrorId : UnexpectedToken
```

Der Fehler war sogar farblich vorhersehbar, denn die Konsole färbt das >-Zeichen der Eingabeaufforderung rot ein, solange die Eingabe Syntaxfehler enthält, also Verstöße gegen die PowerShell-Grammatik.

Die Fehlermeldung beklagt sich völlig zu Recht darüber, dass das »Token« (der Sprachbestandteil also) namens MB an dieser Stelle keinen Sinn ergibt. Es ist schlichtweg sprachlich nicht zulässig, einer Zahl direkt einen Befehl folgen zu lassen, und so wäre die gleiche Fehlermeldung erschienen, wenn Sie die folgende etwas offensichtlicher inkorrekte Eingabe abschickten:

```
PS> 12 notepad ⏎
```

Zahlenreihen

Zahlenreihen werden über den Operator .. (bestehend aus zwei Punkten) erzeugt und können – jedenfalls von fortgeschrittenen Anwendern – über Typkonvertierungen auch in andere Datentypen verwandelt werden. Im folgenden Beispiel wird eine Zahlenfolge von 65 bis 90 generiert, was den ASCII-Codes der Buchstaben »A« bis »Z« entspricht. Durch die Umwandlung in ein Array vom Typ Char (einzelnes Zeichen) entsteht daraus eine Buchstabenliste:

```
PS> 65..90  ⏎
PS> [Char[]](65..90)  ⏎
```

Sogar mit Texten – die stets in einfachen Anführungszeichen stehen – kann »gerechnet« werden:

```
PS> 'Hallo' + 'Welt'  ⏎
HalloWelt
```

```
PS> 'Hallo' * 10  ⏎
HalloHalloHalloHalloHalloHalloHalloHalloHalloHallo
```

Unvollständige und mehrzeilige Eingaben

Mitunter kann die PowerShell-Konsole in einen Lähmungszustand fallen. Dieser tritt nur in der klassischen Konsole auf. Die moderne ISE ist dagegen immun.

Ist der Lähmungszustand eingetreten, führt die PowerShell-Konsole einfach keinen Befehl mehr aus. Dieser Zustand ist an einem klaren Symptom erkennbar: Die Eingabeaufforderung ändert sich und zeigt nun statt eines Pfadnamens an: >>. Ursache ist der primitive Mehrzeilenmodus der Konsole, der in diesem Fall aktiviert worden ist. PowerShell versteht Ihre Eingaben darin nicht mehr als einzelne Zeilen, sondern als Teil eines mehrzeiligen Texts – was die Frage aufwirft, wie (und warum) dieser Mehrzeilenmodus überhaupt aktiviert wurde und wie man wieder heil aus ihm herauskommt.

Aktiviert wird der Modus immer dann, wenn das, was Sie eingeben, noch nicht vollständig ist. Geben Sie beispielsweise einen Text in Anführungszeichen ein, ohne die abschließenden Anführungszeichen anzufügen, geht die PowerShell-Konsole davon aus, dass der Text in der nächsten Zeile fortgesetzt werden soll – und aktiviert von ganz allein den Mehrzeilenmodus.

```
"Hallo  ⏎
>> Dies ist mein kleines Tagebuch.  ⏎
>> Ich schreibe jetzt einen mehrseitigen Text  ⏎
>> Das geht so lange, bis ich die Lust verliere."  ⏎
>>  ⏎

Hallo
Dies ist mein kleines Tagebuch.
Ich schreibe jetzt einen mehrseitigen Text
Das geht so lange, bis ich die Lust verliere.
```

Erst wenn Sie das Abschlusszeichen eingeben (und dann noch zweimal ⏎ drücken), akzeptiert PowerShell die mehrzeilige Eingabe. Sinnvoll ist das Ganze im Alltag nur in wenigen Ausnahmefällen und führt viel häufiger zu Irritationen. Falls PowerShell also plötzlich nicht mehr auf Ihre Befehle zu reagieren scheint und der verräterische >>-Prompt erscheint, drücken Sie am besten Strg+C und brechen ab. Drücken Sie danach auf ↑, um die letzte Eingabe zurückzubekommen, und vervollständigen Sie Ihre Eingabe.

In ISE kann der Mehrzeilenmodus nicht auftreten, weil es ihn gar nicht gibt. Die ISE ist ja bereits ein vollwertiger Skripteditor, und Sie bräuchten lediglich den Skriptbereich mit dem Pfeilschaltflächesymbol aus Abbildung 1.11 einzublenden, um komfortabel mehrzeiligen Text und Code zu erfassen. Deshalb quittiert die Konsole in ISE fehlende Anführungszeichen und andere paarweise vorkommende Sonderzeichen mit einem aussagekräftigen Fehler:

```
PS> "Hallo  ↵
```

```
Die Zeichenfolge hat kein Abschlusszeichen: ".
    + CategoryInfo          : ParserError: (:) [], ParentContainsErrorRecordException
    + FullyQualifiedErrorId : TerminatorExpectedAtEndOfString
```

Profitipp

Tatsächlich enthält die Konsole von ISE einen (versteckten) Mehrzeilenmodus. Möchten Sie eine weitere Zeile erfassen, drücken Sie ⬆ + ↵ . Eine neue leere Zeile erscheint. Damit sind auch in ISE Eingaben wie diese möglich:

```
PS> "Hallo  ⬆ + ↵
dies ist ein mehrzeiliger Text  ⬆ + ↵
mit UMSCHALT+ENTER lassen sich weitere Zeilen hinzufügen  ⬆ + ↵
Auch hier muss der Text am Ende ordentlich mit einem Anführungszeichen abgeschlossen werden"  ↵
```

```
Hallo
dies ist ein mehrzeiliger Text
mit UMSCHALT+ENTER lassen sich weitere Zeilen hinzufügen
Auch hier muss der Text am Ende ordentlich mit einem Anführungszeichen abgeschlossen werden
```

Skriptausführung erlauben

Anfangs erlaubt die PowerShell ausschließlich die Ausführung interaktiver Befehle. Um auch PowerShell-Skripte ausführen zu können, müssen Sie dem einmalig zustimmen.

Dies sollten Sie schon jetzt tun, auch wenn Sie vielleicht noch gar keine eigenen PowerShell-Skripte schreiben möchten. PowerShell ist nämlich erweiterbar und lädt zusätzliche Befehle – sofern vorhanden – automatisch nach. Viele dieser Befehle werden von Skripten bereitgestellt, und solange die Skriptausführung verboten ist, funktionieren solche Befehle nicht. Mit Set-ExecutionPolicy wird die Skriptausführung erlaubt:

```
PS> Set-ExecutionPolicy -Scope CurrentUser -ExecutionPolicy RemoteSigned -Force  ↵
```

Diese Änderung gilt nur für Ihr eigenes Benutzerkonto und bleibt so lange wirksam, bis Sie die Einstellung erneut ändern. Besondere Administratorrechte sind dafür nicht erforderlich. Allerdings lohnt sich ein Blick auf die übrigen Ausführungsrichtlinien, die es sonst noch gibt:

```
PS> Get-ExecutionPolicy -List  ↵
```

```
        Scope ExecutionPolicy
        ----- ---------------
MachinePolicy       Undefined
   UserPolicy       Undefined
      Process       Undefined
  CurrentUser    RemoteSigned
 LocalMachine       Undefined
```

PowerShell bestimmt die effektive Einstellung, indem es die fünf Richtlinien von oben nach unten prüft. Die erste Einstellung, die nicht Undefined lautet, wird wirksam. Sind alle Einstellungen auf Undefined gesetzt, wird die Skriptausführung verboten. Das ist der Ausgangszustand der PowerShell, und die aktuell effektive Einstellung liefert Get-ExecutionPolicy, wenn Sie den Parameter -List nicht angeben.

Besonderes Augenmerk verdienen die ersten beiden Richtlinien: MachinePolicy und UserPolicy werden zentral über Gruppenrichtlinien festgelegt. Sie können diese Einstellungen nicht manuell ändern. Da es die obersten beiden Einstellungen sind, haben sie Vorrang vor allen übrigen. Wenn an diesen obersten beiden Stellen also Vorgaben zu sehen sind, können Sie zwar darunter eigene Einstellungen treffen, doch werden diese niemals wirksam.

Grundsätzlich ist es eine schlechte Idee, die Ausführungsrichtlinie über zentrale Gruppenrichtlinien zwingend vorzuschreiben, denn die Ausführungsrichtlinie ist nicht dazu gedacht, Sie vor Angreifern zu schützen. Sie ist also auch kein Teil einer Unternehmenssicherheitsstrategie. Die Ausführungsrichtlinie ist ein *persönlicher* Sicherheitsgurt, der Sie selbst vor Ihren *eigenen* Fehlern schützt. Die Einstellung RemoteSigned besagt zum Beispiel, dass Skripte, die aus »feindlichem« Territorium stammen und nicht mit einer gültigen digitalen Signatur versehen sind, nicht ausgeführt werden können.

Unter »feindlichem Territorium« versteht man Skripte, die aus dem Internet heruntergeladen oder als E-Mail-Anhang empfangen wurden, und solche, die auf Netzlaufwerken lagern, die nicht zur eigenen Domäne (beziehungsweise zur Internetzone der vertrauenswürdigen Sites) zählen.

So schützt Sie RemoteSigned also davor, potenziell gefährliche Skripte aus unbekannten Quellen auszuführen, während Sie eigene Skripte von der lokalen Festplatte aus starten können.

Wählen Sie stattdessen die Einstellung Unrestricted, erhielten Sie bei Skripten aus zweifelhaften Quellen eine Warnung, könnten sich aber darüber hinwegsetzen und das Skript trotzdem ausführen.

Die Einstellung Bypass schließlich würde alle Skripte unabhängig von ihrer Herkunft sofort und ohne Rückfragen ausführen. Sie kann zum Beispiel für Unternehmensadministratoren sinnvoller sein als die zuvor genannten, weil man damit Skripte beliebiger Herkunft auch unbeaufsichtigt ausführen kann.

Tippfehler vermeiden und Eingaben erleichtern

PowerShell ist textbasiert, und jedes Zeichen eines Befehls ist gleich wichtig. Fehlt eines, funktioniert gar nichts. Deshalb sind Tippfehler in PowerShell so wie in jeder anderen textbasierten Skriptsprache die häufigste Ursache für Frustration. Dagegen hilft nur konsequente Tippfaulheit, denn wer weniger tippt, tippt auch weniger verkehrt – und schneller geht es außerdem. Lassen Sie daher PowerShell so viel wie möglich von der Tipparbeit übernehmen.

Autovervollständigung

Die Autovervollständigung kann begonnene Eingaben vervollständigen und ist auch eine wichtige Kontrollinstanz: Falls die Autovervollständigung keine Resultate liefert, liegt vielleicht bereits ein Tippfehler in dem Text vor, den Sie bis dahin eingegeben haben. Die Autovervollständigung hat kann etwa Pfadnamen vervollständigen wie beispielsweise hier:

```
PS> C:\p⇥
```

Bei jedem Druck auf 🔁 schlägt PowerShell jetzt einen neuen Ordner oder eine neue Datei vor, der beziehungsweise die mit `C:\p` beginnt. Je mehr Zeichen Sie selbst eingeben, desto weniger Auswahlmöglichkeiten werden angeboten, und in der Praxis sollten Sie wenigstens drei Zeichen eintippen, um nicht lästig viele Vorschläge zu erhalten.

Pfadnamen vervollständigen

Enthält ein Pfadname Leerzeichen, stellt die Autovervollständigung den Pfad automatisch in Anführungszeichen. Wollen Sie sich in einen Unterordner vortasten, genügt es, hinter dem abschließenden Anführungszeichen einen weiteren \ anzufügen und 🔁 zu drücken – schon geht die Autovervollständigung weiter:

```
PS> & 'C:\Program Files\Common Files'\ 🔁
```

Hat die Autovervollständigung einen Pfadnamen in Anführungszeichen gesetzt, fügt sie außerdem am Zeilenanfang ein `&` ein. Dieser spezielle sogenannte »Call«-Operator sorgt dafür, dass der Text in Anführungszeichen sich wie ein Befehl verhält, also genauso, als wäre ein Pfad ohne Anführungszeichen geschrieben worden.

Und warum? Weil Text in Anführungszeichen andernfalls eben nichts weiter ist als genau das: Text. Er würde ohne `&` einfach nur kommentarlos wieder ausgegeben. Sogar Platzhalterzeichen sind in Pfadnamen erlaubt. Geben Sie zum Beispiel `C:\pr*m` 🔁 ein, schlägt PowerShell den Ordner *C:\Program Files* vor.

Grundsätzlich kann der Call-Operator auch dafür verwendet werden, beliebige Befehle auszuführen, die als Text vorliegen. Dies ist ein ungewöhnliches Beispiel:

```
PS> $a = 'not' ↵
PS> $b = 'AD' ↵
PS> $c = 'eP' ↵
PS> & "$a$c$b" ↵
```

Hier wird der Windows-Editor Notepad gestartet, denn die Variablen ergeben in richtiger Reihenfolge einfach nur diesen Text, den der Call-Operator dann genauso ausführt, als hätten Sie ihn direkt eingegeben:

```
PS> "$a$c$b" ↵
notePAD
```

Dieses Beispiel verdeutlicht nebenbei eine andere PowerShell-Funktionalität: Variablen, die in normalen Anführungszeichen stehen, werden automatisch durch ihren Inhalt ersetzt. Achten Sie auf die Farben, wenn Sie das obige Beispiel eingeben: Die Variablen innerhalb des Texts erscheinen in einer anderen Farbe als die Anführungszeichen.

Verwenden Sie dagegen einzelne Anführungszeichen, wird der Text von PowerShell nicht verändert und erscheint immer genau so wie angegeben. Auch hier weisen die Farben den Weg: Die Variablen innerhalb der Anführungszeichen haben die gleiche Farbe wie die Anführungszeichen.

```
PS> '$a$c$b' ↵
$a$c$b
```

Befehlszeilen erneut verwenden

Auch die Befehlshistorie spart Tipparbeit. Oft sitzt der erste eingegebene Befehl nicht auf Anhieb richtig, und Sie erhalten eine Fehlermeldung, oder der Befehl macht (noch) nicht das, was Sie sich eigentlich vorgestellt haben. Wenn Sie an Ihrem Befehl ein wenig feilen und ihn verbessern wollen, brauchen Sie ihn nicht komplett neu einzugeben.

Drücken Sie stattdessen ⬆, um den zuletzt eingegebenen Befehl zurückzuholen. Danach können Sie diesen Befehl verändern oder verbessern, bevor Sie ihn mit ⏎ erneut an Power-Shell senden. Drücken Sie ⬆ mehrmals, wenn Sie vorvorherige oder noch ältere Eingaben erneut verwenden wollen. Mit ⬇ wandern Sie in der Liste wieder zurück.

Befehlsnamen autovervollständigen

Geben Sie den Anfang eines Befehls ein und drücken ⭾, wird sein Name vervollständigt. Bei Cmdlets, die stets aus einem Doppelnamen bestehen, funktioniert das besonders dann schnell und zielgerichtet, wenn Sie zunächst den ersten Namensteil angeben, dann den Bindestrich hinzufügen und danach vom zweiten Namensteil zumindest drei Buchstaben eingeben.

Jedes Mal, wenn Sie danach ⭾ drücken, wird Ihnen ein neuer infrage kommender Befehl vorgeschlagen. Im ISE-Editor funktioniert dies dank der IntelliSense-Menüs sehr viel intuitiver, und ISE öffnet nach dem Bindestrich sofort das IntelliSense-Menü, das mit jedem weiteren eingegebenen Zeichen seine Auswahl weiter einschränkt.

Parameter-Autovervollständigung

Die meisten Cmdlets erwarten Zusatzinformationen von Ihnen, die Sie über Parameter eingeben. Jeder Parameter beginnt mit einem Bindestrich. Sobald Sie also hinter einen Cmdlet-Namen einen Bindestrich setzen, würde ⭾ Ihnen die verfügbaren Parameter vorschlagen. Der ISE-Editor verrichtet dies mit seinem IntelliSense-Menü vollautomatisch (Abbildung 1.20).

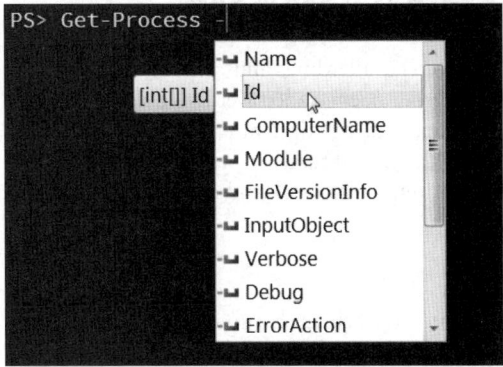

Abbildung 1.20: Parameternamen werden im ISE-Editor vorgeschlagen.

Argument-Autovervollständigung

Häufig kann PowerShell sogar Vorschläge zu dem machen, was ein Parameter von Ihnen verlangt. Wieder werden die Vorschläge per ⇤ angefordert oder in ISE automatisch als Intelli-Sense-Menü vorgeschlagen (Abbildung 1.21).

Abbildung 1.21: Sogar Argumente für einzelne Parameter werden von PowerShell häufig vervollständigt.

Die Argument-Autovervollständigung ist neu ab PowerShell 3.0. Sie hat natürliche Grenzen: Falls ein Parameter die erwartete Eingabe nicht eingegrenzt hat, sondern beliebigen Text akzeptiert, schaltet PowerShell als Notlösung um in die Pfadnamen-Autovervollständigung. Ob Pfadnamen für den Parameter wirklich sinnvoll sind, hängt vom Parameter ab und steht auf einem anderen Blatt. Mit Esc können Sie das IntelliSense-Menü jederzeit zuklappen, sollte es Ihnen keine hilfreichen Vorschläge liefern. Und falls Sie es einmal zu schnell zugeklappt haben, öffnet Strg + Leertaste es jederzeit wieder.

PowerShell-Hilfe aus dem Internet nachladen

PowerShell und seine Cmdlets sind gut dokumentiert, allerdings müssen die Hilfetexte für PowerShell (einmalig) mit Update-Help aus dem Internet nachgeladen werden. Leider speichert PowerShell seine Hilfedateien im Windows-Ordner, und der darf nur von Administratoren geändert werden. Deshalb kann die PowerShell-Hilfe nur aktualisiert werden, wenn Sie den folgenden Befehl aus einer PowerShell mit vollen Administratorrechten heraus ausführen (und über eine Internetverbindung verfügen):

```
PS> Update-Help -UICulture En-US -Force ↵
```

Der Parameter -Force sorgt dafür, dass die Hilfe auch tatsächlich heruntergeladen wird, denn ohne ihn würde der Befehl nur einmal in 24 Stunden die Hilfe abrufen. Hatten Sie dann den Befehl schon einmal innerhalb der letzten 24 Stunden gegeben, tut sich nichts. Der Parameter -UICulture En-US fordert ausdrücklich die englischsprachige Hilfe an. Ohne ihn würden Sie auf deutschen Systemen nur die deutsche Hilfe erhalten, und was verlockend klingt, wäre nicht allzu hilfreich: Für die meisten Befehle gibt es nur englischsprachige Hilfe.

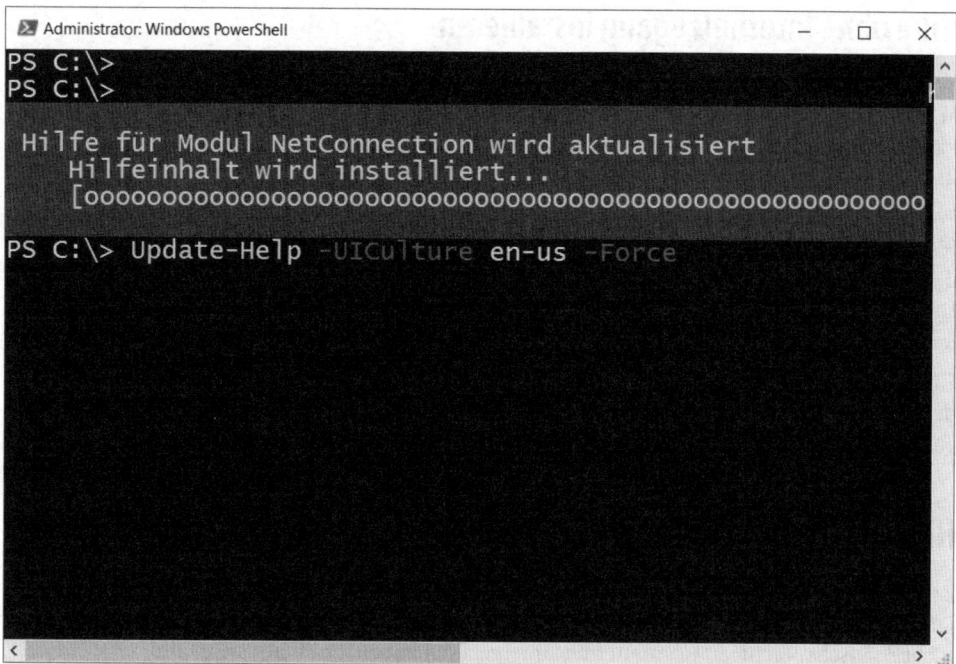

Abbildung 1.22: PowerShell-Hilfe aus dem Internet herunterladen und installieren.

Sobald Sie die ⏎-Taste gedrückt haben, sehen Sie, wie PowerShell versucht, den Update-server zu erreichen, und von ihm dann die nötigen Hilfetexte empfängt (Abbildung 1.22). Nach wenigen Sekunden sollte die Hilfe auf Ihrem Computer einsatzbereit sein. Ob das der Fall ist, überprüfen Sie anschließend am besten mit folgendem Befehl:

```
PS> Get-Help Get-Help -ShowWindow ⏎
```

Ist alles in Ordnung, sollte sich ein Hilfefenster öffnen und Ihnen erklären, was der Befehl Get-Help für Sie tun kann. Sie rufen quasi die Hilfe für die Hilfe ab, könnten nun aber natürlich auch jeden anderen Befehl nachschlagen, zu dem Sie Fragen haben:

```
PS> Get-Help Stop-Service -ShowWindow ⏎
```

Tipp

Im ISE-Editor genügt es, auf einen fraglichen Befehl zu klicken und dann `F1` zu drücken. Die ISE schreibt daraufhin den entsprechenden Aufruf von Get-Help automatisch ins Konsolenfenster und führt ihn aus.

Achten Sie aber darauf, wirklich nur auf den fraglichen Befehl zu klicken, aber keinen Text zu markieren.

Hilfe ohne Internetzugang installieren

Wie Sie sehen, liegen die Hilfedateien eigentlich in Dateiform im Windows-Ordner. Jetzt wird auch klar, wie man Systeme ohne eigenen Internetzugang mit der PowerShell-Hilfe ausstatten kann: Laden Sie die Hilfedateien auf einen anderen Computer herunter und kopieren Sie sie dann auf den Computer ohne Internetzugang.

PowerShell bietet hierzu das Cmdlet Save-Help an: Es lädt die Hilfedateien genau wie Update-Help herunter, speichert sie aber in den Ordner, den Sie angeben. Dieser Ordnerinhalt kann dann auf einen Computer kopiert werden, der über keinen eigenen Internetzugang verfügt. Dort ruft man Update-Help mit dem Parameter -Source auf und gibt den Pfad zu den bereits vorhandenen Hilfedateien an.

Falls Sie im Unternehmen selbst Betriebssysteme verteilen und installieren, haben Sie außerdem natürlich die Möglichkeit, die Hilfedateien bereits ins Image des Betriebssystems mit aufzunehmen.

Hilfe bei PowerShell 3

Zwar handelt dieses Buch von PowerShell 5, aber falls Sie aktuell nur PowerShell 3 zur Verfügung haben, gibt es hier eine kleine Hürde. Wenn Sie die englischsprachige Hilfe auf einen nicht englischsprachigen Computer heruntergeladen haben, erscheint sie nicht.

Erst PowerShell 4 ist schlau genug, in diesem Fall wenigstens die englische Hilfe anzubieten. Bei PowerShell 3 gelingt das nur, wenn Sie die englischsprachigen Hilfedateien in den Ordner für die deutschsprachige Hilfe kopieren. Nebenbei erfahren Sie so, wo die Hilfedateien eigentlich gelandet sind, die Update-Help für Sie heruntergeladen hat.

Hier ist ein kleines Skript, das Sie in den ISE-Editor eingeben und dann mit ⌷F5⌷ ausführen können (jedenfalls, wenn Sie es vorher nicht speichern).

Wichtig

Weil das Skript volle Administratorrechte benötigt, müssen Sie dafür ISE mit vollen Rechten starten. Wissen Sie noch, wie? Falls nicht, blättern Sie kurz zurück zu Seite 40.

```
# requires full administrative permissions
# run in a PowerShell with elevated rights!

Update-Help -UICulture en-us -Force
$CurrentCulture = $Host.CurrentUICulture.Name
if ($CurrentCulture -ne 'en-us')
{
  if ( (Test-Path $PSHOME\$CurrentCulture) -eq $false)
  {
    $null = New-Item $PSHOME\$CurrentCulture -ItemType Directory
  }
  Copy-Item $PSHOME\en-us\* -Destination $PSHOME\$CurrentCulture -ErrorAction SilentlyContinue
}
```

Listing 1.2: Das Skript install_help.ps1.

Klassische Konsole oder moderner ISE-Editor?

Wahrscheinlich juckt es Ihnen in den Fingern, endlich die vielen PowerShell-Befehle in Aktion zu erleben. Gleich geht es los, versprochen.

Weil Sie aber künftig viel Zeit damit verbringen werden, Befehle in die PowerShell-Konsole einzugeben, an Befehlszeilen zu feilen, sie zu erweitern, zu korrigieren oder per Zwischenablage in andere Programme zu kopieren, sollten Sie noch kurz ein paar Eigenarten der PowerShell-Konsole kennen – um dann eine Entscheidung zu treffen: Möchten Sie lieber mit der klassischen PowerShell-Konsole oder mit dem neuartigen ISE-Editor arbeiten? Dieser Abschnitt wird auch noch ein paar wichtige Unterschiede in der Bedienbarkeit hervorheben:

Während sich der ISE-Editor an die Standards moderner Windows-Anwendungen hält und beispielsweise die Einfügemarke per Klick an eine neue Position versetzt oder mit bewährten Tastenkombinationen wie `Strg`+`C` und `Strg`+`V` markierten Text in die Zwischenablage kopiert und daraus wieder einfügt, verhält sich die klassische Konsole etwas eigentümlicher. Ihre Spielregeln stammen aus den 1980er-Jahren. An sie muss man sich erst wieder gewöhnen.

Bei der klassischen Konsole lässt sich die blinkende Einfügemarke ausschließlich per Tastatur über `←` und `→` bewegen. Auch der zuschaltbare Turbo (durch Gedrückthalten von `Strg`) macht diese Marotte nicht viel angenehmer. Erstaunlicherweise lässt sich dennoch Text in der Konsole per Maus markieren – und zwar blockweise.

Möchten Sie einen auf diese Weise markierten Text in die Zwischenablage verfrachten, erwartet die Konsole dafür `↵` oder einen Rechtsklick. Ein Rechtsklick fügt auch Text aus der Zwischenablage wieder ein. Sollte in der klassischen Konsole eingegebener Text schon vorhandenen Text einfach überschreiben, ist der Überschreibmodus aktiv. Mit `Einfg` kann man ihn testweise ein- und vor allen Dingen auch schnell wieder ausschalten – nützlich ist er nämlich fast nie.

Eine der wenigen Ausnahmen: Sie überarbeiten in einem zurückgeholten Befehl Werte mit fester Länge, etwa Zahlenwerte. Dann können Sie diese bequem überschreiben und müssen nicht nachträglich die einzelnen bestehenden Zeichen mühsam per `Entf` löschen.

Tipp

Auch im ISE-Editor gibt es ein paar verborgene Tricks: Halten Sie `Alt` gedrückt, bevor Sie etwas markieren, markiert ISE block- und nicht zeilenweise, also ähnlich wie in der Konsole. Sollte die Einfügemarke in der ISE-Konsole einmal nicht im Befehlseingabefeld blinken, geben Sie einfach den gewünschten Befehl trotzdem ein: Die Einfügemarke springt dadurch automatisch zurück an die richtige Stelle. Sie können auch `Esc` drücken, wenn Sie die aktuelle Befehlszeile zuerst löschen wollen.

Haben Sie in der ISE bei festgehaltener `Alt`-Taste einen Block markiert, können Sie diesen auch kollektiv ergänzen, einrücken oder löschen.

Eine Übersicht der jeweiligen Vorzüge der mitgelieferten PowerShell-Hosts liefert Tabelle 1.5.

	PowerShell-Konsole powerShell.exe	ISE-Editor powerShell_ise.exe
Steht auf Clients zur Verfügung	ja	ja
Steht auf Servern zur Verfügung	ja	i. d. R. ja

Tabelle 1.5: Unterschiede zwischen klassischer PowerShell-Konsole und moderner Konsole in ISE.

	PowerShell-Konsole powerShell.exe	ISE-Editor powerShell_ise.exe
Autovervollständigung	ja	ja
IntelliSense-Menüs	mit PSReadLine	ja
Farbcodierung der Eingabe	mit PSReadLine	ja
Anzeige von Syntaxfehlern	ja (Prompt wird rot)	ja, Wellenlinie
Mausunterstützung bei der Eingabe	nein	ja
Zeilenweises Markieren	mit PSReadLine	ja
Blockweises Markieren	ja	ja
Mehrzeilenmodus	ja	ja
Unicode-Zeichensatz	nein	ja
Unterstützung sämtlicher Konsolenbefehle	ja	nein, interaktive Konsoleneingaben nicht möglich
Unterstützung für PowerShell 2.0	ja	nein

Tabelle 1.5: Unterschiede zwischen klassischer PowerShell-Konsole und moderner Konsole in ISE. (Forts.)

Einschränkungen des ISE-Editors

ISE stellt keine »echte« Konsolenanwendung dar, sondern simuliert die Konsole nur. In den meisten Fällen geht das gut, aber sobald ein Konsolenbefehl die Funktionen der echten Konsole benötigt, ist der Befehl in ISE nicht ausführbar.

Betroffen sind alle Konsolenbefehle, die über die Konsole interaktive Eingaben vom Benutzer erwarten. Solche Anwendungen würden in der simulierten Konsole von ISE »ewig« auf diese Eingaben warten, weil sie die Eingaben des Benutzers nicht empfangen können. Befehle, die nicht kompatibel zur simulierten ISE-Konsole sind, listet die Variable $psUnsupportedConsoleApplications auf:

```
PS> $psUnsupportedConsoleApplications  ⏎

wmic
wmic.exe
cmd
cmd.exe
diskpart
diskpart.exe
edit.com
netsh
netsh.exe
nslookup
nslookup.exe
PowerShell
PowerShell.exe
```

Die Liste ist nicht vollständig und umfasst nur die gebräuchlichsten Konsolenbefehle. Geben Sie in ISE einen gesperrten Konsolenbefehl ein, erscheint ein entsprechender Hinweis:

```
PS> nslookup  ⏎
```

```
"nslookup" kann nicht gestartet werden. Interaktive Konsolenanwendungen werden nicht unterstützt.
Verwenden Sie das Start-Process-Cmdlet oder "PowerShell.exe starten" im Menü "Datei" zum Ausführen
der Anwendung.
```

Verwenden Sie $psUnsupportedConsoleApplications zum Anzeigen/Ändern der Liste blockierter Konsolenanwendungen, oder rufen Sie die Onlinehilfe auf.
At line:0 char:0

Treffen Sie in ISE einmal auf einen nicht gesperrten Konsolenbefehl, der auf interaktive Konsoleneingaben wartet, äußert sich das darin, dass ISE nicht mehr reagiert (und neu gestartet werden muss). Hier ein Beispiel eines nicht gesperrten Konsolenbefehls, der in ISE dennoch scheitert:

PS> choice ⏎

Profitipp

Fortgeschrittene Benutzer können die Liste der gesperrten Konsolenanwendungen in ISE um eigene Fundstücke erweitern:

PS> $psUnsupportedConsoleApplications.Add('choice') ⏎
PS> $psUnsupportedConsoleApplications.Add('choice.exe') ⏎

Die Erweiterung der Liste gesperrter Anwendungen gilt allerdings nur für die aktuelle Sitzung. Um die Liste dauerhaft zu erweitern, müssen diese Anweisungen innerhalb eines Profilskripts ausgeführt werden. Profilskripte funktionieren wie Autostartskripte und werden von PowerShell beim Start automatisch ausgeführt. Sie erfahren mehr darüber in Kapitel 4.

Aber auch wenn Sie einen nicht interaktiven Konsolenbefehl eingeben, beispielsweise systeminfo.exe, können Sie in der ISE Überraschungen erleben.

- **Encoding:** Weil der Konsolenbefehl in der versteckten Konsole der ISE unsichtbar ausgeführt wird, müssen seine Ergebnisse in Textform zurück in den sichtbaren Teil der ISE transportiert werden. Dabei kann das Encoding dafür sorgen, dass Sonderzeichen wie beispielsweise die deutschen Umlaute nicht mehr korrekt dargestellt werden.

- **Nachträgliche Interaktivität:** Sollte der Konsolenbefehl nachträglich Fragen an Sie richten, sind diese in der ISE unsichtbar. Die ISE scheint dann nicht mehr zu reagieren, wartet in Wirklichkeit aber bloß auf Ihre Eingaben. Wenn das passiert, drücken Sie Strg+C, um den Befehl abzubrechen. Rufen Sie systeminfo.exe zum Beispiel mit dem Argument /S testserver auf, um die Systeminformationen remote vom System \\testserver abzurufen, verlangt systeminfo.exe gegebenenfalls die Eingabe eines berechtigten Benutzernamens und Kennworts. Weil die nachträgliche Kommunikation mit systeminfo.exe in der ISE aber nicht möglich ist, kann der Befehl hier nie zu Ende ausgeführt werden.

Einschränkungen der klassischen Konsole

Abgesehen von der spröden Bedienerfreundlichkeit weist die klassische PowerShell-Konsole lediglich ein einziges technisches Manko auf, das in Ländern wie China oder Taiwan allerdings nicht ganz irrelevant ist: die fehlende Unterstützung für Unicode-Zeichensätze.

Erweiterte Zeichensätze lassen sich nur in ISE einsetzen, was übrigens einer der wesentlichen Gründe für ihre Entwicklung war. Seien wir also froh über die Unicode-Bedürfnisse der Chinesen, die damit die Entwicklung der modernen ISE-Konsole mit ihren vielen anderen Vorzügen maßgeblich vorangetrieben haben.

PowerShell-2.0-Testumgebung

ISE beherbergt stets die aktuelle PowerShell. Die PowerShell-Konsole kann dagegen wahlweise auch mit PowerShell 2.0 gestartet werden, zum Beispiel, um ältere Skripts mit Kompatibilitätsproblemen auszuführen. So schalten Sie die klassische PowerShell-Konsole um auf PowerShell 2.0:

```
PS> powershell -version 2.0 ↵

Windows PowerShell
Copyright (C) 2009 Microsoft Corporation. All rights reserved.
PS>
```

Achtung

Der Kompatibilitätsmodus benötigt das .NET Framework 2.0 oder 3.5 und steht in Server 2016 sowie aktualisierten Windows 10-Versionen nicht mehr zur Verfügung.

Hinweis

Warum gibt es eigentlich keinen Testmodus für PowerShell 3 oder PowerShell 4? Weil es zwar weiterhin einen Grund gibt, PowerShell 2.0 zu benutzen (zum Beispiel weil Sie noch Windows XP/Vista oder Server 2013 betreiben, in denen keine höhere PowerShell-Version einsetzbar ist), aber keinen Grund, PowerShell 3 weiter zu betreiben. Diese Versionen können ausnahmslos mit PowerShell 5 aktualisiert werden.

Testen Sie Ihr Wissen!

Die folgenden Aufgaben helfen Ihnen, zu testen, wie gründlich das Wissen dieses Kapitels bereits auf Sie übergegangen ist. Falls Sie Aufgaben nicht lösen können, schauen Sie sich die entsprechenden Abschnitte in diesem Kapitel zuerst noch einmal an, bevor Sie zum nächsten Kapitel wechseln.

Aufgabe: Starten Sie die PowerShell-Konsole!
Lösung: Seite 32.

Aufgabe: Überprüfen Sie, ob Sie PowerShell Version 5.0 oder eine ältere Version von PowerShell nutzen!
Lösung: Seite 34.

Aufgabe: Sie wollen das Konsolenfenster breiter machen, doch wenn Sie versuchen, das Fenster mit der Maus zu vergrößern, gelingt dies nur bis zu einer bestimmten Größe. Warum? Wie kann man dieses Größenlimit ändern?
Lösung: Seite 35.

Aufgabe: Starten Sie die PowerShell-Konsole mit vollen Administratorrechten!
Lösung: Seite 40.

Aufgabe: Starten Sie den ISE-Editor.
Lösung: Seite 40.

Aufgabe: Blenden Sie den Konsolenbereich in ISE ein und aus.
Lösung: Seite 41.

Aufgabe: Wie können Schriftart und -größe im ISE-Editor angepasst werden?
Lösung: Seite 41.

Aufgabe: Wie kann der Simulationsmodus aktiviert werden?
Lösung: Seite 44.

Aufgabe: Wie brechen Sie einen Befehl vorzeitig ab?
Lösung: Seite 46.

Aufgabe: Wie aktivieren Sie die Autovervollständigung?
Lösung: Seite 49.

Aufgabe: Was bedeuten die unterschiedlichen Farben bei der Eingabe von Code im ISE-Editor?
Lösung: Seite 52.

Aufgabe: Was ist passiert, wenn die Konsole als Eingabeaufforderung >> anzeigt und nicht mehr auf Eingaben reagiert?
Lösung: Seite 55.

Aufgabe: Welche Einschränkungen gelten für Befehle, die in ISE eingegeben werden?
Lösung: Seite 64.

Teil A
Interaktive Befehlskonsole

Kapitel 2

Cmdlets – die PowerShell-Befehle

In diesem Kapitel:

Ausführlich werden in diesem Kapitel die folgenden Aspekte erläutert:

- **Cmdlets:** PowerShell-Befehle werden »Cmdlets« (sprich: »Commandlets«) genannt. Sie können nur innerhalb der PowerShell ausgeführt werden. Ihr Name besteht immer aus einem Verb, einem Bindestrich und einem Nomen. Mit `Get-Command` und `Show-Command` lassen sich Cmdlets suchen und finden. Welche Cmdlets zur Verfügung stehen, hängt nicht nur von der eingesetzten PowerShell-Version ab, sondern auch vom Betriebssystem und der installierten zusätzlichen Softwareausstattung.

- **Parameter:** Alle Informationen, die ein Cmdlet vom Anwender benötigt, erhält es über Parameter. Parameter beginnen stets mit einem Bindestrich. Gibt man im ISE-Editor hinter einem Cmdlet ein Leerzeichen und dann einen Bindestrich an, öffnet sich eine Liste der Parameter. Parameter können optional oder zwingend sein. Wird ein zwingender Parameter nicht angegeben, fragt PowerShell nach.

- **Aliase:** Cmdlets können über Aliasnamen angesprochen werden. So bildet PowerShell Befehle anderer Shells ab (beispielsweise dir oder ls). Die Liste der Aliasnamen erhält man mit Get-Alias.

- **Hilfe:** Klickt man in der ISE auf ein Cmdlet und drückt dann F1, öffnet sich ein Hilfefenster und erklärt die Funktionsweise des Cmdlets. Dahinter steckt das Cmdlet Get-Help, dessen Aufruf man nach Druck auf F1 in der Konsole der ISE sieht. Über diesen Befehl kann die Hilfe auch in der PowerShell-Konsole geöffnet werden.

- **Fehlermeldungen:** Wie sich ein Cmdlet im Fehlerfall verhalten soll, bestimmt der Parameter -ErrorAction. Er gehört zu den »Common Parametern«, die jedes Cmdlet unterstützt.

Zeichen	Bedeutung
-	Der Bindestrich leitet einen Parameternamen ein. Alle Parameternamen beginnen mit einem Bindestrich.
()	Code, der *sofort* ausgeführt wird. PowerShell fährt dann mit den Ergebnissen des Codes fort.
{}	Code, der *nicht sofort* ausgeführt wird. Die geschweiften Klammern dienen also quasi als »Transportcontainer« für Code, den man an jemand anderen übergeben will – zum Beispiel an einen Parameter.
[]	Erste Bedeutung: Platzhalter, der für genau ein Zeichen steht, das aus den Zeichen bestehen darf, die innerhalb der eckigen Klammern angegeben werden.
	Zweite Bedeutung: Angabe der Indexposition eines Arrays: $array = 1..10; $array[0].
*	Platzhalterzeichen, das für beliebige und beliebig viele Zeichen steht.
--%	Schaltet die Parametererkennung aus, sodass der folgende Text als Argument und nicht als Parametername erkannt wird.

Tabelle 2.1: PowerShell-Sonderzeichen.

Kein Mensch würde ein Videospiel sofort im höchsten Level beginnen und hätte Spaß daran, ständig vom Gegner pulverisiert zu werden. Auch PowerShell kann man wie ein Videospiel betrachten, und dieses Kapitel beginnt mit Einsteigerlevel 1.

Im Rahmen dieses Kapitels konzentrieren wir uns ausschließlich auf ein Thema: PowerShell-Cmdlets (sprich: »Commandlets«). Mehr nicht. Mit nur wenig Know-how rund um Cmdlets haben Sie bereits Zugriff auf rund 50 % dessen, was PowerShell so mächtig macht.

Im Verlauf der nächsten Kapitel lernen Sie schrittweise die übrigen »Videospiellevels« kennen und werden am Ende des Buchs dann den mächtigsten »Gegner« überwinden – also auch die anspruchsvollsten Automatisierungsaufgaben meistern. Lassen Sie uns schrittweise vorgehen.

Abbildung 2.1 dient Ihnen dabei als Navigationssystem. Der Kreis symbolisiert das PowerShell-Ökosystem mit all seinen Funktionalitäten und wird in den folgenden Kapiteln nach und nach gefüllt. Augenblicklich befinden Sie sich also in Level 1.

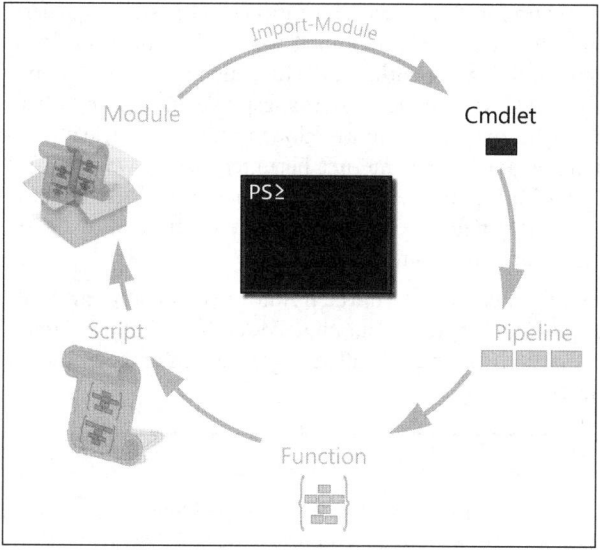

Abbildung 2.1: Erster Teil des PowerShell-Ökosystems: Cmdlets einsetzen.

Alles, was Sie über Cmdlets wissen müssen

Die PowerShell-Befehle werden »Cmdlet« genannt. Es sind jeweils eigenständige, fertige Problem-lösungen. Weil es aber keine vollkommen eigenständigen Befehle sind, werden sie Cmdlet und nicht Command genannt. So wie es ein Treibstoff sparendes »Winglet« beim Ferienflieger nicht ohne dazugehörenden »Wing« gibt, an dem es befestigt wird, kann auch ein Cmdlet nicht außer-halb der PowerShell ausgeführt werden – daher also das »let« am Ende des Namens.

Ein Cmdlet enthält ausschließlich diejenige Fachkompetenz, die zur Lösung einer bestimmten Aufgabe nötig ist. Um all den allgemeinen übrigen Rest – das Ein- und Ausgeben von Informa-tionen, Hilfestellung, die Übergabe von Parametern oder auch die Behandlung von Fehlern – kümmert sich ein Cmdlet nicht. Diese Dinge werden für alle Cmdlets zentral von der Power-Shell bereitgestellt.

Das macht die Entwicklung von Cmdlets besonders einfach, und auch Sie als Nutzer dürfen sich freuen, denn die Bedienung der Cmdlets ist sehr konsistent. Kennen Sie sich mit einem Cmdlet aus, können Sie dieses Grundwissen auf alle anderen Cmdlets übertragen.

- **Namensgebung:** Alle Cmdlets tragen einen Doppelnamen. Der erste Namensteil ist ein Verb, also eine Tätigkeit wie zum Beispiel Get. Dieses Verb verrät, was das Cmdlet tun wird. Der zweite Teil ist ein Substantiv (Nomen), also ein Tätigkeitsbereich wie zum Beispiel Service. Er verrät, worauf sich das Cmdlet auswirkt, und ist sozusagen der Familienname. Beide Namensteile sind üblicherweise in Englisch und im Singular (Einzahl).

- **Parameter:** Hinter dem Cmdlet-Namen können zusätzliche Informationen folgen, mit denen Sie dem Cmdlet dann genauer erklären, was es genau für Sie erledigen soll. Diese Zusatzinformationen werden »Argumente« genannt und vom Cmdlet über einen passen-den »Parameter« erfragt. Die meisten Parameter sind optional, also freiwillig, manche aber auch zwingend. Ohne solche Parameter kann das Cmdlet seine Arbeit nicht beginnen. Parameter sind der einzige Weg, wie Sie die Funktionsweise eines Cmdlets steuern und anpassen.

- **Hilfe:** Das PowerShell-Hilfesystem kann für alle Cmdlets ausführliche Hilfestellung liefern, die erklärt, was das Cmdlet genau für Arbeiten durchführt, welche Parameter es unterstützt und wofür die Parameter gut sind. Häufig enthält die Hilfe auch konkrete Codebeispiele, mit denen man experimentieren kann und die als Ausgangspunkt für eigene Aufrufe dienen können. Dazu müssen die ergänzenden Hilfeinformationen aber zuerst, wie im letzten Kapitel beschrieben, mit Update-Help aus dem Internet heruntergeladen worden sein. Steht keine Hilfe für ein Cmdlet zur Verfügung, zeigt das PowerShell-Hilfesystem zumindest die verfügbaren Parameter und die genaue »Syntax« des Cmdlet-Aufrufs an – die formale Beschreibung, wie das Cmdlet aufgerufen werden kann.

- **Autovervollständigung:** PowerShell unterstützt Sie mit den Autovervollständigungsfunktionen aus dem letzten Kapitel. Auf Wunsch vervollständigt PowerShell Cmdlet-Namen, die Parameternamen eines Cmdlets und in einigen Fällen sogar die Argumente, die Sie einem Parameter zuweisen können.

Hinweis

Cmdlets sind kein fester Bestandteil von PowerShell. Sie alle leben in separaten Modulen. Das erklärt, warum es bei Windows 8 mehr Cmdlets gibt als bei Windows 7 und bei Windows 10 wiederum mehr: Neue Betriebssysteme bringen zusätzliche Module mit weiteren Cmdlets mit. Auch wenn Sie PowerShell-fähige Software installiert haben, beispielsweise Microsoft Exchange, oder SharePoint, stockt diese das Repertoire an vorhandenen Cmdlets durch neue mitgebrachte Module möglicherweise weiter auf. Module sind allerdings im Augenblick nicht wichtig. Sie lesen später mehr darüber. Im Augenblick genügt es vollauf, sich mit den Cmdlets zu beschäftigen, die bereits vorhanden sind.

Cmdlets für eine Aufgabe finden

Cmdlets sind fix und fertige Lösungen für bestimmte Probleme. Cmdlets nehmen Ihnen also Arbeit ab. Ohne Cmdlets müssten Sie selbst programmieren. Seien Sie clever und investieren Sie lieber etwas mehr Zeit in die Suche nach einem möglicherweise schon vorhandenen Cmdlet, anstatt hektisch loszuskripten und das Rad immer wieder neu zu erfinden.

Damit die Suche nach Cmdlets kurzweilig für Sie wird, werden Sie sofort praktische Probleme lösen. Sie erhalten jeweils eine Aufgabe, die mit PowerShell erledigt werden soll. Danach suchen (und finden) Sie auf verschiedenen Wegen das passende Cmdlet und setzen es ein.

Suche nach Tätigkeit oder Tätigkeitsbereich

»Ein Computer stürzt häufiger ab. Um die Ursache zu ergründen, sollen die letzten 15 Fehlerereignisse aus dem Ereignisprotokoll des Systems ausgelesen werden.«

Um diese Aufgabe zu lösen, benötigen Sie ein Cmdlet, das Einträge aus einem Ereignisprotokoll lesen kann. Um ein solches zu finden, erinnern Sie sich an die Namensgebung aller Cmdlets: Ihr Name besteht jeweils aus einem Verb (einer Tätigkeit) und einem Substantiv (Nomen, Tätigkeitsbereich).

Überlegen Sie also zuerst, was das Cmdlet eigentlich leisten soll. Es soll Ihnen Informationen liefern. Das Verb hierfür lautet »Get«. Anfangs wird Ihnen das noch etwas willkürlich vorkommen (warum heißt es zum Beispiel nicht »List« oder »Dump«?), aber schnell werden Sie erkennen, dass die Verben der Cmdlets streng reglementiert sind. Haben Sie einmal entdeckt, dass

»Get« für die Informationsbeschaffung zuständig ist, wird das auch bei allen weiteren Cmdlets so sein.

Überlegen Sie dann, was für Informationen Sie erhalten wollen. Es sollen Einträge aus dem Ereignislogbuch von Windows sein. Der zweite Namensteil eines Cmdlets ist in aller Regel ein englisches Wort, und es wird im Singular angegeben. Was also heißt »Systemlogbuch« auf Englisch?

Falls Sie nicht gleich auf »EventLog« kommen, macht das nichts, denn wenn Sie eine Cmdlet-Suche starten, dürfen Sie mit »*« Jokerzeichen benutzen, können also auch nur Wortteile zur Fahndung ausschreiben und hätten damit mit »*Log*« oder »*Event*« ebenfalls Erfolg.

Zunächst aber brauchen Sie jemanden, den Sie nach Cmdlets fragen können. Derjenige ist selbst ein Cmdlet und heißt Get-Command. Wenn Sie allerdings nicht mit Ergebnissen überschüttet werden wollen, rufen Sie Get-Command besser nicht allein auf, sondern geben Ihren Steckbrief mit. Legen Sie also mit den Parametern -Verb und -Noun fest, wonach Sie überhaupt suchen:

```
PS> Get-Command -Verb Get -Noun *Event*  ↵

CommandType  Name                             Version  Source
-----------  ----                             -------  ------
Function     Get-NetEventNetworkAdapter       1.0.0.0  NetEventPacketCapture
Function     Get-NetEventPacketCaptureProvider 1.0.0.0 NetEventPacketCapture
Function     Get-NetEventProvider             1.0.0.0  NetEventPacketCapture
Function     Get-NetEventSession              1.0.0.0  NetEventPacketCapture
Function     Get-NetEventVmNetworkAdapter     1.0.0.0  NetEventPacketCapture
Function     Get-NetEventVmSwitch             1.0.0.0  NetEventPacketCapture
Function     Get-NetEventWFPCaptureProvider   1.0.0.0  NetEventPacketCapture
Cmdlet       Get-Event                        3.1.0.0  Microsoft.PowerShell.Utility
Cmdlet       Get-EventLog                     3.1.0.0  Microsoft.PowerShell.Management
Cmdlet       Get-EventSubscriber              3.1.0.0  Microsoft.PowerShell.Utility
Cmdlet       Get-WinEvent                     3.0.0.0  Microsoft.PowerShell.Diagnostics
```

Welche Cmdlets auf Ihrem Computer gefunden werden, hängt davon ab, welches Betriebssystem und welche PowerShell-Version Sie verwenden, aber Get-EventLog sollte immer darunter sein. Die Spalte Source meldet, dass dieses Cmdlet aus dem Modul Microsoft.PowerShell.Management stammt, und alle Cmdlets, die aus Modulen stammen, die mit Microsoft.PowerShell beginnen, gehören zum Standardumfang von PowerShell.

Die übrigen Module, beispielsweise NetEventPacketCapture, sind nicht Teil von PowerShell. Sie *können* zwar, *müssen* aber nicht vorhanden sein. Solche Zusatzmodule werden von zusätzlich installierter Software bereitgestellt. Das Modul NetEventPacketCapture beispielsweise ist Bestandteil von Windows 10, aber nicht Teil irgendeiner PowerShell-Version.

Hinweis

Wenn Sie eben genau hingeschaut haben, werden Sie bemerken: Get-Command liefert nicht nur Befehle vom Typ Cmdlet zurück, sondern es sind unter Umständen auch solche vom Typ Function dabei. Im Augenblick kann Ihnen das herzlich egal sein. Beide funktionieren aus Anwendersicht genau gleich.

Der Unterschied liegt im Innenleben dieser Befehle. Während ein Cmdlet immer binär vorliegt, also zum Beispiel als Teil einer Systemdatei, sind Functions Befehle, die mit PowerShell-Bordmitteln hergestellt wurden. Der Quellcode einer Function besteht also aus reinem PowerShell-Code und kann (etwas später in diesem Buch) nicht nur ausgeforscht, sondern auch geändert werden.

Parameter erkunden

Woher weiß man eigentlich, dass `Get-Command` die Parameter `-Verb` und `-Noun` unterstützt? Wenn Sie den Befehl im ISE-Editor eingegeben haben, kennen Sie schon eine Antwort: Der ISE-Editor unterstützt Sie bei der Eingabe durch IntelliSense-Menüs (Abbildung 2.2). Da Parameternamen immer mit einem Bindestrich beginnen, müssen Sie im ISE-Editor hinter einem Cmdlet-Namen lediglich ein Leerzeichen und dann einen Bindestrich eingeben, und schon öffnet sich ein Kontextmenü mit allen infrage kommenden Parametern.

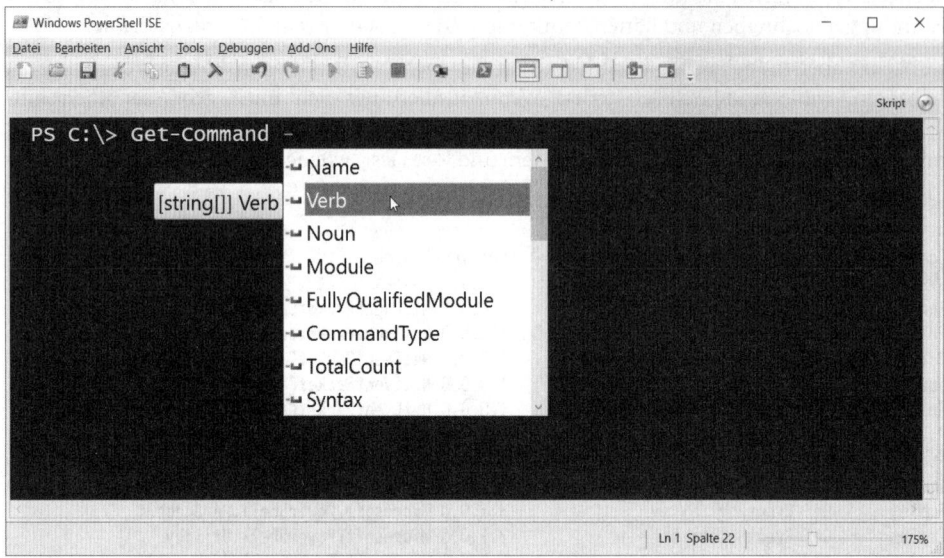

Abbildung 2.2: Parametervervollständigung im ISE-Editor.

In der PowerShell-Konsole funktioniert diese Hilfestellung auch, nur nicht automatisch. Hier müssten Sie nach Eingabe des Bindestrichs auf ⇆ drücken, und das auch noch mehrfach, bis der gewünschte Parameter erscheint.

Alternativ können Sie in der Konsole auf `Strg`+`Leertaste` drücken. Zumindest bei PowerShell 5 reagiert die Konsole darauf und versucht, das IntelliSense-Menü der ISE nachzubilden (Abbildung 2.3).

`PS> Get-Command -` `Strg`+`Leertaste`

Mit den Pfeiltasten kann man sich dann den gewünschten Parameter aussuchen.

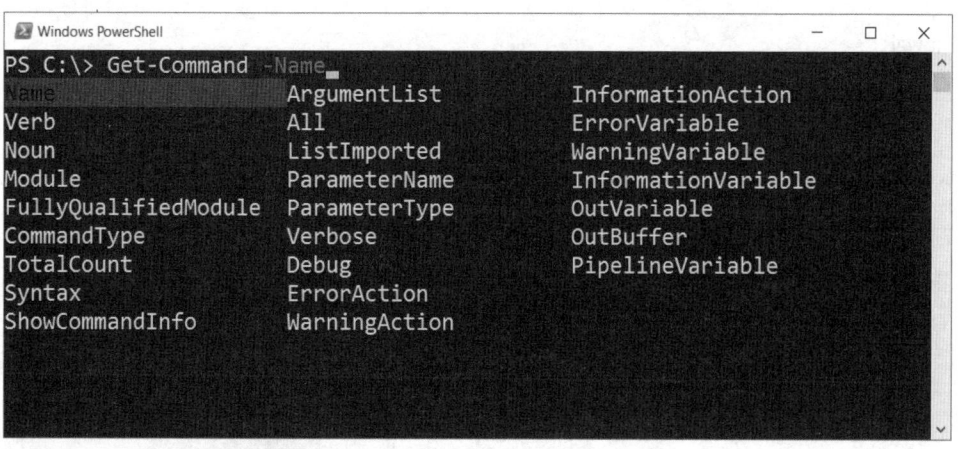

Abbildung 2.3: Parameterauflistung in der PowerShell-Konsole (PowerShell 5).

Hilfestellung zu Cmdlets abrufen

Sollten Sie sich nicht sicher sein, ob ein gefundenes Cmdlet auch tut, was Sie sich von ihm versprechen, werfen Sie einen Blick in die Hilfe. Falls Ihre Befehlssuche also zum Beispiel mehrere Ergebnisse geliefert hat und Sie unschlüssig sind, worin der Unterschied zwischen Get-Event, Get-EventLog und Get-WinEvent besteht, ziehen Sie die Hilfe zurate.

Am einfachsten gelingt dies im ISE-Editor: Hier klicken Sie einfach auf das fragliche Cmdlet und drücken F1. Sofort öffnet sich ein separates Fenster und erklärt einiges zum angeklickten Cmdlet (Abbildung 2.4). Wer genau hinschaut, entdeckt: Der entschlossene Druck auf F1 hat lediglich den Text genommen, in dem sich der Eingabecursor befand, und dann das Cmdlet Get-Help mit dem Parameter -ShowHelp aufgerufen.

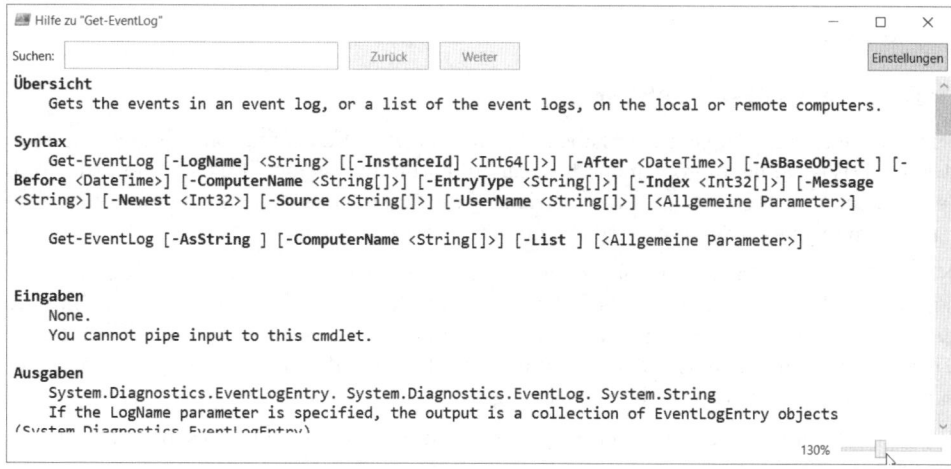

Abbildung 2.4: Hilfeinformationen zu einem Cmdlet abrufen.

Hinweis

Falls das Hilfefenster im Bereich *Übersicht* keine Beschreibung liefert und auch sonst im Wesentlichen nur die Befehlssyntax anzeigt, haben Sie die PowerShell-Hilfedateien bisher nicht aus dem Internet heruntergeladen. Blättern Sie in diesem Fall noch einmal ins letzte Kapitel zurück und holen Sie diesen Schritt nach.

Wieder etwas gelernt: `Get-Help` liefert immer die Hilfe zu dem Cmdlet (oder der Funktion), dessen Namen Sie angeben. Der Parameter `-ShowHelp` zeigt die Hilfe in einem Extrafenster an (ohne ihn erscheinen die Hilfeinformationen im Konsolenfenster).

Und das funktioniert überall: Zwar unterstützt nur der ISE-Editor den praktischen Trick mit [F1], aber am Ende des Tages produziert auch dieser lediglich den notwendigen `Get-Help`-Aufruf, und der funktioniert auch in der normalen PowerShell-Konsole. Damit kennen Sie nun schon die beiden wichtigsten PowerShell-Cmdlets:

- **Bei völliger Ahnungslosigkeit:** Beauftragen Sie `Get-Command`, nach passenden Cmdlets zu suchen. Beschreiben Sie mit dem Parameter `-Verb` die gesuchte Tätigkeit und mit dem Parameter `-Noun` den gewünschten Tätigkeitsbereich (alles in Englisch und im Zweifelsfall in Einzahl). Wildcards (*) sind erlaubt.

- **Bedienungsanleitung abrufen:** Klicken Sie in der ISE auf ein Cmdlet und drücken Sie [F1] oder geben Sie `Get-Help` von Hand ein und dahinter den Namen des Befehls, über den Sie etwas herausfinden wollen. Das funktioniert prima, jedenfalls dann, wenn es sich bei dem Befehl um ein PowerShell-Cmdlet oder eine Funktion handelt, denn nur diese werden vom PowerShell-Hilfesystem unterstützt – Sie sollten aber, wie im ersten Kapitel beschrieben, die PowerShell-Hilfe heruntergeladen haben. Andernfalls sind die Hilfetexte eher kurz gehalten und ohne Beispielcode.

Jedes Cmdlet liefert übrigens mithilfe des Parameters `-?` ebenfalls eine Kurzfassung der Hilfe:

```
PS> Get-EventLog -?
```

Cmdlet eingeben und Befehl ausführen

Jetzt, da Sie ein Cmdlet gefunden haben, das die Aufgabe lösen kann, soll es gleich eingesetzt werden. Das ist völlig unproblematisch, sogar auf Produktivsystemen: Da das Cmdlet das Verb `Get` trägt (und nicht etwa aggressivere Varianten wie `Stop` oder `Remove`), ist es gutartig und wird das System niemals verändern. Cmdlets mit dem Verb `Get` lesen nur.

Natürlich tippen Sie nicht den vollständigen Cmdlet-Namen ein. Als guter PowerShell-Skripter sind Sie faul beziehungsweise effizient. Es genügt, `Get-Eve` einzugeben und danach die Eingabe durch zweimaliges Drücken auf [⇥] zu vervollständigen. Das ist nicht bloß ein Tribut an die Tippfaulheit, sondern eine wichtige Sofortkontrolle: Falls die Autovervollständigung nicht funktioniert, stimmt etwas nicht mit der Eingabe.

Wenn Sie nur `Get-EventLog` eingeben und dann entschlossen auf [↵] drücken, erscheint eine Nachfrage:

```
PS> Get-EventLog
Cmdlet Get-EventLog an der Befehlspipelineposition 1
Geben Sie Werte für die folgenden Parameter an:
LogName:
```

Vor dem blinkenden Eingabecursor steht `LogName:`, und PowerShell will Ihnen damit auf eine etwas ruppige, aber nicht unfreundliche Art zu Verstehen geben, dass der Parameter `-LogName` nicht freiwillig war. Sie müssen `Get-EventLog` also schon noch verraten, in *welches* Logbuch Sie eigentlich schauen wollen. Deshalb bietet PowerShell Ihnen die Möglichkeit, die fehlende Information nachzureichen.

Können Sie zwar – clever wäre das aber nicht. Brechen Sie in solch einem Fall lieber mit [Strg]+[C] ab und drücken Sie [↑]. Nun steht Ihr ursprünglicher Befehl wieder in der Eingabezeile, und Sie können den fehlenden Parameter hinzufügen.

Wenn Sie das tun, fällt Ihnen spätestens nach Eingabe des Parameters `-LogName` eine weitere angenehme Hilfestellung auf: PowerShell autovervollständigt – zumindest im ISE-Editor – auch die Argumente für `-LogName` (Abbildung 2.5). Sie sehen im IntelliSense-Menü also alle Logbücher, die es auf Ihrem Computer gibt und die `Get-EventLog` für Sie untersuchen kann.

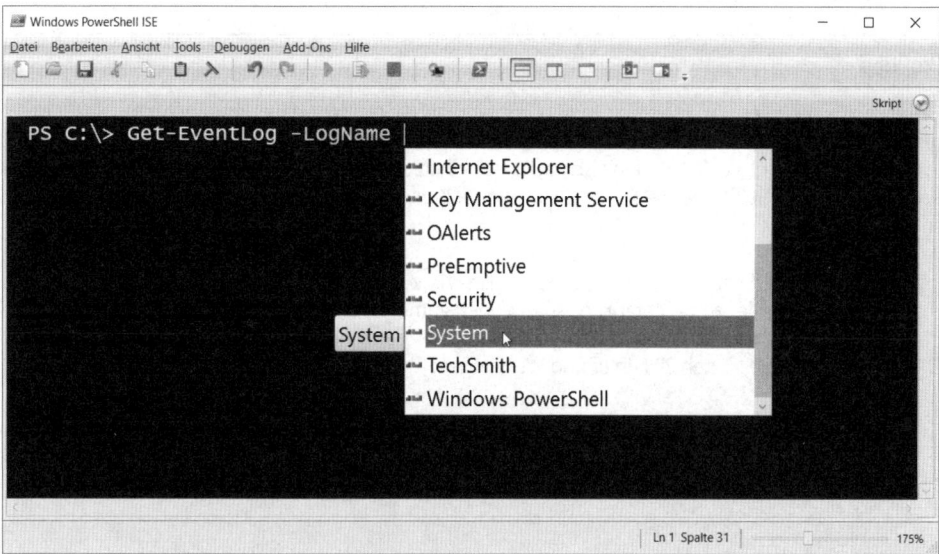

Abbildung 2.5: ISE schlägt passende Argumente automatisch vor.

Wählen Sie *System* aus und drücken Sie [↵].

```
PS> Get-EventLog -LogName System

  Index Time          EntryType   Source           InstanceID Message
  ----- ----          ---------   ------           ---------- -------
  30047 Sep 28 20:26  Information  Microsoft-Windows...       12 Vom Pro...
  30046 Sep 28 20:26  Information  Microsoft-Windows...        1 Das Sys...
  30045 Sep 28 20:26  Information  Microsoft-Windows...       12 Vom Pro...
  30044 Sep 28 20:26  Information  BTHUSB           1074069522 Windows...
  30043 Sep 28 20:26  Information  Microsoft-Windows...       12 Vom Pro...
  30042 Sep 28 20:26  Information  Microsoft-Windows...       12 Vom Pro...
  30041 Sep 28 20:26  Information  Microsoft-Windows...       12 Vom Pro...
  30040 Sep 28 20:26  Information  Microsoft-Windows...      131 Die Bes...
  30039 Sep 28 20:26  Information  Microsoft-Windows...       12 Vom Pro...
  30038 Sep 28 20:26  Information  Microsoft-Windows...        1 Die Bes...
  30037 Sep 28 20:25  Information  Microsoft-Windows...       42 Die Bes...
  30036 Sep 28 20:25  Information  Microsoft-Windows...       40 Die Bes...
  30035 Sep 28 20:23  Information  Microsoft-Windows...       12 Vom Pro...
```

```
30034 Sep 28 20:23 Information Microsoft-Windows...              12 Vom Pro...
30033 Sep 28 20:23 Information Microsoft-Windows...              12 Vom Pro...
30032 Sep 28 20:23 Information Microsoft-Windows...              12 Vom Pro...
30031 Sep 28 20:23 Information Microsoft-Windows...              12 Vom Pro...
30030 Sep 28 20:23 Information Microsoft-Windows...               1 Das Sys...
30029 Sep 28 20:23 Information BTHUSB              1074069522 Windows...
30028 Sep 28 20:23 Information Microsoft-Windows...              12 Vom Pro...
```

Auch hier zeigt sich die gesprächige Natur der meisten Cmdlets: Sie liefern eher zu viele als zu wenige Ergebnisse – es sei denn, Sie werden konkreter und legen über die Parameter genauer fest, was Sie eigentlich wollen. Interessieren Sie sich beispielsweise nur für die letzten 15 Fehler, wären dies die passenden Parameter:

```
PS> Get-EventLog -LogName System -Newest 15 -EntryType Error
```

So erhalten Sie die 15 aktuellsten Einträge – und auch nur die vom Typ Error.

Profitipp

Ohne Parameter liefern die meisten Cmdlets erst einmal zu viele Informationen. Möchten Sie die Ergebnisse eines Cmdlets einschränken, schauen Sie sich die Ergebnisse doch mal genauer an: Sie sind fast immer in Spalten unterteilt. Um nun also nach dem Inhalt einer Spalte zu filtern, suchen Sie nach einem Parameter, der so heißt wie die Spalte. Dem übergeben Sie das Filterkriterium, also das, wonach Sie suchen.

Im Beispiel von eben verrät der Inhalt der Spalte EntryType, um was für ein Ereignis es sich handelt. Um die Ausgabe auf Fehler zu beschränken, ist also der Parameter -EntryType Error der passende. Manche Parameter unterstützen auch mehrere Argumente, die dann kommasepariert angegeben werden. Diese Zeile findet die letzten 20 Fehler und Warnungen:

```
PS> Get-EventLog -LogName System -EntryType Error, Warning -Newest 20
```

Andere Parameter unterstützen Platzhalterzeichen. Diese Zeile findet alle Fehler und Warnungen, in deren Message-Teil das Wort »Dienst« vorkommt:

```
PS> Get-EventLog -LogName System -EntryType Error, Warning -Message *Dienst*
```

```
Index Time           EntryType    Source               InstanceID Message
----- ----           ---------    ------               ---------- -------
29999 Sep 28 17:29    Error        bowser               3221233475 Der Hau...
29969 Sep 26 10:21    Error        bowser               3221233475 Der Hau...
28965 Sep 24 10:28    Error        Service Control M...  3221232483 Das Zei...
28429 Sep 23 12:29    Error        Service Control M...  3221232481 Das Zei...
28428 Sep 23 12:28    Error        Service Control M...  3221232503 Der Die...
28400 Sep 23 12:22    Warning      Microsoft-Windows...         414 Der Auf...
28399 Sep 23 12:22    Warning      Microsoft-Windows...         414 Der Auf...
28396 Sep 23 12:22    Warning      Microsoft-Windows...         414 Der Auf...
28345 Sep 23 12:22    Error        Service Control M...  3221232503 Der Die...
28321 Sep 23 12:05    Error        Service Control M...  3221232503 Der Die...
28271 Sep 22 18:49    Error        bowser               3221233475 Der Hau...
25141 Sep 15 08:23    Warning      Microsoft-Windows...         414 Der Auf...
25140 Sep 15 08:23    Warning      Microsoft-Windows...         414 Der Auf...
25138 Sep 15 08:23    Warning      Microsoft-Windows...         414 Der Auf...
```

Nicht für alle Spalten gibt es gleichnamige Parameter, mit denen man sie filtern könnte. Es liegt ganz im Ermessen des Entwicklers eines Cmdlets, für welche Ergebnisspalten er einen Parameter zur Filterung vorsieht. Zurzeit sind Sie dem Cmdlet-Entwickler noch ausgeliefert und können nur das durchführen, was das Cmdlet und seine Parameter anbieten. Etwas später werden Sie auch in der Lage sein, die Ergebnisse mit eigenen Mitteln nach beliebigen Kriterien zu filtern.

Herzlichen Glückwunsch, Sie haben soeben die erste Aufgabe mit PowerShell gemeistert! Die Euphorie wird indes vielleicht noch durch den miesepetrigen Kommentar Ihres Kollegen getrübt, der einwirft, dass man die Meldungen der soeben ermittelten Ereignislogbücher ja gar nicht richtig lesen könne – was bei näherer Betrachtung nicht von der Hand zu weisen ist. Die Konsolenbreite reicht nicht aus, um alle Informationen anzuzeigen. Ausgerechnet die interessante Spalte Message ist abgeschnitten.

Wer das nicht so gut findet, kann die Ergebnisse aber auch mehrzeilig untereinander schreiben oder in ein separates Ausgabefenster leiten. Get-EventLog liefert nämlich so wie alle übrigen Cmdlets mit dem Verb Get lediglich Informationen. Wie diese dargestellt werden, ist dem Cmdlet egal, und wenn sich niemand sonst darum kümmert, stellt eben die Konsole die Informationen dar – und schneidet überschüssiges Material ausgesprochen hemdsärmelig einfach ab.

Alternativ könnten Sie die Informationen aber auch an andere Cmdlets leiten, wie zum Beispiel Out-Printer (um sie zu drucken und dem vorlauten Kollegen um die Nase zu wedeln), Out-File (um sie in eine Datei zu schreiben) oder Out-GridView (um sie in einer Art Mini-Excel-Fenster anzuzeigen, wobei keine Informationen mehr abgeschnitten zu werden brauchen).

Zuständig dafür ist ein senkrechter Strich, das »Pipeline«-Symbol (|) ($\boxed{\text{AltGr}}$+$\boxed{<}$ oder $\boxed{\text{Strg}}$+$\boxed{\text{Alt}}$+$\boxed{<}$). Dabei handelt es sich streng genommen um einen Operator, der den Ausgabekanal des vorangegangenen Befehls direkt mit dem Eingabekanal des nachfolgenden Befehls verbindet:

```
PS> Get-EventLog -LogName System -EntryType Error,Warning -Message *Dienst* | Format-Table -Wrap
PS> Get-EventLog -LogName System -EntryType Error,Warning -Message *Dienst* | Out-GridView
```

Mit ISE nach Cmdlets suchen

»Benötigt werden die Lottozahlen der nächsten Woche, also sechs Zahlen zwischen 1 und 49, bei denen keine Zahl doppelt vorkommen darf.«

Das gesuchte Cmdlet für diese Aufgabe soll Zufallszahlen generieren. Das englische Wort für *Zufall* lautet *Random*. Diesmal soll das Cmdlet mit einem besonderen Assistenten gesucht werden. Dazu öffnen Sie ISE, falls Sie nicht schon damit arbeiten. Dann drücken Sie $\boxed{\text{Strg}}$+$\boxed{\text{F1}}$.

Ein Fenster öffnet sich (und wer genau hinsieht, erkennt, dass die Tastenkombination selbst gar kein Fenster öffnet, sondern lediglich in der ISE-Konsole den Befehl Show-Command abgesetzt hat. Es ist also eigentlich dieser Befehl, der das Fenster öffnet, und der kann auch direkt aufgerufen werden, also auch in der klassischen PowerShell-Konsole).

Geben Sie das Suchwort Random ins Feld *Name* ein. Noch während Sie das Suchwort eintippen, wird die Liste der verfügbaren Cmdlets ausgedünnt, und schnell kristallisiert sich heraus, dass Get-Random das gesuchte Cmdlet sein muss.

Abbildung 2.6: Cmdlets finden und mit Parametern ausstatten.

Das Fenster kann aber noch mehr und ist Ihnen dabei behilflich, das Cmdlet mit Parametern zu füttern. Dazu klicken Sie auf *Get-Random*. Im unteren Teil des Fensters sehen Sie nun alle Parameter, die das Cmdlet unterstützt, und können den Parametern Werte zuweisen (Abbildung 2.6). Klicken Sie auf *Ausführen*, wird der Befehl einschließlich der festgelegten Parameter direkt in die Konsole eingetragen und ausgeführt:

```
PS C:\> Get-Random -Maximum 100 -Minimum 1
59
```

Eine Zufallszahl haben Sie nun, und sie liegt auch im angegebenen Wertebereich. Für Lottozahlen müsste dieser nun noch etwas eingeschränkt werden. Allerdings fragt sich, wie man sechs Zufallszahlen bekommt, die noch dazu nicht doppelt vorkommen dürfen.

Rufen Sie deshalb die Eingabehilfe mit Show-Command noch einmal auf, aber diesmal gezielt für den Befehl Get-Random:

```
PS> Show-Command Get-Random
```

Die Suchelemente im Fenster fallen jetzt weg, und am oberen Rand treten die Registerkarten deutlicher zutage, die Sie beim ersten Aufruf vielleicht ganz übersehen haben (Abbildung 2.7).

Die Namen auf den Registerkarten sind nicht besonders hilfreich, aber sobald Sie die zweite Registerkarte namens *RandomListItemParameterSet* anklicken, zeigt Get-Random ganz andere Parameter. Darunter ist auch einer, der Count heißt. Vielversprechend!

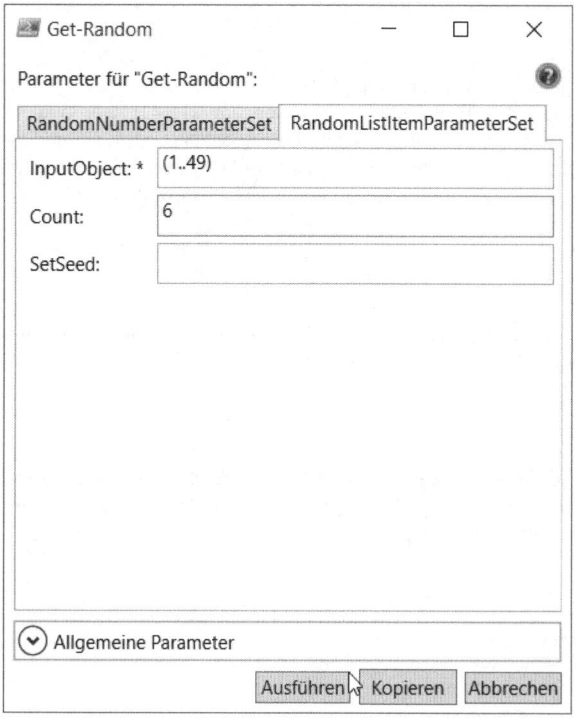

Abbildung 2.7: Ein anderes »Parameterset« eines Cmdlets verwenden.

Maximal- und Minimalwerte kann man hier allerdings nicht festlegen. Stattdessen fällt der Parameter InputObject auf, der zudem mit einem Sternchen als zwingend erforderlich gekennzeichnet ist. Ihm weist man die Zahlen zu, die in das digitale »Lottoziehgerät« gelegt werden sollen.

Entweder kochen Sie sich einen Kaffee und geben die möglichen Lottozahlen dann in aller Seelenruhe als (relativ lange) kommaseparierte Liste ein, oder Sie erinnern sich an das vorangegangene Kapitel. Mit .. liefert PowerShell Zahlenreihen. 1..49 erzeugt also die Zahlen 1 bis 49. Damit auch wirklich diese Zahlenreihe (und nicht etwa der Ausdruck 1..49 selbst) in das Ziehgerät gelangt, setzen Sie den Ausdruck in runde Klammern. Vielleicht erinnern Sie sich noch an die entsprechende Passage aus dem letzten Kapitel: Runde Klammern funktionieren bei PowerShell genauso wie in der Mathematik: PowerShell wertet zuerst das aus, was in den runden Klammern steht, und fährt dann mit dem Ergebnis des Ausdrucks fort.

Ein Klick auf *Ausführen* generiert den kompletten Befehlsaufruf, der danach in der Konsole erscheint und die Lottozahlen generiert. Falls es wirklich die der nächsten Ziehung sind (und Sie daran teilnehmen), schauen Sie sich bei Gelegenheit das Cmdlet Send-MailMessage an. Jedenfalls sind es aber wie gefordert sechs, und keine kommt doppelt vor. Mission erfüllt.

```
PS> Get-Random -InputObject (1..49) -Count 6
32
17
33
14
30
41
```

Hinweis

Nun gut, vollkommen intuitiv war der Name des Parameters -InputObject nicht, und dass er das digitale Lottoziehgerät füllt, war nirgends beschrieben. Auch die runden Klammern um (1..49) waren keine Selbstverständlichkeit. Deshalb bietet das Fenster eine kleine unscheinbare Schaltfläche mit einem Fragezeichen darauf. Klickt man diese an, öffnet sich ein Extrafenster mit allen Detailinformationen zum Cmdlet und seinen Parametern. Sogar Beispielcode liefert es, der spätestens jetzt klarstellt, wie die Parameter eingesetzt werden.

Dialoggestützte Parametereingabe

In der vorherigen Aufgabe hatten Sie mit Get-EventLog Fehlereinträge im Systemereignisprotokoll gefunden. Das könnten Sie auch dialoggestützt tun:

PS> **Show-Command** Get-EventLog

Das Dialogfeld zeigt nun auch an, dass es für Get-EventLog ganz ähnlich wie eben bei Get-Random ebenfalls einen zweiten Parametersatz namens **List** gibt. Wechseln Sie zu diesem Parametersatz und aktivieren hier beispielsweise das Kontrollkästchen *List*, sieht der generierte Befehl so aus:

PS> Get-EventLog **-List**

```
Max(K) Retain OverflowAction       Entries Log
------ ------ --------------       ------- ---
20.480      0 OverwriteAsNeeded      1.077 Application
20.480      0 OverwriteAsNeeded          0 HardwareEvents
   512      7 OverwriteOlder             0 Internet Explorer
20.480      0 OverwriteAsNeeded          0 Key Management Service
                                           Security
20.480      0 OverwriteAsNeeded      1.099 System
15.360      0 OverwriteAsNeeded      1.071 Windows PowerShell
```

Get-EventLog kann also zweierlei durchführen: entweder die Einträge eines bestimmten Protokolls auflisten oder die Namen aller vorhandenen Ereignisprotokolle nennen. Jede Funktion wird über einen eigenen Parametersatz abgebildet, und insgesamt verhält sich Get-EventLog so wie die meisten Cmdlets: Es ist »schmal, aber tief«, kann also genau einen sehr speziellen Themenbereich abdecken, diesen dafür aber gründlich.

Genau diese Erkenntnisse hätten Sie sogar bereits der Hilfe entnehmen können, denn die Syntax darin beschreibt alle diese Dinge auf eine recht knappe, aber sehr eindeutige Weise. Die Syntax für Get-Random sieht zum Beispiel so aus:

PS> Get-Random -?

```
NAME
    Get-Random

ÜBERSICHT
    Gets a random number, or selects objects randomly from a collection.


SYNTAX
    Get-Random [[-Maximum] [<Object>]] [-InformationAction {SilentlyContinue |
    Stop | Continue | Inquire | Ignore | Suspend}] [-InformationVariable
    [<System.String>]] [-Minimum [<Object>]] [-SetSeed [<Int32>]]
    [<CommonParameters>]
```

```
Get-Random [-InputObject] <Object[]> [-Count [<Int32>]]
[-InformationAction {SilentlyContinue | Stop | Continue | Inquire | Ignore
| Suspend}] [-InformationVariable [<System.String>]] [-SetSeed [<Int32>]]
[<CommonParameters>]
```

Tatsächlich listet die Syntax den Befehl Get-Random zweimal auf, jeweils mit unterschiedlichen Parametern. Das sind die sogenannten *Parametersätze*. Es gibt den Befehl in Wirklichkeit also zweimal, und je nachdem, welche Parameter Sie verwenden, verhält er sich anders. Der erste Parameter bildet das Ziehen eines zufälligen Werts ab. Der zweite ist das Ziehen ohne Zurücklegen.

Alles, was in der Syntax nicht in eckigen Klammern steht, ist Pflicht. Im zweiten Parametersatz muss also mindestens der Wert für den Parameter -InputObject angegeben werden. Alles andere ist freiwillig.

Und auch bei Get-EventLog beschreibt die Syntax den Befehl auffallend vollständig:

```
PS> Get-EventLog -?
```

```
NAME
    Get-EventLog
```

```
ÜBERSICHT
    Gets the events in an event log, or a list of the event logs, on the local
    or remote computers.
```

```
SYNTAX
    Get-EventLog [-LogName] <String> [[-InstanceId] <Int64[]>] [-After
    <DateTime>] [-AsBaseObject] [-Before <DateTime>] [-ComputerName
    <String[]>] [-EntryType <String[]>] [-Index <Int32[]>] [-Message <String>]
    [-Newest <Int32>] [-Source <String[]>] [-UserName <String[]>]
    [<CommonParameters>]

    Get-EventLog [-AsString] [-ComputerName <String[]>] [-List]
    [<CommonParameters>]
```

Hier ist im ersten Parametersatz mindestens der Wert für den Parameter -LogName zwingend erforderlich. Den Parameternamen selbst braucht man nicht unbedingt anzugeben. Auch der Parameter -InstanceID lässt sich so entschlüsseln: Weder der Parameter noch sein Wert ist zwingend. Gibt man den Wert an, muss es sich um Daten vom Typ »Int64« handeln (ganze Zahlen). Und weil hinter dem Datentyp [] steht, kann es auch ein Array sein, also zum Beispiel viele kommaseparierte Werte.

Der folgende Aufruf ist also vollkommen legal (und würde aus dem Systemlogbuch alle Events mit den IDs 10 bis 200 auflisten:

```
PS> Get-EventLog System (10..200)
```

Die Syntax verrät, dass der Parameter -EntryType ebenfalls mehrere Werte haben darf. Der Datentyp »String« wird mit [] abgeschlossen. Wenn Sie also nicht nur Fehler, sondern vielleicht auch Warnungen auslesen möchten, wäre dieser Aufruf erlaubt und würde die neuesten zehn Fehler oder Warnungen ausgeben:

```
PS> Get-EventLog -LogName System -EntryType Error, Warning -Newest 10
```

Mit der Hilfe nach Cmdlets suchen

Dass beinahe alle Cmdlets über eigene Hilfedateien verfügen, haben Sie bereits erlebt. Jedes Cmdlet unterstützt den Parameter -?, mit dem man eine Kurzhilfe einschließlich der Befehlssyntax abrufen kann. Voraussetzung dafür ist also, dass man den Namen des gesuchten Cmdlets bereits kennt (und dass Sie, wie im letzten Kapitel gezeigt, die Hilfeinhalte mit Update-Help aus dem Internet heruntergeladen haben).

Die Hilfe kann aber auch Befehle für Sie finden, die Sie noch nicht kennen. Bevor Sie erfahren, wie das funktioniert, schauen Sie sich zunächst an, wie die Hilfe bei Cmdlets funktioniert, die Sie schon kennen. Hinter der Hilfe steckt das Cmdlet Get-Help, und sobald Sie mit dem Parameter -? die Kurzhilfe eines Cmdlets abrufen, verrät diese am Ende, mit welchen weiteren Befehlen Sie noch mehr Informationen erhalten können:

```
PS> Get-Process -?

NAME
    Get-Process
    (...)

HINWEISE
    Zum Aufrufen der Beispiele geben Sie Folgendes ein: "get-help Get-Process
    -examples".
    Weitere Informationen erhalten Sie mit folgendem Befehl: "get-help
    Get-Process -detailed".
    Technische Informationen erhalten Sie mit folgendem Befehl: "get-help
    Get-Process -full".
    Geben Sie zum Abrufen der Onlinehilfe Folgendes ein: "get-help Get-Process
-online"
```

Wer sich also für die Praxisbeispiele zu einem Cmdlet interessiert, verwendet Get-Help mit dem Parameter -Examples:

```
PS> Get-Help -Name Get-Process -Examples
```

Damit die vielen Informationen nicht an Ihnen vorbeisausen, sondern seitenweise angezeigt werden, ersetzen Sie Get-Help durch help. Jetzt wird stets nur eine Bildschirmseite gefüllt, und erst wenn Sie mit Lesen fertig sind, blättert ein Druck auf [Leertaste] zur nächsten Seite um. Mit [Strg]+[C] kann man die Ausgabe vorzeitig abbrechen.

Tipp

Wer die Hilfe zu einem Cmdlet lieber parallel in einem separaten Fenster anzeigen möchte, setzt -ShowWindow ein.

Durch die Volltextsuche finden Sie Informationen schnell: Geben Sie ein Stichwort ins *Suchen*-Feld am oberen Fensterrand ein, werden alle Vorkommnisse gelb markiert. Mit dem Schieberegler am rechten unteren Fensterrand lässt sich die Schriftgröße genau wie in ISE stufenlos anpassen. Außerdem kann über die Schaltfläche *Einstellungen* in der rechten oberen Ecke die Anzeige auf bestimmte Inhalte begrenzt werden. Aktivieren Sie darin beispielsweise nur die Kontrollkästchen *Syntax* und *Beispiele*, erhalten Sie eine Kurzübersicht über die Parameter, die ein Cmdlet unterstützt, sowie die Praxisbeispiele, die das Cmdlet im Einsatz demonstrieren.

Leider enthält Ihnen das Hilfefenster einige Hilfeinformationen vor (jedenfalls dann, wenn Sie die detaillierte Hilfe vorher mit `Update-Help` heruntergeladen haben). Die vollständige Hilfe mit allen Details lässt sich nur ohne Extrafenster mit dem Parameter `-Full` abrufen:

```
PS> Get-Help -Name Get-Process -Full
```

Immerhin könnten Sie die Hilfetexte beinahe genauso einfach in die Zwischenablage kopieren und von dort direkt in Ihre Lieblingstextverarbeitung einfügen, sie ausdrucken und als Bettlektüre verwenden:

```
PS> Get-Help -Name Get-Process –Examples | clip.exe
```

Unbekannte Befehle suchen

Um gänzlich unbekannte Cmdlets aufzuspüren, übergeben Sie `Get-Help` anstelle eines bestimmten Cmdlet-Namens einfach ein Suchwort. Möchten Sie zum Beispiel wissen, welche Cmdlets Windows-Dienste steuern, verwenden Sie als Suchwort `service`:

```
PS> Get-Help -Name service

Name                    Category  Module          Synopsis
----                    --------  ------          --------
Get-Service             Cmdlet    Microsoft.PowerShell.M... Gets the servic...
New-Service             Cmdlet    Microsoft.PowerShell.M... Creates a new W...
New-WebServiceProxy     Cmdlet    Microsoft.PowerShell.M... Creates a Web s...
Restart-Service         Cmdlet    Microsoft.PowerShell.M... Stops and then ...
Resume-Service          Cmdlet    Microsoft.PowerShell.M... Resumes one or ...
Set-Service             Cmdlet    Microsoft.PowerShell.M... Starts, stops, ...
Start-Service           Cmdlet    Microsoft.PowerShell.M... Starts one or m...
Stop-Service            Cmdlet    Microsoft.PowerShell.M... Stops one or mo...
Suspend-Service         Cmdlet    Microsoft.PowerShell.M... Suspends (pause...
```

Prompt listet `Get-Help` alle Cmdlets auf, in deren Hilfethema das Suchwort gefunden wurde. Weil `Get-Help` im Gegensatz zu `Get-Command` Zugriff auf die detaillierten Hilfetexte zu den einzelnen Cmdlets hat, erscheint in der Spalte `Synopsis` auch gleich zuvorkommenderweise die Kurzbeschreibung zu den einzelnen Cmdlets. Leider ist ausgerechnet diese Spalte wegen Platzmangels nicht vollständig lesbar. Sie haben schon einige Möglichkeiten kennengelernt, das Problem abgeschnittener Spalten zu beheben. Leiten Sie das Ergebnis zum Beispiel an `Format-Table` oder `Out-GridView` weiter.

Achtung

In frühen Versionen von PowerShell 5 enthielt `Get-Help` einen Bug, der die Suche stark verlangsamen kann. Eine Suche kann hier mitunter mehrere Minuten dauern. Dieser Fehler ist in aktuellen Versionen von PowerShell 5 behoben.

Kann `Get-Help` nur ein einziges infrage kommendes Cmdlet finden, zeigt es sofort dessen Hilfe an.

`Get-Help` kann Cmdlets auch auf andere Weise suchen. Interessieren Sie sich zum Beispiel für alle Cmdlets, die einen bestimmten Parameter wie `-ComputerName` unterstützen (und also höchstwahrscheinlich remotefähig sind), setzen Sie `Get-Help` mit dem Parameter `-Parameter` ein:

```
PS> Get-Help -Name * -Parameter ComputerName
```

Name	Category	Module	Synopsis
Invoke-Command	Cmdlet	Microsoft.PowerShell.Core	Runs c...
New-PSSession	Cmdlet	Microsoft.PowerShell.Core	Create...
Connect-PSSession	Cmdlet	Microsoft.PowerShell.Core	Reconn...
Receive-PSSession	Cmdlet	Microsoft.PowerShell.Core	Gets r...
Get-PSSession	Cmdlet	Microsoft.PowerShell.Core	Gets t...
Remove-PSSession	Cmdlet	Microsoft.PowerShell.Core	Closes...
Receive-Job	Cmdlet	Microsoft.PowerShell.Core	Gets t...
Enter-PSSession	Cmdlet	Microsoft.PowerShell.Core	Starts...
Add-Computer	Cmdlet	Microsoft.PowerShell.M...	Add th...
Clear-EventLog	Cmdlet	Microsoft.PowerShell.M...	Delete...
Get-EventLog	Cmdlet	Microsoft.PowerShell.M...	Gets t...
Get-HotFix	Cmdlet	Microsoft.PowerShell.M...	Gets t...
Get-Process	Cmdlet	Microsoft.PowerShell.M...	Gets t...
Get-Service	Cmdlet	Microsoft.PowerShell.M...	Gets t...
Get-WmiObject	Cmdlet	Microsoft.PowerShell.M...	Gets i...
Invoke-WmiMethod	Cmdlet	Microsoft.PowerShell.M...	Calls ...
Limit-EventLog	Cmdlet	Microsoft.PowerShell.M...	Sets t...
New-EventLog	Cmdlet	Microsoft.PowerShell.M...	Create...
Register-WmiEvent	Cmdlet	Microsoft.PowerShell.M...	Subscr...
Remove-Computer	Cmdlet	Microsoft.PowerShell.M...	Remove...
Remove-EventLog	Cmdlet	Microsoft.PowerShell.M...	Delete...
Remove-WmiObject	Cmdlet	Microsoft.PowerShell.M...	Delete...
Rename-Computer	Cmdlet	Microsoft.PowerShell.M...	Rename...
Restart-Computer	Cmdlet	Microsoft.PowerShell.M...	Restar...
Set-Service	Cmdlet	Microsoft.PowerShell.M...	Starts...
Set-WmiInstance	Cmdlet	Microsoft.PowerShell.M...	Create...
Show-EventLog	Cmdlet	Microsoft.PowerShell.M...	Displa...
Stop-Computer	Cmdlet	Microsoft.PowerShell.M...	Stops ...
Test-Connection	Cmdlet	Microsoft.PowerShell.M...	Sends ...
Write-EventLog	Cmdlet	Microsoft.PowerShell.M...	Writes...
Get-Counter	Cmdlet	Microsoft.PowerShell.D...	Gets p...
Get-WinEvent	Cmdlet	Microsoft.PowerShell.D...	Gets e...

(...)

Get-Help kann zudem allgemeine Hilfethemen durchsuchen, die nicht für ein bestimmtes Cmdlet gelten, sondern Informationen zu allgemeinen PowerShell-Themen anbieten. Möchten Sie beispielsweise mehr zu Operatoren erfahren, suchen Sie nach dem Stichwort operator:

```
PS> Get-Help -Name operator
```

Name	Category	Module	Synopsis
about_Arithmetic_Operators	HelpFile		Descri...
about_Assignment_Operators	HelpFile		Descri...
about_Comparison_Operators	HelpFile		Descri...
about_Logical_Operators	HelpFile		Descri...
about_Operators	HelpFile		Descri...
about_Operator_Precedence	HelpFile		Lists ...
about_Type_Operators	HelpFile		Descri...

Diesmal erhalten Sie die Namen sämtlicher allgemeiner Hilfethemen (die Spalte Category meldet hierfür diesmal HelpFile und nicht Cmdlet), die Operatoren beschreiben.

Um Hilfestellung zu einem der speziellen Themen zu bekommen, geben Sie den Namen der Hilfe (oder einen eindeutigen Teil davon) an und verwenden am besten `help` anstelle von `Get-Help`, um mit [Leertaste] bequem seitenweise durchblättern zu können:

```
PS> help -Name about_Comparison_Operators
PS> help -Name Comparison
```

Da die allgemeinen Hilfethemen mit `about_` beginnen und der Category `HelpFile` entsprechen, könnten Sie alle diese Themen auch auf einem der folgenden beiden Wege auflisten:

```
PS> Get-Help -Name about_*
PS> Get-Help -Category HelpFile
```

Befehl	Hilfedatei	Beschreibung
help compari [↵]	*about_Comparison_Operators*	Vergleichsoperatoren
help wildcard [↵]	*about_Wildcards*	Platzhalterzeichen
help special [↵]	*about_Special_Characters*	Sonderzeichen
help regular [↵]	*about_Regular_Expressions*	reguläre Ausdrücke
help redir [↵]	*about_Redirection*	Umleitung
help quot [↵]	*about_Quoting_Rules*	Anführungszeichen
help parsing [↵]	*about_Parsing*	Befehlsparsing
help escape [↵]	*about_Escape_Characters*	Textsonderzeichen
help _common [↵]	*about_CommonParameters*	allgemeine Parameter

Tabelle 2.2: Schnellabruf ausgewählter PowerShell-Themenkomplexe.

Mit Parametern Wünsche formulieren

Erst wenn Sie dem Cmdlet mit Parametern genauer mitteilen, was Sie eigentlich wollen, schöpfen Cmdlets ihr wahres Potenzial aus. Parameter sind übrigens der *einzige* Weg, das Verhalten eines Cmdlets zu beeinflussen. Während also ein Mensch üblicherweise sieben Sinne hat, um seine Umwelt wahrzunehmen, haben Cmdlets nur einen: ihre Parameter.

Falls ein Cmdlet ohne Angabe von Parametern bereits ungefähr das vollbringt, was Sie wollen, aber eben noch nicht ganz genau, schauen Sie sich seine Parameter genauer an, zum Beispiel mithilfe der Autovervollständigung oder der Hilfe zum Cmdlet. Sehr häufig findet sich der passende Parameter, damit das Cmdlet die gestellte Aufgabe noch besser lösen kann.

Parameter wecken das volle Potenzial der Cmdlets

Was Parameter aus einem unscheinbaren Cmdlet herausholen können, zeigt das Beispiel von `Get-Date`. Ohne Parameter liefert es das aktuelle Datum und die Uhrzeit und wirkt nicht unbedingt spektakulär:

```
PS> Get-Date
```

```
Montag, 10. September 2012 11:03:40
```

Cmdlets sind »schmal, aber tief«, also Spezialisten für ein bestimmtes Fachgebiet, das sie dann bis in alle Ecken und Winkel beleuchten. Das gilt auch für `Get-Date`. Es ist Ihr Universalbefehl für alle Aufgaben rund um Datum und Zeit. Welche Lösungen Get-Date anbietet, wird einzig durch seine Parameter gesteuert. Einen anderen Weg gibt es nicht. Die Autovervollständigung, die Hilfe oder IntelliSense in ISE zeigen diese Parameter an. Falls Get-Date also Ihre Aufgabe meistern kann, muss es dafür einen oder mehrere passende Parameter geben.

Alle folgenden Aufgaben können mit Get-Date und seinen Parametern gelöst werden. Widerstehen Sie möglichst dem Drang, nach der jeweiligen Aufgabe sofort die Lösung zu lesen. Ich kann Sie daran zwar augenscheinlich nicht hindern, aber nachhaltiger ist, die Lösung zuerst selbst zu suchen. Als Hilfsmittel haben Sie bereits die Cmdlet-Hilfe (Get-Help) kennengelernt, die Ihnen zahlreiche Beispiele und alle Beschreibungen zu unbekannten Parametern liefert:

```
PS> help -Name Get-Date -Examples            # zeigt die Codebeispiele für Get-Date an
PS> help -Name Get-Date -Parameter DisplayHint # ruft die Hilfe für den Parameter
                                             # "DisplayHint" ab
PS> help -Name Get-Date -ShowWindow          # zeigt die gesamte Hilfe zu Get-Date in
                                             # einem durchsuchbaren Extrafenster an
```

Nur das Datum oder nur die Zeit ausgeben

»Get-Date soll nur das aktuelle Datum ausgeben, aber nicht die Zeit (oder umgekehrt).«

Der Parameter -DisplayHint sorgt dafür, dass Get-Date nur das Datum, nur die Uhrzeit oder beides zur Ausgabe bringt:

```
PS> Get-Date -DisplayHint Date
Montag, 10. September 2012

PS> Get-Date -DisplayHint Time
11:29:37
```

Welche Werte der Parameter -DisplayHint akzeptiert, zeigt die Hilfe an:

```
PS> Get-Help -Name Get-Date -Parameter DisplayHint

-DisplayHint [<DisplayHintType>]
    Determines which elements of the date and time are displayed.

    Valid values are:

    -- Date: displays only the date

    -- Time: displays only the time

    -- DateTime: displays the date and time

    DateTime is the default. This parameter does not affect the DateTime
    object that Get-Date gets.
```

Sie können die erlaubten Werte auch der Fehlermeldung entnehmen, die Sie erhalten, wenn Sie einen unsinnigen Wert angeben:

```
PS> Get-Date -DisplayHint Unsinn
Get-Date : Der Parameter "DisplayHint" kann nicht gebunden werden. Der Wert
"Unsinn" kann nicht in den Typ "Microsoft.PowerShell.Commands.DisplayHintType"
konvertiert werden. Fehler: "Der Bezeichner "Unsinn" kann keinem gültigen
Enumeratornamen zugeordnet werden. Geben Sie einen der folgenden
Enumeratornamen an, und wiederholen Sie den Vorgang:
Date, Time, DateTime"
```

In ISE werden die erlaubten Werte sogar als IntelliSense-Menü angezeigt.

Den Wochentag eines bestimmten Datums errechnen

» Geben Sie den heutigen Wochentag (oder den Wochentag eines beliebigen anderen Datums) aus. Stellen Sie zum Beispiel fest, an welchem Tag Sie geboren wurden und ob Sie möglicherweise ein Sonntagskind sind.«

Der Parameter -Format legt fest, in welchem Format Get-Date das Datum und die Uhrzeit ausgibt. Die Hilfe zum Parameter -Format sagt dazu:

```
PS> Get-Help -Name Get-Date -Parameter Format

-Format [<String>]
    Displays the date and time in the Microsoft .NET Framework format
    indicated by the format specifier. Enter a format specifier. For a list of
    available format specifiers, see "DateTimeFormatInfo Class" in the MSDN
    (Microsoft Developer Network) library at
    http://go.microsoft.com/fwlink/?LinkId=143638.

    When you use the Format parameter, Windows PowerShell gets only the
    properties of the DateTime object that it needs to display the date in the
    format that you specify. As a result, some of the properties and methods
    of DateTime objects might not be available.
```

Die gültigen Formatbezeichner werden zwar nicht aufgeführt, dafür aber ein Link zu einer Webseite: *http://go.microsoft.com/fwlink/?LinkId=143638*. Sie listet im unteren Teil eine umfangreiche Tabelle mit den Platzhalterzeichen der einzelnen Datums- und Zeitinformationen auf. Alternativ blättern Sie vor zu Kapitel 7 und schauen sich den Abschnitt über den Formatierungsoperator -f an. Dort finden Sie die Tabellen mit allen erlaubten Platzhalterzeichen.

Hinweis

Die Groß- und Kleinschreibung dieser Platzhalterzeichen ist wichtig. Das Platzhalterzeichen m steht zum Beispiel für Minuten, während M den Monat repräsentiert – ein nicht ganz unerheblicher Unterschied.

Der Wochentag wird vom Platzhalterzeichen d (für day) repräsentiert:

```
PS> Get-Date -Format d
10.09.2012
PS> Get-Date -Format dd
10
PS> Get-Date -Format ddd
Mo
PS> Get-Date -Format dddd
Montag
```

Je mehr Platzhalterzeichen Sie also angeben, desto ausführlicher wird die Ausgabe, und dddd meldet schließlich den vollständigen Wochentag. Das funktioniert genau so mit den übrigen Platzhalterzeichen, die die Webseite auflistet. Sie können auch kombiniert werden, um beispielsweise einen Zeitstempel für Dateinamen zu generieren:

```
PS> Get-Date -Format 'yyyy-MM-dd HH-mm-ss-fff'
2012-09-10 11-47-20-375
```

Als Vorgabe verwendet Get-Date das aktuelle Datum und die aktuelle Uhrzeit. Möchten Sie ein anderes Datum (wie zum Beispiel Ihren Geburtstag) verwenden, geben Sie dieses Datum mit dem Parameter -Date an, und zwar am besten im kulturneutralen Format, das unabhängig von bestimmten regionalen Ländereinstellungen immer richtig interpretiert wird. Der Wochentag des 5. September 1968 berechnet sich also so:

```
PS> Get-Date -Format dddd -Date 1968-09-05
Donnerstag
```

Die aktuelle Kalenderwoche anzeigen

»Ermitteln Sie die aktuelle Kalenderwoche für das heutige Datum oder ein beliebiges anderes Datum.«

Mit dem Parameter -UFormat lässt sich die Ausgabe ganz ähnlich wie mit -Format speziell formatieren. Allerdings unterstützt -UFormat eine andere Liste von Platzhaltern, zu denen auch die Kalenderwoche gehört. Die Hilfe schreibt dazu:

```
PS> Get-Help -Name Get-Date -Parameter UFormat

-UFormat [<String>]
    Displays the date and time in UNIX format. For a list of the format
    specifiers, see the Notes section.

    When you use the UFormat parameter, Windows PowerShell gets only the
    properties of the DateTime object that it needs to display the date in the
    format that you specify. As a result, some of the properties and methods
    of DateTime objects might not be available.
```

Die erlaubten Platzhalterzeichen werden im Abschnitt HINWEISE der Hilfe angezeigt. Um diesen Abschnitt zu sehen, muss die Hilfe komplett angezeigt werden:

```
PS> Get-Help -Name Get-Date –Full

(…)
HINWEISE
        (…)
        Uformat Values:

        The following are the values of the UFormat parameter. The format for
        the command is:

        Get-Date -UFormat %<value>

        For example,

        Get-Date -UFormat %d

        Date-Time:

        Date and time - full

        (default) (Friday, June 16, 2006 10:31:27 AM)

        c     Date and time - abbreviated (Fri Jun 16 10:31:27 2006)


        Date:

        D     Date in mm/dd/yy format (06/14/06)
```

x   Date in standard format for locale (09/12/07 for English-US)

Year:

C   Century (20 for 2006)

Y   Year in 4-digit format (2006)

y   Year in 2-digit format (06)

G   Same as 'Y'

g   Same as 'y'

Month:

b   Month name - abbreviated (Jan)

B   Month name - full (January)

h   Same as 'b'

m   Month number (06)

Week:

W   Week of the year (00-52)

V   Week of the year (01-53)

U   Same as 'W'

Day:

a   Day of the week - abbreviated name (Mon)

A   Day of the week - full name (Monday)

u   Day of the week - number (Monday = 1)

d   Day of the month - 2 digits (05)

e   Day of the month - digit preceded by a space (5)

j   Day of the year - (1-366)

w   Same as 'u'

Time:

p   AM or PM

r   Time in 12-hour format (09:15:36 AM)

R   Time in 24-hour format - no seconds (17:45)

T   Time in 24 hour format (17:45:52)

X   Same as 'T'

```
Z   Time zone offset from Universal Time Coordinate (UTC) (-07)

Hour:

H   Hour in 24-hour format (17)

I   Hour in 12 hour format (05)

k   Same as 'H'

l   Same as 'I' (Upper-case I = Lower-case L)

Minutes & Seconds:

M   Minutes (35)

S   Seconds (05)

s   Seconds elapsed since January 1, 1970 00:00:00 (1150451174.95705)

Special Characters:

n   newline character (\n)
t   Tab character (\t)
```

Die aktuelle Kalenderwoche liefert der Platzhalter %V:

```
PS> Get-Date -UFormat %V
```

Und falls Sie die Kalenderwoche eines anderen Datums benötigen, geben Sie das Datum wieder mit dem Parameter -Date an. Die Kalenderwoche des 8. Juli 1967 bestimmen Sie so:

```
PS> Get-Date -UFormat %V -Date '2015-11-24'
47
```

Hinweis

Etwas gelogen ist das schon. Es gibt mehrere Definitionen dazu, was eine »Kalenderwoche« eigentlich ist und wann sie beginnt. Die deutsche Definition der Kalenderwoche stimmt nicht mit der Definition des Unix-Formats überein. Der 24. November 2015 lag in Deutschland in Kalenderwoche 48 und nicht 47, wie es Get-Date im letzten Beispiel berechnete.

Die Kalenderwoche in Deutschland ist nach ISO 8601 so definiert:

- Kalenderwochen haben sieben Tage, beginnen an einem Montag und werden über das Jahr fortlaufend nummeriert.

- Die Kalenderwoche 1 eines Jahres ist diejenige, die den ersten Donnerstag enthält.

Der Grund für die Diskrepanz bei der berechneten Kalenderwoche: In den USA beginnt die Woche mit dem Sonntag, in Europa dagegen mit dem Montag. Um die Kalenderwoche nach europäischen Maßstäben korrekt zu berechnen, bleibt nur der Rückgriff auf die Low-Level-Systemfunktionen, die normalerweise vor Ihnen abgeschirmt im Inneren der Cmdlets ablaufen und die erst sehr viel später in diesem Buch genauer besprochen werden:

```
# Kalenderwoche dieses Datums berechnen:
PS> $datum = Get-Date -Date '2015-11-24'

# Kalenderwoche (USA)
PS> (Get-Culture).Calendar.GetWeekOfYear($datum,'FirstFourDayWeek','Sunday')
47

# Kalenderwoche (Europa)
PS> (Get-Culture).Calendar.GetWeekOfYear($datum,'FirstFourDayWeek','Monday')
48
```

Das Datum vor 48 Stunden berechnen

»Berechnen Sie das Datum und die Uhrzeit von vor genau 48 Stunden und rufen Sie damit die Fehlerereignisse und Warnungen der letzten 48 Stunden aus dem Systemereignisprotokoll ab.«

Es findet sich kein Parameter, mit dem eine bestimmte Zeitmenge vom aktuellen Datum abgezogen werden kann. Ein Blick in die Beispiele des Cmdlets zeigt aber ein interessantes Codebruchstück:

```
PS> Get-Help -Name Get-Date –Examples

(...)
----------------------- EXAMPLE 5 -------------------------

    PS C:\>$a = Get-Date
    PS C:\>$a.IsDaylightSavingTime()
    True
    (…)
```

Offensichtlich ist es möglich, das Ergebnis von Get-Date in einer Variablen zu speichern und danach mit einem Punkt (.) auf weitere Befehle zuzugreifen. Jedenfalls spricht das Beispiel auf diese Weise den Befehl IsDaylightSavingTime() an, der offenbar feststellt, ob das Datum in die Sommerzeit fällt.

Sie sehen daran einerseits, dass die Codebeispiele der Hilfe keinerlei Rücksicht nehmen auf unsere Videospiellevels in diesem Buch und unter Umständen auch Techniken zeigen, die Sie noch gar nicht kennengelernt haben. Andererseits können Sie solche Beispiele durchaus aufgreifen und mit dem bereits gesammelten Wissen kombinieren.

Sie wissen schon, dass PowerShell eine Autovervollständigung besitzt, die in ISE sogar häufig automatisch als IntelliSense-Menü angezeigt wird. Wenn Sie das Codebeispiel in ISE eingeben, werden Sie schnell feststellen, wie man herausfindet, dass das von Get-Date gelieferte Ergebnis einen Befehl namens IsDaylightSavingTime() enthält (und welche sonstigen Befehle es noch gibt).

Das IntelliSense-Menü zeigt nicht nur den Befehl IsDaylightSavingTime an, sondern auch andere Befehle, die die Zeichen is enthalten, die Sie eingegeben haben. Verdächtig interessant ist zum Beispiel AddMilliseconds (der ebenfalls is enthält, nur eben nicht am Anfang).

Löschen Sie die Zeichen is wieder, sodass hinter der Variablen $datum nur noch ein Punkt steht, zeigt die Liste sämtliche Befehle an. Sollte sich das IntelliSense-Menü schon wieder geschlossen haben, drücken Sie [Strg]+[Leertaste], um es erneut zu öffnen.

Geben Sie nun Add ein, zeigt das IntelliSense-Menü alle Befehle mit diesem Schlüsselbegriff, und AddDays ist genau das, wonach Sie suchen. In der QuickInfo dahinter steht, wie der Befehl eingesetzt wird: Er erwartet eine Zahl mit Nachkommastellen (Datentyp double) und liefert ein neues Datum zurück (Datentyp datetime).

Zwar befinden wir uns hier definitiv nicht mehr im PowerShell-Videospiellevel 1, aber wirklich schwierig ist der neue Befehl trotzdem nicht; kennt man ihn erst, kann man damit künftig jederzeit schnell und einfach relative Datumsangaben berechnen lassen:

```
PS> $datum = Get-Date
PS> $datum.AddHours(-48)

Samstag, 8. September 2012 12:24:29
```

Und wer sich aus dem ersten Kapitel noch an die Bedeutung der runden Klammern erinnert, kann das auch in einer einzelnen Zeile ganz ohne Variablen formulieren:

```
PS> (Get-Date).AddHours(-48)

Samstag, 8. September 2012 12:24:29
```

Damit lassen sich jetzt auch die Fehler und Warnungen der letzten 48 Stunden auslesen, unabhängig davon – und ohne hardcodiertes Datum –, wann dieser Code ausgeführt wird:

```
PS> Get-EventLog -LogName System -EntryType Error,Warning -After (Get-Date).AddHours(-48)
```

Hinweis

Wenn die Zeile keine Ergebnisse liefert, gab es vielleicht gar keine Fehler und Warnungen in den letzten 48 Stunden. Um das zu überprüfen, wiederholen Sie den Aufruf einfach ohne den Parameter -After.

Drei universelle Parametertypen

Alle Parameter eines Cmdlets lassen sich auf drei grundlegende Parametertypen zurückführen. Ganz gleich also, welche Parameter ein Cmdlet unterstützt: Jeder dieser Parameter lässt sich eindeutig einem der drei Parametertypen in Tabelle 2.3 zuordnen.

Parametername	Argument	Typ
-ParameterName	Wert	benannter Parameter
-Parameter		Switch-Parameter
	Wert	positionaler Parameter

Tabelle 2.3: Die drei grundsätzlichen PowerShell-Parametertypen.

Im Grunde handelt es sich bei den drei Parametertypen und die drei denkbaren Kombinationsmöglichkeiten aus Parametername und Argument.

Benannte Parameter

Am häufigsten begegnet Ihnen der »benannte Parameter«: Er ist immer ein Schlüssel/Wort-Paar. Dieses Paar besteht aus dem Parameternamen, der stets am Bindestrich vor seinem Namen erkannt werden kann, und dem ihm zugewiesenen Wert, also seinem »Argument«.

Benannte Parameter bieten ein »explizites Binding«: Weil Sie den Parameternamen selbst vor Ihr Argument schreiben, legen Sie unmissverständlich fest, an welchen Parameter Ihr Argument gehen soll. Sie überlassen diese wichtige Entscheidung also nicht irgendwelchen Automatismen, und das führt zu robusterem, schnellerem und zudem noch besser lesbarem Code.

Im folgenden Befehlsaufruf finden sich zwei benannte Parameter. Dem Parameter `-LogName` wird das Argument `System` zugewiesen und dem Parameter `-EntryType` das Argument *Error*:

```
PS> Get-EventLog -LogName System -EntryType Error
```

Dieser Code ist selbstbeschreibend, also gut lesbar, weil durch den vorangestellten Parameternamen klar ist, was die Argumente bedeuten. Die Reihenfolge der Parameter spielt bei benannten Parametern ebenfalls keine Rolle. Entsprechend leistet dieser Befehlsaufruf mit anderer Parameterreihenfolge genau dasselbe wie das zurückliegende Beispiel:

```
PS> Get-EventLog -EntryType Error -LogName System
```

Dieses Grundprinzip findet sich bei allen Cmdlet-Aufrufen immer wieder. Der folgende Befehl listet alle Protokolldateien aus dem Windows-Ordner auf und setzt dazu erneut zwei benannte Parameter ein:

```
PS> Get-ChildItem -Path c:\windows -Filter *.log
```

Switch-Parameter

Manche Parameter sollen nur bestimmte Funktionalitäten ein- oder ausschalten. Anstatt einem Parameter dabei die Werte `$true` oder `$false` zuzuweisen, verwendet man stattdessen einen Switch-Parameter. Er funktioniert ähnlich wie ein Lichtschalter: Gibt man ihn an, gilt die Funktion als eingeschaltet, andernfalls ausgeschaltet. Switch-Parameter besitzen also kein folgendes Argument, sondern werden nur angegeben oder weggelassen.

Wenn Sie also die Protokolldateien nicht nur im Windows-Ordner suchen möchten, sondern auch in allen seinen Unterordnern, schalten Sie die Rekursion mit dem Switch-Parameter `-Recurse` ein:

```
PS> Get-ChildItem -Path c:\windows -Filter *.log -Recurse
```

Verzichten Sie auf die Angabe des Parameters, wird entsprechend ohne Rekursion nur im angegebenen Ordner gesucht.

Hinweis

Es kann durchaus sein, dass dieses Beispiel (genau wie einige der folgenden) neben den gewünschten Resultaten auch Fehlermeldungen ausgeben. Ein Grund dafür könnte sein, dass die Rekursion auch Unterordner untersuchen will, für die Sie gar keine Zugriffsberechtigungen besitzen. Sie erfahren gleich, wie störende Fehlermeldungen unterdrückt werden können. Ignorieren Sie die roten Fehlermeldungen einstweilen einfach freundlich.

Damit auch versteckte Dateien gefunden werden, fügen Sie den Switch-Parameter `-Force` hinzu:

```
PS> Get-ChildItem -Path c:\windows -Filter *.log -Recurse -Force
```

Weil Switch-Parameter genau wie benannte Parameter eindeutig benannt sind, spielt bei ihnen die Reihenfolge ebenfalls keine Rolle.

Switch-Parameter gibt es bei vielen Cmdlets. `Get-Process` listet normalerweise alle laufenden Prozesse auf:

```
PS> Get-Process
```

Geben Sie den Switch-Parameter `-FileVersionInfo` an, schaltet das Cmdlet in einen anderen Modus und zeigt jetzt die den Prozessen zugrunde liegenden Dateien (samt ihren Versionen) an.

```
PS> Get-Process -FileVersionInfo
```

Auch bei `Get-EventLog` ist Ihnen bereits ein Switch-Parameter begegnet: Der Parameter `-List` schaltet das Cmdlet in den Listenmodus, bei dem nicht mehr die Einträge eines bestimmten Ereignisprotokolls ausgegeben werden, sondern die Namen der vorhandenen Ereignisprotokolle:

```
PS> Get-EventLog -List
```

Positionale Parameter

Neben dem »expliziten Binding« gibt es auch das »implizite Binding«, das immer dann stattfindet, wenn Sie einem Cmdlet nur Ihre Argumente übergeben, ohne durch Parameterangabe selbst festzulegen, an welche Parameter Ihre Argumente gebunden werden sollen. Möglich ist das nur bei manchen Parametern. Die Parameter müssen also positionale Argumente akzeptieren und eine definierte Position besitzen.

Beim »impliziten Binding« übernimmt PowerShell dann die Aufgabe, das Argument an einen Parameter zu übergeben (oder zu »binden«). Wie bei allen Aufgaben, die Sie aus der Hand geben und an andere delegieren, verlieren Sie dabei die Kontrolle und müssen sich darauf verlassen, dass PowerShell Ihr Argument an den richtigen (nämlich den von Ihnen gewünschten) Parameter übergibt. Deshalb können positionale Parameter leicht zu Fehlern führen, denn manchmal ist PowerShell anderer Meinung als Sie. Außerdem sind solche Befehle schlechter lesbar, weil ohne Angabe des Parameternamens nicht mehr klar ersichtlich ist, welche Bedeutung ein bestimmtes Argument überhaupt hat.

Gedacht sind positionale Parameter für erfahrene PowerShell-Anwender und auch nur für Code, der keine lange Lebensspanne hat – also für Direkteingaben beispielsweise, wenn es schnell gehen muss. Positionale Parameter haben jedenfalls in Skripten absolut nichts zu suchen (wenngleich sie dort nicht ausdrücklich verboten sind): Skripte müssen auch nach Wochen und Monaten noch lesbar und nachvollziehbar sein.

Hier sind Beispiele für Befehlsaufrufe, die positionale Parameter einsetzen:

```
PS> Get-Service spooler
PS> Get-ChildItem c:\windows *.log
PS> Get-EventLog System
```

Positionale Parameter sind grundsätzlich immer nur eine besondere Form eines benannten Parameters. Entsprechend können positionale Parameter *immer* in benannte Parameter umgewandelt werden. Die drei Aufrufe hätten also auch mit benannten Parametern formuliert werden können:

```
PS> Get-Service -Name Spooler
PS> Get-ChildItem -Path c:\windows -Filter *.log
PS> Get-EventLog -LogName System
```

Was die Frage aufwirft, woher PowerShell überhaupt weiß, welchen Parametern ein positionales Argument zugeordnet werden soll. Wie leitet PowerShell also ab, dass das unbenannte Argument Spooler ausgerechnet an den Parameter Name gebunden werden soll?

Dazu kann jedes Cmdlet seinen Parametern Positionsnummern zuteilen. Bei Get-Service trägt der Parameter Name die Position 1. Ihm wird also das erste unbenannte Argument zugewiesen:

```
PS> Get-Help -Name Get-Service -Parameter Name

-Name <String[]>
(…)
    Erforderlich?              false
    Position?                 1
    Standardwert              All services
    Pipelineeingaben akzeptieren?true (ByPropertyName, ByValue)
    Platzhalterzeichen akzeptieren?true
```

Tipp

Die Hilfe zum Parameter verrät Ihnen nebenbei auch, ob ein Parameter zwingend nötig ist. Muss ein Parameter eingegeben werden, wie der Parameter -LogName bei Get-EventLog, steht hinter Erforderlich? der Wert true:

```
PS> Get-Help -Name Get-EventLog -Parameter LogName

-LogName <String>
    (…)
    Erforderlich?              true
    Position?                 1
    (…)
```

Sie haben auch schon gesehen, was geschieht, wenn Sie einen erforderlichen Parameter nicht angeben: Das Cmdlet fragt dann kurzerhand nach.

Bei Get-ChildItem trägt der Parameter Path die Position 1 und der Parameter Filter die Position 2. Gibt man zwei unbenannte Argumente also genau in dieser Reihenfolge an, werden sie an die richtigen Parameter gebunden.

```
PS> Get-Help -Name Get-ChildItem -Parameter Path

-Path <String[]>
    (…)
    Position?                 1
    (…)

PS> Get-Help -Name Get-ChildItem -Parameter Filter

-Filter <String>
    (…)
    Position?                 2
    (…)
```

Welche Parameter überhaupt eine Position tragen (und welche Position das ist), verrät auch die Syntax eines Cmdlets, und zwar für alle Parameter auf einen Blick:

```
PS> Get-ChildItem -?
```

```
NAME
    Get-ChildItem
```

```
ÜBERSICHT
    Gets the items and child items in one or more specified locations.
```

```
SYNTAX
    Get-ChildItem [[-Path] <String[]>] [[-Filter] <String>] [-Exclude
    <String[]>] [-Force] [-Include <String[]>] [-Name] [-Recurse]
    [-UseTransaction [<SwitchParameter>]] [<CommonParameters>]

    Get-ChildItem [[-Filter] <String>] [-Exclude <String[]>] [-Force]
    [-Include <String[]>] [-Name] [-Recurse] -LiteralPath <String[]>
    [-UseTransaction [<SwitchParameter>]] [<CommonParameters>]
```

Positionale Parameter erkennt man daran, dass sie mit eckigen Klammern als »optional« gekennzeichnet sind, also allein in eckigen Klammern stehen, ohne dass sich ihr Argument mit in dieser (innersten) eckigen Klammerebene befindet.

Parameter ohne Argument, also Switch-Parameter, sind nie positional.

Wie sich herausstellt, sind längst nicht alle Parameter mit einer Position versehen. Bei Get-ChildItem sind nur die Parameter -Path und -Filter positional verwendbar. Alle übrigen Parameter müssen benannt werden, wenn man sie verwenden will.

Bei [-Exclude <String[]>] etwa ist -Exclude nicht allein eingeklammert, auch das Argument <String[]> ist noch in der gleichen eckigen Klammerebene enthalten. Also erfüllt der Parameter nicht die Voraussetzungen eines positionalen Parameters.

Alle Parameter eines Cmdlets listet die Hilfe übrigens auf, indem für den Parameternamen das Platzhalterzeichen * angegeben wird:

```
PS> Get-Help Get-Process -Parameter *
```

Spätestens jetzt leuchtet ein, dass Parameter, die keine Position zugewiesen bekommen haben, in der Hilfe als named (also *benannt*) bezeichnet werden.

Tipp

Weil positionale Parameter nur eine Abkürzung für schnelle Eingaben im hektischen Alltag sind, werden nur lediglich am häufigsten benötigten Parameter üblicherweise mit einer Position versehen. Selbst wenn Sie sich also aus Stilgründen gegen die Verwendung positionaler Parameter entscheiden, identifizieren Sie bei einem unbekannten Cmdlet auf diese Weise schnell seine wichtigsten Parameter. Die allerwichtigsten Parameter eines Cmdlets sind stets mit einer Position versehen und/oder zwingend erforderlich.

Zwingend erforderliche Parameter lassen sich in der Syntax mit etwas Übung ebenfalls identifizieren:

```
PS> Get-EventLog -?
```

```
NAME
    Get-EventLog
```

ÜBERSICHT
    Gets the events in an event log, or a list of the event logs, on the local
    or remote computers.

SYNTAX
    Get-EventLog [-LogName] **<String>** [[-InstanceId] <Int64[]>] [-After
    <DateTime>] [-AsBaseObject] [-Before <DateTime>] [-ComputerName
    <String[]>] [-EntryType <String[]>] [-Index <Int32[]>] [-Message <String>]
    [-Newest <Int32>] [-Source <String[]>] [-UserName <String[]>]
    [<CommonParameters>]

    Get-EventLog [-AsString] [-ComputerName <String[]>] [-List]
    [<CommonParameters>]

Tatsächlich gibt es im Beispiel nur einen Pflichtparameter, nämlich -Logname. Es darf Sie an dieser Stelle nicht irritieren, dass der Parameter -Logname selbst in eckigen Klammern steht. Sein Argument ist entscheidend, und dieses Argument steht nicht in eckigen Klammern. Das Argument muss also angegeben werden.

Common Parameter – allgemeine Parameter für alle Cmdlets

Cmdlets regeln nur die speziellen Dinge, für die sie erfunden wurden. Alle allgemeinen Aufgaben, die sämtliche Cmdlets gleichermaßen betreffen, werden von PowerShell erledigt. Deshalb unterstützen Cmdlets neben ihren eigenen individuellen Parametern zusätzlich eine Reihe sogenannter »Common Parameter«.

Die Common Parameter werden im Hilfethema about_commonParameters beschrieben, das man sich am besten in einem separaten Fenster anzeigen lässt:

```
PS> help about_CommonParameters -ShowWindow
```

Allgemeiner Parameter	Typ	Beschreibung
-Verbose	Switch	Zeigt Informationen an, die eine Funktion oder ein Cmdlet über Write-Verbose ausgibt. Ohne diesen Parameter werden diese Ausgaben normalerweise unterdrückt.
-Debug	Switch	Zeigt Debug-Meldungen an, die eine Funktion oder ein Cmdlet mit Write-Debug ausgibt, und fragt dann nach, ob die Ausführung unterbrochen werden soll.
-ErrorAction	Wert	Legt fest, wie sich das Cmdlet bei einem Fehler verhalten soll. Erlaubte Werte: *Continue:* Fehler melden und fortsetzen (Vorgabe) *SilentlyContinue:* keinen Fehler melden, weitermachen *Suspend (nur in Workflows erlaubt):* hält den Workflow im Fehlerfall an, sodass der Workflow nach Analyse der Fehlerursache fortgesetzt werden kann *Stop:* Fehler melden und abbrechen *Ignore:* keinen Fehler melden, aber Fehler in $error protokollieren und weitermachen *Inquire:* nachfragen Die Vorgabe wird mit der Variablen $ErrorActionPreference festgelegt und ist normalerweise auf Continue eingestellt.
-ErrorVariable	Wert	Fehlermeldungen in der angegebenen Variablen protokollieren. Dieser Parameter verlangt den *Namen* einer Variablen (ohne vorangestelltes Dollarzeichen).

Tabelle 2.4: Allgemeine Parameter, die für (fast) alle Cmdlets gelten.

Allgemeiner Parameter	Typ	Beschreibung
-OutBuffer	Wert	Legt fest, wie viele Ergebnisobjekte anfallen müssen, bevor diese en bloc an das nächste Cmdlet einer Pipeline weitergegeben werden. Normalerweise wird jedes Ergebnis einzeln sofort an den nächstfolgenden Pipeline-Befehl weitergereicht.

-OutVariable	Wert	Name einer Variablen, in der das Ergebnis des Cmdlets gespeichert werden soll. Nützlich, wenn das Ergebnis eines Cmdlets sowohl in einer Variablen gespeichert als auch in die Konsole ausgegeben werden soll:
		
		`$ergebnis = Get-ChildItem`
		
		Weisen Sie das Ergebnis zusätzlich einer Variablen zu, wird es in die Konsole ausgegeben und in einer Variablen gespeichert:
		
		`Get-ChildItem -OutVariable ergebnis`

-PipelineVariable	Wert	Speichert das aktuelle Pipeline-Ergebnis in einer Variablen, damit es von verschachtelten Schleifen nicht überschrieben wird:
		
		`1..254 | Foreach-Object -PipelineVariable A { $_ } |`
		`Foreach-Object { 1..254 } |`
		`Foreach-Object { "192.168.$A.$_" }`
		Entspricht diesem klassischen Ansatz:
		`1..254 | Foreach-Object {$A = $_; $_ } |`
		`Foreach-Object { 1..254 } |`
		`Foreach-Object { "192.168.$A.$_" }`

-WarningAction	Wert	Bestimmt, was mit Warnungen geschehen soll, die ein Cmdlet oder eine Funktion mit Write-Warning ausgibt. Erlaubte Werte: *Continue:* Warnung ausgeben und fortsetzen (Vorgabe) *Stop:* Warnung ausgeben und abbrechen *SilentlyContinue:* Warnung unterdrücken, fortfahren *Inquire:* nachfragen Die Vorgabe wird mit der Variablen $WarningPreference festgelegt und ist normalerweise auf Continue eingestellt.
-WarningVariable	Wert	Name einer Variablen, in der Warnungsmeldungen eines Cmdlets oder einer Funktion gespeichert werden, die mit Write-Warning ausgegeben wurden.
-WhatIf	Switch	Simuliert einen Befehl nur, ohne ihn wirklich auszuführen. Dieser Switch-Parameter wird nur von Cmdlets unterstützt, die tatsächlich Änderungen am System vornehmen würden.
-Confirm	Switch	Fragt für jede Aktion eines Befehls zuerst nach, bevor der Befehl Änderungen vornimmt. Dieser Switch-Parameter steht nur bei Cmdlets zur Verfügung, die Änderungen am System vornehmen.

Tabelle 2.4: Allgemeine Parameter, die für (fast) alle Cmdlets gelten. (Forts.)

Fehlermeldungen unterdrücken

Cmdlets enthalten grundsätzlich einen Fehlerhandler, der die meisten Fehler abfängt und dann entscheidet, was geschehen soll. Die Vorgabe hierfür stammt aus der Variablen $ErrorActionPreference und lautet normalerweise Continue: Das Cmdlet gibt die Fehlermeldung in Rot aus und fährt dann fort.

Bevorzugen Sie im Fehlerfall eine andere Maßnahme, verwenden Sie den Parameter -ErrorAction und geben dahinter die gewünschte Aktion an:

Aktion	Beschreibung
SilentlyContinue	Fehlermeldung unterdrücken und fortfahren. Die Fehlermeldung wird in der Variablen $error protokolliert.
Ignore	Fehlermeldung unterdrücken und fortfahren. Die Fehlermeldung wird nicht protokolliert (ab PowerShell Version 3.0).
Stop	Fehlermeldung ausgeben und anhalten.
Continue	Fehlermeldung ausgeben und fortfahren (die Vorgabe).
Inquire	Nachfragen, welche Aktion durchgeführt werden soll.
Suspend	Nur für Workflows: Workflow anhalten. Der Workflow kann später fortgesetzt werden.

Tabelle 2.5: Mögliche Cmdlet-Aktionen im Fehlerfall.

Die gleichen Aktionen wie die aus Tabelle 2.5 können auch der Variablen $ErrorActionPreference zugewiesen werden und gelten dann für alle Cmdlets, bei denen Sie nicht ausdrücklich mit dem Parameter -ErrorAction eine Auswahl getroffen haben.

Möchte man Fehlermeldungen kurzerhand unterdrücken, weil man sicher weiß, dass die Fehlermeldungen keine Bedeutung für die Aufgabe haben, die man zu lösen hat, kann das Argument SilentlyContinue eingesetzt werden:

```
PS> Get-Process -FileVersionInfo -ErrorAction SilentlyContinue
```

Es funktioniert: Der Befehl liefert Informationen, aber verzichtet auf störende rote Fehlermeldungen für Prozesse, auf die er nicht zugreifen kann. Gleiches gilt, wenn Sie mit Get-ChildItem rekursiv nach Dateien suchen und dabei mögliche Zugriffsverletzungen auf Unterordner ignorieren möchten:

```
PS> Get-ChildItem -Path c:\windows -Filter *.ps1 -Recurse -Force -ErrorAction SilentlyContinue
```

Mit Stop kann das Verhalten im Fehlerfall aber auch verschärft werden: Das Cmdlet bricht dann beim ersten Fehler die Arbeit ab.

Unvollständige Parameternamen

Parameternamen müssen nicht vollständig angegeben werden, solange das, was Sie angeben, eindeutig ist. Die folgende Zeile ist also erlaubt, weil Get-ChildItem nur einen Parameter kennt, der mit dem Buchstaben r beginnt:

```
PS> Get-ChildItem C:\Windows *.dll -r
```

Auch diese Zeile ist erlaubt:

```
PS> Get-ChildItem -pa C:\Windows -fi *.dll -r
```

Kürzen Sie Parameter so stark, dass sie nicht mehr eindeutig zugeordnet werden können, quittiert PowerShell das mit einer roten Fehlermeldung, in der die mehrdeutigen Parameternamen genannt werden:

```
PS> Get-ChildItem -pa C:\Windows -f *.dll -r

Get-ChildItem : Der Parameter kann nicht verarbeitet werden, da der Parametername "f" nicht
eindeutig ist. Mögliche Übereinstimmungen:  -Filter -Force.
```

Wie sich zeigt, gibt es zwei Parameter, die mit *f* beginnen, sodass -f nicht eindeutig ist.

Unvollständige Parameternamen sollten indes der Vergangenheit angehören. Inzwischen ist die Autovervollständigung von PowerShell so leistungsfähig, dass es Sie nur einen Druck auf ⇥ kostet, um Parameternamen automatisch ausschreiben zu lassen.

Parameter mit Aliasnamen abkürzen

Häufig benötigte Parameter können darüber hinaus mit sogenannten Aliasnamen versehen sein. Aliasnamen sind zusätzliche Kurznamen, unter denen man Parameter alternativ ansprechen kann.

Sie haben schon den Parameter -ErrorAction kennengelernt, mit dessen Hilfe man Fehlermeldungen unterdrücken kann. Der Aliasname dieses Parameters lautet -ea (was man bei PowerShell 2.0 noch auswendig wissen musste, weil die Aliasnamen der PowerShell-Parameter in der Hilfe normalerweise nicht verraten werden. Aber ab PowerShell 3.0 lassen sie sich per Befehl ermitteln. Sie erfahren gleich, wie).

Die folgenden beiden Zeilen haben also identische Wirkung und sorgen dafür, dass alle Notepad-Instanzen geschlossen werden. Läuft kein Notepad, wird keine Fehlermeldung mehr ausgegeben:

```
PS> Stop-Process -Name Notepad -ErrorAction SilentlyContinue
```

```
PS> Stop-Process -Name Notepad -ea SilentlyContinue
```

Profitipp

Tatsächlich kann man den letzten Aufruf noch sehr viel kürzer fassen, wenn man will. Mit dem folgenden Aufruf findet man heraus, ob es für das Cmdlet **Stop-Process** kürzere Aliasnamen gibt:

```
PS> Get-Alias -Definition Stop-Process
```

```
CommandType     Name
-----------     ----
Alias           kill -> Stop-Process
Alias           spps -> Stop-Process
```

Außerdem kann der Parametername verkürzt werden. Damit ergibt sich dieser Aufruf:

```
PS> kill -n Notepad -ea SilentlyContinue
```

Schließlich kann anstelle der Konstanten **SilentlyContinue** auch dessen zugrunde liegender Zahlenwert angegeben werden, was den Aufruf zwar noch kürzer, dafür dann aber beinahe unleserlich macht:

```
PS> kill -n Notepad -ea 0
```

Die Aliasnamen eines Parameters sind, wie bereits erwähnt, normalerweise gut versteckt. Möchten Sie trotzdem wissen, über welche Aliasnamen ein Parameter angesprochen werden kann, setzen Sie die folgende etwas kryptische Zeile Code ein (aber beschweren Sie sich bitte nicht, dass darin Techniken vorkommen, die den aktuellen Videospiellevel übersteigen und erst in den folgenden Kapiteln erklärt werden). Sie liefert eine Übersicht der Parameter von **Get-ChildItem** und der jeweils zugewiesenen Aliasnamen – jedenfalls dann, wenn Sie PowerShell 3.0 verwenden:

```
PS> (Get-Command -Name Get-ChildItem).Parameters.Values | Select-Object -Property Name, Aliases

Name                  Aliases
----                  -------
Path                  {}
LiteralPath           {PSPath}
Filter                {}
Include               {}
Exclude               {}
Recurse               {s}
Depth                 {}
Force                 {}
Name                  {}
Verbose               {vb}
Debug                 {db}
ErrorAction           {ea}
WarningAction         {wa}
InformationAction     {infa}
ErrorVariable         {ev}
WarningVariable       {wv}
InformationVariable   {iv}
OutVariable           {ov}
OutBuffer             {ob}
PipelineVariable      {pv}
UseTransaction        {usetx}
Attributes            {}
Directory             {ad, d}
File                  {af}
Hidden                {ah, h}
ReadOnly              {ar}
System                {as}
```

Konflikte bei Parameternamen

Übrigens können Sie die Parametererkennung auch ausdrücklich abschalten. Nötig ist das nur in dem seltenen Fall, dass ein Argument genauso lautet wie ein Parametername und deshalb ausdrücklich nicht als Parameter verstanden werden soll. Möchten Sie also unbedingt mit Write-Host den Text -BackgroundColor ausgeben, käme es normalerweise zu einem Konflikt:

```
PS> Write-Host -BackgroundColor
```

Write-Host : Fehlendes Argument für den Parameter "BackgroundColor". Geben Sie einen Parameter vom Typ "System.ConsoleColor" an, und versuchen Sie es erneut.

Hier könnten Sie die Parametererkennung mit zwei aufeinanderfolgenden Bindestrichen (--) ausdrücklich ausschalten. Alles, was diesen beiden Zeichen folgt (bis zum Zeilenende), wird nicht länger als Parameter erkannt:

```
PS> Write-Host -- -BackgroundColor
-BackgroundColor
```

Wirklich notwendig ist das allerdings nicht. Es würde auch genügen, den Text einfach in Anführungszeichen zu setzen:

```
PS> Write-Host "-BackgroundColor"
-BackgroundColor
```

Parameter-Binding sichtbar machen

Alle Abkürzungen und Tricks, die Sie in diesem letzten Abschnitt kennengelernt haben, sind zwar erlaubt, produzieren aber im Extremfall beinahe unleserlichen Code und sind deshalb außer zur Jobsicherung nicht zu empfehlen.

Schauen Sie sich dazu die zwei folgenden Befehle an. Sie verrichten beide dasselbe und listen alle JPEG-Bilder auf, die sich im Windows-Ordner oder einem seiner Unterordner befinden. Der erste Befehl schöpft sämtliche Tricks zur Abkürzung aus, der zweite dagegen verzichtet auf Abkürzungen und Tricks und hält sich an alle Formalismen wie aus dem Lehrbuch. Welchen würden Sie leichter verstehen, wenn Sie ihm in einem Skript begegnen?

```
PS> ls -r $env:windir -n *.jpg -ea 0
PS> Get-ChildItem -Path $env:windir -Filter *.jpg -Name -Recurse -ErrorAction SilentlyContinue
```

Möchten Sie genauer herausfinden, wie PowerShell Ihre Parameter implizit an ein Cmdlet bindet, greifen Sie zum Diagnose-Cmdlet Trace-Command. Diesem Cmdlet kann man einen Befehlsaufruf übergeben und dann nachvollziehen, in welcher Reihenfolge und auf welche Weise PowerShell die angegebenen Parameter den verfügbaren Parametern zuordnet.

Analysieren Sie zum Beispiel die kryptischer der beiden letzten Beispielzeilen. Sie dürfen die Ausgabe mit ⌜Strg⌝+⌜C⌝ übrigens abbrechen, denn hier interessiert nur das initiale ParameterBinding, und der Befehl selbst benötigt wegen der rekursiven Suche doch geraume Zeit.

Der Analyseaufruf verrät, wie sich PowerShell hinter den Kulissen anstrengt, die übergebenen Argumente an die Parameter des Cmdlets zu binden. Jedes Analyseergebnis beginnt mit DEBUG: ParameterBinding Information: 0 :, weswegen dieses Präfix aus Platzgründen in der Ausgabe des folgenden Befehls entfernt wurde – also nicht wundern, wenn es bei Ihnen etwas anders aussieht:

```
PS> Trace-Command -psHost -Name ParameterBinding { ls -r $env:windir -n *.jpg -ea 0 }

BIND NAMED cmd line args [Get-ChildItem]
  BIND arg [True] to parameter [Recurse]
    COERCE arg to [System.Management.Automation.SwitchParameter]
    Parameter and arg types the same, no coercion is needed.
    BIND arg [True] to param [Recurse] SUCCESSFUL
  BIND arg [True] to parameter [Name]
    COERCE arg to [System.Management.Automation.SwitchParameter]
    Parameter and arg types the same, no coercion is needed.
    BIND arg [True] to param [Name] SUCCESSFUL
  BIND arg [0] to parameter [ErrorAction]
    COERCE arg to [System.Management.Automation.ActionPreference]
    Trying to convert argument value from System.Int32 to
System.Management.Automation.ActionPreference
      CONVERT arg type to param type using LanguagePrimitives.ConvertTo
      CONVERT SUCCESSFUL using LanguagePrimitives.ConvertTo: [SilentlyContinue]
    BIND arg [SilentlyContinue] to param [ErrorAction] SUCCESSFUL
BIND POSITIONAL cmd line args [Get-ChildItem]
  BIND arg [C:\Windows] to parameter [Path]
    Binding collection parameter Path: argument type [String], parameter type [System.String[]],
      collection type Array, element type [System.String], no coerceElementType
    Creating array with element type [System.String] and 1 elements
    Argument type String is not IList, treating this as scalar
    Adding scalar element of type String to array position 0
    BIND arg [System.String[]] to param [Path] SUCCESSFUL
  BIND arg [*.jpg] to parameter [Filter]
```

```
   BIND arg [*.jpg] to param [Filter] SUCCESSFUL
BIND cmd line args to DYNAMIC parameters.
   DYNAMIC parameter object: [Microsoft.PowerShell.Commands.GetChildDynamicParameters]
MANDATORY PARAMETER CHECK on cmdlet [Get-ChildItem]
CALLING BeginProcessing
CALLING EndProcessing
```

Die erfolgreichen Bindungen sind jeweils fett hervorgehoben.

Neue Cmdlets aus Modulen nachladen

Cmdlets sind grundsätzlich in Modulen beheimatet. Das gilt auch für die Basis-Cmdlets, die PowerShell selbst mitbringt. Um zu sehen, aus welchen Modulen ein Cmdlet eigentlich stammt, fragen Sie einfach Get-Command:

```
PS> Get-Command -CommandType Cmdlet

CommandType  Name                          ModuleName
-----------  ----                          ----------
Cmdlet       Add-Computer                  Microsoft.PowerShell.Management
Cmdlet       Add-Content                   Microsoft.PowerShell.Management
Cmdlet       Add-History                   Microsoft.PowerShell.Core
Cmdlet       Add-Member                    Microsoft.PowerShell.Utility
Cmdlet       Add-PSSnapin                  Microsoft.PowerShell.Core
Cmdlet       Add-Type                      Microsoft.PowerShell.Utility
Cmdlet       Checkpoint-Computer           Microsoft.PowerShell.Management
Cmdlet       Clear-Content                 Microsoft.PowerShell.Management
Cmdlet       Clear-EventLog                Microsoft.PowerShell.Management
Cmdlet       Clear-History                 Microsoft.PowerShell.Core
(...)
```

In der Spalte ModuleName wird nun das Modul genannt, das das jeweilige Cmdlet beherbergt. PowerShell bringt diese Module mit:

Name	PS	Bedeutung
BitsTransfer	2.0	Zugriff auf den »Background Intelligent Transfer Service« (BITS)
CimCmdlets	3.0	Cmdlets der zweiten Generation für den Zugriff auf WMI-Informationen.
ISE	3.0	Erweiterungsbefehle für den ISE-Editor.
Microsoft.PowerShell.Archive	5.0	Unterstützung für ZIP-Archive.
Microsoft.PowerShell.Core	2.0	Basis-Cmdlets der PowerShell.
Microsoft.PowerShell.Diagnostics	2.0	Cmdlets zu Ereignisprotokollen und Performance-Countern.
Microsoft.PowerShell.Host	2.0	Unterstützung für Start-/Stopp-Transcript.
Microsoft.PowerShell.Management	2.0	Cmdlets für die Verwaltung des Computers.
Microsoft.PowerShell.ODataUtils	5.0	Unterstützung für Open Data Protocol.
Microsoft.PowerShell.Security	2.0	Cmdlets für Signaturen, NTFS-Berechtigungen und Anmeldeinfos.
Microsoft.PowerShell.Utility	2.0	Cmdlets zur Formatierung von Ergebnissen.
Microsoft.WSMan.Management	2.0	Cmdlets zur Verwaltung von Remotezugriffen über WSMan.
PackageManagement	5.0	Installation und Update von Softwarepaketen.
Pester	5.0	Unterstützung für Unit-Tests (Open Source).

Tabelle 2.6: PowerShell-Module im Standardlieferumfang von PowerShell 5.

Name	PS	Bedeutung
PowerShellGet	5.0	Ermöglicht Suche, Nachladen und Aktualisieren von Modulen aus öffentlichen und eigenen Sammlungen. Dieses Modul kann bei älteren PowerShell-Versionen kostenfrei aus dem Internet nachgeladen werden.
PSDesiredStateConfiguration	4.0	Desired State Configuration-Unterstützung.
PSReadline	5.0	Modernisiert die Codedarstellung in der PowerShell-Konsole und fügt beispielsweise Color-Coding hinzu.
PSScheduledJob	3.0	Cmdlets zur Verwaltung geplanter Aufgaben.
PSScriptAnalyzer	5.0	Analysiert Skripte und Einhaltung von Best Practices.
PSWorkflow, PSWorkflowUtility	3.0	Cmdlets zur Arbeit mit Workflows.
TroubleshootingPack	2.0	Cmdlets zur Arbeit mit Problemlöse-Assistenten.

Tabelle 2.6: PowerShell-Module im Standardlieferumfang von PowerShell 5. (Forts.)

Alle Cmdlets, die aus einem der in Tabelle 2.6 genannten Module entstammen, stehen in jeder PowerShell 5 zur Verfügung. Cmdlets, die aus anderen als den hier genannten Modulen stammen, sind dagegen mit gewisser Vorsicht zu genießen. Bevor Sie solche Cmdlets in eigenen Skriptlösungen einsetzen, sollten Sie sicherstellen, dass sie später auch auf dem gewünschten Zielsystem zur Verfügung stehen.

Insbesondere ab Windows 8 und Server 2012 bringt das Windows-Betriebssystem selbst Tausende nützlicher Cmdlets mit. Sie sind Teil des Betriebssystems und bei älteren Betriebssystemen wie Windows 7 nicht nachrüstbar.

Die aktuell geladenen Module zeigt `Get-Module`. Wenn Sie den Parameter `-ListAvailable` angeben, werden auch alle übrigen verfügbaren Module angezeigt. PowerShell findet automatisch alle Module, die sich an einem der üblichen Speicherorte für Module befinden – was die Frage aufwirft, um welche Orte es sich handelt. Die Umgebungsvariable `$env:PSModulePath` listet diese Orte auf:

```
PS> $env:PSModulePath -split ';'
C:\Users\[UserName]\Documents\WindowsPowerShell\Modules
C:\Program Files\WindowsPowerShell\Modules
C:\WINDOWS\system32\WindowsPowerShell\v1.0\Modules\
```

Tipp

Sie können die Umgebungsvariable `$env:PSModulePath` auch erweitern. So könnten Module direkt von einem USB-Stick oder einem zentralen Netzlaufwerk geladen werden.

Allerdings gibt es eine wichtige Einschränkung: Binäre Module (die also DLL-Bibliotheken enthalten) dürfen aus Sicherheitsgründen üblicherweise nicht über ein Netzwerk geladen werden. UNC-Pfadnamen auf einen Netzwerkshare scheiden hier deshalb genauso aus wie gemappte Netzlaufwerke.

Neue Module automatisch nachladen

Sofern sich ein Modul in einem der Ordner befindet, die in $env:PSModulePath genannt werden, dürfen Sie die darin enthaltenen Cmdlets sofort einsetzen. Sie brauchen zusätzliche Module nicht selbst zu laden. Das erledigt PowerShell ganz automatisch.

Falls Sie beispielsweise Windows 8, 8.1 oder 10 (oder die entsprechenden Serverbetriebssysteme) einsetzen, werden Sie vielleicht schon entdeckt haben, wie viele zusätzliche Cmdlets es dort gibt. Diese Betriebssysteme sind inzwischen fast vollständig durch PowerShell-Cmdlets verwaltbar.

Die Verwaltung der Netzwerkkarten ist damit beispielsweise ein Kinderspiel, denn für fast alle Fragestellungen gibt es jetzt die entsprechenden Cmdlets:

```
PS> Get-NetAdapterStatistics

Name                     ReceivedBytes ReceivedUnicastPackets SentBytes
----                     ------------- ---------------------- ---------
Ethernet                     430599313                 352480   4545107


PS> Get-NetAdapterAdvancedProperty

Name         DisplayName                   DisplayValue
----         -----------                   ------------
Ethernet     Flusssteuerung                Rx- & Tx-aktiviert
Ethernet     Interruptüberprüfung          Aktiviert
Ethernet     IPv4-Prüfsummenabladung       Rx- & Tx-aktiviert
Ethernet     Großes Paket                  Deaktiviert
Ethernet     Abladung großer Sendungen (... Aktiviert
Ethernet     Priorität & VLAN              Priorität & VLAN ak...
Ethernet     Empfangspuffer                256
Ethernet     Übertragungsrate und Duplex... Automatische Aushan...
Ethernet     TCP-Prüfsummenabladung (IPv4) Rx- & Tx-aktiviert
Ethernet     Übertragungspuffer            512
Ethernet     UDP-Prüfsummenabladung (IPv4) Rx- & Tx-aktiviert
Ethernet     Adaptives Inter-Frame-Spacing Aktiviert
Ethernet     Interruptdämpfungsrate        Adaptiv
Ethernet     Lokal verwaltete Adresse      --
Ethernet     Anzahl der zusammengefügten... 128


PS> Get-NetIPAddress

IPAddress         : fe80::e1a2:d0c:f7fc:f49c%12
InterfaceIndex    : 12
InterfaceAlias    : Ethernet
AddressFamily     : IPv6
Type              : Unicast
PrefixLength      : 64
PrefixOrigin      : WellKnown
SuffixOrigin      : Link
AddressState      : Preferred
ValidLifetime     : Infinite ([TimeSpan]::MaxValue)
PreferredLifetime : Infinite ([TimeSpan]::MaxValue)
SkipAsSource      : False
PolicyStore       : ActiveStore
```

Profitipp

Tatsächlich unterhält PowerShell einen internen Cache, einen kleinen Spickzettel sozusagen. Darin ist vermerkt, welche Cmdlets in welchen Modulen lagern. Diese Cmdlets bietet Ihnen PowerShell dann in seiner Autovervollständigung und in den IntelliSense-Menüs von ISE an, unabhängig davon, ob das entsprechende Modul bereits geladen wurde oder noch nicht.

Entscheiden Sie sich für ein noch nicht geladenes Cmdlet, importiert PowerShell mit `Import-Module` das betreffende Modul automatisch und lädt erst dann – also bei Bedarf – die Cmdlets dieses Moduls in den Speicher.

Möchten Sie diese automatische Suche deaktivieren, ist dafür folgende Einstellung notwendig:

```
PS> $PSModuleAutoLoadingPreference = 'none'
```

Jetzt verhält sich PowerShell wie die Version PowerShell 2.0, in der es das automatische Nachladen der Module noch nicht gab, und es können nur die Cmdlets verwendet werden, die aus einem ausdrücklich geladenen Modul stammen.

Sie müssen nun mit `Import-Module` also selbst die Module nachladen, auf deren Cmdlets Sie zugreifen möchten. Geben Sie den Common Parameter `-Verbose` an, werden die Cmdlets genannt, die dabei importiert werden:

```
PS> Import-Module BitsTransfer –Verbose

AUSFÜHRLICH: Cmdlet "Add-BitsFile" wird importiert.
AUSFÜHRLICH: Cmdlet "Complete-BitsTransfer" wird importiert.
AUSFÜHRLICH: Cmdlet "Get-BitsTransfer" wird importiert.
AUSFÜHRLICH: Cmdlet "Remove-BitsTransfer" wird importiert.
AUSFÜHRLICH: Cmdlet "Resume-BitsTransfer" wird importiert.
AUSFÜHRLICH: Cmdlet "Set-BitsTransfer" wird importiert.
AUSFÜHRLICH: Cmdlet "Start-BitsTransfer" wird importiert.
AUSFÜHRLICH: Cmdlet "Suspend-BitsTransfer" wird importiert.
```

Mit `Get-Command` können Sie jederzeit herausfinden, welche neuen Befehle aus dem Modul geladen wurden:

```
PS> Get-Command -Module BitsTransfer
```

Die Einstellung `$PSModuleAutoLoadingPreference = 'none'`, die die Modulnachladeautomatik bei PowerShell abschaltet, ist übrigens nicht ganz ungefährlich. PowerShell lädt nämlich auch seine eigenen Module nur noch bei Bedarf. Wenn Sie also die Nachladefunktion abschalten, stehen Ihnen anders als bei PowerShell 2.0 unter Umständen noch nicht einmal mehr alle Basis-Cmdlets zur Verfügung.

Wie praktisch neue Cmdlets aus weiteren Modulen sein können, zeigt das folgende Beispiel, das sich die Möglichkeit des BITS-Diensts zunutze macht, um auch größere Dateien aus dem Internet herunterzuladen, hier zum Beispiel ein NASA-HD-Video (Größe: 567 MB):

```
Import-Module BITSTransfer
$url = 'http://anon.nasa-global.edgesuite.net/HD_downloads/HD_Earth_Views.mov'
Start-BitsTransfer $url $HOME\video1.wmv
Invoke-Item $HOME\video1.wmv
```

Listing 2.1: NASA-Video herunterladen und anzeigen.

Sobald das Video heruntergeladen ist, startet der Windows Media Player bzw. das in Windows entsprechend registrierte Standardprogramm, spielt es ab und beschert wundervolle Ansichten auf unseren Planeten (Abbildung 2.8).

Abbildung 2.8: Ein NASA-Video: von PowerShell heruntergeladen und abgespielt.

Der Download wird im Vordergrund durchgeführt und läuft nur, solange auch PowerShell ausgeführt wird. Genauso gut hätten Sie den Download aber auch still im Hintergrund unabhängig von der PowerShell-Sitzung und über viele Tage verteilt ausführen lassen können – einfach nur durch den zusätzlichen Parameter -Asynchronous:

```
PS> Start-BitsTransfer 'http://www.idera.com/images/Tours/Videos/PowerShell-Plus-Learning-Center
.wmv' $HOME\video2.wmv -Asynchronous
```

JobId	DisplayName	TransferType	JobState	OwnerAccount
1365d9d6-938c-...	BITS Transfer	Download	Connecting	DEMO5\w7-pc9

Anschließend könnte PowerShell beendet und der Computer sogar heruntergefahren oder neu gestartet werden. Der Download wird dann bei Bedarf fortgesetzt. Wenn es Sie interessiert, können Sie mit Get-BitsTransfer nachschauen, wie weit der Download fortgeschritten ist:

```
PS> Get-BitsTransfer
```

JobId	DisplayName	TransferType	JobState	OwnerAccount
1365d9d6-938c-...	BITS Transfer	Download	Transferred	DEMO5\w7-pc9

Nutzen Sie den asynchronen Modus, muss der Download mit Complete-BitsTransfer abgeschlossen werden – vorher stehen die heruntergeladenen Dateien nicht zur Verfügung. Verwenden Sie zum Beispiel eine Zeile wie diese, um alle Downloads abzuschließen:

```
PS> Complete-BitsTransfer (Get-BitsTransfer -AllUsers)
```

Die neuen Befehle des Moduls machen deutlich, dass mit jeder neuen Erweiterung auch Ihre Möglichkeiten wachsen, ohne dass sehr viel neues Wissen dazu nötig wäre. Die Cmdlets aus dem Modul BitsTransfer jedenfalls folgen genau den gleichen Regeln wie alle übrigen Cmdlets, die Sie schon kennengelernt haben.

Hinweis

Wenn Sie die RSAT-Tools von Microsoft installieren, werden dabei die PowerShell-Module nicht automatisch mitinstalliert (eine Ausnahme bildet Windows 8, hier kann der folgende Schritt entfallen). Wechseln Sie daher nach der Installation in die *Systemsteuerung* zu *Programme und Funktionen* und dann zu *Windows-Funktionen aktivieren oder deaktivieren* und aktivieren Sie unter *Remoteserver-Verwaltungstools* den Zweig *Featureverwaltungstools/Tools für Gruppenrichtlinienverwaltung* sowie *Rollenverwaltungstools/AD DS-/AD LSD-Tools/Active Directory Modul für Windows PowerShell*.

Auslaufmodell: Snap-Ins

Neben Modulen gibt es noch eine weitere, ältere Form, um neue Cmdlets oder Provider nachzuladen: die *PowerShell-Snap-Ins*, kurz *PSSnapins*.

Diese waren in PowerShell 1.0 der einzige Weg, Cmdlets und Provider nachzurüsten. Bis PowerShell 2.0 nutzte sogar PowerShell selbst für seine eigenen Cmdlets diesen Weg. Deshalb gibt es bis heute noch Software und Anbieter, die PowerShell-Erweiterungen als Snap-In liefern. Dazu gehören auch Microsoft-Serverprodukte wie Microsoft Exchange Server und Microsoft SQL Server.

Im Gegensatz zu Modulen haben Snap-Ins aber lästige Beschränkungen: Sie müssen wie eine normale Software zuerst installiert werden und benötigen dafür sogar stets Administratorrechte, weil sich Snap-Ins im geschützten Zweig *HKEY_LOCAL_MACHINE\SOFTWARE\ Microsoft\PowerShell\1\PowerShellSnapIns* in der Registrierungsdatenbank registrieren müssen. Bei Modulen ist all das nicht nötig. Entweder kopieren Sie diese an einen der Orte, die in $env:PSModulePath genannt sind, oder Sie geben bei Import-Module den Pfadnamen zum Modul an. Mehr ist nicht erforderlich.

Möchten Sie nachprüfen, ob es auf Ihrem Computer noch Snap-Ins gibt, schauen Sie mit Get-PSSnapin nach:

```
PS> Get-PSSnapin -Registered
```

Das Nachladen von Snap-Ins funktioniert fast genauso wie bei Modulen. Nur heißt das Cmdlet hierfür Add-PSSnapin. Ist ein Snap-In erst einmal geladen, verhält es sich genau wie Module und stellt die enthaltenen Cmdlets und Provider zur Verfügung.

Alias: Zweitname für Cmdlets

PowerShell baut Brücken in die Vergangenheit und nutzt dazu sogenannte »historische Aliase«. Diese helfen Anwendern, die bereits früher mit der Windows-Eingabeaufforderung oder in Unix-Shells gearbeitet haben oder heute noch damit arbeiten, schnell den passenden Befehl zu finden. Aliase kennen Sie aus Actionthrillern: »Clark Kent alias Superman«. Es sind also nur Zweitnamen, Illusionen. Dank dieser Aliase funktionieren viele alte Befehle in Power-Shell auf den ersten Blick fast wie früher:

```
PS> dir c:\windows
PS> md c:\newfolder
PS> ren c:\newfolder ordner_neu
PS> del c:\ordner_neu
```

Aliase sind keine neuen Befehle

Katerstimmung entwickelt sich höchstens, sobald Sie versuchen, mit diesen »alten« Befehlen handfest zu werden und komplexere Dinge anzustellen. Der folgende Befehl lieferte in klassischen Befehlskonsolen beispielsweise alle *.log-Dateien aus dem Windows-Ordner und seinen Unterordnern, bei PowerShell dagegen eine rote Fehlermeldung:

```
PS> dir c:\windows /S
```

```
dir : Das zweite Pfadfragment darf kein Laufwerk oder UNC-Name sein.
Parametername: path2
```

Der Grund: dir ist gar kein eigenständiger Befehl und entspricht schon gar nicht dem alten dir aus einer normalen Windows-Eingabeaufforderung. dir ist lediglich ein Verweis auf das PowerShell-Cmdlet, das dem alten Befehl am nächsten kommt, nämlich Get-ChildItem.

Aliase können also dabei helfen, das zuständige neue Cmdlet zu finden. Danach allerdings müssen Sie sich mit diesem und seinen Parametern auseinandersetzen:

```
PS> dir c:\windows -Recurse -ErrorAction SilentlyContinue
```

Das muss nicht lästig sein, denn im Gegenzug erhalten Sie dafür natürlich wieder das komfortable IntelliSense (Abbildung 2.9).

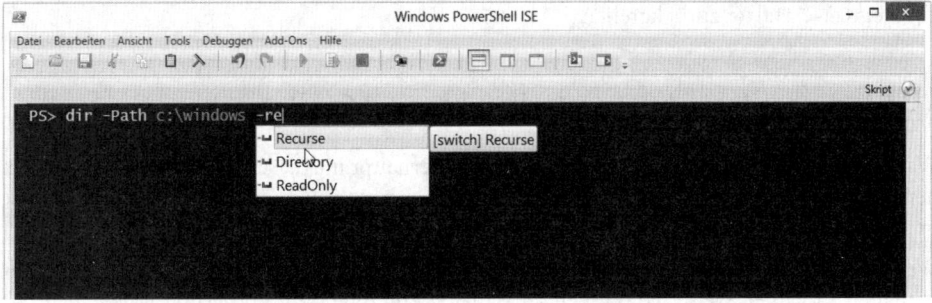

Abbildung 2.9: Aliase, die auf Cmdlets verweisen, liefern die gleiche umfangreiche IntelliSense-Unterstützung.

Befehlstypen ermitteln

Möchten Sie alle Aliase sehen, die PowerShell mitbringt, verwenden Sie Get-Alias (oder das Laufwerk *Alias:*). Get-Alias kann Ihnen mit dem Parameter -Definition auch Aliase heraussuchen, die auf einen bestimmten Befehl verweisen. Die folgende Zeile findet alle Aliase für das Cmdlet Get-ChildItem:

```
PS> Get-Alias -Definition Get-ChildItem

CommandType     Name
-----------     ----
Alias           dir -> Get-ChildItem
Alias           gci -> Get-ChildItem
Alias           ls -> Get-ChildItem
```

Im Zweifelsfall deckt Get-Command auf, um was für einen Befehlstyp es sich jeweils handelt. So finden Sie zum Beispiel heraus, welche Befehlsarten hinter Aliasnamen in Wirklichkeit stecken:

```
PS> Get-Command -Name ipconfig, echo, dir, notepad, control, devmgmt, wscui, lpksetup

CommandType     Name
-----------     ----
Application     ipconfig.exe
Alias           echo -> Write-Output
Alias           dir -> Get-ChildItem
Application     notepad.exe
Application     control.exe
Application     devmgmt.msc
Application     wscui.cpl
Application     lpksetup.exe
```

Wie sich zeigt, sind echo und dir in Wirklichkeit Aliase (Verweise) auf die Cmdlets Write-Output und Get-ChildItem. Alle übrigen Befehle sind vom Typ Application, also eigenständige Programme mit der Dateierweiterung *.exe*.

Während Befehle vom Typ Application vollkommen autark sind und deshalb bei PowerShell exakt genauso funktionieren wie anderswo, richtet sich das Verhalten der Aliase nach dem Befehl, auf den sie in Wirklichkeit verweisen. Weil dir in Wirklichkeit auf das Cmdlet Get-ChildItem verweist und Sie also in Wirklichkeit Letzteres aufrufen, wenn Sie dir verwenden, gelten für dir dieselben Regeln, als hätten Sie Get-ChildItem geschrieben. Sie dürfen daher nicht die Parameter des alten Befehls dir einsetzen, sondern müssen ausschließlich auf die Parameter des Cmdlets Get-ChildItem zurückgreifen.

Klassische cmd.exe-Interpreterbefehle sind Cmdlets

Warum hat PowerShell Befehle wie dir und echo überhaupt in Aliase verwandelt und mit eigenen Cmdlets implementiert – und nicht einfach so gelassen, wie sie waren? Befehle wie ipconfig und ping funktionieren in PowerShell doch ebenfalls noch genauso wie früher.

Wenn ein Befehl eine eigenständige Anwendung ist, so wie ipconfig und ping, ändert sich ihr Verhalten in keiner Weise. PowerShell ruft analog zur Eingabeaufforderung ja lediglich das entsprechend Programm auf. Die Befehle dir und echo (sowie einige weitere) waren hingegen nie eigenständige Anwendungen. Auch schon zu »DOS-Zeiten« (also vor sehr langer Zeit) gab es keine Anwendung wie *dir.exe* oder *echo.exe*. Stattdessen waren dir und echo Teil des alten Befehlszeileninterpreters und können über diesen heute noch eingesetzt werden – auch von PowerShell aus:

```
PS> cmd.exe /c dir c:\windows
 Volume in Laufwerk C: hat keine Bezeichnung.
 Volumeseriennummer: 18D6-E089
```

```
Verzeichnis von c:\windows

15.08.2012  20:41    <DIR>          .
15.08.2012  20:41    <DIR>          ..
26.07.2012  10:13    <DIR>          addins
26.07.2012  10:12    <DIR>          AppCompat
26.07.2012  12:27    <DIR>          apppatch
26.07.2012  09:22    <DIR>          assembly
(…)
```

Weil heute aber PowerShell der neue Befehlszeileninterpreter ist und nicht mehr *cmd.exe*, fallen alle integrierten alten Konsolenbefehle aus *cmd.exe* weg und wurden deshalb von PowerShell mit den eigenen Mitteln – also als Cmdlets – neu erfunden.

Da sich die meisten Befehle in der klassischen *cmd.exe* mit Dateihandling beschäftigt haben, kann man sich auch einen Großteil der historischen Aliase auf diese Weise sichtbar machen und erfährt auf einen Blick, wie die neuen Cmdlets für diese alten Befehle heißen – jedenfalls wenn man weiß, dass die Cmdlets für das Dateihandling in der Regel in ihrem Substantiv die Schlüsselwörter Item, Content oder Location tragen:

```
PS> Get-Alias -Definition *-Item*, *-Content*, *-Location*

CommandType     Name
-----------     ----
(…)
Alias           copy -> Copy-Item
(…)
Alias           del -> Remove-Item
Alias           erase -> Remove-Item
(…)
Alias           move -> Move-Item
(…)
Alias           rd -> Remove-Item
Alias           ren -> Rename-Item
(…)
Alias           rmdir -> Remove-Item
(…)
Alias           cat -> Get-Content
(…)
Alias           type -> Get-Content
Alias           cd -> Set-Location
Alias           chdir -> Set-Location
```

PowerShell verwendet Aliase übrigens nicht nur, um erfahrenen Anwendern den Umstieg zu PowerShell zu versüßen. Auch PowerShell-Anwender greifen im hektischen Alltag gern mal zu diesen Kurznamen. gps ist beispielsweise viel schneller gezückt als Get-Process, wenn man kurz die laufenden Prozesse zu überprüfen hat.

Eigene Aliase anlegen

Sie dürfen auch gern eigene Aliase anlegen, wenn Sie möchten. Dazu setzen Sie Set-Alias ein. Die folgende Zeile legt einen neuen Alias namens edit an, der den Windows-Editor startet. Künftig startet also *notepad.exe*, sobald Sie den Befehl edit eingeben.

```
PS> Set-Alias -Name edit -Value notepad
```

Allerdings gilt Ihr neuer Alias nur in der aktuellen PowerShell-Sitzung, die ihn umgehend wieder vergisst, sobald Sie sie schließen. Eigene Aliase ergeben erst dann richtig Sinn, wenn Sie persönliche Einstellungen mithilfe eines Profilskripts speichern. Wie das funktioniert, erfahren Sie in Kapitel 4.

Der Nutzen eigener Aliase ist ohnehin generell begrenzt. Denn PowerShell-Skripte, die von Ihnen definierte Aliase verwenden, funktionieren nicht auf anderen Computern. Eigene Aliase sind deshalb nur für PowerShell-Profis gedacht, die einen Großteil ihrer Zeit mit der interaktiven PowerShell-Konsole verbringen und ihre *ganz persönliche Befehlsumgebung* etwas tippfreundlicher gestalten möchten.

Es gibt noch einen Haken: Eigene Aliase können sogar das System beeinträchtigen. Denn sie tragen die höchste Befehlspriorität und gewinnen bei Namensgleichheiten immer. Mit Aliasen kann man also (gewollt oder nicht) andere Befehle schachmatt setzen oder »verbiegen«. Die Befehle verrichten dann plötzlich etwas ganz anderes. Die folgenden beiden Zeilen setzen den Befehl ping außer Kraft und starten stattdessen den Windows-Editor:

```
PS> Set-Alias -Name ping -Value notepad
PS> Set-Alias -Name ping.exe -Value notepad
```

Aliase sind im Übrigen reine Befehlsersetzungen. Die Befehlsparameter kann man nicht beeinflussen oder erweitern. Der Alias verhält sich daher in puncto Parameter exakt so wie das Original. Nur der reine Befehlsname kann mit einem Alias abgekürzt werden. Wer mehr will, sollte unauffällig zu Kapitel 8 vorblättern.

Zusammenfassend ist also festzustellen: Die in PowerShell integrierten Aliase sind praktisch und dürfen bedenkenlos eingesetzt werden, um Tipparbeit zu sparen oder in alter Gewohnheit mit klassischen Befehlsnamen zu arbeiten. Neue Aliase kann man zwar auf Wunsch mit Set-Alias oder New-Alias hinzufügen, aber sinnvoll ist das indes häufig nicht. Spätestens wenn Sie damit beginnen, PowerShell-Skripte zu schreiben, sollten Sie Aliase ausmustern und stattdessen ausschließlich die Originalbefehle verwenden.

Testaufgaben

Wenn Sie dieses Kapitel sorgfältig durchgearbeitet haben, müssten Sie die folgenden Aufgaben meistern können. Falls Sie auf Aufgaben treffen, die Sie nicht erfolgreich durchführen können, sollten Sie sich die angegebenen Abschnitte in diesem Kapitel noch einmal anschauen, bevor Sie zum nächsten Kapitel wechseln.

Aufgabe: Mit welchem Cmdlet kann man einen Dienst stoppen? Welche Tätigkeit muss der Befehl also ausführen? Schauen Sie im Zweifelsfall auf Seite 74 nach. Welchen Tätigkeitsbereich wählen Sie? Wie heißt das Cmdlet also?

Lösung: Da Sie einen Dienst stoppen wollen, lautet die Tätigkeit *Stopp*, englisch *Stop*. Der Tätigkeitsbereich entspricht dem englischen Namen für *Dienst*, also *Service*, sodass der Cmdlet-Name Stop-Service heißt. Selbst wenn Sie dies nicht gewusst hätten, würde die reine Tätigkeit Ihnen bereits weiterhelfen, indem Sie mit Get-Command alle Cmdlets auflisten, die diesen Tätigkeitsbereich verwenden:

```
PS> Get-Command -Verb Stop

CommandType     Name                            ModuleName
-----------     ----                            ----------
Cmdlet          Stop-Computer                   Microsoft.Powe...
```

```
Cmdlet      Stop-Job                          Microsoft.Powe...
Cmdlet      Stop-Process                      Microsoft.Powe...
Cmdlet      Stop-Service                      Microsoft.Powe...
Cmdlet      Stop-Transcript                   Microsoft.Powe...
```

Auch `Get-Help` kann hier helfen:

```
PS> Get-Help Stop
PS> Get-Help Service
```

Ob Sie einen Dienst tatsächlich stoppen *dürfen*, hängt von anderen Faktoren ab, also zum Beispiel Ihren Rechten und der Frage, ob andere Dienste von dem Dienst abhängig sind.

Aufgabe: Sie möchten eine Liste sämtlicher Hotfixes erhalten, die auf einem Computer installiert wurden. Mit welchem Cmdlet erhalten Sie die gesuchten Informationen?

Lösung: Wieder möchten Sie Informationen abrufen, und deshalb lautet die Tätigkeit erneut *Get*. Da Sie Hotfixes auflisten möchten, heißt der Tätigkeitsbereich *HotFix* und das Cmdlet `Get-HotFix`. Selbst wenn Ihnen für den Tätigkeitsbereich die Beschreibung *HotFix* nicht eingefallen wäre, hätten Sie dieses Cmdlet mithilfe der Autovervollständigung entdecken können. Dazu geben Sie ein: `Get-`. Direkt hinter dem Bindestrich drücken Sie mehrmals ⇆, um sich Vorschläge anzeigen zu lassen. Spätestens bei der Durchsicht der verfügbaren Cmdlets wären Sie früher oder später über `Get-HotFix` gestolpert.

Aufgabe: Obwohl `Stop-Process` ein Programm normalerweise ohne weitere Rückfragen beendet, läuft bei Ihnen eine Editorinstanz, die sich partout nicht mit `Stop-Process` beenden lässt. Worin könnte die Ursache liegen?

Lösung: Wenn Ihr Windows-System die sogenannte Benutzerkontensteuerung verwendet, arbeitet die normale PowerShell-Konsole nicht mit vollen Berechtigungen und darf auch nicht auf andere Programme zugreifen, die mit vollen Rechten ausgeführt werden. Vermutlich wurde der Editor mit vollen Administratorrechten geöffnet, was beispielsweise auch geschieht, wenn man ihn aus einer PowerShell-Konsole heraus öffnet, die volle Administratorrechte besitzt. Um das Programm zu schließen, müssten Sie Ihren Befehl also in einer PowerShell-Konsole ausführen, die ebenfalls volle Administratorrechte besitzt.

Aufgabe: Starten Sie den Computer mithilfe eines Cmdlets neu. Wie könnte die dafür erforderliche Tätigkeit lauten? Wie heißt das passende Cmdlet?

Lösung: Die gesuchte Tätigkeit heißt diesmal *Restart* und das Cmdlet `Restart-Computer`. Das Verb *Restart* ist zwar neu, aber selbst wenn es Ihnen nicht eingefallen wäre, können Sie immer auch nach dem Tätigkeitsbereich suchen, also *Computer*.

Bevor Sie `Restart-Computer` nun testweise eingeben, sollten Sie zuerst weiterlesen: Nur Cmdlets mit der Tätigkeitsbeschreibung *Get* sind harmlos. Andere Cmdlets können einen Schaden anrichten, wenn man sie unüberlegt aufruft. Gerade `Restart-Computer` ist ein Beispiel dafür: Beim Neustart des Computers können etwa Daten in Programmen verloren gehen, die nicht rechtzeitig gespeichert wurden. `Restart-Computer` startet dabei den Computer neu, ohne eine Sicherheitsabfrage zu stellen! Wenn Sie den Befehl einmal gefahrlos ausprobieren wollen, starten Sie ihn im Simulationsmodus: `Restart-Computer –WhatIf`.

Aufgabe: Finden Sie heraus, wie lange es noch bis Weihnachten oder bis zu Ihrem nächsten Geburtstag dauert. Wer mag, kann auch ausrechnen, seit wie vielen Tagen er bereits das Leben auf der Erde bereichert. Das dafür zuständige Cmdlet heißt `New-TimeSpan` und berechnet Zeitspannen. Wie muss es aufgerufen werden?

Lösung: New-TimeSpan berechnet die Zeitdifferenz zwischen einem angegebenen Startdatum und dem aktuellen Datum. Das Startdatum ist positional und steht an Position 1, sodass Sie lediglich ein Datum hinter dem Cmdlet anzugeben brauchen:

```
New-TimeSpan 24.12.2012
```

Die Zeitdifferenz wird in verschiedenen Einheiten zurückgeliefert, sodass Sie sich die passende Zeiteinheit daraus aussuchen können. Differenzen, die verglichen mit dem aktuellen Datum in der Zukunft liegen, erscheinen als negative Werte. Möchten Sie den Vergleich umdrehen, verwenden Sie anstelle des positionalen Parameters -Start den Parameter -End, geben also nicht das Startdatum des Vergleichs an, sondern das Enddatum:

```
PS> New-TimeSpan -End 24.12.2012
```

Erlaubt ist auch beides: Geben Sie sowohl Start- als auch Enddatum an, berechnet New-TimeSpan die Differenz zwischen diesen beiden Datumswerten.

Aufgabe: Sie möchten mehr über Platzhalterzeichen erfahren. Wie kann man die entsprechende Hilfe dazu abrufen? Denken Sie daran, dass PowerShell allgemeine Hilfethemen immer mit einem Namen versieht, der mit about_ beginnt. Achten Sie darauf, englische Begriffe zu verwenden. Der englische Begriff für *Platzhalter* heißt *Wildcard*.

Lösung: Möchten Sie alle allgemeinen Hilfethemen sehen, die das Stichwort »*Wildcard*« enthalten, verwenden Sie Get-Help mit Platzhalterzeichen:

```
PS> Get-Help about_*wildcard*
```

Weil es nur ein einziges Thema mit diesem Stichwort gibt, wird sein Inhalt sofort aufgelistet, und Sie erhalten nützliche Informationen über den Einsatzbereich von Platzhalterzeichen. Suchen Sie nach einem Stichwort, das in mehreren Themen enthalten ist, listet Get-Help stattdessen die infrage kommenden Themen auf. Suchen Sie beispielsweise nach dem Stichwort operator, finden Sie mehrere Hilfethemen, die die jeweiligen Operatoren dokumentieren, die PowerShell unterstützt:

```
PS> Get-Help about_*operator*
```

Name	Category	Synopsis
about_Arithmetic_Operators	HelpFile	Beschreibt die Operatoren, mit denen in Windows PowerShell
about_Assignment_Operators	HelpFile	Beschreibt, wie Variablen mithilfe von Operatoren Werte
about_Comparison_Operators	HelpFile	Beschreibt die Operatoren zum Vergleichen von Werten in Windows
about_logical_operators	HelpFile	Beschreibt die Operatoren zum Verbinden von Anweisungen in
about_operators	HelpFile	Beschreibt die von Windows PowerShell unterstützten Operatoren.
about_type_operators	HelpFile	Beschreibt die Operatoren, die mit Microsoft .NET Framework-Typen

Aufgabe: Finden Sie heraus, welche Cmdlets den Tätigkeitsbereich *Stop* verwenden.

Lösung: Setzen Sie Get-Command mit dem Parameter -Verb ein:

```
PS> Get-Command -Verb Stop
```

Sie könnten auch Platzhalterzeichen verwenden, doch würde Get-Command dann nicht nur Cmdlets auflisten, sondern möglicherweise auch andere Befehlsarten:

```
PS> Get-Command Stop*
```

Einen anderen Weg geht `Get-Help`, denn auch dieses Cmdlet kann Befehle suchen:

```
PS> Get-Help Stop
```

Aufgabe: Versuchen Sie, mit `Restart-Computer` nicht den eigenen Computer neu zu starten, sondern einen Remotecomputer. Wie können Sie die Parameter von `Restart-Computer` auflisten? Welcher Parameter ist für die Remotesteuerung zuständig? Wie kann man das Skript anhalten, bis der Remotecomputer erfolgreich neu gestartet ist?

Lösung: Die Parameter eines Cmdlets lassen sich beispielsweise über die Autovervollständigung anzeigen, indem Sie hinter dem Cmdlet-Namen ein Leerzeichen und einen Bindestrich setzen. Direkt hinter dem Bindestrich drücken Sie dann mehrmals [⇆], bis Sie den passenden Parameter gefunden haben. In ISE erscheinen die Parameter als IntelliSense-Menü. Oder Sie beauftragen `Get-Help`, alle Parameter eines Cmdlets aufzulisten. So erhalten Sie auch gleich eine detaillierte Beschreibung der Parameter:

```
PS> Get-Help Restart-Computer -Parameter *
```

Der gesuchte Parameter heißt `-ComputerName` und erwartet die IP-Adresse oder den Computernamen desjenigen Systems, das neu gestartet werden soll. Beachten Sie, dass für den Neustart Administratorrechte nötig sind und auf dem neu zu startenden System ungesicherte Daten verloren gehen können. Startet der Remotecomputer nicht neu, weil noch ungesicherte Daten auf die Speicherung warten, setzen Sie notfalls den Switch-Parameter `-Force` ein. Dann allerdings gehen ungesicherte Daten endgültig verloren. In PowerShell 3.0 ist der neue Parameter `-Wait` hinzugekommen. Geben Sie diesen an, wartet Ihr Skript, bis der Remotecomputer seinen Neustart abgeschlossen hat.

Aufgabe: Mit dem folgenden Cmdlet kann man einen neuen Ordner anlegen:

```
PS> New-Item C:\neu -Type Directory
```

Falls es diesen Ordner allerdings schon gibt, verursacht der Befehl eine Fehlermeldung:

```
New-Item : Das Element mit dem angegebenen Namen C:\neu ist bereits vorhanden.
```

In diesem Beispiel kommt es Ihnen nur darauf an, den Ordner anzulegen. Existiert er schon, soll die Fehlermeldung nicht ausgegeben werden. Wie kann man ein Cmdlet beauftragen, keine Fehlermeldungen anzuzeigen?

Lösung: Jedes Cmdlet unterstützt neben den eigenen Parametern eine Reihe von allgemeinen Parametern (Common Parameter) wie zum Beispiel `-ErrorAction`. Übergibt man diesem Parameter den Wert `SilentlyContinue`, verschluckt das Cmdlet seine Fehlermeldung:

```
PS> New-Item C:\neu -Type Directory -ErrorAction SilentlyContinue
```

Aufgabe: Finden Sie heraus, ob bereits eine Instanz des Programms Notepad ausgeführt wird.

Lösung: Um alle laufenden Instanzen des Editors zu sehen, verwenden Sie `Get-Process`:

```
PS> Get-Process -Name notepad
```

Das Ergebnis sind entweder die gefundenen `Process`-Objekte oder eine Fehlermeldung, wenn kein Editor ausgeführt wird. Zuerst sollten Sie deshalb die Fehlermeldung mit dem Parameter `-ErrorAction` unterdrücken:

```
PS> Get-Process -Name notepad -ErrorAction SilentlyContinue
```

Da Sie nicht die einzelnen Process-Objekte erhalten, sondern nur die Anzahl der laufenden Notepad-Instanzen zählen möchten, verwenden Sie als Nächstes runde Klammern. Diese führen zuerst die Befehle innerhalb der Klammern aus, also die Ausgabe der Liste der laufenden Notepad-Editoren. Anschließend können Sie die Count-Eigenschaft des Ergebnisses abfragen:

```
PS> (Get-Process notepad -ea SilentlyContinue).Count
```

Wird nur genau eine Instanz von Notepad ausgeführt (oder keine), kassieren Sie allerdings zumindest bei PowerShell 2.0 einen Fehler. Get-Process liefert nämlich als Ergebnis nur dann ein Array (mit einer Count-Eigenschaft) zurück, wenn es auch wirklich mehrere Einzelergebnisse zu kombinieren gibt. Läuft nur eine einzelne Notepad-Instanz, erhalten Sie das Process-Objekt direkt zurück (das keine Count-Eigenschaft besitzt), und läuft gar kein Notepad, erhalten Sie »nichts« zurück (sodass ebenfalls keine Count-Eigenschaft existiert).

Die Lösung: Schreiben Sie vor die öffnende runde Klammer ein @. Damit zwingen Sie Power-Shell, das Ergebnis des Befehls auf jeden Fall in einem Array zu speichern, auch wenn es nur ein einziges oder gar kein Resultat gibt:

```
PS> @(Get-Process notepad -ea SilentlyContinue).Count
```

In PowerShell 3.0 ist dies nicht unbedingt notwendig, PowerShell 3.0 gibt auch ohne diese Maßnahme 0 oder 1 als Anzahl laufender Notepad-Instanzen korrekt zurück. Es schadet aber auch nicht, ganz im Gegenteil, gerade in Hinblick auf die Abwärtskompatibilität von Skripten ist es sogar sinnvoll.

Wer mag, kann die vorangegangene Zeile auch mithilfe von Variablen in mehrere Zeilen aufteilen:

```
PS> $prozesse = @(Get-Process notepad -ea SilentlyContinue)
PS> $anzahl = $prozesse.Count
PS> "Es laufen derzeit $anzahl Instanzen von Notepad."
```

Aufgabe: Wie können Sie den Aufruf eines Befehls nur simulieren, sodass Sie zwar sehen, was geschehen würde, den Befehl (und die Änderungen, die er bewirkt) aber nicht ausführen?

Lösung: Verwenden Sie den Switch-Parameter -WhatIf. Dieser Parameter steht bei allen Cmdlets zur Verfügung, die das System verändern. Die folgende Zeile würde also zeigen, welche Dienste gestoppt würden, ohne die Dienste tatsächlich zu stoppen. Insbesondere wenn Sie Platzhalterzeichen verwenden, sollten Sie zuerst mit -WhatIf oder zumindest -Confirm überprüfen, ob die Platzhalterzeichen auch wirklich nur die gewünschten Elemente ausgewählt haben. Die folgende Zeile würde ohne -WhatIf beispielsweise lebenswichtige Dienste stoppen und damit Windows zum Absturz bringen:

```
PS> Stop-Service *ms* -WhatIf
```

Aufgabe: Lassen Sie sich die allgemeinen PowerShell-Hilfethemen anzeigen, die die Verwendung von Parametern erklären. Denken Sie daran: Get-Help ist stets der Lieferant für Hilfeinformationen. Allgemeine Hilfethemen beginnen immer mit about_.

Lösung: Weil Sie nach dem Stichwort parameter innerhalb der allgemeinen Hilfethemen suchen, ist dieser Befehl gefragt:

```
PS> Get-Help about_*parameter*


Name                    Category  Synopsis
----                    --------  --------
about_CommonParameters  HelpFile  Beschreibt die Parameter, die mi...
```

```
about_functions_advanced_param...   HelpFile  Erläutert, wie Funktionen, die d...
about_parameters                    HelpFile  Beschreibt, wie in Windows Power...
```

Um die Hilfe zu einem der angezeigten Themen abzurufen, geben Sie den Namen an und verwenden am besten anstelle von Get-Help die Funktion help, damit die Informationen seitenweise angezeigt werden:

```
PS> help about_parameters
```

Aufgabe: Sie wissen inzwischen, dass man Parameternamen abkürzen darf, solange sie dabei eindeutig bleiben (Seite 103). Schauen Sie sich diese Zeile an:

```
PS> Get-ChildItem -Path C:\Windows
```

Verkürzt man -Path auf -p, wirft PowerShell eine erstaunliche Fehlermeldung aus:

```
PS> Get-ChildItem -p C:\Windows
```

```
Get-ChildItem : Der Parameter kann nicht verarbeitet werden, da der Parametername "p" nicht
eindeutig ist. Mögliche Übereinstimmungen: -Path -LiteralPath.
```

Die Fehlermeldung behauptet, der verkürzte Parametername -p wäre nicht eindeutig, weil er den Parametern -Path und -LiteralPath entspräche. Wieso das? Der Parameter -LiteralPath beginnt doch gar nicht mit dem Buchstaben *p*!

Lösung: Parameternamen dürfen Aliasnamen verwenden. Sie haben das bereits bei -ErrorAction gesehen und auf Seite 104 erfahren, wie man diese Aliasnamen sichtbar macht. Der Parameter -LiteralPath verwendet den Aliasnamen -PSPath. Geben Sie also den verkürzten Parameternamen -p an, kann PowerShell nicht mehr eindeutig zuordnen, ob Sie den Parameter -Path oder den Aliasnamen -PSPath (der für -LiteralPath steht) meinen.

Aufgabe: Get-EventLog liefert alle Einträge eines Ereignisprotokolls. Was allerdings kann man unternehmen, wenn man nur den ersten Eintrag mit einer bestimmten Ereignis-ID finden möchte?

Lösung: Sofern das Cmdlet Parameter liefert, die die Ergebnisse entsprechend filtern, kann man diese verwenden, um die Ergebnisse einzuschränken. Die folgende Zeile würde beispielsweise nur den ersten (neuesten) Eintrag mit der Ereignis-ID 10000 liefern:

```
PS> Get-EventLog System -InstanceId 10000 -Newest 1
```

Aufgabe: Ein Hacker möchte gern den Alias dir verbiegen und dafür sorgen, dass stattdessen der angegebene Ordner gelöscht wird. Ist so etwas tatsächlich möglich?

Lösung: Auf den ersten Blick scheint das nicht möglich, weil die vordefinierten Aliasnamen vermeintlich schreibgeschützt sind. Versucht man, den Alias dir umzudefinieren, kommt es zu einem Fehler:

```
PS> Set-Alias dir del
Set-Alias : Die AllScope-Option kann aus dem Alias "dir" nicht entfernt werden.
```

Tatsächlich handelt es sich aber gar nicht um einen Schreibschutz, sondern um eine versteckte Option namens AllScope, die die Gültigkeit der vordefinierten Aliasnamen betrifft. Um den Alias zu ändern, muss also lediglich diese Option auch für die neue Definition gesetzt werden. Da das ursprüngliche Ziel des Hackers sehr gefährlich ist, wird die Aliasänderung im folgenden Beispiel etwas entschärft: Der Alias startet künftig den Windows-Explorer:

```
PS> Set-Alias dir explorer.exe -Option AllScope
```

Ab sofort hat dir tatsächlich ein neues Verhalten und öffnet den angegebenen Ordner im Windows-Explorer, anstatt seinen Inhalt in die Konsole auszugeben. Ebenso gut hätte man den Alias aber auch so ändern können, dass er den angegebenen Ordner löscht oder anderweitig Schaden anrichtet.

Allerdings müsste sich ein Hacker dafür schon in Ihre laufende PowerShell-Sitzung schleichen (beispielsweise während Sie das Mittagessen genießen und Ihren Computer nicht gesperrt haben) oder Zugriff auf eine der Profildateien erlangen. Wichtig ist die Erkenntnis: Aliasnamen können (fast) immer umdefiniert werden und sind deshalb nur auf denjenigen Systemen verlässlich, auf denen Sie Hausrecht haben. Das ist der Grund dafür, dass Sie Aliasnamen nicht in Skripten und Funktionen verwenden sollten, die Sie künftig auf fremden Systemen ausführen lassen wollen.

Aufgabe: Einige vordefinierte Aliasnamen scheinen in der Tat schreibgeschützt zu sein. Der Alias ise startet beispielsweise den integrierten Skripteditor *PowerShell ISE*. Möchten Sie stattdessen lieber einen anderen Editor verwenden und den Alias ändern, kommt es zu einem Fehler:

```
PS> Set-Alias ise notepad
```

```
Set-Alias : Der Alias kann nicht geschrieben werden, da der Alias "ise" schreibgeschützt oder
konstant ist und daher nicht geschrieben werden kann.
```

Kann man solche Aliasnamen wirklich nicht umdefinieren?

Lösung: Mit etwas Kreativität ist auch der Schreibschutz kein Problem. Setzen Sie einfach den Switch-Parameter -Force ein. Jetzt darf der Alias überschrieben werden, allerdings erfordert das wie in der letzten Aufgabe zusätzlich die Option AllScope:

```
PS> Set-Alias ise notepad -Force -Option AllScope
```

Aufgabe: Sie möchten dafür sorgen, dass einige wichtige Aliasnamen auf keinen Fall nachträglich geändert werden können. Haben Sie eine Idee, wie ein solcher Schutz realisiert werden könnte?

Lösung: PowerShell kennt eine versteckte Option, mit der man Aliasnamen (aber auch Variablen und Funktionen) als Konstanten anlegen kann. Ist diese Option gesetzt, kann der Alias unter keinen Umständen mehr geändert oder gelöscht werden. Er bleibt so lange gültig, bis Sie PowerShell beenden. Sie könnten also alle wichtigen Aliasnamen in einer Ihrer Profildateien als Konstanten definieren. Um beispielsweise den Alias dir »fälschungssicher« zu machen, dient Ihnen diese Zeile:

```
PS> Set-Alias dir Get-ChildItem -Option Constant,AllScope
```

Der Alias kann nun nicht mehr verbogen werden:

```
PS> Set-Alias dir explorer -Option AllScope -Force
```

```
Set-Alias : Der Alias kann nicht geschrieben werden, da der Alias "dir" schreibgeschützt oder
konstant ist und daher nicht geschrieben werden kann.
```

Kapitel 3
PowerShell-Laufwerke

In diesem Kapitel:

Ausführlich werden in diesem Kapitel die folgenden Aspekte erläutert:

- **PowerShell-Laufwerke:** PowerShell beschränkt Laufwerke nicht auf das Dateisystem. Auch andere hierarchisch gegliederte Informationssysteme wie die Windows-Registrierungsdatenbank können mithilfe von »Providern« als Laufwerk dargestellt und von den Laufwerk-Cmdlets verwaltet werden. Die Liste der verfügbaren Laufwerke liefert `Get-PSDrive`, die geladenen Provider macht `Get-PSProvider` sichtbar, und mit `New-PSDrive` lassen sich neue Laufwerke hinzufügen.

- **Laufwerkbefehle:** Jedes Element, das sich auf einem Laufwerk befindet, bezeichnet PowerShell als »Item«. Weitere Informationen zu einem Item bezeichnet PowerShell als »ItemProperty«. Alle Laufwerkbefehle kann man daher über `Get-Command -Noun Item*` abrufen. Auch die Cmdlets aus der Familie »Path« unterstützen die PowerShell-Laufwerke: `Get-Command -Noun Path`. Klassische Konsolenbefehle wie `robocopy.exe` oder `net use` werden durch PowerShell-Cmdlets nicht obsolet, sondern ergänzen sie und werden weiterhin häufig verwendet.

- **Umgebungsvariablen:** Windows-Umgebungsvariablen werden von PowerShell als Laufwerk namens env: verwaltet. Das PowerShell-Sonderzeichen $ greift auf Elemente eines Laufwerks zu. Wird kein Laufwerk angegeben, greift PowerShell auf das Standardlaufwerk variable: zu. Über $env:windir wird beispielsweise die Variable windir auf dem Laufwerk env:\ gelesen, die klassische Windows-Umgebungsvariable *%WINDIR%* also.

- **Platzhalterzeichen in Pfaden:** PowerShell unterstützt die Platzhalterzeichen *, ?, [a-f] und [abc] in der Regel bei allen Parametern, die -Path heißen. Die Platzhalterzeichen werden bei Parametern, die -LiteralPath heißen, wörtlich genommen. Parameter namens -FilePath akzeptieren nur klassische Dateisystempfade. Ob sich Cmdlet-Autoren immer an diese »Best Practice« halten, steht indes auf einem anderen Blatt.

Cmdlet	Alias	Beschreibung
Clear-Item	cli	Löscht den Inhalt eines Items, aber nicht das Item selbst.
Clear-ItemProperty	clp	Löscht eine Item-Eigenschaft.
Copy-Item	copy, cp, cpi	Kopiert ein Item an einen anderen Ort.
Copy-ItemProperty	cpp	Kopiert eine Item-Eigenschaft an einen anderen Ort.
Get-ChildItem	dir, gci, ls	Listet den Inhalt eines Containers auf.
Get-Item	gi	Ruft ein bestimmtes Item ab.
Get-ItemProperty	gp	Ruft die Eigenschaften eines bestimmten Items ab.
Invoke-Item	ii	Führt die in Windows festgelegte Standardaktion für ein Item aus. Dateien können so beispielsweise mit dem zugeordneten Programm geöffnet werden.
Move-Item	mi, move, mv	Verschiebt ein Item an einen anderen Ort.
Move-ItemProperty	mp	Verschiebt die Eigenschaften eines Items an einen neuen Ort.
New-Item	ni	Legt ein neues Item an.
New-ItemProperty	–	Legt eine neue Eigenschaft für ein vorhandenes Item an.
Remove-Item	del, erase, rd, ri, rm, rmdir	Löscht ein oder mehrere Items. Platzhalterzeichen sind erlaubt.
Remove-ItemProperty	rp	Löscht Eigenschaften eines Items.
Rename-Item	ren, rni	Ändert den Namen eines Items.
Rename-ItemProperty	rnp	Ändert den Namen einer Item-Eigenschaft.
Set-Item	si	Ändert den Inhalt eines Items.
Set-ItemProperty	sp	Ändert den Inhalt einer Item-Eigenschaft.

Tabelle 3.1: Cmdlets für PowerShell-Laufwerke.

Dateisystemaufgaben, wie das Anlegen neuer Ordner oder das Kopieren von Dateien, gehören zum Grundhandwerk jedes Administrators. PowerShell unterstützt solche Aufgaben nicht bloß, sondern kann mit denselben Cmdlets auch Daten in ganz anderen Informationsspeichern managen. Die Laufwerke sind bei PowerShell nämlich längst nicht nur auf das Dateisystem beschränkt.

Grundsätzlich kann jede Art von Informationsspeicher von PowerShell wie ein Laufwerk dargestellt und mit dem gleichen Set von Cmdlets verwaltet werden. Möglich machen das sogenannte »Provider« oder »Anbieter«. PowerShell bringt neben dem Dateisystemprovider weitere

Provider für Windows-eigene Informationsspeicher (beispielsweise die Windows-Registrierungsdatenbank, den Zertifikatspeicher oder die Umgebungsvariablen) bereits mit. Zusätzliche Provider, zum Beispiel für das Active Directory oder die Verwaltung eines SQL-Servers, lassen sich nachrüsten.

Sie erfahren in diesem Kapitel zunächst, wie typische Dateisystemaufgaben mit PowerShell gemeistert werden. Danach sind Sie beinahe automatisch auch in der Lage, Informationen in der Windows-Registrierungsdatenbank zu lesen und zu ändern, auf Windows-Umgebungsvariablen zuzugreifen oder sogar das Active Directory zu durchforsten.

Da Laufwerke in PowerShell also weit mehr enthalten können als lediglich Dateien und Ordner, sind ein paar abstrakte Begriffe nötig, um die vielfältigen Laufwerktypen einheitlich zu beschreiben:

- **Provider:** Kann einen bestimmten Informationsspeicher als Laufwerk darstellen. `Get-PSProvider` liefert die aktuell vorhandenen Provider. Weitere Provider lassen sich nachrüsten, die dann zusätzliche Informationssysteme als Laufwerk bereitstellen, beispielsweise das Active Directory oder einen SQL Server.

- **Laufwerk:** Repräsentiert einen konkreten Informationsspeicher als Laufwerk. `Get-PSDrive` listet alle PowerShell-Laufwerke auf, auf die Sie aktuell zugreifen können.

- **Item:** Alles, was sich auf einem Laufwerk befindet, bezeichnet PowerShell allgemein als »Item«. Ein speziellerer Begriff wie »File« oder »Directory« würde auch wenig sinnvoll sein, wenn man berücksichtigt, wie breit PowerShell das Laufwerkkonzept fasst. `Get-Command –Noun Item*` zeigt alle Cmdlets an, die mit Laufwerkinhalten zu tun haben.

- **ItemProperty:** Zusätzliche Informationen, die zu einem Item gehören. In der Registrierungsdatenbank wäre ein *Item* beispielsweise ein Registrierungsschlüssel, und die *ItemProperties* wären die einzelnen Registrierungswerte dieses Schlüssels.

Dateisystemaufgaben meistern

Klassische Dateisystemaufgaben haben Sie vielleicht schon früher mit dem Kommandozeileninterpreter *cmd.exe* gelöst. Um den Umstieg zu erleichtern, hat PowerShell viele historische Aliase vordefiniert, die Ihnen schnell den Weg zu den entsprechenden Cmdlets weisen:

```
PS> Get-Alias -Definition *-Item* | Select-Object -Property Name, Definition

Name  Definition
----  ----------
cli   Clear-Item
clp   Clear-ItemProperty
copy  Copy-Item
cp    Copy-Item
cpi   Copy-Item
cpp   Copy-ItemProperty
del   Remove-Item
erase Remove-Item
gi    Get-Item
gp    Get-ItemProperty
gpv   Get-ItemPropertyValue
ii    Invoke-Item
mi    Move-Item
move  Move-Item
mp    Move-ItemProperty
mv    Move-Item
```

```
ni      New-Item
rd      Remove-Item
ren     Rename-Item
ri      Remove-Item
rm      Remove-Item
rmdir   Remove-Item
rni     Rename-Item
rnp     Rename-ItemProperty
rp      Remove-ItemProperty
si      Set-Item
sp      Set-ItemProperty
```

Alle diese Aliase verweisen auf Cmdlets, die das Wort *Item* im Namen tragen. Zusätzlich spielen noch die Gruppen der Cmdlets mit den Begriffen *Path* und *Content* eine Rolle für die Dateisystemverwaltung:

```
PS> Get-Command -Noun Path, Content | Select-Object Name

Name
----
Add-Content
Clear-Content
Convert-Path
Get-Content
Join-Path
Resolve-Path
Set-Content
Split-Path
Test-Path
```

Damit haben Sie Ihr Handwerkszeug beisammen und können jetzt die meisten Alltagsaufgaben im Dateisystem erledigen.

Profitipp

Vielleicht wollen Sie sich ein kleines Minihandbuch mit den Befehlen herstellen, die im Dateisystem (und anderen virtuellen Laufwerken) gebraucht werden? Das kostet Sie nur zwei Zeilen Code.

Bevor Sie die Zeilen ausführen, sollten Sie indes zunächst, wie im ersten Kapitel beschrieben, die PowerShell-Hilfe mit **Update-Help** aus dem Internet heruntergeladen haben, weil die Hilfedatei sonst nur die reine Cmdlet-Syntax enthält und nicht die weiteren Beschreibungen und Codebeispiele.

```
PS> Get-Command -Noun item*,content,path,location | Get-Help > $env:TEMP\referenz.txt
PS> Invoke-Item -Path $env:TEMP\referenz.txt
```

Zur Einstimmung finden Sie zunächst eine Liste von Einzeilern, die bereits einige typische Dateiaufgaben meistern:

```
# Inhalt einer Protokolldatei lesen (Windows 10 verwendet dieses Log nicht länger)
Get-Content -Path C:\windows\WindowsUpdate.log

# Alle Protokolldateien aus dem Windows-Ordner auflisten:
Get-ChildItem -Path C:\Windows -Filter *.log -Recurse -ErrorAction SilentlyContinue -File

# Einen neuen Ordner anlegen:
New-Item -Path C:\BackupLogs -ItemType Directory -ErrorAction SilentlyContinue
```

```
# Überprüfen, ob ein Ordner oder eine Datei existiert:
Test-Path -Path C:\BackupLogs

# Alle Protokolldateien aus dem Windows-Ordner in einen Backup-Ordner kopieren
Get-ChildItem -Path C:\Windows -Filter *.log -Recurse -ErrorAction SilentlyContinue -File |
Copy-Item -Destination C:\BackupLogs -ErrorAction SilentlyContinue

# Ordner im Windows-Explorer öffnen:
Invoke-Item -Path C:\BackupLogs
```

Ordner anlegen

Durch Kombination verschiedener Cmdlets lassen sich auch komplexere Aufgaben erledigen. Möchten Sie zum Beispiel sicherstellen, dass ein Ordner existiert, verwenden Sie eine Bedingung, die das Ergebnis von Test-Path auswertet:

```
# dieser Ordner soll existieren:
$Path = 'c:\neuerordner'

# prüfen, ob Ordner schon vorhanden ist:
$existiert = Test-Path -Path $Path

# ausgehend davon Ordner anlegen, wenn er fehlt:
if (!$existiert)
{
    # Ergebnis von New-Item an $null zuweisen,
    # weil das Ergebnis nicht gebraucht wird
    $null = New-Item -Path $Path -ItemType Directory
    Write-Warning 'Neuer Ordner angelegt'
}
else
{
    Write-Warning "Ordner '$path' war bereits vorhanden."
}
```

Listing 3.1: Neuen Ordner anlegen, falls er noch nicht existiert.

Die »Eigenintelligenz« dieses Skripts beruht auf einer Bedingung, die mit dem Schlüsselwort if angelegt wird. Trifft die Bedingung hinter if zu, wird der Skriptblock in geschweiften Klammern dahinter ausgeführt, andernfalls der Skriptblock hinter else. Im Beispiel wird der Inhalt von $existiert ausgewertet. Diese Variable enthält den Wert $true, wenn der Ordner schon existiert. Das !-Zeichen dreht den booleschen Wert um, macht also aus $true ein $false. Die Bedingung trifft daher immer dann zu, wenn der Ordner noch nicht existiert.

Sie werden Skriptblöcke – Code innerhalb geschweifter Klammern – später noch genauer kennenlernen. Einstweilen genügt die Regel, dass Code in runden Klammern sofort ausgeführt wird, während Code in geschweiften Klammern nicht sofort ausgeführt wird. Stattdessen wird Code in geschweiften Klammern in der Regel jemandem übergeben, der dann entscheidet, ob dieser Code wann und und wie oft zur Ausführung kommt. Im Beispiel ist dieser »jemand« die if-Anweisung. Sie bildet die entscheidende Konstruktion – im wörtlichen Sinne, sie kann autonom entscheiden, wie das Skript handeln soll.

Tipp

`New-Item` kann auch in einem Aufwasch mehrere verschachtelte Ordner anlegen, und sogar mehrere unterschiedliche Ordner sind möglich. Die folgende Zeile legt insgesamt sechs Ordner an:

```
New-Item -Path c:\FolderA\test\sub, c:\FolderB, c:\FolderC\new -ItemType Directory
```

Dateien anlegen und Informationen speichern

Mit `New-Item` lassen sich nicht nur Ordner, sondern auch neue Dateien anlegen. Der folgende Code prüft zum Beispiel, ob die PowerShell-Profildatei vorhanden ist. Falls nicht, legt `New-Item` nicht nur eine (leere) Profildatei an, sondern außerdem alle im Dateipfad eventuell ebenfalls noch fehlenden Ordner:

```
# existiert die PowerShell-Profildatei bereits?
$existiert = Test-Path -Path $profile

# falls nicht, diese Datei anlegen ...
if (!$existiert)
{
    $null = New-Item -Path $profile -ItemType File -Force
}

# ... danach im ISE-Editor öffnen
ise $profile
```

Listing 3.2: PowerShell-Profildatei anlegen, falls sie noch nicht existiert.

Die Profildatei spielt bei PowerShell eine besondere Rolle, denn sie wird immer automatisch ausgeführt, wenn PowerShell startet. Allerdings ist die Profildatei hostspezifisch und gilt jeweils nur für die PowerShell-Konsole oder den ISE-Editor. Nachdem Listing 3.2 die Profildatei geöffnet hat, können Sie darin nun beliebige Konfigurationen oder auch Grußbotschaften eintragen, die dann jedes Mal ausgeführt werden, wenn PowerShell startet.

Achtung

Im Beispiel wurde `New-Item` mit dem Parameter `-Force` aufgerufen. Der sorgt dafür, dass auch alle eventuell noch fehlenden Ordner im Pfadnamen mit angelegt werden. Gleichzeitig würde `-Force` aber auch eine schon existierende Profildatei überschreiben. Genau deshalb ist es so essenziell, wie im Beispiel gezeigt zuerst zu überprüfen, ob die Profildatei schon existiert, und `New-Item` mit `-Force` nur dann zu verwenden, wenn die Zieldatei noch nicht existiert – es sei denn, es ist Ihr ausdrücklicher Wunsch, eine alte Profildatei zu neutralisieren.

Allerdings ist es häufig gar nicht nötig, Dateien mit `New-Item` anzulegen. `New-Item` ist ein »Low-Level«-Cmdlet, das tatsächlich nicht viel mehr tut, als eine Datei anzulegen. Viele andere Cmdlets sind spezialisierter und speichern beispielsweise Daten in einer Datei. Dabei wird die Datei ebenfalls angelegt.

Das folgende Codebeispiel ruft alle Fehler und Warnungen aus dem Systemlogbuch ab und schreibt sie in eine Datei, die mit `Out-File` auf dem Desktop des aktuellen Anwenders gelegt wird. Das Skript öffnet die produzierte Textdatei automatisch, nachdem die Datei angelegt wurde. Sie finden die Datei auf Ihrem Desktop und können Sie auch von dort aus per Doppel-klick öffnen, wenn Sie einen schnellen Überblick über die letzten Problemfälle des Systems bekommen möchten.

```
# Pfad zum Desktop
$Path = "$HOME\Desktop"

# Datei mit den neuesten 20 kritischen Systemevents erstellen
$FilePath = Join-Path -Path $Path -ChildPath 'FehlerEvents.txt'
Get-EventLog -LogName System -EntryType Error, Warning -Newest 20 |
    Format-Table -AutoSize -Wrap |
    Out-File -FilePath $FilePath -Width 120

notepad.exe $FilePath
```

Listing 3.3: Die letzten 20 Fehler und Warnungen des Systemlogbuchs auf den Desktop legen.

Neben Out-File stehen außerdem die Cmdlets der Familie Content zur Verfügung. Auch New-Content und Set-Content legen also neue Dateien an, in die Informationen geschrieben werden können. Diese Cmdlets funktionieren jedoch anders als Out-File: Während Out-File das interne ETS-System von PowerShell verwendet, um Objekte zuerst in gut lesbare Textspalten zu über-setzen, schreiben Content-Cmdlets ausschließlich die reinen Daten in die Datei.

Sie sind deshalb schneller als Out-File, sollten aber auch tatsächlich nur dann eingesetzt wer-den, wenn Sie primitive Daten wie Zahlen- oder Textlisten schreiben möchten. Schreiben Sie dagegen Objekte mit Set-Content in eine Datei, werden nur die Objekttypen in Text verwandelt, und Sie können den Inhalt der Objekte nicht mehr sehen:

Den Unterschied in der Ausgabe verdeutlicht dieses Beispiel:

```
# Pfad zum Desktop
$Path = "$HOME\Desktop"

# unterschiedliche Ausgabe im Vergleich
$FilePath1 = Join-Path -Path $Path -ChildPath 'OutFile.txt'
$FilePath2 = Join-Path -Path $Path -ChildPath 'SetContent.txt'
$FilePath3 = Join-Path -Path $Path -ChildPath 'OutStringSetContent.txt'

$daten = Get-EventLog -LogName System -EntryType Error, Warning -Newest 20

$daten | Out-File -FilePath $FilePath1
$daten | Set-Content -Path $FilePath2
$daten | Out-String | Set-Content -Path $FilePath3 -Encoding Unicode

notepad.exe $FilePath1
notepad.exe $FilePath2
notepad.exe $FilePath3
```

Listing 3.4: Unterschiedliche Ausgabe von Out-File und Set-Content.

Out-String ist das spezialisierte Cmdlet, das Objekte in lesbaren Text umwandelt. Out-File nutzt es intern automatisch mit. Genau genommen, entspricht Out-File intern also der folgenden Kombination:

```
Out-String | Set-Content -Encoding Unicode
```

Hinweis

Hier sieht man sehr schön die »Lego-Natur« von PowerShell: **Set-Content** schreibt Daten in eine Datei. **Out-String** kann Objekte in lesbaren Text umwandeln. **Out-File** kombiniert beides und speichert als Vorgabe im Unicode-Format ab, um Objektergebnisse sicher und auf lesbare Weise in eine Datei zu schreiben.

Weil PowerShell diese einzelnen Aufgaben über separate Cmdlets zur Verfügung stellt, haben Sie die Freiheit, für Ihre Aufgaben jeweils die beste und schnellste Methode auszuwählen. Zwar könnten Sie Daten grundsätzlich immer mit **Out-File** in Dateien speichern – und das Ergebnis wäre auch stets richtig –, allerdings würde Ihr Skript damit unter Umständen ohne Not sehr viel langsamer als erforderlich laufen. Geht es Ihnen nur darum, reine Textinformationen in eine Datei zu schreiben, verwenden Sie besser direkt **Set-Content**. Bei größeren Datenmengen kann der Zeitunterschied bisweilen Minuten ausmachen.

Neben den genannten Cmdlets gibt es viele weitere, die ebenfalls als Teil ihrer Aufgabe Dateien anlegen. Dazu zählen beispielsweise viele Cmdlets mit dem Verb *Export*:

```
PS> Get-Command -Verb Export
```

Dateien finden

Um eine bestimmte Datei zu finden, sind in aller Regel drei Kriterien wichtig:

- In welchem Ordnerbaum soll gesucht werden?
- Um welchen Dateityp handelt es sich, und sind weitere Informationen über den Dateinamen bekannt?
- Was soll die Datei enthalten, die gesucht wird?

Nach Dateinamen oder Dateitypen suchen

Die Suche kann entsprechend von drei verschiedenen Cmdlets ausgeführt werden. Suchen Sie nach einem bestimmten Dateityp oder sind Namensteile bekannt, kann Get-ChildItem rekursiv einen ganzen Ordnerbaum durchsuchen. Mit dem Parameter -Filter geben Sie an, wonach gesucht wird.

Die folgende Zeile findet im Windows-Ordner alle Dateien, die mit *PowerShell* beginnen und die Erweiterung *.exe* tragen:

```
PS> Get-ChildItem -Path $env:windir -Filter PowerShell*.exe -Recurse -ErrorAction SilentlyContinue
```

Der Parameter -ErrorAction SilentlyContinue ignoriert dabei alle Fehlermeldungen, die bei der Suche auftreten können, wenn die Suche auf Unterordner stößt, auf die Sie keine Zugriffsberechtigungen haben. Sind Sie nur an den Pfadnamen interessiert, kann Select-Object die Ausgabe auf den Inhalt der Eigenschaft FullName beschränken, die normalerweise nicht sichtbar ist:

```
PS> Get-ChildItem -Path $env:windir -Filter PowerShell*.exe -Recurse -ErrorAction SilentlyContinue |
Select-Object -ExpandProperty FullName

C:\WINDOWS\System32\WindowsPowerShell\v1.0\PowerShell.exe
C:\WINDOWS\System32\WindowsPowerShell\v1.0\PowerShell_ise.exe
C:\WINDOWS\SysWOW64\WindowsPowerShell\v1.0\PowerShell.exe
C:\WINDOWS\SysWOW64\WindowsPowerShell\v1.0\PowerShell_ise.exe
```

```
C:\WINDOWS\WinSxS\amd64_microsoft-windows-gPowerShell-exe_31bf3856ad364e35_10.0.
10586.0_none_c516b7fb4c0c5126\PowerShell_ise.exe
C:\WINDOWS\WinSxS\amd64_microsoft-windows-PowerShell-exe_31bf3856ad364e35_10.0.1
0586.0_none_f59b970cac89d6b5\PowerShell.exe
C:\WINDOWS\WinSxS\wow64_microsoft-windows-gPowerShell-exe_31bf3856ad364e35_10.0.
10586.0_none_cf6b624d806d1321\PowerShell_ise.exe
C:\WINDOWS\WinSxS\wow64_microsoft-windows-PowerShell-exe_31bf3856ad364e35_10.0.1
0586.0_none_fff0415ee0ea98b0\PowerShell.exe
```

-Filter und -Include: Unterschiede verstehen

Mit dem Parameter -Filter haben Sie eben festgelegt, wonach gesucht wird. Der Parameter -Filter wird direkt vom Laufwerkprovider verarbeitet, ist also besonders schnell. Allerdings wird er lediglich vom FileSystem-Provider unterstützt und funktioniert auf anderen Laufwerktypen nicht:

```
PS> Get-PSProvider

Name          Capabilities                         Drives
----          ------------                         ------
Registry      ShouldProcess, Transactions          {HKLM, HKCU}
Alias         ShouldProcess                        {Alias}
Environment   ShouldProcess                        {Env}
FileSystem    Filter, ShouldProcess, Credentials   {C, Z}
Function      ShouldProcess                        {Function}
Variable      ShouldProcess                        {Variable}
```

Außerdem verhält er sich manchmal etwas merkwürdig. Die folgende Zeile soll eigentlich nur PowerShell-Skripte mit der Erweiterung *.ps1* im Windows-Ordner finden. Tatsächlich werden aber auch Dateien gefunden, deren Erweiterung mit *.ps1* beginnt, zum Beispiel *.ps1xml*:

```
PS> Get-ChildItem -Path $env:windir -Filter *.ps1 -Recurse -ErrorAction SilentlyContinue |
Group-Object -Property Extension -NoElement

Count Name
----- ----
  660 .ps1
  342 .ps1xml
    2 .ps1xml_96095401
    2 .ps1xml_f5fc2012
    2 .ps1xml_b1460d8a
(...)
```

Um das zu verhindern, können Sie anstelle von -Filter auch den Parameter -Include einsetzen. Dieser arbeitet nicht auf Providerebene, sondern filtert die Ergebnisse nur nachträglich. Daher funktioniert -Include unabhängig von Provider und Laufwerktyp immer. Allerdings ist -Include im Vergleich zu -Filter sehr viel langsamer und liefert nur bei rekursiven Suchen Ergebnisse. Sie müssen also immer auch -Recurse angeben, um -Include nutzen zu können.

Ein Workaround für das Dateisystem ist daher, einfach beide Parameter einzusetzen. -Filter übernimmt dann die Grobvorauswahl, und -Include filtert diese Ergebnisse anschließend:

```
PS> Get-ChildItem -Path $env:windir -Filter *.ps1 -Include *.ps1 -Recurse -ErrorAction SilentlyCont
inue | Group-Object -Property Extension -NoElement

Count Name
----- ----
  660 .ps1
```

Mehrere Top-Level-Ordner durchsuchen

Platzhalterzeichen können in Pfadnamen ebenfalls eingesetzt werden, und durch Verschachtelung von mehreren Get-ChildItem-Aufrufen lässt sich noch mehr erreichen. Die folgende Suche würde nur in denjenigen direkten Unterordnern suchen, die mit *Sys* beginnen:

```
PS> Get-ChildItem -Path $env:windir\Sys* -Directory


    Verzeichnis: C:\WINDOWS


Mode                LastWriteTime     Length Name
----                -------------     ------ ----
d-----        30.10.2015     08:24           System
d-----        25.11.2015     09:21           System32
d-----        30.10.2015     10:07           SystemApps
d-----        30.10.2015     08:24           SystemResources
d-----        16.11.2015     12:03           SysWOW64
```

Diese Ordner kann man nun erneut an Get-ChildItem leiten, sodass dieser zweite Aufruf nur noch folgende Top-Level-Ordner rekursiv durchsucht:

```
PS> Get-ChildItem -Path $env:windir\Sys* -Directory |
  Get-ChildItem -Filter PowerShell*.exe -Recurse -ErrorAction SilentlyContinue |
  Select-Object -ExpandProperty FullName

C:\WINDOWS\System32\WindowsPowerShell\v1.0\PowerShell.exe
C:\WINDOWS\System32\WindowsPowerShell\v1.0\PowerShell_ise.exe
C:\WINDOWS\SysWOW64\WindowsPowerShell\v1.0\PowerShell.exe
C:\WINDOWS\SysWOW64\WindowsPowerShell\v1.0\PowerShell_ise.exe
```

Hier sehen Sie besonders schön die mitgelieferten PowerShell-Hosts, die jeweils in einer 32-Bit- und einer 64-Bit-Variante vorliegen. Der erste Aufruf von Get-ChildItem liefert nur diejenigen Ordner, die durchsucht werden sollen. Diese werden dann an den zweiten Aufruf weitergeleitet, der darin rekursiv die Dateien sucht.

Wissen Sie bereits, wie viele Ergebnisse Sie benötigen, kann Select-Object mit dem Parameter -First die langwierige rekursive Suche abbrechen, sobald die gewünschte Anzahl von Ergebnissen erreicht ist, und so den Aufruf stark beschleunigen. Die folgende Zeile findet die erste *PowerShell.exe*-Datei im Windows-Ordner:

```
PS> Get-ChildItem -Path $env:windir -Filter PowerShell.exe -Recurse -ErrorAction SilentlyContinue |
  Select-Object -ExpandProperty FullName -First 1
```

Ab PowerShell 5 unterstützt Get-ChildItem außerdem den Parameter -Depth, mit dem die Verschachtelungstiefe einer rekursiven Suche festgelegt wird. Der Parameter -Recurse muss dann nicht mehr angegeben werden.

Alternative zur Rekursion

Eine rekursive Suche kann sehr lange dauern, weil dabei sämtliche Unterordner und alle darin vorhandenen Dateien durchsucht werden. Wenn Sie bereits wissen, auf welcher Ebene sich eine Datei befindet, beschleunigen Platzhalterzeichen im Pfad die Suche erheblich.

Die folgende Zeile liefert zum Beispiel alle Instanzen von *excel.exe* (Microsoft Excel) im *Programme*-Verzeichnis. Gefunden werden sowohl 32- als auch 64-Bit-Fassungen beliebiger Versionen:

```
Get-Item -Path 'c:\program*\Microsoft Office\Office*\excel.exe' | Select-Object -ExpandProperty
FullName
```

Ersetzen Sie in einem absoluten Pfad einfach die Stellen, die Sie nicht genau festlegen können, durch *. Get-Item findet daraufhin alle infrage kommenden Dateien.

Nach Dateiinhalten suchen

Falls Sie auch den Dateiinhalt als Suchkriterium einbeziehen möchten, werden die Ergebnisse anschließend an Select-String weitergeleitet. Dieses Cmdlet prüft, ob ein bestimmtes Wort oder eine Phrase in der Datei vorkommt. Voraussetzung ist, dass die Datei einen textbasierten Inhalt hat. Binäre oder speziell formatierte Dateien lassen sich damit nicht filtern. Das gilt auch für proprietäre Dateiformate wie Windows-Word-Dateien.

Die folgende Zeile findet alle PowerShell-Skripte im Windows-Ordner, die das Wort Get-ChildItem enthalten.

```
Get-ChildItem -Path $env:windir -Filter *.ps1 -Recurse -ErrorAction SilentlyContinue |
    Select-String -Pattern 'Get-ChildItem' -List |
    Select-Object -ExpandProperty Path
```

Select-String findet normalerweise alle Textstellen (Zeilen) mit dem Suchwort und gibt diese aus. Wenn nur ein Ergebnis pro Datei gefunden werden soll, gibt man den Parameter -List an. Da der Code nicht die gefundene Textstelle liefern soll, sondern den Pfadnamen der Datei, wird anschließend mit Select-Object nur die normalerweise unsichtbare Eigenschaft Path ausgegeben.

Hinweis

Falls Sie sich gerade fragen, woher man weiß, dass das Ergebnis von Select-String eine versteckte Eigenschaft namens Path beinhaltet, ersetzen Sie einfach -ExpandProperty Path durch -Property *. Sie sehen so alle verfügbaren Eigenschaften.

Das Codebeispiel zeigt Ihnen also die Grundlage für universelle Suchwerkzeuge zum Finden von Dateien. Hier ist ein angepasstes Beispiel, das beliebige PowerShell-Skripte in Ihrem Benutzerprofil findet, wenn Sie ein entsprechendes Stichwort angeben. Das Skript wird indes keine Ergebnisse liefern, solange Sie nicht auch tatsächlich damit begonnen haben, eigene Skripte in Ihrem Benutzerprofil zu speichern.

```
$stichwort = Read-Host -Prompt 'Nach welchem Wort in Ihrem Skript suchen Sie'

Get-ChildItem -Path $home -Filter *.ps1 -Recurse -ErrorAction SilentlyContinue |
    Select-String -Pattern $stichwort -List |
    Select-Object -Property LineNumber, Line, FileName, Path |
    Out-GridView -Title 'Datei aussuchen' -OutputMode Multiple |
    Select-Object -ExpandProperty Path
```

Listing 3.5: Suchfunktion, um Skripte über ein Schlüsselwort wiederzufinden.

Achtung

Wenn Sie Informationen an `Out-GridView` schicken und den Parameter `-OutputMode` verwenden, wird aus dem GridView ein Dialogfeld. Dieses wartet dann so lange, bis Sie einen Eintrag auswählen und danach auf die Schaltfläche *OK* klicken oder bis Sie das Fenster per Klick auf *Abbrechen* schließen. Solange das GridView geöffnet ist, wartet PowerShell auf Ihre Reaktion und bleibt beschäftigt. Achten Sie also unbedingt darauf, das GridView nach Testläufen auch wieder zu schließen (es versteckt sich vielleicht hinter dem Editorfenster). Solange es geöffnet bleibt, können Sie in der PowerShell keine neuen Befehle starten.

Und noch eine zweite Besonderheit ist wichtig, wenn Sie das GridView als Auswahldialog verwenden. Solange es noch gefüllt wird, dürfen Sie darin keine Auswahl treffen. Erst wenn die Suche im Beispielskript komplett abgeschlossen ist, kann ein Eintrag im GridView ausgewählt werden. Klicken Sie danach unten rechts auf die Schaltfläche *OK*, um den Pfadnamen der Datei in der Konsole auszugeben.

Dieses Verhalten ist für den Anwender natürlich nicht besonders vorhersehbar. Er sieht ja nicht, wann das GridView komplett gefüllt ist. Klickt er zu früh, wird die getroffene Auswahl nicht weitergegeben.

Eine Möglichkeit, das Problem zu beheben, besteht darin, die Daten zunächst in einer Variablen zu sammeln und erst nach Abschluss der Suche an das GridView zu übergeben.

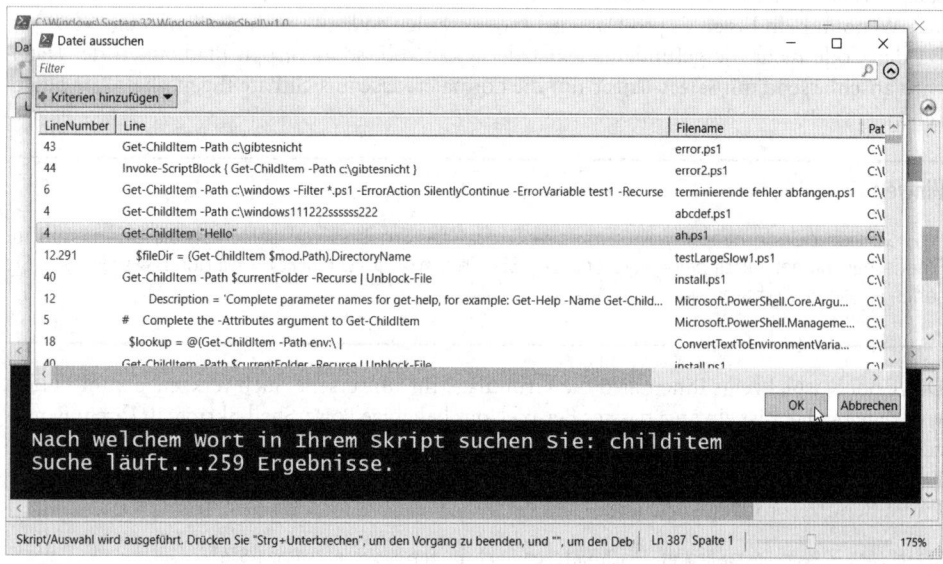

Abbildung 3.1: Komfortables Suchwerkzeug, um eigene Skripte per Stichwort zu finden und zu öffnen.

Wenn Sie nun noch einen kleinen Vorgriff auf die Pipeline-Cmdlets gestatten, kann das Auswahlwerkzeug die ausgewählte Datei sogar gleich im ISE-Editor öffnen:

```
# nach einem Stichwort fragen
$stichwort = Read-Host -Prompt 'Nach welchem Wort in Ihrem Skript suchen Sie'
Write-Host 'Suche läuft...' -NoNewline

# Skripte mit diesem Stichwort finden
$resultat = Get-ChildItem -Path $home -Filter *.ps1 -Recurse -ErrorAction SilentlyContinue |
  Select-String -Pattern $stichwort -List |
  Select-Object -Property LineNumber, Line, FileName, Path
```

```
# Anzahl der Ergebnisse melden
$anzahl = $resultat.Count
Write-Host "$anzahl Ergebnisse."

# Nur wenn Skripte gefunden wurden, im GridView anzeigen ...
if ($anzahl -gt 0)
{
   $resultat |
     Out-GridView -Title 'Datei aussuchen' -OutputMode Multiple |
     Select-Object -ExpandProperty Path |
     Foreach-Object {
        # ... und jedes gefundene Skript mit der ISE öffnen:
        ise $_
     }
}
```

Listing 3.6: Skripte bequem per Stichwort finden und im ISE-Editor öffnen

Dateien und Ordner kopieren

Copy-Item ist ein sehr simpler Kopierbefehl, mit dem man Ordner und Dateien kopieren kann. Allerdings leistet dieser Befehl wirklich nicht viel mehr und lässt insbesondere ein ausgeklügeltes Fehlerhandling, die Unterstützung langer Pfadnamen über 256 Zeichen und schnelles Multithreading vermissen. Auch überschreibt Copy-Item ohne Rückfrage vorhandene Zieldateien. In erster Linie ist Copy-Item dafür gedacht, einfachere Dateikopieraktionen durchzuführen.

Spätestens das Kopieren ganzer Ordnerinhalte ist mit Copy-Item ein Wagnis, denn es verhält sich mitunter etwas sonderbar. Sie werden gleich mehr dazu erfahren. Schauen Sie sich zunächst jedoch an, wie Dateien mit Copy-Item kopiert werden.

Einzelne Datei kopieren

Unproblematisch ist das Anlegen einer Sicherheitskopie einer einzelnen Datei mit Copy-Item (jedenfalls dann, wenn man einkalkuliert, dass die Zieldatei kommentarlos überschrieben wird):

```
#requires -Version 3
# Datei anlegen:
$desktop = "$home\Desktop"
$original = Join-Path -Path $desktop -ChildPath 'original.txt'
$kopie = Join-Path -Path $desktop -ChildPath 'kopie.txt'

"Hallo Welt" | Set-Content -Path $original


# Sicherheitskopie erstellen:
Copy-Item -Path $original -Destination $kopie

# die zwei zuletzt geänderten Dateien auf dem Desktop auflisten:
Get-ChildItem -Path $desktop -File |
   Sort-Object -Property LastWriteTime -Descending |
   Select-Object -First 2
```

Listing 3.7: Sicherheitskopie einer Datei anlegen.

Mehrere Dateien kopieren

Copy-Item kann auch mehrere Dateien in einem Schritt kopieren. Dabei sind zwei Vorgehensweisen möglich.

- Im einfachsten Fall wird als -Destination ein bereits existierender Ordner angegeben. Copy-Item kopiert dann alle Dateien in diesen Ordner hinein. Dies setzt aber unbedingt voraus, dass der angegebene Zielordner bereits vorhanden ist. Ist er nicht vorhanden, wertet Copy-Item die Angabe für -Destination als neuen Dateinamen für die zu kopierende Datei.

- Im komplexeren Fall wird -Destination ein Skriptblock übergeben.

Bleiben wir zuerst beim einfacheren Szenario: Das folgende Skript sucht zuerst alle Dateien mit der Erweiterung *.log* aus dem Windows-Ordner und kopiert diese dann in einen gemeinsamen Ordner. Gleichnamige Dateien werden überschrieben:

```
#requires -Version 3

# Zielordner muss existieren!
$zielordner = 'C:\LogFiles'
# Zielordner anlegen oder überschreiben, falls vorhanden
# ACHTUNG: Ein vorhandener Zielordner wird komplett gelöscht!
$null = New-Item -Path $zielordner -ItemType Directory -Force

# alle .log-Dateien im Windows-Ordner finden ...
Get-ChildItem -Path $env:windir -Filter *.log -Recurse -ErrorAction Ignore -File |
  # ... und Dateien in Zielordner kopieren
  Copy-Item -Destination $zielordner

# Zielordner öffnen
explorer $zielordner
```

Listing 3.8: Alle .log-Dateien aus dem Windows-Ordner in einen anderen Ordner kopieren.

Während des Kopierens werden Sie möglicherweise Fehlermeldungen sehen, denn Copy-Item kann keine Dateien kopieren, die aktuell von anderen Programmen im Zugriff sind – eine weitere Einschränkung des Cmdlets. Immerhin aber öffnet sich danach der Zielordner und zeigt die kopierten Dateien an.

Was aber, wenn Sie beispielsweise Sicherheitskopien sämtlicher Dateien in einem Ordner anlegen wollen? In diesem Fall ist der Zielordner mit dem Ursprungsordner identisch, und es soll sich stattdessen der Name der jeweiligen Dateien ändern.

Das folgende Skript zeigt, wie so etwas funktioniert. Hierbei wird -Destination ein Skriptblock übergeben. Innerhalb des Skriptblocks steht die zu kopierende Datei jeweils in der Variablen $_ zur Verfügung, und der Skriptblock wird für jede zu kopierende Datei einmal aufgerufen. Seine Aufgabe ist es, den Zieldateinamen zu berechnen.

Das folgende Skript legt Sicherheitskopien für alle PowerShell-Skripte an, die auf Ihrem Desktop liegen (speichern Sie also dort zuerst ein paar PowerShell-Skripte, weil das folgende Skript andernfalls nicht viel zu tun hätte):

```
#requires -Version 1
$desktop = "$home\Desktop"
Get-ChildItem -Path $desktop -Filter *.ps1 |
  Copy-Item -Destination {
            $datei = $_
            $name = $datei.Name
            $newname = $name + '.bak'
            Join-Path -Path $desktop -ChildPath $newname
  }
```

Listing 3.9: Sicherheitskopien für alle Skriptdateien auf dem Desktop anlegen.

Ordner kopieren

Möchte man mit `Copy-Item` ganze Ordner kopieren, gestaltet sich das viel schwieriger als gedacht. Den Grund dafür haben Sie eben schon kennengelernt: Wenn `-Destination` noch nicht existiert, kopiert `Copy-Item` die Quelle unter diesem Namen. Existiert `-Destination` dagegen und ist ein Ordner, wird die Quelle in diesen Ordner kopiert. Was beim Kopieren von Dateien nützlich ist, führt bei Ordnern zu einem völlig unvorhersehbaren Verhalten, denn `Copy-Item` verhält sich jetzt beim ersten Kopiervorgang anders als bei folgenden.

Was das konkret bedeutet, zeigt das nächste Beispiel. Es kopiert den PowerShell-Ordner mit all Ihren benutzerspezifischen Anpassungen, legt also eine Sicherheitskopie dieses Ordners an. Damit das klappt, sollte dieser Ordner natürlich existieren. Sie können aber natürlich auch `$profil` und `$ziel` ändern und eine Sicherheitskopie eines ganz anderen Ordners anlegen.

```
#requires -Version 1

# PowerShell-Profil kopieren
$profil = "$home\Documents\WindowsPowerShell"
$ziel = "$home\Documents\SicherheitskopiePSProfil"

$existiert = Test-Path -Path $profil
if (!$existiert)
{
        Write-Warning "Das Profil $profil existiert nicht - nichts zu kopieren!"
        return
}

Copy-Item -Path $profil -Destination $ziel -Recurse

explorer $ziel
```

Listing 3.10: Sicherheitskopie des PowerShell-Ordners anlegen.

Beim ersten Mal klappt alles wie gewünscht, und die Sicherheitskopie wird dank des Parameters `-Recurse` angelegt. Rufen Sie dasselbe Skript allerdings ein zweites Mal auf, verhält sich `Copy-Item` anders. Weil der Ordner, auf den `-Destination` verweist, jetzt bereits vorhanden ist, wird der Originalordner diesmal in den schon vorhandenen Ordner kopiert.

Dieses zunächst sonderbare Verhalten lässt sich erklären: Im ersten Teil dieses Abschnitts hatten Sie gesehen, wie es beim Kopieren von Dateien hilft. Allerdings ist dieses Verhalten zum Kopieren von Ordnern völlig ungeeignet.

Wollen Sie also Ordner kopieren oder ganz allgemein komplexere Kopierarbeiten vornehmen, greifen Sie lieber zu *robocopy.exe*. Dieses Konsolentool ist Bestandteil von Windows und kann in PowerShell sehr einfach aufgerufen werden:

```
#requires -Version 1

# PowerShell-Profil kopieren
$profil = "$home\Documents\WindowsPowerShell"
$ziel = "$home\Documents\SicherheitskopiePSProfil"

$null = robocopy.exe $profil $Ziel /R:0 /S

explorer $ziel
```

Listing 3.11: PowerShell-Profil zuverlässig mit robocopy.exe kopieren.

Das Skript ist nicht nur kürzer, sondern auch sehr viel schneller: *robocopy.exe* ist intelligent und kopiert Dateien nur, wenn sie sich von den Zieldateien unterscheiden. Außerdem kopiert *robocopy.exe* mit acht Threads gleichzeitig.

Dateien umbenennen

Rename-Item benennt Dateien und Ordner um, ohne sie zu kopieren.

Einzelne Datei

Hier zunächst ein simples Beispiel: Auf Ihrem Desktop wird eine Datei namens *datei.txt* angelegt. Darin werden die Ergebnisse des Befehls Get-Process gespeichert. Anschließend wird die Datei umbenannt. Auf dem Desktop liegt am Ende die Datei *prozesse.txt*.

```
#requires -Version 1

# Pfadnamen definieren:
$desktop = "$home\Desktop"
$path = Join-Path -Path $desktop -ChildPath datei.txt

# Ergebnisse von Get-Process in Textdatei speichern:
Get-Process | Format-Table -AutoSize -Wrap | Out-File -FilePath $path -Width 120

# Ausgabedatei umbenennen
Rename-Item -Path $path -NewName prozesse.txt
```

Listing 3.12: Datei anlegen und anschließend umbenennen.

Ganze Ordnerinhalte umbenennen

Spannender wird es, wenn Rename-Item ganze Ordnerinhalte umbenennt. Dazu wird -NewName ähnlich wie bei Copy-Item ein Skriptblock übergeben. In der Variablen $_ steht wieder die umzubenennende Datei, und die Aufgabe des Skriptblocks ist es, den neuen Dateinamen zu berechnen.

Damit dabei keine wichtigen Dateien zerstört werden, legt das folgende Skript zuerst einen Testordner an. Er enthält alle JPEG-Bilder, die im Windows-Ordner zu finden sind:

```
#requires -Version 3

# Zielordner muss existieren!
$zielordner = 'C:\Testbilder'
# Zielordner anlegen oder überschreiben, falls vorhanden
# ACHTUNG: Ein vorhandener Zielordner wird komplett gelöscht!
```

```
$null = New-Item -Path $zielordner -ItemType Directory -Force

# alle .log-Dateien im Windows-Ordner finden ...
Get-ChildItem -Path $env:windir -Filter *.jpg -Recurse -ErrorAction SilentlyContinue -File |
  # ... und Dateien in Zielordner kopieren
  Copy-Item -Destination $zielordner

# Zielordner öffnen
explorer $zielordner
```

Listing 3.13: Alle JPEG-Bilder aus dem Windows-Ordner in einen Testordner kopieren.

Danach sollen alle Bilder umbenannt werden. Hierzu sendet `Get-ChildItem` alle Dateien im Ordner an `Rename-Item`. `Rename-Item` »berechnet« nun mit dem Skriptblock, der für `-NewName` angegeben wurde, für jede einzelne von `Get-ChildItem` gelieferte Datei den neuen Dateinamen.

Innerhalb des Skriptblocks, der für jede empfangene Datei einmal ausgeführt wird, steht die umzubenennende Datei in der Variablen `$_` zur Verfügung. Daraus kann die Dateierweiterung in der Eigenschaft `Extension` ausgelesen werden, denn die alte Dateierweiterung soll auch im neuen Dateinamen weiterverwendet werden.

Der neue Dateiname ergibt sich aus einem Zähler, der Variablen `$index`. Sie wird mit dem Operator `++` jeweils um eins erhöht. Damit sich diese Erhöhung auch tatsächlich auswirkt, muss die Variable `$index` allerdings mit dem Präfix `script:` angesprochen werden. Ohne dieses Präfix würde nur eine interne Variable `$index` innerhalb des Skriptblocks angesprochen, die bei jedem neuen Aufruf des Skriptblocks wieder neu angelegt würde – und der Zähler würde nie weiterzählen als bis 1.

Der endgültige neue Dateiname wird zum Schluss mit dem Operator `-f` erzeugt: Links von ihm steht die Textschablone für den neuen Dateinamen: `'Picture{0:d3}{1}'`. In den ersten Platzhalter (`{0}`) wird die laufende Nummer aus `$index` eingefügt, und zwar dreistellig (`d3`). In den zweiten Platzhalter (`{1}`) wird die Dateierweiterung eingefügt.

```
#requires -Version 1


$zielordner = 'C:\Testbilder'
$index = 0

# alle Dateien im Testordner ...
Get-ChildItem -Path $zielordner |
  # ... nach Größe aufsteigend sortieren ...
  Sort-Object -Property Length |
  # ... danach mit laufender Nummer umbenennen:
  Rename-Item -NewName {
        $datei = $_
        $extension = $_.Extension
        # Index um eins erhöhen
        $script:index++
        # neuen Dateinamen konstruieren
        'Picture{0:d3}{1}' -f $index, $extension
  }


# Ordner öffnen
explorer $zielordner
```

Listing 3.14: Alle Bilder im Ordner mit laufender dreistelliger Zahl umbenennen.

Nachdem das Skript ausgeführt wurde, sind alle Dateien im Ordner umbenannt (Abbildung 3.2). Ihr Name besteht nun aus dem Präfix *Picture* und einer dreistelligen fortlaufenden Zahl.

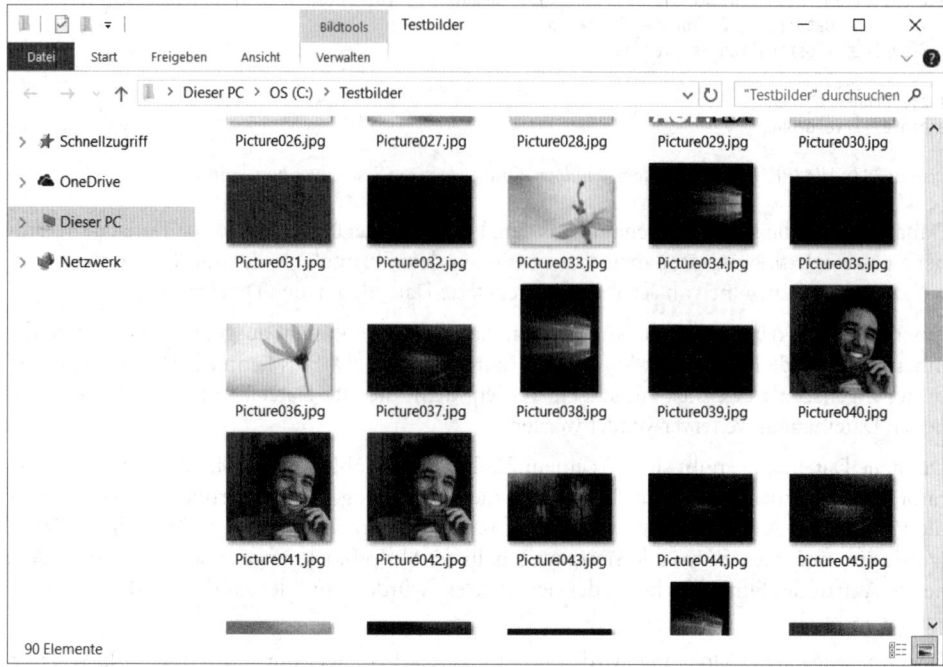

Abbildung 3.2: Alle Bilder innerhalb eines Ordners mit laufender Zahl umbenennen.

Dateien und Ordner löschen

Das Löschen von Dateien und Ordnern übernimmt `Remove-Item`. Wollen Sie mit diesem Cmdlet ganze Ordner samt Inhalt löschen, muss zusätzlich der Parameter `-Recurse` angegeben werden.

Hier ein kleines Aufräumskript, das überflüssige Dateien entsorgt, um Festplattenspeicher freizugeben: Zunächst werden die Verknüpfungen aus dem Ordner *Recent* entfernt, die für jede Datei angelegt werden, die man mit dem Explorer öffnet. Danach wird der temporäre Ordner bereinigt. Dabei kann es zu Fehlern kommen, falls temporäre Dateien oder Ordner gelöscht werden sollen, die noch verwendet werden. Solche Fehler unterdrückt das Skript dann einfach:

```
#requires -Version 1

# RECENT-Dateien löschen
Get-ChildItem -Path "$env:appdata\Microsoft\Windows\Recent" -Filter *.lnk |
  Remove-Item

# TEMP-Ordner löschen
Get-ChildItem -Path $env:temp | Remove-Item  -Recurse -ErrorAction SilentlyContinue
```

Listing 3.15: Überflüssige Dateien von der Festplatte löschen.

Achtung

Das Löschen von Dateien und Ordnern ist immer kritisch. Eines der größten Risiken ist dabei das Argument für -Path. Wenn Sie dieses Argument nicht wie im Beispiel als absoluten Pfad hardcodieren, sondern etwa als Variable übergeben, ist allergrößte Sorgfalt nötig.

Sollten Sie sich bei der Angabe der Variablen beispielsweise vertippen oder ist die Variable aus anderen Gründen versehentlich leer, verweist -Path automatisch auf den aktuellen Ordner. Sie würden in diesem Fall womöglich die völlig falschen Dateien und Ordner löschen. Das ist ein enormes Risiko.

Größe eines Laufwerks ermitteln

Die aktuelle Speicherbelegung eines Laufwerks ermittelt man mit Get-PSDrive. Dieses Cmdlet listet alle PowerShell-Laufwerke auf. Um nur Dateisystemlaufwerke zu sehen, wird die Ansicht mit -Provider FileSystem auf das Dateisystem beschränkt:

```
PS> Get-PSDrive -PSProvider FileSystem

Name        Used (GB)     Free (GB) Provider      Root
----        ---------     --------- --------      ----
C              153,86       311,94 FileSystem     C:\
```

Man kann auch die Eigenschaften Free und Used aus dem Laufwerkobjekt erfragen und daraus die Gesamtgröße und die Speicherbelegung in Prozent ermitteln:

```
#requires -Version 1

$drive = Get-PSDrive -PSProvider FileSystem -Name C

$free = $drive.Free
$used = $drive.Used
$total = $free + $used
$percent = $used / $total

'Gesamt:    {0,10:n1} GB' -f ($total/1GB)
'Belegt:    {0,10:n1} GB' -f ($used/1GB)
'Frei:      {0,10:n1} GB' -f ($free/1GB)
'Belegung:  {0,10:p}' -f $percent
```

Listing 3.16: Speicherbelegung eines Laufwerks ermitteln.

Das Ergebnis könnte dann in etwa so aussehen:

```
Gesamt:       465,8 GB
Belegt:       153,9 GB
Frei:         311,9 GB
Belegung:      33,03 %
```

Größe eines Ordners ermitteln

Die Gesamtgröße eines Ordners wird Ihnen erstaunlicherweise von keinem Cmdlet frei Haus geliefert. Das ist auch nicht nötig, denn die Gesamtgröße eines Ordners ist ja einfach die Summe aller darin enthaltenen Dateien.

Deshalb genügt es, mit Get-ChildItem alle Dateien im Ordner aufzulisten. Das allein ist die tatsächlich dateisystemspezifische Aufgabe, die so aussehen könnte:

```
# die Größe dieses Ordners soll ermittelt werden
$Path = 'c:\windows'

# es sollen alle Dateien berücksichtigt werden
# (ersetzen Sie dies z. B. durch '*.log', um nur solche
# Dateien zu zählen)
$Filter = '*'

Get-ChildItem -Path $Path -Filter $Filter -File -ErrorAction SilentlyContinue
```

Das Ergebnis ist eine lange Dateiliste, und pro Datei findet sich die jeweilige Größe in der Spalte Length:

```
    Verzeichnis: C:\windows


Mode                LastWriteTime         Length Name
----                -------------         ------ ----
-a---l       10.07.2015     12:59          61952 bfsvc.exe
-a--s-       12.11.2015     16:37          67584 bootstat.dat
-a----       06.08.2015     12:22           6705 comsetup.log
-a----       21.11.2014     04:47          35851 CoreConnectedSingleLanguage.xml
-a----       01.04.2015     10:52             12 csup.txt
-a---l       20.08.2015     04:42         236544 DfsrAdmin.exe
```

Um diese Rohdaten ins gewünschte Format zu bringen, müsste nun aus all den Größenangaben die Summe gebildet werden. Summen zu bilden, ist keine wirklich dateisystemspezifische Aufgabe. Dies kann auch in ganz anderen Zusammenhängen wichtig sein. Deshalb wird die Aufgabe von einem anderen Cmdlet erledigt: Measure-Object. Wie es funktioniert, zeigt dieses einfache Beispiel:

```
PS> 1,4,7,12,55 | Measure-Object -Sum


Count    : 5
Average  :
Sum      : 79
Maximum  :
Minimum  :
Property :


PS> 1,4,7,12,55 | Measure-Object -Sum | Select-Object -ExpandProperty Sum
79
```

Kombiniert man beides, erhält man die Ordnergesamtgröße. Fügen Sie Get-ChildItem höchstens noch die Parameter -Recurse (damit auch die Unterordner durchsucht werden) und -Force (damit versteckte Dateien berücksichtigt werden) an:

```
# die Größe dieses Ordners soll ermittelt werden
$Path = 'c:\windows'

# es sollen alle Dateien berücksichtigt werden
# (ersetzen Sie dies z. B. durch '*.log', um nur solche
# Dateien zu zählen)
$Filter = '*'

$TotalSize = Get-ChildItem -Path $Path -Filter $Filter -File -ErrorAction SilentlyContinue -Recurse
-Force | Measure-Object -Property Length -Sum |  Select-Object -ExpandProperty Sum

"Die Gesamtgröße des Ordners $Path beträgt $TotalSize Bytes."

$TotalSizeMB = $TotalSize / 1MB

'Die Gesamtgröße des Ordners "{0}" beträgt {1:n1} MB.' -f $Path, $TotalSizeMB
```

Listing 3.17: Gesamtgröße eines Ordners feststellen.

Das Ergebnis sieht nach einiger Wartezeit ungefähr so aus:

```
Die Gesamtgröße des Ordners c:\windows beträgt 31833632517 Bytes.
Die Gesamtgröße des Ordners "c:\windows" beträgt 30.358,9 MB.
```

Die erste Textzeile wurde durch das einfache Einfügen der Variablen erzeugt, sieht aber etwas unübersichtlich aus.

Die zweite Textzeile nutzt den Operator -f, der links eine Textschablone und rechts die darin einzusetzenden Werte erwartet. Sie haben natürlich Recht, wenn Sie einwerfen, dass dieser Operator noch gar nicht erklärt worden ist. Er wird erst im Kapitel über Operatoren seinen Auftritt haben, soll aber hier trotzdem schon einmal zeigen, was er kann. Und vielleicht haben Sie ja Lust, jetzt bereits auszutüfteln, wie er die wesentlich schöner formatierte Textzeile erzeugt hat:

Die Platzhalter stehen in der Textschablone als Zahlen in geschweiften Klammern. {0} ist also der erste Platzhalter, in den der Inhalt von $Path eingefügt wird, und {1} ist der zweite Platzhalter, der den Wert aus $TotalSizeMB anzeigt. Der Zusatz :n1 legt fest, dass genau eine Nachkommastelle sowie Tausendertrennzeichen zur Formatierung der Zahl verwendet werden. Und genau daher hat der Operator -f seinen Namen: Das »f« steht für »Formatierung« und kann Textausgaben und insbesondere Zahlen hübsch formatieren. Eigentlich gar nicht so schwierig, nur etwas ungewohnt.

Umgebungsvariablen

Im vorherigen Abschnitt hatten Sie auf den Windows-Ordner zugegriffen und dessen Pfad *c:\windows* verwendet. Das ist zwar der übliche Pfadname für den Windows-Ordner, aber vorgeschrieben ist er nicht. Windows kann auch in einen ganz anderen Ordner installiert worden sein.

Damit Skripte zuverlässig funktionieren, sollen absolute Pfadangaben möglichst vermieden werden. Erfragen Sie lieber mithilfe der Windows-Umgebungsvariablen (manchmal auch »Systemvariable« genannt), wo sich der Windows-Ordner tatsächlich befindet.

Alle Umgebungsvariablen auflisten

Alle Umgebungsvariablen werden vom Provider Environment und dem Laufwerk env: verwaltet. Eine Übersicht sämtlicher Umgebungsvariablen erhalten Sie beispielsweise so:

```
PS> Get-ChildItem -Path env:
```

```
Name                           Value
----                           -----
abc                            123
ALLUSERSPROFILE                C:\ProgramData
APPDATA                        C:\Users\Tobias\AppData\Roaming
asl.log                        Destination=file
CommonProgramFiles             C:\Program Files\Common Files
CommonProgramFiles(x86)        C:\Program Files (x86)\Common Files
CommonProgramW6432             C:\Program Files\Common Files
COMPUTERNAME                   DELL1
ComSpec                        C:\WINDOWS\system32\cmd.exe
FP_NO_HOST_CHECK               NO
FPS_BROWSER_APP_PROFILE_STRING Internet Explorer
FPS_BROWSER_USER_PROFILE_ST... Default
HOMEDRIVE                      C:
HOMEPATH                       \Users\Tobias
LOCALAPPDATA                   C:\Users\Tobias\AppData\Local
LOGONSERVER                    \\DELL1
NUMBER_OF_PROCESSORS           4
OS                             Windows_NT
Path                           C:\Program Files (x86)\Intel\iCLS Client\;C:\...
PATHEXT                        .COM;.EXE;.BAT;.CMD;.VBS;.VBE;.JS;.JSE;.WSF;....
PROCESSOR_ARCHITECTURE         AMD64
PROCESSOR_IDENTIFIER           Intel64 Family 6 Model 61 Stepping 4, Genuine...
PROCESSOR_LEVEL                6
PROCESSOR_REVISION             3d04
ProgramData                    C:\ProgramData
ProgramFiles                   C:\Program Files
ProgramFiles(x86)              C:\Program Files (x86)
ProgramW6432                   C:\Program Files
PSModulePath                   C:\Users\Tobias\Documents\WindowsPowerShell\M...
PUBLIC                         C:\Users\Public
SESSIONNAME                    Console
SystemDrive                    C:
SystemRoot                     C:\WINDOWS
TEMP                           C:\Users\Tobias\AppData\Local\Temp
Test                           123
TMP                            C:\Users\Tobias\AppData\Local\Temp
USERDOMAIN                     dell1
USERDOMAIN_ROAMINGPROFILE      dell1
USERNAME                       Tobias
USERPROFILE                    C:\Users\Tobias
VS140COMNTOOLS                 C:\Program Files (x86)\Microsoft Visual Studi...
windir                         C:\WINDOWS
```

Get-ChildItem unterstützt Platzhalterzeichen, sodass Sie die Suche auch einschränken können. Dieser Befehl liefert alle Umgebungsvariablen mit dem Schlüsselwort dir:

```
PS> dir env:\*dir*
```

```
Name                           Value
----                           -----
windir                         C:\WINDOWS
```

Auf einzelne Umgebungsvariablen zugreifen

Möchten Sie den Inhalt dieser Umgebungsvariablen abrufen, verwenden Sie die Variablensyntax. Achten Sie nur darauf, vor dem Variablennamen das betreffende Laufwerk anzugeben, auf dem sich die Information befindet:

```
PS> $env:windir
C:\WINDOWS
```

Umgebungsvariablen ändern

PowerShell kann Umgebungsvariablen auch ändern oder erweitern. Möchten Sie zum Beispiel PowerShell in die Lage versetzen, PowerShell-Module auch von einem USB-Stick nachzuladen, erweitern Sie die Umgebungsvariable $env:PSModulePath beispielsweise so:

```
PS> $env:PSModulePath += ';Z:\'
```

Ab sofort würde auch das Laufwerk Z:\ in die Modulsuche mit einbezogen, allerdings nur, bis Sie die PowerShell schließen. Änderungen an den Umgebungsvariablen wirken sich lediglich auf die Prozesskopie aus, gelten also nur für die aktuelle PowerShell-Sitzung (und alle von ihr aus gestarteten weiteren Prozesse).

Wollen Sie Umgebungsvariablen dauerhaft ändern, ist das nur über direkte Systemfunktionsaufrufe möglich. Diese werden an anderer Stelle beschrieben und sollen hier nur als Randnotiz der Vervollständigung dienen:

```
#requires -Version 1

# neue User-Umgebungsvariable anlegen
[Environment]::SetEnvironmentVariable('test', '123', 'User')

# Umgebungsvariable wieder löschen
[Environment]::SetEnvironmentVariable('test', $null, 'User')
```

Listing 3.18: Umgebungsvariable dauerhaft anlegen beziehungsweise löschen.

Ersetzen Sie User durch Machine, wenn Sie eine Umgebungsvariable für alle Anwender setzen oder löschen wollen. Dafür allerdings benötigen Sie Administratorrechte.

Hinweis

Denken Sie daran, dass PowerShell Umgebungsvariablen nur beim Start einliest und danach ausschließlich mit seiner Prozesskopie arbeitet. Wenn Sie also, wie eben beschrieben, neue Umgebungsvariablen systemweit anlegen, erkennt PowerShell diese erst beim nächsten Start.

Windows-Registrierungsdatenbank

Die Windows-Registrierungsdatenbank ist eine interne Datenbank, die viele Windows-Einstellungen verwaltet und deshalb für die Administration wichtig ist. Häufig will man Werte aus dieser Datenbank lesen oder sie sogar selbst verändern.

In diesem Abschnitt geht es weniger darum, *warum* Sie Informationen in der Registrierungsdatenbank lesen oder ändern wollen oder sollten (diese Frage sollten Sie selbst beantworten können), sondern eher um das *Wie*. Solange Sie also das *Warum* nicht selbstbewusst vertreten können, sollten Sie die Finger von fremden Informationen lassen und lieber testweise eigene Schlüssel und Werte anlegen – so wie in den nachfolgenden Beispielen.

Die übliche Warnung, bevor Sie auf die Windows-Registrierungsdatenbank zugreifen: Informationen in der Windows-Registrierungsdatenbank sind oft lebenswichtig für Windows, und wer Daten darin beschädigt oder löscht, riskiert, dass Windows anschließend nicht mehr richtig oder überhaupt nicht mehr funktioniert.

Schlüssel suchen

Der Provider `Registry` ist in der Lage, die Inhalte der Registrierungsdatenbank zu lesen und zu verändern, und stellt dafür die Laufwerke *HKCU:* (für den Zweig *HKEY_CURRENT_USER*) und *HKLM:* (für den Zweig *HKEY_LOCAL_MACHINE*) zur Verfügung.

Um beispielsweise alle Schlüssel im Zweig *HKEY_LOCAL_MACHINE* zu finden, die das Wort »PowerShell« im Namen tragen, genügt diese Zeile:

```
PS> Get-ChildItem -Path HKLM:\ -Include *PowerShell* -Recurse -ErrorAction SilentlyContinue

    Hive: HKEY_LOCAL_MACHINE\SOFTWARE\Classes


Name                      Property
----                      --------
Microsoft.PowerShellCmdletDefi EditFlags        : 131072
nitionXML.1               FriendlyTypeName : @"C:\WINDOWS\system32\windows
                          PowerShell\v1.0\PowerShell.exe"
                                           ,-120
Microsoft.PowerShellConsole.1 EditFlags        : 131072
                          FriendlyTypeName : @"C:\WINDOWS\system32\windows
                          PowerShell\v1.0\PowerShell.exe"
                                           ,-107
Microsoft.PowerShellData.1    EditFlags        : 131072
                          FriendlyTypeName : @"C:\WINDOWS\system32\windows
                          PowerShell\v1.0\PowerShell.exe"
                                           ,-104
Microsoft.PowerShellModule.1  EditFlags        : 131072
                          FriendlyTypeName : @"C:\WINDOWS\system32\windows
                          PowerShell\v1.0\PowerShell.exe"
                                           ,-106
Microsoft.PowerShellScript.1  EditFlags        : 131072
                          FriendlyTypeName : @"C:\WINDOWS\system32\windows
                          PowerShell\v1.0\PowerShell.exe"
                                           ,-103
(…)

    Hive: HKEY_LOCAL_MACHINE\SOFTWARE\Microsoft


Name                      Property
----                      --------
PowerShell                DisablePromptToUpdateHelp : 1
```

```
    Hive: HKEY_LOCAL_MACHINE\SOFTWARE\Microsoft\PowerShell\1


Name                          Property
----                          --------
PowerShellEngine              ApplicationBase           :
                              C:\Windows\System32\WindowsPowerShell\v1.0
                              ConsoleHostAssemblyName :
                              Microsoft.PowerShell.ConsoleHost,
                              Version=1.0.0.0,
                                                      Culture=neutral,
                              PublicKeyToken=31bf3856ad364e35,

                              ProcessorArchitecture=msil
                              ConsoleHostModuleName   : C:\Windows\System32\Wi
                              ndowsPowerShell\v1.0\Microsoft.

                              PowerShell.ConsoleHost.dll
                              PowerShellVersion       : 2.0
                              PSCompatibleVersion     : 1.0, 2.0
                              RuntimeVersion          : v2.0.50727


    Hive: HKEY_LOCAL_MACHINE\SOFTWARE\Microsoft\PowerShell\1\ShellIds


Name                          Property
----                          --------
Microsoft.PowerShell          Path : C:\Windows\System32\WindowsPowerShell\v1.
                              0\PowerShell.exe


    Hive: HKEY_LOCAL_MACHINE\SOFTWARE\Microsoft\PowerShell\3


Name                          Property
----                          --------
PowerShellEngine              ApplicationBase           :
                              C:\Windows\System32\WindowsPowerShell\v1.0
                              ConsoleHostAssemblyName :
                              Microsoft.PowerShell.ConsoleHost,
                              Version=3.0.0.0,
                                                      Culture=neutral,
                              PublicKeyToken=31bf3856ad364e35,

                              ProcessorArchitecture=msil
                              ConsoleHostModuleName   : C:\Windows\System32\Wi
                              ndowsPowerShell\v1.0\Microsoft.

                              PowerShell.ConsoleHost.dll
                              PowerShellVersion       : 5.0.10240.16384
                              PSCompatibleVersion     : 1.0, 2.0, 3.0, 4.0,
                              5.0
                              PSPluginWkrModuleName   : C:\Windows\System32\Wi
                              ndowsPowerShell\v1.0\system.man
                                                      agement.automation.dll
                              RuntimeVersion          : v4.0.30319
```

Werte lesen

Die eigentlichen Informationen (Werte), die in einem Registry-Schlüssel hinterlegt sind, bezeichnet PowerShell als ItemProperty. Um alle Werte eines bestimmten Registry-Schlüssels sichtbar zu machen, genügt wiederum bloß eine Zeile:

```
PS> Get-ItemProperty -Path 'HKLM:\SOFTWARE\Microsoft\Windows NT\CurrentVersion'
```

```
SystemRoot                : C:\WINDOWS
BuildBranch               : th1
CurrentBuild              : 10240
CurrentMajorVersionNumber : 10
CurrentMinorVersionNumber : 0
CurrentType               : Multiprocessor Free
CurrentVersion            : 6.3
EditionID                 : Professional
InstallationType          : Client
InstallDate               : 1438856757
ProductName               : Windows 10 Pro
RegisteredOrganization    :
SoftwareType              : System
UBR                       : 16463
PathName                  : C:\WINDOWS
ProductId                 : 00330-80000-00000-AA620
DigitalProductId          : {164, 0, 0, 0...}
DigitalProductId4         : {248, 4, 0, 0...}
CurrentBuildNumber        : 10240
BuildLab                  : 10240.th1.150819-1946
BuildLabEx                : 10240.16463.amd64fre.th1.150819-1946
BuildGUID                 : ffffffff-ffff-ffff-ffff-ffffffffffff
InstallTime               : 130833303579534715
Customizations            : ModernApps
RegisteredOwner           : Tobias
PSPath                    : Microsoft.PowerShell.Core\Registry::HKEY_LOCAL_MACH
                            INE\SOFTWARE\Microsoft\Windows NT\CurrentVersion
PSParentPath              : Microsoft.PowerShell.Core\Registry::HKEY_LOCAL_MACH
                            INE\SOFTWARE\Microsoft\Windows NT
PSChildName               : CurrentVersion
PSDrive                   : HKLM
PSProvider                : Microsoft.PowerShell.Core\Registry
```

Der Befehl liefert sämtliche Werte zurück, die in dem angegebenen Registry-Schlüssel hinterlegt sind. Interessieren Sie sich für nur bestimmte Werte davon, setzen Sie Select-Object ein und geben an, welche Werte Sie ausgeben möchten.

Diese Zeile würde nur die Werte liefern, in deren Namen das Wort »Install« vorkommt:

```
PS> Get-ItemProperty -Path 'HKLM:\SOFTWARE\Microsoft\Windows NT\CurrentVersion' |
Select-Object -Property *Install*
```

```
InstallationType InstallDate   InstallTime
---------------- -----------   -----------
Client           1438856757    130833303579534715
```

Einzelne Werte lassen sich auch direkt auslesen. Dazu wird das Ergebnis des Befehls zunächst in einer Variablen gespeichert. Gibt man hinter dieser Variablen später einen Punkt ein, stehen die einzelnen Informationen zur Verfügung. Man kann so also nacheinander alle erforderlichen Werte aus der Variablen auslesen.

```
PS> $werte = Get-ItemProperty -Path 'HKLM:\SOFTWARE\Microsoft\Windows NT\CurrentVersion'
PS> $werte.RegisteredOwner
Tobias
PS> $werte.ProductName
Windows 10 Pro
```

Einzelne Werte lassen sich – beispielsweise mit dem Operator -f – auch zu einem Reporttext kombinieren:

```
PS> $werte = Get-ItemProperty -Path 'HKLM:\SOFTWARE\Microsoft\Windows NT\CurrentVersion'
PS> $schablone = 'Produktname: "{0}" Besitzer: "{1}"'
PS> $schablone -f $werte.ProductName, $werte.RegisteredOwner
Produktname: "Windows 10 Pro" Besitzer: "Tobias"
```

Get-ItemProperty erlaubt sogar Platzhalterzeichen in Pfadnamen und kann mehrere Pfadnamen auf einmal verarbeiten. So lässt sich mit nur einer Zeile ein ganzes Softwareinventar aus der Windows-Registrierungsdatenbank auslesen (Abbildung 3.3):

```
#requires -Version 2

$Path32Bit = 'HKLM:\SOFTWARE\Wow6432Node\Microsoft\Windows\CurrentVersion\Uninstall\*'
$Path64Bit = 'HKLM:\SOFTWARE\Microsoft\Windows\CurrentVersion\Uninstall\*'

Get-ItemProperty -Path $Path32Bit, $Path64Bit |
  Select-Object -Property DisplayName, DisplayVersion, UninstallString |
  Out-GridView
```

Listing 3.19: Installierte Software aus der Windows-Registrierungsdatenbank lesen.

Hier liest Get-ItemProperty alle Registry-Keys direkt unterhalb von *Uninstall* für beide Registry-Pfade aus und gibt die Werte DisplayName, DisplayVersion und UninstallString aus (sofern vorhanden).

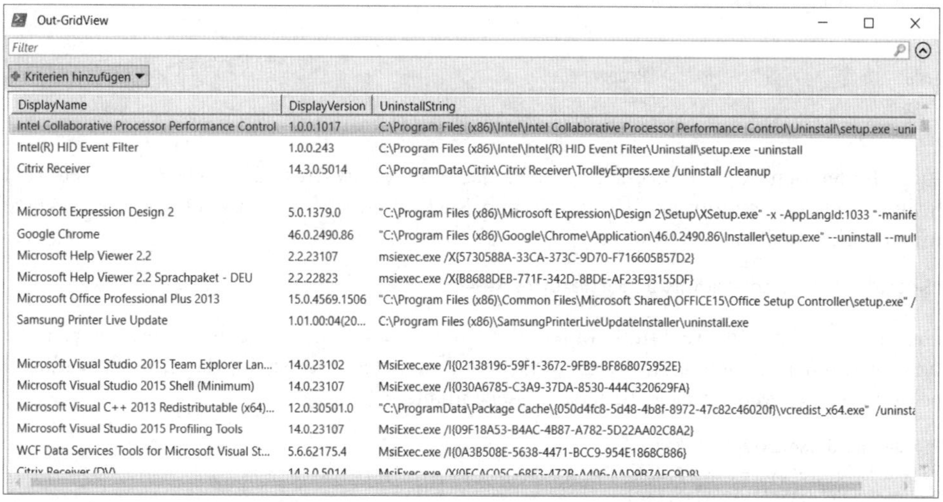

Abbildung 3.3: Installierte Software aus der Windows-Registrierungsdatenbank lesen.

Die Liste in Abbildung 3.3 weist allerdings einige Leerzeilen auf. Sie entstehen immer dann, wenn Registry-Schlüssel die gewünschten Werte gar nicht besitzen.

Neue Registry-Schlüssel anlegen

Registry-Schlüssel werden ganz ähnlich angelegt wie Ordner im Dateisystem – und genau das ist ja der Sinn des PowerShell-Laufwerkkonzepts: Sie sollen Ihr vorhandenes Wissen ohne große Änderung auch auf andere Aufgabenstellungen anwenden können.

Nutzen Sie entweder historische Aliase und Funktionen, wie md oder mkdir, oder das diesen Aliasen zugrunde liegende Cmdlet New-Item.

Alle folgenden Zeilen legen Registry-Schlüssel an. Mit dem Parameter -Value können Sie dem neuen Schlüssel auch gleich einen Standardwert zuweisen:

```
PS> md HKCU:\Software\Testkey1


    Hive: HKEY_CURRENT_USER\Software


Name                      Property
----                      --------
Testkey1

PS> mkdir HKCU:\Software\Testkey2

    Hive: HKEY_CURRENT_USER\Software


Name                      Property
----                      --------
Testkey2

PS> New-Item -Path HKCU:\Software\Testkey3 -Value 'Standardwert festgelegt'

    Hive: HKEY_CURRENT_USER\Software


Name                      Property
----                      --------
Testkey3                  (default) : Standardwert festgelegt
```

Auch hinter den Aliasen steckt eigentlich das Cmdlet New-Item. Es liefert den generierten Schlüssel als Objekt zurück. Weisen Sie den Rückgabewert $null zu, falls Sie die Ausgabe unterdrücken wollen:

```
PS> $null = New-Item -Path HKCU:\Software\Testkey4
```

Das Löschen von Schlüsseln funktioniert ähnlich: Entweder nutzen Sie die historischen Aliase, oder Sie greifen zu Remove-Item. Geben Sie den Parameter -Recurse an, damit auch Schlüssel gelöscht werden, die ihrerseits Unterschlüssel enthalten:

```
PS> del HKCU:\Software\Testkey1
PS> rd HKCU:\Software\Testkey2
PS> rmdir HKCU:\Software\Testkey3
PS> Remove-Item -Path HKCU:\Software\Testkey4 -Recurse
```

Weitere Aufgaben rund um Registry-Schlüssel erläutern die folgenden Beispiele:

```
# Testschlüssel anlegen
PS> New-Item –Path HKCU:\Testschlüssel1

# Registrierungsschlüssel umbenennen
PS> Rename-Item -Path HKCU:\Testschlüssel1 -NewName Testschlüssel2

# auf einen bestimmten Registrierungsschlüssel zugreifen
PS> Get-Item -Path HKCU:\Testschlüssel2

# Schlüsselbäume einschließlich ihrer Werte von einem Ort zu einem anderen kopieren:
PS> Copy-Item -Path HKLM:\Software\Microsoft\Windows\CurrentVersion\Uninstall\* -Destination
HKCU:\Testschlüssel2 -Recurse

# Unterschlüssel auflisten:
PS> Get-ChildItem -Path HKCU:\Testschlüssel2

# Schlüssel samt Inhalt löschen:
PS> Remove-Item -Path HKCU:\Testschlüssel2 -Recurse
```

Tipp

Am besten verfolgen Sie Ihre Experimente im grafischen Registrierungs-Editor, den Sie über den Befehl
regedit auch direkt aus PowerShell heraus starten können. In der linken Spalte werden die Registrierungsschlüssel angezeigt. Die rechte Spalte zeigt die Registrierungswerte des Schlüssels an, der gerade
in der linken Spalte markiert ist.

Sobald Sie Änderungen am Inhalt der Registrierungsdatenbank vornehmen, sollten Sie den Registrierungs-Editor durch resolutes Drücken auf ⟨F5⟩ darauf aufmerksam machen, damit er seine Ansicht
aktualisiert und die Änderungen auch sichtbar werden.

Werte hinzufügen, ändern und löschen

Die Werte der einzelnen Registrierungsschlüssel werden von PowerShell nicht als eigenständige Elemente des Laufwerks betrachtet. Sie gehören zu den jeweiligen Registrierungsschlüs-
seln. PowerShell nennt die Werte eines Registrierungsschlüssels deshalb nicht *Item*, sondern
ItemProperty. Somit sind die entsprechenden Cmdlets mit ItemProperty im Namen zuständig,
wenn Sie Werte anlegen, ändern oder löschen möchten:

```
# einen neuen Registrierungsschlüssel anlegen
PS> New-Item -Path HKCU:\Testschlüssel -Value 'Der Standardwert'

# Standardwert eines Schlüssels auslesen:
PS> (Get-ItemProperty -Path HKCU:\Testschlüssel).'(Default)'

# Standardwert eines Schlüssels nachträglich ändern:
PS> Set-ItemProperty -Path HKCU:\Testschlüssel -Name '(Default)' -Value 'Neuer Standardwert'

# einen DWORD-Wert hinzufügen
PS> Set-ItemProperty -Path HKCU:\Testschlüssel -Name Testwert1 -Value 12 -Type DWORD

# einen Binärwert hinzufügen:
PS> Set-ItemProperty -Path HKCU:\Testschlüssel -Name Testwert2 -Value (0..255) -Type Binary
```

```
# einen String hinzufügen
PS> Set-ItemProperty -Path HKCU:\Testschlüssel -Name Testwert3 -Value 'Test'

# einen Multi-String hinzufügen
PS> Set-ItemProperty -Path HKCU:\Testschlüssel -Name Testwert4 -Value 'Hello','World'
-Type MultiString

# alle Werte eines Schlüssels auf einmal lesen:
PS> Get-ItemProperty -Path HKCU:\Testschlüssel

# Wert eines Schlüssels löschen:
PS> Remove-ItemProperty -Path HKCU:\Testschlüssel -Name Testwert4

# einen bestimmten Wert lesen:
PS> (Get-ItemProperty -Path HKCU:\Testschlüssel).Testwert3

# Schlüssel samt Inhalt löschen:
PS> Remove-Item -Path HKCU:\Testschlüssel -Recurse

# Liste installierter Software anzeigen:
PS> Get-ItemProperty HKLM:\SOFTWARE\Microsoft\Windows\CurrentVersion\Uninstall\* | Select-Object
DisplayName, Publisher
```

Profitipp

Aufgrund eines Bugs, der sich bereits seit PowerShell 1.0 durch alle Versionen zieht, ist es nicht möglich, den Standardwert eines Registrierungsschlüssels mit `Remove-ItemProperty` zu entfernen.

Als Workaround kann man aber notfalls dafür auf die Low-Level-.NET-Schnittstellen zugreifen, mit denen auch die Cmdlets intern arbeiten. Solche Zugriffe sind Thema ab Kapitel 10 und daher noch ein klarer thematischer Vorgriff:

```
# Standardwert des Schlüssels HKCU:\Testschlüssel entfernen

# zuerst den übergeordneten Schlüssel öffnen:
PS> $key = Get-Item -Path HKCU:\

# dann den gewünschten Schlüssel mit Schreibrechten öffnen:
PS> $key2 = $key.OpenSubKey('Testschlüssel', 'ReadWriteSubTree')

# nun kann der Standardwert gelöscht werden:
PS> $key2.DeleteValue('')
```

Virtuelle Laufwerke und Provider

Provider (deutsch: Anbieter) kümmern sich hinter den Kulissen darum, die Informationen in den verschiedenen Informationsspeichern als Laufwerk bereitzustellen. Welche Provider es gibt, offenbart `Get-PSProvider`:

```
PS> Get-PSProvider
```

Name	Capabilities	Drives
Alias	ShouldProcess	{Alias}
Environment	ShouldProcess	{Env}
FileSystem	Filter, ShouldProcess, C...	{C}

```
Function        ShouldProcess               {Function}
Registry        ShouldProcess, Transactions {HKLM, HKCU}
Variable        ShouldProcess               {Variable}
```

In der Spalte Drives werden die Laufwerke genannt, die der jeweilige Provider zur Verfügung stellt. Wie Sie sehen, ist der Provider Environment für das Laufwerk env: zuständig. Die klassischen Dateilaufwerke werden vom Provider FileSystem betreut, und der Zugang zur Registrierungsdatenbank wird durch den Provider Registry ermöglicht.

Tipp

Der Name eines Laufwerks wird stets ohne den abschließenden Doppelpunkt angegeben. Wollen Sie auf ein Laufwerk zugreifen, müssen Sie den Doppelpunkt immer anfügen. Um beispielsweise alle digitalen Zertifikate zu sehen, die auf Ihrem Computer installiert sind, könnten Sie erneut auf das altbewährte Get-ChildItem zugreifen:

```
PS> Get-ChildItem -Path cert:\ -Recurse
```

Denken Sie daran, dem Laufwerk einen Backslash (\) anzufügen, wenn Sie seinen Stammordner meinen. Ohne diesen verwendet PowerShell stattdessen den aktuellen Pfad des Laufwerks, und der kann auf einen ganz anderen Ort innerhalb des Laufwerks voreingestellt sein.

Die Spalte Capabilities verrät, was ein Provider leisten kann:

Capability	Beschreibung
ShouldProcess	Unterstützung für die allgemeinen Parameter -WhatIf und -Confirm, mit denen eine Aktion nur simuliert wird oder einzeln bestätigt werden muss.
Filter	Unterstützung für schnelle und direkte Filterung. Nur bei Providern, die diese Fähigkeit haben, kann beispielsweise der Parameter -Filter des Cmdlets Get-ChildItem eingesetzt werden. Bei allen übrigen Providern muss Get-ChildItem auf das langsamere -Include ausweichen.
Credentials	Die Fähigkeit, Anmeldedaten zu erfragen und den Benutzer am Informationsspeicher, der hinter dem jeweiligen Laufwerk steckt, unter anderen Anmeldedaten anzumelden.
Transactions	Die Fähigkeit, mehrere Änderungen zu einer sogenannten Transaktion zusammenzufassen, die dann in Gänze entweder tatsächlich durchgeführt oder ebenfalls in Gänze abgebrochen wird. Nur Provider, die Transaktionen unterstützen, können die Cmdlets der Familie Transaction nutzen, also beispielsweise mit Start-Transaction eine Transaktion beginnen und diese mit Complete-Transaction abschließen oder mit Undo-Transaction rückgängig machen.

Tabelle 3.2: Fähigkeiten eines Providers und was genau dahintersteckt.

Provider sind wie Cmdlets kein fester Bestandteil von PowerShell, sondern werden genau wie Cmdlets von Modulen zur Verfügung gestellt. Alle Provider stammen aus Modulen, die PowerShell selbst mitbringt. Sie stehen also immer zur Verfügung. Weitere Provider können aber aus anderen Modulen nachgerüstet werden.

Das Modul ActiveDirectory aus RSAT (Remote Server Administration Toolkit, kostenlos erhältliche Software von Microsoft) liefert beispielsweise nicht nur viele zusätzliche Cmdlets zur Verwaltung des Active Directories (Benutzerverwaltung im Unternehmen), sondern auch den Provider ActiveDirectory sowie das Laufwerk AD:\. Mit diesem Laufwerk kann der Inhalt des gesamten Unternehmens-Active-Directory durchsucht und verwaltet werden.

Auch die Datenbank Microsoft SQL Server bringt ein PowerShell-Modul mit einem neuen Provider und dem Laufwerk *SQL:* mit.

Hinweis

Provider stehen erst zur Verfügung, wenn das Modul geladen wurde, das den Provider liefert. Module werden automatisch geladen, sobald Sie ein Cmdlet aus dem Modul verwenden. Andernfalls muss das Modul manuell geladen werden. Haben Sie zum Beispiel die RSAT-Tools von Microsoft installiert und möchten den Provider `ActiveDirectory` beziehungsweise dessen Laufwerk *AD:* nutzen, könnten Sie mit folgender Zeile sicherstellen, dass dieses Modul auch tatsächlich geladen ist:

```
PS> Import-Module -Name ActiveDirectory
```

Neue PowerShell-Laufwerke

Provider können beliebig viele Laufwerke bereitstellen. Get-PSDrive listet zunächst nur die automatisch angelegten Laufwerke auf:

```
PS> Get-PSDrive
```

Name	Used (GB)	Free (GB)	Provider	Root
----	---------	---------	--------	----
Alias			Alias	
C	89,62	11,54	FileSystem	C:\
Cert			Certificate	\
Env			Environment	
Function			Function	
HKCU			Registry	HKEY_CURRENT_USER
HKLM			Registry	HKEY_LOCAL_MACHINE
Variable			Variable	
WSMan			WSMan	

Weitere Laufwerke werden mit New-PSDrive hinzugefügt. Sinnvoll kann das zum Beispiel sein, wenn Sie es häufig mit einem bestimmten Ort auf einem Laufwerk zu tun haben. Die folgende Zeile liefert beispielsweise ein neues Laufwerk namens Desktop:, dessen Wurzelverzeichnis auf Ihren Desktop eingestellt ist:

```
PS> New-PSDrive -Name Desktop -PSProvider FileSystem -Root $HOME\Desktop
PS> Get-ChildItem -Path Desktop:
```

Mit neuen Laufwerken gelangen Sie auch an Teile der Registrierungsdatenbank, die von den automatisch vorhandenen Laufwerken aus nicht erreichbar sind.

Die nächsten Zeilen fügen ein Laufwerk namens *HKU:* hinzu, das auf den Registrierungszweig *HKEY_USERS* verweist (und nur mit vollen Administratorrechten gelesen werden kann):

```
PS> New-PSDrive -Name HKU -PSProvider Registry -Root HKEY_USERS
PS> Get-ChildItem -Path HKU: -ErrorAction SilentlyContinue
```

Wie fast alle Änderungen an den PowerShell-Einstellungen ist die Lebenszeit Ihrer Laufwerke jedoch beschränkt auf die aktuelle Sitzung. Sobald Sie PowerShell schließen und wieder öffnen, erinnert sich PowerShell an keine Ihrer Änderungen. Etwas später erfahren Sie, wie Sie Änderungen mithilfe eines Profilskripts dauerhaft verankern können.

Profitipp

Laufwerke erfüllen bei PowerShell eigentlich hauptsächlich eine Aufgabe: Sie legen fest, welcher Provider einen bestimmten Pfadnamen interpretieren soll. Nur so weiß PowerShell, wie ein Pfad eigentlich zu verstehen ist.

Das erklärt, warum Pfade ohne Laufwerkbuchstaben für Überraschungen sorgen können. UNC-Netzwerkpfade sind ein Beispiel dafür. Möchten Sie zum Beispiel testen, ob ein UNC-Pfad existiert (und also beispielsweise eine Netzwerkverbindung erreichbar ist), könnten Sie **Test-Path** einsetzen:

```
PS> Test-Path -Path '\\127.0.0.1\c$'
True
```

Der Pfad enthält indes keinen Laufwerkbuchstaben, und so weiß PowerShell nicht, welcher Provider den Pfad auswerten soll. Es wählt dann den Provider des aktuell eingestellten Laufwerks, und weil das meistens ein Dateisystempfad ist, wird der UNC-Pfad korrekterweise vom Provider **FileSystem** ausgewertet.

Das aber ist nur Zufall. Würden Sie den aktuellen Pfad so ändern, dass ein anderer Provider zuständig ist, würde der UNC-Pfad nun von diesem ausgewertet. Wechseln Sie also zum Beispiel in die Registrierungsdatenbank, wäre das Ergebnis eher überraschend:

```
PS> cd HKCU:\SOFTWARE
PS> Test-Path -Path '\\127.0.0.1\c$'
False
```

Eine Lösung für dieses Problem ist, den Namen des Providers vor dem Pfad anzugeben. So ist eindeutig festgelegt, welcher Provider für diesen Pfad zuständig ist:

```
PS> cd HKCU:\SOFTWARE
PS> Test-Path -Path 'FileSystem::\\127.0.0.1\c$'
True
```

Sobald Sie den Provider explizit zusammen mit dem Pfad angeben, benötigen Sie Laufwerkbuchstaben generell nicht mehr. Auf diese Weise kann man also auch auf beliebige Orte innerhalb der Registrierungsdatenbank zugreifen:

```
PS> dir Registry::


    Hive:


Name                    Property
----                    --------
HKEY_LOCAL_MACHINE
HKEY_CURRENT_USER
HKEY_CLASSES_ROOT
HKEY_CURRENT_CONFIG
HKEY_USERS
HKEY_PERFORMANCE_DATA   Global : {80, 0, 69, 0...}
                        Costly : {80, 0, 69, 0...}

PS> Get-Item -Path Registry::HKEY_CLASSES_ROOT\.ps1


    Hive: HKEY_CLASSES_ROOT
```

```
Name                           Property
----                           --------
.ps1                           (default) : Microsoft.PowerShellScript.1

PS> Get-Item -Path Registry::HKCR\.vbs


    Hive: HKCR


Name                           Property
----                           --------
.vbs                           (default) : VBSFile
```

Der Standardwert eines Registrierungsschlüssels, der in der rechten Spalte des Registrierungs-Editors als *(Standard)* aufgeführt wird, ist übrigens eigentlich ein Wert ohne Namen. Bei PowerShell heißt er immer (default). Weil dieser Name Sonderzeichen enthält (nämlich die runden Klammern), muss er in Anführungszeichen gesetzt werden.

Möchten Sie zum Beispiel den Standardwert des Schlüssels *HKEY_CLASSES_ROOT\.ps1* lesen, der Ihnen verrät, ob eine Anwendung mit PowerShell-Skriptdateien verknüpft ist – und falls ja, welche –, schreiben Sie:

```
PS> (Get-ItemProperty Registry::HKEY_CLASSES_ROOT\.ps1).'(Default)'
Microsoft.PowerShellScript.1
```

Mit Pfadnamen arbeiten

Der aktuelle Ort auf einem Laufwerk, an dem Sie sich innerhalb der PowerShell-Konsole gerade befinden, wird im Prompt der Eingabeaufforderung genannt, es sei denn, Sie haben Ihren Prompt geändert. Den aktuellen Ordner ermitteln Sie auch mit Get-Location:

```
PS> Get-Location

Path
----
C:\Users\Tobias Weltner\Sources
```

Möchten Sie an einen anderen Ort im Dateisystem navigieren, verwenden Sie Set-Location oder den Alias cd:

```
# einen Ordner höher (relativ):
PS> cd ..

# in das Stammverzeichnis des aktuellen Laufwerks (relativ):
PS> cd \

# in einen fest angegebenen Ordner (absolut):
PS> cd C:\Windows

# Ordnername aus Umgebungsvariablen beziehen (absolut):
PS> cd $env:windir

# Ordnername aus Variablen beziehen (absolut):
PS> cd $HOME
```

Ist ein Pfadname nicht absolut (mit absolut ist gemeint, dass er mit dem Stammverzeichnis beginnt), sondern relativ, wertet PowerShell ihn stets relativ zu Ihrer augenblicklichen Position auf dem Laufwerk.

Zeichen	Bedeutung	Beispiel	Ergebnis
.	aktueller Ordner	`explorer .`	Öffnet den aktuellen Ordner im Windows-Explorer. Alternative: `Invoke-Item .` oder kurz `ii .`
..	übergeordneter Ordner	`cd ..`	Wechselt in den übergeordneten Ordner.
\	Stammverzeichnis	`cd \`	Wechselt in den obersten Ordner eines Laufwerks.
~	Basisverzeichnis	`cd ~`	Wechselt in den Ordner, den PowerShell anfangs automatisch anwählt.

Tabelle 3.3: Wichtige Sonderzeichen bei relativen Pfadangaben.

Unterstützte Platzhalterzeichen in Pfadnamen

In vielen der vorangegangenen Beispiele kamen Platzhalterzeichen innerhalb von Pfadnamen zum Einsatz. Wenn Sie, wie im ersten Kapitel beschrieben, mit `Update-Help` die PowerShell-Hilfe aus dem Internet heruntergeladen haben, können Sie sich schnell einen Überblick über die unterstützten Platzhalterzeichen verschaffen:

```
PS> Get-Help wildcards -ShowWindow
```

Die folgenden Platzhalterzeichen werden in Pfadnamen unterstützt (nicht jedoch für den Parameter -Filter, der kein Pfadname ist):

Zeichen	Beschreibung	Beispiel	Treffer	Kein Treffer
*	beliebig viele Zeichen	a*	Anwendung, App	Machine
?	ein beliebiges Zeichen	?i	Windows, Bin	Application
[]	eins der angegebenen Zeichen	[wp]*	Windows, Program	System, App
[a-z]	eins der Zeichen im Bereich	[o-z]*	Windows, Program	App, Common

Tabelle 3.4: Unterstützte Platzhalterzeichen in Pfaden.

Die folgende Zeile würde im Windows-Ordner alle Unterordner auflisten, die entweder mit »P« oder mit »W« beginnen:

```
PS> Get-ChildItem -Path "$env:windir\[pw]*" -Directory
```

-Path oder -LiteralPath?

Die meisten Cmdlets unterstützen die Platzhalterzeichen aus Tabelle 3.5 in Pfadnamen, aber nicht immer ist das erwünscht und kann manchmal sogar zu Problemen führen – nämlich genau dann, wenn der tatsächliche Pfadname Platzhalterzeichen enthält. Im folgenden Beispiel soll eine Datei erzeugt werden, in dessen Dateinamen eckige Klammern vorkommen. Das schlägt fehl:

```
PS> $path = "$env:temp\Test[123].txt"
PS> 'Test' | Set-Content -Path $path
```

```
Set-Content : Im angegebenen Pfad C:\Users\Tobias\AppData\Local\Temp\Test[123].txt ist kein Objekt
vorhanden, oder es wurde durch die Parameter "-Include" oder "-Exclude" gefiltert.
```

Damit PowerShell die eckigen Klammern wörtlich nimmt und die Datei wie geplant anlegt, muss anstelle des Parameters -Path der Parameter -LiteralPath verwendet werden. Dieser Parameter unterstützt die Platzhalterzeichen nicht, sondern versteht sie wörtlich:

```
PS> 'Test' | Set-Content -LiteralPath $path
```

Ähnlich verhält es sich, wenn Sie eine Datei ansprechen wollen, deren Pfadname Platzhalterzeichen enthält. Auch hier muss der Parameter -LiteralPath eingesetzt werden:

```
# schlägt fehl:
PS> Get-Item -Path "$env:temp\Test[123].txt"

# funktioniert:
PS> Get-Item -LiteralPath "$env:temp\Test[123].txt"
```

Wie unterschiedlich sich -Path und -LiteralPath verhalten können, zeigt auch das folgende Beispiel, bei dem zunächst vier Dateien angelegt werden:

```
$null = New-Item -Path "$env:temp\Test[123].txt" -ItemType File
$null = New-Item -Path "$env:temp\Test1.txt" -ItemType File
$null = New-Item -Path "$env:temp\Test2.txt" -ItemType File
$null = New-Item -Path "$env:temp\Test3.txt" -ItemType File
```

Wird nun Get-ChildItem eingesetzt, ist das Ergebnis vollkommen unterschiedlich, je nachdem, ob der Pfad über den Parameter -Path oder den Parameter -LiteralPath angegeben wird:

```
# Platzhalterzeichen im Pfad werden als Platzhalter verstanden:
PS> Get-ChildItem -Path "$env:temp\Test[123].txt"


    Verzeichnis: C:\Users\Tobias\AppData\Local\Temp


Mode                LastWriteTime         Length Name
----                -------------         ------ ----
-a----        25.11.2015     21:13              0 Test1.txt
-a----        25.11.2015     21:13              0 Test2.txt
-a----        25.11.2015     21:13              0 Test3.txt


# Platzhalterzeichen im Pfad werden wörtlich verstanden:
PS> Get-ChildItem -LiteralPath "$env:temp\Test[123].txt"


    Verzeichnis: C:\Users\Tobias\AppData\Local\Temp


Mode                LastWriteTime         Length Name
----                -------------         ------ ----
-a----        25.11.2015     21:06              6 Test[123].txt
```

Existenz eines Pfads prüfen

Test-Path prüft, ob ein Pfad existiert, und funktioniert mit Pfaden sämtlicher Provider. Sie können damit also nicht nur prüfen, ob ein Ordner oder eine Datei existiert, sondern ebenso gut, ob ein Registry-Schlüssel, eine Variable oder eine Umgebungsvariable vorhanden ist.

Und dieses Cmdlet kann noch einiges mehr. Im Dateisystem lässt sich zum Beispiel prüfen, ob ein Pfad eine Datei oder einen Ordner repräsentiert:

```
PS> Test-Path -Path c:\windows
True

PS> # ist es eine Datei?
PS> Test-Path -Path c:\windows -PathType Leaf

PS> # ist es ein Ordner?
PS> Test-Path -Path c:\windows -PathType Container
True
```

Test-Path kann auch prüfen, ob ein Pfad überhaupt möglich ist (unabhängig davon, ob er existiert). Im folgenden Beispiel liefert der erste Pfad $true zurück, weil es das Laufwerk C:\ gibt, und der zweite Aufruf $false, weil das Laufwerk j:\ nicht vorhanden ist.

```
PS> Test-Path -Path c:\machbar -IsValid
True
PS> Test-Path -Path j:\machbar -IsValid
False
```

Der Parameter -isValid prüft leider nicht, ob Sie verbotene Sonderzeichen im Pfad verwenden, sondern nur, ob Laufwerkbuchstabe und prinzipielle Syntax stimmen.

Das folgende Beispiel würde alle Laufwerkbuchstaben ausgeben, die belegt sind:

```
PS> 65..90 | ForEach-Object { [Char]$_ + ':\' } | Where-Object { Test-Path -Path $_ -IsValid }
C:\
```

Test-Path kommt sogar mit Platzhalterzeichen zurecht. Möchten Sie wissen, ob auf Ihrem Computer Microsoft Excel installiert ist, ohne dabei auf 32-/64-Bit-Fassungen und verschiedene Versionen achten zu müssen, ersetzen Sie die fraglichen Teile des Pfads mit *:

```
PS> $Path = 'C:\Program Files*\Microsoft Office\Office*\EXCEL.EXE'
PS> $excelVorhanden = Test-Path -Path $Path


PS> "Excel vorhanden: $excelVorhanden"
Excel vorhanden: True
```

Pfadnamen auflösen

Relative Pfadnamen werden von Resolve-Path in absolute Pfadnamen übersetzt werden, zum Beispiel so:

```
PS> Resolve-Path .\test.txt

Path
----
C:\Users\Tobias Weltner\test.txt
```

Wichtiger noch ist die Fähigkeit, auch Platzhalterzeichen zu unterstützen. Damit lassen sich ungefähre Pfadangaben konkretisieren. Wollen Sie zum Beispiel den Pfad zu Microsoft Excel herausfinden, ist das nicht immer leicht. Microsoft Excel kann in 32-Bit- und 64-Bit-Varianten vorliegen und noch dazu in verschiedenen Office-Versionen. Der ungefähre Pfadname ist aber stets gleich. Resolve-Path kann die Platzhalterzeichen auflösen und den oder die tatsächlich existierenden Pfade liefern:

```
# Platzhalterzeichen im Pfad auflösen:
PS> Resolve-Path -Path 'C:\Program Files*\Microsoft Office\Office*\EXCEL.EXE'

Path
----
C:\Program Files (x86)\Microsoft Office\Office15\EXCEL.EXE


# Pfad ermitteln:
PS> (Resolve-Path -Path 'C:\Program Files*\Microsoft Office\Office*\EXCEL.EXE').Path
C:\Program Files (x86)\Microsoft Office\Office15\EXCEL.EXE

# feststellen, ob Excel vorhanden ist:
PS> Test-Path -Path (Resolve-Path -Path 'C:\Program Files*\Microsoft
Office\Office*\EXCEL.EXE').Path
True
```

Testaufgaben

Wenn Sie dieses Kapitel sorgfältig durchgearbeitet haben, müssten Sie die folgenden Aufgaben meistern können. Falls Sie auf Aufgaben treffen, die Sie nicht erfolgreich durchführen können, sollten Sie sich die angegebenen Abschnitte in diesem Kapitel noch einmal anschauen, bevor Sie zum nächsten Kapitel gehen.

Aufgabe: Sie möchten in der Registrierungsdatenbank im (noch nicht existenten) Schlüssel *HKCU\Software\Test* einen Eintrag namens *Testwert* vom Typ *DWORD* erstellen und darin den hexadezimalen Wert *7AFF* speichern. Wie gehen Sie vor? Tipp: Neue Registrierungsschlüssel legt man mit New-Item an. Neue Registrierungsdatenbankwerte werden mit New-ItemProperty geschrieben. Schauen Sie sich gegebenenfalls die Hilfe und Beispiele zu diesen beiden Cmdlets mit Get-Help an.

Lösung: Legen Sie zuerst den entsprechenden Schlüssel mit New-Item an:

```
PS> New-Item HKCU:\Software\Test
```

Legen Sie nun in diesem Schlüssel den gewünschten Wert mit New-ItemProperty an:

```
PS> New-ItemProperty HKCU:\Software\Test Testwert -Value 0x7AFF -Type DWORD
```

Aufgabe: Get-ChildItem unterstützt bei genauerer Betrachtung zwei Parameter, deren Aufgabe sehr ähnlich zu sein scheint: -Filter und -Include. Tatsächlich funktionieren beide auf den ersten Blick gleich:

```
PS> Get-ChildItem C:\Windows -Filter *.dll -Recurse
PS> Get-ChildItem C:\Windows -Include *.dll -Recurse
```

Welcher Parameter ist der richtige? Gibt es vielleicht doch Unterschiede?

Lösung: Zwischen den beiden Parametern gibt es erhebliche Unterschiede, die Sie erkennen, wenn Sie sich die Beschreibungen der Parameter ausgeben lassen:

```
PS> Get-Help Get-ChildItem -Parameter filter
PS> Get-Help Get-ChildItem -Parameter include
```

Der erste Unterschied: -Include funktioniert nur, wenn Sie zusätzlich -Recurse einsetzen. Die folgenden beiden Zeilen machen den Unterschied deutlich:

```
PS> Get-ChildItem C:\Windows -Filter *.dll
PS> Get-ChildItem C:\Windows -Include *.dll
```

Die zweite Zeile, die -Include verwendet, liefert ohne -Recurse keine Ergebnisse.

Außerdem: Der Parameter -Filter wird direkt vom Laufwerkprovider unterstützt und ist effizienter. Übersetzt heißt das: Falls -Filter verwendet werden kann, ist dieser Parameter wesentlich schneller. Das können Sie mit Measure-Command sogar messen:

```
PS> Measure-Command { Get-ChildItem C:\Windows -Filter *.dll -Recurse -ea SilentlyContinue }

(…)
TotalSeconds    : 8,6436089
(…)

PS> Measure-Command { Get-ChildItem C:\Windows -Include *.dll -Recurse -ea SilentlyContinue }

(…)
TotalSeconds    : 36,6821738
(…)
```

Geben Sie -Include an, liefert Get-ChildItem intern zuerst alle Dateien ungefiltert. Bevor die Ergebnisse in die Konsole ausgegeben werden, filtert -Include sie (clientseitig) und sortiert alles aus, was nicht dem angegebenen Muster entspricht. -Filter dagegen wird direkt an den Datenlieferanten übergeben, sodass dieser von vornherein (serverseitig) lediglich die gewünschten Informationen liefert. Das allerdings funktioniert eben nur, wenn der Datenlieferant eine solche Filterung auch unterstützt.

Der Parameter -Include wird also immer dann verwendet, wenn ein Provider den Parameter -Filter nicht unterstützt. Möchten Sie zum Beispiel in der Registrierungsdatenbank alle Schlüssel finden, die das Wort *PowerShell* enthalten, kann der schnelle Parameter -Filter nicht eingesetzt werden, weil der Registry-Provider diesen Filter nicht unterstützt:

```
PS> Get-ChildItem HKCU: -Filter *PowerShell* -Recurse

Get-ChildItem : Die Methode kann nicht aufgerufen werden. Der Anbieter unterstützt keine Verwendung
von Filtern.
```

Wenn das geschieht, greifen Sie auf -Include zurück:

```
PS> Get-ChildItem HKCU: -Include *PowerShell* -Recurse
```

Tipp

Der Parameter **-Include** unterstützt übrigens mehrere (kommaseparierte) Suchwörter, während der Parameter **-Filter** stets nur nach einem Wort sucht.

Kapitel 4
Anwendungen und Konsolenbefehle

Ausführlich werden in diesem Kapitel die folgenden Aspekte erläutert:

- **Anwendungen:** PowerShell kann Anwendungen direkt starten. Zum Start eines Anwendungsprogramms muss der absolute oder relative Pfadname angegeben werden, es sei denn, die Anwendung liegt in einem der Ordner, die in der Umgebungsvariablen $env:path festgelegt sind. Steht der Pfadname in Anführungszeichen, muss er mit dem Call-Operator (&) aufgerufen werden. Über Start-Process lassen sich Anwendungsprogramme außerdem mit vielen zusätzlichen Optionen starten.

- **Konsolenbefehle:** Das Textergebnis von Konsolenbefehlen (z. B. ipconfig.exe) kann direkt Variablen zugewiesen werden. Den numerischen »Error Level« des zuletzt ausgeführten Konsolenbefehls findet man in $LASTEXITCODE. Liefert ein Konsolenbefehl kommaseparierte Informationen, kann PowerShell diese mit ConvertFrom-CSV in strukturierte Objekte verwandeln.

- **Argumente:** Es hängt von der jeweiligen Anwendung ab, ob Benutzerargumente als Gesamttext oder als Array einzelner Texte erwartet werden. Interaktiv erfragte Benutzereingaben können einem Konsolenbefehl auch über die Pipeline übergeben werden, um den Befehl unbeaufsichtigt ausführen zu können.

- **Einschränkungen in der ISE:** Konsolenbefehle, die während der Ausführung Benutzereingaben erfordern, können im ISE-Editor nicht ausgeführt werden (es sei denn, die Argumente werden über die Pipeline übergeben). Deutsche Umlaute und Sonderzeichen gehen bei der Ausgabe von Konsolenbefehlen in der ISE verloren.

- **Fremde Prozesse steuern:** Die Cmdlets aus der Familie Process können auf alle laufenden Prozesse zugreifen, ihre Einstellungen ändern, sie beenden oder auch auf die Beendigung der Prozesse warten. Eine Liste der Cmdlets erhält man mit Get-Command -Noun Process.

In einer perfekten Welt wären alle Automationsprobleme mit Cmdlets lösbar, und dieses Buch wäre jetzt zu Ende. Ist es aber nicht. Ein kurzer Blick auf die Fülle der noch vor Ihnen liegenden Kapitel nährt den Verdacht, dass Cmdlets allein wohl doch nicht genügen, um die Welt zu retten. Es gibt einfach (noch) nicht genügend davon.

Cmdlets sind deshalb nicht das einzige Mittel, um Aufgaben zu lösen. Eine andere Gruppe von Problemlösern sind die vielfältigen Windows-Programme und Konsolenbefehle wie zum Beispiel *ipconfig.exe*, *robocopy.exe* oder *icacls.exe*, die über viele Jahre in der klassischen Befehlskonsole *cmd.exe* ihren Dienst verrichtet haben – und das auch weiterhin tun. PowerShell diskriminiert solche Befehle nicht, sondern heißt sie willkommen und führt sie gleichberechtigt genau wie Cmdlets aus:

```
PS> ipconfig

Windows-IP-Konfiguration

Ethernet-Adapter Ethernet:

    Verbindungsspezifisches DNS-Suffix: Speedport_W_921V_1_17_000
    Verbindungslokale IPv6-Adresse  . : fe80::e1a2:d0c:f7fc:f49c%12
    IPv4-Adresse  . . . . . . . . . . : 10.0.2.15
    Subnetzmaske  . . . . . . . . . . : 255.255.255.0
    Standardgateway . . . . . . . . . : 10.0.2.2
(…)
PS> ping 127.0.0.1

Ping wird ausgeführt für 127.0.0.1 mit 32 Bytes Daten:
Antwort von 127.0.0.1: Bytes=32 Zeit<1ms TTL=128
Antwort von 127.0.0.1: Bytes=32 Zeit<1ms TTL=128
(…)
```

Die Ergebnisse von Konsolenbefehlen lassen sich genau wie bei Cmdlets in Variablen speichern und auswerten:

```
PS> $info = ipconfig
PS> $info -like '*IPv4*'
    IPv4-Adresse  . . . . . . . . . . : 10.154.240.127
```

Und auch fensterbasierte Anwendungen dürfen ebenso direkt aufgerufen und gestartet werden, wodurch sich Windows-Funktionen, etwa die *Systemsteuerung* oder der *Geräte-Manager* (Abbildung 4.1), von PowerShell aus ohne Umwege durch verschlungene Menüs direkt öffnen lassen (immer vorausgesetzt, man weiß, wie der passende Befehl heißt):

```
PS> notepad
PS> control
PS> devmgmt
PS> wscui
PS> lpksetup
```

Programme starten

PowerShell startet externe Programme unbürokratisch, wenn Sie den Namen des Programms angeben:

```
PS> regedit
PS> tracert www.microsoft.com
PS> driverquery
```

Handelt es sich um eine Windows-Anwendung, öffnet sie ihr Fenster, und PowerShell setzt einfach seine Arbeit fort. Ist es dagegen eine Konsolenanwendung, teilt sie sich das Ausgabefenster mit PowerShell, und PowerShell wartet, bis die Konsolenanwendung wieder beendet ist.

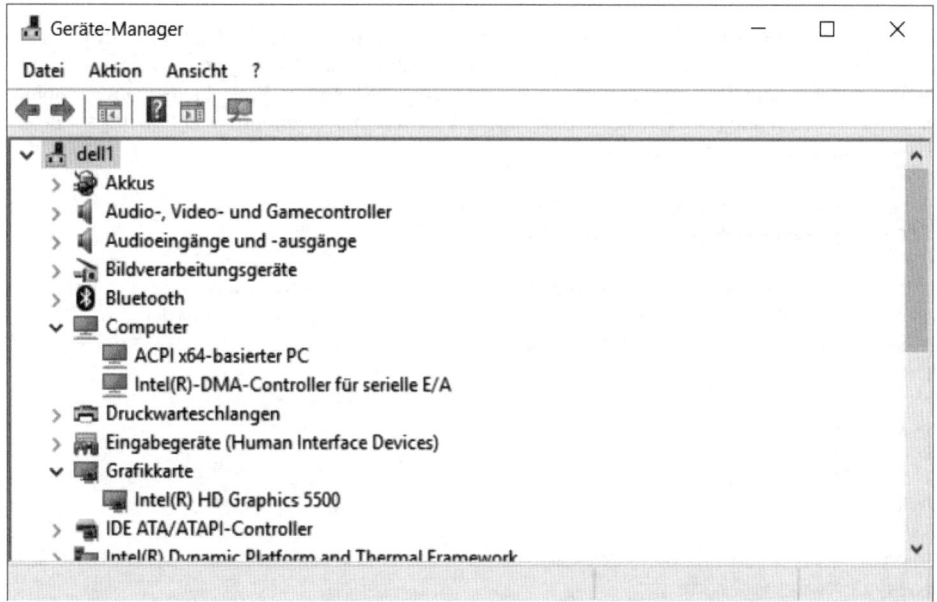

Abbildung 4.1: Mit Befehlen wie »devmgmt« einen schnellen Zugriff auf Systemdialoge des Betriebssystems erhalten.

Manche Programme lassen sich von PowerShell überraschenderweise jedoch nicht starten, obwohl sie nachweislich vorhanden sind:

```
PS> iexplore
```

```
iexplore : Die Benennung "iexplore" wurde nicht als Name eines Cmdlet, einer Funktion, einer
Skriptdatei oder eines ausführbaren Programms erkannt. Überprüfen Sie die Schreibweise des Namens,
oder ob der Pfad korrekt ist (sofern enthalten), und wiederholen Sie den Vorgang.
(…)
```

Damit PowerShell ein Programm finden kann, muss es sich in einem derjenigen Ordner befinden, die in der Umgebungsvariablen $env:Path aufgelistet sind. Nur die durchsucht PowerShell automatisch:

```
PS> $env:Path -split ';'
```

Liegt das Programm woanders, müssen Sie PowerShell schon verraten, wo genau. Dazu geben Sie den absoluten oder relativen Pfadnamen an, zum Beispiel so:

```
PS> & 'C:\Program Files\Internet Explorer\iexplore.exe'
PS> & 'C:\Program Files\Internet Explorer\iexplore.exe' www.powertheshell.com
```

Tipp

Nutzen Sie die Autovervollständigung, um Pfadnamen einzugeben:

```
PS> c:\pro🔄
PS> & 'C:\Program Files'\int🔄
PS> & 'C:\Program Files\Internet Explorer'\iexp🔄
PS> & 'C:\Program Files\Internet Explorer\iexplore.exe'
```

Die Autovervollständigung findet nicht nur die Pfadbestandteile (drücken Sie mehrmals 🔄, um alle Auswahlmöglichkeiten zu sehen), sie achtet auch automatisch darauf, Pfadnamen in Anführungszeichen zu setzen, wenn darin Sonderzeichen wie Leerzeichen vorkommen. Weil ein Pfadname in Anführungszeichen zu reinem Text wird, würde PowerShell ihn nun allerdings nicht mehr als Befehl verstehen und einfach den Text ausgeben:

```
PS> 'C:\Program Files\Internet Explorer\iexplore.exe'
C:\Program Files\Internet Explorer\iexplore.exe
```

Deshalb stellt die Autovervollständigung außerdem noch den Call-Operator & vor den Text, wie etwas weiter oben zu sehen. Er sorgt dafür, dass der Text von PowerShell als Befehl verstanden wird – als hätten Sie ihn direkt eingegeben. Können Sie nachvollziehen, was in diesem (zugegebenermaßen leicht skurrilen) Beispiel geschieht?

```
PS> $a = 'not'
PS> $b = 'epa'
PS> $c = 'D'
PS> & "$a$b$c"
```

Geben Sie einfach den Text ohne den Call-Operator aus. Dann wird sicher klarer, warum PowerShell den Windows-Editor gestartet hat:

```
PS> "$a$b$c"
notepaD
```

Wird ein Text in doppelte Anführungszeichen gefasst, ersetzt PowerShell alle darin vorkommenden Variablen durch ihren Inhalt. Die einzelnen Textbruchstücke werden so zu notepaD zusammengefügt, und der Call-Operator führt diesen Befehl aus. Die Groß-/Kleinschreibung wird von PowerShell dabei grundsätzlich ignoriert.

Auf Dauer ist die Eingabe langer Pfadnamen natürlich keine Lösung. Einfacher geht es auf eine der folgenden Arten: Sie könnten den Pfadnamen des Programms beispielsweise in einer eigenen Variablen speichern und diese dann mit dem Call-Operator aufrufen:

```
PS> $ie = 'C:\Program Files\Internet Explorer\iexplore.exe'
PS> & $ie www.powertheshell.com
```

Oder Sie legen einen neuen Alias auf den Programmpfad an:

```
PS> Set-Alias -Name ie -Value 'C:\Program Files\Internet Explorer\iexplore.exe'
PS> ie www.powertheshell.com
```

Schließlich könnten Sie auch den Ordner, in dem sich das Programm befindet, in die Umgebungsvariable $env:Path aufnehmen:

```
PS> $env:Path += ';C:\Program Files\Internet Explorer\'
PS> iexplore www.powertheshell.com
```

Alle drei Varianten – Variable, Alias und Umgebungsvariable – wirken sich allerdings nur in der aktuellen PowerShell-Sitzung aus. Wer länger etwas von diesen Änderungen haben möchte, sollte sie im Rahmen eines Profilskripts ausführen.

Optionen für den Programmstart festlegen

Haben Sie besondere Wünsche für den Programmstart, dann greifen Sie zu Start-Process und starten das Programm mit diesem Cmdlet. Es liefert viele optionale Parameter, mit denen Sie Sonderwünsche festlegen können.

Warten, bis ein Programm wieder beendet ist

Die folgende Zeile öffnet den Windows-Editor *synchron*. PowerShell wartet also so lange, bis der Editor geschlossen wird, bevor der Befehlsprompt zurückkehrt:

```
PS> Start-Process -FilePath notepad -Wait
```

Bei Konsolenanwendungen wartet PowerShell normalerweise ohnehin, bis der Konsolenbefehl seine Arbeit erledigt hat. Möchten Sie einen Konsolenbefehl *asynchron* ausführen, ihn also in seinem eigenen Fenster sich selbst überlassen und nicht auf ihn warten, gehen Sie folgendermaßen vor:

```
PS> Start-Process -FilePath systeminfo
```

Ein zweites Konsolenfenster öffnet sich, und darin wird der Befehl systeminfo parallel zu Power-Shell ausgeführt. Sobald systeminfo fertig ist, schließt sich das Fenster – zusammen mit allen Hoffnungen, an die Resultate des Befehls zu gelangen. Die sind jetzt nämlich ebenfalls weg. Konsolenbefehle sollten also nur dann in einem Extrafenster parallel ausgeführt werden, wenn sie lediglich etwas eigenverantwortlich erledigen sollen, aber keine Ergebnisse an PowerShell zurückliefern müssen.

Programme unter anderem Benutzernamen ausführen

Wollen Sie ein Programm im Namen eines anderen Benutzers ausführen, greifen Sie zu `-Credential`. Die folgende Zeile startet den Windows-Editor als Benutzer *testfirma/testuser*:

```
PS> Start-Process -FilePath notepad.exe -WorkingDirectory C:\ -Credential testfirma/testuser
-LoadUserProfile
```

Ein Anmeldedialog erscheint, in den das passende Kennwort eingegeben wird. Danach startet Notepad unter dem Namen des angegebenen Benutzers.

Profitipp

Wann immer Sie `Start-Process` mit `-Credential` einsetzen, werden zwei andere Parameter essenziell: `-LoadUserProfile` lädt zusätzlich das Benutzerprofil des angegebenen Anwenders. Ohne das Benutzerprofil funktionieren manche Programme nicht. Außerdem legt `-WorkingDirectory` fest, in welchem Ordner das Programm startet. Wählen Sie einen Ordner aus, auf den der angegebene Benutzer auch tatsächlich Zugriffsrechte hat. Andernfalls wird nämlich Ihr augenblicklicher Ordner als Arbeitsverzeichnis verwendet, und die Chancen stehen sehr gut, dass der Anwender darauf nun keinerlei Zugriffsrechte hat oder das Laufwerk dieses Ordners noch nicht einmal sieht (falls es ein persönliches Netzwerklaufwerk ist). In beiden Fällen würde der Aufruf scheitern, und das Programm könnte nicht gestartet werden.

`Start-Process` bietet noch viele weitere Parameter, mit denen Sie zum Beispiel kontrollieren, wie eine Windows-Anwendung ihr Fenster anzeigt und ob die Anwendung Administratorrechte anfordern soll (Abbildung 4.2). Diese Zeile startet den Windows-Editor in einem maximierten Fenster mit Administratorrechten:

```
PS> Start-Process -FilePath Notepad -WindowStyle Maximized -Verb Runas
```

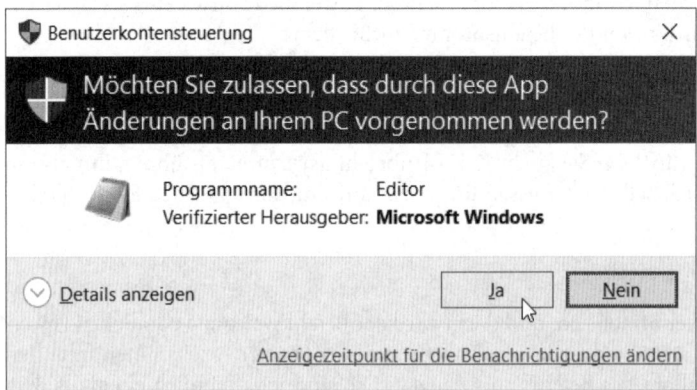

Abbildung 4.2: Programme von PowerShell aus mit vollen Administratorrechten starten.

`Start-Process` kann Ihnen mit `-PassThru` auch das Prozessobjekt zurückliefern, sodass Sie die Kontrolle über den gestarteten Prozess behalten und ihn später zum Beispiel jederzeit wieder schließen könnten. Diese Zeilen öffnen Notepad für genau fünf Sekunden und schließen es dann wieder:

```
PS> $prozess = Start-Process -FilePath Notepad -PassThru
PS> Start-Sleep -Seconds 5
PS> Stop-Process -InputObject $prozess
```

Nicht unterstützte Konsolenbefehle im ISE-Editor

Die meisten Konsolenbefehle verrichten ohne weitere Rückfragen ihren Dienst. Solche Konsolenbefehle können im ISE-Editor problemlos ausgeführt werden. Sobald ein Konsolenbefehl allerdings Rückfragen stellt, ergibt sich in der ISE ein Problem. Die ISE ist keine Konsolenanwendung. Damit sie dennoch Konsolenanwendungen ausführen kann, hält sie sich ein verstecktes Konsolenfenster, das man höchstens bei der Ausführung des ersten Konsolenbefehls kurz aufflackern sieht, bevor die ISE es sofort wieder versteckt.

Konsolenbefehle werden darin ausgeführt. Ihre Ergebnisse werden automatisch in den Vordergrund transportiert und in der ISE angezeigt. Dieser Mechanismus erlaubt aber keine interaktiven Ein- und Ausgaben. Die ISE kann also keine spontanen Tastatureingaben des Anwenders an die versteckte Konsole durchleiten und stellt auch keine Hinweismeldungen eines Konsolenprogramms dar.

In der Praxis ist das kein allzu großes Problem, weil interaktive Konsolenbefehle selten sind. Starten Sie dennoch einen in der ISE – beispielsweise choice.exe –, bleibt die ISE hängen. Der Konsolenbefehl wartet vergeblich auf die erwarteten Anwendereingaben. Führen Sie choice.exe dagegen in der PowerShell-Konsole aus, funktioniert alles einwandfrei.

Damit Sie in der ISE möglichst nicht in solch unangenehme Situationen geraten, unterhält diese eine Sperrliste. Programme, die in diese Sperrliste eingetragen sind, können in der ISE nur gestartet werden, wenn ihnen Argumente mitgegeben werden. Ohne Argumente – hier unterstellt die ISE dann einen interaktiven Aufruf – führt der Start zu einer Fehlermeldung. $PSUnsupportedConsoleApplications enthält diese Sperrliste:

```
PS> $psUnsupportedConsoleApplications
wmic
wmic.exe
cmd
cmd.exe
diskpart
diskpart.exe
edit.com
netsh
netsh.exe
nslookup
nslookup.exe
PowerShell
PowerShell.exe
```

Ohne weitere Argumente würde nslookup zu einer Fehlermeldung führen, denn ohne Argumente würde dieser Konsolenbefehl tatsächlich interaktiv nach Aufträgen fragen. Dasselbe gilt für Konsolenbefehle wie wmic oder cmd:

```
PS> nslookup
```

```
"nslookup" kann nicht gestartet werden. Interaktive Konsolenanwendungen werden nicht unterstützt.
Verwenden Sie das Start-Process-Cmdlet oder "PowerShell.exe starten" im Menü "Datei" zum Ausführen
der Anwendung. Verwenden Sie $psUnsupportedConsoleApplications zum Anzeigen/Ändern der Liste
blockierter Konsolenanwendungen, oder rufen Sie die Onlinehilfe auf.
```

```
PS> wmic
```

"wmic" kann nicht gestartet werden. Interaktive Konsolenanwendungen werden nicht unterstützt. Verwenden (...)

```
PS> cmd
```

"cmd" kann nicht gestartet werden. Interaktive Konsolenanwendungen werden nicht unterstützt. Verwenden (...)

Mit Argumenten aufgerufen, funktionieren die gleichen Konsolenbefehle hingegen einwandfrei auch in der ISE, weil dann keine interaktiven Eingaben nötig sind. Die notwendigen Eingaben wurden nun ja als Argument übergeben:

```
PS> nslookup www.powertheshell.com
```

```
Server:  speedport.ip
Address:  192.168.2.1
```

```
Name:    www.powertheshell.com
Address:  173.254.71.70
PS> wmic os get version
Version
```

```
6.2.9200
PS> cmd.exe /c dir %WINDIR%
(...)
```

Dieses Konzept ist allerdings nur ein Workaround. Erstens ist die Sperrliste niemals vollständig (sie enthielt ja beispielsweise nicht choice.exe), und zweitens können auch Konsolenbefehle, die mit Argumenten aufgerufen werden, nachträglich interaktiv werden – und dann in der ISE für sonderbare Situationen sorgen.

Die Sperrliste lässt sich leicht ergänzen, wenn Sie finden, dass weitere Konsolenbefehle ausgeschlossen gehören (speichern Sie diese Anweisungen in Ihrem Profilskript, wenn sie dauerhaft wirken sollen):

```
PS> $psUnsupportedConsoleApplications.Add('choice')
PS> $psUnsupportedConsoleApplications.Add('choice.exe')
```

Problematischer schon sind Konsolenbefehle, die nachträglich – oder nur gelegentlich – interaktiv nachfragen. Rufen Sie beispielsweise systeminfo.exe auf, gelingt dies lokal einwandfrei. Sie würden zwar die Statusmeldungen des Konsolenbefehls nicht sehen (führen Sie den Befehl zum Vergleich in der PowerShell-Konsole aus, um den Unterschied zu erleben), aber die Ergebnisse erscheinen wie erwartet trotzdem.

```
PS> systeminfo.exe
```

Auch remote könnten Sie systeminfo.exe aufrufen, jedenfalls dann, wenn das Zielsystem erreichbar ist und Sie darauf Administratorrechte besitzen:

```
PS> systeminfo.exe /S testserver
```

Haben Sie indes keine Administratorrechte, würde systeminfo.exe nun nach Ihrem Benutzernamen und/oder Kennwort fragen. Der Befehl würde also plötzlich nachträglich interaktiv, und weil die ISE weder die Frage nach dem Kennwort anzeigt noch etwaige Eingaben Ihrerseits an den Befehl zurückmeldet, scheint alles so, als würde die ISE hängen.

Führen Sie hier erneut den Befehl zum Vergleich in der PowerShell-Konsole aus. Und genau das ist auch der allgemeine Ratschlag, falls ein Konsolenbefehl in der ISE nicht wie geplant funktioniert: Testen Sie den Aufruf in einer PowerShell-Konsole, um zu prüfen, ob interaktive Ein- oder Ausgabewünsche zum Problem geführt haben.

Profitipp

Die besondere Architektur der ISE mit der versteckten Konsole ist der Grund für ein weiteres Phänomen: Liefert ein Konsolenbefehl deutsche Umlaute oder andere Sonderzeichen zurück, fehlen diese in der ISE mitunter oder werden durch falsche Zeichen ersetzt. Schuld ist hier das Encoding, mit dem die ISE die Ergebnisse von der versteckten Konsole in die eigene Anwendung kopiert.

Wenn Sie in der ISE beispielsweise die folgende Zeile ausführen, erscheinen die Betriebssysteminformationen im GridView, aber Umlaute werden durch fehlerhafte Zeichen ersetzt:

```
PS> systeminfo.exe /FO CSV | ConvertFrom-CSV | Out-GridView
```

Mit einem kleinen Trick kann das Problem behoben werden: Zunächst wird die ISE mit einem einfachen Konsolenbefehl gezwungen, die versteckte Konsole anzulegen, sollte sie noch nicht vorhanden sein. Danach wird das Encoding der versteckten Konsole so geändert, dass deutsche Umlaute korrekt angezeigt werden. Nun funktioniert **systeminfo.exe** einwandfrei auch mit deutschen Umlauten:

```
# sicherstellen, dass eine versteckte ISE-Konsole vorhanden ist:
$null = cmd.exe /c echo

# Konsolen-Encoding korrigieren:
[Console]::OutputEncoding = [System.Text.Encoding]::UTF8

# deutsche Umlaute erscheinen korrekt:
systeminfo.exe /FO CSV | ConvertFrom-CSV | Out-GridView
```

Listing 4.1: ISE-Konsolen-Encoding für deutsche Sonderzeichen einstellen.

Argumente an Anwendungen übergeben

Auch Anwendungen – insbesondere aber Konsolenbefehle – akzeptieren Argumente, mit denen Sie ähnlich wie mit Cmdlets Wünsche an den Befehl übermitteln. Welche Argumente eine Anwendung unterstützt, weiß nur die Anwendung selbst.

Hilfe für Konsolenbefehle anzeigen

Die allermeisten Anwendungen unterstützen den Parameter /?, mit dem man sich die unterstützten Parameter anzeigen lassen kann. Schauen Sie sich beispielsweise den Konsolenbefehl systeminfo.exe an, der Teil von Windows ist:

```
PS> systeminfo /?

SYSTEMINFO [/S System [/U Benutzername [/P [Kennwort]]]] [/FO Format] [/NH]

Beschreibung:
    Mit diesem Programm wird die Betriebssystemkonfiguration für
```

einen lokalen bzw. Remotecomputer, inklusive Service Packs, angezeigt.

```
Parameterliste:
    /S      System          Bestimmt das Remotesystem mit dem die Verbindung
                            hergestellt werden soll.
    /U      [Domäne\]Benutzer Bestimmt den Benutzerkontext unter dem
                            der Befehl ausgeführt werden soll.
    /P      [Kennwort]      Bestimmt das Kennwort für den zugewiesenen
                            Benutzerkontext. Bei Auslassung, wird dieses
                            angefordert.
    /FO     format          Bestimmt das Format in dem die Ausgabe
                            angezeigt werden soll.
                            Gültige Werte: "TABLE", "LIST", "CSV".
    /NH                     Bestimmt, dass der "Spalten-Header" in der
                            Ausgabe nicht angezeigt werden soll.
                            Nur für Formate TABLE und CSV.
    /?                      Zeigt diese Hilfe an.

Beispiele:
    SYSTEMINFO
    SYSTEMINFO /?
    SYSTEMINFO /S System
    SYSTEMINFO /S System /U Benutzer
    SYSTEMINFO /S System /U Domäne\Benutzer /P Kennwort /FO TABLE
    SYSTEMINFO /S System /FO LIST
    SYSTEMINFO /S System /FO CSV /NH
```

Die Beispiele am Ende des Hilfetexts können genau so wie angegeben in PowerShell verwendet werden. Das ist allerdings nicht immer der Fall. Welche Fallstricke es bei der Angabe von Argumenten gibt, schauen wir uns als Nächstes an.

Beispiel: Lizenzstatus von Windows überprüfen

Auch viele Skripte geben mit dem Parameter /? Hilfestellung oder zeigen automatisch Informationen über die vorrätigen Parameter aus, wenn beim Aufruf falsche oder keine Parameter angegeben wurden. Hinter slmgr verbirgt sich zum Beispiel ein VBScript, das Teil von Windows ist und die Windows-Lizenzen verwaltet:

```
PS> Get-Command -Name slmgr

CommandType     Name                                                ModuleName
-----------     ----                                                ----------
Application     slmgr.vbs

PS> slmgr

Ungültige Kombination von Befehlszeilenparametern.

Windows-Software-Lizenzverwaltungstool
Syntax: slmgr.vbs [Computername [Benutzerkennwort]] [<Option>]
        Computername: Name des Remotecomputers (Standard: lokaler Computer)
        Benutzer:   Konto mit erforderlichen Rechten für Remotecomputer
        Kennwort:   Kennwort für das vorherige Konto

Globale Optionen:
/ipk <Product Key>
    Product Key installieren (ersetzt den vorhandenen Key)
```

```
/ato [Aktivierungs-ID]
    Windows aktivieren
/dli [Aktivierungs-ID | All]
    Lizenzinformationen anzeigen (Standard: aktuelle Lizenz)
/dlv [Aktivierungs-ID | All]
    Detaillierte Lizenzinformationen anzeigen (Standard: aktuelle Lizenz)
/xpr [Aktivierungs-ID]
    Ablaufdatum für aktuellen Lizenzstatus

Erweiterte Optionen:
/cpky
    Product Key aus Registrierung löschen (verhindert Offenlegungsangriffe)
(…)

PS> slmgr /dli

Name: Windows(R), Professional edition
Beschreibung: Windows(R) Operating System, RETAIL channel
Teil-Product Key: HMFDH
Lizenzstatus: Lizenziert
```

Falls slmgr seine Hilfetexte nicht in die Konsole ausgibt, sondern als Extrafenster anzeigt, liegt das an der Festlegung des Programms, das für VBScript zuständig ist und diese Skripte ausführt (Abbildung 4.3). Als Vorgabe ist dies nämlich *wscript.exe*, also der fensterbasierte Script Host von VBScript. Hier erscheinen mangels Konsole alle Ausgaben als Fenster, was auf Dauer reichlich lästig ist und zudem einer engeren Zusammenarbeit zwischen VBScript und PowerShell im Weg steht.

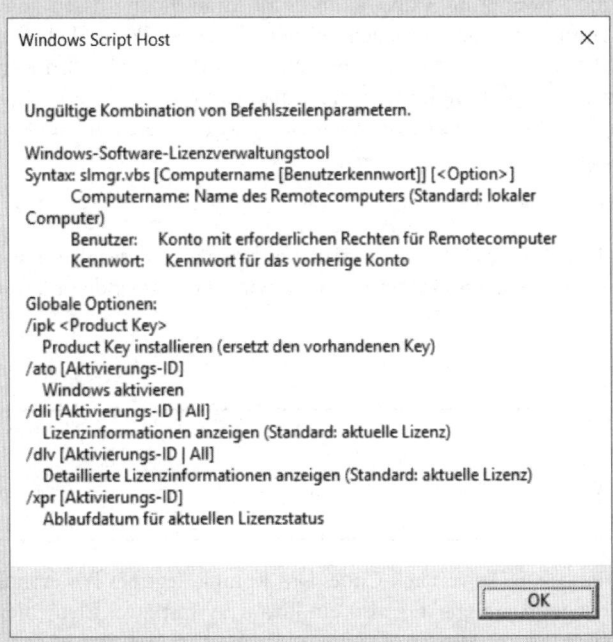

Abbildung 4.3: Wenn VBScripts Meldungen in Fenstern anzeigen, fehlt eine wichtige Grundeinstellung.

> Besser ist es, VBScript mit dem konsolenbasierten Scripthost *cscript.exe* zu assoziieren, wozu nur ein einziger Befehlsaufruf nötig ist (Administratorrechte vorausgesetzt):
>
> ```
> PS> wscript //H:Cscript
> ```
>
> Jetzt landen die Ausgaben des VBScript in der PowerShell-Konsole. Damit *cscript.exe* auch noch von der Anzeige der störenden Copyright-Meldung absieht, schicken Sie diesen Befehl hinterher:
>
> ```
> PS> wscript
> ```
>
> Ein Dialogfeld öffnet sich, in dem Sie das Kontrollkästchen *Logo anzeigen* ... deaktivieren und auf *OK* klicken. Diese Einstellungen gelten übrigens dauerhaft, das heißt so lange, bis Sie mit `wscript //H:Wscript` wieder zum alternativen ursprünglichen VBScript-Host zurückschalten.

Anders als bei Konsolenanwendungen und Skripten sind die unterstützten Argumente bei Windows-Anwendungen meist un(ter)dokumentiert und erfordern etwas Kaffee und engagierte Google-Recherche im Internet.

Argumentübergabe kann scheitern

Leider kommen Ihre Argumente nicht immer unbeschadet bei der Anwendung an, weil der PowerShell-Parser die Eingabe zuerst erhält. Erst wenn er die Eingabe begutachtet hat, leitet er sie nach eigenem Ermessen an die Anwendung. Dabei kann es zu Missverständnissen kommen, zum Beispiel wenn Ihre Argumente Sonderzeichen enthalten, die bei PowerShell eine besondere Bedeutung haben. Möchten Sie zum Beispiel den Windows-Explorer beauftragen, einen bestimmten Ordner anzuzeigen und darin eine Datei zu markieren, funktioniert in der klassischen Eingabeaufforderung `cmd.exe` (der aus dem *Ausführen*-Dialog, den Sie mit ⊞+R öffnen) dieser Befehl ganz ausgezeichnet:

```
explorer /select,c:\windows\system32\calc.exe
```

Geben Sie dagegen den gleichen Befehl in PowerShell ein, öffnet sich zwar auch der Windows-Explorer, er zeigt aber weder den angegebenen Ordner an, noch wird darin irgendeine Datei markiert:

```
PS> explorer /select,c:\windows\system32\calc.exe
```

Hinweis

Dieses Problem ist in PowerShell 5/Windows 10 inzwischen behoben.

Für den Parser ist alles, was Sie eingeben, PowerShell-Code. Das Komma legt bei PowerShell stets ein Array an. In Wirklichkeit wird `explorer.exe` also ein Textarray mit zwei Elementen übergeben, und weil der Windows-Explorer nur ein Argument erwartet, präsentiert er seine Standardansicht. Häufig kann man solche Probleme schon dadurch lösen, dass man die Argumente vom Parser fernhält, indem man sie in einfache Anführungszeichen setzt (und damit zu statischem Text macht, dessen Inhalt der Parser nicht anrührt):

```
PS> explorer '/select,c:\windows\system32\calc.exe'
```

Noch ein Weg, den Parser auszuschalten, ist Start-Process, mit dem die Argumente für ein Programm über einen separaten Parameter angegeben werden können. Auch hier werden die Argumente dann als Text übergeben:

```
PS> Start-Process -FilePath explorer.exe -ArgumentList '/select,c:\windows\system32\calc.exe'
```

Schließlich kann man den Parser auch ausdrücklich anweisen, die Finger vom Code zu lassen, indem man (ab PowerShell 3.0) den besonderen Parameter --% einsetzt. Sobald der Parser auf diesen Parameter trifft, ignoriert er den Rest der Zeile und verarbeitet den Teil so, wie er ist:

```
PS> explorer --% /select,c:\windows\system32\calc.exe
```

Weil das so ist, dürfen Sie nun allerdings in dem Teil nach --% keine Variablen mehr verwenden, denn dieser Teil wird jetzt konsequent wörtlich verstanden. Wer beispielsweise die Datei *PowerShell.exe* im Windows-Explorer hervorheben möchte, kommt nicht mehr auf diese Weise zum Ziel:

```
PS> explorer --% /select,$PSHOME\PowerShell.exe
```

Doppelte Anführungszeichen funktionieren dagegen:

```
PS> explorer "/select,$PSHOME\PowerShell.exe"
```

Welche Verpackungsart die beste ist, hängt vom jeweiligen Fall ab.

Texteingaben an Konsolenbefehle senden

Manche Konsolenbefehle erwarten zur Bestätigung bestimmte Tastendrücke oder Eingaben und können deshalb schlecht oder gar nicht unbeaufsichtigt eingesetzt werden. Der Befehl format.com zum Formatieren eines Laufwerks gehört dazu.

Achtung

Das Formatieren eines Laufwerks ist nicht gerade eine beiläufige Angelegenheit, und formatiert man aus Versehen das falsche Laufwerk, ist der Abend gelaufen. Für Automationslösungen gilt ganz besondere Vorsicht. Setzen Sie daher die eigentlich sinnvollen Sicherheitsabfragen nicht ohne Not außer Kraft und fragen Sie sich gegebenenfalls lieber, ob die eine oder andere Aufgabe überhaupt vollautomatisch durchgeführt werden sollte. Die folgenden Beispiele formatieren das Laufwerk *I:* mit der Laufwerkbezeichnung *Volume*. Passen Sie die Angaben gegebenenfalls an Ihre Umgebung an. Achten Sie aber insbesondere darauf, dass sich auf dem Laufwerk keine wichtigen Daten befinden, denn die werden gleich gelöscht.

```
format i: /FS:NTFS /Q
Der Typ des Dateisystems ist NTFS.
Geben Sie die aktuelle Volumebezeichnung für Laufwerk I: ein:
```

Zunächst werden Sie aus Sicherheitsgründen aufgefordert, manuell die aktuelle Laufwerkbezeichnung des Laufwerks einzugeben, um abzusichern, dass Sie das richtige Laufwerk meinen. Die Laufwerkbezeichnung eines Laufwerks wird im Windows-Explorer neben dem Laufwerkbuchstaben genannt. Im folgenden Beispiel heißt die Datenträgerbezeichnung *Volume*.

Um diese Eingabe automatisiert vorzunehmen, legt man den Eingabetext vor Aufruf des Befehls in die Pipeline. So landet der Text im Tastaturpuffer. Sobald ein Konsolenbefehl eine Frage hat, schaut dieser in den Tastaturpuffer, und wenn dort schon etwas liegt, wird dieser Text als Eingabe akzeptiert.

```
"Volume" | format i: /FS:NTFS /Q
Der Typ des Dateisystems ist NTFS.
Geben Sie die aktuelle Volumebezeichnung für Laufwerk I: ein:
ACHTUNG: ALLE DATEN AUF DEM
FESTPLATTENLAUFWERK I: GEHEN VERLOREN!
Formatierung durchführen (J/N)?
ACHTUNG: ALLE DATEN AUF DEM
FESTPLATTENLAUFWERK I: GEHEN VERLOREN!
Formatierung durchführen (J/N)? PS>
```

Der Befehl akzeptiert die mitgelieferte Laufwerkbezeichnung zwar, doch anschließend folgt eine weitere Sicherheitsabfrage, bei der Sie J eingeben müssen, damit die Formatierung tatsächlich gestartet wird. Die PowerShell-Pipeline kann beliebig viele Zusatzinformationen an den folgenden Befehl liefern. Wie das geschieht, haben Sie in den vorangegangenen Beispielen schon gesehen: Verwenden Sie ein Komma, um die Einzelinformationen in einem Array zu verpacken:

```
"Volume", "J" | Format i: /FS:NTFS /Q
Der Typ des Dateisystems ist NTFS.
Geben Sie die aktuelle Volumebezeichnung für Laufwerk I: ein:
ACHTUNG: ALLE DATEN AUF DEM
FESTPLATTENLAUFWERK I: GEHEN VERLOREN!
Formatierung durchführen (J/N)? Formatieren mit Schnellformatierung 14999 MB
Volumebezeichnung (32 Zeichen, EINGABETASTE für keine)? Struktur des Dateisystems wird erstellt.
Formatieren beendet.
   14,6 GB Speicherplatz insgesamt.
   14,6 GB sind verfügbar.
```

Das Beispiellaufwerk I: wurde nun erfolgreich unbeaufsichtigt formatiert, weil die erforderlichen Bestätigungen vorab in die Pipeline gelegt und so an den folgenden Befehl weitergereicht wurden.

Profitipp

Die Automation von Konsolenanwendungen wie `format.com` über die PowerShell-Pipeline ist nur ein Beispiel für ihre Flexibilität, nicht aber unbedingt in jedem Szenario der sinnvollste Weg. Zwar können Sie über die Pipeline Informationen an native Konsolenanwendungen weiterreichen, haben aber keinen Einfluss darauf, ob und wie diese Informationen vom Befehl weiterverarbeitet werden. Reagiert dieser anders als geplant und erfordert andere Eingaben, kann der Aufruf scheitern. Auf einem englischen System würde `format.com` beispielsweise zur Bestätigung nicht J, sondern Y erwarten.

Ergebnisse von Anwendungen weiterverarbeiten

Einzelne externe Programme aufzurufen, kann allein für sich schon durchaus nützlich sein, aber wenn Sie externe Programme in Skriptlösungen einbetten wollen, haben Sie vielleicht auch Interesse daran, die Ergebnisse dieser Programme in PowerShell zu empfangen und dort sinnvoll weiterzuverarbeiten.

Error Level auswerten

Konsolenbasierte Programme liefern meist einen numerischen Rückgabewert, den Error Level (Fehlerstufe). Was die zurückgemeldete Zahl bedeutet, bestimmt natürlich der Autor des Programms, und PowerShell liefert diese Zahl in der Variablen $LASTEXITCODE zur weiteren Auswertung an den Aufrufer – also Sie – zurück.

Möchten Sie zum Beispiel herausfinden, ob eine bestimmte IP-Adresse oder Webseite in Ihrem Netzwerk erreichbar ist, können Sie diese Adresse mit ping.exe »anpingen«, was man sich ein wenig so vorstellen kann wie das Echolot aus der Schifffahrt, mit dem sich zum Beispiel U-Boote orten lassen. Wird das ausgesendete Signal an der angegebenen IP-Adresse »reflektiert« und kommt zu Ihnen zurück, wissen Sie nicht nur, dass es die IP-Adresse gibt, sondern auch, wie lange das Signal für die Reise gebraucht hat (im Gegensatz zu U-Booten können Sie daraus allerdings nicht die Entfernung des Remotecomputers ableiten, sondern höchstens die Qualität und Übertragungsgeschwindigkeit Ihres Netzwerks):

```
PS> ping www.tagesschau.de

Ping wird ausgeführt für a1838.g.akamai.net [62.154.232.146] mit 32 Bytes Daten:
Antwort von 62.154.232.146: Bytes=32 Zeit=44ms TTL=60
Antwort von 62.154.232.146: Bytes=32 Zeit=34ms TTL=60
Antwort von 62.154.232.146: Bytes=32 Zeit=30ms TTL=60
Antwort von 62.154.232.146: Bytes=32 Zeit=29ms TTL=60

Ping-Statistik für 62.154.232.146:
    Pakete: Gesendet = 4, Empfangen = 4, Verloren = 0
    (0% Verlust),
Ca. Zeitangaben in Millisek.:
    Minimum = 29ms, Maximum = 44ms, Mittelwert = 34ms
```

Zwar könnten Sie den von ping gelieferten Text nun untersuchen und daraus entnehmen, ob die angegebene Adresse erreichbar ist oder nicht. Einfacher ist es allerdings häufig, den (normalerweise unsichtbaren) numerischen Rückgabewert des Konsolenbefehls zurate zu ziehen. Bei ping lautet er 0, falls eine Antwort empfangen wurde, ansonsten 1.

```
PS> $LASTEXITCODE
0
```

Sind Sie nur am Rückgabewert eines Befehls interessiert, nicht aber an seiner Textausgabe, können Sie diese zum Beispiel an die besondere Variable $null weiterleiten, die alles, was man ihr übergibt, sofort wieder vergisst:

```
PS> ping.exe 10.10.10.10 -n 1 -w 500 > $null
PS> "Antwort erhalten (0) oder nicht (1): $LASTEXITCODE"
```

Wirkliche Begeisterungsstürme wird das allein noch nicht auslösen, denn noch fehlen Ihnen die Mittel, um daraus Hunderte oder Tausende von Webseiten oder IP-Adressen automatisiert anzupingen. Auch die Aussagekraft des Rückgabewerts ist nur so gut wie der Befehl, von dem er stammt, denn ping meldet auch dann freudig eine empfangene Antwort, wenn diese gar nicht vom adressierten Computer stammt, sondern lediglich von einem Router, der meldet, dass die IP-Adresse nicht in seinem Einzugsgebiet liegt:

```
PS> ping 169.254.1.2

Ping wird ausgeführt für 169.254.1.2 mit 32 Bytes Daten:
Antwort von 10.0.2.15: Zielhost nicht erreichbar.
```

```
(…)
Ping-Statistik für 169.254.1.2:
    Pakete: Gesendet = 4, Empfangen = 4, Verloren = 0
    (0% Verlust),

PS> $LASTEXITCODE
0
```

Außerdem verwenden viele Computer taktische Tarnkappen und antworten erst gar nicht auf den ausgesendeten Ping, um potenziellen Hausierern die Geschäftsgrundlage zu entziehen:

```
PS> ping www.microsoft.com

Ping wird ausgeführt für lb1.www.ms.akadns.net [64.4.11.42] mit 32 Bytes Daten:
Zeitüberschreitung der Anforderung.
(…)
Ping-Statistik für 64.4.11.42:
    Pakete: Gesendet = 4, Empfangen = 0, Verloren = 4
    (100% Verlust),

PS> $LASTEXITCODE
1
```

Fragen an Benutzer stellen mit choice.exe

Ob der numerische Rückgabewert eines Konsolenbefehls Ihnen helfen kann, ist also eine Einzelfallentscheidung. Nützlich ist er zum Beispiel bei choice.exe, einem (interaktiven) Konsolenbefehl, der dem Anwender Fragen stellt. Über dessen Parameter /? erhalten Sie eine Übersicht seiner Parameter (Abbildung 4.4).

Achtung

Erinnern Sie sich? Weil choice.exe interaktiv arbeitet, funktioniert er leider nicht in der ISE und kann nur in der PowerShell-Konsole eingesetzt werden.

Der folgende Aufruf fragt den Anwender etwa, ob er den Computer neu starten möchte (/C legt die erlaubten Antworten fest und /M die Frage an den Anwender), und gibt ihm für die Entscheidungsfindung 10 Sekunden Zeit (/T). Genügt das nicht, um den Anwender zu einer Reaktion zu bewegen – antwortet er also nicht –, wird die Default-Antwort (/D) genommen, in diesem Fall vorsichtshalber die Antwort N für »Nein«.

```
PS> choice /C JN /T 10 /D N /M "Wollen Sie den Computer neu starten?"
Wollen Sie den Computer neu starten? [J,N]?N

PS> $LASTEXITCODE
2

PS> choice /C JN /T 10 /D N /M "Wollen Sie den Computer neu starten?"
Wollen Sie den Computer neu starten? [J,N]?J

PS> $LASTEXITCODE
1
```

Der Befehl choice.exe startet den Computer in Wirklichkeit natürlich nicht neu, denn er stellt nur (beliebige) Fragen – besorgniserregend scheint eher zu sein, dass nirgendwo angezeigt wird, welche Auswahl der Benutzer getroffen hat. Diese ist nämlich unsichtbar und wird, wie Sie sich hoffentlich gerade denken, durch den Error Level in $LASTEXITCODE gemeldet. Die zurückgelieferte Zahl steht für die mit /C angegebene Auswahlmöglichkeit: eine 1 also für die erste Auswahlmöglichkeit und eine 2 für die zweite.

Tipp

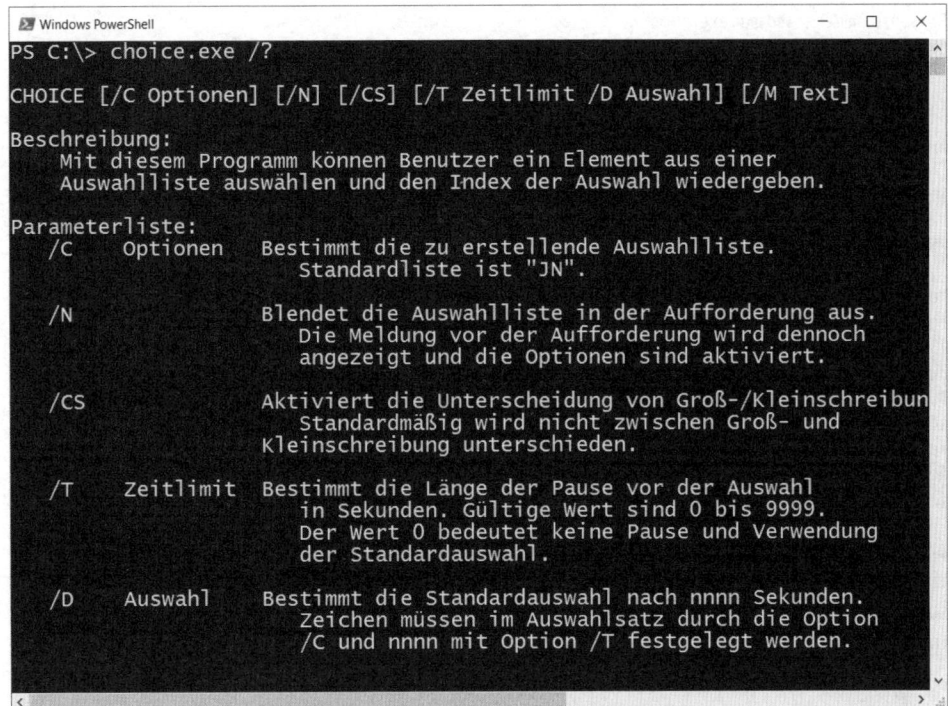

Abbildung 4.4: Interaktive Konsolenbefehle wie choice.exe funktionieren nur in echten Konsolenfenstern.

Damit PowerShell auf die Ergebnisse eines anderen Befehls reagiert, also zum Beispiel wirklich den Computer neu startet, wenn der Anwender auf ⏎ J drückt, benötigen Sie sogenannte Bedingungen. Dass Bedingungen nicht wirklich kompliziert sind, zeigt ihr Einsatz in diesem kleinen Skript:

```
choice /C JN /T 10 /D N /M "Wollen Sie den Computer neu starten?"
If ($LASTEXITCODE -eq 1) { Restart-Computer -WhatIf }
```

Vorsicht: Dieses Skript würde nun *wirklich* den Computer neu starten, wenn Sie die passende Antwort geben (zumindest dann, wenn Sie im Code hinter **Restart-Computer** den Simulationsmodus -WhatIf entfernen). Denken Sie daran: Da **choice.exe** als interaktiver Konsolenbefehl in ISE nicht funktioniert, wäre ein Skript, das ihn einsetzt, in ISE auch nicht ausführbar. Häufig ist das nicht weiter schlimm, weil ISE in der Regel nur für die Entwicklung von PowerShell-Code eingesetzt wird, der in freier Wildbahn später in einer echten PowerShell-Konsole läuft. Trotzdem sind Inkompatibilitäten etwas, das man besser vermeiden sollte.

Rückgabetext auswerten

PowerShell kann den Ergebnistext eines Konsolenbefehls oder Skripts empfangen und auswerten – zumindest dann, wenn der Text in der PowerShell-Konsole ausgegeben wird. Erscheint der Text anderswo, zum Beispiel in einem separaten Konsolenfenster oder Dialogfeld, kommt PowerShell an solchen Text nicht heran.

```
PS> whoami.exe
w8ps\tobias

PS> $username = whoami.exe
PS> $username
w8ps\tobias

PS> "Angemeldeter User: $username"
Angemeldeter User: w8ps\tobias
```

Etwas größer ist die Herausforderung, wenn ein Befehl mehrere Zeilen Text ausgibt:

```
PS> driverquery

Modulname     Anzeigename            Treibertyp    Linkdatum
===========   ====================   ===========   ======================
1394ohci      OHCI-konformer 1394-Ho Kernel        26.07.2012 04:26:46
3ware         3ware                  Kernel        08.03.2012 21:33:45
ACPI          Microsoft ACPI-Treiber Kernel        26.07.2012 04:28:26
acpiex        Microsoft ACPIEx Drive Kernel        26.07.2012 04:25:57
acpipagr      ACPI-Prozessoraggregat Kernel        26.07.2012 04:27:16
AcpiPmi       ACPI-Energieanzeigetre Kernel        26.07.2012 04:27:33
(...)
```

Speichern Sie dieses Ergebnis in einer Variablen, wird daraus ein Array, und Sie greifen auf die einzelnen Zeilen über eckige Klammern zu. Das nächste Beispiel fischt sich die Zeilen 4 und 5 sowie die letzte Zeile heraus, denn die Nummerierung der Zeilen beginnt bei 0, und negative Indizes zählen von hinten:

```
PS> (driverquery) -like '*net*'

b06bdrv       Broadcom NetXtreme II  Kernel        14.05.2012 23:42:24
ebdrv         Broadcom NetXtreme II  Kernel        13.05.2012 17:32:42
IPNAT         IP Network Address Tra Kernel        26.07.2012 04:23:01
Ndu           Windows Network Data U Kernel        26.07.2012 04:23:41
NetBIOS       NetBIOS Interface      File System   26.07.2012 04:28:19
NetBT         NetBT                  Kernel        26.07.2012 04:24:26
srvnet        srvnet                 File System   26.07.2012 04:23:17
tdx           NetIO-Legacy-TDI-Suppo Kernel        26.07.2012 04:24:58
```

Die folgende Zeile listet alle laufenden Prozesse auf, die im Namen des gerade angemeldeten Benutzers laufen:

```
PS> (qprocess) -like ">$env:USERNAME*"

>tobias            console         1   2056  taskhostex.exe
>tobias            console         1   2152  explorer.exe
>tobias            console         1   2404  livecomm.exe
(...)
```

Ob so eine Filterung überhaupt nötig ist, steht auf einem anderen Blatt. Wie sich herausstellt, kann qprocess.exe über seine Argumente bereits nach Benutzernamen filtern:

```
PS> qprocess /?

Zeigt Informationen über Vorgänge an.

QUERY PROCESS [* | Prozess-ID | Benutzername | Sitzungsname | /ID:nn |
              Programmname]
   [/SERVER:Servername]

   *                Zeigt alle sichtbaren Prozesse an.
   Prozess-ID       Zeigt Prozesse anhand der Prozess-ID an.
   Benutzername     Zeigt alle Prozesse an, die zum Benutzer gehören.
   Sitzungsname     Zeigt alle Prozesse der Sitzung an.
   /ID:nn           Zeigt alle Prozesse der Sitzung "nn" an.
   Programmname     Zeigt alle dem Programm zugeordnete Prozesse an.
   /SERVER:Servername Der abzufragende Remotedesktop-Hostserver.

PS> qprocess $env:USERNAME

 BENUTZERNAME        SITZUNGSNAME       ID   PID  ABBILD
>tobias              console             1  2056  taskhostex.exe
>tobias              console             1  2152  explorer.exe
>tobias              console             1  2404  livecomm.exe
(…)
```

Hinweis

Natürlich müssen Sie Konsolenbefehle wie **qprocess.exe** nicht einsetzen, wenn es für den verfolgten Zweck auch komfortablere Cmdlets wie **Get-Process** gibt. Auf die Nuancen kommt es an: **qprocess.exe** liefert den Eigentümer eines Prozesses sowie die Sitzung, in der der Prozess läuft – das leistet **Get-Process** nicht.

Allerdings könnte alternativ auch der WMI-Dienst zurate gezogen werden. Er liefert ebenfalls laufende Prozesse, und mit ein paar Kniffen, die den bisher besprochenen Rahmen zugegebenermaßen noch sprengen, gelangen Sie an die Besitzer der Prozesse:

```
#requires -Version 2

Get-WmiObject -Class Win32_Process | Foreach-Object {
    $owner = $_.GetOwner()
    if ($owner.ReturnValue -eq 0)
    {
        $owner = '{0}\{1}' -f $owner.Domain, $owner.User
    }
    else
    {
        $owner = $null
    }
    $_ | Add-Member -MemberType NoteProperty -Name Owner -Value $owner -PassThru
} | Select-Object -Property Name, Owner, ProcessId |
Out-GridView
```

Listing 4.2: Prozesse mit Prozess-Owner ermitteln.

Rückgabetexte in Objekte verwandeln

Leider liefern Konsolenbefehle lediglich unstrukturierten Text zurück, aus dem Sie sich danach mühsam die benötigten Informationen extrahieren müssen. Cmdlets sind hier klar im Vorteil – liefern sie doch strukturierte Informationen, die klar in einzeln ansprechbare Spalten untergliedert sind.

Dabei bedarf es häufig gar nicht viel Aufwand, auch die Ergebnisse von Konsolenbefehlen in echte Objekte zu verwandeln. Viele Konsolenbefehle unterstützen nämlich die Ausgabe im (strukturierten) CSV-Format (*Comma Separated Values*). PowerShell verwandelt CSV-Daten mithilfe von ConvertFrom-CSV bequem in Objekte.

```
PS> driverquery /FO CSV

"Modulname","Anzeigename","Treibertyp","Linkdatum"
"1394ohci","OHCI-konformer 1394-Hostcontroller","Kernel ","26.07.2012 04:26:46"
"3ware","3ware","Kernel ","08.03.2012 21:33:45"
"ACPI","Microsoft ACPI-Treiber","Kernel ","26.07.2012 04:28:26"
"acpiex","Microsoft ACPIEx Driver","Kernel ","26.07.2012 04:25:57"
(…)

PS> driverquery /FO CSV | ConvertFrom-CSV

Modulname          Anzeigename
---------          -----------
1394ohci           OHCI-konformer 1394-Hostcontroller
3ware              3ware
ACPI               Microsoft ACPI-Treiber
acpiex             Microsoft ACPIEx Driver
acpipagr           ACPI-Prozessoraggregatortreiber
AcpiPmi            ACPI-Energieanzeigetreiber
acpitime           Treiber für ACPI Wake Alarm
ADP80XX            ADP80XX
AFD                Treiber für zusätzliche WinSock-Funktionen
(…)

PS> driverquery /FO CSV | ConvertFrom-CSV | Out-GridView
```

Die Informationen sind jetzt in einzelne Spalten untergliedert, genau wie bei objektorientierten Ergebnissen, die von Cmdlets stammen. Ein Klick auf eine Spaltenüberschrift sortiert das Ergebnis nun auch.

> Wenn Sie nicht gerade unter enormem Zeitdruck stehen, sollten Sie an dieser Stelle zur Kaffeemaschine spurten, sich einen ausreichenden Vorrat schwarzes Gold sichern und dann mit den gerade vorgestellten Möglichkeiten experimentieren. Es lohnt sich! Hier erhalten Sie für den Anfang eine Reihe weiterer Konsolenbefehle, die alle den Parameter /FO CSV unterstützen und also kommaseparierte Informationen zurückliefern:
>
> ```
> PS> whoami /groups /fo CSV | ConvertFrom-CSV | Out-GridView
> PS> tasklist /FO CSV | ConvertFrom-CSV | Out-GridView
> PS> schtasks /FO CSV | ConvertFrom-CSV | Out-GridView
> PS> systeminfo /FO CSV | ConvertFrom-CSV | Out-GridView
> PS> getmac /FO CSV | ConvertFrom-CSV | Out-GridView
> PS> openfiles /Query /S [NameEinesRemotecomputers] /FO CSV /V | ConvertFrom-CSV | Out-GridView
> ```

Wandeln Sie auch die Rohergebnisse dieser Befehle um und lassen Sie sie im grafischen Fenster anzeigen. Zuständig sind offensichtlich immer wieder dieselben beiden Befehle: `ConvertFrom-CSV` und `Out-GridView`. Deshalb sollten Sie sich etwas näher mit den Möglichkeiten beschäftigen, die diese beiden Cmdlets bieten. Werfen Sie einen Blick in ihre Hilfe:

```
PS> Get-Help -Name ConvertFrom-CSV -ShowWindow
```

Dann nämlich werden Sie auch mit Praxisproblemen wie diesem fertig:

```
PS> driverquery /V /FO CSV | ConvertFrom-CSV
ConvertFrom-CSV : Das Element "Status" ist bereits vorhanden.
```

Diese Fehlermeldung taucht (auf deutschen Systemen) auf, sobald Sie `driverquery` mit seinem Parameter `/V` auffordern, besonders ausführliche Informationen auszuspucken. Vielleicht haben Sie schon einen Verdacht, was schiefgelaufen sein könnte, und ein Blick auf die Spaltenüberschriften bestätigt: `driverquery` hat zwei Spalten genau denselben Namen zugewiesen. Konkret kommt `Status` ungeschickterweise doppelt vor. `ConvertFrom-CSV` braucht aber eindeutige Spaltennamen:

```
PS> $ergebnis = driverquery /V /FO CSV
PS> $ergebnis[0]
"Modulname","Anzeigename","Beschreibung","Treibertyp","Startmodus","Status","Status",
"Beenden annehmen","Anhalten annehmen","Ausgelagerter Pool (Bytes)","Code(Bytes)","BSS(Bytes)",
"Linkdatum","Pfad","Init(Bytes)"
```

Gegen diese Namensgebung können Sie wenig unternehmen. Offensichtlich haben die Übersetzer die englischen Spaltennamen State und Status freizügig auf gleiche Weise übersetzt. Eine Möglichkeit der Problemlösung gibt es aber doch: Entfernen Sie die Spaltennamen, die `driverquery` liefert, nachträglich und ersetzen Sie sie kurzerhand durch Ihre eigenen.

Damit lässt sich nicht nur das Problem der doppelten Spaltennamen beheben. Gleichzeitig gewinnen Sie die Freiheit, Spalten so zu nennen, wie Sie wollen. Das ist nicht nur kosmetisch schön (störende Sonderzeichen wie Klammern lassen sich aus den Originalspaltennamen tilgen), sondern auch ein wichtiger Schritt zu kulturneutralen Daten (Daten also, die unabhängig von den Ländereinstellungen des Computers immer die gleichen Spaltennamen tragen). So könnten Sie vorgehen:

```
PS> $spalten =
'Name','DisplayName','Description','Type','Startmode','State','Status','AcceptStop','AcceptPaus
e','PagedPool','Code','BSS','LinkDate','Path','Init'
PS> driverquery /V /FO CSV | Select-Object -Skip 1 | ConvertFrom-CSV -Header $spalten |
Out-GridView
```

Mit `Select-Object -Skip 1` entfernen Sie die erste Zeile des Ergebnisses, also die Originalspaltennamen. Stattdessen definieren Sie in der Variablen `$spalten` Ihre eigenen Spaltennamen und müssen dabei nur genauso viele (eindeutige) Namen angeben, wie es Spalten gibt. Ihre neuen Spaltennamen übergeben Sie dann mit dem Parameter `-Header` an `ConvertFrom-CSV`.

Schon funktioniert der Befehl auch auf deutschen Systemen und liefert nun länderunabhängig einheitliche Spaltennamen, die noch dazu keine Sonderzeichen mehr enthalten. `ConvertFrom-CSV` ist also eine äußerst vielseitige Allzweckwaffe, um Texte mit eindeutigen Trennzeichen in echte PowerShell-Objekte zu verwandeln. Dabei muss das Trennzeichen keineswegs ein Komma sein, und wie Sie gerade gesehen haben, sind auch Spaltenüberschriften nicht unbedingt erforderlich, weil Sie sie mit `-Header` nachliefern können.

So lassen sich mit verblüffend geringem Aufwand sogar handelsübliche Textprotokolldateien parsen. Im Windows-Ordner liegt beispielsweise die Datei *windowsupdate.log*, die Buch führt über sämtliche automatischen Updates, die das Betriebssystem anfordert, empfängt und installiert (allerdings nicht mehr bei Windows 10). Sie zu lesen, ist kein Spaß, aber zumindest fällt dabei auf, dass die Einzelinformationen durch Tabulatoren voneinander getrennt werden.

Um die rohen Textinformationen dieser Datei zu parsen, teilen Sie ConvertFrom-CSV also nur mit, dass das Trennzeichen diesmal nicht das Komma ist, sondern der Tabulator (ASCII-Code 9), und wie die einzelnen Spalten heißen sollen:

```
PS> $spalten = 'Datum', 'Uhrzeit', 'Code1', 'Code2', 'Kategorie', 'Meldung', 'Details', 'Code3',
'Code4', 'Code5', 'Code6', 'Code7', 'Code8', 'Quelle', 'Status', 'Mode', 'Produkt'
PS> $tab = [Char]9
PS> $Path = "$env:windir\windowsupdate.log"
PS> Get-Content $Path -Encoding UTF8 | ConvertFrom-CSV -Delimiter $tab -Header $spalten |
Out-GridView
```

Nur wenige Zeilen sind dafür nötig, und diese lassen sich an sehr viele Szenarien anpassen. Ändern Sie dazu die Spaltennamen (und die Anzahl der Spalten), das verwendete Trennzeichen und den Pfadnamen, und schon lassen sich auch ganz andere textbasierte Protokolldateien nach diesem Muster parsen.

Sind die Rohdaten erst einmal ins PowerShell-Format konvertiert, können Sie die Daten nicht nur im Fenster von Out-GridView filtern oder per Klick auf eine Spalte sortieren. Jetzt stehen Ihnen auch sämtliche PowerShell-Cmdlets zur Verfügung, um die Daten zu filtern, zu analysieren und gezielt bestimmte Spalten auszugeben. Diese Cmdlets lernen Sie in Kapitel 5 kennen. Dass es sich lohnt, sich auf dieses Kapitel zu freuen, soll das nächste Beispiel demonstrieren.

```
PS> $spalten = 'Datum', 'Uhrzeit', 'Code1', 'Code2', 'Kategorie', 'Meldung', 'Details', 'Code3',
'Code4', 'Code5', 'Code6', 'Code7', 'Code8', 'Quelle', 'Status', 'Mode', 'Produkt'
PS> $tab = [Char]9
PS> $Path = "$env:windir\windowsupdate.log"
PS> Get-Content $Path -Encoding UTF8 | ConvertFrom-CSV -Delimiter $tab -Header $spalten |
Where-Object Quelle | Select-Object -Property Datum, Uhrzeit, Quelle, Status, Mode, Produkt |
Out-GridView
```

Es wählt mit Select-Object nur noch die Spalten aus, die wirklich interessant sind, und sorgt mit Where-Object dafür, dass lediglich die Zeilen berücksichtigt werden, in deren Spalte Quelle ein Wert steht. Das Ergebnis ist ein stark bereinigtes Protokoll, das jetzt nur noch die wichtigen Aktionen der Windows Update-Funktion anzeigt.

Sogar schwierige Fälle lassen sich mit der hier gezeigten Technik lösen. Der vorhin schon erwähnte Befehl qprocess etwa liefert alle laufenden Prozesse, aber anders als das Cmdlet Get-Process verrät qprocess auch den Benutzernamen und die Anmeldesitzung, was zum Beispiel bei der Terminalserververwaltung wichtig sein kann:

```
PS> qprocess
 BENUTZERNAME              SITZUNGSNAME        ID    PID  ABBILD
>tobias                    console              1   2056  taskhostex.exe
>tobias                    console              1   2152  explorer.exe
>tobias                    console              1   2404  livecomm.exe
 (…)
```

Das Problem bei diesem Ergebnis ist aber, dass die einzelnen Spalten nicht durch Trennzeichen abgegrenzt sind, sondern feste Spaltenbreiten verwenden. ConvertFrom-CSV kann solche Informationen nicht aufsplitten. Feste Spaltenbreiten bedeuten andererseits, dass ein Großteil der Spalte durch Leerzeichen aufgefüllt ist. Mit dem Operator -replace könnte der Text also passend gemacht werden. Dazu werden alle Textstellen, die mindestens aus zwei Leerzeichen bestehen, durch ein einzelnes Komma ersetzt:

```
PS> (qprocess) -replace '\s{2,}', ','
 BENUTZERNAME,SITZUNGSNAME,ID,PID,ABBILD
>tobias,console,1,2056,taskhostex.exe
>tobias,console,1,2152,explorer.exe
>tobias,console,1,2404,livecomm.exe
```

Der Einsatz von -replace entspricht also quasi dem Parameter /FO CSV, der von manchen Befehlen angeboten wird. Wo er fehlt, kann man sich jetzt mit -replace behelfen und die Ergebnisse doch noch erfolgreich an ConvertFrom-CSV senden:

```
PS> (qprocess) -replace '\s{2,}',','  | ConvertFrom-CSV | Out-GridView -Title "Laufende
Prozesse"
```

Auch hier steht es Ihnen natürlich frei, wie eben gezeigt zusätzlich die Spaltennamen zu verändern.

Rückgabetext analysieren

Vielleicht möchten Sie auch bloß das Ergebnis eines Konsolenbefehls analysieren, um daraus bestimmte Schlüsse zu ziehen. Wie könnte man dem Ergebnis von ping.exe beispielsweise entnehmen, ob ein Zielsystem geantwortet hat oder nicht?

```
PS> $ergebnis = ping www.tagesschau.de -n 1 -w 1000
PS> $ergebnis

Ping wird ausgeführt für a1838.g.akamai.net [217.89.105.154] mit 32 Bytes Daten:
Antwort von 217.89.105.154: Bytes=32 Zeit=26ms TTL=60

Ping-Statistik für 217.89.105.154:
    Pakete: Gesendet = 1, Empfangen = 1, Verloren = 0
    (0% Verlust),
Ca. Zeitangaben in Millisek.:
    Minimum = 26ms, Maximum = 26ms, Mittelwert = 26ms
```

Sie könnten beispielsweise nach dem Stichwort Antwort suchen, aber dann wäre Ihr Code auf deutsche Systeme beschränkt. Die Zeichenfolge 0% würde anzeigen, dass alle abgesendeten Pakete empfangen wurden, aber dann würden auch Routerantworten als erfolgreich betrachtet.

Sie sehen also, dass die Analyse und sorgfältige Auswahl des richtigen Suchkriteriums knifflig sind. Wenn das Zielsystem erreichbar ist, gibt ping stets aus, *wie lange* der Ping unterwegs war. Antwortete das Zielsystem nicht oder gab es eine abschlägige Antwort vom Router, fehlt diese Angabe. Gesucht werden also Geschwindigkeitsangaben im Rückgabetext, und zwar so, dass die Ländereinstellungen keine Rolle spielen. Gefunden werden soll folglich eine Zeile, in der die im Folgenden fett hervorgehobenen Bereiche vorkommen, wobei die Zahl natürlich beliebig gehalten sein muss:

```
Minimum = 26ms, Maximum = 26ms, Mittelwert = 26ms
```

Somit lautet die Fragestellung:

Kommt in einer Zeile des Rückgabetexts von ping.exe *ein Textmuster mindestens zweimal vor, das aus einem Leerzeichen, einem Gleichheitszeichen, einem weiteren Leerzeichen, einer mehrstelligen Zahl und der Zeichenfolge »ms,« besteht?*

Muster beschreibt man mit sogenannten »regulären Ausdrücken« – Steckbriefe, die beschreiben, was Sie suchen. Dazu bieten reguläre Ausdrücke drei Fahndungsmöglichkeiten: Platzhalter (die festlegen, welche Art von Information Sie suchen, also beispielsweise Leerzeichen oder Zahlen), Quantifizierer (die festlegen, wie oft ein Muster vorkommt, also beispielsweise wie viele Stellen eine Zahl haben darf) und Anker (die feste Bestandteile suchen, zum Beispiel einen Wortanfang oder einen festen Text wie ms,). Das Muster für die gestellte Aufgabe sieht so aus:

```
PS> $muster = '(.*?\s=\s\d{1,8}ms,\s){2}'
```

Typischerweise verursachen reguläre Ausdrücke beim Erstkontakt Panikattacken, die aber üblicherweise nach Lektüre des zehnten Kapitels wieder abflauen. Für den Moment genügt es, zu wissen, dass dieses Muster genau das gesuchte Textmuster identifizieren kann. Um zu prüfen, ob das Muster in einer Zeile des Rückgabetexts vorkommt, setzten Sie den Operator -match ein:

```
PS> $ergebnis -match $muster
    Minimum = 26ms, Maximum = 26ms, Mittelwert = 26ms
```

Wie Sie sehen, funktioniert die Sache erstaunlich gut. Der Operator -match fischt aus den Textzeilen nur diejenigen heraus, die dem Muster entsprechen. Damit ist die Prüfung jetzt leicht: Es ist nur noch festzustellen, wie viele Zeilen -match zurückgeliefert hat. Sind es 0 Zeilen, war der Ping nicht erfolgreich. Ist es genau eine Zeile, war er erfolgreich und hat eine Antwort vom Zielsystem empfangen. Die Anzahl der Zeilen, die -match zurückgibt, findet sich in der Eigenschaft Count, denn das Ergebnis von -match ist ein Array. Jedes Array teilt in dieser Eigenschaft mit, wie viele Elemente es aufweist:

```
PS> $zeilen = $ergebnis -match $muster
PS> $zeilen.Count
1
```

Damit lässt sich jetzt eine kleine Funktion namens Test-Online erstellen, die intern das gute alte ping.exe einsetzt, um zu prüfen, ob ein System antwortet. Das Ergebnis ist stets ein einfach auszuwertendes $true oder $false:

```
function Test-Online($URL=$env:COMPUTERNAME)
{
  $muster = '(.*?\s=\s\d{1,8}ms,\s){2}'
  $zeilen = (ping.exe $URL -n 1 -w 500) -match $muster
  (($zeilen.Count -gt 0) -and ($zeilen -ne $false))
}
```

Laufende Programme steuern

Zur Verwaltung von Programmen liefert PowerShell eine kleine Familie von Cmdlets mit, die alle das Substantiv Process tragen:

```
PS> Get-Command -Noun Process

CommandType     Name                                  Version    Source
-----------     ----                                  -------    ------
Cmdlet          Debug-Process                         3.1.0.0    Mic...
Cmdlet          Get-Process                           3.1.0.0    Mic...
Cmdlet          Start-Process                         3.1.0.0    Mic...
Cmdlet          Stop-Process                          3.1.0.0    Mic...
Cmdlet          Wait-Process                          3.1.0.0    Mic...
```

Feststellen, ob ein Prozess läuft

Möchten Sie wissen, ob ein bestimmter Prozess läuft, greifen Sie zu Get-Process und suchen den Prozess. So finden Sie heraus, wie viele Instanzen des Prozesses laufen. Das folgende Beispiel prüft, ob der Notepad-Editor ausgeführt wird und, falls ja, wie viele Instanzen laufen:

```
#requires -Version 1
$name = 'notepad'
$prozesse = Get-Process -Name $name -ErrorAction SilentlyContinue
$anzahl = $prozesse.Count
$läuft = $anzahl -gt 0

if ($läuft)
{
   "Es werden $anzahl Instanzen von $name ausgeführt."
}
else
{
   "$name läuft nicht."
}
```

Listing 4.3: Herausfinden, ob ein bestimmter Prozess ausgeführt wird.

Sie können den Prozessnamen in $name ändern, um ein anderes Programm zu überprüfen. Ändern Sie die Variable zum Beispiel in excel, wenn Sie wissen möchten, ob Microsoft Excel ausgeführt wird.

Auf einen Prozess warten

Soll PowerShell warten, bis ein bestimmter Prozess beendet ist, greifen Sie zu Wait-Process. Die folgende Zeile wartet maximal 20 Sekunden darauf, dass sämtliche Instanzen von Microsoft Excel geschlossen werden.

```
#requires -Version 2

# auf Microsoft Excel warten:
Wait-Process -Name excel -Timeout 10 -ErrorAction SilentlyContinue -ErrorVariable err

# Fehlermeldung auswerten:
```

```
if ($err.FullyQualifiedErrorId -eq 'ProcessNotTerminated,Microsoft.Power-
Shell.Commands.WaitProcessCommand')
{
  'Excel läuft immer noch.'
}
elseif ($err.FullyQualifiedErrorId -eq 'NoProcessFoundForGivenName,Microsoft.Power-
Shell.Commands.WaitProcessCommand')
{
  'Excel lief gar nicht.'
}
else
{
  'Excel wurde beendet.'
}
```

Listing 4.4: Warten, bis Microsoft Excel beendet wurde.

Das Skript kann eine von drei Meldungen ausgeben: Lief überhaupt kein Microsoft Excel, wird Excel lief gar nicht. ausgegeben. Wurde Excel nicht innerhalb von 20 Sekunden beendet, meldet das Skript Excel läuft immer noch. Wurde Excel innerhalb des Timeouts beendet, lautet die Meldung Excel wurde beendet.

Welche Situation vorliegt, erkennt das Skript an der Fehlermeldung, die von Wait-Process ausgegeben wurde. Mit -ErrorAction SilentlyContinue wurde die Fehlermeldung zwar unsichtbar gemacht, aber durch -ErrorVariable err in der Variablen $err gespeichert. Dort kann sie ausgewertet werden. Die Eigenschaft FullyQualifiedErrorId liefert die eindeutige Fehler-ID, auf die das Skript dann reagiert.

Einstellungen laufender Prozesse ändern

PowerShell kann die Priorität eines Prozesses im laufenden Betrieb ändern und damit kontrollieren, wie viel Rechenzeit dem Prozess zur Verfügung gestellt wird. Das funktioniert prinzipiell für jeden Prozess, auf den Sie mit Get-Process zugreifen können, ist aber insbesondere für PowerShell selbst interessant.

Wenn PowerShell ein Skript ausführt, verwendet es dafür so viel CPU-Leistung, wie es bekommen kann. Führen Sie also ein aufwendiges Skript aus, kann dadurch ein gesamter CPU-Kern mit Volllast belegt werden. Oft ist die Bearbeitung eines Skripts aber gar nicht so wichtig. Möchten Sie also CPU-Last einsparen und ein Skript lieber etwas gemütlicher ausführen, reduzieren Sie die Priorität des PowerShell-Prozesses vorübergehend etwas.

In der Variablen $pid finden Sie stets die Prozess-ID des aktuellen PowerShell-Prozesses. Die folgende Zeile liefert also immer den eigenen PowerShell-Prozess.

```
PS> $prozess = Get-Process -ID $PID
```

Dessen Eigenschaften lassen sich dann verändern. Das folgende Skript ermittelt rekursiv eine Liste mit allen Logfiles aus dem Windows-Ordner und schaltet dafür die Prozesspriorität vorübergehend auf BelowNormal. Alle anderen normalen Prozesse erhalten Vorrang vor dem PowerShell-Prozess, sodass das Skript andere Prozesse nicht beeinflusst.

```
#requires -Version 1

# Priorität verringern
$prozess = Get-Process -id $pid
```

```
$prozess.PriorityClass = 'BelowNormal'

$liste = Get-ChildItem -Path $env:windir -Filter *.log -Recurse -ErrorAction SilentlyContinue |
Select-Object -ExpandProperty Fullname

# Priorität wiederherstellen
$prozess.PriorityClass = 'Normal'
```

Listing 4.5: Priorität der PowerShell vorübergehend verringern.

Die folgenden Einstellungen sind für `PriorityClass` erlaubt: `Normal`, `Idle`, `High`, `RealTime`, `BelowNormal`, `AboveNormal`. Sie können die Priorität der PowerShell also auch erhöhen. Das allerdings kann das Betriebssystem aus dem Takt bringen: Es reagiert danach eventuell nur noch hakelig oder zeitweise gar nicht mehr. `Idle` dagegen würde das PowerShell-Skript nur noch ausführen, wenn gerade kein anderes Programm CPU-Zeit benötigt.

Hinweis

Falls Sie verwundert feststellen, dass sich die Ausführungszeit eines Skripts bei verschiedenen Prioritäten gar nicht nennenswert ändert, arbeiten Sie vielleicht mit einem sehr gut ausgestatteten System. Selbst bei der Einstellung `Idle` läuft das Skript nicht spürbar langsamer, wenn die CPU ohnehin nur Däumchen dreht und nicht ausgelastet ist.

Die meisten modernen Computer verfügen über Multicore-Prozessoren, die also aus mehreren logischen Einzelprozessoren bestehen. Verfügt ein Computer über mehr als einen Prozessor, kann er mehrere Aufgaben gleichzeitig ausführen, indem die Aufgaben auf die unterschiedlichen Prozessoren verteilt werden. Welchem Prozessor ein Prozess zugeordnet werden kann, verrät die Eigenschaft `ProcessorAffinity`:

```
PS> $prozess.ProcessorAffinity
15
```

Das Ergebnis ist eine Bitmaske, wobei jedes Bit für einen Prozessor steht. Indirekt können Sie darüber nebenbei herausfinden, über wie viele Prozessoren ein Computer verfügt, weil Prozesse wie Notepad als Vorgabe allen Prozessoren zugewiesen werden. Lautet das Ergebnis also 1, steht nur ein Prozessor zur Verfügung. Ist das Ergebnis 15 (binär: 1111), stehen vier Prozessoren zur Verfügung. Wollen Sie einen Prozess an einen bestimmten Prozessor binden, weisen Sie diesem die passende Bitmaske zu. Der folgende Aufruf würde Notepad mit dem Wert 4 (binär: 0100) exklusiv an Prozessor 3 binden:

```
PS> $prozess.ProcessorAffinity = 4
```

Allerdings kassieren Sie erwartungsgemäß eine Fehlermeldung, wenn Sie versuchen, einen Prozess an einen nicht vorhandenen Prozessor zu binden (was besonders diejenigen betrifft, deren Computer nicht über einen Multicore-Prozessor bzw. über mehrere Prozessoren verfügt und die deshalb auch keine Auswahlmöglichkeiten haben).

Die folgende Zeile liefert die Anzahl der logischen Prozessoren Ihres Systems:

```
PS> [Environment]::ProcessorCount
4
```

Prozesse vorzeitig abbrechen

Muss ein Prozess abgebrochen werden, kann dafür Stop-Process eingesetzt werden, was allerdings relativ ungehobelt vonstattengeht: Der Prozess wird sofort und ohne weitere Rückfragen beendet. Daten, die ein Anwender möglicherweise noch nicht gespeichert hat, gehen dabei verloren.

Ein höflicherer Weg bei Windows-Anwendungen ist, den Prozess zunächst nur aufzufordern, sich selbst zu beenden. Dem Prozess bleibt damit die Freiheit, dem Anwender noch anzubieten, seine Daten in Sicherheit zu bringen. Zuständig für diese Aufforderung ist die Methode CloseMainWindow(), die jedes Prozessobjekt unterstützt, das ein eigenes Anwendungsfenster betreibt. Der folgende Code öffnet zum Beispiel einen neuen Windows-Editor und speichert das zugehörige Prozess-Objekt in einer Variablen:

```
PS> $prozess = Start-Process -FilePath notepad -PassThru
```

Geben Sie nun beliebigen Text in den Editor ein, ohne ihn zu speichern. Danach fordern Sie den Prozess auf, sich zu schließen:

```
PS> $null = $prozess.CloseMainWindow()
```

Weil CloseMainWindow() zurückmeldet, ob es die Aufforderung an den gewünschten Prozess senden konnte oder nicht, wird diese im Augenblick unwichtige Randnotiz noch kurz in $null gespeichert, also vernichtet. Die Sache funktioniert: Es erscheint tatsächlich im Editor die übliche Nachfrage, ob der Anwender seine Daten speichern will, und anschließend beendet sich der Prozess. Allerdings hat der Anwender ein Schlupfloch: Klickt er auf *Abbrechen*, wird der Prozess nicht beendet. Ein Skript würde deshalb nach einer großzügigen Karenzzeit nachprüfen, ob der Prozess auch wirklich beendet wurde, und falls nicht, mit Stop-Process nachhelfen:

```
PS> $prozess.CloseMainWindow()
PS> $prozess | Wait-Process -Timeout 30 -ErrorAction Ignore
PS> $prozess | Stop-Process
```

Wait-Process gibt dem Anwender hier also maximal 30 Sekunden Zeit, ungesicherte Arbeiten zu speichern. Wenn der Prozess danach noch vorhanden ist, beendet Stop-Process ihn ohne Rücksicht auf Datenverluste.

Testaufgaben

Die folgenden Aufgaben helfen Ihnen dabei, zu kontrollieren, ob Sie die Inhalte dieses Kapitels bereits gut verstanden haben oder vielleicht noch etwas vertiefen sollten. Gleichzeitig lernen Sie viele weitere und teils spannende Anwendungsbeispiele sowie die typischen Fallstricke kennen.

Aufgabe: Können Sie sich vorstellen, was die folgende Zeile bewirkt?

```
PS> $env:Path += ";."
```

Lösung: Mit dieser Anweisung wird der Umgebungsvariablen %Path% Text hinzugefügt. Die Zeile fügt separiert durch ein Semikolon einen weiteren Ordner der Liste der globalen Ordner hinzu. In diesem Fall allerdings handelt es sich nicht um einen bestimmten absoluten Ordnerpfad, sondern um einen relativen Pfad: Der Punkt (.) steht für den aktuellen Ordner. Durch diese Änderung führt PowerShell alle Befehle, die sich im aktuellen Ordner befinden, direkt und ohne relativen oder absoluten Pfad aus.

Wechseln Sie zum Beispiel in den Ordner mit den Windows-Zubehörprogrammen, können Sie anschließend wordpad eingeben und damit das Textverarbeitungsprogramm WordPad starten. Ohne die Erweiterung der %Path%-Umgebungsvariablen hätten Sie mindestens den relativen Pfad .\wordpad angeben müssen:

```
PS> cd "$env:ProgramFiles\Windows NT\Accessories"
PS> wordpad
```

Aufgabe: Ändern Sie die Umgebungsvariable %Path% so, dass Sie künftig WordPad durch Eingabe seines Namens starten können.

Lösung: Weil sich wordpad.exe nicht in einem der Ordner befindet, die in der Umgebungsvariablen %Path% aufgelistet sind, weiß PowerShell nicht, wo das Programm zu finden ist. Deshalb muss der Pfadname seines Ordners dieser Variablen hinzugefügt werden:

```
PS> $env:Path += ";$env:ProgramFiles\Windows NT\Accessories"
```

Danach kann WordPad jederzeit durch den Befehl wordpad gestartet werden. Falls Sie nicht wissen, in welchem Ordner sich ein bestimmtes Programm befindet, öffnen Sie bis inklusive Windows 7 das Startmenü und suchen das Programm darin. Haben Sie es gefunden, genügt ein Rechtsklick und ein anschließender Klick auf *Eigenschaften*. Im *Eigenschaften*-Dialogfeld wird der Pfadname zum Programm genannt. In Windows 8 suchen Sie dagegen im Startbildschirm am besten nach dem Programm, indem Sie die ersten Zeichen des Namens eintippen (das funktioniert tatsächlich, obwohl zunächst kein Suchfeld sichtbar ist – dieses wird nach dem ersten Tastendruck automatisch eingeblendet). Sobald das Programm erscheint, klicken Sie mit der rechten Maustaste auf den Treffer und dann am Bildschirm unten auf *Speicherort öffnen*, woraufhin der Windows-Explorer in dem entsprechenden Verzeichnis gestartet wird. Der exakte Pfad wird erst dann sichtbar, wenn in die Adresszeile ganz rechts geklickt wird. Darüber kann der Pfad dann auch bequem per Zwischenablage kopiert werden.

Aufgabe: Starten Sie die Defragmentierung des Laufwerks C:\ mit dem Konsolenbefehl defrag.exe. Tipp: Hilfe zu diesem Nicht-PowerShell-Befehl erhalten Sie über defrag /?. Wie kann man nach Abschluss des Programms herausfinden, ob die Defragmentierung erfolgreich war?

Lösung: Der korrekte Aufruf zur Defragmentierung des Laufwerks C:\ lautet (seit Windows 7):

```
PS> defrag.exe C: /U
```

Allerdings erfordert dieser Befehl volle Administratorrechte. Verfügen Sie nur über eingeschränkte Rechte, starten Sie PowerShell als Administrator (etwa per Rechtsklick auf eine PowerShell-Verknüpfung und Klick auf *Als Administrator ausführen*). Die Analyse und Defragmentierung selbst kann sehr lange dauern. Während dieser Zeit ist die PowerShell-Konsole blockiert. Möchten Sie den Befehl vorzeitig abbrechen, drücken Sie Strg + C.

Das Ergebnis des Befehls wird über einen Zahlenwert gemeldet, den PowerShell in der Variablen $LASTEXITCODE zurückliefert. Brechen Sie defrag.exe vorzeitig ab, lautet der Rückgabewert beispielsweise 1223. Was genau die Rückgabewerte einzelner Befehle bedeuten, hängt vom jeweiligen Befehl ab. Nur ein Rückgabewert ist weitgehend standardisiert: 0 steht für erfolgreichen Abschluss.

Aufgabe: Beenden Sie alle laufenden Instanzen von Internet Explorer. Sie kennen dazu zwei Varianten: eine zuverlässige und eine freundliche. Setzen Sie beide Varianten ein. Fallen Ihnen Unterschiede auf? Tipp: Wie verhält sich der Internet Explorer beim anschließenden Neustart?

Lösung: Der Prozessname von Internet Explorers lautet `iexplore`. Falls Sie den Prozessnamen nicht kennen, rufen Sie `Get-Process` auf, um sich alle laufenden Prozesse und ihre Prozessnamen anzeigen zu lassen. Um alle Instanzen des Internet Explorer sofort zu beenden, verwenden Sie `Stop-Process`:

```
PS> Stop-Process -Name iexplore
```

Weil das beendete Programm keine Gelegenheit hat, kontrolliert beendet zu werden, können dabei nicht nur ungesicherte Daten abhandenkommen, sondern auch andere Nebenwirkungen auftreten. Der Internet Explorer geht beim nächsten Start möglicherweise davon aus, dass er abgestürzt ist, und bietet an, die letzte Browsersitzung wiederherzustellen.

Beenden Sie den Internet Explorer dagegen auf freundliche Weise, geschieht dasselbe, als wenn der Benutzer das Fenster des Internet Explorer regulär schließen würde. In den Standardvorgaben fragt der Internet Explorer jetzt nach, ob Sie wirklich alle Registerkarten schließen wollen (sofern mehr als eine geöffnet ist). Die folgende Zeile funktioniert nur in PowerShell 3.0 (und auch nur dann fehlerfrei, wenn tatsächlich mindestens eine Instanz des Internet Explorer geöffnet ist):

```
PS> (Get-Process -Name iexplore -ErrorAction SilentlyContinue).CloseMainWindow()
```

Aufgabe: Sie möchten mithilfe von `Start-Process` den Registrierungs-Editor mit einem maximierten Fenster öffnen, aber der Befehl scheint nicht immer zu funktionieren:

```
PS> Start-Process regedit -WindowStyle Maximized
```

Die Fenstergröße ändert sich unter Umständen nicht. Warum?

Lösung: `regedit` ist eine Single Instance-Anwendung, die nicht mehrmals parallel gestartet werden kann. Läuft sie bereits, bringt `Start-Process` das Fenster der Anwendung lediglich in den Vordergrund. Die Fenstergröße wird nicht geändert, denn das geschieht nur, wenn `Start-Process` eine Anwendung auch tatsächlich startet.

Aufgabe: Sie möchten mit dem Befehl `diskpart.exe` eine neue virtuelle Festplatte erstellen. Wie das interaktiv funktioniert, wissen Sie bereits. Wie kann man eine neue virtuelle Festplatte mithilfe der PowerShell-Pipeline automatisiert und unbeaufsichtigt erstellen?

Lösung:

```
$command= @"
create vdisk file="$path"
maximum=$maximum
type=$type
select vdisk file="$path"
attach vdisk create partition primary
assign letter=$letter
format quick label="$label"
"@$command | DiskPart
```

Aufgabe: Sie haben mit `Start-Process` gespielt und wollten eigentlich den Registrierungs-Editor synchron starten, sodass PowerShell wartet, bis die Anwendung wieder geschlossen wird. Allerdings kann es sein, dass `Start-Process` den Parameter `-Wait` ignoriert und eine Fehlermeldung auswirft:

```
PS> Start-Process regedit -Wait; "Fertig!"

Start-Process : Zugriff verweigert
Fertig!
```

```
PS> Get-Process regedit

Handles  NPM(K)    PM(K)      WS(K) VM(M)   CPU(s)     Id ProcessName
-------  ------    -----      ----- -----   ------     -- -----------
     72       9     5364       8912    78           5376 regedit

PS> Stop-Process -Name regedit

Stop-Process : Der Prozess "regedit (5376)" kann aufgrund des folgenden Fehlers nicht beendet
werden: Zugriff verweigert
```

Auch gelingt es nicht, eine laufende Instanz des Registrierungs-Editors mit Stop-Process zu beenden. Warum?

Lösung: Dieses Verhalten ist typisch für Programme, die besondere Rechte anfordern. Verfügt Ihre PowerShell-Konsole nicht über volle Administratorrechte, fordert regedit diese beim Start kurzerhand selbst an und besitzt danach mehr Rechte als die PowerShell-Konsole. Weil weniger privilegierte Anwendungen nicht auf höher privilegierte Anwendungen zugreifen dürfen, bricht folglich der Kontakt zwischen PowerShell und dem gestarteten Registrierungs-Editor ab. PowerShell kann weder den Status des Programms prüfen (weswegen -Wait scheitert) noch das Programm mittels Stop-Process beenden. Möchten Sie solche Probleme vermeiden, sorgen Sie dafür, dass es zwischen PowerShell und anderen Programmen nicht zu Rechteunterschieden kommt. Starten Sie die PowerShell-Konsole beispielsweise von vornherein mit vollen Administratorrechten. In diesem Fall unterbleibt beim Start von regedit die Rechteerhöhung, und die Befehle führen nicht länger zu Zugriffsverletzungen.

Kapitel 5

Skripte einsetzen

Ausführlich werden in diesem Kapitel die folgenden Aspekte erläutert:

- **PowerShell-Skripte:** Skripte sind Textdateien mit der Dateierweiterung *.ps1*. Sie können innerhalb der PowerShell ausgeführt werden, wenn die ExecutionPolicy dies zulässt. Am einfachsten lassen sich Skripte mit dem ISE-Editor verfassen, wenn darin der Skripteditorbereich eingeblendet wird (Strg + R). Um Skripte von außerhalb der PowerShell zu starten, muss ihnen PowerShell.exe vorangestellt werden. So lässt sich ein Skript auch automatisiert als *Geplante Aufgaben* ähnlich wie ein Dienst ausführen oder von klassischen Batchdateien aus starten.

- **Profilskripte:** Profilskripte sind normale PowerShell-Skripte, die jedoch einen besonderen Namen tragen und in fest definierten Ordnern gespeichert sein müssen (*$profile*). Sie werden dann automatisch bei jedem PowerShell-Start ausgeführt, um wiederkehrende Einstellungen oder Initialisierungen vorzunehmen.

- **Andere Skripte:** PowerShell kann Skripte anderer Sprachen ausführen, zum Beispiel Batchdateien oder VBScripts. Dazu wird dem Skript ähnlich wie bei PowerShell-Skripten der ausführende Host vorangestellt.

- **Sicherheit:** PowerShell-Skripte können mit einer digitalen Signatur versehen werden, die garantiert, dass sich der Skriptinhalt seit Anlegen der Signatur nicht verändert hat. Eine Signatur entspricht damit einem »Gütesiegel« oder einer »Verpackung«. Solange das Siegel nicht gebrochen bzw. die Verpackung nicht aufgerissen ist, kann man dem Inhalt leichter vertrauen.

Bisher haben Sie Befehle von Hand in der PowerShell eingegeben. Für kurze Befehle und Aufgaben ist das in Ordnung, aber größere Automationsaufgaben bestehen aus vielen Schritten, die man nicht alle einzeln eintippen möchte. Skripte sind Textdateien, die viele aufeinanderfolgende Befehle automatisch der Reihe nach abarbeiten. Alles, was Sie interaktiv eingeben können, darf auch in einem Skript vorkommen.

In diesem Kapitel erfahren Sie, wie PowerShell-Skripte geschrieben werden und welche Sicherheitseinstellungen dabei bedacht werden müssen. Sie lesen auch, wie PowerShell-Skripte außerhalb von PowerShell gestartet werden, zum Beispiel als geplante Aufgabe, die dann regelmäßig unbeaufsichtigt jeden Morgen um acht Uhr Routineaufgaben erledigt. Zu guter Letzt erfahren Sie endlich, wie sich PowerShell-Einstellungen dauerhaft einrichten lassen, sodass PowerShell sie beim Beenden nicht mehr vergisst.

PowerShell-Skripte verfassen

Ein PowerShell-Skript verfassen Sie am besten mit dem integrierten ISE-Editor. Falls der Skripteingabebereich gerade nicht zu sehen ist, blenden Sie ihn ein: Klicken Sie entweder rechts oben auf das Pfeilschaltflächensymbol oder drücken Sie ⌜Strg⌝+⌜R⌝.

Skriptcode eingeben

Geben Sie jetzt in diesen Texteditor, also den weißen Bereich, den PowerShell-Code ein (Abbildung 5.1), den Ihr Skript später ausführen soll, zum Beispiel diesen:

```
$geburtstag = Read-Host 'Wie lautet Ihr Geburtsdatum?'
$alter = New-TimeSpan $geburtstag
$alter
$tage = $alter.Days
"Sie sind $tage Tage alt!"
```

Listing 5.1: Erstes kleines Skript, um Ihr Alter zu bestimmen.

Erlaubt sind alle Befehle, die auch interaktiv eingesetzt werden können. Tatsächlich werden PowerShell-Skripte selten in einem Durchgang heruntergeschrieben. Meist probiert man einzelne Befehle zuerst in der interaktiven Konsole aus, und erst wenn sie tun, was sie sollen, werden die Zeilen ins Skript aufgenommen.

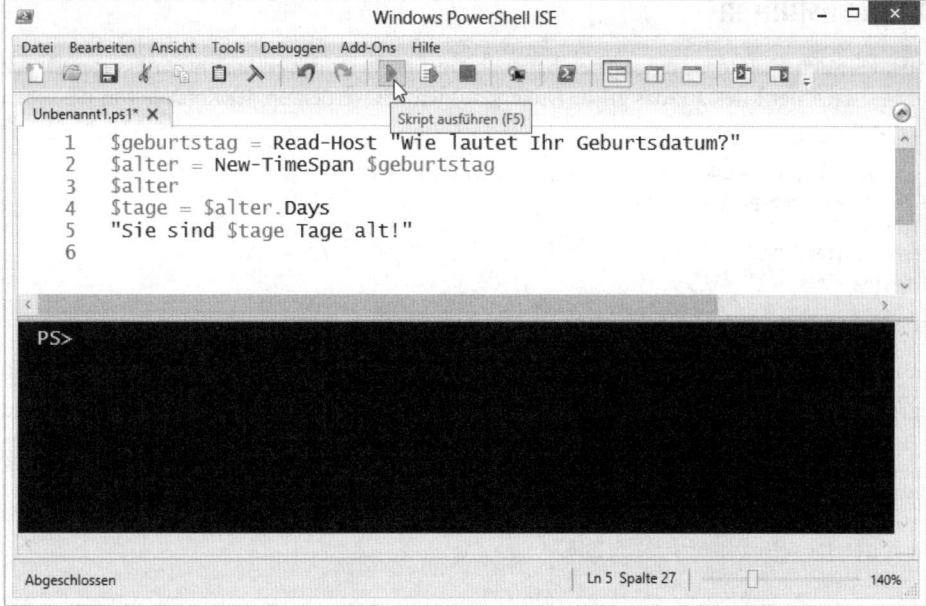

Abbildung 5.1: Ein kleines PowerShell-Skript im Skriptbereich von PowerShell ISE erstellen.

Tipp

Möchten Sie die aktuell in der Konsole von ISE angezeigte Befehlszeile in Ihr Skript übernehmen, klicken Sie in die Zeile und drücken `Strg`+`A`. So wird die gesamte Zeile markiert. Dann drücken Sie `Strg`+`C`, um die Zeile in die Zwischenablage zu legen. Klicken Sie anschließend in Ihrem Skript an die Stelle, an der die Zeile eingefügt werden soll, und drücken Sie `Strg`+`V`. Voilà! Schon ist die Zeile zu einem Teil Ihres Skripts geworden.

Eingabehilfen spüren Tippfehler auf

Noch während Sie den Skriptcode in den Editor eingeben, unterstützt dieser Sie mit Intelli-Sense und Farbcodierung. Insbesondere die Farbcodierung hilft dabei, Tippfehler schnell zu erkennen. Ist ein Wort im Skript nicht mit der erwarteten Farbe hinterlegt, stimmt etwas nicht, und Sie sollten Ihre Eingaben noch einmal mit zusammengekniffenen Augen untersuchen. Haben Sie vielleicht ein Anführungszeichen vergessen?

Farbe	Bedeutung
Rot	Variable
Blau	Befehl
Braun	Text
Grau	Operator
Schwarz	Objektbefehl

Tabelle 5.1: Die wichtigsten Farbcodierungen im ISE-Skriptbereich.

Skript ausführen

Sobald Sie den Skriptcode eingegeben haben, kann das Skript mit einem entschlossenen Druck auf F5 oder per Klick auf das grüne Dreieck ausgeführt werden. In der Konsole von ISE sehen Sie nun:

```
PS> $geburtstag = Read-Host "Wie lautet Ihr Geburtsdatum?"
$alter = New-TimeSpan $geburtstag
$alter
$tage = $alter.Days
"Sie sind $tage Tage alt!"

Wie lautet Ihr Geburtsdatum?:
```

ISE hat soeben Ihren Code einfach Zeile für Zeile im Mehrzeilenmodus in die Konsole eingefügt, und zwar so, als hätten Sie die Zeilen einzeln der Reihe nach von Hand eingetippt. Sobald alle Zeilen eingefügt sind, führt ISE den Code aus. Der fragt Sie sogleich mit Read-Host nach einem Geburtstag. Geben Sie ein Datum ein, berechnet PowerShell mit New-TimeSpan die Zeitdifferenz, gibt zuerst das Gesamtergebnis und danach einen lesefreundlicheren Text aus.

```
Wie lautet Ihr Geburtsdatum?: 12.6.1816

Days              : 71679
Hours             : 15
Minutes           : 32
Seconds           : 30
Milliseconds      : 201
Ticks             : 61931215502010998
TotalDays         : 71679,647571772
TotalHours        : 1720311,54172253
TotalMinutes      : 103218692,503352
TotalSeconds      : 6193121550,2011
TotalMilliseconds : 6193121550201,1

Sie sind 71679 Tage alt!
```

Sicherheitseinstellungen und Ausführungsrichtlinien

Eigentlich war das, was Sie gerade ausgeführt haben, noch gar kein Skript. Zu einem Skript wird es erst, wenn Sie Ihren Code per Klick auf das Diskettensymbol oder mit Strg+S speichern.

Führen Sie das gespeicherte Skript nun noch einmal aus, verhält sich ISE anders. Entweder wird jetzt der Pfadname zu Ihrem Skript aufgerufen (es werden also nicht mehr die einzelnen Befehlszeilen eingegeben), oder Sie kassieren eine Fehlermeldung wie diese hier:

```
PS> C:\Users\Tobias\Documents\testskript.ps1
Die Datei "C:\Users\Tobias\Documents\testskript.ps1" kann nicht geladen werden, da die Ausführung
von Skripts auf diesem System deaktiviert ist. Weitere Informationen finden Sie unter
"about_Execution_Policies" unter "http://go.microsoft.com/fwlink/?LinkID=135170".
(...)
```

Falls das geschieht, haben Sie die Skriptausführung noch nicht wie in Kapitel 1 beschrieben erlaubt. Blättern Sie entweder zurück zu Kapitel 1 oder schalten Sie die Skriptausführung einfach mit diesem Befehl frei:

```
PS> Set-ExecutionPolicy -Scope CurrentUser -ExecutionPolicy Bypass -Force
```

Profilskripte – die Autostartskripte

Profilskripte sind ganz normale PowerShell-Skripte, die allerdings beim Start von PowerShell automatisch ausgeführt werden. Man kann hier also alle Anweisungen hinterlegen, die bei jedem Start von PowerShell ausgeführt werden sollen, beispielsweise:

- Eigene Aliase mit Set-Alias anlegen.
- Eigene Laufwerke mit New-PSDrive anlegen.
- Zusätzliche Module mit Import-Module nachladen.
- Umgebungsvariablen ändern und erweitern.
- PowerShell-Einstellungen wie Farben oder Größe des Befehlspuffers festlegen.
- Die Eingabeaufforderung ändern (Funktion prompt überschreiben).

Auf diese Weise können Sie PowerShell ganz nach Ihren persönlichen Vorlieben einrichten.

Hinweis

Auch für Profildateien gelten die Ausführungsrichtlinien. Erlauben diese die Ausführung von Power-Shell-Skripten nicht, werden die Profildateien ebenfalls nicht ausgeführt. Falls eine Profildatei vorhanden ist und wegen fehlender Rechte nicht ausgeführt werden kann, erscheint beim Start von PowerShell eine entsprechende Fehlermeldung.

Vier verschiedene Profilskripte – pro Host

Profilskripte existieren anfangs nicht, und das ist auch nicht weiter schlimm. PowerShell sucht beim Start vier verschiedene Skriptdateipfade, und wenn diese existieren, wird das jeweilige Skript ausgeführt – sonst eben nicht. Der wichtigste Profilskriptpfad findet sich in $PROFILE:

```
PS> $PROFILE
C:\Users\Tobias\Documents\WindowsPowerShell\Microsoft.PowerShell_profile.ps1
```

Er gilt nur für Sie persönlich und nur für den aktuellen PowerShell-Host. Fragen Sie also den Inhalt von $PROFILE nicht aus der PowerShell-Konsole ab, sondern aus ISE heraus, sieht dieser anders aus:

```
PS> $PROFILE
C:\Users\Tobias\Documents\WindowsPowerShell\Microsoft.PowerShellISE_profile.ps1
```

Die PowerShell-Konsole und der ISE-Editor verfügen also über separate jeweils eigene Profilskripte. Das ist eine gute Sache, denn vielleicht wollen Sie die PowerShell-Konsole anders einrichten als den ISE-Editor, und nicht jeder Befehl funktioniert in beiden Hosts gleich gut.

Manche Einstellungen würden Sie aber vielleicht gern für alle Hosts gemeinsam festlegen, zum Beispiel eine angepasste Eingabeaufforderung. Diese soll sowohl in der klassischen Konsole als auch in ISE angezeigt werden. Zwar könnten Sie die Anweisungen in beide Profildateien eintragen, aber für solche Fälle verwendet PowerShell besser ein weiteres, hostunabhängiges Profilskript:

```
PS> $PROFILE.CurrentUserAllHosts
C:\Users\Tobias\Documents\WindowsPowerShell\profile.ps1
```

Wenn Sie Einstellungen festlegen möchten, die nicht nur für Ihr eigenes PowerShell gilt, sondern auch für das anderer Benutzer, greifen Sie zu den übrigen Profilskripten:

```
PS> $PROFILE.AllUsersAllHosts
C:\Windows\System32\WindowsPowerShell\v1.0\profile.ps1
PS> $PROFILE.AllUsersCurrentHost
C:\Windows\System32\WindowsPowerShell\v1.0\Microsoft.PowerShell_profile.ps1
PS> $PROFILE.CurrentUserAllHosts
C:\Users\Tobias\Documents\WindowsPowerShell\profile.ps1
PS> $PROFILE.CurrentUserCurrentHost
C:\Users\Tobias\Documents\WindowsPowerShell\Microsoft.PowerShell_profile.ps1
```

Die Wahl des Profils bestimmt also, für wen die Anweisungen darin wirksam werden.

Profil	Beschreibung
AllUsersAllHosts	Anweisungen gelten für alle Benutzer Ihres Computers und für alle PowerShell-Anwendungen. Sie benötigen Administratorrechte, um diese Profildatei zu ändern.
AllUsersCurrentHost	Anweisungen gelten für alle Benutzer Ihres Computers, aber nur für PowerShell.exe und PowerShell_ISE.exe. Sie benötigen Administratorrechte, um diese Profildatei zu ändern.
CurrentUserAllHosts	Anweisungen gelten nur für Sie und für alle PowerShell-Anwendungen.
CurrentUserCurrentHost	Anweisungen gelten nur für Sie und nur für den jeweiligen PowerShell-Host.

Tabelle 5.2: Vier verschiedene Profilskripte können für Initialisierungsaufgaben eingesetzt werden.

Falls mehrere Profilskripte existieren, werden sie in der Reihenfolge ausgeführt, in der sie in Tabelle 5.2 aufgeführt sind.

Profilskript anlegen und öffnen

Falls ein Profilskript noch nicht existiert, muss es zunächst angelegt werden, was nicht ganz trivial ist, weil dafür teilweise auch weitere Unterordner zu erstellen sind.

Das folgende Skript prüft, ob das Profilskript bereits existiert, und falls nicht, wird es samt eventuell noch fehlender Unterordner angelegt. Danach wird das Skript in der ISE geöffnet:

```
$Path = $profile.CurrentUserAllHosts
$vorhanden = Test-Path -Path $Path

if (-not $vorhanden)
{
    $null = New-Item -Path $Path -ItemType File -Force
}
ise $Path
```

Listing 5.2: Profilskript anlegen und öffnen.

Typische Profilskriptaufgaben durchführen

Ein gutes Profilskript richtet Ihren PowerShell-Arbeitsplatz gemütlich ein und kann die Power-Shell beispielsweise so anpassen, wie Sie es am besten finden. Störend ist anfangs beispielsweise, dass die Eingabeaufforderung stets den aktuellen Pfadnamen anzeigt und dadurch sehr viel Raum einnimmt. Besser wäre es, wenn der aktuelle Pfadname in der Titelleiste angezeigt würde. Auch Fehlermeldungen sind wegen ihres schwarzen Hintergrunds nicht immer gut lesbar, daher wäre für Fehlermeldungen zu überlegen, stattdessen einen weißen Hintergrund zu verwenden.

Beides lässt sich ändern, wobei zunächst die Frage im Raum steht, welches Profilskript dafür am besten geeignet ist. Da beide Änderungen sowohl in der klassischen PowerShell-Konsole als auch in ISE nützlich sind, sollte das allgemeine Profilskript zum Zuge kommen, das Listing 5.2 bereits angelegt und geöffnet hatte. Falls es nicht mehr geöffnet ist, öffnen Sie es mit diesem Befehl:

```
PS> ise $profile.CurrentUserAllHosts
```

Im ISE-Editor wird jetzt das Skript *profile.ps1* geöffnet. Darin tragen Sie unterhalb des bestehenden Inhalts ein:

```
function prompt
{
  'PS> '
  $Host.UI.RawUI.WindowTitle = Get-Location
}

$Host.PrivateData.ErrorBackgroundColor = 'White'
$MaximumHistoryCount = 30KB
```

Listing 5.3: Eine bessere Promptfunktion sowie PowerShell-Grundeinstellungen einrichten.

Sobald Sie das Skript speichern und eine neue PowerShell-Instanz öffnen, ist der Prompt auf PS> zusammengeschmolzen, und ein unauffälliger Blick in die Titelleiste zeigt, dass der aktuelle Pfadname nun dort zu finden ist. Fehler werden wie gewünscht auf weißem Hintergrund präsentiert, und zusätzlich wurde der PowerShell-Befehlspuffer auf 30.720 Einträge erweitert.

Skripte außerhalb von PowerShell starten

Möchten Sie PowerShell-Skripte aus Windows heraus starten, zum Beispiel über eine Verknüpfung auf dem Desktop, aus Stapeldateien heraus oder vollautomatisch als geplante Aufgabe, ist das nicht einfach möglich. Anders als Stapeldateien und VBScript sind PowerShell-Skripte nämlich aus Sicherheitsgründen nicht mit einem ausführbaren Programm wie *PowerShell.exe* verknüpft.

Ein Doppelklick auf ein PowerShell-Skript öffnet folgerichtig auch höchstens einen Editor, führt das Skript aber nicht aus. Damit ein PowerShell-Skript ausführbar wird, muss es also manuell an *PowerShell.exe* übergeben werden. Dafür würde eigentlich die folgende Zeile genügen:

```
PowerShell.exe c:\pfad\zum\skript.ps1
```

Allerdings gehören zu einem sicheren und zuverlässigen Aufruf einige weitere Parameter, sodass der vollständige Aufruf so aussieht:

```
PowerShell.exe -noprofile -executionpolicy Bypass -file "c:\pfad\zum\skript.ps1"
```

Möchten Sie ein Skript beispielsweise per Verknüpfung vom Desktop aus starten, legen Sie dort per Rechtsklick und *Neu/Verknüpfung* eine neue Verknüpfung an und geben dann als Befehlszeile den eben genannten Befehl ein. Nur den Pfadnamen zu Ihrem Skript müssen Sie natürlich noch anpassen. Wenn Sie alles richtig gemacht haben, verwandelt sich danach das Symbol der Verknüpfung in ein blaues PowerShell-Icon, und wenn Sie die Verknüpfung doppelt anklicken, startet das Skript.

Es öffnet eine PowerShell-Instanz, also ein Konsolenfenster, und ehe Sie zweimal hinschauen können, ist das Fenster auch schon wieder zu. Sobald das Skript seine Arbeit erledigt hat, schließt sich PowerShell nämlich. Möchten Sie das Fenster anschließend geöffnet lassen, geben Sie entweder zusätzlich den Parameter -NoExit an (der vor -File stehen muss), oder Sie sorgen dafür, dass Ihr Skript nicht beendet wird. Fügen Sie ans Ende beispielsweise Read-Host 'EINGABETASTE drücken' ein, sodass das Skript darauf wartet, dass der Benutzer die Taste ⏎ drückt. Auch dieser Befehl ist erlaubt, der auf einen beliebigen Tastendruck wartet:

```
cmd.exe /c pause
```

Hinweis

Wenn Sie ein PowerShell-Skript automatisiert über die Windows-Aufgabenplanung ausführen wollen, fragt diese Sie getrennt in zwei separaten Feldern nach einem ausführbaren Programm und nach dessen Argumenten. Das ausführbare Programm ist in diesem Fall *PowerShell.exe*, und der Rest der Zeile von oben stellt dann dessen Argumente dar.

- **-NoProfile:** Wie Sie gesehen haben, kann ein Profilskript die PowerShell-Umgebung grundlegend verändern. Möchten Sie sicherstellen, dass Ihr Skript in einer Standard-PowerShell-Umgebung ausgeführt wird, in der niemand Gelegenheit hatte, den Befehl Get-ChildItem beispielsweise über einen Alias in einen anderen Befehl zu verwandeln, ist dieser Parameter essenziell. Darüber hinaus beschleunigt er den Start.

- **-ExecutionPolicy:** Wie Sie ebenfalls gesehen haben, dürfen Skripte erst ausgeführt werden, wenn die Ausführungsrichtlinie dies zulässt. Ist sie noch nicht konfiguriert, läuft Ihr Skript nicht. Damit Sie sich nicht darauf verlassen müssen, können Sie mit diesem Parameter selbst die Ausführungsrichtlinie bestimmen. Sie wird dann mit dem Scope (Gültigkeitsbereich) Process festgelegt, gilt also nur für diesen Aufruf. Falls die übergeordneten Scopes MachinePolicy und/oder UserPolicy die Skriptausführung zentral gesteuert ausdrücklich verbieten, hilft dieser Parameter allerdings auch nicht weiter.

- **-File:** Alles, was diesem Parameter folgt, wird als Pfadname zur Skriptdatei verstanden. Deshalb muss dieser Parameter stets der *letzte* Parameter sein. Setzen Sie den Pfadnamen am besten in Anführungszeichen, damit Leerzeichen im Pfadnamen nicht zu Problemen führen, und verwenden Sie stets die »normalen« Anführungszeichen und nicht die bei PowerShell üblicheren »einfachen«. Denken Sie daran: Der Befehl soll ja außerhalb von PowerShell ausgeführt werden, und dort werden einfache Anführungszeichen nicht verstanden.

PowerShell-Startoptionen

PowerShell.*exe* unterstützt noch zahlreiche weitere Parameter, die aber weniger gebräuchlich sind. Eine vollständige Übersicht erhalten Sie so:

```
PS> PowerShell /?

PowerShell[.exe] [-PSConsoleFile <Datei> | -Version <Version>]
```

```
[-NoLogo] [-NoExit] [-Sta] [-Mta] [-NoProfile] [-NonInteractive]
[-InputFormat {Text | XML}] [-OutputFormat {Text | XML}]
[-WindowStyle <Stil>] [-EncodedCommand <Base-64-codierter Befehl>]
[-File <Dateipfad> <Argumente>] [-ExecutionPolicy <Ausführungsrichtlinie>]
[-Command { - | <Skriptblock> [-args <Argumentarray>]
                | <Zeichenfolge> [<Befehlsparameter>] } ]

PowerShell[.exe] -Help | -? | /?
```

-PSConsoleFile
Lädt die angegebene Windows PowerShell-Konsolendatei. Verwenden Sie "Export-Console" in Windows PowerShell, um eine Konsolendatei zu erstellen.

-Version
Startet die angegebene Windows PowerShell-Version. Geben Sie eine Versionsnummer mit dem Parameter ein, z. B. "-version 2.0".

-NoLogo
Blendet das Copyrightbanner beim Start aus.

-NoExit
Verhindert ein Beenden nach dem Ausführen aller Startbefehle.

-Sta
Startet die Shell unter Verwendung eines Apartments mit einem Thread. Ein Apartment mit einem Thread (Single-Threaded Apartment, STA) ist Standard.

-Mta
Startet die Shell mit einem Apartment mit mehreren Threads.

-NoProfile
Lädt das Windows PowerShell-Profil nicht.

-NonInteractive
Zeigt dem Benutzer keine interaktive Aufforderung an.

-InputFormat
Beschreibt das Format der an Windows PowerShell gesendeten Daten. Gültige Werte: "Text" (Textzeichenfolgen) und "XML" (serialisiertes CLIXML-Format).

-OutputFormat
Legt die Formatierung der Windows PowerShell-Ausgabe fest. Gültige Werte: "Text" (Textzeichenfolgen) und "XML" (serialisiertes CLIXML-Format).

-WindowStyle
Legt den Fensterstil auf "Normal", "Minimized", "Maximized", "Hidden" fest.

-EncodedCommand
Akzeptiert eine base-64-codierte Zeichenfolgenversion eines Befehls. Verwenden Sie diesen Parameter, um Befehle an Windows PowerShell zu senden, für die komplexe Anführungszeichen/geschwungene Klammern erforderlich sind.

-File
Führt das angegebene Skript im lokalen Gültigkeitsbereich aus (Eingabe eines Punkts vor dem Befehl), sodass die vom Skript erstellten Funktionen und Variablen in der aktuellen Sitzung verfügbar sind. Geben Sie den Skriptdateipfad und mögliche Parameter ein. "File" muss der letzte Parameter im Befehl sein, da alle Zeichen, die nach dem File-Parameternamen eingegeben sind, als Skriptdateipfad gefolgt von den Skriptparametern interpretiert werden.

-ExecutionPolicy
    Legt die Standardausführungsrichtlinie für die aktuelle Sitzung fest und
    speichert diese
    in der $env:PSExecutionPolicyPreference-Umgebungsvariablen.
    Mit diesem Parameter wird die Windows PowerShell-Ausführungsrichtlinie, die
    in der Registrierung festgelegt ist, nicht geändert.

-Command
    Führt die angegebenen Befehle (und alle Parameter) so aus, als wären sie
    an der Windows PowerShell-Eingabeaufforderung eingegeben worden,
    und wird dann beendet, sofern nicht "NoExit" angegeben wurde.
    Der Wert von "Command" kann "-", eine Zeichenfolge oder ein
    Skriptblock sein.

    Beim Wert "-" wird der Befehlstext von der Standardeingabe gelesen.

    Wenn der Wert von "Command" ein Skriptblock ist, muss der Skriptblock in
    geschweifte Klammern ({}) eingeschlossen werden. Sie können einen Skriptblock
    nur angeben, wenn "PowerShell.exe" in Windows
    PowerShell ausgeführt wird. Die Ergebnisse des Skriptblocks werden als
    deserialisierte XML-Objekte und nicht als aktive Objekte an die übergeordnete
    Shell zurückgegeben.

    Wenn der Wert von "Command" eine Zeichenfolge ist, muss "Command" der
    letzte Parameter im Befehl sein, da alle nach dem Befehl eingegebenen
    Zeichen als Befehlsargumente interpretiert werden.

    Schreiben Sie eine
    Zeichenfolge zum Ausführen eines Windows PowerShell-Befehls im folgenden
    Format:
        "& {<Befehl>}"
    wobei die Anführungszeichen eine Zeichenfolge angeben und der
    Aufrufoperator (&) die Ausführung des Befehls veranlasst.

-Help, -?, /?
    Zeigt diese Meldung an. Wenn Sie in Windows PowerShell einen Befehl für
    "PowerShell.exe" eingeben, stellen Sie den Befehlsparametern einen Bindestrich
    (-) und keinen Schrägstrich (/) voran. In "Cmd.exe" können Sie
    einen Bindestrich oder einen Schrägstrich verwenden.

BEISPIELE
    PowerShell -PSConsoleFile SqlSnapIn.Psc1
    PowerShell -version 2.0 -NoLogo -InputFormat text -OutputFormat XML
    PowerShell -Command {Get-EventLog -LogName security}
    PowerShell -Command "& {Get-EventLog -LogName security}"

    # So verwenden Sie den Parameter "-EncodedCommand":
    $command = 'dir "c:\Programme" '
    $bytes = [System.Text.Encoding]::Unicode.GetBytes($command)
    $encodedCommand = [Convert]::ToBase64String($bytes)
    PowerShell.exe -encodedCommand $encodedCommand

Befehlsfolgen extern ausführen

PowerShell.exe kann mit dem Parameter -Command auch direkt PowerShell-Befehle entgegennehmen und ausführen. Das eignet sich insbesondere für kurze Codeteile und funktioniert selbst dann, wenn die Skriptausführung nicht erlaubt ist. Problematisch wird es aber, wenn Sie *PowerShell.exe* extern aufrufen, beispielsweise aus einer Batchdatei heraus. Dort kann es passieren, dass die Befehle, die Sie *PowerShell.exe* als Argument übergeben, nicht korrekt übertragen werden, weil die Umgebung möglicherweise den übergebenen Code zuerst nach eigenen Maßstäben überprüft (parst) und verändert.

Deshalb kann der Code, den PowerShell ausführen soll, auch »Base64-encodet« werden. Die so entstehende Zeichenfolge ist weitestgehend immun gegen Veränderungen. Base64-encodete Befehle lassen sich dann mit dem Parameter -Encode an *PowerShell.exe* übergeben.

Hier ist ein relativ simpler Weg, um PowerShell-Code in einen Base64-encodeten Aufruf zu übersetzen:

```
$code =
{
    # fügen Sie hier den PowerShell-Code ein, der ausgeführt werden soll:
    dir $env:windir -Filter *.ps1 -Recurse -ErrorAction SilentlyContinue
}

# nach Aufruf dieser Zeile finden Sie den kompletten Aufruf in der Zwischenablage:
((cmd /c echo PowerShell $code) -split ' -inputFormat ' )[0] | clip
```

Nachdem Sie diesen Code ausgeführt haben, liegt der Base64-encodete Aufruf in der Zwischenablage und kann von dort zum Beispiel in eine Batchdatei oder eine PowerShell-Konsole eingefügt werden. Der Code sieht ungefähr so aus (und besteht aus einer einzigen Zeile, auch wenn die Zeile hier im Buch aus Platzgründen umbrochen ist):

```
PowerShell -encodedCommand
DQAKACAAIAAgACAAZABpAHIAIAAkAGUAbgB2ADoAdwBpAG4AZABpAHIAIAAtAEYAaQBsAHQAZQByACAAKgAuAHAAcwAxACAALQ
BSAGUAYwB1AHIAcwBlACAALQBFAHIAcgBvAHIAQQBjAHQAaQBvAG4AIABTAGkAbABlAG4AdABsAHkAQwBvAG4AdABpAG4AdQB1
AAOACgA=
```

Führen Sie diesen Code aus, liefert PowerShell eine Liste sämtlicher PowerShell-Skripten im Windows-Ordner (oder das Ergebnis jedes anderen Codes, den Sie vor der Umwandlung in der Variablen $code vermerkt haben).

PowerShell-Code als geplante Aufgabe ausführen

Möchten Sie ein PowerShell-Skript oder -Befehl regelmäßig automatisiert ausführen lassen, legen Sie eine geplante Aufgabe an. Dazu öffnen Sie entweder die *Aufgabenplanung* in der *Systemsteuerung* unter *Verwaltung* und legen die Aufgabe assistentenunterstützt in der grafischen Oberfläche an, oder Sie greifen auf das Befehlszeilentool *schtasks.exe* zurück.

Mit schtasks.exe klassische Aufgaben einrichten

Die nächste Zeile richtet mithilfe von *schtasks.exe* eine neue Aufgabe ein (/create), die ein Skript (/TR) automatisch täglich (/SC) im Kontext des aktuellen Benutzers ausführt, dabei die höchstmöglichen Privilegien gewährt (/RL) und erlaubt, dass die PowerShell-Konsole während der Ausführung sichtbar ist (/IT).

```
PS> schtasks /create /TN Aufgabenname /TR "PowerShell.exe -NoProfile -ExecutionPolicy Bypass -File
%PUBLIC%\skriptname.ps1" /IT /RL HIGHEST /SC DAILY
```

Passen Sie in der Zeile den Pfadnamen zu Ihrem Skript an. Speichern Sie das Skript am besten im Ordner für öffentliche Dokumente, damit die Aufgabenplanung auf jeden Fall auf die Skriptdatei zugreifen kann, falls Sie das Skript später unter einem anderen Benutzernamen ausführen lassen wollen. Dieser Ordner findet sich in der Umgebungsvariablen $env:PUBLIC:

```
PS> $env:PUBLIC
C:\Users\Public
```

Um die neu eingerichtete Aufgabe in der Aufgabenplanung zu begutachten, gehen Sie so vor:

1. Starten Sie die *Aufgabenplanung* – am besten direkt aus PowerShell heraus: taskschd.msc ⏎. Das Fenster *Aufgabenplanung* öffnet sich.
2. Ihre Aufgabe erscheint in der Aufgabenplanung, wenn Sie in der linken Spalte auf den Zweig *Aufgabenplanungsbibliothek* klicken, und kann dort testweise manuell gestartet werden. Klicken Sie dazu die Aufgabe mit der rechten Maustaste an und wählen Sie *Ausführen*. In den Spalten *Status*, *Letzte Laufzeit* und *Ergebnis der letzten Ausführung* erhalten Sie Rückmeldungen und können sehen, ob das Skript erfolgreich ausgeführt wurde.

Die Spalte *Ergebnis der letzten Ausführung* zeigt übrigens den numerischen Rückgabewert des Skripts an, also jenen Wert, den das Skript an seinem Ende mit der Anweisung Exit festlegt. Wenn Sie also ein Skript per Aufgabenplanung ausführen lassen wollen, sollten Sie auch wirklich mit Exit einen Rückgabewert festlegen, denn andernfalls bleibt die Spalte bedeutungslos.

Tipp

Haben Sie die Aufgabe angelegt oder verändert, nachdem die Aufgabenplanung geöffnet war, drücken Sie in der Aufgabenplanung F5, um die Ansicht zu aktualisieren. Sollte die Aufgabe nicht wie gewünscht ausgeführt werden, prüfen Sie zuerst den Befehlsaufruf, indem Sie mit der rechten Maustaste auf die Aufgabe klicken und *Eigenschaften* wählen. Klicken Sie dann auf die Registerkarte *Aktionen* und anschließend auf *Bearbeiten*. Rufen Sie den dort hinterlegten Befehl aus einer PowerShell-Konsole heraus auf. In der Aufgabenplanung können Sie Aufgaben auch wieder löschen. Dies funktioniert ebenfalls mit schtasks:

```
PS> schtasks /Delete /TN Aufgabenname
```

Die Aufgabe, die Sie in diesem Beispiel angelegt haben, wird im Kontext desjenigen Benutzers ausgeführt, der die Aufgabe eingerichtet hat. Die Aufgabe gelangt also nur dann zur Ausführung, wenn dieser Benutzer angemeldet ist. Dafür kann die Aufgabe mit dem Desktop dieses Benutzers interagieren, also beispielsweise die PowerShell-Konsole und Meldungen darin anzeigen.

Möchten Sie ein Skript lieber unter einem anderen Benutzerkonto und dergestalt ausführen, dass das Skript auch zur Ausführung gelangt, wenn niemand angemeldet ist (ähnlich einem Dienst), weisen Sie der Aufgabe ein passendes Benutzerkonto zu und legen in den Eigenschaften der Aufgabe fest, dass diese auch ausgeführt werden soll, wenn der Benutzer nicht angemeldet ist.

In diesem Fall allerdings wird die Aufgabe aus Sicherheitsgründen immer unsichtbar ausgeführt. Sie können dann also weder Meldungen ausgeben noch Benutzereingaben erfragen, und die Option /IT bleibt wirkungslos. Zudem müssen Sie darauf achten, dass der Benutzer, unter dessen

Namen das Skript nun ausgeführt wird, auch tatsächlich Zugriffsrechte auf die Skriptdatei besitzt – die ja eventuell von einem ganz anderen Benutzer erstellt und gespeichert wurde.

Mit dem Modul PSScheduledJob Aufgaben anlegen

In PowerShell 3.0 wurde ein neues Modul namens PSScheduledJob hinzugefügt. Es enthält insgesamt sechs Cmdlets mit dem Tätigkeitsbereich ScheduledJob, mit dem sich ebenfalls Skripte als geplante Aufgabe anlegen lassen. Anders als bei *schtasks.exe* sind diese Cmdlets allerdings ausschließlich für die Verwaltung von PowerShell-Skripten zuständig und ignorieren andere Aufgaben der Aufgabenplanung.

```
PS> Get-Command -Noun ScheduledJob

CommandType  Name                    ModuleName
-----------  ----                    ----------
Cmdlet       Disable-ScheduledJob    PSScheduledJob
Cmdlet       Enable-ScheduledJob     PSScheduledJob
Cmdlet       Get-ScheduledJob        PSScheduledJob
Cmdlet       Register-ScheduledJob   PSScheduledJob
Cmdlet       Set-ScheduledJob        PSScheduledJob
Cmdlet       Unregister-ScheduledJob PSScheduledJob
```

Nicht-PowerShell-Skripte öffnen

PowerShell kann natürlich auch fremde Skriptdateien öffnen und ausführen, zum Beispiel klassische Stapeldateien oder VBScript.

Stapeldateien (Batchdateien)

Stapeldateien sind wohl die bekanntesten Skriptdateien, denn sie stammen quasi aus der IT-Steinzeit und werden wie alle guten Provisorien noch immer weit verbreitet zur Automation von Log-in-Vorgängen und anderen Abläufen eingesetzt. Sie tragen die Dateierweiterung *.bat* oder *.cmd*. Darin dürfen alle Befehle enthalten sein, die auch in einer normalen Konsole interaktiv ausführbar sind. Die Dateierweiterungen *.bat* und *.cmd* sind mit dem Programm *cmd.exe* verknüpft, das ihren Inhalt ausführt. Legen Sie sich zum Beispiel eine solche Skriptdatei an:

```
PS> notepad $HOME\test.bat
```

Der Windows-Editor öffnet sich und bietet an, die angegebene Stapeldatei zu erstellen, weil sie noch nicht existiert. Stimmen Sie zu. Nun können Sie festlegen, welche Befehle die Stapeldatei ausführen soll.

Erlaubt sind alle Anwendungen (also Programme mit den Dateierweiterungen *.exe* und *.com*), alle assoziierten Dateitypen (etwa Dateien mit den Dateierweiterungen *.vbs* oder *.bat*) sowie die von der klassischen Konsole unterstützten Befehle (wie dir oder cd). Geben Sie in den Windows-Editor diesen Text ein:

```
@ECHO OFF
CLS
ECHO Programmauswahl leicht gemacht:
ECHO 1: NOTEPAD
ECHO 2: REGEDIT
ECHO 3: EXPLORER
```

```
CHOICE /N /C:123 /M "Ihre Auswahl (1, 2 oder 3)?"
IF ERRORLEVEL ==3 GOTO THREE
IF ERRORLEVEL ==2 GOTO TWO
IF ERRORLEVEL ==1 GOTO ONE
GOTO END
:THREE
explorer.exe
GOTO END
:TWO
regedit.exe
GOTO END
:ONE
notepad.exe
:END
```

Speichern Sie die Datei, zum Beispiel unter dem Namen *test.bat*, auf Ihrem Desktop und schließen Sie den Editor. Rufen Sie die Stapeldatei nun aus PowerShell heraus auf:

```
PS> & "$HOME\Desktop\test.bat"
Programmauswahl leicht gemacht:
1: NOTEPAD
2: REGEDIT
3: EXPLORER
Ihre Auswahl (1, 2 oder 3)?
```

Hinweis

Natürlich soll dieses Beispiel nur demonstrieren, wie PowerShell mit Stapeldateien umgeht. Es ist kein Plädoyer für den Einsatz dieser altertümlichen Stapeldateien im PowerShell-Zeitalter. Es gibt nichts, was Stapeldateien können, das PowerShell nicht besser kann. Falls Sie also bewährte Stapeldateien einsetzen oder sogar Stapeldateiexperte sind, können Sie Ihre Juwelen und Ihr Wissen auch in PowerShell weiterverwenden. Nötig ist das aber nicht, denn PowerShell kann es stets besser und übersichtlicher:

```
# ACHTUNG: läuft NICHT in ISE, nur in der echten
# PowerShell-Konsole!
Clear-Host

'Programmauswahl leicht gemacht:
1: NOTEPAD
2: REGEDIT
3: EXPLORER'

CHOICE /N /C:123 /M 'Ihre Auswahl (1, 2 oder 3)?'

Switch ($LASTEXITCODE)
{
    1 { notepad }
    2 { regedit }
    3 { explorer }
}
```

VBScript-Dateien ausführen

VBScript ist etwas intelligenter als die Stapeldateitechnik von eben und mindestens genauso verbreitet. VBScripts verwenden die Dateierweiterung *.vbs*, die mit dem Programm *wscript.exe* oder *cscript.exe* verknüpft ist. Wieder handelt es sich bei den Skripten um reine Textdateien, sodass Sie mit dem Windows-Editor ein kleines Testskript basteln können.

```
PS> notepad $HOME\test.vbs
```

Lassen Sie die Datei anlegen und geben Sie dann den folgenden Code in den Editor ein:

```
zahl = InputBox("Geben Sie eine Zahl ein!")
WScript.Quit(zahl)
```

Speichern Sie die Änderungen und rufen Sie anschließend das Skript aus PowerShell heraus auf:

```
PS> & "$HOME\test.vbs"
```

Das VBScript wird wie erwartet ausgeführt und zeigt ein Textfeld an, in das eine Zahl eingegeben werden kann. VBScripts lassen sich aber nicht nur von PowerShell aus aufrufen, sondern können auch Informationen an PowerShell zurückliefern. Das Beispiel zeigt, wie ein VBScript einen numerischen Statuswert zurückgibt. Dazu wird die Zahl, die der Benutzer eingegeben hat, über WScript.Quit() an den Aufrufer zurückgeliefert, und PowerShell kann diesen Wert dann wiederum aus der Variablen $LASTEXITCODE lesen:

```
PS> "Sie haben eingegeben: $LASTEXITCODE"
```

Allerdings funktioniert das nur, wenn das Skript mit dem konsolenbasierten Windows Script Host *cscript.exe* ausgeführt wird. Auf vielen Windows-Systemen ist stattdessen der fensterbasierte Windows Script Host *wscript.exe* aktiv. Dieser kann keine Rückmeldungen an PowerShell weitergeben und ist aus vielen weiteren Gründen für Automationsaufgaben schlecht geeignet. Deshalb sollten Sie VBScripts nicht mit dem automatisch assoziierten Programm starten, sondern explizit mit *cscript.exe*:

```
PS> cscript.exe -nologo "$HOME\test.vbs"
PS> "Sie haben eingegeben: $LASTEXITCODE"
```

Diese Art der Rückmeldung kann allerdings nur Ganzzahlen in einem festgelegten Wertebereich zurückliefern. Gibt der Benutzer im Testskript beispielsweise anstelle einer Zahl ein Wort ein, meldet das VBScript einen Fehler, weil die Quit()-Methode mit Buchstaben nichts anzufangen weiß.

Alternativ kann man von VBScripts deshalb auch beliebige Texteingaben empfangen. Dazu sind zwei Voraussetzungen zu beachten: Das Skript muss wie im letzten Beispiel explizit mit dem Windows Script Host *cscript.exe* gestartet werden, und alle Texte, die der Aufrufer (also PowerShell) empfangen soll, müssen mit WScript.Echo() in die Konsole geschrieben werden. Ändern Sie das VBScript also etwas um:

```
eingabe = InputBox("Geben Sie Ihren Namen an!")
WScript.Echo(eingabe)
```

Speichern Sie die Änderung und rufen Sie das Skript erneut auf. Es gibt diesmal den eingegebenen Namen in die PowerShell-Konsole aus:

```
PS> cscript.exe -nologo "$HOME\test.vbs"
Tobias
```

Nun brauchen Sie das Ergebnis des Skripts lediglich noch in einer Variablen aufzufangen, um es anschließend nach Ihren Wünschen innerhalb von PowerShell weiterzuverarbeiten:

```
PS> $eingabe = cscript.exe -nologo "$HOME\test.vbs"
PS> "Sie heißen $eingabe"
```

Wie Sie sehen, lassen sich damit bereits vorhandene und bewährte VBScripts problemlos weiternutzen, und Sie können Ihre PowerShell-Lösungen sogar mithilfe von VBScript-Befehlen ergänzen. Gibt ein VBScript mehr als nur eine Textzeile in die Konsole aus, empfängt PowerShell sämtliche Textzeilen einzeln als Array (Variablenfeld). Geben Sie beispielsweise diesen VBScript-Code in den Editor ein:

```
set wmi = GetObject("winmgmts:")
set sammlung = wmi.ExecQuery("select * from Win32_Process")
for each process in sammlung
  WScript.Echo process.getObjectText_
next
```

Sie wissen inzwischen, wie Sie dieses Skript ausführen und das Ergebnis in einer Variablen auffangen können:

```
PS> $ergebnis = cscript.exe -nologo "$HOME\test.vbs"
PS> $ergebnis.Count
PS> "Sie haben $($ergebnis.Count) Textzeilen empfangen."
PS> $ergebnis[0]
PS> $ergebnis[0..4]
PS> $ergebnis[-1]
```

Hinweis

Natürlich ist alles, was VBScript leisten kann, auch direkt über PowerShell möglich, und dort ist es meist sehr viel einfacher. Es geht hier also nur darum, zu zeigen, wie bestehende VBScript-Lösungen übergangsweise weiterverwendet werden können.

Das VBScript von eben ließe sich direkt in PowerShell mit nur einer einzigen Zeile sehr viel einfacher und vielseitiger umsetzen:

```
PS> Get-WmiObject -Query 'select * from Win32_Process' | Select-Object -Property Name, ProcessId, CommandLine
```

Skripte digital signieren

Skripte sind anfällig für Manipulationen, denn schließlich handelt es sich bei ihnen lediglich um Textdateien mit Klartextinhalt. Jeder kann den Inhalt lesen und natürlich auch ändern. Eine kleine Änderung in einem Skript fällt nicht ins Auge, kann aber desaströse Auswirkungen haben. Daher können Skripte digital signiert werden. Die digitale Signatur wird in Form eines Kommentarblocks ans Ende des Skripts angefügt und bildet ein wertvolles Hilfsmittel, um schnell zu ermitteln, ob ein Skript verändert wurde und von wem es ursprünglich stammt.

Die Signatur enthält eine Quersumme des Skripts zum Zeitpunkt, als die Signatur angelegt wurde. So kann man prüfen, ob das Skript noch im Ursprungszustand ist oder manipuliert wurde: Eine neue Quersumme wird hergestellt und mit der Quersumme verglichen, die in der Signatur hinterlegt ist. Die ursprüngliche Quersumme in der Signatur ist zudem verschlüsselt, sodass ein Angreifer diesen Mechanismus nicht aushebeln kann.

Allerdings lässt sich so lediglich ermitteln, ob das Skript noch im selben Zustand ist wie zum Zeitpunkt der Signatur. Eine andere Frage ist, wer die Signatur eigentlich erzeugt hat. Ein Angreifer könnte beispielsweise ein signiertes Skript ändern und seine Änderungen danach mit einer neuen eigenen Signatur verschleiern. Signieren darf also zunächst einmal jeder. So ist das schließlich auch bei Überweisungsformularen. Entscheidend ist, wer signiert hat.

Dazu enthält die digitale Signatur neben der Quersumme auch den öffentlichen Teil eines digitalen Zertifikats. Dieser öffentliche Teil verrät einerseits die Identität der Person, die die Signatur hergestellt hat, und ist andererseits der fälschungssichere Schlüssel für die verschlüsselte Quersumme.

So weit die Theorie. In diesem Kapitel erfahren Sie jetzt, wie dieses Konzept in der Realität aussieht und wie Sie mit reinen Bordmitteln Skripte digital signieren und auch auf Veränderungen prüfen.

Digitales Zertifikat beschaffen

Um eine digitale Signatur herzustellen, benötigen Sie ein gültiges digitales Zertifikat mit dem Verwendungszweck *Codesignatur*. Dieses Zertifikat repräsentiert die Identität desjenigen, der die Signatur herstellt. Wie vertrauenswürdig Ihre digitale Signatur später ist, hängt also maßgeblich davon ab, wer das digitale Zertifikat ausgestellt hat:

- **Öffentliche Zertifizierungsstelle:** Erwerben Sie ein Codesignaturzertifikat von einer öffentlichen Zertifizierungsstelle wie VeriSign oder Thawte, kostet es Geld und Aufwand, denn dann müssen Sie in einem aufwendigen Verfahren Ihre Identität offiziell nachweisen. Dafür wird Ihren Signaturen später weltweit Vertrauen geschenkt. Es funktioniert sozusagen wie ein *Reisepass*, der international anerkannt ist.

- **Unternehmenszertifikat:** Betreibt Ihr Unternehmen eine eigene Public-Key-Infrastruktur (PKI) und kann eigene Zertifikate ausstellen, erhalten Sie ein Zertifikat (vermutlich) schneller und günstiger von dort. Allerdings wird man Ihren Signaturen dann nur innerhalb des Unternehmens vertrauen. Solche Zertifikate entsprechen sozusagen einem *Betriebsausweis*.

- **Selbst signiert:** Stellen Sie sich mithilfe eines der vielen kostenlosen Tools oder eines PowerShell-Skripts ein eigenes Codesignaturzertifikat aus, nennt man dies auch *selbst signiert*, und Signaturen mit solch einem Zertifikat gelten zunächst nirgendwo als vertrauenswürdig – schließlich könnte sich jeder solch ein Zertifikat ausstellen. Administratoren können selbst signierte Zertifikate aber für vertrauenswürdig erklären, und es gibt durchaus gute Gründe, selbst signierte Zertifikate auch produktiv einzusetzen.

- Ein kostenloses selbst signiertes Zertifikat kann nämlich ebenfalls nützlich sein. Zwar kann sich jeder ein selbst signiertes Zertifikat erstellen, aber dessen »Thumbprint« (Fingerabdruck) ist mathematisch eindeutig und fälschungssicher. Selbst signierte Zertifikate können daher durchaus Bestandteil einer Sicherheitsstrategie sein, jedenfalls dann, wenn der Thumbprint bei der Auswertung berücksichtigt wird. Wie das genau geschieht, erfahren Sie später in diesem Kapitel.

Zertifikate werden üblicherweise in PFX-Dateien aufbewahrt. Eine PFX-Datei kann ein oder mehrere Zertifikate enthalten. Normalerweise sind PFX-Dateien verschlüsselt und kennwortgeschützt, und nur wer dieses Kennwort kennt, kann Zertifikate aus der PFX-Datei laden und zur Signierung einsetzen.

Kommerzielles Zertifikat nutzen

Wenn Sie ein Zertifikat von Ihrer betrieblichen Sicherheitsabteilung oder einer kommerziellen Zertifizierungsstelle anfordern, wird man Ihnen entweder eine solche PFX-Datei liefern, oder das Zertifikat wird über den Internet Explorer direkt in Ihren persönlichen Zertifikatspeicher geladen. Von dort kann das Zertifikat dann manuell in eine PFX-Datei exportiert werden. Dazu rufen Sie beispielsweise `certmgmt.msc` auf, navigieren zu Ihrem persönlichen Zertifikatspeicher und klicken dann das zu exportierende Zertifikat mit der rechten Maustaste an. Über *Alle Aufgaben/Exportieren* können Sie den Exportvorgang starten. Nach erfolgreichem Export in eine PFX-Datei sollte das Zertifikat aus dem Zertifikatspeicher gelöscht werden.

Hinweis

Zwar könnte man Codesigning-Zertifikate dauerhaft im Zertifikatspeicher aufbewahren, und tatsächlich würde ein Doppelklick auf eine PFX-Datei das darin enthaltene Zertifikat auch wieder dorthin speichern – eine gute Idee wäre das häufig aber nicht.

Codesigning-Zertifikate sind sicherheitskritisch. Sie sollten stets unter Verschluss gehalten werden, jedenfalls dann, wenn Sie planen, damit sicherheitsrelevante Signaturen durchzuführen. Eine PFX-Datei kann zum Beispiel in einem Tresor physisch gesichert werden. Verfahren wie ein Vier-Augen-Prinzip könnten den Einsatz der Datei absichern.

Selbst signiertes Zertifikat mit Windows 8/Server 2012 oder besser

Wenn Sie kein Codesigning-Zertifikat aus anderer Quelle zur Verfügung haben, generieren Sie sich ein selbst signiertes Zertifikat. Ab Windows 10 bzw. Server 2016 gibt es hierfür das Modul `PKI` mit dem Cmdlet `New-SelfSignedCertificate`. Auf älteren Betriebssystemen lassen sich selbst signierte Zertifikate ebenfalls herstellen, auch wenn dazu mehr Code nötig ist (siehe nächster Abschnitt).

Achtung

Das Modul `PKI` wurde ursprünglich mit Windows 8 und Server 2012 eingeführt und enthält auch dort bereits das Cmdlet `New-SelfsignedCertificate`. Allerdings ist diese alte Version des Cmdlets noch sehr eingeschränkt und kann keine Codesigning-Zertifikate generieren. Dies ist erst mit der Version von `New-SelfsignedCertificate` möglich, die in Windows 10 und Windows Server 2012 mitgeliefert wird.

Die folgende Befehlszeile generiert ein neues selbst signiertes Codesigning-Zertifikat namens »IT Sicherheit« mit einer Gültigkeitsdauer von fünf Jahren und speichert es in Ihrem persönlichen Zertifikatspeicher. Danach wird das generierte Zertifikat in der Datei *zertifikat.pfx* im temporären Ordner exportiert und mit einem von Ihnen angegebenen Kennwort geschützt. Nur wer dieses Kennwort kennt, kann das Zertifikat verwenden. Schließlich wird das generierte Zertifikat wieder aus Ihrem persönlichen Zertifikatspeicher gelöscht:

```
#requires -Version 5

$Path = "$env:temp\zertifikat.pfx"
$Password = Read-Host -Prompt 'Kennwort für Zertifikat' -AsSecureString

# Zertifikat anlegen:
$cert = New-SelfSignedCertificate -KeyUsage DigitalSignature -KeySpec Signature -FriendlyName 'IT
```

```
Sicherheit' -Subject CN=Sicherheitsabteilung -KeyExportPolicy ExportableEncrypted -CertStoreLocati
on Cert:\CurrentUser\My -NotAfter (Get-Date).AddYears(5) -TextExtension @('2.5.29.37={text}1.3.6.1
.5.5.7.3.3')

# Zertifikat in Datei exportieren:
$cert | Export-PfxCertificate -Password $Password -FilePath $Path

# Zertifikat aus Speicher löschen:
$cert | Remove-Item
```

Listing 5.4: Digitales Codesigning-Zertifikat als PFX-Datei anlegen.

Selbst signierte Zertifikate mit älteren Betriebssystemen anlegen

Ohne Zugriff auf das Modul PKI mit seinem Cmdlet New-SelfsignedCertificate laden Sie ersatzweise die Funktion New-SelfsignedCertificateEx aus dem Microsoft ScriptCenter herunter, das zur Drucklegung unter der folgenden URL verfügbar war: *https://gallery.technet.microsoft.com/ scriptcenter/Self-signed-certificate-5920a7c6.* Diese Funktion bildet die Möglichkeiten des Cmdlets New-SelfSignedCertificate nach.

Achtung

Achten Sie darauf, dass Sie die heruntergeladene ZIP-Datei zuerst entblocken, bevor Sie sie auspacken und das darin enthaltene Skript ausführen. Sie können die Datei zum Beispiel über einen Rechtsklick und *Eigenschaften* entblocken, indem Sie im *Eigenschaften*-Dialog die Schaltfläche *Zulassen* wählen. Oder Sie verwenden das Cmdlet Unblock-File.

Wenn Sie die ZIP-Datei nicht entblocken, bleibt das darin enthaltene PowerShell-Skript auch nach dem Entpacken geblockt und kann nur ausgeführt werden, wenn die PowerShell ExecutionPolicy auf Unrestricted oder Bypass eingestellt ist.

Nachdem Sie das heruntergeladene Skript ausgeführt haben, steht die Funktion New-SelfsignedCertificateEx zur Verfügung. Mit Listing 5.5 erstellen Sie damit analog zu Listing 5.4 ein selbst signiertes Testzertifikat in Form einer kennwortgeschützten PFX-Datei:

```
# Achtung: benötigt die Funktion New-SelfsignedCertificateEx
# Bezugsquelle: https://gallery.technet.microsoft.com/scriptcenter/
# Self-signed-certificate-5920a7c6

$Path = "$env:temp\zertifikat.pfx"
$Password = Read-Host -Prompt 'Kennwort für Zertifikat' -AsSecureString

New-SelfsignedCertificateEx -Exportable  -Path $path -Password $password -Subject
'CN=Sicherheitsabteilung' -EKU '1.3.6.1.5.5.7.3.3' -KeySpec 'Signature' -KeyUsage
'DigitalSignature' -FriendlyName 'IT Sicherheit' -NotAfter (Get-Date).AddYears(5)
```

Listing 5.5: Ein selbst signiertes Codesigning-Zertifikat mit New-SelfsignedCertificateEx herstellen.

Zertifikat aus PFX-Datei laden

Bevor Sie ein Zertifikat für digitale Signaturen benutzen können, muss es aus der PFX-Datei geladen werden. Das erledigt Get-PfxCertificate. Das folgende Beispiel geht davon aus, dass sich die Datei unter dem Namen *zertifikat.pfx* im temporären Ordner befindet:

```
# Zertifikat aus PFX-Datei laden
$path = "$env:temp\zertifikat.pfx"
$cert = Get-PfxCertificate -FilePath $Path

$cert
```

Listing 5.6: Digitales Zertifikat aus PFX-Datei laden.

Get-PfxCertificate fragt beim Lesen des Zertifikats nach dem Kennwort, das beim Anlegen oder Exportieren in die PFX-Datei vereinbart wurde. Anschließend liegt das Zertifikat in der Variablen $cert und kann verwendet werden. Schauen Sie sich die Detailinformationen des Zertifikats am besten zuerst genauer an, indem Sie mit Select-Object dafür sorgen, dass sämtliche Eigenschaften angezeigt werden, auch die normalerweise versteckten:

```
PS C:\> $cert | Select-Object -Property *
```

```
EnhancedKeyUsageList : {Codesignatur (1.3.6.1.5.5.7.3.3)}
DnsNameList          : {Sicherheitsabteilung}
SendAsTrustedIssuer  : False
Archived             : False
Extensions           : {System.Security.Cryptography.Oid, System.Security.Cryptography.Oid,
                       System.Security.Cryptography.Oid}
FriendlyName         : IT Sicherheit
IssuerName           : System.Security.Cryptography.X509Certificates.X500DistinguishedName
NotAfter             : 30.11.2020 23:46:23
NotBefore            : 30.11.2015 23:36:23
HasPrivateKey        : True
PrivateKey           : System.Security.Cryptography.RSACryptoServiceProvider
PublicKey            : System.Security.Cryptography.X509Certificates.PublicKey
RawData              : {48, 130, 3, 14...}
SerialNumber         : 51F9299E0C8D069743ADBFED612D6150
SubjectName          : System.Security.Cryptography.X509Certificates.X500DistinguishedName
SignatureAlgorithm   : System.Security.Cryptography.Oid
Thumbprint           : 31BE1455389A50F2E2233DA1F50C1EAF38C4E25D
Version              : 3
Handle               : 1993473818544
Issuer               : CN=Sicherheitsabteilung
Subject              : CN=Sicherheitsabteilung
```

Zertifikat aus Zertifikatspeicher laden

Möchten Sie Zertifikate lieber in Ihrem persönlichen Zertifikatspeicher aufbewahren und sie nicht jedes Mal aus einer PFX-Datei laden, benötigen Sie den eindeutigen Thumbprint des Zertifikats. Dieser Befehl liefert eine Übersicht über die in Ihrem Zertifikatspeicher vorhandenen Codesigning-Zertifikate und Thumbprints:

```
PS> Get-ChildItem -Path Cert:\CurrentUser\My -CodeSigningCert | Select-Object -Property Subject,
Thumbprint
```

```
Subject                                     Thumbprint
-------                                     ----------
CN=Test                                     D4C50996869924A284F7287E71C1F7C8907B59EC
CN=König von Timbuktu-Süd                   A4CB7C424D4195A5A6D2C338D0700A92A31ADACC
CN=Sicherheitsbeauftragter Quality Control  28B5F10F7EB9D5B68D215210E9D750EDBE51E007
```

Tipp

Falls sich aktuell gar kein Codesigning-Zertifikat in Ihrem Zertifikatspeicher befindet und Sie diesen Weg testen wollen, doppelklicken Sie auf eine der vorhin generierten PFX-Dateien und folgen den Anweisungen des Assistenten (Abbildung 5.2). Das Zertifikat wird so aus der PFX-Datei in Ihren Zertifikatspeicher importiert.

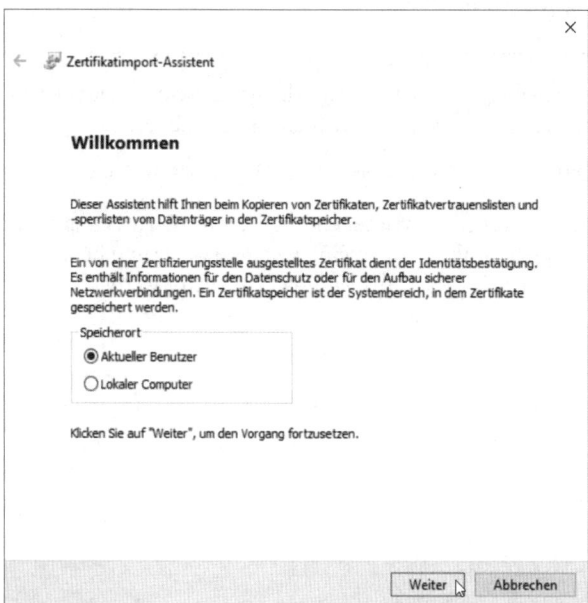

Abbildung 5.2: Ein Zertifikat aus einer PFX-Datei in den persönlichen Zertifikatspeicher kopieren.

Der Assistent erfragt beim Import zunächst das Kennwort, das beim Anlegen des Zertifikats festgelegt wurde. Danach wird das Zertifikat in Ihren persönlichen Zertifikatspeicher kopiert. Dabei haben Sie die Möglichkeit, festzulegen, ob der private Schlüssel des Zertifikats exportierbar sein soll. Wenn Sie diese Option auswählen, kann das Zertifikat später aus Ihrem Zertifikatspeicher auch wieder in eine neue PFX-Datei exportiert werden. Besser ist es, die ursprüngliche PFX-Datei an einem sicheren Ort auf einem Datenträger aufzubewahren und das Zertifikat entweder erst gar nicht dauerhaft im Zertifikatspeicher zu halten oder es zumindest darin einzusperren – also den privaten Schlüssel nicht exportierbar zu machen.

Den Inhalt des persönlichen Zertifikatspeichers (Abbildung 5.3) kann man mit dem folgenden Befehl sichtbar machen:

```
PS> certmgr.msc
```

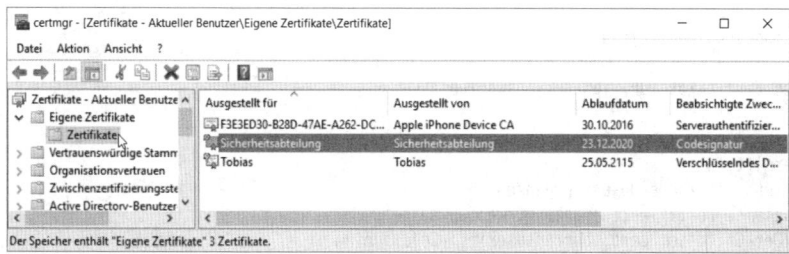

Abbildung 5.3: Eigene Zertifikate im Zertifikatspeicher anzeigen.

Ein selbst signiertes Zertifikat zeigt darin in den Spalten *Ausgestellt für* und *Ausgestellt von* den gleichen Eintrag. Doppelklicken Sie auf ein Zertifikat, um seine Details zu sehen.

Achtung: Zwar können Sie in der Zertifikatverwaltung auch Zertifikate löschen, Sie sollten dies aber unbedingt höchstens mit Ihren eigenen Zertifikaten tun! Zertifikate sind eindeutige Identitäten, und wenn Sie beispielsweise das Zertifikat für das verschlüsselnde Dateisystem (falls vorhanden) löschen, verlieren Sie möglicherweise unwiederbringlich jeglichen Zugriff auf alle Dateien, die mit dem verschlüsselnden Dateisystem (EFS) verschlüsselt worden sind.

Sobald Sie den »Thumbprint« – die eindeutige Kennziffernfolge des gewünschten Zertifikats – kennen, genügt dieser Befehl, um das Zertifikat aus dem Zertifikatspeicher zu lesen:

```
PS> $cert = Get-Item -Path Cert:\CurrentUser\My\A4CB7C424D4195A5A6D2C338D0700A92A31ADACC
```

Möchten Sie häufiger mit verschiedenen Zertifikaten arbeiten, die sich im Zertifikatspeicher befinden, könnten Sie über eine PowerShell-Funktion auch eine Befehlserweiterung herstellen, mit der die vorhandenen Codesigning-Zertifikate per Auswahldialog gewählt werden können (Abbildung 5.4).

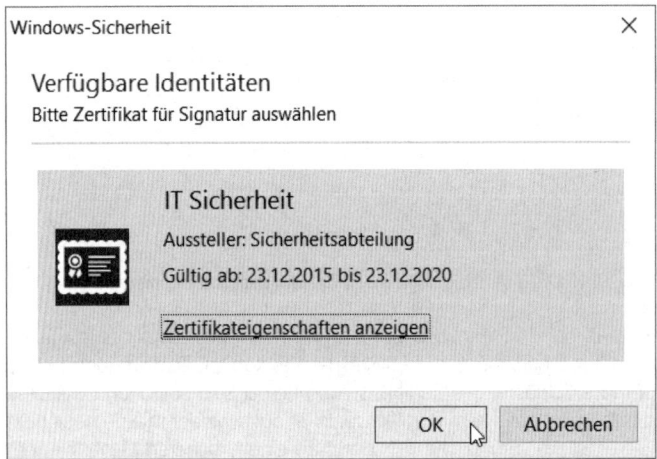

Abbildung 5.4: Codesigning-Zertifikat per Auswahldialog wählen.

Listing 5.7 definiert dazu den neuen Befehl Get-CodesigningCertificate.

```
function Get-CodesigningCertificate
{
  param
  (
    $titel = 'Verfügbare Identitäten',

    $text = 'Bitte Zertifikat für Signatur auswählen'
  )

  # Zertifikate ermitteln:
  # hier anpassen und mit Where-Object ergänzen,
  # falls nur bestimmte Zertifikate angezeigt werden sollen:
  $zertifikate = Get-ChildItem cert:\currentuser\my -Codesigning

  # Zertifikatcontainer beschaffen und füllen:
```

```
Add-Type -AssemblyName System.Security
$container = New-Object System.Security.Cryptography.X509Certificates.X509Certificate2Collection
$container.AddRange($zertifikate)

# Auswahlfeld anzeigen:
[System.Security.Cryptography.x509Certificates.X509Certificate2UI]::SelectFromCollection($conta
iner, $titel, $text, 0)
}
```

Listing 5.7: Das Skript Get-CodesigningCertificate.ps1.

Wenn Sie den Code ausführen, steht anschließend der Befehl `Get-CodesigningCertificate` zur Verfügung. Vorausgesetzt, es befinden sich tatsächlich Codesigning-Zertifikate in Ihrem Zertifikatspeicher, würde die folgende Zeile genügen, um eins davon per Auswahldialog auszuwählen:

```
PS> $cert = Get-CodesigningCertificate
```

Skript digital signieren

Skripte lassen sich mit dem Cmdlet `Set-AuthenticodeSignature` signieren. Erforderlich ist dafür nur ein Zertifikat, das Sie eben bereits auf verschiedene Weisen geladen haben. Da ein Skript stets nur eine Signatur aufweisen kann, werden eventuell vorhandene Signaturen dabei überschrieben.

Bevor Sie fortfahren, schauen Sie sich kurz an, warum Sie ein Skript signieren – oder auch es bleiben lassen sollten. Die folgenden Gründe sprechen für eine digitale Signatur:

- **Integrität nachweisen:** Sie benötigen einen verlässlichen Weg, um nachzuweisen, dass sich das Skript nicht verändert hat. Zum Beispiel möchten Sie ein Skript an einen Kunden übergeben und später kontrollieren können, ob das Skript noch im Ausgangszustand ist, wenn Fehler gemeldet werden. Oder Sie möchten von Zeit zu Zeit sämtliche Skripte auf einem Produktionsserver auf Änderungen überprüfen.

- **ExecutionPolicy:** Ihr Skript soll in einem Bereich ausgeführt werden, in dem die Power-Shell ExecutionPolicy nur gültig digital signierte Skripte zulässt.

Es gibt aber auch Gründe, die gegen eine Signatur sprechen könnten:

- **Kein Internet, aber Netzwerk:** Hat Ihr Computer zwar Netzwerkzugriff, zum Beispiel auf das Intranet, aber keinen Internetzugang, kann der Start digital signierter Skripte eine Wartezeit von einigen Sekunden verursachen. In dieser Zeit versucht Windows, die Gültigkeit der Signatur zu überprüfen, und muss dazu auf Listen mit nachträglich gesperrten Zertifikaten im Internet zugreifen. Weil diese Listen nicht erreichbar sind, kommt es zur Verzögerung. Entweder verzichten Sie in diesem Fall darauf, Skripte zu signieren, oder Sie verzichten auf deren Überprüfung: Setzen Sie die PowerShell-ExecutionPolicy mit `Set-ExecutionPolicy` auf Bypass.

Die folgenden Beispiele gehen davon aus, dass sich in der Variablen `$cert` ein Codesigning-Zertifikat befindet (siehe vorherige Beispiele, um ein Zertifikat zu laden).

Einzelnes Skript signieren

Um ein einzelnes Skript zu signieren, verwenden Sie diesen Code (passen Sie $path so an, dass diese Variable auf ein tatsächlich vorhandenes Skript verweist):

```
# $cert enthält bereits ein Codesigning-Zertifikat (siehe vorherige Beispiele)
PS> $Path = 'c:\pfadname\zu\vorhandener\skriptdatei.ps1'
PS> Set-AuthenticodeSignature -FilePath $Path -Certificate $cert
```

Das Ergebnis sollte im Erfolgsfall ungefähr so aussehen:

```
SignerCertificate                        Status        Path
-----------------                        ------        ----
31BE1455389A50F2E2233DA1F50C1EAF38C4E25D Valid         skriptdatei.ps1
```

Hinweis

Um Skripte signieren zu können, sind diese Grundvoraussetzungen zu erfüllen:

- **Schreibrechte:** Eine Signatur stellt eine Änderung am Dateiinhalt einer Skriptdatei dar und ist demzufolge nur erlaubt, wenn Sie über Schreibrechte verfügen. Dateien, die Sie nicht ändern dürfen, können auch nicht signiert werden – es kommt zu einer Fehlermeldung.

- **Mindestgröße:** Da der Signatur ein Hash (eine Quersumme) zugrunde liegt, muss das zu signierende Skript eine Mindestgröße von zehn Bytes aufweisen. Leere oder zu kurze Skripte führen zu Fehlern.

- **Kein Unicode Big Endian Encoding:** Eine Besonderheit sind Skriptdateien, die mit dem ISE-Editor von PowerShell 2.0 erstellt wurden. Diese lassen sich ebenfalls nicht signieren, weil sie ausgerechnet in dem einzigen Encoding-Verfahren gespeichert sind, das von Set-AuthenticodeSignature nicht unterstützt wird: *Unicode Big Endian*. Ab PowerShell 3.0 ist der Fehler behoben. Ein erster Hinweis bei der Signierung auf einen derartigen Fehler sind »Löcher« in der Thumbprint-Spalte:

```
(…)
F3F323842443EF7F49B11D86BF843B276989BFB7 UnknownError  CIMDataType.ps1
F3F323842443EF7F49B11D86BF843B276989BFB7 UnknownError  closure.ps1
                                         UnknownError  comment.ps1
F3F323842443EF7F49B11D86BF843B276989BFB7 UnknownError  CommonParameters...
F3F323842443EF7F49B11D86BF843B276989BFB7 UnknownError  compactpath.ps1
(…)
```

Die Datei *comment.ps1* im vorangegangenen Beispiel wurde mit PowerShell 2.0 ISE gespeichert und verwendet das Encoding *Unicode Big Endian*. Diese Datei kann erst signiert werden, wenn man sie unter Einsatz eines anderen Encoding-Verfahren speichert, zum Beispiel *Unicode* oder *UTF8*:

```
PS> $Path = 'C:\...\comment.ps1'
PS> (Get-Content -Path $Path) | Set-Content -Path $Path -Encoding UTF8
```

Falls Sie ein selbst signiertes Zertifikat für die Signatur eingesetzt haben, sieht das Ergebnis indes vermutlich eher so aus:

```
SignerCertificate                        Status        Path
-----------------                        ------        ----
31BE1455389A50F2E2233DA1F50C1EAF38C4E25D UnknownError  skriptdatei.ps1
```

Der Status UnknownError heißt also nicht etwa, dass der Status unbekannt oder ein unbekannter Fehler aufgetreten wäre, sondern vielmehr, dass der Urheber der Signatur unbekannt ist. Es könnte jeder sein, denn selbst signierte Skripte kann jedermann fabrizieren, wie Sie vorhin gesehen haben – auch Hacker und Angreifer.

Da jeder Zertifikate herstellen kann, unterhält Windows im Zertifikatspeicher den besonderen Container *Vertrauenswürdige Stammzertifizierungsstellen*. Darin befinden sich die Zertifikate der bekannten globalen Zertifizierungsstellen, und jeder, der hier genannt wird, darf aus Sicht von Windows Zertifikate ausstellen, die als vertrauenswürdig gelten.

Da ein selbst signiertes Zertifikat sein eigener Herausgeber ist, wird es durch das Hinzufügen zu diesem Container ebenfalls vertrauenswürdig. Und hier wird der größte Nachteil selbst signierter Zertifikate deutlich: Weil sie alle jeweils ihr eigener Herausgeber sind, müsste jedes selbst signierte Zertifikat eigentlich als Stammzertifizierungsstelle eingetragen werden – und zwar auf jedem Computer, auf dem diesem Zertifikat vertraut werden soll. Das ist natürlich Unsinn und eignet sich allenfalls für Testszenarien.

Wenn Sie also mit selbst signierten Zertifikaten arbeiten, sollten Sie keinen größeren Aufwand betreiben, um Windows davon zu überzeugen, dass das Zertifikat vertrauenswürdig ist. Stattdessen übernehmen Sie dies bei der Überprüfung von Signaturen später selbst. Wie das genau geschieht, erfahren Sie gleich. Schauen wir uns zuvor noch an, wie man massenhaft Skripte signiert und damit zum Beispiel alle Skripte eines Produktionsservers »versiegeln« könnte.

Massenhaft Skripte signieren

Um massenhaft Skripte zu signieren, leiten Sie die zu signierenden Skripte an Set-AuthenticodeSignature. Tun Sie das aber wirklich nur, wenn Sie tatsächlich alle diese Skripte digital signieren möchten. Es gibt leider keinen eingebauten Befehl, um unerwünschte Signaturen nachträglich wieder aus Skripten zu entfernen, und vorhandene Signaturen werden kommentarlos durch die neuen Signaturen ersetzt.

Der folgende Befehl signiert alle PowerShell-Skripte in Ihrem persönlichen Benutzerprofil und geht davon aus, dass sich in $cert bereits das digitale Zertifikat befindet, mit dem signiert werden soll (siehe oben zu den unterschiedlichen Wegen, ein digitales Zertifikat in $cert zu laden):

```
PS> Get-ChildItem -Path $HOME -Filter *.ps1 -Include *.ps1 -Recurse -ErrorAction SilentlyContinue |
Set-AuthenticodeSignature -Certificate $cert -WhatIf
```

Tatsächlich signiert dieser Befehl zunächst noch gar nicht, sondern zeigt nur, welche Skripte eine Signatur erhalten hätten. Wenn Sie also sicher sind, dass die Signaturen in die angezeigten Skripte eingefügt werden sollen, entfernen Sie den Parameter -WhatIf.

Möchten Sie nur solche Skripte signieren, die noch über keine Signatur verfügen, könnte eine Lösung so aussehen:

```
# $cert muss bereits ein gültiges digitales Zertifikat enthalten (siehe Buch)
# entfernen Sie -WhatIf, um die Signaturen tatsächlich einzufügen

Get-ChildItem -Path $HOME -Filter *.ps1 -Include *.ps1 -Recurse |
Where-Object {
  ($_ | Get-AuthenticodeSignature).Status -eq 'NotSigned'
} |
Set-AuthenticodeSignature -Certificate $cert -WhatIf
```

Listing 5.8: Alle bislang unsignierten Skripte aus dem Benutzerprofil signieren.

Digitale Signaturen überprüfen

Eine wesentliche Aufgabe von Signaturen ist, zu prüfen, ob sich ein Skript seit der Signatur verändert hat (also manipuliert wurde). Die Signatur übernimmt dabei sozusagen die Rolle eines »Garantieverschlusses«, wie er sich im Alltag zum Beispiel bei Lebensmittelverpackungen finden lässt. Mit Get-AuthenticodeSignature wird der aktuelle Signaturzustand eines Skripts überprüft. Genau wie bei Set-AuthenticodeSignature lassen sich auch Ergebnisse von Get-ChildItem in das Cmdlet pipen, um so ganze Ordnerstrukturen einem Sicherheitsaudit zu unterziehen.

Die folgende Zeile überprüft sämtliche Skripte in Ihrem Benutzerprofil und meldet alle, die seit der letzten Signatur verändert wurden (oder nicht signiert sind, was eine Überprüfung unmöglich macht):

```
Get-ChildItem -Path $HOME -Filter *.ps1 -Recurse  |
  Get-AuthenticodeSignature |
  Where-Object { 'Valid', 'UnknownError' -notcontains $_.Status } |
  Select-Object -Property Path, Status, StatusMessage |
  Out-GridView
```

Listing 5.9: Das Skript securityaudit.ps1.

Achtung

Listing 5.9 setzt eine Notlösung ein, damit selbst signierte Zertifikate verwendet werden können, ohne sie umständlich für vertrauenswürdig erklären zu müssen: Gemeldet werden nur Skripte, bei denen der Status weder Valid noch UnknownError ist. Das Skript schaut also ausschließlich darauf, ob sich der Inhalt eines Skripts seit der Signatur verändert hat. Nicht überprüft wird, ob die Signatur von einer vertrauenswürdigen Person stammt. Damit könnte also auch jeder Angreifer mit einem eigenen selbst signierten Zertifikat Spuren beseitigen.

Eigentlich müsste der Status UnknownError noch weiter untersucht werden: Wenn die Identität des Zertifikats bei Windows unbekannt ist, wäre es die Aufgabe des Skripts, anhand einer eigenen Whitelist zu prüfen, ob es sich um eins Ihrer eigenen selbst signierten Zertifikate handelt oder nicht.

Ein Beispiel für ein solches Auditskript mit Whitelist könnte so aussehen (passen Sie die Whitelist an die Thumbprints der von Ihnen eingesetzten Zertifikate an):

```
# Liste der Thumbprints von vertrauenswürdigen Zertifikaten:
$WhiteList = @('D10858D99CD176979DF793E4AD37A5639CB8D9D5',
'6262A18EC19996DD521F7BDEAA0E079544B84241')

# Alle PowerShell-Skripte im Benutzerprofil finden ...
Get-ChildItem -Path $HOME -Filter *.ps1 -Include *.ps1 -Recurse -ErrorAction SilentlyContinue  |
  # zu kleine Dateien ausschließen (Signaturen erfordern Mindestlänge)
  Where-Object { $_.Length -gt 10 } |
  # Signatur lesen
  Get-AuthenticodeSignature |
  # nur ungültige Signaturen anzeigen
  Where-Object {
    $ok = ($_.Status -eq 'Valid') -or ($_.Status -eq 'UnknownError' -and $WhiteList -contains
$_.SignerCertificate.Thumbprint)
    !$ok
  } |
  Select-Object -Property Path, Status, StatusMessage |
  Out-GridView
```

Listing 5.10: Auditskript mit Whitelist für selbst signierte Zertifikate.

`Get-AuthenticodeSignature` liefert in seiner Eigenschaft Status eine Kurzmeldung und in StatusMessage eine ausführliche Statusbeschreibung.

Status	Originalmeldung	Beschreibung
NotSigned	Die Datei "xyz" ist nicht digital signiert. Das Skript wird auf dem System nicht ausgeführt. Weitere Informationen erhalten Sie in "about_Execution_Policies" unter "http://go.microsoft.com/fwlink/?LinkID=135170".	Die Datei enthält keine digitale Signatur. Signieren Sie die Datei mit Set-AuthenticodeSignature.
UnknownError	Eine Zertifikatkette wurde zwar verarbeitet, endete jedoch mit einem Stammzertifikat, das beim Vertrauensanbieter nicht als vertrauenswürdig gilt.	Das verwendete Zertifikat ist unbekannt. Fügen Sie den Herausgeber des Zertifikats in den Speicher für vertrauenswürdige Stammzertifizierungsstellen ein.
HashMismatch	Der Inhalt der Datei "xyz" wurde möglicherweise manipuliert, da der Hash der Datei nicht mit dem in der digitalen Signatur gespeicherten Hash übereinstimmt. Das Skript wird auf dem System nicht ausgeführt. Weitere Informationen erhalten Sie mit "get-help about_signing".	Der Inhalt der Datei wurde verändert. Wenn Sie selbst den Inhalt verändert haben, signieren Sie die Datei neu.
Valid	Signatur wurde überprüft.	Der Dateiinhalt stimmt mit der Signatur überein, und die Signatur ist gültig

Tabelle 5.3: Statusmeldungen der Signaturüberprüfung und ihre Ursachen.

Die eben skizzierte Sicherheitsüberprüfung ist äußerst relevant, denn nur so bestimmen Sie selbst, wann eine Überprüfung stattfinden soll und welche Konsequenzen sich daraus ergeben sollen.

Häufig wird die in PowerShell eingebaute ExecutionPolicy ebenfalls als Schutz gegen Angreifer missverstanden. Wird die ExecutionPolicy mit Set-ExecutionPolicy auf AllSigned eingestellt, müssen sämtliche Skripte immer und überall gültig signiert sein, oder PowerShell verweigert die Ausführung. Angesichts der Vielzahl von Skripten, die heute in den unterschiedlichsten Produkten eingesetzt werden, ist diese Echtzeitüberprüfung weder sinnvoll noch vernünftig administrierbar.

Die ExecutionPolicy war zu keiner Zeit als Abwehrmechanismus gegen Angreifer konzipiert worden und sollte auch nicht dafür eingesetzt werden. Es ist ein persönlicher Sicherheitsgurt für den unbedarften Anwender, der ihn davor schützen soll, unbeabsichtigt Skripte aus dem Internet oder anderen potenziell gefährlichen Orten auszuführen (Einstellung RemoteSigned).

Signaturen mit einem Zeitstempel versehen

Eine Signatur ist nur so lange gültig wie das Zertifikat, mit dem die Signatur erstellt wurde. Läuft das Zertifikat ab, laufen auch alle Signaturen ab, die damit angelegt wurden. Das klingt zwar logisch, ist es aber nicht. Wer am Kiosk Bier einkauft, muss zum Zeitpunkt des Kaufs mit einem gültigen Personalausweis sein Alter nachweisen. Läuft der Ausweis später ab, bleibt der Kauf gültig, denn wichtig war nur, ob der Ausweis zum Zeitpunkt der Überprüfung gültig war.

Dasselbe gilt in der IT: Dort kann man es sich nicht leisten, dass Signaturen plötzlich und unerwartet ungültig werden, nur weil ein einstmals gültiges Zertifikat ausgelaufen ist. Deshalb kann man für die Signierung einen *Zeitstempel* (Timestamp) verwenden. Die Signatur gilt dann als valide, wenn das Zertifikat zum Zeitpunkt der Signatur gültig war. Technisch wird dazu die URL einer vertrauenswürdigen Zertifizierungsstelle angegeben. Zum Zeitpunkt der Signatur wird das für die Signatur eingesetzte Zertifikat via Internet der Zertifizierungsstelle vorgelegt. Ist es gültig, bestätigt dies die Zertifizierungsstelle durch ihren Zeitstempel. Um also Skripte mit Zeitstempel zu signieren, benötigen Sie eine Internetverbindung und die URL eines entsprechenden Diensts:

```
PS> Get-ChildItem -Path c:\skripts -Filter *.ps1 -Recurse | Set-AuthenticodeSignature -Certificate `
    $zertifikat -TimestampServer http://timestamp.verisign.com/scripts/timstamp.dll
```

Profitipp

`Set-AuthenticodeSignature` kann alle Dateitypen signieren, die über eine entsprechende Schnittstelle verfügen, also auch ausführbare Dateien, DLLs und natürlich PowerShell-Module (*.psm1*- und *.psd1*-Dateien).

Kapitel 6
Die PowerShell-Pipeline

In diesem Kapitel:

Ausführlich werden in diesem Kapitel die folgenden Aspekte erläutert:

- **Befehlsketten bilden:** Durch die Verkettung mehrerer Befehle mithilfe des Pipeline-Operators (|) lassen sich ohne klassische Programmierung viele Aufgaben lösen. Cmdlets funktionieren dabei wie Lego-Bausteine und können Informationen auf einheitliche Weise empfangen und weitergeben.

- **Streaming-Modus:** Über die Pipeline werden Ergebnisse zwischen Befehlen in Echtzeit weitergereicht. Alle beteiligten Befehle arbeiten gleichzeitig. Daher ist die Pipeline effizient und speicherschonend, aber langsam, weil immer nur ein Datensatz nach dem anderen bearbeitet wird.

- **Pipeline-SQL:** Im Kern bildet die Pipeline mit sechs Cmdlets die Datenbanksprache SQL ab. So kann man bestimmen, welche Informationen relevant sind, welche Datensätze herausgefiltert werden sollen, und man kann natürlich sortieren, gruppieren und zählen.

- **Eigene Pipeline-Befehle:** Mit `Foreach-Object` lassen sich schnell Pipeline-fähige Ad-hoc-Funktionen erstellen, mit denen die durch die Pipeline strömenden Daten in Echtzeit bearbeitet und umgeformt werden können.

Nicht für jede denkbare Aufgabe gibt es das maßgeschneiderte Cmdlet. Die PowerShell-Pipeline ist deshalb ein cleverer Weg, um ohne größeren Programmieraufwand neue Lösungen zu schaffen, für die es noch kein passendes Cmdlet gibt. Darüber hinaus stellt die Pipeline programmiertechnisch einen besonders effektiven Weg dar, um Daten zu »streamen«, also ohne Variablen besonders speicherplatzeffizient über mehrere Befehle hinweg zu bearbeiten.

Sechs Cmdlets bilden das Herz dieser Pipeline, sie werden in diesem Kapitel vorgestellt. Wer mit ihnen vertraut ist, kann mit PowerShell plötzlich sehr viel mehr erreichen. Abbildung 6.1 zeigt, wo Sie sich in diesem Kapitel im PowerShell-Ökosystem befinden.

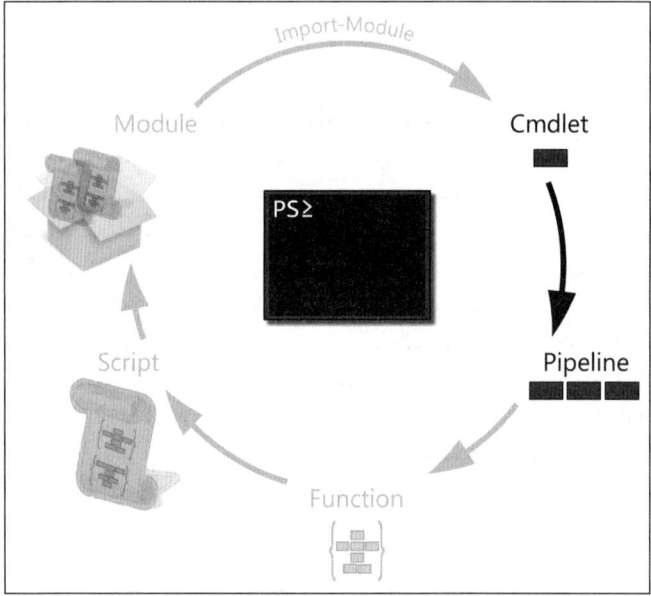

Abbildung 6.1: PowerShell-Level 2: Einzelne Befehle werden über die Pipeline kombiniert.

Aufbau der PowerShell-Pipeline

Man kann sich die PowerShell-Pipeline wie ein Förderband in einer Fabrik vorstellen: Vorn legt jemand Altmetall auf das Förderband, und nachdem die einzelnen Befehle das Rohmaterial schrittweise bearbeitet haben, fallen am Ende Dosenöffner heraus – oder eben was Sie sonst gerade benötigen (Abbildung 6.2).

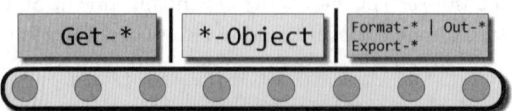

Abbildung 6.2: Prinzipieller Aufbau der PowerShell-Pipeline.

Weniger bildlich gesprochen, stellt die Pipeline einen Streaming-Mechanismus dar: Der Pipeline-Operator | verbindet den Ausgabekanal eines Befehls direkt mit dem Eingabekanal des nächsten Befehls. Die Informationen können also *gleichzeitig* durch mehrere verkettete Befehle strömen. Die Pipeline ist damit nicht nur ein Weg, um mehrere Cmdlets zu neuen Lösungen zu verketten. Es ist außerdem ein moderner Streaming-Mechanismus, der ohne Variablen auskommt und besonders speicherschonend arbeitet.

Einige einfache Pipeline-Beispiele sind Ihnen schon begegnet und sahen zum Beispiel so aus:

```
PS> Get-Process -Name notepad | Stop-Process
PS> driverquery.exe /FO CSV | ConvertFrom-CSV
```

Im ersten Beispiel liefert ein Cmdlet bestimmte Prozesse, hier alle laufenden Instanzen des Windows-Editors *notepad.exe*, die dann vom zweiten sofort und ohne weitere Sicherheitsabfrage beendet werden.

Im zweiten Beispiel liefert ein Konsolenbefehl namens `driverquery.exe` kommaseparierte Daten, die dann vom folgenden Cmdlet in echte Objekte umgewandelt werden. Die Funktion der Pipeline als Datentransporteur ist bei diesen beiden Beispielen ziemlich offensichtlich.

Tipp

Nicht immer ist die Pipeline wirklich erforderlich. Einen Prozess können Sie beispielsweise auch direkt mit **Stop-Process** beenden:

```
PS> Stop-Process -Name notepad
```

Prinzipieller Aufbau der Pipeline

Zwar gibt es unendlich viele Kombinationsmöglichkeiten, doch die meisten Pipeline-Konstrukte sind nach einem einfachen Schema gewebt (Abbildung 6.2):

- **Rohdaten:** Am Anfang jeder Pipeline steht ein Datenbeschaffer. Das ist typischerweise ein Cmdlet mit dem Verb *Get*, es kann aber auch ein externes Programm wie *ipconfig.exe* sein, das Textinformationen in die PowerShell-Konsole liefert.

- **Industrieroboter:** Im Herzen der Pipeline sind zwar alle Cmdlets erlaubt, die Daten über die Pipeline empfangen können, aber typischerweise findet man hier vor allem Cmdlets mit dem Substantiv *Object*. Es dürfen so viele Cmdlets im Herzen der Pipeline miteinander kombiniert werden wie nötig. Die Aufgabe der Cmdlets ist, die Rohdaten in eine passende Form zu bringen, also zum Beispiel zu filtern, zu sortieren oder zu verändern.

- **Ausgabe:** Am Ende der Pipeline folgt auf Wunsch ein Ausgabe-Cmdlet. Notwendig ist das nicht. Ohne ein Ausgabe-Cmdlet werden die Ergebnisse der Pipeline in die Konsole geschrieben oder können einer Variablen zugewiesen werden – genau wie bei Einzelbefehlen.

    Möchte man die Ergebnisse dagegen lieber andernorts in Textform ausgeben, zum Beispiel in eine Datei umlenken, kommt ein Gespann aus zwei Cmdlets zum Einsatz, das die Verben *Format* (bestimmt das Layout) und *Out* (bestimmt das Ziel) trägt.

    Sollen die Daten lieber in Objektform an anderer Stelle ausgegeben werden, also mit weiterhin voneinander abgegrenzten Spalten, greift man zu Cmdlets mit dem Verb *Export* und kann die Ergebnisse dann beispielsweise als kommaseparierte Liste oder XML speichern.

Tipp

Am Anfang einer Pipeline kann natürlich auch eine Variable stehen. Enthält sie Daten, bearbeitet die Pipeline auch diese. Variablen am Anfang einer Pipeline sind meist jedoch ein Indiz dafür, dass das Pipeline-Konzept noch nicht richtig verstanden wurde.

Ein wesentlicher Vorteil der Pipeline ist ja gerade ihr Streaming-Mechanismus, der ohne Variablen auskommt: Die Daten werden direkt von einem Befehl zum anderen weitergereicht, und die ersten Ergebnisse erscheinen bereits, noch bevor die Pipeline-Befehle ihre Arbeit vollständig erledigt haben. Das ist besonders effizient, denn nirgendwo müssen Informationen zwischengespeichert werden, und der Anwender erhält so schnell wie möglich erste Ergebnisse:

```
PS> Get-HotFix | Where-Object HotfixID -like KB30*
```

Sammeln Sie die Rohdaten zunächst in einer Variablen, geben Sie wesentliche Vorteile der Pipeline preis: Die Variable verschwendet Speicherplatz, und die Ergebnisse erscheinen nicht mehr in Echtzeit, sondern erst nachdem die Variable gefüllt ist.

```
PS> $hotfixes = Get-HotFix
PS> $hotfixes | Where-Object HotfixID -like KB30*
```

Liegen die Informationen ohnehin schon fix und fertig in einer Variablen vor, ist es meist schneller und effizienter, klassische Konstruktionen zu wählen und nicht die PowerShell-Pipeline einzusetzen:

```
$hotfixes = Get-HotFix

foreach($hotfix in $hotfixes)
{
    if ($hotfix.HotFixID -like 'KB30*')
    {
        $hotfix
    }
}
```

Listing 6.1: Alle Hotfixes anzeigen, die mit »KB30« beginnen.

Oder noch einfacher: Sie setzen in diesem Fall direkt Vergleichsoperatoren ein:

```
$hotfixes = Get-HotFix
$hotfixes -like 'KB30*'
```

Es mag charmant sein, diesen Code sogar noch weiter zu verkürzen:

```
(Get-Hotfix) -like 'KB30*'
```

Dies ändert aber nichts daran, dass Sie nun auf wesentliche Vorteile der Pipeline verzichten. Sie verlieren den Echtzeitcharakter, müssen also erst mal warten, bis Get-Hotfix alle Daten beschafft hat. Und Sie verschwenden mehr Speicherplatz, weil zuerst alle Ergebnisse von Get-Hotfix gesammelt werden müssen, während die Pipeline sie in Echtzeit sofort verarbeitet hätte. Dafür ist das letzte Beispiel insgesamt schneller als die Pipeline, auch wenn die ersten Ergebnisse erst später sichtbar werden.

Welcher Ansatz besser ist – Einsatz der Pipeline oder klassische Konstrukte –, ist überhaupt keine Ideologiefrage, sondern eine nüchterne Abwägung der jeweiligen Vor- und Nachteile, also der Datenmengen, die ohne Pipeline zwischengespeichert werden müssen.

Die sechs wichtigsten Pipeline-Befehle

Im Herzen der meisten Pipelines kommen dieselben sechs Cmdlets zum Einsatz und bilden die bekannte Datenabfragesprache SQL ab.

Cmdlet	Aufgabe
Select-Object	Legt fest, welche Informationen pro Objekt angezeigt werden sollen. Kann darüber hinaus mit -First, -Last und -Skip nur bestimmte Ergebnisse ausgeben.
Where-Object	Legt fest, welche Objekte angezeigt werden sollen. Ein Filter bestimmt, welche Objekte erwünscht sind.
Sort-Object	Sortiert die Ergebnisse und entfernt Duplikate auf Wunsch.
ForEach-Object	Pipeline-Schleife: Der angegebene Code wird für jedes durch die Pipeline strömende Objekt einmal ausgeführt.
Measure-Object	Zählt die Ergebnisse und kann numerische Ergebnisse statistisch auswerten, also zum Beispiel Maximalwert und Durchschnitt berechnen. Bei Texten berechnet Measure-Object die Zeichen- und Worthäufigkeit.
Group-Object	Analysiert Verteilungshäufigkeiten: Gruppen mit identischen Eigenschaften können gruppiert werden.

Tabelle 6.1: Die sechs wichtigsten Cmdlets in der PowerShell-Pipeline.

Select-Object

Ergebnisse, die Sie von PowerShell erhalten, sind pure Informationen ohne eine bestimmte Gestalt. Es sind sogenannte »Objekte«, die zuerst jemanden benötigen, der ihren Inhalt darstellt.

Aufgefallen ist Ihnen das bislang vielleicht nicht, denn die PowerShell-Konsole ist genau so ein Jemand, der diese körperlose Objekte materialisieren und sichtbar darstellen kann. Liefert ein Befehl »Objekte« zurück, wandelt das in PowerShell integrierte *Extended Type System* (ETS) diese Objekte in lesbaren Text um. Das ETS ist also die entscheidende Schnittstelle, um überhaupt mit solch gestaltlosen Objekten arbeiten zu können.

Genau diese automatische Umwandlung geschieht also, wenn Sie ein Cmdlet wie Get-Process ausführen und die Ergebnisse in die Konsole ausgeben:

```
PS> Get-Process

Handles  NPM(K)    PM(K)      WS(K) VM(M)   CPU(s)     Id ProcessName
-------  ------    -----      ----- -----   ------     -- -----------
    185      19     3280       3424   104            2156 AppleMobileDeviceS...
    694      46    44636      38108 ...41     9,81   5176 ApplicationFrameHost
    237      14     9920       9232 ...04    77,52   5008 audiodg
    138      10     1688       1656    69            2164 BtwRSupportService
    166      12     2348      12920 ...50     0,03   8948 conhost
(...)
```

Jede Ergebniszeile entspricht einem laufenden Prozess, und die Spalten zeigen an, worin sich die verschiedenen Prozesse voneinander unterscheiden.

Selbst festlegen, welche Informationen wichtig sind

Was Sie in der PowerShell-Konsole erleben, ist indes nur eine willkürliche Repräsentation der an sich körperlosen Objekte. Diese Objekte können sich auch auf ganz andere Weise und in anderer Form materialisieren, je nachdem, wer mit der Darstellung beauftragt wird:

```
PS> Get-Process
PS> Get-Process | Format-List
PS> Get-Process | Out-GridView
PS> Get-Process | Out-Printer
```

Get-Process liefert in allen Fällen genau die gleichen Ergebnisobjekte, und trotzdem sieht das Ergebnis jeweils anders aus. Dabei wird deutlich: Die verschiedenen Ausgabemethoden bestimmen nicht nur, in welcher Form Objekte Gestalt annehmen (als Text in einer Konsolenausgabe beispielsweise oder als Spalten in einem separaten Fenster), sie bestimmen auch, wie detailreich die Objekte dargestellt werden. Format-List zeigt pro Prozess nur vier Informationen, Out-GridView dagegen acht.

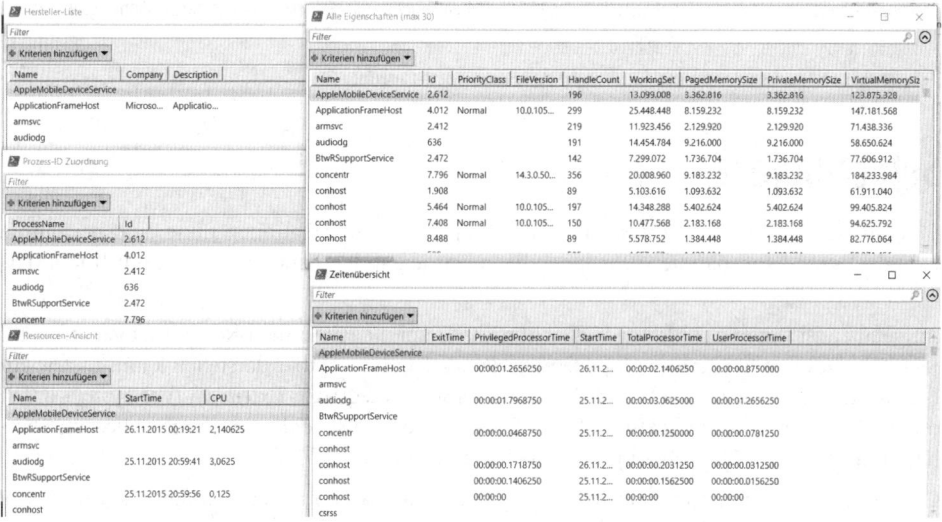

Abbildung 6.3: Ergebnis von Get-Process in unterschiedlichen Darstellungsweisen.

Select-Object gibt Ihnen die Freiheit, selbst zu bestimmen, welche Objekteigenschaften für Sie interessant sind. Noch wichtiger: Es kann auf Wunsch sämtliche Objekteigenschaften sichtbar machen, nicht bloß einen Teil davon.

In den folgenden Beispielen liefert Get-Process jeweils die körperlosen reinen Informationen, und Select-Object wählt daraus nacheinander jeweils unterschiedliche Eigenschaften aus. Obwohl also den folgenden Zeilen jedes Mal dieselben Grunddaten zugrunde liegen, liefert Select-Object jeweils ganz andere Antworten (Abbildung 6.3):

```
Get-Process |
  Select-Object -Property ProcessName, Id |
  Out-GridView -Title 'Prozess-ID Zuordnung'

Get-Process |
  Select-Object -Property Name, Company, Description |
  Out-GridView -Title 'Hersteller-Liste'
```

```
Get-Process |
  Select-Object -Property Name, StartTime, CPU |
  Out-GridView -Title 'Ressourcen-Ansicht'

Get-Process |
  Select-Object -Property Name, *Time* |
  Out-GridView -Title 'Zeitenübersicht'

Get-Process |
  Select-Object -Property * |
  Out-GridView -Title 'Alle Eigenschaften (max 30)'
```

Listing 6.2: Ergebnis von Get-Process auf verschiedene Fragestellungen anwenden.

Der Parameter -Property akzeptiert also einen oder mehrere (kommaseparierte) Eigenschaftennamen, die dann angezeigt werden. Auch Platzhalterzeichen (*) sind erlaubt, sodass sich bequem alle Eigenschaften mit einem bestimmten Stichwort darin ausgeben lassen – oder eben sogar alle Eigenschaften (wie im letzten Beispiel).

Achtung

Wenn Sie die Ergebnisse wie in den Beispielen an Out-GridView weiterleiten, erscheinen sie jeweils in einem separaten Fenster. Dieses Fenster kann maximal 30 Spalten anzeigen. Wählen Sie mehr als 30 Eigenschaften aus, werden von Out-GridView also nicht alle Informationen angezeigt.

Führen Sie PowerShell ohne Administratorrechte aus, liefert Ihnen Get-Process darüber hinaus aus Datenschutzgründen nur für Ihre eigenen Prozesse vollständige Informationen. Wundern Sie sich also nicht, wenn bei einigen Prozessen nur wenige Informationen geliefert werden, oder führen Sie PowerShell mit vollen Administratorrechten aus.

Platzhalterzeichen verwenden

Select-Object verlangt nicht, dass Sie alle erwünschten Spalten ausschreiben. Sie haben ja bereits gesehen, dass der Parameter -Property Platzhalterzeichen unterstützt. So lassen sich mit wenig Tipparbeit ganze Gruppen von Spalten einblenden:

```
PS> Get-ChildItem -Path $env:windir | Select-Object -Property *Name*

PSChildName        BaseName        Name          FullName
-----------        --------        ----          --------
ABLKSR             ABLKSR          ABLKSR        C:\Windows\ABLKSR
addins             addins          addins        C:\Windows\addins
AppCompat          AppCompat       AppCompat     C:\Windows\AppCompat
AppPatch           AppPatch        AppPatch      C:\Windows\AppPatch
(…)

PS> Get-WmiObject -Class Win32_VideoController | Select-Object -Property Caption, *resolu*

Caption                     CurrentHorizontalResolution    CurrentVerticalResolution
-------                     ---------------------------    -------------------------
Intel(R) HD Graphics 4000                          1920                         1080
```

```
PS> Get-WmiObject -Class Win32_VideoController -Computer storage1 | Select-Object
-Property Caption, *resolu*

Caption                          CurrentHorizontalResolution   CurrentVerticalResolution
-------                          ---------------------------   -------------------------
Intel(R) 82945G Express Ch...                          1024                         768
```

Select-Object kann allerdings nicht nur Spalten auswählen, sondern mit -ExcludeProperty auch ausdrücklich ausschließen. Der Parameter -ExcludeProperty funktioniert jedoch nur, wenn zugleich mit dem Parameter -Property Spalten ausgewählt werden, was reichlich widersinnig erscheint: Warum sollte man zuerst Spalten auswählen, die man anschließend gleich wieder streicht? Sinnvoll ist -ExcludeProperty daher nur, wenn bei -Property Platzhalterzeichen eingesetzt werden.

Diese Zeile zeigt alle Eigenschaften an, in denen das Wort *Name* vorkommt, was bei Dateien fünf Eigenschaften ergibt:

```
PS> Get-ChildItem -Path $env:windir -File | Select-Object -Property *Name* -First 2

PSChildName   : AsCDProc.log
BaseName      : AsCDProc
Name          : AsCDProc.log
DirectoryName : C:\Windows
FullName      : C:\Windows\AsCDProc.log

PSChildName   : AsChkDev.txt
BaseName      : AsChkDev
Name          : AsChkDev.txt
DirectoryName : C:\Windows
FullName      : C:\Windows\AsChkDev.txt
```

Möchte man alle Eigenschaften bis auf PSChildName anzeigen, könnte man die unerwünschte Eigenschaft jetzt mit -ExcludeProperty entfernen:

```
PS> Get-ChildItem -Path $env:windir -File | Select-Object -Property *Name* -ExcludeProperty
PSChildName -First 2

BaseName      Name            DirectoryName     FullName
--------      ----            -------------     --------
AsCDProc      AsCDProc.log    C:\Windows        C:\Windows\AsCDPro...
AsChkDev      AsChkDev.txt    C:\Windows        C:\Windows\AsChkDe...
```

Besonders wichtig wird -ExcludeProperty, wenn Sie zur Auswahl der erwünschten Eigenschaften Platzhalterzeichen einsetzen *müssen*, weil Sie gar nicht wissen, wie die Eigenschaften heißen. Jetzt ist -ExcludeProperty der einzige Weg, unerwünschte Spalten auszublenden.

Greifen Sie zum Beispiel mit Get-ItemProperty auf Registrierungsdatenbankeinträge zu, entsprechen die Spalten den Registrierungswerten, und welche Registrierungsdatenbankwerte in einem Registrierungsschlüssel vorhanden sind, ist nicht immer bekannt (häufig ist es sogar genau die Fragestellung). Leider listet Get-ItemProperty aber nicht nur die Namen der Registrierungswerte auf, sondern zusätzlich fünf weitere Eigenschaften, die alle mit PS beginnen und von PowerShell künstlich hinzugefügt wurden:

```
PS> Get-ItemProperty -Path 'HKLM:\Software\Microsoft\Windows NT\CurrentVersion'

SystemRoot          : C:\Windows
SoftwareType        : System
RegisteredOwner     : tobias.weltner@email.de
```

```
InstallDate          : 1345056046
(…)
BuildGUID            : ffffffff-ffff-ffff-ffff-ffffffffffff
PathName             : C:\Windows
PSPath               : Microsoft.Power-
Shell.Core\Registry::HKEY_LOCAL_MACHINE\Software\Microsoft\Wi
                       ndows NT\CurrentVersion
PSParentPath         : Microsoft.Power-
Shell.Core\Registry::HKEY_LOCAL_MACHINE\Software\Microsoft\Wi
                       ndows NT
PSChildName          : CurrentVersion
PSDrive              : HKLM
PSProvider           : Microsoft.PowerShell.Core\Registry
```

Entweder blenden Sie alle Spalten aus, die mit PS beginnen (und hoffen darauf, dass kein anderer Registrierungsdatenbankwert mit diesen Zeichen beginnt), oder Sie benennen die fünf unerwünschten Eigenschaften:

```
PS> Get-ItemProperty -Path 'HKLM:\Software\Microsoft\Windows NT\CurrentVersion' | Select-Object
-Property * -ExcludeProperty PS*
PS> Get-ItemProperty -Path 'HKLM:\Software\Microsoft\Windows NT\CurrentVersion' | Select-Object
-Property * -ExcludeProperty PSPath, PSParentPath, PSChildName, PSDrive, PSProvider
```

Profitipp

Ergebnisse von Get-WmiObject enthalten neben den Detailinformationen allgemeine Informationen, die stets mit zwei aufeinanderfolgenden Unterstrichen (__) beginnen und bei allen WMI-Ergebnissen (Windows Verwaltungsinstrumentation) vorhanden sind. Select-Object unterstützt als Platzhalter auch Buchstabenbereiche, die alle Spalten ausschließen, die nicht mit diesen Buchstaben beginnen. Die folgende Zeile macht genau das und listet alle Netzwerkfreigaben auf:

```
PS> Get-WmiObject win32_Share | Select-Object -Property [a-z]*
```

```
PSComputerName   : W8PS
Status           : OK
Type             : 2147483648
Name             : ADMIN$
AccessMask       :
AllowMaximum     : True
Caption          : Remoteverwaltung
Description      : Remoteverwaltung
InstallDate      :
MaximumAllowed   :
Path             : C:\Windows
Scope            : System.Management.ManagementScope
Options          : System.Management.ObjectGetOptions
ClassPath        : \\W8PS\root\cimv2:Win32_Share
Properties       : {AccessMask, AllowMaximum, Caption, Description...}
SystemProperties : {__GENUS, __CLASS, __SUPERCLASS, __DYNASTY...}
Qualifiers       : {dynamic, Locale, provider, UUID}
Site             :
Container        :
(…)
```

Im Alltag wird man allerdings meist nur den kleineren Teil der verfügbaren Eigenschaften brauchen und diese deshalb lieber mit -Property benennen:

```
PS> Get-WmiObject -Class Win32_Share | Select-Object -Property Name, Description, Path

Name                        Description                 Path
----                        -----------                 ----
ADMIN$                      Remoteverwaltung            C:\Windows
C$                          Standardfreigabe            C:\
IPC$                        Remote-IPC
Users                                                   C:\Users
```

Weitere Informationen anfügen

Select-Object reagiert erstaunlich gelassen auf Tippfehler: Geben Sie eine Objekteigenschaft an, die das zugrunde liegende Objekt gar nicht besitzt, fügt Select-Object diese kurzerhand hinzu. Deshalb führen solche Tippfehler nicht zu Fehlermeldungen, sondern zu leeren Spalten:

```
PS> Get-Process | Select-Object -Property ID, Name, Deskription

    Id Name                    Deskription
    -- ----                    -----------
  2156 AppleMobileDeviceService
  5176 ApplicationFrameHost
  5008 audiodg
  2164 BtwRSupportService
(...)
```

Man kann also bequem weitere Informationen hinzufügen. Sinnvoll wird das indes erst, wenn man solchermaßen erweiterte Objekte anschließend mit Foreach-Object nachbearbeitet, um die noch leeren zusätzlichen Spalten mit Informationen zu füllen.

Das folgende Beispiel macht schon einmal deutlich, wie sich einer Prozessliste eine weitere Spalte namens ComputerName mit dem Computernamen hinzufügen lässt, von dem diese Informationen erhoben wurden:

```
PS> Get-Process |
  Select-Object -Property ID, Name, ComputerName |
  ForEach-Object {
    $_.ComputerName = $env:COMPUTERNAME
    $_
  }

    Id Name                    ComputerName
    -- ----                    ------------
  2156 AppleMobileDeviceService DELL1
  5176 ApplicationFrameHost    DELL1
  5008 audiodg                 DELL1
  2164 BtwRSupportService      DELL1
(...)
```

Ganz neue eigene Objekte sind auf diese Weise ebenfalls zu bekommen. So könnte man Informationen aus mehreren Quellen an einer Stelle konsolidieren. Die folgenden Zeilen liefern ein Objekt, das verschiedene Eckdaten Ihres Computers zusammenfasst:

```
$ergebnis = 1 | Select-Object -Property Name, BIOS, Datum
$ergebnis.Name = $env:COMPUTERNAME
$ergebnis.BIOS = Get-WmiObject -Class Win32_BIOS | Select-Object -ExpandProperty Version
$ergebnis.Datum = Get-Date

$ergebnis | Out-GridView -Title 'System-Informationen'
```

Listing 6.3: Eigenes Objekt erstellen und mit Informationen füllen.

Das neue Objekt entsteht, indem ein beliebiges Objekt – in diesem Fall die Zahl »1« – an Select-Object übergeben wird. Was dann geschieht, macht ganz besonders deutlich, wie Select-Object funktioniert:

- Zunächst legt Select-Object ein völlig neues leeres Objekt mit genau den Eigenschaften an, die mit dem Parameter -Property angefordert wurden

- Danach kopiert Select-Object die gleichnamigen Eigenschaften aus dem alten ins neue Objekt. Weil die Zahl 1 diese Eigenschaften offensichtlich nicht besitzt, bleiben alle neuen Eigenschaften leer. Select-Object liefert ein neues leeres Objekt mit den gewünschten Eigenschaften, die nun wie im Beispiel oben mit Informationen gefüllt werden können.

Hieraus wird deutlich, dass Select-Object auch dazu verwendet werden kann, Objekte zu »klonen«, also Kopien anzulegen. Kopien können aus verschiedenen Gründen wichtig sein.

Ein kopiertes Objekt kann zum Beispiel nach Lust und Laune geändert werden, während viele Originalobjekte schreibgeschützte Informationen enthalten.

-First, -Last und -Skip

Select-Object verfügt über weitere Parameter namens -First, -Last und -Skip. Brauchen Sie also beispielsweise nur die erste Information eines Befehls, verwenden Sie -First 1.

Die folgende Zeile sucht zum Beispiel rekursiv im gesamten Windows-Ordner nach der Datei *PowerShell.exe* und liefert den vollen Pfadnamen (FullPath) der ersten gefundenen Datei zurück:

```
PS> Get-ChildItem -Path c:\windows -Filter PowerShell.exe -ErrorAction SilentlyContinue -Recurse |
Select-Object -ExpandProperty FullName -First 1

C:\windows\System32\WindowsPowerShell\v1.0\PowerShell.exe
```

Der Parameter -First tut hier mehr, als zunächst gedacht: Sobald die gewünschte Anzahl von Ergebnissen vorliegt (in diesem Beispiel also 1), informiert Select-Object die vorherigen Cmdlets und fordert sie auf, die Arbeit einzustellen. Get-ChildItem stoppt daraufhin die weitere rekursive Suche im Windows-Ordner, die andernfalls noch viele Sekunden länger dauern könnte. Wollen Sie diese Optimierung ausnahmsweise abschalten, müssten Sie zusätzlich den Parameter -Wait angeben.

Tipp

Wissen Sie schon vorher, wie viele Ergebnisse Sie von einem Befehl maximal erwarten, fügen Sie ein Select-Object -First x an und ersetzen x durch die gewünschte Anzahl. So ist sichergestellt, dass die Pipeline sofort beendet wird, wenn diese Anzahl erreicht ist.

Mit -Skip können zudem die ersten x Ergebnisse ausgelassen werden. Das ist enorm praktisch, um beispielsweise die Spaltenüberschriften einer kommaseparierten Liste zu entfernen:

```
PS> systeminfo /FO CSV | Select-Object -Skip 1
```

Geliefert werden nun nur noch die eigentlichen kommaseparierten Daten, die man jetzt an eine vorhandene CSV-Datei anhängen könnte. Mit etwas Fantasie (und dem Operator -split) lassen sich die Einzelinformationen aber auch aufbrechen. Das Ergebnis ist eine Liste der Einzelinformationen, und weil bekannt ist, in welcher Reihenfolge der Befehl diese Informationen liefert, kann man nun gezielt (und sprachunabhängig) auf eine bestimmte Information zugreifen:

```
$infos = systeminfo.exe /FO CSV | Select-Object -Skip 1
$einzelinfos = $infos -split '","'
$betriebssystem, $architektur = $einzelinfos[1,13]
"Sie betreiben $betriebssystem auf $architektur"
```

Listing 6.4: Betriebssysteminformationen erfragen.

Das Ergebnis könnte dann so aussehen:

```
Sie betreiben Microsoft Windows 10 Pro auf x64-based PC
```

Unsichtbare Eigenschaften sichtbar machen

Wer den Filmklassiker »Die Matrix« kennt, erinnert sich an die Schlüsselszene: Der Protagonist Neo muss sich entscheiden: Die blaue Pille bringt ihn zurück in sein bisheriges Leben, das sich nur in einer postapokalyptischen Scheinwelt abspielt, und alles bleibt, wie es bisher für ihn verlaufen ist, oder er schluckt die rote Pille. Damit wird er die Wahrheit erfahren und in neue Welten vordringen.

PowerShell befindet sich normalerweise in der postapokalyptischen Scheinwelt der »blauen Pille«, die durch das ETS simuliert wird: Die Ergebnisse der Cmdlets erscheinen als Text, und das ETS legt fest, welche Spalten angezeigt werden, wie breit diese sind und wie die Spalten heißen.

Inzwischen kennen Sie aber auch die rote Pille, die Sie schlucken können, um die wahre Objektnatur sichtbar zu machen:

```
PS> Select-Object -Property *
```

Möchten Sie mit Select-Object einen Überblick darüber bekommen, welche Informationen in den Ergebnissen eines Befehls schlummern – ohne jedoch jedes einzelne Ergebnis in epischer Informationsbreite auszugeben –, hängen Sie Select-Object * -First 1 an den Befehl an.

Diese Zeile zeigt also exemplarisch am ersten gelieferten Prozess, welche Informationen typischerweise in Prozess-Objekten vorkommen:

```
PS> Get-Process | Select-Object -Property * -First 1


__NounName        : Process
Name              : AppleMobileDeviceService
Handles           : 185
VM                : 109256704
WS                : 3674112
PM                : 3358720
NPM               : 19680
```

```
Path                    :
Company                 :
CPU                     :
(...)
```

Profitipp

Mit Get-Member kann man die Untersuchung von Objekten komplettieren. Während Ihnen Select-Object exemplarisch tatsächlich vorkommende Informationen in einem konkreten Objekt veranschaulichen, liefert Get-Member den theoretischen Hintergrund dazu. Es zeigt, wie die Objekteigenschaften heißen, und liefert dazu auch den Datentyp sowie die Antwort auf die Frage, ob eine Eigenschaft nur lesbar ist (get;) oder auch verändert werden darf (get;set;).

Get-Member macht neben den Eigenschaften auch die Methoden (Befehle) und Events (Ereignisse) sichtbar, die in Objekten vorkommen können. Die folgende Zeile zeigt an, welche Ergebnisse Get-Process liefert und wie diese Ergebnisobjekte aufgebaut sind:

```
PS> Get-Process | Get-Member


    TypeName: System.Diagnostics.Process

Name                    MemberType      Definition
----                    ----------      ----------
Handles                 AliasProperty   Handles = Handlecount
Name                    AliasProperty   Name = ProcessName
NPM                     AliasProperty   NPM = NonpagedSystemMemorySize64
PM                      AliasProperty   PM = PagedMemorySize64
VM                      AliasProperty   VM = VirtualMemorySize64
WS                      AliasProperty   WS = WorkingSet64
(...)
Exited                  Event           System.EventHandler Exited(System....
(...)
CloseMainWindow         Method          bool CloseMainWindow()
Kill                    Method          void Kill()
(...)
ToString                Method          string ToString()
WaitForExit             Method          bool WaitForExit(int milliseconds)...
WaitForInputIdle        Method          bool WaitForInputIdle(int millisec...
NounName                NoteProperty    string __NounName=Process
BasePriority            Property        int BasePriority {get;}
Container               Property        System.ComponentModel.IContainer C...
EnableRaisingEvents     Property        bool EnableRaisingEvents {get;set;}
ExitCode                Property        int ExitCode {get;}
ExitTime                Property        datetime ExitTime {get;}
Handle                  Property        System.IntPtr Handle {get;}
HandleCount             Property        int HandleCount {get;}
HasExited               Property        bool HasExited {get;}
Id                      Property        int Id {get;}
(...)
```

Da Methoden und Events noch gar nicht behandelt wurden, konzentrieren Sie sich am besten zunächst nur auf die Eigenschaften, zum Beispiel so:

```
Get-Process |
  Get-Member -MemberType *Property |
  Out-GridView
```

Sonderfall -ExpandProperty

Möchten Sie nur eine einzige Information eines Objekts auslesen, kann Ihnen Select-Object das natürlich auch bieten. Geben Sie eben nur einen Eigenschaftennamen an.

Diese Zeile liefert beispielsweise die Version Ihrer PowerShell:

```
PS> # die Variable $host enthält Infos zu Ihrer PowerShell:
PS> $host


Name           : Windows PowerShell ISE Host
Version        : 5.0.10240.16384
InstanceId     : a7565b6e-f85f-492c-a154-a3d0f3ed1408
UI             : System.Management.Automation.Internal.Host.InternalHostUserI
                 nterface
CurrentCulture : de-DE
CurrentUICulture : de-DE
PrivateData    : Microsoft.PowerShell.Host.ISE.ISEOptions
DebuggerEnabled : True
IsRunspacePushed : False
Runspace       : System.Management.Automation.Runspaces.LocalRunspace

PS> # nur die Eigenschaft 'Version' ausgeben:
PS> $host | Select-Object -Property Version


Version
-------
5.0.10240.16384
```

Allerdings ist dieses Vorgehen oft nur semiclever, denn wenn Sie sowieso bloß eine Information benötigen, brauchen Sie eigentlich überhaupt keine Spaltenüberschriften mehr. Diese helfen ja nur, mehrere Informationen voneinander abzugrenzen.

Deshalb gilt die Faustregel: »Wenn Sie nur eine Information auswählen, verwenden Sie bei Select-Object den Parameter -ExpandProperty anstelle von -Property«. ExpandProperty packt also den Inhalt einer Spalte aus und arbeitet mit diesem Inhalt weiter. Schauen Sie mal, was geschieht, wenn Sie diese Faustregel beherzigen:

```
PS> # ohne Faustregel:
PS> $host | Select-Object -Property Version


Version
-------
5.0.10240.16384

PS> # mit Faustregel: -ExpandProperty anstelle von -Property
PS> $host | Select-Object -ExpandProperty Version


Major  Minor  Build  Revision
-----  -----  -----  --------
5      0      10240  16384
```

Hätten Sie das erwartet?

Die Eigenschaft Version enthält also wiederum ein Objekt, und wenn Sie es mit -ExpandProperty aus seiner Spalte befreien, wird es nicht länger als Text repräsentiert, sondern kann sich seiner Natur gemäß entfalten. Version enthält eine Versionsnummer, die nun ihre Eigenschaften Major, Minor, Build und Revision anzeigen kann.

Genau genommen ist auch hier wieder das ETS am Werk: Es wandelt die Objektinformation in eine Textform um. Schauen Sie sich die Umwandlung genauer an, einmal ohne und einmal mit ETS:

```
PS> # aktuelle PowerShell-Version bestimmen und in $version speichern:
PS> $version = $host | Select-Object -ExpandProperty Version

PS> # in Text "eingesperrtes" Objekt wird als einzeiliger Text repräsentiert:
PS> "$version"
5.0.10240.16384

PS> # "befreites" Objekt wird von ETS mit seinen Objekteigenschaften dargestellt
PS> $version

Major  Minor  Build  Revision
-----  -----  -----  --------
5      0      10240  16384
```

Tipp

Das gestaltlose Objekt, das sich in **Version** verbirgt, kann aber wiederum auch mit **Select-Object** abgefragt werden. Möchten Sie wirklich alle seine Informationen sehen? Bitte sehr:

```
PS> $host | Select-Object -ExpandProperty Version | Select-Object -Property *

Major        : 5
Minor        : 0
Build        : 10240
Revision     : 16384
MajorRevision : 0
MinorRevision : 16384
```

Anfangs wirkt das vielleicht ein wenig verwirrend. Entscheidend für ein Cmdlet ist aber lediglich, was der Vorgängerbefehl liefert. **$host** liefert die Grundinformationen. Das erste **Select-Object** liefert den Inhalt aus der Eigenschaft **Version** (eine Versionsnummer). Und das zweite **Select-Object** macht sämtliche seiner Eigenschaften sichtbar.

Wären Sie ausschließlich an der Hauptversion Ihrer PowerShell interessiert, könnten Sie das auch so formulieren:

```
PS> $host | Select-Object -ExpandProperty Version | Select-Object -ExpandProperty Major
5
```

Oder so:

```
PS> $v = $host | Select-Object -ExpandProperty Version | Select-Object -ExpandProperty Major
PS> "Meine PowerShell-Version ist $v"
```

Ergebnis:

```
Meine PowerShell-Version ist 5
```

237

Besonders clever wäre dieser Code aber nicht. `Select-Object` ist nur ein Weg, um an Informationen eines Objekts zu gelangen. Es ist der Pipeline-Weg, der sich das Streaming zunutze macht, also besonders speicherschonend ist. Wenn die Informationen ohnehin bereits in einer Variablen wie `$host` vorliegen, ergibt er wenig Sinn. Hier ist die Punktschreibweise viel effizienter:

```
PS> $v = $Host.Version.Major
PS> "Meine PowerShell-Version ist $v
```

So rüsten Sie übrigens ganz leicht einen praktischen Befehlshistory-Viewer nach. `Get-History` liefert normalerweise die zuletzt eingegebenen Befehle in mehreren Spalten, wobei der eigentlich interessante Befehl in der Spalte `CommandLine` steht. Um also aus sämtlichen Befehlen, die Sie in der aktuellen PowerShell-Sitzung eingegeben haben, ein Skript zu basteln, genügt diese Zeile:

```
PS> Get-History | Select-Object -ExpandProperty CommandLine | Clip
```

Alle Befehle befinden sich jetzt in der Zwischenablage und können von dort zum Beispiel in den ISE-Editor eingefügt werden. Streicht man ein paar Zeilen, beispielsweise Fehlschläge, und behält nur die »guten Zeilen«, wird so aus einer kleinen interaktiven Praxissitzung in der Konsole vielleicht ein brauchbares Skript. Aber es geht sogar noch viel mehr, jedenfalls in PowerShell 3.0 (in PowerShell 2.0 war `Out-GridView` noch nicht flexibel genug und unterstützt weder `-Title` noch `-PassThru`):

```
Get-History | Select-Object -ExpandProperty CommandLine | Out-GridView -Title 'Wählen Sie einen Befehl!' -PassThru | clip
```

Hier werden alle bisher eingegebenen Befehle im GridView angezeigt. Sie können sich eine oder mehrere Zeilen ([Strg] beim Klicken gedrückt halten) aussuchen und dann im GridView auf *OK* klicken (Abbildung 6.4). Diese Zeilen werden dann wie eben in die Zwischenablage kopiert, sodass Sie eine ausgezeichnete Vorauswahl treffen können.

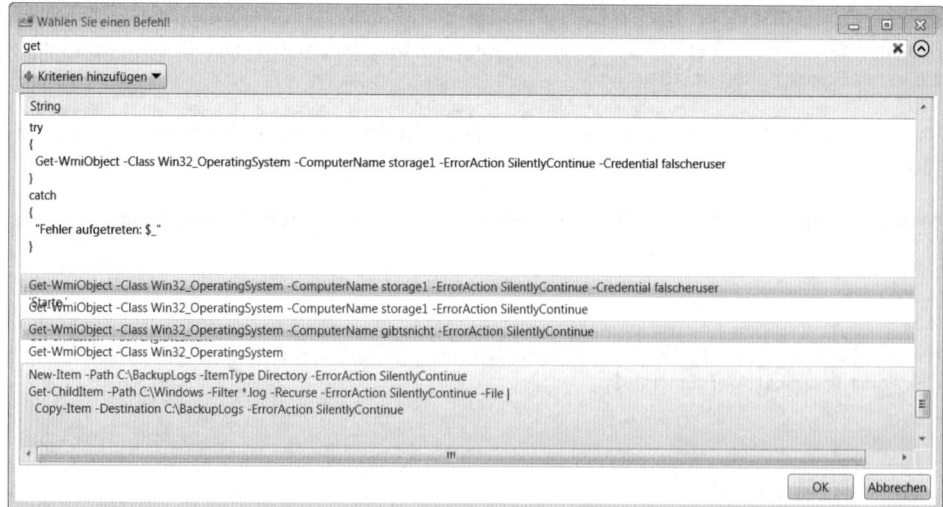

Abbildung 6.4: Ausgewählte Befehle aus der Historie direkt in den ISE-Editor einfügen.

Sie können mit dem Textfeld am oberen Rand des GridView übrigens die Befehlszeilen bequem nach einem Schlüsselwort filtern. In Abbildung 6.4 werden zum Beispiel nur Befehlszeilen angezeigt, die das Wort Get enthalten. Den Vogel aber schießt die folgende Funktion ab: Add-FromHistory (zumindest im ISE-Editor ab PowerShell 3.0). Mit dem Befehl Add-FromHistory bzw. dem Alias afh öffnet sich ein GridView, aus dem Sie Befehlszeilen auswählen können. Was Sie darin auswählen, wird sofort im ISE-Editor an der aktuellen Position der Einfügemarke in Ihren Skriptbereich eingefügt.

```
function Add-FromHistory
{
    $command = Get-History |
      Sort-Object -Property CommandLine -Unique |
      Sort-Object -Property ID -Descending |
      Select-Object -ExpandProperty CommandLine |
      Out-GridView -Title 'Wählen Sie einen Befehl!' -PassThru |
      Out-String

    $psISE.CurrentFile.Editor.InsertText($command)
}

try
{
$null = $pSISE.CurrentPowerShellTab.AddOnsMenu.Submenus.Add('Aus Befehlshistorie einfügen',
{Add-FromHistory},
'SHIFT+ALT+H')
} catch {}
Set-Alias -Name afh -Value Add-FromHistory -ErrorAction SilentlyContinue
```

Listing 6.5: Das Skript Add-FromHistory.ps1.

Der neue Befehl Add-FromHistory befindet sich in der ISE nun sogar im Menü *Add-Ons/Aus Befehlshistorie* einfügen und kann über ⟨⇧⟩+⟨Alt⟩+⟨H⟩ jederzeit aufgerufen werden. Mehr zum Fehlerhandling (try…catch) erfahren Sie in Kapitel 9, und wie Erweiterungen für den ISE-Editor programmiert werden und was sich hinter der Variablen $psISE verbirgt, ist Thema von Kapitel 28.

Mit der Punktschreibweise auf Einzelinformationen zugreifen

Select-Object ist wie alle Pipeline-Cmdlets ein Streaming-Cmdlet. Es soll also in Echtzeit aus einem Strom von Objekten die benötigten Informationen herauspicken.

Wenn Sie die Informationen indes bereits besitzen, zum Beispiel gespeichert in einer Variablen, steht neben dem Streaming-Mechanismus eine zweite Alternative zur Verfügung, die einfacher und schneller ist: die Punktschreibweise.

Die beiden folgenden Zeilen liefern Ihnen jeweils genau dieselbe Information, nämlich Ihre aktuelle PowerShell-Version. Die erste Zeile nutzt dazu den Streaming-Mechanismus und Select-Object. Die zweite Zeile greift mit der Punktschreibweise direkt auf die Einzelinformationen zu:

```
PS> $host | Select-Object -ExpandProperty Version | Select-Object -ExpandProperty Major
5

PS> $host.Version.Major
5
```

Die zweite Variante ist viel kürzer und lesbarer, jedenfalls dann, wenn man sich klarmacht, dass jeder Punkt genau das »sieht«, was der Befehl bis zu diesem Punkt bereits geliefert hat:

```
PS> $host.Version

Major  Minor  Build  Revision
-----  -----  -----  --------
5      0      10240  16384

PS> $host.Version.Major
5
```

Einschränkungen der Punktschreibweise

Die Punktschreibweise ist zwar schön kurz, aber auch wesentlich limitierter als Select-Object. Sie kann stets nur eine einzige Objekteigenschaft lesen. Während Select-Object mit Leichtigkeit für beliebig viele Objekte die benötigten Informationen aus einem Ergebnisstream herausliest und in Echtzeit anzeigt ...

```
Get-ChildItem -Path c:\windows -File | Select-Object -Property Length, FullName
```

... setzt die Punktschreibweise voraus, dass sich die Ergebnisse allesamt bereits in einer Variablen befinden (was Zeit und Speicherplatz kostet), und kann aus dieser Variabler immer nur Einzelwerte auslesen:

```
$listing = Get-ChildItem -Path c:\windows –File
$listing.FullName
$listing.Length
```

Weitere Verwirrung entsteht, wenn die Variable nicht nur ein Objekt enthält, sondern viele. Im letzten Beispiel enthält die Variable $listing alle Dateien aus dem Windows-Ordner. Fragt man mit der Punktschreibweise die Eigenschaft FullName ab, werden alle Dateinamen geliefert, aber bei Length nicht die Dateigrößen aller Dateien. Length liefert stattdessen die Anzahl der Dateien zurück.

```
PS> $listing.FullName
C:\windows\bfsvc.exe
C:\windows\bootstat.dat
C:\windows\comsetup.log
(...)
C:\windows\WMSysPr9.prx
C:\windows\write.exe

PS> $listing.Length
32
```

Die Antwort für dieses Phänomen: Immer wenn eine Variable mehr als einen Wert enthält, ist es ein sogenanntes Array. Mit der Punktschreibweise greifen Sie also zunächst auf das Array zu, nicht auf seinen Inhalt. Das können Sie sogar sehen, indem Sie in der ISE hinter $listing einen Punkt eingeben. Sofern $listing tatsächlich mit Werten gefüllt ist, öffnet sich ein Intelli-Sense-Menü. Darin finden Sie die Eigenschaft Length, die angibt, wie viele Werte das Array enthält. Genau diese Information hat die Punktschreibweise eben gerade auch geliefert.

In der Liste fehlt indes die Eigenschaft FullName. Diese Eigenschaft gibt es nicht bei Arrays. Es ist eine Eigenschaft einer Datei, findet sich also im Inhalt des Arrays. Auch das kann man in der ISE sichtbar machen: Greifen Sie mit eckigen Klammern auf ein Array-Element zu oder verwenden Sie Select-Object mit dem Parameter -First. Wenn Sie nun einen Punkt eingeben, erscheinen im IntelliSense-Menü die Eigenschaften der Dateien, darunter auch FullName:

```
PS> # aus Ergebnisliste NUR EIN Ergebnis auswählen:
PS> $listing[0].    # <- hier erscheint das IntelliSense-Menü

PS> # NUR EIN Ergebnis auswählen:
PS> $erstes = $listing | Select-Object -First 1
PS> $erstes.        # <- hier erscheint das IntelliSense-Menü
```

Wie ETS Objekte in Text verwandelt

Die automatische Umwandlung von Objekt in Text, die das ETS in PowerShell hinter den Kulissen beinahe ständig für Sie leistet, funktioniert wundervoll – jedenfalls meistens. Mitunter sieht das Ergebnis des ETS aber auch sonderbar aus oder wirft Fragen auf. Deshalb sollten Sie genauer verstehen, was dabei passiert – und wieso.

Spaltenbreiten und Bündigkeit

Wählen Sie mit Select-Object nur wenige Spalten aus, kann das Ergebnis sonderbar aussehen oder sogar ganz fehlen. Führen Sie dazu testweise einmal die beiden folgenden Befehle aus:

```
PS> Get-Process | Select-Object -Property Name, Id

PS> Get-Process | Select-Object -Property Id
```

In PowerShell 5 sieht das Ergebnis wie erwartet aus. In älteren PowerShell-Versionen kann es dagegen recht derangiert wirken. Im ersten Beispiel findet sich die Spalte Name am äußersten linken Bildschirmrand und die Spalte Id am äußersten rechten. Das zweite Beispiel rückt die Spalte Id ganz nach rechts, und unter Umständen verschwindet diese Spalte sogar ganz (falls eine horizontale Verschiebeleiste sichtbar ist).

Warum das geschieht (und wieso es in PowerShell 5 nicht mehr passiert), liegt am ETS, das die Objekte in Text umwandelt. Das ETS arbeitet genau wie die PowerShell in Echtzeit: Sobald also die Pipeline das erste Ergebnis produziert, wird es auch schon in der Konsole in Text verwandelt. Das ETS weiß also zu diesem Zeitpunkt nicht, ob und wie viele weitere Ergebnisse folgen, und wie viel Inhalt die noch folgenden Spalten liefern.

Deshalb teilt das ETS die Spalten paritätisch über die gesamte Breite der Konsole auf. Bei zwei Spalten erhält jede 50 % und bei nur einer Spalte sogar 100 %. Alphanumerische Inhalte (wie Text) werden dabei immer linksbündig formatiert, numerische Inhalte rechtsbündig. Das erklärt, warum die Spalte Id ganz an den rechten Bildschirmrand gedrängt wird, wenn Sie nur diese Spalte auswählen.

Das ETS in PowerShell 5 ist cleverer – es gibt die ersten Ergebnisse nicht sofort aus, sondern speichert für einige Hundert Millisekunden alle Ergebnisse. Dann ermittelt es die optimale Spaltenbreite für diese Ergebnisse und formatiert dadurch die Ausgaben in den meisten Fällen sehr viel lesbarer.

Auch ältere PowerShell-Versionen können die Spaltenbreiten optimieren: Dazu leitet man die Ergebnisse an Format-Table weiter:

```
# Workaround für PowerShell Version 1,2,3,4:

Get-Process |
```

```
Select-Object -Property Name, Id |
Format-Table -AutoSize

Get-Process |
  Select-Object -Property Id |
  Format-Table -AutoSize
```

Listing 6.6: Spaltenbreiten automatisch optimieren.

Jetzt liefert das ETS zwar die gleichen optimierten Spalten wie in PowerShell 5, doch bezahlen Sie dies anders als in PowerShell 5 mit teils erheblichen Nebenwirkungen:

- `Format-Table` wartet anders als PowerShell 5 nicht nur ein paar Hundert Millisekunden, sondern sammelt zuerst sämtliche Ergebnisse. Das kann im Einzelfall sehr viel Speicherplatz und Zeit kosten. Sie sehen Ergebnisse also erst, wenn der zugrunde liegende Befehl komplett beendet ist.

- Außerdem verändert `Format-Table` die Originalobjekte. Sie können nun nur noch an die Konsole ausgegeben oder an `Out-File`, `Out-String` oder `Out-Printer` weitergeleitet werden.

Versuchen Sie, das Ergebnis von `Format-*`-Cmdlets an andere Cmdlets weiterzureichen, verursacht das einen Fehler:

```
PS> Get-Process | Select-Object -Property Name, Id | Format-Table -AutoSize | Out-GridView

Out-GridView : Das Datenformat wird von "Out-GridView" nicht unterstützt.
In Zeile:4 Zeichen:3
+   Out-GridView
+   ~~~~~~~~~~~~
    + CategoryInfo          : InvalidType: (:) [Out-GridView], FormatException
    + FullyQualifiedErrorId : DataNotQualifiedForGridView,Microsoft.PowerShell
    .Commands.OutGridViewCommand
```

Verschwundene Spalten

Mitunter können Ihnen in PowerShell-Ausgaben ganze Ergebnisspalten abhandenkommen – jedenfalls dann, wenn Sie unterschiedliche Objekttypen ausgeben. Verantwortlich ist auch hier das ETS, wie Sie gleich erkennen werden. Zunächst der Casus knacksus:

```
Get-Service | Select-Object -Property Name, DisplayName, Status
Get-Process | Select-Object -Property Company, Name, Description
```

Werden diese beiden Zeilen in einem Aufwasch gestartet, erscheinen die Informationen zu den Diensten wie gewünscht. Bei den Prozessen wird allerdings nur der Name geliefert. Die Spalten `Company` und `Description` fehlen.

Werden die beiden Zeilen einzeln für sich ausgeführt, ist alles in Ordnung. Und das gibt einen Hinweis auf die Ursache: Wenn das ETS Objekte empfängt, wandelt es diese in Echtzeit in lesbaren Text um. Das erste empfangene Objekt bestimmt, welche Spaltenüberschriften das ETS ausgibt. Alle folgenden Objekte werden mit diesen Spalten dargestellt.

Das ETS empfängt im Beispiel also zuerst Dienst-Objekte und gibt wie gewünscht die Spalten `Name`, `DisplayName` und `Status` aus. Die folgenden Dienste zeigen in diesen drei Spalten die betreffenden Informationen an.

Dann folgen plötzlich ganz andere Objekte, nämlich Prozess-Objekte, die `Get-Process` geliefert hat. Die Spalten kann ETS jetzt nicht mehr ändern, sodass sich auch die Prozess-Objekte in die vorhandene Tabelle eingliedern müssen. Prozess-Objekte enthalten aber nur die Spalte `Name`.

Die Spalten DisplayName und Status besitzen sie nicht, und die Ausgabetabelle wiederum besitzt die Spalten Company und Description nicht. Deshalb können nur die Prozessnamen angezeigt werden. Noch sonderbarer wäre das Ergebnis, wenn die Objekte gar keine Übereinstimmungen mit den Tabellenspalten aufwiesen, denn dann würden lauter leere Zeilen ausgegeben.

Die Moral dieser Geschichte lautet: Geben Sie in PowerShell möglichst nie vollkommen unterschiedliche Objekte aus. Ist es zwingend notwendig, senden Sie jeden Objekttyp einzeln zum gewünschten Ausgabeziel, denn so zwingen Sie das ETS, sich auf die Objekte jeweils neu einzustellen:

```
Get-Service |
    Select-Object -Property Name, DisplayName, Status |
    Out-Default

Get-Process |
    Select-Object -Property Company, Name, Description |
    Out-Default
```

Listing 6.7: Verschiedene Objekttypen nacheinander in unterschiedlicher Weise formatieren.

Where-Object

Zwar konnte Select-Object mit den Parametern -First, -Last, -Skip und -Index die Ergebnisse eines Befehls filtern, aber die Filterung orientierte sich ausschließlich an der *Position* des Ergebnisses und nicht an dessen *Inhalt*. Viel häufiger möchte man die Ergebnisse nach dem Inhalt filtern, und hierfür ist Where-Object zuständig. Es ist das zweitwichtigste Cmdlet in der Pipeline.

Where-Object: stets nur zweite Wahl

Bevor Sie Where-Object einsetzen, sollten Sie stets erst mal versuchen, seinen Einsatz zu vermeiden. Das ist oft möglich, wenn die vorausgehenden Cmdlets, die die eigentlichen Daten liefern, schon passende Filterparameter anbieten.

Die folgenden Zeilenpaare liefern jeweils das gleiche Resultat:

```
PS> Get-ChildItem -Path $env:windir -Filter *.txt
PS> Get-ChildItem -Path $env:windir | Where Extension -eq .txt
PS> Get-Alias -Definition Get-ChildItem
PS> Get-Alias | Where Definition -eq Get-ChildItem
PS> Get-Command -Noun Service
PS> Get-Command | Where Noun -eq Service
```

Die erste Variante (ohne Where-Object) ist nicht nur kürzer, sondern teilweise auch erheblich schneller – insbesondere wenn die Daten nicht wie hier lokal erhoben werden, sondern remote über das Netzwerk reisen müssen. Die beiden Varianten unterscheiden sich in der Art der Filterung:

- **Serverseitig (schnell):** Im jeweils ersten Fall ruft das Cmdlet von vornherein nur die notwendigen Informationen ab.

- **Clientseitig (langsam):** Im jeweils zweiten Fall muss das vorausgehende Cmdlet zuerst sämtliche Daten beschaffen, und erst danach sortiert Where-Object die unerwünschten Ergebnissätze aus.

Clientseitiger Universalfilter

Where-Object ist ein enorm praktischer Universalfilter, der immer dann eingesetzt wird, wenn der Datenlieferant selbst keine passenden Parameter zur Filterung anbietet. Dazu teilen Sie Where-Object mit, welches Kriterium die Daten erfüllen müssen.

Sie wählen also eine Spalte aus, deren Inhalt die Grundlage bilden soll, und greifen dann zu einem Vergleichsoperator. In ISE steht Ihnen dafür mit `Strg`+`Leertaste` sogar IntelliSense zur Verfügung (Abbildung 6.5), in der klassischen Konsole zumindest die Autovervollständigung über `⇥`:

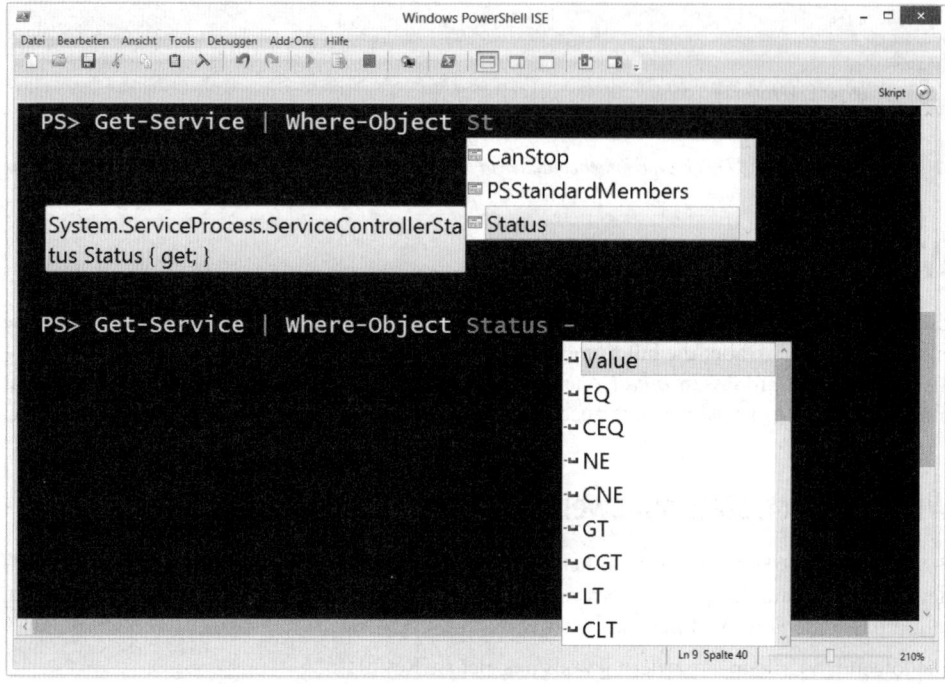

Abbildung 6.5: Autovervollständigung für Spaltennamen und Vergleichsoperatoren.

Diese Zeile listet alle Dienste auf, die aktuell gestoppt sind:

```
PS> Get-Service | Where-Object Status -eq Stopped
```

Und diese Zeile findet alle Dateien im Windows-Ordner, die größer sind als 1 MB:

```
PS> Get-ChildItem -Path $env:windir -File | Where-Object Length -gt 1MB
```

Where-Object prüft also für jedes Ergebnisobjekt, ob in der angegebenen Spalte der erwartete Inhalt steht. Das, was Sie hinter Where-Object angeben, ist also eine Bedingung. Ist sie erfüllt, darf das Objekt passieren, andernfalls wird es herausgefiltert.

Hinweis

Bedingungen verwenden Vergleichsoperatoren, die bestimmen, ob das Kriterium erfüllt ist oder nicht. Vergleichsoperatoren beginnen bei PowerShell immer mit einem Bindestrich. Dahinter folgt als Abkürzung, was der Operator vergleichen soll. `-lt` steht für `lower than`, also *kleiner als*. `-eq` prüft auf Gleichheit (*equal*), und `-gt` steht für *greater than*, also *größer als*. Die vollständige Übersicht über alle Vergleichsoperatoren liefert Kapitel 7 und natürlich die Hilfe:

```
PS> Get-Help -Name comparison -ShowWindow
```

Warum verwendet PowerShell eigentlich nicht die üblichen Vergleichsoperatoren =, > oder <? Dies liegt daran, dass diese Sonderzeichen schon anderweitig in Gebrauch sind: > und < stehen in der Konsole für Ein- und Ausgabeumleitungen (Redirection). Hier eine Ausgabeumleitung:

```
PS> Get-Process > $env:TEMP\ausgabe.txt
PS> Get-Service >> $env:TEMP\ausgabe.txt
PS> Invoke-Item -Path $env:TEMP\ausgabe.txt
```

Leere Elemente aussortieren

Ein beliebtes Einsatzgebiet von `Where-Object` ist, leere Elemente auszusortieren. Zum Beispiel liefert `Get-Process` sämtliche laufenden Prozesse. Nur echte Windows-Anwendungen besitzen ein Fenster, weswegen die Spalte `MainWindowTitle` auch nur bei diesen einen Inhalt hat. Dank `Where-Object` können Sie das folgende Problem meistern:

Erstellen Sie eine Liste der laufenden Windows-Anwendungen.

`Get-Process` liefert alle Prozesse, und `Where-Object` kann diejenigen aussortieren, bei denen `MainWindowTitle` leer ist. Das Ergebnis sind die gesuchten laufenden Windows-Anwendungen:

```
PS> Get-Process | Where-Object MainWindowTitle
```

Interessant, oder? Diesmal findet sich in der Bedingung hinter `Where-Object` überhaupt kein Vergleichsoperator. Wenn Sie nur prüfen wollen, ob eine Spalte „irgendwas" enthält, genügt es, lediglich den Spaltennamen anzugeben, der „irgendwas" enthalten soll. Die nächste Zeile liefert nur Prozesse, deren Hersteller angegeben ist:

```
PS> Get-Process | Where-Object Company | Select-Object -Property Name, Description, Company
```

Auch diese Zeile ist spannend:

```
PS> Get-WmiObject -Class Win32_NetworkAdapterConfiguration | Where-Object IPAddress
```

Sie ruft vom WMI-Dienst nur die Netzwerkkarteneinstellungen ab, bei denen eine IP-Adresse zugewiesen ist. Probieren Sie die Zeile einmal ohne `Where-Object` aus, und Sie werden erkennen, wie wertvoll es ist, mit `Where-Object` überflüssige Ergebnisse zu streichen.

Fortgeschrittene Syntax bietet noch mehr Möglichkeiten

Bis jetzt haben Sie Where-Object mit der vereinfachten Syntax eingesetzt, die aber erst ab Power-Shell 3 unterstützt wird.

Die klassische Syntax bietet deutlich mehr Filtermöglichkeiten und funktioniert in allen PowerShell-Versionen. Bei der klassischen Syntax übergibt man Where-Object einen Skriptblock, also ein Stück PowerShell-Code. Where-Object führt diesen Code dann für jedes Ergebnisobjekt aus und prüft, ob der Code $true oder $false ergibt. Ist das Ergebnis $true, darf das Objekt durch die Pipeline. Andernfalls wird es herausgefiltert.

Innerhalb des Skriptblocks repräsentiert die besondere Variable $_ das gerade zu untersuchende Objekt. Zur Veranschaulichung finden Sie wieder jeweils zwei Zeilen, die genau dasselbe verrichten – einmal in der neuen vereinfachten Syntax und danach in der klassischen abwärtskompatiblen Schreibweise:

```
PS> Get-Service | Where-Object Status -eq Stopped
PS> Get-Service | Where-Object { $_.Status -eq 'Stopped' }
PS> Get-ChildItem -Path $env:windir -File | Where-Object Length -gt 1MB
PS> Get-ChildItem -Path $env:windir -File | Where-Object { $_.Length -gt 1MB }
```

Eigentlich sind die Unterschiede gar nicht dramatisch:

- Die Bedingung wird in geschweiften Klammern in einen Skriptblock verpackt.
- Vor den Spaltennamen, der ausgewertet werden soll, wird die Zeichenfolge $_. gestellt.
- Alle Texte (wie zum Beispiel Stopped bei der Filterung der Dienste) müssen in Anführungszeichen gesetzt werden.

Wenn Sie sich damit anfreunden können, wird Ihr Code nicht nur abwärtskompatibel, sondern auch vielseitiger. Sie dürfen jetzt mehrere Bedingungen auf einmal angeben und können diese mit logischen Operatoren wie -and, -or und -not verknüpfen. Die nächste Zeile findet alle Bilddateien mit der Endung *.bmp* oder *.jpg*:

```
PS> Get-ChildItem -Path $env:windir -File -Recurse -ErrorAction SilentlyContinue |
Where-Object { $_.Extension -eq '.bmp' -or $_.Extension -eq '.jpg' }
```

In der vereinfachten Syntax sind lediglich logische Und-Verknüpfungen möglich, indem mehrere Where-Object-Anweisungen hintereinandergestellt werden. Eine Oder-Verknüpfung ist mit der vereinfachten Syntax dagegen nicht vorgesehen. Diese Anweisung liefert nur Prozesse, die eine Firmenangabe und eine Beschreibung haben (Abbildung 6.6):

```
PS> Get-Process | Where-Object Company | Where-Object Description | Select-Object Name, Company,
Description
```

Natürlich könnten die Ergebnisse wie immer über Out-GridView auch als Dialogfeld angezeigt und dann sogar durch Eingabe von Stichwörtern ins Textfeld durchsucht werden:

```
PS> Get-Process | Where-Object Company | Where-Object Description | Select-Object Name, Company,
Description | Out-GridView -Title Prozessliste
```

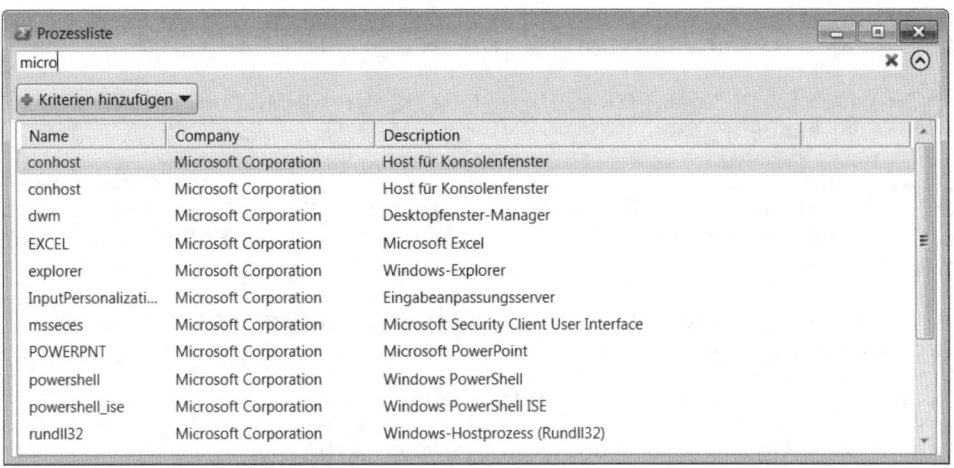

Abbildung 6.6: Alle Microsoft-Prozesse mit einer kurzen Funktionsbeschreibung als Extrafenster anzeigen.

Die folgende Zeile schließlich sucht nach potenziellen Problemdiensten, also Diensten, die normalerweise automatisch starten, aber nicht (mehr) laufen:

```
PS> Get-WmiObject Win32_Service | Where-Object Started -eq $false | Where-Object StartMode -eq Auto |
Select-Object Name, DisplayName, StartMode, ExitCode
```

Die Ergebnisse sind natürlich nicht automatisch Problemdienste, denn ein Dienst kann zwar automatisch starten, hat aber vielleicht nur einige Optimierungsaufgaben durchzuführen und beendet sich danach wieder. Die folgende Aufgabe wird Ihnen nun sicher keine größeren Schwierigkeiten mehr bereiten:

Erweitern Sie die Anweisung so, dass nur noch Dienste angezeigt werden, deren ExitCode nicht 0 ist!

Richtig: Sie brauchen nur einen weiteren Filter einzubauen:

```
PS> Get-WmiObject Win32_Service | Where-Object Started -eq $false | Where-Object StartMode -eq Auto |
Where-Object ExitCode -ne 0 | Select-Object Name, DisplayName, StartMode, ExitCode
```

Seien Sie aber nicht enttäuscht, wenn die Zeile nun gar nichts mehr zurückliefert. In diesem Fall gibt es einfach keine problematischen Dienste – eine gute Nachricht!

Tipp

Erinnern Sie sich? Setzen Sie Where-Object nur ein, wenn es nicht anders geht. In den letzten Beispielen geht es aber anders (und effizienter).

Get-ChildItem unterstützt beispielsweise den Parameter -Include, mit dem sich ebenfalls nach mehreren Dateitypen suchen lässt:

```
PS> Get-ChildItem -Path $env:windir -File -Recurse -ErrorAction SilentlyContinue -Include *.bmp,
*.jpg
```

Vergessen Sie nur nicht, das Platzhalterzeichen * vor die Dateierweiterung zu schreiben, denn -Include sucht Ihren Begriff im gesamten Dateinamen (und funktioniert übrigens nur zusammen mit -Recurse).

Get-WmiObject schließlich kann Ergebnisse mit dem Parameter -Filter in seiner eigenen WQL-Abfragesprache filtern. Problemdienste finden Sie also auch so:

```
PS> Get-WmiObject Win32_Service -Filter 'Started=False AND StartMode="Auto" AND ExitCode!=0' |
Select-Object Name, DisplayName, StartMode, ExitCode
```

Die WQL-Abfragesprache ist nicht PowerShell und verwendet Vergleichsoperatoren und Platzhalterzeichen, die sich an SQL orientieren. Möchten Sie beispielsweise über WMI alle Dienste abrufen, in deren Beschreibung (Eigenschaft Description) das Wort *Zertifikat* vorkommt, setzen Sie Platzhalterzeichen in WQL folgendermaßen ein:

```
PS> Get-WmiObject win32_service -Filter 'Description like "%zertifikat%"' | Select-Object Caption,
StartMode, State, ExitCode
```

```
Caption                               StartMode State   ExitCode
-------                               --------- -----   --------
BitLocker-Laufwerkverschlüsselungsdienst Manual    Stopped    1077
Zertifikatverteilung                  Manual    Running       0
Kryptografiedienste                   Auto      Running       0
Konfiguration für Remotedesktops      Manual    Running       0
```

Dateiinhalte filtern

Mit der klassischen Syntax lassen sich auch primitive Daten filtern, also solche Daten, die gar keine Spaltennamen besitzen, die man in der vereinfachten Syntax hätte angeben können. Text zählt zu dieser Gruppe, und deshalb kann man den Inhalt von Textdateien mit der vereinfachten Syntax nicht filtern, mit der klassischen Syntax aber schon.

Das nächste Beispiel liefert alle Zeilen der Datei *windowsupdate.log*, in denen der Begriff *successfully installed* vorkommt (jedenfalls dann, wenn Sie sich beim Suchbegriff nicht vertippen und Windows mindestens ein automatisches Update empfangen und installiert hat). Das Ergebnis wird von Out-GridView angezeigt:

```
PS> Get-Content $env:windir\windowsupdate.log -Encoding UTF8 | Where-Object { $_ -like
'*successfully installed*' } | Out-GridView
```

Es ist zwar nicht perfekt, und in den ausgewählten Spalten befindet sich immer noch eine Menge überflüssiger Datenmüll, aber die Zeile liefert bereits eine auf die wesentlichen Informationen reduzierte Ausgabe: Am Zeilenende steht jeweils, welches Update installiert worden ist. Mithilfe der übrigen noch folgenden Pipeline-Cmdlets lässt sich die Ausgabe gleich noch weiter verfeinern.

IP-Adressen bestimmen

Auch die folgende Aufgabe kann mit Where-Object gelöst werden:

Bestimmen Sie die IPv4-Adressen Ihrer Netzwerkadapter!

Die Rohdaten über die Netzwerkkartenkonfiguration kann Get-WmiObject aus WMI auslesen. Dabei repräsentiert die WMI-Klasse Win32_NetworkAdapterConfiguration allerdings Netzwerkkarten im weitesten Sinn und liefert auch allerhand »Miniport-Adapter« und andere Pseudonetzwerkkarten. Mit Where-Object können die Adapter herausgefiltert werden, die tatsächlich in ihrer Eigenschaft IPAddress einen Wert liefern, und dieser Wert kann danach ausgegeben werden:

```
PS> Get-WmiObject Win32_NetworkAdapterConfiguration | Where-Object IPAddress | Select-Object IPAddress

IPAddress
---------
{10.128.206.50, fe80::81ba:9d60:8e5:cf93}
{192.168.56.1, fe80::b853:7e04:c9d5:b1fd}
```

Das Ergebnis sind die IP-Adressen, die jeweils einem Adapter zugewiesen sind. Da nur die IPv4-Adressen gesucht werden, lässt man sich mit -ExpandProperty lediglich den Inhalt der Spalte IPAddress geben:

```
PS> Get-WmiObject Win32_NetworkAdapterConfiguration | Where-Object IPAddress | Select-Object
-ExpandProperty IPAddress

10.128.206.50
fe80::81ba:9d60:8e5:cf93
192.168.56.1
fe80::b853:7e04:c9d5:b1fd
```

So erhält man eine Liste aller IPv4- und IPv6-Adressen, die jetzt mit einer weiteren Where-Object-Anweisung auf die reinen IPv4-Adressen reduziert werden kann. Diese erkennt man daran, dass innerhalb der IP-Adresse ein Punkt vorkommt:

```
PS> Get-WmiObject Win32_NetworkAdapterConfiguration | Where-Object IPAddress | Select-Object
-ExpandProperty IPAddress | Where-Object { $_ -like '*.*' }

10.128.206.50
192.168.56.1
```

Alternativen zu Where-Object

Where-Object ist ein Pipeline-Befehl und nutzt also das besonders speichersparende Datenstreaming. Liegen die Informationen bereits in einer Variablen vor, ist der klassische Ansatz effizienter:

```
# Pipeline-Streaming:
$ergebnis = Get-Service | Where-Object { $_.Status -eq 'Running' }

# klassischer Ansatz:
$liste = Get-Service
$ergebnis = foreach($element in $liste)
   {
     if ($element.Status -eq 'Running')
     {
       $element
     }
   }
```

Listing 6.8: Die Filterung ohne Where-Object ist schneller.

Der klassische Ansatz ist allerdings auch viel schreibintensiver als die Pipeline-Schreibweise. Deshalb kann man den Pipeline-freien Ansatz ab PowerShell 4 abgekürzt so formulieren:

```
$liste = Get-Service
$liste.Where({$_.Status -eq 'Running'})
```

Listing 6.9: Abgekürzte Schreibweise für die Filterung ohne Pipeline.

Sort-Object

Sortieren ist eine Routineaufgabe, die von Sort-Object übernommen wird. Es sortiert beispielsweise primitive Datentypen wie Zahlenreihen oder Text und kann bei dieser Gelegenheit auf Wunsch mit -Unique auch gleich Dubletten entfernen:

```
PS> 'Hans', 'werner', 'Agnes', 'Tim' | Sort-Object

Agnes
Hans
Tim
werner

PS> 10,4,1,4,2 | Sort-Object

1
2
4
4
10

PS> 10,4,1,4,2 | Sort-Object –Unique

1
2
4
10
```

Gefällt Ihnen die Sortierreihenfolge nicht, drehen Sie sie mit -Descending einfach um. Die nächste Zeile liefert sechs Lottozahlen in umgedrehter Reihenfolge (die größten zuerst):

```
PS> 1..49 | Get-Random -Count 6 | Sort-Object –Descending

46
42
41
33
9
1
```

Cmdlet-Ergebnisse sortieren

Auch die Ergebnisse von Cmdlets lassen sich mit Sort-Object sortieren. Weil die meisten Cmdlets allerdings objektorientierte Ergebnisse mit zahlreichen Spalten (Eigenschaften) liefern, muss Sort-Object hier wissen, nach welcher Spalte sortiert werden soll. Diese geben Sie ganz ähnlich wie bei Select-Object mit -Property an. Und nun geschieht etwas Erstaunliches:

```
PS> Get-Service | Sort-Object -Property Name
PS> Get-ChildItem -Path $env:windir | Sort-Object -Property Length
PS> Get-ChildItem -Path $env:windir | Sort-Object -Property LastWriteTime
```

Die Sortierung funktioniert nämlich immer richtig, obwohl die Spalten ganz unterschiedliche Datentypen enthalten. Sort-Object sortiert die Dienste alphabetisch nach ihrem Namen, die Dateigrößen numerisch und die Datumsinformationen korrekt chronologisch.

Möglich ist dies, weil die Pipeline die Ergebnisse der Befehle nicht als Textzeilen übergibt, sondern als Objekte. Dadurch bleiben nicht nur die einzelnen Spalten (Objekteigenschaften) erhalten, sie legen auch den Datentyp fest, sodass Sie Sort-Object nicht selbst mitteilen müssen, nach welchem Sortieralgorithmus es sortieren soll. Das alles funktioniert immer automatisch richtig.

Falls Sie PowerShell mit vollen Administratorrechten gestartet haben und Wiederherstellungspunkte bei Ihrem Computer aktiviert sind, liefert die nächste Zeile mit Get-ComputerRestorePoint nach ganz ähnlichem Muster die Systemwiederherstellungspunkte, und zwar sortiert nach Typ:

```
PS> Get-ComputerRestorePoint | Sort-Object Description
```

CreationTime	Description	SequenceNumber	EventType
29.09.2015 23:02:03	Dell Update: Dell Wireless ...	10	BEGI...
23.09.2015 15:31:39	Scheduled Checkpoint	9	BEGI...

Profitipp

Drei Dinge können bei der Sortierung allerdings schieflaufen:

- **Falscher Spaltenname:** Scheint Sort-Object Ihren Sortierauftrag einfach zu ignorieren, haben Sie vermutlich nicht den richtigen Spaltennamen angegeben. Entweder haben Sie sich vertippt, oder die Spalte heißt in der „Rote-Pille-Welt" anders. Oben haben Sie schon erfahren, wie Sie die echten Spaltennamen dann ermitteln.

- **Fehlermeldungen:** Kommt es zu einer Fehlermeldung, konnte Sort-Object nicht auf die angegebene Spalte bzw. ihren Inhalt zugreifen, zum Beispiel weil die Spalte Leerwerte enthält:

  ```
  PS> Get-HotFix | Sort-Object -Property InstalledOn
  
  Sort-Object : Ausnahme beim Abrufen von "InstalledOn": "Ausnahme beim Aufrufen von "Parse"
  mit 1 Argument(en): "Die Zeichenfolge wurde nicht als gültiges DateTime erkannt.""
  ```

  Sie können dann entweder zuerst mit Where-Object Ergebnisse mit Leerwerten ausschließen oder die Fehlermeldungen unterdrücken.

  ```
  PS> Get-HotFix | Where-Object InstalledOn | Sort-Object -Property InstalledOn
  PS> Get-HotFix | Sort-Object -Property InstalledOn -ErrorAction Ignore
  ```

- **Absturz:** Dieser dramatische Fall kommt zum Glück eher selten vor, aber Sie müssen wissen, dass Sort-Object sämtliche Daten zuerst sammeln muss, um sie sortieren zu können. Wenn Sie astronomische Datenmengen an Sort-Object schicken, kann es sehr lange dauern, bis Sie ein Resultat erhalten. In Extremfällen geht Windows vorher der Arbeitsspeicher aus.

Nach mehreren Spalten sortieren

Sort-Object akzeptiert mehrere kommaseparierte Spaltennamen und sortiert das Ergebnis dann nach allen angegebenen Spalten. Die nächste Zeile sortiert die Dienste zuerst nach ihrem Status und danach die Dienste mit gleichen Status (entweder Stopped oder Running) jeweils alphabetisch nach dem Namen:

```
PS> Get-Service | Sort-Object -Property Status, Name
```

Die folgende Zeile schließlich generiert eine Liste sämtlicher Dateien im Windows-Ordner, sortiert zunächst die Dateien nach ihrem Dateityp und die Dateien mit identischem Dateityp jeweils nach ihrem Namen:

```
PS> Get-ChildItem -Path $env:windir | Sort-Object -Property Extension, Name |
Select-Object -Property Extension, Name
```

Werden mehrere Spaltennamen angegeben, kann die Sortierrichtung allerdings nur für alle Spalten gemeinsam festgelegt werden, jedenfalls im Augenblick. Am Ende des Kapitels werden Sie auch mehrere Spalten in jeweils unterschiedlicher Richtung sortieren können.

Sortierung mit anderen Cmdlets kombinieren

Sort-Object bereitet Ergebnisse nicht einfach nur optisch auf, sondern kann auch ganz neue Erkenntnisse liefern. Dazu kombinieren Sie das Cmdlet mit anderen Cmdlets aus diesem Kapitel. Die folgende Zeile pickt beispielsweise die fünf CPU-intensivsten Prozesse heraus und nennt ihre Namen:

```
PS> Get-Process | Sort-Object -Property CPU -Descending | Select-Object -First 5 -Property Name,
Description, CPU
```

```
Name            Description                   CPU
----            -----------                   ---
WINWORD         Microsoft Word           274,40625
PowerShell_ise  Windows PowerShell ISE   196,78125
explorer        Windows-Explorer          69,140625
Receiver        Citrix Receiver Application  58,375
DbrFactorySetup                          41,953125
```

Die zehn größten Speicherplatzfresser in Ihrem Benutzerprofil finden Sie dagegen folgendermaßen heraus:

```
PS> Get-ChildItem -Path $HOME -Recurse | Sort-Object -Property Length -Descending |
Select-Object -Property Length, FullName -First 10 | Format-Table -AutoSize
```

```
Length FullName
------ --------
1118208 C:\Users\Tobias\config\WindowsFirewallLog.evtx
 460960 C:\Users\Tobias\config\WindowsFirewallConfig.txt
  69632 C:\Users\Tobias\config\WWANLog.evtx
  69632 C:\Users\Tobias\config\WLANAutoConfigLog.evtx
  69632 C:\Users\Tobias\config\WindowsFirewallLogVerbose.evtx
  69632 C:\Users\Tobias\config\WCMLog.evtx
  53751 C:\Users\Tobias\config\envinfo.txt
  44859 C:\Users\Tobias\config\WindowsFirewallEffectiveRules.txt
  42414 C:\Users\Tobias\Documents\PowerShell_transcript.20120828145700.txt
  36326 C:\Users\Tobias\config\WcnInfo.txt
```

Die ältesten laufenden Prozesse ermitteln Sie so:

```
PS> Get-Process | Sort-Object StartTime -Descending -ErrorAction Ignore | Select-Object -First 5 |
Select-Object -Property Name, StartTime
```

Tipp

Führen Sie diese Zeile in einer PowerShell-Instanz ohne Administratorrechte aus, kann Sort-Object die Information StartTime nur von Ihren eigenen Prozessen abrufen, für alle anderen kassieren Sie eine Fehlermeldung. Aber auch mit Administratorrechten erscheint mindestens eine Fehlermeldung, weil der Prozess System selbst von Administratoren nicht abgefragt werden darf. Weil diese Fehlermeldungen keine Konsequenzen haben, werden sie deshalb mit -ErrorAction Ignore unterdrückt.

Falls Sie gern jeden Tag etwas Neues über PowerShell lernen möchten, ohne sich zu überfordern, beauftragen Sie PowerShell einfach, Ihnen eine zufällig ausgewählte Hilfedatei zu präsentieren:

```
PS> Get-Random -InputObject (Get-Help about_*) | Get-Help -ShowWindow
```

Hierbei liefert Get-Help alle Hintergrundinformationen (die sämtlich mit about_ beginnen). Get-Help pickt zufällig eine davon heraus, die dann angezeigt wird (vorausgesetzt, Sie haben, wie in Kapitel 1 beschrieben, zuerst mit Update-Help die Hilfedateien aus dem Internet heruntergeladen).

Möchten Sie lieber zufällig ausgewählte Cmdlets näher anschauen, versuchen Sie es mit dieser Zeile:

```
PS> Get-Random -InputObject (Get-Help -Category Cmdlet) | Get-Help -ShowWindow
```

ForEach-Object

Die Aufgabe der Cmdlets in diesem Kapitel ist, innerhalb der Pipeline die Rohergebnisse eines Befehls schrittweise zu verfeinern. Manchmal ist die Aufgabe, die sich dabei stellt, aber so speziell, dass sich dafür keines der bisher vorgestellten Cmdlets eignet. In solchen Fällen greifen Sie zu Ihrem Joker: ForEach-Object.

Dieses Cmdlet ist ein völlig frei programmierbares Pipeline-Element. Es empfängt das jeweils über die Pipeline laufende Objekt und übergibt es Ihnen bzw. Ihrem Code. Der kann dann damit machen, was er mag, und dazu alle übrigen Befehle und Operatoren von PowerShell einsetzen. Nur darf Ihr Code nicht vergessen, sein Ergebnis zum Schluss wieder zurück in die Pipeline zu legen, damit der nächste Pipelinebefehl damit weiterarbeiten kann.

Grundprinzip: eine Schleife

Um zu verstehen, was ForEach-Object genau unternimmt und wozu das nützlich ist, beginnen wir bei einem Problem:

Generieren Sie eine Liste mit IP-Adressen von 192.168.2.1 bis 192.168.2.255!

Eine Zahlenreihe von 1 bis 255 können Sie bereits herstellen:

```
PS> 1..255
```

Jede einzelne dieser 255 Zahlen soll nun in eine IP-Adresse umgewandelt werden, indem die übrigen Oktets der Zahl vorangestellt werden. Mit ForEach-Object ist das kein Drama:

```
PS> 1..255 | ForEach-Object -Process { "192.168.2.$_" }

192.168.2.1
192.168.2.2
192.168.2.3
(...)
```

ForEach-Object empfängt also wie jeder andere Pipeline-fähige Befehl vom Vorgängerbefehl Daten. Der Vorgängerbefehl ist in diesem Fall zwar gar kein Befehl, sondern nur ein Haufen Zahlen, aber für die Pipeline spielt es keine Rolle, woher die Daten stammen, die man ihr zuführt. Die Zahlen wandern jetzt einzeln über die Pipeline und werden von Befehl zu Befehl weitergereicht. ForEach-Object empfängt also nacheinander alle 255 Zahlen, aber immer nur eine auf einmal.

Weil ForEach-Object keinen besonderen Bestimmungszweck hat, erwartet es von Ihnen eine Handlungsanweisung, die in Form eines Stücks Code geliefert wird. Der Code steht in geschweiften Klammern, die ihn als Skriptblock (ausführbaren PowerShell-Code) kennzeichnen. Sie erinnern sich: Geschweifte Klammern markieren Code, der *nicht sofort* ausgeführt wird. Runde Klammern markieren dagegen Code, der *sofort* zur Ausführung gelangt. Tatsächlich soll der Code nicht sofort ausgeführt, sondern zunächst an den Parameter -Process von ForEach-Object übergeben werden. Ob, wann und wie oft der Code ausgeführt wird, entscheidet danach ForEach-Object. Geschweifte Klammern sind also eine Art Transportcontainer für PowerShell-Code. Innerhalb des Codes repräsentiert die Variable $_ das jeweilige Objekt, das gerade über die Pipeline empfangen wird.

Jetzt ist ein guter Zeitpunkt, sich die folgenden Fragen zu stellen, um so zu kontrollieren, ob Sie es auch wirklich verstanden haben:

Frage: Wie oft wird der Skriptblock im Beispiel oben ausgeführt?

Antwort: 255 Mal, nämlich so oft, wie Daten an ForEach-Object geliefert werden.

Frage: Was genau ist innerhalb des Skriptblocks in der Variablen $_ zu finden?

Antwort: Bei der ersten Ausführung die Zahl 1, danach 2 und so weiter.

Das Grundprinzip von ForEach-Object ist also eine Schleife, die so oft ausgeführt wird, wie Elemente über die Pipeline gesendet werden. Man könnte ForEach-Object deshalb auch tatsächlich als Schleife missbrauchen. Die nächste Zeile startet zehn Instanzen des Windows-Editors:

```
PS> 1..10 | ForEach-Object { notepad }
```

Profitipp

Über Typkonvertierung produziert ForEach-Object auch Buchstabenreihen, indem es ASCII-Codes in Zeichen wandelt:

```
PS> 65..90 | ForEach-Object { "$([char]$_):" }

A:
B:
C:
D:
(...)
```

Mithilfe des Formatierungsoperators -f erzeugt ForEach-Object für Sie Computerlisten (mehr zu diesem Operator erfahren Sie übrigens in Kapitel 7):

```
PS> 8..20 | ForEach-Object { 'PC_{0:d4}' -f $_ }
```

```
PC_0008
PC_0009
PC_0010
PC_0011
PC_0012
(...)
```

Die in den Text integrierte Zahl ist jetzt immer vierstellig, und die Zahl der Stellen wird durch den Wert hinter d bestimmt. Beides – Typkonvertierung ebenso wie der Operator -f – werden in den folgenden Kapiteln noch besprochen. Hier sollen sie Ihnen nur einen Eindruck davon geben, wie enorm flexibel ForEach-Object sein kann. Vorausgesetzt, es gibt die Computer Ihrer Liste wirklich und Sie haben auf diesen Computern lokale Administratorrechte, wird daraus ein mächtiges Fernabfragewerkzeug:

```
PS> $computer = 8..20 | ForEach-Object { 'PC_{0:d4}' -f $_ }
PS> Get-WmiObject -Class Win32_BIOS -ComputerName $computer | Select-Object -Property __Server,
Caption, BIOSVersion | Out-GridView
```

Hier würden alle Computer der Reihe nach per WMI fernabgefragt, ihre BIOS-Version würde ermittelt, und diese würde im Fenster von Out-GridView angezeigt. Seien Sie aber nicht enttäuscht, wenn Sie stattdessen Fehlermeldungen wie »Zugriff verweigert« (Ihnen fehlen die Berechtigungen) oder »RPC-Server nicht verfügbar« (Computer ist nicht erreichbar und vielleicht ausgeschaltet) begegnen. Ein ausgeklügeltes Fehlerhandling wäre bei diesen beiden Zeilen Code etwas zu viel verlangt (lässt sich aber mit dem Wissen von Kapitel 9 nachrüsten).

Fortschrittsanzeige einblenden

ForEach-Object kann dazu verwendet werden, eine Fortschrittsanzeige in die Pipeline »einzuschleifen«. Dazu empfängt ForEach-Object jeweils Daten vom Vorgängerbefehl, aktualisiert die Fortschrittsanzeige und gibt die Daten danach unverändert weiter (Abbildung 6.7):

```
PS> 1..30 | ForEach-Object { Write-Progress -Activity Arbeite -Status "arbeite an der $_. Aufgabe"
-PercentComplete ($_/30*100); $_ } | ForEach-Object { Start-Sleep -Milliseconds 200 }
```

Write-Progress sorgt für die Fortschrittsanzeige. Mit -Activity wird eine Überschrift festgelegt, und -Status verrät, woran die Pipeline gerade arbeitet. Im einfachsten Fall hat man dann eine Fortschrittsanzeige, in der ein wechselnder Text auf das aktuelle Element hinweist.

Mit -PercentComplete kann zusätzlich ein Fortschrittsbalken eingeblendet werden (der im ISE-Editor sogar grafisch angezeigt wird, in der klassischen Konsole nur durch »o«-Zeichen), jedenfalls dann, wenn man den aktuellen Fortschritt als Zahl zwischen 0 und 100 ausdrücken kann. Man muss also vorher wissen, wie oft die Pipeline ausgeführt wird und in welchem Durchlauf man sich befindet. Weil die Beispiel-Pipeline 30 Zahlen bearbeitet, ergibt sich der Prozentsatz, indem man den aktuellen Durchlauf durch 30 teilt und dann mit 100 multipliziert. Alternativ zu einem Fortschrittsbalken kann über den Parameter -SecondsRemaining eine Zeitangabe heruntergezählt werden.

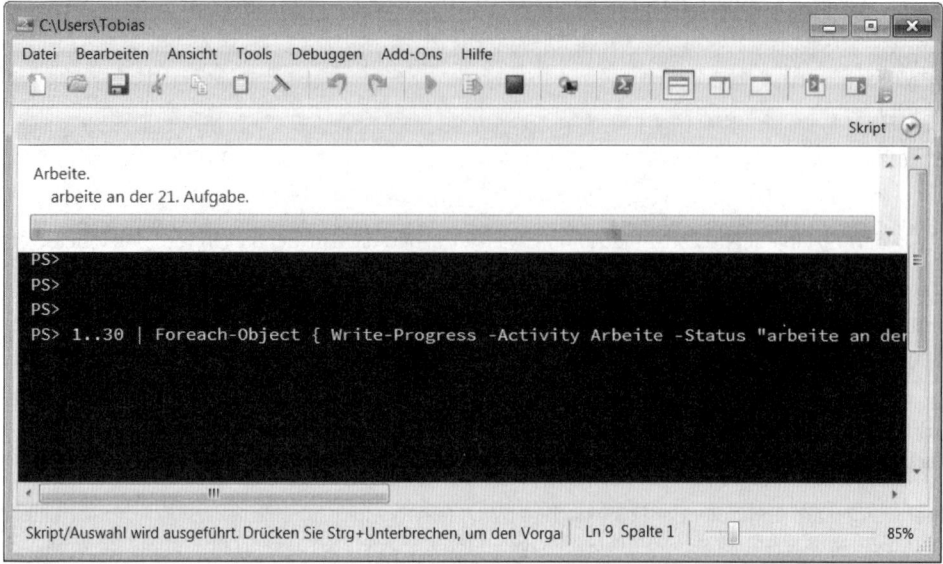

Abbildung 6.7: Fortschrittsanzeige im ISE-Editor einblenden.

Achtung

Nachdem `ForEach-Object` die Fortschrittsanzeige mit `Write-Progress` aktualisiert hat, darf es nicht vergessen, das empfangene Objekt wieder zurück in die Pipeline zu legen. Andernfalls würden die nachfolgenden Befehle nichts mehr empfangen, und die Pipeline wäre beendet. Dazu legt der Skriptblock einfach `$_` wieder zurück. Weil das ein separater Vorgang ist, aber im Beispiel oben alles in eine Zeile passen soll, wird ein Semikolon (`;`) verwendet, um die einzelnen Anweisungen voneinander abzugrenzen. In einem Skripteditor hätten Sie anstelle des Semikolons einfach eine neue Zeile begonnen.

Im folgenden Beispiel sollen einige Computer der Reihe nach über WMI fernabgefragt werden. Weil das eine Weile dauern kann, wird eine Fortschrittsanzeige gebraucht. Ein Fall für `ForEach-Object`:

```
$computer = 'storage1', 'willibert', 'tobiasair1', 'localhost'

$computer |
ForEach-Object {
    Write-Progress -Activity Fernabfrage -Status $_
    $_
} |
ForEach-Object {
    Get-WmiObject -Class Win32_OperatingSystem -ComputerName $_ -ErrorAction Ignore |
        Select-Object -Property CSName, CSDVersion, Caption, OSArchitecture
}
```

Auch ein Fortschrittsbalken ist möglich, denn es steht ja fest, wie viele Computer insgesamt abgefragt werden sollen (Abbildung 6.8). Dazu braucht man lediglich die Anzahl der Elemente in `$computer` zu bestimmen, und das klappt wie bei jedem Array am besten über dessen Eigenschaft `Count`:

```
$computer = 'storage1', 'willibert', 'tobiasair1', 'localhost'
```

```
$anzahl = $computer.Count
$zaehler = 0

$computer |
ForEach-Object {
    $zaehler++
    $percentComplete = $zaehler / $anzahl * 100
    Write-Progress -Activity Fernabfrage -Status $_ -PercentComplete $percentComplete
    $_
} |
ForEach-Object {
    Get-WmiObject -Class Win32_OperatingSystem -ComputerName $_ -ErrorAction Ignore |
        Select-Object -Property CSName, CSDVersion, Caption, OSArchitecture
}
```

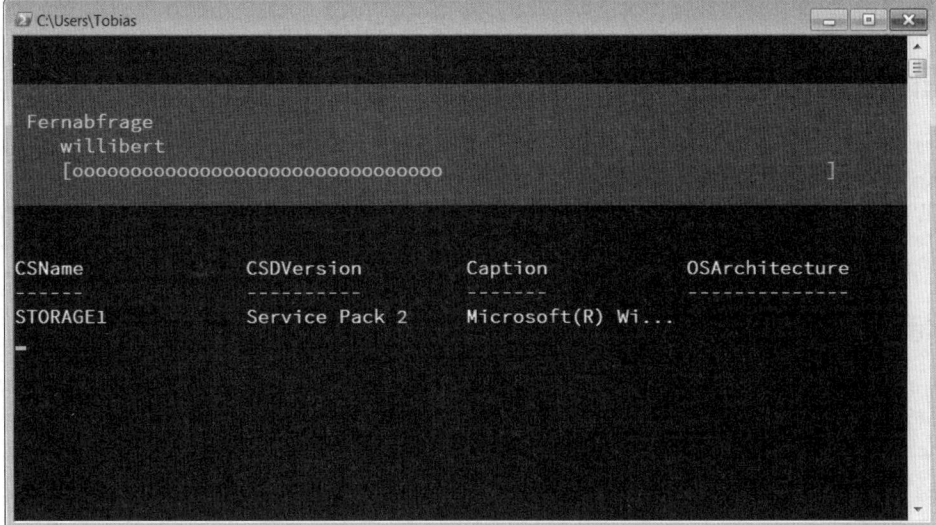

Abbildung 6.8: Fortschrittsanzeige in der PowerShell-Konsole anzeigen.

Ergebnisse verfeinern

ForEach-Object kann eng mit Select-Object zusammenarbeiten, um Ergebnisse aufzubereiten. Falls Sie zum Beispiel an den IP-Adressen Ihres Computers interessiert sind, kann diese Zeile sie ermitteln:

```
PS> Get-WmiObject win32_NetworkAdapterConfiguration |
    Where-Object IPAddress |
    Select-Object -Property Description, IPAddress, DHCPEnabled

Description                 IPAddress                           DHCPEnabled
-----------                 ---------                           -----------
Dell Wireless 1560 802.11ac {10.154.240.127, fe80::f460:bfb9:7d4:b24a}    True
```

Leider aber enthält die Spalte IPAddress neben der IPv4-Adresse noch eine IPv6-Adresse. Außerdem ist der Inhalt dieser Spalte ein Array (erkennbar an den geschweiften Klammern) und wird nicht komplett angezeigt.

Weil das Ergebnis von Select-Object stets eine Kopie des Originalobjekts ist, dürfen dessen Spalteninhalte beliebig verändert werden. Das kann ForEach-Object erledigen, indem es zuerst die IPv6-Adressen aus der Spalte streicht und dann den verbliebenen Inhalt als Text zurückschreibt:

```
Get-WmiObject win32_NetworkAdapterConfiguration |
    Where-Object IPAddress |
    Select-Object -Property Description, IPAddress, DHCPEnabled |
    ForEach-Object {
        $_.IPAddress = ($_.IPAddress | Where-Object { $_ -like '*.*' } ) -join ','
        $_
    }

Description                 IPAddress        DHCPEnabled
-----------                 ---------        -----------
Dell Wireless 1560 802.11ac 10.154.240.127       True
```

Group-Object

Group-Object ist ein Cmdlet, das man zwar nur selten benötigt, aber wenn es erforderlich wird, leistet es unschätzbare Dienste. Es gruppiert Objekte nach einer Gemeinsamkeit. Geben Sie zum Beispiel eine bestimmte Objekteigenschaft an, werden alle Objekte, die darin den gleichen Wert aufweisen, auf einen gemeinsamen Haufen gelegt.

Häufigkeiten feststellen

Ein Anwendungsbereich ist die Ermittlung von Häufigkeitsverteilungen. Dabei wird der Parameter -NoElement mit angegeben. Er sorgt dafür, dass nur die Häufigkeit der Elemente festgestellt wird. Die Elemente selbst werden nicht aufbewahrt, was Speicherplatz einspart:

```
PS> dir $env:windir | Group-Object Extension -NoElement

Count Name
----- ----
   58
    1 .NET
   12 .exe
    1 .dat
    7 .LOG
    1 .bin
    3 .ini
    1 .txt
    2 .xml
    2 .dll
    1 .prx

PS> Get-EventLog Application | Group-Object EntryType -NoElement

Count Name
----- ----
 3178 Information
   82 Error
   45 Warning
```

Interessieren Sie sich dafür, von welchen Herstellern die Software stammt, die gerade auf Ihrem Computer ausgeführt wird, rufen Sie die laufenden Prozesse ab und gruppieren diese nach der Eigenschaft Company:

```
PS> Get-Process | Group-Object Company -NoElement | Sort-Object Count -Descending
```

Das Ergebnis sind also jeweils Gruppen mit den Eigenschaften Count (wie viele Elemente enthalten die Gruppen jeweils?) und Name (was sind die gefundenen Inhalte der angegebenen Objekteigenschaft?).

Aufgabe: Die folgende Anweisung listet auf, welche Dateitypen wie häufig im Windows-Ordner vorkommen:

```
PS> Get-ChildItem $env:windir | Group-Object Extension -NoElement | Sort-Object Count -Descending
```

Allerdings werden auch Einträge mit leerem Namen gemeldet. Warum? Wie kann man diese eliminieren?

Lösung: Die Anweisung gruppiert den Inhalt des Windows-Ordners nach der Dateierweiterung, die in der Objekteigenschaft Extension steht. Ordner enthalten aber keine Dateierweiterung, sodass die leeren Einträge entweder Ordnern entsprechen oder tatsächlich Dateien ohne Dateierweiterung.

Beschränken Sie das Ergebnis von Get-ChildItem von vornherein auf Dateien:

```
PS> Get-ChildItem $env:windir -File | Group-Object Extension -NoElement |
Sort-Object Count -Descending
```

Aufgabe: Sie wollten eigentlich eine Liste der Hersteller laufender Programme erstellen und haben dazu folgenden Befehl verwendet:

```
PS> Get-Process | Group-Object Company -NoElement | Sort-Object Count -Descending

Count Name
----- ----
   41
   25 Microsoft Corporation
    2
    1 PowerISO Computing, Inc.
    1 Adobe Systems, Inc.
    1 Huawei Technologies Co...
    1 Idera
```

Überraschenderweise erhalten Sie zwei Gruppen ohne Namen. Können Sie sich vorstellen, warum?

Lösung: Group-Object bildet Gruppen stur gemäß dem, was es in der angegebenen Eigenschaft Company findet. Da Sie zwei Gruppen ohne Namen erhalten haben, wissen Sie, dass es zwei unterschiedliche »leere« Werte geben muss. Tatsächlich enthalten einige Prozesse gar keine Herstellerangabe. Die Eigenschaft ist dann leer und entspricht $null. Andere Prozesse weisen zwar eine Herstellerangabe auf, die aber aus einem leeren Text besteht. Für Group-Object sind dies zwei unterschiedliche Gruppen.

Um leere Gruppen zu vermeiden, können Sie vorher mit Where-Object filtern. Für Where-Object spielt es dabei keine Rolle, ob die Spalte Company vollkommen leer ist oder einen Leertext enthält – in jedem Fall fliegt der Eintrag aus der Pipeline:

```
PS> Get-Process | Where-Object Company | Group-Object Company -NoElement | Sort-Object
Count -Descending

Count Name
----- ----
   25 Microsoft Corporation
    1 PowerISO Computing, Inc.
    1 Adobe Systems, Inc.
    1 Huawei Technologies Co...
    1 Idera
```

Gruppen bilden

Group-Object kann aber auch dazu verwendet werden, gemischte Ergebnisse in klare Gruppen zu unterteilen. Dabei werden die beiden Parameter -AsHashtable und -AsString angegeben. Jetzt liefert Group-Object als Ergebnis eine Hashtable, und das Unterscheidungskriterium wird zum Schlüssel, mit dem man die jeweilige Gruppe abrufen kann:

```
$ergebnis = Get-Service | Group-Object -Property Status -AsHashTable -AsString

# alle laufenden Dienste abrufen
$ergebnis.Running

# alle gestoppten Dienste abrufen
$ergebnis.Stopped
```

Listing 6.10: Laufende und gestoppte Dienste gruppenweise abrufen.

Profitipp

Durch den Parameter **-AsHashTable** liefert `Group-Object` eine Hashtable zurück, über die die einzelnen Gruppen bequem abrufbar sind. Wofür aber ist **-AsString** nötig?

Der Schlüssel in der Hashtable ist jeweils das, was in der angegebenen Objekteigenschaft gefunden wurde. Das muss nicht unbedingt ein String sein. Lassen Sie in Listing 6.10 den Parameter **-AsString** weg, funktioniert das Skript nicht mehr richtig. Obwohl die Hashtable scheinbar nach wie vor zwei Schlüssel namens **Running** und **Stopped** enthält, kann man die Gruppen darüber nicht mehr abrufen. Der Grund dafür wird klar, wenn Sie sich genauer anschauen, wie die Schlüssel in Wirklichkeit definiert sind:

```
PS> $ergebnis.Keys | Get-Member

    TypeName: System.ServiceProcess.ServiceControllerStatus

Name      MemberType Definition
----      ---------- ----------
CompareTo Method     int CompareTo(System.Object target), int IComparable.Compa...
Equals    Method     bool Equals(System.Object obj)
(...)
```

Die Schlüssel sind genau das, was in der Eigenschaft **Status** gefunden wurde, nämlich ein Wert vom Typ `ServiceControllerStatus` und nicht etwa ein String. Sie können die Gruppen aus der Hashtable also nur noch abrufen, wenn Sie genau solch ein Objekt als Schlüssel angeben:

```
$ergebnis = Get-Service | Group-Object -Property Status -AsHashTable
$ergebnis[[System.ServiceProcess.ServiceControllerStatus]::Running]
```

Weil das ziemlich umständlich ist, sollte **-AsHashTable** grundsätzlich immer nur zusammen mit **-AsString** verwendet werden. Der Parameter **-AsString** sorgt dafür, dass der Schlüssel zuerst in einen String konvertiert wird, sodass er sich später bequem abrufen lässt.

Übrigens sorgt ein Bug in **Group-Object** ab PowerShell 3.0 dafür, dass das Abrufen über einen typisierten Key in der Punktschreibweise erst gar nicht funktioniert – ein weiterer Grund, besser ganz darauf zu verzichten:

```
$ergebnis = Get-Service | Group-Object -Property Status -AsHashTable # -AsString
$key = [System.ServiceProcess.ServiceControllerStatus]::Running
# Abruf funktioniert ab PowerShell 3.0 nicht mehr:
$ergebnis.$key
```

Measure-Object

Manchmal benötigt man nur die Anzahl der Ergebnisse, sonst nichts. Vielleicht wollen Sie herausfinden, wie viele Programmdateien im Windows-Ordner liegen, wie viele Dienste derzeit gestoppt sind oder wie viele Prozessoren ein Computer besitzt. Measure-Object kann dann die Ergebnisse eines anderen Befehls zählen und die Fragen von gerade eben beantworten:

```
PS> Get-ChildItem -Path $env:windir -Filter *.exe | Measure-Object

Count    : 9
Average  :
Sum      :
Maximum  :
Minimum  :
Property :

PS> Get-Service | Where Status -eq Stopped | Measure-Object | Select-Object -ExpandProperty Count
93

PS> Get-WmiObject -Class Win32_Processor | Measure-Object | Select-Object -ExpandProperty Count
1
```

Das Ergebnis des ersten Befehls zeigt, dass Measure-Object auf Wunsch auch mehr Informationen liefert als die Anzahl. Wird nur die Anzahl in Count benötigt, sorgt ein nachfolgendes Select-Object dafür, dass lediglich der Inhalt dieser Spalte zurückgeliefert wird.

Profitipp

Worin besteht eigentlich der Unterschied zwischen den folgenden beiden Zeilen?

```
PS> Get-ChildItem -Path $env:windir -Filter *.exe | Measure-Object | Select-Object -ExpandProperty
Count
PS> (Get-ChildItem -Path $env:windir -Filter *.exe).Count
```

Wäre die zweite Zeile ohne **Measure-Object** nicht viel einfacher? Auch hier wird wieder das Pipeline-Prinzip wichtig, denn beide Befehle arbeiten vollkommen unterschiedlich:

Measure-Object verwendet Streaming und verhält sich ungefähr so wie ein Student, der an einer Kreuzung steht und für seine Diplomarbeit mit einem »Klicker« ausgerüstet vorbeifahrende Autos zählt. Der zweite Befehl dagegen würde zuerst sämtliche vorbeifahrenden Autos auf einen Parkplatz umleiten und sie erst zählen, wenn dort alle geparkt sind. Weil der zweite Befehl also kein Streaming verwendet, muss er zuerst alle zu zählenden Objekte im Speicher sammeln, was unter Umständen sehr viel Speicherplatz kostet.

Tatsächlich ist keine der beiden Lösungen ideal. Optimal wäre es, die Vorteile beider Lösungen zu kombinieren:

```
PS> (Get-ChildItem -Path $env:windir -Filter *.exe | Measure-Object).Count
```

Für das aufwendige Zählen der Dateien verwendet dieser Ansatz mit **Measure-Object** den speicherschonenden Streaming-Mechanismus. Das Ergebnis ist ein einzelnes Objekt, und von diesem kann natürlich die Eigenschaft **Count** direkt erfragt werden, anstatt hierfür den Streaming-Mechanismus von **Select-Object** einzusetzen.

Tatsächlich kann die Zählfunktion von **Measure-Object** sogar mit **Foreach-Object** nachgebildet werden und führt dann zu noch effizienterem Code:

```
PS> Get-ChildItem -Path $env:windir -Filter *.exe | ForEach-Object -Begin { $i = 0} -Process { $i++ }
-End { $i }
```

Ob Sie zur Pipeline greifen sollten oder zur Punktschreibweise, hängt also davon ab, um wie viele Objekte es sich jeweils handelt. Bei wenigen Objekten ist der Streaming-Mechanismus der Pipeline kaum von Vorteil und die Punktschreibweise einfacher. Bei sehr vielen Objekten ist dagegen der Streaming-Mechanismus der Pipeline haushoch überlegen.

Schauen Sie sich doch einmal das folgende Beispiel an. Es ermittelt, ob der Windows-Editor ausgeführt wird und wie oft.

```
PS> $anzahl = Get-Process -Name notepad -ErrorAction Ignore | Measure-Object | Select-Object
-ExpandProperty Count
PS> $vorhanden = $anzahl -gt 0
PS> "Es laufen gerade $anzahl Editoren"
Es laufen gerade 0 Editoren

PS> "Läuft ein Editor? $vorhanden"
Läuft ein Editor? False
```

Ist dieser Ansatz optimal? Eher nicht. Weil Sie kaum davon ausgehen dürften, dass Hunderte oder gar Tausende von Notepad-Editoren ausgeführt werden, ist der Streaming-Mechanismus der Pipeline nicht nötig. Dieses Problem lässt sich eleganter mit der klassischen Punktschreibweise lösen:

```
PS> $anzahl = (Get-Process -Name notepad -ErrorAction Ignore).Count
```

Achtung

Die obige Befehlszeile würde allerdings nur ab PowerShell 3.0 korrekt funktionieren. In PowerShell 2.0 steht die Eigenschaft **Count** nur bei Arrays zur Verfügung, und ein Array liefert **Get-Process** nur, wenn mindestens zwei Instanzen des Notepad-Editors ausgeführt werden.

Damit Ihr Code auch in älteren PowerShell-Versionen einwandfrei funktioniert, sorgen Sie einfach mit @() dafür, dass das Befehlsergebnis *immer* ein Array ist. Diese Variante funktioniert in allen PowerShell-Versionen:

```
PS> $anzahl = @(Get-Process -Name notepad -ErrorAction Ignore).Count
```

Statistische Berechnungen

Measure-Object kann mehr als nur zählen und auch allgemeine statistische Berechnungen durchführen. Bei numerischen Informationen gehören dazu Durchschnitt, Summe sowie Minimal- und Maximalwerte:

```
PS> 1,4,6,2,5,7,4,12,-3 | Measure-Object -Sum -Average -Min -Max

Count    : 9
Average  : 4,22222222222222
Sum      : 38
Maximum  : 12
Minimum  : -3
Property :
```

Bei Textinformationen lassen sich Zeichen, Zeilen und Worthäufigkeiten analysieren:

```
PS> 'es war einmal ein kleiner lieber Wolf' | Measure-Object -Word -Character -Line

        Lines              Words          Characters Property
        -----              -----          ---------- --------
            1                  7                  37
```

Ordnergrößen berechnen

Wollen Sie die Ergebnisse anderer Cmdlets von Measure-Object auswerten lassen, geben Sie wie bei den übrigen Cmdlets aus diesem Kapitel mit -Property erneut die Spalte an, die ausgewertet werden soll. Ist ihr Inhalt numerisch, stehen wieder die numerischen Berechnungen zur Verfügung.

Sie können nun also Get-ChildItem beauftragen, alle Dateien eines Ordners zu liefern und dann mit Measure-Object die Summe der Spalte Length zu bilden. Das ergibt die Gesamtgröße des Ordners. Die folgende Zeile führt dies für Ihr Benutzerprofil durch, aber Sie könnten anstelle von $HOME auch einen beliebigen anderen Ordnerpfad angeben:

```
PS> (Get-ChildItem -Path $HOME -File | Measure-Object -Property Length -Sum).Sum
```

Damit alle Unterordner sowie versteckte Dateien in die Größe einfließen, muss Get-ChildItem lediglich angewiesen werden, auch diese Dateien zu liefern. Der Rest bleibt gleich:

```
PS> (Get-ChildItem -Path $HOME -File -Recurse -Force -ErrorAction Ignore | Measure-Object -Property
Length -Sum).Sum
```

Tipp

Wieder könnte man Measure-Object zur Größenberechnung auch durch Foreach-Object ersetzen. Das folgende Beispiel zeigt, wie es geht, und rechnet die Größe auch gleich um von Byte in Megabyte:

```
Get-ChildItem -Path $HOME -File -Recurse -Force -ErrorAction Ignore | ForEach-Object -Begin { $i=0
} -Process { $i+=$_.Length } -End { [Math]::Round( ($i/1MB), 1) }
```

Listing 6.11: Gesamtgröße des Benutzerprofils in Megabyte berechnen.

Enthält die Spalte, die Sie mit -Property angeben, keine Zahlen, sondern Text, stehen die statistischen Funktionen für Text zur Verfügung:

```
PS> Get-Content $env:windir\windowsupdate.log | Measure-Object -Character -Line -Word


       Lines              Words            Characters Property
       -----              -----            ---------- --------
       16700              216083            1967672
```

Mit »berechneten« Eigenschaften arbeiten

Sie haben in diesem Kapitel sechs wichtige Cmdlets kennengelernt, die im Herzen der Pipeline eingesetzt werden, um die Ergebnisse eines Befehls umzuformen und weiterzuverarbeiten. Zwei davon, nämlich Where-Object und ForEach-Object, waren besonders flexibel – ihnen kann man einen Skriptblock mit beliebigem PowerShell-Code übergeben.

Die übrigen vier – Select-Object, Sort-Object, Measure-Object und Group-Object – funktionieren etwas anders: Diesen teilen Sie über den Parameter -Property mit, auf welche Spalten sich diese Cmdlets beziehen sollen. Skriptcode ist nicht erforderlich. In Wahrheit dürfen Sie dreien dieser vier Cmdlets aber auch Skriptcode übergeben, was ihren Einsatz noch wesentlich flexibler macht.

Cmdlet	Einfache Syntax	Fortgeschrittene Syntax
Where-Object	Where-Object Length -gt 1MB	Where-Object { $_.Length -gt 1MB }
ForEach-Object	-	ForEach-Object { "bearbeite $_" }
Select-Object	Select-Object Name, Length	Select-Object { $_.Name }, { $_.Length }
Sort-Object	Sort-Object Length	Sort-Object { $_.Length }
Measure-Object	Measure-Object Length	-
Group-Object	Group-Object Extension	Group-Object { $_.Extension }

Tabelle 6.2: Einsatz der Cmdlets mit einfacher und fortgeschrittener Syntax.

Nun nämlich kann der Skriptblock selbst bestimmen, mit welchem Wert das Cmdlet sortiert, gruppiert oder darstellt. Schauen Sie sich das an einigen realen Aufgabenstellungen an, die sich jeweils nur mit der fortgeschrittenen Syntax lösen lassen:

Datentyp der Sortierung ändern

Sortieren Sie eine Liste mit IP-Adressen.

Das klingt einfacher, als es ist. Wer spontan Sort-Object einsetzt, stellt fest, dass das Sortierergebnis nicht stimmt. Für Sort-Object sind die IP-Adressen reiner Text und werden deshalb alphanumerisch sortiert:

```
PS> '80.1.12.100', '127.0.0.1', '217.89.12.100' | Sort-Object

127.0.0.1
217.89.12.100
80.1.12.100
```

Die Sortierung wäre alphanumerisch nur möglich, wenn alle Oktets der IP-Adresse dreistellig angegeben würden. So sehen aber die wenigsten IP-Adressen aus. Wenn Sie Sort-Object indes einen Skriptblock übergeben, kann darin der zu sortierende Wert in ein anderes Format konvertiert werden. IPv4-Adressen ähneln beispielsweise Versionsnummern, und wenn Sie die IP-Adressen (vorübergehend) in Versionsnummern umwandeln, entsteht eine korrekte Sortierung:

```
PS> '80.1.12.100', '127.0.0.1', '217.89.12.100' | Sort-Object { $_ -as [Version] }

80.1.12.100
127.0.0.1
217.89.12.100
```

Gruppierung nach bestimmten Textteilen

Stellen Sie mit den Rohdaten aus windowsupdate.log fest, an welchen Tagen wie viele Updates installiert wurden!

Mit Get-Content kann man den Inhalt eines textbasierten Protokolls lesen und mit Where-Object die Zeilen darin filtern, um beispielsweise nur diejenigen zu sehen, in denen das Schlüsselwort successfully installed ein installiertes Update signalisiert.

```
PS> Get-Content $env:windir\windowsupdate.log | Where-Object { $_ -like '*successfully installed*' }
```

Um festzustellen, an welchen Tagen wie viele Updates installiert wurden, bietet sich eigentlich Group-Object an. Allerdings müsste man dem Cmdlet für die Gruppenbildung irgendwie nur das Datum übergeben können, das immer am Anfang jeder Protokollzeile steht und zehn Zeichen lang ist.

Dazu übergeben Sie Group-Object einen Skriptblock. Die Variable $_ repräsentiert darin das gelieferte Objekt, also jeweils eine Textzeile. Indem Sie nur die ersten zehn Zeichen der Zeile auswählen, kann Group-Object die gewünschte Information liefern und gruppiert die Zeilen nach dem Datum, das in diesen ersten zehn Zeichen jeweils steht:

```
PS> Get-Content $env:windir\windowsupdate.log | Where-Object { $_ -like '*successfully installed*' } |
Group-Object { $_.Substring(0,10) } -NoElement

Count Name
----- ----
   34 2012-08-16
    5 2012-08-17
    1 2012-08-20
    1 2012-08-21
(…)
```

Umwandlung von Byte in Megabyte

Zeigen Sie den Inhalt des Windows-Ordners so an, dass die Dateigrößen nicht in Byte dargestellt werden, sondern in Megabyte!

Zuständig für Spalten ist Select-Object. In der einfachen Syntax kann man zwar die Spalten auswählen, aber nicht ihren Inhalt ändern:

```
PS> Get-ChildItem -Path $env:windir | Select-Object -Property Mode, LastWriteTime, Length, Name
```

In der fortgeschrittenen Syntax kann man den Inhalt der Spalte Length nun aber mit einem Skriptblock ändern. Der Skriptblock könnte dazu den Originalinhalt durch 1MB teilen und das Ergebnis mit dem Operator -f noch etwas ansehnlicher formatieren:

```
PS> Get-ChildItem -Path $env:windir | Select-Object  -Property Mode, LastWriteTime, { '{0:0.00} MB'
-f ($_.Length/1MB) }, Name
```

Zwar funktioniert der Plan, er hat aber unschöne Effekte: Als Spaltenüberschrift wird nun Ihr Skriptblock genannt, und auch für Ordner wird jetzt »0,0 MB« angezeigt, obwohl Length bei Ordnern eigentlich leer sein sollte. Inhaltliche Unstimmigkeiten können Sie bereits lösen, indem Sie den Skriptcode intelligenter formulieren und zum Beispiel nur bei Dateien, aber nicht bei Ordnern tätig werden:

```
PS> $code = { If ($_.PSIsContainer -eq $false) { '{0:0.00} MB' -f ($_.Length/1MB) } }
PS> Get-ChildItem -Path $env:windir | Select-Object -Property Mode, LastWriteTime, $code, Name
```

Damit die Spalte einen ansehnlicheren Namen erhält, wäre es aber nötig, Select-Object neben dem Skriptcode (zur Berechnung des Spalteninhalts) auch einen Namen (für die Spaltenüberschrift) zu übergeben. Wie das geht, erfahren Sie als Nächstes.

Hashtables: mehrere Werte übergeben

Mit einer sogenannten Hashtable kann man mehrere Werte über »sprechende« Schlüsselnamen übergeben. Weiß der Aufrufer, unter welchem Wert Sie einen Schlüssel in die Hashtable geschrieben haben, kann er diesen Wert auch wieder abrufen. Die Schlüssel, nach denen Select-Object sucht, heißen Name (für die Spaltenüberschrift) und Expression (für den Skriptblock):

```
#requires -Version 3

# Hashtable erstellen und Spaltendefinition festlegen:
$LängeMB = @{}
$LängeMB.Name='Length (MB)'
$LängeMB.Expression=
{
  # Wenn das Objekt kein Ordner ist ...
  If ($_.PSIsContainer -eq $false)
  {
    # ... Length als MB ausgeben:
    '{0:0.00} MB' -f ($_.Length/1MB)
  }
}

Get-ChildItem -Path $env:windir -File |
  Select-Object -Property Mode, LastWriteTime, $LängeMB, Name
```

Listing 6.12: Dateigrößen in Megabyte anstatt in Byte anzeigen.

Profitipp

Select-Object findet Schlüssel ebenfalls, wenn sie nicht voll ausgeschrieben, aber eindeutig sind. Schlüssel können auch direkt bei der Definition der Hashtable angelegt werden. Mehrere Schlüssel werden mit Semikola getrennt, was den Zeilenumbruch ersetzt:

```
PS> $LängeMB = @{N='Length'; E={If ($_.PSIsContainer -eq $false) {'{0:0.00} MB' -f ($_.Length/
1MB)}}}
```

Semikola sind aber weder zwingend erforderlich noch ein besonderes Merkmal von Hashtables. Dieselbe Hashtable lässt sich auch ohne Semikolon anlegen, wenn stattdessen ein Zeilenumbruch eingefügt wird:

```
PS> $LängeMB = @{
  N='Length'
  E={
    If ($_.PSIsContainer -eq $false)
    {'{0:0.00} MB' -f ($_.Length/1MB)}
    }
  }
```

Mehrere Spalten in umgekehrter Sortierung

Um mit Sort-Object nach mehreren Spalten zu sortieren und die Sortierreihenfolge für jede Spalte einzeln anzugeben, setzen Sie Hashtables mit den Schlüsseln Expression, Ascending und Descending ein:

```
$kriterium1 = @{Expression='Company'; Ascending=$true }
$kriterium2 = @{Expression='CPU'; Descending=$true }
Get-Process | Where-Object { $_.Company -ne $null } | Sort-Object $kriterium1, $kriterium2 |
Select-Object Company, CPU
```

Listing 6.13: Zwei Spalten in umgekehrter Sortierreihenfolge ausgeben.

So erhalten Sie als Ergebnis eine Liste, in der die Prozesse in aufsteigender Reihenfolge nach Hersteller und innerhalb jedes Herstellers in absteigender Reihenfolge nach CPU-Belastung aufgeführt sind.

Mehrspaltige Anzeigen

Format-Wide dient dazu, möglichst viele Ergebnisse auf kleinstem Raum auszugeben. Deshalb kann dieses Cmdlet nur jeweils eine Objekteigenschaft wie beispielsweise den Dateinamen ausgeben. Spaltenüberschriften werden überhaupt nicht angezeigt:

```
PS> Get-ChildItem -Path $env:windir | Format-Wide Name -Column 3
```

Genügt Ihnen das nicht, könnten Sie die Eigenschaft, die angezeigt wird, auch mit einer Hashtable berechnen lassen und dabei mehrere Informationen verknüpfen. Das nächste Beispiel listet die Dateinamen und dahinter in Klammern den Tag und den Monat der letzten Änderung auf:

```
PS> $combined = @{Expression={ '{0} ({1:dd.MM.})' -f $_.Name, $_.LastWriteTime }}
PS> Get-ChildItem -Path $env:windir | Format-Wide $combined -Column 3
```

Ebenso gut könnten Sie aber auch das Alter der Datei in den Klammern hinter dem Dateinamen angeben (Abbildung 6.9):

```
PS> $combined = @{Expression={ '{0} ({1:#,##0} Tage)' -f $_.Name, ((New-Timespan $_.
LastWriteTime).Days) }}
PS> Get-ChildItem -Path $env:windir -Filter *.log | Format-Wide $combined -Column 3
```

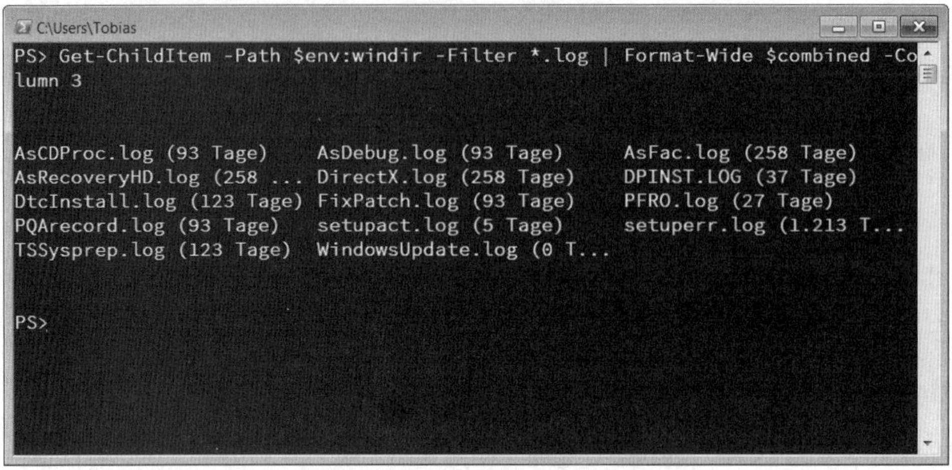

```
C:\Users\Tobias
PS> Get-ChildItem -Path $env:windir -Filter *.log | Format-Wide $combined -Co
lumn 3


AsCDProc.log (93 Tage)     AsDebug.log (93 Tage)     AsFac.log (258 Tage)
AsRecoveryHD.log (258 ...  DirectX.log (258 Tage)    DPINST.LOG (37 Tage)
DtcInstall.log (123 Tage)  FixPatch.log (93 Tage)    PFRO.log (27 Tage)
PQArecord.log (93 Tage)    setupact.log (5 Tage)     setuperr.log (1.213 T...
TSSysprep.log (123 Tage)   WindowsUpdate.log (0 T...


PS>
```

Abbildung 6.9: Alter von Protokolldateien in Tagen als dreispaltige Anzeige.

Berechnete Spalten hinzufügen

Format-List stellt die Ergebnisse in einer Liste untereinander (vertikal) dar. Eigene berechnete Eigenschaften werden über die Hashtable-Schlüssel Name und Expression festgelegt. Das folgende Beispiel gibt die zusätzlichen Eigenschaften Alter und Datum aus. Das Alter ist dabei das relative Alter der jeweiligen Datei, und Datum besteht nur aus dem Datumsanteil ohne die Uhrzeit:

```
PS> $alter = @{Name='Alter'; Expression={ (New-Timespan $_.LastWriteTime).Days }}
PS> $datum = @{Name='Datum'; Expression= { $_.LastWriteTime.ToLongDateString() }}
PS> dir $env:windir | Format-List Name, $alter, $datum
```

Über den zusätzlichen Hashtable-Schlüssel FormatString hätte man das Datum alternativ auch als Formatierungsanweisung übergeben können:

```
PS> $alter = @{Name='Alter'; Expression={ (New-Timespan $_.LastWriteTime).Days }}
PS> $datum = @{Name='Datum'; Expression= { $_.LastWriteTime}; FormatString='dddd, dd. MMMM'}
PS> Get-ChildItem -Path $env:windir | Format-List Name, $alter, $datum
```

Die Angabe für FormatString ist allerdings meist überflüssig, weil man das Format ohnehin über den Formatierungsoperator -f festlegen kann:

```
PS> $alter = @{Name='Alter'; Expression={ (New-Timespan $_.LastWriteTime).Days }}
PS> $datum = @{Name='Datum'; Expression= { '{0:dddd, dd. MMMM}' -f $_.LastWriteTime}}
PS> Get-ChildItem -Path $env:windir | Format-List Name, $alter, $datum
```

Spaltenbreite, Bündigkeit und Gruppenüberschriften

Format-Table gibt Objekteigenschaften als horizontal angeordnete Tabelle aus. Deshalb kann man hier zusätzlich mit dem Hashtable-Schlüssel Width definieren, wie breit eine Spalte sein soll, und mit Alignment, ob der Spalteninhalt linksbündig, rechtsbündig oder zentriert ausgegeben wird:

```
PS> $name = @{Name='Dateiname'; Expression={ $_.Name }; Width=30; Alignment='Left'}
PS> $groesse = @{Name='Größe (KB)'; Expression={'{0:n} KB' -f ($_.Length/1KB)}}; Width=15;
Alignment='Right'}
PS> $alter = @{Name='Alter'; Expression={ (New-Timespan $_.LastWriteTime).Days }; Width=5;
Alignment='Center'}
PS> Get-ChildItem -Path $env:windir | Format-Table $name, $groesse, $alter
```

Das Ergebnis sähe dann ungefähr so aus:

```
Dateiname                       Größe (KB) Alter
---------                       ---------- -----
ABLKSR                            0,00 KB 1198
addins                            0,00 KB 1213
AppCompat                         0,00 KB 93
AppPatch                          0,00 KB 27
ar-SA                             0,00 KB 576
assembly                          0,00 KB 5
ASUS                              0,00 KB 123
Boot                              0,00 KB 1213
(…)
aksdrvsetup.log                   0,53 KB 607
bfsvc.exe                        69,50 KB 729
bootstat.dat                     66,00 KB 0
DirectX.log                     209,97 KB 607

(…)
```

Format-Table kann nicht nur eine, sondern sogar zwei Hashtables verarbeiten. Zusätzlich zum Parameter -Property steht noch der Parameter -GroupBy zur Verfügung, der die Tabelle in mehrere Untertabellen gliedert. Erlaubte Schlüssel sind hier Name, Expression und FormatString. Das Ergebnis des Skriptblocks in Expression legt fest, in welche Gruppe ein Element eingeordnet wird.

Achtung

Der Gruppierungsausdruck gruppiert das Ergebnis zwar, sortiert es aber nicht. Damit nicht mehrere gleichnamige Gruppen entstehen, muss das Ergebnis also zuerst mit Sort-Object nach dem Kriterium sortiert werden, das dem Gruppierungsausdruck zugrunde liegt.

Möchten Sie die Ausgabe einer Dateiliste zum Beispiel nach Anfangsbuchstaben gruppieren, wäre dies eine Lösung:

```
PS> $gruppe = @{Name='Anfangsbuchstabe'; Expression={$_.Name.Substring(0,1).toUpper()}}
PS> Get-ChildItem -Path $env:windir | Sort-Object Name | Format-Table Name, LastWriteTime,
Length -group $gruppe -AutoSize
```

Das Ergebnis sieht aus wie gewünscht:

```
   Anfangsbuchstabe: A
Name                    LastWriteTime           Length
----                    -------------           ------
ABLKSR                  29.07.2009 07:20:19
addins                  14.07.2009 07:32:39
AppCompat               06.08.2012 22:06:45
(…)
AsDebug.log             06.08.2012 18:59:32     4319008
AsFac.log               24.02.2012 02:33:34     84747
(…)
```

```
   Anfangsbuchstabe: B
Name         LastWriteTime      Length
----         -------------      ------
bfsvc.exe    20.11.2010 14:24:28  71168
Boot         14.07.2009 07:32:38
bootstat.dat 08.11.2012 09:03:40  67584
(...)
```

Der Ausdruck, der das Gruppierungskriterium erstellt, kann natürlich auch komplexer sein. Der folgende Code gruppiert die Dateien beispielsweise in neu, älter und sehr alt:

```
PS> $gruppe = @{Name='Alter'; Expression={
Switch ((New-Timespan $_.LastWriteTime).Days) {
{ $_ -lt 10 } { 'neu'; continue }
{ $_ -lt 30 } { 'älter'; continue }
{ $_ -ge 30 } { 'sehr alt'; continue }
default { 'Unbekannt' }
}}}

PS> Get-ChildItem -Path $env:windir | Sort-Object LastWriteTime -Desc | Format-Table Name,
LastWriteTime, Length -Group $gruppe -Auto
```

Frei wählbare Gruppierungskriterien

Group-Object gruppiert Ergebnisse nach Eigenschaften und kann ebenfalls dynamisch berechnete Eigenschaften verarbeiten. In der folgenden Zeile liefert der Ausdruck zum Beispiel True (wahr), wenn die Dateigröße 100 KB übersteigt, ansonsten False (falsch). Die Zeile liefert also zwei Gruppen, True und False. In der Gruppe True befinden sich alle Dateien, die größer als 100 KB sind:

```
PS> Get-ChildItem -Path $env:windir | Group-Object {$_.Length -gt 100KB}

Count Name                 Group
----- ----                 -----
   82 False                {addins, AppCompat, AppPatch, assembly...}
    7 True                 {explorer.exe, HelpPane.exe, notepad.exe, nt...
```

Der Rückgabewert des Ausdrucks muss aber nicht True oder False sein, sondern er ist beliebig. Wünschen Sie lieber einen aussagekräftigeren Namen, könnten Sie das letzte Beispiel etwas umformulieren:

```
PS> Get-ChildItem -Path $env:windir | Group-Object { if($_.Length -gt 100KB) { 'gross' } else {
'klein' }}

Count Name                 Group
----- ----                 -----
   82 klein                {addins, AppCompat, AppPatch, assembly...}
    7 gross                {explorer.exe, HelpPane.exe, notepad.exe, nt...
```

In der nächsten Zeile ermittelt der Ausdruck den Anfangsbuchstaben des Dateinamens und gibt diesen in Großbuchstaben zurück. Das Ergebnis Group-Object gruppiert den Ordnerinhalt nach Anfangsbuchstaben:

```
Get-ChildItem -Path $env:windir | Group-Object {$_.Name.Substring(0,1).toUpper()}

Count Name                 Group
----- ----                 -----
    4 A                    {Application Data, alias1, ausgabe.htm, ausgabe.txt}
    2 B                    {Backup, backup.pfx}
```

```
    2 C                    {Contacts, cmdlet.txt}
    5 D                    {Debug, Desktop, Documents, Downloads...}
    5 F                    {Favorites, filter.ps1, findview.PS1, findview2.PS1...}
(...)
```

Wenn Sie sich das Ergebnis von Group-Object näher ansehen, fällt wieder auf: Hinter jedem Gruppennamen wird in Group ein Feld angezeigt, in dem die einzelnen Objekte dieser Gruppe zusammengefasst sind. Sie könnten also aus diesem Ergebnis heraus eine praktische alphabetisch gruppierte Ordneransicht ausgeben:

```
Get-ChildItem -Path $env:windir | Group-Object {$_.name.Substring(0,1).toUpper()} | ForEach-Object
{ ($_.Name)*7; "======="; $_.Group}
```

```
(...)
BBBBBBB
=======
d----       26.07.2012    11:03              Backup
-a---       17.09.2012    16:05         1732 backup.pfx
CCCCCCC
=======
d-r--       13.04.2012    15:05              Contacts
-a---       13.08.2012    13:41        23586 cmdlet.txt
DDDDDDD
=======
d----       28.06.2012    18:33              Debug
d-r--       30.08.2012    15:56              Desktop
d-r--       17.09.2012    13:29              Documents
d-r--       24.09.2012    11:22              Downloads
-a---       26.04.2012    11:43         1046 drive.vbs
(...)
```

Schlüsselzahlen in Klartext wandeln

Mitunter enthalten Objekteigenschaften keinen Klartext, sondern kryptische Schlüsselzahlen oder Statuscodes. Auch hier kann man berechnete Eigenschaften einsetzen, die die Schlüsselzahlen in Klartext übersetzen.

Besonders leicht ist das, wenn die Schlüsselzahlen bei 0 beginnen und aufsteigende Zahlenfolgen sind. In diesem Fall genügt es, ein Array mit den Klartextnamen anzulegen und den Schlüsselbegriff als Index in das Array zu verwenden. Nach diesem Schema funktioniert das nächste Beispiel: Der WMI-Dienst wird nach technischen Details zu den verbauten Speicherriegeln gefragt. Berechnete Eigenschaften werten die Eigenschaften FormFactor und MemoryType aus und übersetzen die darin gefundenen Schlüsselzahlen in Klartext.

```
# Klartextnamen für MemoryType
$memorytype = 'Unknown', 'Other', 'DRAM', 'Synchronous DRAM', 'Cache DRAM', 'EDO', 'EDRAM', 'VRAM',
'SRAM', 'RAM', 'ROM', 'Flash', 'EEPROM', 'FEPROM', 'EPROM', 'CDRAM', '3DRAM', 'SDRAM', 'SGRAM',
'RDRAM', 'DDR', 'DDR-2', 'DDR2 FB-DIMM', 'DDR3', 'FBD2'

# Klartextnamen für FormFactor
$formfactor = 'Unknown', 'Other', 'SIP', 'DIP', 'ZIP', 'SOJ', 'Proprietary', 'SIMM', 'DIMM',
'TSOP', 'PGA', 'RIMM', 'SODIMM', 'SRIMM', 'SMD', 'SSMP', 'QFP', 'TQFP', 'SOIC', 'LCC', 'PLCC',
'BGA', 'FPBGA', 'LGA'

# Berechnete Eigenschaften definieren:

# Capacity in Gigabyte umrechnen:
$spalte1 = @{Name='Größe (GB)'; Expression={ $_.Capacity/1GB } }
```

```
# FormFactor in Klartext umwandeln:
$spalte2 = @{Name='Bauart'; Expression={$formfactor[$_.FormFactor]} }

# MemoryType in Klartext umwandeln:
$spalte3 = @{Name='Speichertyp'; Expression={ $memorytype[$_.MemoryType] } }

Get-WmiObject Win32_PhysicalMemory | Select-Object PartNumber, $spalte1, $spalte2, $spalte3
```

Listing 6.14: Feststellen, welche Speicherbausteine im Computer vorhanden sind.

Das Ergebnis sähe ungefähr so aus und würde anstelle von kryptischen Kennziffern die Klartextnamen für Speichertyp und Formfaktor nennen:

```
PartNumber       Größe (GB) Bauart  Speichertyp
----------       ---------- ------  -----------
HMT851S6AMR6R-PB          4 Unknown FBD2
HMT851S6AMR6R-PB          4 Unknown FBD2
```

Tatsächlich spielen Hashtables also bei sehr vielen Cmdlets eine Rolle und bieten Ihnen dann die Möglichkeit, Feineinstellungen vorzunehmen (Tabelle 6.3).

Cmdlet	Hashtable-Aufbau
Sort-Object	Expression <Zeichenfolge> oder <Skriptblock>
	Ascending <boolescher Wert>
	Descending <boolescher Wert>
Select-Object	Name (oder Label) <Zeichenfolge>
	Expression <Zeichenfolge> oder <Skriptblock>
Format-Wide	Expression <Zeichenfolge> oder <Skriptblock>
	FormatString <Zeichenfolge>
Format-Table	Name (oder Label) <Zeichenfolge>
	Expression <Zeichenfolge> oder <Skriptblock>
	FormatString <Zeichenfolge>
	Width <int32>
	Alignment (Wert kann Left, Center oder Right lauten)
Format-Custom	Expression <Zeichenfolge> oder <Skriptblock>
	Depth <int32>
Format-List	Name (oder Label) <Zeichenfolge>
	Expression <Zeichenfolge> oder <Skriptblock>
	FormatString <Zeichenfolge>
Group-Object	Expression <Zeichenfolge> oder <Skriptblock>
New-Object	<Zeichenfolge> legt beliebige neue Eigenschaften im Objekt an
Compare-Object	Expression <Zeichenfolge> oder <Skriptblock>
ConvertTo-Html	Label <Zeichenfolge>
	Expression <Zeichenfolge> oder <Skriptblock>

Tabelle 6.3: Cmdlets mit Parameter -Property, die Hashtables unterstützen.

Pipeline und Performance: Optimierungen

Wer die Stärken und Schwächen der PowerShell-Pipeline kennt, kann seine Skripte erheblich optimieren und solch enorme Geschwindigkeitsgewinne erreichen, dass ein Skript nicht mehr Minuten läuft, sondern nur noch Sekunden.

Die Pipeline dient nämlich nicht nur dazu, Befehle miteinander zu verketten, sondern auch, den Speicherbedarf zu minimieren. Ihr gelingt das, indem sie in Echtzeit der Reihe nach immer nur ein Ergebnisobjekt über die Pipeline laufen lässt. Selbst wenn Sie also eine 50 GB große Protokolldatei auswerten, werden dank der Pipeline niemals die gesamten 50 GB in den Speicher geladen, sondern immer nur die wenige Bytes große aktuelle Zeile. Die Kehrseite ist, dass die Weitergabe von Informationen auf diese Weise Zeit kostet. Sie müssen sich also entscheiden: Wollen Sie Speicher sparen, oder wollen Sie Zeit sparen?

Flaschenhals Pipeline

Wie dramatisch die Geschwindigkeitsunterschiede ausfallen können, demonstriert dieses simple Beispiel:

```
PS> 1..1000 | Get-Random
979

PS> 1..1000000 | Get-Random
597850

PS> Get-Random -InputObject (1..1000000)
158430
```

Während die erste und die letzte Zeile nur einen Augenblick benötigen, verschlingt die zweite Zeile fast eine halbe Minute Rechenzeit – obwohl sie dasselbe Resultat liefert wie die letzte Zeile, nämlich eine zufällige Zahl aus dem Wertebereich von 1 bis 1.000.000.

Während die zweite Zeile die Pipeline verwendet, verzichtet die dritte Zeile auf sie und übergibt die eine Million Zahlen direkt an den zuständigen Parameter von Get-Random.

Der (an sich kleine) Overhead der Pipeline wiederholt sich in der zweiten Zeile eine Million Mal, und das führt zu einer ganz erheblichen Verzögerung. Wenn man also den speicherplatzsparenden Effekt der Pipeline nicht benötigt, kann man seine Skripte allein dadurch spürbar beschleunigen, dass man auf die Pipeline verzichtet. Welche der beiden Anweisungen ist wohl effizienter? Beide legen einen neuen Ordner an und leiten die Ergebnismeldung ins Nichts:

```
PS> md c:\testfolder1 | Out-Null
PS> $null = md c:\testfolder2
```

Die zweite ist rund 50 Mal schneller, weil sie die Pipeline nicht verwendet. Bei nur einem Aufruf machen sich die Millisekunden nicht bemerkbar, aber wenn man innerhalb einer Schleife Informationen entfernen will, addiert sich dies schnell tausendfach.

Klassische Schleifen sind wesentlich schneller

ForEach-Object kann als Schleife »zweckentfremdet« werden, und wer 100 Mal etwas zu verrichten hat, könnte den Code in geschweiften Klammern mit diesem Cmdlet problemlos 100 Mal ausführen:

```
PS> $summe = 0
PS> 1..100 | ForEach-Object { $summe += $_ }
PS> $summe
5050
```

Weil dabei allerdings 100 Elemente über die Pipeline übertragen werden, sind klassische Schleifen wie foreach und for sehr viel schneller, sie kommen nämlich ohne den Pipeline-Overhead aus:

```
PS> $summe = 0
PS> for($x=1; $x -le 100; $x++) { $summe += $x }
PS> $summe
5050
```

```
PS> $summe = 0
PS> foreach($element in (1..100)) { $summe += $element }
PS> $summe
5050
```

Die klassischen Schleifen sind ungefähr sechsmal schneller, wobei foreach noch etwas schneller ist als for, weil bei ihr nicht bei jedem Schleifendurchlauf die Abbruchbedingung ausgewertet werden muss. Allerdings muss man die Kirche im Dorf lassen: Bei Schleifen, die nur wenige Hundert bis Tausend Mal wiederholt werden, ist kein »fühlbarer« Zeitunterschied wahrzunehmen.

Die Pipeline ist wesentlich reaktionsfreudiger

Zwar ist die Pipeline eigentlich langsamer als klassische Schleifen, »gefühlt« aber häufig eher schneller. Das verdankt sie ihrem Echtzeitmechanismus, der erste Ergebnisse bereits ausgibt, noch bevor die Pipeline-Befehle ihre Arbeit abgeschlossen haben.

Die folgende Zeile nutzt die Pipeline dazu, alle Dateien im Windows-Ordner zu finden, die größer sind als 100 MB:

```
PS> Get-ChildItem -Path $env:windir -Recurse -ErrorAction Ignore | Where-Object Length -gt 100MB
```

Nach bereits relativ kurzer Zeit werden die ersten gefundenen Riesendateien ausgeworfen – also noch bevor Get-ChildItem überhaupt damit fertig ist, den Ordnerbaum komplett zu durchsuchen. Ohne Pipeline erhalten Sie Ergebnisse erst, wenn alles durchsucht worden ist. Solange müssen die Zigtausende von Dateien des Windows-Ordners und seiner Unterordner im Arbeitsspeicher gehalten werden. Auch der Speicherbedarf ist also um Dimensionen größer:

```
PS> $dateien = Get-ChildItem -Path $env:windir -Recurse -ErrorAction Ignore
PS> foreach($datei in $dateien) { If ($datei.Length -gt 100MB) { $datei } }
```

Insgesamt benötigt diese Lösung vielleicht ein paar Sekunden weniger als die vorherige, gefühlt ist aber die erste Lösung schneller, weil sie schneller erste Ergebnisse liefert. Speicherplatz spart sie obendrein.

Weniger Speicherbedarf oder mehr Geschwindigkeit?

Ob Ihnen ein geringerer Speicherbedarf plus eine schnelle Reaktionszeit oder doch lieber eine höhere Gesamtgeschwindigkeit wichtiger ist, können nur Sie entscheiden. Es hängt sehr vom Einzelfall ab. Mitunter kann es vollkommen gerechtfertigt sein, mehr Speicher zu verbrauchen, um Aufgaben schneller zu erledigen. Hier zwei Beispiele, die genau das Gleiche vollbringen: Sie lesen aus der Datei *windowsupdate.log* die installierten Updates. Die erste Variante nutzt dazu die Pipeline und ist speicherplatzsparend:

```
Get-Content $env:windir\windowsupdate.log -Encoding UTF8 |
    Where-Object { $_ -like '*successfully installed*' } |
    ForEach-Object { ($_ -split 'following update: ')[-1] }
```

Listing 6.15: Inhalt einer Textdatei über Pipeline auslesen.

Die zweite Variante liest die Textdatei zuerst vollständig in `$zeilen` ein. Der Parameter `-ReadCount` weist `Get-Content` an, dies in einem Zug durchzuführen, was besonders schnell geht. Danach werden die Zeilen in einer klassischen Schleife ohne Pipeline einzeln ausgewertet. Anstelle von `Where-Object` kommt eine klassische Bedingung mit `If` zum Einsatz:

```
$zeilen = Get-Content $env:windir\windowsupdate.log -Encoding UTF8 -ReadCount 0
foreach ($zeile in $zeilen)
{
 if ($zeile -like '*successfully installed*')
 { ($zeile -split 'following update: ')[-1] }
}
```

Listing 6.16: Inhalt einer Datei in einem Zug lesen.

Das Ergebnis ist dasselbe, nicht aber Speicherbedarf und Geschwindigkeit. Die zweite Variante ist erheblich schneller.

Testaufgaben

Die folgenden Aufgaben helfen Ihnen dabei, zu kontrollieren, ob Sie die Inhalte dieses Kapitels bereits gut verstanden haben oder vielleicht noch etwas vertiefen wollen. Gleichzeitig lernen Sie viele weitere und teils spannende Anwendungsbeispiele sowie die typischen Fallstricke kennen.

Aufgabe: Sonderbarerweise scheint die Sortierung in der folgenden Zeile nicht zu funktionieren:

```
PS> dir $env:windir | Select-Object Name, LastWriteTime | Sort-Object Length
```

Finden Sie das auch sonderbar, oder haben Sie eine Erklärung?

Lösung: Die Objekte, die ursprünglich von `dir` geliefert wurden, besaßen noch eine `Length`-Eigenschaft, nach der man hätte sortieren können. `Select-Object` entfernt aber alle Eigenschaften bis auf die erwünschten, sodass `Sort-Object` anschließend die Eigenschaft `Length` nicht mehr findet. Tauschen Sie entweder `Select-Object` und `Sort-Object` gegeneinander aus oder fügen Sie die Spalte `Length` in die Liste ein, die Sie `Select-Object` übergeben.

Aufgabe: Ein Kollege hat den Auftrag erhalten, alle Ereignisse vom Typ Warning aus dem Ereignisprotokoll System auszulesen, und dazu folgende Zeile erarbeitet:

```
PS> Get-EventLog System | Where-Object { $_.EntryType -eq 'Warning' }
```

Ist dieser Ansatz ökonomisch?

Lösung: Die Anweisung funktioniert einwandfrei, doch ökonomisch ist sie nicht. Where-Object ist grundsätzlich eine clientseitige Filterung. In diesem Beispiel liefert Get-EventLog also zuerst alle Ereignisse, und Where-Object filtert daraus nachträglich die Ereignisse heraus, in deren Eigenschaft EntryType der Text Warning steht. Verwenden Sie lieber die Parameter des Cmdlets, das die Daten beschafft:

```
PS> Get-EventLog System -EntryType Warning
```

Aufgabe: Sie möchten über WMI Informationen zu einem Benutzerkonto erhalten und haben dazu die folgende Anweisung gegeben:

```
PS> Get-WmiObject Win32_UserAccount | Where-Object { $_.Name = 'Gast' }
```

Nun wird aber gar kein Ergebnis mehr geliefert, obwohl die Anweisung ohne Where-Object ein Konto mit diesem Namen aufgelistet hatte. Warum?

Lösung: Sie haben einen Gewohnheitsfehler gemacht und aus Versehen anstelle des Vergleichsoperators -eq den Zuweisungsoperator = verwendet. Weil diese Zuweisung zum einen nicht erlaubt ist und zum anderen kein $true liefert, filtert Where-Object alle Objekte aus der Pipeline, und Sie erhalten keinerlei Resultate. Die korrekte Zeile muss also lauten:

```
PS> Get-WmiObject Win32_UserAccount | Where-Object { $_.Name -eq 'Gast' }
```

Aufgabe: Sie haben das Problem in der letzten Aufgabe gelöst und konnten damit auf Ihrem Testsystem tatsächlich gezielt das *Gast*-Konto abrufen. Als Sie jedoch versuchen, dasselbe in Ihrer Produktivdomäne zu tun, scheint PowerShell zu hängen, und etwas später erhalten Sie einen Anruf eines Active Directory-Administrators, der Sie zum Einzelgespräch bittet. Was ist geschehen?

Lösung: Ihre Anweisung verwendet mit Where-Object die clientseitige Filterung, und Get-WmiObject ruft damit sämtliche Benutzerkonten ab, die es gibt. Bei Ihnen zu Hause mag das noch gehen, aber im Unternehmen gehören dazu auch die unzähligen Benutzerkonten Ihrer Kollegen. Ändern Sie die Anweisung deshalb und setzen Sie die serverseitige Filterung ein, damit WMI nicht mehr Informationen als nötig abruft:

```
PS> Get-WmiObject Win32_UserAccount -Filter 'LocalAccount=True AND Name="Gast"'
```

Denken Sie daran, dass die Namen der eingebauten Benutzerkonten wie *Gast* oder *Administrator* lokalisiert sind und je nach Sprache Ihres Systems auch anders lauten können.

Aufgabe: Die folgende Zeile sollte eigentlich alle Dienste liefern, die derzeit nicht ausgeführt werden:

```
PS> Get-Service | Where-Object { $_.Status = 'Stopped' }
```

Stattdessen werden Sie plötzlich mit Fehlermeldungen überschüttet. Warum?

Lösung: PowerShell unterscheidet strikt zwischen dem Zuweisungsoperator = und Vergleichsoperatoren. Wollen Sie auf Gleichheit testen, lautet der richtige Vergleichsoperator -eq. Die Zeile hat also in Wirklichkeit nicht verglichen, ob die Eigenschaft Status den Text Stopped enthält, sondern versucht, dieser Eigenschaft den Wert Stopped zuzuweisen. Weil die Eigenschaft Status aber nur lesbar, jedoch nicht veränderbar ist, hagelt es die Fehlermeldungen. Korrigiert man den Vergleichsoperator, funktioniert die Zeile plötzlich wunderbar:

```
PS> Get-Service | Where-Object { $_.Status -eq 'Stopped' }
```

Aufgabe: Warum funktioniert die folgende Zeile nicht?

```
PS> Get-Process | Format-Table Name, Company | Sort-Object Company
```

```
out-lineoutput : Das Objekt vom Typ "Microsoft.PowerShell.Commands.Internal.Format.FormatEntryData"
ist ungültig oder befindet sich nicht an der richtigen Position in der Sequenz. Ursache ist
wahrscheinlich ein vom Benutzer angegebener Befehl "format-*", der zu Konflikten mit der
Standardformatierung führt.
```

Lösung: Format-*-Cmdlets müssen immer am Ende der Pipeline stehen. Die einzigen Cmdlets, die nach Format-*-Cmdlets folgen dürfen, sind Out-*-Cmdlets. Verschieben Sie also Format-Table an das Ende der Pipeline, und alles ist wieder in Ordnung:

```
PS> Get-Process | Sort-Object Company | Format-Table Name, Company
```

Aufgabe: Angenommen, Sie setzen PowerShell 2.0 ein und verwenden die folgende Zeile, die ein sonderbares Resultat produziert:

```
PS> Get-Process; Get-Service | Select-Object Name, Status
```

Eigentlich sollten zuerst Prozesse und dann Dienste aufgelistet und die Dienste auf die Spalten Name und Status beschränkt werden. Das funktioniert zwar im Prinzip, aber obwohl die Dienste nur zwei Spalten haben, werden diese nicht nebeneinander, sondern untereinander ausgegeben. Lässt man den Befehl Get-Process am Anfang weg, werden die Spalten der Dienste wie gewünscht nebeneinander angezeigt:

```
PS> Get-Service | Select-Object Name, Status
```

Noch rätselhafter wird es, wenn man versucht, PowerShell mit Format-Table auf die Sprünge zu helfen. Jetzt erscheint sogar eine Fehlermeldung, nachdem die Prozesse ausgegeben worden sind:

```
PS> Get-Process; Get-Service | Format-Table Name, Status
```

```
     63      10    2052    1004    83   0,11   6048 WTGU
    197       9    1988    1104    39          5948 WUDFHost
(…)
out-lineoutput : Das Objekt vom Typ "Microsoft.PowerShell.Commands.Internal.Format.FormatStartData"
ist ungültig oder befindet sich nicht an der richtigen Position in der Sequenz. Ursache ist
wahrscheinlich ein vom Benutzer angegebener Befehl "format-table", der zu Konflikten mit der
Standardformatierung führt.
```

Lösung: Das Problem entsteht, weil Sie zwei verschiedene Befehle miteinander kombiniert und ihre Ergebnisse auf einmal ausgegeben haben. Da beide Befehle unterschiedliche Objekttypen liefern, nämlich Prozesse und Dienste, richtet sich PowerShell bei der Ausgabe nach dem ersten Objekttyp und gibt die Prozesse korrekt aus. Sobald Sie versuchen, sozusagen mitten in der Ausgabe die Formatierung zu ändern, kommt es zu einem Fehler. Die Lösung: Leiten Sie beide Ergebnisse separat mit Out-Host an die Konsole:

```
PS> Get-Process; Get-Service | Format-Table Name, Status | Out-Host
```

Aufgabe: Sie möchten mit `Get-Unique` eine Liste von Zahlen bearbeiten und dafür sorgen, dass Doppelgänger entfernt werden. Allerdings scheint das überhaupt nicht zu klappen. Offensichtlich ist `Get-Unique` defekt. Oder vielleicht doch nicht?

```
PS> 1,2,3,1,2,3,1,2,3 | Get-Unique

1
2
3
(...)
```

Lösung: `Get-Unique` funktioniert etwas anders, als Sie vielleicht angenommen haben. Es schaut, ob das aktuelle Element dem Vorgängerelement entspricht, und falls ja, wird das aktuelle Element entfernt. Möchten Sie also Doppelgänger entfernen, muss die Ausgangsliste zuerst sortiert werden, damit die Doppelgänger auch wirklich aufeinanderfolgen:

```
PS> 1,2,3,1,2,3,1,2,3 | Sort-Object | Get-Unique

1
2
3
```

Das allerdings kann `Sort-Object` auch von Haus aus:

```
PS> 1,2,3,1,2,3,1,2,3 | Sort-Object –Unique

1
2
3
```

Interessant wird diese Technik vor allem, wenn Sie den Inhalt von Textdateien in einzelne Wörter umbrechen. Das erledigt die folgende Zeile:

```
PS> Get-Content $env:windir\windowsupdate.log | ForEach-Object { $_.ToLower().Split(' ') } |
ForEach-Object {$_.Split("`t")}
```

Diese Liste der einzelnen Wörter einer Datei könnten Sie nun sortieren und dann entweder an `Get-Unique` senden (Liste sämtlicher Wörter, die im Text vorkommen) oder an `Group-Object` (Anzahl der verwendeten Wörter im Text):

```
PS> $worte = Get-Content $env:windir\windowsupdate.log | ForEach-Object {$_.ToLower().Split(' ')} |
ForEach-Object {$_.Split("`t")}
PS> $worte | Sort-Object | Get-Unique
PS> $worte | Sort-Object | Group-Object -NoElement | Sort-Object Count -Descending
```

Aufgabe: Wieso funktioniert der folgende Aufruf nicht?

```
PS> Get-Process | Select-String Name, Company, StartTime | Export-Csv $HOME\prozesse.csv
-UseCulture
```

Lösung: Sie haben aus Versehen den Befehl `Select-Object` mit `Select-String` verwechselt. `Select-String` sucht in Text nach Stichwörtern.

Aufgabe: Sie versuchen mit dem folgenden Befehl, alle Dateien aus dem Windows-Ordner und den darunterliegenden Ordnern aufzulisten. Zunächst funktioniert das auch recht gut:

```
PS> dir $env:windir -ErrorAction SilentlyContinue -Recurse
```

Dann allerdings verfeinern Sie die Lösung noch etwas und lassen die Ergebnisse nach Größe sortieren:

```
PS> dir $env:windir -ErrorAction SilentlyContinue -Recurse | Sort-Object Length
```

Nun geschieht zunächst längere Zeit gar nichts. Nach einer Weile wird Windows immer langsamer, und Ihre PowerShell-Konsole reagiert nicht mehr. Was ist passiert?

Lösung: Normalerweise arbeitet die PowerShell-Pipeline in Echtzeit und verarbeitet die Ergebnisse des ersten Befehls sofort. Die Pipeline arbeitet also mit extrem wenig Speicherplatz, weil immer nur das gerade durch die Pipeline beförderte Ergebnis gespeichert werden muss.

Sobald Sie Sort-Object anhängen, wird der Echtzeitcharakter der Pipeline unterbrochen. Sort-Object kann die Ergebnisse eines Befehls natürlich erst dann sortieren, wenn alle Ergebnisse vorliegen. Deshalb sammelt es zunächst alle Ergebnisse. In dieser Zeit sehen Sie keine Ausgaben, und die Pipeline muss immer mehr Arbeitsspeicher aufwenden, um die Ergebnisse zwischenzuspeichern. Werden zu viele Ergebnisse geliefert, reicht der Arbeitsspeicher nicht mehr aus, und PowerShell wird instabil.

Ob ein Befehl die Pipeline blockiert und zum Datenstau führt oder nicht, hängt von der Implementation des Befehls ab. Format-Table ist ein weiteres Beispiel. Ohne weitere Parameter blockiert der Befehl die Pipeline nicht. Geben Sie den Parameter -AutoSize an, wird Format-Table zu einem blockierenden Befehl, denn nun sammelt der Befehl zuerst alle Ergebnisse, um sie anschließend mit optimierter Spaltenbereite auszugeben.

Aufgabe: Wie könnte man alle Aliase finden, die auf ein ungültiges Ziel verweisen?

Lösung: Lassen Sie sich mit Get-Alias alle Aliase ausgeben und prüfen Sie dann jeweils, ob für die Definition des Alias, also sein Ziel, ein Befehl mittels Get-Command abgerufen werden kann:

```
PS> Get-Alias | Where-Object {-not (Get-Command $_.Definition -ea SilentlyContinue) }
```

Aufgabe: Sie haben eine Hashtable angelegt und wollen sie sortieren. Das aber scheint nicht zu funktionieren:

```
PS> $hash=@{"Tobias"=90;"Martina"=90;"Cofi"=80;"Zumsel"=100}
PS> $hash | Sort-Object Value –Descending

Name                           Value
----                           -----
Tobias                         90
Zumsel                         100
Cofi                           80
Martina                        90
```

Lösung: Sort-Object erwartet vom Vorgängerbefehl ein Array, dessen Inhalt es anschließend sortiert. Eine besondere Form des Arrays ist die sogenannte Hashtable. Eine Hashtable funktioniert wie ein Array, dessen einzelne Bestandteile aber nicht über einen numerischen Index angesprochen werden, sondern durch frei wählbare Stichwörter. Sie erfahren in einem der folgenden Kapitel mehr darüber. Weil Hashtables keine normalen Arrays sind, kann Sort-Object sie auch nicht sortieren. Damit die Sortierung gelingt, muss die Hashtable zuerst einen *Enumerator* erhalten. Dieser weiß, wie die einzelnen Elemente der Hashtable angesprochen werden, sodass Sort-Object den Inhalt adressieren und sortieren kann. Den Enumerator von Hashtables liefert GetEnumerator():

```
PS> $hash.GetEnumerator() | Sort-Object Value –Descending
```

```
Name                    Value
----                    -----
Zumsel                  100
Martina                 90
Tobias                  90
Cofi                    80
```

Aufgabe: Angenommen, Sie arbeiten mit PowerShell 2.0. Sie greifen mit Get-Process auf den PowerShell-Prozess zu und möchten den Herstellernamen ausgeben. Sonderbarerweise wird aber nichts zurückgeliefert:

```
PS> $prozess = Get-Process PowerShell
PS> $prozess.Company
```

Dabei hätten Sie schwören können, dass der Code früher einmal funktioniert hat. Was ist los?

Lösung: Bei Ihnen laufen mehrere Instanzen der PowerShell. Deshalb liefert Get-Process mehrere Prozesse zurück, und $prozess enthält nicht einen Prozess, sondern ein Array. Jedoch besitzen Arrays keine Eigenschaft Company. Deshalb erhalten Sie nichts zurück.

Achtung

In PowerShell kommt es zu einem anderen Problem. PowerShell 3.0 liest automatisch von allen in $prozess gespeicherten PowerShell-Prozessen die gewünschte Eigenschaft aus. Hier taucht dann der Herstellername also doppelt und dreifach auf.

Grundsätzlich ist die Tatsache, dass Befehle von Fall zu Fall entweder Einzelergebnisse oder Arrays zurückliefern, eine Herausforderung in PowerShell. Sie können eine Variable aber immer mit der Struktur @() in ein Array verwandeln und dann zuverlässig beispielsweise herausfinden, wie viele PowerShell-Instanzen gerade laufen:

```
PS> @(Get-Process PowerShell).Count
2
```

Über eckige Klammern greifen Sie auf einzelne Elemente im Array zu und könnten gezielt den Herstellernamen der ersten PowerShell-Instanz auslesen:

```
PS> @(Get-Process PowerShell)[0].Company
```

Das Phänomen von PowerShell 3.0 – Zugriff auf alle Elemente eines Arrays – entspricht im Grunde einer ForEach-Object-Schleife, die bei PowerShell 3.0 also quasi automatisch eingebaut ist:

```
PS> Get-Process PowerShell | ForEach-Object { $_.Company }
Microsoft Corporation
Microsoft Corporation
```

Aufgabe: Können Sie erklären, was der folgende Code erledigt – und warum?

```
$daten = systeminfo /FO CSV | ConvertFrom-CSV
$daten | Get-Member -MemberType *Property | Select-Object -ExpandProperty Name |
  ForEach-Object { $hashtable = @{} } { $hashtable.$_ = $daten.$_ } { $hashtable } |
  Out-GridView
```

Lösung: Nachdem Sie sich in einem Überblick versichert haben, dass der Code nichts Schlimmes unternimmt, sollten Sie ihn zuerst ausführen. Er liefert ein praktisches Dialogfeld mit allen wichtigen Systeminformationen, das Ihnen bereits in Kapitel 3 begegnet ist.

Im Grunde wird ein externer Konsolenbefehl namens `systeminfo.exe` beauftragt, die Systeminformationen zu sammeln und als CSV-Daten (also kommaseparierte Werte) an PowerShell zu liefern. `ConvertFrom-CSV` kann solche Daten dann in echte Objekte umwandeln. Bis hierher hätte allerdings eine einzige Zeile genügt und auch nicht viel Neues enthalten:

```
PS> systeminfo /FO CSV | ConvertFrom-CSV | Out-GridView
```

Allerdings stellt sich hierbei heraus, dass `systeminfo.exe` tatsächlich nur ein einziges Objekt zurückliefert, das Ihr Computersystem repräsentiert. Die Informationen werden im GridView folglich als lange Zeile mit vielen Spalten angezeigt, was nicht besonders praktisch ist (Abbildung 6.10).

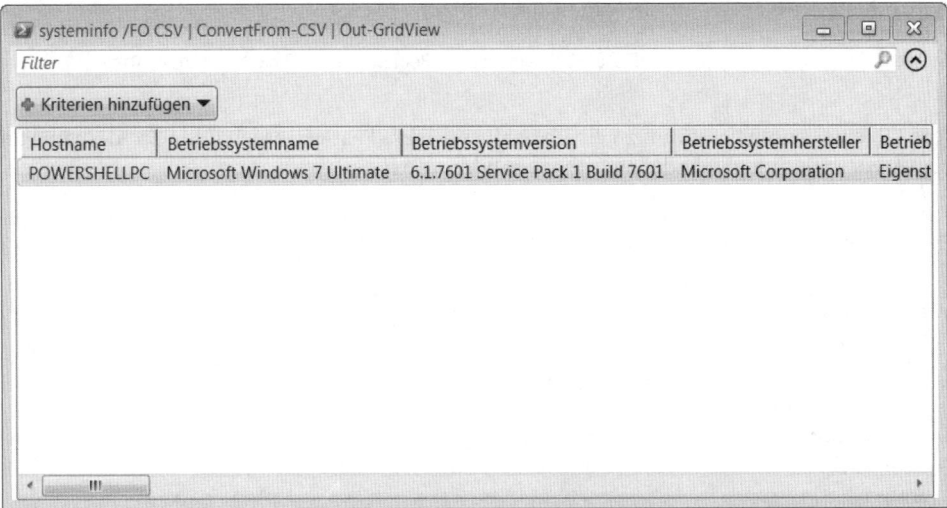

Abbildung 6.10: Ein Objekt mit sehr vielen Eigenschaften wird im GridView als einzelne Zeile angezeigt.

Viel besser wäre es, wenn die einzelnen Informationen in einer Spalte und die Werte in einer zweiten Spalte untereinander angezeigt würden. Genau das wird möglich, wenn man ein Objekt in eine Hashtable umwandelt. Was Hashtables sind, haben Sie bereits auf Seite 266 erfahren. Es gibt zwar keinen Befehl für eine solche Umwandlung, aber `ForEach-Object` kann die Aufgabe trotzdem meistern:

```
$daten | Get-Member -MemberType *Property | Select-Object -ExpandProperty Name |
  ForEach-Object { $hashtable = @{} } { $hashtable.$_ = $daten.$_ } { $hashtable } |
  Out-GridView
```

Das Objekt, das in `$daten` vorliegt, wird von `Get-Member` untersucht und liefert in der Eigenschaft `Name` dann den Namen jeder Objekteigenschaft zurück – in diesem Fall sozusagen eine Liste der Spaltenüberschriften.

`ForEach-Object` setzt zur Lösung der Aufgabe insgesamt drei Skriptblöcke ein: Der erste wird nur einmal ausgeführt, bevor `ForEach-Object` Daten vom Vorgängerbefehl empfängt, und legt eine leere Hashtable an. Der zweite gelangt für jedes eintreffende Objekt einmal zur Ausführung, also für jede Spaltenüberschrift genau einmal. Er fügt der Hashtable die Spaltenüberschrift als Schlüssel und den Inhalt der Eigenschaft als Wert hinzu. Im letzten Skriptblock, der nach Abarbeitung aller eingetroffenen Objekte einmal ausgeführt wird, wird die nun gefüllte Hashtable zurückgegeben.

Das kann man sich verdeutlichen, indem man erstens für ForEach-Object benannte Parameter verwendet (die die Bedeutung der einzelnen Skriptblöcke klarer darstellen) und zweitens die produzierte Hashtable ausgibt und nicht an Out-GridView weiterleitet:

```
$daten = systeminfo /FO CSV | ConvertFrom-CSV
$daten | Get-Member -MemberType *Property | Select-Object -ExpandProperty Name |
  ForEach-Object -Begin { $hashtable = @{} } -Process { $hashtable.$_ = $daten.$_ } -End
  { $hashtable }
```

```
Name                          Value
----                          -----
Virtueller Arbeitsspeicher:... 2.873 MB
Betriebssystemversion         6.1.7601 Service Pack 1 Build 7601
Systemgebietsschema           de;Deutsch (Deutschland)
Systemstartzeit               06.11.2012, 23:09:21
Zeitzone                      (UTC+01:00) Amsterdam, Berlin, Bern, Rom, Stockholm, Wien
(...)
```

Jede Objekteigenschaft ist nun zu einem Schlüssel/Wert-Paar geworden und wird deshalb von Out-GridView nun untereinander angezeigt (Abbildung 6.11).

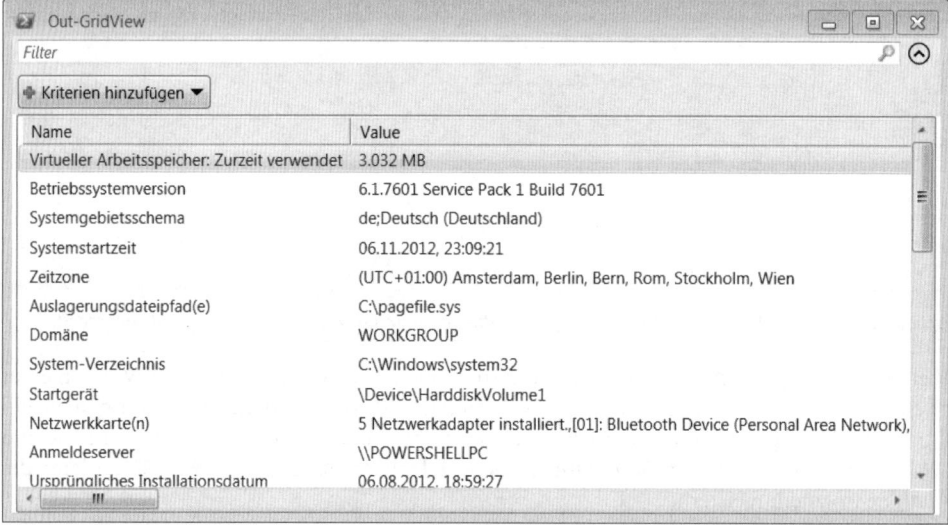

Abbildung 6.11: Ein in eine Hashtable umgewandeltes Objekt zeigt die Eigenschaften als Liste an.

Kapitel 7

Ergebnisse ausgeben und formatieren

In diesem Kapitel:

Ausführlich werden in diesem Kapitel die folgenden Aspekte erläutert:

- **Textausgabe:** Ergebnisse werden normalerweise in der PowerShell-Konsole als Text angezeigt. Alternativ können Informationen aber auch als Textdatei gespeichert oder ausgedruckt werden. Zuständig sind Cmdlets mit dem Verb *Out*.

- **Datenexport:** Objektorientierte Informationen können verlustfrei in zahlreichen Ausgabeformaten zwei- oder dreidimensional exportiert werden, zum Beispiel in den Formaten CSV, JSON oder XML. Diese Formate verwendet man, um Daten zwischen Programmen auszutauschen.

- **Eigene Ausgabe-Cmdlets:** Die Ziele, zu denen Ergebnisse geschickt werden können, lassen sich durch eigene Funktionen wie beispielsweise Out-WinWord (Ausgabe nach Microsoft Word), Out-PDF (Ausgabe als PDF-Dokument) oder Out-ExcelReport (Ausgabe nach Microsoft Excel) beliebig erweitern.

Wohin die Ergebnisse eines Befehls tatsächlich gehen und in welchem Format sie ausgegeben werden, bestimmen Sie am Ende der Pipeline. Hier kann man die Ergebnisse mit einem Ausgabebefehl zu einem bestimmten Ziel lenken. Tut man das nicht, erscheinen die Ergebnisse als Textausgabe in der PowerShell-Konsole.

- **Textausgabe:** Sie wollen genau die Ausgabe, die in der Konsole angezeigt wird, in eine Datei umlenken oder auf den Drucker ausgeben. Hierfür verwenden Sie Out-File oder Out-Printer.

- **Objektausgabe:** Sie möchten die Objektnatur der Originalergebnisse erhalten, also zum Beispiel die Informationen in den verschiedenen Spalten weiterhin voneinander trennen. Mit Export-CSV speichern Sie die Ergebnisse als CSV-Datei und können sie dann in Microsoft Excel öffnen. Out-GridView stellt die Ergebnisse in einem »Mini-Excel«-Fenster dar. Export-CliXML serialisiert die Ergebnisse als XML-Datei, die dann später wieder mit Import-CliXML gelesen werden kann und die Ergebnisobjekte wiederherstellt. Platzsparender als XML ist ConvertTo-Json und das JSON-Format.

- **Andere Formate:** Ergebnisse lassen sich in andere Darstellungsformen umwandeln. ConvertTo-HTML generiert beispielsweise HTML zur Anzeige in Webseiten.

Cmdlet-Gruppe	Beschreibung
Format-*, Out-*	Ergebnisse in reinen Text verwandeln und speichern, drucken oder auf andere Ausgabegeräten übertragen.
Export-*	Ergebnisse als Objekte an andere Programme weitergeben, zum Beispiel in Form kommaseparierter Listen oder als XML.
ConvertTo-*	Ergebnisse in andere Darstellungsformen bringen, etwa HTML, und dann zum Beispiel als Report im Webbrowser anzeigen.

Tabelle 7.1: Drei Cmdlet-Gruppen kontrollieren, wie Ergebnisse angezeigt werden.

Ergebnisse als Text darstellen

Geben Sie kein Ausgabeziel an, hängt PowerShell (unsichtbar) an jeden Befehl Out-Default an. Die folgenden Zeilen sind also identisch:

```
PS> Get-Process | Sort-Object CPU
PS> Get-Process | Sort-Object CPU | Out-Default
```

Out-Default ist also dafür verantwortlich, dass Ergebnisse als Vorgabe in der PowerShell-Konsole als Text dargestellt werden.

Hinweis

Wie wichtig Out-Default tatsächlich für die tägliche Ausgabe der Ergebnisse ist, erkennen Sie, wenn Sie dieses Cmdlet vorübergehend schachmatt setzen. Führen Sie die folgende Zeile aus, werden fortan alle Ausgaben sämtlicher Befehle verschluckt:

```
PS> function Out-Default {}
```

Um den Ausgangszustand wiederherzustellen, löschen Sie die Funktion wieder:

```
PS> Remove-Item -Path function:Out-Default
```

Um die Ausgabe an andere Orte zu leiten, hängen Sie Cmdlets mit dem Verb *Out* an Ihre Befehle an. Diese Cmdlets wandeln die körperlosen Objekte genau wie Out-Default mithilfe des PowerShell-ETS in Text um, geben diesen Text dann aber auf andere Weise aus.

Ergebnisse in Textdateien schreiben

Möchten Sie beispielsweise die aktuellsten zehn Fehler aus dem Systemlogbuch in eine Datei schreiben, könnten Sie das so erreichen:

```
PS> $Path = "$env:temp\Fehlerreport.txt"
PS> Get-EventLog -LogName System -EntryType Error -Newest 5 | Out-File -FilePath $Path
PS> Invoke-Item -Path $Path
```

Die erste Zeile legt fest, wo die Ausgaben gespeichert werden sollen, und nutzt dazu die Windows-Umgebungsvariable $env:temp, also den temporären Ordner. Die Datei selbst heißt *Fehlerreport.txt*.

In der zweiten Zeile werden dann die Informationen erhoben und mit Out-File in die gewünschte Datei geschrieben. Die dritte Zeile nutzt Invoke-Item, um die generierte Datei mit dem assoziierten Programm zu öffnen, in der Regel also mit dem Notepad-Editor.

Schaut man sich diese generierte Datei anschließend an, stellt man fest: Out-File gibt tatsächlich genau den Inhalt in die Datei aus, der ansonsten in der Konsole erschienen wäre – mit genau den gleichen Limitationen: Weil die Konsolenbreite begrenzt ist, wird die Ausgabe teilweise abgeschnitten.

Dieses Dilemma lässt sich lösen, indem der Ausgabebefehl – hier also Out-File – mehr Raum für die Daten bereitstellt. Zuständig ist dessen Parameter -Width:

```
PS> $Path = "$env:temp\Fehlerreport.txt"
PS> Get-EventLog -LogName System -EntryType Error -Newest 5 | Out-File $Path -Width 150
PS> Invoke-Item -Path $Path
```

Durch den Parameter -Width wird die Ausgabedatei nun 150 Zeichen breit. Jetzt hat das ETS mehr Platz. Trotzdem können noch immer einige Informationen nicht vollständig angezeigt werden.

Textformatierung ändern

Für eine wirklich vollständige Ausgabe kann man dem ETS Zusatzwünsche über die Gruppe der Cmdlets mit dem Verb *Format* erteilen. Format-Table sorgt zum Beispiel für eine Tabellendarstellung, und mit dem Parameter -AutoSize wird festgelegt, dass die Spalteninhalte so schmal sein sollten, dass gerade alle Inhalte hineinpassen. Der Parameter -Wrap legt fest, dass zu lange Inhalte nicht abgeschnitten, sondern umbrochen werden:

```
$Path = "$env:temp\Fehlerreport.txt"

Get-EventLog -LogName System -EntryType Error -Newest 5 |
  Format-Table -AutoSize -Wrap |
  Out-File -FilePath $Path -Width 150

Invoke-Item -Path $Path
```

Listing 7.1: Ereignislogbucheinträge als Textdatei ohne abgeschnittene Informationen speichern.

Was allerdings eine Frage aufwirft: Wie kann das ETS beim Aufruf von `Format-Table` und seinem Parameter `-AutoSize` schon wissen, wie breit die Ausgabedatei sein kann? Diese Breite wird schließlich erst beim folgenden Cmdlet `Out-File` festgelegt.

Die Antwort: `Format-Table` wandelt die Ergebnisse um in sogenannte Formatierungsobjekte. Wie diese Formatierungsobjekte am Ende in Text verwandelt werden, bestimmt das jeweilige `Out`-Cmdlet, das diese Formatierungsanweisungen empfängt. Und genau das birgt ein Risiko: Sobald Sie `Format`-Cmdlets wie `Format-Table` einsetzen, können die Ergebnisse nur noch über `Out`-Cmdlets wie `Out-File` (oder eben das Standardausgabe-Cmdlet `Out-Default`) sichtbar gemacht werden. Sie sollten `Format`-Cmdlets also sparsam einsetzen, nämlich nur dann, wenn Sie sicher sind, dass die Ergebnisse anschließend auch in die Konsole ausgegeben oder an eines der unterstützten `Out`-Cmdlets weitergegeben werden.

Was beim Einsatz der `Format`-Cmdlets wirklich geschieht, kann man sich anzeigen lassen:

```
#requires -Version 1

$path = "$env:TEMP\data.txt"

Get-EventLog -LogName system -Newest 2 |
  Format-Table -AutoSize -Wrap |
  Export-Clixml -Path $path -Depth 5

notepad $path
```

Listing 7.2: Formatierungsobjekte sichtbar machen.

Es öffnet sich eine Datei mit einem Aufbau ähnlich Abbildung 7.1. Interessant an ihr ist, dass sie einerseits die ungekürzten Ergebnisdaten und andererseits Anweisungen für deren Formatierung enthält.

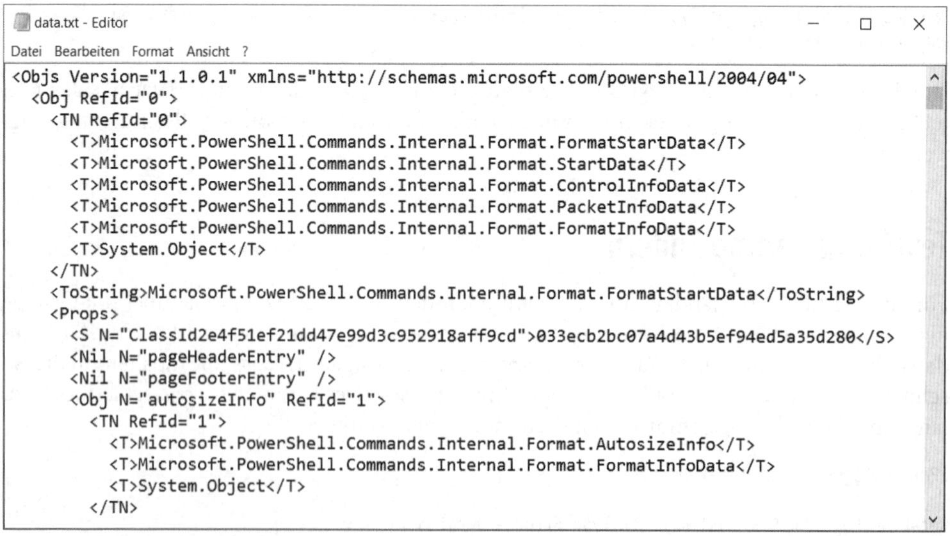


```
<Objs Version="1.1.0.1" xmlns="http://schemas.microsoft.com/powershell/2004/04">
  <Obj RefId="0">
    <TN RefId="0">
      <T>Microsoft.PowerShell.Commands.Internal.Format.FormatStartData</T>
      <T>Microsoft.PowerShell.Commands.Internal.Format.StartData</T>
      <T>Microsoft.PowerShell.Commands.Internal.Format.ControlInfoData</T>
      <T>Microsoft.PowerShell.Commands.Internal.Format.PacketInfoData</T>
      <T>Microsoft.PowerShell.Commands.Internal.Format.FormatInfoData</T>
      <T>System.Object</T>
    </TN>
    <ToString>Microsoft.PowerShell.Commands.Internal.Format.FormatStartData</ToString>
    <Props>
      <S N="ClassId2e4f51ef21dd47e99d3c952918aff9cd">033ecb2bc07a4d43b5ef94ed5a35d280</S>
      <Nil N="pageHeaderEntry" />
      <Nil N="pageFooterEntry" />
      <Obj N="autosizeInfo" RefId="1">
        <TN RefId="1">
          <T>Microsoft.PowerShell.Commands.Internal.Format.AutosizeInfo</T>
          <T>Microsoft.PowerShell.Commands.Internal.Format.FormatInfoData</T>
          <T>System.Object</T>
        </TN>
```

Abbildung 7.1: Format-Cmdlets verwandeln die Informationen in Formatierungsanweisungen.

Für die Textformatierung stehen Ihnen die `Format`-Cmdlets aus Tabelle 7.2 zur Verfügung.

Cmdlet	Beschreibung
Format-List	Stellt die Objekteigenschaften untereinander dar. Dies ist normalerweise die Vorgabe, wenn ein Objekt fünf oder mehr Eigenschaften hat oder wenn in den internen Formatierungsanweisungen dieses Objekttyps die Listendarstellung festgelegt ist.
Format-Table	Stellt die Objekteigenschaften spaltenweise nebeneinander dar. Dies ist normalerweise die Vorgabe, wenn ein Objekt vier oder weniger Eigenschaften hat oder wenn in den internen Formatierungsanweisungen dieses Objekttyps die Tabellendarstellung festgelegt ist.
Format-Wide	Stellt nur die Haupteigenschaft eines Objekts in mehreren Spalten dar. Wie viele Spalten verwendet werden sollen, kann festgelegt werden.
Format-Custom	Führt eine Spezialkonvertierung auf der Basis der im *Extended Type System* (ETS) hinterlegten Anforderungen durch und wird vor allem von PowerShell intern eingesetzt.

Tabelle 7.2: Formatierungs-Cmdlets.

Nach dem Einsatz eines dieser Cmdlets können die umgeformten Ergebnisse nur noch von einem der Out-Cmdlets aus Tabelle 7.3 verarbeitet werden.

Cmdlet	Beschreibung
Out-File	Speichert die Ergebnisse in einer Textdatei.
Out-String	Wandelt die Ergebnisse in einen Text um.
Out-Printer	Sendet die Ergebnisse zu einem Drucker.
Out-Host	Zeigt die Ergebnisse in der Konsole an.
Out-Default	Wie Out-Host, wird von PowerShell automatisch verwendet, wenn die Ergebnisse nicht anderweitig verarbeitet werden.

Tabelle 7.3: Ausgabe-Cmdlets, die Objekte mithilfe des ETS in Text umwandeln.

Automatische Textformatierung verstehen

Ob Informationen als Tabelle oder als Liste angezeigt werden, entscheidet das ETS automatisch, wenn Sie keinen besonderen Formatierungswunsch mit einem der Cmdlets aus Tabelle 7.2 geäußert haben. Dabei gelten nur zwei Regeln:

- **Formatierungshilfe vorhanden:** Zunächst schaut das ETS, ob es für die Art des auszugebenden Objekts eine spezielle Formatierungsanweisung gibt. Diese liegt üblicherweise als XML-Datei im PowerShell-Ordner und kann auch von Modulen nachgerüstet werden. Existiert eine Formatierungsanweisung für das Objekt, richtet sich ETS danach. Deshalb erscheint das Ergebnis von Get-Process beispielsweise als Tabelle mit acht Spalten.

- **Standardregel:** Ist keine spezielle Formatierungsanweisung vorhanden, stellt das ETS Objekte mit vier oder weniger Eigenschaften als Tabelle dar, andernfalls als Liste. Setzen Sie Select-Object ein, um die anzuzeigenden Spalten selbst zu bestimmen, entstehen dabei immer Unikate, für die es nie Formatierungsanweisungen gibt. Deshalb wird das Ergebnis von Select-Object immer nach dieser Standardregel formatiert.

Mehrspaltige Anzeige

Mit Format-Wide erhält man platzsparende mehrspaltige Ausgaben. Pro Objekt kann so allerdings nur noch eine einzige Eigenschaft angezeigt werden. Die folgende Zeile listet platzsparend alle Dienste auf, die gerade gestartet sind:

```
PS> Get-Service | Where-Object Status -eq Running | Format-Wide -Column 5
```

```
AdobeARMservice   AMPPALR3          Appinfo           arXfrSvc          ASLDRService
ASUS InstantOn    ATKGFNEXSrv       AudioEndpointB... AudioSrv          BFE
BITS              Bluetooth Devi... Bluetooth Medi... Bluetooth OBEX... bthserv
BTHSSecurityMgr   CertPropSvc       CryptSvc          DcomLaunch        Dhcp
Dnscache          DPS               DptfParticipan... DptfPolicyConf... EapHost
EFS               esClient          eventlog          EventSystem       EvtEng
FDResPub          FontCache         gpsvc             hidserv           IKEEXT
(…)
```

Wollen Sie lieber die deutschen Dienstnamen sehen, geben Sie mit -Property die Eigenschaft an, die ausgegeben werden soll. Weil die deutschen (bzw. lokalisierten) Dienstnamen länger sind, erhalten Sie eine zweispaltige Ausgabe:

```
PS> Get-Service | Where-Object Status -eq Running | Format-Wide -Column 2 -Property DisplayName
```

```
Anwendungsinformationen          Apple Mobile Device Service
Anwendungsverwaltung             Windows-Audio-Endpunkterstellung
Windows-Audio                    Bluetooth Driver Management Service
Basisfiltermodul                 Intelligenter Hintergrundübertragung...
Dienst "Bonjour"                 Infrastrukturdienst für Hintergrunda...
Computerbrowser                  Bluetooth-Unterstützungsdienst
Zertifikatverteilung             Clientlizenzdienst (ClipSVC)
(...)
```

Nutzen Sie anstelle von -Column x den Parameter -AutoSize, entscheidet das ETS, wie viele Spalten angezeigt werden können, ohne dass Informationen abgeschnitten werden.

Profitipp

Das Cmdlet Format-Custom wird im Alltag fast nie eingesetzt, kann aber nützlich sein, um die innere Struktur der Ergebnisobjekte als XML sichtbar zu machen:

```
PS> Get-Process -Id $PID | Format-Custom * -Depth 5

class Process
{
   _NounName = Process
  Name = PowerShell
  Handles = 850
  (…)
  Description = Windows PowerShell
  Product = Betriebssystem Microsoft® Windows®
  Id = 2068
  TotalProcessorTime =
    class TimeSpan
    {
      Ticks = 863933538
      Days = 0
```

```
      Hours = 0
      Milliseconds = 393
      (…)
    }
  BasePriority = 8
  (…)
```

Eine ähnliche Darstellung des inneren Objektaufbaus ist auch über JSON möglich:

```
PS> Get-Process -Id $PID | ConvertTo-Json -Depth 5
{
    "BasePriority":  8,
    "ExitCode":  null,
    "HasExited":  false,
    "ExitTime":  null,
    "Handle":  2540,
    "SafeHandle":  {
                      "IsInvalid":  false,
                      "IsClosed":  false
                    },
    "HandleCount":  811,
    "Id":  8492,
    "MachineName":  ".",
    "MainWindowHandle":  65604418,
    "MainWindowTitle":  "C:\\Windows\\System32\\WindowsPowerShell\\v1.0",
    "MainModule":  {
                      "ModuleName":  "PowerShell_ise.exe",
                      "FileName":  "C:\\Windows\\System32\\WindowsPowerShell\\v1.0\\PowerShell_is
                                  e.exe",
                      "BaseAddress":  585001467904,
                      "ModuleMemorySize":  270336,
                      "EntryPointAddress":  0,
                      "FileVersionInfo":
(...)
```

Gruppierte Tabellen erzeugen

Mit dem Parameter -GroupBy gruppiert Format-Table die gelieferten Informationen nach einer Objekteigenschaft. Übergeben Sie dazu dem Parameter -GroupBy den Spaltennamen, nach dem Sie gruppieren wollen.

Achtung

Eine korrekte Gruppierung setzt voraus, dass die Ergebnisse sortiert vorliegen. Ohne Sortierung kann es sonst mehrere gleichnamige Gruppen mit unterschiedlichem Inhalt geben. Sortieren Sie deshalb die Ergebnisse vor der Ausgabe zuerst mit **Sort-Object**. Die beiden folgenden Zeilen veranschaulichen den Unterschied:

```
PS> Get-Service | Format-Table -GroupBy Status
PS> Get-Service | Sort-Object -Property Status | Format-Table -GroupBy Status
```

Out-Host: ausdrückliche Ausgabe in die Konsole

Eigentlich brauchen Sie Out-Host nicht, denn wenn Sie kein spezielles Ausgabeziel angeben, sendet PowerShell die Ergebnisse automatisch in die Konsole. Nichts anderes unternimmt Out-Host. Trotzdem gibt es sinnvolle Einsatzbereiche für Out-Host:

- **Seitenweise Ausgabe:** Um die Ausgabe eines Befehls seitenweise anzuzeigen, hängen Sie Out-Host mit dem Parameter -Paging an. Die Ausgabe stoppt dann nach jeder Bildschirmseite. Mit [Leertaste] blättern Sie zur nächsten Seite um, und mit [Q] brechen Sie die Ausgabe ab. Im Gegensatz zum klassischen Konsolenbefehl more, den Sie ebenfalls zur seitenweisen Ausgabe einsetzen können, funktioniert Out-Host -Paging in Echtzeit, sammelt also nicht zuerst alle Ergebnisse im Speicher.

```
PS> # Ergebnisse erscheinen sofort:
PS> Get-ChildItem -Path $env:windir -Recurse -ErrorAction Ignore | Out-Host -Paging

PS> # Ergebnisse erscheinen erst nach langer Zeit, wenn alle Daten gesammelt sind:
PS> Get-ChildItem -Path $env:windir -Recurse -ErrorAction Ignore | more
```

- **Konsolenanwendungen im Protokoll anzeigen:** Konsolenanwendungen wie beispielsweise *ipconfig.exe* schreiben ihre Ergebnisse normalerweise direkt in den Bildschirmpuffer der Konsole. PowerShell greift hier nicht ein. Allerdings erscheinen deshalb die Ergebnisse solcher Befehle auch nicht im Konsolenmitschnitt, den Sie vielleicht mit Start-Transcript gestartet haben.

  Damit die Ergebnisse von Konsolenanwendungen im Mitschnitt aufgeführt werden, leiten Sie sie an Out-Host:

```
PS> ipconfig | Out-Host
```

- **Unterschiedliche Objekttypen:** Verschiedene Objekttypen gemeinsam in die Konsole auszugeben, klappt oft nicht. Das ETS richtet sich stets nach dem ersten Objekt und legt die Formatierung und die anzuzeigenden Spalten danach fest. Folgen Objekte, die ganz andere Objekteigenschaften besitzen, werden sie entweder gar nicht mehr oder als einfache Liste angezeigt. Indem Sie Ergebnisse an Out-Host senden, setzen Sie das ETS zurück. Es initialisiert sich danach mit dem nächsten folgenden Objekt neu und kann so auch verschiedene Objekttypen korrekt formatiert in die Konsole ausgeben:

```
PS> Get-Process | Out-Host; Get-Service
```

Out-Null: Ergebnisse verschlucken

Ein besonderes Ausgabeziel ist Out-Null, denn es vernichtet die Ergebnisse einfach, an denen Sie kein Interesse haben. Legen Sie zum Beispiel einen neuen Ordner an, wird dieser von New-Item zurückgemeldet. Wer nur den neuen Ordner braucht, nicht aber die Rückmeldung, lässt Letztere einfach verschwinden:

```
PS> New-Item -Path c:\newtestfolder1 -ItemType Directory | Out-Null
```

Allerdings sollten Sie sich nicht zu sehr an Out-Null gewöhnen, weil dieses Cmdlet sehr ineffizient ist. Exakt dasselbe Resultat erreichen Sie 50-mal schneller, wenn Sie unerwünschte Rückmeldungen stattdessen der Variablen $null zuweisen:

```
$null = New-Item -Path c:\newtestfolder2 -ItemType Directory
```

Out-File: Konsolenausgaben in Textdateien umlenken

Mit Out-File leiten Sie die Ergebnisse in Textdateien um. Natürlich könnten Sie dafür auch die klassischen Umleitungsoperatoren einsetzen:

```
PS> Get-Process > $HOME\protokoll.txt
PS> Get-Service >> $HOME\protokoll.txt
PS> Invoke-Item "$HOME\protokoll.txt"
```

Sehr viel mehr Kontrolle über die Textausgabe erlaubt allerdings das Cmdlet Out-File, denn es bietet mit seinem Parameter -Encoding die Möglichkeit, das Format der Textdatei selbst festzulegen und folglich anzugeben, ob Sie beispielsweise eine Unicode-, eine ASCII- oder eine UTF8-encodierte Textdatei wünschen. Wichtig ist diese Auswahl, wenn die Textdatei später von anderen Programmen weiterbearbeitet werden soll, aber vor allem auch dann, wenn Sie Informationen an bereits vorhandene Textdateien anhängen – dann nämlich muss das Encoding-Format dem Format der schon vorhandenen Datei entsprechen, oder Sie riskieren Datensalat:

```
PS> Get-Process | Out-File $env:TEMP\protokoll.txt -Encoding Unicode
PS> Get-Service | Out-File -Append $env:TEMP\protokoll.txt -Encoding Unicode
PS> Invoke-Item $env:TEMP\protokoll.txt
```

Out-Printer: Ergebnisse zu Papier bringen

Out-Printer leitet die Ergebnisse automatisch an den Standarddrucker weiter, wobei die Ergebnisse zuvor vom ETS in lesbaren Text verwandelt werden. Über den Parameter -Name kann der Name eines anderen installierten Druckers oder der UNC-Pfad zu einem Netzwerkdrucker angegeben werden.

So lassen sich die PowerShell-Ergebnisse beispielsweise auf dem Bürodrucker ausgeben oder auch als PDF- oder XPS-Dokument exportieren. Für Letzteres müssen Sie aber dafür sorgen, dass ein entsprechender Drucker-Emulator installiert ist, zum Beispiel ein *PrintToPDF*-Drucker. Geben Sie dann dessen Namen an.

Tipp

Möchten Sie wissen, welche Drucker unter welchen Namen zur Verfügung stehen, liefert Get-Printer diese Informationen:

```
PS> Get-Printer
```

Name	ComputerName	Type	DriverName
----	------------	----	----------
Snagit 12		Local	Snagit 12 Printer
SEC001599931987		Local	Samsung SCX-483x...
Microsoft XPS Document Writer		Local	Microsoft XPS Do...
Microsoft Print to PDF		Local	Microsoft Print ...
Fax		Local	Microsoft Shared...
An OneNote 2013 senden		Local	Send to Microsof...

Get-Printer stammt aus dem Modul PrintManagement. Dieses Modul ist ab Windows 8/Server 2012 enthalten:

```
PS> Get-Command -Name Get-Printer | Format-Table -AutoSize
```

```
CommandType  Name          Version  Source
-----------  ----          -------  ------
Function     Get-Printer 1.1        PrintManagement
```

Bei älteren Windows-Versionen kann stattdessen WMI befragt werden:

```
PS> Get-WmiObject Win32_Printer | Select-Object -Property Name, DriverName
```

```
Name                           DriverName
----                           ----------
Snagit 12                      Snagit 12 Printer
SEC001599931987                Samsung SCX-483x 5x3x Series
Microsoft XPS Document Writer  Microsoft XPS Document Writer v4
Microsoft Print to PDF         Microsoft Print To PDF
Fax                            Microsoft Shared Fax Driver
An OneNote 2013 senden         Send to Microsoft OneNote 15 Driver
```

Möchten Sie die Ergebnisse von PowerShell zum Beispiel als elektronisches XPS-Dokument speichern, gehen Sie so vor:

```
Get-Process | Out-Printer -Name 'Microsoft XPS Document Writer'
```

Out-String: Textdarstellungen erzwingen

Vielleicht möchten Sie Ergebnisse gar nicht an irgendein Ziel leiten, sondern einfach nur in Text umwandeln. Dafür ist Out-String zuständig. Als Ergebnis legt Out-String die Objekte, die es empfängt, als Text zurück in die Pipeline. Weil es sich also wie ein gewöhnlicher Pipeline-Befehl verhält, können Sie das Ergebnis einer Variablen zuweisen:

```
PS> $text = Get-Process | Out-String
PS> $text.toUpper()
```

```
HANDLES  NPM(K)    PM(K)    WS(K) VM(M)   CPU(S)    ID PROCESSNAME
-------  ------    -----    ----- -----   ------    -- -----------
     95       9     2684     3284    55     0,42  4388 ACENGSVR
    107      11     2184     2664    71     0,37  5036 ACMON
     40       6     1900      348    55     0,03  3448 ADDEL
     75       8     1232       76    42           1852 ARMSVC
(...)
```

Das Ergebnis von Out-String ist also immer ein einzelner Gesamttext. Das bedeutet auch: Out-String blockiert den Pipeline-Stream und wartet, bis alle Ergebnisse eingetroffen sind. Möchten Sie den Text lieber zeilenweise in einem Array erhalten, verwenden Sie den Parameter -Stream. Jetzt wandelt Out-String die eintreffenden Objekte in Echtzeit in einzelne Texte um und blockiert die Pipeline nicht mehr:

```
PS> Get-Process | Out-String -Stream | ForEach-Object { $_.toUpper() }
```

Ab PowerShell 3.0 dürften Sie übrigens auch schreiben:

```
PS> (Get-Process | Out-String -Stream).toUpper()
```

Out-String greift für die Textumwandlung auf das ETS von PowerShell zu und wandelt Objekte daher auf dieselbe hochintelligente Art in Text um wie bei allen anderen Textausgaben in die Konsole:

```
PS> Get-Process -Id $PID | Out-String

Handles  NPM(K)    PM(K)     WS(K) VM(M)   CPU(s)    Id ProcessName
-------  ------   -----     ----- -----   ------    -- -----------
    976     133  358852     57416  1076 1.076,70  8432 PowerShell
```

Bei der impliziten Umwandlung ohne `Out-String` werden Objekte nur auf die Angabe ihres Objekttyps reduziert:

```
PS> "$(Get-Process -Id $PID)"
System.Diagnostics.Process (PowerShell)

PS> (Get-Process -Id $PID).ToString()
System.Diagnostics.Process (PowerShell)

PS> [String[]](Get-Process -Id $PID)
System.Diagnostics.Process (PowerShell)
```

Textbasierte Pipeline und »Grep«

Möchten Sie die Ergebnisse eines Befehls möglichst einfach mit einem simplen Stichwort filtern, könnten Sie das Objekt mit `Out-String` vorübergehend in einen Text verwandeln und dann prüfen, ob in diesem Text das Suchwort vorkommt. Ein solcher textbasierter Filter könnte so aussehen:

```
filter grep($stichwort)
{
  # ist das Objekt ein Text?
  $noText = $_ -isnot [string]
  # falls nicht, muss das Objekt in Text umgewandelt werden
  if ($noText)
  {
    $text = $_ |
    # ... sicherstellen, dass dabei keine Informationen abgeschnitten
    # werden, indem bis zu 5000 Zeichen lange Zeilen erlaubt werden:
    Format-Table -AutoSize |
    Out-String -Width 5000 -Stream |
    # die ersten drei Textzeilen verwerfen, die die Spaltenüberschriften
    # enthalten:
    Select-Object -Skip 3
  }
  else
  {
    # einlaufende Information war bereits Text:
    $text = $_
  }

  # Objekt herausfiltern, wenn das Stichwort nicht in seiner
  # Textrepräsentation gefunden wird
  # Dabei das Platzhalterzeichen "*" am Anfang und Ende des Stichworts
  # bereits vorgeben (sucht das Stichwort "irgendwo" im Text):
  $_ | Where-Object { $text -like "*$stichwort*" }
}
```

Listing 7.3: Eine Unix-artige grep-Funktion zur textbasierten Filterung von Ergebnissen.

Hinweis

Mit dem Schlüsselwort `filter` wird ähnlich wie mit dem Schlüsselwort `function` eine PowerShell-Funktion definiert. Im Gegensatz zu `function` ist diese Funktion bei `filter` aber sofort Pipeline-fähig, denn der Code wird bei `filter` automatisch in einen `process`-Block gestellt, während er bei `function` in den `end`-Block platziert wird. Sie lesen sehr viel mehr dazu im Kapitel über Pipeline-fähige Funktionen.

grep verwandelt Objekte, die nicht sowieso schon Text sind, dabei auf folgende Art in Text um:

```
Get-Process -id $pid |
  Format-Table -AutoSize |
  Out-String -Width 5000 -Stream |
  Select-Object -Skip 3
```

Listing 7.4: Ein Objekt in Text umwandeln.

Das Ergebnis sieht so aus:

```
1164    122 518796 552660  1471 120,45 25556  1 PowerShell_ise
```

Es wird also nur der Inhalt des Objekts in Textform geliefert. Die ersten drei Zeilen werden übersprungen, denn sie würden nur die Spaltenüberschriften enthalten, in denen nicht gesucht werden soll. Ohne diesen Kniff sähe die Textform des Objekts nämlich so aus:

```
1:
2: Handles NPM(K)  PM(K)  WS(K) VM(M) CPU(s)     Id SI ProcessName
3: ------- ------  -----  ----- ----- ------     -- -- -----------
4:    1115    121 518232 560204  1455 122,09 25556  1 PowerShell_ise
```

Mit grep lassen sich die Ausgaben von Befehlen jetzt blitzschnell und kinderleicht filtern. Im folgenden Beispiel soll `ipconfig` zum Beispiel nur Textzeilen liefern, in denen das Suchwort *IP* vorkommt:

```
PS> ipconfig | grep IP
Windows-IP-Konfiguration
    Verbindungslokale IPv6-Adresse  . : fe80::7ca6:5208:b378:5c84%13
    IPv4-Adresse  . . . . . . . . . : 192.168.2.120
    IPv6-Adresse. . . . . . . . . . : 2001:0:9d38:90d7:2851:2949:a234:ecd2
    Verbindungslokale IPv6-Adresse  . : fe80::2851:2949:a234:ecd2%14
```

Das Ergebnis sind nun nur noch Zeilen, die das Stichwort *IP* enthalten, und spielt man etwas mit dem Stichwort, erhält man schnell und gezielt die erforderlichen Informationen:

```
PS> ipconfig | grep IPv4
    IPv4-Adresse  . . . . . . . . . : 192.168.2.120
```

Die Filterung mit grep kann auch mehrmals hintereinander angewendet werden und funktioniert nicht nur mit Texten, sondern auch mit Objekten. Diese werden einfach von grep mit Out-String vorübergehend in Text verwandelt. Danach prüft grep, ob in diesem Text das gesuchte Stichwort vorkommt. Falls ja, wird das Originalobjekt zurückgeliefert und nicht etwa dessen Textrepräsentation. Diese wird ausschließlich intern verwendet, um zu entscheiden, ob das Objekt angezeigt werden soll oder nicht. Obwohl also die Stichwortsuche über einfachen Text erfolgt, bleiben die Objekte unverändert.

```
PS> Get-Service | grep run | grep windows

Status    Name              DisplayName
------    ----              -----------
Running   AudioEndpointBu...  Windows-Audio-Endpunkterstellung
Running   Audiosrv          Windows-Audio
Running   EventLog          Windows-Ereignisprotokoll
Running   FontCache         Windows-Dienst für Schriftartencache
Running   FontCache3.0.0.0  Windows Presentation Foundation-Sch...
Running   LicenseManager    Windows-Lizenz-Manager-Dienst
Running   MpsSvc            Windows-Firewall
Stopped   SDRSVC            Windows-Sicherung
Running   stisvc            Windows-Bilderfassung (WIA)
Running   Wcmsvc            Windows-Verbindungs-Manager
Stopped   wcncsvc           Windows-Sofortverbindung - Konfigur...
Running   WdNisSvc          Windows Defender-Netzwerkinspektion...
Running   WinDefend         Windows Defender-Dienst
Running   Winmgmt           Windows-Verwaltungsinstrumentation
Running   WinRM             Windows-Remoteverwaltung (WS-Verwal...
Running   WSearch           Windows Search
Running   wudfsvc           Windows Driver Foundation - Benutze...
```

Sie haben damit erfolgreich die objektorientierte und die textorientierte Natur der Pipeline kombiniert, können also nach grep immer noch wie gewohnt mit den Objekten weiterarbeiten:

```
PS> Get-Service | grep run | grep windows | Select-Object *
PS> Get-Service | grep run | grep windows | Stop-Service -WhatIf
```

Die vorübergehende Umwandlung der Objekte in Text zur Filterung per Stichwort ist enorm mächtig und ergänzt die objektorientierten Vorteile der PowerShell-Pipeline gut. Schauen Sie sich einmal die folgenden Beispiele an:

```
PS> dir $env:windir | grep log
PS> dir $env:windir | grep 2010
PS> dir $env:windir | grep system
PS> dir $env:windir | grep archive
PS> dir $env:windir | grep r-s
```

Allerdings kann die Suche über alle Objekteigenschaften auch unerwartete Resultate liefern. Suchen Sie zum Beispiel nach allen Diensten, die den Startmodus Auto verwenden, aber nicht laufen, könnten Sie Folgendes formulieren:

```
PS> Get-WmiObject Win32_Service | grep stopped | grep auto | Select-Object Name, StartMode

Name          StartMode
----          ---------
gupdate       Auto
isaHelperSvc  Auto
MapsBroker    Auto
NcdAutoSetup  Manual
PNRPAutoReg   Manual
RasAuto       Manual
RemoteReg...  Auto
sppsvc        Auto
tzautoupdate  Disabled
WbioSrvc      Auto
```

Das Ergebnis wären in der Tat die gesuchten Dienste, aber darüber hinaus noch einige mehr, die das Stichwort Auto in einer anderen Eigenschaft enthalten, beispielsweise der Dienst

PNRPAutoReg. Eine textbasierte Filterung ist zwar bequem, aber unpräzise. Die objektorientierte Pipeline ist nicht so bequem, aber hochpräzise:

```
PS> Get-WmiObject Win32_Service | Where-Object State -eq Stopped | Where-Object StartMode -eq 'Auto' |
Select-Object Name, StartMode
```

```
Name            StartMode
----            ---------
gpsvc           Auto
gupdate         Auto
isaHelperSvc    Auto
MapsBroker      Auto
RemoteRegistry  Auto
sppsvc          Auto
WbioSrvc        Auto
```

Oder, da es sich um eine WMI-Abfrage handelt, als serverseitiger WMI-Filter:

```
PS> Get-WmiObject Win32_Service -Filter "State='Stopped' and StartMode='Auto'"
```

Out-WinWord: Ergebnisse direkt an Microsoft Word senden

Möchten Sie mehr Kontrolle beim Ausdruck, lassen Sie diesen einfach von einer anderen Software durchführen. Ist beispielsweise Microsoft Word installiert, können Sie PowerShell-Ergebnisse auch darüber ausdrucken. Eine entsprechende Funktion namens `Out-WinWord` könnte so aussehen:

```
function Out-WinWord
{
  param
  (
    $Text = $null,
    $Title = $null,
    $Font = 'Courier',
    $FontSize = 12,
    $Width = 80,
    [Switch]$Print,
    [switch]$Landscape
  )

  if ($Text -eq $null)
  {
    $Text = $Input | Out-String -Width $Width
  }

  $WordObj = New-Object -ComObject Word.Application
  $document = $WordObj.Documents.Add()
  $document.PageSetup.Orientation = [Int][bool]$Landscape
  $document.Content.Text = $Text
  $document.Content.Font.Size = $FontSize
  $document.Content.Font.Name = $Font

  if ($Title -ne $null)
  {
    $WordObj.Selection.Font.Name = $Font
    $wordobj.Selection.Font.Size = 20
    $wordobj.Selection.TypeText($Title)
    $wordobj.Selection.ParagraphFormat.Alignment = 1
```

```
   $wordobj.Selection.TypeParagraph()
   $wordobj.Selection.TypeParagraph()
 }

 if ($Print)
 {
   $WordObj.PrintOut()
   $wdDoNotSaveChanges = 0
   $WordObj.NormalTemplate.Saved = $true
   $WordObj.Visible = $true
   $document.Close([ref]$wdDoNotSaveChanges)
   $WordObj.Quit([ref]$wdDoNotSaveChanges)
 }
 else
 {
   $WordObj.Visible = $true
 }
}
```

Listing 7.5: Ergebnisse direkt an Word senden.

Wie Out-WinWord es genau anstellt, den Text mithilfe von Microsoft Word auf dem Drucker auszugeben, bleibt an dieser Stelle unerwähnt, denn es ist Thema folgender Kapitel. Hier geht es
darum, Out-WinWord als Ersatz für Out-Printer einzusetzen. PowerShell-Informationen können
damit in beliebiger Schriftart und -größe sowie im Querformat in Microsoft Word dargestellt
werden (sofern die Anwendung installiert ist, versteht sich). Die nächste Zeile zeigt eine Liste
aller laufenden Prozesse in Microsoft Word im Querformat an und wählt für die Anzeige die
Schriftart *Consolas* in der Größe 14:

```
PS> Get-Process | Out-WinWord -Font Consolas -FontSize 14 -Title 'Prozessliste' -Landscape
```

Möchten Sie die Ergebnisse einfach nur über Microsoft Word ausdrucken, fügen Sie den Parameter -Print hinzu. In diesem Fall wird das Ergebnis an den Drucker geschickt, und Microsoft
Word tritt dabei noch nicht einmal sichtbar in den Vordergrund.

```
PS> Get-Process | Out-WinWord -Font Consolas -FontSize 14 -Title 'Prozessliste' -Landscape -Print
```

Out-PDF: mit Microsoft Word PDF-Reports erstellen

Auf ganz ähnliche Weise könnte Microsoft Word auch dazu genutzt werden, PowerShell-
Ergebnisse in PDF-Dateien zu umzuwandeln. Dazu müssen Sie allerdings gegebenenfalls die
entsprechende kostenfreie Erweiterung für Microsoft Word installieren. Am besten probieren
Sie zuerst von Hand aus, ob Microsoft Word bei Ihnen mit *Datei/Speichern unter* die Möglichkeit einräumt, ein Dokument als PDF zu speichern. Die folgende Funktion Out-PDF macht
danach diese Funktionalität von Microsoft Word in PowerShell erreichbar:

```
function Out-PDF
{
  param
  (
    $Path = "$env:TEMP\$(Get-Random).pdf",
    $Text = $null,
    $Title = $null,
    $Font = 'Courier',
    $FontSize = 12,
    $Width = 80,
```

```
    [Switch]$Open,
    [switch]$Landscape
)

if ($Text -eq $null)
{
    $Text = $Input | Out-String -Width $Width
}

$WordObj = New-Object -ComObject Word.Application
$document = $WordObj.Documents.Add()
$document.PageSetup.Orientation = [Int][bool]$Landscape
$document.Content.Text = $Text
$document.Content.Font.Size = $FontSize
$document.Content.Font.Name = $Font

if ($Title -ne $null)
{
    $WordObj.Selection.Font.Name = $Font
    $wordobj.Selection.Font.Size = 20
    $wordobj.Selection.TypeText($Title)
    $wordobj.Selection.ParagraphFormat.Alignment = 1
    $wordobj.Selection.TypeParagraph()
    $wordobj.Selection.TypeParagraph()
}

$saveaspath = [ref]$Path
$formatPDF = [ref] 17
$document.SaveAs($saveaspath,$formatPDF)
$wdDoNotSaveChanges = 0
$WordObj.NormalTemplate.Saved = $true
$WordObj.Visible = $true
$document.Close([ref]$wdDoNotSaveChanges)
$WordObj.Quit([ref]$wdDoNotSaveChanges)

if ($Open)
{
    Invoke-Item -Path $Path
}
}
```

Listing 7.6: Ergebnisse mithilfe von Word als PDF-Datei exportieren.

Senden Sie ab sofort Befehlsergebnisse einfach an `Out-PDF`, um sie in eine PDF-Datei umzuwandeln. Geben Sie dabei mit `-Path` keinen Pfadnamen zu einer PDF-Datei an, generiert die Funktion einen zufälligen Dateinamen. Das ist nur sinnvoll zusammen mit `-Open`, denn damit wird diese PDF-Datei anschließend sofort geöffnet – vorausgesetzt, es ist ein PDF-Viewer-Programm installiert.

Ein Systeminventar als PDF-Report kann zum Beispiel mit einer einzigen Zeile generiert werden:

```
PS> systeminfo.exe | Out-PDF -Font Consolas -FontSize 14 -Title 'Systemdaten' -Landscape -Open
```

Tipp

Auch wenn Sie kein Microsoft Word zur Verfügung haben, können Sie PDF-Dateien produzieren. Es gibt andere (und kostenfreie) PowerShell-Erweiterungen, die eine solche Unterstützung bieten. Ein kostenfreies Modul mit dem Befehl Out-PTSPDF finden Sie zum Beispiel hier: *http://www.powertheshell.com/sending-results-to-pdf-files/*. Sie brauchen dieses Modul nur herunterzuladen, zu entpacken und dann wie jedes andere Modul auch zu importieren. Schon steht der neue Befehl zur Verfügung. Mit ihm würden Sie den Report von eben folgendermaßen erstellen:

```
PS> systeminfo.exe | Out-PTSPDF -FontName Consolas -FontSize 14 -IncludeHeader -AutoSize -Open
-Path $env:TEMP\report.pdf
```

Ergebnisse als Objekte exportieren

Werden Objekte in Texte verwandelt, eignen sie sich nur noch zur Darstellung, beispielsweise in Reports. Möchte man Objekte hingegen möglichst verlustfrei exportieren, sodass man die Objekte später wiederherstellen kann, greift man zu strukturierten Formaten wie CSV, XML oder JSON.

Export-CSV: Export an Microsoft Excel und andere Programme

CSV ist eine Universalschnittstelle zum Datenaustausch zwischen unterschiedlichen Programmen. CSV ist zwar simpel, erhält aber die unterschiedlichen Objekteigenschaften. Man kann also auch nach dem Export noch die einzelnen Objekteigenschaften klar abgrenzen und darauf separat zugreifen. Programme wie Microsoft Excel können beispielsweise solche CSV-Daten lesen und spaltenweise anzeigen.

Obwohl CSV für *Comma Separated Values* steht, ist das Komma nicht immer das verwendete Trennzeichen. In Deutschland wird stattdessen üblicherweise ein Semikolon eingesetzt, und so würde ein deutsches Excel keine CSV-Daten erkennen, die das Komma als Trennzeichen verwenden.

PowerShell gibt Ihnen deshalb beim Export von Daten mit Export-Csv die Möglichkeit, entweder selbst ein Trennzeichen mit -Delimiter festzulegen oder gleich -UseCulture anzugeben – damit verwendet PowerShell automatisch das Trennzeichen, das in den Ländereinstellungen der *Systemsteuerung* festgelegt ist:

```
PS> Get-Process | Select-Object Name, Company, Description, StartTime | Export-Csv $env:temp\proz
esse.csv -UseCulture -Encoding UTF8 -NoTypeInformation
PS> & "$env:temp\prozesse.csv"
```

So ist gewährleistet, dass die CSV-Datei von Excel korrekt geöffnet werden kann. Der Parameter -Encoding sorgt dafür, dass mit UTF8 ein Encoding gewählt wird, das auch deutsche Umlaute unterstützt. Und mit -NoTypeInformation wird darauf verzichtet, in der CSV-Datei einen Hinweis auf die ursprünglichen Datenformate zu hinterlegen.

Profitipp

Das Standardtrennzeichen für die aktuellen Ländereinstellungen Ihres Computers ermitteln Sie mit `Get-Culture`:

```
PS> (Get-Culture).TextInfo.ListSeparator
;
```

`Export-Csv` kann übrigens keine Dateien überschreiben, die gerade von anderen Anwendungen geöffnet sind und dort benutzt werden. Haben Sie also eine CSV-Datei in Excel geöffnet, vergessen Sie nicht, Excel zu schließen, bevor Sie die Datei neu anzulegen versuchen.

Wollen Sie häufiger Ergebnisse nach Excel exportieren, fassen Sie die eben verwendeten Befehle zu einer kleinen Hilfsfunktion namens `Out-ExcelReport` zusammen:

```
function Out-ExcelReport
{
  param
  (
    $Path = "$env:TEMP\$(Get-Random).csv"
  )

  $Input | Export-Csv -Path $Path -Encoding UTF8 -NoTypeInformation -UseCulture
  Invoke-Item -Path $Path
}
```

Listing 7.7: Mit Out-ExcelReport kinderleicht Ergebnisse nach Excel exportieren.

Die Funktion macht sich zunutze, dass alles, was über die Pipeline übergeben wurde, in der PowerShell-Variablen `$input` vorliegt. So können alle Informationen in eine CSV-Datei exportiert werden. Diese Datei wird dann über `Invoke-Item` mit Excel geöffnet – zumindest dann, wenn die Dateierweiterung *.csv* auch tatsächlich mit Excel assoziiert ist.

```
PS> Get-Service | Select-Object -Property * | Out-ExcelReport
```

Wenn Sie mit `-Path` keinen besonderen Pfad angeben, generiert die Funktion einen zufälligen Dateinamen.

Ergebnisse serialisieren mit XML und JSON

CSV-Exporte sind zweidimensional: Zwar bleiben die Eigenschaften eines Objekts erhalten, aber der Inhalt der Eigenschaften wird auf Text reduziert. Benötigt man eine dreidimensionale Repräsentation, greift man deshalb zu Ausgabeformaten wie XML oder JSON.

Häufig wird dieser Vorgang auch »serialisieren« genannt, denn aus diesen dreidimensionalen Daten lassen sich die ursprünglichen Objekte später auch wieder restaurieren.

Das geschieht allerdings auf Kosten von Dateigröße und Bearbeitungsgeschwindigkeit. Speichern Sie Objekte dreidimensional, kann die Dateigröße erheblich wachsen, und ebenso wächst dann der Zeitbedarf zum Speichern der Objekte entsprechend an. Das weitverbreitete XML-Format ist besonders speicherhungrig. Wesentlich kompakter arbeitet das JSON-Format.

Um Objekte möglichst verlustfrei zu exportieren, wird Export-Clixml eingesetzt. Mit seinem Parameter -Depth kann man angeben, bis zu welcher Verschachtelungstiefe die Objekteigenschaften im resultierenden XML abgebildet werden sollen. Dabei steigen Speicher- und Zeitbedarf exorbitant an. Verwenden Sie deshalb nur die Serialisierungstiefe, die Sie tatsächlich benötigen. Beginnen Sie zum Beispiel mit -Depth 1 und steigern Sie die Tiefe nur, wenn dabei nicht alle benötigten Informationen serialisiert werden.

```
# Daten als XML serialisieren:
$Path = "$env:temp\prozesse.xml"
Get-Process | Select-Object Name, CPU | Export-Clixml $Path -Depth 1

# die Daten liegen nun als XML-Datei vor
# der Computer könnte nun neu gestartet
# oder die Daten könnten auf einen anderen
# Computer transferiert werden

# Daten aus XML wiederherstellen:
$prozesse = Import-Clixml $Path
$prozesse | Sort-Object CPU | Out-GridView

# Größe der Datei bestimmen:
$size = (Get-Item -Path $Path).Length
Write-Warning "Dateigröße: $size Bytes."
```

Listing 7.8: Ergebnisse als XML-Datei serialisieren.

Die Informationen werden zuerst als XML-Datei serialisiert und danach wieder importiert. Sie können die Objekte anschließend wie gewohnt nach ihren Eigenschaften sortieren und anzeigen. Bemerkenswert ist, dass die aus der XML-Datei wiederhergestellten Objekte nicht nur ihre alten Eigenschaften zurückerhalten, sondern auch die Datentypen. Nur deshalb funktioniert die Sortierung korrekt. Die Größe der XML-Datei, die dabei entstanden ist, wird in der Konsole ausgegeben und ist indes beträchtlich.

Deutlich weniger Speicherplatz verlangt das kompaktere JSON-Format. Hier konvertiert man die Ergebnisse mit ConvertTo-Json. Sollen die JSON-Informationen als Datei gespeichert werden, muss danach allerdings noch Set-Content verwendet werden. Um solche Daten später wieder einzulesen, verwendet man Get-Content und leitet die Textinformationen danach an ConvertFrom-Json weiter:

```
#requires -Version 3

# Daten als JSON serialisieren:
$Path = "$env:temp\prozesse.json"
Get-Process | Select-Object Name, CPU | ConvertTo-Json -Depth 1 | Set-Content -Path $Path

# die Daten liegen nun als JSON-Datei vor
# der Computer könnte nun neu gestartet
# oder die Daten könnten auf einen anderen
# Computer transferiert werden

# Daten aus JSON wiederherstellen:
$prozesse = Get-Content -Path $Path -Raw | ConvertFrom-Json
$prozesse | Sort-Object CPU | Out-GridView

# Größe der Datei bestimmen:
```

```
$size = (Get-Item -Path $Path).Length
Write-Warning "Dateigröße: $size Bytes."
```

Listing 7.9: Ergebnisse als JSON-Datei speichern.

Wie Sie sehen, benötigt JSON nur rund ein Viertel des Speicherplatzes. Im CSV-Format wäre das Ergebnis dagegen sehr überraschend: Erstens würde der CSV-Export viel länger dauern, zweitens eine sehr viel größere Datei erzeugen, und drittens wäre die anschließende Sortierung der aus der CSV-Datei wiederhergestellten Objekte nicht mehr möglich:

```
#requires -Version 2

# Daten als CSV serialisieren:
$Path = "$env:temp\prozesse.csv"
Get-Process | Export-CSV -Path $Path

# die Daten liegen nun als CSV-Datei vor
# der Computer könnte nun neu gestartet
# oder die Daten könnten auf einen anderen
# Computer transferiert werden

# Daten aus CSV wiederherstellen:
$prozesse = Import-CSV -Path $Path
$prozesse | Sort-Object CPU | Out-GridView

# Größe der Datei bestimmen:
$size = (Get-Item -Path $Path).Length
Write-Warning "Dateigröße: $size Bytes."
```

Listing 7.10: Das CSV-Format ist für die Objekt-Serialisierung ungeeignet.

Eigentlich hätte die CSV-Datei kleiner sein müssen als die XML- oder JSON-Datei. Der Grund für die lange Dauer und die großen Datenmengen: Während XML und JSON nur die Eigenschaften serialisieren, die PowerShell in der Konsole anzeigen würde, serialisiert CSV ungefragt sämtliche Eigenschaften. Würde man nur diejenigen Eigenschaften in CSV speichern, die XML und JSON serialisiert haben, wäre die CSV-Datei platzsparender als die anderen Formate (jedoch nicht wesentlich platzsparender als JSON):

```
#requires -Version 2

# Daten als CSV serialisieren:
$Path = "$env:temp\prozesse.csv"
Get-Process | Select-Object -Property Handles, NPM, PM, WS, VM, CPU, Id, ProcessName | Export-CSV
-Path $Path

# die Daten liegen nun als CSV-Datei vor
# der Computer könnte nun neu gestartet
# oder die Daten könnten auf einen anderen
# Computer transferiert werden

# Daten aus CSV wiederherstellen:
$prozesse = Import-CSV -Path $Path
$prozesse | Sort-Object CPU | Out-GridView

# Größe der Datei bestimmen:
$size = (Get-Item -Path $Path).Length
Write-Warning "Dateigröße: $size Bytes."
```

Listing 7.11: Nur die von PowerShell normalerweise angezeigten Eigenschaften in CSV serialisieren.

Die Sortierung nach CPU-Zeit würde dennoch misslingen, denn der Grund dafür, dass JSON etwas mehr Platz benötigt als CSV, ist zugleich ein entscheidender Vorteil: JSON speichert neben den Daten auch den Datentyp, sodass bei den wiederhergestellten Objekten der Inhalt von CPU nach wie vor numerisch ist. Bei CSV-Importen sind alle Eigenschaften vom Typ String.

HTML-Reports erstellen

Eine besonders universelle Darstellungsart ist HTML, weil HTML-Reports von jedem beliebigen Webbrowser angezeigt und auf Wunsch auch zentral über einen Webserver bereitgestellt werden können. Zuständig für die Umwandlung von Objekten in ein anderes Darstellungsformat sind die ConvertTo-Cmdlets. Das wichtigste dieser Cmdlets heißt ConvertTo-Html, es wandelt automatisch Objekte in HTML um. Die übrigen ConvertTo-Cmdlets führen Umwandlungen in andere Darstellungsformen durch.

Cmdlet	Beschreibung
ConvertTo-Csv	Wandelt Objekte in kommaseparierte Listen um. Funktioniert wie Export-Csv, nur werden die umgewandelten CSV-Informationen nicht direkt in eine Datei geschrieben.
ConvertTo-Html	Wandelt Objekte in HTML um.
ConvertTo-SecureString	Wandelt Objekte in verschlüsselten Text um. Verschlüsselter Text wird für Anmeldeinformationen wie geheime Kennwörter verwendet.
ConvertTo-Xml	Wandelt Objekte in reines XML um. Im Gegensatz zu Export-Clixml (*Constraint Language in XML*) werden die Typen der Objekteigenschaften nicht mitgespeichert.

Tabelle 7.4: Konvertierungs-Cmdlets.

Objekteigenschaften in HTML-Spalten umwandeln

ConvertTo-Html hat einen sehr engen Zuständigkeitsbereich: Es wandelt die Objekteigenschaften in HTML um. Mehr geschieht nicht. Was Sie mit dem resultierenden HTML-Code unternehmen, bleibt Ihnen (oder nachfolgenden Cmdlets) überlassen. Unternehmen Sie nichts weiter, gibt ConvertTo-Html den HTML-Code in die Konsole aus, wo er natürlich nicht als HTML-Seite angezeigt wird, sondern als reiner Text.

```
PS> Get-Process | ConvertTo-Html
```

HTML im Webbrowser anzeigen

Damit das HTML auch tatsächlich als HTML-Seite angezeigt wird, muss der HTML-Code in eine Datei mit der Erweiterung *.htm* gespeichert werden, die man dann mit dem Webbrowser öffnen kann:

```
$path = "$env:temp\report.htm"
Get-Process | ConvertTo-Html Name, Company, CPU | Set-Content -Path $path -Encoding UTF8
Invoke-Item -Path $path
```

Listing 7.12: Ergebnisse als HTML-Seite anzeigen.

Das Ergebnis ist eine HTML-Darstellung, die sehr an die 90er-Jahre erinnert. Sie verwendet pures HTML ohne irgendwelche optischen Verschönerungen.

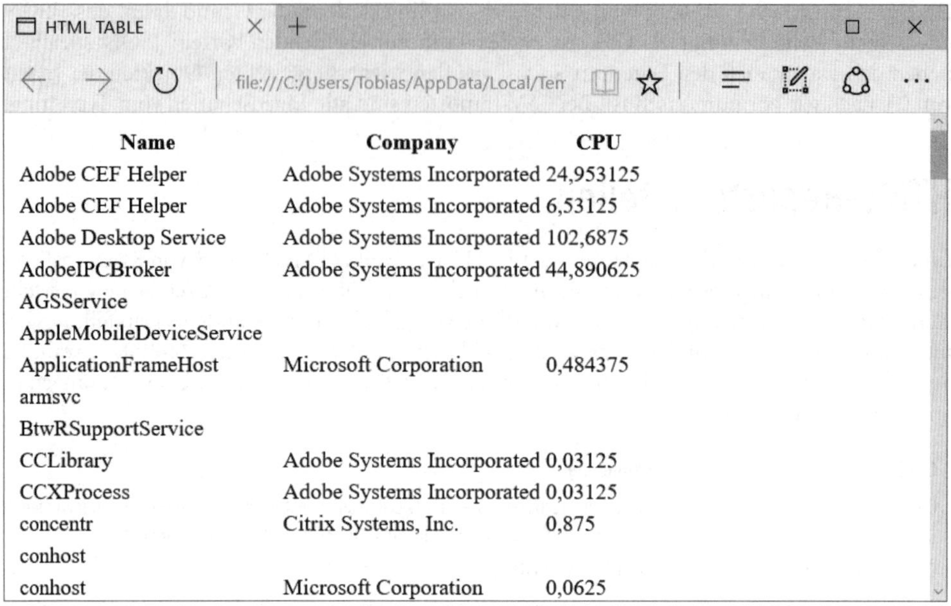

Name	Company	CPU
Adobe CEF Helper	Adobe Systems Incorporated	24,953125
Adobe CEF Helper	Adobe Systems Incorporated	6,53125
Adobe Desktop Service	Adobe Systems Incorporated	102,6875
AdobeIPCBroker	Adobe Systems Incorporated	44,890625
AGSService		
AppleMobileDeviceService		
ApplicationFrameHost	Microsoft Corporation	0,484375
armsvc		
BtwRSupportService		
CCLibrary	Adobe Systems Incorporated	0,03125
CCXProcess	Adobe Systems Incorporated	0,03125
concentr	Citrix Systems, Inc.	0,875
conhost		
conhost	Microsoft Corporation	0,0625

Abbildung 7.2: Ergebnisse als HTML im Browser anzeigen.

Wenn Sie in Listing 7.12 die Dateiendung von *.html* in *.hta* ändern, wird der Report nicht im normalen Internetbrowser angezeigt, sondern in einem speziellen Systembrowser, der für solche Darstellungen optimiert ist und keine weiteren Steuerelemente besitzt.

Tipp

`ConvertTo-Html` generiert normalerweise Tabellen. Wollen Sie sehr viele Objekteigenschaften in den HTML-Report einschließen, ist die Tabelle dafür möglicherweise zu schmal. Beauftragen Sie `ConvertTo-Html` in diesem Fall mit dem Parameter `-As List`, um anstelle einer Tabelle eine Liste zu generieren:

```
PS> Get-Process | ConvertTo-Html Name, Company, CPU, *Time* -as List |
Out-File $env:temp\ausgabe.htm
PS> & "$env:temp\ausgabe.htm"
```

HTML-Reports ansprechend und farbig gestalten

Anfangs sehen die generierten HTML-Reports etwas trist aus. Über den Parameter `-Head` lassen sich aber sogenannte HTML-Stylesheets hinzufügen. Ein Stylesheet legt für die einzelnen Elemente der HTML-Seiten Formatierungen wie Farbe oder Schriftart fest.

Das folgende Beispiel definiert mit `-Head` im Head-Bereich des HTML sowohl den Seitentitel als auch ein Stylesheet, das die HTML-Elemente ansprechender formatiert. Der Aufbau von HTML-Stylesheets wird an dieser Stelle nicht weiter besprochen. Sie finden zu dieser HTML-Technik umfangreiche Informationen im Internet.

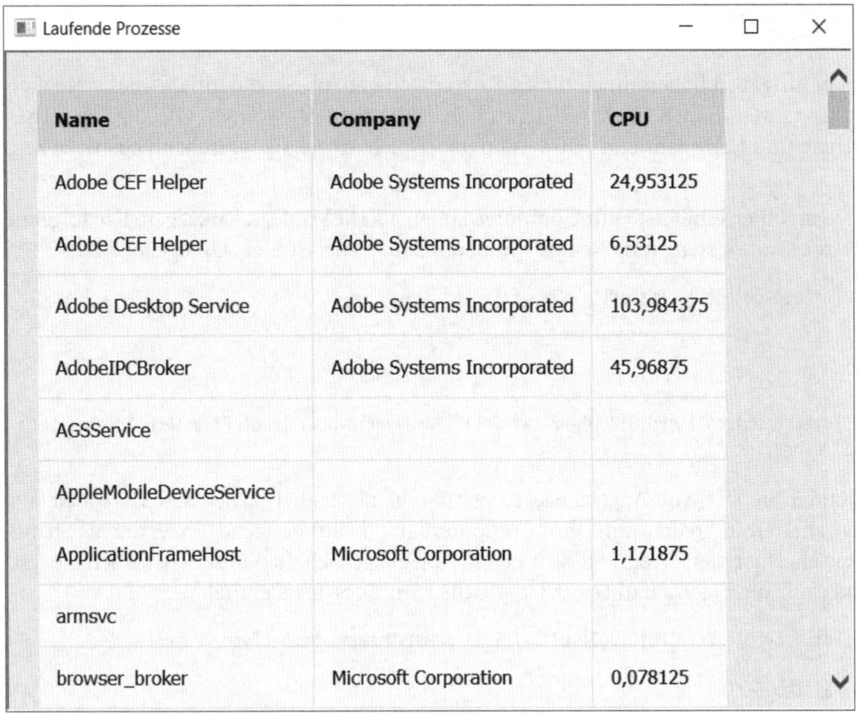

Name	Company	CPU
Adobe CEF Helper	Adobe Systems Incorporated	24,953125
Adobe CEF Helper	Adobe Systems Incorporated	6,53125
Adobe Desktop Service	Adobe Systems Incorporated	103,984375
AdobeIPCBroker	Adobe Systems Incorporated	45,96875
AGSService		
AppleMobileDeviceService		
ApplicationFrameHost	Microsoft Corporation	1,171875
armsvc		
browser_broker	Microsoft Corporation	0,078125

Abbildung 7.3: Ein ansprechend formatierter HTML-Report.

Das Ergebnis ist ein zeitgemäß aussehender HTML-Report (Abbildung 7.3):

```
$path = "$env:temp\report.hta"

$style = @'
 <title>Laufende Prozesse</title>
 <style>
  body { background-color:#EEEEEE; }
  body,table,td,th { font-family:Tahoma; color:Black; Font-Size:10pt; padding: 15px; }
  th { font-weight:bold; background-color:#AAFFAA; text-align: left;}
  td { background-color:#EEFFEE; }
 </style>
'@

Get-Process |
  ConvertTo-Html Name, Company, CPU -Head $style  |
  Set-Content -Path $Path -Encoding UTF8

Invoke-Item -Path $Path
```

Listing 7.13: Ergebnisse als formatierten HTML-Report ausgeben.

Über `-PreContent` lassen sich HTML-Fragmente am Seitenanfang einblenden, beispielsweise eine Überschrift oder sogar ein Firmenlogo.

Testaufgaben

Die folgenden Aufgaben helfen Ihnen dabei, zu kontrollieren, ob Sie die Inhalte dieses Kapitels bereits gut verstanden haben oder vielleicht noch etwas vertiefen sollten. Gleichzeitig lernen Sie viele weitere und teils spannende Anwendungsbeispiele sowie die typischen Fallstricke kennen.

Aufgabe: Sie möchten eine Liste mit Computernamen als HTML-Datei anzeigen. Die folgende Zeile liefert aber stattdessen einen Report mit der Spalte *. Was ist hier schiefgelaufen?

```
PS> 1..20 | ForEach-Object { 'PC{0:000}-W7' -f $_ }

PC001-W7
PC002-W7
(…)
PS> 1..20 | ForEach-Object { 'PC{0:000}-W7' -f $_ } | ConvertTo-Html | Out-File $HOME\rechner.htm
PS> & "$HOME\rechner.htm"
```

Lösung: Halten Sie sich vor Augen, wie `ConvertTo-Html` tatsächlich arbeitet: Es wandelt alle Objekteigenschaften in Spalten um. Ihre Computernamen sind einfache Texte, die als String-Objekt gespeichert werden. Wenn Sie sich deren Objekteigenschaften ansehen, stellen Sie fest, dass darunter nur die Eigenschaft `Length` ist, die die Länge des Texts enthält:

```
PS> 1..20 | ForEach-Object { 'PC{0:000}-W7' -f $_ } | Get-Member -MemberType Property

   TypeName: System.String

Name   MemberType Definition
----   ---------- ----------
Length Property   System.Int32 Length {get;}
```

Sie können mit `ConvertTo-Html` deshalb nur komplexe Objekte sichtbar machen, aber keine einfachen Datentypen wie Texte oder Zahlen. Solche Informationen geben Sie besser direkt in eine Textdatei aus:

```
PS> 1..20 | ForEach-Object { 'PC{0:000}-W7' -f $_ } | Out-File $HOME\rechner.txt
PS> & "$HOME\rechner.txt"
```

Wollen Sie die Informationen trotzdem unbedingt als HTML darstellen, können Sie sich zunutze machen, dass der Parameter `-Property` auch Skriptblöcke akzeptiert, in denen Sie selbst bestimmen, wie die Informationen für diese Spalte in Text umgewandelt werden:

```
PS> 1..20 | ForEach-Object { 'PC{0:000}-W7' -f $_ } | ConvertTo-Html { $_ } |
Out-File $HOME\rechner.htm
PS> & "$HOME\rechner.htm"
```

Der HTML-Report zeigt jetzt die Computernamen korrekt an. Allerdings wird der Spaltenname nun durch den Ausdruck bestimmt, der in Ihrem Skriptblock steht. Möchten Sie die Spalte anders nennen, ist eine Hashtable notwendig:

```
PS> $format = @{}
PS> $format.Label = 'Rechnername'
PS> $format.Expression = { $_ }
PS> 1..20 | ForEach-Object { 'PC{0:000}-W7' -f $_ } | ConvertTo-Html $format |
Out-File $HOME\rechner.htm
PS> & "$HOME\rechner.htm"
```

Auf diese Weise lassen sich beliebig viele Spalten definieren. Aufgrund einer Eigenheit in PowerShell funktioniert das allerdings nur, wenn Sie die Hashtable in einer einzelnen Zeile definieren und nicht schrittweise aufbauen:

```
PS> $spalte1 = @{Label='Rechnername'; Expression={$_}}
PS> $spalte2 = @{Label='Präfix'; Expression={$_.SubString(0,2)}}
PS> $spalte3 = @{Label='Betriebssystem'; Expression={$_.Split('-')[1]}}
PS> $format = $spalte1, $spalte2, $spalte3
PS> 1..20 | ForEach-Object { 'PC{0:000}-W7' -f $_ } | ConvertTo-Html $format |
Out-File $HOME\rechner.htm
PS> & "$HOME\rechner.htm"
```

Aufgabe: Sie wollen gern einen HTML-Report mit den IP-Adressen generieren, die einem Computer zugewiesen sind. Sie verwenden die folgende Zeile, um die IP-Adressen abzurufen:

```
PS> Get-WmiObject Win32_NetworkAdapterConfiguration | Select-Object Caption, *IPAdd* |
Where-Object { $_.IPAddress -ne $null }
```

Caption	IPAddress
[00000007] Intel(R) 82567LM-Gigabit-Netzw...	{192.168.2.105, fe80::f85a:1e3e:9907:6460}
[00000011] Intel(R) WiFi Link 5100 AGN	{192.168.2.103, fe80::ad62:ac4d:4dea:936d}
[00000014] Microsoft Loopbackadapter	{169.254.179.137, fe80::dc8d:6c92:de:b389}

Wenn Sie versuchen, diese Informationen in HTML umzuwandeln, erhalten Sie in der Spalte IPAddress allerdings immer nur die Angabe System.String[]. Warum?

```
PS> Get-WmiObject Win32_NetworkAdapterConfiguration | Select-Object Caption, *IPAdd* |
Where-Object { $_.IPAddress -ne $null } | ConvertTo-Html | Out-File $HOME\ip.htm
& "$HOME\ip.htm"
```

Lösung: ConvertTo-Html wandelt alle Objekteigenschaften in Text um, greift dabei aber nicht auf das ETS zurück. Komplexere Objekte und vor allen Dingen Arrays werden deshalb nur mit dem Namen ihres Typs angegeben. Die Eigenschaft IPAddress enthält ein Array, denn einer Netzwerkkarte können beliebig viele IP-Adressen zugewiesen sein.

Um die IP-Adressen korrekt anzuzeigen, müssen Sie also selbst dafür sorgen, dass der Inhalt der Eigenschaft IPAddress auf sinnvollere Weise in Text umgewandelt wird. Fügen Sie anstelle der Eigenschaft IPAddress einen Skriptblock ein. In diesem Skriptblock greifen Sie selbst auf die Eigenschaft IPAddress zu und wandeln das Array in reinen Text, indem Sie es in doppelten Anführungszeichen ausgeben:

```
PS> Get-WmiObject Win32_NetworkAdapterConfiguration | Where-Object { $_.IPAddress -ne $null } |
ConvertTo-Html Caption, { "$($_.IPAddress)" } | Out-File $HOME\ip.htm
PS> & "$HOME\ip.htm"
```

Die IP-Adressen werden jetzt durch Leerzeichen getrennt hintereinander ausgegeben. Möchten Sie die Einträge lieber kommasepariert anordnen, weisen Sie der speziellen Variablen $OFS das gewünschte Trennzeichen zu. Der Inhalt von $OFS wird nämlich bei einer Textumwandlung eines Arrays automatisch als Trennzeichen verwendet:

```
PS> Get-WmiObject Win32_NetworkAdapterConfiguration | Where-Object { $_.IPAddress -ne $null } |
ConvertTo-Html Caption, { $OFS = ", "; "$($_.IPAddress)" } | Out-File $HOME\ip.htm
PS> & "$HOME\ip.htm"
```

Hinweis

Leider gibt es keinen Weg, mehrzeiligen Text untereinander anzuordnen. Dazu müsste das Trennzeichen ein Zeilenumbruch sein. `ConvertTo-Html` wandelt Zeilenumbrüche aber leider nicht in das in HTML notwendige `<BR>` um. Geben Sie als Trennzeichen selbst `<BR>` an, encodiert `ConvertTo-Html` die Zeichenfolge, sodass sie wörtlich erscheint und ebenfalls keinen Zeilenumbruch liefert.

Störend ist nun höchstens noch die Spaltenüberschrift, die den Inhalt des Skriptblocks zeigt. Wie Sie dieses Problem mithilfe einer Hashtable lösen, haben Sie bereits im vorangegangenen Abschnitt erfahren. Es gibt allerdings noch eine zweite Möglichkeit: Kopieren Sie die Ergebnisse mit `Select-Object` in neue Objekte. Dadurch erhalten Sie die Möglichkeit, den Inhalt der Eigenschaften nach Belieben zu ändern, ohne dass das Auswirkungen auf die Namen der Eigenschaften hat. Verwandeln Sie das Textfeld in der Eigenschaft `IPAddress` also in einen Gesamttext – beispielsweise wie eben gezeigt oder durch Weiterleiten an `Out-String` – und senden Sie erst danach die geänderten Objekte an `ConvertTo-Html`:

```
PS> Get-WmiObject Win32_NetworkAdapterConfiguration | Where-Object { $_.IPAddress -ne $null } |
Select-Object Caption, IPAddress | ForEach-Object { $_.IPAddress = $_.IPAddress | Out-String; $_ } |
ConvertTo-Html | Out-File $HOME\ip.htm
PS> & "$HOME\ip.htm"
```

Aufgabe: Sie möchten möglichst viele Informationen aller laufenden Prozesse als HTML-Report anzeigen. Die folgende Zeile liefert jedoch einen HTML-Report, der Spalten wie `Module`, `MainModule`, `StartInfo` oder auch `Threads` zeigt, deren Informationen nicht besonders hilfreich sind:

```
PS> Get-Process | ConvertTo-Html | Out-File $HOME\processes.htm
PS> & "$HOME\processes.htm"
```

Wieso ist das so, und was kann man dagegen unternehmen?

Lösung: Die angegebenen Spalten entsprechen Objekteigenschaften, die ihrerseits komplexe Objekte enthalten. Wie Sie inzwischen wissen, wandelt `ConvertTo-Html` diese Eigenschaften auf sehr simple Weise in Text um: Die Objekte werden lediglich durch den Namen ihres Typs ersetzt. Wollen Sie diese überflüssigen Spalten nicht anzeigen lassen, müssen Sie sie ausdrücklich ausschließen, beispielsweise so:

```
PS> Get-Process | Select-Object * -Exclude *module*, Threads, StartInfo | ConvertTo-Html | Out-File
$HOME\processes.htm
PS> & "$HOME\processes.htm"
```

Aufgabe: Warum sieht das Ergebnis in Excel, das die folgende Anweisung liefert, ganz anders aus als erwartet?

```
PS> dir | Format-Table | Export-Csv test.csv
PS> .\test.csv
```

Lösung: Sie haben ein `Format-*`-Cmdlet eingesetzt und nicht beachtet, dass diese Cmdlets nur am Ende der Pipeline oder unmittelbar vor `Out-*`-Cmdlets verwendet werden dürfen. Ein Blick in die CSV-Datei offenbart auch, warum: `Format-*`-Cmdlets verändern die ursprünglichen Objekte und verwandeln sie in Formatierungsobjekte, die nur noch von `Out-*`-Cmdlets verstanden werden.

Aufgabe: Sie haben von einem Geschäftspartner aus den USA Daten in Form einer kommaseparierten Liste bekommen. Sie selbst arbeiten auf einem deutschsprachigen System. Wie können Sie die Daten Ihres Geschäftspartners auf Ihrem System bearbeiten? Woran ist zu denken, wenn Sie eigene Daten an Ihren Partner zurückliefern wollen?

Lösung: PowerShell arbeitet als Vorgabe immer mit klassischen kommaseparierten Listen. Sie können die Informationen aus der CSV-Datei Ihres Partners also ohne weitere Parameter direkt mit Import-Csv importieren und weiterbearbeiten. Wenn Sie selbst Daten als kommaseparierte Listen an internationale Partner weitergeben wollen, verwenden Sie am besten ebenfalls das Komma als Trennzeichen. Verzichten Sie also bei Export-Csv auf die Verwendung von -UseCulture. Die folgende Zeile liefert eine klassische kommaseparierte Datei:

```
PS> Get-Process | Select-Object Name, Company | Export-Csv $HOME\datenliste.csv
```

Wie aber gehen Sie vor, wenn Sie die kommaseparierte Liste Ihres Geschäftspartners in einem deutschsprachigen Programm, das CSV-Dateien unterstützt, öffnen und weiterbearbeiten möchten? Sollte das Programm keine Möglichkeit bieten, das verwendete Trennzeichen anzugeben, beauftragen Sie kurzerhand PowerShell, das Trennzeichen der CSV-Datei zu konvertieren. Die folgende Zeile wandelt eine CSV-Datei mit klassischem Kommatrennzeichen (*usa.csv*) in eine CSV-Datei mit dem auf Ihrem System üblichen Trennzeichen um (*deutsch.csv*):

```
PS> Import-Csv $HOME\usa.csv | Export-Csv -UseCulture -Encoding UTF8 $HOME\deutsch.csv -NoTypeInfor
mation
```

Aufgabe: Manche Aufgaben lassen sich allerdings nicht so elegant lösen, weil dazu die nötigen Parameter fehlen. Was zum Beispiel würden Sie unternehmen, wenn Sie den ersten Ereigniseintrag benötigen, der größer ist als 10000? Der Parameter -InstanceId liefert nur genau die Ereignis-ID, die Sie angeben.

Lösung: In diesem Fall müssen Sie also wohl oder übel sämtliche Ereigniseinträge abfragen und nachgeschaltet filtern:

```
PS> Get-EventLog System | Where-Object { $_.InstanceId -gt 10000 }
```

Da Ereignisprotokolle sehr viele Einträge enthalten können, kann eine solche Abfrage sehr lange dauern. Wenn Sie nur das erste infrage kommende Element benötigen, hilft es, die Ergebnisse mit Select-Object zu beschränken:

```
PS> Get-EventLog System | Where-Object { $_.InstanceId -gt 10000 } | Select-Object -First 1
```

Teil B
Objektorientierte Shell

Kapitel 8
Mit Objekten arbeiten

In diesem Kapitel:

Ausführlich werden in diesem Kapitel die folgenden Aspekte erläutert:

- **Hinter Informationen stecken Objekte:** Ergebnisse der PowerShell werden in Form von Objekten geliefert. Für fast jede Art von Information – Zahlen, Texte, Dateien, Benutzerkonten etc. – gibt es maßgeschneiderte Objekte, die optimal dafür geeignet sind, diesen Informationstyp darzustellen und zu verwalten. Meist handelt es sich um Objekte aus dem riesigen Fundus des .NET Framework, die PowerShell gegebenenfalls noch ergänzt hat.

- **Eigenschaften und Methoden:** Ein Objekt enthält Eigenschaften (was das Objekt »ist«) und Methoden (was das Objekt »kann«). Sie werden gemeinsam als »Member« eines Objekts bezeichnet. Get-Member kann die Eigenschaften und Methoden eines Objekts anzeigen.

- **Punktschreibweise:** Gibt man hinter einer Variablen einen Punkt an, erhält man direkten Zugriff auf die Eigenschaften und Methoden des Objekts, das in der Variablen gespeichert ist. Enthält die Variable ein Array mit vielen Objekten, können ab PowerShell 3.0 auch die Eigenschaften und Methoden der Einzelobjekte im Array angesprochen werden.

- **Änderbare Eigenschaften:** Manche Eigenschaften eines Objekts sind änderbar, andere nicht. Get-Member verrät, welche Eigenschaften geändert werden können. Bei remotefähigen Technologien wie WMI oder ADSI müssen Änderungen an den Eigenschaften explizit zurückgeschrieben werden, um wirksam zu werden.

Auf den ersten Blick erscheint PowerShell wie eine textbasierte Befehlskonsole: Sie geben einen Befehl ein, und in der Konsole erscheinen die Ergebnisse als Text. Dieser erste Eindruck trügt aber. Nur wenn Sie die Ergebnisse eines Befehls nicht weiterverwenden, wandelt die PowerShell-Konsole sie in Text um. Sie werden also erst dann zu Text, wenn sie in die Konsole ausgegeben werden.

Vorher aber sind alle Informationen Objekte. Objekte sind im Gegensatz zu Text strukturiert. Die einzelnen darin enthaltenen Informationen lassen sich zum Beispiel gezielt ansprechen. Ist ein Objekt dagegen erst auf Text reduziert worden, hat man diese Möglichkeit nicht mehr.

Schauen Sie sich zum Beispiel an, was geschieht, wenn Sie den Inhalt der Variablen $host in die Konsole ausgeben. Diese Variable wird von PowerShell vordefiniert und enthält Informationen über das Hostprogramm, mit dem Sie gerade PowerShell ausführen:

PS> **$host**

```
Name            : Windows PowerShell ISE Host
Version         : 5.0.10586.63
InstanceId      : 6624a30a-d9f8-4fe4-a0ef-0703ea20bec4
UI              : System.Management.Automation.Internal.Host.InternalHostUserInt
                  erface
CurrentCulture  : de-DE
CurrentUICulture : de-DE
PrivateData     : Microsoft.PowerShell.Host.ISE.ISEOptions
DebuggerEnabled : True
IsRunspacePushed : False
Runspace        : System.Management.Automation.Runspaces.LocalRunspace
```

Sie erhalten eine Aufstellung verschiedener Informationen, mit denen Sie jetzt in der Konsole nicht mehr viel anfangen können. Wollten Sie die Version ermitteln, müssten Sie den Text durchsuchen.

Solange die Informationen aber noch nicht ausgegeben wurden, sind sie strukturiert, und Sie müssen an die Variable $host lediglich einen Punkt anhängen, um bequem auf alle Einzelinformationen zugreifen zu können. Es kostet Sie also nur eine einzige Zeile, um gezielt die aktuelle PowerShell-Version herauszufinden.

PS> $host.**Version**

```
Major Minor Build Revision
----- ----- ----- --------
5     0     10586 63
```

Dabei passiert aber noch weitaus mehr. Wenn Sie genau hinschauen, sehen Sie sogar, wie sich die Informationen in der Eigenschaft PSVersion »entfalten«, sobald Sie sie abrufen. Wurde die Version zuvor nur als 5.0.10240.16384 angezeigt, stellt sie sich nun als neues Objekt mit vier getrennten Eigenschaften dar, die Sie anschließend wiederum mit dem Punkt einzeln ansprechen können:

PS> $host.Version.**Major**
5

Man kann sich den Punkt in einer objektorientierten Welt also wie den Backslash (\) in einem Pfadnamen vorstellen: Die Reise beginnt auf oberster Ebene, nämlich dort, wo die Daten zu finden sind. Danach beschreibt man mit den Punkten den »Pfadnamen«, der zur gewünschten Information führt. Oder einfach: Geben Sie hinter einem Objekt einen Punkt an, und schon zeigt Ihnen das IntelliSense-Menü des ISE-Editors, was in diesem Objekt auf nächster Ebene zu finden ist (Abbildung 8.1).

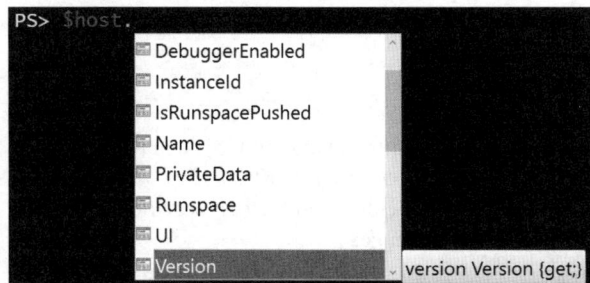

Abbildung 8.1: Über einen Punkt greift man auf die Eigenschaften und Methoden von Objekten zu.

In der IntelliSense-Liste erscheinen zwei verschiedene Arten von Einträgen: Neben den eigentlichen Informationen, die man *Eigenschaften* nennt und die mit einem »Zettel« gekennzeichnet werden, listet IntelliSense unter Umständen auch Befehle auf, die *Methoden* genannt werden und mit einem rosafarbenen Quader markiert sind (Abbildung 8.2). Möchten Sie zum Beispiel aus einem Text die fünf Zeichen ab Position 4 ermitteln, wäre dies der Aufruf:

```
PS> "Hallo Welt".Substring(3,5)
lo We
```

Die genaue Syntax eines solchen Befehls liefert PowerShell im ISE-Editor im Tooltipp des IntelliSense-Menüs, wenn Sie einen Befehl darin auswählen (Abbildung 8.2).

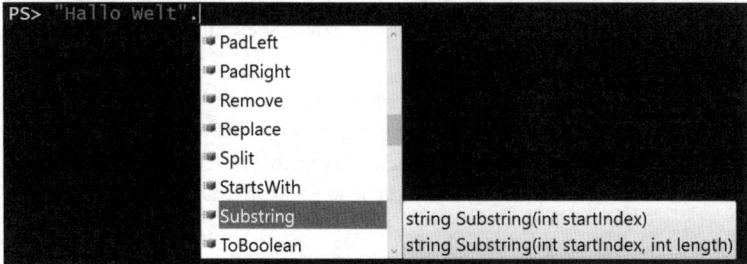

Abbildung 8.2: Methoden sind Befehle, die das Objekt bereitstellt.

Dieselbe Information sehen Sie, wenn Sie den Befehl ohne runde Klammern aufrufen:

```
PS> "Hallo Welt".Substring

OverloadDefinitions
-------------------
string Substring(int startIndex)
string Substring(int startIndex, int length)
```

In Wirklichkeit ist PowerShell also eine Welt voller Objekte, und alles, was Befehle und Cmdlets liefern, sind ebenfalls Objekte, mit denen man sehr viel mehr machen kann als mit reinem Text. PowerShell beinhaltet demnach zwei Welten: einerseits die simple textbasierte Welt und andererseits die dahinter tatsächlich verborgene objektorientierte Welt. In diesem Kapitel werden Sie wie der Protagonist Neo im Science-Fiction-Klassiker »Die Matrix« die rote Pille schlucken: Sie verlassen die vertraute und simple textbasierte (aber in Wahrheit nur simulierte) Welt und betreten die komplexere, mehrdimensionale (aber mächtige) reale Welt der Objekte.

Eigenschaften und Methoden

In einem langweiligen IT-Kurs würde man Sie im Zusammenhang mit Objekten relativ schnell mit den folgenden Fachbegriffen bombardieren: *Objekt, Instanz, Klasse, Typ* sowie *Member (Mitglied), Eigenschaft (Property)* und *Methode.* Tatsächlich sind diese Begriffe nicht ganz unwichtig, aber beschreiben eigentlich ganz einfache Dinge:

- **Klasse, Typ:** Die »Sorte« eines Objekts.
- **Objekt, Instanz:** Ein reales Objekt einer bestimmten »Sorte«.
- **Eigenschaft (Property):** Was etwas »ist« (unverwechselbare Merkmale, Information).
- **Methode:** Was etwas »kann« (Fähigkeiten, Befehle).
- **Member:** Sammelbegriff für Eigenschaften und Methoden.

Die IT hat sich diese Begriffe als Analogie geborgt: Ein laufender Prozess ist beispielsweise »ein reales Objekt« (eine Instanz oder auch ein Objekt) der Sorte (des Typs oder auch der Klasse) `Process`.

Eigenschaften

Wodurch unterscheidet sich ein beliebiger Prozess von allen übrigen Prozessen? Durch seine *Eigenschaften* – etwa durch seine eindeutige Prozess-ID, seinen Name und auch seine CPU-Belastung. Solche Eigenschaften eines Objekts werden von PowerShell angezeigt und können mit `Select-Object` ausgewählt werden.

`Get-Process` liefert zum Beispiel alle gerade laufenden Prozesse. Sie alle sind von derselben »Sorte« (vom selben Typ oder derselben Klasse). Deswegen zeigt PowerShell alle in einer gemeinsamen Tabelle an. Die Spaltenüberschriften zeigen die verschiedenen Eigenschaften dieser Prozesse. Sie sehen also auf einen Blick, worin sich die Prozesse voneinander unterscheiden:

```
PS> Get-Process
```

Handles	NPM(K)	PM(K)	WS(K)	VM(M)	CPU(s)	Id	SI	ProcessName
241	30	82664	68156	347	28,11	872	1	Adobe CEF Helper
235	21	56708	27752	308	7,33	6584	1	Adobe CEF Helper
26121	44	40860	59540	273	209,45	6344	1	Adobe Desktop Service
210	16	4388	4352	102	90,13	6832	1	AdobeIPCBroker
194	12	2492	7804	73		2520	0	AGSService
246	20	3852	7228	120		2612	0	AppleMobileDeviceService
553	26	18976	34688	...11	2,38	20868	1	ApplicationFrameHost
111	8	1196	892	54		2464	0	armsvc
326	16	3264	16924	...60	0,41	30876	1	browser_broker
142	10	1700	1260	74		2500	0	BtwRSupportService
35	3	428	264	11	0,03	8012	1	CCLibrary

Jede Zeile der Tabelle entspricht also einem anderen Prozess, und genau genommen repräsentiert jede Zeile ein echtes »lebendiges« Process-Objekt. Nur bei der Ausgabe dieser Information reduziert PowerShell die Objekte zu Textzeilen.

Eigenschaften lesen

Beauftragen Sie Select-Object mit dem Parameter -Property mithilfe des Platzhalterzeichens *, alle Eigenschaften anzuzeigen, präsentiert sich die detailreiche Objektnatur. Es werden jetzt sehr viel mehr Informationen pro Prozess geliefert als vorher, und weil das ziemlich viele sein können, wird im folgenden Beispiel mit -First 1 nur das erste gelieferte Prozess-Objekt sichtbar gemacht:

```
PS> Get-Process | Select-Object -Property * -First 1
```

```
__NounName              : Process
Name                    : notepad
Handles                 : 64
VM                      : 75407360
WS                      : 397312
PM                      : 2027520
NPM                     : 7320
Path                    : C:\Windows\system32\notepad.exe
Company                 : Microsoft Corporation
CPU                     : 0,0936006
FileVersion             : 6.1.7601.17514 (win7sp1_rtm.101119-1850)
ProductVersion          : 6.1.7601.17514
Description             : Editor
Product                 : Betriebssystem Microsoft® Windows®
Id                      : 12064
(…)
```

Objektorientierte Shell

Tipp

In den Beispielen zeigt PowerShell die Ergebnisse wahlweise als Tabelle oder als Liste an. Welches Format PowerShell wählt, hängt davon ab, wie viele Eigenschaften angezeigt werden sollen. Sind es zu viele, um sinnvoll nebeneinander angezeigt zu werden, schaltet PowerShell automatisch um in die Listendarstellung.

Aus der Liste *sämtlicher* Eigenschaften könnte man nun diejenigen aussuchen, die Sie gerade interessant finden, beispielsweise:

```
PS> Get-Process | Select-Object -Property ProcessName, Company, Description, MainWindowTitle
```

ProcessName	Company	Description	MainWindowTitle
notepad	Microsoft Corpo...	Editor	Unbenannt - Editor

Wer sich also auf die Objektnatur der PowerShell einlässt, kann den Ergebnissen eines Befehls sehr viel mehr Informationen entlocken – und sogar Konfigurationsaufgaben erledigen, wenn Sie eine Eigenschaft nicht nur lesen, sondern vielleicht sogar ändern.

Eigenschaften ändern

Manche Eigenschaften dürfen auch verändert werden. Erlaubt ist das allerdings nur dann, wenn dadurch keine Lüge entsteht. Schließlich beschreiben die Eigenschaften das Objekt (was es »ist«). Änderungen an Eigenschaften sind also nur erlaubt, wenn sich das Objekt durch diese Änderung ebenfalls entsprechend verändert.

Die Eigenschaft `PriorityClass` meldet zum Beispiel bei Prozessen, welche Priorität der Prozess erhält (wie viel Rechenzeit ihm im Vergleich zu anderen Prozessen zugestanden wird). Im folgenden Beispiel wird ein neuer Windows-Editor gestartet, und anschließend wird dessen `PriorityClass` untersucht:

```
# ein Notepad öffnen und das Process-Objekt mit -PassThru
# zurückfordern. Dieses Objekt soll untersucht werden:
PS> $ProzessObjekt = Start-Process -FilePath notepad -PassThru

# Default-Ausgabe der wichtigsten Prozess-Eigenschaften:
PS> $ProzessObjekt


Handles  NPM(K)    PM(K)      WS(K) VM(M)   CPU(s)     Id ProcessName
-------  ------    -----      ----- -----   ------     -- -----------
     64       7     1980        388    72     0,09  12064 notepad


# selbst auswählen, welche Eigenschaften angezeigt werden sollen:
PS> $ProzessObjekt | Select-Object -Property ProcessName, Id, Handles, PriorityClass


ProcessName    Id Handles PriorityClass
-----------    -- ------- -------------
notepad      9220     182 Normal


# auf eine einzelne Eigenschaft zugreifen:
PS> $ProzessObjekt.PriorityClass
Normal
```

Eigenschaften verhalten sich wie Variablen, und so können Sie den Inhalt einer Eigenschaft nicht nur abrufen, sondern ihm auch neue Werte zuweisen. Allerdings sollten Sie der Eigenschaft einen gültigen Wert zuweisen. Andernfalls erhalten Sie eine Fehlermeldung:

```
PS> $ProzessObjekt.PriorityClass = 'hoch'
```

Ausnahme beim Festlegen von "PriorityClass": "Der Wert "hoch" kann nicht in den Typ "System.Diagnostics.ProcessPriorityClass" konvertiert werden. Fehler: "Der Bezeichner "hoch" kann keinem gültigen Enumeratornamen zugeordnet werden. **Geben Sie einen der folgenden Enumeratornamen an, und wiederholen Sie den Vorgang: Normal, Idle, High,** RealTime, BelowNormal, AboveNormal.""

Die Fehlermeldung zeigt an ihrem Ende an, welche Werte gültig gewesen wären. Anstelle von hoch muss es also High heißen. Diesen neuen Wert dürfen Sie der Eigenschaft zuweisen:

```
PS> $ProzessObjekt.PriorityClass = 'high'
PS> $ProzessObjekt.PriorityClass
High
```

Erlaubt war diese Änderung, weil der Prozess hierdurch tatsächlich eine höhere Priorität erhielt, wie ein Blick in den Task-Manager beweist (Abbildung 8.3). Sie müssen dazu im Task-Manager unter *Ansicht/Spalten auswählen* die Spalte *Basispriorität* einblenden.

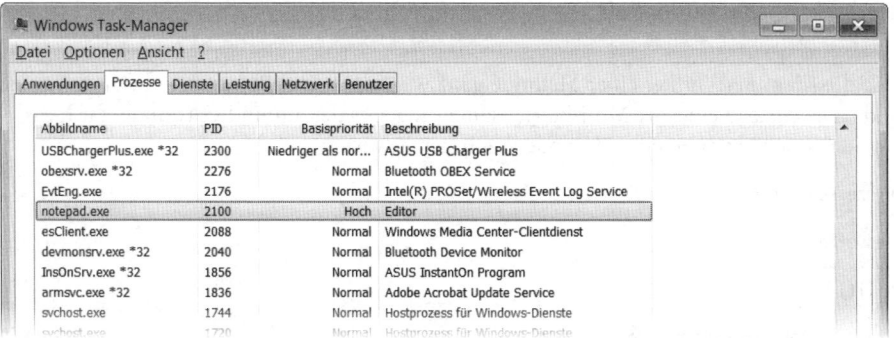

Abbildung 8.3: Die Änderung der Objekteigenschaft war erlaubt, weil sich das Objekt dadurch geändert hat.

Die meisten anderen Eigenschaften dürfen dagegen nicht verändert werden. Sie sind schreibgeschützt (konstant), weil das Objekt diese Änderung nicht umsetzen kann. Prozesse tragen beispielsweise zeitlebens dieselbe ID-Nummer, daher ist die Eigenschaft ID auch nicht änderbar:

```
PS> $ProzessObjekt.ID
2100

PS> $ProzessObjekt.ID = 12345
"ID" ist eine schreibgeschützte Eigenschaft.
```

Tipp

Eigenschaften sind Variablen, die nicht von PowerShell stammen, sondern von dem Objekt verwaltet werden, das Sie gerade ansprechen.

Methoden

Ein Prozess kann mit seinen Eigenschaften nicht nur Informationen über seinen Zustand *berichten*, sondern auch Dinge *tun*. Gültige Befehle bei Prozessen sind zum Beispiel GetType(), CloseMainWindow() sowie Kill(). Methoden unterscheiden sich bereits rein formal von Eigenschaften durch die runden Klammern, die immer am Ende des Methodennamens stehen. Diese runden Klammern gehören zum Methodennamen dazu und dürfen auch nicht wie bei anderen Skriptsprachen durch ein Leerzeichen abgetrennt werden. Methoden werden genau wie Eigenschaften vom IntelliSense-Menü angezeigt, wenn Sie mit dem Punkt auf ein Objekt zugreifen:

```
PS> $ProzessObjekt = Start-Process -FilePath notepad -PassThru
PS> $ProzessObjekt.GetType()

IsPublic IsSerial Name                              BaseType
-------- -------- ----                              --------
True     False    Process                           System.Compone...


PS> $ProzessObjekt.GetType().Name
Process

PS> $ProzessObjekt.GetType().FullName
System.Diagnostics.Process
```

```
PS> $ProzessObjekt.CloseMainWindow()
True
```

Falls Sie die Klammern hinter einer Methode ganz weglassen, gibt PowerShell die *Signatur* der Methode zurück, also eine Art Mini-Betriebsanleitung, aus der zumindest rudimentär hervorgeht, welche Informationen eine Methode von Ihnen erwartet:

```
PS> $ProzessObjekt.Kill

OverloadDefinitions
-------------------
void Kill()

PS> $ProzessObjekt.CloseMainWindow

OverloadDefinitions
-------------------
bool CloseMainWindow()

PS> $ProzessObjekt.WaitForExit

OverloadDefinitions
-------------------
bool WaitForExit(int milliseconds)
void WaitForExit()
```

Diese Signaturen verraten Ihnen, wie die Methode aufgerufen wird (ob sie also in ihren runden Klammern weitere Informationen benötigt) und was für Informationen die Methode an Sie zurückliefert:

- Die Methode `Kill()` erwartet von Ihnen zum Beispiel keinerlei Information und liefert auch nichts zurück: Der Rückgabewert ist vom Typ `void` (void heißt »ungültig« und zeigt an, dass kein Wert geliefert wird).

- Die Methode `CloseMainWindow()` erwartet ebenfalls keine Informationen von Ihnen, liefert aber `$true` oder `$false` zurück (der zurückgegebene Typ ist `bool`). `$true` bedeutet in diesem Fall, dass der Wunsch, das Fenster zu schließen, an das Fenster des Prozesses übermittelt werden konnte, und `$false`, dass das nicht möglich war.

- Die Methode `WaitForExit()` schließlich hat zwei Signaturen: Entweder rufen Sie die Methode ohne Argumente auf. Dann wartet PowerShell (notfalls ewig), bis der Prozess wieder beendet ist. Oder Sie geben eine maximale Wartefrist in Millisekunden an. Dann wartet `WaitForExit()` höchstens so lange wie angegeben und gibt `$true` oder `$false` zurück, je nachdem, ob der Prozess in dieser Zeit beendet wurde oder nicht.

Tipp

Die Methoden eines Objekts verfügen zwar leider über keine eingebaute Hilfe, aber Sie werden gleich erfahren, wie Sie im Internet mehr über die Funktionsweisen einzelner Methoden herausfinden.

Der Unterschied zwischen `CloseMainWindow()`, `Kill()` und dem Cmdlet `Stop-Process` ist übrigens: `Kill()` ist die Methode, die intern von `Stop-Process` selbst eingesetzt wird. Sie beendet den Prozess sofort. Ungespeicherte Informationen gehen also verloren. `CloseMainWindow()` dagegen sendet eine Schließen-Aufforderung an das Hauptfenster eines Prozesses und entspricht damit genau dem, was geschieht, wenn der Anwender dieses Hauptfenster per Maus schließt. Enthält die Anwendung noch ungespeicherte Daten, erscheint wie üblich eine Sicherheitsabfrage, und wenn der Anwender darin auf *Abbrechen* klickt, wird der Prozess doch nicht beendet.

Lassen Sie uns die Methoden von eben in einigen Praxisbeispielen anwenden.

Listing 8.1 nutzt das Timeout von WaitForExit() und startet einen Notepad-Editor. Wenn Sie ihn innerhalb von drei Sekunden schließen, bemerkt das Skript dies und setzt die Ausführung unmittelbar fort. Wenn nicht, gibt das Skript nach diesen drei Sekunden Wartezeit eine andere Meldung aus:

```
$ProzessObjekt = Start-Process -FilePath notepad -PassThru
$ergebnis = $ProzessObjekt.WaitForExit(3000)
if ($ergebnis)
{
  'Prozess wurde innerhalb von 3 Sekunden beendet und läuft nicht mehr.'
}
else
{
  'Prozess wurde in den letzten 3 Sekunden nicht beendet und läuft noch.'
}
```

Listing 8.1: Maximal drei Sekunden auf die Beendigung des Notepad-Editors warten.

Listing 8.2 schließt einen beliebigen Prozess zunächst auf »nette« Weise mit CloseMainWindow(): Der Anwender erhält die Chance, ungesicherte Arbeiten zu speichern. Wenn das innerhalb der angegebenen Zeit nicht zum Beenden des Prozesses führt oder wenn der Prozess gar kein eigenes Hauptfenster besitzt, das geschlossen werden könnte, wird Kill() eingesetzt.

Wenn Sie Listing 8.2 starten, öffnet sich ein neues Notepad-Fenster. Geben Sie darin einige Textzeilen ein, ohne die Datei zu speichern. Dann wechseln Sie zurück zu PowerShell und drücken ↵. PowerShell sendet nun dem Prozess die Aufforderung, sein Hauptfenster zu schließen. Der Anwender sieht daraufhin ein Dialogfeld, das ihn auffordert, ungesicherte Daten zu speichern.

Tut er das oder verwirft er die Informationen per Klick auf *Abbrechen*, schließt sich Notepad, und PowerShell endet. Andernfalls wartet PowerShell maximal 5.000 Millisekunden. Ist Notepad dann noch immer nicht geschlossen, wird es mit Kill() sofort beendet.

```
# maximal 5 Sekunden warten, bis der Prozess
# gekillt wird
$Timeout = 5000

$prozess = Start-Process -FilePath notepad -PassThru
$null = Read-Host "Geben Sie Text in den Editor ein, und drücken Sie dann hier ENTER!"

# Schließen-Aufforderung an Prozess senden:
$erfolg = $prozess.CloseMainWindow()

if ($erfolg)
{
    # maximal 5 Sekunden darauf warten, dass der Prozess
    # beendet wird
    $null = $prozess.WaitForExit($Timeout)
}

# wenn der Prozess noch läuft, sofort beenden:
if ($prozess.HasExited -eq $false)
{
    $prozess.Kill()
}
```

Listing 8.2: Einen Prozess beenden und dem Anwender anbieten, ungesicherte Informationen zu speichern.

Eigenschaften und Methoden anzeigen

Woher weiß man eigentlich, welche Eigenschaften und Methoden ein Objekt besitzt? Eine Antwort lieferte bereits Select-Object: Gibt man hier einen Platzhalter (*) an, werden alle Eigenschaften des Objekts aufgelistet. Methoden zeigt Select-Object indes nicht an. Select-Object gibt ausschließlich Eigenschaften zurück.

In den IntelliSense-Listen des ISE-Editors dagegen sehen Sie auch die Methoden: Eigenschaften werden mit einem Zettelsymbol gekennzeichnet und Methoden mit einem roten Quader. Markieren Sie einen Eintrag in der IntelliSense-Liste und warten einen Augenblick, liefert ein Tooltippfenster zusätzliche Informationen (Abbildung 8.8): bei Eigenschaften den Rückgabetyp (zum Beispiel string, wenn die Eigenschaft Text zurückgibt) sowie Informationen darüber, ob die Eigenschaft nur gelesen (get;) oder auch verändert werden darf (get;set;).

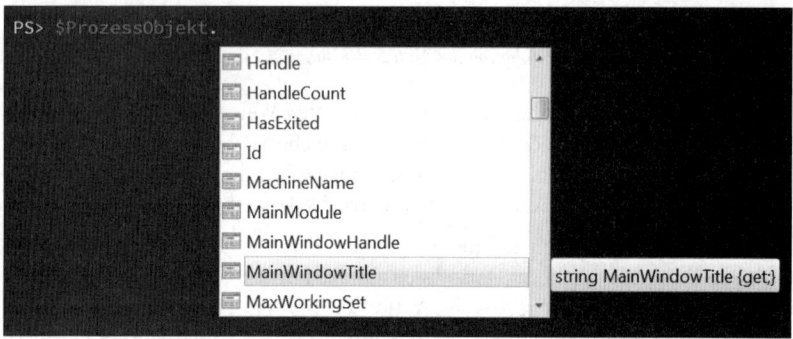

Abbildung 8.4: Die Member eines Objekts (Eigenschaften und Methoden) werden in PowerShell ISE angezeigt.

Bei Methoden sehen Sie im Tooltippfenster die Informationen, die man der Methode innerhalb der runden Klammern übergeben kann, sowie den Datentyp des Rückgabewerts. Über Get-Member kann man diese Informationen auch direkt in die PowerShell-Konsole ausgeben. Get-Member liefert zuoberst hinter TypeName außerdem den Namen des Datentyps. Prozesse sind also vom Typ System.Diagnostics.Process.

```
PS> $ProzessObjekt | Get-Member


   TypeName: System.Diagnostics.Process

Name                MemberType      Definition
----                ----------      ----------
Handles             AliasProperty   Handles = Handlecount
Name                AliasProperty   Name = ProcessName
NPM                 AliasProperty   NPM = NonpagedSystemMemorySize
PM                  AliasProperty   PM = PagedMemorySize
VM                  AliasProperty   VM = VirtualMemorySize
WS                  AliasProperty   WS = WorkingSet
Disposed            Event           System.EventHandler Disposed(System.Object,...
ErrorDataReceived   Event           System.Diagnostics.DataReceivedEventHandler...
Exited              Event           System.EventHandler Exited(System.Object, S...
OutputDataReceived  Event           System.Diagnostics.DataReceivedEventHandler...
BeginErrorReadLine  Method          void BeginErrorReadLine()
BeginOutputReadLine Method          void BeginOutputReadLine()
CancelErrorRead     Method          void CancelErrorRead()
CancelOutputRead    Method          void CancelOutputRead()
Close               Method          void Close()
```

CloseMainWindow	**Method**	bool CloseMainWindow()
CreateObjRef	**Method**	System.Runtime.Remoting.ObjRef CreateObjRef...
(...)		
Id	**Property**	int Id {get;}
MachineName	**Property**	string MachineName {get;}
MainModule	**Property**	System.Diagnostics.ProcessModule MainModule...
MainWindowHandle	**Property**	System.IntPtr MainWindowHandle {get;}
MainWindowTitle	**Property**	string MainWindowTitle {get;}
MaxWorkingSet	**Property**	System.IntPtr MaxWorkingSet {get;set;}
MinWorkingSet	**Property**	System.IntPtr MinWorkingSet {get;set;}
Modules	**Property**	System.Diagnostics.ProcessModuleCollection Modules {get;}
NonpagedSystemMemorySize	**Property**	int NonpagedSystemMemorySize {get;}
NonpagedSystemMemorySize64	**Property**	long NonpagedSystemMemorySize64 {get;}
PagedMemorySize	**Property**	int PagedMemorySize {get;}
PagedMemorySize64	**Property**	long PagedMemorySize64 {get;}
PagedSystemMemorySize	**Property**	int PagedSystemMemorySize {get;}
(...)		
ProcessorAffinity	**Property**	System.IntPtr ProcessorAffinity {get;set;}
Responding	**Property**	bool Responding {get;}
SessionId	**Property**	int SessionId {get;}
Site	**Property**	System.ComponentModel.ISite Site {get;set;}
(...)		
PSConfiguration	**PropertySet**	PSConfiguration {Name, Id, PriorityClass, F...
PSResources	**PropertySet**	PSResources {Name, Id, Handlecount, Working...
Company	Script**Property**	System.Object Company {get=$this.Mainmodule..:
CPU	Script**Property**	System.Object CPU {get=$this.TotalProcessor...
Description	Script**Property**	System.Object Description {get=$this.Mainmo...
FileVersion	Script**Property**	System.Object FileVersion {get=$this.Mainmo...
Path	Script**Property**	System.Object Path {get=$this.Mainmodule.Fi...
Product	Script**Property**	System.Object Product {get=$this.Mainmodule...
ProductVersion	Script**Property**	System.Object ProductVersion {get=$this.Mai...

Objektorientierte Shell

Hinweis

Get-Member liefert nicht nur die Eigenschaften (Property) und Methoden (Method) eines Objekts zurück, sondern auch dessen Ereignisse (Events). PowerShell kann auf solche Ereignisse reagieren, doch ist das nur eingeschränkt möglich und spielt darüber hinaus in den meisten Praxisanwendungen keine Rolle. Ignorieren Sie daher die als Event markierten Einträge einstweilen. In einem späteren Kapitel werden Ereignisse separat aufgegriffen.

Manche Einträge in der Spalte MemberType tragen zudem ein Prä- oder Suffix, wie bei ScriptProperty oder PropertySet. Dies sind Eigenschaften, die PowerShell dem Objekt nachträglich hinzugefügt hat. Sie funktionieren indes genau wie normale Eigenschaften und werden deshalb an dieser Stelle nicht weiter diskutiert.

Hilfe für Objekteigenschaften und -methoden finden

Weil die internen Eigenschaften und Methoden eines Objekts keine Cmdlets sind, verfügen sie auch nicht über eine eingebaute Hilfe. Im Internet sind die Eigenschaften und Methoden vieler Objekte aber bestens beschrieben. Dazu müssen Sie nur zwei Dinge wissen: den Typ des Objekts (wird Ihnen von Get-Member verraten und steht ganz oben hinter TypeName) und den Namen der Eigenschaft oder Methode, die Sie interessiert.

Danach surfen Sie zu einer Suchmaschine wie beispielsweise *www.google.de* und tippen beide Angaben mit einem nachgestellten `site:msdn.microsoft.com` ein, was bewirkt, dass Sie die Hilfe aus MSDN erhalten. Schreiben Sie also zum Beispiel `System.Diagnostics.Process WaitForExit site:msdn.microsoft.com` (Abbildung 8.5).

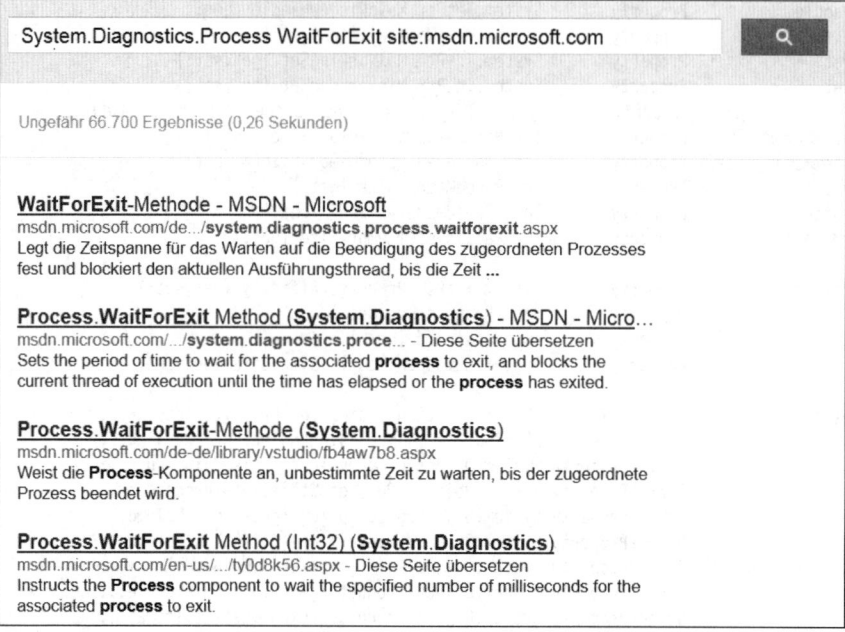

Abbildung 8.5: Nach Hilfe zu einer Eigenschaft oder Methode suchen.

Sofern es sich um ein Objekt handelt, das von Microsoft entwickelt wurde, erscheinen sofort viele Links auf Dokumentationen, und darin finden Sie alle erdenklichen Informationen (Abbildung 8.6).

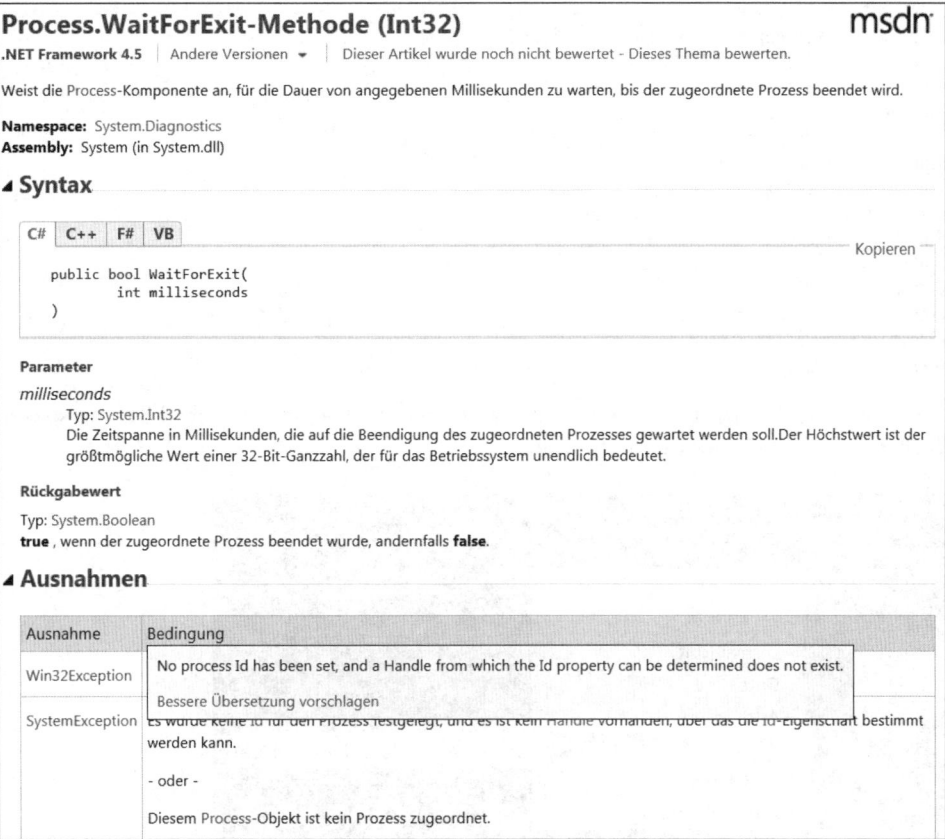

Abbildung 8.6: Detaillierte Informationen zur Methode WaitForExit() abrufen.

Stammt der Objekttyp von einem anderen Hersteller, lassen Sie bei der Suche im Internet den Zusatz »site:msdn.microsoft.com« weg.

Ergebnisse eines Befehls untersuchen

Lassen wir die gerade besprochenen Verfahren noch einmal Revue passieren, denn sie funktionieren immer nach demselben Muster. Das Ergebnis eines Befehls lässt sich zum Beispiel immer mit Select-Object untersuchen, um sämtliche darin enthaltenen Informationen sichtbar zu machen:

```
# ohne Select-Object zeigt PowerShell nur wenige Informationen an:
PS> Get-Date

Donnerstag, 28. Januar 2016 22:27:21


# mit Select-Object sehen Sie sämtliche Informationen (Eigenschaften):
PS> Get-Date | Select-Object -Property *
```

```
DisplayHint : DateTime
DateTime    : Donnerstag, 28. Januar 2016 22:27:27
Date        : 28.01.2016 00:00:00
Day         : 28
DayOfWeek   : Thursday
DayOfYear   : 28
Hour        : 22
Kind        : Local
Millisecond : 444
Minute      : 27
Month       : 1
Second      : 27
Ticks       : 635896168474448664
TimeOfDay   : 22:27:27.4448664
Year        : 2016
```

Oder Sie greifen im ISE-Editor zu IntelliSense. In der IntelliSense-Liste sehen Sie nun sowohl die Eigenschaften als auch die Methoden:

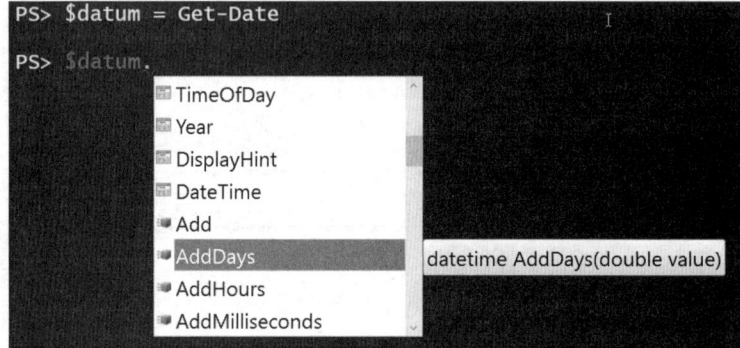

Abbildung 8.7: Eigenschaften und Methoden im IntelliSense-Menü.

Schließlich können Sie die Eigenschaften und Methoden eines Objekts auch auflisten, indem Sie das Ergebnis eines Befehls an Get-Member weiterleiten:

```
PS> Get-Date | Get-Member
```

```
   TypeName: System.DateTime

Name                MemberType   Definition
----                ----------   ----------
Add                 Method       datetime Add(timespan value)
AddDays             Method       datetime AddDays(double value)
AddHours            Method       datetime AddHours(double value)
AddMilliseconds     Method       datetime AddMilliseconds(double value)
AddMinutes          Method       datetime AddMinutes(double value)
AddMonths           Method       datetime AddMonths(int months)
AddSeconds          Method       datetime AddSeconds(double value)
AddTicks            Method       datetime AddTicks(long value)
AddYears            Method       datetime AddYears(int value)
CompareTo           Method       int CompareTo(System.Object value), int Co...
Equals              Method       bool Equals(System.Object value), bool Equ...
GetDateTimeFormats  Method       string[] GetDateTimeFormats(), string[] Ge...
GetHashCode         Method       int GetHashCode()
```

```
GetObjectData         Method          void ISerializable.GetObjectData(System.Ru...
GetType               Method          type GetType()
GetTypeCode           Method          System.TypeCode GetTypeCode(), System.Type...
IsDaylightSavingTime  Method          bool IsDaylightSavingTime()
Subtract              Method          timespan Subtract(datetime value), datetim...
ToBinary              Method          long ToBinary()
ToBoolean             Method          bool IConvertible.ToBoolean(System.IFormat...
ToByte                Method          byte IConvertible.ToByte(System.IFormatPro...
ToChar                Method          char IConvertible.ToChar(System.IFormatPro...
ToDateTime            Method          datetime IConvertible.ToDateTime(System.IF...
ToDecimal             Method          decimal IConvertible.ToDecimal(System.IFor...
ToDouble              Method          double IConvertible.ToDouble(System.IForma...
ToFileTime            Method          long ToFileTime()
ToFileTimeUtc         Method          long ToFileTimeUtc()
ToInt16               Method          int16 IConvertible.ToInt16(System.IFormatP...
ToInt32               Method          int IConvertible.ToInt32(System.IFormatPro...
ToInt64               Method          long IConvertible.ToInt64(System.IFormatPr...
ToLocalTime           Method          datetime ToLocalTime()
ToLongDateString      Method          string ToLongDateString()
ToLongTimeString      Method          string ToLongTimeString()
ToOADate              Method          double ToOADate()
ToSByte               Method          sbyte IConvertible.ToSByte(System.IFormatP...
ToShortDateString     Method          string ToShortDateString()
ToShortTimeString     Method          string ToShortTimeString()
ToSingle              Method          float IConvertible.ToSingle(System.IFormat...
ToString              Method          string ToString(), string ToString(string ...
ToType                Method          System.Object IConvertible.ToType(type con...
ToUInt16              Method          uint16 IConvertible.ToUInt16(System.IForma...
ToUInt32              Method          uint32 IConvertible.ToUInt32(System.IForma...
ToUInt64              Method          uint64 IConvertible.ToUInt64(System.IForma...
ToUniversalTime       Method          datetime ToUniversalTime()
DisplayHint           NoteProperty    DisplayHintType DisplayHint=DateTime
Date                  Property        datetime Date {get;}
Day                   Property        int Day {get;}
DayOfWeek             Property        System.DayOfWeek DayOfWeek {get;}
DayOfYear             Property        int DayOfYear {get;}
Hour                  Property        int Hour {get;}
Kind                  Property        System.DateTimeKind Kind {get;}
Millisecond           Property        int Millisecond {get;}
Minute                Property        int Minute {get;}
Month                 Property        int Month {get;}
Second                Property        int Second {get;}
Ticks                 Property        long Ticks {get;}
TimeOfDay             Property        timespan TimeOfDay {get;}
Year                  Property        int Year {get;}
DateTime              ScriptProperty  System.Object DateTime {get=if ((& { Set-S...
```

Get-Member verrät Ihnen zuerst den Namen des zugrunde liegenden Objekttyps, und danach folgt eine Liste mit allen Eigenschaften und Methoden. Im Gegensatz zu Select-Object liefert Get-Member also auch die Methoden. Es zeigt aber keine konkreten Informationen an, sondern beschreibt nur den Aufbau des Objekttyps. Select-Object dagegen zeigt pro Objekt die darin enthaltenen Informationen an.

Um also die Ergebnisse eines Befehls gründlich zu erforschen, ergänzen sich diese beiden Cmdlets ideal und sollten (nacheinander) angewendet werden.

Unterschiedliche Objekttypen

Es kann durchaus sein, dass ein Befehl mehr als einen Objekttyp zurückliefert. Wenn Sie beispielsweise mit Get-ChildItem den Inhalt eines Ordners ausgeben, können sich darin Dateien und Ordner befinden, die von unterschiedlichen Objekttypen repräsentiert werden. Get-Member listet dann alle Objektdefinitionen nacheinander auf:

```
PS> Get-ChildItem -Path $env:windir | Get-Member
```

Möchten Sie lediglich wissen, wie die Objekttypen eigentlich heißen, die ein Befehl zurückliefert, hilft diese Zeile:

```
PS> Get-ChildItem -Path $env:windir | Get-Member | Select-Object -ExpandProperty TypeName |
Sort-Object -Unique
System.IO.DirectoryInfo
System.IO.FileInfo
```

Nach Objekttypen filtern

Wissen Sie, von welcher »Sorte« die Objekte sind, die ein Befehl liefert (kennen Sie also deren Typnamen), lassen sich Ergebnisse jetzt auch nach dieser Sorte filtern. Wollen Sie beispielsweise ausschließlich Dateien eines Ordner-Listings sehen, könnten Sie nach dem betreffenden Objekttyp filtern:

```
PS> Get-ChildItem -Path $env:windir | Where-Object { $_ -is [System.IO.FileInfo] }
```

Der Operator -is prüft also, ob ein Objekt von einem bestimmten Typ ist, und ein Typ selbst wird in PowerShell durch eckige Klammern repräsentiert. Welche Typen ein Befehl überhaupt liefert, hatte Ihnen ja bereits Get-Member verraten.

Das Beispiel von eben ist nicht allzu nützlich, weil Get-ChildItem seit PowerShell 3.0 mit dem Parameter -File sowieso Dateien filtern kann. Das Grundprinzip ist wichtig. Listen Sie zum Beispiel mit Get-ChildItem nicht irgendeinen Dateisystemordner auf, sondern den Zertifikatspeicher, kommen darin ganz andere Objekttypen zum Einsatz:

```
PS> Get-ChildItem cert:\ -Recurse |
 Get-Member |
 Select-Object -ExpandProperty TypeName |
 Sort-Object -Unique
```

Das Ergebnis sieht in etwa so aus:

```
Microsoft.PowerShell.Commands.X509StoreLocation
System.Security.Cryptography.X509Certificates.X509Certificate2
System.Security.Cryptography.X509Certificates.X509Store
```

Die drei gefundenen Objekttypen repräsentieren einen Zertifikatordner, ein Zertifikat und einen Zertifikatspeicher. Interessieren Sie sich ausschließlich für eine Liste von Zertifikaten, wüssten Sie nun, was zu tun ist:

```
PS> Get-ChildItem cert:\ -Recurse |
  Where-Object {
    $_ -is [System.Security.Cryptography.X509Certificates.X509Certificate2]
  }
```

Sie könnten sich jetzt mit Get-Member anzeigen lassen, welche Eigenschaften und Methoden Zertifikate zu bieten haben, und daraus dann eine Lösung schaffen, die abgelaufene Zertifikate findet:

```
# gesamten Inhalt des Zertifikatspeichers auslesen
Get-ChildItem cert:\ -Recurse |
# nur Zertifikate berücksichtigen
Where-Object {
    $_ -is [System.Security.Cryptography.X509Certificates.X509Certificate2]
} |
# nur abgelaufene Zertifikate
Where-Object {
    $_.NotAfter -lt (Get-Date)
} |
# nur Name und Ablaufdatum anzeigen
Select-Object -Property FriendlyName, NotAfter, Subject |
Out-GridView -Title 'Abgelaufene Zertifikate'
```

Listing 8.3: Abgelaufene Zertifikate finden.

Das Ergebnis ist vielleicht überraschend, denn möglicherweise entdecken Sie dabei Zertifikate, die längst abgelaufen sind:

FriendlyName	NotAfter	Subject
	12.09.2015 16:35:53	CN=Intel(R) Wireless Display, OU=Intel(R) Wireless Display, O=Intel Corporation, L=Santa Clara, S=CA, C=
Microsoft Authenticode(tm) Root	01.01.2000 00:59:59	CN=Microsoft Authenticode(tm) Root Authority, O=MSFT, C=US
Microsoft Timestamp Root	31.12.1999 00:59:59	OU=Copyright (c) 1997 Microsoft Corp., OU=Microsoft Time Stamping Service Root, OU=Microsoft Corpo
VeriSign Time Stamping CA	08.01.2004 00:59:59	OU="NO LIABILITY ACCEPTED, (c)97 VeriSign, Inc.", OU=VeriSign Time Stamping Service Root, OU="VeriSic
	31.12.2002 08:00:00	CN=Microsoft Windows Hardware Compatibility, OU=Microsoft Corporation, OU=Microsoft Windows Har
	07.07.2013 01:59:59	CN="PC-Doctor, Inc.", OU=3355, OU=Digital ID Class 3 - Microsoft Software Validation v2, O="PC-Doctor,
	14.11.2015 00:59:59	CN=Dell Inc, OU=Digital ID Class 3 - Microsoft Software Validation v2, OU=OS Cert, O=Dell Inc, L=Round.
	12.09.2015 16:35:53	CN=Intel(R) Wireless Display, OU=Intel(R) Wireless Display, O=Intel Corporation, L=Santa Clara, S=CA, C=
Microsoft Authenticode(tm) Root	01.01.2000 00:59:59	CN=Microsoft Authenticode(tm) Root Authority, O=MSFT, C=US
Microsoft Timestamp Root	31.12.1999 00:59:59	OU=Copyright (c) 1997 Microsoft Corp., OU=Microsoft Time Stamping Service Root, OU=Microsoft Corpo
VeriSign Time Stamping CA	08.01.2004 00:59:59	OU="NO LIABILITY ACCEPTED, (c)97 VeriSign, Inc.", OU=VeriSign Time Stamping Service Root, OU="VeriSic
	31.12.2002 08:00:00	CN=Microsoft Windows Hardware Compatibility, OU=Microsoft Corporation, OU=Microsoft Windows Har
	06.11.2015 19:30:26	CN=dell1
	07.07.2013 01:59:59	CN="PC-Doctor, Inc.", OU=3355, OU=Digital ID Class 3 - Microsoft Software Validation v2, O="PC-Doctor,

Abbildung 8.8: Abgelaufene Zertifikate finden.

Änderbare Eigenschaften finden

Get-Member kann auch änderbare Eigenschaften eines Objekts finden:

```
# Inhalt des Windows-Ordners untersuchen
Get-ChildItem -Path $env:windir |
  # alle Eigenschaften finden
  Get-Member -MemberType *Property |
  # die sich ändern lassen
  Where-Object { $_.Definition -like '*set;*' } |
  Select-Object -Property * |
```

```
Sort-Object Name |
Out-GridView
```

Listing 8.4: Alle Eigenschaften finden, die sich ändern lassen.

Hier wird das Ergebnis von `Get-ChildItem` von `Get-Member` untersucht. Damit ausschließlich die Eigenschaften angezeigt werden, die man ändern darf, filtert `Where-Object` und lässt nur Eigenschaften durch, in deren Eigenschaft `Definition` die Zeichenfolge `set;` vorkommt. Das Ergebnis wird nach Name sortiert und im GridView ausgegeben (Abbildung 8.9).

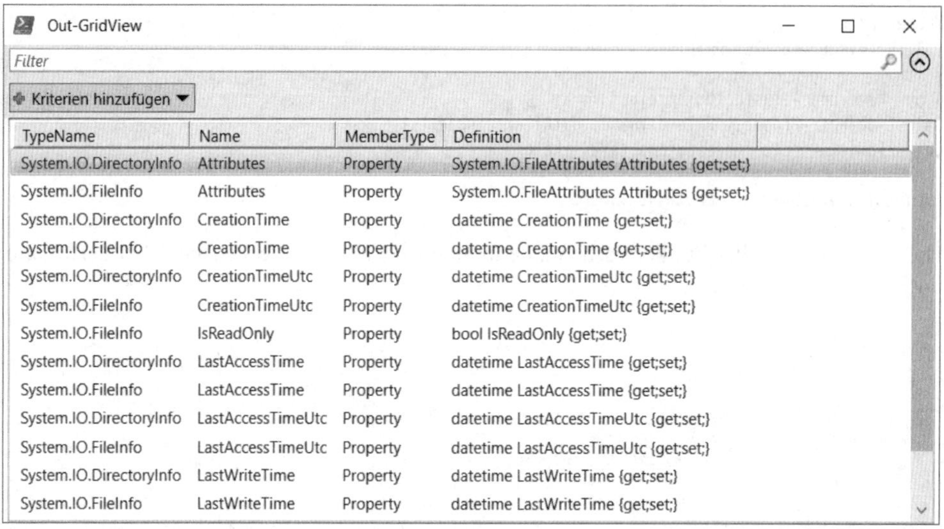

TypeName	Name	MemberType	Definition
System.IO.DirectoryInfo	Attributes	Property	System.IO.FileAttributes Attributes {get;set;}
System.IO.FileInfo	Attributes	Property	System.IO.FileAttributes Attributes {get;set;}
System.IO.DirectoryInfo	CreationTime	Property	datetime CreationTime {get;set;}
System.IO.FileInfo	CreationTime	Property	datetime CreationTime {get;set;}
System.IO.DirectoryInfo	CreationTimeUtc	Property	datetime CreationTimeUtc {get;set;}
System.IO.FileInfo	CreationTimeUtc	Property	datetime CreationTimeUtc {get;set;}
System.IO.FileInfo	IsReadOnly	Property	bool IsReadOnly {get;set;}
System.IO.DirectoryInfo	LastAccessTime	Property	datetime LastAccessTime {get;set;}
System.IO.FileInfo	LastAccessTime	Property	datetime LastAccessTime {get;set;}
System.IO.DirectoryInfo	LastAccessTimeUtc	Property	datetime LastAccessTimeUtc {get;set;}
System.IO.FileInfo	LastAccessTimeUtc	Property	datetime LastAccessTimeUtc {get;set;}
System.IO.DirectoryInfo	LastWriteTime	Property	datetime LastWriteTime {get;set;}
System.IO.FileInfo	LastWriteTime	Property	datetime LastWriteTime {get;set;}

Abbildung 8.9: Alle änderbaren Eigenschaften von Objekten finden.

Im Beispiel zeigt das Ergebnis, dass `Get-ChildItem` zwei Objekttypen zurückliefert: `System.IO.FileInfo` (repräsentiert eine Datei) und `System.IO.DirectoryInfo` (repräsentiert einen Ordner). Die meisten änderbaren Eigenschaften sind für beide gleich, `IsReadOnly` allerdings ist nur bei Dateien vorhanden. Wieder etwas gelernt: Möchten Sie künftig eine Datei mit einem Schreibschutz versehen (oder ihn entfernen), verwenden Sie diesen Aufruf:

```
# Testdatei anlegen:
PS> $file = New-Item -Path $HOME\Desktop\Testdatei.txt -ItemType File

# Schreibschutz einschalten:
PS> $file.isReadOnly = $true
```

Auf Ihrem Desktop liegt nun die Datei *Testdatei.txt*, und wenn Sie sich deren Eigenschaften ansehen, ist der Schreibschutz tatsächlich aktiviert. Lust auf mehr? Ein Blick in Abbildung 8.9 zeigt weitere änderbare Eigenschaften von Dateien. Ändern Sie doch gleich mal das Erstellungs- und Änderungsdatum mit den Eigenschaften `CreationTime` und `LastWriteTime`! Das allerdings funktioniert natürlich erst, wenn Sie den Schreibschutz vorübergehend wieder ausschalten:

```
PS> $file.isReadOnly = $false
PS> $file.CreationTime = '1633-12-03 19:33:12'
PS> $file.LastWriteTime = '1812-05-08 12:33:00'
PS> $file.isReadOnly = $true
```

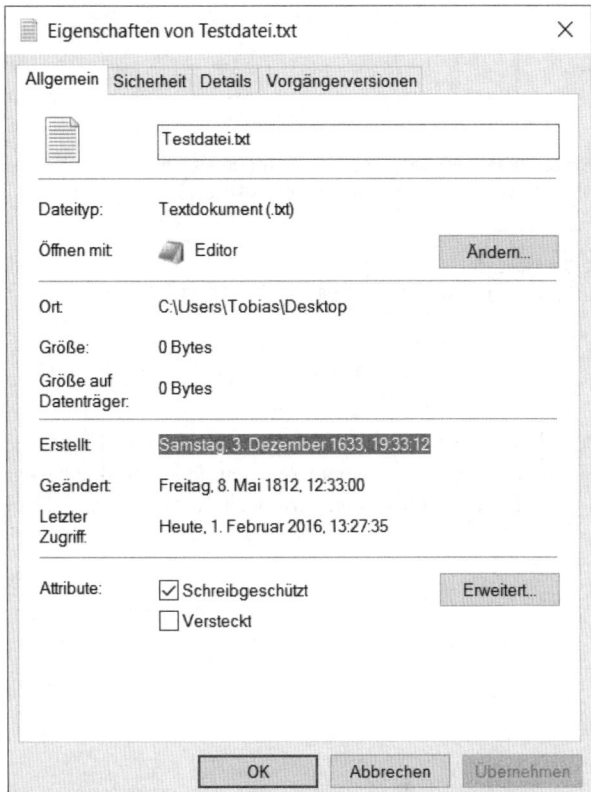

Abbildung 8.10: Schreibgeschützte Datei mit Erzeugungsdatum in der frühen Neuzeit: im 17. Jahrhundert.

Primitive Datentypen sind auch Objekte

Informationen werden in PowerShell *immer* durch ein Objekt repräsentiert. Das gilt auch für ganz primitive Informationen wie Text, Zahlen oder andere Ergebnisse. Diese können ebenfalls mit Get-Member untersucht werden und bieten höchst nützliche Eigenschaften und Methoden:

```
PS> 'Ich bin ein Text' | Get-Member

   TypeName: System.String

Name               MemberType            Definition
----               ----------            ----------
Clone              Method                System.Object Clone()
CompareTo          Method                int CompareTo(System.Object value), int Compare..
(…)
ToUpper            Method                string ToUpper(), string ToUpper(System.Globali..
ToUpperInvariant   Method                string ToUpperInvariant()
Trim               Method                string Trim(Params char[] trimChars), string Tr..
TrimEnd            Method                string TrimEnd(Params char[] trimChars)
TrimStart          Method                string TrimStart(Params char[] trimChars)
Chars              ParameterizedProperty char Chars(int index) {get;}
Length             Property              System.Int32 Length {get;}
```

```
PS> 1 | Get-Member

   TypeName: System.Int32

Name        MemberType Definition
----        ---------- ----------
CompareTo   Method     int CompareTo(System.Object value), int CompareTo(int value)
Equals      Method     bool Equals(System.Object obj), bool Equals(int obj)
GetHashCode Method     int GetHashCode()
GetType     Method     type GetType()
GetTypeCode Method     System.TypeCode GetTypeCode()
ToString    Method     string ToString(), string ToString(string format), string ToSt...
```

Eigenschaften lesen

Befindet sich das Ergebnis eines Befehls in einer Variablen, kann man mit dem Punkt die Eigenschaften und Methoden des enthaltenen Objekts darin ansprechen. Jede Variable besitzt zum Beispiel die Eigenschaft Count, über die Sie herausfinden, wie viele Informationen darin gespeichert sind:

```
PS> $a = Get-Date

PS> $a.Count
1

PS> $b = 1..20

PS> $b.Count
20

PS> $c = Get-Service

PS> $c.Count
239
```

Hinweis

Die immer vorhandene Eigenschaft **Count** wurde in PowerShell 3.0 eingeführt. In PowerShell 2.0 verfügen nur Arrays und Container über diese Eigenschaft.

Um die Punktschreibweise verwenden zu können, speichern Sie die Ergebnisse eines Befehls also zunächst in einer Variablen und greifen dann mit dem Punkt auf diese Variable zu:

```
PS> $datum = Get-Date

PS> $datum.DayOfWeek
Thursday
```

Alternativ könnten Sie auch runde Klammern einsetzen: So wird zuerst der Befehl ausgeführt, und danach liefern die runden Klammern die Ergebnisse des Befehls – auf die Sie wieder mit dem Punkt zugreifen dürfen:

```
PS> (Get-Date).DayOfWeek
Thursday
```

Tipp

Beim Einsatz von runden Klammern zeigt der ISE-Editor oft kein IntelliSense-Menü mehr an. ISE kann den Objekttyp (und damit den Inhalt des IntelliSense-Menüs) nur ermitteln, wenn bekannt ist, um welche Daten es sich handelt. Bei runden Klammern werden aber keine Daten gespeichert, sondern jeweils durch die Ausführung eines Befehls frisch geliefert. ISE müsste also den Befehl in den runden Klammern heimlich ausführen, nur um feststellen zu können, welche Daten er liefert. Befehle dürfen aber natürlich nur von Ihnen selbst ausgeführt werden und nicht heimlich durch IntelliSense; deswegen kann das IntelliSense-Menü in diesem Fall keine Vorschläge liefern.

Dass der ISE-Editor trotzdem in vielen Fällen auch bei runden Klammern IntelliSense-Listen zeigt, liegt am Befehl selbst, der in den runden Klammern steht. Viele Befehle definieren im Vorfeld, welche Rückgabewerte sie liefern *würden*, und diese Information nutzt ISE dann für seine IntelliSense-Menüs.

Eigenschaften von vielen Objekten gleichzeitig abrufen

Oft liefern Befehle mehr als ein Ergebnis. Diese Ergebnisse werden dann von PowerShell als Array verpackt, und immer, wenn das geschieht, zeigt IntelliSense die gleiche Auswahl:

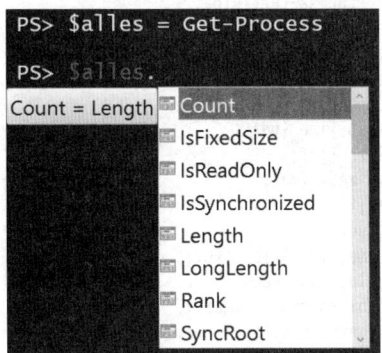

Abbildung 8.11: IntelliSense zeigt bei einem Array immer die gleichen Eigenschaften an.

Die Punktschreibweise zeigt stets die Eigenschaften und Methoden genau desjenigen Objekts an, das Sie ansprechen. In Abbildung 8.11 ist $alles ein Array, und das IntelliSense-Menü zeigt daher korrekterweise die Eigenschaften an, die jedes Array der Welt zu bieten hat – unabhängig davon, was das Array gerade enthält.

Pipeline entpackt Arrays automatisch

Nicht so jedoch bei Get-Member. Leiten Sie das Array über die Pipeline an Get-Member, zeigt Get-Member akkurat an, wie die Objekte aufgebaut sind, die sich im Array befinden. Verantwortlich dafür ist indes allein die PowerShell-Pipeline und nicht Get-Member, denn die Pipeline packt jedes Array aus und leitet grundsätzlich immer nur dessen Inhalt einzeln weiter:

```
PS> $alles | Get-Member
```

TypeName: **System.Diagnostics.Process**

```
Name                    MemberType       Definition
----                    ----------       ----------
Handles                 AliasProperty    Handles = Handlecount
Name                    AliasProperty    Name = ProcessName
NPM                     AliasProperty    NPM = NonpagedSystemMemorySize64
PM                      AliasProperty    PM = PagedMemorySize64
SI                      AliasProperty    SI = SessionId
VM                      AliasProperty    VM = VirtualMemorySize64
WS                      AliasProperty    WS = WorkingSet64
Disposed                Event            System.EventHandler Disposed(System....
(...)
PrivateMemorySize64     Property         long PrivateMemorySize64 {get;}
PrivilegedProcessorTime Property         timespan PrivilegedProcessorTime {get;}
ProcessName             Property         string ProcessName {get;}
ProcessorAffinity       Property         System.IntPtr ProcessorAffinity {get...
Responding              Property         bool Responding {get;}
SafeHandle              Property         Microsoft.Win32.SafeHandles.SafeProc...
SessionId               Property         int SessionId {get;}
Site                    Property         System.ComponentModel.ISite Site {ge...
StandardError           Property         System.IO.StreamReader StandardError...
StandardInput           Property         System.IO.StreamWriter StandardInput...
StandardOutput          Property         System.IO.StreamReader StandardOutpu...
StartInfo               Property         System.Diagnostics.ProcessStartInfo ...
StartTime               Property         datetime StartTime {get;}
SynchronizingObject     Property         System.ComponentModel.ISynchronizeIn...
Threads                 Property         System.Diagnostics.ProcessThreadColl...
TotalProcessorTime      Property         timespan TotalProcessorTime {get;}
UserProcessorTime       Property         timespan UserProcessorTime {get;}
VirtualMemorySize       Property         int VirtualMemorySize {get;}
VirtualMemorySize64     Property         long VirtualMemorySize64 {get;}
WorkingSet              Property         int WorkingSet {get;}
WorkingSet64            Property         long WorkingSet64 {get;}
PSConfiguration         PropertySet      PSConfiguration {Name, Id, PriorityC...
PSResources             PropertySet      PSResources {Name, Id, Handlecount, ...
Company                 ScriptProperty   System.Object Company {get=$this.Mai...
CPU                     ScriptProperty   System.Object CPU {get=$this.TotalPr...
Description             ScriptProperty   System.Object Description {get=$this...
FileVersion             ScriptProperty   System.Object FileVersion {get=$this...
Path                    ScriptProperty   System.Object Path {get=$this.Mainmo...
Product                 ScriptProperty   System.Object Product {get=$this.Mai...
ProductVersion          ScriptProperty   System.Object ProductVersion {get=$t...
```

Profitipp

Würden Sie das Array nicht über die Pipeline an **Get-Member** senden, sondern stattdessen den Parameter -InputObject direkt verwenden, würde auch **Get-Member**, genau wie das IntelliSense-Menü, die Member des Arrays – und eben nicht die Member seines Inhalts – anzeigen:

```
PS> Get-Member -InputObject $alles
```

TypeName: **System.Object[]**

```
Name     MemberType       Definition
----     ----------       ----------
Count    AliasProperty    Count = Length
Add      Method           int IList.Add(System.Object value)
```

```
Address         Method                System.Object&, mscorlib, Version=4.0.0.0...
Clear           Method                void IList.Clear()
Clone           Method                System.Object Clone(), System.Object IClo...
CompareTo       Method                int IStructuralComparable.CompareTo(Syste...
Contains        Method                bool IList.Contains(System.Object value)
CopyTo          Method                void CopyTo(array array, int index), void...
Equals          Method                bool Equals(System.Object obj), bool IStr...
Get             Method                System.Object Get(int )
GetEnumerator   Method                System.Collections.IEnumerator GetEnumera...
GetHashCode     Method                int GetHashCode(), int IStructuralEquatab...
GetLength       Method                int GetLength(int dimension)
GetLongLength   Method                long GetLongLength(int dimension)
GetLowerBound   Method                int GetLowerBound(int dimension)
GetType         Method                type GetType()
GetUpperBound   Method                int GetUpperBound(int dimension)
GetValue        Method                System.Object GetValue(Params int[] indic...
IndexOf         Method                int IList.IndexOf(System.Object value)
Initialize      Method                void Initialize()
Insert          Method                void IList.Insert(int index, System.Objec...
Remove          Method                void IList.Remove(System.Object value)
RemoveAt        Method                void IList.RemoveAt(int index)
Set             Method                void Set(int , System.Object )
SetValue        Method                void SetValue(System.Object value, int in...
ToString        Method                string ToString()
Item            ParameterizedProperty System.Object IList.Item(int index) {get;...
IsFixedSize     Property              bool IsFixedSize {get;}
IsReadOnly      Property              bool IsReadOnly {get;}
IsSynchronized  Property              bool IsSynchronized {get;}
Length          Property              int Length {get;}
LongLength      Property              long LongLength {get;}
Rank            Property              int Rank {get;}
SyncRoot        Property              System.Object SyncRoot {get;}
```

Der »Auspackmechanismus« der Pipeline ist es also auch, der bei Select-Object dafür sorgt, dass der Inhalt des Arrays angezeigt wird:

```
PS> $alles = Get-Process

PS> $alles | Select-Object -Property Name, Company, Description

Name                    Company                         Description
----                    -------                         -----------
Adobe CEF Helper        Adobe Systems Incorporated Adobe CEF Helper
Adobe CEF Helper        Adobe Systems Incorporated Adobe CEF Helper
Adobe Desktop Service   Adobe Systems Incorporated Creative Cloud
AdobeIPCBroker          Adobe Systems Incorporated Adobe IPC Broker
AGSService
AppleMobileDeviceService
ApplicationFrameHost    Microsoft Corporation           Application Frame Host
armsvc
browser_broker          Microsoft Corporation           Browser_Broker
BtwRSupportService
CCLibrary               Adobe Systems Incorporated CCLibraries
```

Select-Object ist das Mittel der Wahl, wenn Sie mehrere Eigenschaften eines Objekts anzeigen möchten, und wegen des automatischen Auspackmechanismus der Pipeline spielt es keine Rolle, ob es sich um ein einzelnes Objekt oder um viele Objekte handelt.

Profitipp

Auch bei `Select-Object` würden Sie die Eigenschaften des Arrays sehen, wenn Sie das Array nicht über die Pipeline senden, sondern es direkt dem Parameter `-InputObject` übergeben:

```
PS> Select-Object -Property * -InputObject $alles


Count         : 149
Length        : 149
LongLength    : 149
Rank          : 1
SyncRoot      : {System.Diagnostics.Process (Adobe CEF Helper),
                System.Diagnostics.Process (Adobe CEF Helper),
                System.Diagnostics.Process (Adobe Desktop Service),
                System.Diagnostics.Process (AdobeIPCBroker)...}
IsReadOnly    : False
IsFixedSize   : True
IsSynchronized : False
```

»Automatic Unrolling«: Punktschreibweise bei Arrays

Auch bei der Punktschreibweise gibt es einen automatischen Auspackmechanismus, ähnlich wie bei der Pipeline. Er wird *Automatic Unrolling* genannt, wurde mit PowerShell 3.0 eingeführt und sorgt dafür, dass Sie bei einem Array mit der Punktschreibweise nicht nur die Eigenschaften des Arrays angeben können, sondern auch die seines Inhalts.

```
PS> $dll = Get-ChildItem c:\windows\system32\*.dll

PS> $dll.VersionInfo

ProductVersion   FileVersion      FileName
--------------   -----------      --------
10.0.10586.0     10.0.10586.0 ... C:\windows\system32\aadauthhelper.dll
10.0.10586.0     10.0.10586.0 ... C:\windows\system32\aadcloudap.dll
10.0.10586.0     10.0.10586.0 ... C:\windows\system32\aadtb.dll
10.0.10586.0     10.0.10586.0 ... C:\windows\system32\AboveLockAppHost.dll
(...)
```

Obwohl also das IntelliSense-Menü die Eigenschaft `VersionInfo` gar nicht anzeigt, weil das Array `$dll` diese Eigenschaft nicht kennt, funktioniert der Code trotzdem. Automatic Unrolling geht dabei so vor: Wird die gewünschte Eigenschaft nicht im Array selbst gefunden, fragt PowerShell die Eigenschaft automatisch in einer Schleife für alle im Array enthaltenen Objekte ab. Intern wird dabei also dieser Code ausgeführt:

```
PS> $dll = Get-ChildItem c:\windows\system32\*.dll

PS> $dll | ForEach-Object { $_.VersionInfo }

ProductVersion   FileVersion      FileName
--------------   -----------      --------
10.0.10586.0     10.0.10586.0 ... C:\windows\system32\aadauthhelper.dll
10.0.10586.0     10.0.10586.0 ... C:\windows\system32\aadcloudap.dll
10.0.10586.0     10.0.10586.0 ... C:\windows\system32\aadtb.dll
10.0.10586.0     10.0.10586.0 ... C:\windows\system32\AboveLockAppHost.dll
10.0.10586.0     10.0.10586.0 ... C:\windows\system32\accessibilitycpl.dll
```

```
10.0.10586.0      10.0.10586.0 ... C:\windows\system32\accountaccessor.dll
10.0.10586.0      10.0.10586.0 ... C:\windows\system32\AccountsControlInternal.dll
10.0.10586.0      10.0.10586.0 ... C:\windows\system32\AccountsRt.dll
10.0.10586.0      10.0.10586.0 ... C:\windows\system32\ACCTRES.dll
10.0.10586.0      10.0.10586.0 ... C:\windows\system32\acledit.dll
(...)
```

Achtung

Automatic Unrolling dient in erster Linie Ihrer Bequemlichkeit. Wenn Sie es einsetzen, riskieren Sie aber zwei Dinge: Erstens ist Ihr Code nicht mehr kompatibel zu PowerShell 2.0, und zweitens kann es zu Mehrdeutigkeiten kommen. Was, wenn die gewünschte Eigenschaft sowohl im Array als auch im Array-inhalt vorkommt? In diesem Fall greift PowerShell zur nächstgelegenen Eigenschaft, also zu derjenigen des Arrays.

Automatic Unrolling ist niemals zwingend erforderlich, denn es bildet ja nur eine bequeme Schleife, in der die Array-Elemente einzeln angesprochen werden. Alle drei folgenden Verfahren liefern dasselbe Resultat:

```
PS> $dll = Get-ChildItem c:\windows\system32\*.dll | Select-Object -First 5

# Automatic Unrolling (ab PowerShell 3.0):
PS> $dll.VersionInfo

ProductVersion   FileVersion     FileName
--------------   -----------     --------
10.0.10586.0     10.0.10586.0 ... C:\windows\system32\aadauthhelper.dll
10.0.10586.0     10.0.10586.0 ... C:\windows\system32\aadcloudap.dll
10.0.10586.0     10.0.10586.0 ... C:\windows\system32\aadtb.dll
10.0.10586.0     10.0.10586.0 ... C:\windows\system32\AboveLockAppHost.dll
10.0.10586.0     10.0.10586.0 ... C:\windows\system32\accessibilitycpl.dll


# -ExpandProperty (alle PS-Versionen):
PS> $dll | Select-Object -ExpandProperty VersionInfo

ProductVersion   FileVersion     FileName
--------------   -----------     --------
10.0.10586.0     10.0.10586.0 ... C:\windows\system32\aadauthhelper.dll
10.0.10586.0     10.0.10586.0 ... C:\windows\system32\aadcloudap.dll
10.0.10586.0     10.0.10586.0 ... C:\windows\system32\aadtb.dll
10.0.10586.0     10.0.10586.0 ... C:\windows\system32\AboveLockAppHost.dll
10.0.10586.0     10.0.10586.0 ... C:\windows\system32\accessibilitycpl.dll


# Foreach-Object (alle PS-Versionen):
PS> $dll | ForEach-Object { $_.VersionInfo }

ProductVersion   FileVersion     FileName
--------------   -----------     --------
10.0.10586.0     10.0.10586.0 ... C:\windows\system32\aadauthhelper.dll
10.0.10586.0     10.0.10586.0 ... C:\windows\system32\aadcloudap.dll
10.0.10586.0     10.0.10586.0 ... C:\windows\system32\aadtb.dll
10.0.10586.0     10.0.10586.0 ... C:\windows\system32\AboveLockAppHost.dll
10.0.10586.0     10.0.10586.0 ... C:\windows\system32\accessibilitycpl.dll
```

Die letzten beiden Verfahren sind indes abwärtskompatibel zu PowerShell 2.0 und beschränken sich ausschließlich auf den Inhalt eines Arrays, sodass hier Mehrdeutigkeiten ausgeschlossen sind.

Objektorientierte Shell

Eigenschaften ändern

Wollen Sie eine Eigenschaft ändern, weisen Sie ihr ähnlich wie bei einer Variablen einen neuen Wert zu. Viele Einstellungen der PowerShell werden zum Beispiel über Eigenschaften des Objekts in $Host geregelt. Alle Sonderfarben verwaltet die Eigenschaft PrivateData, und alle sind änderbar:

```
PS> $Host.PrivateData

ErrorForegroundColor    : Red
ErrorBackgroundColor    : White
WarningForegroundColor  : Yellow
WarningBackgroundColor  : Black
DebugForegroundColor    : Yellow
DebugBackgroundColor    : Black
VerboseForegroundColor  : Yellow
VerboseBackgroundColor  : Black
ProgressForegroundColor : Yellow
ProgressBackgroundColor : DarkCyan

PS> $Host.PrivateData | Get-Member -MemberType *Property

    TypeName: Microsoft.PowerShell.ConsoleHost+ConsoleColorProxy

Name                    MemberType Definition
----                    ---------- ----------
DebugBackgroundColor    Property   System.ConsoleColor DebugBackgroundColor    {get;set;}
DebugForegroundColor    Property   System.ConsoleColor DebugForegroundColor    {get;set;}
ErrorBackgroundColor    Property   System.ConsoleColor ErrorBackgroundColor    {get;set;}
ErrorForegroundColor    Property   System.ConsoleColor ErrorForegroundColor    {get;set;}
ProgressBackgroundColor Property   System.ConsoleColor ProgressBackgroundC... {get;set;}
ProgressForegroundColor Property   System.ConsoleColor ProgressForegroundC... {get;set;}
VerboseBackgroundColor  Property   System.ConsoleColor VerboseBackgroundColor  {get;set;}
VerboseForegroundColor  Property   System.ConsoleColor VerboseForegroundColor  {get;set;}
WarningBackgroundColor  Property   System.ConsoleColor WarningBackgroundColor  {get;set;}
WarningForegroundColor  Property   System.ConsoleColor WarningForegroundColor  {get;set;}
```

Möchten Sie Fehlermeldungen leichter lesbar machen, schalten Sie deren Hintergrundfarbe beispielsweise mit der Eigenschaft ErrorBackgroundColor auf White um:

```
PS> $Host.PrivateData.ErrorBackgroundColor = 'White'
PS> 1/$null
```

Der provozierte Fehler erscheint nun auf weißem Grund. Die Eigenschaft durfte also geändert werden, weil das zugrunde liegende Objekt die Änderung umgesetzt hat und folglich weiterhin von der geänderten Eigenschaft korrekt beschrieben wurde.

Änderungen wirksam werden lassen

Meist genügt es, den Wert einer Eigenschaft zu ändern, damit diese Änderung sofort wirksam wird. Das ist allerdings nicht immer so. Manchmal müssen Änderungen explizit »zurückge-schrieben« werden, um sie wirksam werden zu lassen.

Die Größe der PowerShell-Konsole ändern

Die Einstellungen der PowerShell-Konsole lassen sich über $host nicht nur auslesen, sondern auch ändern. Und das kann höchst praktisch sein.

Achtung

Die folgenden Beispiele beziehen sich auf die echte PowerShell-Konsole *PowerShell.exe* und nicht auf den ISE-Editor. Der ISE-Editor besitzt keine klassische Konsolenausgabe. Die Beispiele funktionieren also nur in einem PowerShell-Konsolenfenster und nicht im ISE-Editor.

In einer PowerShell-Konsole (nicht im ISE-Editor) lassen sich die Größe des Konsolenfensters und die Größe des Konsolenpuffers über $Host ausgeben. Sind beide unterschiedlich, zeigt die Konsole eine störende horizontale Bildlaufleiste an. Möchte man das Konsolenfenster dagegen größer (breiter) machen, geht das nur bis zur maximalen Breite des Puffers – beides nicht schön.

```
PS> $Host.UI.RawUI.WindowSize.Width
62

PS> $Host.UI.RawUI.BufferSize.Width
77
```

Was spricht also dagegen, störende horizontale Bildlaufleisten dadurch zu beseitigen, dass man die Breite des Puffers und die des Konsolenfensters auf denselben Wert einstellt? Funktioniert zwar, aber wirkt sich leider nicht aus:

```
PS> $Host.UI.RawUI.BufferSize.Width
62

PS> $Host.UI.RawUI.BufferSize.Width = 100
PS> $Host.UI.RawUI.BufferSize.Width
62
```

Offenbar zeigt sich die Eigenschaft völlig unbeeindruckt von Ihren Änderungen. Und das, obwohl sie definitiv änderbar ist und auch wie gewünscht geändert wurde:

```
PS> $Host.UI.RawUI.BufferSize | Get-Member Width


   TypeName: System.Management.Automation.Host.Size

Name  MemberType Definition
----  ---------- ----------
Width Property   System.Int32 Width {get;set;}
```

Die Wahrheit ist: Wenn Sie die Eigenschaft BufferSize abfragen, schaut PowerShell nach, wie groß der Konsolenpuffer gerade ist, und verpackt die Informationen in ein Objekt vom Typ System.Management.Automation.Host.Size. Dieses Objekt bekommen Sie zurück, und es verfügt über eine Eigenschaft Width und eine Eigenschaft Height.

Mit diesem Objekt können Sie anschließend tun und lassen, was Sie wollen – PowerShell ist das egal. Wenn Sie also dessen Eigenschaft Width ändern, ist das erlaubt (und führt ja auch zu keiner Fehlermeldung). Die Puffergröße der Konsole ändert sich dadurch aber auch nicht. Das Objekt, mit dem Sie hantieren, ist also nur eine *Kopie* der aktuellen Einstellungen.

Dennoch können Sie die Puffergröße der Konsole ändern, aber dazu müssen Sie die *originale* Eigenschaft BufferSize ändern. Sie rufen also zuerst BufferSize ab, ändern dann in der Kopie, die Sie erhalten haben, was Sie mögen, und schreiben danach das geänderte Objekt wieder zurück an den Ort, von dem Sie es bekommen haben. Schon verschwindet die horizontale Bildlaufleiste:

```
# Code muss in einer echten PowerShell-Konsole ausgeführt werden,
# nicht im ISE-Editor!

# Gesamten Inhalt der Eigenschaft "BufferSize" lesen:
$bufferSize = $Host.UI.RawUI.BufferSize

# das Objekt auf die sichtbare Breite einstellen.
# dies allein bewirkt keine Änderung der Konsole:
$bufferSize.Width = $Host.UI.RawUI.WindowSize.Width

# das geänderte Objekt wieder zurück in die Eigenschaft
# "Buffersize" schreiben. Jetzt ändert sich die Pufferbreite:
$Host.UI.RawUI.BufferSize = $bufferSize
```

Listing 8.5: Größe des PowerShell-Konsolenpuffers ändern.

Profitipp

Zwar werden Sie PowerShell-Funktionen erst in einem der nächsten Kapitel kennenlernen, Sie können aber mit dem gerade erlangten Wissen bereits eine sehr praktische neue Funktion namens Set-ConsoleWidth schreiben. Ohne Parameter soll sie den Konsolenpuffer so breit machen wie das sichtbare Fenster (und damit die horizontale Bildlaufleiste entfernen). Mit dem Parameter -Width soll die Breite des Konsolenfensters neu festgelegt werden. Und wird der Switch-Parameter -Maximum gewählt, soll die Konsole so breit wie möglich werden.

```
function Set-ConsoleWidth
{
  param
  (
    [Int]
    # gewünschte Breite der Konsole, optional
    # Vorgabe ist die sichtbare Breite:
    $Width = $Host.UI.RawUI.WindowSize.Width,

    [Switch]
    # automatisch Konsole so breit wie möglich machen
    $Maximum
  )

  # maximal mögliche Breite der Konsole:
  $maximumWidth = $Host.UI.RawUI.MaxPhysicalWindowSize.Width

  # aktuelle Breite der Konsole:
  $currentWindowWidth = $Host.UI.RawUI.WindowSize.Width

  # aktuelle Breite des Puffers:
  $currentBufferWidth = $Host.UI.RawUI.BufferSize.Width

  # maximale Breite gewünscht?
  if ($Maximum)
  {
```

```
  $Width = $maximumWidth
}
# Wunschbreite angegeben?
elseif ($Width)
{
  # falls größer als maximal erlaubt, begrenzen:
  if ($Width -gt $maximumWidth)
  {
    $Width = $maximumWidth
  }
}


# die Logik zum Anpassen des Puffers und des Fensters
# sind interne Funktionen, weil diese je nach
# aktuellen Werten in anderer Reihenfolge
# aufgerufen werden müssen:
function AdjustBuffer
{
    # Konsolenpuffer auf neue Breite setzen:
    $buffer = $Host.UI.RawUI.BufferSize
    $buffer.Width = $Width
    $Host.UI.RawUI.BufferSize = $buffer
}


function AdjustWindow
{
    # Sichtbaren Bereich anpassen
    $buffer = $Host.UI.RawUI.WindowSize
    $buffer.Width = $Width
    $Host.UI.RawUI.WindowSize = $buffer
}


# falls das Fenster aktuell GRÖSSER ist als die
# neue gewünschte Breite, muss das Fenster
# ZUERST verkleinert werden, bevor der Puffer
# verkleinert werden darf:
if ($currentWindowWidth -gt $Width)
{
  AdjustWindow
  AdjustBuffer
}
# andernfalls umgekehrt:
else
{
  AdjustBuffer
  AdjustWindow
}
}
```

Listing 8.6: Set-ConsoleWidth setzt die Größe der PowerShell-Konsole neu.

Eigenschaften von WMI-Objekten ändern

Alle Ergebnisse, die Sie vom WMI-Dienst erhalten – beispielsweise über Get-WMIObject –, sind ebenfalls nur Ergebniskopien. Sie dürfen die Eigenschaften dieser Ergebnisse nach Lust und Laune verändern. Die WMI nimmt davon indes keine Notiz mehr. Deshalb sind die Eigenschaften aller WMI-Objekte sämtlich als »änderbar« markiert:

```
PS> Get-WmiObject -Class Win32_OperatingSystem | Get-Member -MemberType Properties

    TypeName: System.Management.ManagementObject#root\cimv2\Win32_OperatingSystem

Name                             MemberType    Definition
----                             ----------    ----------
PSComputerName                   AliasProperty PSComputerName = __SERVER
BootDevice                       Property      string BootDevice {get;set;}
BuildNumber                      Property      string BuildNumber {get;set;}
BuildType                        Property      string BuildType {get;set;}
Caption                          Property      string Caption {get;set;}
CodeSet                          Property      string CodeSet {get;set;}
(...)
```

Welche Eigenschaften wirklich verändert werden dürfen, verrät die WMI nur auf direkte Nachfrage. Der folgende Code listet beispielsweise diejenigen Eigenschaften auf, die bei Objekten der Klasse Win32_OperatingSystem verändert werden dürfen:

```
PS> $class = [wmiclass]'Win32_OperatingSystem'
PS> $class.Properties |
  Where-Object { $_.Qualifiers.Name -contains 'write' } |
  Select-Object -Property Name, Type

Name                    Type
----                    ----
Description             String
ForegroundApplicationBoost  UInt8
```

Nur eine Minderheit der Eigenschaften lässt sich also tatsächlich ändern, aber immerhin gehört dazu die Beschreibung des Betriebssystems. Damit WMI diese Änderungen auch zur Kenntnis nimmt, müssen Sie das Objekt nach Ihrer Änderung an die WMI zurücksenden. Dafür ist die Methode Put() zuständig, die direkt von der WMI stammt und von PowerShell normalerweise nicht im IntelliSense-Menü angezeigt wird. Dieses Stück Code würde die Beschreibung Ihres Betriebssystems umbenennen (sofern Sie über Administratorrechte verfügen):

```
$os = Get-WmiObject -Class 'Win32_OperatingSystem'
$os.Description = 'PowerShell Developer'
$result = $os.Put()
```

Listing 8.7: Beschreibung des Betriebssystems über WMI ändern.

Hinweis

In PowerShell 2.0 steht Put() nur über das zugrunde liegende rohe WMI-Objekt zur Verfügung, das mit PSBase angesprochen wird. Hier funktioniert also nur dieser Code:

```
$os = Get-WmiObject -Class 'Win32_OperatingSystem'
$os.Description = 'PowerShell Developer'
$result = $os.PSBase.Put()
```

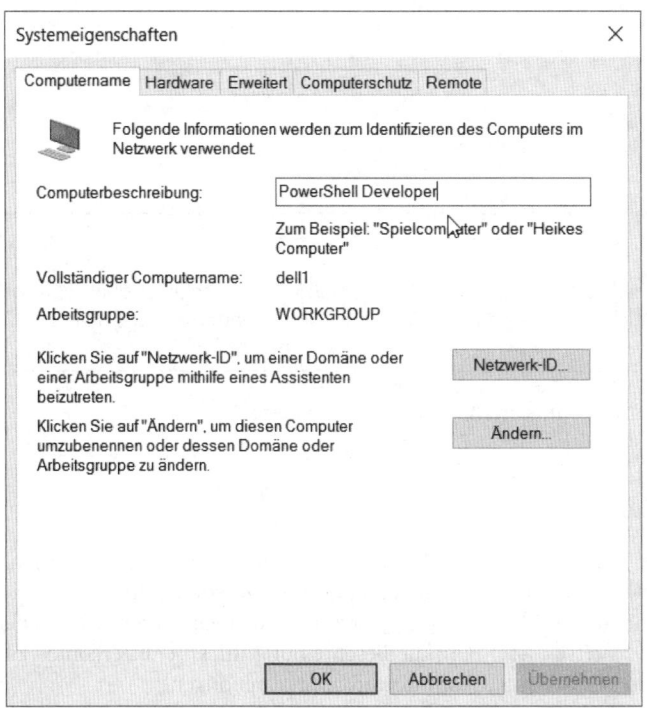

Abbildung 8.12: Computerbeschreibung über eine WMI-Eigenschaft ändern.

Active Directory-Objekte ändern

Auch das Active Directory mit seinen Benutzerkonten ist ähnlich wie die WMI eine remotefähige Technik. Hier erhalten Sie ebenfalls nur Objektkopien, die Sie erst wieder zurückschreiben müssen, wenn sich Eigenschaften ändern sollen. Allerdings ist das weitaus seltener nötig als bei WMI, denn für die Verwaltung des Active Directory stehen mit dem Modul ActiveDirectory aus RSAT (*Remote Server Administration Toolkit*, kostenfreier Microsoft-Download mit Verwaltungswerkzeugen) vollwertige Cmdlets für die allermeisten Verwaltungsaufgaben zur Verfügung.

Greifen Sie dagegen direkt per ADSI auf ein Benutzerkonto zu, beispielsweise auf Ihr eigenes, werden Ihnen zahlreiche Eigenschaften geliefert. Verwenden Sie als Pfadname den Provider WinNT:, gelangen Sie darüber auch an lokale (Nicht-Active-Directory-)Konten. Er ist also ein idealer Testkandidat.

```
PS> $user = [ADSI]"WinNT://$env:USERDOMAIN/$env:USERNAME,user"
PS> $user | Select-Object -Property *

UserFlags             : {66081}
MaxStorage            : {-1}
PasswordAge           : {9043045}
PasswordExpired       : {0}
LoginHours            : {255 255 255 255 255 255 255 255 255 255 255 255 255 255 255 255 255
                        255 255 255 255}
FullName              : {}
Description           : {}
BadPasswordAttempts   : {0}
LastLogin             : {19.11.2012 07:59:23}
HomeDirectory         : {}
```

```
LoginScript          : {}
Profile              : {}
HomeDirDrive         : {}
Parameters           : {}
PrimaryGroupID       : {513}
Name                 : {Tobias}
(...)
```

Achtung

Der Providerpfad unterscheidet zwischen Groß- und Kleinschreibung, ist also sehr sensibel. Es muss `WinNT:` heißen und nicht `Winnt:`. Auch die Schrägstriche dürfen keine umgekehrten Schrägstriche sein.

Die letzte Anmeldung des Benutzerkontos erfahren Sie entsprechend so:

```
PS> $user.LastLogin
```

```
Montag, 19. November 2012 07:59:23
```

Auch hier erhalten Sie nur eine Objektkopie, in der Sie alle Eigenschaften zwar ändern dürfen, ohne dass das jedoch eine Wirkung auf das zugrunde liegende Benutzerkonto hätte. Das geänderte Objekt muss anschließend also wieder zum Absender zurückgeschickt werden. Bei ADSI heißt die zuständige Methode `CommitChanges()`. Um die Beschreibung Ihres Benutzerkontos zu ändern, führen Sie Folgendes durch (wofür Sie Administratorrechte benötigen):

```
$user = [ADSI]"WinNT://$env:USERDOMAIN/$env:USERNAME,user"
$user.Description = 'PowerShell Entwickler'
$user.CommitChanges()
```

Listing 8.8: Beschreibung des eigenen Benutzerkontos ändern (ab PowerShell 3.0).

Hinweis

Wieder ist `CommitChanges()` bei PowerShell 2.0 nur über **PSBase** ansprechbar:

```
$user = [ADSI]"WinNT://$env:USERDOMAIN/$env:USERNAME,user"
$user.Description = 'PowerShell Entwickler'
$user.PSBase.CommitChanges()
```

Listing 8.9: Beschreibung des eigenen Benutzerkontos ändern (PowerShell 2.0).

Insgesamt benötigt der Code bei lokalen (nicht domänenbasierten) Konten etliche Sekunden, bis er ausgeführt ist. Dies liegt nicht an PowerShell und auch nicht an Objekten, sondern an der Art, wie ADSI funktioniert. ADSI versucht zunächst, die angegebene Domäne zu kontaktieren. Ist das nicht möglich, weil es sich um ein lokales Konto handelt, wird erst dann der Computer angesprochen. Schneller geht es so:

```
$computer = [ADSI]"WinNT://$env:COMPUTERNAME,computer"
$user = $computer.Children.Find($env:USERNAME, 'user')
$user.Description = 'PowerShell Entwickler'
$user.CommitChanges()
```

Listing 8.10: Lokales Benutzerkonto (schneller) ansprechen.

Die Änderung ist dauerhaft. Selbst wenn Sie das Objekt erneut abrufen, bleibt sie erhalten:

```
PS> $user.Description
PowerShell Entwickler

PS> $user = [ADSI]"WinNT://$env:USERDOMAIN/$env:USERNAME,user"
PS> $user.Description
PowerShell Entwickler
```

Den Erfolg der Änderung sehen Sie (bei lokalen Benutzerkonten) auch grafisch in der lokalen Benutzerverwaltung, die dieser Befehl öffnet:

```
PS> lusrmgr
```

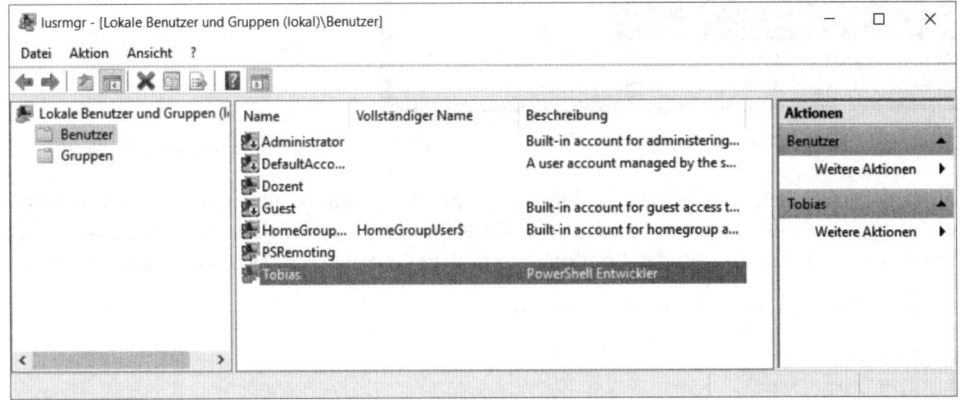

Abbildung 8.13: Beschreibung eines lokalen Benutzerkontos ändern.

Methoden aufrufen

Dass Objekte nicht nur Eigenschaften (Informationen) enthalten, sondern auch Befehle, haben Sie bereits gesehen. Um die Methoden eines Objekts aufzulisten, verwenden Sie wie bei den Eigenschaften Get-Member und übergeben diesem als -MemberType-Parameter diesmal den Wert *method anstelle von *property. Schauen Sie sich zum Beispiel an, welche Methoden ein einfacher Text enthält:

```
PS> 'Ich bin ein kleiner Text' | Get-Member -MemberType *method

    TypeName: System.String

Name        MemberType Definition
----        ---------- ----------
Clone       Method     System.Object Clone()
CompareTo   Method     int CompareTo(System.Object value), int CompareTo(string s..
Contains    Method     bool Contains(string value)
CopyTo      Method     System.Void CopyTo(int sourceIndex, char[] destination, in..
EndsWith    Method     bool EndsWith(string value), bool EndsWith(string value, S..
(...)
Trim        Method     string Trim(Params char[] trimChars), string Trim()
TrimEnd     Method     string TrimEnd(Params char[] trimChars)
TrimStart   Method     string TrimStart(Params char[] trimChars)
```

Der kleine unscheinbare Text enthält eine ganze Armada von Befehlen, denn auch Texte, Zahlen und Daten sind in PowerShell Objekte. Ohne Get-Member hätte Ihnen der ISE-Editor ebenfalls über kurz oder lang gezeigt, dass Texte Befehle enthalten – jedenfalls dann, wenn Sie direkt hinter einem Text irgendwann zufällig einen Punkt angegeben hätten (Abbildung 8.14).

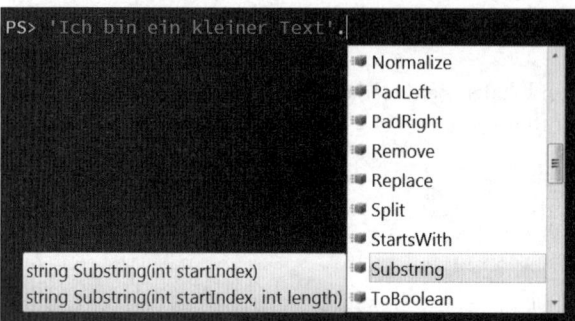

Abbildung 8.14: Das IntelliSense-Menü zeigt Objektmethoden mitsamt ihren Signaturen (Überladungen).

Im IntelliSense-Menü erscheinen die Methoden mit einem pinkfarbenen Würfel und sind klar von den Eigenschaften zu unterscheiden. Texte, genauer Textobjekte, enthalten also selbst bereits alles, was für den Umgang mit dem im Objekt gespeicherten Text so nötig sein könnte:

```
# Text in Großbuchstaben verwandeln:
PS> 'Beispieltext'.toUpper()
BEISPIELTEXT

# Text in Kleinbuchstaben verwandeln:
PS> 'Beispieltext'.toLower()
beispieltext

# prüfen, ob Datei bestimmte Endung aufweist:
PS> 'C:\test\testdatei.txt'.toLower().EndsWith('.txt')
True

# prüfen, ob Datei bestimmten Anfang aufweist:
PS> 'C:\test\testdatei.txt'.toLower().StartsWith('C:\')
True

# erste Position eines Suchworts im Text bestimmen:
PS> 'tobias.weltner@email.de'.IndexOf('@')
14

# letzte Position eines Stichworts im Text bestimmen:
PS> 'tobias.weltner@email.de'.LastIndexOf('@')
14

# Text bis zu einer bestimmten Position ausgeben:
PS> $email = 'tobias.weltner@email.de'
PS> $position = $email.IndexOf('@')
PS> $email.SubString(0, $position)
tobias.weltner

# Text ab einer bestimmten Position ausgeben:
PS> $email.SubString($position+1)
email.de
```

Eine Methode mit mehreren Signaturen

Manche Methoden lassen sich auf mehr als eine Art aufrufen. Man spricht dann von Methoden mit unterschiedlichen Signaturen oder von *Überladungen*. Zwei Beispiele mit zwei unterschiedlichen Objekten sollen zeigen, was das bedeutet.

Trim kann mehr als Leerzeichen entfernen

Ein Text-Objekt (Typ *String*) verfügt unter anderem über die Methode Trim(). Mit ihr kann man überflüssige Leerzeichen auf beiden Seiten des Texts abschneiden:

```
PS> $text = '    ein Text mit Leerzeichen zu beiden Seiten    '

PS> 'Text ohne Trim: "{0}".' -f $text
Text ohne Trim: "    ein Text mit Leerzeichen zu beiden Seiten    ".

PS> 'Text mit Trim: "{0}".' -f $text.Trim()
Text mit Trim: "ein Text mit Leerzeichen zu beiden Seiten".
```

Wenn Sie Trim() untersuchen, werden Sie feststellen, dass die Methode zwei Signaturen besitzt. Man sagt auch, die Methode sei *überladen*. Rufen Sie Trim() ohne die Klammern auf, sehen Sie die Überladungen:

```
PS> 'Text'.Trim

OverloadDefinitions
-------------------
string Trim(Params char[] trimChars)
string Trim()
```

Trim() kann ohne Argumente aufgerufen werden und entfernt dann Leerzeichen, Tabulatoren und Zeilenumbrüche. Oder Sie geben mit trimChars selbst an, was für Zeichen an den Textenden abgeschnitten werden sollen. Das Argument ist vom Typ char[]. Der Typ char steht für genau ein Zeichen, und weil es ein Array ist ([]), dürfen es beliebig viele einzelne Zeichen sein. Ein Text ist zufällig genau das – eine Ansammlung vieler einzelner Zeichen – und kann deshalb in den Typ char[] umgewandelt werden. Schauen Sie einmal, ob Sie diesen Code nachvollziehen können:

```
PS> 'c:\test\'.Trim('\')
c:\test

PS> 'explorer.exe'.Trim('.exe')
plorer
```

Im ersten Beispiel ist die Sache eindeutig: Trim() schneidet umgekehrte Schrägstriche ab, »normalisiert« also einen Ordnerpfad und stellt sicher, dass der Pfadname *auf keinen Fall* mit einem Backslash endet.

Überraschender ist das Ergebnis des zweiten Beispiels, denn hier liefert Trim() als Ergebnis »plorer«. Trim() schneidet alle Buchstaben ab, die ihm angegeben werden. Es wertet den Text, den Sie übergeben, also als jeweils eigenständige Zeichen und nicht als zusammengehörigen Text. Deshalb zeigt die Signatur von Trim() an, dass dieses Argument vom Typ char[] ist (Liste einzelner Zeichen) und kein String (Zeichenkette). Daher führt auch dies zum selben Resultat:

```
PS> 'explorer.exe'.Trim('x.e')
plorer
```

Profitipp

Möchten Sie keine Zeichen abschneiden, sondern Zeichenketten, greifen Sie lieber zum Operator
`-replace`. Der arbeitet anders als `Trim()` und erwartet einen regulären Ausdruck, also ein Muster, das zu
ersetzen ist. Gibt man dem Operator auf seiner rechten Seite nur einen Ausdruck an, wird dieser durch
»nichts« ersetzt, also abgeschnitten:

```
PS> 'explorer.exe' -replace '\.exe$'
explorer
```

Weil der Punkt bei regulären Ausdrücken ein Platzhalter für ein beliebiges Zeichen ist, wird er mit einem
Backslash entwertet, sodass er nun wörtlich genommen wird. Das Dollarzeichen am Ende ist ein Anker,
nämlich das Textende. So wird verhindert, dass der Term `.exe` irgendwo anders als am Ende des Texts entfernt wird. Gäben Sie `-replace` einen Ersetzungstext an, könnten Sie damit die Dateiendung auch ändern:

```
PS> 'explorer.exe' -replace '\.exe$', '.bak'
explorer.bak
```

In der Konsole auf einen Tastendruck warten

Auch die Methode `ReadKey()` aus dem `$Host`-Objekt ist überladen:

```
PS> $Host.UI.RawUI.ReadKey

OverloadDefinitions
-------------------
System.Management.Automation.Host.KeyInfo
ReadKey(System.Management.Automation.Host.ReadKeyOptions options)
System.Management.Automation.Host.KeyInfo ReadKey()
```

Im ISE-Editor lässt sich die Methode nicht aufrufen, denn ISE besitzt keine echte Konsole und
kann demzufolge auch keine Tastendrücke empfangen. Die Methode wird daher von ISE als
»nicht implementiert« gemeldet. In der PowerShell-Konsole dagegen wartet PowerShell daraufhin, bis Sie (irgendeine) Taste drücken. Danach wird der eingegebene Buchstabe zurückgegeben und außerdem ein Objekt, das die gedrückte Taste ganz genau beschreibt:

```
PS> $Host.UI.RawUI.ReadKey()
j

        VirtualKeyCode    Character         ControlKeyState          KeyDown
        --------------    ---------         ---------------          -------
                    74    j                               0          True
```

Leider besteht die Methode darauf, die eingegebene Taste auch auszugeben. Nur das Objekt
mit den Infos zur gedrückten Taste lässt sich abfangen:

```
PS> 'Bitte Taste drücken!'; $taste = $HOST.UI.RawUI.ReadKey()
Bitte Taste drücken!
kPS>
```

Das eingegebene Zeichen – hier war es der Druck auf ⎢K⎥ – mogelt sich vor die Eingabeafforde-
rung und erscheint in der Konsole. Wenn eine Methode ungefähr das macht, was Sie möchten,
aber nicht wirklich hundertprozentig, schauen Sie sich ihre Überladungen an. Vielleicht gibt es
eine Variante, die die Aufgabe besser löst. Die Signatur der zweiten Variante sieht so aus:

```
System.Management.Automation.Host.KeyInfo
ReadKey(System.Management.Automation.Host.ReadKeyOptions options)
```

Man kann der Methode also auch ein Objekt vom Typ System.Management.Automation.Host. ReadKeyOptions übergeben. Grübeln Sie nicht zu lange darüber nach, was dieser Objekttyp nun wieder sein könnte, sondern geben Sie einfach im Trial-and-Error-Verfahren irgendetwas an. Die Chancen stehen gut, dass die Fehlermeldung genauer erklärt, was der Befehl von Ihnen erwartet:

```
PS> $HOST.UI.RawUI.ReadKey('Halli Hallo')
Das Argument "options" mit dem Wert  "Halli Hallo" für "ReadKey" kann nicht in den Typ
"System.Management.Automation.Host.ReadKeyOptions" konvertiert werden: "Der Wert "Halli Hallo" kann
nicht in den Typ "System.Management.Automation.Host.ReadKeyOptions" konvertiert werden. Fehler:
"Der Bezeichner "Halli Hallo" kann keinem gültigen Enumeratornamen zugeordnet werden. Geben Sie
einen der folgenden Enumeratornamen an, und wiederholen Sie den Vorgang: AllowCtrlC, NoEcho,
IncludeKeyDown, IncludeKeyUp.""
```

Und richtig: Erlaubte Werte sind also AllowCtrlC, NoEcho, IncludeKeyDown und IncludeKeyUp. Die Lösung ist demnach, die Option NoEcho anzugeben, zusammen mit IncludeKeyDown oder IncludeKeyUp – je nachdem, ob Sie möchten, dass bereits beim Drücken der Taste fortgesetzt wird oder erst beim Loslassen:

```
PS> 'Bitte Taste drücken!'; $taste = $HOST.UI.RawUI.ReadKey('NoEcho,IncludeKeyUp')
```

Achtung

Das Beispiel zeigt, wie wertvoll der Zugriff auf Low-Level-Funktionen sein kann – und wie riskant. Sie können nun zwar elegant auf einen beliebigen Tastendruck warten, aber nur, wenn das Skript in der PowerShell-Konsole ausgeführt wird. Wer es im ISE-Editor oder irgendeinem anderen PowerShell-Host ausführt, der keine echte Konsole besitzt, wird keinen Erfolg mit ReadKey() haben. Deshalb ist es beim Einsatz von Low-Level-Funktionen ratsam, die jeweiligen Voraussetzungen zu kennen.

Testaufgaben

Auch in diesem Kapitel finden Sie eine Reihe von Aufgaben, mit denen Sie überprüfen können, ob Sie inzwischen wissen, was Objekte sind und wie sie funktionieren.

Aufgabe: Der Typ eines Objekts lässt sich immer mit der Eigenschaft PSTypeNames ermitteln:

```
PS> "Hallo".PSTypeNames
System.String
System.Object

PS> "Hallo" | Get-Member PSType*
```

Sonderbarerweise zeigt Get-Member diese Eigenschaft aber gar nicht an. Wieso?

Lösung: Get-Member zeigt nur die üblichen Objektmember an, mit denen man im Alltag konfrontiert wird, und versteckt einige andere, damit die Liste der Objektmember nicht ausufert und unübersichtlich wird. Möchten Sie diese Sicherung ausschalten, verwenden Sie den Parameter -Force:

```
PS> "Hallo" | Get-Member PSType* -Force

   TypeName: System.String

Name        MemberType   Definition
----        ----------   ----------
pstypenames CodeProperty System.Collections.ObjectModel.Collection`1[[System...
```

Aufgabe: Listen Sie die Datei(en) auf, die hinter den Notepad-Prozessen stecken, sowie deren Dateiversion. Tipp: Diese Information muss in einer der Eigenschaften der Process-Objekte enthalten sein.

Lösung: Um sich eine Übersicht über die Informationen zu verschaffen, die in den einzelnen Objekteigenschaften enthalten sind, leiten Sie das Ergebnis an Select-Object * weiter:

```
PS> Get-Process notepad | Select-Object *
```

Wie sich herausstellt, ist die zugrunde liegende Datei in der Eigenschaft Path zu finden. Die Version dieser Datei steckt in FileVersion oder ProductVersion:

```
PS> Get-Process notepad | Select-Object *

(…)
Path                   : C:\Windows\system32\notepad.exe
Company                : Microsoft Corporation
CPU                    : 0,156001
FileVersion            : 6.1.7600.16385 (win7_rtm.090713-1255)
ProductVersion         : 6.1.7600.16385
Description            : Editor
(…)
```

Damit können Sie die gesuchten Informationen folgendermaßen anzeigen lassen:

```
PS> Get-Process notepad | Select-Object Name, Path, FileVersion, Description

Name          Path                  FileVersion       Description
----          ----                  -----------       -----------
notepad       C:\Windows\system32... 6.1.7600.16385 (wi... Editor
```

Aufgabe: Versuchen Sie, das Ergebnis der folgenden Zeile zu erklären. Was genau passiert da?

```
PS> (Get-Process notepad).MainModule | Select-Object *

Size              : 212
Company           : Microsoft Corporation
FileVersion       : 6.1.7600.16385 (win7_rtm.090713-1255)
ProductVersion    : 6.1.7600.16385
Description       : Editor
Product           : Betriebssystem Microsoft® Windows®
ModuleName        : notepad.exe
FileName          : C:\Windows\system32\notepad.exe
BaseAddress       : 4288544768
ModuleMemorySize  : 217088
EntryPointAddress : 4288558448
FileVersionInfo   : File:            C:\Windows\system32\notepad.exe
                    InternalName:    Notepad
                    OriginalFilename: NOTEPAD.EXE.MUI
                    FileVersion:     6.1.7600.16385 (win7_rtm.090713-1255)
                    FileDescription: Editor
                    Product:         Betriebssystem Microsoft® Windows®
                    ProductVersion:  6.1.7600.16385
                    Debug:           False
                    Patched:         False
                    PreRelease:      False
                    PrivateBuild:    False
                    SpecialBuild:    False
                    Language:        Deutsch (Deutschland)

Site              :
Container         :
```

Lösung: In der Zeile wurde in runden Klammern zuerst das Process-Objekt von Notepad abgerufen. Das Ergebnis der runden Klammern ist also das Process-Objekt. Mit der Punkt-schreibweise greift die Zeile dann auf die Objekteigenschaft MainModule zu. Select-Object sorgt dafür, dass alle Eigenschaften angezeigt werden. Wie sich herausstellt, enthält MainModule ein weiteres Objekt, das aus einer Vielzahl von Eigenschaften besteht. Eine davon heißt FileVersionInfo und enthält ihrerseits ein weiteres Objekt, das deshalb eingerückt angezeigt wird.

Aufgabe: In der letzten Aufgabe wurde die Eigenschaft MainModule des Notepad-Prozesses aus-gegeben. Die Informationen, die darin enthalten sind, lösen vielleicht ein Déjà-vu aus. Kann es sein, dass die gleichen Informationen auch schon an anderer Stelle des Process-Objekts sichtbar waren?

Lösung: Ihr Instinkt trügt nicht. Tatsächlich hat PowerShell die wichtigsten Informationen aus MainModule bereits direkt in das Process-Objekt integriert, indem es das Process-Objekt mit eige-nen Eigenschaften vom Typ ScriptProperty erweitert hat. Schauen Sie mal:

```
PS> Get-Process notepad | Get-Member -MemberType ScriptProperty


   TypeName: System.Diagnostics.Process

Name           MemberType     Definition
----           ----------     ----------
Company        ScriptProperty System.Object Company {get=$this.Mainmodule.FileVersionI..
CPU            ScriptProperty System.Object CPU {get=$this.TotalProcessorTime.TotalSec..
Description    ScriptProperty System.Object Description {get=$this.Mainmodule.FileVers..
FileVersion    ScriptProperty System.Object FileVersion {get=$this.Mainmodule.FileVers..
Path           ScriptProperty System.Object Path {get=$this.Mainmodule.FileName;}
Product        ScriptProperty System.Object Product {get=$this.Mainmodule.FileVersionI..
ProductVersion ScriptProperty System.Object ProductVersion {get=$this.Mainmodule.FileV..
```

Ein Blick auf die zugrunde liegenden Skriptblöcke zeigt: Diese Eigenschaften beschaffen sich ihren Inhalt in Wahrheit aus der Eigenschaft MainModule und greifen dabei teilweise sogar auf das FileVersionInfo-Objekt darin zu:

```
PS> Get-Process notepad | Get-Member -MemberType ScriptProperty | Select-Object -ExpandProperty
Definition
System.Object Company {get=$this.Mainmodule.FileVersionInfo.CompanyName;}
System.Object CPU {get=$this.TotalProcessorTime.TotalSeconds;}
System.Object Description {get=$this.Mainmodule.FileVersionInfo.FileDescription;}
System.Object FileVersion {get=$this.Mainmodule.FileVersionInfo.FileVersion;}
System.Object Path {get=$this.Mainmodule.FileName;}
System.Object Product {get=$this.Mainmodule.FileVersionInfo.ProductName;}
System.Object ProductVersion {get=$this.Mainmodule.FileVersionInfo.ProductVersion;}
```

Diese Eigenschaften sind also praktische Abkürzungen:

```
# Abkürzung:
PS> (Get-Process notepad).FileVersion
6.1.7600.16385 (win7_rtm.090713-1255)

# echte Objekteigenschaft:
PS> (Get-Process notepad).MainModule.FileVersionInfo.FileVersion
6.1.7600.16385 (win7_rtm.090713-1255)
```

Objektorientierte Shell

Hinweis

Der Ausdruck `$this` steht dabei für das Objekt selbst. Mehr zu diesen künstlichen PowerShell-Eigenschaften lesen Sie weiter unten.

Aufgabe: Der Windows-Editor Notepad wird gerade ausgeführt. Wieso liefert der folgende Aufruf manchmal dennoch keinen Hersteller (in PowerShell 2.0) und manchmal gleich mehrfach (ab PowerShell 3.0)?

```
PS> (Get-Process notepad).Company
Microsoft Corporation
```

Lösung: Laufen mehrere Notepad-Instanzen, liefert `Get-Process` ein Array, in dem alle `Process`-Objekte verpackt sind. Weil Arrays keine Eigenschaft namens `Company` besitzen, gibt PowerShell 2.0 »nichts« zurück. Immer wenn Sie nicht wissen können, ob ein Befehl ein oder mehrere Ergebnisse liefert, verarbeiten Sie die Ergebnisse deshalb besser mit `ForEach-Object`: Das führen PowerShell 3.0 und höher intern automatisch durch, sodass dann die Werte sämtlicher laufenden Notepad-Instanzen ausgegeben werden.

```
PS> Get-Process notepad | ForEach-Object { $_.Company }
```

Aufgabe: Versuchen Sie als Nächstes, die Hintergrundfarbe der PowerShell-Konsole in Grün zu ändern. Tipp: Diese Einstellungen finden Sie in `$Host.UI.RawUI`.

Lösung: Die Variable `$Host` enthält ein Objekt, das die PowerShell-Konsole repräsentiert. Darin befindet sich eine Eigenschaft namens `UI`, die ein Objekt mit einer Eigenschaft namens `RawUI` aufweist. In dieser schließlich finden sich die Konsoleneinstellungen:

```
PS> $Host.UI.RawUI | Select-Object *

ForegroundColor      : DarkYellow
BackgroundColor      : DarkMagenta
CursorPosition       : 0,1
WindowPosition       : 0,0
CursorSize           : 80
BufferSize           : 90,3003
WindowSize           : 89,23
MaxWindowSize        : 90,41
MaxPhysicalWindowSize : 152,41
KeyAvailable         : False
WindowTitle          : Windows PowerShell
```

Schnell wird klar, dass die Hintergrundfarbe der Konsole in der Eigenschaft `BackgroundColor` festgelegt ist. Ob man diese Eigenschaft ändern darf, verrät `Get-Member`:

```
PS> $Host.UI.RawUI | Get-Member BackgroundColor

   TypeName: System.Management.Automation.Internal.Host.InternalHostRawUserInterface

Name            MemberType Definition
----            ---------- ----------
BackgroundColor Property   System.ConsoleColor BackgroundColor {get;set;}
```

Die Eigenschaft ist als get;set; gekennzeichnet, Änderungen sind also erlaubt. Sie verlangt einen Wert vom Typ System.ConsoleColor, genau wie die Eigenschaft ErrorBackgroundColor, die Sie früher schon kennengelernt haben. Um die Hintergrundfarbe auf Grün einzustellen, schreiben Sie:

```
PS> $Host.UI.RawUI.BackgroundColor = 'green'
PS> Clear-Host
```

Aufgabe: Stellen Sie die Hintergrundfarbe für Fehlermeldungen auf dieselbe Farbe ein wie die Hintergrundfarbe der Konsole.

Lösung: Weisen Sie dazu der Eigenschaft ErrorBackgroundColor den Inhalt der Eigenschaft BackgroundColor zu, zum Beispiel so:

```
PS> $Host.PrivateData.ErrorBackgroundColor = $Host.UI.RawUI.BackgroundColor
PS> 1/$null
```

Der Fehler wird nun zwar noch in Rot ausgegeben, aber nicht mehr mit einer separaten Hintergrundfarbe.

Aufgabe: Sie wollen die Einfügemarke der PowerShell-Konsole vergrößern und haben dazu die Eigenschaft CursorSize geändert. Anstelle einer größeren Einfügemarke haben Sie aber eine Fehlermeldung erhalten. Warum?

```
PS> $Host.UI.RawUI.CursorSize = 200
Ausnahme beim Festlegen von "CursorSize": ""CursorSize" kann nicht verarbeitet werden, da die
angegebene Cursorgröße ungültig ist.
```

Lösung: Die Fehlermeldung weist den Weg. Zwar akzeptiert die Eigenschaft CursorSize Ganzzahlen, aber nur innerhalb eines bestimmten Wertebereichs, und Ihre Zahl war zu groß. Wie sich herausstellt, muss die Größe der Einfügemarke als Zahl zwischen 0 und 100 (für 0 % bis 100 %) angegeben werden. Die Zahl 0 schaltet die Einfügemarke also ganz ab, während die Zahl 100 die Blockeinfügemarke in maximaler Größe anzeigt:

```
PS> $Host.UI.RawUI.CursorSize = 100
```

Aufgabe: Wie könnte man das Erstellungsdatum einer Datei um genau 30 Tage »zurückdrehen«?

Lösung: Lesen Sie das Datum aus der Eigenschaft CreationTime aus und verwenden Sie dann die Methode AddDays(), um das Datum einige Tage vor- oder zurückzudrehen. Danach weisen Sie das neue Datum der Eigenschaft CreationTime wieder zu. Das folgende Codebeispiel dreht das Erstellungsdatum einer Testdatei um 30 Tage zurück:

```
# Testordner für Datei erstellen, falls der Ordner noch nicht existiert:
PS> md C:\testordner -ErrorAction SilentlyContinue | Out-Null

# Testdatei im Ordner anlegen:
PS> 'Hallo' > C:\testordner\datei4.txt

# CreationTime ausgeben:
PS> (Get-Item C:\testordner\datei4.txt).CreationTime
Montag, 26. November 2012 21:40:21

# CreationTime 30 Tage zurückdrehen
PS> Get-Item C:\testordner\datei4.txt | ForEach-Object { $_.CreationTime = ($_.CreationTime.AddDa
ys(-30)) }

# CreationTime ausgeben:
PS> (Get-Item C:\testordner\datei4.txt).CreationTime
```

Objektorientierte Shell

Samstag, 27. Oktober 2012 21:40:21

```
# CreationTime für sämtliche Dateien im Testordner zurückdrehen:
PS> Get-ChildItem C:\testordner | ForEach-Object { $_.CreationTime = ($_.CreationTime.AddDays(-30))
}
```

Aufgabe: Sie möchten den Namen einer Datei ändern, die folgende Zeile schlägt aber fehl:

```
PS> (Get-Item C:\testordner\datei4.txt).Name = 'datei99.txt'
"Name" ist eine schreibgeschützte Eigenschaft.
```

Warum? Wie lässt sich die Datei umbenennen?

Lösung: Die Fehlermeldung ist in diesem Fall sehr eindeutig. Die Eigenschaft Name kann nur gelesen, aber nicht verändert werden. Um die Datei umzubenennen, verwenden Sie stattdessen Rename-Item:

```
PS> Rename-Item C:\testordner\datei4.txt datei99.txt
```

Aufgabe: Sie wollen herausfinden, welche Eigenschaften und Methoden eine Zahlenliste besitzt. Get-Member liefert stattdessen Informationen zum Inhalt der Zahlenliste. Wieso?

```
PS> (1..10) | Get-Member
```

Lösung: Die Pipeline packt Arrays grundsätzlich aus und verarbeitet deren Inhalt einzeln. Get-Member erhält also den Inhalt des Arrays Zahl für Zahl.

Wollen Sie das Array selbst untersuchen, dürfen Sie nicht die Pipeline mit ihrer Auspackautomatik verwenden:

```
PS> Get-Member -InputObject (1..10)
```

Kapitel 9
Operatoren und Bedingungen

Objektorientierte Shell

Ausführlich werden in diesem Kapitel die folgenden Aspekte erläutert:

- **Operatoren:** Sie kombinieren zwei Informationen miteinander. Ein arithmetischer Operator (+) addiert, während ein Zuweisungsoperator (=) einen Wert einer Variablen oder Eigenschaft zuweist. Der Operator steht zwischen den beiden Informationen, die er kombinieren soll. Ausnahmsweise können Operatoren auch vor oder hinter einer einzelnen Information stehen und wirken nur auf diese Information (unäre Operatoren). Der Operator ++ erhöht beispielsweise den Inhalt einer Variablen um den Wert 1, sofern die Variable einen numerischen Inhalt hat.

- **Zuweisungsoperatoren:** Diese Gruppe von Operatoren weist Variablen und Objekteigenschaften neue Inhalte zu oder ergänzt schon vorhandenen Inhalt.

- **Vergleichsoperatoren:** Sie bilden die Grundlage für Entscheidungen und liefern bei einfachen Vergleichen stets $true oder $false. Werden Arrays verglichen, verhalten sich Vergleichsoperatoren wie Filter und liefern diejenigen Arrayelemente, auf die der Vergleich zutrifft.

- **Bedingungen:** Sie führen Code auf der Basis von booleschen Werten aus und lassen sich daher ideal mit Vergleichsoperatoren kombinieren, um Code nur in bestimmten Fällen auszuführen.

Mathematische Operatoren wie + und - setzen Sie wahrscheinlich ganz intuitiv ein. Dabei sind mathematische Operatoren nur eine von mehreren Operatorengruppen. Sie alle haben gemeinsam, dass der Operator in der Regel die Informationen links und rechts von ihm verknüpft. Die weitaus wichtigsten Operatorengruppen sind Zuweisungs- und Vergleichsoperatoren.

Zuweisungsoperatoren speichern die Ergebnisse eines Befehls oder einer Berechnung vorübergehend in einer Variablen ab, sodass Sie diese Information später wieder abrufen und zum Beispiel einem anderen Befehl übergeben können.

Vergleichsoperatoren vergleichen zwei Werte und liefern dann einen booleschen Wert ($true oder $false) zurück, je nachdem, ob der Vergleich zutraf oder nicht. Diese booleschen Werte können danach von *Bedingungen* verwendet werden, um zu entscheiden, ob Codeteile ausgeführt werden sollen oder nicht. Vergleichsoperatoren und Bedingungen arbeiten also Hand in Hand und bilden die Grundlage für intelligente Skripte, die automatisch Entscheidungen treffen können.

In diesem Kapitel erfahren Sie alles über Zuweisungs- und Vergleichsoperatoren sowie über Bedingungen. Im nächsten Kapitel werden dann die Textoperatoren beschrieben, mit denen man Informationen aus Rohtext extrahieren kann.

Operatoren – Aufbau und Namensgebung

Ein Operator steht üblicherweise zwischen zwei Dingen und verknüpft diese miteinander. Das ist so selbstverständlich, dass der Operator in den folgenden Anweisungen häufig gar nicht bewusst wahrgenommen wird:

```
PS> $variable = 'Wert'
PS> 1 + 4
5
PS> 7 -gt 12
False

PS> 'Hallo Welt' -like '*We*'
True

PS> $true -and $false
False

PS> $true -or $false
True
```

Die Operatoren in diesen Beispielen lauteten = (ein Zuweisungsoperator), + (ein arithmetischer Operator), -gt und -like (beides Vergleichsoperatoren) sowie -and und -or (beides logische Operatoren). Operatoren sind also in Familien unterteilt. Die PowerShell-Hilfe widmet jeder dieser Familien ein eigenes Hilfethema (jedenfalls dann, wenn Sie die Hilfe wie im ersten Kapitel beschrieben mit Update-Help heruntergeladen haben):

```
PS> help operator
about_Comparison_Operators        HelpFile
about_Logical_Operators           HelpFile
about_Operators                   HelpFile
about_Operator_Precedence         HelpFile
about_Type_Operators              HelpFile
```

Einige Operatoren wie + oder = sind Sonderzeichen, wie man sie aus anderen Skriptsprachen gewohnt ist. Die allermeisten Operatoren allerdings beginnen mit einem Bindestrich, gefolgt von wenigen Buchstaben, die häufig die Anfangsbuchstaben der Silben des ausgesprochenen Operators sind. -gt steht zum Beispiel für *greater than* und -le für *less or equal*.

Wie Operatornamen aufgebaut sind

Warum verwendet PowerShell für den Vergleich »größer als« eigentlich den Operatornamen -gt und nicht >, wie in anderen Sprachen auch? Weil PowerShell sehr viele Techniken vereint und bereits zahlreiche klassische Operatorzeichen anderweitig belegt sind. > ist zum Beispiel ein in Konsolen seit Urzeiten eingesetzter Umleitungsoperator:

```
PS> Get-Process > $env:TEMP\prozessliste.txt
```

Deshalb werden in PowerShell die meisten Operatoren nach einem anderen Schema benannt: Sie beginnen mit einem Bindestrich, gefolgt von den Anfangsbuchstaben der Silben des Klartextnamens oder einem ähnlichen Kurzwort.

Da auch Parameternamen in PowerShell mit einem Bindestrich beginnen, besteht Verwechslungsgefahr, zum Beispiel hier:

```
PS> 'Ihr Name lautet {0}.' -f $env:USERNAME
Ihr Name lautet Tobias.
```

Wo steht hier der Befehl, zu dem der Parameter -f gehört? Nirgends, denn -f ist ein Operator. Das »f« steht für »Formatierung«: Dieser Operator erwartet links eine Textschablone mit Platzhaltern und füllt die Platzhalter dann mit den Werten auf seiner rechten Seite auf. Er steht wie die meisten übrigen Operatoren zwischen den beiden Dingen, die er miteinander verbindet. Im ISE-Editor fällt die Unterscheidung zwischen Operatoren und Parametern aber leicht: Parameter sind dunkelblau, Operatoren hingegen hellgrau.

Unäre Operatoren

Es gibt auch »unäre« Operatoren, die seltener sind. Sie benötigen nur eine Information, die links oder rechts von ihnen stehen kann:

```
PS> $wert = 1
PS> $wert++
PS> $wert
2
```

Auf welcher Seite sich die Operatoren befinden, macht häufig einen entscheidenden Unterschied aus:

```
PS> $wert = 1
PS> $kopie = $wert++
PS> $kopie
1

PS> $wert = 1
PS> $kopie = ++$wert
PS> $kopie
2
```

Objektorientierte Shell

Manche Operatoren können sowohl unär sein als auch mit zwei Informationen arbeiten. Der Textoperator -join fügt zum Beispiel als unärer Operator die Elemente eines Arrays zu einem String zusammen, wenn Sie den Operator davorstellen:

```
PS> (Get-WmiObject -Class Win32_BIOS).BIOSVersion
_ASUS_ - 1072009
BIOS Date: 06/05/12 16:39:27 Ver: 04.06.05
BIOS Date: 06/05/12 16:39:27 Ver: 04.06.05

PS> -join (Get-WmiObject -Class Win32_BIOS).BIOSVersion
_ASUS_ - 1072009BIOS Date: 06/05/12 16:39:27 Ver: 04.06.05BIOS Date: 06/05/12 16:39:27 Ver:
04.06.05
```

Alternativ dürfen Sie das Trennzeichen aber auch auf seiner rechten Seite angeben. Jetzt liefert der Operator kommaseparierte Listen:

```
PS> (Get-WmiObject -Class Win32_BIOS).BIOSVersion -join ', '
_ASUS_ - 1072009, BIOS Date: 06/05/12 16:39:27 Ver: 04.06.05, BIOS Date: 06/05/12 16:39:27 Ver:
04.06.05
```

Doppelte Arrayelemente können vorher mit den üblichen Pipeline-Befehlen natürlich aussortiert werden:

```
PS> ((Get-WmiObject -Class Win32_BIOS).BIOSVersion | Sort-Object -Unique) -join ', '
_ASUS_ - 1072009, BIOS Date: 06/05/12 16:39:27 Ver: 04.06.05
```

Zuweisungsoperatoren

Variablen sind universelle Zwischenspeicher, in denen man Ergebnisse vorübergehend ablegen kann. Zuweisungsoperatoren sorgen dafür, dass eine Variable einen (neuen oder aktualisierten) Wert erhält. Existiert die Variable noch nicht, wird sie bei der Zuweisung automatisch angelegt.

Der am häufigsten verwendete Zuweisungsoperator ist =. Er ist ausschließlich dazu da, einen neuen Wert an eine Variable zu übergeben, und ist kein Vergleichsoperator. Der Vergleichsoperator für Gleichheit heißt -eq und wird etwas später beschrieben:

```
$betrag = 300
$kurs = 1.04
$ergebnis = $betrag * $kurs

"$betrag USD zum Kurs von $kurs ergibt $ergebnis EUR"
```

Listing 9.1: Zuweisungsoperator einsetzen.

Variablen haben in aller Regel die Aufgabe, mehrere Skriptzeilen miteinander zu verbinden. Daher folgen sie üblicherweise einem einfachen »Strickmuster«: Sie werden zuerst auf der linken Seite angelegt und dann später auf der rechten Seite wieder eingesetzt:

```
$betrag = 300
$kurs = 1.04
$ergebnis = $betrag * $kurs

"$betrag USD zum Kurs von $kurs ergibt $ergebnis EUR"
```

Der Zuweisungsoperator kann auch in einem Schritt mehrere Variableninhalte festlegen, zum Beispiel um in einem Zug mehrere Variablen mit einem Ausgangswert zu initialisieren:

```
# mehrere Variablen in einem Schritt mit demselben Wert füllen:
PS> $a = $b = $c = 1
```

Mehreren Variablen unterschiedliche Werte zuweisen

Stehen rechts und links vom Zuweisungsoperator Arrays mit genau derselben Anzahl von Elementen, tauscht PowerShell die Werte gegeneinander aus. So lassen sich mehrere Variablen mit unterschiedlichen Werten belegen, aber auch Variableninhalte gegeneinander austauschen:

```
# mehrere Variablen in einem Schritt mit verschiedenen Werten füllen
PS> $Wert1, $Wert2 = 10, 20

# Variableninhalte gegeneinander tauschen:
PS> $Wert1, $Wert2 = $Wert2, $Wert1
```

Variableninhalte ändern

Der Zuweisungsoperator = setzt den Inhalt einer Variablen neu und überschreibt die vorhandenen Werte. Anders bei den übrigen Zuweisungsoperatoren: Sie ändern den bestehenden Variableninhalt und können numerische Inhalte zum Beispiel um eins erhöhen oder verringern:

```
PS> $wert = 1
PS> $wert++
PS> $wert
2
PS> $wert--
PS> $wert
1
```

Flexibler ist die folgende Gruppe von Zuweisungsoperatoren, die beliebige Werte zu bestehenden Werten hinzufügen oder entfernen kann:

```
PS> $wert+=10
PS> $wert
11
PS> $wert-=10
PS> $wert
1
```

Was genau diese Operatoren hinzufügen oder abziehen können, hängt von den Ausgangswerten ab. Enthält eine Variable bereits Text, kann man mit += weiteren Text anhängen:

```
PS> $meldung = 'Starte'
PS> $meldung += 'Arbeite'
PS> $meldung += 'Fertig'

PS> $meldung
StarteArbeiteFertig
```

Handelt es sich um ein Array, würde += dagegen neue Arrayelemente einfügen. Ein einziges Komma kann also erhebliche Unterschiede bewirken, denn durch das Komma wird $meldung zu einem Array, und Starte nur ein Element in diesem Array. Entsprechend fügt += die neuen Texte als weitere separate Arrayelemente hinzu:

Objektorientierte Shell

```
PS> $meldung = ,'Starte'
PS> $meldung += 'Arbeite'
PS> $meldung += 'Fertig'

PS> $meldung
Starte
Arbeite
Fertig

PS> $meldung -join ' - '
Starte - Arbeite - Fertig
```

Vergleichsoperatoren

Vergleichsoperatoren liefern einen booleschen Wert zurück, also entweder $true (der Vergleich stimmt) oder $false (der Vergleich traf nicht zu). Nur wenn dem Vergleichsoperator ein Array mit mehreren Werten übergeben wird, arbeitet er als Filter und liefert dann diejenigen Elemente des Arrays zurück, die dem Vergleich entsprachen.

Tatsächlich sind Vergleichsoperatoren das Herzstück intelligenter Skripten, denn mit ihnen kann man Entscheidungen treffen. Hat ein Benutzer beispielsweise zugestimmt, und darf der Computer jetzt heruntergefahren werden? Sind noch mindestens 20 % Festplattenspeicher frei, oder muss aufgeräumt werden? Geht dem Notebook-Akku gerade die Energie aus, oder kann noch ein Backup gestartet werden?

Vergleichsoperatoren allein liefern indes nur das Ergebnis eines Vergleichs. Eine Entscheidung trifft dann eine Bedingung auf der Basis dieses Ergebnisses. Vergleichsoperatoren arbeiten also eng mit Bedingungen zusammen. Eine der einfachsten Bedingungen ist if, die die Codeschnipsel von eben um Aktionen bereichern könnte:

```
$ladezustand = Get-WmiObject -Class Win32_Battery |
  Measure-Object -Property EstimatedChargeRemaining -Average |
  Select-Object -ExpandProperty Average

$alarm = $ladezustand -lt 10

if ($ladezustand -eq $null)
{
  'Kein Akku vorhanden.'
}
elseif ($alarm -eq $true)
{
  'Hier könnte eine Alarmmeldung oder Aktion stehen'
}
else
{
  'Alles in Ordnung.'
}
```

Listing 9.2: Alarmmeldung bei niedrigem Akkustand ausgeben.

Eine Bedingung erwartet übrigens nur das *Ergebnis* eines Vergleichs, also einen booleschen Wert wie $true oder $false. $alarm ist als Ergebnis eines Vergleichs aber bereits ein boolescher Wert. Diese Variable enthält also schon $true oder $false, was sich durch den Vergleich auch nicht mehr ändert:

```
PS> $alarm
False
```
False

```
PS> $alarm -eq $true
False
```
False

Deshalb kann man sich einen weiteren Vergleich sparen und vereinfacht schreiben:

```
if ($alarm)
{
    'Hier könnte eine Alarmmeldung oder Aktion stehen'
}
(…)
```

Operator	Analogie	Beschreibung	Beispiel	Ergebnis
-eq	= oder ==	gleich	10 -eq 15	$false
-ne	<> oder !=	ungleich	10 -ne 15	$true
-gt	>	größer	10 -gt 15	$false
-ge	>=	größer oder gleich	10 -ge 15	$false
-lt	<	kleiner	10 -lt 15	$true
-le	<=	kleiner oder gleich	10 -le 15	$true
-contains		enthält	1,2,3 -contains 1	$true
-notcontains		enthält nicht	1,2,3 -notcontains 1	$false
-in		enthält, wie -contains, aber umgekehrte Reihenfolge (neu in PowerShell 3.0)	'hallo' -in 'hallo','welt'	$true
-notin		enthält nicht, wie -notcontains, aber umgekehrte Reihenfolge (neu in PowerShell 3.0)	'hallo' -notin 'hallo','welt'	$false
-is		Typgleichheit	$array =1,2 $array -is [array]	$true
-isnot		Typungleichheit	$array =1,2 $array -isnot [array]	$false
-like		Gleichheit mit Platzhaltern	'Hallo' -like '*lo*'	$true
-notlike		Ungleichheit mit Platzhaltern	'Hallo' -notlike '*a*'	$false
-match		Gleichheit mit regulärem Ausdruck	'der 1. Mai' -match '\d'	$true
-notmatch		Ungleichheit mit regulärem Ausdruck	'Wort' -match '\bo'	$false

Tabelle 9.1: Vergleichsoperatoren.

Unterscheidung zwischen Groß- und Kleinschreibung

Vergleiche unterscheiden nicht zwischen Groß- und Kleinschreibung, es sei denn, Sie wünschen es. Dann fügen Sie vor den Operatornamen ein c für *case* ein, verwenden also zum Beispiel -ceq statt -eq. Sie dürfen stattdessen auch ein i für *insensitive* voranstellen. Damit erreichen Sie zwar im Ergebnis keinen Unterschied zu den normalen (ebenfalls »insensitiven«) Operatoren (-eq und –ieq sind folglich identisch), machen aber deutlich, dass Sie ganz bewusst einen Vergleich ohne Berücksichtigung der Groß- und Kleinschreibung durchführen.

```
PS> $password = 'GeHEIm'
PS> $password -eq "geheim"
True

PS> $password -ieq "geheim"
True

PS> $password -ceq "geheim"
False
```

Unterschiedliche Datentypen vergleichen

Vergleichsoperatoren können nur dieselben Datentypen miteinander vergleichen, also beispielsweise Zahlen mit Zahlen oder Texte mit Texten. Wenn Sie verschiedene Datentypen miteinander vergleichen, sind die Ergebnisse manchmal nicht erwartungsgemäß:

```
PS> "12" -eq 012
True

PS> "012" -eq 012
False

PS> 123 -lt 123.4
True

PS> 123 -lt "123.4"
False (bei PowerShell 2.0), True (bei PowerShell 3.0)

PS> 123 -lt "123.5"
True
```

Diese teils sonderbaren Ergebnisse entstehen, weil PowerShell für den Vergleich zuerst einen
der beiden Datentypen in den anderen umwandeln muss. Diese automatische Umwandlung
führt allerdings nicht immer zu dem Resultat, das man intuitiv erwarten würde. Auf der sicheren Seite sind Sie nur, wenn Sie selbst die Datentypen vorher in ein gemeinsames Format
gebracht hatten. Solange Sie aber Texte mit Texten oder Zahlen mit Zahlen vergleichen, entspricht das Ergebnis immer genau dem, was Sie intuitiv erwarten.

Der Datentyp des ersten Werts zählt

Wenn Sie prüfen, ob zwei Werte gleich sind, sollte es eigentlich keinen Unterschied machen, in
welcher Reihenfolge Sie die beiden Werte miteinander vergleichen. Bei PowerShell spielt diese
Reihenfolge aber eine Rolle, denn der erste Vergleich ergibt True, der zweite False:

```
PS> 012 -eq "012"
True

PS> "012" -eq 012
False
```

Weil die beiden Informationen unterschiedlichen Typs sind, muss PowerShell einen davon
zuerst umwandeln und wählt dabei stets den linken. Im ersten Beispiel ist das eine Zahl, also
wird auch der Text in eine Zahl umgewandelt – beide sind somit gleich. Im zweiten Beispiel
steht links ein Text, also wird die Zahl auf der rechten Seite auch in einen Text umgewandelt,

nämlich in den Text "12" (ohne die führende Null!). Die beiden Texte sind folglich unterschiedlich, und es wird entsprechend False gemeldet.

Automatisches Widening

In Ausnahmefällen richtet sich PowerShell auch nach dem Datentyp auf der rechten Seite. Wenn auf der rechten Seite ein »präziserer« Datentyp steht als auf der linken, nimmt Power-Shell diesen Datentyp als Referenz. Ohne dieses automatische Widening würde nämlich der folgende Vergleich eigentlich False liefern:

```
PS> 123 -lt 123.3
True
```

Hätte sich PowerShell stur nach der linken Seite gerichtet, wäre die Gleitkommazahl in eine Ganzzahl verwandelt und entsprechend abgerundet worden. Beide Werte wären dann gleich, das Vergleichsergebnis mithin False. Weil so was allen intuitiven Prinzipien widersprechen würde, sorgt das Widening hier für das erwartete Vergleichsergebnis True. Das erklärt auch, warum der erste und der letzte der folgenden Vergleiche das erwartete Ergebnis liefert, der mittlere aber zumindest in PowerShell 2.0 nicht:

```
PS> 123 -lt 123.4
True

PS> 123 -lt "123.4"
False / True

PS> # False in PowerShell 2.0, True in PowerShell 3.0

PS> 123 -lt "123.5"
True
```

Im ersten Fall wurde der erste Wert als Ganzzahl angegeben, der zweite als Gleitkommazahl. Weil beide Werte Zahlen sind, wendet PowerShell das Widening an und wandelt den ersten Wert um. Danach wird verglichen, ob 123,0 kleiner ist als 123,4. Ergebnis: True.

Im zweiten Fall wurde der erste Wert als Ganzzahl und der zweite als Text angegeben. Weil einer der Datentypen keine Zahl ist, sondern Text, gibt es kein eindeutig optimales Datenformat, und PowerShell 2.0 richtet sich stur nach dem Datentyp des ersten Werts – wandelt den Text also um in eine Ganzzahl. Aus "123.4" wird so die Ganzzahl 123. Danach wird verglichen, ob 123 kleiner ist als 123. Ergebnis bei PowerShell 2.0: False.

Im letzten Fall passiert im Grunde dasselbe, nur ergibt die Umwandlung des Texts "123.5" diesmal die Ganzzahl 124, weil bei der Konvertierung automatisch gerundet wird, hier aufgerundet. Danach wird verglichen, ob 123 kleiner ist als 124: Ergebnis: True.

Hinweis

Weil sich das Ergebnis des zweiten Vergleichs so haarsträubend falsch anfühlt, hat man ab PowerShell 3.0 das Widening nachgebessert und wendet es jetzt auch an, wenn ein Text in eine Zahl verwandelbar ist. Damit erhalten Sie True. Ab PowerShell 3.0 ergeben daher alle drei Vergleiche das intuitiv erwartete Ergebnis.

Vergleiche umkehren

Weil Vergleichsoperatoren einen booleschen Wert liefern, also $true oder $false, kann man ihr Ergebnis mit dem *logischen* Operator -not auch umdrehen. Die Kurzform für -not lautet übrigens !. Dasselbe gilt für Befehlsergebnisse, die boolesche Werte zurückgeben. Test-Path liefert zum Beispiel $true, wenn ein Ordner existiert. Dreht man sein Ergebnis um, liefert der Befehl $true, wenn der Ordner nicht existiert. Genau das Richtige für die folgende Bedingung, die einen Ordner nur dann anlegen soll, wenn er noch nicht vorhanden ist:

```
$Path = 'C:\bilderordner'

if (-not (Test-Path -Path $Path) )
{
  New-Item -Path $Path -ItemType Directory
  Write-Warning "Ordner '$Path' angelegt."
}
else
{
  Write-Warning "Ordner '$Path' existiert schon."
}
```

Sie hätten auch einen der Vergleichsoperatoren einsetzen können, um zu einem für die Bedingung auswertbaren booleschen Wert zu gelangen:

```
if ((Test-Path -Path $Path) -eq $false )
```

Achtung

Denken Sie an die runden Klammern, um Ihren Ausdruck eindeutig zu machen! Runde Klammern stehen für Code, der *sofort* (bzw. *zuerst*) ausgeführt werden soll. Zuerst soll Test-Path den Pfad prüfen. Danach erst soll sein Ergebnis weiterverarbeitet werden. Wenn Sie die Klammern vergessen, erhalten Sie schnell unerwartete Resultate:

```
PS> $a = 10
PS> $a -gt 10
False

# Dieses Ergebnis stimmt nicht:
PS> -not $a -gt 10
False

# So lautet das richtige Ergebnis:
PS> -not ($a -gt 10)
True
```

Ohne Klammern wertet -not den unmittelbar folgenden Ausdruck aus, also $a. Weil $a weder $true noch $false ist, wandelt PowerShell $a in einen booleschen Wert um. Das Ergebnis wäre erstaunlicherweise $true:

```
PS> [bool]$a
True
```

Der Grund: Alle Zahlenwerte ungleich 0 werden zu $true, nur der Zahlenwert 0 wird zu $false konvertiert:

```
PS> $a = 0
PS> [bool]$a
False
```

Vergleiche kombinieren

Weil jeder Vergleich entweder True oder False ergibt, können Sie mehrere Vergleiche mit logischen Operatoren verknüpfen, also kombinieren. Möchten Sie zum Beispiel eine Bedingung erstellen, die aus zwei Fragestellungen besteht, verknüpfen Sie das Ergebnis der beiden Einzelvergleiche mit dem logischen Operator -and. Die folgende Bedingung ergibt nur dann True, wenn beide Teilvergleiche True zum Ergebnis haben:

```
PS> ( ($alter -ge 18) -and ($geschlecht -eq "m") )
```

Im Kopf eines Diskothekentürstehers könnte also unter Umständen die folgende PowerShell-Bedingung ablaufen:

```
PS> ( ($alter -ge 18) -and ($geschlecht -eq "m") ) -or ($geschlecht -eq "w")
```

Achten Sie bei logischen Operatoren darauf, dass diese nur True und False verknüpfen. Stellen Sie also einzelne Vergleiche in runde Klammern, weil Sie nur die Ergebnisse dieser Vergleiche verknüpfen wollen und nicht etwa die Vergleiche selbst.

Operator	Beschreibung	Linker Wert	Rechter Wert	Ergebnis
-and	Beide Bedingungen müssen erfüllt sein.	True	False	False
		False	True	False
		False	False	False
		True	True	True
-or	Eine der beiden Bedingungen muss mindestens erfüllt sein.	True	False	True
		False	True	True
		False	False	False
		True	True	True
-xor	Die eine oder die andere Bedingung muss erfüllt sein, aber nicht beide.	True	True	False
		False	False	False
		False	True	True
		True	False	True
-not	Dreht das Ergebnis um.	(entfällt)	True	False
			False	True

Tabelle 9.2: Logische Operatoren.

Vergleiche auf Arrays anwenden

Vergleichsoperatoren werden auf jedes Element eines Arrays angewendet und funktionieren dann wie ein Filter: Zurückgeliefert werden diejenigen Arrayelemente, bei denen der Vergleich $true ergeben hat. Im einfachsten Fall verwenden Sie den Vergleichsoperator -eq (*equal*), um alle Elemente in einem Array zu finden, die dem angegebenen Element entsprechen:

```
PS> 1,2,3,4,3,2,1 -eq 3
3
3
```

Im Array befanden sich zwei Elemente mit dem Wert 3. Diese beiden Elemente wurden zurückgeliefert. Umgekehrt geht es auch: Möchten Sie nur die Elemente eines Arrays sehen, die nicht dem Vergleichswert entsprechen, verwenden Sie zum Beispiel -ne (*not equal*):

```
PS> 1,2,3,4,3,2,1 -ne 3
1
2
```

```
4
2
1
```

Die übrigen Vergleichsoperatoren funktionieren entsprechend: Mit -ge (*greater or equal*) finden Sie zum Beispiel alle Elemente, die mindestens so groß sind wie das Vergleichselement:

```
PS> 1,2,3,4,3,2,1 -ge 3
3
4
3
```

Interessiert Sie nur, wie viele Elemente Ihrem Vergleich entsprachen? Das, was der Vergleichsoperator in diesen Beispielen zurückliefert, ist wiederum ein Array, dessen Count-Eigenschaft Ihnen die gesuchte Anzahl verrät. Speichern Sie dazu das Ergebnis des Vergleichs entweder in einer neuen Variablen oder setzen Sie den gesamten Ausdruck in runde Klammern, damit er ausgewertet wird und das Ergebnisarray liefert, bevor Sie anschließend dessen Count-Eigenschaft abfragen:

```
PS> $ergebnis = 1,2,3,4,3,2,1 -ge 3
PS> $ergebnis.Count
3

PS> (1,2,3,4,3,2,1 -ge 3).Count
3
```

Möchten Sie wissen, ob das Vergleichselement überhaupt im Array vorkommt (unabhängig davon, wie oft), greifen Sie zu -contains:

```
PS> 1,2,3,4,3,2,1 -contains 3
True
```

Auch die Textvergleichsoperatoren -like und -match funktionieren mit Arrays und liefern dann alle Arrayelemente, die dem Muster entsprechen. Die Textinformationen können zum Beispiel von textbasierten Befehlen wie ipconfig.exe stammen. Es lassen sich aber auch ganze Textdateien mit Get-Content einlesen und dann filtern.

```
PS> (ipconfig) -like '*IPv4*'
    IPv4-Adresse . . . . . . . . . : 192.168.2.109
```

Ohne diese Automatik hätten Sie selbst eine Schleife bauen müssen:

```
# klassische Schleife:
foreach($zeile in (ipconfig))
{
    if ($zeile -like '*IPv4*')
    {
      $zeile
    }
}

# Pipeline-Schleife mit Bedingung:
ipconfig | Where-Object { $_ -like '*IPv4*' }
```

Hinweis

Nur Vergleichsoperatoren können direkt mit Arrays umgehen. Der arithmetische Modulo-Operator % liefert beispielsweise nur ungerade Zahlen, kommt aber nicht mit Arrays zurecht und muss deshalb einzeln auf die Arrayelemente angewendet werden. Hier müssen Sie also selbst für die Schleife sorgen:

```
PS> 1..10 % 2
Fehler beim Aufrufen der Methode, da [System.Object[]] keine Methode mit dem Namen "op_Modulus"
enthält.

PS> 1..10 | Where-Object { $_ % 2 }
1
3
5
7
9
```

Bedingungen

Mit Bedingungen kann man steuern, ob bestimmte Codeteile ausgeführt oder übersprungen werden sollen. Die meisten Bedingungen erwarten dazu einen booleschen Wert, also $true oder $false, der in der Regel von einem Vergleichsoperator stammt.

if-Bedingung

Die klassischste Bedingung heißt if und kann mit den Schlüsselwörtern elseif und else ergänzt werden. In Listing 9.3 gibt ein Skript zum Beispiel je nach Tageszeit eine andere Meldung aus.

```
$datum = Get-Date
$stunde = $datum.Hour

$vormittag = $stunde -gt 6 -and $stunde -lt 12
$mittag = $stunde -ge 12 -and $stunde -le 13
$nachmittag = $stunde -gt 13 -and $stunde -lt 18
$abend = $stunde -ge 18

if ($vormittag)
{
  'Guten Morgen!'
}
elseif ($mittag)
{
  'Guten Hunger!'
}
elseif ($nachmittag)
{
  'Bald ist Feierabend ...!'
}
elseif ($abend)
{
  'Bis morgen!'
}
```

```
else
{
  'Es herrscht Nacht ...'
}
```

Listing 9.3: Die if-Konstruktion führt den Vergleich nicht selbst durch.

Der Aufbau dieser Konstruktion ist leicht zu verstehen, wenn man die Bedeutung der verschiedenen Klammern berücksichtigt: Geschwungene Klammern bezeichnen immer Code, der nicht sofort ausgeführt wird. Die Codeteile in den geschwungenen Klammern (die *Skriptblöcke*) werden also nicht von Ihnen ausgeführt, sondern stattdessen in die Hände der if-Konstruktion gegeben. Diese entscheidet, welcher davon tatsächlich ausgeführt wird.

Dazu schaut if jeweils in den runden Klammern nach, ob der Inhalt dem Wert $true entspricht. Sobald das der Fall ist, wird der zugehörige Skriptblock ausgeführt und die Konstruktion verlassen. Selbst wenn also folgende elseif-Anweisungen ebenfalls zutreffend wären, werden sie nicht mehr ausgeführt.

Der if-Konstruktion ist es gleichgültig, was genau Sie in den runden Klammern formulieren. Runde Klammern bezeichnen stets Code, der sofort ausgeführt wird, und so führt die if-Konstruktion den Code in den runden Klammern aus, um festzustellen, ob er $true ergibt. In Listing 9.3 hat die if-Konstruktion den Vergleich nicht selbst durchgeführt, sondern Variablen genutzt, die bereits einen booleschen Wert enthielten. Man kann die Vergleiche aber auch direkt in den runden Klammern durchführen und sich die Variablen sparen. Das führt indes häufig zu unübersichtlicherem Code:

```
$datum = Get-Date
$stunde = $datum.Hour

if ($stunde -gt 6 -and $stunde -lt 12)
{
  'Guten Morgen!'
}
elseif ($stunde -ge 12 -and $stunde -le 13)
{
  'Guten Hunger!'
}
elseif ($stunde -gt 13 -and $stunde -lt 18)
{
  'Bald ist Feierabend ...!'
}
elseif ($stunde -ge 18)
{
  'Bis morgen!'
}
else
{
  'Es herrscht Nacht ...'
}
```

Listing 9.4: Die if-Konstruktion führt den Vergleich selbst durch.

Switch-Bedingung

Soll immer gegen dieselbe Ausgangsvariable getestet werden, kann die Sonderform von `if` verwendet werden: `switch`. Die `switch`-Konstruktion führt zu kompakterem Code:

```
$datum = Get-Date
$stunde = $datum.Hour

Switch ($stunde)
{
  { $_ -gt 6 -and $_ -lt 12 }  { 'Guten Morgen!' }
  { $_ -ge 12 -and $_ -le 13 } { 'Guten Hunger!' }
  { $_ -gt 13 -and $_ -lt 18 } { 'Bald ist Feierabend ...!' }
  { $_ -ge 18 }                { 'Bis morgen!' }
  default                      { 'Es herrscht Nacht ...' }
}
```

Listing 9.5: Die switch-Konstruktion führt mehrere Vergleiche durch.

Im Gegensatz zu `if` führt `switch` normalerweise immer sämtliche Vergleiche durch. Treffen mehrere zu, werden alle zugeordneten Skriptblöcke ausgeführt. Möchte man das nicht, kann man in den Skriptblöcken das Schlüsselwort `break` einsetzen. Es verlässt die `switch`-Konstruktion sofort.

Die `switch`-Konstruktion wird beispielsweise gern eingesetzt, um numerische Rückgabewerte in Klartextnamen umzuwandeln. Werden statische Werte verglichen, benötigt man den ersten Skriptblock nicht. Listing 9.7 zeigt dies an einem Beispiel. Die auszuwertende Fehlernummer wird hierbei per `Get-Random` zufällig aus einem Wertebereich von 0 bis 10 gewählt.

`switch` wertet die Fehlercodes aus. Alle bekannten Fehlercodes ergeben eine Klartextmeldung. Nicht abgedeckte Fehlercodes werden von `default` als »unbekannt« gemeldet und als Zahl ausgegeben. Innerhalb des Skriptblocks steht der aktuell verglichene Wert in `$_` bereit.

```
$errorcode = Get-Random -Maximum 10

switch ($errorcode)
{
  0        { 'OK.' }
  1        { 'Keine Holzkohle' }
  2        { 'Grillanzünder nicht vorhanden' }
  5        { 'Bratwurst not found'}
  7        { 'Gluttemperatur zu niedrig'}
  default  { "Unbekannte Fehlernummer $_" }
}
```

Listing 9.6: Diskrete Fehlernummern in Klartextmeldungen übersetzen.

Profitipp

Numerische Werte lassen sich auch über Arrays in Klartextnamen übersetzen, indem der Index des Arrayelements dem zu übersetzenden Code entspricht. Das funktioniert aber nur bei Fehlercodes, die bei 0 beginnen und durchgängig dokumentiert sind.

Objektorientierte Shell

Hashtables können dagegen ähnlich wie `switch` nur ausgewählte Fehlercodes behandeln. Anders als `switch` verfügen sie aber nicht über einen `default`-Mechanismus, mit dem man bequem die nicht dokumentierten Fehler behandeln könnte. Deshalb bräuchte man hier eine separate `if`-Bedingung. `switch` ist kürzer und übersichtlicher. Vergleichen Sie Listing 9.6 mit Listing 9.7! Beide leisten dasselbe – welches finden Sie angenehmer zu lesen?

```
$info = @{
  0 = 'OK.'
  1 = 'Keine Holzkohle'
  2 = 'Grillanzünder nicht vorhanden'
  5 = 'Bratwurst not found'
  7 = 'Gluttemperatur zu niedrig'
}

$errorcode = Get-Random -Maximum 10
if ($info.ContainsKey($errorcode) -eq $false)
{
    "Unbekannter Fehler $errorcode"
}
else
{
    $info[$errorcode]
}
```

Listing 9.7: Diskrete Fehlercodes mit einer Hashtable übersetzen.

Switch kennt viele weitere Sonderformen und kann zum Beispiel auch reguläre Ausdrücke oder Platzhalterzeichen verwenden sowie direkt Textdateien einlesen und zeilenweise filtern. Diese Sonderformen werden hier nicht weiter vertieft. Sie erhalten aber eine komplette Übersicht darüber mit folgender Zeile (vorausgesetzt, Sie haben, wie im ersten Kapitel gezeigt, die Power-Shell-Hilfe aus dem Internet heruntergeladen):

```
PS> Get-Help -Name about_switch -ShowWindow
```

Der Befehl öffnet ein Hilfefenster mit weiteren Beispielen und Optionen (Abbildung 9.1).

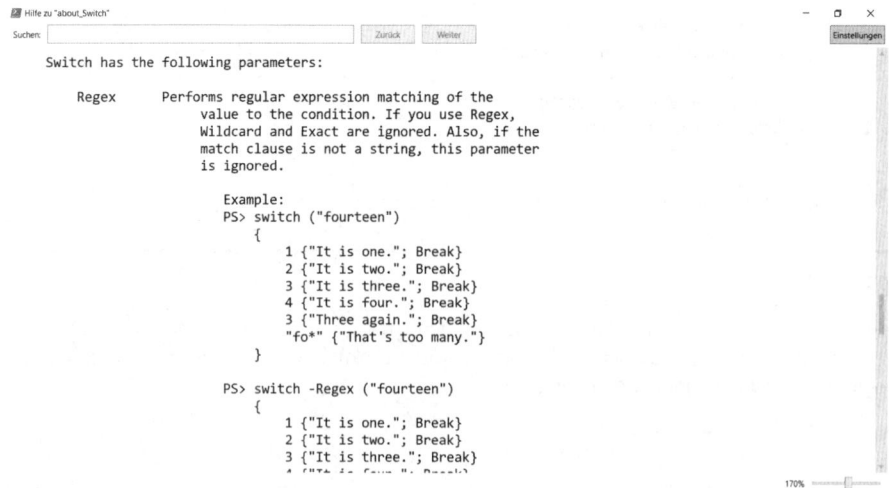

Abbildung 9.1: Hilfe zu Switch liefern zahlreiche Sonderoptionen und Beispiele.

Where-Object

Auch Where-Object ist eine Bedingung, führt aber anders als if und switch als Resultat keinen Code aus, sondern filtert Daten: Die Objekte, die beim Vergleich $false ergeben, werden herausgefiltert. Die folgende Zeile liefert also die aktuelle Stunde, aber nur, wenn es aktuell zwischen 6 und 12 Uhr ist – was reichlich wenig Sinn ergibt:

```
PS> (Get-Date).Hour | Where-Object { $_ -ge 6 -and $_ -le 12 }
```

Where-Object ist nur dann sinnvoll, wenn tatsächlich Daten gefiltert werden sollen. Die folgende Zeile liefert alle ungeraden Zahlen eines Wertebereichs:

```
PS> 1..10 | Where-Object { $_ % 2 }
```

Der Modulo-Operator % ergibt stets den Rest einer Division. Teilt man also Zahlen durch 2, ist der Rest bei geraden Zahlen 0. Der Wert 0 entspricht dem booleschen Wert $false:

```
PS> [bool]0
False
```

Deshalb werden alle geraden Zahlen herausgefiltert, und nur die ungeraden Zahlen bleiben übrig.

Objektorientierte Shell

Profitipp

Alle Bedingungen reagieren ausschließlich auf boolesche Werte. Wie Sie gerade gesehen haben, konvertiert eine Bedingung einen Wert automatisch in einen booleschen Wert, wenn es noch keiner ist. Das erklärt, warum die folgende Bedingung alle Prozesse herausfiltert, die kein eigenes Hauptfenster besitzen – und also nur noch die gerade laufenden sichtbaren Anwendungen zurückgibt:

```
PS> Get-Process | Where-Object { $_.MainWindowTitle }
```

Handles	NPM(K)	PM(K)	WS(K)	VM(M)	CPU(s)	Id	SI	ProcessName
461	21	12476	28960	...98	0,11	8016	1	ApplicationFrame...
1025	46	78240	84100	351	15,97	8944	1	chrome
1397	59	133612	49328	828	13,31	1480	1	Microsoft.Photos
193	13	2340	13860	...69	0,03	9992	1	notepad
1176	102	300580	338616	1197	90,66	8744	1	PowerShell_ise
948	82	70252	115680	537	38,61	5536	1	SnagitEditor
437	24	15528	35716	...54	0,30	8200	1	SystemSettings
400	18	11704	21592	255	0,03	5172	1	Video.UI
1214	85	105296	182228	765	177,97	8948	1	WINWORD

Hier wird implizit der Inhalt von MainWindowTitle in einen booleschen Wert konvertiert:

```
PS> [bool]0
False
```

```
PS> [bool]''
False
```

```
PS> [bool]$null
False
```

```
PS> [bool]'Halli Hallo!'
True
```

Kapitel 10
Textoperationen und reguläre Ausdrücke

Ausführlich werden in diesem Kapitel die folgenden Aspekte erläutert:

- **Texte zusammenfügen:** Mit dem Operator -join werden mehrere Textteile zu einem Gesamttext zusammengefügt. Doppelte Anführungszeichen integrieren auf einfache Weise Variableninhalte in Text. Mehr Kontrolle erlaubt der Operator -f. Er entspricht der .NET-Methode [String]::Format().

- **Einfache Textoperationen:** Texte beinhalten bereits alle wichtigen Methoden, um Textteile zu finden und aus einem Gesamttext herauszuschneiden.

- **Reguläre Ausdrücke:** Sie beschreiben ein Textmuster und können dieses Muster in Texten finden (-match), ersetzen (-replace) und den Text unterteilen (-split).

Operatoren verknüpfen die Ergebnisse von Befehlen, weisen sie Variablen zu oder führen mathematische Berechnungen durch. Sie sind die gern unterschätzten Heinzelmännchen von PowerShell.

Texte zusammenfügen

Möchten Sie lediglich mehrere Textteile zu einem Gesamttext zusammenfügen, verwenden Sie den Operator -join. Wird er unär verwendet, fügt er die Textteile nahtlos zusammen:

```
PS> $texte = 'erster Text', 'zweiter Text'
PS> -join $texte
erster Textzweiter Text
```

Gibt man auf der linken Seite die Texte und auf der rechten Seite ein Trennzeichen an, wird stattdessen das Trennzeichen verwendet, um die Texte zu verbinden:

```
PS> $texte = 'erster Text', 'zweiter Text'
PS> $texte -join ', '
erster Text, zweiter Text
```

Der Operator -join wird in erster Linie dazu eingesetzt, um Arrays in eine Textzeile zu verwandeln. Das folgende Beispiel generiert Lottozahlen und fügt das Array mit Zufallszahlen zu einem kommaseparierten Text zusammen:

```
$lottozahlen = 1..49 | Get-Random -Count 6 | Sort-Object
$lottozahlen -join ', '
```

Listing 10.1: Lottozahlen als kommaseparierte Liste.

Die Inhalte des Arrays könnten ebenso gut auch umschlossen werden, wie dieses Beispiel zeigt:

```
$lottozahlen = 1..49 | Get-Random -Count 6 | Sort-Object
$text = $lottozahlen -join '] ['
"[$text]"
```

Listing 10.2: Arrayelemente mit Zeichen umschließen.

Das Ergebnis sieht nun ähnlich aus wie dieses:

```
[1] [8] [15] [18] [32] [34]
```

Die Umwandlung von Arrayelementen in einen Text kann auch dabei helfen, Informationen im CSV-Format zu speichern. Das CSV-Format kann nämlich keine Arrays abbilden und ersetzt diese normalerweise durch den Datentyp des Arrays. Wandelt man das Array vor dem Export in einen Text um, bleiben die Informationen erhalten. Das nächste Beispiel ruft Einträge aus dem Ereignislogbuch ab. Darin sind Informationen als Array in der Eigenschaft ReplacementStrings vorhanden. Diese werden vor dem Export in eine Textliste verwandelt und lassen sich dadurch in Excel darstellen:

```
$path = "$env:temp\report.csv"

Get-EventLog -LogName System -Newest 10 |
  Select-Object -Property TimeWritten, Message, EntryType, ReplacementStrings |
  ForEach-Object {
    $_.ReplacementStrings = $_.ReplacementStrings -join ', '
    $_
  } |
  Export-CSV -Path $path -UseCulture -NoTypeInformation -Encoding UTF8

Invoke-Item -Path $path
```

Listing 10.3: Arrays vor dem Export als CSV in eine Textzeile verwandeln.

Listing 10.11 zeigt etwas später einen weiteren Anwendungsfall, bei dem -join dabei hilft, einen einfachen Passwortgenerator zu erstellen.

Variableninhalte mit doppelten Anführungszeichen integrieren

Möchten Sie Informationen aus Variablen in einen Text einbetten, greifen Sie zu doppelten Anführungszeichen:

```
PS> $wochentag = Get-Date -Format dddd
PS> "Heute ist $wochentag"
Heute ist Dienstag
```

Alle Variablen, die in den doppelten Anführungszeichen aufgeführt sind, werden durch ihren Inhalt ersetzt. Es dürfen also auch mehrere Variablen sein:

```
PS> $wochentag = Get-Date -Format dddd
PS> $monat = Get-Date -Format MMMM
PS> "Heute ist ein $wochentag im $monat"
Heute ist ein Dienstag im Februar
```

PowerShell macht die besondere Funktionalität der doppelten Anführungszeichen auch farblich deutlich: Die Variable in doppelten Anführungszeichen wird in der Farbe der Variablen angezeigt und hebt sich vom umgebenden statischen Text ab. Bei einfachen Anführungszeichen dagegen ist das nicht der Fall – die Variablen erhalten dieselbe Farbe wie der statische Text, denn bei einfachen Anführungszeichen werden die Variablen nicht aufgelöst, sondern als Text ausgegeben.

Arrays

Enthält eine Variable ein Array (mehrere Werte), werden die Werte durch Leerzeichen voneinander getrennt:

```
$lottozahlen = 1..49 | Get-Random -Count 7
$zusatzzahl = $lottozahlen[0]
$zahlen = $lottozahlen[1..6] | Sort-Object

"Die Lottozahlen lauten $zahlen und die Zusatzzahl ist $zusatzzahl"
```

Listing 10.4: Lottozahlen mit Zusatzzahl bestimmen.

Die Ausgabe von Listing 10.4 könnte zum Beispiel so aussehen:

```
Die Lottozahlen lauten 15 29 38 40 42 44 und die Zusatzzahl ist 28
```

Das Trennzeichen kann über die besondere Variable $ofs (*Output Field Separator*) aber auch geändert werden. Eine kommaseparierte Liste erhalten Sie beispielsweise so:

```
$lottozahlen = 1..49 | Get-Random -Count 7
$zusatzzahl = $lottozahlen[0]
$zahlen = $lottozahlen[1..6] | Sort-Object

$ofs = ','
"Die Lottozahlen lauten $zahlen und die Zusatzzahl ist $zusatzzahl"
```

Listing 10.5: Lottozahlen als kommaseparierte Liste ausgeben.

Entsprechend sieht das Ergebnis nun so aus:

```
Die Lottozahlen lauten 4,6,19,25,36,44 und die Zusatzzahl ist 23
```

Objekte und Eigenschaften

Heikler sind Abgrenzungsprobleme, denn erstens lösen doppelte Anführungszeichen nur die Variable selbst auf, aber nicht den folgenden Code, und zweitens entscheidet PowerShell selbst, wo eine Variable endet und regulärer Text beginnt. Das nächste Beispiel soll die Version der PowerShell ermitteln, scheitert aber:

```
PS> $host.Version

Major  Minor  Build  Revision
-----  -----  -----  --------
5      0      10586  63



PS> "Die PowerShell-Version lautet $host.Version"
Die PowerShell-Version lautet System.Management.Automation.Internal.Host.InternalH
ost.Version
```

Wie Sie sehen, haben die doppelten Anführungszeichen nur den Inhalt von $host aufgelöst, und weil es sich dabei um ein Objekt mit mehreren Eigenschaften handelte, wurde stattdessen der Objekttyp ausgegeben. Der Zugriff auf die Eigenschaft Version wurde einfach als Text angehängt, also als normaler Ausgabetext missverstanden:

```
PS> $Host


Name             : Windows PowerShell ISE Host
Version          : 5.0.10586.63
InstanceId       : 6b9de9fa-709a-43cf-8f82-197cae320d1b
UI               : System.Management.Automation.Internal.Host.InternalHostUserInt
                   erface
CurrentCulture   : de-DE
CurrentUICulture : de-DE
PrivateData      : Microsoft.PowerShell.Host.ISE.ISEOptions
DebuggerEnabled  : True
IsRunspacePushed : False
Runspace         : System.Management.Automation.Runspaces.LocalRunspace



PS> "$Host"
System.Management.Automation.Internal.Host.InternalHost
```

Dieses Problem lösen Sie entweder, indem Sie die einzufügende Information zuerst in einer Variablen speichern:

```
PS> $version = $host.Version
PS> "Die PowerShell-Version lautet $version"
Die PowerShell-Version lautet 5.0.10586.63
```

Oder Sie verwenden eine Direktvariable, deren Inhalt aus Code besteht:

```
PS> "Die PowerShell-Version lautet $($Host.Version)"
Die PowerShell-Version lautet 5.0.10586.63
```

Abgrenzung von Variablen

Nicht immer ist klar, wo eine Variable beginnt und wo sie endet. Deshalb kann es zu Abgrenzungsproblemen wie diesem kommen:

```
PS> "$env:username: angemeldeter Benutzer"
```

Eigentlich sollte der Name des angemeldeten Benutzers ausgegeben werden, aber dieser erscheint nicht. PowerShell hat den zweiten Doppelpunkt einfach dem Variablennamen zugeschlagen, und diese Variable gibt es nicht. Um Variablen abzugrenzen, setzen Sie eins der folgenden Verfahren ein:

```
# Direktvariable:
"$($env:username): angemeldeter Benutzer"

# Escape-Zeichen
"$env:username`: angemeldeter Benutzer"

# Verkettung:
$env:username + ': angemeldeter Benutzer'
```

Listing 10.6: Variablenname eindeutig kennzeichnen.

Der Formatierungsoperator »-f«

Der Formatierungsoperator -f kann ganz ähnlich wie doppelte Anführungszeichen Variableninhalte in statischen Text integrieren, doch bietet er viel mehr Kontrolle und löst deshalb die Probleme von eben mit eigenen Mitteln.

```
# Beispiel Lottozahlen
$lottozahlen = 1..49 | Get-Random -Count 7
$zusatzzahl = $lottozahlen[0]
$zahlen = $lottozahlen[1..6] | Sort-Object

'Die Lottozahlen lauten {0} und die Zusatzzahl ist {1}' -f ($zahlen -join ','), $zusatzzahl

# Beispiel PowerShell-Version
'Die PowerShell-Version lautet {0}' -f $host.Version

# Beispiel Benutzername
'{0}: angemeldeter Benutzer' -f $env:username
```

Listing 10.7: Der Operator -f trennt statischen Text von einzusetzenden dynamischen Inhalten.

Wenn Sie genauer hinschauen, werden Sie sehen, dass -f auf seiner rechten Seite ein Array mit Informationen verlangt. Die Textschablone auf seiner linken Seite enthält in geschwungenen Klammern die Indexposition des Arrayelements, das an dieser Stelle eingefügt werden soll:

```
PS> $infos = (Get-Date), "Hallo", $env:username

PS> $infos.Count
3

PS> $infos[0]

Donnerstag, 28. Januar 2016 23:26:38
```

```
PS> $infos[1]
Hallo

PS> $infos[2]
Tobias

PS> '{1} {2}, heute ist {0}' -f $infos
Hallo Tobias, heute ist 28.01.2016 23:26:38
```

Die Platzhalter selbst haben dieses Format:

```
{Index [ ,Breite ][ : FormatString ]}
```

- **Index:** Pflicht. Index des Platzhalters. Der Index entspricht der Indexzahl des Arrays und beginnt immer bei 0. Der maximal mögliche Wert entspricht dem höchsten Index des Arrays. Bei einem Array mit drei Werten darf der Index also eine Zahl zwischen 0 und 2 sein.

- **Breite:** Optional. Mindestbreite in Zeichen. Ist der Inhalt des Platzhalters größer, wird der Platz erweitert. Ein positiver Wert als Mindestbreite führt zu einer rechtsbündigen Darstellung, ein negativer Wert zu einer linksbündigen.

- **FormatString:** Optional. Gibt ein bestimmtes Format an. Der Inhalt des Platzhalters muss sich in diesem Format darstellen lassen. Werden beispielsweise bestimmte Zahlenformate festgelegt, darf der Platzhalter keinen Text anzeigen.

Im einfachsten Fall gibt man im Platzhalter nur den Index an:

```
PS> $vordergrund, $hintergrund = $Host.UI.RawUI.ForegroundColor, $Host.UI.RawUI.BackgroundColor
PS> 'Aktuelle Vordergrundfarbe: {0}. Aktuelle Hintergrundfarbe: {1}' -f $vordergrund, $hintergrund
Aktuelle Vordergrundfarbe: White. Aktuelle Hintergrundfarbe: DarkMagenta
```

Dem Operator -f ist es gleichgültig, ob Sie auf seiner rechten Seite ein Array mit dem Komma selbst anlegen oder bereits ein fertiges Array übergeben:

```
PS> $farben = $Host.UI.RawUI.ForegroundColor, $Host.UI.RawUI.BackgroundColor
PS> 'Aktuelle Vordergrundfarbe: {0}. Aktuelle Hintergrundfarbe: {1}' -f $farben
Aktuelle Vordergrundfarbe: White. Aktuelle Hintergrundfarbe: DarkMagenta
```

Bündige Spalten herstellen

Geben Sie im Platzhalter eine Mindestbreite an, lassen sich (bei Schriftarten mit einheitlicher Zeichenbreite zumindest) bündige Spalten erzeugen:

```
Get-Service |
  ForEach-Object {
    '{0,-35} : {1,-28}' -f $_.Name, $_.Status
  }
```

Listing 10.8: Dienste als bündige Tabelle ausgeben.

Das Ergebnis könnte so aussehen:

```
AdobeARMservice                     : Running
AGSService                          : Running
AJRouter                            : Stopped
ALG                                 : Stopped
```

```
ANTS Memory Profiler 8 Service       : Stopped
ANTS Performance Profiler 9 Service  : Stopped
AppIDSvc                             : Stopped
Appinfo                              : Running
Apple Mobile Device Service          : Running
AppMgmt                              : Stopped
AppReadiness                         : Stopped
AppXSvc                              : Stopped
(...)
```

Die minimale Spaltenbreite wurde im Beispiel als negative Zahl angegeben. Dadurch werden die Spalten durchgehend linksbündig ausgerichtet. Üblicherweise überlässt man es besser dem ETS von PowerShell, Spalten auszugeben und korrekt zu formatieren. Mit `Format-Table` und dessen Parameter `-AutoSize` bestimmt PowerShell auf Wunsch selbst die notwendige minimale Spaltenbreite:

```
Get-Service |

    Format-Table -Property Name, Status -AutoSize
```

Listing 10.9: PowerShell formatiert bündige Tabellen automatisch.

Falls die nun erscheinenden Spaltenüberschriften unerwünscht sind, kann man diese mit dem Parameter `-HideTableHeaders` auch ausblenden. Die manuelle Formatierung der Spaltenbreiten ist aber immer dann wichtig, wenn Sie eigene Vorstellungen über Spaltenbreite und Bündigkeit umsetzen möchten.

Zahlen formatieren

Glänzen kann der Operator -f, wenn Sie die Inhalte zusätzlich formatieren möchten. Für Serverlisten benötigen Sie vielleicht führende Nullen. Die liefert -f auf Wunsch sehr leicht:

```
PS> 7..12 | ForEach-Object { 'PC_{0:d4}' -f $_ }
PC_0007
PC_0008
PC_0009
PC_0010
PC_0011
PC_0012
```

Hinter dem Platzhalterzeichen wird das gewünschte Format nach einem Doppelpunkt angegeben. d steht für *Digits*, und die Zahl dahinter legt die Anzahl der Digits fest.

Auch Rundungen und die Begrenzung auf eine bestimmte Anzahl von Nachkommastellen leistet -f auf diese Weise. Das Format n erzeugt Fließkommazahlen, und die Zahl dahinter gibt die Zahl der Nachkommastellen an – Rundung inklusive. Das folgende Beispiel gibt die Größe des Laufwerks C:\ in Gigabyte mit einer Nachkommastelle an:

```
$driveC = Get-WmiObject -Class Win32_LogicalDisk -Filter 'DeviceID="C:"'
$sizeByte = $driveC.Size
$sizeGB = $sizeByte / 1GB

'Festplatte C:\ Größe: {0:n1} GB' -f $sizeGB
```

Listing 10.10: Größe des Laufwerks C:\ in Gigabyte mit einer Nachkommastelle angeben.

Objektorientierte Shell

Das Ergebnis sieht entsprechend so aus:

```
Festplatte C:\ Größe: 465,8 GB
```

Die Formatierungszeichen braucht man sich nicht unbedingt zu merken. Man kann sein Wunschformat auch mit den Zeichen 0 (immer sichtbare Stelle) und # (potenziell sichtbare Stelle) zusammenstellen:

```
'Festplatte C:\ Größe: {0:#,##0.0} GB' -f $sizeGB
```

Tabelle 10.1 listet die gebräuchlichsten Formatierungszeichen für Sie auf. Damit lassen sich dann sogar Dezimalzahlen in hexadezimaler Schreibweise ausgeben:

```
PS> '{0} entspricht hexadezimal 0x{0:x10}' -f 46118343220
46118343220 entspricht hexadezimal 0x0abcde1234

PS> '{0} entspricht hexadezimal 0x{0:X10}' -f 46118343220
46118343220 entspricht hexadezimal 0x0ABCDE1234
```

Platzhalter	Beschreibung	Beispiel	Ergebnis
#	Ziffernstelle optional	"{0:(#).##}" -f $wert	(1000000)
0	Ziffernstelle Pflicht	"{0:00.0000}" -f $wert	1000000,0000
.	Dezimaltrennzeichen	"{0:0.0}" -f $wert	1000000,0
,	Tausendertrennzeichen	"{0:0,0}" -f $wert	1.000.000
d	Dezimalzahl (*decimal*)	"{0:d}" -f $wert	1000000
n	Tausendertrennzeichen mit Nachkommastellen	"{0:n}" -f $wert	1.000.000,00
f	Festkommazahl (*fixed point*)	"{0:f}" -f $wert	1000000,00
x	hexadezimal, Kleinbuchstaben	"0x{0:x4}" -f $wert	0xf4240
X	hexadezimal, Großbuchstaben	"0x{0:X4}" -f $wert	0xF4240
%	Prozentwert	"{0:0%}" -f $wert	100000000%
c	Währung (*currency*)	"{0:c}" -f $wert	1.000.000,00 €
e	Exponentialschreibweise (wissenschaftlich)	"{0:e}" -f $wert "{0:00e+0}" -f $wert	1,000000e+006 10e+5
g	generisch (*general*)	"{0:g}" -f $wert	1000000
,.	ganzzahliges Vielfaches von 1.000	"{0:0,.} " -f $wert	1000

Tabelle 10.1: Zahlen formatieren. $wert wird dabei als 1000000 (eine Million) angenommen.

Datums- und Zeitangaben formatieren

Für Zeit- und Datumswerte sind die Formatierungen in den folgenden beiden Tabellen 10.2 und 10.3 zuständig. Wie sich die Formatstrings konkret auswirken, zeigt zuerst ein kleiner Codeschnipsel, der eine zweispaltige Beispieltabelle mit fester Spaltenbreite herstellt und dabei auf das Wissen der letzten Abschnitte aufbaut:

```
$datum= Get-Date
$formate = 'd;D;f;F;g;G;m;r;s;t;T;u;U;y;dddd;MMMM;dd;yyyy;M/yy;dd-MM-yy' -split ';'

$formate | ForEach-Object {
  "{0,-30} {1:$_}" -f "Format '$_' liefert:", $datum
}
Format 'd' liefert:        10.11.2012
```

```
Format 'D' liefert:            Samstag, 10. November 2012
Format 'f' liefert:            Samstag, 10. November 2012 12:28
Format 'F' liefert:            Samstag, 10. November 2012 12:28:51
Format 'g' liefert:            10.11.2012 12:28
Format 'G' liefert:            10.11.2012 12:28:51
Format 'm' liefert:            10 November
Format 'r' liefert:            Sat, 10 Nov 2012 12:28:51 GMT
Format 's' liefert:            2012-11-10T12:28:51
Format 't' liefert:            12:28
Format 'T' liefert:            12:28:51
Format 'u' liefert:            2012-11-10 12:28:51Z
Format 'U' liefert:            Samstag, 10. November 2012 11:28:51
Format 'y' liefert:            November 2012
Format 'dddd' liefert:         Samstag
Format 'MMMM' liefert:         November
Format 'dd' liefert:           10
Format 'yyyy' liefert:         2012
Format 'M/yy' liefert:         11.12
Format 'dd-MM-yy' liefert:     10-11-12
```

Ein Datumsformat kann entweder vollkommen frei mit den allgemeinen Platzhaltern definiert werden:

Platzhalter	Beschreibung	Beispiel	Ergebnis
dd	Tag	"{0:dd}" -f $datum	10
ddd	Name des Tages (Kürzel)	"{0:ddd}" -f $datum	Sa
dddd	Name des Tages (ausgeschrieben)	"{0:dddd}" -f $datum	Samstag
gg	Ära	"{0:gg}" -f $datum	n. Chr.
hh	Stunde 2-stellig (12-Stunden-Format)	"{0:hh}" -f $datum	12
HH	Stunde 2-stellig (24-Stunden-Format)	"{0:HH}" -f $datum	12
mm	Minuten	"{0:mm}" -f $datum	28
MM	Monat	"{0:MM}" -f $datum	11
MMM	Monatsname (Kürzel)	"{0:MMM}" -f $datum	Nov
MMMM	Monatsname (ausgeschrieben)	"{0:MMMM}" -f $datum	November
ss	Sekunden	"{0:ss}" -f $datum	51
tt	AM oder PM (nur englisch)	"{0:tt}" -f $datum	–
yy	Jahr 2-stellig	"{0:yy}" -f $datum	12
yyyy	Jahr 4-stellig	"{0:YY}" -f $datum	2012
zz	Zeitzone (kurz)	"{0:zz}" -f $datum	+01
zzz	Zeitzone (lang)	"{0:zzz}" -f $datum	+01:00

Tabelle 10.2: Datumswerte individuell formatieren.

Oder Sie greifen zu den speziellen Formatplatzhaltern, die bereits die gebräuchlichsten Datums- und Zeitformate darstellen, ohne dass Sie das jeweilige Format selbst definieren müssen:

Objektorientierte Shell

Platzhalter	Beschreibung	Beispiel	Ergebnis
D	kurzes Datumsformat	"{0:d}" -f $datum	10.11.2012
D	langes Datumsformat	"{0:D}" -f $datum	Samstag, 10. November 2012
T	kurzes Zeitformat	"{0:t}" -f $datum	12:28
T	langes Zeitformat	"{0:T}" -f $datum	12:28:51
F	Datum und Uhrzeit komplett (kurz)	"{0:f}" -f $datum	Samstag, 10. November 2012 12:28
F	Datum und Uhrzeit komplett (lang)	"{0:F}" -f $datum	Samstag, 10. November 2012 12:28:51
G	Standarddatum (kurz)	"{0:g}" -f $datum	10.11.2012 12:28
G	Standarddatum (lang)	"{0:G}" -f $datum	10.11.2012 12:28:51
M	Tag numerisch, Monat ausgeschrieben	"{0:M}" -f $datum	10 November
R	RFC1123-Datumsformat	"{0:r}" -f $datum	Sat, 10 Nov 2012 12:28:51 GMT
S	sortierbares Datumsformat	"{0:s}" -f $datum	2012-11-10T12:28:51
u	universell sortierbares Datumsformat	"{0:u}" -f $datum	2012-11-10 12:28:51Z
U	universell sortierbares GMT-Datumsformat	"{0:U}" -f $datum	Samstag, 10. November 2012 11:28:51
Y	Jahr/Monat-Muster	"{0:Y}" -f $datum	November 2012

Tabelle 10.3: Datumswerte formatieren.

Profitipp

Welche Platzhalterzeichen in einem Formatstring angegeben werden dürfen, hängt vom Datentyp ab, den Sie anzeigen wollen. Dezimalzahlen etwa kann man mit x hexadezimal darstellen, aber nur, wenn es sich um Ganzzahlen und nicht um Gleitkommazahlen handelt. Bei einem Datum lässt sich mit **dddd** der Wochentag anzeigen, was wiederum bei einer Zahl oder einem Text nicht funktionieren würde. Die Platzhalterzeichen der verschiedenen Tabellen in diesem Abschnitt funktionieren nicht nur mit dem Operator **-f**, **Get-Date** verwendet genau die gleichen Platzhalterzeichen mit seinem Parameter **-Format**:

```
PS> Get-Date -Format dddd
Samstag
```

Alle sonstigen Datentypen, die Formatierungen unterstützen, verfügen über eine Methode namens **ToString()**, die ebenfalls eine Unterstützung für diese Platzhalterzeichen bietet:

```
PS> $datum = Get-Date
PS> $datum.ToString('dddd')
Samstag

PS> $zahl = 123
PS> $zahl.ToString('n2')
123,00
```

Mit **ToString()** kann man auch leicht die Platzhalterzeichen ermitteln, die für einen bestimmten Datentyp erlaubt sind – indem man der Methode einen ungültigen Platzhalter vorsetzt. Die Fehlermeldung listet dann zumindest bei manchen Datentypen die gültigen Platzhalterzeichen auf:

```
PS> [System.GUID]::NewGUID()

Guid
----
0e4e4253-830d-4ef2-87c1-873164bfb111

PS> $guid = [System.GUID]::NewGUID()
PS> $guid.ToString('?')
Ausnahme beim Aufrufen von "ToString" mit 1 Argument(en): "Format String can be only "D", "d", "N",
"n", "P", "p", "B", "b", "X" or "x"."

PS> $guid.ToString('D')
cd76407f-5243-4f22-8a88-8d3c895dade7

PS> $guid.ToString('B')
{cd76407f-5243-4f22-8a88-8d3c895dade7}

PS> $guid.ToString('X')
{0xcd76407f,0x5243,0x4f22,{0x8a,0x88,0x8d,0x3c,0x89,0x5d,0xad,0xe7}}
```

Textstellen finden und extrahieren

Texte werden von PowerShell in Objekten vom Typ String gespeichert. Ein String ist ein Array aus einzelnen Zeichen, und deshalb kann man jeden String auch wie ein Array behandeln, wenn man nur einzelne Zeichen daraus lesen möchte. Die folgende Zeile ermittelt zum Beispiel den Laufwerkbuchstaben eines Dateipfads:

```
PS> $profile
C:\Users\Tobias\Documents\WindowsPowerShell\Microsoft.PowerShellISE_profile.ps1

PS> $profile[0]
C
```

Jedes String-Objekt verfügt darüber hinaus über die Methoden (Befehle) aus Tabelle 10.4. Alle diese Methoden können direkt über den Punkt angesprochen werden. Um also einen Pfadnamen wahlweise in Klein- oder Großbuchstaben zu verwandeln, genügen diese Zeilen:

```
PS> $profile
C:\Users\Tobias\Documents\WindowsPowerShell\Microsoft.PowerShellISE_profile.ps1

PS> $profile.ToUpper()
C:\USERS\TOBIAS\DOCUMENTS\WINDOWSPowerShell\MICROSOFT.PowerShellISE_PROFILE.PS1

PS> $profile.ToLower()
c:\users\tobias\documents\windowsPowerShell\microsoft.PowerShellise_profile.ps1
```

Funktion	Beschreibung	Beispiel
EndsWith()	Prüft, ob der Text mit einer bestimmten Zeichenfolge endet.	("Hello").EndsWith("lo")
IndexOf()	Bestimmt die erste Position eines Vergleichstexts.	("Hello").IndexOf("l")
IndexOfAny()	Bestimmt die erste Position eines beliebigen Zeichens aus einem Vergleichstext.	("Hello").IndexOfAny("loe")

Tabelle 10.4: Wichtige Methoden des String-Objekts.

Funktion	Beschreibung	Beispiel
LastIndexOf()	Findet die letzte Position des angegebenen Zeichens.	("Hello").LastIndexOf("l")
LastIndexOfAny()	Findet die letzte Position eines beliebigen Zeichens der angegebenen Zeichenfolge.	("Hello").LastIndexOfAny("loe")
PadLeft()	Erweitert den Text auf die angegebene Länge und fügt auf der linken Seite Leerzeichen hinzu (rechtsbündiger Text).	("Hello").PadLeft(10)
PadRight()	Erweitert den Text auf die angegebene Länge und fügt auf der rechten Seite Leerzeichen hinzu (linksbündiger Text).	("Hello").PadRight(10) + "World!"
Remove()	Entfernt ab der angegebenen Position die gewünschte Anzahl von Zeichen.	("Hello World").Remove(5,6)
Replace()	Ersetzt Zeichen durch andere Zeichen.	("Hello World").Replace("l", "x")
Split()	Konvertiert den Text mit den angegebenen Trennzeichen in ein Array.	("Hello World").Split("l")
StartsWith()	Prüft, ob der Text mit den angegebenen Zeichen beginnt.	("Hello World").StartsWith("He")
Substring()	Extrahiert Zeichen aus dem Text.	("Hello World").Substring(4, 3)
ToCharArray()	Konvertiert Text in ein Array mit Einzelzeichen.	("Hello World").ToCharArray()
ToLower()	Verwandelt den Text in Kleinbuchstaben.	("Hello World").ToLower()
ToUpper()	Verwandelt den Text in Großbuchstaben.	("Hello World").ToUpper()
Trim()	Entfernt Leerzeichen links und rechts.	(" Hello ").Trim() + "World"
TrimEnd()	Entfernt Leerzeichen rechts.	(" Hello ").TrimEnd() + "World"
TrimStart()	Entfernt Leerzeichen links.	(" Hello ").TrimStart() + "World"

Tabelle 10.4: Wichtige Methoden des String-Objekts. (Forts.)

Texte splitten

Oft enthält ein Text wiederkehrende Ankerpunkte. Ein Pfadname unterteilt seine Pfadbestandteile zum Beispiel mithilfe eines Backslashs (\). Mit der Methode Split() kann der Text an solchen Ankerzeichen aufgetrennt werden. Sie erhalten ein Array mit den Textbruchstücken, aus dem Sie dann die gewünschten Teile herauslesen. Die folgenden Beispiele zeigen das:

```
PS> $teile = $profile.Split('\')

# Laufwerkbuchstaben ermitteln:
PS> $teile[0]
C:

# Dateinamen ermitteln
PS> $teile[-1]
Microsoft.PowerShellISE_profile.ps1

# Dateiextension ermitteln:
PS> $profile.Split('.')[-1]
ps1
```

Split() unterscheidet wie die meisten String-Methoden zwischen Groß- und Kleinschreibung. Zudem dürfen Sie bei Split() nur genau ein Zeichen angeben, an dem der Text getrennt werden soll. Dafür ist Split() aber auf Wunsch in der Lage, die Anzahl der gewünschten Textbruchstücke zu berücksichtigen:

```
PS> 'HP667I,Printer,Farbe,SW'.Split(',')
HP667I
Printer
Farbe
SW

PS> 'HP667I,Printer,Farbe,SW'.Split(',', 3)
HP667I
Printer
Farbe,SW
```

Hinweis

Weil das Aufteilen von Pfadnamen häufig benötigt wird, liefert PowerShell dafür ein eigenes Cmdlet namens Split-Path. Es liefert die gleichen Informationen wie eben, kann aber nur das tun, was sein Erfinder programmiert hat. Im Gegensatz zur universellen Split()-Methode finden Sie damit zum Beispiel nicht die Dateierweiterung heraus:

```
PS> Split-Path -Path $profile -Qualifier
C:

PS> Split-Path -Path $profile -Leaf
Microsoft.PowerShellISE_profile.ps1
```

Splitting kann man auch einsetzen, um sich lästige Tipparbeit zu sparen. Anstelle mühsam viele einzelne Zeichen jeweils in Anführungszeichen zu setzen, splitten Sie:

```
$zeichen = 'a','b','c','d','e','f','g','h','i','j','k','l','m','n','o','p',
'q','r','s','t','u','v','w','x','y','z','0','1','2','3','4','5','6','7','8','9',
'!','"','§','$','%','&','/','(',')','=','?'

$zeichen = 'a,b,c,d,e,f,g,h,i,j,k,l,m,n,o,p,q,r,s,t,u,v,w,x,y,z,0,1, 2,3,4,5,6,7,8,9,!,",§,$,%,&,
/,(,),=,?'.Split(',')
```

Ebenfalls praktisch ist die Methode ToCharArray(), die die einzelnen Zeichen eines Texts als Array liefert:

```
$zeichen = 'abcdefghijklmnopqrstuvwxyz0123456789!"§$%&/()=?'.ToCharArray()
```

Mit den einzelnen Zeichen in $zeichen könnte jetzt ein sehr simpler Kennwort-Zufallsgenerator erzeugt werden, bei dem der Operator -join die zufällig gewählten sieben Zeichen wieder zu einem Text zusammensetzt:

```
$zeichen = 'abcdefghijklmnopqrstuvwxyz0123456789!"§$%&/()=?'.ToCharArray()
-join (Get-Random -InputObject $zeichen -Count 7)
```

Listing 10.11: Simpler Passwortgenerator.

Wirklich beliebig lang kann das Kennwort so übrigens nicht werden, denn `Get-Random` zieht keinen Buchstaben doppelt. Sollen auch Doppelgänger erlaubt sein, ist eine Schleife nötig:

```
$zeichen = 'abcdefghijklmnopqrstuvwxyz0123456789!"§$%&/()=?'.ToCharArray()
-join (1..20 | ForEach-Object { Get-Random -InputObject $zeichen })
```

Informationen in Texten finden

Wird eine bestimmte Information innerhalb eines Texts gesucht, greifen viele Skriptprogrammierer auf die klassischen Methoden zurück, die im String-Objekt vorhanden sind. Dies ist ein bewährter Ansatz, den Sie in PowerShell auch weiterhin nutzen können. Allerdings kann man solche Aufgaben mit regulären Ausdrücken wesentlich einfacher lösen. Doch schauen wir uns zunächst die klassischen Methoden an. Die folgende Zeile liefert mit `Substring()` immer die vier Textzeichen ab Position 7 (die Zählung beginnt bei 0):

```
PS> 'Hallo Welt.'.Substring(6,4)
Welt
```

Positionen bestimmen und Text extrahieren

Das funktioniert natürlich nur, wenn Sie schon wissen, wo sich der gesuchte Textbereich befindet. Um diesen Textbereich zu ermitteln, können `IndexOf()` und `LastIndexOf()` eingesetzt werden. Sie ermitteln die Position eines Suchtexts, jeweils ausgehend vom Anfang oder vom Ende eines Texts:

```
$text = 'Hallo Welt.'
$positionAnfang = $text.IndexOf('Hallo') + 6
$positionEnde = $text.IndexOf('.', $positionAnfang+1)
$text.Substring($positionAnfang, $positionEnde - $positionAnfang)
```

Listing 10.12: Position eines Worts innerhalb eines Texts bestimmen.

Tatsächlich findet Listing 10.6 das Wort »Welt« und würde auch jedes andere Wort nach »Hallo« und vor dem nächstfolgenden ».« finden. Nur ist dieser Ansatz aufwendig und auch fehlerträchtig. Wenn der Text nicht genau so aufgebaut ist wie vermutet, liefert der Code nicht das gewünschte Ergebnis. Würde der Text zum Beispiel nicht mit einem Punkt enden, sondern mit einem Ausrufezeichen, würden Sie anstelle der Ausgabe einen Fehler erhalten. `$positionEnde` wäre jetzt nämlich -1 (was »nicht gefunden« entspricht).

ConvertFrom-String in PowerShell 5

In PowerShell 5 steht Ihnen mit `ConvertFrom-String` ein Cmdlet zur Verfügung, mit dem sich ebenfalls Informationen aus Texten extrahieren lassen. Das folgende Beispiel findet stets das zweite Wort:

```
PS> "Hello World." | ConvertFrom-String

P1    P2
--    --
Hello World.
```

```
PS> $teile = "Hello World." | ConvertFrom-String

PS> $teile.p2
World.

PS> $teile.p2.TrimEnd('.')
World
```

Wirklich interessant ist `ConvertFrom-String` durch seine Fähigkeit, Rohtext anhand einer Vorlage zu bearbeiten. Dabei werden die gewünschten Informationen automatisch in Objekten zurückgegeben:

```
$vorlage = 'Name: {{Vorname:Hans} {Nachname:Müller}}'
$ergebnis = 'Name: Tobias Weltner' | ConvertFrom-String -TemplateContent $vorlage
```

Listing 10.13: Einen Rohtext mit ConvertFrom-String in Einzelinformationen zerlegen.

Das Ergebnis zeigt nun die gewünschten Einzelinformationen:

```
PS> $ergebnis

Vorname Nachname
------- --------
Tobias  Weltner
```

```
PS> $ergebnis.Vorname
Tobias

PS> $ergebnis.Nachname
Weltner
```

Die Vorlage enthält dabei nur Beispielinformationen. `ConvertFrom-String` leitet daraus automatisch die passenden Regeln ab. Bei komplexeren Daten kann man auch mehrere Zeilen mit Beispieldaten angeben. Möchten Sie zum Beispiel den Rohtext analysieren, den *ping.exe* liefert, könnten Sie das Ergebnis von *ping.exe* zuerst in die Zwischenablage kopieren und anschließend als Vorlage in ein Skript einfügen:

```
PS> ping PowerShell.com | clip
```

Danach markieren Sie in der Vorlage die Informationen, an denen Sie interessiert sind, indem Sie sie in geschweifte Klammern setzen und ihnen einen Namen voranstellen:

```
$template = @'

Ping wird ausgeführt für PowerShell.com [65.38.114.170] mit 32 Bytes Daten:
Antwort von {IP*:65.38.114.170}: Bytes=32 Zeit={Time:164}ms TTL={TTLValue:112}
Antwort von {IP*:100.38.4.70}: Bytes=32 Zeit={Time:1}ms TTL={TTLValue:1}
Antwort von {IP*:5.250.14.2}: Bytes=32 Zeit={Time:3000}ms TTL={TTLValue:99}
Zeitüberschreitung der Anforderung.

Ping-Statistik für 65.38.114.170:
    Pakete: Gesendet = 4, Empfangen = 3, Verloren = 1
    (25% Verlust),
Ca. Zeitangaben in Millisek.:
    Minimum = 163ms, Maximum = 165ms, Mittelwert = 164ms
'@

ping PowerShell.com | ConvertFrom-String -TemplateContent $template
ping PowerShellmagazine.com | ConvertFrom-String -TemplateContent $template
```

Listing 10.14: Rohtext mithilfe von Beispieldaten filtern.

Weil in diesem Fall mehrere Datensätze erwartet werden, wird die erste Information eines Datensatzes mit einem * gekennzeichnet. Das Ergebnis sieht danach so aus:

```
IP              Time TTLValue
--              ---- --------
65.38.114.170   163  112
65.38.114.170   163  112
65.38.114.170   164  112
65.38.114.170   163  112
206.217.196.220 127  57
206.217.196.220 123  57
206.217.196.220 123  57
206.217.196.220 123  57
```

Allerdings erhalten Sie nur dann ein Ergebnis, wenn *ping.exe* auch tatsächlich Daten liefert, die der Vorlage entsprechen. Bei einer englischen Version von *ping.exe* müssten Sie die Vorlage entsprechend anpassen und englische Texte verwenden.

Ebenfalls wichtig: Die Beispieldaten in der Vorlage sollten ein möglichst breites Spektrum an möglichen Daten abbilden. Deshalb wurden die Werte für IP-Adresse, Zeit und TTL in der Vorlage nachträglich verändert. Würden Sie für TTL beispielsweise in der Vorlage immer nur dreistellige Werte angeben, würde ConvertFrom-String davon ausgehen, dass hier auch immer nur dreistellige Werte vorkommen. Ähnlich ist das mit Buchstaben und Zahlen. Kann beides vorkommen, sollte Ihre Vorlage auch beides enthalten.

Insgesamt zeigt ConvertFrom-String einen hochinteressanten Ansatz, ist aber noch nicht ausgereift. Zu hoch ist die Wahrscheinlichkeit, dass der Automatikmechanismus erwünschte Daten nicht findet. Es ist außerordentlich schwierig, eine Vorlage zu liefern, die tatsächlich alle Eventualitäten abdeckt. Zudem steht ConvertFrom-String nur in PowerShell 5 zur Verfügung.

Daher bleiben von Hand verfasste reguläre Ausdrücke nach wie vor der schnellere und robustere Weg, um Informationen zu finden. Reguläre Ausdrücke werden im nächsten Abschnitt besprochen und funktionieren in allen Versionen der PowerShell.

ConvertFrom-String soll auf Basis einer Vorlage eigentlich automatisch einen Rohtext in die gewünschten Informationen zerlegen – und mitunter tut es das auch. Wirklich ausgereift ist dieses Cmdlet indes leider nicht.

Reguläre Ausdrücke

Mithilfe eines regulären Ausdrucks und des Operators -match findet sich das Wort hinter »Hello« sehr einfach. Nur die Konzeption des passenden regulären Ausdrucks ist auf den ersten Blick nicht so trivial. Der reguläre Ausdruck, der das gesuchte Textmuster beschreibt, würde in diesem Beispiel so aussehen:

```
$muster = 'Hallo (\w{1,})'
```

Kennt man das Muster, ergibt sich folgender Code:

```
$text = 'Hallo Welt.'
$muster = 'Hallo (\w{1,})'
if ($text -match $muster)
{
   $Matches[1]
}
else
{
   Write-Warning 'nicht gefunden!'
}
```

Listing 10.15: Textmuster in Text finden.

Wenn also -match das gesuchte Muster im Text findet, wird der Inhalt des Textmusters in der ersten runden Klammer zurückgegeben ($Matches[1]). $Matches enthält also im Index 0 alle Ergebnisse und in den weiteren Indizes die Inhalte der runden Klammern im Muster. Im Beispiel enthält das Muster nur eine runde Klammer, sodass $Matches die Indizes 0 (alles) und 1 (erste runde Klammer) liefert:

```
PS> $Matches
```

Name	Value
1	Welt
0	Hallo Welt

Reguläre Ausdrücke: Textmustererkennung

Reguläre Ausdrücke sind eine sonderbare Sache: Sie sind leichter zu schreiben als zu lesen. Das macht den Einstieg etwas holprig, denn normalerweise liest man zuerst Code, bevor man ihn selbst schreibt. Schauen wir uns daher zunächst an, woraus jeder reguläre Ausdruck eigentlich besteht und wie man damit Textmuster beschreibt. Es gibt genau drei Zutaten:

- **Anker:** Unveränderliche Begriffe im Text, an denen sich der reguläre Ausdruck »festhalten« kann. Anker können unveränderliche Zeichenfolgen sein, aber auch ein Textanfang oder -ende oder ein Wortanfang oder -ende.

- **Platzhalter:** Ein Platzhalter steht stets für genau ein Zeichen. Um welches Zeichen es sich handeln kann, bestimmt der gewählte Platzhalter. Es gibt Platzhalter für Zahlen, für alphanumerische Zeichen, für »Whitespace« (beinhaltet Leerzeichen und Tabulatoren) sowie den Universalplatzhalter. Er listet in eckigen Klammern die erlaubten Zeichen auf.

- **Quantifizierer:** Weil ein Platzhalter für genau ein Zeichen steht, folgt dem Platzhalter gegebenenfalls ein Quantifizierer. Er legt fest, wie oft dieses Zeichen erscheinen kann. Der universellste Quantifizierer besteht aus geschwungenen Klammern und gibt die Mindest- und Höchstzahl an.

Erste Schritte: Mit Textmustern arbeiten

Bevor Sie diese Bestandteile genauer kennenlernen, lassen Sie uns ein erstes kleines Praxisbeispiel damit versuchen. Nehmen wir an, ein Logbuch enthält Zeilen mit Servernamen wie diese:

```
Mar 18, 2016Server_07786success
```

Muster definieren

Wollte man den Servernamen aus dieser Zeile heraustrennen, könnte man zunächst den Anker Server_ identifizieren. Danach folgt eine fünfstellige Zahl. Das erste Muster sähe so aus:

```
$muster = 'Server_\d{5}'
```

Nach dem Anker folgt der Platzhalter für eine Zahl (\d, d = Digit = Zahl). Der Quantifizierer legt fest, dass es genau fünf Zahlen sein müssen. Und so würde der komplette Code dazu aussehen:

```
$text = 'Mar 18, 2016Server_07786success'
$muster = 'Server_\d{5}'

if ($text -match $muster)
{
  $Matches[0]
}
```

Listing 10.16: Servernamen aus Text auslesen.

Profitipp

Ein Anker ist feststehender, unveränderlicher Text, also im letzten Beispiel der Begriff **Server_**. Wenn Sie Text wörtlich meinen, müssen Sie indes sicherstellen, dass in diesem Text keine Sonderzeichen vorkommen, die der reguläre Ausdruck falsch verstehen könnte, beispielsweise als Platzhalterzeichen. Weil man nicht alle Sonderzeichen im Kopf haben kann, gibt es eine einfache Taktik, um einen Anker herzustellen, der aus normalem Text besteht:

```
PS> [RegEx]::Escape('Server_')
Server_
```

Wie Sie sehen, enthält der Anker **Server_** keine problematischen Sonderzeichen. Wenn doch mehrdeutige Zeichen entdeckt worden wären, hätte das Ergebnis diese Zeichen mit einem \ entwertet. Falls Ihr Anker also beispielsweise (**Server.Name**) hätte lauten sollen, würde Ihnen die **Escape()**-Methode verraten, dass Sie stattdessen in Ihrem Muster \(**Server\.Name**) hätten schreiben müssen. Sowohl die runden Klammern als auch der Punkt sind nämlich Sonderzeichen, die entwertet werden müssen, wenn man sie wörtlich meint:

```
PS> [RegEx]::Escape('(Server.Name)')
\(Server\.Name\)
```

Viele Treffer pro Datei finden

Zwar kann -match pro Zeile immer nur ein Ergebnis finden, aber trotzdem können Sie damit auch mehrere Treffer in einer Logbuchdatei finden – vorausgesetzt, es gibt immer nur einen Treffer pro Zeile. Lassen Sie uns dazu zunächst ein Testskript nutzen, dass eine Dummy-Logbuchdatei mit 1.000 zufälligen Servernamen generiert:

```
$path = "$env:temp\sample.log"

1..1000 | ForEach-Object {
  '{0:MMM dd, yyyy} Server_{1:d5} {2}' -f (Get-Date), (Get-Random -Maximum 99999), ('success',
'failure' | Get-Random)

} | Set-Content -Path $Path -Encoding UTF8

notepad $path
```

Listing 10.17: Beispiellogbuch mit 1.000 Einträgen erstellen.

Das generierte Beispiel-Logfile wird anschließend im Notepad-Editor geöffnet und enthält wie gewünscht 1.000 zufällige Einträge.

```
sample.log - Editor                    —    □    ×

Datei  Bearbeiten  Format  Ansicht  ?
Feb 02, 2016 Server_57898 success
Feb 02, 2016 Server_05601 failure
Feb 02, 2016 Server_50029 failure
Feb 02, 2016 Server_38021 success
Feb 02, 2016 Server_16094 success
Feb 02, 2016 Server_22418 success
Feb 02, 2016 Server_49072 failure
Feb 02, 2016 Server_44497 success
Feb 02, 2016 Server_68260 failure
Feb 02, 2016 Server_65310 success
Feb 02, 2016 Server_48709 failure
Feb 02, 2016 Server_17582 failure
Feb 02, 2016 Server_18848 success
Feb 02, 2016 Server_95990 failure
```

Abbildung 10.1: Inhalt des Beispiellogbuchs.

Der reguläre Ausdruck kann nun in Sekundenbruchteilen alle Servernamen aus dem Logbuch lesen:

```
$path = "$env:temp\sample.log"
$muster = 'Server_\d{5}'

Get-Content -Path $path |
  Where-Object { $_ -match $muster } |
  ForEach-Object { $Matches[0] }
```

Listing 10.18: Servernamen aus dem Beispiellogbuch extrahieren.

Hierbei kommt eine Kombination aus Where-Object und Foreach-Object zum Einsatz: Where-Object prüft mit -match, ob sich in der aktuell gelesenen Zeile ein Treffer befindet. Wenn ja, wird diese Zeile an Foreach-Object geleitet, und Foreach-Object liest danach die gewünschte Information aus $Matches.

Muster erweitern

Als Nächstes könnte man das Muster erweitern, um zusätzliche Informationen zu ernten. Vielleicht interessieren Sie sich nicht nur für den Servernamen, sondern auch für den Status des Servers, also die folgende Information. Das Muster könnte dann so aussehen:

```
$muster = 'Server_\d{5}\s{1,}\w{1,}'
```

Nach dem Servernamen wird also mindestens ein Whitespace (\s) erwartet, also ein Leerzeichen oder ein Tabulator. Danach wird mindestens ein alphanumerisches Zeichen (\w) gesucht. Wenn Sie dieses Muster in Listing 10.18 verwenden, erhalten Sie alle gesuchten Informationen, allerdings als einen einzigen Text:

```
...
Server_68447 failure
Server_09037 success
Server_14110 failure
Server_31380 failure
...
```

Einzelinformationen mit runden Klammern abgrenzen

Mithilfe runder Klammern haben Sie aber die Möglichkeit, im Muster einzelne Informationen voneinander abzugrenzen. `$Matches[0]` liefert dann nach wie vor den vollständigen Treffer, aber nun können Sie in `$Matches[1]` den Inhalt der ersten runden Klammer und in `$Matches[2]` den Inhalt der zweiten runden Klammer abrufen:

```
$path = "$env:temp\sample.log"
$muster = '(Server_\d{5})\s{1,}(\w{1,})'

Get-Content -Path $path |
  Where-Object { $_ -match $muster } |
  ForEach-Object { $matches[1], $matches[2] }
```

Listing 10.19: Zwei Einzelinformationen separat abrufen.

Listing 10.19 liefert nun nacheinander jeweils den Servernamen und dann dessen Status zurück. Das ist zwar schon besser, aber schöner wäre es, wenn das Ergebnis als Objekt geliefert würde.

Ergebnisse in echte Objekte verwandeln

Damit die Ergebnisse als Objekt geliefert werden und nicht als Serie von Einzelinformationen, geben Sie den runden Klammern zuerst eindeutige Namen. Jetzt sind diese Informationen in `$Matches` nicht mehr über den numerischen Index abrufbar, sondern über den angegebenen Namen. Und weil `$Matches` in Wirklichkeit eine Hashtable ist, kann man daraus über `New-Object` ein Objekt generieren. Nun braucht man nur noch mit `Select-Object` die gewünschten Eigenschaften anzeigen zu lassen, also die Namen anzugeben, die man den runden Klammern zugewiesen hat. Klingt komplex, ist es aber nicht, wie das nächste Beispiel zeigt:

```
$path = "$env:temp\sample.log"
$muster = '(?<Server>Server_\d{5})\s{1,}(?<Status>\w{1,})'

Get-Content -Path $path |
  Where-Object { $_ -match $muster } |
  ForEach-Object {
```

```
New-Object -TypeName PSObject -Property $matches |
  Select-Object -Property Server, Status
}
```

Listing 10.20: Mehrere Informationen aus einem Textlogbuch als Objekt zurückliefern.

Das Ergebnis sind nun echte Objekte, die in Server den Servernamen und in Status dessen Status melden:

```
Server       Status
------       ------
Server_57898 success
Server_05601 failure
Server_50029 failure
Server_38021 success
Server_16094 success
Server_22418 success
Server_49072 failure
(...)
```

Bestandteile eines regulären Ausdrucks

Wie Sie gerade gesehen haben, besteht ein regulärer Ausdruck aus drei Zutaten: aus Ankern, Platzhaltern und Quantifizierern. Welche es gibt, zeigen die folgenden Tabellen.

Anker

Neben den Ankern aus Tabelle 10.5 sind auch Textanker erlaubt, also statischer Text, der immer in genau der angegebenen Weise im Text vorkommt. Denken Sie bei Textankern nur daran, etwaige Sonderzeichen im Text mit einem vorangestellten \ zu entwerten. Wie das bequem mit Escape() geschieht, haben Sie ja bereits gesehen.

Baustein	Beschreibung
$	Ende der Zeichenkette (bei mehrzeiligen Texten ist \Z eindeutiger)
\A	Anfang der Zeichenkette, auch bei mehrzeiligen Texten
\b	Wortgrenze
\B	Keine Wortgrenze
\G	nach dem letzten Treffer (keine Überlappungen)
\Z	Ende der Zeichenkette oder vor einem Zeilenumbruch
\z	Ende der Zeichenkette
^	Anfang der Zeichenkette (bei mehrzeiligen Texten ist \A eindeutiger)

Tabelle 10.5: Anker.

Platzhalter

Neben den vielen vordefinierten Platzhalterzeichen aus Tabelle 10.6 verdienen vor allen Dingen die eckigen Klammern besondere Aufmerksamkeit, denn damit lassen sich die erlaubten Zeichen frei definieren. Ein hexadezimales Zeichen wird zum Beispiel durch diesen Platzhalter beschrieben:

```
[0-9a-f]
```

Ein Platzhalter steht immer genau für ein Zeichen. Erwarten Sie mehr als ein Zeichen, fügen Sie anschließend einen Quantifizierer ein (Tabelle 10.7).

Baustein	Beschreibung
.	genau ein beliebiges Zeichen außer einem Zeilenumbruch (entspricht [^\n])
[^abc]	alle Zeichen außer den angegebenen
[^a-z]	alle Zeichen außer denen im angegebenen Bereich
[abc]	eines der angegebenen Zeichen
[a-z]	eines der Zeichen im Bereich
\a	Bell (ASCII 7)
\c	beliebiges in einem XML-Namen erlaubtes Zeichen
\cA-\cZ	Control+A bis Control+Z, entsprechend ASCII 1 bis ASCII 26
\d	eine Zahl (entspricht [0-9])
\D	beliebiges Zeichen außer Zahlen
\e	Escape (ASCII 27)
\f	Form Feed, also Seitenumbruch (ASCII 12)
\n	Zeilenumbruch
\r	Wagenrücklauf
\s	Leerzeichen, Tabulator oder Zeilenumbruch
\S	beliebiges Zeichen außer Leerzeichen, Tabulator und Zeilenumbruch
\t	Tabulatorzeichen
\uFFFF	Unicode-Zeichen mit dem hexadezimalen Code FFFF (das Euro-Symbol trägt beispielsweise den Code 20AC)
\v	vertikaler Tabulator (ASCII 11)
\w	Buchstabe, Ziffer oder Unterstrich
\W	beliebiges Zeichen außer Buchstaben
\xnn	bestimmtes Zeichen, wobei nn den hexadezimalen ASCII-Code festlegt
.*	beliebig viele beliebige Zeichen (einschließlich gar keinem Zeichen)

Tabelle 10.6: Platzhalter für ein einzelnes Zeichen.

Quantifizierer

Mit einem Quantifizierer bestimmen Sie, wie oft ein Platzhalterzeichen mindestens und höchstens vorkommen darf. \d{1,3} steht also für eine Zahl, die ein- bis dreimal vorkommen darf, also für eine bis zu dreistellige Zahl. Der Quantifizierer {x,y} ist der universellste und kann alle anderen ersetzen. Die übrigen Quantifizierer existieren nur aus Bequemlichkeit.

Normalerweise liefert ein Quantifizierer so viele Zeichen wie möglich, schöpft also den Maximalwert aus. Das nennt man »greedy« (gierig). Sind Sie an der Mindestanzahl interessiert – genannt »lazy« (faul) –, wird dem Quantifizierer ein ? angehängt.

Quantifizierer	Anzahl	Entspricht	Umfang
*	0, 1 oder mehr	{0,}	längstes Muster
*?	0, 1 oder mehr	{0,}?	kürzestes Muster
?	0, 1	{0,1}	längstes Muster
??	0, 1	{0,1}?	kürzestes Muster
+	1 oder mehr	{1,}	längstes Muster

Tabelle 10.7: Quantifizierer.

Quantifizierer	Anzahl	Entspricht	Umfang
+?	1 oder mehr	{1,}?	kürzestes Muster
{n}	genau n		-
{n,m}	mindestens n, höchstens m		längstes Muster
{n,m}?	mindestens n, höchstens m		kürzestes Muster
{n,}	mindestens n		längstes Muster
{n,}?	mindestens n		kürzestes Muster

Tabelle 10.7: Quantifizierer. (Forts.)

Längste oder kürzeste Fassung?

Als Vorgabe versucht ein Muster stets, den längstmöglichen Treffer zu finden. Das ist aber nicht immer erwünscht. Im folgenden Beispiel sind zwei HTML-Links enthalten. Das Muster beschreibt einen Link, aber -match würde den Text vom Anfang des ersten Links bis zum Ende des zweiten Links liefern:

```
$quellcode = '<a href="eine adresse">Link 1</a><a href="noch eine">Link 2</a>'
$pattern = '<a href="(?<link>.*)".*>(?<text>.*)</a>'
if ($quellcode -match $pattern) { $Matches }
```

Listing 10.21: Längstmöglichen Treffer finden.

Hier das Ergebnis:

```
Name                    Value
----                    -----
link                    eine adresse">Link 1</a><a href="noch eine
text
0                       <a href="eine adresse">Link 1</a><a href="...
```

Geben Sie hinter einem Quantifizierer ein ? an, wird nicht der längstmögliche Treffer gefunden, sondern der kürzeste:

```
$quellcode = '<a href="eine adresse">Link 1</a><a href="noch eine">Link 2</a>'
$pattern = '<a href="(?<link>.*?)".*?>(?<text>.*?)</a>'
if ($quellcode -match $pattern) { $Matches }
```

Listing 10.22: Kürzestmöglichen Treffer finden.

Jetzt sieht das Ergebnis so aus:

```
PS> $Matches

Name                    Value
----                    -----
link                    eine adresse
text                    Link 1
0                       <a href="eine adresse">Link 1</a>
```

Das Muster findet nun den ersten Link, der im Text vorkommt. Der Operator -match kann grundsätzlich immer nur den ersten Treffer in einem Text finden. Möchten Sie mehrere Treffer finden, muss man auf die Betriebssystemfunktion Matches() zurückgreifen. Sie wird am Ende des Kapitels genauer beschrieben und sähe so aus:

```
$quellcode = '<a href="eine adresse">Link 1</a><a href="noch eine">Link 2</a>'
$pattern = '(?i)<a href="(?<link>.*?)".*?>(?<text>.*?)</a>'
[RegEx]::Matches($quellcode, $pattern)
```

Listing 10.23: Mehrere Treffer in einem Text finden.

Das Ergebnis:

```
Groups    : {<a href="eine adresse">Link 1</a>, eine adresse, Link 1}
Success   : True
Captures  : {<a href="eine adresse">Link 1</a>}
Index     : 0
Length    : 33
Value     : <a href="eine adresse">Link 1</a>

Groups    : {<a href="noch eine">Link 2</a>, noch eine, Link 2}
Success   : True
Captures  : {<a href="noch eine">Link 2</a>}
Index     : 33
Length    : 30
Value     : <a href="noch eine">Link 2</a>
```

Textstellen ersetzen

Einfache Ersetzungen in Texten erledigt die String-Methode Replace(). Allerdings unterscheiden diese Ersetzungen zwischen Groß- und Kleinschreibung. Deshalb werden im folgenden Beispiel nicht alle Servernamen ersetzt:

```
PS> $text = 'Server002 hängt. Starten Sie server002 neu!'
PS> $text.Replace('Server002', 'Server003')

Server003 hängt. Starten Sie server002 neu!
```

Möchten Sie die Groß- und Kleinschreibung ignorieren, können Sie auf den Operator -replace ausweichen. Weil dieser einen regulären Ausdruck erwartet, sollte der zu ersetzende Text immer mit Escape() maskiert werden:

```
PS> $text = 'Server002 hängt. Starten Sie server002 neu!'
PS> $text -replace [Regex]::Escape('Server002'), 'Server003'

Server003 hängt. Starten Sie Server003 neu!
```

Sie können indes natürlich die Platzhalterzeichen des regulären Ausdrucks nutzen und auf diese Weise auch *mehrere* Zeichen durch *genau ein* Zeichen ersetzen. Um beispielsweise mehrfache Leerzeichen durch nur genau ein Leerzeichen zu ersetzen, verwenden Sie diesen Ausdruck:

```
PS> $text = 'Hier stehen    mehr      Leerzeichen    als       erforderlich    .'
PS> $text -replace '\s{2,}', ' '
Hier stehen mehr Leerzeichen als erforderlich .
```

Gesucht werden zwei oder mehr ({2,}) Leerzeichen (\s), die dann durch genau ein Leerzeichen ersetzt werden. Dass nun vor dem abschließenden Punkt ebenfalls ein Leerzeichen steht, ist kein Fehler, sondern ergibt sich aus dem regulären Ausdruck, der mehrere Leerzeichen ja nur auf genau eines reduziert.

Möchten Sie Leerzeichen vor einem Punkt entfernen, könnte man eine weitere Ersetzung vornehmen und diese auch verketten, zum Beispiel so:

```
PS> $text = 'Hier stehen   mehr    Leerzeichen    als      erforderlich      .'
PS> $text -replace '\s{2,}', ' ' -replace '\s{1,}\.'
Hier stehen mehr Leerzeichen als erforderlich
```

Allerdings wäre der Punkt nun ebenfalls verschwunden, denn er war ja Bestandteil des zu ersetzenden Textmusters. \s{1,}\. bedeutet: Ersetze ein oder mehrere Leerzeichen und den folgenden Punkt.

Daten mit festen Spaltenbreiten ins CSV-Format konvertieren

Wie wertvoll die Ersetzung mehrerer Zeichen durch genau ein anderes Zeichen ist, soll ein kurzes Beispiel zeigen. Es demonstriert, wie man Rohdaten mit festen Spaltenbreiten ins CSV-Format konvertiert. Solche Daten liefert zum Beispiel der Befehl qprocess.exe:

```
PS> qprocess
 BENUTZERNAME          SITZUNGSNAME        ID    PID  ABBILD
>tobias                console             1    4392  esif_assist_...
>tobias                console             1    4192  sihost.exe
>tobias                console             1    4448  taskhostw.exe
>tobias                console             1    1876  skypehost.exe
>tobias                console             1    2396  runtimebroke...
>tobias                console             1     320  explorer.exe
(...)
```

Um diese Rohtextdaten in ein CSV-Format zu konvertieren, ersetzen Sie *mindestens ein* Whitespace durch *genau ein* Komma. Sorgen Sie außerdem mit Trim() dafür, dass alle führenden oder endenden Leerzeichen entfernt werden. Schon kann ConvertFrom-CSV die Rohtextdaten in echte Objekte verwandeln:

```
PS> (qprocess).Trim() -replace '\s{1,}', ',' | ConvertFrom-CSV


BENUTZERNAME : >tobias
SITZUNGSNAME : console
ID           : 1
PID          : 4392
ABBILD       : esif_assist_...

BENUTZERNAME : >tobias
SITZUNGSNAME : console
ID           : 1
PID          : 4192
ABBILD       : sihost.exe

BENUTZERNAME : >tobias
SITZUNGSNAME : console
ID           : 1
PID          : 4448
ABBILD       : taskhostw.exe
(...)
```

Ersetzungen ohne Zeichenverlust

Möchten Sie in Ihrem Textmuster nur Bezug nehmen auf ein Zeichen, aber dieses Zeichen nicht ersetzen, werden in regulären Ausdrücken dafür *LookAheads* und *LookBehinds* eingesetzt. Ein *LookAhead* schaut ausgehend von Ihrem Muster weiter nach rechts und wird mit (?=[Zeichen]) festgelegt. Sollen also Leerzeichen vor einem Punkt entfernt werden, ohne dass der Punkt selbst entfernt wird, schreibt man:

```
PS> $text = 'Hier stehen   mehr     Leerzeichen    als      erforderlich    .'
PS> $text -replace '\s{2,}', ' ' -replace '\s{1,}(?=\.)'
Hier stehen mehr Leerzeichen als erforderlich.
```

Ein *LookBehind* schaut umgekehrt zur linken Seite des Musters und wird über (?<=[Zeichen]) festgelegt. Wenn Sie also alle Zahlen nach einem Servernamen unleserlich machen wollten, könnten Sie das so bewerkstelligen:

```
PS> $text = 'Server002 hängt. Starten Sie server002 neu!'
PS> $text -replace '(?<=Server)\d{3}', 'XXX'

ServerXXX hängt. Starten Sie serverXXX neu!
```

Bezug auf den Originaltext nehmen

Bisher hat -replace das Muster jeweils durch etwas völlig Neues ersetzt. Vielleicht wollen Sie das Originalmuster aber nur anpassen und folglich Teile davon behalten. Eine Liste von Servernamen soll aktualisiert werden. Vielleicht möchten Sie viel lieber das Wort »Server« durch »VM_« ersetzen, oder Sie wollen die Zahl dahinter standardisiert dreistellig angeben. Nur wie?

Im vorangegangenen Abschnitt über -match haben Sie bereits erlebt, dass ein regulärer Ausdruck Unterausdrücke besitzen kann, die dann in runde Klammern gesetzt werden. Im Ersetzungstext dürfen Sie auf den Inhalt dieser Unterausdrücke Bezug nehmen. Der Inhalt der Unterausdrücke wird über den Index des Unterausdrucks angesprochen:

```
PS> $pattern = 'server(\d{1,3})'
PS> 'server123' -match $pattern
True

PS> $Matches
```

Name	Value
1	123
0	server1

Der reguläre Ausdruck liefert also zwei Dinge zurück: den Gesamttreffer mit dem Namen 0 und den ersten Unterausdruck mit dem Namen 1, im Beispiel die Kennziffer des Servers. Diese Inhalte stehen bei -replace im Ersetzungstext über die Begriffe $0 und $1 zur Verfügung.

Achtung

$0 und $1 sind *keine* PowerShell-Variablen, obwohl sie zufällig genauso aussehen. Deshalb muss der Ersetzungstext unbedingt in einfachen und nicht in doppelten Anführungszeichen stehen, weil PowerShell sonst die beiden Variablen auflösen würde, und da sie für PowerShell nicht definiert sind, würden sie durch Leerwerte ersetzt.

Um also die Serverliste auf den aktuellen Stand zu bringen, schreiben Sie:

```
PS> $liste = 'server1', 'server2', 'server12'
PS> $pattern = 'server(\d{1,3})'
PS> $liste -replace $pattern, 'VM_$1'
VM_1
VM_2
VM_12
```

Sie dürfen auch mit $0 Bezug auf den kompletten alten Match nehmen:

```
PS> $liste -replace $pattern, 'VM_$1 (war mal $0)'
VM_1 (war mal server1)
VM_2 (war mal server2)
VM_12 (war mal server12)
```

Tipp

Spielen Sie ein wenig mit den Möglichkeiten. Zur Inspiration versuchen Sie einmal, das folgende Skript nachzuvollziehen. Es sorgt dafür, dass nach jedem Komma auf jeden Fall ein Leerzeichen folgt:

```
PS> $text = 'Ich möchte,dass nach jedem Komma, auf das kein Leerzeichen folgt,eins eingefügt wird.'
PS> $pattern = ',(\S)'
PS> $text -replace $pattern, ', $1'
Ich möchte, dass nach jedem Komma, auf das kein Leerzeichen folgt, eins eingefügt wird.
```

Hier die Auflösung: Das Muster sucht nach einem Komma, gefolgt von einem Nicht-Leerzeichen (\S) – durch das große S ist die Bedeutung tatsächlich ein Nicht-Leerzeichen). Wenn das gefunden wird, ersetzt es -replace durch ein Komma, ein Leerzeichen und dann durch das ursprüngliche Nicht-Leerzeichen (\S). Dieser Treffer wird durch $1 repräsentiert, also wird das angegeben. So wird zwischen Komma und Nicht-Leerzeichen ein Leerzeichen eingefügt.

Delegatfunktionen

Etwas schwieriger umzusetzen wäre der Wunsch, die Kennziffern der Server in der Serverliste nachträglich dreistellig anzugeben. Hier müssten Sie nicht nur die alte Kennziffer wieder in den neuen Servernamen einfügen, sondern sie zuvor auch umformen.

Das ist mit dem Operator -replace nicht möglich, wohl aber, wenn Sie auf die zugrunde liegende Systemfunktion Replace() direkt zugreifen. Ihr kann man als Ersetzungstext also auch einen Skriptblock übergeben:

```
$text = 'wir müssen server1, server22 und server9 umbenennen.'

# Muster muss am Anfang (?i) enthalten, wenn die
# Groß- und Kleinschreibung ignoriert werden soll
# Das Muster beschreibt den Servernamen
$pattern = '(?i)server(\d{1,3})'

$code =
{
  # Skriptblock empfängt jeden Treffer über seinen Parameter
  param($match)

  # die Indexzahlen entsprechen den Indexzahlen, die beim
```

```
    # normalen -match-Operator in $Matches zurückgegeben würde:
    $alles = $match.Groups[0].Value
    $id = $match.Groups[1].Value

    # neuen Text aus diesen Informationen zusammenbauen:
    'VM_{0:000} (war mal {1})' -f [Int]$id, $alles
}

[RegEx]::Replace($text, $pattern, $code)
```

Listing 10.24: Ersetzungen über einen PowerShell-Skriptblock generieren.

Das Ergebnis der Ersetzung sieht nun so aus:

```
wir müssen VM_001 (war mal server1), VM_022 (war mal server22) und VM_009 (war mal server9) umbenennen.
```

Spätestens über den Einsatz von PowerShell-Skriptblöcken sind nun also tatsächlich alle nur erdenklichen Formen von Ersetzungen möglich. Wenn der Skriptblock einen (beliebig genannten) Parameter deklariert, wird darin der aktuelle Treffer übergeben. Der Skriptblock in $code wird nun also für jeden gefundenen Treffer aufgerufen. Das, was er zurückliefert, wird im Text an dieser Stelle ersetzt.

Zwar gibt es innerhalb des Skriptblocks nicht die praktischen Platzhalter $0 und $1, aber mit $<ParameterName>.Groups[0].Value und $<ParameterName>.Groups[1].Value kommen Sie trotzdem an deren Inhalt heran.

Da die zugrunde liegenden Betriebssystemfunktionen wie Replace() als Vorgabe zwischen Groß- und Kleinschreibung unterscheiden, fügt man übrigens in den regulären Ausdruck am Anfang einfach die Anweisung (?i) ein. Sie schaltet automatisch um in den Modus, bei dem die Groß-/Kleinschreibung ignoriert wird.

Zum eigenen Experimentieren hier noch ein kleines Rätsel: Wie gelingt es der folgenden Zeile, bei einem beliebigen Text jeweils den ersten Buchstaben eines Worts großzuschreiben?

```
PS> $text = 'dieser text ist kleingeschrieben, aber der anfangsbuchstabe jedes wortes sollte gross
sein.'
PS> $pattern = '\b(\w)'
PS> [RegEx]::Replace($text, $pattern, { param($x) $x.Value.toUpper() })
Dieser Text Ist Kleingeschrieben, Aber Der Anfangsbuchstabe Jedes Wortes Sollte Gross Sein.
```

Die Erklärung: Das Muster findet den ersten Buchstaben (\w) nach einer Wortgrenze (\b). Da es um den Buchstaben geht, steht er als Unterausdruck in runden Klammern. Die Ersetzung wird von einer Delegatfunktion vorgenommen. Sie empfängt den Match über ihren Parameter $x. In der Eigenschaft Value steht der gefundene Buchstabe. Mit der String-Funktion toUpper() wird er in Großbuchstaben umgewandelt. Prinzipiell hätte die Funktion aber auch beliebige andere Dinge mit dem Anfangsbuchstaben jedes Worts durchführen können. Diese Zeile wiederholt den Anfangsbuchstaben beispielsweise zehn Mal:

```
PS> [RegEx]::Replace($text, $pattern, { param($x) $x.Value * 10 })
ddddddddddieser tttttttttttext iiiiiiiiiist kkkkkkkkkkleingeschrieben, aaaaaaaaaaber ddddddddddder
aaaaaaaaaanfangsbuchstabe jjjjjjjjjjedes wwwwwwwwwwortes ssssssssssollte ggggggggggross
ssssssssssein.
```

Rückverweise im Muster

Bei der Ersetzung darf auch das Muster selbst dynamische Inhalte haben. Es kann zum Beispiel auf sich selbst Bezug nehmen. Dabei kommen wieder aufsteigende Zahlen zum Einsatz. Die Zahl 0 bezeichnet das gesamte Muster, die Zahl 1 steht für den ersten Unterausdruck in runden Klammern, und so fort. Sollen diese Verweise im Muster eingesetzt werden, stellt man ein \ voran.

Im einfachsten Fall kann man auf diese Weise doppelt vorkommende Wörter entfernen:

```
PS> $text = 'Hier kommt kommt kommt so manches manches Wort mehrfach vor vor vor vor.'
PS> $pattern = '\b(\w+)(\s+\1){1,}\b'
PS> $text -replace $pattern, '$1'
Hier kommt so manches Wort mehrfach vor.
```

Die Erklärung: Das Muster sucht nach einer Wortgrenze (\b) und dann nach einem Wort (bestehend aus einem oder mehreren (+) Zeichen (\w)). Wenn nach diesem ersten Wort ein oder mehrere (+) Leerzeichen (\s) und dann dasselbe Wort (Rückverweis auf den ersten Treffer in runden Klammern (\1)) einmal oder mehrmals folgen ({1,}), wird all das durch das ursprünglich gefundene Wort ($1) ersetzt.

Split und Join: eine mächtige Strategie

Die Operatoren -split und -join bilden zusammen eine Lösung für viele Textaufgaben, bei denen Textbereiche ausgetauscht werden sollen. Ein Austausch von Textteilen über -replace eignet sich nämlich nicht immer.

Möchten Sie beispielsweise Pfadnamen systematisch ändern, also vielleicht die Pfadnamen aus einer Testumgebung auf Pfadnamen in einer Produktionsumgebung umstellen, könnte man die Pfade zuerst in einzelne Bestandteile aufsplitten und dann gezielt Pfadteile entfernen oder umbenennen:

```
PS> $Path = 'c:\testumgebung\abteilung1\testing\Benutzerkonten'
PS> $Path.Split('\') -notlike 'test*' -join '\'
c:\abteilung1\Benutzerkonten
```

Hierbei werden alle Pfadbestandteile, die mit test beginnen, aus dem Pfad herausgenommen.

Auch neue Pfadbestandteile lassen sich hinzufügen, indem das Array mit den Pfadbestandteilen erweitert wird:

```
PS> $Path = 'c:\testumgebung\abteilung1\testing\Benutzerkonten'
PS> [System.Collections.ArrayList]$teile = $Path.Split('\') -notlike 'test*'
PS> $teile.Insert(1, 'Produktionsumgebung')
PS> $teile -join '\'
c:\Produktionsumgebung\abteilung1\Benutzerkonten
```

Die Teile werden in diesem Beispiel nicht in einem normalen Array gespeichert, sondern in einer ArrayList. Diese funktioniert wie ein normales Array, aber mit Insert() lassen sich neue Arrayelemente an beliebigen Stellen einfügen. So fügt das Beispiel an der zweiten Position (Index 1) einen neuen Ordnernamen ein, bevor der Pfad mit -join wieder aufgebaut wird.

Alternativ könnten Sie Arrayelemente aber auch einfach nur umbenennen:

```
PS> $Path = 'c:\testumgebung\abteilung1\testing\Benutzerkonten'
PS> $teile = $Path.Split('\') -notlike 'test*'
PS> $teile[0] = 'C:\Produktionsumgebung'
PS> $teile -join '\'
C:\Produktionsumgebung\abteilung1\Benutzerkonten
```

Nach verschiedenen Zeichen splitten

In den letzten Beispielen wurde zum Aufsplitten des Pfadnamens die String-Methode Split() verwendet, weil sie einfach zu verwenden und das Trennzeichen kein regulärer Ausdruck ist. Deshalb musste das Trennzeichen nicht maskiert werden. Dennoch hätten Sie anstelle von Split() auch den Operator -split verwenden können:

```
PS> $Path = 'c:\testumgebung\abteilung1\testing\Benutzerkonten'
PS> $teile = $Path -split '\\' -notlike 'test*'
PS> $teile[0] = 'C:\Produktionsumgebung'
PS> $teile -join '\'
C:\Produktionsumgebung\abteilung1\Benutzerkonten
```

Da -split einen regulären Ausdruck erwartet, muss nun lediglich das Trennzeichen \ maskiert, also als \\ angegeben werden. Dafür kann -split wesentlich flexibler Texte aufsplitten als Split() und zum Beispiel nach mehreren Zeichen gleichzeitig splitten. Das folgende Beispiel zerlegt einen Text in einzelne Wörter, indem es an jedem nicht alphanumerischen Zeichen trennt:

```
PS> 'Hallo, dies ist ein kleiner Test. Mal sehen (ob das geht).' -split '\W'

Hallo

dies
ist
ein
kleiner
Test

Mal
sehen

ob
das
geht
```

Das Ergebnis stimmt, enthält aber noch Lücken, die entstehen, wenn mehrere durch \W repräsentierte Zeichen aufeinanderfolgen, zum Beispiel ein Komma und ein Leerzeichen. Abhilfe schafft ein Quantifizierer, mit dem Sie festlegen, dass die Trennstelle aus *mindestens einem* Zeichen bestehen soll:

```
PS> 'Hallo, dies ist ein kleiner Test. Mal sehen (ob das geht).' -split '\W{1,}'
Hallo
dies
ist
ein
kleiner
Test
```

Mal
sehen
ob
das
geht

Splitten ohne Trennzeichen(verlust): LookBehind und LookAround

Normalerweise werden die Zeichen, die Sie zum Splitten verwenden, beim Splitten entfernt. Vielleicht wollen Sie diese Zeichen aber auch gern behalten. Dazu verwendet man wieder *LookAheads* und *LookBehinds*. Man gibt also nicht das Trennzeichen an, sondern beschreibt nur, was nach oder auch vor der Trennstelle zu finden ist. Die nächste Zeile liefert die Dateiendung eines Dateipfads mit dem zugehörigen Punkt: Ein LookAhead beschreibt, was *genau nach* der Trennstelle zu finden ist (nämlich ein Punkt):

```
PS> ($PROFILE -split '(?=\.)')
C:\Users\Tobias\Documents\WindowsPowerShell\Microsoft
.PowerShell_profile
.ps1

PS> ($PROFILE -split '(?=\.)')[-1]
.ps1
```

Möchten Sie einen Pfad in seine Bestandteile zerlegen, ohne dabei das \-Zeichen zu verlieren, setzen Sie ein LookBehind ein, beschreiben also, was *genau vor* der Trennstelle zu finden ist:

```
PS> $PROFILE -split '(?<=\\)'
C:\
Users\
Tobias\
Documents\
WindowsPowerShell\
Microsoft.PowerShell_profile.ps1
```

Beides kann sogar kombiniert werden. Damit lassen sich auch anspruchsvolle Aufgaben meistern. Vielleicht wollen Sie Parameter/Argument-Paare aus einem Befehlstext lesen. Dies wäre eine Lösung:

```
PS> $commandline = '-Path c:\windows -Filter *.exe'
PS> $commandline -split '(?=-)(?<=\s)'
-Path c:\windows
-Filter *.exe
```

Hier wird nach einem Leerzeichen und vor einem Bindestrich getrennt. Informationen gehen dabei nicht verloren.

Eine etwas alltäglichere Aufgabe wäre das Zerlegen von Texten in gleichmäßige Gruppen. Die nächste Zeile würde zuerst einen Text in seine Einzelbuchstaben zerlegen (was zugegebenermaßen mit `toCharArray()`, wie im letzten Abschnitt demonstriert, sehr viel bequemer geht):

```
PS> 'PowerShell rocks!' -split '(?<=.)(?=.)'
```

Die Funktionsweise: Jeder Begriff muss mit einem beliebigen Zeichen beginnen (LookAhead-Ausdruck (?=.)) und mit einem beliebigen Zeichen enden (LookBehind-Ausdruck (?<=.)). Dies trifft auf jedes Zeichen zu mit Ausnahme der Zeichen ganz am Zeilenfang und am Zeilenende. Damit wird nur zwischen den Zeichen gesplittet, aber nicht am Zeilenanfang und -ende.

Der Ansatz ist zwar etwas komplizierter als `toCharArray()`, aber dafür sehr viel flexibler. Mit `toCharArray()` könnten Sie beispielsweise die folgende Liste nicht in hexadezimale Zweierpaare zerlegen:

```
PS> '00AA1CFFAB1034' -split '(?<=\G[0-9a-f]{2})(?=.)'
00
AA
1C
FF
AB
10
34
```

Hier wird der Splitvorgang so definiert: Getrennt wird *nach* einem zweistelligen hexadezimalen Zeichen, aber *vor* einem beliebigen anderen Zeichen. Das Zeichen `\G` ist ein Anker (Tabelle 10.5) und sorgt dafür, dass erst nach dem letzten Treffer weitergeprüft wird.

Wofür ist der LookAhead (?=.) aber wichtig? Lässt man ihn weg, scheint sich das Ergebnis nicht zu ändern. Tut es aber dennoch: Ohne den LookAhead-Ausdruck würde der Text am Ende noch einmal gesplittet, und Sie erhielten ein Array mit einem leeren Element am Ende. Das verhindert der LookAhead-Ausdruck, der dafür sorgt, dass nur dann gesplittet wird, wenn noch Zeichen folgen.

Zusammen mit `-join` könnte man zum Beispiel Rohtext in eine MAC-Adresse verwandeln:

```
PS> '00AA1CFFAB1034' -split '(?<=\G[0-9a-f]{2})(?=.)' -join ':'
00:AA:1C:FF:AB:10:34
```

Hier folgt zum Abschluss ein Rätsel: Überlegen Sie sich bitte zuerst, warum die folgende Zeile den Text bei allen Großbuchstaben trennt, bevor Sie sich die folgende Erklärung anschauen (und hoffentlich feststellen, dass Ihre Überlegung damit übereinstimmt):

```
PS> 'GetHostByName' -csplit '(?<=[a-z])(?=[A-Z])'
Get
Host
By
Name
```

Eingesetzt werden LookAhead und LookBehind, um das Splitting zu definieren. Getrennt wird nach einem Kleinbuchstaben und vor einem Großbuchstaben. Das funktioniert natürlich nur, wenn zwischen Klein- und Großschreibung unterschieden wird. Deshalb muss `-csplit` und nicht `-split` verwendet werden.

Mehrere Treffer in einem Text finden

Der Operator `-match` findet zwar immer nur einen Treffer pro Zeile, doch ist das in vielen Anwendungsfällen nicht problematisch, wie Sie bereits gesehen haben (Listing 10.14): Solange das gesuchte Textmuster nur einmal pro Zeile vorkommt, kann `-match` es in jeder Zeile finden.

[Regex]::Matches einsetzen

Sucht man indes tatsächlich nach mehreren Treffern in nur einem Text, muss dazu die Betriebssystemfunktion `Matches()` eingesetzt werden. Da `Matches()` als Vorgabe zwischen Groß- und Kleinschreibung unterscheidet, fügt man dem regulären Ausdruck am Anfang (?i) hinzu, sollte das nicht gewünscht sein.

```
$text = @'
Hier steht nichts.
Hier steht kb1234567.
Hier steht KB6635242.
'@

$pattern = '(?i)KB\d{6,8}'

[Regex]::Matches($text, $pattern)
```

Listing 10.25: Nach mehreren Treffern in einem Text suchen.

Das Ergebnis sieht zunächst noch etwas roh aus:

```
Groups   : {kb1234567}
Success  : True
Captures : {kb1234567}
Index    : 31
Length   : 9
Value    : kb1234567

Groups   : {KB6635242}
Success  : True
Captures : {KB6635242}
Index    : 54
Length   : 9
Value    : KB6635242
```

`Groups` steht für Treffer, `Captures` sind die Treffer der Unterausdrücke (falls vorhanden). Im einfachsten Fall verarbeiten Sie einfach die Inhalte der `Groups`-Eigenschaft:

```
PS> [Regex]::Matches($text, $pattern).Groups.Value
kb1234567
KB6635242
```

Ein- und Mehrzeilenmodus

Besteht ein Text aus mehreren Zeilen, kann das Muster entweder auf jede einzelne Zeile oder auf den gesamten Text angewendet werden. Möchten Sie mehrzeiligen Text als einen Gesamttext betrachten und also die Zeilenumbrüche ignorieren, verwenden Sie am Anfang des regulären Ausdrucks die Steueranweisung (?s).

Das folgende Beispiel liest den Quelltext einer Webseite und extrahiert von dort mit einem regulären Ausdruck die Entschuldigung des Tages.

```
function Get-Excuse
{
  $url = 'http://pages.cs.wisc.edu/~ballard/bofh/bofhserver.pl'
  $page = Invoke-WebRequest -Uri $url -UseBasicParsing
```

```
$pattern = '(?s)<br><font size\s?=\s?"\+2">(.+)</font'

if ($page.Content -match $pattern)
{
  $matches[1]
}
}
```

Listing 10.26: Automatisch Entschuldigungen aus dem Internet abrufen.

Wenn Sie die Funktion ausführen, steht Ihnen anschließend der neue Befehl Get-Excuse zur Verfügung und liefert Entschuldigungen am laufenden Band - jedenfalls dann, wenn Sie Internetzugang haben und der Autor der verwendeten Webseite sein Webdesign nicht umstellt:

```
PS> Get-Excuse
Just type 'mv * /dev/null'.


PS> Get-Excuse
I'm sorry a pentium won't do, you need an SGI to connect with us.


PS> Get-Excuse
The mainframe needs to rest.  It's getting old, you know.


PS> Get-Excuse
The math co-processor had an overflow error that leaked out and shorted the RAM
```

Denn das verwendete Muster setzt natürlich darauf, dass sich der grundlegende Aufbau der Webseite nicht ändert. So sieht das Muster aus:

```
'(?s)<br><font size\s?=\s?"\+2">(.+)</font'
```

(?s) schaltet in den Single-Line-Modus und betrachtet den Quelltext der Webseite damit als einen zusammenhängenden Text. Zeilenumbrüche sind egal.

Danach wird nach dem Anker
<font size\s?=\s?"\+2"> gesucht. Hinter dieser Zeichenfolge findet sich der gesuchte Text der Entschuldigung. Deshalb wird dieser Text als Unterausdruck mit runden Klammern markiert. .+ steht für mindestens ein beliebiges Zeichen. Danach folgt wieder ein Anker: </font.

Wenn Sie sich inzwischen vor LookAheads und LookBehinds nicht mehr fürchten, hätte man diese Funktion auch so ausdrücken können:

```
function Get-Excuse
{
  $url = 'http://pages.cs.wisc.edu/~ballard/bofh/bofhserver.pl'
  $page = Invoke-WebRequest -Uri $url -UseBasicParsing
  $pattern = '(?<=<br><font size\s?=\s?"\+2">).+'
  if ($page.Content -match $pattern)
  {
    $matches[0]
  }
}
```

Listing 10.27: Get-Excuse mit einem LookBehind.

In Listing 10.27 würde nun kein Unterausdruck mehr verwendet. Stattdessen legt das Muster mit einem LookBehind fest, welcher Text vor dem gesuchten Text zu finden ist. Ein Look-Ahead wird nicht benötigt, denn die Webseite fügt nach der Entschuldigung immer einen Zeilenumbruch ein, sodass nur der restliche Text bis zu diesem Zeilenumbruch geliefert wird.

Testaufgaben

Aufgabe: Sie möchten aus einem Text einen ganzen Bereich herauslesen, der mit einem bestimmten Muster beginnt und mit einem anderen endet. Wie lesen Sie die Informationen aus dem folgenden Text, die zwischen *Start* und *Ende* stehen?

```
PS> $text = 'Wortbereiche vom Start bis zum Ende finden'
```

Lösung: Ein passender regulärer Ausdruck könnte so aussehen:

```
'\bstart(?<text>.*?)ende\b'
```

Sie definieren also jeweils Wortanker und legen die Start- und Endmuster (start und ende) fest. Dazwischen steht in runden Klammern der gesuchte Ausdruck, der aus beliebigen Zeichen bestehen darf:

```
PS> if ($text -match '\bstart(?<text>.*?)ende\b') { $Matches.text }
 bis zum
```

Aufgabe: Sie haben einen regulären Ausdruck für IP-Adressen gebastelt. Dieser soll dazu verwendet werden, die Eingabe eines Benutzers zu prüfen:

```
PS> $pattern = '((?:25[0-5]|2[0-4][0-9]|[01]?[0-9][0-9])\.){3}(?:25[0-5]|2[0-4][0-9]|[01]?[0-9][0-
9])'
PS> Do {
>>    $ip = Read-Host 'Bitte IP eingeben'
>> } Until ( $ip -match $pattern )
>>
Bitte IP eingeben: 1000.1.1
Bitte IP eingeben: 1000.1.2.3
Bitte IP eingeben: hallo
Bitte IP eingeben: 10.20.30.40
PS>
```

Das scheint ganz vorzüglich zu funktionieren, bis Ihnen auffällt, dass der Code auch diese Eingabe akzeptiert:

```
Bitte IP eingeben: Meine IP10.10.10.10
PS>
```

Was stimmt hier (noch) nicht?

Lösung: Ihr Muster verwendet keine Anker und wird deshalb überall im Eingabetext gefunden. Möchten Sie nur IP-Adressen akzeptieren, die als separate Wörter im Text vorkommen, verwenden Sie dieses Muster:

```
PS> $pattern = '\b((?:25[0-5]|2[0-4][0-9]|[01]?[0-9][0-9])\.){3}(?:25[0-5]|2[0-4][0-9]|[01]?[0-
9][0-9])\b'
```

Damit sind beispielsweise die folgenden Eingaben erlaubt:

```
Bitte IP eingeben: 10.10.10.10
Bitte IP eingeben: Meine IP lautet 10.10.10.10
```

Möchten Sie nur die IP-Adresse selbst akzeptieren, verwenden Sie anstelle von Ankern für Wortgrenzen Anker für den Textanfang und das Textende:

```
PS> $pattern = '^((?:25[0-5]|2[0-4][0-9]|[01]?[0-9][0-9])\.){3}(?:25[0-5]|2[0-4][0-9]|[01]?[0-9][0-9])$'
```

Kapitel 11

Typen verwenden

In diesem Kapitel:

Ausführlich werden in diesem Kapitel die folgenden Aspekte erläutert:

- **Typ:** Der »Typ« eines Objekts ist seine »Sorte«. Er gibt an, was für Informationen sich mit einem Objekt darstellen lassen.

- **Typkonvertierung:** Hierbei wird eine Information in einen anderen Typ umgewandelt, der diese Information möglicherweise besser darstellen kann als sein ursprünglicher Typ.

- **Typisierte Variable:** Eine Variable, der ein fester Typ zugewiesen ist. Werden solch einer Variablen Informationen zugewiesen, die einen *anderen* Typ haben, wandelt PowerShell die Informationen automatisch in den Typ um, auf den die Variable festgelegt ist. Kann die Information nicht umgewandelt werden, wird ein Fehler ausgelöst. Typisierte Variablen bilden dadurch einen Schutzmechanismus, denn durch den Umwandlungsfehler fällt sofort auf, sollten der Variablen grob ungeeignete Informationen zugewiesen werden.

- **Statische Methoden:** Typen enthalten Eigenschaften und Methoden, die man »statisch« nennt. Sie lassen sich als praktische Befehlserweiterung nutzen.

- **Neue Objekte:** Mit New-Object lassen sich neue Objekte eines gewünschten Typs herstellen.

- **Typen nachladen:** Typen, auf die Sie zugreifen, müssen geladen sein. PowerShell lädt nur die Typen, die es selbst benötigt. Um auf andere Typen zuzugreifen, werden diese Typen mit `Add-Type` zuerst nachgeladen.

Alle Informationen, die PowerShell liefert, werden durch unterschiedliche Sorten von Objekten repräsentiert. Die Sorte eines Objekts bezeichnet man als »Typ«. Normalerweise entscheidet PowerShell automatisch, welcher der passendste Typ für eine Information ist. Mit der Methode `GetType()` kann man den Typ eines Objekts sichtbar machen:

```
PS> "Hallo".GetType().FullName
System.String
```

```
PS> (12).GetType().FullName
System.Int32
```

```
PS> (12.892).GetType().FullName
System.Double
```

```
PS> $true.GetType().FullName
System.Boolean
```

```
PS> (Get-Date).GetType().FullName
System.DateTime
```

In diesem Kapitel erfahren Sie, wie Sie selbst bestimmen, mit welchem Typ eine Information repräsentiert wird. Sie lesen auch, wie man mithilfe von Typen direkt auf die Systemfunktionen von Windows zugreift. Spätestens damit schlüpfen Sie allerdings in die Rolle der Cmdlets und ihrer Entwickler, die diese Zugriffe normalerweise vor Ihnen verbergen.

Ob Sie dieses Kapitel in einem Zug durchlesen, bleibt natürlich Ihnen überlassen. Ziemlich sicher ist aber, dass Sie immer wieder zu diesem Kapitel zurückkehren werden, denn es erklärt viele Grundlagen, die zwar extrem nützlich sind, aber häufig erst im Kontext anderer Kapitel Sinn ergeben.

Typumwandlungen

Informationen werden von PowerShell immer in Form von Objekten gespeichert. Um eine Information möglichst genau abzubilden, wählt man hierfür einen passenden Objekttyp. Normalerweise erledigt PowerShell dies automatisch, aber nicht immer entscheidet es sich für den bestmöglichen Objekttyp. In solchen Fällen wählen Sie selbst einen besseren Objekttyp aus und wandeln die Information in den neuen Typ um.

Automatische Typzuweisung durch PowerShell

Wenn Sie beispielsweise einer Variablen ein Datum zuweisen, kann PowerShell nicht wissen, dass es sich tatsächlich um ein Datum handelt. Das Datum wird deshalb als Text gespeichert – genauer gesagt, in einem Objekt vom Typ `String`:

```
PS> $datum = '1.3.2000'
```

```
PS> $datum
1.3.2000
```

```
PS> $datum.GetType().FullName
System.String
```

Hinweis

Beginnt ein Typname mit System., wie zum Beispiel in System.String, darf man System. ruhig weglassen. String und System.String bezeichnen in PowerShell also denselben Typ.

Ein Objekt vom Typ String ist optimal darauf ausgelegt, mit Texten umzugehen, und deshalb könnten Sie mit seinen Methoden auch Textteile daraus herausschneiden oder den Text in Großbuchstaben anzeigen:

```
PS> $datum.Substring(0,2)
1.
```

```
PS> $datum.ToUpper()
1.3.2000
```

Sie erfahren aber nicht den Wochentag und könnten auch nicht etwa einen Tag vom Datum abziehen, um das gestrige Datum zu ermitteln.

Explizite Umwandlung in einen anderen Typ

Wenn Sie auf Datum und Zeit spezialisierte Funktionalitäten nutzen möchten, sollte die Information besser in einem Objekt vom Typ DateTime gespeichert werden. Der Text lässt sich in einen solchen Typ umwandeln, jedenfalls dann, wenn er prinzipiell ein gültiges Datum beschreibt. Entweder stellen Sie dazu den gewünschten Typnamen in eckigen Klammern vor die Information, oder Sie setzen den Operator -as ein und geben den Typ auf dessen rechter Seite an:

```
PS> [DateTime]'1.3.2000'
```

```
Montag, 3. Januar 2000 00:00:00
```

```
PS> '1.3.2000' -as [DateTime]
```

```
Mittwoch, 1. März 2000 00:00:00
```

Beide Fälle nennt man »explizite« Umwandlung, weil Sie explizit (ausdrücklich) darauf bestanden haben, dass PowerShell den Datentyp ändert. Wie sich herausstellt, erhalten Sie hierdurch eine ganz andere Darstellung des Datums: Nun wird der Wochentag genannt. Allerdings funktionieren die beiden Umwandlungsarten ganz unterschiedlich:

- **Umwandlung durch vorangestellten Typnamen:** Die Umwandlung wird »kulturneutral« durchgeführt, orientiert sich also immer an den amerikanischen Formaten. Deshalb wird das Datum hier im Format Monat-Tag-Jahr interpretiert. Enthält der Text ein ungültiges Datum, wird ein Fehler gemeldet.

- **Umwandlung durch den Operator -as:** Die Umwandlung erfolgt mit der aktuellen Kultur. Auf einem deutschen System wird also ein deutsches Datumsformat erwartet. Kann der Text nicht umgewandelt werden, erhalten Sie keinen Fehler, sondern bekommen nur »nichts« zurückgeliefert.

Wenn die Umwandlung glückt, wird das Datum nun von einem Objekt des Typs DateTime repräsentiert. Dieses Objekt verfügt über ganz andere Eigenschaften und Methoden als das ursprüngliche Objekt vom Typ String. Seine Eigenschaften und Methoden erlauben zwar nicht mehr, Textbestandteile zu extrahieren oder in Großbuchstaben umzuwandeln, dafür ist es jetzt aber leicht, den Wochentag oder das Datum vor zehn Tagen zu bestimmen:

```
PS> $datum = '1.3.2000' -as [DateTime]

PS> $datum.GetType().FullName
System.DateTime

PS> $datum.DayOfWeek
Wednesday

PS> $datum.AddDays(-10)

Sonntag, 20. Februar 2000 00:00:00
```

Eine Typumwandlung wird also immer dann eingesetzt, wenn es einen besseren Objekttyp gibt, mit dem eine Information dargestellt werden kann. Und das kann häufig der Fall sein:

```
PS> [System.Version]'3.5.12.112'

Major  Minor  Build  Revision
-----  -----  -----  --------
3      5      12     112

PS> [System.Net.IPAddress]'192.168.2.110'

Address          : 1845668032
AddressFamily    : InterNetwork
ScopeId          :
IsIPv6Multicast  : False
IsIPv6LinkLocal  : False
IsIPv6SiteLocal  : False
IPAddressToString : 192.168.2.110

PS> ([System.Net.IPAddress]'192.168.2.110').AddressFamily
InterNetwork

PS> ([System.Net.IPAddress]'192.168.2.110').AddressFamily -eq 'InternetWork'
True

PS> [System.Net.Mail.Mailaddress]'tobias.weltner@email.de'

DisplayName    User          Host       Address
-----------    ----          ----       -------
               tobias.weltner email.de   tobias.weltner@e...

PS> ([System.Net.Mail.Mailaddress]'tobias.weltner@email.de').User
tobias.weltner
PS> ([System.Net.Mail.Mailaddress]'tobias.weltner@email.de').Host
email.de
```

Testumwandlungen zum Validieren

Nicht immer spielen bei der Typumwandlung kulturelle Unterschiede eine Rolle. Wandeln Sie zum Beispiel eine Fließkommazahl in eine Integerzahl um, spielt die Kultur keine Rolle. Anschließend ist die Zahl in jedem Fall eine ganze Zahl und wurde bei der Umwandlung entsprechend gerundet.

```
PS> [Int]7.890
8
```

```
PS> 7.890 -as [Int]
8
```

Allerdings kann man den Operator -as sehr gut für Testumwandlungen nutzen, weil er keinen Fehler auslöst, falls die Umwandlung nicht möglich ist. Der folgende Code würde eine Benutzereingabe prüfen und nur akzeptieren, wenn die Eingabe numerisch ist:

```
do
{
  $eingabe = Read-Host 'Eine Zahl'

} until ($eingabe -as [Int])
```

Listing 11.1: Die Schleife fragt, bis eine Zahl eingegeben wurde.

Ersetzen Sie in Listing 11.1 den Typ [Int] durch den Typ [DateTime], würde die Schleife fortan nur bei einer gültigen Datumseingabe verlassen.

Entsprechend könnte die folgende Funktion Test-IPv4 prüfen, ob es sich bei einem Wert um eine gültige IPv4-Adresse handelt:

```
PS> function Test-IPv4 {param($IPAddress)($IPAddress -as [System.Net.IPAddress]).AddressFamily -eq
'InternetWork'}
```

```
# ist das eine IPv4-Adresse?
PS> Test-IPv4 10.10.10.12
True
```

```
# ist das eine IPv4-Adresse?
PS> Test-IPv4 fe80::81ba:9d60:8e5:cf93%13
False
```

Aber Vorsicht, manchmal lassen sich auch Werte umwandeln, an die Sie gar nicht gedacht haben:

```
PS> Test-IPv4 -IPAddress 22
True
```

Dezimalzahlen sind nämlich ebenfalls gültige IPv4-Adressen. Sie könnten die Funktion Test-IPv4 aber mit einem zusätzlichen simplen Textvergleich spezifischer machen:

```
function Test-IPv4
{
  param($IPAddress)

  $IP = $IPAddress -as [System.Net.IPAddress]
  $IP.AddressFamily -eq 'InternetWork' -and $IPAddress -like '*.*.*.*'
}
```

Listing 11.2: Testfunktion für IPv4-Adressen.

Das Ergebnis wäre nun sehr präzise:

```
PS> Test-IPv4 -IPAddress 10.10.12.100
True

PS> Test-IPv4 -IPAddress 22
False

PS> Test-IPv4 -IPAddress 10.10.12.300
False
```

Verkettete Umwandlungen

Typumwandlungen lassen sich beliebig verketten. Das Ergebnis einer Typumwandlung kann also sofort weiter in den nächsten Typ umgewandelt werden. Im folgenden Beispiel wird ein einzelnes Zeichen vom Typ Char aus einem ASCII-Code generiert:

```
PS> $tab = [Char]9
```

Ein Zeilenumbruch aus zwei ASCII-Codes kann durch eine erste Umwandlung in ein Array vom Typ Char (Char[]) und eine zweite Umwandlung in den Typ String geschehen:

```
PS> $crlf = [string][Char[]](13,10)
```

Entsprechend könnte man durch eine Liste von ASCII-Codes auch Buchstabenlisten erzeugen:

```
PS> [String][Char[]](65..90)
A B C D E F G H I J K L M N O P Q R S T U V W X Y Z

PS> -join [Char[]](65..90)
ABCDEFGHIJKLMNOPQRSTUVWXYZ
```

Hinweis

Wie Sie sehen, führt die Umwandlung von einem Array aus Char zu einem String dazu, dass nach jedem Buchstaben ein Leerzeichen ausgegeben wird. Der Operator -join fügt die Array-Elemente ohne dieses Leerzeichen zusammen.

Schließlich könnte ein Text in seine ASCII-Codes zerlegt werden, indem man den Text zuerst in ein Array vom Typ Char umwandelt und dieses dann in ein Array vom Typ Byte:

```
PS> [Byte[]][Char[]]'Hello World!'
72
101
108
108
111
32
87
111
114
108
100
33
```

Profitipp

Auf diese Weise können Sie nun also Textfolgen als Binäreinträge in die Registrierungsdatenbank schreiben:

```
PS> $text = 'Hello World!'

PS> New-Item -Path HKCU:\Software\Testschlüssel
PS> New-ItemProperty HKCU:\Software\Testschlüssel MeinWert -Value ([Byte[]][Char[]]$text) -Type
Binary
```

Umwandlungen bei Cmdlets

Cmdlets wie Sort-Object richten sich bei der Sortierung normalerweise nach dem vorhandenen Datentyp. Deshalb wird die folgende Liste alphabetisch und nicht numerisch sortiert:

```
PS> '1','10','2','4' | Sort-Object
1
10
2
4
```

Übergeben Sie dem Parameter -Property hingegen einen Skriptblock, erscheint das zu sortierende Element darin in $_, und Sie können ihm vor der Sortierung einen anderen Typ zuweisen. Diese Typumwandlung gilt nur für die Sortierung selbst. Das Ergebnis der Sortierung behält den ursprünglichen Datentyp. Diese Zeile sortiert also die Liste numerisch:

```
PS> '1','10','2','4' | Sort-Object -Property { [double]$_ }
1
2
4
10
```

So lässt sich auch eine Liste von IP-Adressen unter Zuhilfenahme des ähnlichen Typs System.Version korrekt sortieren:

```
PS> '100.1.2.3', '23.12.100.10', '4.5.6.7' | Sort-Object
100.1.2.3
23.12.100.10
4.5.6.7

PS> '100.1.2.3', '23.12.100.10', '4.5.6.7' | Sort-Object -Property { [System.Version]$_ }
4.5.6.7
23.12.100.10
100.1.2.3
```

Neue Objekte durch Typumwandlungen

Streng genommen produziert natürlich jede Typumwandlung ein neues Objekt, aber wenn Sie eine Fließkommazahl in eine Ganzzahl verwandeln oder einen Text in ein Datum, ähneln sich die Objekte zumindest.

Mitunter kann eine Umwandlung aber auch zu gänzlich neuartigen Objekten führen. Am pluripotentesten ist die Umwandlung von Hashtables. Diese lassen sich in jeden beliebigen Typ umwandeln, und die Schlüssel in der Hashtable werden anschließend automatisch den gleichnamigen Eigenschaften des entstandenen Objekts zugewiesen.

Listing 11.3 legt zum Beispiel zuerst in $hashtable eine Hashtable mit einer Reihe von Schlüssel/ Wert-Paaren an. Danach wird die Hashtable in den Typ Microsoft.Win32.OpenFileDialog umgewandelt. Das Ergebnis ist ein Dialogfenster, das mit ShowDialog() geöffnet wird und in FileName den ausgewählten Dateipfad zurückliefert:

```
$hashtable = @{
    MultiSelect = $false
    CheckFileExists = $true
    InitialDirectory = "$Home\Documents"
    Title = 'PowerShell Skript auswählen'
    Filter = 'PS-Skript|*.ps1|Alles|*.*'
}

$dialog = [Microsoft.Win32.OpenFileDialog]$hashtable
$ok = $dialog.ShowDialog()
if ($ok)
{
  $dialog.FileName
}
```

Listing 11.3: Ein Öffnen-Dialogfenster anzeigen.

Hinweis

Das Dialogfenster öffnet sich einstweilen nur, wenn Sie den Code im ISE-Editor ausführen. In der PowerShell-Konsole fehlt dagegen der Typ Microsoft.Win32.OpenFileDialog und ist unbekannt.

```
PS C:\> [Microsoft.Win32.OpenFileDialog]
Der Typ [Microsoft.Win32.OpenFileDialog] wurde nicht gefunden.
(...)
```

Das liegt daran, dass der ISE-Editor diesen Typ bereits für seine eigenen Zwecke geladen hatte, während die Konsole ihn nicht benötigt. Damit der Code auch in der PowerShell-Konsole funktioniert, müssten Sie den Typ mit der folgenden Zeile von Hand laden:

```
PS> Add-Type -AssemblyName PresentationFramework
```

Danach ist der Typ Microsoft.Win32.OpenFileDialog auch in der PowerShell-Konsole bekannt:

```
PS> [Microsoft.Win32.OpenFileDialog]
```

IsPublic	IsSerial	Name	BaseType
--------	--------	----	--------
True	False	OpenFileDialog	Microsoft.Win32.FileDialog

Mehr zum Nachladen von Typen erfahren Sie etwas weiter unten in diesem Kapitel.

Was ist hier geschehen? Wenn Sie sich den Inhalt von $dialog anschauen, finden Sie in diesem Objekt viele Eigenschaften, die so heißen wie die Schlüssel in der Hashtable. Die Hashtable hat also diese Eigenschaften initialisiert.

```
PS> $dialog
```

```
Multiselect       : False
ReadOnlyChecked   : False
ShowReadOnly      : False
AddExtension      : True
CheckFileExists   : True
CheckPathExists   : True
DefaultExt        :
DereferenceLinks  : True
SafeFileName      :
SafeFileNames     : {}
FileName          :
FileNames         : {}
Filter            : PS-Skript|*.ps1|Alles|*.*
FilterIndex       : 1
InitialDirectory  : C:\Users\Tobias\Documents
RestoreDirectory  : False
Title             : PowerShell Skript auswählen
ValidateNames     : True
CustomPlaces      : {}
Tag               :
```

StringBuilder: schneller Texte zusammensetzen

Texte werden in String-Objekten gespeichert, die allerdings immer eine feste Größe haben. Soll sich ein Text nachträglich ändern und möchten Sie beispielsweise neue Textteile hinzufügen, geht das eigentlich gar nicht. PowerShell legt notgedrungen in solchen Fällen einfach ein neues größeres String-Objekt an und kopiert den alten Text in das neue Objekt. Das kostet viel Zeit und wirkt sich besonders dann störend aus, wenn Sie häufig die Größe eines Texts ändern – zum Beispiel in einer Schleife.

Listing 11.4 testet dies anhand einer Schleife, die 100.000 Mal Text zu einem String-Objekt hinzufügt. Selbst auf einem sehr schnellen System dauert das über eine Minute.

```
Measure-Command {
  $text = 'Start'

  for ($x = 1; $x -lt 100000; $x ++)
  {
    $text += 'neuer Text'
  }
}
```

Listing 11.4: Ausführungsgeschwindigkeit messen, wenn Text erweitert wird.

Wandeln Sie den Ausgangstext dagegen in ein Objekt vom Typ Text.StringBuilder um, erhalten Sie ein Objekt, das auf das Hinzufügen von neuem Text spezialisiert ist. Mit Append() und AppendLine() lassen sich neue Texte hinzufügen, ohne dass dabei ständig ein neues String-Objekt hergestellt zu werden braucht (Listing 11.5). Beide Methoden liefern den Index zurück, an dem der neue Text eingefügt wurde. Weil man diesen Index meistens nicht benötigt, weist man ihn $null zu.

Sobald die Stringmanipulationen fertiggestellt sind, kann das StringBuilder-Objekt mit seiner Methode ToString() wieder in einen normalen Text zurückverwandelt werden. Anstelle von einer Minute wird nun deutlich weniger als eine Sekunde (!) für dasselbe Resultat benötigt.

```
Measure-Command {
  $text = [Text.StringBuilder]'Start'

  for ($x = 1; $x -lt 100000; $x ++)
  {
    $null = $text.Append('neuer Text')
  }

  $gesamttext = $text.ToString()
}
```

Listing 11.5: Der Einsatz eines StringBuilder beschleunigt die Aufgabe dramatisch.

Hinweis

Der Performanceunterschied zwischen den beiden Ansätzen vergrößert sich überproportional. Während er bei 10.000 Schleifendurchläufen vielleicht noch kaum spürbar ist, führt er bereits bei 100.000 Schleifendurchläufen zu minutenlangen Verzögerungen.

ArrayList: Arrays schneller und komfortabler machen

Arrays besitzen ähnlich wie Strings immer eine feste Größe, die sich nicht ändern lässt. Hier besteht also dasselbe Performanceproblem, wenn Sie nachträglich neue Elemente einem Array hinzufügen oder daraus entfernen. Jedes Mal muss dazu ein komplett neues Array angelegt und die alten Elemente in das neue Array übernommen werden. Listing 11.6 soll dem Array $array, das anfangs die Werte 1, 2 und 3 enthält, weitere 99.997 Werte hinzufügen und benötigt dafür viele Minuten! Das Ergebnis ist ein Array mit 100.000 Elementen.

```
Measure-Command {
  $array = 1,2,3

  for ($x = 4; $x -lt 10000; $x ++)
  {
    $array += $x
  }
}

$array.Count
```

Listing 11.6: Arraymanipulationen sind langsam, weil dabei ständig neue Arrays erzeugt werden.

Sehr viel schneller geht es, wenn Sie das Array in den Typ Collections.ArrayList umwandeln. Ähnlich wie beim StringBuilder ist dieses Objekt spezialisiert darauf, Elemente zu einem Array hinzuzufügen oder daraus zu entfernen. Entsprechend löst Listing 11.7 dasselbe Problem in weniger als einer einzigen Sekunde:

```
Measure-Command {
  $array = 1,2,3
  $array = [Collections.ArrayList]$array

  for ($x = 4; $x -lt 100000; $x ++)
```

```
    {
        $null = $array.Add($x)
    }
}

$array.Count
```

Listing 11.7: Neue Elemente in eine ArrayList aufnehmen.

Dass bei normalen Arrays jede Änderung der Arraygröße ein neues Array produziert, beweist das folgende Beispiel. GetHashCode() liefert dabei jeweils die eindeutige ID-Nummer des Arrays. Ändert sich diese, ist ein neues Objekt entstanden:

```
PS> $array = 1..3

# Digitalen Fingerabdruck des Arrays ausgeben:
PS> $array.GetHashCode()
48015737

# Neues Element ans Ende des Arrays anfügen:
PS> $array += 'Neues Element'

# Das Array wurde neu angelegt (anderer Hash):
PS> $array.GetHashCode()
25961440
```

Eine ArrayList ist nicht nur schneller, weil es keine neuen Objekte produziert, sondern kann mit RemoveAt() und Insert() auch Elemente gezielt an bestimmten Arraypositionen entfernen oder einfügen:

```
PS> $array = 1..3

# Array in ArrayList umwandeln:
PS> $arrayNeu = [Collections.ArrayList]$array

# Inhalt des Arrays sichtbar machen:
PS> $arrayNeu
1
2
3

# Hashcode des Arrays ausgeben:
PS> $arrayNeu.GetHashCode()
4341305

# Element an Position 1 (zweites Element) streichen:
PS> $arrayNeu.RemoveAt(1)
PS> $arrayNeu
1
3

# neues Element an Position 2 (nach dem dritten Element) einfügen:
PS> $arrayNeu.Insert(1, 'neu!')
PS> $arrayNeu
1
neu!
3

# Hashcode hat sich nicht geändert, das Array bleibt die ganze Zeit erhalten:
PS> $arrayNeu.GetHashCode()
4341305
```

WMI-Objekte ansprechen

WMI (*Windows Management Instrumentation*) liefert vielfältige Informationen über den Computer und könnte beispielsweise auf folgende Art den Speicherplatz auf Laufwerk C:\ ermitteln:

```
PS> Get-WmiObject -Class Win32_LogicalDisk -Filter 'DeviceID="C:"'
```

```
DeviceID     : C:
DriveType    : 3
ProviderName :
FreeSpace    : 320822194176
Size         : 500148727808
VolumeName   : OS
```

Tatsächlich hat jedes WMI-Objekt einen eindeutigen Pfadnamen, den man über __Path ermitteln kann:

```
PS> $driveC = Get-WmiObject -Class Win32_LogicalDisk -Filter 'DeviceID="C:"'
PS> $driveC.__Path
\\DELL1\root\cimv2:Win32_LogicalDisk.DeviceID="C:"
```

Kennt man den Pfad zu einem WMI-Objekt, braucht man diesen Pfad nur in den Typ [WMI] umzuwandeln und erhält sofort das betreffende Objekt:

```
PS> [WMI]'\\DELL1\root\cimv2:Win32_LogicalDisk.DeviceID="C:"'
```

```
DeviceID     : C:
DriveType    : 3
ProviderName :
FreeSpace    : 320820932608
Size         : 500148727808
VolumeName   : OS
```

Für lokale WMI-Instanzen ist im Grunde sogar nur der Name der WMI-Klasse nötig, sodass Sie mit einer einzigen Zeile die Speicherbelegung eines bestimmten Laufwerks ermitteln können:

```
PS> [WMI]'Win32_LogicalDisk.DeviceID="C:"'
```

```
DeviceID     : C:
DriveType    : 3
ProviderName :
FreeSpace    : 320820908032
Size         : 500148727808
VolumeName   : OS
```

LDAP-Pfade in Benutzerkonten verwandeln

Benutzerkonten verfügen ebenfalls über einen eindeutigen Pfad. Im Active Directory wird er über das Präfix LDAP:// als *Distinguished Name* angegeben und könnte zum Beispiel so aussehen:

```
LDAP://CN=Tobias,CN=Users,DC=firma,DC=de
```

Selbst lokale Benutzerkonten sind über Pfadnamen ansprechbar. Hier lautet das Präfix WinNT://, und der Pfad zum eingebauten Administratorkonto sieht entsprechend so aus:

```
WinNT://Administrator
```

Möchte man das Benutzerkonto direkt ansprechen, wandelt man diesen Pfadnamen in den Typ [ADSI] um (*Active Directory Service Interface*). Im folgenden Beispiel greifen Sie auf Ihr aktuelles Benutzerkonto zu und ermitteln, wann die letzte Anmeldung stattfand:

```
PS> $user = [ADSI]"WinNT://$env:USERDOMAIN/$env:USERNAME,user"
PS> $user | Select-Object -Property *
PS> $user.LastLogin

Mittwoch, 21. November 2012 17:18:13
```

Achtung

Der Providername unterscheidet zwischen Groß- und Kleinschreibung und muss genauso angegeben werden wie abgebildet.

Nutzen Sie den Zugriff auf Benutzerkonten via ADSI nur für die »tief hängenden Früchte«: Falls das gelieferte Objekt die benötigte Information schnell und einfach liefert, ist es eine legitime Technik. Möchten Sie indes komplexere Dinge tun, ist das zwar über ADSI immer möglich, kann jedoch höchst kompliziert werden.

Empfehlenswerter ist dann der Einsatz des Moduls ActiveDirectory, das kostenlos als Teil von RSAT (*Remote Server Administration Toolkit*) zum Download bereitsteht und zahlreiche Cmdlets liefert, mit denen sich Konten in einem Active Directory verwalten lassen. Diese Cmdlets kümmern sich dann hinter den Kulissen automatisch darum, ADSI die gewünschten Informationen zu entlocken.

Multiple Treffer mit regulären Ausdrücken

Selbst reguläre Ausdrücke (Textmuster) lassen sich konvertieren. So erhalten Sie ein RegEx-Objekt, mit dem nun Texte nach genau diesem Muster durchsucht werden können:

```
$text = 'Meine E-Mail lautet tobias.weltner@irgendwo.de. Alternativ können Sie auch an
tobias@somewhere.com oder tobias.weltner@powertheshell.com mailen.'

$regex = [regex]'(?i)\b[A-Z0-9._%+-]+@[A-Z0-9.-]+\.[A-Z]{2,4}\b'

$regex.Matches($text).Value
```

Listing 11.8: Einen Text nach E-Mail-Adressen durchsuchen.

Das Ergebnis sind die E-Mail-Adressen, die in $text enthalten sind:

```
tobias.weltner@irgendwo.de
tobias@somewhere.com
tobias.weltner@powertheshell.com
```

Mehr zu regulären Ausdrücken haben Sie bereits im letzten Kapitel erfahren.

Implizite Umwandlung und typisierte Variablen

Typumwandlungen müssen nicht immer unbedingt ausdrücklich (explizit) geschehen. Manchmal passiert es auch ganz unsichtbar und automatisch (implizit). In diesem Abschnitt lernen Sie die verschiedenen Situationen kennen, in denen PowerShell ohne Ihr Zutun den Typ von Informationen ändert.

Typisierte Variablen

Normalerweise sind Variablen nicht auf einen bestimmten Typ spezialisiert. Sie speichern alles, was ihnen zugewiesen wird – auch versehentlich zugewiesene falsche Dinge. Deshalb kann man Variablen streng typisieren, ihnen also einen festen Typ zuweisen. Fortan akzeptiert die Variable nur noch Informationen des betreffenden Typs, und wenn der Variablen ein anderer Typ zugewiesen wird, wandelt sie ihn automatisch (implizit) um.

Deshalb sind streng typisierte Variablen ein wichtiges Sicherheitsnetz und Qualitätsmerkmal: Dadurch, dass Sie einer Variablen einen erwarteten Typ zuweisen, fällt sofort auf, wenn der Variablen später aus Versehen ein grob ungeeigneter Wert zugewiesen wird.

Sie typisieren eine Variable, indem der gewünschte Typ bei der ersten Zuweisung vor die Variable geschrieben wird. Solange Sie der Variablen auf diese Weise nicht einen neuen Wert zuweisen, bleibt sie auf den Datentyp festgelegt:

```
# die Variable $test wird auf den Datentyp "DateTime" festgelegt:
PS> [datetime]$test = '1.1.2000'
PS> $test
Samstag, 1. Januar 2000 00:00:00

# neue Zuweisungen werden automatisch (implizit) in diesen Typ umgewandelt:
PS> $test = '10.10.2013'
PS> $test
Donnerstag, 10. Oktober 2013 00:00:00

PS> $test = '1.Nov'
PS> $test
Donnerstag, 1. November 2001 00:00:00

# ungeeignete Werte führen zu einem Umwandlungsfehler:
PS> $test = 'kein Datum'
Der Wert "kein Datum" kann nicht in den Typ "System.DateTime" konvertiert werden. Fehler: "Die
Zeichenfolge wurde nicht als gültige DateTime erkannt. Ein unbekanntes Wort beginnt bei Index 0."
```

Typisierte Parameter

Die implizite Typkonvertierung wird auch bei Parametern eingesetzt, ohne dass Sie es vielleicht bisher wahrgenommen haben. Wenn Sie beispielsweise eine neue Skriptausführungsrichtlinie festlegen, geben Sie einfach nur den Namen der Richtlinie an. Dieser Aufruf erlaubt zum Beispiel die uneingeschränkte Skriptausführung:

```
PS> Set-ExecutionPolicy -Scope CurrentUser -ExecutionPolicy Bypass -Force
```

In Wahrheit erwartet der Parameter -ExecutionPolicy aber gar keinen String, sondern Informationen vom Typ ExecutionPolicy, wie die Syntax des Befehls zeigt:

```
PS> Get-Help -Name Set-ExecutionPolicy -Parameter ExecutionPolicy

-ExecutionPolicy <ExecutionPolicy>
    Specifies the new execution policy. Valid values are:
(...)
```

Den vollständigen Typnamen bekommen Sie folgendermaßen heraus:

```
PS> (Get-Command Set-ExecutionPolicy).Parameters['ExecutionPolicy'].ParameterType.FullName
Microsoft.PowerShell.ExecutionPolicy
```

Sie dürfen für den Parameter -ExecutionPolicy also nur deshalb einen Text angeben, weil er sich in den gewünschten Typ konvertieren lässt:

```
PS> [Microsoft.PowerShell.ExecutionPolicy]'Bypass'
Bypass

PS> [Microsoft.PowerShell.ExecutionPolicy]'Unsinn'
Der Wert "Unsinn" kann nicht in den Typ "Microsoft.PowerShell.ExecutionPolicy" konvertiert werden.
Fehler: "Der Bezeichner "Unsinn" kann keinem gültigen Enumeratornamen zugeordnet werden. Geben Sie
einen der folgenden Enumeratornamen an, und wiederholen Sie den Vorgang: Unrestricted,
RemoteSigned, AllSigned, Restricted, Default, Bypass, Undefined."
```

Geben Sie dagegen einen ungültigen Text an, scheitert die Umwandlung, und Sie sehen in etwa die gleiche Fehlermeldung, die Sie auch erhalten hätten, wenn Sie diesen Text als Argument für den Parameter -ExecutionPolicy eingesetzt hätten. Am Ende führt die Fehlermeldung die erlaubten Werte auf. Diese erlaubten Werte sind ebenfalls im Typ definiert:

```
PS> [Microsoft.PowerShell.ExecutionPolicy]::GetNames( [Microsoft.PowerShell.ExecutionPolicy])
Unrestricted
RemoteSigned
AllSigned
Restricted
Default
Bypass
Undefined
```

Typisierte Eigenschaften und Argumente

Objekteigenschaften funktionieren wie Variablen, nur werden diese Variablen direkt von einem Objekt bereitgestellt und nicht von PowerShell. Entsprechend sind auch Eigenschaften auf einen bestimmten Typ festgelegt. Die Hintergrundfarbe des Konsolenfensters ist zum Beispiel vom Typ System.ConsoleColor.

```
# Typ der Eigenschaft bestimmen:
PS> $host.UI.RawUI.BackgroundColor.GetType().FullName
System.ConsoleColor

# Wert auf Gültigkeit prüfen:
PS> [System.ConsoleColor]'Red'
Red

# erlaubte Werte auflisten:
PS> [System.ConsoleColor]::GetNames([System.ConsoleColor])
```

Objektorientierte Shell

```
Black
DarkBlue
DarkGreen
DarkCyan
DarkRed
DarkMagenta
DarkYellow
Gray
DarkGray
Blue
Green
Cyan
Red
Magenta
Yellow
White
```

Vergleichsoperationen

Bei Vergleichsoperationen ist der Typ der beteiligten Daten ebenfalls essenziell. Auch hier kann es zu einer impliziten Umwandlung kommen, denn PowerShell kann nur gleichartige Typen miteinander vergleichen. Vergleichen Sie unterschiedliche Typen, richtet sich PowerShell nach dem Typ auf der linken Seite und wandelt den Typ auf der rechten Seite implizit in denselben Typ um. Das erklärt die folgenden Resultate:

```
# maßgeblicher Typ: Integer
PS> 12 -gt '2'
True

# maßgeblicher Typ: String
PS> '12' -gt 2
False

# maßgeblicher Typ: String
PS> '2' -gt 12
True

# maßgeblicher Typ: Integer
PS> 10 * '66'
660

# maßgeblicher Typ: String
PS> '66' * 10
66666666666666666666
```

Das Ergebnis des Vergleichs richtet sich also nach dem Typ. Unterschiedliche Typen liefern unter Umständen völlig unterschiedliche Vergleichsergebnisse. Möchten Sie beispielsweise herausfinden, ob eine Programmversion höher ist als eine andere, würde der folgende Vergleich misslingen, denn er vergleicht Strings und nutzt also einen alphanumerischen Vergleich:

```
# maßgeblicher Typ: String
PS> '3.5.12.112' -gt '10.1.55.67'
True
```

Bei alphanumerischen Vergleichen werden die Textzeichen basierend auf ihrem ASCII-Code verglichen. Weil der ASCII-Code von 3 größer ist als der von 1, behauptet der Vergleich, dass die erste Versionsnummer größer sei als die zweite.

Indem Sie die linke Seite des Vergleichs in einen besser geeigneten Typ umwandeln, gelingt der Vergleich:

```
# maßgeblicher Typ: Version
PS> [System.Version]'3.5.12.112' -gt '10.1.55.67'
False
```

Verborgene Befehle in Typen

Ähnlich wie Objekte enthalten auch Typen Eigenschaften und Methoden. Um auf sie zuzugreifen, fügen Sie an den Typ zwei Doppelpunkte an. Der ISE-Editor zeigt so die verfügbaren Eigenschaften und Methoden in seinem IntelliSense-Menü an:

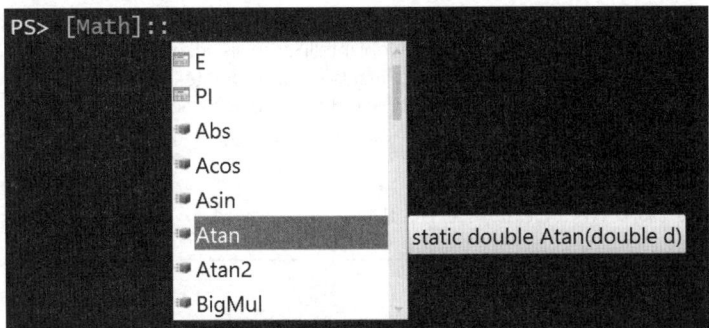

Abbildung 11.1: Über zwei Doppelpunkte greift man auf die Eigenschaften und Methoden eines Typs zu.

Alternativ können Sie den Typ auch an Get-Member weiterleiten, müssen dann allerdings anders als bei Objekten den Parameter -Static angeben:

```
PS> [Math] | Get-Member -Static


   TypeName: System.Math

Name          MemberType Definition
----          ---------- ----------
Abs           Method     static sbyte Abs(sbyte value), static int16 Abs(int...
Acos          Method     static double Acos(double d)
Asin          Method     static double Asin(double d)
Atan          Method     static double Atan(double d)
Atan2         Method     static double Atan2(double y, double x)
BigMul        Method     static long BigMul(int a, int b)
Ceiling       Method     static decimal Ceiling(decimal d), static double Ce...
Cos           Method     static double Cos(double d)
Cosh          Method     static double Cosh(double value)
DivRem        Method     static int DivRem(int a, int b, [ref] int result), ...
Equals        Method     static bool Equals(System.Object objA, System.Objec...
Exp           Method     static double Exp(double d)
Floor         Method     static decimal Floor(decimal d), static double Floo...
IEEERemainder Method     static double IEEERemainder(double x, double y)
Log           Method     static double Log(double d), static double Log(doub...
```

```
Log10            Method      static double Log10(double d)
Max              Method      static sbyte Max(sbyte val1, sbyte val2), static by...
Min              Method      static sbyte Min(sbyte val1, sbyte val2), static by...
Pow              Method      static double Pow(double x, double y)
ReferenceEquals  Method      static bool ReferenceEquals(System.Object objA, Sys...
Round            Method      static double Round(double a), static double Round(...
Sign             Method      static int Sign(sbyte value), static int Sign(int16...
Sin              Method      static double Sin(double a)
Sinh             Method      static double Sinh(double value)
Sqrt             Method      static double Sqrt(double d)
Tan              Method      static double Tan(double a)
Tanh             Method      static double Tanh(double value)
Truncate         Method      static decimal Truncate(decimal d), static double T...
E                Property    static double E {get;}
PI               Property    static double PI {get;}
```

Die Eigenschaften und Methoden eines Typs werden »statisch« genannt, weil sie direkt vom Typ bereitgestellt werden und nicht von einem »dynamisch generierten« Objekt.

Profitipp

Würden Sie einen Typ wie ein Objekt behandeln, zeigen sowohl IntelliSense als auch Get-Member dessen dynamische Eigenschaften und Methoden an. Der Typ wird jetzt wie »ein Typ unter vielen« betrachtet, und die Eigenschaften und Methoden zeigen nun an, worin sich dieser Typ von anderen Typen unterscheidet. Sie könnten auf diese Weise zum Beispiel herausfinden, woher der Typ stammt:

```
PS> [Math].Assembly.Location
C:\Windows\Microsoft.NET\Framework64\v4.0.30319\mscorlib.dll
```

Statische Methoden verwenden

Statische Methoden eines Typs werden genauso aufgerufen wie Methoden eines Objekts. Der einzige Unterschied ist die Herkunft der Methode. Während eine Methode eines Objekts über den Punkt angesprochen wird, verwendet man bei Typen zwei Doppelpunkte:

```
# "dynamische" Methode aus einem Objekt
'Hallo'.ToUpper()

# "statische" Methode aus einem Typ
[Console]::Beep()
```

Listing 11.9: Methoden können aus Objekten oder aus Typen stammen.

Bevor Sie in den folgenden Abschnitten viele nützliche Typen und darin enthaltene Methoden kennenlernen, denken Sie bitte daran: Nicht immer sind Methoden nützlich, und manchmal sind sie sogar gefährlich. Sie greifen stets direkt auf Betriebssystemfunktionen zu, die nicht speziell für PowerShell geschrieben wurden. Die folgende Zeile würde zum Beispiel Ihre PowerShell sofort zum Absturz bringen (Abbildung 11.2):

```
PS> [Environment]::FailFast('ups')
```

FailFast() tut genau das, was der Name suggeriert, und ist eigentlich für Anwendungsentwickler gedacht, deren Anwendung so sehr außer Kontrolle geraten ist, dass sie sofort abgebrochen werden muss.

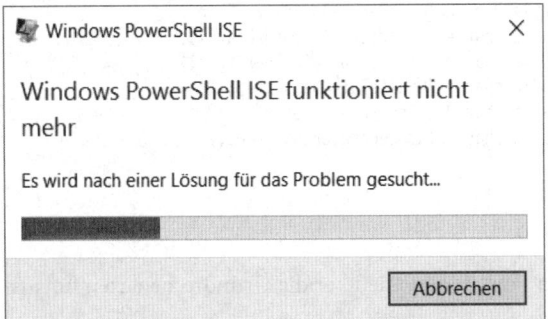

Abbildung 11.2: Nicht immer sind Betriebssystemfunktionen ungefährlich.

Eindeutige GUIDs generieren

Benötigen Sie eine eindeutige ID-Nummer (eine *GUID – Globally Unique Identifier*), beschafft der Typ Guid mit seiner Methode NewGuid() Ihnen so viele davon, wie Sie benötigen:

```
PS> [System.Guid]::NewGuid().ToString()
f12db4fd-c1bb-4843-bcb7-43b8f9f80db5
```

Dateiextension ermitteln

Alle Befehle für die Arbeit mit Pfadnamen finden sich im Typ [IO.Path]. Möchten Sie beispielsweise die Dateierweiterung eines Pfads ermitteln, hilft GetExtension():

```
PS> [IO.Path]::GetExtension($profile)
.ps1
```

Eine vollständige Übersicht der Möglichkeiten liefert Get-Member:

```
PS> [IO.Path] | Get-Member -Static


   TypeName: System.IO.Path

Name                            MemberType Definition
----                            ---------- ----------
ChangeExtension                 Method     static string ChangeExtension(string pa...
Combine                         Method     static string Combine(string path1, str...
Equals                          Method     static bool Equals(System.Object objA, ...
GetDirectoryName                Method     static string GetDirectoryName(string p...
GetExtension                    Method     static string GetExtension(string path)
GetFileName                     Method     static string GetFileName(string path)
GetFileNameWithoutExtension     Method     static string GetFileNameWithoutExtensi...
GetFullPath                     Method     static string GetFullPath(string path)
GetInvalidFileNameChars         Method     static char[] GetInvalidFileNameChars()
GetInvalidPathChars             Method     static char[] GetInvalidPathChars()
GetPathRoot                     Method     static string GetPathRoot(string path)
GetRandomFileName               Method     static string GetRandomFileName()
GetTempFileName                 Method     static string GetTempFileName()
GetTempPath                     Method     static string GetTempPath()
HasExtension                    Method     static bool HasExtension(string path)
IsPathRooted                    Method     static bool IsPathRooted(string path)
```

```
ReferenceEquals              Method      static bool ReferenceEquals(System.Obje...
AltDirectorySeparatorChar    Property    static char AltDirectorySeparatorChar {...
DirectorySeparatorChar       Property    static char DirectorySeparatorChar {get;}
InvalidPathChars             Property    static char[] InvalidPathChars {get;}
PathSeparator                Property    static char PathSeparator {get;}
VolumeSeparatorChar          Property    static char VolumeSeparatorChar {get;}
```

Mathematische Funktionen

Der Typ Math liefert alle mathematischen Funktionen, die über die Grundrechenarten hinausgehen:

```
# Vorzeichen entfernen:
PS> [Math]::Abs(-789)
789

# 6 hoch 2:
PS> [Math]::Pow(6,2)
36

# Abrunden:
PS> [Math]::Floor(7.8)
7

# Aufrunden:
PS> [Math]::Ceiling(3.2)
4

# den kleineren Wert zurückgeben:
PS> [Math]::Min(100,500)
100

# den größeren Wert zurückgeben:
PS> [Math]::Max(100,500)
500
```

Tabelle 11.1 zeigt eine Übersicht der Mathematikfunktionen.

Funktion	Beschreibung	Beispiel
Abs	Gibt den Absolutbetrag einer angegebenen Zahl zurück (ohne Vorzeichen).	[Math]::Abs(-5)
Acos	Gibt einen Winkel zurück, dessen Kosinus die angegebene Zahl ist.	[Math]::Acos(0.6)
Asin	Gibt einen Winkel zurück, dessen Sinus die angegebene Zahl ist.	[Math]::Asin(0.6)
Atan	Gibt einen Winkel zurück, dessen Tangens die angegebene Zahl ist.	[Math]::Atan(90)
Atan2	Gibt einen Winkel zurück, dessen Tangens der Quotient zweier angegebener Zahlen ist.	[Math]::Atan2(90, 15)
BigMul	Berechnet das vollständige Produkt aus zwei 32-Bit-Zahlen.	[Math]::BigMul(1GB, 6)
Ceiling	Gibt die kleinste Ganzzahl zurück, die größer oder gleich der angegebenen Zahl ist.	[Math]::Ceiling(5.7)
Cos	Gibt den Kosinus des angegebenen Winkels zurück.	[Math]::Cos(90)
Cosh	Gibt den Hyperbelkosinus des angegebenen Winkels zurück.	[Math]::Cosh(90)

Tabelle 11.1: Mathematikfunktionen aus der [Math]-Bibliothek.

Funktion	Beschreibung	Beispiel
DivRem	Berechnet den Quotienten zweier Zahlen und gibt außerdem den Rest als Ausgabeparameter zurück.	$a = 0 [Math]::DivRem(10,3,[ref]$a) $a
Exp	Gibt die angegebene Potenz von *e* zurück.	[Math]::Exp(12)
Floor	Gibt die größte Ganzzahl zurück, die kleiner oder gleich der angegebenen Zahl ist.	[Math]::Floor(5.7)
IEEERemainder	Gibt den Rest der Division zweier angegebener Zahlen zurück.	[Math]::IEEERemainder(5,2)
Log	Gibt den Logarithmus der angegebenen Zahl zurück.	[Math]::Log(1)
Log10	Gibt den Logarithmus einer angegebenen Zahl zur Basis 10 zurück.	[Math]::Log10(6)
Max	Gibt die größere von zwei angegebenen Zahlen zurück.	[Math]::Max(-5, 12)
Min	Gibt die kleinere von zwei angegebenen Zahlen zurück.	[Math]::Min(-5, 12)
Pow	Potenziert eine angegebene Zahl mit dem angegebenen Exponenten.	[Math]::Pow(6,2)
Round	Rundet einen Wert auf die nächste Ganzzahl oder auf die angegebene Anzahl von Dezimalstellen.	[Math]::Round(5.51)
Sign	Gibt einen Wert zurück, der das Vorzeichen einer Zahl angibt.	[Math]::Sign(-12)
Sin	Gibt den Sinus des angegebenen Winkels zurück.	[Math]::Sin(90)
Sinh	Gibt den Hyperbelsinus des angegebenen Winkels zurück.	[Math]::Sinh(90)
Sqrt	Gibt die Quadratwurzel einer angegebenen Zahl zurück.	[Math]::Sqrt(64)
Tan	Gibt den Tangens des angegebenen Winkels zurück.	[Math]::Tan(45)
Tanh	Gibt den Hyperbeltangens des angegebenen Winkels zurück.	[Math]::Tanh(45)
Truncate	Berechnet den ganzzahligen Teil einer Zahl.	[Math]::Truncate(5.67)

Tabelle 11.1: Mathematikfunktionen aus der [Math]-Bibliothek. (Forts.)

Zahlenformate konvertieren

Der Typ Convert enthält zahlreiche Konvertierungsfunktionen, mit denen sich Zahlen zum Beispiel binär, oktal oder hexadezimal anzeigen lassen:

```
# Binär (Basis 2):
PS> [System.Convert]::ToString(42562,2)
1010011001000010

# Oktal (Basis 8):
PS> [System.Convert]::ToString(42562,8)
123102

# Hexadezimal (Basis 16):
PS> [System.Convert]::ToString(42562,16)
a642
```

DNS-Auflösung

Wollen Sie den Computernamen herausfinden, der zu einer IP-Adresse gehört (oder umgekehrt), kann der Typ System.Net.Dns diese Informationen beschaffen. Die folgende Zeile löst Ihren eigenen Computernamen im Netzwerk auf und liefert dessen aktuelle IP-Adresse:

```
PS> [System.Net.Dns]::GetHostByName('')

HostName                 Aliases                 AddressList
--------                 -------                 -----------
demo5                    {}                      {127.0.0.1}
```

Natürlich können Sie anstelle eines Leertexts auch einen konkreten Computernamen (DNS-Namen) angeben und die zugewiesenen IP-Adressen ermitteln:

```
PS> [System.Net.Dns]::GetHostByName('microsoft.com')

HostName       Aliases AddressList
--------       ------- -----------
microsoft.com {}      {104.40.211.35, 23.96.52.53, 104.43.195.251, 191.239.213...


# nur die IP-Adressen:
PS> [System.Net.Dns]::GetHostByName('microsoft.com').AddressList.IPAddressToString
104.40.211.35
23.96.52.53
104.43.195.251
191.239.213.197
23.100.122.175


# als sortierte Liste (zur Sortierung vorübergehend ersatzweise in [Version] umwandeln)
PS> [System.Net.Dns]::GetHostByName('microsoft.com').AddressList.IPAddressToString | Sort-Object {
$_ -as [Version] }
23.96.52.53
23.100.122.175
104.40.211.35
104.43.195.251
191.239.213.197
```

Möchten Sie alle IP-Adressen erfahren, die Ihrem Computer (oder einem anderen) zugeordnet sind, greifen Sie zu GetHostAddresses():

```
PS> [System.Net.Dns]::GetHostAddresses('')
```

Eine reine IP-Liste erhalten Sie so:

```
PS> [System.Net.Dns]::GetHostAddresses('').IPAddressToString
fe80::7ca6:5208:b378:5c84%13
2003:40:e72a:5761:f9b6:eb23:7049:116c
2003:40:e72a:5761:7ca6:5208:b378:5c84
fe80::140e:2884:a22b:c5f%14
192.168.2.105
2001:0:5ef5:79fb:140e:2884:a22b:c5f
```

Sind Sie nur an IPv4-Adressen interessiert, filtern Sie auf Grundlage der Eigenschaft AddressFamily:

```
PS> [system.Net.Dns]::GetHostAddresses('') | Where-Object { $_.AddressFamily -eq 'InterNetwork' } |
Select-Object -ExpandProperty IPAddressToString
192.168.2.105
```

Umgebungsvariablen

Dank des virtuellen Laufwerks env: kostet es Sie kein größeres Kopfzerbrechen, den Inhalt einer Umgebungsvariablen anzuzeigen – oder bestimmte Umgebungsvariablen zu finden:

```
PS> dir env:*user*
```

```
Name                     Value
----                     -----
USERPROFILE              C:\Users\Tobias
ALLUSERSPROFILE          C:\ProgramData
USERNAME                 Tobias
USERDOMAIN               PowerShellPC
```

```
PS> $env:USERNAME
Tobias
```

```
PS> "$env:USERDOMAIN\$env:USERNAME"
PowerShellPC\Tobias
```

Sie dürfen Umgebungsvariablen sogar ändern und beispielsweise einen neuen Ordner registrieren, in dem PowerShell nach Modulen sucht:

```
PS> $env:PSModulePath += ';c:\PSModule'
PS> $env:PSModulePath -split ';'
C:\Users\Tobias\Documents\WindowsPowerShell\Modules
C:\Windows\system32\WindowsPowerShell\v1.0\Modules\
c:\psmodule
```

Allerdings ist die Änderung nur innerhalb Ihrer aktuellen PowerShell wirksam. PowerShell greift mit dem Laufwerk env: ausschließlich auf das Process-Set der Umgebungsvariablen zu, also die Kopie, die *PowerShell.exe* beim Start vom System erhält. Entsprechend limitiert ist die Lebensdauer aller Änderungen.

Über den Typ System.Environment erhalten Sie volle Kontrolle und können aussuchen, ob Sie mit Umgebungsvariablen aus dem Machine-Set (für alle Benutzer), dem User-Set (Ihren eigenen Umgebungsvariablen) oder dem Process-Set (im aktuellen Prozess) arbeiten möchten. Machen Sie dazu am besten ein kleines PowerShell-Ping-Pong-Spiel und öffnen Sie zwei PowerShell-Konsolen. Danach legen Sie in der ersten eine Umgebungsvariable namens Transfer im User-Kontext an:

```
PS> [System.Environment]::SetEnvironmentVariable('transfer', 123, 'user')
```

Die Umgebungsvariable wird ohne weitere Rückmeldung angelegt, und Sie können sie jetzt bereits in den Betriebssystemeinstellungen sehen. PowerShell selbst ignoriert die neue Umgebungsvariable aber scheinbar:

```
PS> $env:transfer
PS>
```

Auch die zweite PowerShell-Sitzung kann die Variable nicht abrufen. Erst wenn Sie eine dritte PowerShell-Sitzung öffnen, gelingt es. Der Grund: Beim Start eines Prozesses fertigt Windows eine Kopie aller zu diesem Zeitpunkt gültigen Umgebungsvariablen an, und weil beim Start der ersten beiden PowerShell-Konsolen die Umgebungsvariable $env:transfer noch nicht existierte, sieht PowerShell sie nicht.

Allerdings können Sie mit System.Environment auch bestimmen, von wo Sie eine Umgebungsvariable lesen möchten. Die folgende Zeile liest den Inhalt der Variablen sofort frisch aus dem User-Kontext aus. So könnten verschiedene Anwendungen (und PowerShell-Sitzungen) sich Informationen gegenseitig zuspielen.

```
PS> [System.Environment]::GetEnvironmentVariable('transfer', 'user')
123
```

Die auf diese Weise angelegten Umgebungsvariablen bleiben so lange erhalten, bis Sie sie wieder ausdrücklich entfernen, indem Sie der Umgebungsvariablen den Wert $null (oder einen leeren Text) zuweisen:

```
PS> [System.Environment]::SetEnvironmentVariable('transfer', $null, 'user')
```

Pfade zu Systemordnern finden

Die Methode GetFolderPath() aus System.Environment liefert die Pfadnamen zu vielen speziellen Windows-Systemordnern. Geben Sie einfach ein beliebiges Argument an, listet die Fehlermeldung die Namen der Windows-Ordner auf, die zum Abfragen zur Verfügung stehen:

```
PS> [System.Environment]::GetFolderPath("Unsinn")
Das Argument "folder" mit dem Wert "Unsinn" für "GetFolderPath" kann nicht in den Typ
"System.Environment+SpecialFolder" konvertiert werden: "Der Wert "Unsinn" kann nicht in den Typ
"System.Environment+SpecialFolder" konvertiert werden. Fehler: "Der Bezeichner "Unsinn" kann keinem
gültigen Enumeratornamen zugeordnet werden. Geben Sie einen der folgenden Enumeratornamen an, und
wiederholen Sie den Vorgang: Desktop, Programs, MyDocuments, Personal, Favorites, Startup, Recent,
SendTo, StartMenu, MyMusic, MyVideos, DesktopDirectory, MyComputer, NetworkShortcuts, Fonts,
Templates, CommonStartMenu, CommonPrograms, CommonStartup, CommonDesktopDirectory, ApplicationData,
PrinterShortcuts, LocalApplicationData, InternetCache, Cookies, History, CommonApplicationData,
Windows, System, ProgramFiles, MyPictures, UserProfile, SystemX86, ProgramFilesX86,
CommonProgramFiles, CommonProgramFilesX86, CommonTemplates, CommonDocuments, CommonAdminTools,
AdminTools, CommonMusic, CommonPictures, CommonVideos, Resources, LocalizedResources,
CommonOemLinks, CDBurning.""
```

Möchten Sie herausfinden, wo sich auf Ihrem Computer der Bilderordner befindet, wissen Sie nun, dass dieser Ordner mit dem Begriff MyPictures angesprochen wird:

```
PS> [System.Environment]::GetFolderPath("MyPictures")
C:\Users\Tobias Weltner\Pictures
```

Konsoleneinstellungen

Der Typ System.Console steuert alle wichtigen Funktionen rund um Konsolenfenster. Sie können damit zum Beispiel die Farben und die Größe der Konsole neu festlegen sowie den Fenstertitel wählen. Tatsächlich macht PowerShell einige diese Einstellungen bereits über das $Host-Objekt verfügbar:

```
PS> $Host.UI.RawUI.BackgroundColor = 'Green'
PS> [System.Console]::BackgroundColor = 'Blue'
```

Andere Funktionen stehen nur im zugrunde liegenden .NET-Typ zur Verfügung. Mit ResetColor() stellen Sie beispielsweise nach verunglückten Farbexperimenten die Standardfarben der Konsole wieder her:

```
PS> [System.Console]::ResetColor()
```

Über die Eigenschaft CursorVisible kann die blinkende Einfügemarke vorübergehend abgeschaltet werden:

```
PS> [System.Console]::CursorVisible = $false
PS> [System.Console]::CursorVisible = $true
```

NumberLock verrät, ob die NumLock-Funktion der Tastatur gerade eingeschaltet ist:

```
PS> [System.Console]::NumberLock
False
```

Schließlich kann der System.Console-Typ mit Beep() auch noch Signaltöne ausgeben:

```
PS> [System.Console]::Beep()
PS> [System.Console]::Beep(1000, 500)
```

Der erste Zahlenwert entspricht dabei der Tonhöhe in Hertz, der zweite der Tondauer in Millisekunden. Wollen Sie damit einen kleinen Hör- oder Lautsprechertest durchführen, fehlt nur noch eine Schleife:

```
PS> for ($freq=300; $freq -lt 20000; $freq+=200) { [System.Console]::Beep($freq, 100) }
```

Profitipp

Wenn Sie den Inhalt der Konsole löschen möchten, greifen Sie wahrscheinlich zum Befehl cls oder dem zugrunde liegenden Cmdlet Clear-Host. Erstaunlicherweise verfügt das $Host-Objekt anders als [System.Console] nicht über die Methode Clear(). Deshalb muss Clear-Host den Inhalt der PowerShell-Konsole auf relativ umständliche Art löschen. Schauen Sie sich mal den Quellcode von Clear-Host an:

```
PS> (Get-Command Clear-Host).Definition
$space = New-Object System.Management.Automation.Host.BufferCell
$space.Character = ' '
$space.ForegroundColor = $Host.UI.rawui.ForegroundColor
$space.BackgroundColor = $Host.UI.rawui.BackgroundColor
$rect = New-Object System.Management.Automation.Host.Rectangle
$rect.Top = $rect.Bottom = $rect.Right = $rect.Left = -1
$origin = New-Object System.Management.Automation.Host.Coordinates
$Host.UI.RawUI.CursorPosition = $origin
$Host.UI.RawUI.SetBufferContents($rect, $space)
```

Sehr viel einfacher und schneller geht es über Clear():

```
[System.Console]::Clear()
```

Wer mag, kann seine Funktion Clear-Host deshalb nun etwas optimieren:

```
function Clear-Host { [System.Console]::Clear() }
```

Objektorientierte Shell

Spezielle Datumsformate lesen

Müssen Sie ein ungewöhnliches Datumsformat lesen, greifen Sie kurzerhand zum Typ [DateTime] und nutzen dessen Methode ParseExact(). Ihr kann man das ungewöhnliche Datumsformat mithilfe einer Schablone erklären, und schon wird es richtig verstanden:

```
# Rohinformation liefert Datum in ungewöhnlichem Format:
PS> $information = '12Nov(2012)18h30m17s'

# Muster beschreibt das Datumsformat. "\" entwertet Zeichen, die wörtlich gemeint sind:
PS> $muster = 'ddMMM\(yyyy\)HH\hmm\mss\s'

# ParseExact() interpretiert das Rohdatum gemäß dem angegebenen Muster:
PS> [DateTime]::ParseExact($information, $muster, $null)
Montag, 12. November 2012 18:30:17
```

Zeichen, die nicht zum Datum gehören, werden im Muster mit einem vorangestellten \ markiert. Sie dürfen statischen Text auch in einfache Anführungszeichen stellen, zum Beispiel so:

```
PS> $information = '12Nov(2012)18h30m17s'

# Muster beschreibt das Datumsformat. "\" maskiert Zeichen, die wörtlich gemeint sind:
PS> $muster = 'ddMMM\(yyyy\)HH\hmm\mss\s'

# ParseExact() interpretiert das Rohdatum gemäß dem angegebenen Muster:
PS> [DateTime]::ParseExact($information, $muster, $null)
```

ParseExact() unterstützt keine Platzhalter für Anteile, die nicht direkt zum Datum gehören. Wenn sich also zwischen Monat und Jahr beliebig viele Leerzeichen befinden können, ist ParseExact() überfordert. Dasselbe gilt, wenn sich das Datum innerhalb eines Texts befindet, denn ParseExact() erwartet ausschließlich den Datumstext. In solchen Fällen greifen Sie besser zu regulären Ausdrücken, die ein Datum ebenfalls beschreiben können.

Datumsinformationen und Kulturen

Datumsinformationen zählen in allen Programmiersprachen zu den problematischsten Informationen, denn sie unterliegen kulturellen Einflüssen. Das Datumsformat ist in beinahe jeder Region der Welt anders. Das .NET Framework, auf dem PowerShell aufbaut und von dem die Typen stammen, mit denen Sie gerade arbeiten, ist darauf vorbereitet.

Der Typ System.Globalization.CultureInfo zeigt Ihnen alle erdenklichen Informationen zur aktuellen Kultur an. Darin finden Sie auch die aktuell gültigen Datumsdefinitionen und können so abschätzen, ob ein bestimmtes Datumsformat – zum Beispiel in einer Protokolldatei – über die Standardumwandlung in den Typ DateTime umgewandelt wird oder das Datumsmuster selbst mit ParseExact() definiert werden muss:

```
PS> [System.Globalization.CultureInfo]::CurrentUICulture.DateTimeFormat

AMDesignator                  :
Calendar                      : System.Globalization.GregorianCalendar
DateSeparator                 : .
FirstDayOfWeek                : Monday
CalendarWeekRule              : FirstFourDayWeek
FullDateTimePattern           : dddd, d. MMMM yyyy HH:mm:ss
LongDatePattern               : dddd, d. MMMM yyyy
LongTimePattern               : HH:mm:ss
MonthDayPattern               : dd MMMM
```

```
PMDesignator                          :
RFC1123Pattern                        : ddd, dd MMM yyyy HH':'mm':'ss 'GMT'
ShortDatePattern                      : dd.MM.yyyy
ShortTimePattern                      : HH:mm
SortableDateTimePattern               : yyyy'-'MM'-'dd'T'HH':'mm':'ss
TimeSeparator                         : :
UniversalSortableDateTimePattern : yyyy'-'MM'-'dd HH':'mm':'ss'Z'
YearMonthPattern                      : MMMM yyyy
AbbreviatedDayNames                   : {So, Mo, Di, Mi...}
ShortestDayNames                      : {So, Mo, Di, Mi...}
DayNames                              : {Sonntag, Montag, Dienstag, Mittwoch...}
AbbreviatedMonthNames                 : {Jan, Feb, Mrz, Apr...}
MonthNames                            : {Januar, Februar, März, April...}
IsReadOnly                            : False
NativeCalendarName                    : Gregorianischer Kalender
AbbreviatedMonthGenitiveNames         : {Jan, Feb, Mrz, Apr...}
MonthGenitiveNames                    : {Januar, Februar, März, April...}
```

Möchten Sie ein Datum in einer ganz anderen Kultur ausgeben, zum Beispiel in Chinesisch, benötigen Sie nur die jedem DateTime-Objekt zugrunde liegende Methode ToString(), der Sie Format und Kultur übergeben können (Abbildung 11.3).

```
PS> $datum = Get-Date

PS> $datum.toString('dddd', [System.Globalization.CultureInfo]'zh-Hans')
星期五

PS> $datum.toString('', [System.Globalization.CultureInfo]'zh-Hans')
2012/11/23 11:11:17
```

Abbildung 11.3: Datumsausgabe in Chinesisch mit dem Kulturbezeichner »zh-Hans«.

Welche Kulturen es gibt und wie deren Kurzbezeichner heißen, verrät wieder einmal ein Typ mit seiner statischen Methode GetCultures():

```
PS> [System.Globalization.CultureInfo]::GetCultures('InstalledWin32Cultures') | Out-GridView
```

Das Ergebnis erscheint im GridView. In dessen oberstem Textfeld dürfen Sie wie immer filtern und können sich so ganz bequem auch die übrigen chinesischen Kulturen und Kürzel herausfischen – oder jede andere unterstützte Kultur. Nun haben Sie bereits alles, was Sie für einen universellen Datumskonvertierer brauchen. Wissen Sie zum Beispiel, dass ein Datum aus einem Protokoll im französischen Format vorliegt, und möchten es ins taiwanesische Format umwandeln, geht das jetzt ganz einfach:

```
# Datum liegt in einer französischen Schreibweise vor:
$datumFranzoesisch = 'vendredi 23 novembre 2012 11:19:13'

# für die Umwandlungen die Quell- und Zielkultur besorgen:
[System.Globalization.CultureInfo]$Frankreich = 'fr-FR'
[System.Globalization.CultureInfo]$Taiwan = 'zh-TW'

# Datumstext unter Angabe seiner Kultur in einen DateTime-Typ verwandeln
# dieser ist sprachunabhängig:
$DateTime = [datetime]::Parse($datumFranzoesisch, $Frankreich)

# von hier aus in Zielkultur umwandeln
```

Objektierierte Shell

```
# das Ergebnis ist jetzt wieder Text (String):
$datumTaiwan = $DateTime.ToString($Taiwan)

' '

"$datumFranzoesisch -> $datumTaiwan"
```

Listing 11.10: Das Skript convert_datetime_culture.ps1.

Das Ergebnis sieht dann (in PowerShell ISE) aus, wie in Abbildung 11.4 zu sehen.

```
vendredi 23 novembre 2012 11:19:13 -> 2012/11/23 上午 11:19:13
```

Abbildung 11.4: Umwandlung eines französischen Datums in ein taiwanesisches Format.

Statische Eigenschaften verwenden

Statische Eigenschaften unterscheiden sich nicht von den Eigenschaften, die Sie bereits bei Objekten kennengelernt haben. Sie funktionieren grundsätzlich wie Variablen. Die Informationen darin lassen sich also einfach abrufen, wenn sie gebraucht werden.

Werten Sie beispielsweise die Adressbreite eines Zeigers (Typname IntPtr) aus, können Sie so feststellen, ob Ihr Skript in einer 32- oder einer 64-Bit-Umgebung ausgeführt wird:

```
PS> [IntPtr]::Size
8
```

```
PS> if ([IntPtr]::Size -eq 8) { "Ein 64-Bit-System" } else { "Ein 32-Bit-System" }
Ein 64-Bit-System
```

Sie könnten auch den Typ Environment befragen:

```
PS> [Environment]::Is64BitOperatingSystem
True
```

```
PS> [Environment]::Is64BitProcess
True
```

```
PS> [Environment]::HasShutdownStarted
False
```

Und falls Sie den Wert der Konstanten »PI« benötigen, finden Sie diese ebenfalls im passenden Typ:

```
PS> [Math]::PI
3,14159265358979
```

Neue Objekte herstellen

Alle Objekte, mit denen Sie es bisher zu tun hatten, stammten entweder direkt von aufgerufenen Befehlen oder wurden über Typumwandlungen aus anderen schon vorhandenen Objekten generiert. Sie dürfen sich aber auch selbst neue Objekte erstellen lassen. Dazu geben Sie nur den gewünschten Typ an. Die nächste Zeile legt ein neues DateTime-Objekt an:

```
PS> New-Object -TypeName System.DateTime

Montag, 1. Januar 0001 00:00:00
```

Konstruktoren verstehen

Das ist natürlich nicht besonders spannend, weil Sie DateTime-Objekte sowieso bereits mit Get-Date sehr viel leichter beschaffen können. Spannender wird es, wenn man sich anschaut, auf welche Weise neue DateTime-Objekte angelegt werden können. Dazu wirft man einen Blick auf dessen sogenannte *Konstruktoren*:

```
PS> [DateTime].GetConstructors() | ForEach-Object { $_.toString() }
Void .ctor(Int32, Int32, Int32)
Void .ctor(Int64)
Void .ctor(Int64, System.DateTimeKind)
Void .ctor(Int32, Int32, Int32, System.Globalization.Calendar)
Void .ctor(Int32, Int32, Int32, Int32, Int32, Int32)
Void .ctor(Int32, Int32, Int32, Int32, Int32, Int32, System.DateTimeKind)
Void .ctor(Int32, Int32, Int32, Int32, Int32, Int32, System.Globalization.Calendar
)
Void .ctor(Int32, Int32, Int32, Int32, Int32, Int32, Int32)
Void .ctor(Int32, Int32, Int32, Int32, Int32, Int32, Int32, System.DateTimeKind)
Void .ctor(Int32, Int32, Int32, Int32, Int32, Int32, Int32, System.Globalization.C
alendar)
Void .ctor(Int32, Int32, Int32, Int32, Int32, Int32, Int32, System.Globalization.C
alendar, System.DateTimeKind)
```

Jede zurückgelieferte Zeile beschreibt genau einen Konstruktor (ctor ist dabei die Abkürzung für »Constructor«), und die unterschiedlichen Konstruktoren unterscheiden sich lediglich durch die Argumente, die man ihnen mitgibt. Die Aufgabe des Konstruktors ist es, das gewünschte Objekt herzustellen. Die folgenden Aufrufe verwenden unterschiedliche Konstruktoren, um neue DateTime-Objekte herzustellen:

```
# Datum aus Jahr, Monat und Tag herstellen:
PS> New-Object System.DateTime(2016,5,1)

Sonntag, 1. Mai 2016 00:00:00


# Datum aus Ticks herstellen:
PS> New-Object System.DateTime(568687676789080999)

Montag, 7. Februar 1803 07:54:38
```

Leider ist die Liste der Konstruktoren ohne etwas Aufbereitung kaum zu gebrauchen, denn darin erscheinen zunächst nur die Datentypen der Argumente. Mit einer kleinen Hilfsfunktion kann man die Konstruktoren eines Typs in PowerShell 5 aber auch detailreicher ausgeben:

```
filter Get-Constructor
{
  $type = $_

  foreach($constructor in $type.GetConstructors())
  {
    $info = $constructor.GetParameters().Foreach{$_.ToString()} -Join ', '
    "($info)"
  }
}
```

Listing 11.11: Get-Constructor liefert die Konstruktoren eines Typs.

Wenn Sie einen Typ über die Pipeline an `Get-Constructor` weiterleiten, ergibt sich jetzt ein klareres Bild davon, mit welchen Informationen man Objekte des angegebenen Typs herstellen kann. Die ersten beiden Konstruktoren wurden in den Beispielen oben eingesetzt, es stehen aber viele weitere zur Verfügung:

```
PS> [DateTime] | Get-Constructor
(Int32 year, Int32 month, Int32 day)
(Int64 ticks)
(Int64 ticks, System.DateTimeKind kind)
(Int32 year, Int32 month, Int32 day, System.Globalization.Calendar calendar)
(Int32 year, Int32 month, Int32 day, Int32 hour, Int32 minute, Int32 second)
(Int32 year, Int32 month, Int32 day, Int32 hour, Int32 minute, Int32 second, Syste
m.DateTimeKind kind)
(Int32 year, Int32 month, Int32 day, Int32 hour, Int32 minute, Int32 second, Syste
m.Globalization.Calendar calendar)
(Int32 year, Int32 month, Int32 day, Int32 hour, Int32 minute, Int32 second, Int32
 millisecond)
(Int32 year, Int32 month, Int32 day, Int32 hour, Int32 minute, Int32 second, Int32
 millisecond, System.DateTimeKind kind)
(Int32 year, Int32 month, Int32 day, Int32 hour, Int32 minute, Int32 second, Int32
 millisecond, System.Globalization.Calendar calendar)
(Int32 year, Int32 month, Int32 day, Int32 hour, Int32 minute, Int32 second, Int32
 millisecond, System.Globalization.Calendar calendar, System.DateTimeKind kind)
```

Ein Credential-Object zur automatischen Anmeldung

Viele Cmdlets unterstützen den Parameter `-Credential`, mit dem man sich unter einem anderen Benutzerkonto anmelden kann. Gibt man ein Benutzerkonto an, wird indes stets ein Anmeldedialog geöffnet, in dem man manuell ein Kennwort eingeben muss. Dadurch lässt sich der Code nicht mehr unbeaufsichtigt ausführen:

```
PS> Get-WMIObject -Class Win32_BIOS -ComputerName RemoteServerABC -Credential firma\hans
```

In der Hilfe sehen Sie, dass der Parameter `-Credential` ein Objekt vom Typ `PSCredential` verlangt:

```
PS> Get-Help -Name Get-WMIObject -Parameter Credential
-Credential [<PSCredential>]
    Specifies a user account that has permission to perform this action. The
    default is the current user. Type a user name, such as "User01",
(...)
```

Das Anmeldefenster erscheint nur, wenn man stattdessen einen Text angibt, also nur, wenn eine implizite Typumwandlung erforderlich ist. Man braucht daher lediglich von vornherein ein `PSCredential`-Objekt anzugeben, um das Anmeldefenster loszuwerden. Ein solches Objekt könnte man mit dem Wissen von eben gerade durch `New-Object` selbst anlegen. Der Konstruktor des Typs `PSCredential` verlangt entweder ein sonderbares pso-Objekt oder aber den Benutzernamen als `String` und das Kennwort als `SecureString`:

```
PS> [PSCredential] | Get-Constructor
(System.String userName, System.Security.SecureString password)
(System.Management.Automation.PSObject pso)
```

Unter Angabe von Benutzername und Kennwort lässt sich die Anmeldeinformation also folgendermaßen erzeugen und nutzen:

```
$username = 'firma\Hans'
$password = 'topSecret99' | ConvertTo-SecureString -AsPlainText -Force
$credential = New-Object -TypeName PSCredential($username, $password)

Get-WmiObject -Class Win32_BIOS -ComputerName RemoteServerABC -Credential $credential
```

Listing 11.12: Ohne Anmeldedialog unter anderer Identität auf ein Remotesystem zugreifen.

Achtung

Wie Sie vielleicht bemerkt haben, ist in Listing 11.12 ein Kennwort im Klartext enthalten. Das ist natürlich ein grober Sicherheitsverstoß, jedenfalls dann, wenn das Skript nicht anderweitig vor unbefugtem Zugriff geschützt ist – und auch der Grund dafür, warum PowerShell von sich aus Kennwörter stets mit einem Dialogfeld sicher abfragt.

Alternativ lassen sich die Anmeldeinformationen auch verschlüsselt in einer XML-Datei speichern. Mit dem folgenden Code rüsten Sie die Befehle Export-Credential und Import-Credential nach:

```
function Export-Credential($cred, $file) {
    $ergebnis = 1 | Select-Object Username, Password
    $ergebnis.Username = $cred.UserName
    $ergebnis.Password = $cred.Password | ConvertFrom-SecureString
    $ergebnis | Export-Clixml $file
}

function Import-Credential($file) {
    $ergebnis = Import-Clixml $file
    $user = $ergebnis.username
    $password = $ergebnis.password | ConvertTo-SecureString
    New-Object system.Management.Automation.PSCredential($user, $password)
}
```

Listing 11.13: Export-Import-Credential.ps1.

Sie können nun zuerst Ihre Anmeldedaten in einer XML-Datei verschlüsselt speichern:

```
PS> Export-Credential (Get-Credential) $HOME\anmeldung.xml
```

Später können Skripte jederzeit die Anmeldedaten aus der XML-Datei importieren und für Anmeldevorgänge nutzen:

```
PS> Get-WmiObject Win32_BIOS -ComputerName storage1 -Credential (Import-Credential $HOME\anmeldung.xml)

SMBIOSBIOSVersion : P03
Manufacturer      : Phoenix Technologies LTD
Name              : Ver 1.00PARTTBLw
SerialNumber      : 98H340ED2H9300237A30A1
Version           : PTLTD  - 6040000
```

Objektorientierte Shell

439

Hinweis

Die Verschlüsselung verwendet Ihr persönliches Anmeldetoken als Schlüssel. Derjenige, der die Anmeldedaten gespeichert hat, kann sie also auch wieder laden. Fällt die Datei jedoch jemand anderem in die Hände, kann derjenige nichts damit anfangen.

Umgang mit XML-Daten

Der an sich eher komplexe Umgang mit XML-Daten wird sehr viel einfacher, wenn man das XML nicht als Text betrachtet, sondern in einem XML-Objekt verwaltet. Zuerst aber werden Beispieldaten benötigt, die Sie sich schnell selbst herstellen können:

```
@'
<?xml version="1.0" ?>
<Belegschaft Zweigstelle="Hannover" Typ="Aussendienst">
  <Mitarbeiter>
    <Name>Tobias Weltner</Name>
    <Rolle>Leitung</Rolle>
    <Alter>47</Alter>
  </Mitarbeiter>
  <Mitarbeiter>
    <Name>Cofi Heidecke</Name>
    <Rolle>Sicherheit</Rolle>
    <Alter>23</Alter>
  </Mitarbeiter>
</Belegschaft>
'@ | Set-Content -Path $env:temp\mitarbeiter.xml -Encoding UTF8
```

Listing 11.14: Beispiel-XML-Daten erstellen.

Die Datei mit den XML-Daten könnte man nun einlesen und den Inhalt über Typkonvertierung in XML umwandeln. Danach wäre es sehr leicht, an die im XML enthaltenen Informationen zu gelangen:

```
$xml = [xml](Get-Content $env:temp\mitarbeiter.xml)
$xml.Belegschaft.Mitarbeiter
```

Listing 11.15: XML-Inhalte als XML-Objekt verwalten.

Beim XML-Objekt genügt es also, einfach die Knotennamen der XML-Struktur anzugeben, um zu den Informationen zu gelangen:

```
Name           Rolle      Alter
----           -----      -----
Tobias Weltner Leitung    47
Cofi Heidecke  Sicherheit 23
```

Profitipp

[xml] ist eine Abkürzung für den eigentlichen Typ namens System.Xml.XmlDocument:

```
PS> [xml].FullName
System.Xml.XmlDocument
```

Ein schnellerer Weg als die Typkonvertierung ist, sich ein leeres neues XML-Objekt zu beschaffen und dann die XML-Informationen mit dessen Methode Load() direkt aus einer Datei zu laden. Das ist vor allem bei großen XML-Datensätzen deutlich schneller:

```
$xml = New-Object xml
$xml.Load("$env:temp\mitarbeiter.xml")
$xml.Belegschaft.Mitarbeiter
```

Listing 11.16: XML-Datei in ein XML-Objekt laden.

WMI-Remotezugriffe mit Anmeldung

Wie Sie im Beispiel zu XML gesehen haben, führen oft mehrere Wege nach Rom. Die Typumwandlung kann erste Lösungen bieten, aber häufig gibt es spezialisiertere Objekte mit weitaus mehr Möglichkeiten. Das gilt auch für WMI.

Im Abschnitt über Typumwandlungen haben Sie bereits gesehen, wie man einen Pfadnamen zu einem WMI-Objekt umwandelt und so Zugriff auf das Objekt bekommen kann. Dasselbe ist auch mit WMI-Klassen möglich, sodass hierdurch ganz neue Dinge erzeugt werden können, beispielsweise eine Netzwerkfreigabe – im folgenden Beispiel auf dem Computer *Storage1* (passen Sie den Computernamen gegebenenfalls an):

```
$shareklasse = [wmiclass]'\\storage1\root\cimv2:Win32_Share'
$pfad = 'C:\'
$name = 'serviceshare'
$type = 0
$maximumallowed = 5
$description = 'Interner Share für Wartungsaufgaben'
$shareklasse.Create($pfad, $Name, $Type, $MaximumAllowed, $Description).ReturnValue
```

Listing 11.17: Neue Netzwerkfreigabe einrichten.

Sie benötigen dazu lediglich Administratorrechte auf dem Zielsystem. Wenn Sie den Rückgabewert 0 erhalten, ist die Freigabe eingerichtet und kann sofort genutzt werden:

```
PS> Get-ChildItem -Path \\storage1\serviceshare


    Verzeichnis: \\storage1\serviceshare


Mode            LastWriteTime     Length Name
----            -------------     ------ ----
d----     11.06.2009     18:57           $WIN_NT$.~BT
d----     11.06.2009     18:56           DOCS
(…)
```

Hinweis

Übrigens, sollten Sie den Rückgabewert 22 erhalten, bedeutet dies, dass die Freigabe schon existiert.

Allerdings können Sie sich bei der Typumwandlung nicht explizit mit einem berechtigten Benutzerkonto anmelden. Ihr aktuelles Konto muss bereits über Administratorrechte auf dem Zielsystem verfügen. Möchten Sie eine andere Identität annehmen, genügt die Typkonvertierung nicht mehr. Jetzt müssen Sie mit New-Object einige Objekte anlegen:

Objektorientierte Shell

```
# Anmeldeinformationen festlegen:
$WMIOptionen = New-Object System.Management.ConnectionOptions
$anmeldung = Get-Credential
$WMIOptionen.SecurePassword = $anmeldung.Password
$WMIOptionen.UserName = $anmeldung.UserName

$path = '\\storage1\root\cimv2:Win32_Share'
$scope = New-Object System.Management.ManagementScope($path, $WMIOptions)
$scope.Connect()

$optionen = New-Object System.Management.ObjectGetOptions

# Freigabe einrichten:
$shareklasse = New-Object System.Management.ManagementClass($scope, $path, $optionen)
$pfad = 'C:\'
$name = 'serviceshare_neu'
$type = 0
$maximumallowed = 5
$description = 'Interner Share für Wartungsaufgaben'
$shareklasse.Create($pfad, $Name, $Type, $MaximumAllowed, $Description).ReturnValue
```

Listing 11.18: Netzwerkfreigabe mit Benutzeranmeldung.

COM-Objekte verwenden

Alle Typen, mit denen Sie es bisher zu tun hatten, entstammen dem .NET Framework: einer Sammlung von Befehlsbibliotheken, die vom Betriebssystem und anderen Anwendungen genutzt werden. Schon vor Einführung des .NET Framework gab es eine ähnliche Sammlung von Befehlen, die aber auf einer anderen Technik beruht und *COM* (*Component Object Model*) genannt wird. COM war die einzige Technik, auf die *VisualBasic Script* (VBS) zugreifen konnte. Den VBS-Befehl CreateObject gibt es bei PowerShell nach wie vor. Hier heißt der Befehl New-Object -COMObject.

Und das ist hochinteressant, denn es bedeutet, dass Sie die Funktionalität von VBScript sehr einfach in PowerShell nachbauen können (falls das wirklich einmal erforderlich sein sollte). Die Sprache VBScript enthält nämlich kaum Eigenintelligenz. VBScript greift fast immer nur auf die Fähigkeiten von COM-Objekten zurück, und das kann PowerShell genauso.

Möchten Sie zum Beispiel alle Fenster schlagartig minimieren, probieren Sie die folgende Zeile:

```
PS> (New-Object -COMObject "Shell.Application").ToggleDesktop()
```

Und wenn Sie den Internet Explorer öffnen und eine bestimmte Webseite anzeigen möchten, kann die diese Zeile helfen:

```
PS> $ie = New-Object -COMObject InternetExplorer.Application -Property @{Navigate2='www.powerthesh
ell.com'; Visible = $true}
```

Hinweis

Mit dem Parameter -Property weisen Sie New-Object an, das neue Objekt sogleich mit Vorgabewerten zu initialisieren. Das sorgt dafür, dass der Internet Explorer sichtbar ist und die gewünschte Webseite anzeigt. Die Schlüssel der Hashtable müssen dabei also Eigenschaften- oder Methodennamen entsprechen, die im Objekt vorhanden sind. Ohne -Property müssten Sie das Objekt selbst initialisieren, sobald es angelegt ist:

```
$ie = New-Object -COMObject InternetExplorer.Application
$ie.Navigate2('www.powertheshell.com')
$ie.Visible = $true
```

Listing 11.19: Internet Explorer öffnen und nachträglich zu einer Webseite navigieren.

Dialogfeld öffnen

Im VBScript-Umfeld wurde häufig auf den COM-Typ `WScript.Shell` zurückgegriffen. Die meisten seiner Fähigkeiten braucht man bei PowerShell längst nicht mehr, aber die Methode `Popup()` ist auch in PowerShell noch interessant – sie öffnet ein einfaches Dialogfenster, das nach einer vordefinierten Zeit automatisch wieder verschwindet, falls der Anwender nicht darauf reagiert.

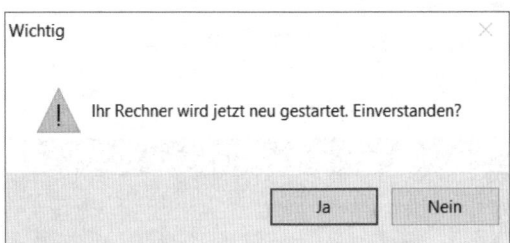

Abbildung 11.5: Ein Dialogfeld anzeigen.

Damit eignet es sich hervorragend für Automationsskripte, die durch unbeantwortete Benutzerabfragen nicht blockieren sollen.

```
# COM-Objekt besorgen:
$wshell = New-Object -ComObject WScript.Shell

# Argumente vorbereiten:
$message = 'Ihr Rechner wird jetzt neu gestartet. Einverstanden?'
$title = 'Wichtig'

# Methode Popup() aufrufen:
$response = $wshell.Popup($message, 10, $title, (4+48))

# Ergebnis auswerten:
if ($response -ne 7)
{
   Restart-Computer -WhatIf
}
```

Listing 11.20: Ein Dialogfeld.

Dass ausgerechnet die Zahl 7 der angeklickten Taste *Nein* entspricht, stand zwar nirgends, aber wenn Sie mit dem Code experimentieren, werden Sie die entsprechenden Rückgabewerte für die Dialogfeldschaltflächen sicher herausfinden. Leider sind COM-Objekte sehr schlecht dokumentiert. Wenn Sie allerdings im Internet nach »WScript.Shell Popup« suchen, werden Sie auch die offizielle Dokumentation schnell finden (Abbildung 11.6).

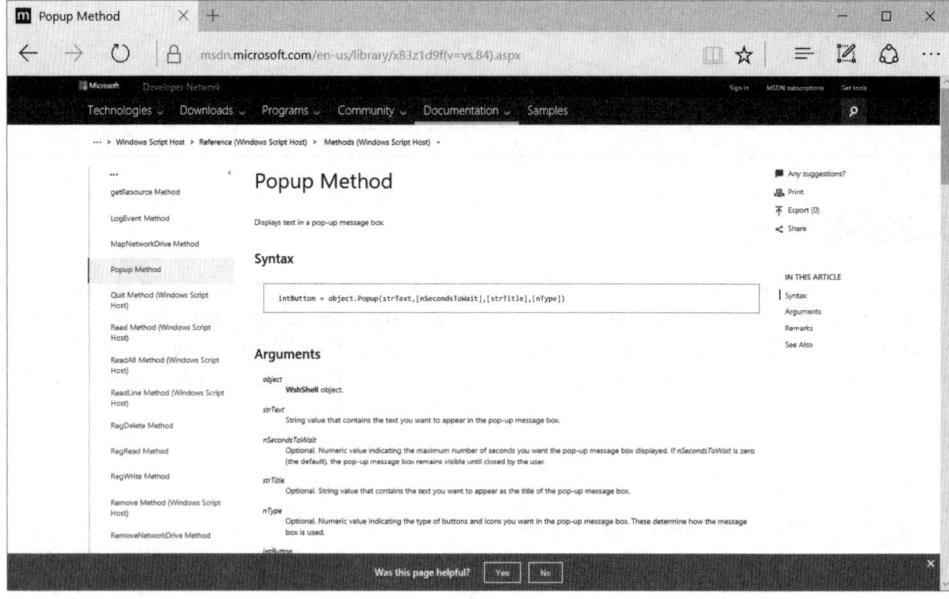

Abbildung 11.6: COM-Objekte sind im Internet häufig ausführlich dokumentiert.

Auf dieser Seite erfahren Sie auch, dass Sie dem Zahlenwert für die anzuzeigenden Schaltflächen den Wert 4096 hinzufügen können, um das Dialogfenster immer vor allen anderen Fenstern im Vordergrund zu halten. Ändern Sie dazu also einfach in Listing 11.13 die Zeile:

```
$response = $wshell.Popup($message, 10, $title, (4+48+4096))
```

Auch Shell.Application kann ein Dialogfeld öffnen, allerdings zur Auswahl von Ordnern (Abbildung 11.7):

```
$message = 'Suchen Sie sich einen Ordner aus!'
$path = "$HOME\Documents"

$object = New-Object -ComObject Shell.Application
$folder = $object.BrowseForFolder(0, $message, 0, $path)
if ($folder -ne $null)
{
  $folder.self.Path
}
```

Listing 11.21: Ein Dialogfeld zur Ordnerauswahl anzeigen.

Das Dialogfeld öffnet sich übrigens genau hinter dem PowerShell-Fenster, wenn Sie Pech haben.

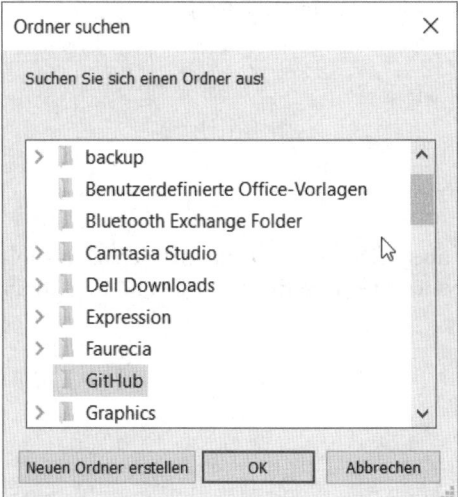

Abbildung 11.7: Ein Dialogfeld zur Auswahl von Ordnern anzeigen.

Achtung

Wenn Sie Dialogfelder öffnen, bleibt PowerShell so lange beschäftigt, bis das Dialogfeld wieder geschlossen ist. Sollte sich das Dialogfeld versehentlich unter einem anderen Fenster verstecken, reagiert die PowerShell also nicht mehr auf Abbrechen-Befehle. Weiter geht es erst, wenn Sie das Dialogfeld in den Vordergrund bringen und schließen.

Sprachausgabe

Mit `SAPI.SpVoice` erhalten Sie Zugriff auf die integrierte *Text-To-Speech*-Engine (*TTS*) – jedenfalls dann, wenn Sie eine Soundkarte und Lautsprecher angeschlossen und die Lautstärke aufgedreht haben:

```
$speaker = New-Object -ComObject SAPI.SpVoice
$null = $speaker.Speak('Hello World!')
$speaker.Rate = -10
$null = $speaker.Speak('Hello World!')
```

Listing 11.22: SAPI.SpVoice wandelt Text in Sprache um.

Tipp

Deutsche Versionen von Windows 8.1 und Windows 10 sprechen übrigens deutsch, sodass Sie die Textbeispiele in Listing 11.22 anpassen sollten, falls sie sich sonderbar anhören.

Wenn Sie Eigenschaften oder Methoden bereits bei der Generierung des Objekts initialisieren möchten, setzen Sie wieder eine Hashtable ein. Im folgenden Beispiel spricht das Objekt eine Meldung aus, während es initialisiert wird:

```
$speaker = New-Object -ComObject SAPI.SpVoice -Property @{Speak='Initializing'}
$speaker.Rate = -20
$null = $speaker.Speak('What a night!')
```

Listing 11.23: Initialisierungsmeldung ausgeben.

Office-Automation

Alle Microsoft-Office-Komponenten lassen sich über COM-Klassen automatisieren. Das folgende Skript öffnet zum Beispiel mit `Excel.Application` eine neue Excel-Tabelle und trägt darin die Zustände aller Dienste ein:

```
$excel = New-Object -ComObject Excel.Application
$workbook = $excel.Workbooks.Add()
$excel.Visible = $true
$excel.Cells.Item(1,1) = "Service Name"
$excel.Cells.Item(1,2) = "Service Status"
$excel.Cells.Item(1,3) = "Service Status"

$i = 2
Get-Service |
  ForEach-Object {
    $excel.Cells.Item($i,1) = $_.name
    $excel.Cells.Item($i,2) = $_.status
    $excel.Cells.Item($i,3) = "$($_.status)"
    $i=$i+1
  }
```

Listing 11.24: Direkt auf Zellen eines Excel-Spreadsheets zugreifen.

Zugriff auf Datenbanken

Mit ADODB-Objekten wie `ADODB.Connection` und `ADODB.Recordset`, die schon in älteren Skriptsprachen gern verwendet wurden, sprechen Sie Datenbanken über OLEDB oder ODBC an:

```
PS> $objConnection = New-Object -ComObject ADODB.Connection
PS> $objConnection.Open("Provider=Microsoft.Jet.OLEDB.4.0;Data Source='D:\Daten\Nordwind.mdb'")
PS> $objRS = $objConnection.Execute('SELECT * FROM Kunden')
PS> do {
    $objRS.Fields.Item('Firma').Value
    $objRS.MoveNext()
} until ($objRS.EOF -eq $true)
```

Wollen Sie andere Datenbanktypen wie SQL Server oder Oracle ansprechen, ändert sich der Code nicht, sondern nur der Connection-String, den Sie `Open()` übergeben. Im Internet finden sich viele Referenzen, zum Beispiel hier: *http://www.connectionstrings.com/*.

Das Ergebnis ist in diesem Fall der Inhalt der Spalte `Firma`, und dieses Ergebnis wird als Text zurückgeliefert. Möchten Sie die Informationen, die Sie aus einer Datenbank lesen, innerhalb von PowerShell weiterverarbeiten, sollten Sie sie besser als Objekt verpacken, so wie in diesem Beispiel:

```
PS> $objConnection = New-Object -ComObject ADODB.Connection
PS> $objConnection.Open("Provider=Microsoft.Jet.OLEDB.4.0;Data Source='C:\neu\nordwind.mdb'")
```

```
PS> $objRS = $objConnection.Execute("SELECT * FROM Kunden")
PS> while ($objRS.EOF -ne $true) {
  $hash = @{}
  foreach ($field in $objRS.Fields) {
    $hash.$($field.name) = $field.value
  }
  New-Object PSObject -Property $hash

  $objRS.MoveNext()
}


Telefon       : 030-0074321
Straße        : Obere Str. 57
Kunden-Code   : ALFKI
Ort           : Berlin
Kontaktperson : Maria Anders
Firma         : Alfreds Futterkiste
Region        :
Land          : Deutschland
PLZ           : 12209
Telefax       : 030-0076545
Position      : Vertriebsmitarbeiterin

Telefon       : (5) 555-4729
Straße        : Avda. de la Constitución 2222
Kunden-Code   : ANATR
Ort           : México D.F.
Kontaktperson : Ana Trujillo
Firma         : Ana Trujillo Emparedados y helados
Region        :
Land          : Mexiko
PLZ           : 05021
Telefax       : (5) 555-3745
Position      : Inhaberin
(…)
```

Wenn Sie neue Informationen in einer Datenbank speichern wollen, verwenden Sie entweder SQL (INSERT INTO), oder Sie arbeiten mit ADODB.Recordset-Objekten und fügen neue Datensätze über AddNew() und Update() hinzu:

```
PS> $objConnection = New-Object -ComObject ADODB.Connection
PS> $objConnection.Open("Provider=Microsoft.Jet.OLEDB.4.0;Data Source='C:\neu\nordwind.mdb'")
PS> $objRS = New-Object -ComObject ADODB.Recordset
PS> $OpenStatic = 3
PS> $LockOptimistic = 3

PS> $objRS.Open("SELECT * FROM Kunden", $objConnection, $OpenStatic, $Lockoptimistic)

PS> $objRS.AddNew()
PS> $objRS.Fields.Item("Kunden-Code") = "ESS29"
PS> $objRS.Fields.Item("Firma") = "Scriptinternals"
PS> $objRS.Fields.Item("Kontaktperson") = "Weltner"
PS> $objRS.Fields.Item("Position") = "Entwickler"

PS> $objRS.Update()
```

Automatische Updates

Windows überprüft über seinen Updatedienst normalerweise automatisch, ob es neue Updates gibt, und lädt diese je nach Einstellung automatisch herunter und installiert sie. Dieser Dienst kann über die COM-Klasse Microsoft.Update.AutoUpdate kontrolliert werden. Die folgenden Zeilen zeigen, wie Sie den Dienst kontrollieren, seine Einstellungen ändern und skriptgesteuert nach neuen Updates suchen:

```
PS> $update = New-Object -ComObject "Microsoft.Update.AutoUpdate"
PS> $update.Results

LastSearchSuccessDate LastInstallationSuccessDate
--------------------- ---------------------------
04.02.2016 08:14:48   04.02.2016 08:15:49


PS> $update.ServiceEnabled
True

PS> $update.Settings


NotificationLevel        : 4
ReadOnly                 : False
Required                 : True
ScheduledInstallationDay  : 0
ScheduledInstallationTime : 3
IncludeRecommendedUpdates : True
NonAdministratorsElevated : True
FeaturedUpdatesEnabled    : False
PS> $update.DetectNow()
```

Verknüpfungen anlegen und ändern

WScript.Shell kann Verknüpfungen anlegen und bestehende Verknüpfungen auslesen und ändern. Das folgende Skript legt beispielsweise eine Verknüpfung namens *Windows PowerShell* auf Ihren Desktop, mit der Sie die PowerShell-Anwendung öffnen, aus der heraus Sie den Link angelegt haben:

```
$shell = New-Object -ComObject WScript.Shell

$LinkFile = 'Windows PowerShell.lnk'
$Desktop = $shell.SpecialFolders.Item('Desktop')

$Path = Join-Path -Path $Desktop -ChildPath $LinkFile

# Pfad zum AKTUELLEN PowerShell-Host ermitteln:
$TargetPath = (Get-Process -id $pid).Path

# Link-Datei anlegen:
$shortcut = $shell.CreateShortcut($path)
# erstes Icon in der EXE-Datei verwenden:
$shortcut.IconLocation = '{0},{1}' -f $TargetPath, 0
$shortcut.TargetPath = $TargetPath

$shortcut.Save()
```

Listing 11.25: Eine neue Verknüpfung zur PowerShell auf den Desktop platzieren.

Ebenso gut können Sie aber auch die vorhandenen Verknüpfungen in Ihrem Startmenü untersuchen und zum Beispiel herausfinden, welche Tastenkombinationen dort hinterlegt sind:

```
$shell = New-Object -ComObject Wscript.Shell

$StartUser = $shell.SpecialFolders.Item('StartMenu')
$StartAll = "$env:ALLUSERSPROFILE\Windows\Startmenü"

Get-ChildItem -Path $StartUser, $StartAll -Filter *.lnk -Recurse -ErrorAction SilentlyContinue |
ForEach-Object {
  $lnkfile = $shell.CreateShortcut($_.FullName)
  New-Object -TypeName PSObject -Property @{
    Hotkey = $lnkfile.Hotkey
    Name = $_.Name
  }
}
```

Listing 11.26: Tastenkombinationen in Verknüpfungen des Startmenüs finden.

Netzwerkmanagement

Manche COM-Objekte sind zwar im Betriebssystem vorhanden, aber nicht unter einem Namen registriert. Ihnen fehlt die sogenannte *PID* (*Programmatic Identifier*). Ohne PID kann New-Object das COM-Objekt nicht herstellen.

PowerShell kommt aber auch an solche Objekte heran, denn mindestens die eindeutige GUID dieser Objekte ist meistens bekannt. Der Typ Activator kann dann mit GetTypeFromCLSID() den Typ aus der GUID ermitteln. CreateInstance() erzeugt danach aus diesem Typ das Objekt.

Das hört sich sehr skurril an, aber bedeutet nur, dass PowerShell keine Grenzen kennt. Sie dürfen damit im Grunde Ähnliches tun, was bislang nur C++- und Systemprogrammierern vorbehalten war. Und besonders komplex ist der Code zudem nicht. Wissen Sie erst, wie man aus einer GUID ein COM-Objekt anlegt, ist das Verfahren immer gleich.

```
# Guid erzeugen
$guid = [guid]"{DCB00C01-570F-4A9B-8D69-199FDBA5723B}"

# Typ finden
$type = [type]::GetTypeFromCLSID($guid)

# COM-Objekt anlegen:
$netzwerk = [Activator]::CreateInstance($type)

$netzwerk
```

Listing 11.27: Herausfinden, ob eine Internetverbindung besteht.

Listing 11.27 zeigt, wie Sie auf diese Weise vom Betriebssystem erfragen, ob Ihr Computer zurzeit über einen Internetzugang verfügt:

```
IsConnectedToInternet IsConnected
--------------------- -----------
                 True        True
```

Tatsächlich verrät Ihnen das Objekt noch weitaus mehr, doch sind dazu zahlreiche interne Methodenaufrufe nötig, was zeigt: Hier befinden Sie sich nicht mehr in der behüteten Umgebung vorgefertigter Cmdlets, sondern in der rauen Wirklichkeit des Programmiereralltags:

Objektorientierte Shell

```
# Guid erzeugen
$guid = [guid]"{DCB00C01-570F-4A9B-8D69-199FDBA5723B}"

# Typ finden
$type = [type]::GetTypeFromCLSID($guid)

# COM-Objekt anlegen:
$netzwerk = [Activator]::CreateInstance($type)

# Hashtables für die auszulesenden Eigenschaften definieren:
$name = @{Name='Name'; Expression={ $_.GetName() }}
$beschreibung = @{Name='Beschreibung'; Expression={ $_.GetDescription() }}
$kategorie = @{Name='Kategorie'; Expression={ $_.GetCategory() }}

$netzwerk.GetNetworkConnections() |
  ForEach-Object { $_.GetNetwork() } |
    Select-Object $Name, $Beschreibung, $kategorie, isConnectedToInternet
```

Listing 11.28: Netzwerkdetails der aktiven Netzwerkverbindungen ausgeben.

Das Ergebnis sieht in etwa so aus (vorausgesetzt, Sie sind mit mindestens einem Netzwerk verbunden):

```
Name          Beschreibung  Kategorie IsConnectedToInternet
----          ------------  --------- --------------------
internet-cafe internet-cafe 1                   True
```

Mit SetCategory() könnten darüber hinaus einzelne oder alle Netzwerke auf einen anderen Typ umgestellt werden, dazu sind aber Administratorrechte nötig. Die folgende Zeile würde alle Netzwerke auf den Typ Privat umstellen:

```
$netzwerk.GetNetworkConnections() | ForEach-Object {$_.GetNetwork().SetCategory(1)}
```

Achtung

Der Typ eines Netzwerks legt fest, welche Firewall-Regeln für ihn aktiv sind. Öffentliche Netzwerke wie zum Beispiel öffentliche Zugangspunkte und WLANs sollten niemals als Privat deklariert werden, denn das würde den Schutz der Firewall deutlich verringern.

Welche COM-Objekte gibt es sonst noch?

Alle COM-Objekte, die sich ordnungsgemäß registriert haben, tragen dabei ihre *ProgID* in die Registrierungsdatenbank ein. Diese ProgID wird von New-Object verlangt. Die folgende Zeile liest alle registrierten ProgIDs aus:

```
PS> Get-ChildItem -Path REGISTRY::HKEY_CLASSES_ROOT\CLSID -Include PROGID -Recurse | foreach
{$_.GetValue('')}
```

Ob diese Liste indes wirklich nützlich ist, sei dahingestellt. Nur eine kleine Minderzahl von COM-Objekten ist für Skriptaufgaben tatsächlich interessant. Ein besserer Weg, neue Ideen zu bekommen, wäre eher, im Internet nach »PowerShell New-Object COM« zu suchen.

Webdienste ansprechen

Bis zu diesem Punkt haben Sie Eigenschaften und Methoden aus drei Quellen bekommen: von .NET-Objekten, von .NET-Typen und von COM-Objekten. Es gibt noch eine vierte Quelle: das Internet!

Webdienste befinden sich nicht auf Ihrem eigenen Computer, sondern im Internet (oder Intranet). Sie liefern Informationen. Bei einfachen Webdiensten, die auch *RESTful* genannt werden (*Representational State Transfer*), liefert man die Argumente sehr simpel über die URL mit und erhält strukturierte Daten zurück. Die Ergebnisse sind meist in XML oder JSON formatiert.

Bei *SOAP*-Webdiensten (*Simple Object Access Protocol*) greift man dagegen ferngesteuert auf vollwertige Objekte zu und kann dessen Eigenschaften und Methoden genauso nutzen wie bei lokal angelegten Objekten. Das schauen wir uns zuerst an:

SOAP-basierte Webdienste

PowerShell greift auf SOAP-Webdienste mit New-WebServiceProxy zu. Allerdings kann dabei kein spezieller Internetproxy angegeben werden, sodass Ihnen dieser Weg versperrt ist, wenn Sie für den Internetzugang einen kennwortgeschützten Proxy verwenden.

Der folgende Code ruft den aktuellen Wetterbericht für Hannover und Palma de Mallorca ab und vergleicht die Tagestemperaturen:

```
# Wetterdienst ansprechen:
PS> $wetter = New-WebServiceProxy -uri http://www.webservicex.com/globalweather.asmx?WSDL

# Wetter für Hannover abrufen:
PS> $wetter.GetWeather("Hannover", "Germany")
<?xml version="1.0" encoding="utf-16"?>
<CurrentWeather>
  <Location>Hannover, Germany (EDDV) 52-28N 009-41E 59M</Location>
  <Time>Nov 21, 2012 - 07:20 AM EST / 2012.11.21 1220 UTC</Time>
  <Wind> from the SSE (150 degrees) at 15 MPH (13 KT):0</Wind>
  <Visibility> greater than 7 mile(s):0</Visibility>
  <SkyConditions> partly cloudy</SkyConditions>
  <Temperature> 44 F (7 C)</Temperature>
  <DewPoint> 37 F (3 C)</DewPoint>
  <RelativeHumidity> 75%</RelativeHumidity>
  <Pressure> 29.94 in. Hg (1014 hPa)</Pressure>
  <Status>Success</Status>
</CurrentWeather>

# Wetter für Mallorca abrufen:
PS> $wetter.GetWeather("Palma", "Spain")
<?xml version="1.0" encoding="utf-16"?>
<CurrentWeather>
  <Location>Palma De Mallorca / Son San Juan, Spain (LEPA) 39-33N 002-44E 8M</Location>
  <Time>Nov 21, 2012 - 07:00 AM EST / 2012.11.21 1200 UTC</Time>
  <Wind> from the SW (230 degrees) at 12 MPH (10 KT) (direction variable):0</Wind>
  <Visibility> greater than 7 mile(s):0</Visibility>
  <SkyConditions> mostly clear</SkyConditions>
  <Temperature> 66 F (19 C)</Temperature>
  <DewPoint> 59 F (15 C)</DewPoint>
  <RelativeHumidity> 77%</RelativeHumidity>
  <Pressure> 30.06 in. Hg (1018 hPa)</Pressure>
```

Objektorientierte Shell

```
<Status>Success</Status>
</CurrentWeather>
```

Das Ergebnis wird im XML-Format zurückgesendet. Um also an die Einzelinformationen zu kommen, brauchen Sie es nur noch ins XML-Format umzuwandeln:

```
PS> $hannover = [xml]$wetter.GetWeather("Hannover", "Germany")
PS> $mallorca = [xml]$wetter.GetWeather("Palma", "Spain")
PS> $hannover.CurrentWeather.Temperature
44 F (7 C)
```

Wie sich zeigt, wird die Temperatur sowohl in Grad Celsius als auch in Grad Fahrenheit angegeben, leider gemixt in einem Text. Reguläre Ausdrücke können daraus aber die gewünschte Information ausschneiden:

```
# Temperatur für Hannover mit regulärem Ausdruck ausschneiden:
PS> $hannover.CurrentWeather.Temperature -match 'F \((.*?) C\)'
True
PS> $Matches[1]
7
```

So können Sie vollautomatisch die aktuelle Temperaturdifferenz zwischen Hannover und Palma de Mallorca ermitteln:

```
# Wetterdienst ansprechen:
$wetter = New-WebServiceProxy -Uri http://www.webservicex.com/globalweather.asmx?WSDL

# Wetterdaten abrufen:
$hannover = [xml]$wetter.GetWeather('Hannover', 'Germany')
$mallorca = [xml]$wetter.GetWeather('Palma', 'Spain')
$celsiusHannover =
if ($hannover.CurrentWeather.Temperature -match 'F \((.*?) C\)')
{
  $Matches[1]
}

$celsiusPalma =
if ($mallorca.CurrentWeather.Temperature -match 'F \((.*?) C\)')
{
  $Matches[1]
}

$differenz = $celsiusPalma - $celsiusHannover

"In Palma de Mallorca ist es gerade $differenz Grad Celsius wärmer."

# HTML-Report der Wetterdaten anlegen und öffnen:
$mallorca.currentweather, $hannover.currentweather |
  Select-Object Location, Time, Wind, Visibility, Temperature, DewPoint, RelativeHumidity,
Pressure, Status |
  ConvertTo-Html -Title 'Wetterbericht Palma und Hannover' |
  Out-File $env:TEMP\wetter.hta

# Report öffnen:
Invoke-Item $env:TEMP\wetter.hta
```

Listing 11.29: SOAP-basierten Webdienst ansprechen, um den Wetterbericht zu erhalten.

Die Meldung ergibt:

```
In Palma de Mallorca ist es gerade 8 Grad Celsius wärmer.
```

Gleichzeitig öffnet sich ein kleiner Wetterreport:

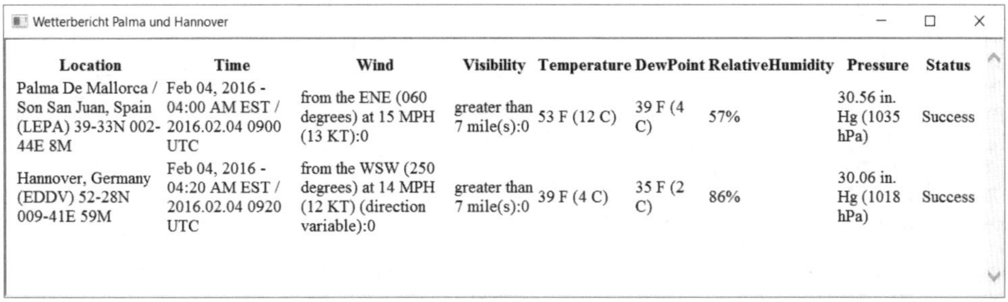

Location	Time	Wind	Visibility	Temperature	DewPoint	RelativeHumidity	Pressure	Status
Palma De Mallorca / Son San Juan, Spain (LEPA) 39-33N 002-44E 8M	Feb 04, 2016 - 04:00 AM EST / 2016.02.04 0900 UTC	from the ENE (060 degrees) at 15 MPH (13 KT):0	greater than 7 mile(s):0	53 F (12 C)	39 F (4 C)	57%	30.56 in. Hg (1035 hPa)	Success
Hannover, Germany (EDDV) 52-28N 009-41E 59M	Feb 04, 2016 - 04:20 AM EST / 2016.02.04 0920 UTC	from the WSW (250 degrees) at 14 MPH (12 KT) (direction variable):0	greater than 7 mile(s):0	39 F (4 C)	35 F (2 C)	86%	30.06 in. Hg (1018 hPa)	Success

Abbildung 11.8: Automatischer Wettervergleich über SOAP-Webdienst.

RESTful-Webdienste

SOAP-basierte Webdienste verhalten sich manchmal so, als würde man mit Kanonen auf Spatzen schießen. Der Aufwand, einen SOAP-Webdienst zu programmieren, ist nicht unerheblich, und auch der Abruf der Informationen erfordert mindestens ein Cmdlet wie New-WebServiceProxy.

Wenn es einfach nur um den Informationsaustausch geht, übergibt man die Argumente heute häufig einfach zusammen mit der URL des Webdiensts und bekommt strukturierte Daten in Form von XML oder JSON zurück. Solche Webdienste nennt man dann *RESTful*.

Wechselkurse zur Umrechnung der Reisekasse lassen sich beispielsweise via RESTful-Webdienst tagesaktuell von der Europäischen Zentralbank abrufen. Get-ExchangeRate liefert die Daten:

```
$xml = New-Object xml
$xml.Load('http://www.ecb.europa.eu/stats/eurofxref/eurofxref-daily.xml')

# aus den XML-Daten die Wechselkursinformationen ansprechen:
$xml.Envelope.Cube.Cube.Cube
```

Listing 11.30: Wechselkurse von der EZB abrufen.

Das Ergebnis sieht ähnlich aus wie das hier:

```
currency rate
-------- ----
USD      1.0933
JPY      130.58
BGN      1.9558
CZK      27.025
DKK      7.4623
GBP      0.75330
HUF      310.55
PLN      4.3982
RON      4.5093
SEK      9.3580
```

Objektorientierte Shell

```
CHF    1.1115
NOK    9.5138
HRK    7.6665
RUB   85.9910
TRY    3.2138
AUD    1.5484
BRL    4.3280
CAD    1.5234
CNY    7.1916
HKD    8.5266
IDR   15038.70
ILS    4.3320
INR   74.3900
KRW   1329.87
MXN   20.1098
MYR    4.6121
NZD    1.6560
PHP   52.370
SGD    1.5631
THB   39.199
ZAR   17.6950
```

Neue .NET-Typen finden

Es gibt keine ultimative Liste von .NET-Typen. Es gibt Tausende Typen, und ständig werden es mehr. Nur ein Bruchteil davon ist für Skriptaufgaben interessant. Daher haben Sie in diesem Kapitel bereits die wichtigsten .NET-Typen für die Systemadministration in Aktion erlebt und kennen sie jetzt.

Wenn Sie weiterforschen und neue Typen finden wollen, können Sie sich aber selbst auf die Suche begeben. Hier die drei wichtigsten Informationsquellen:

- **Type Accelerators:** PowerShell hat die wichtigsten .NET-Typen mit Kurzformen ausgestattet.

- **Typ von Objekten bestimmen:** Schauen Sie nach, wie der Typ der Objekte heißt, mit denen Sie jeden Tag arbeiten.

- **Assemblies durchsuchen:** Lassen Sie sich die Typen anzeigen, die in allen geladenen Assemblies enthalten sind.

Type Accelerators untersuchen

Die in PowerShell eingebauten Abkürzungen für .NET-Typen, die *Type Accelerators*, lassen sich auflisten, sodass Sie diese Typen anschließend untersuchen könnten:

```
$typname = 'System.Management.Automation.TypeAccelerators'
  $typ = [psobject].Assembly.GetType($typname)
  ($typ::Get).GetEnumerator() |
    Where-Object { $_.Value.FullName -notlike '*attribute' } |
    Sort-Object -Property Key
```

Listing 11.31: Eingebaute Abkürzungen für Typen sichtbar machen.

Das Ergebnis könnte ähnlich aussehen wie das hier:

```
Key                     Value
---                     -----
adsi                    System.DirectoryServices.DirectoryEntry
adsisearcher            System.DirectoryServices.DirectorySearcher
array                   System.Array
bigint                  System.Numerics.BigInteger
bool                    System.Boolean
byte                    System.Byte
char                    System.Char
cimclass                Microsoft.Management.Infrastructure.CimClass
cimconverter            Microsoft.Management.Infrastructure.CimConverter
ciminstance             Microsoft.Management.Infrastructure.CimInstance
cimtype                 Microsoft.Management.Infrastructure.CimType
cultureinfo             System.Globalization.CultureInfo
datetime                System.DateTime
decimal                 System.Decimal
double                  System.Double
float                   System.Single
guid                    System.Guid
hashtable               System.Collections.Hashtable
initialsessionstate     System.Management.Automation.Runspaces.InitialSessionState
int                     System.Int32
int16                   System.Int16
int32                   System.Int32
int64                   System.Int64
ipaddress               System.Net.IPAddress
long                    System.Int64
mailaddress             System.Net.Mail.MailAddress
NullString              System.Management.Automation.Language.NullString
PowerShell              System.Management.Automation.PowerShell
psaliasproperty         System.Management.Automation.PSAliasProperty
pscredential            System.Management.Automation.PSCredential
pscustomobject          System.Management.Automation.PSObject
pslistmodifier          System.Management.Automation.PSListModifier
psmoduleinfo            System.Management.Automation.PSModuleInfo
psnoteproperty          System.Management.Automation.PSNoteProperty
psobject                System.Management.Automation.PSObject
psprimitivedictionary   System.Management.Automation.PSPrimitiveDictionary
psscriptmethod          System.Management.Automation.PSScriptMethod
psscriptproperty        System.Management.Automation.PSScriptProperty
psvariable              System.Management.Automation.PSVariable
psvariableproperty      System.Management.Automation.PSVariableProperty
ref                     System.Management.Automation.PSReference
regex                   System.Text.RegularExpressions.Regex
runspace                System.Management.Automation.Runspaces.Runspace
runspacefactory         System.Management.Automation.Runspaces.RunspaceFactory
sbyte                   System.SByte
scriptblock             System.Management.Automation.ScriptBlock
securestring            System.Security.SecureString
single                  System.Single
string                  System.String
switch                  System.Management.Automation.SwitchParameter
timespan                System.TimeSpan
type                    System.Type
uint16                  System.UInt16
uint32                  System.UInt32
uint64                  System.UInt64
uri                     System.Uri
```

Objektorientierte Shell

version	System.Version
void	System.Void
wmi	System.Management.ManagementObject
wmiclass	System.Management.ManagementClass
wmisearcher	System.Management.ManagementObjectSearcher
xml	System.Xml.XmlDocument

Profitipp

Wenn Sie mögen, könnten Sie übrigens auch eigene Type Accelerators in die Abkürzungsliste einfügen. Sind Sie es beispielsweise leid, auf die nützlichen System.IO.Path-Funktionalitäten über [System.IO.Path] oder zumindest [IO.Path] zuzugreifen, erfinden Sie eine neue Abkürzung:

```
PS> [PSObject].Assembly.GetType('System.Management.Automation.TypeAccelerators')::Add(
'Path',[System.IO.Path])
```

```
PS> [Path]::ChangeExtension($profile, '.bak')
C:\Users\Tobias\Documents\WindowsPowerShell\Microsoft.PowerShellISE_profile.bak
```

Ab sofort könnten Sie den Typ [System.IO.Path] auch unter [Path] erreichen – allerdings natürlich nur dort, wo es Ihre neue Abkürzung gibt. Ohne sie wäre Ihr Code nicht mehr lauffähig.

.NET-Assemblies durchsuchen

Eine systematische Suche nach Typen ist ebenfalls möglich. Dazu müssen Sie sich nur etwas in der Welt der .NET-Typen auskennen:

- **Assembly:** Jeder Typ stammt aus einer Assembly. In einer Assembly lagern meistens noch viele weitere ähnliche oder verwandte Typen.
- **DLL-Datei:** Kompilierte Binärdatei (*Dynamic Link Library*), die eine oder mehrere Assemblies enthalten kann.

Typen in einer Assembly finden

Um also herauszufinden, aus welcher Assembly der Typ [System.Diagnostics.Process] stammt und welche sonstigen Typen darin noch zu finden sind, betrachten Sie den Typ als Objekt und fragen ihn einfach:

```
# den Namen der Assembly bestimmen, aus der ein bestimmter Typ stammt:
PS> [System.Diagnostics.Process].Assembly.FullName.Split(',')[0]
System

# die DLL-Datei ermitteln, aus der diese Assembly geladen wurde:
PS> [System.Diagnostics.Process].Assembly.Location
C:\Windows\Microsoft.Net\assembly\GAC_MSIL\System\v4.0_4.0.0.0__b77a5c561934e089\System.dll

# die Typen finden, die von dieser Assembly sonst noch geliefert werden:
PS> [System.Diagnostics.Process].Assembly.GetExportedTypes()
```

IsPublic	IsSerial	Name	BaseType
True	True	Regex	System.Object
True	True	MatchEvaluator	System.Multica...

```
True    True    Capture                 System.Object
True    True    CaptureCollection       System.Object
True    True    RegexCompilationInfo    System.Object
(…)
```

Das Ergebnis dürfte Sie allerdings eine Weile beschäftigen, denn Assemblies enthalten sehr viele Typen, von denen zudem viele nicht besonders nützlich sind, weil sie für interne Aufgaben gedacht sind.

Uninteressante Typen ignorieren

Um den Blick auf lohnenswerte Typen nicht zu verstellen, filtern Sie das Ergebnis am besten vor. Typen, die auf die Begriffe *Attribute, Handler, Args, Exception, Collection, Expression, Parser* und *Statement* enden, sind für andere Zwecke gedacht als diejenigen, die PowerShell hier nutzen will, und können deshalb schon einmal gestrichen werden. Dasselbe gilt für nicht öffentliche Typen und solche, die keine Klassen sind:

```
[System.Diagnostics.Process].Assembly.GetExportedTypes() |
  Where-Object { $_.isPublic} |
  Where-Object { $_.isClass } |
  Where-Object { $_.Name
    -notmatch '(Attribute|Handler|Args|Exception|Collection|Expression|Parser|Statement)$' } |
  Select-Object -Property Name, FullName |
  Out-GridView
```

Listing 11.32: Uninteressante Typen entfernen.

Das im GridView erscheinende Ergebnis können Sie wie üblich im Textfeld ganz oben nach Stichwörtern filtern. Geben Sie hier beispielsweise Sound ein, entdecken Sie gleich drei vielversprechende Typen (Abbildung 11.9).

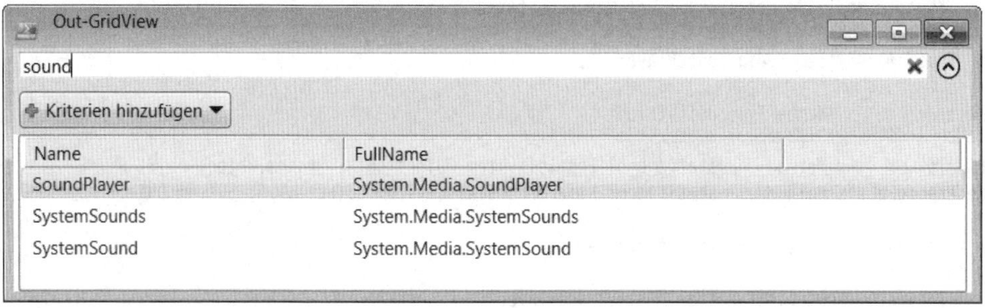

Abbildung 11.9: Nach Stichwörtern in verfügbaren Typen suchen.

Gefundenen Typ untersuchen

Sie wissen nun zwar noch nicht, ob diese Typen statisch oder dynamisch eingesetzt werden – ob also der Typ selbst bereits interessante Member hat oder Sie zuerst mit New-Object ein Objekt von diesem Typ instanziieren müssen –, aber das ist durch Ausprobieren schnell herauszufinden. Der folgende Code gibt einen Eindruck davon, wie Sie vorgehen müssen, und zeigt zudem, wie der Typ System.Media.SystemSounds dazu genutzt werden kann, die Windows-Standardklänge abzuspielen (die Sie natürlich nur hören, wenn Sie Ihren Lautsprecher einschalten und der jeweilige Sound unter *Systemsteuerung/Sound/Sounds/Programmereignisse* nicht deaktiviert wurde):

```
# verfügt der Typ über statische Member? Ja:
PS> [System.Media.SystemSounds] | Get-Member -Static


    TypeName: System.Media.SystemSounds

Name            MemberType Definition
----            ---------- ----------
Equals          Method     static bool Equals(System.Object objA, System.Object objB)
ReferenceEquals Method     static bool ReferenceEquals(System.Object objA, System.Object objB)
Asterisk        Property   static System.Media.SystemSound Asterisk {get;}
Beep            Property   static System.Media.SystemSound Beep {get;}
Exclamation     Property   static System.Media.SystemSound Exclamation {get;}
Hand            Property   static System.Media.SystemSound Hand {get;}
Question        Property   static System.Media.SystemSound Question {get;}


# schauen, was die Eigenschaften liefern:
PS> [System.Media.SystemSounds]::Beep
System.Media.SystemSound

# geliefert wird ein Objekt, also in Variable speichern:
PS> $beep = [System.Media.SystemSounds]::Beep

# verfügt das Objekt über Methoden? Ja:
PS> $beep.Play()

# alles kombiniert in einer Zeile:
PS> [System.Media.SystemSounds]::Beep.Play()
```

Der Typ System.Media.SoundPlayer ist sogar noch interessanter, denn er kann beliebige Klänge abspielen, die im WAV-Format vorliegen:

```
# verfügt der Typ selbst über statische Methoden?
# nein, nur die Standardmethoden:
PS> [System.Media.SoundPlayer] | Get-Member -Static


    TypeName: System.Media.SoundPlayer

Name            MemberType Definition
----            ---------- ----------
Equals          Method     static bool Equals(System.Object objA, System.Object objB)
ReferenceEquals Method     static bool ReferenceEquals(System.Object objA, System.Object objB)


# kann man von ihm ein Objekt instanziieren?
# ja:
PS> $player = New-Object System.Media.SoundPlayer
PS> $player | Get-Member


    TypeName: System.Media.SoundPlayer

Name                 MemberType Definition
----                 ---------- ----------
Disposed             Event      System.EventHandler Disposed(System.Object, System.EventArgs)
LoadCompleted        Event      System.ComponentModel.AsyncCompletedEventHandler LoadComple...
SoundLocationChanged Event      System.EventHandler SoundLocationChanged(System.Object, Sys...
StreamChanged        Event      System.EventHandler StreamChanged(System.Object, System.Eve...
CreateObjRef         Method     System.Runtime.Remoting.ObjRef CreateObjRef(type requestedT...
Dispose              Method     void Dispose(), void IDisposable.Dispose()
Equals               Method     bool Equals(System.Object obj)
GetHashCode          Method     int GetHashCode()
GetLifetimeService   Method     System.Object GetLifetimeService()
```

```
GetObjectData              Method     void ISerializable.GetObjectData(System.Runtime.Serializati...
GetType                    Method     type GetType()
InitializeLifetimeService  Method     System.Object InitializeLifetimeService()
Load                       Method     void Load()
LoadAsync                  Method     void LoadAsync()
Play                       Method     void Play()
PlayLooping                Method     void PlayLooping()
PlaySync                   Method     void PlaySync()
Stop                       Method     void Stop()
ToString                   Method     string ToString()
Container                  Property   System.ComponentModel.IContainer Container {get;}
IsLoadCompleted            Property   bool IsLoadCompleted {get;}
LoadTimeout                Property   int LoadTimeout {get;set;}
Site                       Property   System.ComponentModel.ISite Site {get;set;}
SoundLocation              Property   string SoundLocation {get;set;}
Stream                     Property   System.IO.Stream Stream {get;set;}
Tag                        Property   System.Object Tag {get;set;}
```

Und so spielen Sie eine Klangdatei ab:

```
PS> $player = New-Object System.Media.SoundPlayer
PS> $player.SoundLocation = "$env:windir\Media\notify.wav"
PS> $player.Play()
```

Sollte sich New-Object weigern, ein Objekt von einem bestimmten Typ zu instanziieren, wissen Sie bereits, wie Sie sich die Konstruktoren des Typs anschauen. Sie legen hinter den Kulissen die neuen Objekte an, indem Sie New-Object verwenden, und manchmal benötigen sie Zusatzinformationen von Ihnen:

```
PS> [System.Media.SoundPlayer].GetConstructors() | ForEach-Object { $_.ToString() }
Void .ctor()
Void .ctor(System.String)
Void .ctor(System.IO.Stream)
```

Zwar konnten Sie vom Typ System.Media.SoundPlayer auch ohne Angabe weiterer Informationen ein Objekt instanziieren, denn einer der Konstruktoren benötigt keine Argumente, die anderen sind aber auch interessant. Einer von ihnen akzeptiert einen String, und wie sich herausstellt, darf das der Dateiname der Klangdatei sein. Damit verkürzt sich der Code zu:

```
PS> $player = New-Object System.Media.SoundPlayer "$env:windir\Media\notify.wav"
PS> $player.Play()
```

Oder zu:

```
PS> (New-Object System.Media.SoundPlayer "$env:windir\Media\notify.wav").Play()
```

Typen nach Stichwort suchen

Weil die Suche nach Typen spannend sein kann, folgt jetzt eine Reihe von Suchfunktionen. Diese sollen aber nicht nur eine Assembly durchsuchen, sondern alle Assemblies, die Power-Shell gerade geladen hat. Zum Glück kann man die geladenen Assemblies erfragen:

```
PS> [AppDomain]::CurrentDomain.GetAssemblies()
```

Die Funktion `Find-TypeByName` akzeptiert ein beliebiges Suchwort und liefert die Typen, bei denen das Suchwort im Namen vorkommt:

```
function Find-TypeByName
{
  param
  (
    [Parameter(Mandatory=$true)]
    $Keyword
  )

  [AppDomain]::CurrentDomain.GetAssemblies() |
    ForEach-Object { try { $_.GetExportedTypes() } catch {} } |
    Where-Object { $_.isPublic} |
    Where-Object { $_.isClass } |
    Where-Object { $_.Name -notmatch '(Attribute|Handler|Args|Exception|Collection|Expression)$' }|
    Where-Object { $_.Name -like "*$Keyword*" } |
    Select-Object -Property Name, FullName
}
```

Listing 11.33: Neue Typen per Stichwort finden.

Schauen Sie doch mal nach, welche Typen mit Dialogfeldern zu tun haben:

```
PS> Find-TypeByName 'dialog' | Out-GridView
```

Das Ergebnis wird im GridView angezeigt und kann wieder per Stichworteingabe gefiltert werden (Abbildung 11.10).

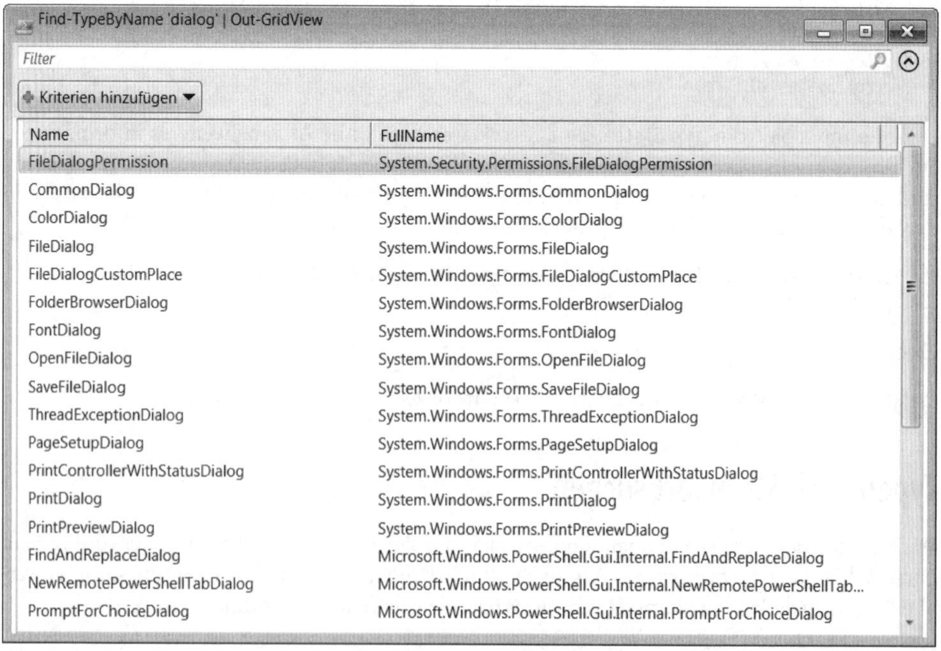

Abbildung 11.10: Typen, die alle mit Dialogfeldern zu tun haben.

Hinweis

Das Ergebnis von `Find-TypeByName` hängt ein wenig davon ab, von wo aus Sie die Funktion aufrufen. In ISE werden zahlreiche Dialogfeldtypen gefunden. Starten Sie die Suche dagegen aus der PowerShell-Konsole, ist das Ergebnis dürftiger. `Find-TypeByName` durchsucht alle geladenen Assemblies, und wie sich zeigt, lädt die PowerShell-Konsole sehr viel weniger Assemblies als ISE.

Typen mit bestimmten Befehlen finden

Die folgende Funktion `Find-TypeByCommandName` findet alle Typen, die eine Methode enthalten, die Ihrem Stichwort entspricht:

```
function Find-TypeByCommandName
{
  param
  (
    [Parameter(Mandatory=$true)]
    $Keyword
  )

  # diese Methoden sind zu allgemein, ausschließen:
  $excludeAll = 'Invoke|InitializeLifetimeService|GetType|GetHashCode|Equals|Dispose'

  # diese Namensendung wird für asynchrone Aufrufe benötigt, ausschließen:
  $excludeEnding = 'Async'

  # diese Präfixe sind Methoden, die Eigenschaften und Operatoren abbilden. Ausschließen:
  $excludeStarting = 'get_|set_|op_|add_|remove_'

  [AppDomain]::CurrentDomain.GetAssemblies() |
  ForEach-Object { try { $_.GetExportedTypes() } catch {} } |
  Where-Object { $_.isPublic} |
  Where-Object { $_.isClass } |
  Where-Object { $_.Name -notmatch '(Attribute|Handler|Args|Exception|Collection|Expression)$' }|
  # nur Methoden, die dem Schlüsselwort entsprechen, und Doppelgänger ausschließen:
  ForEach-Object { $_.GetMethods() | Where-Object { $_.Name -like $Keyword } |
  Sort-Object Name -Unique } |
  # die allgemeinen Methoden nach den Ausschlusslisten entfernen:
  Where-Object { $_.Name -notmatch "^($excludeStarting)" } |
  Where-Object { $_.Name -notmatch "($excludeEnding)$" } |
  Where-Object { $_.Name -notmatch "$excludeAll" } |
  Select-Object -Property Name, DeclaringType
}
```

Listing 11.34: Typen finden, die einen bestimmten Befehl enthalten.

Ab sofort können Sie Typen finden, die ein bestimmtes Befehlswort enthalten. Für das Stichwort `Network` gehen Sie beispielsweise folgendermaßen vor:

```
PS> Find-TypeByCommandName '*Network*' | Out-GridView
```

Die Suche kann einen Moment dauern, doch schnell füllt sich das GridView mit interessant klingenden Methodennamen und den Typen, die diese Methoden bereitstellen (Abbildung 11.11).

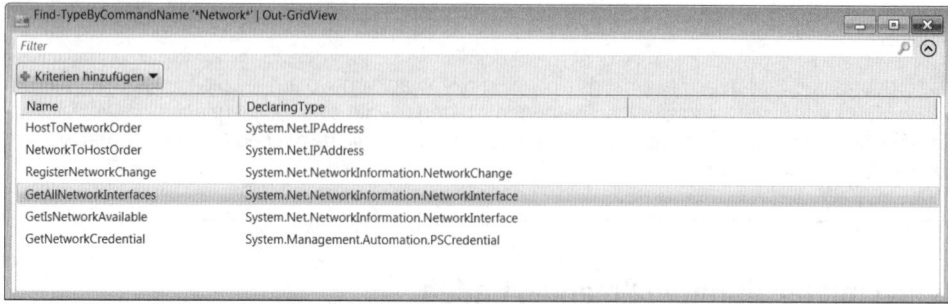

Abbildung 11.11: Typen finden, die Befehle mit dem Stichwort »Network« enthalten.

Wieder muss experimentiert werden, um herauszufinden, ob die Typen statisch oder dynamisch verwendet werden. Die Ergebnisse können Sie sich aber anzeigen lassen:

```
PS> [System.Net.NetworkInformation.NetworkInterface]::GetIsNetworkAvailable()
True

PS> $online = [System.Net.NetworkInformation.NetworkInterface]::GetIsNetworkAvailable()
PS> if ($online) { 'Ich bin online' } else { 'Ich bin offline' }
Ich bin online

PS> [System.Net.NetworkInformation.NetworkInterface]::GetAllNetworkInterfaces() |
Select-Object -Property Description, Speed, OperationalStatus
```

Description	Speed	OperationalStatus
Intel(R) Centrino(R) Advanced-...	87000000	Up
Software Loopback Interface 1	1073741824	Up
Microsoft-ISATAP-Adapter	100000	Down
Teredo Tunneling Pseudo-Interface	100000	Up

Typen nachladen

Wenn Sie damit beginnen, in Ihren Skripten .NET-Typen zu verwenden, sollten Sie parallel ein Verständnis dafür entwickeln, von wo der verwendete Typ eigentlich stammt und ob er automatisch geladen wird oder erst noch nachgeladen werden muss.

Da der ISE-Editor mehr Assemblies lädt als die Konsole, kann es nämlich sein, dass Sie in der ISE auf Typen zugreifen können, die in der Konsole noch gar nicht geladen sind. Ein Beispiel ist der Typ Microsoft.Win32.OpenFileDialog.

Assembly-Namen feststellen

Wenn Sie also mit Typen umgehen, lassen Sie sich mit der folgenden Zeile anzeigen, aus welcher Assembly dieser Typ eigentlich stammt:

```
PS> [Microsoft.Win32.OpenFileDialog].Assembly.FullName.Split(',')[0]
PresentationFramework

PS> [String].Assembly.FullName.Split(',')[0]
mscorlib
```

```
PS> [System.Diagnostics.Process].Assembly.FullName.Split(',')[0]
System
```

Die Assemblies mscorlib und system werden immer automatisch geladen, aber die Assembly PresentationFramework nur vom ISE-Editor. Diese Assembly ist für Fenster zuständig, und Fenster benötigt die PowerShell-Konsole normalerweise nicht.

Aktuell geladene Assemblies auflisten

Um nun festzustellen, ob eine Assembly automatisch von PowerShell geladen wird oder erst noch nachgeladen werden muss, öffnet man am besten eine frische PowerShell-Konsole ohne Profilskipte (nicht den ISE-Editor) und lässt sich dann mit der folgenden Zeile die automatisch geladenen Assemblies ausgeben:

```
Start-Process PowerShell.exe -ArgumentList '-noprofile -command [AppDomain]::CurrentDomain.GetAsse
mblies().Fullname.Foreach{$_.Split('','')[0]} | Sort-Object | clip'
```

Listing 11.35: Namensliste der automatisch geladenen Assemblies für die PowerShell-Konsole erstellen.

Die Liste der Standard-Assemblies, die von PowerShell immer geladen werden, befindet sich jetzt in der Zwischenablage und kann von dort zum Beispiel in einen Editor eingefügt werden. Alle Assemblies, die nicht in dieser Liste genannt sind, müssen stets nachgeladen werden.

Zusätzliche Assembly nachladen

Wird eine spezielle Assembly wie PresentationFramework benötigt, lädt man sie mit Add-Type nach. Sie sollten Add-Type im Zweifel großzügig einsetzen. Falls der Typ schon geladen war, bemerkt PowerShell das und lädt ihn kein zweites Mal. Die folgende Zeile lädt die Assembly PresentationFramework nach:

```
PS> Add-Type -AssemblyName PresentationFramework
```

Assembly aus Datei nachladen

Alle Assemblies des Betriebssystems befinden sich im sogenannten *Global Assembly Cache* (GAC) und können von dort aus über ihren Namen angesprochen werden. Liegt die Assembly hingegen als Datei an einem anderen Ort vor, geben Sie stattdessen den Pfadnamen zur Assembly-Datei an.

Auch Assemblies aus dem GAC werden schlussendlich über einen Pfadnamen geladen. Der GAC erspart Ihnen lediglich die Angabe des kompletten Pfadnamens.

```
PS> [Microsoft.Win32.OpenFileDialog].Assembly.Location
C:\WINDOWS\Microsoft.Net\assembly\GAC_MSIL\PresentationFramework\v4.0_4.0.0.0__31bf3856ad364e35\Pr
esentationFramework.dll

PS> $path = [Microsoft.Win32.OpenFileDialog].Assembly.Location
PS> Add-Type -Path $path
```

Objektorientierte Shell

Testaufgaben

Aufgabe: Schauen Sie sich den folgenden Code an. Können Sie erklären, was hier passiert?

```
$auswahl = [System.Management.Automation.Host.ChoiceDescription[]]('&Ja','&Nein')
$antwort = $Host.UI.PromptForChoice('Reboot', 'Darf das System jetzt neu gestartet werden?',
$auswahl,1)
```

Listing 11.36: Ein konsolenbasiertes Auswahlmenü anzeigen.

```
Reboot
Darf das System jetzt neu gestartet werden?
[J] Ja  [N] Nein  [?] Hilfe (Standard ist "N"): j
```

Lösung: Das PowerShell-Objekt $Host enthält eine eigene Methode namens `PromptForChoice()`, mit der eine Art textbasierte »MsgBox« erzeugen kann, die PowerShell auch eifrig für eigene Rückfragen nutzt. Möchte man diese Methode ebenfalls nutzen, muss man ihr die passenden Argumente übergeben. Eines davon, nämlich die möglichen Antworten, muss in einem besonderen Typ vorliegen, nämlich als Array von `System.Management.Automation.Host.ChoiceDescription`-Objekten. Diese beschafft sich der Code durch Umwandlung. Das Ergebnis, also die Antwort des Benutzers, wird in $antwort geliefert und ist eine Zahl, die angibt, welche der möglichen Antworten gewählt wurde. Der Wert 0 steht für die erste angebotene Antwortmöglichkeit, der Wert 1 entsprechend für die zweite usw.

Da der ISE-Editor übrigens keine echte eigene Konsole besitzt, werden dort die Meldungen in einem Dialogfeld angezeigt.

Aufgabe: Können Sie sich vorstellen, was die folgenden Zeilen bewirken?

```
$prozessklasse = [wmiclass]"Win32_Process"
[void]$prozessklasse.Create("notepad.exe")
```

Lösung: [wmiclass] ist ein Typ, und zwar genau genommen eine Abkürzung für den etwas unhandlichen Typnamen `System.Management.ManagementClass`:

```
PS> [wmiclass].FullName
System.Management.ManagementClass
```

Mit diesem Typ kann man neue WMI-Instanzen generieren, zum Beispiel eine neue WMI-Prozessinstanz. Diese verfügt über eine Methode namens `Create()`, die danach beliebige Prozesse startet. Hier wird der Windows-Editor gestartet – was allerdings die Frage aufwirft, warum man überhaupt den Windows-Editor auf so komplizierte Weise starten sollte, wenn es doch mit dem direkten Aufruf sehr viel bequemer geht:

```
PS> notepad.exe
```

Der Grund: WMI ist eine remotefähige Technik und kann Prozesse auch remote auf einem anderen Computer starten.

Achtung

Wenn Sie darauf zurückgreifen, erscheint auf dem Remotesystem allerdings kein Fenster, das Programm läuft also unsichtbar im Hintergrund. Deshalb dürfen Sie auf diese Weise nur Programme starten, die erstens unbeaufsichtigt laufen können und zweitens von allein wieder enden.

Möchten Sie zum Beispiel auf einem Remotesystem namens storage1 einen bestimmten Dienst stoppen, könnten Sie das folgendermaßen durchführen:

```
PS> $prozessklasse = [wmiclass]"\\storage1\root\cimv2:Win32_Process"
PS> $prozessklasse.Create("net stop winrm")

__GENUS           : 2
__CLASS           : __PARAMETERS
__SUPERCLASS      :
__DYNASTY         : __PARAMETERS
__RELPATH         :
__PROPERTY_COUNT  : 2
__DERIVATION      : {}
__SERVER          :
__NAMESPACE       :
__PATH            :
ProcessId         : 3312
ReturnValue       : 0
```

Den Erfolg können Sie wieder mit Cmdlets überprüfen, denn Get-Service ist im Gegensatz zu Start-Service oder Stop-Service von sich aus remotefähig:

```
PS> Get-Service winrm -ComputerName storage1

Status   Name         DisplayName
------   ----         -----------
Stopped  winrm        Windows Remote Management (WS-Manag...
```

Aufgabe: Wie können Sie den nächsten freien Laufwerkbuchstaben ermitteln?

Lösung: Generieren Sie zuerst alle Laufwerkbuchstaben, die es gibt:

```
PS> 65..90 | ForEach-Object { '{0}:' -f ([Char]$_) }
A:
B:
C:
D:
(…)
```

Anschließend prüfen Sie beispielsweise, ob es zum jeweiligen Laufwerkbuchstaben eine passende Instanz der WMI-Klasse Win32_LogicalDisk gibt. Falls nicht, haben Sie einen freien Laufwerkbuchstaben gefunden:

```
PS> 65..90 | ForEach-Object { '{0}:' -f ([Char]$_) } | Where-Object { ("Win32_LogicalDisk='$_'" -as
[wmi]) -eq $null }
A:
B:
G:
H:
(…)
```

Sind Sie nur am ersten freien Laufwerkbuchstaben interessiert und möchten die Laufwerkbuchstaben A: bis C: aussparen, beginnen Sie die Suche beim ASCII-Code 68 und leiten das Ergebnis an Select-Object -First 1 weiter:

```
PS> 68..90 | ForEach-Object { '{0}:' -f ([Char]$_) } | Where-Object { ("Win32_LogicalDisk='$_'" -as
[wmi]) -eq $null } | Select-Object -First 1
G:
```

Auf diese Weise können Sie in einem Log-in-Skript beispielsweise Netzlaufwerke mit dem ersten verfügbaren Laufwerkbuchstaben verbinden:

```
PS> $laufwerk = 68..90 | ForEach-Object { '{0}:' -f ([Char]$_) } | Where-Object { ("Win32_LogicalD
isk='$_'" -as [wmi]) -eq $null } | Select-Object -First 1
PS> net use $laufwerk \\127.0.0.1\c$
Der Befehl wurde erfolgreich ausgeführt.
```

Allerdings hätte net use dies auch sehr viel einfacher für Sie bewerkstelligt:

```
net use * \\127.0.0.1\c$
Laufwerk Y: ist jetzt mit \\127.0.0.1\c$ verbunden.

Der Befehl wurde erfolgreich ausgeführt.
```

Aufgabe: Sie wissen, dass der Typ DateTime die Methode FromFileTime() unterstützt, mit der man Systemticks (die kleinste Zeiteinheit in Windows) in Datumsangaben umrechnen kann:

```
PS> [datetime]::FromFileTime(0)
Montag, 1. Januar 1601 01:00:00
```

Jetzt möchten Sie gern herausfinden, welche nützlichen Befehle sonst noch in diesem Typ schlummern. Allerdings liefert Get-Member ganz unerwartete Befehle, und FromFileTime() wird darin überhaupt nicht genannt:

```
PS> [datetime] | Get-Member


    TypeName: System.RuntimeType

Name            MemberType Definition
----            ---------- ----------
Clone           Method     System.Object Clone()
Equals          Method     bool Equals(System.Object obj), bool Equals(...
FindInterfaces  Method     type[] FindInterfaces(System.Reflection.Type...
FindMembers     Method     System.Reflection.MemberInfo[] FindMembers(S...
GetArrayRank    Method     int GetArrayRank()
(…)
```

Warum?

Lösung: Sie haben vergessen, bei Get-Member den Parameter -Static anzugeben. Ohne diesen Parameter liefert Get-Member immer die (dynamischen) Objektmember. Wie sich zeigt, enthalten Typen neben den statischen Membern auch eigene dynamische Member. Die sind für alle Typen gleich und verraten Ihnen zum Beispiel, aus welcher .NET-Assembly dieser Typ stammt und welche Eigenschaften und Methoden darin definiert sind. Diese dynamischen Methoden werden von Get-Member intern genutzt, um seine Ergebnisse zu produzieren. Sie haben in diesem Kapitel ja schon etwas darüber erfahren.

Teil C
Automationssprache

Kapitel 12
Einfache Funktionen

Automationssprache

Ausführlich werden in diesem Kapitel die folgenden Aspekte erläutert:

- **Selbst definierte neue Befehle:** Mit dem Schlüsselwort `function` lassen sich neue selbst definierte Befehle herstellen. Wird der Name der selbst definierten Funktion später eingegeben, führt PowerShell den mit diesem Namen assoziierten PowerShell-Code aus.

- **Hilfe und Dokumentation:** Funktionen verwenden dasselbe Hilfesystem wie Cmdlets. Während die Hilfe für Cmdlets üblicherweise mit `Update-Help` aus dem Internet direkt vom Hersteller nachgeladen wird, definieren Funktionen ihre Hilfe und Beispiele in Form von Kommentaren direkt in der Funktion. Ein Anwender bemerkt diesen Unterschied indes nicht und kann die Hilfe wie gewohnt über `Get-Help` abrufen und anzeigen.

- **Module stellen Funktionen überall bereit:** Wird eine Funktion als Modul an einem der Orte gespeichert, die PowerShell überwacht (`$env:PSModulePath`), steht die Funktion automatisch in allen PowerShell-Umgebungen sofort zur Verfügung. Sie braucht also nicht mehr umständlich von Hand nachgeladen zu werden und verhält sich wie jeder andere eingebaute Befehl auch.

- **Parameter:** Funktionen erhalten Zusatzinformationen über Parameter und verhalten sich aus Anwendersicht genau wie Cmdlets. Parameter sind im Grunde genommen öffentliche Variablen, die der Verwender einer Funktion beim Aufruf mit eigenen Werten füllen kann. Die Funktion kann danach auf diese Werte zugreifen.

- **Rückgabewerte festlegen:** Alle Informationen, die innerhalb einer Funktion einfach »liegen gelassen«, also nicht einer Variablen zugewiesen werden, leitet die Funktion automatisch an seinen Output-Stream um. Dasselbe geschieht, wenn `Write-Output` oder das Schlüsselwort `return` eingesetzt wird. Ist die Funktion beendet, werden alle Informationen im Output-Stream zurückgegeben. Handelt es sich um mehr als eine Information, wird daraus automatisch ein Array erzeugt.

In den vergangenen Kapiteln haben Sie vielfältige Aufgaben mit Cmdlets gemeistert. Nicht jedes Problem ließ sich sofort mit einem passenden Cmdlet lösen, aber mithilfe von Variablen, der Pipeline und den Operatoren konnte man häufig die passenden Ergebnisse erzielen.

Einfacher wäre es indes, wenn das nicht nötig wäre. Einfacher wäre es, wenn für Ihr ganz konkretes Problem bereits ein maßgeschneidertes Cmdlet existieren würde, dem man nur noch die passenden Argumente zu übergeben bräuchte.

Genau das ist möglich. Zwar dürfen Sie nicht erwarten, dass Microsoft selbst die passenden Cmdlets für Ihre konkreten Probleme frei Haus liefert, aber PowerShell ist ein erweiterbares System. Sie selbst können neue Befehle in Form sogenannter Funktionen hinzufügen. Diese Funktionen werden rein mit Bordmitteln hergestellt und verhalten sich genau wie die mitgelieferten Cmdlets. Immer dann, wenn Sie eine bestimmte Aufgabe immer wieder lösen müssen und es dafür (noch) keinen maßgeschneiderten simplen Befehl gibt, rüsten Sie diesen fehlenden Befehl durch eine neue Funktion nach.

Funktionen *vereinfachen* also Dinge, denn künftig brauchen Sie nicht mehr zahllose einzelne Befehle, Pipelines und Variablen im Kopf zu behalten, nur um eine wiederkehrende Aufgabe immer wieder zu lösen. Stattdessen greifen Sie jetzt auf Ihre neue Funktion zurück.

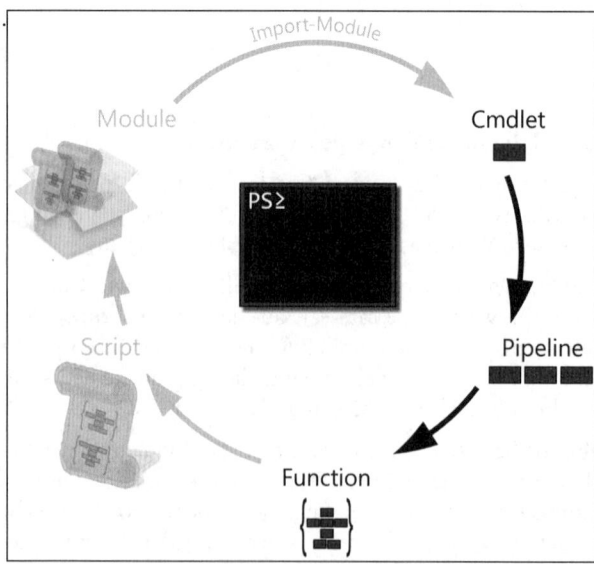

Abbildung 12.1: Funktionen fassen mehrere Befehle zu einem neuen Befehl zusammen.

Alles Wichtige: ein Überblick

Skripte und Funktionen werden am besten mit der PowerShell ISE erstellt. Die ISE öffnen Sie aus einer PowerShell-Konsole heraus mit dem Befehl ise (sofern Sie nicht ohnehin bereits die ISE benutzen). Mit der Tastenkombination ⌨Strg+⌨R kann der Skripteditor ein- und ausgeblendet werden. Und über die grüne Playtaste (oder einen Druck auf ⌨F5) wird der Code im Editor ausgeführt.

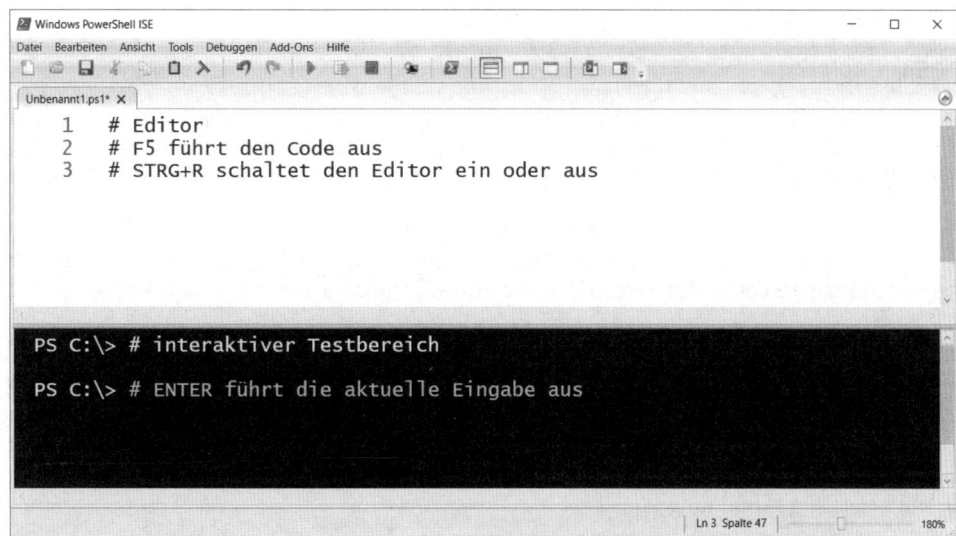

Abbildung 12.2: Skripte und Funktionen lassen sich mit dem ISE-Editor schnell erstellen und testen.

Eigene Funktionen herstellen

Vielleicht wollen Sie immer wieder einmal den Systemstatus von Computern überprüfen und setzen dazu möglicherweise die folgenden Zeilen ein, die alle Fehler und Warnungen der letzten 48 Stunden aus dem Systemlogbuch auslesen:

```
$Heute = Get-Date
$Differenz = New-TimeSpan -Hours 48
$Stichtag = $Heute - $Differenz
Get-EventLog -LogName System -EntryType Error, Warning -After $Stichtag |
  Select-Object -Property TimeGenerated, Message
```

Listing 12.1: Fehlerereignisse der letzten 48 Stunden auslesen.

Das funktioniert zwar wunschgemäß, aber wenn Sie so etwas häufiger tun müssen, werden Sie sich nicht jedes Mal an diesen Code erinnern wollen. Viel einfacher wird es, wenn Sie den Code zu einer neuen Funktion zusammenfassen.

Dazu wird der Code lediglich in geschwungene Klammern gesetzt. Geschwungene Klammern markieren Code, der nicht sofort ausgeführt wird. Diesen Code nennt man einen »Skriptblock«. Mit dem Schlüsselbegriff function weisen Sie dem Skriptblock anschließend noch einen neuen Namen zu – fertig ist Ihr neuer Befehl namens Get-CriticalEvent:

Automationssprache

```
function Get-CriticalEvent
{
  $Heute = Get-Date
  $Differenz = New-TimeSpan -Hours 48
  $Stichtag = $Heute - $Differenz
  Get-EventLog -LogName System -EntryType Error, Warning -After $Stichtag |
    Select-Object -Property TimeGenerated, Message
}
```

Listing 12.2: Eine neue Funktion namens Get-CriticalEvent.

Profitipp

Sie dürfen Sie Ihre Funktion benennen, wie Sie mögen. Besser ist aber, sich an der Namenssyntax von Cmdlets zu orientieren. Verwenden Sie also einen englischen Doppelnamen, bei dem das erste Wort ein Verb ist (am besten eines aus der Liste, die **Get-Verb** liefert) und das zweite Wort ein Substantiv in Einzahl.

Auf diese Weise sorgen Sie dafür, dass sich Ihre neue Funktion später harmonisch eingliedert und mit denselben Strategien gefunden werden kann, die man auch für die Suche nach Cmdlets einsetzt.

Wenn Sie Listing 12.2 ausführen, geschieht auf den ersten Blick gar nichts. Da der Code in geschwungenen Klammern stand, wurde er eben nicht ausgeführt. Passiert ist aber dennoch etwas: PowerShell hat den Skriptblock an den von Ihnen gewählten Namen Get-CriticalEvent geknüpft, und damit haben Sie den Wortschatz Ihrer PowerShell soeben um einen neuen Befehl bereichert (Abbildung 12.3).

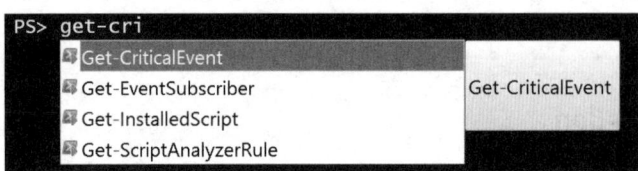

Abbildung 12.3: Der ISE-Editor zeigt den neuen Befehl im IntelliSense-Menü an.

Wenn Sie also künftig die Fehler und Warnungen der letzten 48 Stunden abrufen wollen, genügt ab sofort ein einziger Befehl:

```
PS> Get-CriticalEvent
```

Auch die Suche im Befehlsverzeichnis der ISE funktioniert: Ihre neue Funktion wird darin genauso berücksichtigt und angezeigt wie alle übrigen Befehle. Sie würden Ihren neuen Befehl also sogar nächste Woche wiederfinden, wenn Sie vor demselben Problem stehen.

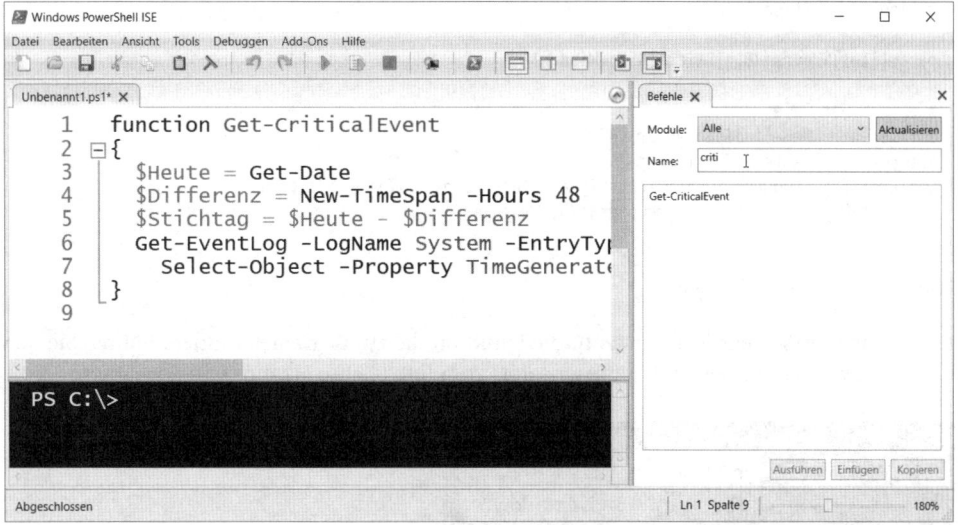

Abbildung 12.4: Ihre neue Funktion erscheint im Befehlsverzeichnis der ISE.

Hinweis

Einstweilen ist die Lebensdauer von `Get-CriticalEvent` noch etwas begrenzt, und der Befehl steht auch nur in derjenigen ISE zur Verfügung, in der Sie ihn definiert haben. Wie Sie eigene Befehle permanent verfügbar machen, erfahren Sie etwas weiter unten in diesem Kapitel.

Parameter definieren

Cmdlets sind besonders vielseitig, weil sie über Parameter verfügen, mit denen der Anwender seine Wünsche äußern kann. `Get-CriticalEvent` verfügt noch über keine Parameter, tut also bei jedem Aufruf immer dasselbe.

Vielleicht wäre es aber schön, wenn der Befehl nicht nur die Fehler und Warnungen der letzten 48 Stunden ausgäbe, sondern den Zeitbereich wählbar machen würde. Und vielleicht würden Sie die Informationen wahlweise auch gern einmal in einem Fenster ausgeben.

Die Funktion soll also zwei Parameter erhalten:

- **Hours:** Die Anzahl der Stunden, die das Zeitfenster umfassen soll. Der Vorgabewert soll 48 Stunden betragen. Der Datentyp soll Integer sein (`[Int]`), also ganze Zahlen umfassen.

- **ShowWindow:** Ein Switch-Parameter, der die Ergebnisse in einem GridView-Fenster anzeigt, wenn er angegeben wird. Sein Datentyp ist also `[Switch]`.

Parameter sind »öffentliche Variablen«. Während alle anderen Variablen, die Sie innerhalb Ihrer Funktion anlegen, auch nur innerhalb der Funktion gelten und nach Beenden der Funktion automatisch wieder entsorgt werden, kann der Wert von öffentlichen Variablen, den Parametern also, vom Aufrufer festgelegt werden.

Diese öffentlichen Variablen werden mit einem `param()`-Block als kommaseparierte Liste festgelegt. Der `param()`-Block muss die erste Anweisung innerhalb der Funktion sein und könnte so aussehen:

```
function Get-CriticalEvent
{
  param([Int]$Hours=48, [Switch]$ShowWindow)

  $Heute = Get-Date
  $Differenz = New-TimeSpan -Hours 48
  $Stichtag = $Heute - $Differenz
  Get-EventLog -LogName System -EntryType Error, Warning -After $Stichtag |
    Select-Object -Property TimeGenerated, Message
}
```

Listing 12.3: Parameter definieren.

Allein durch diese neue Zeile gewinnt die Funktion die zwei Parameter hinzu. Führen Sie den Code aus, werden die beiden Parameter sofort vom IntelliSense erkannt und angeboten.

Abbildung 12.5: Funktionsparameter werden von IntelliSense erfasst und funktionieren genauso wie bei Cmdlets.

Auch die Hilfe zeigt die Syntax Ihres neuen Befehls korrekt an, wie Sie feststellen werden, wenn Sie innerhalb von ISE (Skriptbereich oder Konsolenbereich) auf Get-CriticalEvent klicken und F1 drücken. Die Namen der Variablen, die Sie im param()-Block aufgelistet haben, werden also zu den Namen der Parameter.

Hilfe zu "Get-CriticalEvent"	— ☐ ✕

Suchen: [   ]   Zurück   Weiter   Einstellungen

Übersicht

```
    Get-CriticalEvent [[-Hours] <int>] [-ShowWindow]
```

Syntax
```
    Get-CriticalEvent [[-Hours] <int>] [[-ShowWindow] ] [<Allgemeine
Parameter>]
```

170%

Abbildung 12.6: Automatisch generierte Hilfe für Ihre neue Funktion.

Hinweis

Es gibt viele Schreibweisen für den param()-Block. Sie können ihn als eine einzige Zeile formulieren, so wie in Listing 12.3. Sie können ihn aber auch der Übersichtlichkeit wegen in mehrere Zeilen aufteilen:

```
function Get-CriticalEvent
{
  param
  (
    # Das Zeitfenster in Stunden, das berücksichtigt werden soll
```

```
    [Int]
    $Hours=48, # <- wichtig, Komma nicht vergessen!

    # zeigt die Ergebnisse in einem Fenster an
    [Switch]
    $ShowWindow
  )

  $Heute = Get-Date
  $Differenz = New-TimeSpan -Hours 48
  $Stichtag = $Heute - $Differenz
  Get-EventLog -LogName System -EntryType Error, Warning -After $Stichtag |
    Select-Object -Property TimeGenerated, Message
}
```

Listing 12.4: Parameter mehrzeilig definieren.

Nur eins dürfen Sie nie vergessen: Der `param()`-Block erwartet eine kommaseparierte Liste. Das Komma zwischen den einzelnen Parametern darf also nicht fehlen.

Es gibt übrigens auch eine vereinfachte Syntax, die etwas an VBScript erinnert und bei der die Parameter direkt hinter dem Funktionsnamen definiert werden.

```
function Get-CriticalEvent([Int]$Hours=48,[Switch]$ShowWindow)
{
  $Heute = Get-Date
  $Differenz = New-TimeSpan -Hours 48
  $Stichtag = $Heute - $Differenz
  Get-EventLog -LogName System -EntryType Error, Warning -After $Stichtag |
    Select-Object -Property TimeGenerated, Message
}
```

Listing 12.5: Parameter können auch direkt hinter dem Funktionsnamen angegeben werden.

Gewöhnen sollten Sie sich an diese Syntax aber besser nicht, denn ein `param()`-Block ist wesentlich universeller, bietet genügend Platz für erklärende Kommentare und funktioniert zum Beispiel auch bei Skripten.

Parameter implementieren

Zwar verfügt `Get-CriticalEvent` nun über zwei Parameter, mit denen der Anwender Informationen an die Funktion übergeben kann, nur verwendet die Funktion diese Informationen bis jetzt noch nicht. Damit die Parameter ihre Wirkung entfalten, werden ihre Werte als Nächstes in den Code der Funktion eingesetzt:

```
function Get-CriticalEvent
{
  param($Hours=48, [Switch]$ShowWindow)

  if ($ShowWindow)
  {
    # Die Ausgabe an das GridView umleiten
    Set-Alias -Name Out-Default -Value Out-GridView
  }
```

```
$Heute = Get-Date
$Differenz = New-TimeSpan -Hours $Hours
$Stichtag = $Heute - $Differenz
Get-EventLog -LogName System -EntryType Error, Warning -After $Stichtag |
  Select-Object -Property TimeGenerated, Message |
  Out-Default
}
```

Listing 12.6: Die Funktion nutzt die übergebenen Parameter.

Sobald Sie Listing 12.4 ausgeführt und damit `Get-CriticalEvent` aktualisiert haben, entfalten die Parameter ihre gewünschte Wirkung. Die Funktion wird jetzt sehr viel nützlicher, denn ab sofort können Sie das Zeitfenster wählen und die Ergebnisse auf Wunsch auch in einem Extrafenster anzeigen lassen:

```
# alle Warnungen und Fehler der letzten 48 Stunden
Get-CriticalEvent

# alle Warnungen und Fehler der letzten 48 Stunden im Fenster ausgeben
Get-CriticalEvent -ShowWindow

# alle Warnungen und Fehler der letzten 100 Stunden im Fenster ausgeben
Get-CriticalEvent -ShowWindow -Hours 100

# positionale Parameter
Get-CriticalEvent 100 -ShowWindow

# verkürzte Parameter
Get-CriticalEvent -S -H 100

# verkürzte und positionale Parameter
Get-CriticalEvent -S 100
```

Funktionen per Modul überall verfügbar machen

Ihr neuer Befehl `Get-CriticalEvent` steht bis jetzt nur in der ISE zur Verfügung, in der Sie die Funktion definiert haben. In anderen PowerShells gibt es den Befehl nicht, und wenn Sie die ISE schließen und neu öffnen, hat auch sie ihn wieder vergessen. Damit Ihr neuer Befehl permanent und in allen PowerShells verfügbar wird, tun Sie einfach dasselbe wie Cmdlets: Speichern Sie die Funktion in einem PowerShell-Modul. Module sind Container für beliebig viele Befehle, und die Befehle in einem Modul werden von jeder PowerShell automatisch entdeckt und geladen.

Um `Get-CriticalEvent` als Modul zu speichern, führen Sie als nächstes Listing 12.5 aus. Es erledigt automatisch alle nötigen Schritte, muss aber in der ISE ausgeführt werden, die den Befehl `Get-CriticalEvent` bereits kennt.

```
$name = 'Get-CriticalEvent'
$path = Split-Path -Path $profile
$code = "function $name { $((Get-Item function:\$name).Definition) }"
New-Item -Path $path\Modules\$name\$name.psm1 -ItemType File -Force -Value $code
```

Listing 12.7: Funktion Get-CriticalEvent als Modul speichern.

Haben Sie alles richtig gemacht, meldet PowerShell, dass eine neue Datei angelegt wurde:

```
Verzeichnis: C:\Users\Tobias\Documents\WindowsPowerShell\Modules\Get-CriticalEvent

Mode                LastWriteTime     Length Name
----                -------------     ------ ----
-a---       02.10.2012     10:29         391 Get-CriticalEvent.psm1
```

Diese Datei befindet sich im Ordner *\Documents\WindowsPowerShell\Modules* innerhalb Ihres Benutzerprofils, trägt die Dateierweiterung *.psm1* und liegt in einem Unterordner, der so heißt wie sie selbst. Das sind die Basiskonventionen, die für Module gelten. Folgerichtig wird Ihr Modul nun auch von `Get-Module` gefunden:

```
PS> Get-Module get-c* -ListAvailable

    Verzeichnis: C:\Users\Tobias\Documents\WindowsPowerShell\Modules

ModuleType Name                          ExportedCommands
S--------- ----                          ----------------
Script     Get-CriticalEvent             Get-CriticalEvent
```

Ab sofort ist `Get-CriticalEvent` in jeder PowerShell verfügbar. Machen Sie den Test und starten Sie eine neue PowerShell. Darin lassen Sie sich zuerst die aktuell geladenen Module anzeigen:

```
PS> Get-Module

ModuleType Version   Name                              ExportedCommands
---------- -------   ----                              ----------------
Manifest   3.1.0.0   Microsoft.PowerShell.Management   {Add-Computer, Add-...
Manifest   3.1.0.0   Microsoft.PowerShell.Utility      {Add-Member, Add-...
Script     1.1       PSReadline                        {Get-PSReadlineKeyHandler,...
```

Geben Sie dann `Get-Cri` ein und drücken Sie auf [⇆]. Die Autovervollständigung erkennt Ihre neue Funktion und vervollständigt den Namen. Auch die Parameter werden automatisch vervollständigt. Und natürlich funktioniert Ihr neuer Befehl nun wie gewohnt – und in jeder PowerShell-Umgebung, die Sie auf Ihrem Computer starten. PowerShell erkennt Ihr neues Modul automatisch und lädt es, sobald Sie `Get-CriticalEvent` verwenden:

```
PS> Get-CriticalEvent -ShowWindow
PS> Get-Module

ModuleType Version   Name                              ExportedCommands
---------- -------   ----                              ----------------
Script     0.0       Get-CriticalEvent                 Get-CriticalEvent
Manifest   3.1.0.0   Microsoft.PowerShell.Management   {Add-Computer, Add-...
Manifest   3.1.0.0   Microsoft.PowerShell.Utility      {Add-Member, Add-...
Script     1.1       PSReadline                        {Get-PSReadlineKeyHandler,...
```

Hinweis

Das Modul, das Listing 12.5 hergestellt hat, ist nur ein erstes sehr simples Beispiel. Normalerweise heißen Module nicht so wie der darin enthaltene Befehl, denn Module sind lediglich Container und können beliebig viele Befehle verfügbar machen. Der Name eines Moduls ist also meist ein thematischer Oberbegriff, der beschreibt, was für Befehle das Modul liefert.

Sie werden später noch mehr zu Modulen erfahren und dann auch professionellere Module herstellen. Wichtig ist im Augenblick nur, dass ein Modul unbedingt an einem der Orte gespeichert sein muss, die in der Umgebungsvariablen `$env:PSModulePath` genannt wird:

```
PS> $env:PSModulePath -split ';'
C:\Users\Tobias\Documents\WindowsPowerShell\Modules
C:\Program Files\WindowsPowerShell\Modules
C:\WINDOWS\system32\WindowsPowerShell\v1.0\Modules\
```

Liegt das Modul woanders, kann PowerShell es nicht finden, und Sie müssten das Modul dann zuerst mit Import-Module unter Angabe seines Pfads von Hand laden, bevor Sie die darin enthaltenen Befehle nutzen können. Dies ist bei PowerShell 2.0 übrigens grundsätzlich so, denn PowerShell 2.0 kannte die Automatikerkennung sowie $env:PSModulePath noch nicht.

Hilfe – Bedienungsanleitung hinzufügen

Bevor Sie die Hände in den Schoß legen und sich über Ihren ersten selbst gebastelten Power-Shell-Befehl namens Get-CriticalEvent freuen, sollten Sie zum Schluss noch Hilfeinformationen hinzufügen. Die automatisch generierte Hilfe (Abbildung 12.6) ist zwar ein guter Anfang, aber noch sehr spartanisch. Fügen Sie deshalb in Ihre Funktion einen Kommentarblock ein, der einen streng festgelegten Aufbau hat und ungefähr so aussieht wie im folgenden Listing:

```
function Get-CriticalEvent
{
<#
    .SYNOPSIS
        listet Fehler und Warnungen aus dem System-Ereignisprotokoll auf
    .DESCRIPTION
        liefert Fehler und Warnungen der letzten 48 Stunden aus dem
        System-Ereignisprotokoll,
        die auf Wunsch in einem GridView angezeigt werden. Der Beobachtungszeitraum
        kann mit dem Parameter -Hours geändert werden.
    .PARAMETER  Hours
        Anzahl der Stunden des Beobachtungszeitraums. Vorgabe ist 48.
    .PARAMETER  ShowWindow
        Wenn dieser Switch-Parameter angegeben wird, erscheint das Ergebnis in einem
        eigenen Fenster und wird nicht in die Konsole ausgegeben
    .EXAMPLE
        Get-CriticalEvent
        liefert Fehler und Warnungen der letzten 48 Stunden aus dem
        System-Ereignisprotokoll
    .EXAMPLE
        Get-CriticalEvent -Hours 100
        liefert Fehler und Warnungen der letzten 100 Stunden aus dem
        System-Ereignisprotokoll
    .EXAMPLE
        Get-CriticalEvent -Hours 24 -ShowWindow
        liefert Fehler und Warnungen der letzten 24 Stunden aus dem
        System-Ereignisprotokoll und stellt sie in einem eigenen Fenster dar
    .NOTES
        Dies ist ein Beispiel aus Tobias Weltners' PowerShell Buch
    .LINK
        http://www.powertheshell.com
#>
  param($Hours=48, [Switch]$ShowWindow)

  if ($ShowWindow)
  {
    Set-Alias Out-Default Out-GridView
  }

  $Heute = Get-Date
```

```
$Differenz = New-TimeSpan -Hours $Hours
$Stichtag = $Heute - $Differenz

Get-EventLog -LogName System -EntryType Error, Warning -After $Stichtag |
   Select-Object -Property TimeGenerated, Message | Out-Default
}
```

Listing 12.8: Hilfeinformation zu einer Funktion hinzufügen

Führen Sie Ihr Skript erneut aus, um die Funktionsdefinition zu aktualisieren. Anschließend können Sie die Hilfe sofort testen. Sie funktioniert genau wie bei Cmdlets:

```
PS> Get-CriticalEvent -?
PS> help Get-CriticalEvent –Examples
PS> help Get-CriticalEvent -Parameter *
PS> help Get-CriticalEvent -ShowWindow
```

Sogar der Internetlink in der Hilfe kann jetzt als Webseite geöffnet werden:

```
PS> help Get-CriticalEvent -Online
```

Natürlich können Sie die Hilfe auch wieder aus ISE heraus über F1 anfordern, wenn sich die Einfügemarke im Namen des Befehls befindet.

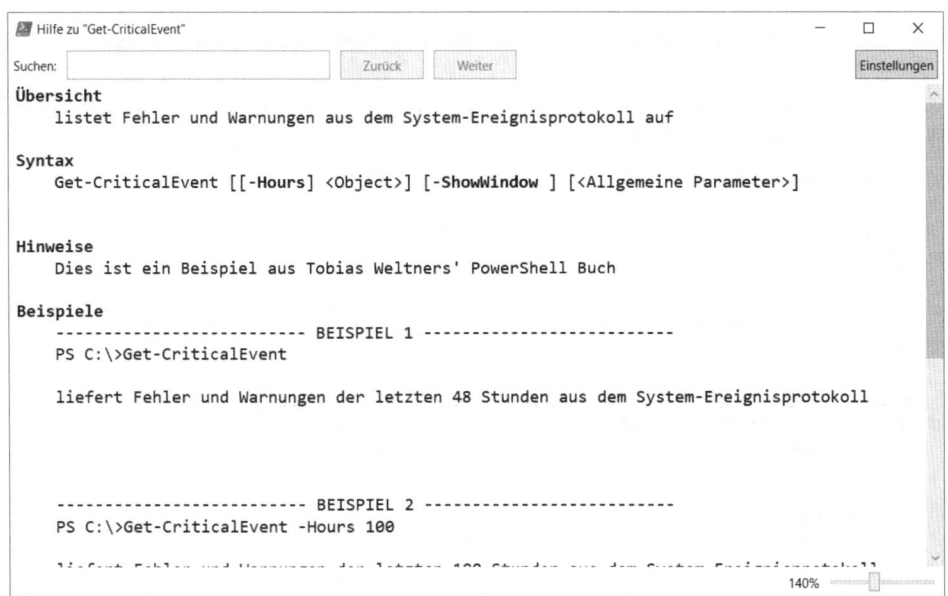

Abbildung 12.7: Die Hilfe enthält jetzt ausführliche Beschreibungen und sogar Beispielcode.

Sind Sie mit dem Ergebnis zufrieden, müssen Sie die Funktion nun erneut als Modul speichern (dabei wird das zuvor angelegte Modul kommentarlos überschrieben). Führen Sie dazu einfach Listing 12.5 noch einmal aus.

Erscheint die Hilfe dagegen nicht wie erwartet, liegt vermutlich ein Tippfehler vor. Achten Sie darauf, den Kommentarblock genau wie angegeben und exakt an der angegebenen Stelle in Ihre Funktion einzubauen. Er muss die erste Anweisung innerhalb der Funktion sein, und die großgeschriebenen Abschnitte darin dürfen nicht verändert werden.

Hinweis

Der Kommentarblock mit der Hilfe wird am besten so wie im Beispiel direkt an den Anfang der Funktion platziert. Er kann wahlweise aber auch am Ende der Funktion stehen, oder direkt darüber. Wenn Sie allerdings die Hilfe direkt über der Funktion platzieren, kann sie leicht abhandenkommen und würde beispielsweise von Listing 12.5 nicht ins Modul übernommen.

Die Hilfe für die Parameter kann alternativ auch direkt über den Parametern platziert werden. Das ist empfehlenswert, weil so gleichzeitig auch Ihr Code besser dokumentiert wird:

```
function Get-CriticalEvent
{
<#
    .SYNOPSIS
        listet Fehler und Warnungen aus dem System-Ereignisprotokoll auf
    .DESCRIPTION
        liefert Fehler und Warnungen der letzten 48 Stunden aus dem System-Ereignisprotokoll, die
auf Wunsch in einem GridView angezeigt werden. Der Beobachtungszeitraum kann mit dem Parameter
-Hours geändert werden.
    .EXAMPLE
        Get-CriticalEvent
        liefert Fehler und Warnungen der letzten 48 Stunden aus dem System-Ereignisprotokoll
    .EXAMPLE
        Get-CriticalEvent -Hours 100
        liefert Fehler und Warnungen der letzten 100 Stunden aus dem System-Ereignisprotokoll
    .EXAMPLE
        Get-CriticalEvent -Hours 24 -ShowWindow
        liefert Fehler und Warnungen der letzten 24 Stunden aus dem System-Ereignisprotokoll und
stellt sie in einem eigenen Fenster dar
    .NOTES
        Dies ist ein Beispiel aus Tobias Weltners' PowerShell Buch
    .LINK
        http://www.powertheshell.com
#>
  param
  (
    # Anzahl der Stunden des Beobachtungszeitraums. Vorgabe ist 48.
    $Hours=48,

    # Wenn dieser Switch-Parameter angegeben wird, erscheint das Ergebnis in einem eigenen Fenster
und wird nicht in die Konsole ausgegeben
    [Switch]$ShowWindow
  )

  if ($ShowWindow)
  {
    Set-Alias Out-Default Out-GridView
  }

  $Heute = Get-Date
  $Differenz = New-TimeSpan -Hours $Hours
  $Stichtag = $Heute - $Differenz

  Get-EventLog -LogName System -EntryType Error, Warning -After $Stichtag |
    Select-Object -Property TimeGenerated, Message | Out-Default
}
```

Listing 12.9: Hilfe für Parameter direkt bei den Parametern platzieren.

Eine bessere Prompt-Funktion

Soeben haben Sie eine völlig eigene Funktion hergestellt, und wenn Sie möchten, können Sie nun sogar Ihrer PowerShell eine bessere Eingabeaufforderung spendieren. Diese stammt nämlich ebenfalls von einer Funktion, die den besonderen Namen prompt trägt. Sie wird jedes Mal automatisch aufgerufen, wenn ein interaktiver Befehl beendet ist. Liefert die Funktion prompt einen Text zurück, wird dieser als Eingabeaufforderung angezeigt. Sie brauchen also nur eine eigene Funktion namens prompt zu verfassen, um die Kontrolle über die Eingabeaufforderung zu erlangen.

Das folgende Beispiel ändern den Text der Eingabeaufforderung in den kurzen Text PS>. Der aktuelle Ordner wird stattdessen in die Titelleiste der PowerShell verfrachtet:

```
function prompt
{
  'PS> '
  $host.UI.RawUI.WindowTitle = Get-Location
}
```

Listing 12.10: Kurzer Prompt und aktueller Ordner in der Titelleiste der PowerShell.

Sobald Sie Listing 12.10 ausführen, ändert sich die Eingabeaufforderung. Die Änderung bleibt bestehen, bis Sie entweder eine andere Funktion namens prompt definieren oder PowerShell neu starten.

Tipp

Um die Eingabeaufforderung dauerhaft zu ändern, schreiben Sie Ihre Funktion prompt in Ihr Profilskript, dessen Pfad Sie stets unter $profile finden. Gegebenenfalls müssen Ordner und Profildatei noch angelegt werden. Das Profilskript wird jedes Mal automatisch ausgeführt, wenn Ihr PowerShell-Host startet – jedenfalls dann, wenn die Skriptausführung generell mit Set-ExecutionPolicy erlaubt worden ist.

Zwingend erforderliche Parameter

In den bisherigen Beispielen waren die Parameter der Funktion optional. Wenn der Anwender sie nicht angab, wurden Vorgabewerte genutzt. Get-CriticalEvent nutzte für den Parameter -Hours den Vorgabewert 48.

Soll ein Parameter zwingend erforderlich sein, benötigt man keinen Vorgabewert und setzt stattdessen in diesem Fall über dem Parameter diese Anweisung ein:

```
[Parameter(Mandatory=$true)]
```

Ab PowerShell 3.0 ist auch diese Kurzform erlaubt:

```
[Parameter(Mandatory)]
```

Zusätzlich kann eine Hilfe eingebaut werden, die der Anwender später abrufen kann, falls ihm nicht klar ist, was der zwingende Parameter von ihm erwartet:

```
[Parameter(Mandatory=$true, HelpMessage='Hier könnte ein Hinweis stehen')]
```

Hinweis

Sobald Sie mindestens einen Parameter als zwingend markiert haben, werden automatisch zusätzlich zu Ihren eigenen Parametern die sogenannten *Common Parameter* eingeblendet. Genau genommen geschieht dies, sobald Sie das Attribut `[Parameter(...)]` und/oder das Attribut `[CmdletBinding()]` verwenden.

Zwingend erforderliche Parameter sollten sparsam eingesetzt werden, weil sie die Benutzerfreundlichkeit einer Funktion stören. Alle Parameter, die mit sinnvollen Vorgabewerten ausgestattet werden können, sollten deshalb optional bleiben.

Eine Funktion mit zwingend erforderlichen Parametern

Die folgende Funktion `ConvertTo-Euro` erwartet vom Anwender zwei Informationen: einen Betrag und einen Wechselkurs. Anschließend wird der Betrag mit dem Wechselkurs in eine andere Währung umgerechnet. Sinnvoll ist das nur, wenn der Betrag angegeben wird. Also sollte dieser Parameter zwingend sein. Der Wechselkurs dagegen könnte mit einem Vorgabewert optional bleiben:

```
function ConvertTo-Euro
{
  param
  (
    [Parameter(Mandatory=$true,HelpMessage='Der Betrag in Dollar')]
    [Double]
    $Betrag,

    [Double]
    $Wechselkurs = 0.97
  )

  $Ergebnis = $Betrag * $Wechselkurs
  return $Ergebnis
}
```

Listing 12.11: ConvertTo-Euro mit einem zwingenden und einem optionalen Parameter.

Sobald Sie Listing 12.11 ausgeführt haben, können Sie `ConvertTo-Euro` einsetzen. Wenn Sie einen Betrag eingeben, fragt PowerShell nicht nach und verwendet zur Umrechnung den vorgegebenen Wechselkurs:

```
PS> ConvertTo-Euro -Betrag 100
97
```

Geben Sie auch den Wechselkurs an, wird der Vorgabewert nicht verwendet, sondern stattdessen der von Ihnen angegebene Wechselkurs:

```
PS> ConvertTo-Euro -Betrag 100 -Wechselkurs 1.04
104
```

Automatische Nachfrage

Wenn Sie hingegen den Betrag nicht angeben, fragt PowerShell nach – denn der Parameter ist zwingend erforderlich. Ist eine HelpMessage für diesen Parameter verfügbar, kann der Anwender die Hilfestellung mit !? abrufen:

```
PS> ConvertTo-Euro
Cmdlet ConvertTo-Euro an der Befehlspipelineposition 1
Geben Sie Werte für die folgenden Parameter an:
(Geben Sie zum Aufruf der Hilfe !? ein.)
Betrag: !?
Der Betrag in Dollar
Betrag: 120
116,4
```

Wichtig

Ist ein Parameter zwingend erforderlich, müssen Sie diesem unbedingt einen Typ geben. Im Beispiel in Listing 12.11 war der Parameter Betrag zum Beispiel vom Typ [Double] (Zahl mit Nachkommastellen).

Geben Sie für einen zwingend erforderlichen Parameter keinen Typ an und fragt PowerShell diesen Parameter später ab, weil der Anwender ihn nicht angegeben hat, enthält der Parameter einen Wert vom Typ String. Er ist also keine Zahl mehr, was bei Berechnungen zu unerwarteten Ergebnissen führen kann. Wird ein String nämlich multipliziert, wiederholt PowerShell den String einfach:

```
PS> '120' * 4.67
120120120120120
```

Argumente ohne Parameter

Eine Funktion kann auch ohne Parameter vom Aufrufer Informationen empfangen. Sinnvoll ist das nicht: Weil den Argumenten kein Parametername zugeordnet ist, fehlen zum Beispiel Autovervollständigung und IntelliSense völlig. Aber für sehr einfache Aufgaben könnten die übergebenen Informationen in der speziellen Variablen $args gefunden werden:

```
PS> function Test-Ping { ping.exe -w 100 -n 1 $args }
PS> Test-Ping www.microsoft.com
PS> Test-Ping www.tagesschau.de
```

$args ist übrigens ein Array, sodass mehrere übergebene Argumente darin auch einzeln ansprechbar sind:

```
PS> function test { 'Vorname: {0}, Nachname: {1}' -f $args }
PS> test tobias weltner
Vorname: tobias, Nachname: weltner
```

Automationssprache

Rückgabewerte festlegen

Der Rückgabewert einer Funktion kann mit dem Schlüsselwort return festgelegt werden. Tatsächlich aber täuscht dieses Schlüsselwort darüber hinweg, wie PowerShell-Funktionen ihre Rückgabewerte festlegen: Sie liefern in der Tat alles zurück, was vom Funktionscode an den Output-Kanal gesendet worden ist. In der Regel sind das alle Informationen, die Sie im Verlauf der Funktion an irgendeiner Stelle ausgegeben (gewissermaßen *liegen gelassen*) haben. Was die Frage aufwirft, was genau mit »liegen gelassen« gemeint ist.

Immer dann, wenn Sie Informationen keiner Variablen zuweisen, gilt die Information als »liegen gelassen«. Sie wird dann automatisch in den Output-Kanal gesendet. Hier ist eine Testfunktion, mit der Sie das Prinzip untersuchen können:

```
function Test-ReturnValue
{
  param
  (
    $Anzahl = 1
  )

  1..$Anzahl |
    ForEach-Object { 'ich wurde einfach liegen gelassen' }
}
```

Listing 12.12: Rückgabewert einer Funktion untersuchen.

Rufen Sie die Funktion auf, liefert sie genau einen Wert zurück, nämlich einen Text, der sich wie bei Cmdlets auch in einer Variablen auffangen lässt:

```
PS> Test-ReturnValue
ich wurde einfach liegen gelassen

PS> $ergebnis = Test-ReturnValue
PS> $ergebnis
ich wurde einfach liegen gelassen

PS> $ergebnis.GetType().FullName
System.String
```

Mehrere Rückgabewerte werden zum Array

Fordern Sie nun die Testfunktion auf, mehrere Ergebnisse zurückzuliefern. Die Funktion lässt daraufhin in einer foreach-Schleife so viele Texte liegen, wie Sie möchten. Alle Texte werden gemeinsam zum Rückgabewert der Funktion. PowerShell verpackt sie dazu in ein Array:

```
PS> Test-ReturnValue -Anzahl 3
ich wurde einfach liegen gelassen
ich wurde einfach liegen gelassen
ich wurde einfach liegen gelassen

PS> $ergebnis = Test-ReturnValue -Anzahl 3
PS> $ergebnis.GetType().FullName
System.Object[]

PS> $ergebnis.Count
3

PS> $ergebnis[0]
ich wurde einfach liegen gelassen
```

Eine Funktion kann also beliebig viele Ergebnisse zurückliefern. Ist es mehr als ein Ergebnis, verpackt PowerShell die Ergebnisse kurzerhand in ein Array. Genau so verhalten sich auch Cmdlets. Liefert das Cmdlet nur ein einzelnes Ergebnis, ist das Ergebnis das betreffende Objekt selbst, also im folgenden Beispiel ein Prozess. Werden mehrere Ergebnisse zurückgeliefert, verpackt sie PowerShell stets als Array:

```
PS> (Get-Process | Select-Object -First 1).GetType().FullName
System.Diagnostics.Process

PS> (Get-Process).GetType().FullName
System.Object[]
```

Return-Anweisung

Die Anweisung return liefert nicht etwa (nur) das zurück, was man hinter ihr angibt:

```
function Test-ReturnValue
{
    return 'hallo'
}

PS> Test-ReturnValue
hallo
```

In Wirklichkeit liefert sie alles zurück, was bis dahin an den Ausgabekanal gegeben wurde, und verlässt dann die Funktion. Anweisungen, die nach return folgen, werden also nicht mehr ausgeführt:

```
function Test-ReturnValue
{
    'halli'
    return 'hallo'
    'hallöle'
}

PS> Test-ReturnValue
halli
hallo
```

Die Anweisung return kann deshalb auch ganz für sich in der Funktion stehen und dennoch dasselbe bewirken:

```
function Test-ReturnValue
{
    'halli'
    'hallo'
    return
    'hallöle'
}
```

Listing 12.13: Eine Funktion vorzeitig mit return verlassen.

Auch die Schlüsselwörter break oder continue brechen die Funktion vorzeitig ab. Diese verhalten sich aber anders als return: Nur wenn die Funktion mit return abgebrochen wird, können die bis dahin angefallenen Ergebnisse der Funktion empfangen und zum Beispiel einer Ergebnisvariablen zugewiesen, also weiterverarbeitet werden. Bei break oder continue werden die Ergebnisse dagegen sofort direkt in die Konsole ausgegeben.

Automationssprache

485

Write-Output

Schließlich gibt es auch noch ein Cmdlet namens `Write-Output`, das explizit in den Output-Kanal schreibt. Es verhält sich also genau so, als hätten Sie die jeweilige Information einfach liegen gelassen, sodass sich Listing 12.14 im Ergebnis genauso verhält wie Listing 12.13.

```
function Test-ReturnValue
{
    'halli' | Write-Output
    'hallo' | Write-Output
    return
    'hallöle' | Write-Output
}
```

Listing 12.14: Write-Output schreibt Informationen explizit in den Output-Kanal.

Unerwünschte Rückgabewerte unterdrücken

Weil alles, was der Code einer Funktion liegen lässt, automatisch zum Rückgabewert einer Funktion wird, müssen Sie darauf achten, nicht versehentlich unerwünschte Dinge liegen zu lassen. Rufen Sie beispielsweise einen Befehl auf, der ein Ergebnis liefert, wird dieses Ergebnis automatisch zu einem Rückgabewert:

```
function Speak-Text($text) {
    $speaker = New-Object -COMObject SAPI.SPVoice
    $speaker.Speak($text)
}
```

Listing 12.15: Versehentlich zurückgelieferte Informationen erscheinen als Rückgabewert.

Die Funktion `Speak-Text` verwendet ein COM-Objekt, um Text in Sprache zu verwandeln. Wenn Sie damit Text vorlesen lassen, erscheint allerdings jedes Mal eine Zahl. Wo kommt diese her?

```
PS> Speak-Text 'Hello World!'
1
PS> Speak-Text (Get-Date)
1
```

Tatsächlich gibt die Methode `Speak()` einen Rückgabewert zurück, und weil dieser in der Funktion nicht verwendet wird, verwandelt die Funktion ihn in einen Rückgabewert. Möchten Sie solche unerwünschten Ausgaben ruhigstellen, weisen Sie sie entweder einer Variablen (wie zum Beispiel `$null`) zu oder senden sie an `Out-Null`:

```
$null = $speaker.Speak($text)
```

oder

```
$speaker.Speak($text) | Out-Null
```

Sie können das Ergebnis auch in den Typ `Void` umwandeln. `Void` steht für »nichts« und vernichtet das Ergebnis ebenfalls:

```
[Void] $speaker.Speak($text)
```

Tipp

Alle drei Verfahren haben denselben Effekt: Unerwünschte Ergebnisse werden verschluckt. Nutzen Sie deshalb die Zuweisung an die Variable $null. Dieser Weg ist viel schneller, als die Daten per Pipeline an Out-Null zu senden. Die Konvertierung zu [Void] ist zwar genauso schnell wie der Einsatz von $null, aber ein unnötiger Rückgriff auf .NET Framework-Methoden, die man stets vermeiden sollte, wenn es auch einen offiziellen (und lesbareren) PowerShell-Weg gibt.

Kapitel 13

Skriptblöcke

Automationssprache

Ausführlich werden in diesem Kapitel die folgenden Aspekte erläutert:

- **Geschweifte Klammern transportieren Code:** Code, der in geschweifte Klammern gesetzt wird, bildet einen Skriptblock. Der Code wird zwar geparst, darf also keine Syntaxfehler enthalten. Er wird aber nicht ausgeführt, sondern nur aufbewahrt. Skriptblöcke sind Transportcontainer für gültigen PowerShell-Code, der auf diese Weise an andere übergeben werden kann.

- **Benannte und anonyme Skriptblöcke:** Funktionen sind benannte Skriptblöcke. Wird der Name der Funktion eingegeben, führt PowerShell den damit verbundenen Skriptblock aus. Ein Skriptblock kann aber auch namenlos mit dem Call-Operator (&) oder per Dot-Sourcing (.) ausgeführt werden.

- **Parameterunterstützung:** Es sind Skriptblöcke, die die Unterstützung für Parameter implementieren. Funktionen sind nur ein Anwendungsbereich. Skriptblöcke enthalten also bereits die gesamte Logik, um Informationen zu empfangen und wieder zurückzuliefern.

- **Gültigkeitsbereiche:** Skriptblöcke bilden die territoriale Grenze für Variablengültigkeiten. Variablen, die in einem Skriptblock angelegt werden, gelten nur innerhalb dieses Skriptblocks sowie aller Skriptblöcke, die von dort aus aufgerufen werden.

- **AST und Parser:** Da Skriptblöcke den Code zuerst parsen, der in ihnen aufbewahrt wird, kann man den Code eines Skriptblocks nachträglich mithilfe des sogenannten AST (*Abstract Syntax Tree*) untersuchen und auswerten.

- **Sicherheit:** Skriptblöcke können den Sprachumfang des Codes einschränken, der in ihnen gespeichert wird. Bestimmte Sprachelemente lassen sich abschalten, um beispielsweise sicherzustellen, dass Skriptblöcke keinen gefährlichen Code enthalten können.

Im vorherigen Kapitel haben Sie erste eigene PowerShell-Funktionen erstellt. Dabei haben Sie es bereits mit einem essenziellen PowerShell-Grundkonzept zu tun gehabt: den *Skriptblöcken*.

Skriptblöcke bilden das Herzstück der Funktionen und bilden auch die Grundlage für viele weitere PowerShell-Techniken. In diesem Kapitel beschäftigen wir uns daher mit der grundlegenden Natur von Skriptblöcken. Vieles von dem, was Sie in den vergangenen Kapiteln gelesen haben, wird nach Lektüre dieses Kapitels in einem neuen Licht erscheinen. Viele auf den ersten Blick ganz unterschiedliche PowerShell-Techniken basieren nämlich auf demselben Grundkonzept: dem Skriptblock. Und auch in den folgenden Kapiteln wird das Wissen aus diesem Kapitel immer wieder aufgegriffen, um die Fähigkeiten Ihrer Funktionen auszubauen.

Skriptblöcke: Transportcontainer für Code

Klammern spielen bei PowerShell eine besondere Rolle, und manchmal sorgen sie für reichlich Verwirrung. Dabei ist die Regel ganz einfach:

- Ausdrücke in runden Klammern werden *sofort* ausgeführt.

- Ausdrücke in geschweiften Klammern werden *nicht sofort* ausgeführt. Diese Ausdrücke sind die Skriptblöcke.

Geschweifte Klammern bilden quasi einen Transportcontainer für PowerShell-Code. Der Code in geschweiften Klammern wird nicht ausgeführt, sondern nur erfasst. Man kann ihn so gefahrlos an andere weitergeben oder zu einem späteren Zeitpunkt ausführen. Die Funktionen aus dem letzten Kapitel nutzen genau diese Technik.

Hinweis

Code in geschweiften Klammern wird zwar nicht sofort ausgeführt, wohl aber sofort geparst: PowerShell überprüft den Code also auf Syntaxfehler wie fehlende Klammern oder fehlende Anführungszeichen. Nur wohlgeformter, gültiger PowerShell-Code kann als Skriptblock gespeichert werden.

Schauen Sie sich noch einmal eine simple PowerShell-Funktion aus dem letzten Kapitel an, und Sie werden darin einen Skriptblock entdecken:

```
function ConvertTo-Euro
{
  param
  (
```

```
    [Parameter(Mandatory=$true,HelpMessage='Der Betrag in Dollar')]
    [Double]
    $Betrag,

    [Double]
    $Wechselkurs = 0.97
  )

  $Ergebnis = $Betrag * $Wechselkurs
  return $Ergebnis
}
```

Listing 13.1: Eine simple PowerShell-Funktion.

Wenn Sie diesen Code ausführen, erhalten Sie einen neuen Befehl namens ConvertTo-Euro:

```
PS> ConvertTo-Euro -Betrag 100 -Wechselkurs 1.23
123
```

Das, was die Funktion tun soll, ist in geschweifte Klammern gestellt. Dieser Code wird demnach nicht sofort ausgeführt, wenn Sie die Funktion definieren. Er wird erst dann ausgeführt, wenn Sie den Namen der Funktion eingeben. Damit entsprechen Funktionen *benannten* Skriptblöcken. Der Name des Skriptblocks ist der Name der Funktion, und wenn Sie diesen Namen eingeben, wird der Skriptblock ausgeführt.

Sie können Skriptblöcke aber auch ohne Namen nutzen (*anonyme* Skriptblöcke). Weisen Sie den Skriptblock zum Beispiel einer Variablen zu:

```
$code =
{
  param
  (
    [Parameter(Mandatory=$true,HelpMessage='Der Betrag in Dollar')]
    [Double]
    $Betrag,

    [Double]
    $Wechselkurs = 0.97
  )

  $Ergebnis = $Betrag * $Wechselkurs
  return $Ergebnis
}
```

Listing 13.2: Ein anonymer Skriptblock.

Auch hier wird der Code innerhalb des Skriptblocks nicht ausgeführt. Er befindet sich jetzt bloß in der Variablen. Um den Skriptblock auszuführen, nutzen Sie entweder den Call-Operator (&) oder Dot-Sourcing (.), zum Beispiel so:

```
PS> & $code -Betrag 100 -Wechselkurs 1.23
123
```

Jetzt wird der Code im Skriptblock ausgeführt, und wie Sie sehen, funktionieren die Parameter genau wie bei der Funktion. Die gesamte Funktionalität der Parameterübergabe ist also ein Feature des Skriptblocks und nicht der Funktion.

Automationssprache

Profitipp

Sie können einen Skriptblock auch per Dot-Sourcing aufrufen. Der Unterschied liegt dabei im Gültigkeitsbereich des Skriptblocks.

Wird der Skriptblock mit dem Call-Operator (&) ausgeführt, erhält er sein eigenes »Territorium«, und alle Variablen und Funktionen, die innerhalb des Skriptblocks neu angelegt werden, gelten nur dort. Deshalb ist die Variable $ergebnis, die der Skriptblock intern anlegt, privat und nicht mehr sichtbar, wenn der Skriptblock ausgeführt wurde:

```
PS> & $code -Betrag 100 -Wechselkurs 1.23
123

PS> $ergebnis

PS>
```

Setzen Sie stattdessen Dot-Sourcing ein (.), wird der Skriptblock im Aufruferkontext ausgeführt. Er erhält also kein eigenes Territorium, sondern wird im selben Territorium ausgeführt wie derjenige, der den Skriptblock aufruft. Daher bleiben alle Variablen und Funktionen, die der Skriptblock anlegt, nachträglich erhalten – so auch die Variable $ergebnis:

```
PS> . $code -Betrag 100 -Wechselkurs 1.23
123

PS> $ergebnis
123

PS>
```

Einsatzbereiche für Skriptblöcke

In den nächsten Kapiteln werden Sie immer leistungsfähigere PowerShell-Funktionen herstellen. Eigentlich sind es aber jeweils die Skriptblöcke, die diese Funktionalitäten in ihrer DNA tragen. Funktionen werden in den nächsten Kapiteln nur deshalb in den Vordergrund gestellt, weil sie den häufigsten und wichtigsten Einsatzbereich von Skriptblöcken darstellen. Alles, was Sie in den nächsten Kapiteln über Funktionen erfahren, würde aber auch mit reinen Skriptblöcken funktionieren.

Zuvor möchte ich Ihnen in den nächsten Abschnitten erst mal eine Übersicht darüber geben, wo überall Skriptblöcke in PowerShell eingesetzt werden. Funktionen sind nur ein kleiner Teilbereich. Manches von dem, was Sie gleich lesen, wird Ihnen helfen, PowerShell und seine grundlegenden Mechanismen viel besser zu verstehen. Andere Einsatzbereiche von Skriptblöcken muten vielleicht exotisch an, machen aber zumindest deutlich, wie allgegenwärtig Skriptblöcke in PowerShell sind.

Skripte sind dateibasierte Skriptblöcke

Wird PowerShell-Code in einer Textdatei mit der Erweiterung *.ps1* gespeichert, entsteht daraus ein Skript. Es kann von *PowerShell.exe* gelesen und ausgeführt werden. In Wirklichkeit verwandelt PowerShell den Text der Datei zuerst in einen Skriptblock und führt diesen dann aus. Ein Skript ist also nichts weiter als ein großer Skriptblock. Deshalb unterstützen Skripte genau die gleichen Möglichkeiten wie Funktionen, beispielsweise Parameter.

Kapitel 5 hat sich bereits mit Skripten beschäftigt. Im letzten Kapitel haben Sie nun gelesen, wie sich Funktionen mit Parametern ausstatten lassen. Da Funktionen aber im Grunde nur *benannte* Skriptblöcke sind und da Skripte im Grunde nur *dateibasierte* Skriptblöcke sind, können Sie dieses Wissen aus dem letzten Kapitel sofort auch auf Skripte anwenden.

Fügen Sie einen `param()`-Block an den Anfang eines Skripts, kann auch das Skript plötzlich Parameter empfangen.

Code in separater PowerShell ausführen

Wollen Sie aus PowerShell heraus Code in einer anderen, neuen PowerShell-Konsole ausführen, kann auch hierbei ein Skriptblock von Vorteil sein. Übergeben Sie *PowerShell.exe* aus einer PowerShell heraus einen Skriptblock, kümmert sich PowerShell automatisch darum, den Skriptblock auf die Gegenseite zu transportieren und die Ergebnisse von dort auch wieder in Objektform zu Ihnen zurückzubringen:

```
$eigenerProzess = Get-Process -id $pid
$fremderProzess = PowerShell.exe { Get-Process -id $pid }

$eigenerProzess
$fremderProzess
```

Listing 13.3: Skriptblock in separater PowerShell ausführen.

Das Ergebnis könnte beispielsweise so aussehen:

```
Handles  NPM(K)    PM(K)     WS(K) VM(M)   CPU(s)     Id ProcessName
-------  ------    -----     ----- -----   ------     -- -----------
   1400     155   665028    706280  1903   188,67   1088 PowerShell_ise
    616      32    82208     90848 ...86     0,70  10888 PowerShell
```

Der erste Prozess repräsentiert die PowerShell ISE, in der das Beispielskript ausgeführt wurde. Der zweite dagegen ist eine vorübergehend gestartete PowerShell-Konsole. Weil die Ergebnisse im zweiten Fall vom Skriptblock stammten, der in einer anderen Anwendung ausgeführt wurde, hat PowerShell diese Ergebnisse automatisch im fremden Prozess in Text umgewandelt (»serialisiert«) und danach im eigenen Prozess aus diesem Text wiederhergestellt. Die Objekttypen sind also unterschiedlich:

```
PS> $eigenerProzess.GetType().FullName
System.Diagnostics.Process
PS> $fremderProzess.GetType().FullName
System.Management.Automation.PSObject
```

Und wozu könnte es dienlich sein, Skriptblöcke in fremden PowerShell-Prozessen auszuführen? Beispielsweise dann, wenn Sie bestimmte Codeteile in einem 32-Bit-Umfeld ausführen müssten. Das folgende Beispiel führt den Skriptblock in einer 32-Bit-PowerShell aus, läuft aber selbst vielleicht in einer 64-Bit-ISE:

```
$scriptBlock = { [IntPtr]::Size }

$32bitPowerShell = "$env:windir\SysWOW64\WindowsPowerShell\v1.0\PowerShell.exe"

& $scriptBlock
& $32bitPowerShell $scriptBlock
```

Listing 13.4: Skriptblock in einer 32-Bit-Umgebung ausführen.

Der Skriptblock bestimmt die Größe eines Adresszeigers (IntPtr). Dieser liefert beim lokalen Aufruf den Wert 8 (8 Byte oder 64 Bit), beim Aufruf über die 32-Bit-PowerShell hingegen den Wert 4 (4 Byte oder 32 Bit).

Code remote ausführen

Ganz ähnlich verfährt PowerShell bei der Ausführung von Skriptblöcken, die auf anderen Computern ausgeführt werden sollen. Zuständig hierfür ist das Cmdlet Invoke-Command. Es funktioniert ähnlich wie die Beam-Plattform des Raumschiffs Enterprise: Der Skriptblock wird von ihm auf den Remotecomputer übertragen, dort in einer versteckten PowerShell (namens *wsmprovhost.exe*) ausgeführt, und die Ergebnisse gelangen über die Textserialisierung so wie eben zurück zum Ursprung.

Voraussetzung für das Remoting ist natürlich, dass Sie es auf dem Zielcomputer eingeschaltet haben, über die notwendigen Berechtigungen verfügen und dass das Netzwerk zwischen Ihnen und dem Zielcomputer die Kommunikation erlaubt, also keine Firewalls den für das Power-Shell-Remoting notwendigen Port 5985 blockieren. Die Details hierzu liefert Kapitel 23. Dann aber ist Remoting sehr simpel und könnte so aussehen:

```
$Code =
{
  # Die letzten 5 Fehlereinträge aus dem Systemlogbuch lesen
  Get-EventLog -LogName System -EntryType Error -Newest 5
}

Invoke-Command -ScriptBlock $Code -ComputerName Server_012_win
```

Listing 13.5: Skriptblock remote ausführen.

Dieses Beispiel würde die Fehlerereignisse aus dem Systemlogbuch von Server_012_win abrufen – unter den oben genannten Voraussetzungen. Da in diesem Beispiel auch wieder nur ein Skriptblock ausgeführt wird, könnten Sie ihn mit Parametern ausstatten und so Informationen vom lokalen Computer in das remote ausgeführte Skript übertragen:

```
$Code =
{
  param
  (
    $LogName = 'System'
  )

  Get-EventLog -LogName $LogName -EntryType Error -Newest 5
}

Invoke-Command -ScriptBlock $Code -ComputerName Server_012_win -ArgumentList Application
```

Listing 13.6: Argumente an einen remote ausgeführten Skriptblock übergeben.

Dieses Beispiel würde nicht die Fehlermeldungen aus dem Systemlogbuch remote abrufen, sondern diejenigen aus dem Log `Application`. Der Logname `System` ist hier nur der Vorgabewert, und `Invoke-Command` liefert mit `-ArgumentList` ein anderes Argument an den Parameter des Skriptblocks.

Rückgabewerte

Skriptblöcke sind eigenständige »Territorien« und können Rückgabewerte über verschiedene Kanäle an den Aufrufer zurückgeben. Zuständig hierfür sind die Cmdlets mit dem Verb *Write*.

Output-Kanal

Typische Rückgabewerte, die der Aufrufer in einer Variablen speichern und weiterverarbeiten will, werden über `Write-Output` zurückgeliefert. Dieses Cmdlet allerdings wird nur selten verwendet, denn auch alles Übrige, das der Skriptblock einfach »liegen lässt«, geht an den `Output`-Kanal:

```
$scriptblock =
{
    # Rückgabewerte definieren:
    Write-Output "Hallo", (Get-Date)

    # Alles, was liegen gelassen wird, gehört auch dazu:
    123
    Get-Item -Path $env:windir
}

$ergebnis = & $scriptblock
```

Listing 13.7: Rückgabewerte eines Skriptblocks untersuchen.

Sobald der Skriptblock ausgeführt wird, produziert er die Rückgabewerte, die in `$ergebnis` gespeichert werden. Wenn Sie den Inhalt der Variablen untersuchen, entdecken Sie, dass es sich dabei um ein Array handelt. Jedes Ergebnis wird in einem eigenen Eintrag in diesem Array zurückgeliefert:

```
PS> $ergebnis.Count
4
PS> $ergebnis[0]
Hallo
PS> $ergebnis[1]

Freitag, 16. Oktober 2015 08:10:11
PS> $ergebnis[2]
123
```

Sie können mit `Count` überprüfen, wie viele Ergebnisse geliefert wurden, und über eckige Klammern auf die jeweiligen Ergebnisse zugreifen.

Unerheblich ist also, ob der Rückgabewert vom Skriptblock über `Write-Output` zurückgegeben wurde oder ob es einfach »liegen gelassene« Informationen waren.

Jeder Skriptblock verfügt über eine eingebaute Automatik, die sämtliche Rückgabewerte sammelt, und wenn es sich um mehr als einen handelt, daraus ein Array herstellt.

Achtung

Liefert ein Skriptblock nur ein Ergebnis zurück, wird es nicht in ein Array verpackt. Sie erhalten dann also direkt das Ergebnis zurück.

Die Art, wie Skriptblöcke ihre Rückgabewerte definieren, ist relativ ungewöhnlich und unterscheidet sich erheblich von anderen Skriptsprachen. Es gibt kein besonderes Schlüsselwort, um einen Rückgabewert zu definieren.

Zwar unterstützt PowerShell das gebräuchliche Schlüsselwort return – und damit kann man einen Skriptblock nicht nur vorzeitig verlassen, sondern auch einen Rückgabewert mitgeben –, doch ändert auch return nichts daran, dass alle bis dahin über Write-Output festgelegten oder »liegen gelassenen« Informationen ebenfalls zu Rückgabewerten werden.

```
$scriptblock =
{
    Get-Date

    return 100

    'Dieser Teil wird nicht mehr erreicht'
}

$ergebnis = & $scriptblock
```

Listing 13.8: Wirkung der Anweisung return in einem Skriptblock.

$ergebnis enthält zwei Rückgabewerte, nämlich das aktuelle Datum und den Wert 100. Das Schlüsselwort return hat also im Wesentlichen nur dazu geführt, dass der Skriptblock vorzeitig verlassen wurde, weswegen der danach folgende Text auch nicht mehr ausgegeben wird.

Andere Kanäle

Sollen sichtbare Meldungen an den User ausgegeben werden, darf das nicht über den Output-Kanal geschehen. Sie wären dann nämlich unsichtbar, sobald die Ergebnisse des Skriptblocks in einer Variablen gespeichert werden, und ließen sich auch nicht mehr von den eigentlichen Ergebnissen unterscheiden. Meldungen werden deshalb über Write-Host direkt in den Host – die PowerShell-Anwendung – geschrieben:

```
$scriptblock =
{
    Write-Host 'Gebe Datum aus.' -ForegroundColor DarkGreen -BackgroundColor White
    Get-Date
}

$ergebnis = & $scriptblock
$ergebnis
```

Listing 13.9: Direktausgaben aus einem Skriptblock heraus vornehmen.

Die Vordergrund- und die Hintergrundfarbe bestimmen Sie dabei selbst. Wie das Beispiel zeigt, erscheint die über Write-Host ausgegebene Meldung immer, während der Ausgabekanal in die Variable umgeleitet wird und nur zu sehen ist, wenn der Inhalt der Variablen ausgegeben wird.

Achtung

`Write-Host` setzt voraus, dass der ausführende Host auch tatsächlich sichtbar ist und eine Ausgabemöglichkeit hat. Wird Code remote ausgeführt – unbeaufsichtigt als geplante Aufgabe oder beispielsweise als Teil von DSC (*Desired State Configuration*) –, ist der Host unter Umständen unsichtbar und die Ausgabe von `Write-Host` dann natürlich ebenso.

Bei den übrigen `Write`-Cmdlets haben Sie weniger Freiheiten. Die Ausgabefarbe dieser Meldungen ist festgelegt, und die Ausgaben erscheinen außerdem nicht immer, sondern nur, wenn diese Ausgabekanäle aktiviert sind:

```
$scriptblock =
{
    Write-Host 'Write Host'
    Write-Verbose 'Write-Verbose'
    Write-Warning 'Write-Warning'
    Write-Debug 'Write-Debug'
    Write-Information 'Write-Information'
    Write-Output 'Write-Output'
    1..10 |
        ForEach-Object {
        Write-Progress -Activity 'Write-Progress' -Status $_ -PercentComplete ($_*10)
        Start-Sleep -Milliseconds 300
        }
}

$ergebnis = & $scriptblock
"Ergebnis geliefert: $ergebnis"
```

Listing 13.10: Ausgabekanäle eines Skriptblocks nutzen.

Wird das Beispiel ausgeführt, liefert es wahrscheinlich ein Ergebnis wie dieses:

```
Write Host
WARNUNG: Write-Warning
Ergebnis geliefert: Write-Output
```

Darüber hinaus sehen Sie einen Fortschrittsbalken, der von `Write-Progress` kontrolliert wird und wieder verschwindet, sobald der Skriptblock beendet ist. Was aber ist mit den Ausgaben von `Write-Verbose` und `Write-Debug` geschehen?

Was die einzelnen Kanäle tun, entscheiden `Preference`-Variablen, und die daran beteiligten Variablen sehen Sie hier:

```
PS> Get-Variable -Name *preference

Name                    Value
----                    -----
(...)
DebugPreference         SilentlyContinue
(...)
InformationPreference   SilentlyContinue
ProgressPreference      Continue
VerbosePreference       SilentlyContinue
WarningPreference       Continue
(...)
```

Wie man sieht, sind `DebugPreference`, `InformationPreference` und `VerbosePreference` auf `SilentlyContinue` geschaltet, also nicht sichtbar. Möchten Sie diese Kanäle sehen, schalten Sie sie wie die übrigen ein:

```
$DebugPreference = 'Continue'
$VerbosePreference = 'Continue'
$InformationPreference = 'Continue'
```

Nun sieht das Ergebnis des Beispiels anders aus:

```
Write Host
AUSFÜHRLICH: Write-Verbose
WARNUNG: Write-Warning
DEBUG: Write-Debug
Write-Information
Ergebnis geliefert: Write-Output
```

Die unterschiedlichen Kanäle verwenden jeweils andere Vordergrundfarben und stellen teilweise ein Präfix vor die Ausgabe, sodass klar wird, um was für eine Art von Information es sich handelt.

Tipp

Die Farben der Ausgaben lassen sich über `$host.PrivateData` ändern:

```
PS> $host.PrivateData


ErrorForegroundColor     : Red
ErrorBackgroundColor     : White
WarningForegroundColor   : Yellow
WarningBackgroundColor   : Black
DebugForegroundColor     : Yellow
DebugBackgroundColor     : Black
VerboseForegroundColor   : Yellow
VerboseBackgroundColor   : Black
ProgressForegroundColor  : Yellow
ProgressBackgroundColor  : DarkCyan
```

Im ISE-Editor finden Sie in `PrivateData` noch sehr viel mehr Einstellungsmöglichkeiten als in der PowerShell-Konsole. Hier können die Farben außerdem mit RGB-Werten beliebig festgelegt werden.

Preference-Variablen werden auch über einige Common Parameter gesetzt und steuern so die Ausgabe der verschiedenen Informationskanäle. Ein Skriptblock unterstützt Common Parameter automatisch, sobald darin ein param-Block mit einem `Parameter`-Attribut oder dem Attribut `CmdletBinding` vorhanden ist:

```
$code =
{
  [CmdletBinding()]
  param()


  Write-Verbose 'Zusatzinformation'
  'Normale Ausgabe'
}
```

Listing 13.11: Common Parameter in einem Skriptblock verwenden.

Dieser Skriptblock unterstützt nun unter anderem auch den Parameter -Verbose, der den Verbose-Kanal sichtbar macht:

```
PS> & $code
Normale Ausgabe

PS> & $code -Verbose
AUSFÜHRLICH: Zusatzinformation
Normale Ausgabe
```

Die folgenden Common Parameter haben Auswirkungen auf Ausgabekanäle:

Parameter	Auswirkung auf Preference-Variablen
-Verbose	$VerbosePreference = 'Continue'
-Debug	$DebugPreference = 'Inquire'
-WhatIf	$WhatIfPreference = $true
-Confirm	$ConfirmPreference = 'Low'
-ErrorAction	$ErrorActionPreference
-WarningAction	$WarningPreference
-InformationAction	$InformationPreference

Tabelle 13.1: Auswirkung der Common Parameter auf Preference-Variablen und Ausgabekanäle.

Wird ein Common Parameter aus Tabelle 13.1 verwendet, gelten die Preference-Variablen nur innerhalb des Skriptblocks, ändern also nicht die globalen Einstellungen. Das gilt selbst dann, wenn der Skriptblock dot-sourced ausgeführt wird, also im Aufruferkontext.

Pipeline-Fähigkeit

Skriptblöcke empfangen Informationen grundsätzlich über Parameter. Das gilt selbst dann, wenn Informationen über die Pipeline in einen Skriptblock gelangen. Hier übernimmt PowerShell es, die einlaufenden Pipeline-Daten an einen passenden Parameter weiterzureichen.

Ohne besondere Vorkehrungen wirkt der Skriptblock in der Pipeline blockierend. Er empfängt also erst Informationen, wenn der vorangegangene Befehl abgeschlossen ist. Alle empfangenen Daten stehen in der besonderen Variablen $input zur Verfügung:

```
PS> 1..10 | & { "empfange gerade $input." }
empfange gerade 1 2 3 4 5 6 7 8 9 10.
```

Dieser blockierende Modus ist erwünscht, wenn der Skriptblock sämtliche einlaufenden Informationen auf einmal bearbeiten soll, beispielsweise für Aufgaben wie eine Sortierung. Normalerweise aber sollen Skriptblöcke Pipeline-Daten in Echtzeit einzeln bearbeiten. Damit das möglich wird, muss der Code im Skriptblock in einen process-Block gestellt werden. Dieser funktioniert ähnlich wie eine Schleife, und der process-Skriptblock wird für jedes einzelne einlaufende Objekt wiederholt. Die Variable $_ repräsentiert dann das aktuell empfangene Objekt:

```
PS> 1..10 | & { process { "empfange gerade $_." } }
empfange gerade 1.
empfange gerade 2.
empfange gerade 3.
empfange gerade 4.
```

empfange gerade 5.
(...)
empfange gerade 10.

Neben process stehen noch die Schlüsselwörter begin und end zur Verfügung, die Skriptblöcke jeweils einmal vor und einmal nach der Pipeline ausführen. So könnte ein Objektzähler implementiert werden:

```
$Zähler =
{
  begin { $i = 0 }
  process { $i++ }
  end { $i }
}


# wie viele Dienste gibt es?
$anzahl = Get-Service | & $Zähler
"Es gibt $anzahl Dienste."
```

Listing 13.12: Pipeline-fähiger Skriptblock.

Da Funktionen lediglich benannte Skriptblöcke sind, verwandeln sie sich sehr einfach auch in neue Befehle:

```
function Get-ObjectCount
{
  begin { $i = 0 }
  process { $i++ }
  end { $i }
}


# wie viele Dienste gibt es?
$anzahl = Get-Service | Get-ObjectCount
"Es gibt $anzahl Dienste."
```

Listing 13.13: Pipeline-fähige Funktion nutzt einen Pipeline-fähigen Skriptblock.

Und auch das Pipeline-Cmdlet Foreach-Object stellt im Grunde genau die gleichen Skriptblöcke her wie eben:

```
# wie viele Dienste gibt es?
$anzahl = Get-Service | ForEach-Object -Begin { $i=0 } -Process { $i++ } -End { $i }
"Es gibt $anzahl Dienste."
```

Im nächsten Kapitel erfahren Sie mehr über die Pipeline-Fähigkeit. Dort wird auch beleuchtet, wie die Informationen von der Pipeline an Parameter eines Skriptblocks gebunden werden können.

Schleifen und Bedingungen

Skriptblöcke sind, wie Sie inzwischen wissen, Transportcontainer für PowerShell-Code und können auf diese Weise an andere weitergereicht werden. Das geschieht zum Beispiel immer dann, wenn nicht klar ist, ob, wann, und wie oft Code überhaupt ausgeführt werden soll.

Schleifen sind Konstruktionen, die Code mehrmals wiederholen. Ihr Herzstück ist jeweils ein Skriptblock. Er definiert den Code. Die Schleife entscheidet, ob und wie oft er ausgeführt wird. Hier eine klassische for-Schleife (die gleichzeitig einen kleinen Hörtest implementiert, jedenfalls dann, wenn der Computerlautsprecher eingeschaltet ist):

```
for ($x = 1000; $x -lt 15000; $x += 300)
{
  "Frequency $x Hz"
  [Console]::Beep($x, 500)
}
```

Listing 13.14: Eine einfache Schleife gibt verschieden hohe Frequenzen aus.

Die Schleife verwendet runde Klammern (Code, der sofort ausgeführt wird und also für den Betrieb der Schleife gebraucht wird) sowie geschwungene Klammern (Code, der nicht sofort ausgeführt wird, sondern von der Schleife so oft aufgerufen wird, wie Schleifendurchläufe erwünscht sind).

Eine klassische foreach-Schleife ist ähnlich aufgebaut und verwendet wiederum runde Klammern für den Schleifenbetrieb und einen Skriptblock, um den zu wiederholenden Code festzulegen:

```
$aquarium = Get-Service

foreach ($fisch in $aquarium)
{
  $dienstname = $fisch.DisplayName
  "Ich angle gerade $dienstname"
}
```

Listing 13.15: Die foreach-Schleife wiederholt einen Skriptblock.

Und auch Bedingungen bedienen sich der Skriptblöcke, denn der Sinn einer Bedingung ist ja gerade, nicht immer jeden Code auszuführen, sondern mithilfe einer Bedingung zu entscheiden, welcher Code gebraucht wird.

Das folgende Beispiel legt deshalb nur dann einen Ordner an, wenn er noch nicht existiert:

```
$Path = "$env:temp\Testordner"
$existiert = Test-Path -Path $Path

if ($existiert -eq $false)
{
  $null = New-Item -Path $Path -ItemType Directory
  Write-Host 'Ordner neu angelegt'
}
else
{
  Write-Host "Ordner '$Path' existierte schon."
}
```

Listing 13.16: Eine Bedingung wählt einen Skriptblock zur Ausführung aus.

Die Bedingung if besteht genau wie die Schleifen aus jeweils einer runden und einer geschweiften Klammer. Die Bedingung findet sich in runden Klammern, denn sie wird immer sofort ausgewertet. Ist das Ergebnis $true, wird danach der erste Skriptblock ausgeführt, sonst der zweite hinter else.

Wieder stehen die geschweiften Klammern also für Code, der nicht sofort ausgeführt wird, sondern erst später wie hier von `if`.

Gültigkeitsbereiche

Skriptblöcke bilden die Grundlage für Gültigkeitsbereiche: Ein Skriptblock kann ein eigenes »Territorium« mit eigenen Variablen und Unterfunktionen bilden, etwa bei Funktionen und Skripten. Ein reiner Skriptblock bildet ebenfalls immer ein eigenes Territorium:

```
$Code = {
  "A = $a"
  $a = 12
  "A = $a"
}

$a = 1000
& $Code
"Am Ende ist A = $a"
```

Listing 13.17: Der Skriptblock definiert den Gültigkeitsbereich von Variablen.

Das Ergebnis dieses Codes sieht so aus:

```
A = 1000
A = 12
Am Ende ist A = 1000
```

Der Skriptblock liest zunächst `$a`. Weil diese Variable in seinem eigenen Territorium noch nicht existiert, schaut PowerShell in den übergeordneten Territorien nach und wird fündig. Ausgegeben wird der Wert, den die gleichnamige Variable `$a` im nächsthöheren Territorium liefert, also 1000.

Danach legt der Skriptblock seine eigene Variable `$a` in seinem eigenen Territorium an. Sie enthält den Wert 12.

Sobald der Skriptblock fertig ausgeführt ist, wird sein Territorium wieder vernichtet – und mit ihm alles, was darin angelegt wurde – darunter auch seine Variable `$a` mit dem Wert 12. Übrig bleibt die andere Variable `$a` im Aufruferkontext, die nach wie vor den Wert 1000 enthält.

Skriptblöcke können aber auch auf ihr eigenes Territorium verzichten. Diese Entscheidung trifft immer derjenige, der den Skriptblock ausführt. Wenn Sie den Skriptblock nicht mit dem Call-Operator (`&`) aufrufen, sondern dot-sourced, verschmelzen Ihr eigenes Territorium (Aufruferkontext) und das Territorium des Skriptblocks. Ersetzen Sie also im Beispiel oben `&` durch `.`, wird die ganze Zeit über dieselbe Variable `$a` angesprochen.

Ähnlich ist das, wenn Sie Skriptblöcke als Delegate verwenden und jemand anderem übergeben. Dann entscheidet derjenige, ob, wann und wie oft der Skriptblock ausgeführt werden soll und auch ob der Skriptblock ein eigenes Territorium bildet oder nicht.

Ein Beispiel ist das Pipeline-Cmdlet `Foreach-Object`. Es verlangt mit seinem Parameter `-Process` nach einem Skriptblock, der dann für jedes Objekt einmal ausgeführt wird, das in `Foreach-Object` gepipt wird. Ob, wann und wie oft der Skriptblock ausgeführt wird, entscheidet nun also `Foreach-Object` aufgrund der Anzahl der Elemente, die dieses Cmdlet vom vorangegangenen Cmdlet empfängt:

```
1..10 | Foreach-Object -Process { "empfange gerade $_..." }
```

Die besondere Variable $_ repräsentiert hier wiederum das gerade empfangene Objekt, wie die Ausgabe deutlich macht:

```
PS> 1..10 | Foreach-Object -Process { "empfange gerade $_..." }
empfange gerade 1...
empfange gerade 2...
empfange gerade 3...
empfange gerade 4...
empfange gerade 5...
empfange gerade 6...
empfange gerade 7...
empfange gerade 8...
empfange gerade 9...
empfange gerade 10...
```

Der Skriptblock wird von Foreach-Object übrigens nicht in einem eigenen Territorium ausgeführt, wie diese Zeile beweist:

```
PS> 1..10 | Foreach-Object -Begin {$i = 0} -Process { $i++ }
PS> $i
10
```

Foreach-Object zählt in diesem Beispiel die Anzahl der empfangenen Objekte. Die Variable $i ist indes auch noch vorhanden, wenn Foreach-Object seine Arbeit längst erledigt hat, und nicht an das Territorium des Skriptblocks gebunden.

Foreach-Object führt die Skriptblöcke, die Sie übergeben, intern also »dot-sourced« (bzw. im Aufruferkontext) aus. Einen Grund dafür sehen Sie im Beispiel: Foreach-Object unterstützt drei Delegates: Der Parameter -Begin legt den Delegate fest, der genau einmal vor Start der Pipeline ausgeführt wird und Initialisierungsaufgaben übernimmt. Der Parameter -Process legt den Delegate fest, der für jedes eintreffende Ergebnis genau einmal ausgeführt wird, und der Parameter -End kann einen Delegate bestimmen, der nach Ende der Pipeline genau einmal ausgeführt wird und zum Beispiel Aufräumarbeiten erledigt oder Gesamtergebnisse meldet.

Damit diese drei Delegates miteinander kommunizieren können, werden sie alle im Aufruferkontext und nicht in eigenen Territorien ausgeführt. Hier eine vereinfachte Form des Objektzählers von eben:

```
PS> 1..10 | Foreach-Object -Begin {$i = 0} -Process { $i++ } -End { "Anzahl: $i" }
Anzahl: 10
```

Mehr zu Gültigkeitsbereichen erfahren Sie in Kapitel 19.

Zeitkapsel: Closures

Ein Skriptblock enthält puren Code, der aber noch nicht ausgeführt ist. Erst wenn es so weit ist, wird sein Code ausgewertet. Das bedeutet, dass auch Variablen in diesem Code erst ausgewertet werden, wenn der Skriptblock zur Ausführung kommt.

Entsprechend liefert jeder Aufruf des Skriptblocks in diesem Beispiel ein anderes Ergebnis:

```
$Code = { "Wert = $wert" }

$wert = 1
& $Code
```

```
$wert = 2
& $Code
```

Listing 13.18: Skriptblock wird zur Ausführungszeit ausgewertet.

Das Beispiel liefert dieses Resultat:

```
Wert = 1
Wert = 2
```

Mit einer sogenannten »Closure« kann ein Skriptblock den aktuellen Zeitpunkt quasi wie in einer Zeitkapsel aber auch einfrieren. Dabei legt der Skriptblock in seinem eigenen Territorium kurzerhand Kopien der aktuell verwendeten Variablen an. Im folgenden Beispiel liefert der Skriptblock stets denselben Wert, der dem Stand der Variablen $wert zu dem Zeitpunkt entspricht, an dem die Closure angelegt wurde:

```
$wert = 0
$Code = { "Wert = $wert" }.GetNewClosure()

$wert = 1
& $Code

$wert = 2
& $Code
```

Listing 13.19: Closures konservieren den Zustand von Variablen zu einem bestimmten Zeitpunkt.

Entsprechend sieht das Ergebnis nun so aus:

```
Wert = 0
Wert = 0
```

Delegates

Einen »Delegierten« kennen Sie sicher von Konferenzen: Jemand entsendet einen Abgesandten, der ihn vertritt. *Delegates* sind ebenfalls Delegierte, sie sind jedoch nicht aus Fleisch und Blut, sondern bestehen aus Code. Sie werden stellvertretend für jemand anderen ausgeführt.

Alle Pipeline-Cmdlets aus Kapitel 6 unterstützen beispielsweise Delegates. Anstelle einer Objekteigenschaft kann stellvertretend auch ein Skriptblock übergeben werden, der dann bestimmt, wie das Cmdlet seine Arbeit erledigen soll.

Möchten Sie zum Beispiel eine Serie von IPv4-Adressen sortieren, könnte der Delegate dafür sorgen, dass die zu sortierenden Texte vorübergehend in ein Format umgewandelt werden, das eine sinnvolle Sortierung ermöglicht. Ein solches Format könnte eine Produktversion sein, die ja ähnlich wie IPv4-Adressen aus vier Bytes besteht.

Das Ergebnis der normalen Sortierung ist wegen der alphanumerischen Sortierung nicht befriedigend:

```
PS> '10.10.100.1', '2.99.1.13', '100.84.12.99' | Sort-Object
10.10.100.1
100.84.12.99
2.99.1.13
```

Mit einem Delegate, der die Werte vorübergehend in einen besser passenden Typ umwandelt, sieht das Ergebnis viel besser aus:

```
PS> $delegate = { [Version]$_ }
PS> '10.10.100.1', '2.99.1.13', '100.84.12.99' | Sort-Object -Property $delegate
2.99.1.13
10.10.100.1
100.84.12.99
```

Listing 13.20: Der Skriptblock wird an Sort-Object übergeben.

Innerhalb des Skriptblocks kann mit der speziellen Variablen $_ von PowerShell jeweils eine Information eingeblendet werden. Bei Sort-Object ist das der zu sortierende Wert. Der Delegate wird also für jeden zu sortierenden Wert einmal ausgeführt, insgesamt im Beispiel drei Mal.

Zugriff auf AST und Parser

Sobald Sie einem Skriptblock Code zuweisen, wird dieser Code vom PowerShell-Parser geprüft und in Token umgewandelt. Enthält der Code Syntaxfehler, kommt es zu einem Fehler. Deshalb ist es von vornherein ausgeschlossen, dass ein Skriptblock syntaktisch fehlerhaften Code enthalten könnte.

Der Skriptblock enthält also nicht etwa den Code in Textform, sondern bereits vorbereiteten und ausführungsbereiten Code. Daher kann man den Inhalt eines Skriptblocks auf Token- und Sprachebene prüfen und auswerten. Hier ist ein Beispiel:

```
$code = {
    $ergebnis = Get-Service | Where-Object Status -eq Running
}

$code.Ast.FindAll( { $true }, $true) |
  Add-Member -Member ScriptProperty -Name Type -Value { $this.GetType().Name } -PassThru
```

Listing 13.21: Jeder Skriptblock enthält einen Abstract Syntax Tree mit bereits geparstem PowerShell-Code.

Hinweis

In diesem Beispielcode wimmelt es geradezu vor Skriptblöcken: Der zu analysierende Code wird in einem solchen aufbewahrt und in $code gespeichert. Die FindAll()-Methode nimmt ebenfalls als erstes Argument einen Skriptblock entgegen, der als Delegate agiert und auswählt, welche AST-Bausteine gefunden werden sollen. Indem er stets $true zurückgibt, werden alle Bausteine geliefert. Und auch Add-Member verwendet als Wert für die neue Eigenschaft Type einen Skriptblock. Er wird immer dann ausgeführt, wenn jemand später diese Eigenschaft abfragt, und liefert den Typ des Objekts.

An dieser Stelle werden die verschiedenen Hintergründe zu diesen Techniken nicht weiter beleuchtet, denn hier stehen nur die Skriptblöcke selbst im Vordergrund. An anderen Stellen in diesem Buch werden aber alle eingesetzten Techniken ausführlich vorgestellt.

Automationssprache

Wenn Sie den Code ausführen, analysiert er den Inhalt des Skriptblocks auf Sprachebene, und Sie erhalten dieses Ergebnis:

```
Type               : ScriptBlockAst
Attributes         : {}
UsingStatements    : {}
ParamBlock         :
BeginBlock         :
ProcessBlock       :
EndBlock           : $ergebnis = Get-Service | Where-Object Status -eq Running
DynamicParamBlock  :
ScriptRequirements :
ImplementingAssembly :
Extent             : {
                         $ergebnis = Get-Service | Where-Object Status -eq
                     Running


                     }
Parent             : {
                         $ergebnis = Get-Service | Where-Object Status -eq
                     Running


                     }


Type       : NamedBlockAst
Unnamed    : True
BlockKind  : End
Statements : {$ergebnis = Get-Service | Where-Object Status -eq Running}
Traps      :
Extent     : $ergebnis = Get-Service | Where-Object Status -eq Running
Parent     : {
                 $ergebnis = Get-Service | Where-Object Status -eq Running

             }


Type          : AssignmentStatementAst
Left          : $ergebnis
Operator      : Equals
Right         : Get-Service | Where-Object Status -eq Running
ErrorPosition : =
Extent        : $ergebnis = Get-Service | Where-Object Status -eq Running
Parent        : $ergebnis = Get-Service | Where-Object Status -eq Running


Type         : VariableExpressionAst
VariablePath : ergebnis
Splatted     : False
StaticType   : System.Object
Extent       : $ergebnis
Parent       : $ergebnis = Get-Service | Where-Object Status -eq Running


Type             : PipelineAst
PipelineElements : {Get-Service, Where-Object Status -eq Running}
Extent           : Get-Service | Where-Object Status -eq Running
Parent           : $ergebnis = Get-Service | Where-Object Status -eq Running


Type              : CommandAst
CommandElements   : {Get-Service}
InvocationOperator : Unknown
DefiningKeyword   :
Redirections      : {}
```

```
Extent             : Get-Service
Parent             : Get-Service | Where-Object Status -eq Running


Type               : StringConstantExpressionAst
StringConstantType : BareWord
Value              : Get-Service
StaticType         : System.String
Extent             : Get-Service
Parent             : Get-Service


Type               : CommandAst
CommandElements    : {Where-Object, Status, eq, Running}
InvocationOperator : Unknown
DefiningKeyword    :
Redirections       : {}
Extent             : Where-Object Status -eq Running
Parent             : Get-Service | Where-Object Status -eq Running


Type               : StringConstantExpressionAst
StringConstantType : BareWord
Value              : Where-Object
StaticType         : System.String
Extent             : Where-Object
Parent             : Where-Object Status -eq Running


Type               : StringConstantExpressionAst
StringConstantType : BareWord
Value              : Status
StaticType         : System.String
Extent             : Status
Parent             : Where-Object Status -eq Running


Type          : CommandParameterAst
ParameterName : eq
Argument      :
ErrorPosition : -eq
Extent        : -eq
Parent        : Where-Object Status -eq Running


Type               : StringConstantExpressionAst
StringConstantType : BareWord
Value              : Running
StaticType         : System.String
Extent             : Running
Parent             : Where-Object Status -eq Running
```

Die Sprachbestandteile werden also in Form verschiedener Objekte zurückgegeben, und die Eigenschaft Type verrät, um was für eine Sprachkonstruktion es sich jeweils handelt. Diese Informationen stammen vom AST, dem *Abstract Syntax Tree*, der darüber wacht, dass alle Sprachregelungen vom Code eingehalten werden, er also der PowerShell-»Grammatik« entspricht. Mit den Informationen des AST, die Sie gerade abgerufen haben, lassen sich leistungsfähige Codeanalysetools herstellen.

Codesicherheit

Da Skriptblöcke beliebigen Code enthalten können, ist nicht ausgeschlossen, dass darunter auch gefährliche Befehle sind. Deshalb enthalten Skriptblöcke die Möglichkeit, den Inhalt zu überprüfen, bevor er ausgeführt werden soll. Auf diese Weise könnte man sicherstellen, dass keine unerwünschten Befehle im Skriptblock enthalten sind.

PowerShell nutzt dieses Feature zum Beispiel für *Restricted Endpoints* beim Remoting. Auf Wunsch kann nämlich eine PowerShell eingeschränkt werden, sodass nur noch eine feste Auswahl von Befehlen zur Verfügung steht.

Sie ahnen inzwischen, wie dieses Sicherheitsfeature funktioniert: Weil der Skriptblock bereits geparsten Inhalt enthält und der AST sehr genau darüber Bescheid weiß, woraus der Code besteht, bedarf es nur noch einer Funktion, die den AST fragt, ob unerwünschte Befehle oder Funktionalitäten darunter sind. Diese Funktion heißt CheckRestrictedLanguage().

Möchten Sie zum Beispiel herausfinden, ob ein Skriptblock reine Dateninformationen und keine ausführbaren Befehle enthält, könnte dies ein Aufruf sein:

```
$code = {
    @{
        Name = 'Tobias'
        ID = 12
    }
}


$code.CheckRestrictedLanguage([String[]]'', [String[]]'', $null)

& $code
```

Listing 13.22: Der Skriptblock kann aktiven Code identifizieren.

CheckRestrictedLanguage() liefert dabei niemals ein Ergebnis zurück, sondern allenfalls eine Fehlermeldung. Im Beispiel oben würden Sie eine Fehlermeldung erhalten, sobald der Code im Skriptblock keine reinen Daten mehr erhält. Da der Code jedoch nur aus einer Hashtable besteht, gibt es keine Fehlermeldung, und sobald der Code ausgeführt wird, generiert er die Hashtable.

Würden Sie indes aktive Befehle in den Codeblock einfügen – und sei es nur, um Inhalte der Hashtable zu füllen – oder würden Sie Variablen definieren, käme es zu einer Fehlermeldung:

```
$code = {
    @{
        Name = 'Tobias'
        ID = 12
        Datum = Get-Date
    }
}


$code.CheckRestrictedLanguage([String[]]'', [String[]]'', $null)

& $code
```

Listing 13.23: Aktive Elemente werden mit einem Fehler gemeldet.

Die Fehlermeldung berichtet, welche »gefährlichen« Anteile im Code entdeckt wurden:

```
Ausnahme beim Aufrufen von "CheckRestrictedLanguage" mit 3 Argument(en): "In
Zeile:5 Zeichen:17
+        Datum = Get-Date
+        ~~~~~~~~
Der Befehl "Get-Date" ist im eingeschränkten Sprachmodus oder in einem
"Data"-Abschnitt nicht zulässig."
```

Gleichwohl setzt das Skript seine Arbeit fort, und der Code im Skriptblock wird dennoch ausgeführt. Soll CheckRestrictedLanguage() zum Schutz eingesetzt werden, würde man den Aufruf deshalb in einen Fehlerhandler integrieren. Das folgende Beispiel würde Code nur ausführen, wenn darin ausschließlich Daten vorkommen. Zusätzlich werden ausnahmsweise der Befehl Get-Date und die Variable $test erlaubt:

```
$code = {
    @{
        Name = 'Tobias'
        ID = $test
        Datum = Get-Date
    }
}

$test = 100

try
{
    $code.CheckRestrictedLanguage([String[]]@('Get-Date'), [String[]]@('test'), $null)
    & $code
}
catch
{
    Write-Warning "Unzulässig: $_"
}
```

Listing 13.24: Festlegen, welche Befehle in einem Skriptblock als »gefährlich« gelten sollen.

Ändern Sie den Code und ersetzen beispielsweise Get-Date durch Get-Process oder ändern Sie den Variablennamen, verweigert der Code die Ausführung und meldet das Problem:

```
WARNUNG: Unzulässig: Ausnahme beim Aufrufen von "CheckRestrictedLanguage" mit 3 Ar
gument(en): "In Zeile:5 Zeichen:17
+        Datum = Get-Process
+        ~~~~~~~~~~~
Der Befehl "Get-Process" ist im eingeschränkten Sprachmodus oder in einem "Data"-A
bschnitt nicht zulässig."
```

CheckRestrictedLanguage() meldet grundsätzlich einen Fehler, wenn Ihr Code Funktionalitäten verwendet, die in Data-Sektionen nicht erlaubt sind. Dazu zählen Zuweisungsoperatoren ebenso wie direkte Zugriffe auf das .NET Framework.

Hashtables sind eigentlich eine gute, moderne Alternative zu INI-Dateien. Mit den hier beschriebenen Schutzmöglichkeiten lassen sie sich sicher einsetzen.

Eine einfache Datendatei könnte zum Beispiel so aussehen:

```
ComputerName = 'test'
ID = 12
Info = 'c:\windows'
```

Speichern Sie diesen Inhalt in einer Textdatei und nutzen Sie dann die folgende Funktion, um die Datei einzulesen und den Inhalt als Hashtable auszugeben:

```
function Get-HashTable
{
    param
    (
        [Parameter(Mandatory=$true)]
        $Path
    )

    # gesamten Text der Datei einlesen
    $code = Get-Content -Path $Path -Raw
    # eingelesener Text soll der Inhalt einer Hashtable sein
    $hashtablecode = "@{$code}"

    # aus diesem Code einen Skriptblock herstellen
    $scriptblock = [ScriptBlock]::Create($hashtablecode)
    try
    {
        # enthält der Skriptblock aktive Elemente?
        $scriptblock.CheckRestrictedLanguage([String[]]@(), [String[]]@(), $null)
        # nein, ausführen und Hashtable generieren
        & $scriptblock
    }
    catch
    {
        # ja, nicht ausführen
        Write-Warning "Gefährliche Inhalte in $Path"
    }
}
```

Listing 13.25: Eine Hashtable gefahrlos als Datenimport lesen.

Diese Funktion nutzt im Wesentlichen das soeben Beschriebene. Sie zeigt aber auch, wie Textinformationen automatisiert in einen Skriptblock umgewandelt werden können.

Wenn Sie nun die Textdatei einlesen, erhalten Sie eine Hashtable zurück und können bequem auf die darin enthaltenen Daten zugreifen:

```
PS> $hash = Get-HashTable -Path C:\somepath\somefile.txt

PS> $hash

Name                    Value
----                    -----
Info                    c:\windows
ComputerName            test
ID                      12

PS> $hash.Info
c:\windows

PS> $hash.ComputerName
test
```

Ändern Sie die Textdatei und fügen aktive Elemente ein, wird keine Hashtable generiert, stattdessen wird eine Warnung ausgegeben. Sie haben erfolgreich verhindert, dass Angreifer aktive Befehlselemente in einer Datendatei einschmuggeln konnten.

Kapitel 14
Pipeline-fähige Funktionen

Automationssprache

Ausführlich werden in diesem Kapitel die folgenden Aspekte erläutert:

- **Foreach-Object:** Eine Pipeline-fähige Funktion entspricht dem Pipeline-Cmdlet Foreach-Object. Während Foreach-Object anonyme Ad-hoc-Funktionen herstellt und über dessen Parameter -Begin, -Process und -End den entsprechenden Blöcken Code zuweist, geschieht dies in einer Pipeline-fähigen Funktion hardcodiert. Jede Foreach-Object-Anweisung kann stets durch eine Pipeline-fähige Funktion ersetzt werden, wenn man die Logik häufiger benötigt oder Code übersichtlicher gestalten möchte.

- **Parameter über Pipeline empfangen:** Damit Parameter Informationen über die Pipeline empfangen können, benötigen sie einen »Kontrakt«: Dieser bestimmt, welcher Parameter welche Pipeline-Informationen erhalten sollen. Darüber hinaus legen Pipeline-fähige Funktionen mit einem process-Block fest, welcher Code für jeden empfangenen Datensatz wiederholt werden soll.

- **Aliasnamen für Parameter:** Parameter können zusätzliche Aliasnamen tragen und so an verschiedene Eigenschaften in verschiedenen Objekten gebunden werden.

- **Filter und Function:** Ein *Filter* ist eine spezielle Form einer *Function*. Während die Funktion seinen Code automatisch in einem end-Block platziert, liegt der Code bei einem Filter im process-Block. Ein Filter ist damit eine automatisch Pipeline-fähige Funktion. Filter werden kaum eingesetzt, weil Funktionen ihren Code auch explizit auf begin-, process- und end-Blöcke aufteilen können. Filter haben diese Möglichkeit nicht und sind also nur eine Spezialform einer Funktion.

»Pipeline-Fähigkeit« beschreibt technisch gesehen eigentlich nur, dass eine PowerShell-Funktion Informationen auch über die Pipeline von einem vorhergehenden Befehl empfangen kann. Tatsächlich ist diese Pipeline-Fähigkeit vor allem aber die strategische Grundlage für nachvollziehbaren und effektiven PowerShell-Code.

Pipeline-fähige Funktionen können Aufgaben nämlich besonders effizient modularisieren. An die Stelle eines seitenlangen, hochkomplexen und sehr spezifischen Skripten treten abgrenzbare und übersichtliche Funktionen, die Teile des Codes einfach kapseln (quasi verstecken) und für verschiedenste Aufgaben wiederverwertbar sind. Je mehr Pipeline-fähige Funktionen Sie konzipieren, desto weniger Code brauchen Sie künftig neu zu entwickeln.

Im Grunde setzen Pipeline-fähige Funktionen damit das bewährte Konzept der Cmdlets nur fort. So wie Cmdlets als universelle Bausteine zu immer neuen Lösungen zusammengefügt werden, können auch ihre selbst erstellten Pipeline-fähigen Funktionen zu neuen Lego-Bausteinen im »PowerShell-Baukasten« werden.

Anonyme Pipeline-Funktion

Vermutlich arbeiten Sie schon längst mit Pipeline-fähigen Funktionen und haben auch schon etliche verfasst, ohne es bemerkt zu haben. Das Cmdlet Foreach-Object ist nämlich nichts anderes. Es empfängt Pipeline-Eingaben vom vorherigen Befehl und führt danach für jedes einlaufende Pipeline-Objekt einen Skriptblock aus. In der folgenden Zeile würde Foreach-Object demnach zehn Zahlen empfangen und daraus jeweils eine IP-Adresse erzeugen:

```
PS> 1..10 | ForEach-Object -Process { "10.10.10.$_" }
10.10.10.1
10.10.10.2
10.10.10.3
10.10.10.4
10.10.10.5
10.10.10.6
10.10.10.7
10.10.10.8
10.10.10.9
10.10.10.10
```

Die Arbeit erledigt dabei der Skriptblock, den Foreach-Object über den Parameter -Process empfängt. In ihm steht das gerade empfangene Pipeline-Objekt in der Variablen $_ zur Verfügung. Der Skriptblock wird also für jedes empfangene Pipeline-Objekt wiederholt.

Foreach-Object verfügt noch über zwei ähnliche Parameter namens -Begin und -End:

```
SYNTAX
    ForEach-Object [-Process] <ScriptBlock[]> [-Begin <ScriptBlock>] [-End
    <ScriptBlock>] [-InputObject <PSObject>] [-RemainingScripts
    <ScriptBlock[]>] [-Confirm] [-WhatIf] [<CommonParameters>]
```

Diese beiden Skriptblöcke werden nicht für jedes Pipeline-Element wiederholt. Stattdessen führt Foreach-Object -Begin vor der Pipeline und -End nach der Pipeline aus.

Prototyping

Foreach-Object wird in der Regel für improvisierten Code verwendet oder um eine bestimmte Funktionalität zu entwickeln (*Prototyping*). Dabei entstehen mitunter zwar interessante Lösungen, die aber recht umfangreich und unübersichtlich werden können.

Der folgende Einzeiler (!) gibt beispielsweise Dienste in unterschiedlichen Farben aus, je nachdem, ob sie laufen oder nicht. Außerdem wird die Dauer ausgegeben, die der Befehl zur Ausführung benötigt hat:

```
Get-Service | ForEach-Object -Begin { $start = Get-Date } -Process { if ($_.Status -eq 'Running') {
Write-Host $_.DisplayName -ForegroundColor Green } else { Write-Host $_.DisplayName -ForegroundCol
or Red }} -End { $ende = Get-Date; $dauer = $ende - $start; $millisec = $dauer.TotalMilliSeconds; W
rite-Warning "Ausführungszeit: $millisec ms" }
```

Listing 14.1: Laufende und gestoppte Dienste in unterschiedlichen Farben und unterschiedlicher Ausführungsdauer ausgeben.

Das Ergebnis könnte ungefähr so aussehen, wie in der Abbildung gezeigt.

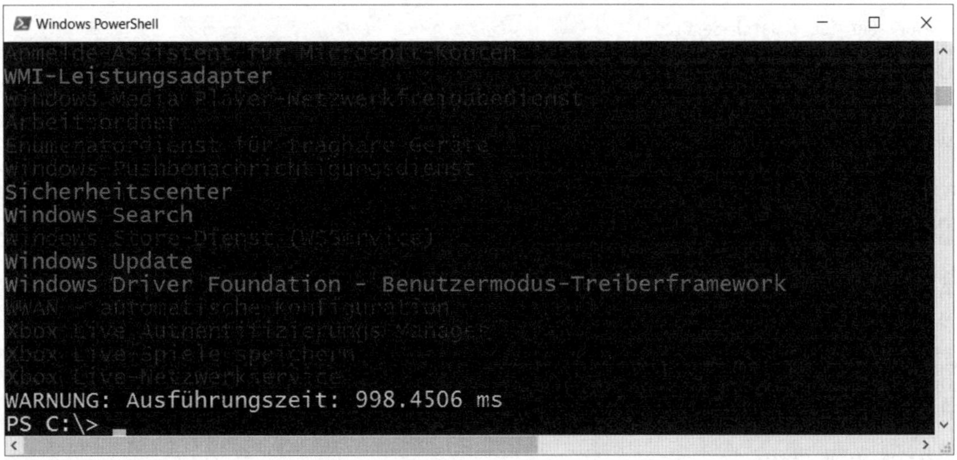

Abbildung 14.1: Dienste in unterschiedlichen Farben ausgeben.

Pipeline-fähige Funktion erstellen

Wenn Ihnen das Ergebnis gefällt, würden Sie dennoch im Alltag kaum einen so langen Befehl eintippen wollen. Das brauchen Sie auch gar nicht, denn Foreach-Object lässt sich in wenigen Schritten in eine Pipeline-fähige Funktion verwandeln.

```
function Watch-Service
{
  begin
  {
    $start = Get-Date
```

```
}

process
{
  if ($_.Status -eq 'Running')
  { Write-Host $_.DisplayName -ForegroundColor Green }
  else
  { Write-Host $_.DisplayName -ForegroundColor Red }
}

end
{
  $ende = Get-Date
  $dauer = $ende - $start
  $millisec = $dauer.TotalMilliSeconds
  Write-Warning "Ausführungszeit: $millisec ms"
}
}
```

Listing 14.2: Den Foreach-Object-Prototyp in eine Funktion verwandeln.

Im Grunde sind kaum Änderungen nötig: Die Parameter -Begin, -Process und -End werden innerhalb der Funktion einfach in gleichnamig benannte Skriptblöcke übersetzt. Das ist alles. Künftig könnten Sie Ihren neuen Befehl Watch-Service einsetzen, um Dienste je nach Status in unterschiedlichen Farben anzuzeigen:

PS> Get-Service | Watch-Service

Wenn Sie diesen Aufruf mit dem ursprünglichen Foreach-Object-Aufruf vergleichen, wird sofort klar, warum Pipeline-fähige Funktionen eine richtig gute Idee sind – jedenfalls immer dann, wenn Sie planen, den Code mehr als nur einmal auszuführen.

Benannte Parameter

Allerdings ist die eben entstandene Funktion Watch-Service nun ausschließlich Pipeline-fähig. Weil sie keine Parameter besitzt, kann man sie ohne Pipeline nicht verwenden. Für viele Zwecke mag das genügen, aber ebenso gut könnten Sie auch Parameter definieren. Der Parameter benötigt lediglich eine spezielle Kennzeichnung, die PowerShell verrät, dass dieser Parameter die Pipeline-Eingaben erhalten soll:

```
function Watch-Service
{
  param
  (
    [Parameter(ValueFromPipeline=$true)]
    $Dienst
  )

  begin
  {
    $start = Get-Date
  }

  process
  {
    if ($Dienst.Status -eq 'Running')
```

```
  { Write-Host $Dienst.DisplayName -ForegroundColor Green }
  else
  { Write-Host $Dienst.DisplayName -ForegroundColor Red }
}

end
{
  $ende = Get-Date
  $dauer = $ende - $start
  $millisec = $dauer.TotalMilliSeconds
  Write-Warning "Ausführungszeit: $millisec ms"
}
}
```

Listing 14.3: Pipeline-Eingabe über einen benannten Parameter empfangen.

Anstelle von $_ verwendet die Funktion nun den Parameter $Dienst und kann jetzt auch ohne Pipeline verwendet werden:

```
PS> Get-Service | Watch-Service
PS> Watch-Service -Dienst (Get-Service Spooler)
```

Wichtig

Sobald Sie in einer Funktion Parameter verwenden und die Parameter mit dem Attribut [Parameter(..)] versehen, kann die Funktion Pipeline-Eingaben nur noch empfangen, wenn einer der Parameter Pipeline-Eingaben akzeptiert.

Allerdings würde Watch-Service über den Parameter immer nur einen Dienst empfangen können. Die Pipeline sorgt automatisch dafür, dass beliebige Datenmengen einzeln nacheinander vom process-Block verarbeitet werden. Hier enthält $Dienst also ohne Ihr Zutun der Reihe nach immer nur einen Dienst. Übergeben Sie dagegen mehrere Dienste an den Parameter -Dienst, empfängt dieser alle Dienste auf einmal. Damit der Parameter -Dienst auch mehrere Dienste verarbeiten kann, brauchen Sie ihn bloß mit einer weiteren Schleife zu versehen:

```
function Watch-Service
{
  param
  (
    [Parameter(ValueFromPipeline=$true)]
    $Dienst
  )

  begin
  {
    $start = Get-Date
  }

  process
  {
    foreach($Einzeldienst in $Dienst)
    {
      if ($Einzeldienst.Status -eq 'Running')
      { Write-Host $Einzeldienst.DisplayName -ForegroundColor Green }
      else
      { Write-Host $Einzeldienst.DisplayName -ForegroundColor Red }
```

Automationssprache

```
      }
  }

  end
  {
    $ende = Get-Date
    $dauer = $ende - $start
    $millisec = $dauer.TotalMilliSeconds
    Write-Warning "Ausführungszeit: $millisec ms"
  }
}
```

Listing 14.4: Auch der Parameter kann nun mehrere Dienste empfangen.

Jetzt dürfte Watch-Service also auch über seinen Parameter direkt mehrere Dienste empfangen:

```
PS> Watch-Service -Dienst (Get-Service)
```

Wie weit Sie diesen Aufwand tatsächlich treiben wollen, bleibt Ihnen überlassen. Wenn Sie ausschließlich Pipeline-Eingaben verarbeiten möchten, brauchen Sie überhaupt keine Parameter und können genau wie bei Foreach-Object einfach auf $_ zugreifen.

Where-Object durch eine Funktion ersetzen

Auch Where-Object wird häufig in Pipelines eingesetzt und dient dazu, unerwünschte Informationen auszufiltern. Die folgende Zeile liefert beispielsweise alle Dateien und Ordner im Windows-Ordner, die älter sind als zehn Tage:

```
PS> Get-ChildItem -Path $env:windir |
        Where-Object { $_.LastWriteTime -lt (Get-Date).AddDays(-10) }
```

Tipp

Ersetzen Sie einfach -lt durch -gt, wenn Sie die Elemente finden wollen, die jünger sind als zehn Tage.

Auch Where-Object ist eine Ad-hoc-Funktion, die man in eine echte Pipeline-fähige Funktion übersetzen kann, wenn man die Filterung häufiger benötigt. Denn eigentlich ist Where-Object nichts anderes als Foreach-Object mit einer integrierten Bedingung. Man könnte also auch so formulieren:

```
PS> Get-ChildItem -Path $env:windir |
        Foreach-Object { if ($_.LastWriteTime -lt (Get-Date).AddDays(-10)) { $_ } }
```

Und so könnte eine Funktion namens Find-OldItem aussehen:

```
function Find-OldItem
{
  param
  (
    [Int]
    $Days
  )

  process
```

```
  {
    $CheckDate = (Get-Date).AddDays(-$Days)
    if ($_.LastWriteTime -lt $CheckDate) { $_ }
  }
}
```

Listing 14.5: Find-OldItem findet Dateien, die älter sind als die angegebene Zahl von Tagen.

Ab sofort würde die Filterung sehr viel einfacher sein:

```
PS> Get-ChildItem -Path $env:windir | Find-OldItem -Days 40
```

Allerdings könnte man die Funktion noch optimieren. Es ergibt keinen Sinn, $CheckDate für jedes einlaufende Pipeline-Element neu zu berechnen. Dieser Teil des Codes gehört also aus ökonomischen Gründen besser in den begin-Block. Außerdem sollte der Parameter -Days zwingend sein. Sobald Sie Parameterattribute einsetzen, muss auch die Pipeline-Eingabe an einen Parameter gebunden werden. Eine optimale Funktion sähe daher so aus:

```
function Find-OldItem
{
  param
  (
    [Parameter(ValueFromPipeline=$true)]
    [System.IO.FileSystemInfo]
    $Item,

    [Parameter(Mandatory = $true)]
    [Int]
    $Days
  )

  begin
  {
    $CheckDate = (Get-Date).AddDays(-$Days)
  }
  process
  {
    if ($Item.LastWriteTime -lt $CheckDate)
    {
      $Item
    }
  }
}
```

Listing 14.6: Dateien und Ordner finden, die älter sind als eine bestimmte Anzahl von Tagen.

Wenn Sie sich Listing 14.6 näher betrachten, fallen Ihnen sicher einige interessante Punkte auf:

- **Pipeline-Kontrakt:** Der Parameter $Item enthält einen Pipeline-Kontrakt und kann Objekte vom Typ System.IO.FileSystemInfo von der Pipeline empfangen. Dieser Typ bildet die Obergruppe für Dateien und Ordner, akzeptiert also sowohl Objekte vom Typ System.IO.FileInfo als auch vom Typ System.IO.DirectoryInfo.

- **begin-Block:** Der Stichtag, der zur Filterung dienen soll, wird nur einmal im begin-Block errechnet und kann danach beliebig häufig im process-Block verwendet werden. Der begin-Block wird für genau solche Initialisierungsaufgaben genutzt.

- **Bedingung:** Ein Where-Object ist im Grunde nur ein Foreach-Object, in dessen process-Block eine Bedingung ausgewertet wird. Trifft sie zu, wird das empfangene Objekt unverändert weitergereicht. Trifft sie nicht zu, wird das empfangene Objekt nicht weitergereicht und dadurch verworfen. Der folgende Pipeline-Befehl empfängt es nicht mehr.

Kurzes Resümee

Folgendes kennzeichnet eine Pipeline-fähige Funktion:

- **process-Block:** Innerhalb der Funktion muss mindestens ein process-Block existieren, der die einzelnen Pipeline-Eingaben bearbeitet. Dieser Block wird automatisch für jede einlaufende Pipeline-Information wiederholt, ähnlich einer Schleife. Anderer Code darf nun höchstens noch in einem begin- oder end-Block existieren. Der Code der Funktion muss also auf die drei Blöcke aufgeteilt werden und darf nicht mehr außerhalb dieser Blöcke stehen.

- **Parameter:** Sollen Parameter der Funktion Pipeline-Eingaben empfangen können, müssen sie mit [Parameter(ValueFromPipeline=$true)] gekennzeichnet sein. Andernfalls steht die Pipeline-Eingabe innerhalb des process-Blocks nur in der Variablen $_ zur Verfügung. Sobald Sie das Attribut [Parameter(...)] einsetzen, muss mindestens ein Parameter Pipeline-Eingaben akzeptieren.

Parameter und Pipeline-Kontrakt

Zwar kann, wie bereits gezeigt, eine simple PowerShell-Funktion Pipeline-Eingaben auch ohne besondere Vorkehrungen in $_ empfangen, wenn die Funktion mindestens einen process-Block besitzt, das ist aber in den meisten Fällen keine so gute Idee, denn dann ist die Funktion *ausschließlich* Pipeline-fähig. Besser ist es, die Parameter einer Funktion immer eindeutig festzulegen.

Sobald eine Funktion Parameter definiert, benötigt PowerShell einen Kontrakt, der festlegt, welcher Parameter Pipeline-Eingaben erhalten soll. Es gibt zwei Formen eines Kontrakts:

- **ISA (»ist ein«):** Das eintreffende Objekt wird gebunden, wenn es genau dem gewünschten Datentyp entspricht oder in ihn umgewandelt werden kann. Das Attribut hierfür heißt ValueFromPipeline und wurde gerade eben verwendet.

- **HASA (»hat ein«):** Enthält das eintreffende Objekt eine Eigenschaft vom passenden Datentyp und heißt die Eigenschaft so wie der Parameter (oder einer seiner Aliasnamen), wird der Inhalt dieser Eigenschaft an den Parameter gebunden. Das Attribut hierfür heißt ValueFromPipelineByPropertyName.

»ISA«-Kontrakt: Pipeline-Eingaben direkt binden

Hierbei wird jeder Parameter, der Pipeline-Eingaben akzeptieren soll, mit dem Attribut [Parameter(ValueFromPipeline=$true)] gekennzeichnet. Das können auch mehrere Parameter sein. Werden mehrere Parameter verwendet, bindet PowerShell die Pipeline-Eingabe an jeden geeigneten Parameter. Parameter sind geeignet, wenn der Pipeline-Input dem gewünschten Datentyp entspricht oder in diesen Datentyp umgewandelt werden kann:

```
function Test-PipelineInput {
  param (
    [Parameter(ValueFromPipeline=$true)]
    [double]
    $Zahl=-1,

    [Parameter(ValueFromPipeline=$true)]
    [datetime]
    $Datum = (Get-Date),
```

```
  [Parameter(ValueFromPipeline=$true)]
  [bool]
  $Boolean = $false,

  [Parameter(ValueFromPipeline=$true)]
  $Objekt = $null
)

process {
  "Zahl: $Zahl"
  "Datum: $Datum"
  "Ja/Nein: $Boolean"
  "Objekt: $Objekt"
}
}
```

Listing 14.7: Mehrere Pipeline-fähige Parameter.

Automatische Bindung über den Datentyp

Übergibt man Test-PipelineInput verschiedene Werte, bindet PowerShell diese Werte jeweils an die passenden Parameter.

Die Zahl 1 kann in die Typen Double, DateTime und Bool umgewandelt werden, alle Parameter können daher diesen Wert empfangen. Der Parameter Objekt zeigt die übergebenen Pipeline-Daten grundsätzlich immer an, weil er *jeden beliebigen* Datentyp akzeptiert:

```
PS> 1 | Test-PipelineInput
Zahl: 1
Datum: 01/01/0001 00:00:00
Ja/Nein: True
Objekt: 1
```

Wird hingegen der Text »Hallo« übergeben, kann dieser weder in den Typ Double noch in den Typ Bool oder DateTime umgewandelt werden. Diese Parameter zeigen also ihren Vorgabewert an, während lediglich der Parameter Object die Pipeline-Daten jetzt noch anzeigt:

```
PS> "Hallo" | Test-PipelineInput
Zahl: -1
Datum: 02/05/2016 09:03:44
Ja/Nein: False
Objekt: Hallo
```

Übergeben Sie indes einen Text, der ein gültiges Datumsformat enthält, wird der Text in DateTime umgewandelt, und Datum zeigt das umgewandelte Datum an:

```
PS> '1.1.2000' | Test-PipelineInput
Zahl: -1
Datum: 01/01/2000 00:00:00
Ja/Nein: False
Objekt: 1.1.2000
```

Übergeben Sie ein Process-Objekt, kann dies nur vom Parameter Objekt empfangen werden, weil es sich nicht in einen der anderen Datentypen umwandeln lässt. Die übrigen Parameter zeigen die Vorgabewerte:

```
Zahl: -1
Datum: 02/05/2016 09:05:29
Ja/Nein: False
Objekt: System.Diagnostics.Process (PowerShell_ise)
```

519

ParameterSets einsetzen

Normalerweise setzt man das automatische Pipeline-Binding nur ein, um auf verschiedene Eingaben zu reagieren und sie genau dem passenden Parameter zuzuweisen. Es ist also unerwünscht, dass die Pipeline-Eingaben mehreren Parametern zugewiesen werden können. Sie sollen nur an denjenigen Parameter gehen, der am besten passt.

Dazu weisen Sie jedem Parameter ein eigenes ParameterSet zu. So wird festgelegt, dass nur einer dieser Parameter ausgewählt werden kann. PowerShell bindet dann die Pipeline-Eingabe an den am besten passenden Parameter, und über $PSCmdlet erfahren Sie nun auch, welches ParameterSet ausgewählt wurde. Geben Sie außerdem ein Default-ParameterSet mit DefaultParameterSetName an. Es wird verwendet, wenn mehrere ParameterSets infrage kämen.

Wichtig

Sobald Sie ParameterSets verwenden, dürfen Sie nicht mehr den Typ Object verwenden. Er würde das zielgerichtete Binding stören, weil er immer alle Eingaben bindet. Deshalb verwendet das folgende Beispiel stattdessen den spezifischeren Typ String.

```
function Test-PipelineInput {
  [CmdletBinding(DefaultParameterSetName='Numerisch')]
  param (
    [Parameter(ValueFromPipeline=$true,ParameterSetName='Numerisch')]
    [double]
    $Zahl=-1,

    [Parameter(ValueFromPipeline=$true,ParameterSetName='Datum')]
    [datetime]
    $Datum = (Get-Date),

    [Parameter(ValueFromPipeline=$true,ParameterSetName='JaNein')]
    [bool]
    $Boolean = $false,

    [Parameter(ValueFromPipeline=$true,ParameterSetName='Text')]
    [string]
    $Text = ''
  )

  process {
    switch ($PSCmdlet.ParameterSetName)
    {
        'Numerisch'  { "Es wurde die Zahl $Zahl übergeben" }
        'Datum'      { "Es wurde das Datum $Datum übergeben" }
        'JaNein'     { "Es wurde der boolsche Wert $Boolean übergeben" }
        'Text'       { "Es wurde der Text $Text übergeben" }
    }
  }
}
```

Listing 14.8: Parameter werden unterschiedlichen ParameterSets zugewiesen.

Listing 14.8 bindet die Pipeline-Eingaben nun jeweils automatisch an den am besten passenden Parameter:

```
PS> 1 | Test-PipelineInput
Es wurde die Zahl 1 übergeben

PS> $true | Test-PipelineInput
Es wurde der boolsche Wert True übergeben

PS> Get-Date | Test-PipelineInput
Es wurde das Datum 02/05/2016 09:32:00 übergeben

PS> "Hallo" | Test-PipelineInput
Es wurde der Text Hallo übergeben

PS> 1, 'Hallo', (Get-Date), $true | Test-PipelineInput
Es wurde die Zahl 1 übergeben
Es wurde der Text Hallo übergeben
Es wurde das Datum 02/05/2016 09:32:18 übergeben
Es wurde der boolsche Wert True übergeben
```

Mehrdeutigkeiten auflösen

Falls es Mehrdeutigkeiten gibt, richtet sich Listing 14.8 nach dem Default-ParameterSet. Solche Mehrdeutigkeiten sind eben bereits passiert: Die Zahl 1 ist vom Typ [Int] und entspricht also keinem der gewünschten Datentypen. Sie lässt sich umwandeln in den Typ [Double] und in den Typ [String]. Weil aber als Default-ParameterSet das ParameterSet Numerisch gewählt war, wurde die Integerzahl in den Typ [Double] umgewandelt.

Kann eine Eingabe an keinen Parameter gebunden werden, erhalten Sie eine Fehlermeldung. Da sich aber alle Typen mindestens in den Typ String umwandeln lassen, kann dieser Fall in Listing 14.8 nicht passieren.

»HASA«-Kontrakt: Objekteigenschaften lesen

Der »HASA«-Kontrakt (»has a« = »hat ein«) untersucht nicht das eintreffende Pipeline-Element als Ganzes, sondern seine Eigenschaften. Ist unter seinen Eigenschaften eine, die so heißt wie der Parameter selbst, und enthält diese Eigenschaft den gewünschten Datentyp, wird der Wert der Eigenschaft gebunden. Ein »HASA«-Kontrakt wird über das Attribut [Parameter(ValueFromPipelineByPropertyName=$true)] festgelegt.

Dateiobjekte enthalten zum Beispiel die Eigenschaften Name, FullName und Length. Eine Funktion, die Dateien über die Pipeline empfangen soll, könnte diese Eigenschaften gezielt auslesen:

```
function Format-File
{
  param
  (
    [Parameter(ValueFromPipelineByPropertyName=$true)]
    [String]
    $Name,

    [Parameter(ValueFromPipelineByPropertyName=$true)]
    [Int]
    $Length,
```

```
    [Parameter(ValueFromPipelineByPropertyName=$true)]
    [String]
    $FullName
  )

  process
  {
    "empfange $Name mit Größe $Length von $FullName"
    'empfange {0,-10} mit Größe {1:n1} MB von {2}' -f $Name, ($Length/1MB), $FullName
  }
}
```

Listing 14.9: Eigenschaften direkt an Parameter binden.

`Format-File` kann nun direkt über die Pipeline mit Dateien versorgt werden und gibt die empfangenen Eigenschaften aus:

```
PS> Get-ChildItem -Path $env:windir -File | Format-File
empfange bfsvc.exe mit Größe 61952 von C:\WINDOWS\bfsvc.exe
empfange bfsvc.exe  mit Größe 0,1 MB von C:\WINDOWS\bfsvc.exe
empfange bootstat.dat mit Größe 67584 von C:\WINDOWS\bootstat.dat
empfange bootstat.dat mit Größe 0,1 MB von C:\WINDOWS\bootstat.dat
empfange comsetup.log mit Größe 13353 von C:\WINDOWS\comsetup.log
empfange comsetup.log mit Größe 0,0 MB von C:\WINDOWS\comsetup.log
(...)
```

»HASA« und »ISA« kombinieren

Die beiden Kontrakttypen dürfen kombiniert werden. Die folgende Funktion zeigt nur Dateien einer bestimmten Größe an. Sie empfängt die Größe einer Datei über einen »HASA«-Kontrakt und die Datei selbst über einen »ISA«-Kontrakt. Ist die Datei größer als die angegebene Größe, wird sie zurückgeliefert:

```
function Filter-FileSize
{
  param
  (
    [Parameter(Mandatory=$true)]
    [Int]
    $SizeKB,

    [Parameter(ValueFromPipeline=$true)]
    [System.IO.FileInfo]
    $File,

    [Parameter(ValueFromPipelineByPropertyName=$true)]
    [Int]
    $Length
  )

  process
  {
    if (($Length/1KB) -ge $SizeKB ) { $File }
  }
}
```

Listing 14.10: Dateigrößen ausgeben

Die folgende Zeile liefert nur noch Dateien, die mindestens 100 KB groß sind:

```
PS> Get-ChildItem -Path $env:windir -File | Filter-FileSize -SizeKB 100
```

Hinweis

Filter-FileSize akzeptiert lediglich Dateien, keine Ordner, denn der Parameter File ist vom Typ System.IO.FileInfo. Sollen auch Ordner empfangen (aber ignoriert) werden können, muss dieser Typ entsprechend geändert werden. Der Typ System.IO.FileSystemInfo kann sowohl Dateien als auch Ordner repräsentieren. Wenn Sie ihn verwenden, kann Filter-FileSize auch Ordner akzeptieren und benötigt den Parameter -File nicht mehr:

```
PS> Get-ChildItem -Path $env:windir | Filter-FileSize -SizeKB 100
```

»HASA« und »ISA« dürfen auch bei ein und demselben Parameter kombiniert werden. Der Parameter prüft dann zuerst, ob das gesamte Objekt seinem Typ entspricht. Falls nicht, schaut er in die Eigenschaft des Objekts, die so heißt wie der Parameter selbst, und versucht, den Inhalt der Eigenschaft zu binden.

Die nächste Funktion kann daher sowohl Zahlen empfangen als auch die Prozess-IDs eines Process-Objekts:

```
function Receive-ProcessID
{
  param
  (
    [Parameter(Mandatory=$true, ValueFromPipeline=$true, ValueFromPipelineByPropertyName = $true)]
    [Int]
    $ID
  )

  process
  {
    "bearbeite Prozess-ID $id"
  }
}
```

Listing 14.11: Wahlweise eine Zahl oder ein Objekt mit der Eigenschaft »ID« empfangen.

Das Ergebnis sieht so aus:

```
PS> 1,2,3 | Receive-ProcessID
bearbeite Prozess-ID 1
bearbeite Prozess-ID 2
bearbeite Prozess-ID 3

PS> Get-Process | Receive-ProcessID
bearbeite Prozess-ID 6508
bearbeite Prozess-ID 7484
bearbeite Prozess-ID 7692
bearbeite Prozess-ID 8020
bearbeite Prozess-ID 2344
bearbeite Prozess-ID 2376
bearbeite Prozess-ID 8016
(...)
```

CSV-Dateien direkt an Funktionen übergeben

PowerShell kann CSV-Daten automatisch mit ConvertTo-CSV in Objekte umwandeln. Über einen »HASA«-Kontrakt könnten diese Daten unmittelbar von einer Funktion ausgewertet werden. Zum Testen legen Sie dazu die folgende CSV-Datei an, die die Spaltenüberschriften Name, Vorname und ID verwendet:

```
$daten = @'
Name, Vorname, ID
Weltner,Tobias,1
Schröter,Indra,2
Wolters,Patrik,3
'@

$Path = "$env:temp\testdaten.csv"
$daten | Set-Content -Path $Path -Encoding UTF8
```

Listing 14.12: Eine CSV-Datei mit Testdaten anlegen.

Wenn Sie diese Datei nun mit Import-CSV importieren, erhalten Sie Objekte mit Eigenschaften. Die Eigenschaften heißen so wie die Spaltenüberschriften:

```
PS> Import-CSV -Path "$env:temp\testdaten.csv"

Name                    Vorname                 ID
----                    -------                 --
Weltner                 Tobias                  1
Schröter                Indra                   2
Wolters                 Patrik                  3
```

Damit Ihre Funktion die Daten aus der CSV-Datei direkt verarbeiten kann, muss nur ein entsprechender Kontrakt deklariert werden. So könnte eine Funktion aussehen, die kompatibel ist mit der CSV-Datei von eben:

```
function New-User
{
    param
    (
        [Parameter(ValueFromPipelineByPropertyName=$true)]
        [string]
        $Name,

        [Parameter(ValueFromPipelineByPropertyName=$true)]
        [string]
        $Vorname,

        [Parameter(ValueFromPipelineByPropertyName=$true)]
        [int]
        $ID
    )

    process
    {
        "Hier könnte der User $Vorname $Name mit der ID $ID angelegt werden."
    }
}
```

Listing 14.13: Funktion empfängt Informationen direkt aus einer CSV-Datei.

Es wäre jetzt denkbar, Personaldaten aus einer anderen Abteilung mit Active Directory abzu-
gleichen oder andere Rohdaten direkt mit PowerShell zu übernehmen.

```
PS> Import-Csv -Path $HOME\testdaten.csv | New-User
Hier könnte der User Tobias Weltner mit der ID 1 angelegt werden.
Hier könnte der User Indra Schröter mit der ID 2 angelegt werden.
Hier könnte der User Patrik Wolters mit der ID 3 angelegt werden.
```

Aliasnamen für Parameter

Bei einem »HASA«-Kontrakt (`ValueFromPipelineByPropertyName`) ist der Name des Parameters entscheidend, denn PowerShell sucht im eintreffenden Objekt nach einer Eigenschaft, die
genauso heißt wie der Parameter selbst.

Das ist eine störende Einschränkung, denn vielleicht möchten Sie den Parameter nicht so nennen wie die Objekteigenschaft, die der Parameter empfangen soll. Oder Sie möchten, dass der
Parameter mit verschiedenen Objekten zurechtkommt und also nicht nur eine bestimmte, sondern viele verschiedene Eigenschaften prüft.

Weist man dem Parameter mit `[Alias('a','b','c')]` alternative Aliasnamen zu, lässt sich das
Problem leicht lösen. Der Parameter sucht nun im eintreffenden Objekt zuerst nach einer
Eigenschaft, die so heißt wie der Parameter. Wird keine gefunden oder enthält die Eigenschaft
ungeeignete Daten, werden der Reihe nach auch die Aliasnamen überprüft. Die erste Eigenschaft, die geeignete Daten enthält, wird verwendet.

Die folgende Funktion kann einen Dateipfad sowohl als Text empfangen als auch aus Dateien
oder Ordnern auslesen (Eigenschaft `FullName`) – oder aber aus `Process`-Objekten (Eigenschaft
`Path`).

```
function Receive-Path
{
  param
  (
    [Parameter(ValueFromPipeline=$true, ValueFromPipelineByPropertyName = $true)]
    [Alias('Path','FullName')]
    [String]
    $FilePath
  )

  process
  {
    "bearbeite Pfad $FilePath"
  }
}
```

Listing 14.14: Einen Pfadnamen aus verschiedenen Objekteigenschaften empfangen.

Aliasnamen erhöhen also die Kompatibilität eines Parameters, weil dieser durch die Aliase mit
unterschiedlichen Objekten zusammenarbeiten kann. Hier das Ergebnis:

```
PS> $profile | Receive-Path
bearbeite Pfad C:\Users\Tobias\Documents\WindowsPowerShell\Microsoft.PowerShellISE_profile.ps1

PS> Get-ChildItem -Path $env:windir -Filter *.exe | Receive-Path
bearbeite Pfad C:\WINDOWS\bfsvc.exe
bearbeite Pfad C:\WINDOWS\explorer.exe
bearbeite Pfad C:\WINDOWS\HelpPane.exe
```

Automationssprache

(...)

```
PS> Get-Process | Where-Object MainWindowTitle -ne '' | Receive-Path
bearbeite Pfad C:\WINDOWS\system32\ApplicationFrameHost.exe
bearbeite Pfad C:\Program Files (x86)\Google\Chrome\Application\chrome.exe
bearbeite Pfad C:\Program Files (x86)\Microsoft Expression\Design 2\Design.exe
bearbeite Pfad C:\Program Files (x86)\Microsoft Office\Office15\EXCEL.EXE
(...)
```

Modularer Code mit Pipeline-fähigen Funktionen

Erst wenn eine Funktion Pipeline-fähig ist, verhält sie sich wie ein vollwertiges Cmdlet. Jetzt kann die Funktion dabei helfen, Skripte übersichtlich und nachvollziehbar zu halten, denn sie hat nun die Möglichkeit, komplexen Code zu kapseln und »unsichtbar« zu machen, sodass man sich bei einem Produktionsskript auf das Wesentliche konzentrieren kann.

Ausgangspunkt: ein unleserliches Skript

Das folgende Skript akzeptiert die URL einer Webseite und lädt anschließend alle Bilder, die auf der Webseite zu finden sind, in einen Bilderordner herunter (Abbildung 14.2). Die Power-Shell-Cmdlets helfen bereits immens, und in anderen Skriptsprachen würde solch eine Aufgabe seitenlangen Code erfordern, aber dennoch ist Listing 14.15 nicht gerade kurz und schon gar nicht auf den ersten Blick zu verstehen:

```
# diese Webseite untersuchen:
$URL = 'www.tagesschau.de'
$destination = 'c:\webpics'
$existiert = Test-Path -Path $destination
if ($existiert -eq $false) { mkdir $destination }

try
{
  # Inhalt der Webseite abrufen und in $result speichern
  # -UseBasicParsing verhindert Dialogfelder
  $result = Invoke-WebRequest -Uri $URL -UseBasicParsing -ErrorAction Stop

  # alle Images aus der Webseite abrufen
  $result.Images |
  # und daraus die Eigenschaft "src" auflisten:
  Select-Object -ExpandProperty src |
  # jede URL nur einmal herunterladen
  Sort-Object -Unique |
  # Links, die Parameter enthalten, wollen wir nicht:
  Where-Object { $_ -notmatch '\?'} |
  # jede einzelne URL nun bearbeiten:
  ForEach-Object {
    # die empfangene einzelne URL einer eigenen Variablen zuweisen:
    $linkUrl = $_

    # wenn die URL nicht mit "http" beginnt ...
    if ($linkUrl -notlike 'http*')
    {
      # ... dann eine absolute URL daraus machen, indem die
      # Adresse der Webseite vorangestellt wird
      $linkUrl = "http://$URL/$linkUrl"
```

```
    }

    # Ergebnis wieder zurückgeben:
    $linkUrl
} | ForEach-Object {
    # wir empfangen eine absolute URL des Bilds:
    $absoluteLinkURL = $_

    # hier sollen die Bilder gespeichert werden:
    $filename = Split-Path -Path $absoluteLinkURL -Leaf
    $destinationPath = Join-Path -Path $destination -ChildPath $filename

    # Bild herunterladen
    $NewPath = $destinationPath
    $Counter = 0

    # so lange an den Dateinamen eine Zahl anhängen, bis
    # die Datei nicht mehr existiert:
    While (Test-Path -Path $NewPath)
    {
        # neuen Dateinamen erzeugen
        $Counter++
        $parts = $destinationPath.Split('.')
        $parts[-2]+= "($Counter)"
        $NewPath = $parts -join '.'
    }

    Invoke-WebRequest -Uri $absoluteLinkURL -OutFile $NewPath

    }
}
catch {}

# Bilderordner öffnen
explorer $destination
```

Listing 14.15: Alle Bilder von der Tagesschau-Webseite herunterladen.

Das Skript tut durchaus, was es soll, und lädt tatsächlich alle Bilder von der Webseite der Tagesschau herunter. Es ist aber weder besonders wartungsfreundlich noch besonders wiederverwendbar. Dabei könnte seine wesentliche Logik viel simpler beschrieben werden:

```
PS> Get-ImageFromWebsite -URL 'www.tagesschau.de' | Download-File -DestinationFolder c:\webpics -Open
```

Dieser Einzeiler wäre sofort verständlich und ließe sich bequem auch für ähnliche Aufgaben anpassen und verwenden. Nur gibt es die Funktionen `Get-ImageFromWebsite` und `Download-File` eben nicht. Noch nicht. Denn Sie wissen inzwischen, wie das fürchterliche Listing 14.15 umgeschrieben und in ein professionelles Skript verwandelt werden könnte: durch Modularisierung. Lange und unübersichtliche Skripte zu modularisieren, bietet für Sie vielfältige Vorteile:

- **Übersichtlichkeit:** Das ursprüngliche Skript wird sehr viel kürzer und ist leichter zu verstehen, weil es jetzt nur noch die eigentliche Aufgabe formuliert, sich aber nicht mehr mit den technischen Details dazu auseinandersetzen muss.

- **Wiederverwendbarkeit:** Die modularen Bausteine verhalten sich wie Lego-Steine und können künftig auch für ganz andere Aufgaben eingesetzt werden. Sie brauchen sich also nie wieder darum zu kümmern, wie man Links auf einer Webseite findet oder wie man Dateien aus dem Internet herunterlädt.

- **Wartbarkeit:** Sollten Fehler auftreten, sind diese jetzt einer bestimmten einzelnen Funktion zuzuordnen. Diese Funktion kann man sehr viel besser isoliert testen und debuggen als ein riesiges Skript. Sobald Sie den Fehler finden und berichtigen, profitieren alle Skripte davon, die die Funktion einsetzen.

Abbildung 14.2: Bilder von einer Webseite herunterladen.

Schauen Sie sich also Listing 14.15 genau an und überlegen Sie, welche Teile davon eine in sich geschlossene Aufgabe lösen. Diese Analyse ergibt im Beispiel vier wesentliche Aufgaben, die auf eigenständige und voneinander völlig unabhängige Funktionen verteilt werden könnten.

Pipeline und Pipeline-Kontrakte sorgen dafür, dass diese Funktionen später wie Lego-Bausteine harmonisch zusammenarbeiten.

Teil 1: Get-NewFilenameIfPresent

Ein Teil von Listing 14.15 ermittelt, ob unter dem Pfadnamen einer herunterzuladenden Datei bereits eine Datei existiert. Falls ja, wird ein neuer Dateiname mit einer angehängten Zahl generiert. Das ist eine ausgesprochen nützliche Funktionalität, die man auch anderswo gebrauchen kann. Daher wird sie in die Funktion Get-NewFilenameIfPresent ausgegliedert:

```
function Get-NewFilenameIfPresent
{
  param
  (
    [Parameter(Mandatory=$true)]
    [String]
    $Path
  )

  $NewPath = $Path
  $Counter = 0

  # so lange an den Dateinamen eine Zahl anhängen, bis
  # die Datei nicht mehr existiert:
  While (Test-Path -Path $NewPath)
  {
    # neuen Dateinamen erzeugen
```

```
    $Counter++
    $parts = $Path.Split('.')
    $parts[-2]+= "($Counter)"
    $NewPath = $parts -join '.'
  }

  return $NewPath
}
```

Listing 14.16: Einen neuen Dateinamen generieren, falls der Dateiname bereits verwendet wird.

Die Funktion lässt sich sofort einsetzen und prüfen:

```
# Datei existiert bereits, eine Zahl anhängen:
PS> Get-NewFilenameIfPresent -Path C:\windows\explorer.exe
C:\windows\explorer(1).exe

# Datei existiert nicht, keine Änderung vornehmen:
PS> Get-NewFilenameIfPresent -Path C:\windows\zumsel.exe
C:\windows\zumsel.exe
```

Teil 2: ConvertTo-AbsoluteURL

Ein anderer Teil von Listing 14.15 beschäftigt sich damit, relative URLs in absolute URLs umzuwandeln. Weil auch das häufiger vorkommen kann, lohnt es sich wiederum, dafür einen eigenen Befehl zu entwickeln. Er könnte so aussehen:

```
function ConvertTo-AbsoluteURL
{
  param
  (
    [Parameter(Mandatory = $true, ValueFromPipeline=$true)]
    [string]
    $URL,

    [Parameter(Mandatory = $true)]
    [string]
    $WebsiteURL
  )

  begin
  {
    if ($WebsiteURL -notlike 'http*')
    {
      $WebsiteURL = "http://$WebsiteURL"
    }

    # Schrägstriche normalisieren
    $WebsiteURL = $WebsiteURL.Replace('\', '/').TrimEnd('/')

    # Wurzel der Webseite ermitteln
    $WebsiteURL = ($WebsiteURL -split '(?<=[^/])/')[0,1] -join '/'
  }

  process
  {
    $URL = $URL.Replace('\', '/').TrimStart('/')
```

```
    # wenn die URL nicht mit "http" beginnt ...
    if ($URL -notlike 'http*')
    {
      # ... dann eine absolute URL daraus machen, indem die
      # Adresse der Webseite vorangestellt wird
      return "$WebsiteURL/$URL"
    }
    else
    {
      # andernfalls unverändert zurückgeben
      return $URL
    }
  }
}
```

Listing 14.17: Einen relativen Link in einen absoluten Link umwandeln.

ConvertTo-AbsoluteURL empfängt über die Pipeline eine beliebige Menge an URLs. Zusätzlich kann man die URL einer Webseite angeben. Beginnt eine URL mit »http«, gilt sie als absolut und wird unverändert weitergegeben. Andernfalls wird die URL der Webseite davorgestellt:

```
PS> '\bild2.png', 'http://www.tagesschau.de\img\bilder' | ConvertTo-AbsoluteURL -WebsiteURL
www.tagesschau.de
http://www.tagesschau.de/bild2.png
http://www.tagesschau.de/img/bilder
```

Wenn Sie künftig wieder einmal relative in absolute URLs umwandeln müssten, bräuchten Sie nur noch zu ConvertTo-AbsoluteURL zu greifen. Und sollten Sie bei der Umwandlung auf weitere zu berücksichtigende Umrechnungsfaktoren stoßen, könnten Sie gezielt ConvertTo-AbsoluteURL verbessern. Alle anderen Skripte, die diese Funktion nutzen, würden automatisch davon profitieren.

Teil 3: Get-ImageFromWebsite

Wiederum ein anderer Teil von Listing 14.15 kümmert sich darum, die Links zu Bildern auf einer Webseite zu ermitteln. Get-ImageFromWebsite kapselt diesen Teil und akzeptiert die URL einer beliebigen Webseite sowie optional einen Filter. Ohne Filter liefert die Funktion alle Bild-URLs der Webseite zurück. Geben Sie einen Filter an, werden nur URLs geliefert, die dem Filter entsprechen. Intern verwendet Get-ImageFromWebsite bereits die Funktion ConvertTo-AbsoluteURL.

```
function Get-ImageFromWebsite
{
  param
  (
    [Parameter(Mandatory = $true)]
    [String]
    $URL ,

    [String]
    $Filter = ''
  )


    # Inhalt der Webseite abrufen und in $result speichern
    # -UseBasicParsing verhindert Dialogfelder
```

```
$result = Invoke-WebRequest -Uri $URL -UseBasicParsing

# alle Images aus der Webseite abrufen
$result.Images |
# und daraus die Eigenschaft "src" auflisten:
Select-Object -ExpandProperty src |
# jede URL nur einmal herunterladen
Sort-Object -Unique |
# Links, die Parameter enthalten, wollen wir nicht:
Where-Object { $_ -notmatch '\?'} |
ConvertTo-AbsoluteURL -WebsiteURL $URL |
Where-Object { $_ -like "*$Filter" }
}
```

Listing 14.18: Get-ImageFromWebsite ermittelt die URLs von Bildern auf einer Webseite.

Sie könnten nun bereits Ihre eigene Homepage untersuchen und sich alle Bilder auflisten lassen, die darauf verlinkt sind:

```
PS> Get-ImageFromWebsite -URL www.powertheshell.com
http://www.powertheshell.com/pbs.twimg.com/profile_images/5/6_S_normal.jpg
http://www.powertheshell.com/pbs.twimg.com/profile_images/5/7_normal.jpeg
http://www.powertheshell.com/pbs.twimg.com/profile_images/77/99_normal.jpeg
http://www.powertheshell.com/pbs.twimg.com/profile_images/77/88_normal.png
http://www.powertheshell.com/pbs.twimg.com/profile_images/77/hcEeriln_normal.jpeg
http://www.powertheshell.com/pbs.twimg.com/profile_images/8i/XokOeXUi_normal.png
http://www.powertheshell.com/pbs.twimg.com/profile_images/8i/hZKDoHLq_normal.jpg
http://www.powertheshell.com/pbs.twimg.com/profile_images/77/DaASdgVr_normal.jpg
http://www.powertheshell.com/pbs.twimg.com/profile_images/77/3qQTbQni_normal.png
http://www.powertheshell.com/pbs.twimg.com/profile_images/77/6CrZhart_normal.png
http://www.powertheshell.com/wp-content/plugins/rotatingtweets/images/favorite.png
http://www.powertheshell.com/wp-content/plugins/rotatingtweets/images/reply.png
http://www.powertheshell.com/wp-content/plugins/rotatingtweets/images/retweet.png
http://www.powertheshell.com/wp-content/uploads/all1-1024x724.png
http://www.powertheshell.com/wp-content/uploads/newiconSite.png

PS> Get-ImageFromWebsite -URL www.powertheshell.com -Filter *jpeg
http://www.powertheshell.com/pbs.twimg.com/profile_images/5/6_S_normal.jpg
http://www.powertheshell.com/pbs.twimg.com/profile_images/5/7_normal.jpeg
http://www.powertheshell.com/pbs.twimg.com/profile_images/77/99_normal.jpeg
http://www.powertheshell.com/pbs.twimg.com/profile_images/77/hcEeriln_normal.jpeg
```

Teil 4: Download-File

Nun fehlt nur noch der Baustein Download-File, der eine URL akzeptiert und die Datei dann aus dem Internet in einen lokalen Ordner speichert. Sie verwendet den verbleibenden Rest des Codes aus Listing 14.15 und könnte so aussehen:

```
function Download-File
{
  param
  (
    [Parameter(Mandatory = $true, ValueFromPipeline=$true)]
    [String]
    $Url,

    [Parameter(Mandatory = $true)]
    [String]
```

```
    $DestinationFolder,

    [Switch]
    $Force,

    [Switch]
    $Open,

    [Switch]
    $PassThru
  )

  # dies nur EINMAL am Anfang prüfen:
  begin
  {
    # Sicherstellen, dass der Zielordner existiert
    $existiert = Test-Path -Path $DestinationFolder
    if ($existiert -eq $false)
    {
      $null = New-Item -Path $DestinationFolder -ItemType Directory
    }
  }

  # dies für ALLE einlaufenden URLs machen:
  process
  {
    # Datei-Zielname aus Link extrahieren:
    $filename = Split-Path -Path $Url -Leaf
    $destinationPath = Join-Path -Path $DestinationFolder -ChildPath $filename

    # Bild herunterladen
    try
    {
      # falls nicht überschrieben werden soll, zuerst prüfen, ob die Datei
      # schon existiert, und gegebenenfalls einen neuen Dateinamen erstellen
      if (!$Force)
      {
        $destinationPath = Get-NewFileNameIfPresent -Path $destinationPath
      }
      Invoke-WebRequest -Uri $Url -OutFile $destinationPath -ErrorAction Stop
      if ($PassThru) { $destinationPath }
    }
    catch
    {
      Write-Warning "$Url wurde nicht gefunden."
    }
  }

  end
  {
    if ($Open)
    {
      explorer $destinationFolder
    }
  }
}
```

Listing 14.19: Download-File lädt eine Datei aus dem Internet herunter.

Mit `Download-File` sind nun alle notwendigen Bausteine beisammen, und um künftig Bilder von einer Webseite herunterzuladen, könnten Sie jetzt tatsächlich diese eine simple Zeile verwenden:

```
PS> Get-ImageFromWebsite -URL 'www.tagesschau.de' | Download-File -DestinationFolder c:\webpics -Open
```

Wenn Sie mögen, können Sie ab sofort aber ebenso gut (und leicht) ganz andere Webseiten nach Bildern durchforsten und zum Beispiel eine Sammlung lustiger Sprüche herunterladen (Abbildung 14.3):

```
Get-ImageFromWebsite -URL 'http://de.webfail.com/images' -Filter *jpg | Download-File -DestinationF
older c:\lustigeBilder -Open
```

Achtung

Denken Sie bitte bei allem Enthusiasmus daran, dass Bilder und auch andere Inhalte aus dem Internet häufig urheberrechtlich geschützt sind. Während es also in Ordnung ist, sich frei zugängliche Inhalte zum privaten Gebrauch herunterzuladen, dürfen Sie diese Inhalte indes nicht ohne Zustimmung des geistigen Eigentümers weiterverwerten.

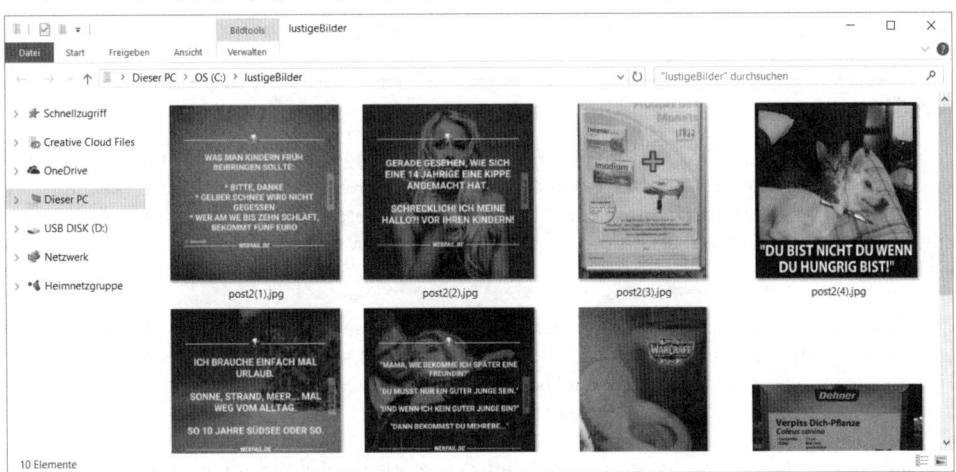

Abbildung 14.3: Eine Sammlung von Lebensweisheiten herunterladen.

Die einzelnen Bausteine funktionieren natürlich ebenfalls für sich allein, und so könnten Sie mit `Download-File` auch ganz andere Dateien aus dem Internet laden, beispielsweise ein NASA-Video (ca. 50 MB):

```
PS> $url = 'http://www.nasa.gov/downloadable/videos/dscovr_launches_aboard_spacex_falcon_9.mp4'
```

```
PS> $path = Download-File -Url $Url -DestinationFolder c:\nasa -Force -PassThru
```

```
PS> Invoke-Item -Path $path
```

Der Parameter `-PassThru` liefert den lokalen Dateinamen der heruntergeladenen Videodatei. Diese kann danach sofort mit `Invoke-Item` abgespielt werden – wenn der Dateierweiterung der Videodatei ein Videoplayer zugeordnet ist, versteht sich (Abbildung 14.4).

Abbildung 14.4: Ein NASA-Video herunterladen und sofort abspielen.

Wichtig

Wenn Sie Funktionalitäten in eigenständige Funktionen ausgliedern, ergeben sich natürlich Abhängigkeiten. `Get-ImageFromWebsite` verwendet intern zum Beispiel `ConvertTo-AbsoluteURL`, und `Download-File` nutzt intern `Get-NewFileNameIfPresent`. Das ist kein Grund zur Besorgnis. Auch Sie selbst haben bisher ohne großes Federlesen Cmdlets aus ganz unterschiedlichen Modulen kombiniert und gemeinsam eingesetzt.

Wichtig ist nur, Ihre Funktionen auch genauso bereitzustellen wie Cmdlets: nämlich durch Module. So erst wird ein Schuh daraus. Indem Sie also Ihre vier Funktionen in einem Modul speichern (siehe Kapitel 17, »Module erstellen«), stehen die vier Funktionen in jeder PowerShell stets zur Verfügung und werden bei Bedarf nachgeladen – genauso wie beim Einsatz von Cmdlets.

Und falls Sie eine Gesamtlösung an einen Kunden weitergeben wollen, ist es immer noch besser und übersichtlicher, die verwendeten Funktionen in ein Skript zu kopieren. So lassen sie sich als einzelne PowerShell-Datei weitergeben.

Die Hauptsache ist, dass Sie Aufgaben möglichst nicht in monolithischen Riesenskripten abhandeln, sondern die Teilaufgaben klar voneinander separieren. Nur dadurch bleibt PowerShell auch bei komplexeren Aufgaben immer übersichtlich und testbar.

Kapitel 15
Objektorientierte Rückgabewerte

Automationssprache

Ausführlich werden in diesem Kapitel die folgenden Aspekte erläutert:

- **Primitive Datentypen:** Texte oder Zahlen sind einfach zu verwenden, speichern aber nur jeweils eine Information. Soll eine Funktion mehrere Informationen liefern, könnte sie dies mit primitiven Datentypen zwar tun, würde aber ein unstrukturiertes Array zurückliefern. Der Anwender müsste sich daraus selbst die benötigte Einzelinformation heraussuchen.

- **Strukturierte Informationen:** Objekte können mehr als eine Information speichern. In einem Objekt lassen sich also vielfältige Informationen strukturiert ablegen, und der Anwender kann sich anschließend aus dem Objekt gezielt die Information(en) herausgreifen, die benötigt werden. Cmdlets verwenden als Rückgabewerte daher meist spezialisierte Objekte, die die Informationen bestmöglich repräsentieren, und eigene Funktionen sollten dies ebenso tun.

- **Eigene Objekte herstellen:** Um eigene Informationen bestmöglich zu strukturieren, legt man sich passende Objekte selbst an, und kann dazu auf `Select-Object`, `New-Object` und `Add-Member` zurückgreifen. Objekte können aber auch aus Textinformation im CSV-, JSON- oder XML-Format hergestellt werden.

- **Textrepräsentation eigener Objekte:** PowerShell stellt selbst definierte Objekte als Tabelle dar, wenn das Objekt weniger als fünf Eigenschaften besitzt, und andernfalls als Liste. Möchte man die Darstellungsweise anpassen, kann man den Objekten zusätzliche Formatierungswünsche hinzufügen, die dann vom PowerShell-ETS (*Extended Type System*) für die Anzeige berücksichtigt werden.

- **IntelliSense-Unterstützung für Rückgabewerte:** Indem Sie innerhalb einer Funktion beschreiben, was für Datentypen die Funktion zurückliefert, ermöglichen Sie PowerShell, für diese zurückgegebenen Werte im ISE-Editor sofort IntelliSense-Unterstützung anzubieten. Ohne eine solche Deklaration kann IntelliSense-Unterstützung erst angezeigt werden, wenn Variablen konkrete Werte zugewiesen worden sind, das Skript also mindestens einmal ausgeführt wurde.

Auf welche Weise Funktionen Informationen an den Aufrufer zurückliefern, wissen Sie bereits: Alle Informationen, die innerhalb einer Funktion »liegen gelassen« werden, bilden gemeinsam den Rückgabewert.

In diesem Kapitel geht es darum, *was* eine Funktion zurückgibt. Damit Funktionen ebenso vielseitig und effizient sind wie Cmdlets, sollten sie genau wie Cmdlets strukturierte Ergebnisse liefern und keine primitiven Daten wie Texte oder Zahlen.

Setzen Sie beispielsweise `Get-ChildItem` ein, um den Inhalt eines Ordners aufzulisten, besteht die Aufgabe dieses Cmdlets ausschließlich darin, Informationen über den Ordnerinhalt bereitzustellen. Was der Anwender danach mit diesen Informationen macht und welche Informationen er zur Lösung seines Problems genau benötigt, steht auf einem anderen Blatt. `Get-ChildItem` ist lediglich verantwortlich dafür, dem Aufrufer genügend Informationen bereitzustellen:

```
# Ordnerinhalt des Windows-Ordners auflisten:
PS> Get-ChildItem -Path $env:windir

# nur Dateien auflisten, die größer sind als 100 KB:
PS> Get-ChildItem -Path $env:windir -File | Where-Object Length -gt 1KB

# nur die Pfadnamen der Dateien ausgeben:
PS> Get-ChildItem -Path $env:windir -File | Select-Object -ExpandProperty FullName
```

Diese Flexibilität wäre nicht möglich, wenn `Get-ChildItem` von vornherein lediglich die Pfadnamen der Ordnerinhalte geliefert hätte. Deshalb sollten auch Ihre Funktionen versuchen, alle relevanten Informationen in Form von strukturierten Objekten zurückzuliefern, und es dem Anwender überlassen, daraus die gewünschten Schlüsse zu ziehen.

Mehrere Informationen zurückgeben

Primitive Datentypen enthalten in der Regel nur eine Einzelinformation, zum Beispiel einen Text oder eine Zahl. Sie sind sehr einfach zu verwenden, weil kein spezieller Objekttyp ausgewählt oder hergestellt zu werden braucht. Sie eignen sich aber lediglich für Fälle, in denen tatsächlich nur eine einzige Information zurückgeliefert wird. Sobald mehr als eine Information geliefert wird, sind primitive Datentypen ungeeignet.

Die folgende Funktion `Get-PathComponent` soll beispielsweise einen Pfadnamen in seine Bestandteile – wie übergeordneter Ordner, Dateiname, Erweiterung usw. – zerlegen. Das tut die Funktion auch und gibt die Ergebnisse als primitive Daten, nämlich als Texte, zurück:

```
function Get-PathComponent
{
  param
  (
    [Parameter(Mandatory=$true)]
    $Path
  )

  [System.IO.Path]::GetFileName($Path)
  [System.IO.Path]::GetFileNameWithoutExtension($Path)
  [System.IO.Path]::GetExtension($Path)
  [System.IO.Path]::GetDirectoryName($Path)
  [System.IO.Path]::GetPathRoot($Path)
  $Path
}
```

Listing 15.1: Einen Pfadnamen in Einzelkomponenten teilen und die Ergebnisse als Text zurückgeben.

Wenn Sie diese Funktion aufrufen, erhalten Sie bloß eine lange Liste von Texten. PowerShell hat die zahlreichen zurückgelieferten Texte in ein Array verpackt. Sie müssten jetzt also wissen, das wievielte Ergebnis der Dateierweiterung eigentlich entspricht, sollten Sie diese Information gerade benötigen.

```
PS> Get-PathComponent -Path $profile
Microsoft.PowerShellISE_profile.ps1
Microsoft.PowerShellISE_profile
.ps1
C:\Users\Tobias\Documents\WindowsPowerShell
C:\
C:\Users\Tobias\Documents\WindowsPowerShell\Microsoft.PowerShellISE_profile.ps1
```

Objekte speichern mehrere Informationen strukturiert

Objekte bringen Struktur in dieses Chaos. Anstatt lauter Einzelwerte als Array zurückzugeben, speichert eine Funktion alle zusammengehörigen Daten in einem strukturierten Objekt und liefert nur einen Wert zurück, nämlich das Objekt selbst. Die darin enthaltenen Informationen werden in benannten Objekteigenschaften gespeichert, über die sie ganz nach Bedarf gezielt abrufbar sind.

Es gibt viele Wege, die Einzelinformationen in eigenen Objekten zu speichern. Ein alter, aber in der PowerShell immer noch genutzter Weg geht über Select-Object: Mit diesem Cmdlet wählt man aus vorhandenen Eigenschaften die erwünschten aus. Select-Object kann aber auch völlig neue Eigenschaften hinzufügen, die man danach nur noch mit Werten zu füllen hat. Im Extremfall (und wie im folgenden Beispiel eingesetzt) kann man auf diese Weise aus einer einfachen Zahl ein vollständig strukturiertes Objekt herstellen:

```
function Get-PathComponent
{
  param
  (
    [Parameter(Mandatory=$true)]
    $Path
  )

  $erg = 1 | Select-Object -Property Parent, FileName, Extension, Drive, BaseName, Path
  $erg.FileName = [System.IO.Path]::GetFileName($Path)
  $erg.BaseName = [System.IO.Path]::GetFileNameWithoutExtension($Path)
```

Automationssprache

```
  $erg.Extension = [System.IO.Path]::GetExtension($Path)
  $erg.Parent = [System.IO.Path]::GetDirectoryName($Path)
  $erg.Drive  = [System.IO.Path]::GetPathRoot($Path)
  $erg.Path = $Path
  $erg
}
```

Listing 15.2: Alle Ergebnisse in einem Gesamtobjekt zurückgeben.

Das Ergebnis der Funktion ist diesmal strukturiert und selbstbeschreibend:

```
PS> Get-PathComponent -Path $profile

Parent    : C:\Users\Tobias\Documents\WindowsPowerShell
FileName  : Microsoft.PowerShellISE_profile.ps1
Extension : .ps1
Drive     : C:\
BaseName  : Microsoft.PowerShellISE_profile
Path      : C:\Users\Tobias\Documents\WindowsPowerShell\Microsoft.PowerShellISE_p
            rofile.ps1
```

Wird das Ergebnis in einer Variablen gespeichert, können daraus die Einzelinformationen mit sprechenden Namen abgerufen werden:

```
PS> $info = Get-PathComponent -Path $profile
PS> $info.Extension
.ps1
```

Eigene Objekte mit Ordered Hashtables anlegen

Einen zeitgemäßeren Weg, um mehrere Informationen in einem Objekt zu speichern, bieten geordnete Hashtables. Sie werden ab PowerShell 3.0 unterstützt und generieren im Gegensatz zu Select-Object (siehe Listing 15.2) in nur einem Schritt Objekte samt Inhalt. Der Code wird dadurch kürzer und ist klarer strukturiert. Etwas schneller geht es außerdem.

```
function Get-PathComponent

{
  param
  (
    [Parameter(Mandatory=$true)]
    $Path
  )

  # Informationen in einer Hashtable hinterlegen:
  $hash = [Ordered]@{
    FileName = [System.IO.Path]::GetFileName($Path)
    BaseName = [System.IO.Path]::GetFileNameWithoutExtension($Path)
    Extension = [System.IO.Path]::GetExtension($Path)
    Parent = [System.IO.Path]::GetDirectoryName($Path)
    Drive  = [System.IO.Path]::GetPathRoot($Path)
    Path = $Path
  }

  # Neues Objekt aus der Hashtable herstellen:
  New-Object -TypeName PSObject -Property $hash
}
```

Listing 15.3: Informationen in einer Hashtable definieren und daraus ein Objekt erstellen.

Die einzelnen Rückgabeinformationen werden in einer *Ordered Hashtable* gespeichert, einer Hashtable also, die sich die Reihenfolge seiner Schlüssel merkt.

Die Schlüssel der Hashtable entsprechen den späteren Namen der Objekteigenschaften. Der Wert des Keys wird zum Inhalt der Objekteigenschaft, und wie man sieht, kann der Wert direkt von einem PowerShell-Befehl oder einer .NET-Anweisung stammen. New-Object legt aus den Informationen der Hashtable ein neues Objekt an. Listing 15.2 und Listing 15.3 liefern daher das gleiche Resultat.

Eigene Objekte sind immer dann eine gute Idee, wenn Sie mehrere Informationen zurückliefern möchten, damit sich der Aufrufer daraus die tatsächlich benötigten Informationen aussuchen kann.

Es gibt aber auch den umgekehrten Ansatz: Mit Parametern könnte der Anwender von vornherein festlegen, an welcher Information er Interesse hat. So müsste der Befehl stets nur noch eine – die gewünschte – Information liefern und käme ohne komplexe Objekte zurecht. Ein Beispiel dafür ist das Cmdlet Split-Path, das Pfade in Einzelteile zerlegt. Der Anwender fordert dabei über Parameter an, welchen Pfadbestandteil er benötigt. Das Cmdlet liefert die angeforderte Information nun direkt als String zurück:

```
PS> Split-Path -Path d:\test\ordner\datei.txt
d:\test\ordner

PS> Split-Path -Path d:\test\ordner\datei.txt -Leaf
datei.txt

PS> Split-Path -Path d:\test\ordner\datei.txt -Qualifier
d:
```

Hinweis

Mitunter wird auch das Cmdlet Add-Member dazu »missbraucht«, vollkommen neue Objekte herzustellen. Für diesen Zweck ist es aber eigentlich nicht gedacht und führt zu sehr umfangreichem Code, weil man mit Add-Member jeweils immer nur eine Eigenschaft definieren kann und es daher viele Male nacheinander einsetzen muss.

Add-Member fügt einem bestehenden Objekt nachträglich neue Member hinzu – also wahlweise Eigenschaften oder sogar Methoden. Dabei ändert sich der zugrunde liegende Objekttyp nicht. Add-Member wird also für nachträgliche Objekterweiterungen eingesetzt, denen meist komplexere Hintergedanken zugrunde liegen, als nur Informationen zu speichern.

Die folgende Zeile verändert zum Beispiel eine Integerzahl so, dass sie bei der Ausgabe ihren Inhalt in MB anzeigt, aber dennoch den Datentyp Int behält:

```
$code =
{
    '{0:n1} MB' -f ($this/1MB)
}
$zahl = 576235342 | Add-Member -MemberType ScriptMethod -Name toString -Value $code -Force
-PassThru
```

Listing 15.4: Mit Add-Member nachträglich eine Objektmethode überschreiben.

Die sonderbare Variable $zahl würde sich nun ungewöhnlich verhalten: Bei der Ausgabe zeigt sie ein auf MB formatiertes Textformat, bleibt bei Vergleichen aber nach wie vor eine Zahl.

```
PS> $zahl
549,5 MB

PS> $zahl.GetType().FullName
System.Int32

PS> $zahl -gt 576235341
True

PS> $za
```

Auch in diesem Kapitel wird **Add-Member** unverzichtbar sein, wenn Sie in Listing 15.5 mit seiner Hilfe die primär sichtbaren Eigenschaften eines Objekts festlegen. Nur zum Anlegen profaner neuer Objekte sollten Sie **Add-Member** nicht benutzen. Es wäre in etwa so effizient, als würden Sie mit einer Nagelschere Weihnachtspapier schneiden.

Primär sichtbare Eigenschaften festlegen

Wenn Cmdlets ihre Ergebnisse in Objekten zurückgeben, zeigen sie dennoch (meist) nicht alle Objekteigenschaften auf einmal an, sondern nur die wichtigsten:

```
PS> Get-Service -Name Spooler

Status   Name            DisplayName
------   ----            -----------
Running  Spooler         Druckwarteschlange
```

Erst wenn der Anwender mit Select-Object dies wünscht, werden ihm auch die übrigen (nicht ganz so wichtigen) Informationen angezeigt, und weil der Platz in der Breite meist knapp wird, zeigt PowerShell die Informationen kurzerhand als Liste an:

```
PS> Get-Service -Name Spooler | Select-Object -Property *

Name                : Spooler
RequiredServices    : {RPCSS, http}
CanPauseAndContinue : False
CanShutdown         : False
CanStop             : True
DisplayName         : Druckwarteschlange
DependentServices   : {Fax}
MachineName         : .
ServiceName         : Spooler
ServicesDependedOn  : {RPCSS, http}
ServiceHandle       :
Status              : Running
ServiceType         : Win32OwnProcess, InteractiveProcess
StartType           : Automatic
Site                :
Container           :
```

Dieses Versteckspiel ist sinnvoll. Objekte können sehr viele Informationen enthalten, und wenn sie alle immer sofort und jedes Mal angezeigt würden, wäre PowerShell kaum vernünftig zu gebrauchen. Deshalb sollten auch Ihre eigenen Funktionen die primären Eigenschaften festlegen, die der Anwender sofort und immer sieht – jedenfalls dann, wenn Ihre Funktion

Objekte zurückliefert, die so viele Informationen enthalten, dass der Anwender den Blick auf die wesentlichen Informationen verlieren könnte.

Get-PathComponent aus Listing 15.3 liefert insgesamt sechs Eigenschaften zurück. Das sind nicht nur ziemlich viele Informationen, sondern auch mehr als vier. Ab fünf Eigenschaften schaltet PowerShell in die Listendarstellung.

```
PS> Get-PathComponent $profile

FileName  : Microsoft.PowerShellISE_profile.ps1
BaseName  : Microsoft.PowerShellISE_profile
Extension : .ps1
Parent    : C:\Users\Tobias\Documents\WindowsPowerShell
Drive     : C:\
Path      : C:\Users\Tobias\Documents\WindowsPowerShell\Microsoft.PowerShellISE_profile.ps1
```

Es wäre daher vorteilhafter, wenn Get-PathComponent zunächst nur die vier wichtigsten Informationen ausgäbe. Der Anwender könnte die übrigen Eigenschaften dann entweder mit Select-Object oder über die Punktschreibweise bei Bedarf anfordern. Listing 15.5 zeigt, wie man das macht:

```
function Get-PathComponent
{
  param
  (
    [Parameter(Mandatory=$true)]
    $Path
  )
  # Rückgabewerte in einer Hashtable hinterlegen
  $hash = [Ordered]@{
    FileName = [System.IO.Path]::GetFileName($Path)
    BaseName = [System.IO.Path]::GetFileNameWithoutExtension($Path)
    Extension = [System.IO.Path]::GetExtension($Path)
    Parent = [System.IO.Path]::GetDirectoryName($Path)
    Drive = [System.IO.Path]::GetPathRoot($Path)
    Path = $Path
  }

  # Aus der Hashtable ein Objekt herstellen
  $result = New-Object -TypeName PSObject -Property $hash

  # Eigenschaften angeben, die sofort sichtbar sein sollen:
  [string[]]$sichtbar = 'BaseName','Extension','Parent'
  # daraus ein Info-Objekt herstellen, das PowerShell bei der Ausgabe
  # auswertet:
  $typ = 'DefaultDisplayPropertySet'
  [System.Management.Automation.PSMemberInfo[]]$info =
    New-Object System.Management.Automation.PSPropertySet($typ,$sichtbar)

  # an Rückgabeobjekt anhängen:
  $result |
    Add-Member -MemberType MemberSet -Name PSStandardMembers -Value $info -PassThru
}
```

Listing 15.5: Eigenschaften angeben, die als Vorgabe sichtbar sein sollen.

Wird die Funktion aufgerufen, erscheinen zunächst nur die Standardeigenschaften, die in der Funktion benannt wurden. Weil es weniger als fünf sind, zeigt PowerShell eine Tabelle:

```
PS> Get-PathComponent -Path $profile

BaseName                           Extension Parent
--------                           --------- ------
Microsoft.PowerShellISE_profile .ps1        C:\Users\Tobias\Documents\WindowsPowerShell
```

Die übrigen Eigenschaften sind aber nach wie vor vorhanden und könnten zum Beispiel wie bei Cmdlets mit Select-Object ausgewählt werden. Weil es mehr als vier sind, erscheint eine Liste:

```
PS> Get-PathComponent -Path $profile | Select-Object -Property *


FileName  : Microsoft.PowerShellISE_profile.ps1
BaseName  : Microsoft.PowerShellISE_profile
Extension : .ps1
Parent    : C:\Users\Tobias\Documents\WindowsPowerShell
Drive     : C:\
Path      : C:\Users\Tobias\Documents\WindowsPowerShell\Microsoft.PowerShellISE_profile.ps1
```

Kapitel 16

Fortgeschrittene Parameter

Automationssprache

Ausführlich werden in diesem Kapitel die folgenden Aspekte erläutert:

- **IntelliSense für Argumente:** PowerShell zeigt automatisch Vorschlagslisten für Parameter an, wenn der Parameter entweder ein Enumerationstyp ist (einen Datentyp besitzt, der eine festgelegte Liste von erlaubten Werten definiert) oder wenn mit dem Attribut ValidateSet die gültigen Werte festlegt wurden.

- **Validierer:** Wenn ein Datentyp allein die erwünschten Werte eines Parameters nicht präzise genug einschränken kann, fügt man einen Validierer hinzu. Er kann die erlaubten Werte zusätzlich zum zugrunde liegenden Datentyp weiter einschränken und zum Beispiel festlegen, dass nur Zahlen aus einem bestimmten Wertebereich oder Servernamen einer vordefinierten Liste erlaubt sind.

- **ParameterSets:** Zwar unterstützt PowerShell keine klassischen »Überladungen« (also gleichnamige Funktionen mit unterschiedlichen Parametern), wohl aber sogenannte »ParameterSets«, mit denen beispielsweise gegenseitig ausschließende Parameter definierbar sind. So lassen sich Parameter definieren, die von der *Anwesenheit* anderer Parameter abhängen.

- **Dynamische Parameter:** Dynamische Parameter ergänzen ParameterSets. Damit lassen sich zusätzliche Parameter einblenden, die vom *Inhalt* anderer Parameter abhängen. Allerdings erfordern dynamische Parameter einen nicht unerheblichen Programmieraufwand.
- **»Common Parameter«:** Funktionen können die gleichen allgemeinen Parameter unterstützen wie Cmdlets. So lässt sich ein einfaches Fehlerhandling realisieren, und falls eine Funktion riskante Aufgaben durchführt, kann mit -WhatIf und -Confirm ein Simulations- und Bestätigungsmodus implementiert werden.
- **Splatting:** Über eine Hashtable lassen sich mehrere Werte gleichzeitig an mehrere unterschiedliche Parameter übergeben. Diese Übergabe wird »Splatting« genannt und ist immer dann wichtig, wenn zur Laufzeit entschieden werden soll, welche Werte an welche Parameter eines Cmdlets oder einer Funktion übergeben werden sollen.

Die Parameter eines Befehls sind sozusagen das »Benutzerinterface« von PowerShell. Als Automationssprache ist PowerShell textbasiert und verwendet keine Menüs oder anklickbare Schaltflächen. Umso wichtiger ist es, dieses textbasierte Benutzerinterface so angenehm und sicher wie möglich zu gestalten. Genau davon handelt dieses Kapitel. Es zeigt vielfältige Möglichkeiten, wie Sie Ihren Funktionen den letzten Schliff geben und verhindern, dass es zu Fehleingaben kommen kann.

Argumentvervollständigung

Damit ein Anwender schnell und einfach die richtigen Argumente an einen Parameter übergeben kann, hat PowerShell 3.0 die Argumentvervollständigung eingeführt, die Ihnen bei Cmdlets bestimmt schon häufig angenehm zur Seite gestanden hat. Wenn Sie zum Beispiel das Cmdlet Get-EventLog einsetzen, um die Ereignisse aus dem Systemlogbuch auslesen, zeigt der Parameter -EntryType im ISE-Editor zuvorkommend an, welche Auswahlmöglichkeiten dieser Parameter anbietet:

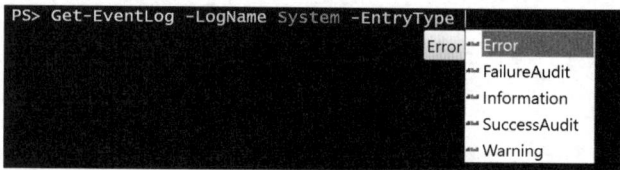

Abbildung 16.1: Statische Argumentvervollständigung für den Parameter -EntryType.

Die Auswahlmöglichkeiten des Parameters -EntryType ist eine *statische* Liste, die sich nie verändert. Ganz anders ist das beim Parameter -LogName. Seine Vorschlagsliste zeigt alle aktuell auf dem Computer vorhandenen Logbuchnamen an:

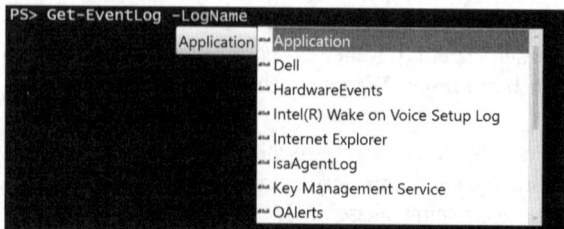

Abbildung 16.2: Dynamische Argumentvervollständigung für den Parameter -LogName.

Der Inhalt dieser Liste wird *dynamisch* in dem Moment bestimmt, wo die Liste aufgeklappt werden soll. Welche Logbücher es gibt, ist schließlich nirgendwo festgelegt, und jeder Administrator könnte mit New-EventLog neue Logbücher hinzufügen – die dann ebenfalls in der dynamischen Vorschlagsliste zu finden sind.

Auch die Parameter Ihrer eigenen Funktionen können solche Vorschlagslisten anbieten. Einfacher ist das für die statische Vervollständigung, bei der sich die Liste also nicht ständig ändert. Deshalb schauen wir uns diesen Fall zuerst an.

Statische Autovervollständigung für Parameter

Damit Autovervollständigung für Argumente funktioniert, muss klar sein, welche Werte ein bestimmter Parameter erwartet. Das kann über zwei Arten geschehen:

- **Datentyp:** Der Parameter verfügt über einen speziellen Datentyp (eine sogenannte Enumeration), der die erlaubten Werte festlegt.
- **ValidateSet-Attribut:** Der Parameter verfügt über ein ValidateSet-Attribut, das die erlaubten Werte auflistet.

Autovervollständigung über Enumerationsdatentyp

Die Vorschlagsliste des Parameters -StartupType des Cmdlets Set-Service ist datentypgesteuert. Der Typ ServiceStartMode enthält die gültigen Starttypen eines Diensts und ist für alle Dienste gleich:

```
PS C:\> Get-Help Set-Service -Parameter StartupType
-StartupType [<ServiceStartMode>]
(...)
```

Wenn Sie diesen Datentyp einem Parameter Ihrer eigenen Funktion zuweisen, passiert genau dasselbe wie bei Set-Service, und der Parameter wird plötzlich eine Autovervollständigung anzeigen. Allerdings müssten Sie dazu den vollständigen Typnamen kennen, der System.ServiceProcess.ServiceStartMode heißt:

```
function Test-AutoCompleter
{
  param
  (
    [System.ServiceProcess.ServiceStartMode]
    $Modus
  )

  "Gewählt: $Modus"
}
```

Listing 16.1: Autovervollständigung eines Parameters über seinen Datentyp.

Wenn Sie Listing 16.1 ausführen und dann Test-AutoCompleter verwenden, erscheint für den Parameter -Modus dieselbe Autovervollständigung wie für den Parameter -StartupType des Cmdlets Set-Service – denn beide sind vom selben Typ.

Automationssprache

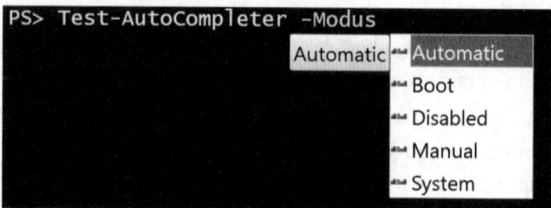

Abbildung 16.3: Autovervollständigung für einen Parameterwert über den zugewiesenen Datentyp.

Wenn man also den passenden Datentyp kennt, kann man ihn sich »ausborgen« und damit sehr schnell und einfach nicht nur die Autovervollständigung erhalten. Der Parameter ist nun außerdem auf die Werte festgelegt, die der Datentyp bestimmt.

Hier ein weiteres kleines Beispiel, bei dem sich die Funktion Select-Color die Konsolenfarbenliste zunutze macht:

```
function Select-Color
{
    param
    (
        [System.ConsoleColor]
        $Color
    )

    "Gewählte Farbe: $Color"
}
```

Listing 16.2: Eine Farbe mit Argumentvervollständigung auswählen.

Hier legt also der Datentyp System.ConsoleColor die erlaubten Farbwerte fest.

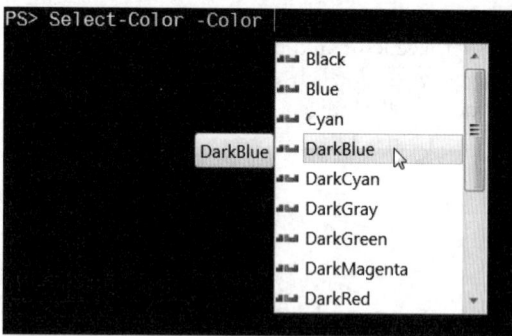

Abbildung 16.4: Ein Enumerationsdatentyp kann die erlaubten Werte für einen Parameter festlegen.

Profitipp

Ob ein Datentyp eine Aufzählung ist, verrät seine Eigenschaft `IsEnum`:

```
PS> [System.ConsoleColor].IsEnum
True
```

Die in einer Aufzählung enthaltenen Werte liefert die statische Methode `GetEnumNames()`:

```
PS> [System.ConsoleColor].GetEnumNames()
Black
DarkBlue
DarkGreen
DarkCyan
(…)
```

Normalerweise liegen hinter den »sprechenden« Namen der Aufzählung numerische Kennziffern, die sich folgendermaßen ermitteln lassen:

```
$typ = [System.ConsoleColor]
$names = $typ.GetEnumNames()
$valuetype = $typ.GetEnumUnderlyingType()

$names | ForEach-Object {
    $result = New-Object PSObject | Select-Object -Property Name, Value
    $result.Name = $_
    $result.Value = [System.Enum]::Parse($typ, $_) -as $valuetype
    $result
} | Format-Table -AutoSize
```

Listing 16.3: Enumerationswerte und ihre Konstanten auflisten.

Das Ergebnis sieht in etwa so aus:

```
Name       Value
----       -----
Black          0
DarkBlue       1
DarkGreen      2
DarkCyan       3
(…)
```

Hinweis

Spätestens hier drängt sich die Frage auf, woher man eigentlich weiß, dass es Typen wie `System.ConsoleColor` überhaupt gibt, und welche anderen Typen sonst noch zur Verfügung stehen.

Ein »echter« Entwickler würde diese Frage gar nicht verstehen, denn er definiert sich seine eigenen Typen passend zu seinem Projekt und greift in aller Regel nicht auf fremde Enumerationstypen zu. PowerShell dagegen ist eine Automationssprache, keine Programmiersprache, sie »borgt« sich üblicherweise nur vorhandene Typen aus. Es muss also mit dem vorliebnehmen, was andere bereitstellen.

Am Ende dieses Abschnitts erfahren Sie aber, wie Sie die verfügbaren .NET-Typen auflisten und gezielt nach passenden Enumerationstypen suchen können.

Autovervollständigung über ValidateSet

Es wäre schon ein glücklicher Zufall, wenn Sie einen vorhandenen Enumerationsdatentyp fänden, der genau die Auswahlmöglichkeiten Ihres Parameters beschreibt. Deshalb gibt es Validierer, die die üblichen allgemeinen Datentypen wie Int (ganze Zahlen) und String (Texte) weiter einschränken. Einer dieser Validierer hat Einfluss auf die Argumentvervollständigung: ValidateSet.

Hier ein kleines Beispiel, das Listing 16.2 aufgreift und zeigt, wie man dasselbe Ergebnis auch ohne den Datentyp System.ConsoleColor rein über PowerShell-Bordmittel erreicht:

```
function Select-Color
{
    param
    (
        [ValidateSet('Red','Green','Blue')]
        [String]
        $Color
    )

    "Gewählte Farbe: $Color"
}
```

Listing 16.4: Erlaubte Farbwerte mit ValidateSet-Attribut festlegen.

Indem Sie also einen Parameter mit dem ValidateSet-Attribut ausstatten, erreichen Sie zweierlei:

- **Validierung:** Die Eingabe für diesen Parameter ist auf die Werte beschränkt, die das ValidateSet festlegt. Gibt der Anwender einen anderen Wert ein, kontert PowerShell mit einer Fehlermeldung – ganz so, als hätten Sie bei Datentypen versucht, einen ungeeigneten Datentyp zuzuweisen.

- **Eingabehilfe:** Die Autovervollständigung von PowerShell schlägt die im ValidateSet festgelegten Werte nach Druck auf ⇥ vor. Grafische Editoren wie PowerShell ISE nutzen die Informationen für IntelliSense-Menüs.

Achtung

Vermeiden Sie in der Liste der erlaubten Werte Leerzeichen. Leerzeichen sind zwar grundsätzlich erlaubt, aber die Autovervollständigung der PowerShell würde solche Werte nicht automatisch in Anführungszeichen stellen. In der Praxis stiften Leerzeichen dadurch größere Verwirrung.

Vordefinierte Enumerationsdatentypen finden

Im .NET Framework gibt es bereits unzählige vordefinierte Enumerationsdatentypen. Die folgende Funktion Find-Enum durchsucht diese Datentypen, sodass Sie herausfinden können, ob es vielleicht bereits einen passenden Datentyp für Ihr Anliegen gibt. Es genügt, dieser Funktion ein beliebiges Schlüsselwort zu übergeben. Daraufhin werden die Namen der Enumerationen ausgegeben, in deren Auflistung das gesuchte Schlüsselwort vorkommt:

```
function Find-Enum
{
    param
    (
        $Value = '*',
        $Name = '*',
        [Switch]
        $All
    )

    $default = 'CommonLanguageRuntimeLibrary', 'Microsoft.CSharp.dll',
        'Microsoft.Management.Infrastructure.dll', 'Microsoft.PowerShell.Commands.Management.dll',
        'Microsoft.PowerShell.Commands.Utility.dll', 'System.Configuration.dll',
        'System.Configuration.Install.dll', 'System.Core.dll', 'System.Data.dll',
        'System.DirectoryServices.dll', 'System.dll', 'System.Management.Automation.dll',
        'System.Management.dll', 'System.Transactions.dll', 'System.Xml.dll'

    [AppDomain]::CurrentDomain.GetAssemblies() |
      Where-Object { $All -or ($default -contains $_.ManifestModule) } |
      ForEach-Object { try { $_.GetExportedTypes() } catch {} } |
      Where-Object { $_.IsEnum } |
      Where-Object { $_.Name -like $Name } |
      Sort-Object -Property Name |
      ForEach-Object {
        $rv = $_ | Select-Object -Property Name, Values, Source
        $rv.Name = '[{0}]' -f $_.FullName
        $rv.Source = $_.Module.ScopeName
        $rv.Values = [System.Enum]::GetNames($_) -join ', '
        $rv
      } |
      Where-Object { @($_.Values -split ', ') -like $Value }
}
```

Listing 16.5: Enumerationsdatentypen finden.

Suchen Sie zum Beispiel einen Datentyp, der den Begriff »Server« enthält, könnten Sie nun folgendermaßen auf die Suche gehen:

```
PS> Find-Enum Server

Name                            Values
----                            ------
[System.Net.HttpResponseHeader] CacheControl, Connection, Date, KeepAlive, Pragma, Trailer,
TransferEn...
```

Als Vorgabe durchsucht Find-Enum nur die Assemblies, die üblicherweise in der PowerShell geladen sind. Geben Sie zusätzlich -All an, werden alle aktuell geladenen Assemblies durchsucht. Im ISE-Editor sind das mehr als in der Konsole, und so könnten Sie zusätzliche Fundstücke bergen:

```
PS> Find-Enum Server -All

Name                            Values
----                            ------
[System.Web.HttpCacheability]   NoCache, Private, Server, ServerAndNoCache, Public,
                                ServerAndPrivate
[System.Net.HttpResponseHeader] CacheControl, Connection, Date, KeepAlive, Pragma, Trailer,
                                Transf...
[System.Web.UI.OutputCacheLocation] Any, Client, Downstream, Server, None, ServerAndClient
```

Sie können nun Parametern (oder auch regulären Variablen) einen der gefundenen Datentypen zuweisen. Der Parameter (oder die Variable) akzeptiert nun nur noch die in der Enumeration angegebenen Werte:

```
function Test-ParameterCompleter
{
  param
  (
    [System.Net.HttpResponseHeader]
    $Auswahl
  )

  "gewählt: $Auswahl"
}
```

Listing 16.6: Einen fremden Datentyp für eigene Parameter ausleihen.

Die Funktion `Test-ParameterCompleter` würde jetzt den Parameter `-Server` auf die Werte festlegen, die im Datentyp `System.Net.HttpResponseHeader` vermerkt sind, und für diese Werte Vorschlagslisten anzeigen (Abbildung 16.5):

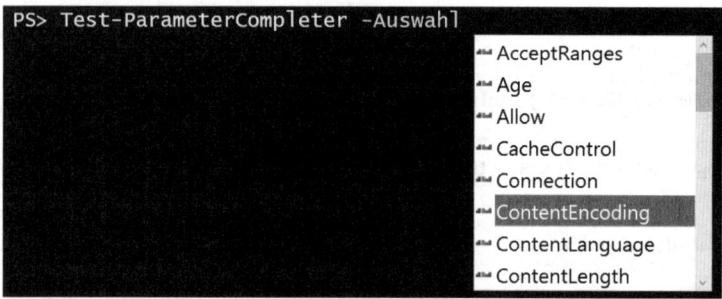

Abbildung 16.5: Parameter zeigt Vervollständigungsliste des »ausgeliehenen« Datentyps an.

Eigene Enumerationsdatentypen erstellen

Leihen Sie sich einen fremden Enumerationsdatentyp aus, haben Sie selbst natürlich keine Kontrolle über die erlaubten Werte. Anders ist das, wenn Sie wie professionelle Entwickler Ihre eigenen Enumerationsdatentypen herstellen. Ab PowerShell 5 ist das allein mit Bordmitteln über das Schlüsselwort `enum` möglich. Das folgende Beispiel definiert den Datentyp `[Sample.Level]` mit vier möglichen Werten:

```
enum Level
{
    Beginner
    Advanced
    Professional
    GodlikeBeing
}
```

In früheren PowerShell-Versionen muss man auf eine .NET-Sprache ausweichen und diese mit Add-Type kompilieren, um dasselbe zu erreichen:

```
$enum = '
using System;

public enum Level
{
    Beginner,
    Advanced,
    Professional,
    GodlikeBeing
}
'
Add-Type -TypeDefinition $enum
```

Listing 16.7: Enumeration in älteren PowerShell-Versionen anlegen.

Achtung

Eine Enumeration, die mit dem Schlüsselwort enum angelegt wurde, hat Vorrang vor einer gleichnamigen Enumeration, die mit Add-Type hinzugefügt wird.

Während Sie Enumerationen, die mit dem Schlüsselwort enum angelegt wurden, jederzeit neu definieren und überschreiben können, ist dies bei älteren PowerShell-Versionen mit Add-Type nicht möglich. Ein einmal angelegter Typ kann innerhalb einer PowerShell-Sitzung nicht unter demselben Namen neu definiert werden.

Anschließend können Parameter und Variablen auf den neu definierten Datentyp festgelegt werden:

```
PS> [Level]$level = 'Beginner'

PS> $level
Beginner

PS> [int]$level
0

PS> $level = 'Student'
Der Wert "Student" kann nicht in den Typ "Sample.Level" konvertiert werden. Fehler: "Der Bezeichner
"Student" kann keinem gültigen Enumeratornamen zugeordnet werden. Geben Sie einen der folgenden
Enumeratornamen an, und wiederholen Sie den Vorgang: Beginner, Advanced, Professional,
GodlikeBeing."

PS> $level = 'GodlikeBeing'
```

Zudem konvertieren Variablen numerische Werte automatisch in den entsprechenden Wert der Enumeration. Der erste Wert der Enumeration erhält als Vorgabe den Wert 0 und wird dann inkrementiert:

```
PS> $level = 2

PS> $level
Professional
```

Profitipp

Enumerationen müssen normalerweise eindeutig sein. Sie dürfen also nur jeweils einen der erlaubten Werte zuweisen. Alternativ kann eine Enumeration aber auch als Bitmaske verwendet werden und kann dann Kombinationen erlaubter Werte enthalten. Solche Enumerationen lassen sich mit dem Schlüsselwort **enum** nicht herstellen, wohl aber über **Add-Type** – wenn man das Attribut **FlagsAttribute** hinzufügt:

```
$enum = '
using System;

[FlagsAttribute]
public enum MultiLevel
{
    Beginner,
    Advanced,
    Professional,
    GodlikeBeing
}
'
```

```
Add-Type -TypeDefinition $enum
```

Ab sofort lassen sich mehrere Werte kombinieren, wenn auch das Ergebnis zunächst verwunderlich erscheint:

```
PS> [MultiLevel]$level = 'Advanced,Professional'
```

```
PS> $level
GodlikeBeing
```

```
PS> [int]$level
3
```

Die Kombination an sich hat funktioniert. Allerdings wurden dabei die Werte der Einzelbegriffe lediglich addiert. Da beim Anlegen der Enumeration keine besonderen Werte vereinbart wurden, hat PowerShell den Werten der Enumeration Zahlen zugewiesen, die bei 0 beginnen, was diesem Code entspricht:

```
$enum = '
using System;

[FlagsAttribute]
public enum MultiLevel
{
    Beginner=0,
    Advanced=1,
    Professional=2,
    GodlikeBeing=3
}
'
```

```
Add-Type -TypeDefinition $enum
```

Die Werte **Advanced** und **Professional** mögen zwar spirituell **GodlikeBeing** ergeben, rein mathematisch werden dabei aber nur die Werte 1 und 2 addiert und ergeben 3. Der Wert 3 ist (zufälligerweise) die Kennziffer für **GodlikeBeing**.

Wenn Sie also tatsächlich Werte einer Enumeration kombinieren möchten, achten Sie darauf, diesen Werten Kennziffern zuzuweisen, die bei der Aufaddierung nach wie vor eindeutig sind:

```
$enum = '
using System;

[FlagsAttribute]
public enum MultiLevelCorrect
{
    Beginner=1,
    Advanced=2,
    Professional=4,
    GodlikeBeing=8
}
'

Add-Type -TypeDefinition $enum
```

Sobald Sie diesen Typ kompiliert haben, werden auch kombinierte Werte korrekt wiedergegeben:

```
PS> [MultiLevelCorrect]$level = 'Advanced,Professional'

PS> $level
Advanced, Professional

PS> [int]$level
6
```

Dynamische Argumentvervollständigung

Bei der dynamischen Autovervollständigung wird keine statische Liste verwendet, um die Auswahlmöglichkeiten festzulegen, stattdessen wird Code ausgeführt. Der Code kann dann vollkommen dynamisch zur Laufzeit bestimmen, was in einer Auswahlliste erscheint.

Wenn Sie beispielsweise einen Dienst mit Stop-Service stoppen wollen, erhalten Sie in der ISE für den Parameter -Name nicht eine feste Liste von Diensten, sondern genau die Dienste, die in Ihrem konkreten Fall zurzeit laufen und gestoppt werden können. Diese Art von Vorschlagsliste wird also dynamisch zur Laufzeit berechnet (Abbildung 16.6).

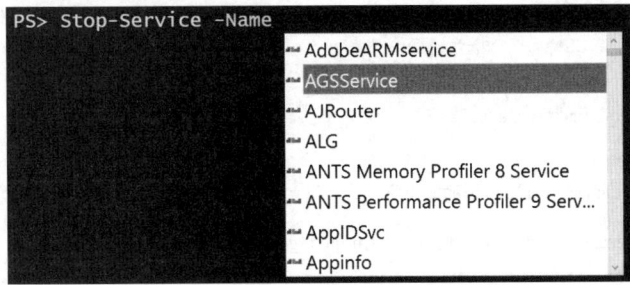

Abbildung 16.6: Dynamische Vorschlagslisten erzeugen den Inhalt der Liste jedes Mal neu.

Der Code, der hier ausgeführt wird, ist fest in PowerShell integriert. Ihre eigenen Funktionen können solche dynamischen Vorschlagslisten nicht so einfach anbieten. Zwar könnte man in die inneren Abläufe von PowerShell eingreifen, doch ist das viel zu kompliziert und wenig praxistauglich.

Benötigen Sie dennoch dynamische Vorschlagslisten für eigene Parameter, kann man diese mit sogenannten dynamischen Parametern implementieren. Wie das geschieht, lesen Sie am Ende dieses Kapitels.

Zuweisungen mit Validierern überprüfen

Eine Funktion sollte sicherstellen, dass der Anwender keine ungültigen Werte an Parameter übergeben kann. Diese Prüfung können Validierer übernehmen. Die Aufgabe eines Validierers ist es, den gültigen Wertebereich einer Variablen oder eines Parameters weiter einzuschränken. Kann also kein Datentyp gefunden werden, der die erlaubten Werte bereits vollständig abdeckt, fügt man einen Validierer hinzu.

Hinweis

Validierer werden bei Parametern nur wirksam, wenn dem Parameter ein Wert zugewiesen wird. Sie haben keinen Einfluss auf den Vorgabewert, den Sie vielleicht einem Parameter im Code zugewiesen haben.

ValidateSet

Zwar haben Sie ValidateSet schon verwendet, um IntelliSense-Listen zu generieren, aber eigentlich ist die Hauptaufgabe dieses Validierers, den Wertebereich des Datentyps String (Text) weiter einzuschränken. Dass dabei außerdem bei Parametern IntelliSense-Menüs entstehen, ist sozusagen nur eine nützliche Nebenwirkung.

Validierer sind grundsätzlich nicht auf Parameter festgelegt. Tatsächlich wirken sie allgemein auf Variablenzuweisungen und können daher nicht nur bei Parametern, sondern auch bei regulären Variablen verwendet werden. Die folgenden Beispiele machen sich das zunutze und demonstrieren die Wirkung von Validierern anhand einfacher Variablenzuweisungen. Sobald Sie versuchen, der Variablen $stadt im folgenden Beispiel einen anderen Namen zuzuweisen, als in der Liste des Validierers angegeben ist, meldet PowerShell einen Fehler:

```
# Variable anlegen, die auf genau drei Städtenamen festgelegt ist:
PS> [ValidateSet('NewYork', 'London', 'Hannover')]$stadt = 'Hannover'

PS> $stadt
Hannover

# eine Zuweisung einer gültigen Stadt funktioniert:
PS> $stadt = 'NewYork'

# eine Zuweisung einer nicht aufgeführten Stadt schlägt fehl:
PS> $stadt = 'Berlin'
Die Variable kann nicht überprüft werden, da der Wert Berlin kein gültiger Wert für die stadt-Variable
ist.
In Zeile:1 Zeichen:1
+ $stadt = 'Berlin'
+ ~~~~~~~~~~~~~~~~~~
    + CategoryInfo          : MetadataError: (:) [], ValidationMetadataException
    + FullyQualifiedErrorId : ValidateSetFailure
```

ValidateRange

Möchten Sie einem Parameter eine Zahl zuweisen, greifen Sie üblicherweise zum Datentyp Int (ganze Zahlen von -2147483648 bis +2147483647). Der Datentyp beschränkt die Eingabemöglichkeiten also auf ganze Zahlen im angegebenen Wertebereich. Soll ein Parameter nur ganze Zahlen in einem eigenen Wertebereich empfangen, greift man zu ValidateRange():

```
function Get-WürfelErgebnis
{
  param
  (
    [ValidateRange(1,3)]
    [Int]
    $Würfe = 1
  )

  for($x=1; $x -le $Würfe; $x++)
  {
    Get-Random -Minimum 1 -Maximum 7
  }
}
```

Listing 16.8: Der Parameter -Würfe akzeptiert nur Zahlen zwischen 1 und 3.

Wenn Sie Get-WürfelErgebnis aufrufen, erhalten Sie einen zufälligen Wert zwischen 1 und 6 – Ihr elektronischer Würfel. Mit dem Parameter -Würfe kann auch mehrmals gewürfelt werden. Der Vorgabewert ist 1, aber es sind auch die Werte 2 und 3 erlaubt. Mehr gleichzeitige Würfe sind dagegen nicht möglich.

```
PS> Get-WürfelErgebnis -Würfe 2
1
4
```

ValidateLength

Erwarten Sie Texteingaben von bestimmter Länge, setzen Sie ValidateLength ein. Die folgende Funktion akzeptiert als Computername nur Texte, die mindestens 5 und höchstens 10 Zeichen lang sind:

```
function Ping-Computer
{
  param
  (
    [ValidateLength(5,10)]
    [String]
    $ComputerName = $env:COMPUTERNAME
  )

  # Computer anpingen. Wenn das Ergebnis eine Zahl gefolgt von "ms" liefert,
  # $true zurückliefern, sonst $false:
  (@(ping.exe $ComputerName -n 1 -w 500) -match '\dms').Count -gt 0
}
```

Listing 16.9: Einfache Ping-Funktion, die Computernamen zwischen 5 und 10 Zeichen Länge akzeptiert.

Automationssprache

ValidatePattern

Texteingaben können mit ValidatePattern gegen einen regulären Ausdruck getestet werden. Ein regulärer Ausdruck beschreibt ein Textmuster. Nur wenn dieses Muster in der Eingabe enthalten ist, akzeptiert der Parameter die Eingabe. Im folgenden Beispiel akzeptiert die Ping-Funktion nur Computernamen, die mit »Server« beginnen, gefolgt von einer ein- bis dreistelligen Zahl:

```
function Ping-Computer
{
  param
  (
    [ValidatePattern('^Server\d{1,3}$')]
    [String]
    $ComputerName = $env:COMPUTERNAME
  )

  # Computer anpingen. Wenn das Ergebnis eine Zahl gefolgt von "ms" liefert,
  # $true zurückliefern, sonst $false:
  (@(ping.exe $ComputerName -n 1 -w 500) -match '\dms').Count -gt 0
}
```

Listing 16.10: Computername muss mit »Server« beginnen, gefolgt von einer ein- bis dreistelligen Zahl.

ValidateCount

Kann ein Parameter Arrays empfangen, bestimmt ValidateCount, wie groß das Array sein darf. Ein Beispiel liefert wieder die einfache Ping-Funktion, die dieses Mal bis zu fünf beliebige Computernamen akzeptiert und der Reihe nach überprüft:

```
function Ping-Computer
{
  param
  (
    [ValidateCount(1,5)]
    [String[]]
    $ComputerName = $env:COMPUTERNAME
  )

  foreach($Name in $ComputerName)
  {
    $info = [Ordered]@{}
    $info.ComputerName = $Name
    $info.Online = (@(ping.exe $Name -n 1 -w 500) -match '\dms').Count -gt 0

    New-Object -TypeName PSObject -Property $info
  }
}
```

Listing 16.11: Bis zu fünf Computer anpingen und auf Verfügbarkeit testen.

Das Ergebnis dieser Funktion könnte so aussehen;

```
PS> Ping-Computer -ComputerName dell1, PowerShellmagazine.com, nichtda

ComputerName            Online
------------            ------
dell1                   True
PowerShellmagazine.com  True
nichtda                 False
```

Sobald Sie allerdings mehr als fünf Computer angeben, akzeptiert der Validierer die Eingabe nicht mehr.

ValidateScript

Manchmal müssen die Werte eines Parameters dynamisch überprüft werden. Hierfür eignet sich ValidateScript. Hier wird zur Überprüfung ein Skriptblock mit beliebigem PowerShell-Code eingesetzt, und nur wenn dieser $true zurückliefert, akzeptiert der Parameter den Wert.

Die Funktion Start-Executable akzeptiert den Namen einer ausführbaren Datei (ohne Dateierweiterung *.exe*) nur dann, wenn sich diese Datei direkt im *System32*-Ordner des Betriebssystems befindet, und startet die Anwendung in dem Fall:

```
function Start-Executable
{
  param
  (
    [ValidateScript({ (Get-ChildItem $env:windir\system32 "$_.exe").Count -eq 1})]
    [Parameter(Mandatory=$true)]
    [String]
    $Name
  )

  $path = Join-Path -Path $env:windir\system32 -ChildPath $Name
  Start-Process -FilePath $path
}
```

Listing 16.12: Ausschließlich Programme starten, die im System32-Ordner lagern.

Nullwerte und andere Validierer

Darüber hinaus stehen Ihnen Validierer zur Verfügung, die regeln, wie PowerShell mit Null- und Leerwerten umgehen soll: ValidateNotNull, ValidateNotNullOrEmpty, AllowNull, AllowEmptyString und AllowEmptyCollection.

Profitipp

Allow...-Attribute sind bei *zwingend* erforderlichen Parametern häufig unverzichtbar. Wird ein Parameter als zwingend gekennzeichnet, muss ihm ein Wert zugewiesen werden, der weder $null, noch ein leerer String oder ein leeres Array sein darf. Optionale Parameter dagegen akzeptieren solche Leerwerte immer. Soll ein zwingender Parameter Leerwerte akzeptieren dürfen, fügen Sie die passenden Allow...-Attribute hinzu.

Parameter in ParameterSets einteilen

Nicht immer genügt es, einer Funktion eine Liste von Parametern mitzugeben. Die Anforderungen können komplizierter sein. Vielleicht gibt es sich gegenseitig ausschließende Parameter, die einfach gemeinsam keinen Sinn ergeben. Get-Process ist ein solches Beispiel. Dieses Cmdlet akzeptiert im Parameter -ID *entweder* eine Zahl (die Prozess-ID) *oder* im Parameter -Name den Namen des Prozesses.

Natürlich könnten Sie diese beiden Parameter auch bei einer eigenen Funktion definieren. Dann aber wäre der Anwender in der Lage, *sowohl* Prozess-ID *als auch* Prozessnamen anzugeben. Was relativ sinnfrei wäre. Dieses ist ein Szenario, in dem ParameterSets Klarheit bringen.

Gegenseitig ausschließende Parameter

Jedes ParameterSet bildet eine Gruppe von Parametern. Der Anwender darf jeweils nur die Parameter angeben, die gemeinsam in einem ParameterSet vorkommen (oder keinem speziellen ParameterSet zugeordnet sind). Weisen Sie daher die Parameter, die nicht gleichzeitig angegeben werden dürfen, unterschiedlichen ParameterSets zu. Dies geschieht über die Anweisung ParameterSetName.

```
function Test-Binding {
  [CmdletBinding(DefaultParameterSetName='Name')]
  param(
    [Parameter(ParameterSetName='ID', Position=0, Mandatory=$true)][int]$ID,
    [Parameter(ParameterSetName='Name', Position=0, Mandatory=$true)][string]$Name
  )

  $set = $PSCmdlet.ParameterSetName
  "Sie haben ParameterSet $set gewählt."

  if ($set -eq 'ID') {
    "Die ID ist $ID"
  } else {
    "Der Name lautet $Name"
  }
}
```

Listing 16.13: Das Skript Test-Binding1.ps1.

Die Funktion Test-Binding leistet jetzt genau das, was gewünscht ist:

- **Gegenseitiger Ausschluss:** Die Parameter -ID und -Name können nicht mehr gleichzeitig angegeben werden.

- **Bindung über Datentyp:** Gibt der Anwender eine Zahl ein, wird sie dem Parameter -ID zugewiesen, sonst dem Parameter –Name.

```
PS> Test-Binding -ID 10 -Name 'Test'
Test-Binding : Der Parametersatz kann mit den angegebenen benannten Parametern nicht aufgelöst
werden.
```

Binding über Datentyp

Ihre Funktion erkennt jetzt den zuständigen Parameter sogar ohne Angabe des Parameternamens automatisch, basierend auf dem Objekttyp, den Sie übergeben. Möglich ist dies, weil beiden Parametern die Position 0 zugewiesen wurde und beide Parameter mit unterschiedlichen Datentypen deklariert wurden. Im Zweifelsfall gilt der Parametersatz, der als `DefaultParameterSet` angegeben wurde.

```
PS> Test-Binding 12
Sie haben ParameterSet ID gewählt.
Die ID ist 12

PS> Test-Binding Hallo
Sie haben ParameterSet Name gewählt.
Der Name lautet Hallo
```

Auch die Syntax, die `Get-Help` für die Funktion liefert, repräsentiert die Parametersätze korrekt:

```
SYNTAX
    Test-Binding [-Name] <string>  [<CommonParameters>]

    Test-Binding [-ID] <int>  [<CommonParameters>]
```

`$PSCmdlet.ParameterSetName` verrät darüber hinaus, welcher Parametersatz gewählt wurde, sodass Sie in Ihrer Funktion darauf reagieren und die angegebenen Argumente richtig weiterverarbeiten können.

Parameter in mehreren Parametersätzen

Lassen Sie uns das Pferd nun einmal von hinten aufzäumen. Überlegen Sie, was die folgende Syntax tun würde, und danach, wie sich diese Syntax mit Parametersätzen realisieren ließe:

```
Get-BIOS [-ComputerName]
Get-BIOS -ComputerName [-Credential]
```

Offensichtlich handelt es sich um eine Funktion mit zwei Parametern: `-ComputerName` und `-Credential`. Man soll diese Funktion auf folgende Arten aufrufen können:

- Ganz ohne Parameter.
- Nur mit Angabe des Computernamens.
- Mit Angabe des Computernamens und eines Credentials.
- Wenn `-Credential` angegeben wird, soll `-ComputerName` zwingend sein, andernfalls optional.
- Und hier ist die Umsetzung dieser Syntax mithilfe von ParameterSets:

```
function Get-BIOS
{
  [CmdletBinding(DefaultParameterSetName='ParameterSet1')]
  param
  (
    [Parameter(ParameterSetName='ParameterSet1', Position=0, Mandatory=$false)]
    [Parameter(ParameterSetName='ParameterSet2', Mandatory=$true)]
    [String]
    $ComputerName,
```

```
    [Parameter(ParameterSetName='ParameterSet2', Position=0, Mandatory=$false)]
    [PSCredential]
    $Credential
)


Get-WmiObject -Class Win32_BIOS @PSBoundParameters



}
```

Listing 16.14: Parameter gleichzeitig optional und zwingend machen.

Tatsächlich verhält sich die Funktion Get-BIOS nun wie gewünscht: Sie können sie ohne Parameter aufrufen, und wenn Sie nur den Parameter -Credential angeben, wird der Parameter
-Computername plötzlich zwingend:

```
PS> get-bios

SMBIOSBIOSVersion : A03
Manufacturer      : Dell Inc.
Name              : A03
SerialNumber      : 5TQLM32
Version           : DELL   - 1072009

PS> get-bios -ComputerName dell1

SMBIOSBIOSVersion : A03
Manufacturer      : Dell Inc.
Name              : A03
SerialNumber      : 5TQLM32
Version           : DELL   - 1072009

PS> Get-BIOS -Credential test\tobias
Cmdlet Get-BIOS an der Befehlspipelineposition 1
Geben Sie Werte für die folgenden Parameter an:
ComputerName:
```

Das Geheimnis liegt im Parameter -ComputerName: Er ist nicht einem, sondern zwei Parameter-
Sets zugeordnet. In ParameterSet1 ist er optional, in ParameterSet2 zwingend. Da -Credential dem
ParameterSet ParameterSet2 angehört, wird -ComputerName in dem Moment zwingend, in dem
auch der Parameter -Credential angegeben worden ist.

Simulationsmodus (-WhatIf) und Sicherheitsabfrage (-Confirm)

Cmdlets, die wesentliche Systemänderungen auslösen, verfügen über die Sicherheitsparameter
-WhatIf und -Confirm, mit denen die Änderungen entweder nur simuliert oder einzeln bestätigt
werden. Auch Funktionen, die kritische Aufgaben durchführen, sollten mit diesen Parametern
ausgestattet werden. Die beiden Parameter werden einer Funktion über das Attribut
SupportsShouldProcess=$true zugewiesen. Dieser Zusatz allein sorgt bereits für einen Basisschutz,
wie das folgende Beispiel zeigt:

```
function Test-Risk
{
    [CmdletBinding(SupportsShouldProcess=$true)]
    param()

    Stop-Service -Name Spooler
    Start-Service -Name Spooler
}
```

Listing 16.15: Einfache Unterstützung für -WhatIf und -Confirm.

Die Funktion Test-Risk stoppt den Spooler-Dienst und startet ihn danach wieder. Beides hätte man zwar mit Restart-Service in einem Vorgang zusammenfassen können, aber in diesem Beispiel sollen bewusst zwei kritische Funktionen nacheinander durchgeführt werden. Wird die Funktion mit -WhatIf aufgerufen, gilt dieser Parameter automatisch für alle Cmdlets, die in Ihrer Funktion verwendet werden und die Systemänderungen vornehmen. Die Funktion stoppt und startet den Dienst nun also nicht mehr, sondern tut nur so:

```
PS> Test-Risk -WhatIf
WhatIf: Ausführen des Vorgangs "Stop-Service" für das Ziel "Druckwarteschlange (Spooler)".
WhatIf: Ausführen des Vorgangs "Start-Service" für das Ziel "Druckwarteschlange (Spooler)".
```

Allerdings wird jetzt jede Einzelaktion einzeln angezeigt und müsste bei Verwendung von -Confirm anstelle von -WhatIf auch einzeln bestätigt werden. Tatsächlich sind aber beide Vorgänge Teil einer zusammengehörenden Aktion. Auch verrät die Meldung von -WhatIf nicht, was diese Aktion tatsächlich bezwecken soll. Es werden nur die Namen der betreffenden Basis-Cmdlets ausgegeben.

Festlegen, welche Codeteile übersprungen werden sollen

Deshalb sollte eine Funktion, die die Parameter -WhatIf und -Confirm unterstützt, einen Schritt weitergehen und selbst bestimmen, welcher Teil des Funktionscodes tatsächlich der riskante Teil ist und bei einer Simulation übersprungen werden soll. Dies geschieht über die Funktion ShouldProcess() der automatischen Variablen $PSCmdlet. Sie liefert $true zurück, wenn die Aktion tatsächlich ausgeführt werden soll, andernfalls $false. Damit sieht die Funktion nun so aus:

```
function Test-Risk
{
    [CmdletBinding(SupportsShouldProcess=$true)]
    param()

    $message1 = $env:COMPUTERNAME
    $message2 = 'Spooler-Dienst neu starten'
    $doit = $PSCmdlet.ShouldProcess($message1, $message2)

    if ($doit)
    {
        Stop-Service -Name Spooler
        Start-Service -Name Spooler
    }
}
```

Listing 16.16: Selbst bestimmen, welcher Code im Simulationsmodus übersprungen wird.

Die Variablen $message1 und $message2 bestimmen, welche Meldung der Anwender sieht, wenn er -WhatIf oder -Confirm einsetzt. Die Variable $doit wiederum legt fest, ob die Funktion die Codeteile, die eine Veränderung am System bewirken, tatsächlich ausführen soll. So können diejenigen Codeteile, die bei der Simulation oder Ablehnung nicht ausgeführt werden sollen, übersprungen werden. Die Aktion wird nun wesentlich verständlicher beschrieben und ist nicht mehr in Teilbereiche gegliedert:

```
PS> Test-Risk -WhatIf
WhatIf: Ausführen des Vorgangs "Spooler-Dienst neu starten" für das Ziel "PowerShellPC".
```

Weiterleitung verhindern

Wie Sie im ersten Beispiel gesehen haben, wird die Wirkung von -WhatIf auf sämtliche Cmdlets übertragen, die in Ihrer Funktion direkt oder indirekt aufgerufen werden. Das kann erwünscht sein, wenn man nicht selbst über ShouldProcess() definieren will, welche Codeteile gefährlich sind. Sobald Sie aber ShouldProcess() verwenden und damit selbst Kontrolle übernehmen, kann die Weiterleitung von -WhatIf an andere Cmdlets störend oder sogar unerwartet sein. Schauen Sie sich dazu das folgende (hypothetische) Beispiel an:

```
function Test-SecondFunction
{
    New-Item -Path $env:TEMP\somefolder -Type Directory -ErrorAction SilentlyContinue
}

function Test-Risk
{
    [CmdletBinding(SupportsShouldProcess=$true)]
    param()


    $message1 = $env:COMPUTERNAME
    $message2 = 'Spooler-Dienst neu starten'
    $doit = $PSCmdlet.ShouldProcess($message1, $message2)

    if ($doit)
    {
        Stop-Service -Name Spooler
        Start-Service -Name Spooler
    }

    Test-SecondFunction
}
```

Listing 16.17: Sicherheitseinstellungen werden normalerweise an Cmdlets weitergereicht.

Hier ruft Test-Risk intern die Funktion Test-SecondFunction auf, die einen Ordner anlegen soll. Führen Sie nun Test-Risk mit -WhatIf auf, wird nicht nur die von Ihnen mit ShouldProcess() festgelegte Meldung ausgegeben, auch New-Item aus der zweiten Funktion wird jetzt nur simuliert.

```
PS> Test-Risk -WhatIf
WhatIf: Ausführen des Vorgangs "Spooler-Dienst neu starten" für das Ziel "PowerShellPC".
WhatIf: Ausführen des Vorgangs "Verzeichnis erstellen" für das Ziel "Ziel:
C:\Users\Tobias\AppData\Local\Temp\somefolder".
```

Sie bekommen dadurch einen Eindruck davon, welche Verwirrung es stiften kann, wenn der Einsatz von -WhatIf oder -Confirm plötzlich unzählige Meldungen oder Bestätigungen hervorruft, denn auch Funktionen oder Cmdlets aus Modulen, die Sie in Ihrer Funktion verwenden, würden nun in den Kanon einstimmen, wenn sie -WhatIf unterstützen.

Hinweis

Eigentlich verhält sich PowerShell an dieser Stelle richtig, und das Problem wird eher durch den Entwickler der beiden Funktionen verursacht. Die Funktion Test-Risk soll eigentlich bei Angabe des Parameters -WhatIf keinerlei Systemänderungen vornehmen und bewirkt dies dennoch durch den Aufruf von Test-SecondFunction. PowerShell unterbindet das durch Weitergabe des per -WhatIf gesetzten Simulationsmodus. Normalerweise hätte der Autor der Funktion Test-Risk also den Aufruf der Funktion Test-SecondFunction ebenfalls abhängig vom Simulationsmodus machen müssen, beispielsweise so:

```
if ($doit)
{
    Stop-Service -Name Spooler
    Start-Service -Name Spooler
}

# beliebiger anderer Code

if ($doit)
{
    Test-SecondFunction
}
```

Möchten Sie die Weitergabe von -WhatIf verhindern, setzen Sie innerhalb Ihrer Funktion die Variable $WhatIfPreference auf den Wert der gleichnamigen Variablen aus dem Parent-Scope:

```
$WhatIfPreference = (Get-Variable -Name WhatIfPreference -Scope 1).Value
```

Jetzt werden Cmdlets, die -WhatIf unterstützen, nicht mehr automatisch im Simulationsmodus gestartet, und der Ordner wird trotz -WhatIf angelegt:

```
PS> Test-Risk -WhatIf
WhatIf: Ausführen des Vorgangs "Spooler-Dienst neu starten" für das Ziel "PowerShellPC".


    Directory: C:\Users\Tobias\AppData\Local\Temp


Mode            LastWriteTime     Length Name
----            -------------     ------ ----
d----       26.10.2012    14:39          somefolder
```

Praxisbeispiel: Automatische Auslagerungsdateien aktivieren

Die folgende Funktion Enable-AutoPageFile aktiviert per WMI automatische Auslagerungsdateien, aber nur, wenn nicht der Parameter -WhatIf angegeben wurde. In diesem Fall nämlich meldet ShouldProcess() den Wert $false zurück, sodass die Aktion übersprungen wird. Stattdessen gibt ShouldProcess() in diesem Fall eine Meldung basierend auf Ihren Angaben aus, die Sie ShouldProcess() mit auf den Weg gegeben haben:

Automationssprache

```
function Enable-AutoPageFile {
  [CmdletBinding(SupportsShouldProcess=$True)]
  param()

  $computer = Get-WmiObject -class Win32_ComputerSystem -EnableAllPrivileges
  $computer.AutomaticManagedPagefile=$true
  if ($PSCmdlet.ShouldProcess($env:COMPUTERNAME, "Automatische Auslagerungsdatei einschalten"))
  {
    $computer.Put() | Out-Null
  }
}
```

Listing 16.18: Auslagerungsdatei kontrollieren und Simulationsmodus implementieren.

```
PS> Enable-AutoPageFile -WhatIf
WhatIf: Ausführen des Vorgangs "Automatische Auslagerungsdatei einschalten" für das Ziel "Lokaler
Computer".
PS> Enable-AutoPageFile -Confirm

Bestätigung
Möchten Sie diese Aktion wirklich ausführen?
Ausführen des Vorgangs "Automatische Auslagerungsdatei einschalten" für das Ziel "Lokaler
Computer".
[J] Ja  [A] Ja, alle  [N] Nein  [K] Nein, keine  [H] Anhalten  [?] Hilfe (Standard ist "J"):
```

Profitipp

Die Methode ShouldProcess() gibt ihre Meldung übrigens auch dann aus, wenn Sie den Parameter -Verbose einsetzen. So wird die Meldung ausgegeben und die Aktion ausgeführt:

```
PS> Enable-AutoPageFile -Verbose
AUSFÜHRLICH: Ausführen des Vorgangs "Automatische Auslagerungsdatei einschalten" für das Ziel
"Lokaler Computer".
```

Ob eine Funktion Fehler sichtbar ausgibt oder nicht, bestimmen Sie, genau wie bei Cmdlets, über den Parameter -ErrorAction. Vielleicht haben Sie im letzten Beispiel bemerkt, dass Enable-AutoPageFile nur funktioniert, wenn Sie über Administratorrechte verfügen. Andernfalls erhalten Sie eine Fehlermeldung:

```
PS> Enable-AutoPageFile
Ausnahme beim Aufrufen von "Put" mit 0 Argument(en):  "Zugriff verweigert. "
```

Mit -ErrorAction können Sie diese Fehlermeldung genau wie bei Cmdlets »verschlucken«:

```
PS> Enable-AutoPageFile -ErrorAction SilentlyContinue
```

Gefährlichkeit einer Funktion festlegen

Die Risikoparameter -WhatIf und -Confirm schützen den Anwender nur, wenn er sie auch tatsächlich angibt. Damit man das bei besonders gefährlichen oder schwerwiegenden Befehlen nicht vergisst, kann PowerShell den Parameter -Confirm auch automatisch aufrufen. Dazu muss der Autor einer Funktion die »Gefährlichkeit« seiner Funktion mit einem sogenannten ConfirmImpact-Level einschätzen.

ConfirmImpact-Level	Bedeutung
High	Sehr gefährlich. Aktion kann zum Beispiel nicht mehr rückgängig gemacht werden, weil Daten permanent gelöscht werden.
Medium	Durchschnittlich. Aktionen verändern das System, sind aber problemlos rückgängig zu machen oder können generell keinen wirklichen Schaden anrichten. Ein Beispiel ist das Anlegen eines Ordners.
Low	Ungefährlich. Aktion führt zwar Systemänderungen durch, aber diese sind nicht wesentlich. Ein Beispiel ist das Anlegen einer Umgebungsvariablen.
None	Die Risikostufe wurde vom Autor des Befehls nicht angegeben.

Tabelle 16.1: Die verschiedenen Schweregrade zur Einschätzung der »Gefährlichkeit« eines Befehls.

Um festzustellen, ob ein Befehl automatisch mit -Confirm aufgerufen werden soll, unterhält PowerShell die Variable $ConfirmPreference. Sie ist normalerweise auf High eingestellt:

```
PS> $ConfirmPreference
High
```

Alle Befehle mit einem ConfirmImpact von High werden deshalb automatisch im Bestätigungsmodus gestartet und führen ihre Änderungen erst aus, wenn der Anwender dies bestätigt. Niedrigere Risikolevels führen dagegen nicht zu einer Bestätigung. Sind Sie der Auffassung, dass Ihre Funktion sehr gefährliche Aufgaben durchführt, legen Sie darin den ImpactLevel auf High fest. Anwender werden dadurch vor unbedachter Ausführung geschützt:

```
function Configure-System
{
  [CmdletBinding(ConfirmImpact='High')]
  Param()

  ' Ich werde immer ausgeführt!'
  if ($PSCmdlet.ShouldProcess('Configure-System', 'Änderungen am System'))
  {
    'Ich werde nur ausgeführt, wenn Sie zustimmen!'
  }
  else
  {
    'Ich werde ausgeführt, wenn Sie NICHT zustimmen'
  }
  'Ich werde auch immer ausgeführt!'
}
```

Listing 16.19: Die »Gefährlichkeit« einer Funktion festlegen.

Rufen Sie danach Ihre Funktion ohne -Confirm auf, wird dennoch nachgefragt, und die entsprechenden Codeteile werden abhängig von Ihrer Reaktion ausgeführt:

```
PS> Configure-System
 Ich werde immer ausgeführt!

Bestätigung
Möchten Sie diese Aktion wirklich ausführen?
Ausführen des Vorgangs "Änderungen am System" für das Ziel "Configure-System".
[J] Ja  [A] Ja, alle  [N] Nein  [K] Nein, keine  [H] Anhalten  [?] Hilfe (Standard ist "J"):
Ich werde nur ausgeführt, wenn Sie zustimmen!
Ich werde auch immer ausgeführt!
PS>
```

Wollen Sie die Funktion dennoch unbeaufsichtigt und ohne Rückfrage ausführen, müssen Sie -Confirm explizit auf $false einstellen, was allerdings nur möglich ist, wenn Sie zusätzlich die allgemeinen Parameter mit SupportsShouldProcess überhaupt zugreifbar machen:

```
function Configure-System {
  [CmdletBinding(ConfirmImpact='High',SupportsShouldProcess=$true)]
  Param()

  (…)
}
```

Erst dann kann die Abfrage vom Anwender übersprungen werden:

```
PS> Configure-System -Confirm:$false
 Ich werde immer ausgeführt!
 Ich werde nur ausgeführt, wenn Sie zustimmen!
 Ich werde auch immer ausgeführt!
```

Tipp

Sie können die Vorgaben in $ConfirmPreference und $WhatIfPreference auch global ändern. Die folgende Zeile schaltet PowerShell in einen reinen Simulationsmodus, bei dem für alle Cmdlets -WhatIf angenommen wird:

```
PS> $WhatIfPreference = $true
```

Wollen Sie automatische Bestätigungsmeldungen selbst bei geringfügigen Systemänderungen, nutzen Sie diese Zeile:

```
PS> $ConfirmPreference = 'Low'
```

Und möchten Sie die automatischen Bestätigungsmeldungen komplett abschalten, ist diese Zeile zielführend:

```
PS> $ConfirmPreference = 'None'
```

Dynamische Parameter

Dynamische Parameter werden von Cmdlets immer dann eingesetzt, wenn diese Parameter nur in einem bestimmten Zusammenhang sinnvoll sind. Anders als ParameterSets, die starr immer dieselben Parametergruppen definieren, können dynamische Parameter als spontane Reaktion auf schon vom Benutzer angegebene Argumente erscheinen. Get-ChildItem beispielsweise blendet je nach Laufwerk, das Sie angeben, zusätzliche laufwerkspezifische Parameter ein. Die zusätzlichen Parameter werden also nicht durch andere Parameter getriggert, sondern durch das, was Sie als Anwender einem anderen Parameter (in diesem Fall -Path) übergeben haben.

Geben Sie zum Beispiel einen Pfad zum Zertifikatspeicher an, erscheinen in der IntelliSense-Liste zahlreiche neue Parameter, etwa -CodeSigningCert, mit dem sich ausschließlich für die Codesignierung geeignete Zertifikate finden lassen (Abbildung 16.7), oder -ExpiringInDay, mit dem man demnächst ablaufende Zertifikate findet. Diese Parameter sind bei anderen Laufwerktypen sinnlos und werden deshalb dynamisch eingeblendet.

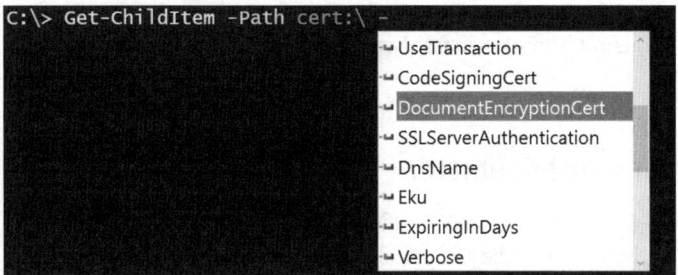

Abbildung 16.7: Dynamische Parameter werden nur bei Bedarf eingeblendet.

Der Preis für diese Flexibilität ist, dass dynamische Parameter nicht in der Hilfe erscheinen ...

```
PS> Get-Help -Name Get-ChildItem -Parameter * | Select-Object -ExpandProperty Name
Exclude
Filter
Force
Include
LiteralPath
Name
Path
Recurse
UseTransaction
```

... oder jedenfalls nicht sofort. Sie müssten der Hilfe mit dem Parameter -Path schon auf die Sprünge helfen:

```
PS> Get-Help -Name Get-ChildItem -Parameter co*
Get-Help : Kein Parameter entspricht dem Kriterium "co*".
In Zeile:1 Zeichen:1

PS> Get-Help -Name Get-ChildItem -Parameter co* -Path cert:

-CodeSigningCert [<SwitchParameter>]
    Gets only those certificates with code-signing authority.  This
    parameter gets certificates that have "Code Signing" in their
    EnhancedKeyUsageList property value.

    Because certificates that have an empty EnhancedKeyUsageList can be
    used for all purposes, searches for code signing certificates also
    return certificates that have an empty EnhancedKeyUsageList property
    value.

    This parameter is valid in all subdirectories of the Certificate
    provider, but it is effective only on certificates.

    This parameter was introduced in Windows PowerShell 1.0.

Erforderlich?                False
Position?                    Named
Standardwert                 False
Pipelineeingaben akzeptieren?false
Platzhalterzeichen akzeptieren?false
```

Leider funktioniert selbst diese Hilfestellung nicht immer richtig, und zudem wäre sie ohnehin nur begrenzt nützlich: Ausschließlich solche dynamischen Parameter, die über die Pfadangabe ausgelöst werden, könnten so überhaupt nur sichtbar gemacht werden. Dynamische Parameter können aber grundsätzlich durch beliebige Ereignisse erscheinen, wie Sie gleich sehen werden. Daher muss man sich aktuell damit abfinden, dass dynamische Parameter nicht in der Hilfe nachschlagbar sind.

Dynamische Parameter selbst definieren

In PowerShell-Funktionen generiert ein zusätzlicher Skriptblock die dynamischen Parameter, der mit dynamicparam festgelegt wird. Wann dieser spezielle Skriptblock aufgerufen wird, kann man nicht vorhersagen. Er wird immer dann ausgeführt, wenn PowerShell die Autovervollständigung oder die IntelliSense-Mechanismen auslöst oder Argumente an Parameter zu binden versucht. Es kann also durchaus sein, dass dieser Skriptblock mehrmals und auch schnell hintereinander aufgerufen wird. Deshalb sollte der Code darin auch schnell ausführbar sein, weil andernfalls die PowerShell bei interaktiven Eingaben zu »hängen« beginnt.

Voraussetzungen

Überhaupt ist die Entwicklung von dynamicparam-Blöcken ein wenig anspruchsvoll, denn man kann den Code darin nur schlecht testen oder debuggen. Es gelten folgende Regeln:

- **param-Block erforderlich:** Damit dynamische Parameter ausgewertet werden, muss die Funktion sowohl einen param-Block besitzen (der leer sein darf) als auch das Attribut [CmdletBinding()] verwenden. Nur dann versteht PowerShell die Funktion als »Advanced Function« und nicht als einfache Funktion, für die dynamische Parameter nicht unterstützt werden.

- **begin, process, end sind zwingend erforderlich:** Sobald Sie mit dynamicparam einen Skriptblock zum Generieren der dynamischen Parameter einsetzen, müssen auch alle anderen Inhalte der Funktion in einen der drei Blöcke begin, process und end eingeordnet werden. Im Zweifel wählen Sie den Block end, denn das entspricht dem Standardverhalten von Funktionen. Wofür die anderen Blöcke gebraucht werden, haben Sie in den Kapiteln 6 und 14 über die Pipeline und Pipeline-fähige Funktionen erfahren.

Nehmen wir als Einstieg an, Sie wollen die statischen Parameter der folgenden Funktion mit dynamischen Parametern nachbilden:

```
function Test-ParameterStatic
{
    param
    (
        [Parameter(Mandatory=$true)]
        [Int]
        $ID,

        [Parameter(Mandatory=$false)]
        [String]
        [ValidateSet('NewYork','Cork','Hannover')]
        $City='Hannover'
    )

    "ID ist $ID und Stadt ist $City"
}
```

Listing 16.20: Ausgangsfunktion mit statischen Parametern.

Die Herausforderung ist nun, alle Details der Parameter programmatisch nachzubilden. Hier ist die dynamische Variante:

```
function Test-ParameterDynamic
{
  # Cmdletbinding und param() zwingend nötig
  [CmdletBinding()]
  param()

  # definiert die dynamischen Parameter:
  dynamicparam
  {
    # der "Eimer" sammelt alle dynamischen Parameter und wird
    # am Ende zurückgegeben:
    $Eimer = New-Object -TypeName System.Management.Automation.RuntimeDefinedParameterDictionary

    # 1. Parameter definieren
    # eine Liste für die Attribute anlegen:
    $ListeAttribute = New-Object -TypeName System.Collections.ObjectModel.Collection[System.Attrib
ute]
    # [Parameter()]-Attribut definieren:
    $AttribParameter = New-Object System.Management.Automation.ParameterAttribute
    $AttribParameter.Mandatory = $true
    # der Attributliste hinzufügen:
    $ListeAttribute.Add($AttribParameter)
    # neuen Parameter mit Name, Typ und Attributen definieren:
    $Parameter = New-Object -TypeName System.Management.Automation.RuntimeDefinedParameter('ID',[In
t], $ListeAttribute)
    # in den "Eimer" legen:
    $Eimer.Add('ID', $Parameter)

    # 2. Parameter definieren:
    $ListeAttribute = New-Object -TypeName System.Collections.ObjectModel.Collection[System.Attrib
ute]
    $AttribParameter = New-Object System.Management.Automation.ParameterAttribute
    $AttribParameter.Mandatory = $false
    $ListeAttribute.Add($AttribParameter)

    # ein zusätzliches [ValidateSet()] Attribut hinzufügen:
    $Werte = 'NewYork','Cork','Hannover'
    $AttribValidateSet = New-Object System.Management.Automation.ValidateSetAttribute($Werte)
    $ListeAttribute.Add($AttribValidateSet)

    $Parameter = New-Object -TypeName System.Management.Automation.RuntimeDefinedParameter('City',[
String], $ListeAttribute)
    $Eimer.Add('City', $Parameter)

    # die beiden dynamischen Parameter zurückgeben:
    $Eimer
  }

  end
  {
    "ID ist $ID und Stadt ist $City"
  }
}
```

Listing 16.21: Dieselben Parameter dynamisch generieren.

Test-ParameterDynamic verhält sich für den Endanwender genauso wie Test-ParameterStatic. Allerdings kann Test-ParameterDynamic die Parameter nun vollkommen dynamisch hinzufügen oder anpassen. Was das Beispiel indes noch nicht tut. Aber jetzt jederzeit tun *könnte*.

Auf die Argumente dynamischer Parameter zugreifen

Vielleicht ist es Ihnen noch gar nicht aufgefallen, aber Listing 16.21 funktioniert bisher gar nicht richtig. Die Funktion Test-ParameterDynamic bietet zwar wie gewünscht die dynamischen Parameter an, aber sie sind anschließend in der Funktion nicht vorhanden. Die Ausgabe der Informationen, die Sie den dynamischen Parametern übergeben haben, ist leer:

```
PS C:\> Test-ParameterDynamic -ID 12 -City Hannover
ID ist  und Stadt ist
```

Die Argumente der dynamischen Parameter werden nicht automatisch in PowerShell-Variablen gespeichert, sondern stehen nur in $PSBoundParameters zur Verfügung. Um die Funktion fertigzustellen, müssten Sie also noch die Werte der dynamischen Parameter aus $PSBoundParameter auslesen und selbst entsprechenden Variablen zuweisen. Hier ist der end-Block, der es richtig macht und den Sie in Listing 16.21 einsetzen können:

```
end
  {
    # Werte der dynamischen Parameter auslesen und in
    # Variablen speichern
    $ID = $PSBoundParameters.ID
    $City = $PSBoundParameters.City

    "ID ist $ID und Stadt ist $City"
  }
```

Wenn Sie keine Lust haben, die Werte Ihrer dynamischen Parameter manuell in Variablen bereitzustellen, ist das auch automatisiert zu erreichen. Das folgende Beispiel zeigt, wie Sie alle übergebenen Werte, die an dynamische Parameter gingen, in gleichnamigen Variablen speichern:

```
function Test-ParameterDynamic
{
  # Cmdletbinding und param() zwingend nötig
  [CmdletBinding()]
  param()

  # definiert die dynamischen Parameter:
  dynamicparam
  {
    # der "Eimer" sammelt alle dynamischen Parameter und wird
    # am Ende zurückgegeben:
    $Eimer = New-Object -TypeName System.Management.Automation.RuntimeDefinedParameterDictionary

    # 1. Parameter definieren
    # eine Liste für die Attribute anlegen:
    $ListeAttribute = New-Object -TypeName System.Collections.ObjectModel.Collection[System.Attribute]
    # [Parameter()]-Attribut definieren:
    $AttribParameter = New-Object System.Management.Automation.ParameterAttribute
    $AttribParameter.Mandatory = $true
    # der Attributliste hinzufügen:
```

```
    $ListeAttribute.Add($AttribParameter)
    # neuen Parameter mit Name, Typ und Attributen definieren:
    $Parameter = New-Object -TypeName System.Management.Automation.RuntimeDefinedParameter('ID',[I
nt], $ListeAttribute)
    # in den "Eimer" legen:
    $Eimer.Add('ID', $Parameter)

    # 2. Parameter definieren:
    $ListeAttribute = New-Object -TypeName System.Collections.ObjectModel.Collection[System.Attrib
ute]
    $AttribParameter = New-Object System.Management.Automation.ParameterAttribute
    $AttribParameter.Mandatory = $false
    $ListeAttribute.Add($AttribParameter)

    # ein zusätzliches [ValidateSet()] Attribut hinzufügen:
    $Werte = 'NewYork','Cork','Hannover'
    $AttribValidateSet = New-Object System.Management.Automation.ValidateSetAttribute($Werte)
    $ListeAttribute.Add($AttribValidateSet)

    $Parameter = New-Object -TypeName System.Management.Automation.RuntimeDefinedParameter('City',[
String], $ListeAttribute)
    $Eimer.Add('City', $Parameter)

    # die beiden dynamischen Parameter zurückgeben:
    $Eimer
  }

  end
  {
    # automatisch alle Werte von verwendeten
    # dynamischen Parametern in Variablen speichern:
    foreach($key in $PSBoundParameters.Keys)
    {
      if ($MyInvocation.MyCommand.Parameters.$key.isDynamic)
      {
        Set-Variable -Name $key -Value $PSBoundParameters.$key
      }
    }

    "ID ist $ID und Stadt ist $City"
  }
}
```

Listing 16.22: Diese korrigierte Fassung liefert die Werte der dynamischen Parameter an Funktion zurück.

»Clevere« dynamische Parameter

Die folgende Variation fügt einen weiteren statischen Parameter namens -Mode hinzu, für den zwei Werte möglich sein sollen: ChangeLocation und ChangeSomethingElse. Nur wenn der Anwender bei diesem Parameter ChangeLocation wählt, sollen die dynamischen Parameter eingeblendet werden.

```
function Test-ParameterDynamicNeu
{
  [CmdletBinding()]
  param
  (
    [Parameter(Mandatory=$true)]
```

```powershell
    [ValidateSet('ChangeLocation','ChangeSomethingElse')]
    $Mode
)

dynamicparam
{
    $Eimer = New-Object -TypeName System.Management.Automation.RuntimeDefinedParameterDictionary

    # dynamische Parameter nur anzeigen, wenn in -Mode der Wert 'ChangeLocation' gewählt wurde:
    if ($Mode -eq 'ChangeLocation')
    {

        $ListeAttribute = New-Object -TypeName System.Collections.ObjectModel.Collection[System.Att
ribute]
        $AttribParameter = New-Object System.Management.Automation.ParameterAttribute
        $AttribParameter.Mandatory = $true
        $ListeAttribute.Add($AttribParameter)
        $Parameter = New-Object -TypeName System.Management.Automation.RuntimeDefinedParameter('ID'
,[Int], $ListeAttribute)
        $Eimer.Add('ID', $Parameter)

        $ListeAttribute = New-Object -TypeName System.Collections.ObjectModel.Collection[System.Att
ribute]
        $AttribParameter = New-Object System.Management.Automation.ParameterAttribute
        $AttribParameter.Mandatory = $false
        $ListeAttribute.Add($AttribParameter)

        $Werte = 'NewYork','Cork','Hannover'
        $AttribValidateSet = New-Object System.Management.Automation.ValidateSetAttribute($Werte)
        $ListeAttribute.Add($AttribValidateSet)

        $Parameter = New-Object -TypeName System.Management.Automation.RuntimeDefinedParameter('Ci
ty',[String], $ListeAttribute)
        $Eimer.Add('City', $Parameter)
    }
    $Eimer
}


end
{
    foreach($key in $PSBoundParameters.Keys)
    {
        if ($MyInvocation.MyCommand.Parameters.$key.isDynamic)
        {
            Set-Variable -Name $key -Value $PSBoundParameters.$key
        }
    }
    "ID ist $ID und Stadt ist $City"
}
}
```

Listing 16.23: Dynamische Parameter in Abhängigkeit von anderen Parametern angeben.

Wenn Sie `Test-ParameterDynamicNeu` verwenden, zeigt die Funktion zunächst nur den Parameter `-Mode` an (Abbildung 16.8).

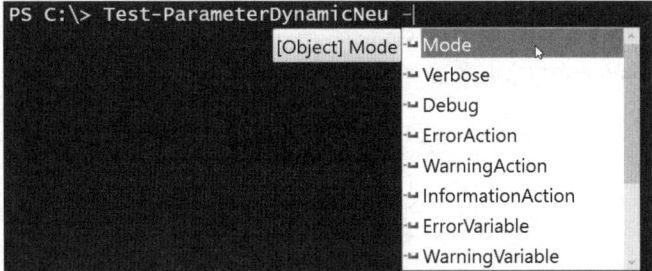

Abbildung 16.8: Anfangs werden nur die statischen Parameter angeboten.

Erst wenn Sie für diesen Parameter den Wert ChangeLocation eingeben, erscheinen nun die dynamischen Parameter (Abbildung 16.9). Geben Sie stattdessen für -Mode einen anderen Wert an, erscheinen die dynamischen Parameter nicht.

Genauso machen es auch die Cmdlets aus dem letzten Abschnitt: Get-ChildItem wertet den Parameter -Path aus, und wenn der Provider für den angegebenen Pfad zusätzliche Parameter anbietet, werden diese eingeblendet. Aber eben erst, wenn ein Pfad angegeben wurde.

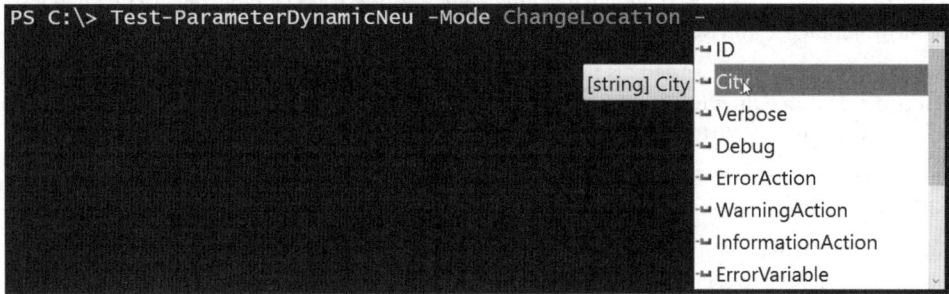

Abbildung 16.9: Erst wenn für -Mode ein bestimmter Wert angegeben wurde, erscheinen weitere Parameter.

Hinweis

Ihr Code in dynamicparam ist völlig frei in der Entscheidung, wann welche dynamischen Parameter angezeigt werden sollen, und könnte das zum Beispiel auch von der Tageszeit abhängig machen. Wenn Sie indes auf Benutzereingaben reagieren wollen, können Sie ausschließlich die Inhalte *statischer* Parameter heranziehen. Die Argumente, die ein Benutzer an andere *dynamische* Parameter übergeben hat, können von Ihrem Code nicht ausgewertet werden.

Das ist auch verständlich, denn wenn der Code in dynamicparam ausgeführt wird, existieren noch keine dynamischen Parameter. Deshalb kann der PowerShell-Binder die Benutzereingaben zu diesem Zeitpunkt auch noch nicht an dynamische Parameter binden.

Performance und Caching

Ganz besonders wichtig bei der Entwicklung dynamischer Parameter ist es, zu verstehen, dass Sie keinerlei Einfluss darauf haben, ob, wann und wie oft der Code in dynamicparam ausgeführt wird. Nicht Sie starten diesen Code, sondern PowerShell, und PowerShell tut das automatisch, wenn es Informationen über die Parameter Ihrer Funktion benötigt. Wie oft das geschehen kann, zeigt das nächste Beispiel, das jedes Mal piept, wenn der Code in `dynamicparam` aufgerufen wird (weswegen es ratsam ist, die Audioausgabe einzuschalten):

```
function Test-ParameterDynamicInvoke
{
  [CmdletBinding()]
  param()

  dynamicparam
  {
    [Console]::Beep(440, 300)
  }

}
```

Listing 16.24: Prüfen, wann dynamicparam-Code ausgeführt wird.

Wenn Sie anschließend den Befehl `Test-ParameterDynamicInvoke` eingeben, werden Sie feststellen, dass es bereits piept, wenn Sie `Test-` eingeben (zumindest im ISE-Editor), denn nun versucht IntelliSense herauszufinden, welche Parameter es gibt. Weitere Pieptöne werden immer dann produziert, wenn Sie hinter dem Befehlsnamen einen Bindestrich (-) eingeben, denn auch jetzt fordert IntelliSense von der Funktion seine verfügbaren Parameter an.

Dynamische Parameter werden also nirgendwo zwischengespeichert, sondern jedes Mal frisch berechnet. Das bedeutet für Ihren Code, dass Sie aufwendige Operationen entweder vermeiden oder die Ergebnisse selbst zwischenpuffern sollten.

Achtung

Skriptglobale Variablen sind besonders dann eine gute Idee, wenn Sie die Funktion anschließend in ein Modul exportieren und dann das Modul importieren. In diesem Fall gilt die skriptglobale Variable nur innerhalb des Moduls und ist außerhalb völlig unsichtbar.

Funktionen, die Sie dagegen direkt aus einem Skript heraus verwenden, würden entweder die skriptglobale Variable sichtbar in Ihrem Kontext anlegen (wenn Sie das Skript dot-sourced oder in der ISE aufrufen) oder gar nicht funktionieren. In diesem Fall müssten Sie `script:` durch `global:` ersetzen, damit die Variable im Kontext der PowerShell angelegt wird. Keine so gute Idee.

Parameter mit dynamischen Vorschlagslisten

Die Parameter von Cmdlets können dynamische Vorschlagslisten nutzen, die jeweils beim Öffnen der Vorschlagsliste aktuelle Inhalte haben. Ihre eigenen PowerShell-Funktionen können das nicht, denn es ist nirgendwo möglich, Code zu hinterlegen, mit dem die Vorschlagsliste eines Parameters dynamisch berechnet werden könnte. Deshalb sind bei normalen Parametern nur statische Vorschlagslisten möglich.

Anders ist das bei dynamischen Parametern. Weil diese Parameter sowieso dynamisch erzeugt werden, kann man hier auch die Vorschlagslisten per Code dynamisch generieren.

Dynamische Währungslisten anzeigen

Das folgende Beispiel ruft die verfügbaren Währungen der Europäischen Zentralbank über einen Webservice ab. Weil dieser Vorgang einige Zeit dauern kann und sich die Informationen nicht sekündlich ändern, wird das Ergebnis in einer skriptglobalen Variablen gepuffert.

```
function ConvertTo-Euro
{
  [CmdletBinding()]
  param(
    # der Betrag der Fremdwährung
    [Parameter(Mandatory=$true, ValueFromPipeline=$true)]
    [Double]
    $Value
  )

  dynamicparam
  {
    $Eimer = New-Object -TypeName System.Management.Automation.RuntimeDefinedParameterDictionary

    # zwingenden Parameter "Currency" hinzufügen, der die Umrechnungswährungen
    # der EZB enthält:
    $ListeAttribute = New-Object -TypeName System.Collections.ObjectModel.Collection[System.Attrib
ute]
    $AttribParameter = New-Object System.Management.Automation.ParameterAttribute
    $AttribParameter.Mandatory = $true
    $ListeAttribute.Add($AttribParameter)

    # gibt es noch keine Währungsliste?
    if ($script:currencies -eq $null)
    {
      # dann aus dem Internet abrufen:
      # dazu als Warnung einmal piepen:
      [Console]::Beep()

      $url = 'http://www.ecb.europa.eu/stats/eurofxref/eurofxref-daily.xml'
      $result = Invoke-RestMethod -Uri $url
      # Währungsliste in scriptglobaler Variable speichern
      $script:currencies = $result.Envelope.Cube.Cube.Cube.currency
    }

    # ValidateSet mit den verfügbaren Währungen hinzufügen:
    # (die Währungen werden jetzt aus der gepufferten skriptglobalen
    # Variablen verwendet und NICHT jedes Mal neu von der EZB abgerufen)
    $AttribValidateSet = New-Object System.Management.Automation.ValidateSetAttribute($script:curre
ncies)
    $ListeAttribute.Add($AttribValidateSet)

    $Parameter = New-Object -TypeName System.Management.Automation.RuntimeDefinedParameter('Currenc
y',[String], $ListeAttribute)
    $Eimer.Add('Currency', $Parameter)

    # dynamischen Parameter zurückgeben:
    $Eimer
  }

  # nur EINMAL die aktuellen Wechselkurse am Anfang der Pipeline
  # abrufen und dynamische Parameter in Variablen speichern (begin-Block):
  begin
```

```powershell
{
  # alle dynamischen Parameter in entsprechende
  # Variablen speichern
  foreach($key in $PSBoundParameters.Keys)
  {
    if ($MyInvocation.MyCommand.Parameters.$key.isDynamic)
    {
      Set-Variable -Name $key -Value $PSBoundParameters.$key
    }
  }

  # aktuellen Wechselkurs abrufen:
  $url = 'http://www.ecb.europa.eu/stats/eurofxref/eurofxref-daily.xml'
  $rates = Invoke-RestMethod  -Uri $url
  $rate = $rates.Envelope.Cube.Cube.Cube |
  Where-Object { $_.currency -eq $Currency} |
  Select-Object -ExpandProperty Rate
}

# für JEDES über die Pipeline empfangene Objekt die
# Berechnung durchführen:
process
{
  $result = [Ordered]@{
    Value = $Value
    Currency = $Currency
    Rate = $rate
    Euro = ($Value / $rate)
    Date = Get-Date
  }

  # Informationen als Objekt zurückgeben:
  New-Object -TypeName PSObject -Property $result
}
}
```

Listing 16.25: Onlinewährungsrechner mit Wechselkursen der Europäischen Zentralbank.

ConvertTo-Euro rechnet ab sofort tagesaktuell Fremdwährungen zum offiziellen Kurs der Europäischen Zentralbank um, jedenfalls dann, wenn Sie Internetzugang haben (und die EZB ihr Ausgabeformat nicht zwischenzeitlich umgestellt hat). Dabei füllt die Funktion die ValidateSet-Liste für den dynamischen Parameter -Currency volldynamisch und zeigt so die verfügbaren Fremdwährungen an. Der Abruf der Fremdwährungen geschieht indes nur einmal (Sie hören einen Piepton).

Bei allen weiteren Aufrufen verwendet die Funktion eine gepufferte Liste. Bei der Berechnung wird stets der aktuelle Wechselkurs online abgerufen, denn dieser könnte sich häufiger ändern als die Währungsliste.

```
PS C:\> ConvertTo-Euro -Value 278.88 -Currency
                                   AUD    CAD
                                          CHF
                                          CNY
                                          CZK
                                          DKK
                                          GBP
                                          HKD
                                          HRK
```

Abbildung 16.10: Die Währungsliste wird online von der Europäischen Zentralbank abgerufen.

Selbstverständlich unterstützt ConvertTo-Euro auch Pipeline-Eingaben. Hierbei wird der Wechselkurs für die ausgewählte Währung nur einmal im begin-Block abgerufen, und danach werden alle empfangenen Werte der Reihe nach im process-Block mit diesem Wechselkurs verrechnet. So wird die aufwendige Kommunikation mit der EZB auf das nötige Mindestmaß reduziert:

```
PS> 100, 200, 300 | ConvertTo-Euro -Currency USD


Value    : 100
Currency : USD
Rate     : 1.0907
Euro     : 91,6842394792335
Date     : 21.01.2016 11:55:30

Value    : 200
Currency : USD
Rate     : 1.0907
Euro     : 183,368478958467
Date     : 21.01.2016 11:55:30

Value    : 300
Currency : USD
Rate     : 1.0907
Euro     : 275,052718437701
Date     : 21.01.2016 11:55:30
```

Objektgenerator mit dynamischen Parametern

Mit dynamischen Parametern lassen sich vielfältige Tools und Hilfsmittel erstellen, nicht nur Währungsrechner. Auch Entwickler kommen auf ihre Kosten. Ab PowerShell 3.0 können Objekte zum Beispiel aus einer Hashtable hergestellt werden. Die Hashtable enthält dazu die Werte, die für die Initialisierung eines Objekts verwendet werden sollen.

Ohne dieses neue Feature müssten alle Eigenschaften eines neuen Objekts der Reihe nach ausgefüllt werden. Das folgende Beispiel zeigt das und aktiviert die Windows-eigene Sprachausgabe:

```
Add-Type -AssemblyName System.Speech
$Speaker = New-Object System.Speech.Synthesis.SpeechSynthesizer
$Speaker.Rate = -10
```

Automationssprache

```
$Speaker.Volume = 100
$null = $Speaker.SpeakAsync('I am feeling dizzy!')
```

Listing 16.26: Die interne Sprachausgabe von Windows verwenden.

Tipp

Wenn Sie Windows 8 verwenden, sollten Sie den Ausgabetext vielleicht etwas anpassen. Das deutsche Windows 8 kommt nämlich (endlich) mit einer deutschsprachigen Text-to-Speech-Engine.

Ab PowerShell 3.0 und mit Hashtables kann man die Eigenschaften Rate und Volume auch direkt definieren, wenn man das neue Objekt mit New-Object anlegt:

```
Add-Type -AssemblyName System.Speech

$speaker = New-Object -TypeName System.Speech.Synthesis.SpeechSynthesizer -Property @{Rate = -10;
Volume = 100}
$null = $Speaker.SpeakAsync('I am feeling dizzy!')
```

Listing 16.27: Eigenschaften des neuen Objekts über eine Hashtable vordefinieren.

Alternativ kann die Hashtable auch einfach in den gewünschten Typ umgewandelt werden, was den Code weiter verkürzt:

```
Add-Type -AssemblyName System.Speech

$speaker = [System.Speech.Synthesis.SpeechSynthesizer] @{Rate = -10; Volume = 100}
$null = $Speaker.SpeakAsync('I am feeling dizzy!')
```

Listing 16.28: Neues Objekt über eine Konversion aus einer Hashtable erzeugen.

Eine Funktion könnte sich das zunutze machen und beliebige (vorinitialisierte) Objekte liefern. Gibt man der Funktion den gewünschten Objekttyp an, könnte die Funktion automatisch ermitteln, welche Eigenschaften der angeforderte Objekttyp bietet, und diese Eigenschaften dann als dynamische Parameter zuvorkommend anbieten.

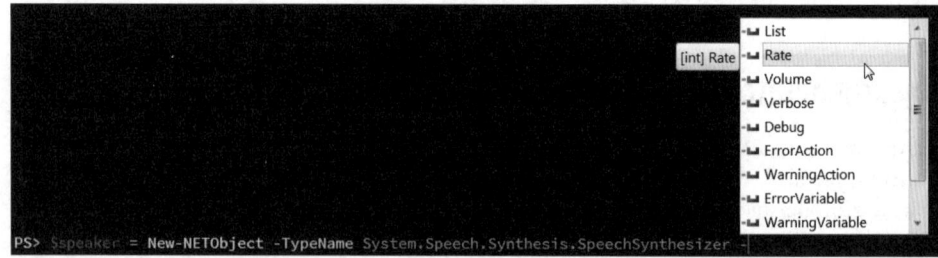

Abbildung 16.11: Rate und Volume werden als dynamische Parameter angeboten.

Die Funktion New-NetObject könnte folgendermaßen aussehen:

```
function New-NetObject
{
  [CmdletBinding()]
  param
  (
```

```
    [type]
    $TypeName
  )

  dynamicparam
  {
    if (-not ($TypeName.IsClass -and !$TypeName.GetConstructor([Type]::EmptyTypes)))
    {
      $paramDictionary = New-Object -TypeName System.Management.Automation.RuntimeDefinedParamete
rDictionary
      $Properties = $TypeName.GetProperties() | Where-Object CanWrite

      foreach ($Property in $Properties)
      {
        $attributes = New-Object System.Management.Automation.ParameterAttribute
        $attributes.ParameterSetName = '__AllParameterSets'
        $attributes.Mandatory = $false
        $attributeCollection =
          New-Object -TypeName System.Collections.ObjectModel.Collection[System.Attribute]
        $attributeCollection.Add($attributes)
        $dynParam1 = New-Object -TypeName System.Management.Automation.RuntimeDefinedParameter($P
roperty.Name,
          $Property.PropertyType, $attributeCollection)
        $paramDictionary.Add($Property.Name, $dynParam1)
      }

      $paramDictionary
    }
  }

  end
  {
    $null = $PSBoundParameters.Remove('TypeName')
    $PSBoundParameters -as $TypeName
  }
}
```

Listing 16.29: .NET-Objekte mit auswählbaren vordefinierten Eigenschaften anlegen.

New-NetObject verwendet ».NET Reflection«, um die schreibbaren Eigenschaften des angegebenen Typs zu ermitteln, und bietet diese Eigenschaften dann jeweils als eigenständige dynamische Parameter an – mit vollem IntelliSense.

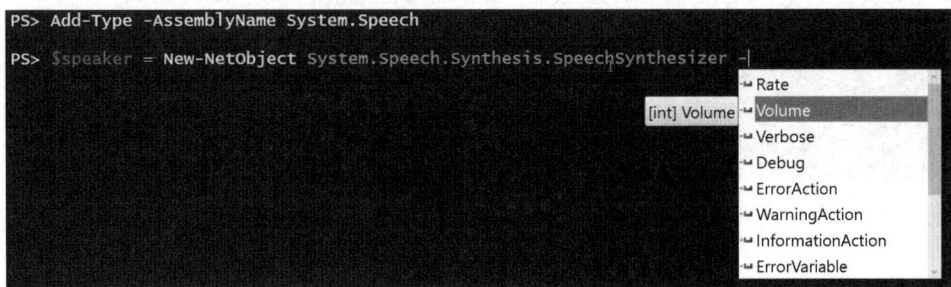

Abbildung 16.12: Das IntelliSense-Menü zeigt die schreibbaren Objekteigenschaften an.

Spannend ist, wie daraus dann das Objekt entsteht: Alle an die Funktion übergebenen Parameter liegen wie üblich in $PSBoundParameters vor. Diese automatische Variable ist in »Advanced

Functions« immer vorhanden und bereits eine Hashtable. Entfernt man daraus den Parameter TypeName, bleiben nur noch die dynamischen Parameter übrig, also genau die Namen und gewünschten Werte der Eigenschaften, die im neuen Objekt vordefiniert werden sollen. So wird die verbliebene Hashtable ähnlich wie in Listing 16.28 nur noch mit dem Operator -as in das gewünschte Objekt umgewandelt, und schon werden die angegebenen Objekteigenschaften dabei mitinitialisiert. Die Sprachausgabe mit der neuen Funktion sähe so aus:

```
Add-Type -AssemblyName System.Speech
$speaker = New-NETObject System.Speech.Synthesis.SpeechSynthesizer -Rate 1 -Volume 100
$speaker.Speak('Hello World!')
```

Listing 16.30: Zugriff auf voreinitialisiertes Text-to-Speech-Objekt mit New-NETObject.

Dynamische Parameter mit dynamischen ValidateSets

Dynamische Parameter können äußerst benutzerfreundliche Funktionen liefern, wenn man sich die enormen Möglichkeiten erst einmal vor Augen führt. Vielleicht benötigen Sie einen Befehl, um aus dem Active Directory für eine bestimmte Firma jeweils die Benutzer einer Abteilung zu erfragen. Allerdings sind die Namen der Abteilungen für die jeweiligen Firmen ganz unterschiedlich.

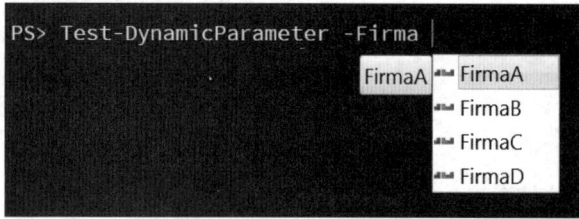

Abbildung 16.13: Ein statischer Parameter schlägt vier bekannte Firmen vor. Der Clou …

Eine Funktion könnte dazu einen statischen Parameter namens -Firma anlegen und in dessen ValidateSet-Attribut die Firmennamen fest hinterlegen. Der Anwender bekäme so bereits IntelliSense zu diesem Parameter und den erlaubten Firmennamen.

Weil die jeweiligen Abteilungsnamen aber von der ausgewählten Firma abhängen, wird der zweite Parameter -Abteilung dynamisch generiert. Sobald der Anwender eine Firma angegeben hat, legt der Skriptblock dynamicparam den dynamischen Parameter -Abteilung an.

```
PS> Test-DynamicParameter -Firma FirmaB -Abteilung
                                    Marketing  Marketing
                                               Vertrieb
```

Abbildung 16.14: … aber ist die für den Parameter -Abteilung erzeugte Vorschlagsliste. Diese hält gezielt nur die für die angegebene Firma gültigen Abteilungen vor.

Dieser zweite Parameter soll ebenfalls ein ValidateSet-Attribut bekommen, in dem die für die ausgewählte Firma gültigen Abteilungsnamen stehen, allerdings dynamisch. Dazu wird dem Parameter dieses Attribut vom Skript hinzugefügt. Die jeweiligen Abteilungsnamen für die gerade ausgewählte Firma liest PowerShell dazu aus einer Hashtable.

```
function Test-DynamicParameter
{
  [CmdletBinding()]

  param
  (
    [Parameter(Mandatory=$true)]
    [ValidateSet('FirmaA','FirmaB','FirmaC','FirmaD')]
    # Name der Firma, erlaubt sind nur die im ValidateSet angegebenen
    # Firmennamen 'FirmaA','FirmaB','FirmaC' und 'FirmaD'
    $Firma
  )

  dynamicparam
  {
    # der zweite (dynamische) Parameter -Abteilung wird nur eingeblendet,
    # wenn bereits mit -Firma eine Firma ausgewählt wurde

    # hier stehen für jede Firma die gültigen Werte, die für
    # -Abteilung angegeben werden dürfen:
    $data = @{
      FirmaA = 'Geschäftsführung', 'Marketing', 'Vertrieb'
      FirmaB = 'Marketing', 'Vertrieb'
      FirmaC = 'Geschäftsführung', 'Außendienst', 'Fuhrpark'
      FirmaD = 'Geschäftsführung', 'Gebäudemanagement', 'Fuhrpark'
    }

    # wurde bereits die Firma mit -Firma angegeben?
    if ($Firma)
    {
      # ja, also dynamischen Parameter anlegen:
      $paramDictionary = New-Object -TypeName System.Management.Automation.RuntimeDefinedParamete
rDictionary
      $attributeCollection = New-Object -TypeName System.Collections.ObjectModel.Collection[Syste
m.Attribute]

      # Parameter-Attribute festsetzen:
      $attribute = New-Object System.Management.Automation.ParameterAttribute
      $attribute.ParameterSetName = '__AllParameterSets'
      $attribute.Mandatory = $false
      $attributeCollection.Add($attribute)

      # gültige Werte festsetzen;
      # die gültigen Abteilungsnamen für eine Firma stehen in der Hashtable $data
      # $data.$firma liefert also die Liste der für die jeweilige Firma gültigen
      # Abteilungsnamen.
      # Diese werden als ValidateSet dynamisch dem Parameter hinzugefügt:
      $attribute = New-Object System.Management.Automation.ValidateSetAttribute($data.$firma)
      $attributeCollection.Add($attribute)

      # dynamischen Parameter -Abteilung anlegen:
      $Name = 'Abteilung'
      $dynParam = New-Object -TypeName System.Management.Automation.RuntimeDefinedParameter($Name,
        [string], $attributeCollection)
      $paramDictionary.Add($Name, $dynParam)

      # Parameter zurückgeben:
      $paramDictionary
    }
  }
}
```

```
end
{
  'Die übergebenen Parameter:'
  $PSBoundParameters
}
}
```

Listing 16.31: Das Skript Test-DynamicParameter2.ps1.

Wenn Sie die Funktion ausprobieren, erscheint der Parameter -Abteilung erst dann in den Intel-liSense-Menüs, wenn zuvor mit -Firma eine Firma angegeben wurde, und schlägt passend dazu die für die jeweilige Firma gültigen Abteilungen vor. Die Vorschläge (und erlaubten Werte) unterscheiden sich also abhängig davon, was für -Firma angegeben wurde (Abbildung 16.15).

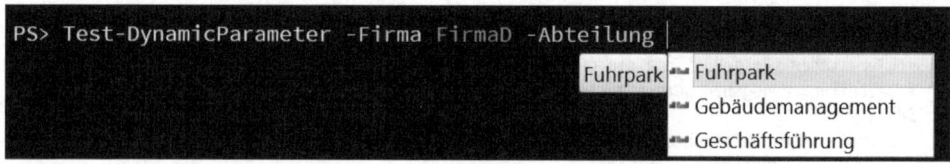

Abbildung 16.15: Der dynamische Parameter -Abteilung schlägt je nach Firma unterschiedliche Abteilungen vor.

Dies funktioniert auch in PowerShell 2.0, allerdings werden dort die erlaubten Werte nicht vor-geschlagen oder automatisch vervollständigt (weil die Argumentvervollständigung erst ab PowerShell 3.0 vorhanden ist). Der dynamische Parameter und seine Validierung arbeiten aber einwandfrei. Wird zum Beispiel eine für eine bestimmte Firma nicht erlaubte Abteilung ange-geben, erscheint eine Fehlermeldung und nennt die für diese Firma gültigen Abteilungsnamen:

```
PS> Test-DynamicParameter -Firma FirmaA -Abteilung Test
Test-DynamicParameter : Das Argument für den Parameter "Abteilung" kann nicht überprüft werden.
Das Argument "Test" gehört nicht zu dem vom ValidateSet-Attribut angegebenen Satz
"Geschäftsführung,Marketing,Vertrieb". Geben Sie ein Argument an, das in dem Satz enthalten ist,
und führen Sie dann den Befehl erneut aus.
```

Geben Sie einen passenden Wert für -Abteilung an, wird dieser wie gewünscht verarbeitet:

```
PS> Test-DynamicParameter -Firma FirmaA -Abteilung Geschäftsführung
Die übergebenen Parameter:

Key                         Value
---                         -----
Firma                       FirmaA
Abteilung                   Geschäftsführung
```

Splatting: mehrere Parameter gleichzeitig ansprechen

Über eine Technik namens *Splatting* kann man einem Befehl mehrere Parameter auf einmal übergeben. Wirklich interessant ist diese Technik aber, weil auch die Parameter einer Funktion intern über Splatting an andere Befehle weitergereicht werden können.

Splatting im Alltag einsetzen

Möchten Sie mehrere Parameter auf einmal an einen Befehl übergeben, benötigen Sie dazu eine Hashtable. Die Schlüssel in der Hashtable legen fest, welchem Parameter ein Wert übergeben werden soll, und der Wert des jeweiligen Schlüssels ist das Argument, das an den Parameter übermittelt werden soll. Der folgende Befehl liefert beispielsweise alle Fehler und Warnungen des System-Ereignisprotokolls der letzten 24 Stunden:

```
PS> Get-EventLog -LogName System -EntryType Error, Warning -After ( (Get-Date).AddDays(-1) )
```

Und so wird dieser Befehl per Splatting aufgerufen:

```
$argumente = @{
    LogName = 'System'
    EntryType = 'Error', 'Warning'
    After = (Get-Date).AddDays(-1)
}

Get-EventLog @argumente
```

Listing 16.32: Argumente en bloc mit einer Hashtable übergeben.

Die Hashtable in $argumente definiert also die Parameter samt Inhalt, die dem Cmdlet übergeben werden sollen:

```
PS> $argumente

Name                           Value
----                           -----
LogName                        System
EntryType                      {Error, Warning}
After                          25.10.2012 15:26:17
```

Die Variable $argumente wird anschließend mit einem @ als Präfix anstelle eines $ an das Cmdlet übergeben. Dadurch bindet PowerShell automatisch die Schlüssel der Hashtable an die gleichnamigen Parameter des Cmdlets.

Übergebene Parameter als Hashtable empfangen

Tatsächlich empfängt eine Funktion die vom Anwender übergebenen Parameter ebenfalls als Hashtable, nur ist diese anfangs unsichtbar. Sie liegt in der automatischen Variablen $PSBoundParameters vor:

```
function Test-Parameter
{
    param
    (
        $Wert1,
        $Wert2,
        $Wert3
    )

    $PSBoundParameters
}
```

Listing 16.33: Das Skript Test-Parameter.ps1.

Abhängig davon, welche Parameter der Anwender nun der Funktion übergibt, liefert $PSBoundParameters stets eine Hashtable mit den empfangenen Parametern zurück:

```
PS> Test-Parameter -Wert1 "Hallo" -Wert3 'Welt'

Key                         Value
---                         -----
Wert1                       Hallo
Wert3                       Welt

PS> Test-Parameter a b c

Key                         Value
---                         -----
Wert1                       a
Wert2                       b
Wert3                       c
```

Achtung

$PSBoundParameters liefert nur diejenigen Parameter, die der Anwender tatsächlich angegeben hat. Optionale Parameter mit Default-Werten sind folglich nicht in der Hashtable enthalten, wenn sie nicht beim Aufruf übergeben wurden.

Mithilfe von $PSBoundParameters kann man zum Beispiel überprüfen, ob der Anwender einen bestimmten Parameter angegeben hat oder nicht:

```
if ($PSBoundParameters.ContainsKey('Wert1'))
{
  'Parameter -Wert1 wurde angegeben'
}
else
{
  'Parameter -Wert1 wurde NICHT angegeben'
}
```

Im Ergebnis ergäbe sich dann dieses Bild:

```
PS> Test-Parameter 1 2 3
Parameter -Wert1 wurde angegeben

PS> Test-Parameter -wert2 hallo -Wert3 welt
Parameter -Wert1 wurde NICHT angegeben
```

Mit Splatting Parameter weiterreichen

Die Tatsache, dass Funktionen die übergebenen Parameter als Hashtable in $PSBoundParameters empfangen können, und die Tatsache, dass Hashtables über Splatting an die Parameter einer Funktion übergeben werden können, bietet in Kombination eine spannende Möglichkeit: Funktionen können ihre Parameter ganz oder teilweise an einen anderen Befehl weiterreichen. Die folgende Funktion verdeutlicht den enormen Nutzen. Sie kapselt einen Aufruf zu WMI, um die aktuellen Laufwerke in Erfahrung zu bringen:

```
function Get-Drive
{
    Get-WmiObject -Class Win32_LogicalDisk |
        Select-Object DeviceID, VolumeName, Size, FreeSpace
}
```

Listing 16.34: Information über Laufwerke von der WMI abrufen.

Dies funktioniert lokal sehr gut und soll deshalb nun auch für Remotecomputer ermöglicht werden. `Get-WmiObject` verfügt über die Parameter `-ComputerName` und `-Credential`, mit denen man die Abfrage auch an einen Remotecomputer richten und sich gegebenenfalls dort unter einem anderen Namen anmelden kann. Normalerweise müsste die Funktion nun diese Parameter implementieren und dann je nach Fall über eine Bedingung an verschiedene WMI-Aufrufe weitergeben:

- Falls der Benutzer keinen der Parameter angibt, müsste `Get-WmiObject` ohne diese Parameter aufgerufen werden.

- Falls der Benutzer den Parameter `-ComputerName` angibt, müsste `Get-WmiObject` nur mit `-ComputerName`, aber nicht mit `-Credential` aufgerufen werden.

- Falls der Benutzer beide Parameter angibt, müssten beide weitergegeben werden.

Sicher ahnen Sie schon, wie viel einfacher die Lösung dank Splatting und `$PSBoundParameters` ist, um `Get-Drive` remotefähig zu machen:

```
function Get-Drive
{
  param
  (
    $ComputerName,
    $Credential
  )

    Get-WmiObject -Class Win32_LogicalDisk @PSBoundParameters |
        Select-Object DeviceID, VolumeName, Size, FreeSpace
}
```

Listing 16.35: Argumente aus eigener Funktion direkt an ein Cmdlet weiterreichen.

Sie können `Get-Drive` nun wahlweise ohne Parameter, mit einem oder mit beiden Parametern aufrufen, und nur diejenigen Parameter, die Sie einsetzen, werden auch an `Get-WmiObject` weitergereicht:

```
PS> Get-Drive

DeviceID      VolumeName            Size      FreeSpace
--------      ----------            ----      ---------
C:            OS             108621983744    16181981184


PS> Get-Drive -ComputerName Storage1

DeviceID      VolumeName            Size      FreeSpace
--------      ----------            ----      ---------
C:            SYS             21476171776    10699046912
D:            DATA           978717839360    93289963520
```

```
PS> Get-Drive -ComputerName Storage1 -Credential Tobias

DeviceID         VolumeName                   Size      FreeSpace
--------         ----------                   ----      ---------
C:               SYS                    21476171776     10699112448
D:               DATA                  978717839360     93289963520
```

Profitipp

Im Beispiel werden sämtliche Parameter der Funktion Get-Drive an Get-WmiObject weitergereicht, die der Anwender angegeben hat. Was aber, wenn man die übergebenen Parameter nur teilweise weiterreichen möchte, zum Beispiel weil einige davon für die Funktion Get-Drive bestimmt sind und von Get-WmiObject gar nicht verstanden würden? In diesem Fall entfernen Sie die Parameter aus $PSBoundParameters, die nicht weitergegeben werden sollen. Dies ändert nichts an den eigentlichen Parameterinhalten. Die Parameter werden nur aus der Hashtable entfernt und fehlen dann dort, wo die Hashtable per Splatting weitergereicht wird.

Die folgende Funktion besitzt einen zusätzlichen Switch-Parameter -AsGridView, der nicht an Get-WmiObject weitergeleitet werden soll. Stattdessen wird er innerhalb der Funktion dazu benutzt, das Ergebnis auf Wunsch direkt mit Out-GridView in einem Extrafenster anzuzeigen:

```
function Get-Drive
{
  param
  (
    $ComputerName,
    $Credential,
    [Switch]
    $AsGridView
  )

  $null = $PSBoundParameters.Remove('AsGridView')

  $result = Get-WmiObject -Class Win32_LogicalDisk @PSBoundParameters |
    Select-Object DeviceID, VolumeName, Size, FreeSpace

  if ($AsGridView)
  {
      $result | Out-GridView
  }
  else
  {
      $result
  }
}
```

Listing 16.36: Übergebene Argumente aus $PSBoundParameters entfernen.

Umgekehrt lassen sich auch neue Werte in die Hashtable aufnehmen. Dies kann notwendig sein, wenn eine Funktion optionale Parameter mit Default-Wert besitzt. Diese würden nur dann in $PSBoundParameters enthalten sein, wenn der Anwender diese Parameter ausdrücklich angegeben hat. Will man so einen Parameter weiterreichen, muss man ihn also selbst in $PSBoundParameters hinterlegen, falls er darin fehlt. So wird ein optionaler und nicht angegebener Parameter aufgenommen:

```
function Test-Optional
{
  param
  (
```

```
    $ComputerName = $env:COMPUTERNAME
)

    if ($PSBoundParameters.ContainsKey('ComputerName') -eq $false)
    {
        $null = $PSBoundParameters.Add('ComputerName', $ComputerName)
    }

    $PSBoundParameters
}
```

Listing 16.37: Parameterwert in $PSBoundParameters aufnehmen, falls Anwender keinen Wert angibt.

Wie Sie sehen, wird der optionale Parameter nun Teil von **$PSBoundParameters**, auch wenn er nicht ausdrücklich angegeben wird:

```
PS> Test-Optional -ComputerName abc

Key                          Value
---                          -----
ComputerName                 abc

PS> Test-Optional

Key                          Value
---                          -----
ComputerName                 PowerShellPC
```

Kapitel 17
Eigene Module erstellen

Automationssprache

Ausführlich werden in diesem Kapitel die folgenden Aspekte erläutert:

- **Befehle nachrüsten:** Alle Cmdlets und Funktionen der PowerShell stammen aus Modulen (oder der älteren Bauform namens »Snap-In«). Neue Befehle lassen sich über weitere Module jederzeit, auch im laufenden Betrieb, nachladen. Möchte man eigene neue Funktionen bereitstellen, verpackt man diese in einem eigenen Modul und nutzt so denselben Bereitstellungsmechanismus.

- **Autoloading:** PowerShell überwacht die in $env:PSModulePath aufgeführten Ordner. Werden neue Module an einen dieser Orte kopiert, bietet PowerShell sofort die darin enthaltenen neuen Befehle automatisch über IntelliSense und Tab-Vervollständigung an. Wird ein Befehl aufgerufen, der aus einem noch nicht geladenen Modul stammt, importiert Power-Shell es automatisch. Module, die an anderen Orten lagern, müssen manuell mit Import-Module geladen werden.

- **Aufbau eines Moduls:** Ein skriptbasiertes Modul besteht aus einem Ordner und einer darin enthaltenen Datei mit der Endung *.psm1*, die PowerShell-Code enthält. Der wird aus-

589

geführt, wenn das Modul geladen wird, und kann weitere Skripte nachladen und/oder Funktionen definieren. Optional kann dem Modul ein Manifest hinzugefügt werden: eine Datei mit der Erweiterung *.psd1*, die eine Hashtable enthält. Die Hashtable legt Versionsinformationen sowie Voraussetzungen und Abhängigkeiten fest.

- **ETS-Anweisungen:** Module können das Extended Type System der PowerShell erweitern. Dazu legt das Modul Formatierungs- und/oder Typinformationen fest. So kann PowerShell neue Datentypen korrekt darstellen, die das Modul beziehungsweise die darin enthaltenen Befehle liefern.

Module sind das wesentliche Fundament der Erweiterbarkeit von PowerShell. Sie funktionieren wie Container, in denen man PowerShell-Erweiterungen speichern kann: neue Cmdlets, neue Funktionen, aber auch anderes wie zum Beispiel neue Laufwerkprovider, DSC-Ressourcen oder Regeln für Skriptanalyzer. Auch Versionierungen werden von Modulen unterstützt. PowerShell 5 kann mehrere Module in unterschiedlichen Versionen parallel verwenden.

Zu Modulen gehört (seit PowerShell 3.0) ein Autoloading. Befindet sich das Modul an einem der Orte, die in der Umgebungsvariablen $env:PSModulePath als semikolonseparierte Liste von Ordnerpfaden genannt wird, überwacht PowerShell den Inhalt automatisch und kann die in den Modulen bereitgestellten Erweiterungen sofort verwenden.

Technisch gesehen, bilden Module darüber hinaus einen eigenständigen Gültigkeitsbereich, sodass Funktionen, die in einem Modul gespeichert werden, eigene globale Variablen nutzen können.

Module sind Ordner

Ein Modul ist zunächst nur ein Ordner im Dateisystem. Dieser Ordner kann irgendwo gespeichert sein. Der erste Schritt zu Ihrem Modul ist also, einen neuen Ordner anzulegen. Und der erste wichtige planerische Schritt ist, diesem Ordner einen guten Namen zu geben. Denn der Name des Ordners wird später zum Namen des neuen Moduls. Wählen Sie für Ihre Module am besten einen Oberbegriff, der das Thema beschreibt, für das dieses Modul zuständig sein soll. Nennen Sie den Ordner zum Beispiel »MyNetworkToolkit«, wenn Sie planen, darin Funktionen rund um Netzwerkaufgaben zu speichern.

Legen Sie jetzt einen neuen Ordner namens *MySystemTools* an, zum Beispiel auf Ihrem Desktop:

```
PS> New-Item -Path $home\Desktop\MySystemTools -ItemType Directory
```

Der Modulordner ist damit fertiggestellt, aber noch leer. Als Nächstes soll das Modul einen neuen Befehl namens Get-SoftwareUpdate bereitstellen.

Funktion erstellen und testen

Als Beispiel soll die Funktion Get-SoftwareUpdate ins Modul aufgenommen werden. Sie liefert eine Liste sämtlicher installierter Software-Updates. Aber natürlich könnten Sie nach genau demselben Schema nun auch andere eigene Funktionen ins Modul aufnehmen. Ein Modul kann so viele Funktionen speichern, wie Sie mögen. Beginnen Sie mit Get-SoftwareUpdate:

```
function Get-SoftwareUpdate
{
    $Filter = @{
      ProviderName="Microsoft-Windows-WindowsUpdateClient"
      ID=19
    }

  Get-WinEvent -FilterHashtable $filter |
    ForEach-Object {
      $rv = $_ | Select-Object -Property TimeCreated, Name, Activity, Status
      $rv.Name = $_.Properties[0].Value
      $rv.Activity = $_.KeywordsDisplayNames[0]
      $rv.Status = $_.KeywordsDisplayNames[1]
      $rv
    }

}
```

Listing 17.1: Installierte Software-Updates abrufen.

Wenn Sie Listing 17.1 ausführen, steht Ihnen der neue Befehl `Get-SoftwareUpdate` zur Verfügung. Er liefert alle installierten Updates und kann nun zum Beispiel folgendermaßen aufgerufen werden:

```
PS> Get-SoftwareUpdate | Out-GridView -Title 'Installierte Updates'
```

Funktion in Modul aufnehmen

Speichern Sie die Funktion nun einfach im Modulordner – am besten unter dem gleichen Namen, den die Funktion trägt. Speichern Sie sie in diesem Beispiel also als *$home\Desktop\MySystemTools\get-softwareupdate.ps1*. Wenn Sie die Skriptdatei genauso nennen wie die darin enthaltene Funktion, finden Sie später schnell das passende Skript – Module enthalten typischerweise nicht nur eine Funktion, sondern viele.

In Ihrem Ordner *MySystemTools* liegt nun also eine Datei namens *get-softwareupdate.ps1*, und Sie fragen sich vielleicht gerade, was genau daran das PowerShell-Modul sein soll. Eigentlich handelt es sich doch nur um einen Ordner, in dem eine Skriptdatei gespeichert wurde.

Und Sie haben recht. Das eigentliche Modul fehlt nämlich noch. Dabei handelt es sich um eine Datei mit der Erweiterung *.psm1*, die sozusagen das »Inhaltsverzeichnis« des Moduls bildet und festlegt, was das Modul tun soll, wenn es geladen wird. Diese Moduldatei muss unbedingt genauso heißen wie der Modulordner, also *mysystemtools.psm1*. Legen Sie die Datei in Ihrem Modulordner an und formulieren Sie darin:

```
. $PSScriptRoot\Get-SoftwareUpdate.ps1
```

Die Moduldatei legt also fest, dass die Datei *Get-SoftwareUpdate.ps1* aus dem Modulordner (der Pfad findet sich stets in der vordefinierten Variablen `$PSScriptRoot`) im Aufruferkontext geladen werden soll (vorstehender Punkt mit Leerzeichen – »Dot-Sourcing«).

Anders gesagt: Die Moduldatei ruft die Skriptdatei so auf, dass alle darin enthaltenen Funktionen und Variablen im Gültigkeitsbereich des Moduls angelegt und also nicht wieder gelöscht werden, sobald das Skript *Get-SoftwareUpdate.ps1* fertig ausgeführt ist.

Wenn Sie dem Beispiel gefolgt sind, sollten Sie nun über Folgendes verfügen:

• einen Ordner namens *MySystemTools*, darin:

- eine Datei namens *mysystemtools.psm1*, in der das Skript *get-softwareupdate.ps1* aufgerufen wird,
- eine Datei namens *get-softwareupdate.ps1*, in der die Funktion Get-SoftwareUpdate definiert wird.

Modul manuell importieren

Jetzt ist das Modul einsatzbereit. Der neue Befehl Get-SoftwareUpdate steht Ihnen in jeder Power-Shell zur Verfügung. Nur weiß PowerShell noch nichts von seinem Glück. Sie müssen das Modul erst noch mit Import-Module in die jeweilige PowerShell laden:

Starten Sie eine neue PowerShell. Darin ist der Befehl Get-SoftwareUpdate noch unbekannt. Nun laden Sie Ihr neues Modul nach:

```
Import-Module $HOME\Desktop\MySystemTools -Verbose
```

Tipp

Import-Module erwartet den Pfad zum Modulordner (ohne abschließendes »\«-Zeichen). Alternativ kann auch der Pfad zur *.psm1*-Datei angegeben werden.

Durch den Parameter -Verbose erhalten Sie zusätzliche Informationen, wenn das Modul importiert wird, und können sofort sehen, ob die darin enthaltene Funktion Get-SoftwareUpdate wie geplant gefunden und geladen wurde.

Wurde das Modul erfolgreich importiert, steht Ihnen der Befehl Get-SoftwareUpdate nun zur Verfügung. Konnte das Modul dagegen nicht richtig geladen werden und haben Sie rote Fehlermeldungen erhalten, gehen Sie bitte noch einmal die oben genannten Schritte sorgfältig durch und überprüfen, ob Sie alles genau so gemacht haben wie beschrieben.

Module automatisch importieren

Natürlich brauchen Sie Module ab PowerShell 3.0 nicht länger mit Import-Module von Hand zu importieren. Es geht sehr viel bequemer, wenn das Modul an einem Ort liegt, an dem Power-Shell es automatisch findet. Diese Standardordner werden von der Umgebungsvariablen PSModulePath als semikolonseparierte Liste definiert. So könnten Sie den Inhalt sichtbar machen:

```
PS> $env:PSModulePath -split ';'
C:\Users\Tobias\Documents\WindowsPowerShell\Modules
C:\Program Files\WindowsPowerShell\Modules
C:\WINDOWS\system32\WindowsPowerShell\v1.0\Modules\
```

Kopieren Sie Ihren Modulordner *MySystemTools* einfach in einen dieser Ordner, damit Power-Shell das Modul künftig automatisch lädt, sobald es benötigt wird. Die folgende Zeile kopiert Ihren Modulordner vom Desktop in den benutzerspezifischen Modulordner:

```
PS> robocopy.exe $HOME\Desktop\MySystemTools  $HOME\Documents\WindowsPowerShell\Modules\MySystemTo
ols
```

Tipp

Falls Sie sich wundern, warum dieses Beispiel zum Kopieren robocopy.exe verwendet und nicht das PowerShell-Cmdlet Copy-Item – dies liegt an zwei Dingen: Zunächst ist der Einsatz eines Cmdlets per se nicht besser oder schlechter als der Einsatz eines anderen Tools.

Zum anderen aber, und das ist der eigentliche Grund, eignet sich Copy-Item nur sehr bedingt dazu, mehr als eine Datei zu kopieren. Es ist damit kaum möglich, konsistent einen Ordner samt Inhalt an eine andere Stelle zu kopieren. Copy-Item verhält sich in diesem Fall nämlich unterschiedlich, je nachdem, ob der Zielordner bereits existiert oder nicht.

Das Programm *robocopy.exe* ist seit Langem Teil von Windows und deshalb ebenso verfügbar wie Copy-Item. Im Gegensatz zu Letzterem kopiert *robocopy.exe* kleine wie auch große Datenmengen verlässlich und vor allen Dingen auf nachvollziehbar einheitliche Weise.

Öffnen Sie erneut eine frische neue PowerShell-Konsole. Lassen Sie sich anzeigen, welche Module darin geladen sind. In der ISE dürfte das Ergebnis so ähnlich aussehen:

```
PS> Get-Module

ModuleType Version   Name                              ExportedCommands
---------- -------   ----                              ----------------
Script     1.0.0.0   ISE                               {Get-IseSnippet, Imp...
Manifest   3.1.0.0   Microsoft.PowerShell.Management   {Add-Computer, Add-C...
```

Geben Sie nun Get-SoftwareUpdate ein. Der Befehl ist sofort verfügbar, und wenn Sie ihn ausführen, liefert er die installierten Windows-Updates. Prüfen Sie anschließend erneut die geladenen Module, werden Sie feststellen, dass Ihr Modul ohne Zutun automatisch geladen wurde:

```
PS> Get-Module

ModuleType Version   Name                              ExportedCommands
---------- -------   ----                              ----------------
Script     1.0.0.0   ISE                               {Get-IseSnippet, Imp...
Manifest   3.0.0.0   Microsoft.PowerShell.Diagnostics  {Export-Counter, Get...
Manifest   3.1.0.0   Microsoft.PowerShell.Management    {Add-Computer, Add-C...
Manifest   3.1.0.0   Microsoft.PowerShell.Utility       {Add-Member, Add-Typ...
Script     0.0       MySystemTools                      Get-SoftwareUpdate
```

Hinweis

Tatsächlich wurde nicht nur Ihr Modul MySystemTools automatisch geladen, sondern einige weitere mehr. Sollten Sie sich fragen, wie das kommt, werfen Sie einfach einen Blick auf Listung 17.1: Die Funktion Get-SoftwareUpdate nutzt ihrerseits Cmdlets wie zum Beispiel Get-WinEvent. Solche Cmdlets werden ebenfalls bei Bedarf aus entsprechenden Modulen nachgeladen.

Auffällig ist indes die Spalte ModuleType: Das neue Modul MySystemTools ist ebenso vom Typ Script wie das Modul ISE (das Sie nur sehen, wenn Sie die PowerShell ISE und nicht die PowerShell-Konsole verwenden). Alle übrigen Module sind vom Typ Manifest. Für den Anwender spielt dieser Unterschied keine Rolle. Welches Geheimnis sich hinter dem Modultyp verbirgt, erfahren Sie im nächsten Abschnitt.

Automationssprache

Wichtiger ist, dass PowerShell pro Sitzung Module nur einmal importiert. Ob Sie Module also automatisch nachladen oder von Hand mit `Import-Module`: Wurde das Modul zuvor schon geladen, wird es nicht erneut geladen. Das spart Zeit und ist im Alltag sinnvoll.

Wenn sich allerdings ein Modul verändert, weil Sie zum Beispiel seinen Inhalt erweitert haben, kann das Caching zum Problem werden. Das veränderte Modul wird nur dann frisch geladen, wenn Sie es von Hand mit `Import-Module` importieren und dabei den Parameter `-Force` angeben:

```
Import-Module $HOME\Desktop\MySystemTools -Force
```

Manifestdatei für ein Modul

Der Kern des Moduls `MySystemTools` aus dem vorherigen Abschnitt bestand aus einer Datei mit der Erweiterung *.psm1*. Solche einfachen Module werden `Script`-Module genannt, und genau so bezeichnet `Get-Module` das Modul auch in der Spalte `ModuleType`:

```
PS> Get-Module -Name MySystemTools -ListAvailable


    Verzeichnis: C:\Users\Tobias\Documents\WindowsPowerShell\Modules


ModuleType Version   Name                      ExportedCommands
---------- -------   ----                      ----------------
Script     0.0       MySystemTools             Get-SoftwareUpdate
```

Die Spalte `Version` zeigt die Version 0.0 an, denn solche `Script`-Module verfügen über keine sonstigen Informationen wie zum Beispiel eine Versionsnummer.

Fügen Sie einem Modul ein sogenanntes »Manifest« hinzu, wird es intelligenter: Das Manifest funktioniert wie ein Begleitzettel und legt allgemeine Informationen wie Version, Autor und Copyright fest. Darüber hinaus kann das Manifest auch Voraussetzungen einfordern, zum Beispiel festlegen, dass das Modul exklusiv in einer 64-Bit-Umgebung oder nur im ISE-Editor läuft.

Neue Manifestdatei anlegen

Ein neues Manifest erstellen Sie mit `New-ModuleManifest`. Dazu erwartet `New-ModuleManifest` mit dem Parameter `-Path` den Namen der Manifestdatei. Diese muss genau so heißen wie der Modulordner und direkt darin liegen, um von PowerShell erkannt zu werden.

Die folgenden Zeilen fügen Ihrem Modul ein einfaches Manifest hinzu. Das Beispiel geht davon aus, dass sich Ihr Modul inzwischen im benutzerspezifischen Modulordner von PowerShell befindet. Falls es woanders liegt, passen Sie den Pfad entsprechend an:

```
PS> New-ModuleManifest -Path $HOME\Documents\WindowsPowerShell\Modules\MySystemTools\mysystemtool
s.psd1
```

Hinweis

In PowerShell 2.0 verlangte `New-ModuleManifest` viele weitere zwingende Parameter. Ab PowerShell 3 genügt dem Cmdlet allein die Angabe des Pfadnamens. Die Manifestdatei muss in jedem Fall immer den gleichen Namen tragen wie der Modulordner, in dem sie gespeichert wird, und die Dateierweiterung *.psd1* erhalten.

Falls Sie planen, Ihre eigenen Module später zu publizieren, sollten Sie in jedem Fall Beschreibung (`-Description`), Version (`-ModuleVersion`) und Herkunft (`-Author`) angeben.

Schauen Sie nun den Inhalt des eben generierten Manifests im ISE-Editor an:

```
PS> ise $HOME\Documents\WindowsPowerShell\Modules\MySystemTools\mysystemtools.psd1
```

Der ISE-Editor zeigt Ihnen jetzt die Manifestdatei an: eine PowerShell-Hashtable mit zahlreichen Schlüssel/Wert-Paaren. Viele davon sind auskommentiert. Die meisten auskommentierten Einträge sind nicht zwingend nötig, ein auskommentierter Eintrag ist dagegen essenziell und muss angepasst werden: `RootModule`. `RootModule` gibt den Namen der Moduldatei an, die das Modul laden soll, wenn es importiert wird. Noch ist der Eintrag leer. Kommentieren Sie den Eintrag aus und geben Sie den Namen der Moduldatei an, die Sie bereits angelegt hatten. Das Manifest sollte jetzt in etwa so aussehen:

```
#
# Modulmanifest für das Modul "mysystemtools"
#
# Generiert von: Tobias
#
# Generiert am: 27.10.2015
#

@{

# Die diesem Manifest zugeordnete Skript- oder Binärmoduldatei
RootModule = 'mysystemtools.psml'

# Die Versionsnummer dieses Moduls
ModuleVersion = '1.0'

# ID zur eindeutigen Kennzeichnung dieses Moduls
GUID = '2bc09680-d4aa-417a-b503-70eec5a7ae23'

# Autor dieses Moduls
Author = 'Tobias'

# Unternehmen oder Hersteller dieses Moduls
CompanyName = 'Unbekannt'

# Urheberrechtserklärung für dieses Modul
Copyright = '(c) 2015 Tobias. Alle Rechte vorbehalten.'

# Beschreibung der von diesem Modul bereitgestellten Funktionen
# Description = ''

# Die für dieses Modul mindestens erforderliche Version des Windows PowerShell-Moduls
# PowerShellVersion = ''
```

```
# Der Name des für dieses Modul erforderlichen Windows PowerShell-Hosts
# PowerShellHostName = ''

# Die für dieses Modul mindestens erforderliche Version des Windows PowerShell-Hosts
# PowerShellHostVersion = ''

# Die für dieses Modul mindestens erforderliche Microsoft .NET Framework-Version
# DotNetFrameworkVersion = ''

# Die für dieses Modul mindestens erforderliche Version der CLR (Common Language Runtime)
# CLRVersion = ''

# Die für dieses Modul erforderliche Prozessorarchitektur ("Keine", "X86", "Amd64")
# ProcessorArchitecture = ''

# Die Module, die vor dem Importieren dieses Moduls in die globale Umgebung geladen werden müssen
# RequiredModules = @()

# Die Assemblies, die vor dem Importieren dieses Moduls geladen werden müssen
# RequiredAssemblies = @()

# Die Skriptdateien (PS1-Dateien), die vor dem Importieren dieses Moduls in der Umgebung des
# Aufrufers ausgeführt werden
# ScriptsToProcess = @()

# Die Typdateien (.ps1xml), die beim Importieren dieses Moduls geladen werden sollen
# TypesToProcess = @()

# Die Formatdateien (.ps1xml), die beim Importieren dieses Moduls geladen werden sollen
# FormatsToProcess = @()

# Die Module, die als geschachtelte Module des in "RootModule/ModuleToProcess" angegebenen Moduls
# importiert werden sollen
# NestedModules = @()

# Aus diesem Modul zu exportierende Funktionen
FunctionsToExport = '*'

# Aus diesem Modul zu exportierende Cmdlets
CmdletsToExport = '*'

# Die aus diesem Modul zu exportierenden Variablen
VariablesToExport = '*'

# Aus diesem Modul zu exportierende Aliase
AliasesToExport = '*'

# Aus diesem Modul zu exportierende DSC-Ressourcen
# DscResourcesToExport = @()

# Liste aller Module in diesem Modulpaket
# ModuleList = @()

# Liste aller Dateien in diesem Modulpaket
# FileList = @()

# Die privaten Daten, die an das in "RootModule/ModuleToProcess" angegebene Modul übergeben werden
# sollen. Diese können auch eine PSData-Hashtabelle mit zusätzlichen von PowerShell verwendeten
# Modulmetadaten enthalten.
# PrivateData = @{
```

```
    PSData = @{

        # 'Tags' wurde auf das Modul angewendet und unterstützt die Modulermittlung in
        # Onlinekatalogen.
        # Tags = @()

        # Eine URL zur Lizenz für dieses Modul
        # LicenseUri = ''

        # Eine URL zur Hauptwebsite für dieses Projekt.
        # ProjectUri = ''

        # Eine URL zu einem Symbol, das das Modul darstellt.
        # IconUri = ''

        # 'ReleaseNotes' des Moduls
        # ReleaseNotes = ''

    } # Ende der PSData-Hashtabelle

} # Ende der PrivateData-Hashtabelle

# HelpInfo-URI dieses Moduls
# HelpInfoURI = ''

# Standardpräfix für Befehle, die aus diesem Modul exportiert werden. Das Standardpräfix kann mit
# "Import-Module -Prefix" überschrieben werden.
# DefaultCommandPrefix = ''

}
```

Listing 17.2: Eine Manifestdatei für ein PowerShell-Modul.

Speichern Sie die Manifestdatei und importieren Sie das Modul dann neu:

```
PS> Import-Module $HOME\Documents\WindowsPowerShell\Modules\MySystemTools -Force
```

Wenn Sie alles richtig gemacht haben, steht nun der Befehl Get-SoftwareUpdate aus dem Modul zur Verfügung. Bei näherer Betrachtung des Moduls sehen Sie, dass auch die im Manifest genannte Versionsnummer gemeldet wird:

```
PS> Get-Module -Name MySystemTools

ModuleType Version   Name                     ExportedCommands
---------- -------   ----                     ----------------
Script     1.0       MySystemTools            Get-SoftwareUpdate
```

Achtung

In PowerShell 2.0 hieß der Manifestschlüssel RootModule noch ModuleToProcess. Damit eine Manifestdatei, die unter PowerShell 3.0 oder höher angelegt wurde, zu PowerShell 2.0 abwärtskompatibel ist, können Sie den Schlüssel RootModule gefahrlos umbenennen in ModuleToProcess.

Es ist kein Zufall, dass die Manifestdatei eine PowerShell-Hashtable enthält, denn genau so liest PowerShell Ihre Angaben darin. Dabei passiert hinter den Kulissen in etwa dasselbe wie in diesem Beispiel:

```
$path = "$HOME\Documents\WindowsPowerShell\Modules\MySystemTools\mysystemtools.psd1"
$content = Get-Content -Path $path -Raw
$info = Invoke-Expression $content

$info
```

Listing 17.3: Inhalt einer Manifestdatei in eine Hashtable verwandeln.

Die Ausgabe sieht in etwa so aus:

```
Name                      Value
----                      -----
Copyright                 (c) 2015 Tobias. Alle Rechte vorbehalten.
PrivateData               {PSData}
CompanyName               Unbekannt
GUID                      2bc09680-d4aa-417a-b503-70eec5a7ae23
Author                    Tobias
FunctionsToExport         *
VariablesToExport         *
RootModule                mysystemtools.psm1
AliasesToExport           *
CmdletsToExport           *
ModuleVersion             1.0
```

Über die Variable `$info` könnten Sie gezielt einzelne Informationen des Manifests erfragen:

```
PS> $info.Author
Tobias
```

Hinweis

Im Beispiel wird `Get-Content` dazu verwendet, den Inhalt der Manifestdatei zu lesen. Dabei wird der ab PowerShell 3.0 neu hinzugekommene Parameter `-Raw` verwendet, um den Text als Ganzes (und nicht zeilenweise) zu lesen. In PowerShell 2.0 liest `Get-Content` immer zeilenweise und unterstützt `-Raw` nicht, sodass Sie dort das Ergebnis an `Out-String` weiterleiten müssen.

`Test-ModuleManifest` kann ein Manifest auf formale Fehler überprüfen. Stimmen Angaben nicht und fehlen beispielsweise Dateien, die im Manifest genannt werden, erscheinen Fehlermeldungen. Ist alles in Ordnung, werden nur das Modul sowie die von ihm exportierten Befehle angezeigt:

```
PS> Test-ModuleManifest -Path $path
```

ModuleType	Version	Name	ExportedCommands
Script	1.0	mysystemtools	Get-SoftwareUpdate

Wirkung einer Manifestdatei

Sobald ein Modul ein Manifest besitzt, wird beim Import des Moduls nicht mehr die *.psm1*-Datei geladen, sondern die *.psd1*-Datei, die Vorrang besitzt. PowerShell überprüft, ob die Voraussetzungen erfüllt sind, die die Manifestdatei anfordert, und schaut dann im Schlüssel `ModuleToProcess` (PowerShell 2.0 und höher) oder `RootModule` (PowerShell 3.0 und höher) nach, welche Datei das eigentliche Modul enthält.

War das Modul bereits geladen, wird es nicht erneut geladen. Setzen Sie den Parameter `-Force` ein, wird ein zuvor geladenes Modul zuerst entfernt, und dann wird das Modul erneut geladen. Diese Vorgänge können Sie auch sichtbar machen, indem Sie bei `Import-Module` den Parameter `-Verbose` angeben:

```
PS> Import-Module -Name MySystemTools -Verbose -Force
AUSFÜHRLICH: Die importierte Funktion "Get-SoftwareUpdate" wird entfernt.
AUSFÜHRLICH: Modul wird aus Pfad "C:\Users\Tobias\Documents\WindowsPowerShell\Modu
les\MySystemTools\MySystemTools.psm1" geladen.
AUSFÜHRLICH: Exportfunktion "Get-SoftwareUpdate".
AUSFÜHRLICH: Funktion "Get-SoftwareUpdate" wird importiert.
```

ETS-Anweisungen zu Modul hinzufügen

Ein Modul kann nicht nur neue Befehle nachrüsten, sondern auch die notwendigen neuen Einträge für die ETS-Datenbank, damit PowerShell die Ergebnisse der neu hinzugefügten Befehle auch wie gewünscht formatiert. Ein Beispiel soll zeigen, wie das funktioniert. Nehmen Sie an, dass die Funktion `Get-SoftwareUpdate` nicht Objekte mit vier Eigenschaften liefert, sondern mit sechs:

```
function Get-SoftwareUpdate
{
    $Filter = @{
        ProviderName="Microsoft-Windows-WindowsUpdateClient"
        ID=19
    }

  Get-WinEvent -FilterHashtable $filter |
    ForEach-Object {
      $rv = $_ |
    Select-Object -Property TimeCreated, Name, Activity, Status, UserId, TaskDisplayName
      $rv.Name = $_.Properties[0].Value
      $rv.Activity = $_.KeywordsDisplayNames[0]
      $rv.Status = $_.KeywordsDisplayNames[1]
      $rv
    }

}
```

Listing 17.4: Get-SoftwareUpdate liefert zwei zusätzliche Informationen zurück.

PowerShell würde jetzt die Ergebnisse von `Get-SoftwareUpdate` als Liste ausgeben und nicht mehr als Tabelle, denn in den Grundeinstellungen von PowerShell ist festgelegt, dass Objekte mit fünf oder mehr Eigenschaften aus Platzgründen besser in Listenformat darstellbar sind:

```
PS> Get-SoftwareUpdate

TimeCreated  : 27.10.2015 12:53:21
Name         : Microsoft Photos
Activity     : Installation
Status       : Erfolgreich
UserId       : S-1-5-18
```

```
TaskDisplayName : Windows Update-Agent

TimeCreated     : 27.10.2015 12:53:12
Name            : Windows Maps
Activity        : Installation
Status          : Erfolgreich
UserId          : S-1-5-18
TaskDisplayName : Windows Update-Agent
```

(...)

Um das ETS anzuweisen, als Vorgabe nur eine Auswahl dieser Informationen anzuzeigen, sind zwei Dinge erforderlich:

- Weisen Sie den Objekten, die die Funktion Get-SoftwareUpdate zurückliefert, einen eindeutigen Typnamen zu.
- Erklären Sie dann dem ETS, wie die Informationen solcher Objekte anzuzeigen sind.

Im Folgenden werden diese beiden Schritte nun umgesetzt.

Eindeutige Typnamen zuweisen

Damit das ETS die Objekte der Funktion Get-SoftwareUpdate erkennt und eindeutig zuordnen kann, muss den Objekten im ersten Schritt ein eindeutiger Typname zugewiesen werden. Das geschieht innerhalb von Get-SoftwareUpdate mit der folgenden zusätzlichen Anweisung, die einen weiteren Typnamen in die normalerweise versteckte Eigenschaft PSTypeNames einfügt (und über die jedes Objekt verfügt):

```
$rv.PSTypeNames.Insert(0,'mySoftwareUpdateResults')
```

Aus Sicht des ETS heißen die Objekte, die Get-SoftwareUpdate zurückliefert, nun mySoftwareUpdateResults.

Die Funktion Get-SoftwareUpdate sieht nun also folgendermaßen aus:

```
function Get-SoftwareUpdate
{
    $Filter = @{
      ProviderName="Microsoft-Windows-WindowsUpdateClient"
      ID=19
    }

  Get-WinEvent -FilterHashtable $filter |
    ForEach-Object {
      $rv = $_ |
    Select-Object -Property TimeCreated, Name, Activity, Status, UserId, TaskDisplayName
      $rv.Name = $_.Properties[0].Value
      $rv.Activity = $_.KeywordsDisplayNames[0]
      $rv.Status = $_.KeywordsDisplayNames[1]
      $rv.PSTypeNames.Insert(0,'mySoftwareUpdateResults')
      $rv
    }

}
```

Listing 17.5: Get-SoftwareUpdate versieht die Ergebnisobjekte mit einem eindeutigen Typnamen.

Neue Formatierungsangaben in ETS einfügen

Jetzt muss das ETS nur noch erfahren, wie Objekte vom Typ mySoftwareUpdateResults zu formatieren sind. Diese Information wird im XML-Format als Datei mit der Erweiterung *.format.ps1xml* festgelegt:

```
<Configuration>
  <ViewDefinitions>
    <View>
      <Name>UpdateResult</Name>
      <ViewSelectedBy>
        <TypeName>mySoftwareUpdateResults</TypeName>
      </ViewSelectedBy>
      <TableControl>
        <TableHeaders>
          <TableColumnHeader>
            <Label>Date</Label>
            <Width>19</Width>
            <Alignment>left</Alignment>
          </TableColumnHeader>
          <TableColumnHeader>
            <Label>Installed Product</Label>
            <Alignment>left</Alignment>
          </TableColumnHeader>
        </TableHeaders>
        <TableRowEntries>
          <TableRowEntry>
            <Wrap/>
            <TableColumnItems>
              <TableColumnItem>
                <PropertyName>TimeCreated</PropertyName>
              </TableColumnItem>
              <TableColumnItem>
                <PropertyName>Name</PropertyName>
              </TableColumnItem>
            </TableColumnItems>
          </TableRowEntry>
        </TableRowEntries>
      </TableControl>
    </View>
  </ViewDefinitions>
</Configuration>
```

Listing 17.6: Die Datei mySoftwareUpdateResults.format.ps1xml.

Speichern Sie diese Information als Textdatei unter *mySoftwareUpdateResults.format.ps1xml* in Ihrem Modulordner *mySystemTools*.

Formatdefinition in Modul integrieren

Damit die Informationen in der *.format.ps1xml*-Datei in das PowerShell-ETS-System eingefügt werden, beauftragen Sie zum Schluss Ihr Modul, die Formatierungsdaten zu importieren. Das geschieht über den Schlüssel FormatsToProcess. Öffnen Sie also noch einmal die *mysystem-tools.psd1*-Datei und scrollen Sie abwärts, bis Sie die folgende Zeile sehen:

```
# Die Formatdateien (.ps1xml), die beim Importieren dieses Moduls geladen werden sollen
# FormatsToProcess = @()
```

Kommentieren Sie den Schlüssel FormatsToProcess aus, damit er wirksam wird, und fügen Sie als Wert den Namen der eben erstellten Formatdatei ein:

```
# Die Formatdateien (.ps1xml), die beim Importieren dieses Moduls geladen werden sollen
FormatsToProcess = @('mySoftwareUpdateResults.format.ps1xml')
```

Speichern Sie die aktualisierte Datei. Ihr Modul ist nun einsatzbereit.

ETS-Formatierung testen

Starten Sie eine neue PowerShell, um sicherzugehen, dass Ihr Modul frisch geladen wird, und führen Sie den Befehl aus dem Modul aus. Die Informationen werden jetzt gemäß den ETS-Anweisungen zweispaltig ausgegeben, und die Spaltennamen heißen wunschgemäß Date und Installed Product:

```
PS> Get-SoftwareUpdate

Date                Installed Product
----                -----------------
27.10.2015 12:53:21 Microsoft Photos
27.10.2015 12:53:12 Windows Maps
27.10.2015 12:52:59 Get Office
27.10.2015 12:24:56 Definition Update for Windows Defender - KB2267602
                    (Definition 1.209.596.0)
27.10.2015 09:00:33 Cumulative Update for Windows 10 for x64-based Systems
                    (KB3093266)
26.10.2015 15:38:13 Mail and Calendar
26.10.2015 15:38:03 Windows Camera
26.10.2015 15:37:55 Movies & TV
```

Das ETS hat indes nur die Formatierung der Standardanzeige geändert, nicht aber die zugrunde liegenden Informationen beschnitten. Deshalb können Sie nach wie vor alle Informationen sichtbar machen, die Get-SoftwareUpdate liefert:

```
PS> Get-SoftwareUpdate | Select-Object -Property *


TimeCreated     : 27.10.2015 12:53:21
Name            : Microsoft Photos
Activity        : Installation
Status          : Erfolgreich
UserId          : S-1-5-18
TaskDisplayName : Windows Update-Agent

TimeCreated     : 27.10.2015 12:53:12
Name            : Windows Maps
Activity        : Installation
Status          : Erfolgreich
UserId          : S-1-5-18
TaskDisplayName : Windows Update-Agent

TimeCreated     : 27.10.2015 12:52:59
Name            : Get Office
Activity        : Installation
Status          : Erfolgreich
UserId          : S-1-5-18
TaskDisplayName : Windows Update-Agent
(...)
```

Aufbau von FormatData-Definitionen

Lassen Sie uns zum Abschluss noch einmal den Inhalt der *format.ps1xml*-Datei aus Listing 17.6 genauer betrachten. Sie enthält drei Teile: `ViewSelectedBy`, `TableControl` und `TableRowEntries`. Diese drei Teile bestimmen, wie das ETS einen bestimmten Objekttyp darstellen soll:

- **`ViewSelectedBy`:** Legt fest, für welchen Objekttyp die nachfolgenden Definitionen gelten sollen. Da die Objekte in diesem Beispiel mit dem Namen `mySoftwareUpdateResults` versehen wurden, wird dieser Name angegeben.

- **`TableControl`:** Hier werden die Tabellenspalten festgelegt: Name der Spalte, Breite der Spalte und Ausrichtung. Der Name der Tabellenspalte kann also vom Namen der Objekteigenschaft abweichen, wovon in diesem Beispiel auch Gebrauch gemacht wird.

- **`TableRowEntries`:** Bestimmt, wie die Tabellenspalten gefüllt werden. Für jede Spalte wird hier der Name der Eigenschaft angegeben, die in dieser Spalte angezeigt werden soll.

Profitipp

Wenn Sie wissen möchten, welche sonstigen Informationen in einer *.format.ps1xml*-Datei erlaubt sind und wie PowerShell die vielen anderen Objekttypen formatiert, werfen Sie einen Blick in vorhandene Dateien. Sie finden diese im Ordner, der in der Variablen `$PSHOME` vermerkt ist. Allerdings ist der Aufbau dieser Dateien nicht trivial.

Module entfernen

Ein besonderer Vorteil von Modulen ist, dass man sie nicht nur importieren, sondern auch wieder aus dem Speicher entfernen kann: Mit `Remove-Module` werden alle Befehle, die aus einem Modul importiert wurden, wieder aus der PowerShell-Sitzung gelöscht.

Hinweis

Dies bezieht sich ausschließlich auf geladene Module. Wollen Sie ein Modul generell dauerhaft löschen, brauchen Sie nur seinen Modulordner zu löschen – das war's. Module verwenden ein reines Copy-and-paste-Deployment, und es gibt keinerlei weitere Registrierungsdaten, die zum permanenten Löschen berücksichtigt werden müssten.

Falls ein Modul in seiner *.psm1*-Datei indes individuelle skriptgesteuerte Anpassungen vorgenommen hat, müssen solche Änderungen beim Entfernen des Moduls ebenso individuell auch wieder ungeschehen gemacht werden.

Deshalb kann die *.psm1*-Datei auf Wunsch auch einen Ereignishandler festlegen, der reagiert, sobald das Modul entfernt wird. In diesem Ereignishandler kann beliebiger Code ausgeführt werden, der zum Beispiel Aufräumarbeiten durchführen könnte. Die folgende *.psm1*-Datei gibt beim Import des Moduls eine Meldung aus und beim Entfernen des Moduls dann eine zweite:

```
# wird beim Import des Moduls ausgeführt

# <hier könnten zunächst weitere Skripte dot-sourced geladen
# oder Funktionen definiert werden>
```

Automationssprache

```
Write-Host 'Modul ist geladen.' -ForegroundColor Green

$MyInvocation.MyCommand.ScriptBlock.Module.OnRemove = {
    # wird beim Entfernen des Moduls ausgeführt
    Write-Host 'Modul ist wieder entfernt.' -ForegroundColor Red
}
```

Listing 17.7: Aufräumungsarbeiten durchführen, wenn ein Modul entfernt wird.

Um zu testen, wie sich ein Modul mit diesem Code verhält, fügen Sie den Code entweder in die .*psm1*-Datei eines bestehenden Moduls ein, oder Sie speichern Listing 17.7 mit der Dateierweiterung .*psm1* und laden diese .*psm1*-Datei dann direkt mit `Import-Module`.

Kapitel 18

PowerShellGet – Module verteilen und nachladen

Automationssprache

Ausführlich werden in diesem Kapitel die folgenden Aspekte erläutert:

- **PowerShell Gallery:** Öffentliche Austauschplattform für Module und Skripte. Der Austausch erfolgt über Cmdlets aus dem Modul PowerShellGet.

- **PowerShellGet:** Modul mit Cmdlets zum Suchen, Herunterladen, Installieren und Aktualisieren von Modulen und Skripten aus einem öffentlichen oder nicht öffentlichen Repository. Baut auf PackageManagement auf (Teil von PowerShell 5 und als separater Download für ältere PowerShell-Versionen verfügbar).

- **PackageManagement (ehemals »OneGet«):** Universelle Schnittstelle, die auf einheitliche Weise mit unterschiedlichen Providern kommuniziert und so für den Anwender eine einzige konsistente Schnittstelle bildet, um nach Software zu suchen, sie herunterzuladen, zu installieren oder zu aktualisieren.

- **Provider:** Stellt eine Quelle für Software dar. Diese Quelle kann über ein oder mehrere Repositories verfügen, wo die angebotene Software zur Verfügung gestellt wird. PowerShellGet ist eine solche Quelle.

- **Bootstrap-Provider:** Mitgelieferter Provider, über den weitere Provider nachinstalliert werden können.

Das Thema »Softwareverteilung« berührt auch PowerShell, denn PowerShell lässt sich mit Modulen erweitern. Deshalb müssen diese Module auch wie jede andere Software verteilt und lokal verfügbar gemacht werden können.

Hierfür bringt PowerShell ein eigenes modernes und simples Softwareverteilungssystem namens PowerShellGet mit. Es ist Teil von PowerShell 5 und kann für ältere PowerShell-Versionen kostenlos über einen zusätzlichen Download installiert werden. Ob PowerShellGet bereits vorhanden ist, verrät eine einzige Zeile:

```
PS> Get-Module -Name PowerShellGet -ListAvailable


    Verzeichnis: C:\Program Files\WindowsPowerShell\Modules


ModuleType Version   Name                    ExportedCommands
---------- -------   ----                    ----------------
Script     1.0.0.1   PowerShellGet           {Install-Module, Find-Modu...
```

Sie sollten mindestens über die PowerShellGet-Version 1.0.0.1 verfügen. Die Cmdlets aus dem Modul PowerShellGet bilden die PowerShell-interne Softwareverteilung ab (Tabelle 18.1). Falls PowerShellGet bei Ihnen nicht vorhanden ist, zeigt der nächste Abschnitt, wie Sie es herunterladen und nachinstallieren können.

Cmdlet	Aufgabe
Find-Module Find-DscResource Find-Script	Sucht nach PowerShell-Modulen, -Skripten oder DSC-Ressourcen. DSC-Ressourcen sind stets in Modulen enthalten, sodass Find-DscResource lediglich ein Hilfsmittel ist, um den Namen des Moduls herauszufinden, in dem sich eine gesuchte DSC-Ressource befindet.
Save-Module Save-Script	Lädt ein Modul oder Skript aus einem zentralen Repository herunter, ohne es zu installieren.
Install-Module Install-Script	Installiert ein Modul oder Skript aus einem zentralen Repository, sodass es anschließend sofort verwendet werden kann.
Update-Module Update-Script	Prüft auf eine neuere Version eines Moduls oder Skripts, und falls es eine neuere Version gibt, wird diese Side by Side neben der vorhandenen Version installiert.
Uninstall-Module Uninstall-Script	Entfernt ein installiertes Modul oder Skript.
Get-InstalledModule Get-InstalledScript	Listet alle installierten Module oder Skripte auf.
Publish-Module Publish-Script	Lädt ein neues Modul oder Skript hoch in ein zentrales Repository.
Get-PSRepository Register-PSRepository Set-PSRepository Unregister-PSRepository	Verwaltet die Repositories, auf die PowerShellGet zugreifen darf und in denen die Module und Skripte lagern, die PowerShellGet verwaltet.

Tabelle 18.1: Wichtige Cmdlets aus dem Modul PowerShellGet zur Verwaltung von Skripten und Modulen.

Hinweis

`PowerShellGet` ist speziell auf die Softwareverteilungsbedürfnisse von PowerShell zugeschnitten: Man kann damit sehr einfach und bequem Module und Skripte verteilen, wie Sie in diesem Kapitel erleben werden.

`PowerShellGet` baut auf dem allgemeinen PowerShell-PackageManagement (ehemals »OneGet« genannt) auf. PackageManagement ist ein Open-Source-Projekt (*https://github.com/OneGet/oneget*), das in PowerShell 5 enthalten ist und für ältere PowerShell-Versionen nachinstalliert werden kann. Mit ihm lassen sich beliebige Arten von binären Inhalten verteilen, nicht bloß Skripte oder Module. Über die Cmdlets der Package-Familie kann man auch Nicht-PowerShell-Anwendungen verteilen.

```
PS> Find-Package Firefox

Name       Version    Source       Summary
----       -------    ------       -------
Firefox    3.6.6      nuget.org    Portable ...
Firefox    44.0.1     chocolatey   Bringing ...
```

In diesem Kapitel wird allerdings nur der PowerShell-spezifische Teil von PackageManagement, nämlich `PowerShellGet`, zum Austausch von Skripten und Modulen behandelt.

PowerShell Gallery nutzen

Die *PowerShell Gallery* ist eine öffentliche und von Microsoft betriebene Austauschplattform für Module und Skripte. Über eine Webseite (*www.PowerShellgallery.com*) kann man sich die dort angebotenen Module und Skripte zwar anzeigen lassen, doch sucht man vergeblich nach Download-Links, um einzelne Module oder Skripte herunterzuladen.

Das Herunter- und Hochladen von Modulen und Skripten wird ausschließlich über Cmdlets direkt aus der PowerShell heraus gesteuert (Tabelle 18.1). Die einzigen Download-Links, die Sie in der PowerShell Gallery finden können, beziehen sich also ausschließlich darauf, `Power-ShellGet` mit den entsprechenden Cmdlets nachzuinstallieren (Abbildung 18.1). Die folgenden Links wurden bei Drucklegung dieses Buchs angeboten:

- **Get Windows 10:** Obligatorischer Link zum kostenfreien Windows 10-Upgrade-Programm. Windows 10 bringt PowerShell 5 mit, und in PowerShell 5 ist `PowerShellGet` integriert.

- **Get WMF 5.0:** Das »Windows Management Framework« (WMF) 5.0 enthält PowerShell 5. Mit diesem Link können Sie eine ältere PowerShell-Version auf Version 5.0 aktualisieren, ohne das Betriebssystem wechseln zu müssen. In PowerShell 5 ist `PowerShellGet` integriert.

- **Get MSI Installer:** Der angebotene Installer installiert `PowerShellGet` für PowerShell 3.0 und 4.0. So erhalten Sie Zugriff auf `PowerShellGet`, ohne die Version der PowerShell ändern zu müssen.

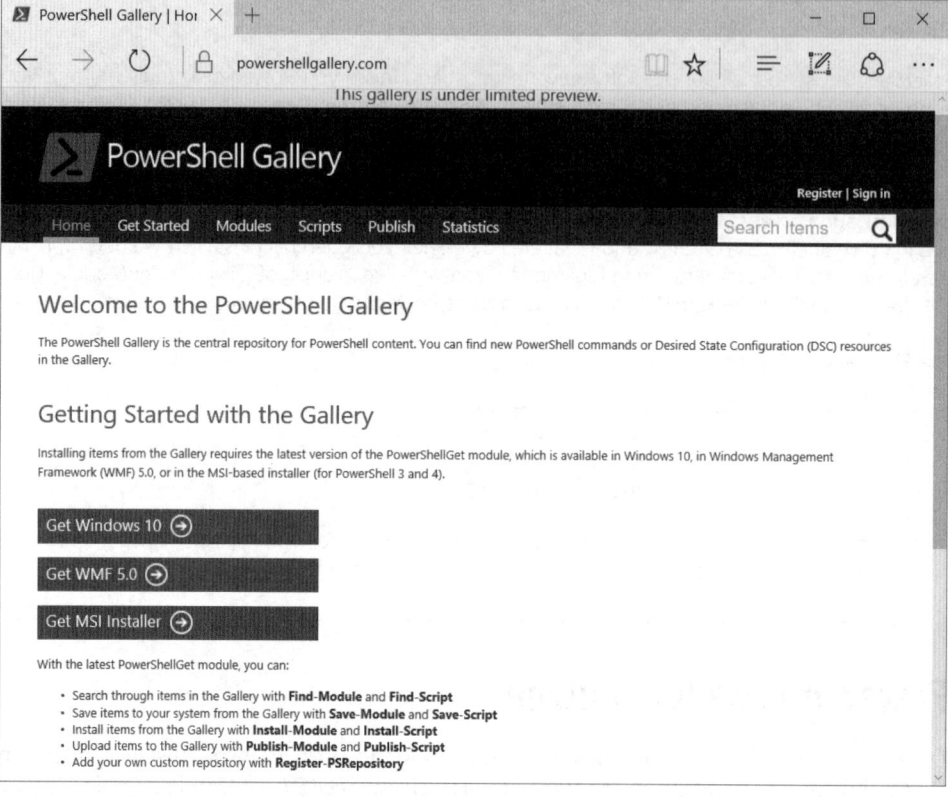

Abbildung 18.1: PowerShell Gallery ist eine öffentliche Tauschbörse für PowerShell-Module und -Skripte.

NuGet-Provider installieren

Bevor Sie PowerShellGet nutzen können, muss zunächst ein sogenannter *NuGet-Provider* heruntergeladen und installiert werden. Dies geschieht automatisch, und Sie erhalten dann eine Meldung ähnlich wie diese:

```
NuGet provider is required to continue
PowerShellGet requires NuGet provider version '2.8.5.201' or newer to interact with NuGet-based
repositories. The NuGet provider must be available in 'C:\Program Files\PackageManagement\
ProviderAssemblies' or 'C:\Users\Tobias\AppData\Local\PackageManagement\ProviderAssemblies'. You
can also install the NuGet provider by running 'Install-PackageProvider -Name NuGet -MinimumVersion
2.8.5.201 -Force'. Do you want PowerShellGet to install and import the NuGet provider now?
```

Der Provider kann indes auch schon vorsorglich und separat mit Install-PackageProvider heruntergeladen und installiert werden. Wenn das mit Administratorrechten geschieht, steht der Provider allen Anwendern zur Verfügung:

```
PS> Install-PackageProvider -Name NuGet -MinimumVersion 2.8.5.201 -Force

Name          Version  Source                        Summary
----          -------  ------                        -------
nuget         2.8.5.202 https://az818661.vo.msecnd.... NuGet provide...
```

Repository

Ein *Repository* ist der Ort, an dem Module und Skripte gespeichert sind. `PowerShellGet` richtet anfangs automatisch die öffentliche `PowerShell Gallery` als Repository ein:

```
PS> Get-PSRepository

Name       Pack...  InstallationPolicy  SourceLocation
----       -------  ------------------  --------------
PSGallery  NuGet    Untrusted           https://www.PowerShellgallery.com/api/v2/
```

Da es sich um ein öffentliches Repository handelt, gilt es als »Untrusted«, und bevor Sie etwas von dort herunterladen können, erscheint jedes Mal eine Sicherheitsabfrage, die Sie auf die Risiken hinweist. Zwar unternimmt der Betreiber Microsoft viele Anstrengungen, um sicherzustellen, dass dort keine bösartigen Inhalte hochgeladen werden, doch bleibt es Ihnen überlassen, die von dort geladene Software sorgfältig zu überprüfen.

Alternativ können Sie weitere Repositories hinzufügen und auch eigene ganz private oder unternehmensinterne Repositories betreiben. Diese könnten dann als »Trusted« markiert werden. Wie das geschieht, lesen Sie in einem späteren Abschnitt in diesem Kapitel.

Module finden und installieren

Mit `Find-Module` suchen Sie nach Modulen und können dabei mithilfe von Parametern Stichwörter oder andere Suchkriterien angeben.

```
PS> Find-Module -Tag network

Version  Name      Type    Repository  Description
-------  ----      ----    ----------  -----------
1.0.7    xNmap     Module  PSGallery   PowerShell DSC Configuration Script for installin...
1.0.1    cFirewall Module  PSGallery   The cFirewall module contains the cFirewallRule D...
1.1      NtpTime   Module  PSGallery   Get NTP Time from a specified NTP Server
1.1.1    IPv6Regex Module  PSGallery   Function to test IPv6 Regexs
```

Möchten Sie mehr über ein bestimmtes Modul erfahren, können Sie sich mit `Select-Object` zahlreiche weitere Details und auch den Versionsverlauf anzeigen lassen:

```
PS> Find-Module -Name ntpTime -AllVersions | Select-Object -Property Version, Name, Author,
PublishedDate, Description, ReleaseNotes, Copyright


Version       : 1.1
Name          : NtpTime
Author        : Chris Warwick
PublishedDate : 02.10.2015 20:16:24
Description   : Get NTP Time from a specified NTP Server
ReleaseNotes  : Get-NtpTime
                Chris Warwick, @cjwarwickps, September 2015.

                v1.1 release to the PowerShell Gallery.

                This module contains a single PS Function 'Get-NtpTime' which sends
                an NTP request to a specified NTP server and
                decodes the returned raw NTP packet. The function will connect to
                pool.ntp.org if no server is specified.
```

```
                  I originally wrote this script to check NTP responses from Windows
                  Domain Controllers - but it works with
                  any NTP server.  See rfc-1305: http://www.faqs.org/rfcs/rfc1305.html
                  (...)


                  Version History:


                  V1.1 (This version)
                   - Updated help to reflect usage against domain controllers
                   - Removed default display format code from script and replaced with
                  .ps1xml format file


                  V1.0 (Initial PowerShell Gallery version)
                   - Copy with updates from original script


                  V0.9 (Initial Technet ScriptCenter version)


                  V0.1-0.8 Dev versions
Copyright      : (c) 2015 Chris Warwick. All rights reserved.


Version        : 1.0
Name           : NtpTime
Author         : Chris Warwick
PublishedDate  : 08.09.2015 22:27:57
Description    : Get NTP Time from a specified NTP Server
ReleaseNotes   : Get-NtpTime


                  Initial release to the PowerShell Gallery.


                  This module contains a single PS Function 'Get-NtpTime' which will
                  receive and decode a raw NTP packet
                  from a specified NTP server (the function will connect to pool.ntp.org
                  if no server is specified).


                  Refer to the PowerShell help and additional background information
                  included in the module for further details.


                  Chris Warwick, @cjwarwickps, September 2015.
Copyright      : (c) 2015 Chris Warwick. All rights reserved.
```

Modul herunterladen

Finden Sie eins der gefundenen Module interessant, können Sie es mit Save-Module an einen beliebigen Ort herunterladen oder mit Install-Module sofort in eins der offiziellen PowerShell-Modulverzeichnisse herunterladen und installieren lassen.

Das ist ein wichtiger Unterschied. Install-Module sorgt dafür, dass das Modul sofort einsatzbereit ist. Save-Module gibt Ihnen dagegen die Gelegenheit, fremde Module zunächst isoliert herunterzuladen und den Code zu analysieren. Bei Modulen aus unbekannten Quellen sollten Sie also zuerst Save-Module wählen.

```
# neuen Ordner anlegen:
PS> mkdir c:\quarantaine


    Verzeichnis: C:\
```

```
Mode                LastWriteTime         Length Name
----                -------------         ------ ----
d-----       08.02.2016     04:41                quarantaine

# Modul in diesen neuen Ordner herunterladen:
PS> Save-Module -Name ntpTime -Path c:\quarantaine

# heruntergeladenes Modul öffnen und analysieren:
PS> explorer C:\quarantaine
```

Modul testweise ausführen

Sobald Sie den fremden Code analysiert haben und sichergestellt ist, dass dieser keinen Schaden anrichtet, kann das Modul testweise geladen werden. Weil es nicht in einem der Standard-Modulordner gespeichert wurde, muss das Modul manuell mit Import-Module geladen werden, beispielsweise so:

```
PS> Import-Module -Name C:\quarantaine\NtpTime -Verbose

PS> Import-Module -Name C:\quarantaine\NtpTime -Verbose
AUSFÜHRLICH: Modul wird aus Pfad "C:\quarantaine\NtpTime\1.1\NtpTime.psd1" geladen.
AUSFÜHRLICH: "FormatsToProcess" wird aus Pfad "C:\quarantaine\NtpTime\1.1\NtpTime.format.ps1xml"
geladen.
AUSFÜHRLICH: Die RepositorySourceLocation-Eigenschaft für das Modul NtpTime wird aufgefüllt.
AUSFÜHRLICH: Modul wird aus Pfad "C:\quarantaine\NtpTime\1.1\NtpTime.psm1" geladen.
AUSFÜHRLICH: Exportfunktion "Get-NtpTime".
AUSFÜHRLICH: Funktion "Get-NtpTime" wird importiert.
```

Die ausführlichen Meldungen beschreiben, was beim Importvorgang geschieht, und listen auch die neu geladenen Funktionen auf. Sie kann man aber auch mit Get-Command noch einmal auflisten:

```
PS> Get-Command -Module ntptime

CommandType Name        Version Source
----------- ----        ------- ------
Function    Get-NtpTime 1.1     NtpTime
```

Das Modul ntpTime enthält also nur einen Befehl namens Get-NtpTime. Rufen Sie nun am besten die Hilfe für diesen Befehl ab:

```
PS> Get-Help -Name Get-NtpTime -Full

NAME
    Get-NtpTime

ÜBERSICHT
    Gets (Simple) Network Time Protocol time (SNTP/NTP, rfc-1305, rfc-2030) from a
    specified server

SYNTAX
    Get-NtpTime [[-Server] <String>] [[-MaxOffset] <Int32>] [-NoDns] [<CommonParameters>]
```

Automationssprache

BESCHREIBUNG
```
    This function connects to an NTP server on UDP port 123 and retrieves the current
    NTP time. Selected components of the returned time information are decoded and
    returned in a PSObject.
    (...)
```

Nachdem Sie jetzt sowohl den Quellcode analysiert als auch die Hinweise zum Befehl gelesen und verstanden haben, kann der neue Befehl erstmals ausgeführt werden. Laut Hilfe benötigt der Befehl keine Pflichtangaben. Und tatsächlich liefert er beim Aufruf die offizielle Zeit von einem Zeitserver:

```
PS> Get-NtpTime

NtpServer    NtpTime              OffsetSeconds Stratum ReferenceIdentifier
---------    -------              ------------- ------- -------------------
pool.ntp.org 08.02.2016 04:51:06          3,221       2 80.94.65.10 <ntp.ring.nlnog.net>


PS> Get-NtpTime | Select-Object -Property *


NtpServer          : pool.ntp.org
NtpTime            : 08.02.2016 04:51:10
Offset             : 3226,18286132813
OffsetSeconds      : 3,226
Delay              : 73,60302734375
ReferenceIdentifier : PPS
LI                 : 0
LI_text            : no warning
NtpVersionNumber   : 3
Mode               : 4
Mode_text          : server
Stratum            : 1
Stratum_text       : primary reference (e.g., radio clock)
t1ms               : 3663892266717,22
t2ms               : 3663892269980,21
t3ms               : 3663892269980,65
t4ms               : 3663892266791,27
t1                 : 08.02.2016 04:51:06
t2                 : 08.02.2016 04:51:09
t3                 : 08.02.2016 04:51:09
t4                 : 08.02.2016 04:51:06
PollIntervalRaw    : 0
PollInterval       : 00:00:01
Precision          : -17
PrecisionSeconds   : 7,62939453125E-06
RootDelay          : 0
RootDispersion     : 0,0018768310546875
Raw                : {28, 1, 0, 239...}
```

Modul dauerhaft installieren

Nachdem Sie das Modul mit Save-Modul zunächst in einen Quarantänebereich heruntergeladen und dort untersucht haben, kann es nach bestandener Testphase nun regulär installiert werden. Dazu verwenden Sie Install-Module und geben mit -Scope an, ob das Modul nur für Sie oder für alle Anwender des Computers installiert werden soll.

```
PS> Install-Module -Name ntpTime -Scope CurrentUser
```

Da die PowerShell Gallery ein öffentliches Repository ist, dem Sie nicht grundsätzlich vertrauen, muss die Installation noch bestätigt werden (Abbildung 18.2). Danach wird das Modul heruntergeladen und installiert.

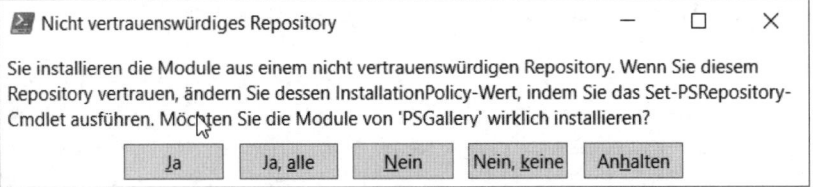

Abbildung 18.2: Installationen aus nicht vertrauenswürdigen Repositories müssen einzeln bestätigt werden.

Im Grunde passiert das Gleiche wie bei `Save-Module`. Nur der Zielpfad wird automatisch über den gewählten `Scope` festgelegt, sodass das neue Modul in einem der von PowerShell überwachten Modulordner gespeichert und von dort automatisch angeboten und importiert wird. Sie hätten also anstelle von `Install-Module` auch das zuvor mit `Save-Module` bereits heruntergeladene Modul in einen der offiziellen PowerShell-Modulordner verschieben können.

Hinweis

`Install-Module` installiert normalerweise automatisch die neueste Version eines Moduls. Sie haben über das Repository aber Zugriff auf die Versionshistorie und können auch gezielt eine ältere Version eines Moduls installieren:

```
PS> Install-Module -Name ntpTime -Scope CurrentUser -RequiredVersion 1.0.0.0
```

Module aktualisieren

Sobald Sie Module aus einem Repository installieren, lassen sich diese auch aktualisieren. Mit `Update-Module` prüft `PowerShellGet` automatisch, ob es im Repository inzwischen eine neuere Version des Moduls gibt. Falls ja, wird diese heruntergeladen und installiert. Andernfalls passiert nichts.

Geben Sie den Parameter -Verbose an, wenn Sie sehen möchten, was `Update-Module` genau tut:

```
PS> Update-Module -Name ntpTime -Verbose
AUSFÜHRLICH: Es werden Updates für das Modul 'NtpTime' gesucht.
AUSFÜHRLICH: Repositorydetails, Name = 'PSGallery', Location = 'https://www.PowerShellgallery .com/
api/v2/'; IsTrusted = 'False'; IsRegistered = 'True'.
AUSFÜHRLICH: Der Anbieter "PowerShellGet" wird für die Paketsuche verwendet.
AUSFÜHRLICH: Die angegebenen Quellnamen werden verwendet: 'PSGallery'.
AUSFÜHRLICH: Das Anbieterobjekt für den PackageManagement-Anbieter "NuGet" wird abgerufen.
AUSFÜHRLICH: Der angegebene Speicherort ist "https://www.PowerShellgallery.com/api/v2/", und
PackageManagementProvider ist "NuGet".
AUSFÜHRLICH: Searching repository
'https://www.PowerShellgallery.com/api/v2/FindPackagesById()?id='NtpTime'' for ''.
AUSFÜHRLICH: Total package yield:'1' for the specified package 'NtpTime'.AUSFÜHRLICH: Das
installierte Paket NtpTime 1.1 wird übersprungen.
```

Automationssprache

613

Side-by-Side-Versionierung

PowerShell 5 oder höher unterstützt die Speicherung von verschiedenen Modul-Versionen Side by Side. Installieren Sie also mehrere unterschiedliche Versionen ein und desselben Moduls, legt PowerShell für jede Version einen separaten Unterordner an (Abbildung 18.3).

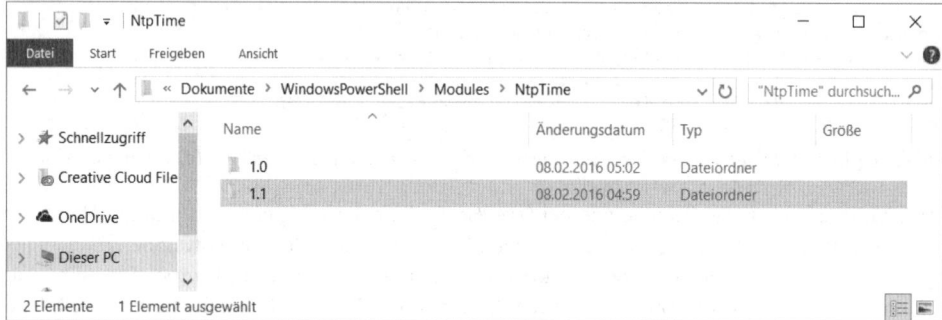

Abbildung 18.3: Unterschiedliche Versionen desselben Moduls werden in Unterordnern gespeichert.

PowerShell lädt in diesem Fall zwar stets automatisch die höchste verfügbare Version, aber Sie können mit `Import-Module` unter Angabe des Pfads oder mithilfe der neuen Parameter `-MinimumVersion`, `-MaximumVersion` oder `-RequiredVersion` ebenso gut auch manuell Einfluss auf die geladene Version nehmen.

Darüber hinaus erlaubt Ihnen die Side-by-Side-Installation, eine bestimmte Version gezielt zu entfernen: Löschen Sie einfach den Ordner mit der entsprechenden Version des Moduls.

Eigene Module veröffentlichen

Der Inhalt der PowerShell Gallery stammt zwar zum Teil von Microsoft-Teams, ist aber öffentlich. Jeder kann Inhalte zur Verfügung stellen. Eigene Module lassen sich zum Beispiel mit `Publish-Module` in die PowerShell Gallery hochladen. Dafür wird allerdings ein sogenannter Api-Key benötigt, ein geheimer Schlüssel.

Ihn erhält man erst, wenn man sich bei der PowerShell Gallery angemeldet hat. So wird verhindert, dass anonyme Spammer die Gallery mit Unsinn fluten.

Hinweis

Um ein Modul in der PowerShell Gallery zu veröffentlichen, sind einige Mindestvoraussetzungen nötig. Das Modul benötigt zum Beispiel ein Manifest (eine *.psd1*-Datei), die das Modul beschreibt. Das Manifest muss eine Version, einen Autor und eine Beschreibung enthalten. Außerdem müssen die veröffentlichten Funktionen über eine Hilfe verfügen.

Weniger Vorgaben werden an einzelne Skripte gestellt, die man ebenfalls über `PowerShellGet` austauschen kann. Gehen Sie im Wesentlichen genau so vor wie gerade beschrieben, aber verwenden Sie die Cmdlets aus der Familie `Script`. Starten Sie beispielsweise anstelle von `Find-Module` mit `Find-Script`.

Privates Repository einrichten

`PowerShellGet` basiert auf *NuGet*, einer freien Open-Source-Paketverwaltung. Wenn Sie eigene Repositories bereitstellen wollen, könnten Sie einen eigenen NuGet-Server (Webserver mit spezieller Open-Source-Software) betreiben. Falls Ihr Unternehmen bereits ein NuGet-kompatibles Repository betreibt (zum Beispiel Nexus oder Artefactory), ist dieses höchstwahrscheinlich kompatibel zu NuGet-Feeds, sodass keine separaten neuen Server erforderlich sind.

Besonders simpel ist es indes auch, ein eigenes Repository basierend auf einer Dateifreigabe einzurichten. Insbesondere für Teams und kleinere Unternehmen dürfte das ein sinnvoller Weg sein, Module und Skripte auszutauschen. In den nächsten Abschnitten erfahren Sie, wie ein solches Repository eingerichtet wird.

Freigaben zum Lesen und Schreiben

Ein auf Dateifreigaben basierendes Repository benötigt mindestens eine Dateifreigabe. Über diese Freigabe können sowohl Inhalte des Repository abgerufen als auch neue Daten bereitgestellt werden. Ob ein Anwender die Inhalte des Repository nur lesen oder auch neue Inhalte einpflegen darf, regeln Sie einfach über die Lese- und Schreibberechtigungen der Freigabe.

Hinweis

In einer frühen Version von PackageManagement war ein Bug enthalten, der bei einem freigabebasierten Repository auch für das Lesen Schreibrechte einforderte. Dieser Bug sollte inzwischen behoben sein.

Wollen Sie das Lesen und das Schreiben rollenbasiert organisieren, legen Sie sich im Active Directory einfach zwei neue Sicherheitsgruppen namens *RepositoryUser* und *RepositoryAutoren* an. Nutzen Sie diese Gruppen dann für die Berechtigung der Freigabe. Um ein privates Repository auf einem einzelnen Democomputer zu simulieren, weisen Sie der Freigabe beispielsweise Leseberechtigungen für *Everyone/Jeder* und Vollzugriff für die Gruppe der Administratoren zu.

Repository anlegen

Im Folgenden wird davon ausgegangen, dass es auf einem Computer die Freigabe *Server\TeamRepository* gibt. So wird dieses Repository in PowerShell registriert:

```
PS> Register-PSRepository -Name TeamRepository -SourceLocation \\server\TeamRepository
-InstallationPolicy Trusted
```

Das Repository wird anschließend in der Liste der Repositories angezeigt:

```
PS> Get-PSRepository
```

Name	PackageManagementProvider	InstallationPolicy	SourceLocation
PSGallery	NuGet	Untrusted	https://www....
TeamRepository	**NuGet**	**Trusted**	**\\server\Tea...**

Modul in Repository übertragen

Ihr neues Repository ist anfangs leer. Gefüllt wird es mit `Publish-Module` beziehungsweise `Publish-Script`. Sofern der Anwender über Schreibberechtigung für die Freigabe verfügt, lassen sich nun installierte PowerShell-Module ins Repository hochladen. Die folgende Zeile überträgt das Modul `Demo` in das Repository (und setzt also voraus, dass ein Modul namens `Demo` auch tatsächlich vorhanden ist):

```
PS> Publish-Module -Name Demo -Repository TeamRepository -ReleaseNotes 'first module for testing
purposes' -Tags demo, test
```

Alternativ können Sie anstelle von -Name auch den Parameter -Path verwenden und den Pfad zum hochzuladenden Modul angeben.

Jedenfalls aber wird das Repository nie direkt mit PowerShell-Modulen oder Skripten gefüllt. Der Inhalt des Repository besteht immer aus speziell formatierten NuGet-Packages, die `Publish-Module` oder `Publish-Script` herstellen.

Achtung

Ein Modul muss ein Mindestmaß an Metadaten beinhalten, zum Beispiel eine Versionsnummer. Es können daher nur Module veröffentlicht werden, die über ein Manifest verfügen (eine *.psd1*-Datei). In diesem Manifest müssen **Version**, **Author** und **Description** festgelegt sein.

Während des Hochladens werden eventuell Warnungen ausgegeben, die Sie darauf hinweisen, wenn das hochgeladene Modul noch nicht optimal konfiguriert ist, also zum Beispiel hilfreiche Informationen zur Auffindbarkeit des Moduls noch fehlen. Das Modul wird indes dennoch ins Repository überführt.

```
WARNUNG: In der Modulmanifestdatei (PSD1) werden jetzt Tags unterstützt. Aktualisieren Sie die
Modulmanifestdatei des Moduls "Demo" in "C:\Users\Tobias\Documents\WindowsPowerShell\Modules\Demo"
mit den neuesten Tagänderungen. Sie können Update-ModuleManifest -Tags ausführen, um das Manifest
mit Tags zu aktualisieren.

WARNUNG: In der Modulmanifestdatei (PSD1) wird jetzt ReleaseNotes unterstützt. Aktualisieren Sie
die Modulmanifestdatei des Moduls "Demo" in
"C:\Users\Tobias\Documents\WindowsPowerShell\Modules\Demo" mit den neuesten
ReleaseNotes-Änderungen. Sie können Update-ModuleManifest -ReleaseNotes ausführen, um das Manifest
mit ReleaseNotes zu aktualisieren.

WARNUNG: Das ModuleToProcess-Modulmanifestelement ist veraltet. Verwenden Sie stattdessen das
RootModule-Element.

WARNUNG: Das Modul "C:\Users\Tobias\AppData\Local\Temp\1681976030\Demo\Demo.psd1" verfügt über
exportierte Funktionen. Als Best Practice wird empfohlen, exportierte Funktionen in die
Modulmanifestdatei (PSD1) einzuschließen. Sie können Update-ModuleManifest -FunctionsToExport
ausführen, um das Manifest mit dem Feld "ExportedFunctions" zu aktualisieren.
```

Das hochgeladene Modul wird im Repository als NuGet-Paket gespeichert und heißt dort zum Beispiel *Demo.1.3.nupkg*. Wird das Modul später in einer neueren Version erneut hochgeladen, wird hierbei die alte schon vorhandene Datei jedoch nicht überschrieben. Sie haben also später beim Abruf die Möglichkeit, eine bestimmte Version zu wählen.

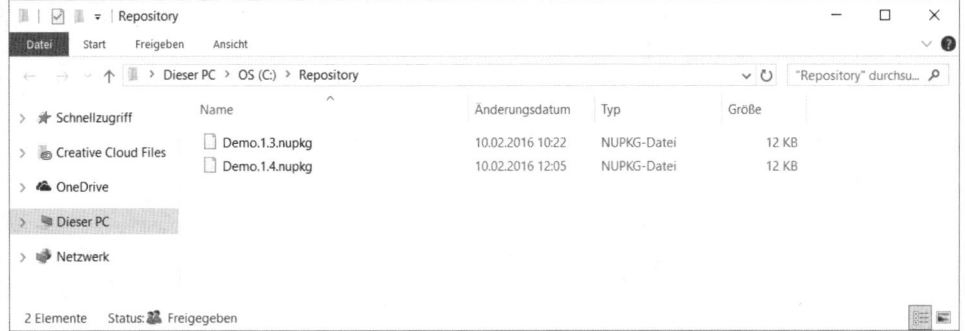

Abbildung 18.4: Mehrere Versionen eines Moduls als nupkg-Dateien im Repository speichern.

Modul aus Repository installieren

Das Finden und Installieren von Modulen (oder Skripten) aus einem eigenen Repository unterscheidet sich nicht von dem Vorgang über die PowerShell Gallery. Sie setzen auch hier `Find-Module` beziehungsweise `Install-Module` ein. Weil das interne Repository indes als »vertrauenswürdig« markiert wurde, entfällt die Sicherheitsabfrage bei der Installation.

`Find-Module` sucht in allen registrierten Repositories. Möchten Sie nur im neuen eigenen Repository suchen, geben Sie dieses an:

```
PS> Find-Module -Repository TeamRepository

Version Name     Type    Repository     Description
------- ----     ----    ----------     -----------
1.4     Demo     Module  TeamRepository Some Description
1.0     LabHelper Module TeamRepository Some Lab Module
1.0     NtpTime  Module  TeamRepository Get NTP Time from a specified NTP Server

PS> Find-Module -Repository TeamRepository -Name Demo -AllVersions

Version Name Type   Repository     Description
------- ---- ----   ----------     -----------
1.4     Demo Module TeamRepository Some Description
1.3     Demo Module TeamRepository Some Description
```

Kapitel 19
Gültigkeitsbereiche

Ausführlich werden in diesem Kapitel die folgenden Aspekte erläutert:

- **Gültigkeitsbereiche:** Variablen und Funktionen werden nicht »irgendwo« in einem einzelnen großen Speicherbereich angelegt, sondern in *Scopes* (Gültigkeitsbereichen), die man sich wie Territorien vorstellen kann. Technisch gesehen, werden Scopes durch Skriptblöcke abgegrenzt.

- **Automatisches Aufräumen:** Wird ein Scope nicht länger benötigt (eine Funktion oder ein Skript ist beendet), entfernt PowerShell dieses Territorium mitsamt der darin definierten Variablen und Funktionen aus dem Speicher. Es ist nicht notwendig, explizit Variablen wieder freizugeben oder auf Nullwerte zurückzusetzen.

- **Auf andere Scopes zugreifen:** Normalerweise legt PowerShell Variablen und Funktionen automatisch im aktuellen Scope an. Sowohl der Skriptprogrammierer als auch der Anwender eines Skripts können dieses Verhalten beeinflussen. Ruft der Anwender einen Skriptblock (oder eine davon abgeleitete Struktur wie eine Funktion oder ein Skript) *dot-sourced* auf, verschmilzt das aufgerufene Territorium mit seinem eigenen. Der Skriptprogrammierer kann Variablen und Funktionen mit den Präfixen `global:` und `script:` gezielt in bestimmten Scopes anlegen und mit den Cmdlets `Get-Variable` und `Set-Variable` Variablen gezielt aus bestimmten Scopes abfragen oder darin anlegen.

- **Sichtbarkeit:** Als Vorgabe ist der Inhalt eines Scopes von allen untergeordneten Scopes aus sichtbar. PowerShell sucht eine Variable oder Funktion zuerst im aktuellen Scope, und wenn sie nicht gefunden wird, setzt PowerShell die Suche in allen übergeordneten Scopes fort, notfalls bis zum globalen Scope. Mit dem Präfix `private:` können Variablen und Funktionen von dieser Suche ausgeschlossen werden und sind dann nur im eigenen Scope sichtbar, nicht aber in untergeordneten.

- **Modul-Scope:** Module bilden jeweils einen eigenen Scope, der nur den darin definierten Funktionen offen steht. Die Außenwelt kann in den Scope eines Moduls normalerweise nicht eingreifen (Kapselung).

Gültigkeitsbereiche verstehen

Sobald Sie Skripte schreiben, Funktionen definieren oder eigene Module anlegen, wird das Konzept der *Gültigkeitsbereiche* wichtig. Nicht alles, was Sie an einem Ort von PowerShell anlegen, ist anderswo ebenfalls sichtbar, und das hat auch seinen Sinn. Schließlich wollen Sie verhindern, dass nach dem Ausführen eines PowerShell-Skripts gebrauchte Variablen herumliegen und weiter Speicherplatz belegen oder zu unerwünschten Wechselwirkungen mit anderen Skripten führen. Die Gültigkeitsbereiche (Scopes) von PowerShell orientieren sich sehr am echten Leben und entsprechen im Grunde »Territorien«:

- **Welt:** Entspricht dem PowerShell-Host, also der Anwendung, die Ihren PowerShell-Code ausführt. Dieses Territorium wird auch `global:` genannt. Es bleibt so lange erhalten, wie der PowerShell-Host ausgeführt wird.

- **Land:** Entspricht einem Skript oder Modul und wird auch `script:` genannt.

- **Stadt:** Entspricht einem Unterterritorium, beispielsweise einer Funktion oder einem Skript, das aus einem anderen Skript heraus aufgerufen wird.

Was in einem Territorium definiert wird, ist normalerweise nur in diesem Territorium sowie seinen untergeordneten Territorien sichtbar. Definieren Sie zum Beispiel eine Variable in der PowerShell-Konsole (Territorium »Welt«), ist diese auch in allen Ländern und Städten in dieser Welt sichtbar, also in Skripten und allen darin enthaltenen Funktionen. Es handelt sich um eine *globale* Variable.

Wird die Variable dagegen innerhalb einer Funktion angelegt, gilt sie wiederum nur in dieser und in untergeordneten Territorien, nicht aber in übergeordneten. Sie ist deshalb nur innerhalb der Funktion und allen weiteren Funktionen und Skripten sichtbar, die von hier aus aufgerufen werden, aber nicht an anderen Stellen im Skript oder in der PowerShell-Anwendung.

Dieser einfache Grundmechanismus führt zu einer im praktischen Alltag äußerst nützlichen automatischen Abschottung: Nachdem eine Funktion ausgeführt ist, bleiben keine Variablen übrig, die die Funktion angelegt hatte. Und nachdem ein Skript die Ausführung beendet hat, bleiben keine Variablen übrig, die irgendwo innerhalb des Skripts angelegt wurden. Im Alltag braucht man das Konzept der Gültigkeitsbereiche also eigentlich gar nicht genauer zu hinterfragen. Es funktioniert einfach. Anders ist es, wenn Sie selbst Skripte, Module und Funktionen entwerfen. Dann nämlich kann es nötig werden, von den Grundregeln abzuweichen.

Unterschied zwischen Lesen und Schreiben

Es bedeutet einen fundamentalen Unterschied, ob eine Variable nur gelesen oder aber verändert bzw. neu angelegt wird. Beim Lesen sucht PowerShell die Variable zunächst im aktuellen Gültigkeitsbereich, und wenn sie dort nicht existiert, durchsucht PowerShell sukzessive die übergeordneten Gültigkeitsbereiche. Die Variable, die Sie lesen, befindet sich also nicht zwingend im aktuellen Gültigkeitsbereich.

Wird eine Variable dagegen verändert oder neu angelegt, geschieht dies immer im aktuellen Gültigkeitsbereich. Das kann zu erheblichen Missverständnissen führen, wenn dieses wichtige Prinzip nicht verstanden wird. Schauen Sie sich dazu diese Funktion an:

```
function test
{
  "A ist innerhalb $a"
  $a = 12
  "A ist innerhalb $a"
}
```

Listing 19.1: Eine Testfunktion.

In der ersten Zeile wird die Variable $a abgerufen. Sie ist aber in der Funktion noch gar nicht definiert. Diese Variable ist indes nicht etwa immer $null. Ist eine andere Variable namens $a in einem der übergeordneten Gültigkeitsbereiche vorhanden, liefert PowerShell stattdessen deren Inhalt:

```
PS> $a = 100
PS> "A ist außerhalb $a"
A ist außerhalb 100

PS> test
A ist innerhalb 100
A ist innerhalb 12

PS> "A ist außerhalb $a"
A ist außerhalb 100
```

Erst wenn die Funktion die Variable $a anlegt, bekommt sie Kontrolle über diese Variable. Vorher ist es für die Funktion unmöglich, vorherzusagen, welchen Wert $a besitzt. Das kann in Skripten zu schwer nachvollziehbaren Fehlern führen, weil es zu ungeplanten Wechselwirkungen zwischen der Außenwelt und der Funktion kommen kann. Das Problem lässt sich aber zuverlässig beheben: Sorgen Sie dafür, dass alle Variablen eines Gültigkeitsbereichs immer initialisiert werden, wenn sie nicht ausdrücklich von außen beeinflussbar sein sollen:

```
function test
{
  # Variablen auf Grundwerte setzen, die in der Funktion benötigt werden
  $a = $b = $c = $d = 0

  "A ist innerhalb $a"
  $a = 12
  "A ist innerhalb $a"
}
```

Listing 19.2: Einen weitere Testfunktion.

Weil PowerShell die initialisierten Variablen im eigenen Gültigkeitsbereich findet, werden die übergeordneten Gültigkeitsbereiche nicht länger berücksichtigt.

Aufpassen bei Objekten und Referenzen

Änderungen innerhalb eines Gültigkeitsbereichs wirken sich mitunter völlig überraschend auf übergeordnete Gültigkeitsbereiche aus – so wie im nächsten Beispiel. Die Funktionen Set-SettingA und Set-SettingB setzen jeweils eigene Werte in $mySetting, einer Hashtable. Die Funktion Get-Setting liest die gemeinsamen Einstellungen:

```
$mySetting = @{}

function Set-SettingA
{
    param($NewValue)
    $mySetting.SettingA = $NewValue
}

function Set-SettingB
{
    param($NewValue)
    $mySetting.SettingB = $NewValue
}

function Get-Setting
{
  $mySetting
}
```

Listing 19.3: Gemeinsam genutzte Hashtable.

Die Funktionen arbeiten wie gewünscht:

```
PS> Set-SettingA 100

PS> Set-SettingB Testwert

PS> Get-Setting

Name                    Value
----                    -----
SettingB                Testwert
SettingA                100
```

Wie kommt es aber, dass die Funktionen Set-SettingA und Set-SettingB überhaupt auf eine gemeinsam genutzte Variable zugreifen können? Tatsächlich greifen Set-SettingA und Set-SettingB nur lesend auf die Variable $mySetting zu, denn diese Variable selbst wird überhaupt nicht geändert. Geändert wird lediglich die Hashtable, die aus der Variablen gelesen wurde.

Da es die Variable $mySetting nicht im Territorium der beiden Funktionen gibt, schaut PowerShell im übergeordneten Territorium nach und wird dort fündig. In dieser Variablen $mySetting befindet sich eine Hashtable, also ein Objekt. Die Variable wird von beiden Funktionen also stets nur gelesen, und die darin vorhandene Hashtable wird geändert.

Verwirrung stiftet also die Besonderheit der PowerShell, automatisch in den übergeordneten Territorien nach Variablen zu suchen, wenn sie im aktuellen Territorium angesprochen, dort aber nicht vorhanden sind. Um verwirrenden Code zu vermeiden, haben Sie deshalb auch die Möglichkeit, ausdrücklich und direkt Variablen in übergeordneten Gültigkeitsbereichen anzusprechen. Davon handelt der nächste Abschnitt.

Parameter liefern Referenzen

Ein anderes Szenario führt im nächsten Beispiel zu Verwirrung. Schauen Sie sich zunächst die folgende Funktion an und versuchen Sie, zu erschließen, was sie tun wird:

```
function Test-Parameter
{
  param
  (
    [PSObject]
    $Information
  )

  $Information.Name = 'Willibald'
}

$objekt = New-Object -TypeName PSObject -Property @{ Name = 'Weltner'; ID = 12 }

$objekt
Test-Parameter -Information $objekt
$objekt
```

Listing 19.4: Funktion verändert Objekt aus anderem Scope.

Listing 19.4 legt zunächst ein neues Objekt mit zwei Eigenschaften an und setzt die Eigenschaft Name auf den Wert Weltner. Danach wird dieses Objekt dem Parameter -Information der Funktion Test-Parameter übergeben.

Die Funktion ändert daraufhin die Eigenschaft Name des übergebenen Objekts. Weil die Funktion ein eigenständiges Territorium darstellt, könnte man erwarten, dass die Änderung des Objekts in $information keinen Einfluss auf das Objekt in $objekt hat. Tatsächlich aber wird auch $objekt geändert. Das Ergebnis sieht so aus:

```
ID Name
-- ----
12 Weltner
12 Willibald
```

Der Grund für diese Überraschung hat überhaupt nichts mit Gültigkeitsbereichen zu tun, sondern nur mit der Art, wie PowerShell komplexe Objekte speichert, nämlich *by Reference*: Die Variable $objekt enthält also nicht etwa das Objekt selbst, sondern nur die Speicheradresse, an der das Objekt lagert. Wird $objekt an den Parameter -Information weitergegeben, übergibt PowerShell diese Speicheradresse. Innerhalb der Funktion zeigen also beide Variablen, $objekt und $Information, auf dasselbe Objekt.

Warum tut PowerShell so etwas? Dafür gibt es gute Gründe: Objekte repräsentieren häufig Elemente des Betriebssystems, zum Beispiel einen Dienst oder einen Prozess. Wollte man diese Objekte *by Value* speichern, also direkt in der Variablen, käme es in dem Moment zu Inkonsistenzen, in dem das Objekt an eine andere Variable oder einen Parameter weitergegeben würde. Es würde nun ja doppelt, in zwei separaten Instanzen, existieren. Nach wie vor repräsentiert es aber genau ein Element des Betriebssystems. Was geschähe, wenn der Dienst in einem Objekt gestoppt würde? Müsste dann nicht auch das andere Objekt aktualisiert werden?

Durch die Speicherung *by Reference* umgeht man alle diese Probleme, denn so wird dafür gesorgt, dass es ein Objekt wirklich nur ein einziges Mal geben kann, auch wenn das Objekt weiteren Variablen oder Parametern zugewiesen wird.

Automationssprache

Nur bei primitiven Datentypen wie Zahlen oder Texten verhält sich PowerShell anders; hier wird stets der Inhalt der Variablen weitergegeben, nicht die Speicheradresse.

Gemeinsam genutzte Variablen

Listing 19.3 hat einen Fall gezeigt, in dem es sinnvoll sein kann, dass verschiedene Funktionen über eine gemeinsame Variable miteinander kommunizieren. Allerdings wurde dort die gemeinsam genutzte Variable implizit angesprochen, und PowerShell hat sie nur über die Suche in den überordneten Parent-Scopes gefunden, weil es keine gleichnamige Variable im lokalen Scope gab.

Wesentlich zuverlässiger (und etwas schneller) geht es, wenn gemeinsam genutzte Variablen gezielt angesprochen werden.

Skriptglobale »Shared« Variable

Skriptglobale Variablen sind gemeinsam genutzte Variablen und werden auch *Shared Variablen* genannt. Solche Variablen werden im Territorium des Skriptblocks oder Skripts angelegt und können von allen untergeordneten Territorien aus direkt angesprochen werden. Dazu stellt man dem Variablennamen das Präfix script: voran.

Die folgenden beiden Funktionen Get-Value und Set-Value arbeiten zusammen. Set-Value speichert Informationen an einem Ort, der von Get-Value wieder ausgelesen werden kann.

```
$info = 'Undefined'

function Set-Value
{
    param($NewValue)

    $script:info = $NewValue
}

function Get-Value
{
    "Wert ist $info"
}
```

Listing 19.5: Das Skript scope.ps1.

Das Ergebnis entspricht den Erwartungen:

```
PS> Get-Value
Wert ist Undefined

PS> Set-Value 12

PS> Get-Value
Wert ist 12

PS> Set-Value hallo

PS> Get-Value
Wert ist hallo
```

Verwunderlich ist allenfalls, dass das Präfix `script:` nur in der Funktion `Set-Value` notwendig war. Wenn Sie sich allerdings die beteiligten Gültigkeitsbereiche vor Augen führen, wird es klar: Jede Funktion besitzt ihren eigenen Gültigkeitsbereich. Hinzu kommt der Gültigkeitsbereich des Skripts (`script:`), in dem die beiden Funktionen ansässig sind. Da die Funktion `Get-Value` in ihrem eigenen Gültigkeitsbereich keine Variable `$info` definiert, wird beim Lesen in den übergeordneten Gültigkeitsbereichen nachgeschaut, und im Bereich `script:` wird dann die Variable gefunden. `Get-Value` findet die richtige Variable also *implizit*.

Die Funktion `Set-Value` dagegen würde beim Schreiben immer die Variable `$a` im eigenen Gültigkeitsbereich anlegen, sodass diese für `Get-Value` unsichtbar wäre. Durch das Präfix `script:` greift `Set-Value` deshalb *explizit* auf die gemeinsam genutzte Variable.

Hinweis

Wie Sie aus dem vorherigen Abschnitt wissen, ist es gute Praxis, in jeder Funktion alle eigenen Variablen zu initialisieren. Würden Sie das für `Get-Value` durchführen, wäre Ihnen sofort klar, dass darin `$info` gar keine eigene Variable sein kann, denn nun würde `Get-Value` kein Ergebnis mehr liefern:

```
function Get-Value
{
    $info = $null
    "Wert ist $info"
}
```

Richtig wäre es also, auch in `Get-Value` explizit auf die Variable im skriptglobalen Kontext zuzugreifen:

```
function Get-Value
{
    $info = $null
    "Wert ist $script:info"
}
```

Nun wird deutlich, dass keine eigene Variable im Spiel ist und folglich auch keine initialisiert werden muss. Die eindeutige Formulierung sieht also so aus:

```
function Get-Value
{
    "Wert ist $script:info"
}
```

Diese Systematik funktioniert nicht anders als die ursprüngliche, ist aber wesentlich leichter lesbar und nachvollziehbar.

Globale Variable

Globale Variablen werden im obersten Territorium der PowerShell angelegt, also auf der Ebene der PowerShell-Konsole. Solche Variablen sind so lange gültig, wie die aktuelle PowerShell-Sitzung aktiv ist. Globale Variablen sollten ausschließlich für Debugging-Zwecke eingesetzt werden. Für alle anderen Fälle verwendet man besser skriptglobale Variablen.

In globalen Variablen kann man Variablen speichern, die man gern nach einem Testlauf eines Skripts weiter untersuchen möchte. Da beispielsweise alle Variablen, die innerhalb einer Funk-

Automationssprache

tion angelegt wurden, automatisch entsorgt werden, sobald die Funktion fertig ausgeführt ist, können Sie zu Testzwecken innerhalb der Funktion eine globale Variable anlegen. Sie bleibt erhalten, auch wenn die Funktion längst wieder beendet ist:

```
function test
{
    $einWert = 99
    $global:debugwert = $einWert
}

test
```

Nach dem Aufruf der Funktion ist die Variable $einWert nicht mehr vorhanden:

```
PS>$einWert
```

Die globale Variable $debugWert dagegen ist noch da und kann untersucht werden:

```
$debugWert
99
```

Auch Funktionen können gezielt im globalen Gültigkeitsbereich angelegt werden, indem global: vor den Funktionsnamen gestellt wird:

```
function global:test { 'Ich existiere, solange diese PowerShell-Sitzung läuft!' }
```

Generell ist aber der Einsatz von global: in Produktivskripten üble Programmierpraxis, weil Sie damit unkontrollierbare »Rückstände« im globalen Kontext hinterlassen, die zu Wechselwirkungen führen können. Es sollte der Aufrufer eines Skripts oder Moduls sein, der entscheidet, ob und wie er Variablen und Funktionen ausführen möchte – nicht der Programmierer.

Direkter Zugriff auf Gültigkeitsbereiche

Die Präfixe script: und global: sprechen also gezielt bestimmte Territorien an, wie Sie gerade gesehen haben. Zwei weitere Präfixe existieren (Tabelle 19.1), die aber wesentlich seltener benötigt werden als die beiden anderen.

Darüber hinaus kann man Variablen auch manuell in jedem beliebigen Territorium ansprechen. Dazu werden die Cmdlets Get-Variable und Set-Variable verwendet, die beide den Parameter -Scope unterstützen. Als Vorgabe ist dieser auf den Wert 0 eingestellt, was dem aktuellen Territorium entspricht. Der Wert 1 entspräche dem nächsthöheren Territorium.

Wie man auf diese Weise den Inhalt von Variablen in verschiedenen Territorien sichtbar machen kann, zeigt das nächste Beispiel:

```
function Find-VariableScope
{
  param
  (
    # Name der Variablen, die untersucht werden soll:
    $VariableName='MyInvocation'
  )

  # falls versehentlich mit führendem "$" angegeben, dieses entfernen:
```

```powershell
$VariableName = $VariableName.TrimStart('$')

# 11 Verschachtelungstiefen testen:
ForEach ($level in (0..10))
{
  try
  {
    # existiert die Variable im untersuchten Gültigkeitsbereich (Scope)?
    $variable = Get-Variable $VariableName -Scope $level -ErrorAction SilentlyContinue

    if ($variable -eq $null)
    {
      # nein:
      $value = '[not defined]'
    }
    else
    {
      # ja, Inhalt als Text ausgeben:
      $value = $variable.Value | Out-String
    }
  }
  catch
  {
    # falls ein terminierender Fehler auftritt, ist kein übergeordneter
    # Gültigkeitsbereich mehr vorhanden, also abbrechen:
    break
  }

  # Textmeldung zentriert ausgeben:
  '*' * 70
  $text = "Gültigkeitsbereich Nr. $level, Inhalt der Variablen '$VariableName':"
  $text = $text.PadLeft([int]($text.Length + ((70 - $text.Length) / 2)))
  $text
  '*' * 70
  # Inhalt der Variablen in diesem Gültigkeitsbereich ausgeben:
  $value
}
}

$testvariable = 100
function testit
{
    $testvariable = 12
    Find-VariableScope testvariable
}

testit
```

Listing 19.6: Gültigkeitsbereiche von Variablen ermitteln.

Das Skript enthält eine Funktion namens testit, die die Variable $testvariable anlegt. Eine gleichnamige Variable ist auch auf Skriptebene definiert. Um herauszufinden, welche gleichnamigen Variablen es aus Sicht der Funktion testit gibt, ruft diese intern die Diagnosefunktion Find-VariableScope auf.

Find-VariableScope verwendet Get-Variable, um die angegebene Variable in allen verfügbaren Gültigkeitsbereichen zu suchen. Die Funktion beginnt in Scope 0 (dem eigenen Scope) und durchläuft dann alle übergeordneten Scopes. Falls Get-Variable einen Nullwert liefert, ist die

Variable im Scope nicht definiert. Generiert Get-Variable dagegen einen Fehler, ist der oberste Scope erreicht. Das Ergebnis sieht so aus:

```
********************************************************************
    Gültigkeitsbereich Nr. 0, Inhalt der Variablen 'testvariable':
********************************************************************
[not defined]
********************************************************************
    Gültigkeitsbereich Nr. 1, Inhalt der Variablen 'testvariable':
********************************************************************
12

********************************************************************
    Gültigkeitsbereich Nr. 2, Inhalt der Variablen 'testvariable':
********************************************************************
100
```

Innerhalb der Funktion Find-VariableScope (Scope 0) gibt es keine Variable $testvariable. Im übergeordneten Gültigkeitsbereich (Scope 1, dem Gültigkeitsbereich der Funktion testit, die Find-VariableScope aufgerufen hat), existiert die Variable und hat den Wert 12. Im nächsten Gültigkeitsbereich (Scope 2, dem Skript) gibt es die Variable ebenfalls. Hier hat sie den Wert 100. Ein weiterer übergeordneter Gültigkeitsbereich ist nicht vorhanden (das Skript wurde dotsourced ausgeführt, zum Beispiel innerhalb des ISE-Editors).

Profitipp

Find-VariableScope kann enorm nützlich sein. Prüfen Sie doch einmal die Variable MyInvocation! So können Sie genau nachverfolgen, was diese Variable über den Aufrufer eines Gültigkeitsbereichs verrät. Dazu ersetzen Sie im Skript in der Funktion testit hinter Find-VariableScope das Argument testvariable durch MyInvocation. Der erste Gültigkeitsbereich wurde aufgerufen durch Find-VariableScope (der Name der Funktion also). Das stimmt:

```
********************************************************************
    Gültigkeitsbereich Nr. 0, Inhalt der Variablen 'MyInvocation':
********************************************************************


MyCommand           : Find-VariableScope
BoundParameters     : {[VariableName, MyInvocation]}
UnboundArguments    : {}
ScriptLineNumber    : 53
OffsetInLine        : 5
HistoryId           : 128
ScriptName          :
Line                :       Find-VariableScope MyInvocation

PositionMessage     : In Zeile:53 Zeichen:5
                      +       Find-VariableScope MyInvocation
                      +       ~~~~~~~~~~~~~~~~~~~~~~~~~~~~~~
PSScriptRoot        :
PSCommandPath       :
InvocationName      : Find-VariableScope
PipelineLength      : 1
PipelinePosition    : 1
ExpectingInput      : False
CommandOrigin       : Internal
DisplayScriptPosition :
```

Der zweite Gültigkeitsbereich (Scope 1) wurde aufgerufen von **testit** (wiederum der Name der Funktion):

```
********************************************************************
      Gültigkeitsbereich Nr. 1, Inhalt der Variablen 'MyInvocation':
********************************************************************


MyCommand             : testit
BoundParameters       : {}
UnboundArguments      : {}
ScriptLineNumber      : 56
OffsetInLine          : 1
HistoryId             : 128
ScriptName            :
Line                  : testit
PositionMessage       : In Zeile:56 Zeichen:1
                        + testit
                        + ~~~~~~

PSScriptRoot          :
PSCommandPath         :
InvocationName        : testit
PipelineLength        : 1
PipelinePosition      : 1
ExpectingInput        : False
CommandOrigin         : Runspace
DisplayScriptPosition :
```

Der dritte und letzte Gültigkeitsbereich zeigt in **MyCommand** den Quellcode des Skripts (falls es noch nicht gespeichert wurde) oder den Pfadnamen des Skripts.

```
********************************************************************
      Gültigkeitsbereich Nr. 2, Inhalt der Variablen 'MyInvocation':
********************************************************************


MyCommand             : Function Find-VariableScope
                        {
                           param
                           (
(…)
BoundParameters       : {}
UnboundArguments      : {}
ScriptLineNumber      : 0
OffsetInLine          : 0
HistoryId             : 128
ScriptName            :
Line                  :
PositionMessage       :
PSScriptRoot          :
PSCommandPath         :
InvocationName        :
PipelineLength        : 2
PipelinePosition      : 1
ExpectingInput        : False
CommandOrigin         : Internal
DisplayScriptPosition :
```

Automationssprache

Mit diesem Wissen könnte man also auch eine ganz andere Analysefunktion herstellen, die die Verschachtelungstiefe einer Funktion bestimmt:

```
function Get-NestedDepth
{
  ForEach ($level in (1..100))
  {
    try
    {
      $variable = Get-Variable MyInvocation -Scope $level -ErrorAction SilentlyContinue
    }
    catch { return ($level-=2) }
  }
}
```

Listing 19.7: Aktuelle Verschachtelungstiefe ermitteln.

Wie `Get-NestedDepth` funktioniert, zeigt dieses Beispiel, das die Funktion dazu einsetzt, die aktuelle Verschachtelungstiefe zu bestimmen, und gleichzeitig einen Schutz vor Endlosschleifen implementiert. `Test-Recurse` ruft sich selbst auf, bricht aber nach zehn Verschachtelungen ab:

```
function Test-Recurse
{
    $tiefe = Get-NestedDepth
    'Verschachtelungstiefe: {0}' -f $tiefe

    # ab einer Verschachtelungstiefe von 10 abbrechen:
    if ($tiefe -ge 10)
    {
        break
    }
    # Funktion ruft sich selbst auf und führt normalerweise
    # zu einer Endlosschleife:
    Test-Recurse
}
```

Das Ergebnis sieht erwartungsgemäß so aus:

```
PS> Test-Recurse
Verschachtelungstiefe: 1
Verschachtelungstiefe: 2
Verschachtelungstiefe: 3
Verschachtelungstiefe: 4
Verschachtelungstiefe: 5
Verschachtelungstiefe: 6
Verschachtelungstiefe: 7
Verschachtelungstiefe: 8
Verschachtelungstiefe: 9
Verschachtelungstiefe: 10
```

Auch die Verschachtelungstiefe des aktuellen Territoriums lässt sich mit dieser Technik bestimmen: Ist das oberste Territorium erreicht und spricht man das nächsthöhere an, quittiert PowerShell dies mit einer Fehlermeldung. Die folgende Funktion macht sich das zunutze und kann so die Verschachtelungstiefe berechnen:

```
function Get-NestLevel
{
```

```
try
{
$i = 0
do
{
    $i++
    $null = Get-Variable -Name host -Scope $i
} while ($true)
}
catch
{
    $i-2
}
}

function Test-NestLevel
{
    Get-NestLevel
}

Get-NestLevel
Test-NestLevel
```

Listing 19.8: Verschachtelungstiefe von PowerShell-Code bestimmen.

Get-NestLevel liefert die aktuelle Verschachtelungstiefe zurück. Im Beispiel wird die Funktion einmal direkt und ein zweites Mal aus der Funktion Test-NestLevel heraus aufgerufen. Beim ersten Aufruf liefert die Funktion den Wert 0 (keine Verschachtelung), beim zweiten Mal 1 (eine Verschachtelungsebene).

Die Funktion ermittelt die Verschachtelungstiefe, indem es mit Get-Variable so lange übergeordnete Territorien abfragt, bis ein Fehler ausgelöst wird, weil das höchstmögliche Territorium überschritten wurde. Der Wert in $i muss jetzt nur noch um den Wert 2 verringert werden – einerseits, weil die Funktion Get-NestLevel selbst ein Territorium bildet, das aber nicht berücksichtigt werden soll, und andererseits, weil die aktuelle Verschachtelungsebene in $i den Fehler ausgelöst hat, der zum Ende der Funktion führt. Das letzte gültige Territorium lag also eine Ebene tiefer.

Bereich	Verwendung
global:	Wird immer im globalen Gültigkeitsbereich angelegt, also auf Ebene der PowerShell-Anwendung.
script:	Wird im Kontext des Skripts oder Moduls angelegt (skriptglobale oder Shared Variablen und Funktionen).
private:	Wird im aktuellen Gültigkeitsbereich angelegt, ist aber von keinem anderen Territorium aus sichtbar.
local:	Entspricht dem Standardverhalten.

Tabelle 19.1: Gültigkeitsbereiche explizit ansprechen.

Dot-Sourcing: Skripte im Aufruferkontext

Reine Arbeitsskripte, die lediglich eine bestimmte Aufgabe erledigen sollen, kommen mit dem Grundverhalten von PowerShell wunderbar zurecht. Durch die Gültigkeitsbereiche räumen die Skripte automatisch hinter sich auf und geben auch automatisch alle Variablen wieder frei, die sie in ihrem Territorium angelegt haben.

Manchmal allerdings möchte man Skripte auch als Bibliotheken einsetzen, die dann Funktionen enthalten, die man nachladen möchte. Das ist beispielsweise das Grundprinzip der Skriptmodule aus den vergangenen Kapiteln. Hier ist es natürlich völlig unerwünscht, dass das Skript nach erledigter Arbeit wieder alles »vergisst«, denn schließlich sollen die Funktionen, die das Skript angelegt hat, anschließend noch vorhanden sein.

»Dot-Sourcing« verstehen

Deshalb kann der Aufrufer bestimmen, ob ein Skript »isoliert« ausgeführt werden soll oder im Kontext (also im Gültigkeitsbereich) des Aufrufers arbeitet. Ein kleiner Test veranschaulicht das am besten. Legen Sie in der PowerShell-Konsole dazu einerseits eine Variable und andererseits ein Testskript an. Das Testskript soll diese Variable ändern und dann ihren Wert anzeigen:

```
PS> $TestSkript = "$env:TEMP\testscript.ps1"

# eine Variable im globalen Kontext anlegen:
PS> $a = 100

# ein Testskript verfassen:
PS> '
>> $a = 300
>> "A ist: $a"
>> ' | Out-File -FilePath $TestSkript
>>
```

Nun rufen Sie das Skript mit dem Call-Operator & auf. Das entspricht dem Aufruf des Skripts über seinen Pfadnamen:

```
# TestSkript aufrufen
PS> & $TestSkript
A ist: 300

# Variable im globalen Kontext überprüfen:
PS> $a
100
```

Wie erwartet, setzt das Skript die Variable $a auf den Wert 300, aber sobald das Skript fertig ist, räumt es hinter sich auf. Die Variable $a im globalen Kontext bleibt unverändert 100. Nun wird das Skript dot-sourced aufgerufen, also anstelle von & mit einem Punkt (.). Das Skript erledigt genau die gleiche Arbeit, aber diesmal hat sich die Variable $a dauerhaft geändert:

```
# TestSkript 'dot-sourced' aufrufen:
PS> . $TestSkript
A ist: 300

# Variable im globalen Kontext überprüfen:
PS> $a
300
```

Im ersten Beispiel gab es zwei Gültigkeitsbereiche: den der Konsole und den des Skripts. Es gab auch zwei Variablen namens $a, eine im Gültigkeitsbereich der Konsole und eine im Gültigkeitsbereich des Skripts. Nachdem das Skript mit seiner Ausführung fertig war, wurde sein Gültigkeitsbereich zusammen mit allen darin enthaltenen Variablen auf den elektronischen Müll geworfen, sodass danach alles wieder so war wie vorher.

Im zweiten Beispiel gab es nur einen Gültigkeitsbereich, denn der Operator . rief das Skript im Kontext (Gültigkeitsbereich) des Aufrufers auf. Das Skript hat also nicht etwa eine eigene Variable $a angelegt, sondern die schon vorhandene Variable $a überschrieben. Deshalb war diese Änderung dauerhaft.

Das, was im Beispiel mit der Variablen demonstriert wurde, gilt auch für Funktionen, Laufwerke und Aliase. Sie alle gelten immer nur in dem Kontext, in dem sie definiert werden (und den untergeordneten Gültigkeitsbereichen). Aus diesem Grund hat der universelle Modul-Loader aus dem letzten Kapitel die PowerShell-Skripte im Modulordner dot-sourced aufgerufen. Andernfalls wären die Skripts zwar auch geladen worden, aber anschließend wäre ihr eigener Gültigkeitsbereich sofort wieder zusammen mit allen darin definierten Funktionen gelöscht worden.

Achtung

Die Beispiele in diesem Abschnitt können Sie nur schwer in PowerShell ISE nachvollziehen. Wenn Sie darin ein Skript schreiben und starten, wird es immer automatisch dot-sourced ausgeführt, entspricht also nicht ganz den Realbedingungen. Der ISE-Editor ist eine Entwicklungsumgebung, und während man Skripts entwickelt, möchte man nach Testläufen in der Lage sein, den Inhalt von Variablen zu überprüfen oder angelegte Funktionen interaktiv auszuprobieren. Dies alles ist nur möglich, wenn das Skript dot-sourced aufgerufen wird – deshalb wählt ISE diese Aufrufart automatisch.

Aufruftyp eines Skripts testen

Mithilfe der Gültigkeitsbereiche lässt sich testen, ob ein Skript vom Aufrufer dot-sourced aufgerufen wurde oder nicht. Dazu vergleicht man zwei (existierende) Variablen, einmal im globalen und einmal im skriptglobalen Kontext. Sind beide unterschiedlich, wurde das Skript nicht dot-sourced aufgerufen und verfügt über einen eigenen Gültigkeitsbereich, andernfalls nicht.

Eine Variable, die immer in beiden Gültigkeitsbereichen vorkommt, heißt $MyInvocation. Die folgende Funktion Test-DotSourced meldet $true, wenn das Skript dot-sourced aufgerufen wurde, andernfalls $false:

```
function Test-DotSourced
{
    $global:MyInvocation -eq $script:MyInvocation
}

if (Test-DotSourced)
{
    'Skript wurde dot-sourced im Aufruferkontext aufgerufen.'
}
else
{
    'Skript wurde isoliert im eigenen Kontext aufgerufen'
}
```

Listing 19.9: Prüfen, ob PowerShell dot-sourced aufgerufen wurde.

Das Ergebnis sieht so aus:

```
PS> C:\Skripts\Test-DotSourced1.ps1
Skript wurde isoliert im eigenen Kontext aufgerufen
```

```
PS> & 'C:\Skripts\Test-DotSourced1.ps1'
Skript wurde isoliert im eigenen Kontext aufgerufen

PS> . 'C:\Skripts\Test-DotSourced1.ps1'
Skript wurde dot-sourced im Aufruferkontext aufgerufen.
```

Hierbei sieht man auch, dass Skripte, die direkt im ISE-Editor ausgeführt werden, immer dot-sourced sind. Die Funktionalität in Test-DotSourced könnte beispielsweise in einem Bibliotheksskript nützlich sein, mit dem neue Funktionen nachgeladen werden. Es folgt ein Testskript, das eine Funktion namens New-Function definiert. Diese Funktion steht aber natürlich nach Ausführung des Skripts nur zur Verfügung, wenn der Anwender das Skript dot-sourced startet. Macht er das nicht, erkennt das Skript dies und gibt eine entsprechende Warnung aus. Das Skript sieht folgendermaßen aus:

```
# prüfen, ob das Skript vom Anwender korrekt aufgerufen wurde:
if ($global:MyInvocation -ne $script:MyInvocation)
{
    Write-Warning 'Starten Sie das Skript dot-sourced, um die darin enthaltenen Funktionen nutzen zu
können!'
    break
}

function New-Function
{
    'Ich bin eine neue Funktion!'
}

Write-Host 'Funktion New-Function ist nun einsatzbereit.' -ForegroundColor Green
```

Listing 19.10: Aufrufart eines Skripts bestimmen.

Gültigkeitsbereiche in Modulen

In Skriptmodulen gelten grundsätzlich die gleichen Regeln für Gültigkeitsbereiche. Allerdings bildet hier das Modul (bzw. seine *.psm1*-Datei) die skriptglobale Ebene. Der Präfix script: bezieht sich also auf Variablen, die in der *.psm1*-Datei angelegt wurden bzw. auf dieser Ebene.

Code, der in Modulen ausgeführt wird, hat normalerweise ausschließlich Zugriff auf Gültigkeitsbereiche innerhalb des Moduls. Die »Außenwelt«, also der jeweilige Aufrufer eines Moduls, ist für den Code innerhalb des Moduls also unsichtbar. Diese Isolierung entspricht guter Praxis, denn ein Modul soll unabhängig von der jeweiligen Außenwelt (»Aufruferkontext«) funktionieren.

Modulcode greift auf Aufruferkontext zu

Dennoch ist es auch dem Code innerhalb eines Moduls möglich, auf die Außenwelt zuzugreifen. Dazu muss die Variable $PSCmdlet eingesetzt werden, die in SessionState Zugriff auf den Kontext des Aufrufers bietet. Diese automatische Variable blendet PowerShell nicht in simplen Funktionen ein, sondern nur in erweiterten Funktionen: Diese müssen das Attribut [CmdletBinding()] verwenden:

```
function Get-ScriptLocation
{
    [CmdletBinding()]
    param()
    Split-Path $PSCmdlet.SessionState.PSVariable.Get('script:MyInvocation').Value.MyCommand.Definition
}
```

Get-ScriptLocation funktioniert in dieser Schreibweise überall und liefert jeweils den Ordnerpfad, in dem das Aufruferskript gespeichert ist: als normale Funktion außerhalb eines Moduls, verschachtelt in anderen Funktionen und auch als Teil eines Skriptmoduls. $PSCmdlet gewährt in allen Fällen Zugriff auf die Variable im Kontext desjenigen, der Get-ScriptLocation aufruft. Die Methode Get() beschafft dann innerhalb dieses Kontexts die Variable $MyInvocation als skriptglobale Variable.

Aufruferkontext greift auf Modulkontext zu

Auch der umgekehrte Fall ist möglich. Normalerweise ist der Gültigkeitsbereich eines Moduls von außen nicht sichtbar. Auch das entspricht guter Praxis: Ein Modul soll isoliert vom Aufrufer sein. Schauen Sie dazu folgendes Beispiel an:

```
$wert = 0

function Increment
{
    $script:wert++
    "Wert ist nun $wert"
}

function Decrement
{
    $script:wert--
    "Wert ist nun $wert"
}
```

Listing 19.11: Ein Modul definiert seinen eigenen Gültigkeitsbereich und eigene skriptglobale Variablen.

Speichern Sie diesen Code nicht als Skript (*.ps1*), sondern als Skriptmodul (*.psm1*) unter dem Namen *module_scope*. Der Name dieser Datei wird zum Namen des Moduls.

Ein Skriptmodul kann nicht direkt aufgerufen, aber mit Import-Module importiert werden:

```
PS> Import-Module l:\skripts\module_scope.psm1
```

Anschließend stehen die Testbefehle Increment und Decrement zur Verfügung, die den Inhalt der internen Modulvariablen $wert um jeweils eins erhöhen oder verringern:

```
PS> Increment
Wert ist nun 1

PS> Increment
Wert ist nun 2

PS> Decrement
Wert ist nun 1

PS> Decrement
Wert ist nun 0
```

Automationssprache

```
PS> Decrement
Wert ist nun -1
```

Die Variable $wert ist im Gültigkeitsbereich des Moduls definiert. Die Außenwelt kann diesen Gültigkeitsbereich weder sehen noch ändern, denn sie hat ihren eigenen:

```
PS> $wert

PS> $wert = 100
PS> Increment
Wert ist nun 0

PS> Increment
Wert ist nun 1
```

Hier wurde also im Aufruferkontext eine ganz andere Variable $wert angelegt, von der sich das Modul unbeeindruckt zeigt. Dennoch ist es auch der Außenwelt möglich, auf den Gültigkeitsbereich des Moduls zuzugreifen. Dazu wird das geladene Modul benötigt, das Get-Module liefert:

```
PS> $module = Get-Module -Name module_scope
PS> & $module Set-Variable wert 30000
PS> Increment
Wert ist nun 30001
```

Hinweis

Dieses Beispiel funktioniert nur, wenn Sie das Modul auch tatsächlich unter dem Namen module_scope gespeichert haben. Wer einen anderen Dateinamen gewählt hat, muss den Namen des Moduls also in diesem Beispiel entsprechend ändern. Der Name der Moduldatei entspricht dem Namen des Moduls.

Anschließend kann der Call-Operator & im Gültigkeitsbereich des Moduls ($module) beliebige Änderungen vornehmen. Diesmal wurde tatsächlich mit Set-Variable der Wert der Variablen $wert innerhalb des Moduls geändert, sodass sich die Änderung auf Increment und Decrement auswirkt.

Profitipp

Über & $module steht Ihnen das Innenleben des Moduls zur Verfügung. Ob Sie dahinter dann mit Set-Variable ein Cmdlet aufrufen oder direkt einen Skriptblock angeben, der den Wert einer Variablen ändert, ist gleichgültig. Nicht gleichgültig ist indes, ob Sie den Skriptblock mit dem Call-Operator (&) oder dot-sourced (.) aufrufen. Nur wenn Sie den Skriptblock dot-sourced aufrufen, wirken sich Variablenänderungen darin auf den globalen Kontext des Moduls aus. Andernfalls sind sie nur innerhalb des Skriptblocks gültig. Auch auf diese Weise hätte man also den Wert der internen Modulvariablen $wert verändern können:

```
PS> . $module { $wert = 20000 }
```

Kapitel 20
Debugging – Fehler finden

Automationssprache

Ausführlich werden in diesem Kapitel die folgenden Aspekte erläutert:

- **Fehlerarten und Debugging:** PowerShell-Fehler werden in drei Kategorien eingeteilt: Syntaxfehler (handwerkliche Fehler wie fehlende Klammern), Laufzeitfehler und Logikfehler. Laufzeit- und Logikfehler lassen sich häufig nur analysieren, während das Skript ausgeführt wird. Dazu kann man Haltepunkte setzen und dem Skript bei der Ausführung »zusehen«.

- **StrictMode:** Wird der *StrictMode* eingeschaltet, prüft PowerShell den Code wesentlich genauer und liefert beispielsweise Fehlermeldungen, wenn eine Variable abgerufen wird, die noch gar nicht angelegt worden war. Der StrictMode kann also dabei helfen, Tippfehler aufzuspüren. Er sollte aber nur vorübergehend und nur in der Entwicklungsumgebung aktiv sein. In Produktivumgebungen sollte der StrictMode niemals eingeschaltet sein, weil er dort für »falschen Alarm« sorgen kann – nicht alles, was der StrictMode bemängelt, muss ein Fehler sein.

- **Haltepunkte und schrittweise Ausführung:** Im ISE-Editor können mit ⎡F9⎤ Haltepunkte gesetzt werden, sobald ein Skript abgespeichert wurde, also als Datei vorliegt. Wird ein Haltepunkt erreicht, unterbricht PowerShell die Skriptausführung, sodass Variableninhalte und Teilergebnisse untersucht werden können. Mit ⎡F11⎤ lässt sich das Skript schrittweise ausführen. Ab PowerShell 5 kann auch ein bereits laufendes Skript in der ISE über die Tastenkombination ⎡Strg⎤+⎡B⎤ in den Debugger gezwungen werden: Es wird dann bei der nächsten Anweisung unterbrochen.

- **Dynamische Haltepunkte:** Mit Set-PSBreakpoint lassen sich dynamische Haltepunkte definieren: Das Skript hält dann an, wenn sich eine bestimmte Variable ändert oder ein überwachter Befehl aufgerufen wird.

- **Prozessübergreifendes Debugging:** Ab PowerShell 5 kann der ISE-Editor auch Skripte debuggen, die in anderen Prozessen ausgeführt werden. So lassen sich zum Beispiel PowerShell-Skripte analysieren, die eigentlich als geplante Aufgabe im Systemkontext ausgeführt werden.

- **Remote-Debugging:** Ab PowerShell 5 kann der ISE-Editor Skripte debuggen, die auf einem anderen Computer ausgeführt werden. Dazu muss das Skript auf dem Remotesystem zuerst mit psedit in den lokalen ISE-Editor geladen und dann von dort gestartet werden.

Nicht immer läuft alles sofort perfekt, und wenn ein Skript nicht leistet, was Sie sich gewünscht haben, oder wenn PowerShell rote Fehlermeldungen auswirft, wird es Zeit für das *Debugging*, die Fehlersuche. Dabei spielen drei verschiedene Fehlerarten eine Rolle.

Sogenannte *Syntaxfehler* sind rein handwerkliche Fehler, ähnlich einem Rechtschreib- oder Grammatikfehler im Bewerbungsbrief. Solche Fehler sind immer vermeidbar und werden von Skripteditoren wie der ISE sofort mit einer roten Wellenlinie markiert. Zu Syntaxfehlern gehören fehlende oder falsche Klammern, nicht zusammenpassende Anführungszeichen oder Anweisungen, die der PowerShell-Grammatik widersprechen.

Problematischer sind *Laufzeitfehler* und *Logikfehler*:

- **Laufzeitfehler:** Treten nur gelegentlich auf, zum Beispiel nur bei einem bestimmten Kundenrechner oder nur morgens oder einfach »zufällig« irgendwann. Gründe sind Rahmenbedingungen, die nur manchmal den Fehler auslösen: fehlende Berechtigungen eines Benutzers, fehlende Cmdlets, andere PowerShell- oder Betriebssystemversionen oder nicht vorhandene Netzlaufwerke. Der Debugger kann helfen, solche Fehler aufzuspüren und den Code so zu ändern, dass der Laufzeitfehler nicht mehr auftritt.

- **Logikfehler:** Es erscheint überhaupt kein sichtbarer Fehler, und aus Sicht von PowerShell ist alles in Ordnung. Das Skript liefert lediglich das falsche Ergebnis. Hier liegt also eine Schwäche bei der Konzeption des Skripts zugrunde, und mit dem Debugger kann man auch hier das Verhalten des Skripts zur Laufzeit untersuchen, um festzustellen, an welcher Stelle der Code nicht mehr das gewünschte Problem abbildet.

Syntaxfehler erkennen und beheben

Syntaxfehler werden vom ISE-Editor mit einer roten Wellenlinie unterlegt und fallen in der Regel sofort ins Auge. Typische Syntaxfehler sind zum Beispiel falsche Klammern oder fehlende Anführungszeichen. Sicher werden Sie den Syntaxfehler in Abbildung 20.1 sofort bemerken.

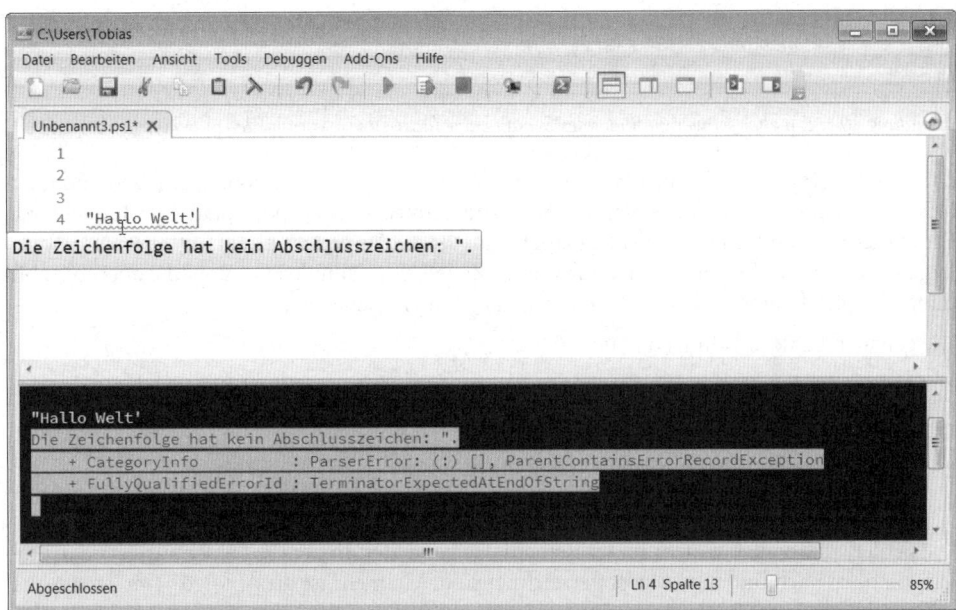

Abbildung 20.1: Syntaxfehler werden rot unterstrichen und liefern Hilfestellung.

Richtig: Der Text beginnt mit einem doppelten Anführungszeichen, wurde aber mit einem einfachen Anführungszeichen abgeschlossen.

Wenn Sie den Mauszeiger auf die rote Wellenlinie bewegen und kurz warten, meldet eine QuickInfo die Fehlerursache: *Die Zeichenfolge hat kein Abschlusszeichen:*. Diese Meldung erscheint auch, wenn Sie das Skript ausführen. Solche Meldungen sind in der Regel etwas vage. Hier beispielsweise besitzt der Text ja ein Abschlusszeichen, nur eben das falsche. Aber auch wenn die Meldungen häufig nicht die wirkliche Fehlerursache verraten, grenzen sie den Fehler immerhin näher ein und sind daher meist sehr hilfreich.

Folgefehler und der Blick auf das Wesentliche

Nicht immer sind Syntaxfehler so leicht zu identifizieren, denn manchmal löst ein Syntaxfehler eine ganze Kaskade von Folgefehlern aus, sodass die Fehlermeldung den eigentlich zugrunde liegenden Fehler nur als Teil vieler anderer Fehler erwähnt. Schauen Sie sich dazu das Beispiel aus Abbildung 20.2 an und überlegen Sie zuerst selbst, wo der Syntaxfehler liegen könnte, bevor Sie weiterlesen.

```
 1    function Get-BIOS
 2  ⊟ {
 3        param
 4  ⊟    (
 5            $ComputerName
 6            $Credential
 7        )
 8
 9        Get-WmiObject -Class Win32_BIOS @PSBoundParameters |
10            Select-Object -Property Caption, Version
11    }
```

Abbildung 20.2: Ein eher schwer zu findender Syntaxfehler führt zu vier verschiedenen Fehlermeldungen.

Die Funktion Get-BIOS soll eigentlich von der WMI die BIOS-Informationen abfragen und nutzt dazu zwei Parameter namens $ComputerName und $Credential, die per Splatting (Bündeln von Parametern zur einfacheren Befehlsübergabe) als @PSBoundParameters direkt an Get-WmiObject weitergereicht werden. Eigentlich eine nur wenige Zeilen lange simple Funktion, die aber in Abbildung 20.2 gleich an vier verschiedenen Stellen rot unterstrichen ist.

Die genauen Fehlermeldungen lauten:

- Zeile 5, Zeichen 22: »)« fehlt in Funktionsparameterliste.
- Zeile 2, Zeichen 1: Schließende »}« fehlt im Anweisungsblock.
- Zeile 7, Zeichen 5: Unerwartetes Token »)« in Ausdruck oder Anweisung.
- Zeile 11, Zeichen 1: Unerwartetes Token »}« in Ausdruck oder Anweisung.

Die Fehler werden dabei nicht in der Reihenfolge gemeldet, in der die Fehler auslösenden Stellen von oben nach unten im Skript verzeichnet sind. Vielmehr ist die Abfolge beim Parsen ausschlaggebend für die Reihenfolge der Fehlerauflistung. Der erste Fehler ist der entscheidende:

- Zeile 5, Zeichen 22: »)« fehlt in Funktionsparameterliste.

PowerShell hätte nach $ComputerName eigentlich eine abschließende runde Klammer erwartet, die den param()-Block beendet. Alle anderen Fehler sind Folgefehler.

Das an sich ist verständlich, aber warum soll der param()-Block schon hier beendet werden? Immerhin soll doch noch ein zweiter Parameter namens $Credential darin definiert werden. Der Grund: Der param()-Block erwartet die Parameter als kommaseparierte Liste, aber im Code wurde dieses Komma vergessen. Sobald Sie es hinter $ComputerName einfügen, ist sofort alles gut, und sämtliche vier Fehler lösen sich auf.

```
function Get-BIOS
{
  param
  (
    $ComputerName,    # <- hier fehlte das Komma!
    $Credential
  )

  Get-WmiObject -Class Win32_BIOS @PSBoundParameters |
    Select-Object -Property Caption, Version
}
```

Ohne das Komma hat PowerShell das folgende $Credential als ganz normale Anweisung verstanden und zu Recht moniert, dass vorher doch bitte der param()-Block abgeschlossen werden möge. Hier ist ein weiterer Fall. Schauen Sie ihn sich wieder zuerst selbst an (Abbildung 20.3).

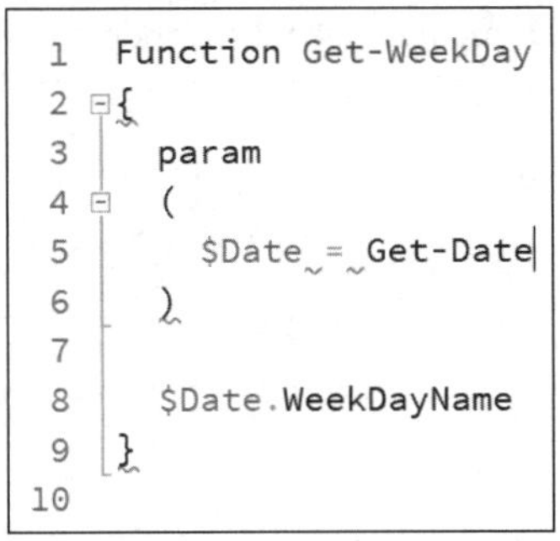

```
 1   Function Get-WeekDay
 2  {
 3      param
 4      (
 5          $Date = Get-Date
 6      )
 7
 8      $Date.WeekDayName
 9  }
10
```

Abbildung 20.3: Erneut löst ein Syntaxfehler eine ganze Kaskade von Fehlermeldungen aus.

Die Funktion Get-WeekDay soll den Namen des aktuellen Wochentags bestimmen. Dazu soll der Anwender ein Datum an den Parameter -Date übergeben können. Falls er darauf verzichtet, soll $Date auf das aktuelle Datum eingestellt sein. Wieder meldet PowerShell vier Fehler:

- Zeile 5, Zeichen 12: Ausdruck nach »=« fehlt.
- Zeile 5, Zeichen 10: »)« fehlt in Funktionsparameterliste.
- Zeile 2, Zeichen 1: Schließende »}« fehlt im Anweisungsblock.
- Zeile 6, Zeichen 3: Unerwartetes Token »)« in Ausdruck oder Anweisung.

Wieder ist die Reihenfolge der Fehler beim Parsen entscheidend, nicht die Abfolge innerhalb des Skripts. Entsprechend ist erneut die erste Meldung die wichtigste:

- Zeile 5, Zeichen 12: Ausdruck nach »=« fehlt.

Die übrigen Meldungen sind wie im vorangegangenen Beispiel nur Folgefehler.

PowerShell erkennt zwar, dass Sie mit $Date = dem optionalen Parameter -Date einen Standardwert zuweisen möchten, aber Get-Date wird nicht als Zuweisung erkannt. Stattdessen bemängelt PowerShell, dass gar keine Zuweisung stattgefunden habe. Der Grund: Innerhalb des param()-Blocks selbst darf kein Code ausgeführt werden. Der param()-Block ist nur eine kommaseparierte Liste, die die Parameter definiert. Get-Date kann darin nicht ausgeführt werden.

Die Lösung ist aber zum Glück einfach, denn Sie dürfen natürlich runde Klammern verwenden. Runde Klammern bezeichnen Code, der sofort ausgeführt werden soll. Er wird sozusagen ausgeführt, bevor PowerShell den param()-Block analysiert, und anstelle der runden Klammern wird dann das (statische) Ergebnis eingefügt. Das ist erlaubt. Setzen Sie also Get-Date in runde Klammern, und ist alles gut.

```
function Get-WeekDay
{
  param
  (
    $Date = (Get-Date)
  )

  $Date.WeekDayName
}
```

Formale Regeln missachten

Mitunter sind Syntaxfehler die Folge, wenn versehentlich formale Aspekte der Sprache missachtet werden. Schauen Sie sich dazu dieses Beispiel an. Im Code soll ein sogenannter *Here-String* einen mehrzeiligen Text erfassen. Here-Strings definieren mehrzeiligen Text, indem der Text in @'…'@ eingeschlossen wird (Abbildung 20.4).

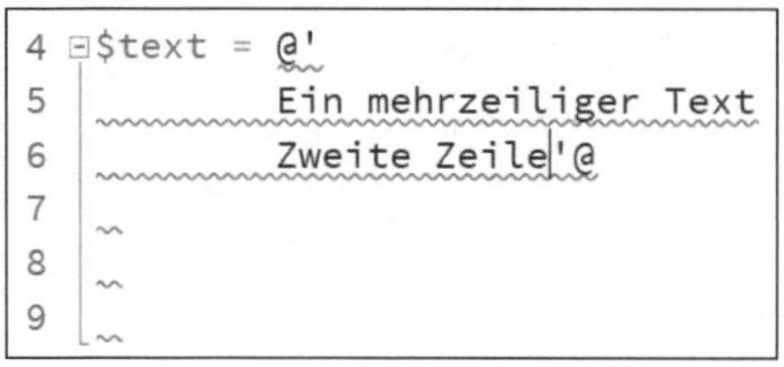

```
4  □$text = @'
5          Ein mehrzeiliger Text
6          Zweite Zeile'@
7  ~
8  ~
9  ~
```

Abbildung 20.4: Können Sie erkennen, welcher formale Aspekt hier missachtet wurde?

PowerShell meldet: *Die Zeichenfolge hat kein Abschlusszeichen: '@.* Was etwas verwundert, denn das Abschlusszeichen ist ja vorhanden. Offenbar aber wird es von PowerShell nicht als solches erkannt.

Der Grund: Die Begrenzungszeichen eines Here-Strings sind in Wirklichkeit gar nicht die Zeichenfolgen @' und '@. Tatsächlich bestehen die Begrenzungszeichen nicht aus zwei, sondern aus drei Zeichen. Zum eröffnenden Begrenzungszeichen zählt ein nachfolgender Zeilenumbruch, und zum schließenden Begrenzungszeichen zählt ein vorangestellter Zeilenumbruch. Fehlen diese, interpretiert PowerShell die Zeichenfolge nicht als Begrenzer, und die Fehlermeldung ist also korrekt: Das erwartete Abschlusszeichen fehlt.

Dasselbe Problem findet sich auch im nächsten Beispiel (Abbildung 20.5).

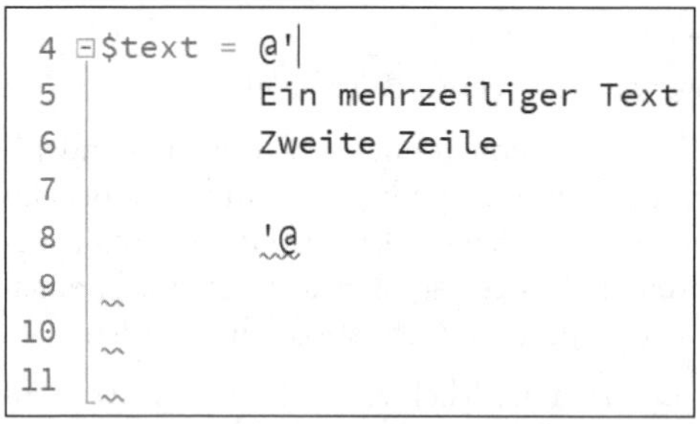

```
4  □$text = @'|
5          Ein mehrzeiliger Text
6          Zweite Zeile
7
8          '@
9
10 ~
11 ~
```

Abbildung 20.5: Können Sie erkennen, welcher formale Aspekt hier missachtet wurde?

Jetzt lautet die Fehlermeldung: *Leerzeichen sind vor dem Abschlusszeichen der Zeichenfolge nicht zulässig.* Weil der Zeilenumbruch zum Abschlusszeichen dazugehört, muss '@ immer direkt am Zeilenanfang stehen. Leerzeichen davor sind nicht erlaubt. Rücken Sie das Abschlusskennzeichen also einfach an den Zeilenanfang, und das Problem ist behoben:

```
$text = @'
        Ein mehrzeiliger Text
        Zweite Zeile
'@
```

Sie ahnen es bereits – auch beim Anfangszeichen eines Here-Strings kann es Syntaxfehler geben, wenn man übersieht, dass der unsichtbare Zeilenumbruch zur Zeichenfolge dazugehört: Nach @' darf ausschließlich der Zeilenumbruch folgen, sonst nichts – auch keine Kommentare (Abbildung 20.6).

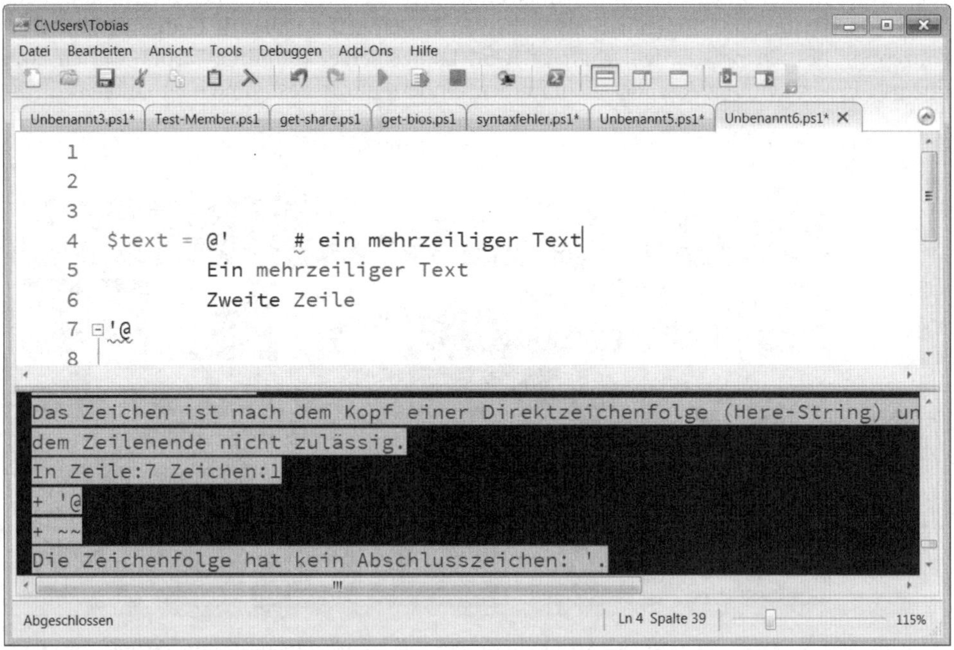

Abbildung 20.6: Dem Kopf eines Here-Strings dürfen keine weiteren Zeichen folgen.

Formale Fehler – also Verstöße gegen die Grundregeln der Sprache – sind nicht immer so offensichtlich. Schauen Sie sich dazu einmal das Beispiel aus Abbildung 20.7 an.

```
2  $zeichen = 'abcdefghijklmnopqrstuvwxyz0123456789!"§$%&/()=?'.ToCharArray()
3  -join (for($x=1; $x -le 20; $x++) { Get-Random -InputObject $zeichen })
```

Abbildung 20.7: Ein Kennwortgenerator, der so noch nicht funktioniert.

Der ISE-Editor meldet Syntaxfehler:

- In Zeile 3 und Spalte 16: Schließende »)« fehlt in einem Ausdruck.
- In Zeile 3 und Spalte 33: Unerwartetes Token »)« in Ausdruck oder Anweisung.
- In Zeile 3 und Zeichen 71: Unerwartetes Token »)« in Ausdruck oder Anweisung.

Dieser Syntaxfehler ist knifflig, denn das, was hinter -join in runden Klammern steht, ist kein Unterausdruck mehr. Sobald Sie im Code Schlüsselwörter wie for, if oder try verwenden, kann der Code nicht mehr in runden Klammern ausgeführt werden. Runde Klammern können nur Befehle und Befehlsketten ausführen. Dabei ist die Lösung recht einfach, wenn man einmal die Ursache kennt: Setzen Sie vor die öffnende runde Klammer ein $ (und verwandeln Sie den Unterausdruck damit in einen separaten Skriptbereich, für den diese Einschränkungen nicht mehr gelten):

```
-join $(for($x=1; $x -le 20; $x++) { Get-Random -InputObject $zeichen })
```

Jetzt funktioniert der Code und liefert 20 Zeichen lange Zufallskennwörter.

Laufzeit- und Logikfehler aufspüren

Logikfehler führen anders als Syntaxfehler zwar nicht zu roten Fehlermeldungen, aber auch nicht zum erwünschten Ergebnis. Aus Sicht von PowerShell ist alles in Ordnung. Es ist die Konzeption des Skripts, die fehlerhaft ist. Und Laufzeitfehler (Runtime Errors) werfen zwar eine rote Fehlermeldung aus, aber nicht immer, sondern nur in bestimmten Situationen.

Abbildung 20.8: Nicht alles, was sich der Mensch ausdenkt, funktioniert auf Anhieb auch wie gedacht.

Abgesehen von vollkommen offensichtlichen Logikfehlern (vielleicht wollten Sie alle laufenden Dienste sehen, haben aber anstelle von `Get-Service` versehentlich `Get-Process` eingesetzt) sind Logikfehler häufig auf Verstöße gegen PowerShell-Grundregeln zurückzuführen. Laufzeitfehler entstehen hingegen unter bestimmten Voraussetzungen (es fehlen auf einem Computer zum Beispiel verwendete Cmdlets, der Festplattenspeicher ist voll, oder der Anwender verfügt nicht über alle notwendigen Berechtigungen).

Falsche Verwendung von Operatoren

Die folgende Zeile soll eigentlich alle Dienste auflisten, die aktuell laufen:

```
PS> Get-Service | Where-Object { $_.Status = 'Running' }
```

Stattdessen hagelt es unzählige Fehlermeldungen wie: »*Status« ist eine schreibgeschützte Eigenschaft.* Warum wohl? Die Fehlermeldung verrät es bereits, denn sie beklagt sich darüber, dass der Eigenschaft Status ein Wert zugewiesen wurde, obwohl sie schreibgeschützt ist. Tatsächlich hat sich ein Gewohnheitsfehler eingeschlichen, der besonders Anwendern unterläuft, die in anderen Skriptsprachen erfahren sind. Aus Versehen wurde nämlich der Zuweisungsoperator = und nicht der Vergleichsoperator -eq verwendet.

Deshalb hat `Where-Object` treu versucht, bei jedem einlaufenden Dienst-Objekt die Eigenschaft Status auf den Wert Running zu setzen – was die Fehlermeldungen verursacht hat. Ersetzen Sie den Zuweisungsoperator durch den Vergleichsoperator, funktioniert die Zeile einwandfrei:

```
PS> Get-Service | Where-Object { $_.Status -eq 'Running' }

Status   Name              DisplayName
------   ----              -----------
Running  AdobeARMservice   Adobe Acrobat Update Service
Running  AMPPALR3          Intel® Centrino® Wireless Bluetooth...
Running  Appinfo           Anwendungsinformationen
(…)
```

In diesem Fall hat der Logikfehler sogar einen Laufzeitfehler ausgelöst, der auf das zugrunde liegende Logikproblem aufmerksam macht. Das ist aber nicht immer so. Typisch für Logikfehler ist, dass sie eben keine Fehlermeldung liefern, so wie hier:

```
PS> Get-ChildItem -Path $env:windir | Where-Object { $_.Length > 1MB }
```

Diese Zeile soll eigentlich alle Dateien aus dem Windows-Ordner auflisten, die größer sind als 1 MB. Tatsächlich aber liefert sie kein Ergebnis. Wieder ist ein Operatorfehler schuld. Anstelle des eigentlich benötigten Vergleichsoperators -gt wurde der Umleitungsoperator > verwendet. Where-Object hat also bei jedem empfangenen Objekt die Größe in eine Datei namens *1MB* umgeleitet, und weil diese Aktion keinen Rückgabewert liefert (also $null), hat Where-Object als Ergebnis das Objekt nicht durch die Pipeline durchgelassen. Tatsächlich existiert die Datei, die aus der Umleitung entstanden ist, sogar, allerdings vielleicht nicht unter dem erwarteten Namen:

```
PS> Get-Item -Path 1MB
Get-Item : Der Pfad "C:\Users\Tobias\1MB" kann nicht gefunden werden, da er nicht vorhanden ist.
```

1 MB entspricht nämlich eigentlich dem Zahlenwert 1.048.576, und unter genau diesem Namen wurde die Datei auch angelegt:

```
PS> 1MB
1048576

PS> Get-Item -Path (1MB)

    Verzeichnis: C:\Users\Tobias

Mode            LastWriteTime     Length Name
----            -------------     ------ ----
-a---        09.11.2012    12:51      10 1048576
```

Ersetzen Sie > durch -gt, funktioniert dieser Code einwandfrei:

```
PS> Get-ChildItem -Path $env:windir | Where-Object { $_.Length -gt 1MB }

    Verzeichnis: C:\Windows

Mode            LastWriteTime     Length Name
----            -------------     ------ ----
-a---        06.08.2012    18:59    4319008 AsDebug.log
-a---        07.07.2012    14:38    3058304 AsScrPro.exe
-a---        24.02.2012    01:55    2871808 explorer.exe
(…)
```

Tippfehler ändern den Code

Tippfehler bei Variablennamen oder Namen von Objekteigenschaften führen ebenfalls leicht zu Logikfehlern, weil PowerShell annimmt, dass Sie schon wissen, was Sie tun. Geben Sie also einen falschen Variablen- oder Eigenschaftennamen an, akzeptiert PowerShell dies klaglos. In den meisten Fällen ist das Ergebnis einer nicht vorhandenen Variablen oder Eigenschaft dann $null, was im weiteren Verlauf zu Folgefehlern führt. Schauen Sie sich das hier mal an:

```
PS> Get-ChildItem -Path $env:windir | Where-Object { $_.Lenght -gt 1MB }
```

Wieder sollen alle Dateien gefunden werden, die größer sind als 1 MB. Diesmal stimmt der Operator ebenfalls, aber dennoch wird »nichts« zurückgeliefert. Sehen Sie das Problem? Die Objekteigenschaft Length ist falsch geschrieben, sie weist einen Buchstabendreher auf: Lenght. Die Eigenschaft gibt es entsprechend nicht. Deshalb gibt PowerShell für sie stets $null zurück, und $null ist immer kleiner als 1 MB.

Nicht initialisierte Variablen

Bei Variablennamen gilt das Problem natürlich entsprechend. Hier kommt aber ein weiteres hinzu: Wird eine Variable nicht mit einem definierten Ausgangswert festgelegt, kann niemand genau sagen, welchen Inhalt eine Variable gerade hat. Es könnte der Wert $null sein. Ebenso gut könnte die Variable aber auch noch einen ganz anderen Inhalt von einem vorherigen Testlauf enthalten.

Deshalb führt der folgende Code ebenfalls zu Logikfehlern:

```
Get-ChildItem -Path $env:windir |
  Where-Object { $_.Length -gt 1MB } |
  ForEach-Object { $zähler++ }

"Im Windows-Ordner lagern $zähler Dateien, die >1MB sind."
```

Eigentlich soll er die Anzahl der Dateien im Windows-Ordner bestimmen, die größer sind als 1 MB. Das leistet er auch, jedenfalls beim ersten Aufruf. Beim nächsten hat sich die Anzahl schon verdoppelt und verdoppelt sich weiter bei jedem neuen Aufruf:

```
Im Windows-Ordner lagern 6 Dateien, die >1MB sind.
Im Windows-Ordner lagern 12 Dateien, die >1MB sind.
Im Windows-Ordner lagern 18 Dateien, die >1MB sind.
Im Windows-Ordner lagern 24 Dateien, die >1MB sind.
Im Windows-Ordner lagern 30 Dateien, die >1MB sind.
```

Der Grund: Die Variable $zähler wird niemals mit einem Ausgangswert definiert. Das Skript erhöht die Variable nur jeweils mit dem Inkrementoperator ++. Deshalb werden bei jedem Aufruf die jeweils gefundenen Dateien zu $zähler hinzuaddiert. Solche und viele ähnliche Probleme vermeiden Sie, indem Sie grundsätzlich alle eigenen Variablen zuerst auf einen definierten Ausgangswert festlegen, zum Beispiel so ...

```
$zähler = 0

Get-ChildItem -Path $env:windir |
  Where-Object { $_.Length -gt 1MB } |
  ForEach-Object { $zähler++ }

"Im Windows-Ordner lagern $zähler Dateien, die >1MB sind."
```

... oder speziell bei `ForEach-Object`, indem Sie die Variablen in dessen `begin`-Parameter festlegen:

```
Get-ChildItem -Path $env:windir |
  Where-Object { $_.Length -gt 1MB } |
  ForEach-Object -begin { $zähler=0 } -process { $zähler++ }

"Im Windows-Ordner lagern $zähler Dateien, die >1MB sind."
```

Nicht initialisierte Variablen sind eine der am häufigsten auftretenden Fehlerquellen. Sie führen auch dazu, dass Ihr Code »von außen« beeinflussbar wird, denn falls jemand in der Konsole die Variable `$zähler` auf einen anderen Wert einstellt, wirkt sich dieser ohne die Initialisierung direkt auf das Ergebnis aus. Dabei ist das Initialisieren von Variablen sehr einfach. Sogar mehrere Variablen können in einer Zeile auf definierte Ausgangswerte eingestellt werden:

```
PS> $a = $b = $c = $d = 0
```

Profitipp

Tippfehler und nicht initialisierte Variablen können »sichtbar« gemacht werden, indem Sie PowerShell vorübergehend anweisen, dies zu melden. Das kann nützlich sein, wenn Sie ein Skript abschließend testen wollen, bevor Sie es in die Produktion geben:

```
PS> Set-StrictMode -Version Latest
```

Jetzt führen nicht initialisierte Variablen und nicht vorhandene Objekteigenschaften zu einer auffälligen Fehlermeldung. Wichtig: Dieser strengere Testmodus darf nur vorübergehend während der Entwicklungszeit eingeschaltet werden. Produktionsskripte sind darauf angewiesen, dass nicht vorhandene Objekteigenschaften freundlich ignoriert werden. Schalten Sie den Modus deshalb gegebenenfalls wieder aus, um keine falschen Alarme zu produzieren:

```
PS> Set-StrictMode -Off
```

Verwenden Sie die Anweisung **Set-StrictMode** niemals als Teil Ihrer Skripte, die Sie weitergeben. Der StrictMode ist eine persönliche Einstellung pro Computer und pro Situation, keinesfalls etwas, das Sie versteckt bei anderen Anwendern als Teil Ihrer Skripte einschalten dürfen.

Der StrictMode schützt Sie übrigens nur bedingt: Verwendet ein Skript nicht initialisierte Variablen, aber wurde den Variablen auf andere Weise bereits ein Wert zugewiesen – von Hand oder während eines vorherigen Tests –, ist die Variable für PowerShell nicht mehr leer und entgeht also dem Test. Testen Sie deshalb Skripte vor der endgültigen Weitergabe am besten in einer neuen, frisch gestarteten ISE-Sitzung oder wählen Sie in der ISE den Menübefehl *Datei/Neue PowerShell Registerkarte* und führen Sie das Skript in einem neuen PowerShell-Tab aus. Dort müssen Sie den StrictMode allerdings gegebenenfalls erneut einschalten, denn die Einstellung gilt immer nur für eine Sitzung und nicht länger oder für andere PowerShell-Instanzen.

Versehentliche Verwendung von Arrays

Mitunter werden Logikfehler auch durch die falsche Angabe von Argumenten ausgelöst. Das folgende Beispiel definiert eine hypothetische Funktion, die zwei Zahlen miteinander multiplizieren soll:

```
function Multiply($a, $b) { $a * $b }
```

Wenn Sie die Funktion aufrufen, liefert sie aber »nichts« zurück:

```
PS> Multiply(5, 10)

PS>
```

Ein Fehler erscheint indes auch nicht. PowerShell ist offenbar zufrieden. Schauen wir mal, was PowerShell tatsächlich getan hat – wieder jedoch etwas ganz anderes, als der Anwender im Sinn hatte: `Multiply` erwartet zwei Argumente, nämlich `$a` und `$b`. Übergeben wurde aber nur ein Argument, nämlich ein Array mit den beiden Werten 5 und 10. Erinnern Sie sich? Kommaseparierte Listen werden von PowerShell immer in ein Array verpackt. Das zweite Argument `$b` ist also leer. Multipliziert man ein Array mit einem Leerwert, ist das Ergebnis völlig zu Recht »nichts«. Übergeben Sie `$b` dagegen einen Wert, wird das Array tatsächlich multipliziert:

```
PS> Multiply(5,8) 2
5
8
5
8
```

Solche Fehler kommen häufig vor, weil erfahrene Programmierer es gewohnt sind, Objektmethoden die Argumente als kommaseparierte Liste zu übergeben, so wie bei diesem Stück Low-Level-Code, der eine ganz ähnliche Funktion namens `BigMul()` aus .NET Framework aufruft (mehr zu solchem Code erfahren Sie ab Kapitel 10):

```
PS> [Math]::BigMul(5,8)
40
```

Bei PowerShell-Befehlen gelten aber andere Regeln. Hier werden die Argumente ohne Klammern angegeben und durch Leerzeichen statt Kommata voneinander getrennt. Der richtige Aufruf sieht also so aus:

```
PS> Multiply 5 8
40
```

Sie vermeiden solche Fehler, indem Sie PowerShell-Befehle immer mit benannten Parametern aufrufen. Dadurch wird sehr viel klarer, was die Argumente eigentlich bedeuten:

```
PS> Multiply -a 5 -b 8
40

PS> Multiply -a 5,8 -b 2
5
8
5
8
```

Tipp

Noch klarer wäre der Aufruf natürlich, wenn die Funktion ihre Argumente nicht **a** und **b**, sondern zum Beispiel **Value** und **Factor** genannt hätte.

Auch vor solchen Fehlern schützt Sie der StrictMode von eben. Rufen Sie einen PowerShell-Befehl in Entwicklersyntax auf, würde PowerShell dies mit einer Fehlermeldung quittieren:

```
PS> Set-StrictMode -Version Latest
PS> Multiply(5,8)
Die Funktion oder der Befehl wurde wie eine Methode aufgerufen. Parameter müssen durch Leerzeichen
getrennt sein. Informationen zu Parametern finden Sie im Hilfethema "about_Parameters".
```

Fehlendes Verständnis für Objektreferenzen

Allen Beispielen bisher war gemeinsam, dass PowerShell die Anweisungen anders verstanden hat, als sie vom Entwickler beabsichtigt waren. So frustrierend Logikfehler anfangs auch sein mögen, so bietet die Lösung dieser Fehler meist einen tiefen Einblick in die wahre Funktionsweise von PowerShell. Logikfehler können deshalb eine wertvolle Lernerfahrung sein – oder wie Xavier Naidoo es poetischer ausdrücken würde: »Der Mensch lernt nur, wenn er Sch... frisst.« In diesem Sinne schauen Sie sich auch diesen Code einmal näher an und überlegen sich, was Sie erwarten würden:

```
$namensliste = 'Tom','Mary'

$namensliste_neu = $namensliste
$namensliste_neu += 'Tobias'

"Alte Namensliste:"
$namensliste
"Neue Namensliste:"
$namensliste_neu

'-' * 40

$namensliste_neu[1] = 'gestrichen'
"Element 2 in neuer Namensliste:"
$namensliste_neu[1]
"Element 2 in alter Namensliste:"
$namensliste[1]
```

Wenn Sie den Code ausführen, sieht das Ergebnis so aus:

```
Alte Namensliste:
Tom
Mary
Neue Namensliste:
Tom
Mary
Tobias
----------------------------------------
Element 2 in neuer Namensliste:
gestrichen
Element 2 in alter Namensliste:
Mary
```

Das Ergebnis entspricht also höchstwahrscheinlich genau Ihren Erwartungen. Tatsächlich aber kann durch eine winzige Änderung daraus der Ursprung äußerst schwer aufzuspürender Logikfehler werden. Sie brauchen im Code nämlich lediglich die dritte Zeile zu entfernen ($namensliste_neu += 'Tobias') und ihn noch einmal auszuführen. Jetzt sieht das Ergebnis unerwartet anders aus:

```
Alte Namensliste:
Tom
Mary
Neue Namensliste:
```

```
Tom
Mary
------------------------------------------
Element 2 in neuer Namensliste:
gestrichen
Element 2 in alter Namensliste:
gestrichen
```

Dass die alten und neuen Namenslisten nun den gleichen Inhalt haben, ist nach der Streichung der dritten Zeile kein Wunder. Erstaunlich ist aber, dass bei der die Änderung des Elements in der einen Liste genau dasselbe Element auch in der anderen Liste mit geändert wird – und deshalb am Ende der Ausgabe beide Listen ein gestrichenes Element besitzen:

```
PS> $namensliste_neu[1] = 'so was aber auch'
PS> $namensliste_neu[1]
so was aber auch

PS> $namensliste[1]
so was aber auch
```

Tatsächlich sind beide Variablen identisch. Was Sie hier erleben, ist typisch für Variablen, die keine primitiven Daten wie Text oder Zahlen enthalten, sondern komplexere Objekte.

In diesem Fall speichert die Variable nämlich nicht die eigentlichen Daten, sondern nur einen Verweis (einen Zeiger) auf den Ort im Speicher, wo die Daten abgeladen wurden. Deshalb führt die folgende Anweisung nur dazu, dass die neue Variable denselben Zeiger bekommt wie die alte, aber nicht die Daten kopiert. Beide Variablen hantieren nach wie vor mit denselben Daten:

```
$namensliste_neu = $namensliste
```

Damit sich beide Listen unabhängig voneinander verhalten, muss also eine *echte Kopie* der Daten angelegt werden. Und genau das ist völlig nebenbei im ersten Beispiel geschehen, als einer der beiden Listen mit dem Operator += ein neues Element hinzugefügt wurde.

Damit man Arrays um ein neues Element ergänzen kann, ist nämlich hinter den Kulissen erheblicher Aufwand nötig: Es wird ein neues Array mit einem zusätzlichen Element angelegt, und danach werden die Inhalte des alten Arrays in das neue kopiert – also genau der Kopiervorgang, der die beiden Arrays voneinander unabhängig gemacht hat. Fehler, die auf irrtümlicher Doppelnutzung von Objekten beruhen, können nur dadurch behoben werden, dass man das Phänomen überhaupt kennt – und dann überall dort, wo es notwendig ist, tatsächlich Kopien anlegt. Kopien von Arrays kann man zum Beispiel mit der in Arrays eingebauten Methode Clone() anlegen:

```
$namensliste_neu = $namensliste.Clone()
```

Kopien von Objekten werden mit Select-Object erstellt. Auch dazu ein kurzes Beispiel: Das folgende Skript legt eine Testdatei im temporären Ordner an und greift dann mit Get-Item auf die Datei zurück. Get-Item liefert ein Dateiobjekt mit zahlreichen Eigenschaften, das in $datei gespeichert wird. Anschließend wird in $dateikopie eine Kopie angelegt. Wie Sie wissen, wurde hierbei aber nur der interne Zeiger auf das Objekt kopiert, und beide Variablen arbeiten mit demselben Objekt:

```
PS> "Test" > $env:TEMP\testdatei.txt
PS> $datei = Get-Item -Path $env:TEMP\testdatei.txt

PS> # nur eine Kopie des Zeigers anlegen, beide Variablen zeigen auf dasselbe Objekt:
PS> $dateikopie = $datei
```

Wird nun eine Eigenschaft der einen Variablen geändert, beispielsweise `CreationTime`, ändert sich auch die Eigenschaft der anderen Variablen, weil beide ja mit demselben Objekt arbeiten:

```
PS> $datei.CreationTime = '1999-12-18 19:33:00'
PS> $datei.CreationTime
Samstag, 18. Dezember 1999 19:33:00
PS> $dateikopie.CreationTime
Samstag, 18. Dezember 1999 19:33:00
```

Wird dagegen mit `Select-Object` eine Objektkopie angelegt, sind beide voneinander unabhängig geworden:

```
PS> # echte Kopie des Objekts anlegen:
PS> $dateikopie = $datei | Select-Object -Property *
PS> $datei.CreationTime = '1833-06-12 07:12:30'
PS> $datei.CreationTime
Mittwoch, 12. Juni 1833 07:12:30
PS> $dateikopie.CreationTime
Samstag, 18. Dezember 1999 19:33:00
```

Profitipp

Objekte repräsentieren häufig Dinge in Ihrem Computer – so auch hier. Das von `Get-Item` zurückgelieferte Dateiobjekt repräsentiert die angelegte Testdatei, und wenn Sie die Eigenschaften dieses Objekts ändern, ändert sich auch die Datei. Sie haben eben also tatsächlich das Erzeugungsdatum dieser Datei auf den 12. Juni 1833 um 7 Uhr, 12 Minuten und 30 Sekunden eingestellt und damit wahrscheinlich die älteste jemals entdeckte Computerdatei erzeugt (die vermutlich auf eBay einen begeisterten Käufer fände).

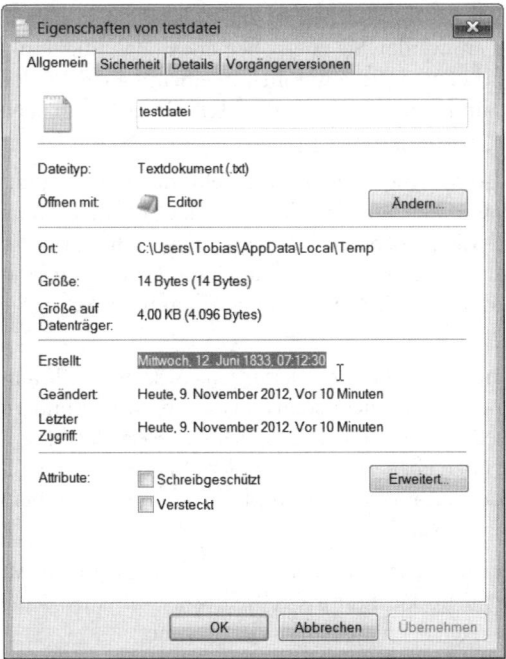

Abbildung 20.9: Die Testdatei meldet tatsächlich, dass sie in den frühen Morgenstunden anno 1833 erstellt wurde.

Die Objektkopie dagegen ist ein unabhängiges Objekt, das nicht mehr mit der ursprünglichen Datei verbunden ist. Änderungen, die Sie daran vornehmen, wirken sich also auch nicht mehr auf die Datei aus.

Falsche Verwendung von Klammern

Schauen Sie sich als Beispiel den Code aus Abbildung 20.10 an, der sehr dem Code aus Abbildung 20.2 ähnelt, aber diesmal einen Logikfehler enthält.

```
 1   function Get-BIOS
 2   {
 3       param
 4       {
 5           $ComputerName,
 6           $Credential
 7       }
 8
 9       Get-WmiObject -Class Win32_BIOS @PSBoundParameters |
10           Select-Object -Property Caption, Version
11   }
12
```

Abbildung 20.10: Die Funktion Get-BIOS funktioniert zwar, aber nicht so wie gewünscht.

Das Skript kann einwandfrei ausgeführt werden, ein Syntaxfehler ist darin also nicht enthalten. Wenn Sie jedoch anschließend Get-BIOS aufrufen, werden Sie zuerst bemerken, dass die Funktion gar keine Parameter besitzt. Anschließend bemängelt PowerShell in einem Laufzeitfehler, dass es den Befehl param nicht finden konnte, und danach werden die BIOS-Daten des lokalen Computers ausgeworfen.

Aus irgendeinem Grund wertet PowerShell also die Angabe param als Befehl (den es nicht gibt) und nicht als Parameterdeklaration. Dass PowerShell Ihren Code in der Tat auf diese Weise interpretiert, zeigt der ISE-Editor bereits durch die Farbcodierung, denn param taucht darin wie alle übrigen Befehle in Königsblau auf. Ein param-Block ist definiert durch die Anweisung param sowie die gewünschten Parameter als kommaseparierte Liste in runden Klammern. Sehen Sie die Fehlerursache jetzt?

Im Skript stehen hinter param nicht *runde*, sondern *geschweifte* Klammern. Geschweifte Klammern definieren stets einen Skriptblock, also Code, der nicht sofort ausgeführt wird, sondern jemandem übergeben werden kann. PowerShell geht also davon aus, dass param ein Befehl sein muss, dem Sie als Argument den Skriptblock übergeben wollen. Weil diese Interpretation vollkommen gültig ist (nur eben nicht das, was der Autor eigentlich wollte), kommt es zu keinem Syntaxfehler, denn syntaktisch ist das Skript ja einwandfrei.

Sobald Sie die geschweiften Klammern durch runde Klammern ersetzen und das Skript erneut ausführen, funktioniert Get-BIOS wie gewünscht. Im ISE-Editor wechselt param nun auch seine Farbe und wird dunkelblau, genau wie alle übrigen Schlüsselwörter der Sprache.

Falsche Zuordnung von Skriptblöcken

Wie verblüffend die Ursachen für Logikfehler manchmal sein können, demonstriert das nächste Beispiel. Es soll eigentlich zeigen, wie eine Funktion Eingaben von der Pipeline empfängt. Dazu schafft es einen Parameter namens -Value, der Pipeline-Eingaben akzeptiert.

Hinweis

Dieses Skript definiert eine Funktion, die Pipeline-Eingaben akzeptiert. Die Technik dafür wird in Kapitel 14 ausführlich beschrieben. Sie werden den Fehler, der dieser Funktion zugrunde liegt, erst dann nachvollziehen können, wenn Sie sich dort mit Pipeline fähigen Funktionen beschäftigt haben. Der Fehler wird dennoch in diesem Kapitel beschrieben, weil er zeigt, welch skurrile Ergebnisse PowerShell-Code liefern kann, wenn PowerShell die Anweisungen anders als vom Entwickler beabsichtigt interpretiert.

Damit die eintreffenden Pipeline-Eingaben einzeln bearbeitet werden, wird im Funktionskörper ein process-Block definiert. Er wird für jede Eingabe wie eine Schleife über die Pipeline wiederholt.

```
3    function Test-Pipeline
4    {
5      param(
6        [Parameter(ValueFromPipeline=$true)]
7        $Value
8      )
9
10     "Diese Funktion testet Pipeline-Eingaben:"
11
12     process
13     {
14       "Empfange: $Value"
15     }
16   }
```

Abbildung 20.11: Ein Logikfehler führt dazu, dass diese Funktion ganz unerwartete Resultate liefert.

Wenn Sie das Skript ausführen, kommt es nicht zu Fehlern. Wieder ist also kein Syntaxfehler enthalten, aber ein Logikfehler, der sich offenbart, sobald Sie Test-Pipeline ausprobieren:

```
PS> 1..10 | Test-Pipeline
Diese Funktion testet Pipeline-Eingaben:

Handles  NPM(K)    PM(K)      WS(K) VM(M)   CPU(s)     Id ProcessName
-------  ------    -----      ----- -----   ------     -- -----------
    100      10     2668       3228    59     1,03   5724 ACEngSvr
    107      11     2292       2716    75     0,56   7048 ACMON
     39       6     1868        372    55     0,03   8096 ADDEL
(…)
    520      48    14380      13652   156            3764 wmpnetwk
    230      19     6812       4572    97            2764 ZeroConfigService

"Empfange: $Value"
```

Das Ergebnis irritiert ungemein. Zuerst gibt die Funktion wie erwartet die Textmeldung aus. Anschließend allerdings werden alle laufenden Prozesse aufgelistet, und zum Schluss wird der Quelltext in Ihrem process-Block wörtlich zurückgegeben.

Tatsächlich wurden wieder einmal formale Gesichtspunkte der Sprache missachtet: Wenn in einer Funktion Code explizit einem process-Block zugewiesen wird, darf kein übriger Code außerhalb dieses Blocks stehen. Falls doch, geht PowerShell davon aus, dass process kein reserviertes Schlüsselwort ist, sondern ein Befehl. Tatsächlich zeigt ein genauer Blick in den ISE-Editor, dass process darin in Königsblau erscheint und nicht dunkelblau ist, wie für Schlüsselwörter üblich.

process ist allerdings kein gültiger Befehl, aber Get-Process. Weil PowerShell alle Cmdlets, die das Verb Get verwenden, auch ohne dieses Verb ausführt, ruft die Funktion also in Wahrheit Get-Process auf, was die Ausgabe der Prozessliste erklärt.

Der Skriptblock, der eigentlich process zugeordnet sein sollte, wird anschließend einfach als weiteres Funktionsergebnis zurückgeliefert. Das erklärt, warum nach der Prozessliste noch der Quellcode erschien. Um das Problem zu lösen, muss man also die formalen Regeln einhalten und könnte die Anfangsmeldung in einen begin-Block stellen:

```
function Test-Pipeline
{
  param(
    [Parameter(ValueFromPipeline=$true)]
    $Value
  )

  begin
  {
    "Diese Funktion testet Pipeline-Eingaben:"
  }

  process
  {
    "Empfange: $Value"
  }
}
```

Schon funktioniert alles wie gewünscht:

```
PS> 1..10 | Test-Pipeline
Diese Funktion testet Pipeline-Eingaben:
Empfange: 1
Empfange: 2
Empfange: 3
(...)
```

Schrittweise Ausführung mit dem Debugger

Liefert das Skript nicht die gewünschten Ergebnisse und führt auch eine erste Durchsicht des Codes nicht zur Erleuchtung, greifen Sie zum Debugger und schauen sich den Code im laufenden Betrieb an. Spätestens so lassen sich Fehler eingrenzen und nachvollziehen.

Wie der Name andeutet, dient ein Debugger dazu, *Bugs* (also wörtlich Motten, Wanzen und Käfer) im Code zu entlarven. In den Anfängen der Computergeschichte waren Bugs tatsächlich Motten, die sich in Computerrelais verfingen und für Fehlfunktionen sorgten. Der Begriff wurde beibehalten, aber heute versteht man unter einem Bug meist einen Konzeptionsfehler.

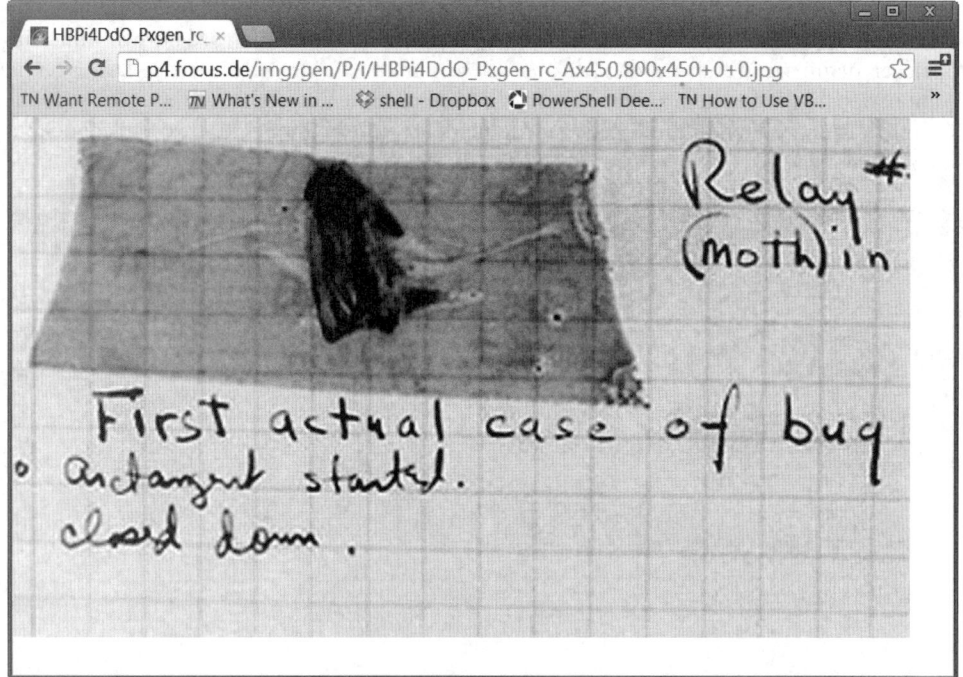

Abbildung 20.12: Der erste »Computer-Bug« der Geschichte war noch eine echte Motte, die sich im Relais verfing.

Haltepunkte setzen und Code schrittweise ausführen

Um PowerShell-Code im ISE-Editor zu debuggen, muss der Code gespeichert werden und also als Datei vorliegen. Solange dies nicht der Fall ist, ist kein Debugging möglich, und die entsprechenden Befehle im Menü *Debuggen* sind deaktiviert.

Nach dem Speichern Ihres Codes besteht der erste Schritt darin, in ihm einen Haltepunkt zu setzen. Damit sagen Sie dem Debugger, an welcher Stelle die Ausführung angehalten und in Ihre Hände gelegt werden soll. Sie erzeugen einen Haltepunkt, indem Sie in die betreffende Codezeile klicken und dann F9 drücken (oder *Debuggen/Haltepunkt umschalten* wählen). Auf gleiche Weise kann ein Haltepunkt auch wieder entfernt werden. Haltepunkte markiert der ISE-Editor rot (Abbildung 20.13).

```
1   Function Test
2   {
3       1..10 |
4       ForEach-Object {
5           "bearbeite gerade $_"
6       }
7   }
8
```

Abbildung 20.13: Einen Haltepunkt im ISE-Editor setzen.

Danach starten Sie Ihr Skript, zum Beispiel mit [F5]. Falls das Skript wie in Abbildung 20.13 eine Funktion definiert, passiert zunächst rein gar nichts. Die Funktion wird nur wie üblich im Speicher definiert. Wenn Sie danach aber diese Funktion aufrufen, tritt der Debugger in Aktion: Sobald die mit dem Haltepunkt markierte Codezeile ausgeführt werden soll, wird die Ausführung angehalten und die Zeile orange markiert (in Abbildung 20.14 am helleren Grauton zu erkennen).

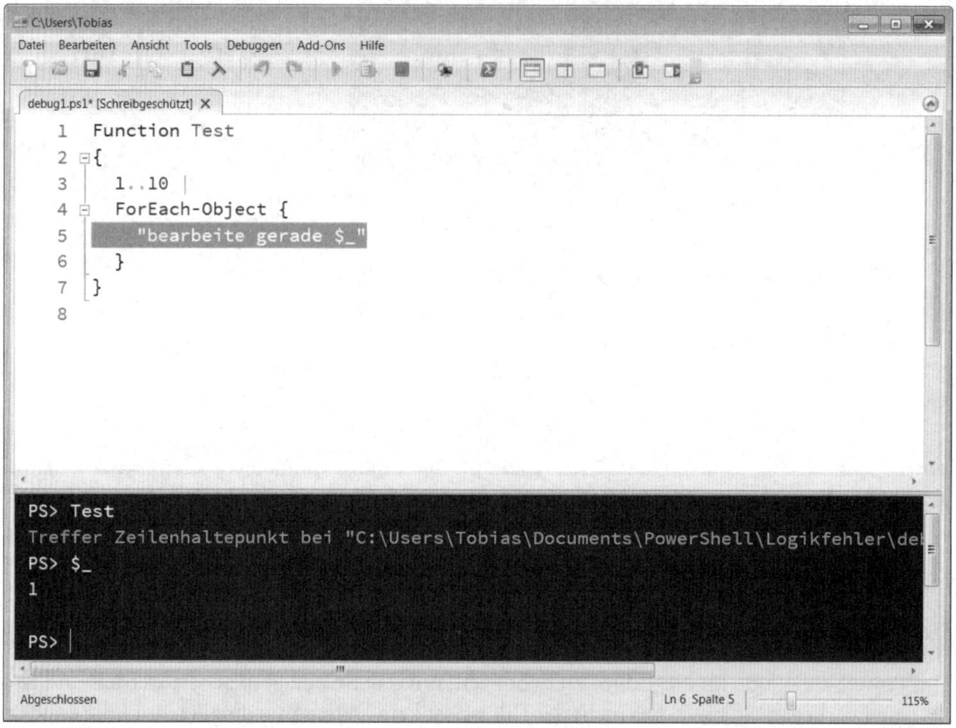

Abbildung 20.14: Die Codeausführung wird angehalten, und Variableninhalte können inspiziert werden.

In der Konsole wird außerdem gemeldet, dass der Haltepunkt erreicht wurde, und hier können Sie nun beliebigen Code eingeben. Er wird im Kontext des gerade angehaltenen Codes ausgeführt. Alle Variablen, die zu dieser Zeit definiert sind, können also beispielsweise abgerufen und inspiziert werden. In Abbildung 20.14 sehen Sie im unteren Teil, wie der Inhalt der Variablen $_ abgerufen wird und den Wert 1 enthält. Sie dürfen Variablen sogar ändern, wenn Sie möchten, indem Sie ihnen neue Werte zuweisen.

Hinweis

Solange der Debugger läuft, dürfen Sie in der interaktiven Konsole beliebige Befehle aufrufen, um den Zustand des Codes und der PowerShell-Sitzung zu überprüfen.

Den Skriptcode selbst können Sie während einer Debugging-Sitzung dagegen nicht ändern (ISE blendet deshalb auf der Registerkarte den Zusatz *Schreibgeschützt* ein). Eine Bearbeitung ist erst dann wieder möglich, wenn der Debugger seine Arbeit beendet hat. Das ist dann der Fall, wenn entweder der Code regulär zum Ende gekommen ist oder aber Sie den Debugger vorzeitig mit [⇧]+[F5] beenden.

Codeausführung fortsetzen

Sie können sich nach der Überprüfung entscheiden, ob Sie den Code weiter schrittweise ausführen, fortsetzen oder abbrechen möchten:

- **Nächste Anweisung:** Drücken Sie F10, wenn Sie die nächste Anweisung ausführen und dann dort wieder anhalten wollen. F11 bewirkt prinzipiell das Gleiche, wandert aber in kleinsten Einheiten, nämlich in Einzelschritten. Häufig besteht kein Unterschied zwischen beiden Tasten. Unterschiedlich verhalten sich beide Tasten aber, wenn die jeweilige Anweisung eine Funktion zur Ausführung bringt. F10 ruft in diesem Fall die Funktion auf und hält erst dann wieder an, wenn die Funktion als Ganzes ausgeführt wurde. F11 dagegen ruft nur die erste Anweisung innerhalb der Funktion auf und hält dann sofort wieder an. Die Programmfortsetzung geschieht also tatsächlich in den kleinstmöglichen Einzelschritten.

- **Fortsetzen:** Drücken Sie F5, wenn Sie den Code fortsetzen wollen. Der Debugger hält erst wieder an, wenn erneut ein Haltepunkt erreicht wird.

- **Abbrechen:** Drücken Sie ⇧+F5, wenn Sie den Debugger (und damit den Code) sofort abbrechen wollen.

Ad-hoc-Debugging

Auch bereits laufende Skripte können in den Debug-Modus umgeschaltet werden (ab Power-Shell 5): Drücken Sie während der Ausführung Strg+B. Der Debugger übernimmt, sobald die aktuelle Anweisung abgearbeitet ist, und markiert die Zeile im Code, die als Nächstes ausgeführt wird. Danach gelten die gleichen Regeln und Tastenkombinationen wie eben beschrieben, und Sie können den Code nun zeilenweise ausführen, das Skript fortsetzen oder auch abbrechen.

Voraussetzung für das Ad-hoc-Debugging ist indes, dass tatsächlich ein Skript ausgeführt wird, also der Code als Datei gespeichert worden war. Solange im Register des Skripts *Unbenannt* steht, handelt es sich nicht um eine Skriptdatei, und der Debugger steht auch nicht zur Verfügung.

Dynamische Haltepunkte setzen

Die grafische Oberfläche von ISE erlaubt nur, *statische* Zeilenhaltepunkte zu setzen. Der Debugger hält also immer dann an, wenn genau diese Zeile ausgeführt werden soll. Häufig lassen sich bestimmte Fragestellungen aber noch besser mit *dynamischen* (intelligenten) Haltepunkten klären. Diese halten den Debugger an, wenn eine bestimmte Situation eintritt. Solche Haltepunkte können nur über Set-PSBreakpoint gesetzt werden, nicht über die grafische Oberfläche oder die Tastatur.

Anhalten, wenn Variablen sich ändern

Fragen Sie sich zum Beispiel, wann (und warum) eine bestimmte Variable geändert wird, beauftragen Sie den Debugger, immer dann anzuhalten, wenn das geschieht. Achten Sie darauf, den Variablennamen ohne $ anzugeben. Es soll wieder von diesem Code ausgegangen werden:

```
function Test
{
  1..10 |
  ForEach-Object {
    "bearbeite gerade $_"
  }
}
```

Die folgende Anweisung setzt einen Haltepunkt, wenn die Variable $_ geändert wird:

```
PS> Set-PSBreakPoint -variable _ -Mode Write
```

Jetzt allerdings hält der Debugger *immer* an, wenn sich die Variable $_ *irgendwo* ändert, und das passiert wesentlich häufiger, als Ihnen lieb sein kann. $_ ist die allgemeine Laufvariable von PowerShell. Sie ändert sich zum Beispiel sogar, wenn Sie Set-PSBreakpoint selbst aufrufen, weswegen sofort ein Haltepunkt erreicht wird:

```
Treffer Variablenhaltepunkt bei "$_" (Write-Zugriff)
Angehalten bei: Set-PSBreakPoint -variable _ -Mode Write
```

Drücken Sie [F5], um fortzufahren, folgt erst jetzt das Ergebnis von Set-PSBreakpoint:

```
PS>

 ID Script          Line Command        Variable       Action
 -- ------          ---- -------        --------       ------
  3                                         _
```

Besser ist es, diesen etwas weiter reichenden Haltepunkt gleich wieder zu entfernen und stattdessen einen spezifischeren Haltepunkt anzulegen, der sich nur auf Ihr Skript auswirkt. Mit dieser Zeile werden zunächst sämtliche Haltepunkte entfernt:

```
PS> Get-PSBreakpoint | Remove-PSBreakpoint
```

Anschließend wird der Haltepunkt erneut gesetzt, aber diesmal nur, wenn der Haltepunkt innerhalb des Skripts vorkommt. Dazu müssen Sie den vollständigen Pfadnamen angeben, unter dem das Skript gespeichert wurde, zum Beispiel so:

```
PS> Set-PSBreakPoint -variable _ -Mode Write -Script ($psISE.CurrentFile.FullPath)

 ID Script          Line Command        Variable       Action
 -- ------          ---- -------        --------       ------
  4 debug1.ps1                             _
```

Wenn Sie nun die Funktion Test aufrufen, hält der Debugger automatisch an, sobald sich die Variable $_ irgendwo in Ihrem Skript ändert. ISE markiert in Gelb, welche Anweisung als Nächstes ausgeführt wird. Diesmal wird die 1 markiert.

```
1  Function Test
2 ⊟{
3  |   1..10 |
4  ⊟   ForEach-Object {
5  |      "bearbeite gerade $_"
6  |   }
7  ⌊}
```

Abbildung 20.15: Sobald die Bedingung des intelligenten Haltepunkts erfüllt ist, wird der Code angehalten.

Mit F5 setzen Sie die Ausführung jetzt fort. Der Debugger hält nun jedes Mal erneut an, wenn $_ sich wieder ändert, und Sie können so in der interaktiven Konsole mitverfolgen, an welcher Stelle dieser Variablen welche Werte zugewiesen werden. Drücken Sie ⇧ + F5, wenn Sie das Debugging abbrechen möchten. Den Haltepunkt löschen Sie danach wieder mit Remove-PSBreakpoint. Wenn Sie sich dessen ID-Nummer gemerkt haben, die beim Anlegen des Haltepunkts ausgegeben wurde, können Sie auch nur diesen einen Haltepunkt entfernen:

```
PS> Remove-PSBreakpoint -ID 4
```

Tipp

Sie dürfen Remove-PSBreakpoint auch während der Debug-Sitzung aufrufen und können den Haltepunkt auch mittendrin entfernen. Sobald Sie den Code danach mit F5 fortsetzen, wird der gelöschte Haltepunkt nicht mehr berücksichtigt.

Anhalten, wenn Cmdlets oder Funktionen aufgerufen werden

Vielleicht möchten Sie nachverfolgen, wann und von wo aus bestimmte Cmdlets oder Funktionen aufgerufen werden. In diesem Fall legen Sie einen Haltepunkt an, der die Ausführung immer dann unterbricht, wenn der zu beobachtende Befehl aufgerufen wird. Die folgende Zeile legt einen Haltepunkt an, der immer dann ausgelöst wird, wenn ForEach-Object eingesetzt wird:

```
PS> Set-PSBreakpoint -Command ForEach-Object
```

ID	Script	Line	Command	Variable	Action
5			ForEach-Object		

Erwartungsgemäß hält der Debugger nun ebenfalls an, wenn Sie Ihre Funktion Test aufrufen, denn sie verwendet intern ja ForEach-Object. Wenn Sie den Code diesmal mit F5 fortsetzen, hält der Debugger nicht mehr an, denn ForEach-Object wird ja nur einmal innerhalb der Funktion verwendet.

Profitipp

Der Befehlsname, den Sie bei Set-PSBreakpoint angeben, braucht nicht vollständig zu sein, denn Jokerzeichen sind erlaubt. Der folgende Haltepunkt hält bei allen Befehlen an, die den Begriff Object im Namen tragen, diesmal allerdings nur, wenn der Befehl in dem Skript vorkommt, das aktuell in ISE angezeigt wird:

```
PS> Set-PSBreakpoint -Command *-Object -Script ($psISE.CurrentFile.FullPath)
```

Anhalten, wenn Variablen bestimmte Werte enthalten

Häufig kann man Probleme schon etwas einkreisen und möchte den Code anhalten, wenn bestimmte Bedingungen erfüllt sind. Schauen Sie sich dazu diese Funktion an:

```
function Get-ProcessList
{
  Get-Process |
  ForEach-Object {
    $name = $_.Name
    $hersteller = $_.Company
    $cpu = $_.CPU
    $txt = "Prozess '{0}' stammt von '{1}' und benötigte {2:0.0} Sekunden Prozessorzeit."
    $txt -f $name, $hersteller, $cpu
  }
}
```

Die Funktion soll eine Liste generieren mit allen laufenden Prozessen, ihren Herstellern und der jeweils benötigten Prozessorzeit. Das funktioniert auch, aber in vielen Fällen werden leere Werte zurückgegeben:

```
PS> Get-ProcessList
Prozess 'BleServicesCtrl' stammt von 'Intel Corporation' und benötigte 0,2 Sekunden Prozessorzeit.
Prozess 'BTHSAmpPalService' stammt von '' und benötigte  Sekunden Prozessorzeit.
Prozess 'BTHSSecurityMgr' stammt von '' und benötigte  Sekunden Prozessorzeit.
Prozess 'btplayerctrl' stammt von 'Intel Corporation' und benötigte 0,2 Sekunden Prozessorzeit.
Prozess 'chrome' stammt von 'Google Inc.' und benötigte 6,7 Sekunden Prozessorzeit.
Prozess 'conhost' stammt von '' und benötigte  Sekunden Prozessorzeit.
Prozess 'conhost' stammt von 'Microsoft Corporation' und benötigte 0,5 Sekunden Prozessorzeit.
(…)
```

Sie möchten den Code immer dann anhalten, wenn entweder $hersteller oder $cpu einen leeren Wert enthält. Er soll also keineswegs immer angehalten werden, wenn den beiden Variablen ein neuer Wert zugewiesen wird, sondern nur dann, wenn es ein Leerwert ist.

Dazu gehen Sie im Grunde vor wie eben, nur geben Sie diesmal mit dem Parameter -Action zusätzlich einen Skriptblock für die Feinabstimmung an. Die folgenden beiden Haltepunkte werden also immer dann ausgelöst, wenn $cpu bzw. $hersteller neue Werte zugewiesen bekommt. Nachdem das geschehen ist, wird der Code in -Action ausgeführt, der prüft, ob angehalten werden soll. In diesem Fall ruft der Code break auf:

```
PS> Set-PSBreakpoint -Variable cpu -Mode Write -Script ($psISE.CurrentFile.FullPath) -Action { if
($cpu -eq $null) {break}}
PS> Set-PSBreakpoint -Variable hersteller -Mode Write -Script ($psISE.CurrentFile.FullPath) -Action
{ if ($hersteller -eq $null) {break}}
```

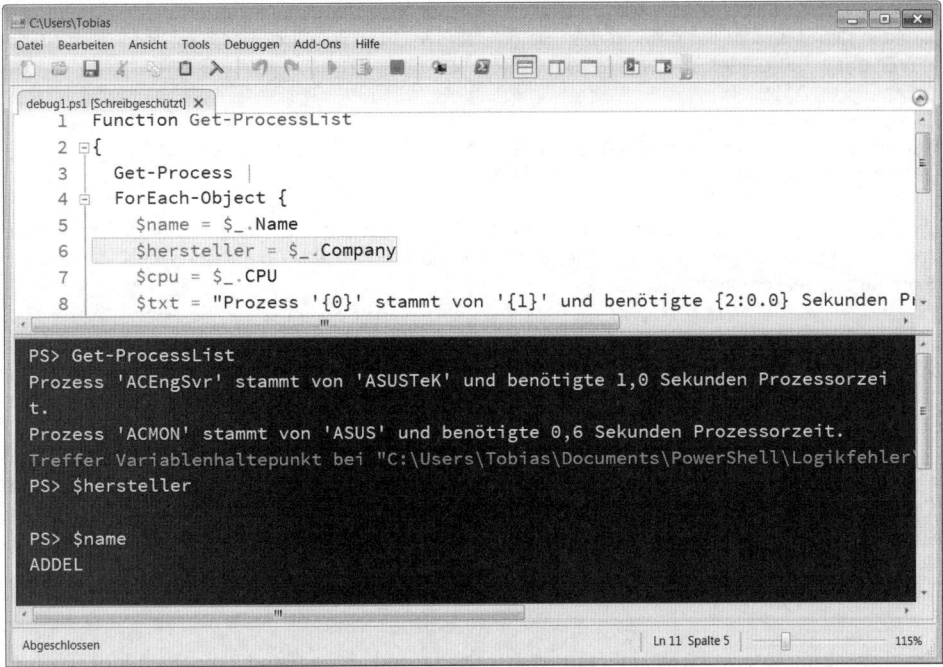

Abbildung 20.16: Der Debugger hält an, sobald die Variable $hersteller auf einen Leerwert eingestellt wird.

Achtung

Der Code, den Sie -Action übergeben können, ist zwar außerordentlich flexibel, aber nicht allmächtig. Entscheidend ist, wann dieser Code ausgeführt wird. Das bestimmt allein der Haltepunkt. Erst wenn der Haltepunkt auslöst, kann der Actioncode genauer überprüfen, was zu unternehmen ist. So ist es zum Beispiel nicht möglich, den Haltepunkt nur dann auszulösen, wenn die Variablen innerhalb der Funktion Get-ProcessList auf Nullwerte gesetzt werden. Der zugrunde liegende Haltepunkt löst überall im angegebenen Skript aus.

Würden Sie stattdessen einen befehlsbezogenen Haltepunkt wählen (indem Sie den Parameter -Command verwenden), wäre das Ergebnis ein völlig anderes:

```
PS> Get-PSBreakpoint | Remove-PSBreakpoint
PS> Set-PSBreakpoint -Command Get-ProcessList -Script ($psISE.CurrentFile.FullPath) -Action {
if ($cpu -eq $null) {break}}
PS> Set-PSBreakpoint -Command Get-ProcessList -Script ($psISE.CurrentFile.FullPath) -Action {
if ($hersteller -eq $null) {break}}
```

Beide Haltepunkte würden überhaupt nur auslösen, wenn der Befehl Get-ProcessList innerhalb des angegebenen Skripts aufgerufen wird. Rufen Sie Get-ProcessList dagegen von Hand in der interaktiven Konsole auf, löst der Haltepunkt erst gar nicht aus. Sie müssten also auf jeden Fall die Einschränkung auf ein bestimmtes Skript entfernen:

```
PS> Get-PSBreakpoint | Remove-PSBreakpoint
PS> Set-PSBreakpoint -Command Get-ProcessList -Action { if ($cpu -eq $null) {break}}
PS> Set-PSBreakpoint -Command Get-ProcessList -Action { if ($hersteller -eq $null) {break}}
```

Automationssprache

661

Auch jetzt wäre das Ergebnis allerdings noch unbrauchbar, denn nun würden beide Haltepunkte genau in dem Moment auslösen, in dem Sie den überwachten Befehlsnamen angeben – weil zu diesem Zeitpunkt die beiden überwachten Variablen noch leer sind:

```
PS> Get-ProcessList
Treffer Befehlshaltepunkt bei "Get-ProcessList"
Treffer Befehlshaltepunkt bei "Get-ProcessList"
```

Wichtig ist also, sich als Grundlage den passenden Haltepunkttyp auszuwählen. Für die Variablenüberwachung muss bereits der Haltepunkt selbst mit -Variable die Variable überwachen, und -Action kann dann nur optional draufsatteln.

Variablenhaltepunkte werden übrigens ausgelöst, nachdem der Variablen ein neuer Wert zugewiesen wurde. Es gibt keine Möglichkeit, den vorherigen Wert zu erfragen, sodass Sie keine Haltepunkte erzeugen können, die ausgelöst werden, wenn sich der Inhalt einer Variablen von einem bestimmten Wert in einen bestimmten anderen Wert ändert.

Innerhalb des Action-Skriptblocks kommt der besonderen Variablen $_ in PowerShell 3.0 eine besondere Bedeutung zu (weswegen man den Inhalt dieser Variablen folgerichtig auch nicht mit dem Action-Code überwachen kann). $_ enthält innerhalb des Action-Skriptblocks das Haltepunktobjekt, das Sie auch von Set-PSBreakpoint erhalten haben.

Für die programmtechnische Haltepunktverwaltung sind also die fünf Cmdlets mit dem Tätigkeitsbereich PSBreakpoint zuständig:

```
PS> Get-Command -Noun PSBreakpoint
```

CommandType	Name	Definition
Cmdlet	Disable-PSBreakpoint	Disable-PSBreakpoint [-Breakpoint] ...
Cmdlet	Enable-PSBreakpoint	Enable-PSBreakpoint [-Id] <Int32[]>...
Cmdlet	Get-PSBreakpoint	Get-PSBreakpoint [[-Script] <String...
Cmdlet	Remove-PSBreakpoint	Remove-PSBreakpoint [-Breakpoint] <...
Cmdlet	Set-PSBreakpoint	Set-PSBreakpoint [-Script] <String[...

Diese Cmdlets stehen übrigens bereits seit PowerShell 2.0 zur Verfügung. Weitere Details liefert die PowerShell-Hilfe:

```
PS> Help about_debugger
```

Debugging-Meldungen ausgeben

Damit PowerShell-Code leichter zu debuggen und der Code besser zu verstehen ist, kann der Autor mit Write-Debug Meldungen darin integrieren. Diese Meldungen bleiben im Alltag unsichtbar. Erst wenn der Code untersucht werden soll, entscheidet man, welche Rolle die Write-Debug-Anweisungen bekommen sollen, indem man die Variable $DebugPreference entsprechend Tabelle 20.1 ändert. Man kann die Anweisung anzeigen lassen oder auch in einen (simplen) Haltepunkt verwandeln.

Einstellung	Beschreibung
SilentlyContinue	Write-Debug wird ignoriert (Normalfall).
Stop	Write-Debug bricht das Skript ab (nicht sinnvoll).
Continue	Write-Debug-Meldungen werden sichtbar.
Inquire	Write-Debug wird zu einem Haltepunkt.

Tabelle 20.1: Einstellungen für $DebugPreference.

Profitipp

Neben der automatischen Variablen `$DebugPreference`, mit der Sie festlegen, ob und wie Debug-Meldungen ausgegeben werden, gibt es eine Reihe weiterer automatischer Variablen, die in ähnlicher Weise funktionieren und festlegen, wie PowerShell sich verhalten soll, wenn Sie nichts anderes festlegen (Tabelle 20.2).

Variable	Beschreibung
$ConfirmPreference	Gibt an, wann die Bestätigung angefordert werden soll. Diese erfolgt, wenn der ConfirmImpact des Vorgangs größer oder gleich $ConfirmPreference ist. Wenn $ConfirmPreference auf None festgelegt ist, werden Aktionen nur bestätigt, wenn -Confirm angegeben wurde.
$DebugPreference	Gibt an, welche Aktion ausgeführt wird, wenn eine Debug-Meldung übermittelt wird.
$ErrorActionPreference	Gibt an, welche Aktion ausgeführt wird, wenn eine Fehlermeldung übermittelt wird.
$ErrorView	Gibt den Darstellungsmodus für das Anzeigen von Fehlern an.
$ProgressPreference	Gibt an, welche Aktion ausgeführt wird, wenn Statusdaten übermittelt werden.
$ReportErrorShowExceptionClass	Führt dazu, dass Fehler mit einer Beschreibung der Fehlerklasse angezeigt werden.
$ReportErrorShowInnerException	Führt dazu, dass Fehler mit internen Ausnahmen angezeigt werden.
$ReportErrorShowSource	Führt dazu, dass Fehler mit der Fehlerquelle angezeigt werden.
$ReportErrorShowStackTrace	Führt dazu, dass Fehler mit einer Stapelverfolgung angezeigt werden.
$VerbosePreference	Gibt an, welche Aktion ausgeführt wird, wenn eine ausführliche Meldung übermittelt wird. Erlaubte Werte sind SilentlyContinue, Stop, Continue und Inquire.
$WarningPreference	Gibt an, welche Aktion ausgeführt wird, wenn eine Warnmeldung übermittelt wird.
$WhatIfPreference	Bei true wird -WhatIf als für alle Befehle aktiviert betrachtet.

Tabelle 20.2: Feineinstellungen der PowerShell-Konsole

Ein Skript mit Write-Debug testen

Schauen Sie sich an einem Beispiel an, wie sich Write-Debug-Anweisungen in einem Skript auswirken und dabei helfen, den Ablauf des Skripts besser nachvollziehen zu können. Legen Sie zum Ausprobieren in der ISE folgendes Skript an:

```
Write-Debug 'Beginne'

$fixes = Get-HotFix
```

```
Write-Debug 'Vor Schleife'

foreach($fix in $fixes)
{
    Write-Debug 'Ausgabe einzelner Fix'
    $fix.HotfixID
}

Write-Debug 'Fertig'
```

Listing 20.1: Ein Testskript mit Write-Debug-Meldungen.

Wenn Sie dieses Skript ausführen, liest es alle Hotfixes und gibt die Hotfix-ID für jedes Hotfix aus. Der Code ist nicht optimal, PowerShell könnte dasselbe auch in einer Zeile leisten. Darauf kommt es hier aber nicht an, hier sollen Write-Debug-Meldungen zeigen, wie die Struktur eines Skripts dokumentiert werden kann.

Um die Meldungen von Write-Debug sichtbar zu machen, schalten Sie die Meldungen ein und führen das Skript danach erneut aus:

```
PS> $DebugPreference = 'Continue'
```

Jetzt werden die einzelnen Schritte des Skripts mit Debug-Meldungen kommentiert.

Write-Debug in echte Haltepunkte umwandeln

Write-Debug-Anweisungen können auch dazu verwendet werden, echte Haltepunkte in einem Skript zu speichern. Normalerweise sind Haltepunkte, die Sie mit F9 setzen, nur in der aktuellen Sitzung der PowerShell wirksam. Sobald Sie das Skript in einer anderen PowerShell-Umgebung öffnen, sind die Haltepunkte wieder verschwunden.

Um Write-Debug-Anweisungen in echte Haltepunkte zu verwandeln, sind zwei Funktionen notwendig. Die Funktion Get-Ast wird benötigt, um die Anweisungen im Code zu finden. Führen Sie dazu Listing 20.2 aus. Die Funktion Get-Ast wird angelegt.

```
function Get-Ast
{

  param
  (
  [ValidateSet('All','Array','ArrayLiteral','AssignmentStatement','Attribute','AttributeBase','Attri
buted','Binary','BlockStatement','BreakStatement','CatchClause','Command','CommandBase','CommandEl
ement','CommandParameter','Constant','ContinueStatement','Convert','DataStatement','DoUntilStateme
nt','DoWhileStatement','Error','ErrorStatement','ExitStatement','ExpandableString','FileRedirectio
n','ForEachStatement','ForStatement','FunctionDefinition','Hashtable','IfStatement','Index','Invok
eMember','LabeledStatement','LoopStatement','Member','MergingRedirection','NamedAttributeArgument'
,'NamedBlock','ParamBlock','Parameter','Paren','Pipeline','PipelineBase','Redirection','ReturnStat
ement','ScriptBlock','SequencePoint','Statement','StatementBlock','StringConstant','Sub','SwitchSt
atement','ThrowStatement','TrapStatement','TryStatement','Type','TypeCons-
traint','Unary','Using','Variable','WhileStatement')]
    $AstType='All',

    [Switch]
    $NonRecurse,

    [System.Management.Automation.Language.Ast]
```

```
    $Parent=$null
)
# analyze current editor code
$Code = $psise.CurrentFile.Editor.Text


# provide buckets for errors and tokens
$Errors = $Tokens = $null

# ask PowerShell to parse code
$AST = [System.Management.Automation.Language.Parser]::ParseInput($Code, [ref]$Tokens,
[ref]$Errors)

[bool]$recurse = $NonRecurse.IsPresent -eq $false

# search for AST instances recursively
if ($AstType -eq 'All')
{
    $AST.FindAll({ $true }, $recurse) |
        Where-Object { $Parent -eq $null -or ($_.Extent.StartOffset -ge $Parent.Extent.StartOffset
-and $_.Extent.EndOffset -le $Parent.Extent.EndOffset) }
}
else
{
    $AST.FindAll({ $args[0].GetType().Name -like "*$ASTType*Ast" }, $recurse) |
        Where-Object { $Parent -eq $null -or ($_.Extent.StartOffset -ge $Parent.Extent.StartOffset
-and $_.Extent.EndOffset -le $Parent.Extent.EndOffset) }

}
}
```

Listing 20.2: Anweisungen in einem Skript finden.

In der interaktiven Konsole geben Sie nun ein:

```
PS> Get-Ast -AstType Command | Out-GridView
```

Get-Ast analysiert nun das im ISE-Editor geöffnete Skript und zeigt die darin vorkommenden Befehle im GridView an (Abbildung 20.17).

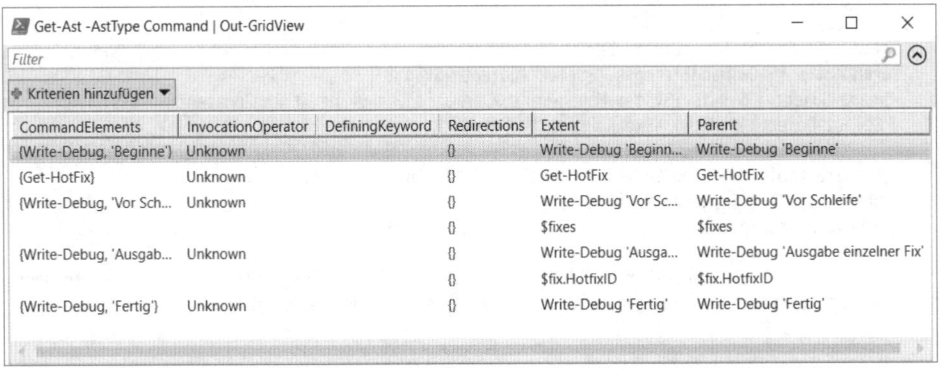

CommandElements	InvocationOperator	DefiningKeyword	Redirections	Extent	Parent
{Write-Debug, 'Beginne'}	Unknown		{}	Write-Debug 'Beginn...	Write-Debug 'Beginne'
{Get-HotFix}	Unknown		{}	Get-HotFix	Get-HotFix
{Write-Debug, 'Vor Sch...	Unknown		{}	Write-Debug 'Vor Sc...	Write-Debug 'Vor Schleife'
			{}	$fixes	$fixes
{Write-Debug, 'Ausgab...	Unknown		{}	Write-Debug 'Ausga...	Write-Debug 'Ausgabe einzelner Fix'
			{}	$fix.HotfixID	$fix.HotfixID
{Write-Debug, 'Fertig'}	Unknown		{}	Write-Debug 'Fertig'	Write-Debug 'Fertig'

Abbildung 20.17: Befehle in einem Skript finden.

Wie Sie sehen, ist Get-Ast in der Lage, alle Befehle in dem Skript zu finden, das aktuell in der ISE angezeigt wird. So wird es möglich, die Zeilen zu bestimmen, in denen sich Write-Debug-

Anweisungen befinden. Die Funktion Enable-WriteDebugBreakpoint nutzt intern Get-Ast, findet die Zeilen mit Write-Debug-Anweisungen und setzt Haltepunkte in diese Zeilen.

Achtung

Haltepunkte können nur in echten gespeicherten Skripten gesetzt werden. Sorgen Sie also dafür, dass das in der ISE angezeigte Skript auch tatsächlich gespeichert ist, bevor Sie Enable-WriteDebugBreakpoint einsetzen. Mit dem Parameter -Off lassen sich die Haltepunkte auch wieder entfernen.

```
function Enable-WriteDebugBreakpoint
{
  [CmdletBinding(DefaultParameterSetName='Output')]
  param
  (
    [Parameter(ParameterSetName='Output')]
    [Switch]
    $VerboseOnly,

    [Parameter(ParameterSetName='Discard')]
    [Switch]
    $Off
  )

  $results = Get-Ast -AstType Command |
  Where-Object { $_.CommandElements } |
  Where-Object { $_.CommandElements[0].Value -eq 'Write-Debug' } |
  ForEach-Object {
    # remove breakpoint on these lines if present
    $line = $_.Extent.StartLineNumber
    Get-PSBreakpoint -Script $psise.CurrentFile.FullPath |
      Where-Object { $_.Line -eq $line } |
      Remove-PSBreakpoint

    if ($PSCmdlet.ParameterSetName -ne 'Discard') { $_ }
  } |
  Where-Object { !$VerboseOnly -or (@($_.CommandElements |
  Where-Object { $_ -is [System.Management.Automation.Language.CommandParameterAst] -and $_.Paramet
erName -eq 'Verbose'}).Count -gt 0) } |
  ForEach-Object {
    $line = $_.Extent.StartLineNumber
    $argument = $_.CommandElements | Select-Object -Skip 1 |
      Where-Object { $_ -is [System.Management.Automation.Language.StringConstantExpressionAst] } |
      Select-Object -First 1 -ExpandProperty Value

    Get-PSBreakpoint -Script $psise.CurrentFile.FullPath |
      Where-Object { $_.Line -eq $line } |
      Remove-PSBreakpoint

    $null = Set-PSBreakpoint -Script $psise.CurrentFile.FullPath -Line $line -Action { Write-Host
"Breaking at '$argument'" -ForegroundColor Yellow; break; }.GetNewClosure()
  }
}
```

Listing 20.3: Enable-WriteDebugBreakpoint wandelt Write-Debug in echte Haltepunkte.

Hinweis

Die Funktion `Enable-WriteDebugBreakpoint` greift auf den PowerShell-Parser zu und kann so herausfinden, wo sich bestimmte Befehlswörter im Code befinden. Die genaue Funktionsweise dieses Codes wird hier nicht näher erklärt, sondern nur als Hilfsmittel eingesetzt.

Um die `Write-Debug`-Anweisungen des aktuell geöffneten Skripts in der ISE zu Haltepunkten zu machen, geben Sie nun in der ISE-Konsole den Befehl `Enable-WriteDebugBreakpoint` ein. Alle Zeilen, in denen sich eine `Write-Debug`-Anweisung befindet, werden mit einem Haltepunkt versehen.

Mit `Strg`+`⇧`+`F9` lassen sich alle Haltepunkte wieder entfernen. Und mit `Enable-WriteDebugBreakpoint -Off` werden nur die Haltepunkte der `Write-Debug`-Anweisungen entfernt.

`Enable-WriteDebugBreakpoint` kann aber noch mehr: Möchten Sie nur bestimmte `Write-Debug`-Anweisungen zu Haltepunkten machen, markieren Sie diese, indem Sie zusätzlich den Parameter `-Verbose` angeben:

```
Write-Debug 'Beginne'

$fixes = Get-HotFix

Write-Debug 'Vor Schleife'

foreach($fix in $fixes)
{
    Write-Debug 'Ausgabe einzelner Fix' -Verbose
    $fix.HotfixID
}

Write-Debug 'Fertig'
```

Listing 20.4: Nur bestimmte Write-Debug-Anweisungen in Haltepunkte wandeln.

Wenn Sie nun den folgenden Befehl ausführen, werden Haltepunkte nur für `Write-Debug`-Anweisungen gesetzt, die den Parameter `-Verbose` verwenden:

```
PS> Enable-WriteDebugBreakpoints -VerboseOnly
```

Tracing einsetzen

Sie müssen nicht unbedingt selbst `Write-Debug`-Anweisungen in Ihren Code einfügen, und manchmal können Sie das auch gar nicht, weil es nicht Ihr Code ist, der ausgeführt wird. In diesem Fall haben Sie aber die Möglichkeit, das Tracing zu aktivieren. Dabei gibt PowerShell automatisch jede Anweisung als Debug-Meldung aus. Das Tracing wird mit dem Cmdlet `Set-PSDebug` verwaltet.

Wenn Sie das Tracing einschalten und dann beispielsweise die Funktion `Get-ProcessList` aus dem vorangegangenen Beispiel aufrufen, wird die genaue Arbeitsweise dieser Funktion deutlich, weil nun Debug-Meldungen jeden einzelnen Schritt dokumentieren. Besonders wichtige Ereignisse wie die Änderung einer Variablen werden zusätzlich mit einem Ausrufezeichen markiert:

Automationssprache

```
PS> Set-PSDebug -Trace 1
PS> Get-ProcessList
DEBUG:    1+ >>>> Get-ProcessList
DEBUG:    2+ >>>> {

DEBUG:    3+    >>>> Get-Process |

DEBUG:    4+  ForEach-Object >>>> {

DEBUG:    5+       >>>> $name = $_.Name

DEBUG:    ! SET $name = 'ACEngSvr'.
DEBUG:    6+       >>>> $hersteller = $_.Company

DEBUG:    ! SET $hersteller = 'ASUSTeK'.
DEBUG:    7+       >>>> $cpu = $_.CPU

DEBUG:    ! SET $cpu = '1.0296066'.
DEBUG:    8+       >>>> $txt = "Prozess '{0}' stammt von '{1}' und benötigte {2:0.0} Sekunden Prozess
orzeit."

DEBUG:    ! SET $txt = 'Prozess '{0}' stammt von '{1}' und benötigte {2:0.0} Seku...'.
DEBUG:    9+       >>>> $txt -f $name, $hersteller, $cpu

Prozess 'ACEngSvr' stammt von 'ASUSTeK' und benötigte 1,0 Sekunden Prozessorzeit.
(…)
```

Der Detailgehalt lässt sich mit Set-PSDebug -Trace 2 weiter steigern. Dann werden auch Funktions- und Skriptaufrufe mitprotokolliert. Über das Tracing können Sie eigenen und fremden Funktionen bei der Arbeit zuschauen, solange es eingeschaltet ist:

```
PS> get-verb
DEBUG:    1+ >>>> get-verb
DEBUG:    ! CALL function '<ScriptBlock>'
DEBUG:    7+ begin >>>> {

DEBUG:    ! CALL function '<ScriptBlock><Begin>'
DEBUG:    8+    >>>> $allVerbs = [PSObject].Assembly.GetTypes() |

DEBUG:    9+        Where-Object >>>> {$_.Name -match '^Verbs.'} |

DEBUG:    ! CALL function '<ScriptBlock>'
DEBUG:    9+        Where-Object { >>>> $_.Name -match '^Verbs.'} |

DEBUG:    9+        Where-Object {$_.Name -match '^Verbs.' >>>> } |

DEBUG:    9+        Where-Object >>>> {$_.Name -match '^Verbs.'} |
PS> Set-PSDebug -Off
```

Fremde Prozesse debuggen

Während der Entwicklungszeit eines Skripts ist es relativ leicht, das Skript zu debuggen, weil Sie es in Ihrer eigenen Entwicklungsumgebung ausführen. Später wird das Skript hingegen vielleicht von anderen Programmen ausgeführt oder als geplante Aufgabe vom Taskscheduler gestartet. Gerade hier in der »echten« Produktivumgebung wäre es bei Fehlern interessant, das Skript unter Realbedingungen schrittweise auszuführen.

PowerShell 5 führt diese Möglichkeit ein. Hier kann die ISE auch fremden Code debuggen, der eigentlich in einem anderen Prozess ausgeführt wird. Voraussetzung dafür ist, dass die ISE mit vollen Administratorrechten ausgeführt wird, denn nur dann haben Sie die Berechtigung, auch auf Skripte zuzugreifen, die unter anderen Benutzerkonten ausgeführt werden.

Testszenario: PowerShell-Code in fremdem Prozess

Um das Debuggen fremder Prozesse auszuprobieren, benötigen Sie zwei Dinge:

- PowerShell ISE mit vollen Administratorrechten, von der aus Sie auf fremde Prozesse zugreifen und diese debuggen.
- Fremder Host: eine beliebige Anwendung, die PowerShell-Code ausführt und deren Prozess-ID Sie kennen.

Um eine ISE mit vollen Administratorrechten zu starten, führen Sie beispielsweise diesen Befehl aus:

```
PS> Start-Process -Name PowerShell_ise -Verb Runas
```

Um einen fremden Host zu erhalten, der PowerShell ausführt, starten Sie kurzerhand eine zweite ISE. Diese braucht nicht unbedingt im Administratorkontext ausgeführt zu werden.

Testskript in fremdem Host starten

Die zweite ISE repräsentiert den »fremden Host«, auf den Sie später von der ersten ISE aus zugreifen. Die zweite ISE ist nur ein Beispiel und steht für ein beliebiges Programm, das Power-Shell-Code ausführt. In dieser zweiten ISE formulieren Sie zunächst ein längere Zeit laufendes Skript wie dieses:

```
for ($i = 1; $i -lt 10000; $i++)
{
    Start-Sleep -Seconds 1
    Write-Warning "Processing $i..."
}
```

Listing 20.5: Ein einfaches Beispielskript, das einige Zeit für die Ausführung benötigt.

Speichern Sie dieses Skript als Datei. Nur wenn das Skript als Datei gespeichert wurde, stehen alle Debug-Funktionalitäten zur Verfügung. Bevor Sie das Skript starten, notieren Sie sich noch kurz die Prozess-ID der ISE. Diese finden Sie in der Variablen $pid. Sie werden diese Prozess-ID gleich brauchen. So kopieren Sie die ID in die Zwischenablage:

```
PS> $pid | clip.exe
```

Wenn Sie das Skript danach starten, gibt es jede Sekunde eine Warnmeldung aus.

Verbindung mit fremdem Host aufnehmen

Wechseln Sie nun zur ersten ISE, die mit Administratorrechten ausgeführt wird, und nehmen Sie mit Enter-PSHostProcess Kontakt zur zweiten ISE auf. Dieses Cmdlet wurde mit PowerShell 5 eingeführt.

Dazu benötigen Sie die Prozess-ID des Prozesses, auf den Sie zugreifen wollen. Ersetzen Sie also die Prozess-ID im folgenden Beispiel durch die Prozess-ID der zweiten ISE, die Sie darin in $pid erfragt haben:

```
PS> Enter-PSHostProcess -Id 11688  # <- PID ANPASSEN!
```

```
[Prozess: 11688]: PS C:\Users\Tobias\Documents>
```

Der Prompt ändert sich und zeigt nun die Prozess-ID an, mit der Sie verbunden sind.

Runspace auswählen und debuggen

Lassen Sie sich jetzt mit Get-Runspace die Runspaces anzeigen, die in diesem Prozess ausgeführt sind. Runspaces sind Threads, die PowerShell-Code ausführen:

```
[Prozess: 11688]: PS C:\Users\Tobias\Documents> Get-Runspace

Id Name          ComputerName    Type     State     Availability
-- ----          ------------    ----     -----     ------------
 1 Runspace1     localhost       Local    Opened    Busy
 2 RemoteHost    localhost       Local    Opened    Busy


[Prozess: 11688]: PS C:\Users\Tobias\Documents>
```

Der Runspace RemoteHost entspricht Ihrer aktuellen Verbindung zum fremden Host, der Runspace Runspace1 führt das Skript aus, das Sie ursprünglich gestartet haben. Um es zu debuggen, weisen Sie Ihren Debugger an, diesen Runspace zu debuggen:

```
Debug-Runspace -id 1
```

Ihre ISE zeigt nun den Quellcode an, den der fremde Prozess augenblicklich ausführt, und der Debugger stoppt das Skript an der aktuellen Ausführung. Wenn Sie einen Blick in die zweite ISE werfen, werden Sie feststellen, dass diese keine Warnmeldungen mehr ausgibt, weil der Code unterbrochen ist.

Sie können nun in Ihrer ISE mit denselben Tastenkombinationen wie beim lokalen Debugging den fremden Code schrittweise ausführen, Variablen inspizieren und auch ändern.

Geben Sie zum Beispiel ein:

```
$i = 9999
```

Dadurch manipulieren Sie den Schleifenzähler in der fremden ISE. Wenn Sie nun das Skript fortsetzen, indem Sie F5 drücken, springt die fremde ISE sofort in den letzten Schleifendurchlauf und beendet dann die Schleife.

Debug-Sitzung beenden

Drücken Sie in der ersten ISE Strg + C, um die Debug-Sitzung abzubrechen. Mit Exit-PSHostProcess beenden Sie die Verbindung zum fremden Host.

Remote-Debugging

Über Invoke-Command können Skripte und Skriptblöcke auch remote auf anderen Computern ausgeführt werden. Wieder wäre es wünschenswert, auch solche Skripte im Debugger schrittweise untersuchen zu können, und wieder ist dies ab PowerShell 5 möglich.

Achtung

In diesem Abschnitt beschäftigen Sie sich ausschließlich mit dem Debuggen von Remote-Code, es wird hier aber nicht darüber gesprochen, welche Voraussetzungen ein System erfüllen muss, um Remote-Code auszuführen. Sie sollten sich gegebenenfalls also zuerst in Kapitel 23 mit PowerShell-Remoting vertraut machen.

Mit Remotecomputer verbinden

Um PowerShell-Code auf einem Remotesystem zu debuggen, verbinden Sie sich zunächst interaktiv mit dem Remotesystem:

```
PS> Enter-PSSession -ComputerName testServer
```

Ersetzen Sie testServer durch den Namen des Remotesystems, auf dem der Code ausgeführt werden soll.

Tipp

Falls kein Remotesystem zum Test zur Verfügung steht, können Sie auch gegen Ihren eigenen Computer remoten. Dazu starten Sie eine PowerShell ISE mit vollen Administratorrechten und geben ein:

```
PS> Enter-PSSession -ComputerName localhost

[localhost]: PS C:\Users\Tobias\Documents>
```

Wenn alles klappt, wird localhost in Ihrem Prompt angezeigt. Sollte eine Fehlermeldung erscheinen, muss das PowerShell-Remoting auf Ihrem System gegebenenfalls noch eingeschaltet werden:

```
PS> Enable-PSRemoting -Force -SkipNetworkProfileCheck
```

Remoteskript laden und debuggen

Sobald Sie interaktiv mit dem Remotesystem verbunden sind, zeigt der Prompt den Namen des Remotesystems an. Alle Befehle, die Sie nun eingeben, werden auf dem Remotesystem ausgeführt.

Um ein Skript auf dem Remotecomputer auszuführen und zu debuggen, muss dieses Skript auf dem Remotesystem gespeichert sein. Laden Sie es mit psedit vom Remotesystem in Ihren lokalen ISE-Editor:

```
[testServer]: PS C:\Users\Tobias\Documents> psedit C:\temp\sample.ps1
```

Der Pfad *c:\temp\sample.ps1* muss also auf dem Remotesystem vorhanden sein (passen Sie den Pfad gegebenenfalls an). Das Skript wird von dort in Ihren ISE-Editor geladen. Sie können nun wie bei einem lokalen Skript Haltepunkte setzen und das Skript danach starten.

Das Skript wird jetzt auf dem Remotesystem ausgeführt, während der lokale Debugger es überwacht. Es gelten die gleichen Tastenkombinationen und Funktionalitäten, als würden Sie ein lokales Skript debuggen.

Kapitel 21

Fehlerhandling

Automationssprache

Ausführlich werden in diesem Kapitel die folgenden Aspekte erläutert:

- **Fehlermeldungen unterdrücken:** Einfache Fehler, die keine weiteren Konsequenzen haben, lassen sich kurzerhand unterdrücken. Jedes Cmdlet verfügt über den Parameter -ErrorAction, der festlegt, wie das Cmdlet im Fehlerfall reagieren soll. Die Einstellung SilentlyContinue unterdrückt Fehlermeldungen. Der Vorgabewert für -ErrorAction wird in $ErrorActionPreference definiert und lautet normalerweise Continue: Fehlermeldung anzeigen und fortfahren.

- **Fehler nachträglich analysieren:** PowerShell protokolliert alle Fehler in der Variablen $error mit. Cmdlets können Fehler ebenfalls in einer Variablen mitschneiden, die mit dem Parameter -ErrorVariable angegeben wird. Anschließend können die aufgetretenen Fehler analysiert werden.

- **Auf Fehler reagieren:** Fehlerhandler sind Strukturen, die Fehler in Echtzeit abfangen und sofort reagieren können. PowerShell unterstützt dafür die Strukturen try...catch (für örtlich begrenzte Fehlerhandler) und trap (für globale Fehlerhandler). Fehlerhandler können allgemein oder spezifisch sein. Spezifische Fehlerhandler reagieren nur auf die Fehlertypen, für die sie sich zuständig erklären.

- **Exceptions und ErrorRecords:** Fehler bezeichnet man als *Exception* (Ausnahme). Power-Shell repräsentiert Exceptions durch ErrorRecord-Objekte, die den Grund für den Fehler sowie zusätzliche Informationen enthalten, beispielsweise den Namen des Skripts sowie Zeile und Spalte, in denen der Fehler aufgetreten ist. Mit diesen Informationen kann man Fehlerursachen unterscheiden und Fehlerlogs erstellen. Innerhalb des Fehlerhandlers steht der ErrorRecord in der Variablen $_ zur Verfügung.

- **Terminierende Fehler:** Alle Fehler, die nicht vom internen Fehlerhandler eines Cmdlets behandelt werden, nennt man »terminierende Fehler«. Nur diese Fehler können von Fehlerhandlern behandelt werden. Um auch die übrigen Fehler behandeln zu können, muss die ErrorAction eines Cmdlets auf Stop eingestellt sein.

- **Fehler, die von Konsolenbefehlen ausgelöst werden:** Meldet ein Konsolenbefehl (ausführbare Programme wie *net.exe*, also keine Cmdlets) einen Fehler, kann dieser vom Fehlerhandler behandelt werden, wenn der Fehlerkanal des Konsolenbefehls in den Ausgabekanal umgeleitet wird und außerdem $ErrorActionPreference auf Stop eingestellt ist.

- **Eigene Fehler auslösen:** Mit Throw lassen sich eigene Fehler auslösen, die dann entweder von anderen Fehlerhandlern behandelt oder von PowerShell als rote Fehlermeldung ausgegeben werden. Gibt eine selbst definierte Funktion im Fehlerfall also mithilfe von Throw echte Fehlermeldungen aus und nicht einfach nur Warnmeldungen, erlaubt das dem Aufrufer der Funktion, diese Fehler über eigene Fehlerhandler aufzufangen.

Syntax- und Logikfehler dürfen in einem Produktionsskript natürlich nicht mehr vorkommen und sollten während der Testphase entdeckt und behoben worden sein (siehe Kapitel 20). Laufzeitfehler allerdings können auch im besten Skript auftreten. Vielleicht stellt sich erst zur Laufzeit eines Skripts heraus, dass ein Netzlaufwerk nicht verfügbar oder ein Zielcomputer offline ist oder dass der Anwender auf bestimmte Daten gar nicht erst zugreifen darf. Solche Fehler lassen sich vom Skriptentwickler zur Entwicklungszeit zwar häufig nicht verhindern, wohl aber vorhersehen und vorausschauend »behandeln«.

Genau das versteht man unter Fehlerhandling: Anstatt also einen Fehler einfach von Power-Shell mit einer roten Fehlermeldung quittieren zu lassen, wird der Fehler vom Skriptcode erkannt, und es wird darauf angemessen reagiert.

Fehlermeldungen unterdrücken

Sind Fehler unvermeidbar, aber ohne besondere Konsequenzen, lassen sie sich einfach unterdrücken. Anwendungsbeispiele sind gar nicht so selten. Schauen Sie sich zum Beispiel den folgenden Befehl an, der alle laufenden Prozesse abruft und die Namen und Versionen der zugrunde liegenden Programme meldet:

```
PS> Get-Process -FileVersionInfo
```

Das funktioniert ganz gut, aber zwischendurch tauchen rote Fehlermeldungen auf – aus zwei Gründen:

- **Fehlende Berechtigungen:** Wenn Sie den Befehl ohne Administratorrechte aufrufen, dürfen Sie nur auf die Detailinformationen Ihrer eigenen Prozesse zugreifen; bei allen anderen hagelt es jeweils eine Fehlermeldung.

- **Keine zugrunde liegende Datei:** Einige Prozesse sind eigentlich gar keine Programme (»Idle«, Leerlauf) oder werden nicht durch eine Datei repräsentiert (»System«). Daher kann man für diese auch keine Versionsinformationen abrufen und erhält stattdessen eine Fehlermeldung.

Bestimmen, wie Cmdlets auf Fehler reagieren

Um die Fehlermeldungen unsichtbar zu machen, setzt man den Parameter -ErrorAction ein, mit dem man bei jedem Cmdlet festlegen kann, wie es sich bei Fehlern verhalten soll. Die folgende Zeile liefert die Informationen ohne störende Fehler:

```
PS> Get-Process -FileVersionInfo -ErrorAction SilentlyContinue
```

Auch wenn Sie rekursiv Dateien suchen, empfiehlt es sich, Fehlermeldungen unsichtbar zu machen. Sie werden nämlich beinahe unvermeidlich dabei immer wieder auf Unterordner treffen, zu denen Ihnen die Zugangsberechtigungen fehlen. Die folgende Zeile sucht beispielsweise alle Logdateien mit der Dateierweiterung *.log* im gesamten Windows-Ordner und gibt die jeweiligen Pfadnamen aus.

```
PS> Get-ChildItem -Path $env:windir -Filter *.log -Recurse -ErrorAction SilentlyContinue |
Select-Object -ExpandProperty FullName
```

Ohne die Fehlerunterdrückung in Form des Parameters -ErrorAction SilentlyContinue würde der Befehl die gleichen Ergebnisse liefern, aber vermutlich zusätzlich einige Fehlermeldungen.

Und auch im nächsten Beispiel ist es sinnvoll, die Fehlermeldungen zu unterdrücken. Der Code soll bestimmen, wie viele Instanzen von *notepad.exe* augenblicklich ausgeführt werden (ändern Sie den Namen des Programms, wenn Sie stattdessen lieber eine andere Anwendung zählen möchten):

```
PS> (Get-Process -Name notepad).Count
```

Die Zeile funktioniert einwandfrei, solange mindestens ein Editor ausgeführt wird. Konnte Get-Process gar keinen finden, liefert es eine Fehlermeldung. Wie Sie diese unsichtbar machen, wissen Sie nun:

```
PS> (Get-Process -Name notepad -ErrorAction SilentlyContinue).Count
```

Profitipp

Die Zeile funktioniert erst ab PowerShell 3.0 wirklich einwandfrei. Bei PowerShell 2.0 muss man ausdrücklich dafür sorgen, dass das Ergebnis von Get-Process ein Array ist, bevor man die Eigenschaft Count abrufen kann. Andernfalls bekommen Sie korrekte Resultate nur, wenn mindestens zwei Editor-Instanzen ausgeführt werden.

Die PowerShell-2.0-kompatible Variante sieht so aus:

```
PS> @(Get-Process -Name notepad -ErrorAction SilentlyContinue).Count
```

Fehler nachträglich analysieren

Selbst wenn Sie mit -ErrorAction SilentlyContinue die Ausgabe von Fehlermeldungen unterdrückt haben, protokolliert das Cmdlet die Fehler trotzdem in der globalen Variablen $error mit. Dort kann man sie nachträglich auslesen und analysieren:

```
# globales Fehlerprotokoll löschen
$error.Clear()

# Prozessinformationen abrufen und
# Fehlermeldungen unterdrücken
$list = Get-Process -FileVersionInfo -ErrorAction SilentlyContinue

# Fehler auswerten
'{0} aufgetretene Fehler' -f $error.Count

# Fehlerursachen ausgeben
$error |
  Select-Object -ExpandProperty CategoryInfo |
  Select-Object -Property Category, TargetName
```

$error ist ein Array, und jeder Fehler wird darin als Objekt hinterlegt. Der jeweils jüngste Fehler findet sich am Anfang des Arrays.

Wichtig

Die Variable $error speichert stets nur maximal die letzten 256 Fehlermeldungen. Diese Obergrenze wird mit $MaximumErrorCount festgelegt und lässt sich also auch ändern:

```
PS> $MaximumErrorCount
256
PS> $MaximumErrorCount = 1024

PS> $MaximumErrorCount
1024
```

Jeder Fehler wird in Form eines ErrorRecord-Objekts repräsentiert. So sieht der Aufbau eines solchen Objekts aus:

```
   TypeName: System.Management.Automation.ErrorRecord

Name            MemberType    Definition
----            ----------    ----------
Equals          Method        bool Equals(System.Object obj)
GetHashCode     Method        int GetHashCode()
GetObjectData   Method        void GetObjectData(System.Runtime.Serializ
                              ation.SerializationInfo info, System.Runti
                              me.Serialization.StreamingContext
                              context), void ISerializable.GetObjectData
                              (System.Runtime.Serialization.Serializatio
                              nInfo info, System.Runtime.Serialization.S
                              treamingContext context)
GetType         Method        type GetType()
ToString        Method        string ToString()
CategoryInfo    Property      System.Management.Automation.ErrorCategory
```

```
                                Info CategoryInfo {get;}
ErrorDetails          Property  System.Management.Automation.ErrorDetails
                                ErrorDetails {get;set;}
Exception             Property  System.Exception Exception {get;}
FullyQualifiedErrorId Property  string FullyQualifiedErrorId {get;}
InvocationInfo        Property  System.Management.Automation.InvocationInf
                                o InvocationInfo {get;}
PipelineIterationInfo Property  System.Collections.ObjectModel.ReadOnlyCol
                                lection[int] PipelineIterationInfo {get;}
ScriptStackTrace      Property  string ScriptStackTrace {get;}
TargetObject          Property  System.Object TargetObject {get;}
PSMessageDetails      ScriptProperty System.Object PSMessageDetails {get=& {
                                Set-StrictMode -Version 1; $this.Exception
                                .InnerException.PSMessageDetails };}
```

Die folgende Tabelle führt Sie zu den wichtigsten in so einem Objekt zu findenden Informationen:

Eigenschaft	Beschreibung
CategoryInfo	Art des Fehlers. Die Kombination der hier enthaltenen Informationen ergibt die eindeutige Fehler-ID.
Exception	Der auslösende Fehler. In der Eigenschaft Message findet sich die Fehlermeldung. Wurde der Fehler von einem anderen Fehler ausgelöst, findet sich der ursprüngliche Fehler in InnerException.
InvocationInfo	Ort des Fehlers. Die enthaltenen Informationen zeigen bei einem Skript zum Beispiel Skriptname, Zeile und Spalte an.
TargetObject	Den Fehler auslösendes Objekt.

Tabelle 21.1: Die wichtigsten Informationen eines ErrorRecord-Objekts.

Mit diesem Wissen kann man sich eine allgemeine Auswertungsfunktion erstellen, die aus dem ErrorRecord-Objekt die essenziellen Fehlerinformationen ausliest:

```
filter Get-ErrorDetail
{
    $Category = @{
        Name = 'Category'
        Expression = { $_.CategoryInfo.Category }
    }

    $Exception = @{
        Name = 'Exception'
        Expression = { $_.Exception.Message }
    }

    $LineNumber = @{
        Name = 'Line'
        Expression = { $_.InvocationInfo.ScriptLineNumber }
    }

    $ScriptName = @{
        Name = 'Script'
        Expression = { $_.InvocationInfo.ScriptName }
    }

    $Target = @{
        Name = 'Target'
```

```
        Expression = { $_.TargetObject }
    }

    $ErrorID = @{
        Name = 'ErrorID'
        Expression = { $_.FullyQualifiedErrorID }
    }

    $Input |
      Select-Object $Category, $Exception, $LineNumber, $ScriptName, $Target, $ErrorID
}
```

Listing 21.1: Universeller Auswertungsfilter für ErrorRecord-Informationen.

Mithilfe dieses Fehlers können die detaillierten ErrorRecords nun sehr einfach ausgelesen und angezeigt oder protokolliert werden:

```
# Fehlerliste löschen:
PS> $error.Clear()

# Fehler auslösen:
PS> 1/0
Es wurde versucht, durch 0 (null) zu teilen.
In Zeile:1 Zeichen:1
+ 1/0
+ ~~~
    + CategoryInfo          : NotSpecified: (:) [], RuntimeException
    + FullyQualifiedErrorId : RuntimeException


# in der Fehlerliste befindet sich nun dieser Fehler:
PS> $error.Count
1

# Fehlerdetails ausgeben:
PS> $error | Get-ErrorDetail


Category  : NotSpecified
Exception : Es wurde versucht, durch 0 (null) zu teilen.
Line      : 1
Script    :
Target    :
ErrorID   : RuntimeException
```

Fehler mitprotokollieren lassen

Zwar kann man die Fehler, die ein Cmdlet produziert, automatisch in der globalen Variablen $error sammeln lassen und anschließend auswerten, weil aber alle Cmdlets in diese eine Variable protokollieren, ist nicht immer klar, welche denn nun die Fehler sind, die von einem bestimmten Cmdlet gemeldet wurden.

Eine Notlösung wurde bereits im vorangegangenen Beispiel vorgestellt: Mit Clear() kann der Inhalt von $error gelöscht werden, sodass keine zuvor gemeldeten Fehler mehr darin enthalten sind. Das allerdings löscht den Inhalt von $error komplett, und da es sich um eine globale Variable handelt, entfernen Sie so Fehlerinformationen, die vielleicht an anderer Stelle oder von anderen Funktionen noch gebraucht werden.

Ein besserer Weg ist, das Cmdlet zu beauftragen, die aufgelaufenen Fehler mit -ErrorVariable in einer eigenen Variablen mitzuprotokollieren. So braucht der Inhalt von $error nicht angetastet zu werden, und es ist klar, dass in dieser Variablen nur Fehler des aktuellen Cmdlet-Aufrufs enthalten sind.

```
# Prozessinformationen abrufen und
# Fehlermeldungen unterdrücken
# Fehler stattdessen in $meineFehler speichern
$list = Get-Process -FileVersionInfo -ErrorAction SilentlyContinue -ErrorVariable meineFehler

# Fehler auswerten
'{0} aufgetretene Fehler' -f $meineFehler.Count

# Fehlerursachen ausgeben
$meineFehler |
  Select-Object -ExpandProperty CategoryInfo |
  Select-Object -Property Category, TargetName
```

Auf Wunsch fügt ein Cmdlet seine Fehler auch einer existierenden Variablen hinzu, ohne die schon vorhandenen Fehler zu löschen. So können die Fehlermeldungen mehrerer Cmdlet-Aufrufe kombiniert und zum Beispiel am Ende eines Skripts in ein Fehlerlogbuch geschrieben werden. Hierzu stellt man dem Variablennamen ein Pluszeichen (+) voran.

Die folgenden Zeilen schreiben die Fehlermeldungen von zwei Cmdlets in eine gemeinsame Variable und geben danach die Fehler aus. Das Beispiel nutzt die Funktion Get-ErrorDetail (Listing 21.1).

```
$ListEXE = Get-ChildItem -Path $env:windir -Recurse -Filter *.exe -ErrorVariable fehler -ErrorActi
on SilentlyContinue
$listProc = Get-Process -FileVersionInfo -ErrorVariable +fehler -ErrorAction SilentlyContinue

"Fehler insgesamt: {0}" -f $fehler.Count

$fehler | Get-ErrorDetail | Out-GridView
```

Listing 21.2: Fehler mehrerer Cmdlets in einer Variablen sammeln.

Sollen alle Cmdlets in einem Skript die Fehlerhandling-Vorgaben verwenden, kann man diese Einstellungen auch zur Vorgabe erklären. Das folgende Skript zeigt, wie das geschieht. Alle Cmdlets in diesem Skript unterdrücken ihre Fehlermeldungen und schreiben die Fehler stattdessen in die Variable $fehler. Dort können die Meldungen dann am Ende ausgegeben oder protokolliert werden:

```
# Standardwerte für Fehlerhandling setzen
$PSDefaultParameterValues_old = $PSDefaultParameterValues
$ErrorActionPreference_old = $ErrorActionPreference

$fehler = $null
$PSDefaultParameterValues =@{}
$PSDefaultParameterValues.Add('*:ErrorVariable','+fehler')
$ErrorActionPreference = 'SilentlyContinue'


$ListEXE = Get-ChildItem -Path $env:windir -Recurse -Filter *.exe
$listProc = Get-Process -FileVersionInfo

"Fehler insgesamt: {0}" -f $fehler.Count
```

```
$fehler | Get-ErrorDetail | Out-GridView

# vorherige Werte zurücksetzen
$PSDefaultParameterValues = $PSDefaultParameterValues_old
$ErrorActionPreference = $ErrorActionPreference_old
```

Listing 21.3: Default-Vorgaben für Fehlerhandling nutzen.

Mit $ErrorActionPreference wird der Vorgabewert für den Parameter -ErrorAction gesetzt. Eine eigene Preferenzvariable für den Parameter -ErrorVariable gibt es allerdings nicht. Hier kann man sich ab PowerShell 3.0 mit Default-Parameterwerten behelfen, die über die Variable $PSDefaultParameterValues festgelegt werden.

Erfolg eines Befehlsaufrufs prüfen

Um lediglich den Erfolg oder Misserfolg eines Befehls festzustellen, gibt es einen besonders simplen Weg: Die Variable $? zeigt an, ob der zuletzt ausgeführte PowerShell-Befehl erfolgreich war oder nicht. So lassen sich außerordentlich primitive, aber durchaus funktionale Fehlerhandler schreiben, die sogar auf die zugrunde liegende Originalfehlermeldung zugreifen können, wenn man diese mit -ErrorVariable vorher aufbewahrt hat.

Die folgende Zeile versucht, einen Ordner anzulegen, und gibt je nach Erfolg unterschiedliche Meldungen aus:

```
New-Item -Path c:\neuerordner -Type Directory -ErrorAction SilentlyContinue -ErrorVariable fehler
if ($?)
{
  'Erfolgreich angelegt.'
}
else
{
  "Fehler aufgetreten: $fehler"
}
```

Fehlerhandler einsetzen

Bislang haben Sie Fehler nur nachträglich ausgewertet, aber nicht in Echtzeit auf Fehler reagiert. Sie haben mit den allgemeinen Parametern -ErrorAction und -ErrorVariable lediglich Wünsche an den Fehlerhandler weitergegeben, der in jedem Cmdlet vorhanden ist. Dieser Fehlerhandler reagiert in Echtzeit auf Fehler mit der Aktion, die in -ErrorAction gewünscht wird. Es ist auch dieser Fehlerhandler, der die Fehler als ErrorRecord anschließend in $error – und falls -ErrorVariable angegeben ist und -ErrorAction nicht auf Ignore eingestellt wurde, in eine private Variable – schreibt.

Ihre Skripte können ebenfalls Fehlerhandler einsetzen, die in Echtzeit auf Fehler reagieren. Nötig wird dies vor allem, wenn Sie auch Fehler behandeln wollen, die außerhalb von Cmdlets passieren oder die der Fehlerhandler des Cmdlets nicht aufgefangen hat.

Nicht alle Fehler stammen von Cmdlets. Im einfachsten Fall könnte ein Fehler auch durch eine ganz simple verbotene Rechenoperation ausgelöst werden:

```
PS> 1/0
Es wurde versucht, durch 0 (null) zu teilen.
In Zeile:1 Zeichen:1
+ 1/0
```

```
+ ~~~
    + CategoryInfo          : NotSpecified: (:) [], RuntimeException
    + FullyQualifiedErrorId : RuntimeException
```

Spannend ist das nicht nur, weil Ihnen solch ein Malheur durchaus selbst passieren kann und dann natürlich keine Parameter wie -ErrorAction bereitstehen, mit denen man bestimmt, was im Fehlerfall passieren soll. Spannend ist es vor allem, weil ein Cmdlet intern ebenfalls genau mit solchen Dingen zu kämpfen hat. Ein Cmdlet besteht intern ausschließlich aus sogenanntem ». NET-Code«, zu dem auch die Rechenoperation zählt.

Wenn Sie also gleich sehen, wie sich solche Fehler auffangen und behandeln lassen, wissen Sie gleichzeitig auch, wie Cmdlets mit solchen Fehlern umgehen und was hinter Parametern wie -ErrorAction und -ErrorVariable wirklich steckt.

Lokaler Fehlerhandler: try…catch

Um einen bestimmten Bereich eines Skripts auf Fehler zu überwachen und im Fehlerfall einzuschreiten, wird der örtlich begrenzte Fehlerhandler verwendet: Sein try-Block markiert den überwachten Bereich, und im Fehlerfall wird der direkt angrenzende catch-Block ausgeführt. In ihm steht der auslösende Fehler in der Variablen $_ zur Verfügung:

```
try
{
    1/0
}
catch
{
    Write-Warning $_.Exception.Message
}
```

Listing 21.4: Einfache try…catch-Anweisung.

Es spielt nun im Grunde keine Rolle, welcher Code im try-Block einen Fehler auslöst, der catch-Block regelt jeweils, was im Fehlerfall geschehen soll. Das folgende Beispiel setzt eine Systemfunktion ein, um einen Computernamen im DNS aufzulösen und die ihm gerade zugewiesene IP-Adresse in Erfahrung zu bringen. Ist der angegebene Computer im DNS nicht bekannt, liefert der catch-Block eine Warnmeldung:

```
$computer = Read-Host -Prompt 'Geben Sie Computernamen ein'

try
{
    [System.Net.DNS]::GetHostByName($Computer)
}
catch
{
    Write-Warning $_.Exception.InnerException.Message
}
```

Listing 21.5: Einen .NET-Fehler behandeln.

Allerdings scheitert der Fehlerhandler, sobald ein Cmdlet den Fehler auslöst:

```
try
{
  New-Item -Path c:\neuerordner -Type Directory
```

```
 'Erfolgreich angelegt.'
}
catch
{
 "Fehler aufgetreten: $_"
}
```

Listing 21.6: Nicht alle Fehler von Cmdlets werden vom Fehlerhandler behandelt.

Auch das Cmdlet besitzt intern einen Fehlerhandler. Tritt also innerhalb des Cmdlets ein Fehler auf, wird dieser Fehler vom Cmdlet-eigenen Fehlerhandler behandelt. Ihr eigener Fehlerhandler geht leer aus – allerdings nur dann, wenn der Cmdlet-eigene Fehlerhandler den Fehler auch tatsächlich behandelt. Das ist nicht immer so:

- Haben Sie die -ErrorAction auf Stop eingestellt, bricht das Cmdlet seine Arbeit nicht nur beim ersten auftretenden Fehler ab, sondern sendet auch selbst eine Fehlermeldung an den Aufrufer. Diese Stop-Exception kann danach von Ihrem eigenen Fehlerhandler erkannt und behandelt werden. In der Eigenschaft InnerException steht danach der eigentlich auslösende Fehler.

- Handelt es sich um einen Fehler, den das Cmdlet bewusst nicht selbst behandelt hat, wird auch dieser von Ihrem Fehlerhandler erkannt. Die meisten Cmdlets behandeln sicherheitsrelevante Fehler nicht selbst, sondern geben solche Fehler direkt an den Aufrufer weiter. Dies sind dann Fehler, die selbst bei unterdrückten Fehlermeldungen (-ErrorAction SilentlyContinue) sichtbar angezeigt werden.

Wenn Sie also die -ErrorAction des Cmdlets New-Item auf Stop stellen, funktioniert der Fehlerhandler einwandfrei:

```
try
{
 New-Item -Path c:\neuerordner -Type Directory -ErrorAction Stop
 'Erfolgreich angelegt.'
}
catch
{
 "Fehler aufgetreten: $_"
}
```

Listing 21.7: Fehler eines Cmdlets in Echtzeit behandeln.

Er funktioniert auch ohne -ErrorAction Stop, wenn das Cmdlet den Fehler nicht selbst behandelt hat. Das geschieht in der Regel bei allen sicherheitskritischen Fehlern, so auch bei diesem hier:

```
try
{
 # der folgende Computer muss via Netzwerk erreichbar sein
 # (ggf. Namen anpassen)
 $Computer = 'testcomputer'
 Get-WmiObject -Class Win32_OperatingSystem -ComputerName $computer -Credential Unbekannt
}
catch
{
 "Fehler aufgetreten: $_"
}
```

Listing 21.8: Vom Cmdlet unbehandelte Fehler können immer von eigenen Fehlerhandlern behandelt werden.

Alle Fehler innerhalb des try-Blocks werden also überwacht, sofern das Cmdlet sein eigenes Fehlerhandling aus der Hand gibt. Dazu muss -ErrorAction auf Stop gestellt werden. Nur terminierende Fehler werden auch ohne eine besondere Einstellung von -ErrorAction behandelt, weil diese ja ohnehin nicht über das Cmdlet-eigene Fehlerhandling behandelt werden.

Um stets alle Fehler behandeln zu können, sollten Sie innerhalb des try-Blocks grundsätzlich mit $ErrorActionPreference die Einstellung Stop zur Vorgabe machen: erstens, weil man sich dann den Parameter -ErrorAction bei Cmdlets sparen kann, und zweitens, weil es noch andere Befehlstypen gibt, die gar keinen Parameter -ErrorAction besitzen und bei denen man Fehler sonst nicht abfangen kann. Hier sind ein paar Beispiele unterschiedlicher Fehlertypen:

```
try
{
    # Cmdlet-Fehler, benötigt ErrorAction=Stop
    $ErrorActionPreference = 'Stop'
    Get-ChildItem -Path GibtEsNicht
}
catch
{
    "Fehler entdeckt: $_"
}

try
{
    # Konsolenbefehl-Fehler benötigt ErrorAction=Stop
    # und Umleitung des Fehlerkanals
    $ErrorActionPreference = 'Stop'
    net user GibtEsNicht 2>&1
}
catch
{
    "Fehler entdeckt: $_"
}

try
{
    # .NET-Fehler benötigt keine besondere ErrorAction
    [System.Net.DNS]::GetHostByName('gibtesnicht')
}
catch
{
    "Fehler entdeckt: $_"
}
```

Listing 21.9: Im Praxisbeispiel mehrere Fehlerhandler verwenden.

Sämtliche Fehler werden nun abgefangen und vom Code im jeweiligen catch-Block entsprechend behandelt.

Hinweis

Sollen native Konsolenbefehle ihren Fehler an einen PowerShell-Fehlerhandler weiterleiten, muss der Fehlerkanal (Kanal 2) des Konsolenbefehls über 2>&1 in den Ausgabekanal (Kanal 1) umgeleitet werden. Diesen Zusatz kann man sich im ISE-Editor zwar sparen, aber er ist in der PowerShell-Konsole unbedingt erforderlich und sollte deshalb immer angegeben werden.

Der try-Block darf dabei so umfangreich sein, wie Sie wollen. Wichtig ist nur, zu wissen, dass er bei einem Fehler abgebrochen wird. Die restlichen Anweisungen nach dem Fehler und vor dem catch-Block werden übersprungen.

Innerhalb des catch-Blocks steht der ErrorRecord des aktuellen Fehlers in der Variablen $_ zur Verfügung. Es handelt sich dabei um das gleiche ErrorRecord-Objekt, das Ihnen auch schon in $error begegnet ist. Entsprechend können Sie auch dieses Objekt mit dem Filter aus Listing 21.1 auswerten.

```
try
{
    # Cmdlet-Gehler, benötigt ErrorAction=Stop
    $ErrorActionPreference = 'Stop'
    Get-ChildItem -Path GibtEsNicht
}
catch
{
    # Objektstruktur in $_ visualisieren:
    $_ | Format-Custom -Property * -Depth 1 -Force
    # Fehlerinformationen mit der Funktion Get-ErrorDetail
    # auswerten (Funktion muss wie beschrieben vorher
    # definiert worden sein)
    $_ | Get-ErrorDetail | Out-GridView
}
```

Listing 21.10: Im catch-Block auf den ErrorRecord zugreifen.

Die Detailinformationen des Fehlers werden im Beispiel nun in einem GridView-Fenster angezeigt, könnten nun aber ebenso gut auch in eine Logdatei geschrieben oder anderweitig ausgewertet werden (Abbildung 21.1).

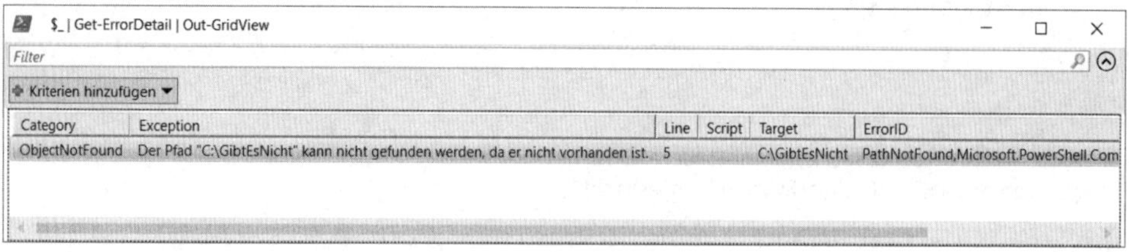

Abbildung 21.1: Fehlerdetails im catch-Block empfangen und anzeigen oder auswerten.

Leider ist die Lebensdauer der Variablen $_ auf den catch-Block beschränkt, sodass ISE nicht die praktische IntelliSense-Auswahl anzeigt. Wenn Sie aber innerhalb des catch-Blocks eine globale Testvariable anlegen, kann anschließend nach Auslösen des Fehlers diese stellvertretend für $_ untersucht werden. Dazu fügen Sie in den catch-Block zuerst diese Zeile ein und lösen den Fehler dann noch einmal aus:

```
$global:test = $_
```

Im Anschluss daran untersuchen Sie im ISE-Editor die Variable $test, die Ihnen jetzt IntelliSense anbietet (Abbildung 21.2).

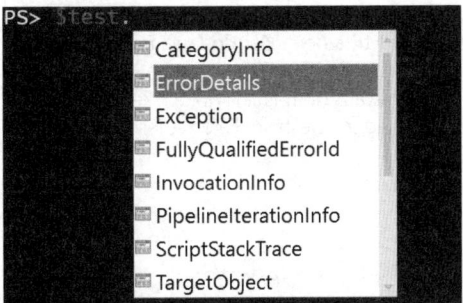

Abbildung 21.2: Fehlervariable im ISE-Editor mit IntelliSense untersuchen.

Hinweis

Auf den **try**-Block muss unmittelbar der **catch**-Block folgen. Er darf nur weggelassen werden, wenn Sie stattdessen einen **finally**-Block einsetzen. Der Code im **finally**-Block wird immer ausgeführt, also unabhängig davon, ob ein Fehler auftrat oder nicht. Er gelangt wirklich immer zur Ausführung, was den **finally**-Block überhaupt erst sinnvoll macht. Schauen Sie sich dazu folgenden Code an:

```
try
{
  Write-Host 'Ich starte'
  Start-Sleep -Seconds 3
  Write-Host 'Ich bin fertig'
}
finally
{
}
```

Listing 21.11: finally-Block führt Code immer aus.

Wenn Sie diesen Code ausführen, wird die erste Textmeldung ausgegeben, und wenn Sie lange genug warten, auch die zweite. Was die berechtigte Frage in den Raum stellt, warum man dafür **try…finally** benötigt. Das wäre auch ohne die Konstruktion nicht anders gelaufen.

Das Problem liegt indes woanders: Wenn Sie nicht lange genug warten, sondern mit `Strg`+`C` das Skript vorzeitig abbrechen, entfällt die zweite Anweisung. Sofern es sich dabei um eine reine Textmeldung handelt, wäre dies sicherlich noch verschmerzbar. Aber in der Praxis werden oft am Ende wichtige Aufräumarbeiten durchgeführt, etwa Datenverbindungen geschlossen oder Objekte freigegeben. Bricht der Anwender das Skript im falschen Moment ab, würden diese Aufräumarbeiten fehlen, was spätere Fehlfunktionen zur Folge haben kann. Mit **finally** dagegen gelangen diese abschließenden Anweisungen und damit eben auch etwaige Aufräumarbeiten auf jeden Fall zur Ausführung:

```
try
{
  Write-Host 'Ich starte'
  Start-Sleep -Seconds 300
}
finally
{
  Write-Host 'Ich bin fertig'
}
```

Listing 21.12: Der finally-Block wird auch ausgeführt, wenn ein Skript abgebrochen wird.

Wenn Sie diesen Code ausführen und nicht 300 Sekunden warten wollen, drücken Sie [Strg]+[C]. Das Skript wird abgebrochen, aber die zweite Meldung erscheint trotzdem. Der Code in `finally` wird also immer ausgeführt, auch wenn Sie mitten im try-Block abbrechen. Das gilt allerdings nur für Befehle und nicht für Rückgabewerte. Bei einem Abbruch erhalten Sie aus dem `finally`-Block keine Rückgabewerte, auch keine, die möglicherweise schon fertig vorliegen. Deshalb liefert dieser Code beim Abbruch auch keine zweite Meldung:

```
try
{
  'Ich starte'
  Start-Sleep -Seconds 30
}
finally
{
  'Ich bin fertig'
}
```

Listing 21.13: Rückgabewerte werden bei einem Abbruch nicht mehr zurückgeliefert.

Globaler Fehlerhandler: Trap

Während try…catch nur *einen bestimmten Bereich Ihres Codes* auf Fehler überwacht, nämlich den, der innerhalb von try steht, überwacht ein globaler Fehlerhandler *den gesamten Code im Einzugsgebiet*. So einen Fehlerhandler nennt man bei PowerShell trap (englisch für Falle).

Das Einzugsgebiet globaler Fehlerhandler entspricht dem Gültigkeitsbereich von Variablen. Befindet sich die Trap also direkt im Skript, deckt sie alle Fehler im gesamten Skript ab. Steht sie dagegen innerhalb einer Funktion, ist sie auch nur für Fehler innerhalb dieser Funktion zuständig. Die Unterschiede zwischen try…catch und trap sind allerdings nicht allzu groß. Schauen Sie sich zunächst dieses Skript mit einem try…catch-Fehlerhandler an:

```
'Starte.'

Get-ChildItem -Path c:\gibtesnicht

try
{
  # alle Fehler abfangen:
  $Backup = $ErrorActionPreference
  $ErrorActionPreference = 'Stop'

  1/$null
  Get-Process -Name gibtsnicht
  net user gibtsnicht
}
catch
{
  "Fehler: $_"
}
finally
{
  # vorheriges Fehlerverhalten wiederherstellen:
  $ErrorActionPreference = $Backup
}

'Fertig.'
```

Listing 21.14: Fehlerhandler auf Basis von try…catch.

Wenn Sie dieses Skript ausführen, erscheint zunächst die Textmeldung, gefolgt von einem unbehandelten Fehler, der durch Get-ChildItem ausgelöst wird. Danach beginnt der try-Block, der alle Fehlerarten abfängt, weil $ErrorActionPreference auf Stop gestellt ist. Der erste Fehler ist das Teilen einer Zahl durch null. Der Fehler wird vom catch-Block behandelt und mit einer Meldung quittiert. Alle übrigen Befehle im try-Block werden übersprungen, weil catch die Ausführung mit der nächsten Anweisung fortsetzt, die auf derselben Ebene liegt wie es selbst:

```
Starte.
Get-ChildItem : Der Pfad "C:\gibtesnicht" kann nicht gefunden werden, da er nicht vorhanden ist.
In Zeile:3 Zeichen:1
+ Get-ChildItem -Path c:\gibtesnicht
+ ~~~~~~~~~~~~~~~~~~~~~~~~~~~~~~~~~~~
    + CategoryInfo          : ObjectNotFound: (C:\gibtesnicht:String) [Get-ChildItem],
                              ItemNotFoundException
    + FullyQualifiedErrorId : PathNotFound,Microsoft.PowerShell.Commands.GetChildItemCommand

Fehler: Es wurde versucht, durch 0 (null) zu teilen.
Fertig.
```

Um aus dem lokalen Fehlerhandler einen globalen zu machen, ist im Wesentlichen nur eine Umbenennung nötig: Aus catch wird trap. Ein paar Kleinigkeiten sind außerdem wichtig:

- **try ist nun überflüssig:** Da trap ein globaler Fehlerhandler ist, braucht auch kein bestimmter Skriptbereich mehr markiert zu sein.

- **finally ist nun nicht mehr erlaubt:** Dieses Schlüsselwort gehört zur try…catch-Konstruktion. trap hat kein entsprechendes Pendant.

- **continue ist nun nötig:** trap kann im Gegensatz zu catch selbst entscheiden, ob der Fehler behandelt werden konnte oder nicht. Konnte der Fehler behandelt werden, muss trap den Befehl continue hinterhersenden. Ohne diesen Befehl würde der Code in der Trap ausgeführt, und anschließend würde trotzdem die PowerShell-Fehlermeldung erscheinen.

- **trap gehört nach oben:** Zwar darf trap an beliebiger Stelle im Code stehen, sollte aber der Übersichtlichkeit halber ganz oben platziert werden, damit sich sofort erkennen lässt, dass das Skript einen globalen Fehlerhandler besitzt.

Das geänderte Skript sieht nun so aus:

```
# alle Fehler abfangen:
$Backup = $ErrorActionPreference
$ErrorActionPreference = 'Stop'

trap
{
    "Fehler: $_"

    # Fehler ist behandelt, also nicht an PowerShell weitergeben:
    continue
}

'Starte.'

Get-ChildItem -Path c:\gibtesnicht
1/$null
```

```
Get-Process -Name gibtsnicht
net user gibtsnicht

# vorheriges Fehlerverhalten wiederherstellen:
$ErrorActionPreference = $Backup

'Fertig.'
```

Listing 21.15: Fehlerhandler auf Basis einer Trap.

Dieses Skript führt zu insgesamt vier Fehlern. trap wird deshalb jetzt viermal angesprungen, denn anders als bei try…catch setzt das Skript seine Ausführung nun nach dem letzten Fehler einfach fort.

```
Starte.
Fehler: Der Pfad "C:\gibtsnicht" kann nicht gefunden werden, da er nicht vorhanden ist.
Fehler: Es wurde versucht, durch 0 (null) zu teilen.
Fehler: Es kann kein Prozess mit dem Namen "gibtsnicht" gefunden werden. Überprüfen Sie den
Prozessnamen, und rufen Sie das Cmdlet erneut auf.
Fehler: Der Benutzername konnte nicht gefunden werden.
Fertig.
```

Die Regel ist dabei eigentlich sehr ähnlich: trap setzt die Ausführung nach einem Fehler mit der nächsten Anweisung fort, die dem Fehler folgt und die auf der Ebene der Trap liegt. So hat es auch try…catch getan, nur lagen dort die Befehle innerhalb von try in einem Unterbereich. Und tatsächlich kann sich die Trap auch so verhalten wie try…catch, also Befehle zu Gruppen zusammenfassen und die Gruppe beim ersten Fehler abbrechen:

```
$Backup = $ErrorActionPreference
$ErrorActionPreference = 'Stop'

trap
{
  "Fehler: $_"

  # Fehler ist behandelt, also nicht an PowerShell weitergeben:
  continue
}

'Starte.'

Get-ChildItem -Path c:\gibtesnicht

& {
    1/$null
    Get-Process -Name gibtsnicht
    net user gibtsnicht
}

# vorheriges Fehlerverhalten wiederherstellen:
$ErrorActionPreference = $Backup

'Fertig.'
```

Listing 21.16: Skriptblöcke können Befehle zu Gruppen zusammenfassen.

Jetzt sieht das Resultat genau so aus wie bei try...catch, außer dass auch der erste Fehler von Get-ChildItem erfasst wird, weil bei trap ja stets der gesamte Skriptbereich überwacht wird:

```
Starte.
Fehler: Der Pfad "C:\gibtesnicht" kann nicht gefunden werden, da er nicht vorhanden ist.
Fehler: Es wurde versucht, durch 0 (null) zu teilen.
Fertig.
```

Spezifische Fehlerhandler

Fehler werden in PowerShell durch *Exceptions* repräsentiert. Es gibt je nach Fehlerart ganz unterschiedliche Exceptions. Ein Fehlerhandler kann entweder beliebige Exceptions behandeln oder auch nur gezielt eine einzige Art. So lassen sich mehrere spezifische Fehlerhandler erstellen. Jeder reagiert anders und auf den jeweiligen Fehlertyp abgestimmt.

Exception-Namen ermitteln

Um einen spezifischen Fehlerhandler zu schreiben, müssen Sie zunächst in Erfahrung bringen, wie der Exception-Typ heißt, den Ihr Fehlerhandler behandeln soll. Dazu verwenden Sie zunächst so wie eben beschrieben einen allgemeinen Fehlerhandler. Tritt der Fehler auf, beauftragen Sie den Fehlerhandler, den Typnamen der aufgetretenen Exception auszugeben.

Das folgende Beispiel zeigt, wie Sie den Typnamen eines Fehlers in Erfahrung bringen:

```
try
{
  # diesen Fehler analysieren:
  1/0
}
catch
{
  if ($_.Exception.InnerException)
  {
    Write-Warning $_.Exception.InnerException.GetType().FullName
  }
  else
  {
    Write-Warning $_.Exception.GetType().FullName
  }
}
```

Listing 21.17: Fehlertyp bestimmen.

Der Fehler in diesem Skript ist die Anweisung 1/0, und wenn Sie den Code ausführen, lautet der Typname solcher Fehler System.DivideByZeroException. Auch andere Fehler lassen sich so entschlüsseln. Ersetzen Sie die Zeile mit der Nulldivision zum Beispiel durch die folgende, ergibt sich ein anderer Fehlertyp:

```
Get-ChildItem c:\nichtda -ErrorAction Stop
```

Der Typname lautet jetzt: System.Management.Automation.ItemNotFoundException.

Spezifische Fehlerhandler nutzen

Sobald Sie den Typnamen eines Fehlers kennen, lassen sich spezifische Fehlerhandler erstellen, die nur noch auf diesen Typ reagieren:

```
try
{
  1/0
}
catch [System.DivideByZeroException]
{
  Write-Warning 'Es wurde durch null geteilt!'
}
catch
{
  Write-Warning "Allgemeiner Fehler: $_"
}
```

Listing 21.18: Spezifischen Fehlerhandler verwenden.

Ein Fehlerhandler wird also spezifisch, indem man den Fehlertyp, für den er zuständig sein soll, dahinter angibt. Es folgt ein Beispiel, das einen neuen Ordner anlegt. Dazu wird eine Reihe spezifischer Fehlerhandler definiert, um je nach Fehlerursache unterschiedliche Aktionen auszuführen:

```
try
{
  $null = New-Item -Path c:\willibald -ItemType Directory -ErrorAction Stop
}
catch [System.IO.IOException]
{
  Write-Warning "IO-Fehler: $_"
}
catch [System.Management.Automation.DriveNotFoundException]
{
  Write-Warning 'Laufwerk nicht gültig'
}
catch [System.UnauthorizedAccessException]
{
  Write-Warning 'Fehlende Zugriffsrechte'
}
catch [System.NotSupportedException]
{
  Write-Warning "Nicht unterstützt: $_"
}
catch
{
  Write-Warning ('Unbekannter Fehler: {0} (Typ: [{1}])' -f $_, $_.Exception.GetType().FullName)
}
```

Listing 21.19: Unterschiedliche spezifische Fehlerhandler einsetzen.

Spezifische Fehlerhandler können also effizient sein, wenn ein Befehlsaufruf typischerweise unterschiedliche Fehler mit unterschiedlichen Ursachen auslösen kann und Sie jeden Fehlertyp auf eigene Weise behandeln möchten.

Achtung

Das Beispiel in Listing 21.19 funktioniert erst ab PowerShell 3.0. In älteren PowerShell-Versionen werden spezifische Fehlerhandler für bestimmte Fehler nicht ausgelöst. Dieses Problem besteht für globale Fehlerhandler (Traps) auch in allen neueren PowerShell-Versionen und wird im nächsten Abschnitt beschrieben. Dort finden Sie dazu auch einen Workaround.

Spezifische Fehlerhandler in Traps

Spezifische Fehlerhandler wären ganz besonders auch für globale Fehlerhandler (trap) interessant. So könnte ein solcher Fehlerhandler automatisch auf verschiedene Fehlerursachen reagieren. Er tut es allerdings nur manchmal, wie das folgende Beispiel zeigt:

```
# alle Fehler abfangen:
$Backup = $ErrorActionPreference
$ErrorActionPreference = 'Stop'

trap [System.DivideByZeroException]
{
  Write-Warning 'Sie haben durch null dividiert'
  continue
}

trap [System.Management.Automation.ItemNotFoundException]
{
  Write-Warning "Ein Element wurde nicht gefunden: $_"
  continue
}

trap [Microsoft.PowerShell.Commands.ProcessCommandException]
{
  Write-Warning 'Sie haben Get-Process einen Prozessnamen genannt, aber solch ein Programm läuft
nicht.'
  continue
}

trap [System.Management.Automation.RemoteException]
{
  Write-Warning "Es ist ein Problem beim Aufruf eines Konsolenbefehls aufgetreten: $_"
  continue
}

trap [System.Management.Automation.DriveNotFoundException]
{
  Write-Warning 'Laufwerk nicht gültig'
  continue
}

trap [System.UnauthorizedAccessException]
{
  Write-Warning 'Fehlende Zugriffsrechte'
  continue
}

trap [System.NotSupportedException]
```

```
{
  Write-Warning "Nicht unterstützt: $_"
  continue
}

trap
{
  Write-Warning ('Unbekannter Fehler: {0} (Typ: [{1}])' -f $_, $_.Exception.GetType().FullName)
  continue
}

Get-ChildItem -Path c:\gibtesnicht
Get-ChildItem -Path h:\
$null = New-Item -Path c:\windows\test -ItemType Directory
1/$null
Get-Process -Name gibtsnicht
net.exe user gibtsnicht

# vorheriges Fehlerverhalten wiederherstellen:
$ErrorActionPreference = $Backup
```

Listing 21.20: Spezifische Traps verwenden (funktioniert nur teilweise).

Wenn Sie den Code ausführen, werden alle Fehler der Reihe nach behandelt, und entsprechende Warnmeldungen werden ausgegeben. Das ist der besondere Unterschied zwischen globaler trap und lokalem try/catch-Konstrukt, das ja nach dem ersten Fehler abgebrochen hätte.

Allerdings wurden nicht alle Fehler spezifisch behandelt. Schauen Sie sich dazu die ausgegebenen Warnungen genauer an:

```
WARNUNG: Unbekannter Fehler: Der Pfad "C:\gibtesnicht" kann nicht gefunden werden, da er nicht
vorhanden ist. (Typ: [System.Management.Automation.ItemNotFoundException])
WARNUNG: Unbekannter Fehler: Das Laufwerk wurde nicht gefunden. Ein Laufwerk mit dem Namen "h" ist
nicht vorhanden. (Typ: System.Management.Automation.DriveNotFoundException])
WARNUNG: Unbekannter Fehler: Der Zugriff auf den Pfad "test" wurde verweigert. (Typ:
[System.UnauthorizedAccessException])
WARNUNG: Sie haben durch null dividiert
WARNUNG: Unbekannter Fehler: Es kann kein Prozess mit dem Namen "gibtsnicht" gefunden werden.
Überprüfen Sie den Prozessnamen, und rufen Sie das Cmdlet erneut auf. (Typ:
[Microsoft.PowerShell.Commands.ProcessCommandException])
WARNUNG: Unbekannter Fehler: Der Benutzername konnte nicht gefunden werden. (Typ:
[System.Management.Automation.RemoteException])
```

Alle Warnungen, die mit »Unbekannter Fehler« beginnen, wurden vom allgemeinen Fehlerhandler behandelt. Und das verwundert, denn die Warnungen geben außerdem den jeweiligen Fehlertyp an. Für alle diese Fehlertypen existieren spezifische Handler, die aber nicht aufgerufen worden sind.

Tatsächlich wurden alle als »Unbekannter Fehler« klassifizierten Fehler auf besondere Weise hervorgerufen: Sie wurden allein aufgrund der ErrorAction-Einstellung Stop direkt vom Cmdlet generiert und sind in Wahrheit alle vom Typ System.Management.Automation.ActionPreferenceStopException. Das bedeutet also, dass alle Fehlertypen, die allein aufgrund der ErrorAction-Einstellung ausgelöst werden, nicht über spezielle Fehlerhandler behandelt werden können. Jedenfalls nicht sofort.

Ihr globaler Fehlerhandler muss also noch einen weiteren spezifischen Fehlerhandler für ActionPreferenceStopExceptions festlegen. Tritt solch ein Fehler auf, kann dieser Fehlerhandler die darin enthaltene Exception erneut auslösen und dann spezifisch behandeln. Etwas unschön, aber wenn man die Vorgänge erst durchschaut, durchaus tragfähig:

```
# alle Fehler abfangen:
$Backup = $ErrorActionPreference
$ErrorActionPreference = 'Stop'

trap [System.DivideByZeroException]
{
  Write-Warning 'Sie haben durch null dividiert'
  continue
}

# Stop-Fehler behandeln:
trap [System.Management.Automation.ActionPreferenceStopException]
{
  # Originalfehler ausgeben und behandeln
  throw $_.Exception
  continue

  trap [System.Management.Automation.ItemNotFoundException]
  {
    Write-Warning "Ein Element wurde nicht gefunden: $_"
    continue
  }

  trap [Microsoft.PowerShell.Commands.ProcessCommandException]
  {
    Write-Warning 'Sie haben Get-Process einen Prozessnamen genannt, aber solch ein Programm läuft
nicht.'
    continue
  }

  trap [System.Management.Automation.RemoteException]
  {
    Write-Warning "Es ist ein Problem beim Aufruf eines Konsolenbefehls aufgetreten: $_"
    continue
  }

  trap [System.Management.Automation.DriveNotFoundException]
  {
    Write-Warning 'Laufwerk nicht gültig'
    continue
  }

  trap [System.UnauthorizedAccessException]
  {
    Write-Warning 'Fehlende Zugriffsrechte'
    continue
  }

  trap [System.NotSupportedException]
  {
    Write-Warning "Nicht unterstützt: $_"
    continue
  }

  trap
  {
    Write-Warning ('Unbekannter Fehler: {0} (Typ: [{1}])' -f $_, $_.Exception.GetType().FullName)
    continue
  }
}
```

```
trap
{
  Write-Warning ('Unbekannter Fehler: {0} (Typ: [{1}])' -f $_, $_.Exception.GetType().FullName)
  continue
}

Get-ChildItem -Path c:\gibtesnicht
Get-ChildItem -Path h:\
$null = New-Item -Path c:\windows\test -ItemType Directory
1/$null
Get-Process -Name gibtsnicht
net.exe user gibtsnicht

# vorheriges Fehlerverhalten wiederherstellen:
$ErrorActionPreference = $Backup
```

Listing 21.21: Das korrigierte Skript trap2.ps1.

Es funktioniert! Diesmal werden die verschiedenen Fehlertypen jeweils von ihrer spezifischen Trap behandelt:

```
WARNUNG: Ein Element wurde nicht gefunden: Der Pfad "C:\gibtesnicht" kann nicht gefunden werden, da
er nicht vorhanden ist.
WARNUNG: Laufwerk nicht gültig
WARNUNG: Fehlende Zugriffsrechte
WARNUNG: Sie haben durch null dividiert
WARNUNG: Sie haben Get-Process einen Prozessnamen genannt, aber solch ein Programm läuft nicht.
WARNUNG: Es ist ein Problem beim Aufruf eines Konsolenbefehls aufgetreten: Der Benutzername konnte
nicht gefunden werden.
```

Das Problem der »verpackten« Exception im Fall von Fehlern, die durch -ErrorAction Stop produziert wurden, betrifft seit PowerShell 3.0 nur noch Traps. Es wurde beim try/catch-Konstrukt weitestgehend behoben. Dennoch kann es auch dort auftreten, wie das folgende Beispiel zeigt.

Es definiert eine Funktion namens Invoke-ScriptBlock, der man einen Skriptblock übergeben kann. Dieser wird dann ausgeführt, und Fehler, die dabei auftreten, werden zentral behandelt:

```
function Invoke-ScriptBlock
{

  param
  (
    [ScriptBlock]
    [Parameter(Mandatory = $true)]
    $ScriptBlock
  )

  $ErrorActionPreference = 'Stop'
  try
  {
    $ScriptBlock.Invoke()
  }

  catch [System.Management.Automation.ItemNotFoundException]
  {
    Write-Warning "Ein Element wurde nicht gefunden: $_"
  }
```

```
  catch [System.DivideByZeroException]
  {
    Write-Warning 'Sie haben durch null dividiert'
  }

  catch [Microsoft.PowerShell.Commands.ProcessCommandException]
  {
    Write-Warning 'Sie haben Get-Process einen Prozessnamen genannt, aber solch ein Programm läuft
nicht.'
  }

  catch [System.Management.Automation.RemoteException]
  {
    Write-Warning "Es ist ein Problem beim Aufruf eines Konsolenbefehls aufgetreten: $_"
  }

  catch
  {
    Write-Warning "Es ist ein allgemeiner Fehler aufgetreten: $_"
  }
}

Invoke-ScriptBlock { Get-ChildItem -Path c:\gibtesnicht }
Invoke-ScriptBlock { Get-Process -Name gibtsnicht }
Invoke-ScriptBlock { net.exe user gibtsnicht }
```

Listing 21.22: Zentrales Fehlerhandling mit Invoke-ScriptBlock (unvollständig).

Allerdings meldet `Invoke-ScriptBlock` stets denselben Fehler:

```
WARNUNG: Es ist ein allgemeiner Fehler aufgetreten: Ausnahme beim Aufrufen von "Invoke" mit 0
Argument(en):  "Der ausgeführte Befehl wurde beendet, da die Einstellungsvariable
"ErrorActionPreference" oder ein allgemeiner Parameter auf "Stop" festgelegt ist: Der Pfad
"C:\gibtesnicht" kann nicht gefunden werden, da er nicht vorhanden ist.."
WARNUNG: Es ist ein allgemeiner Fehler aufgetreten: Ausnahme beim Aufrufen von "Invoke" mit 0
Argument(en):  "Der ausgeführte Befehl wurde beendet, da die Einstellungsvariable
"ErrorActionPreference" oder ein allgemeiner Parameter auf "Stop" festgelegt ist: Es kann kein
Prozess mit dem Namen "gibtsnicht" gefunden werden. Überprüfen Sie den Pro
zessnamen, und rufen Sie das Cmdlet erneut auf.."
WARNUNG: Es ist ein allgemeiner Fehler aufgetreten: Ausnahme beim Aufrufen von "Invoke" mit 0
Argument(en):  "Der ausgeführte Befehl wurde beendet, da die Einstellungsvariable
"ErrorActionPreference" oder ein allgemeiner Parameter auf "Stop" festgelegt ist: Der Benutzername
konnte nicht gefunden werden.."
```

Auch hier empfängt der Fehlerhandler stets eine `ActionPreferenceStopException`, die zuerst noch genau wie bei einer Trap »ausgepackt« werden muss:

```
function Invoke-ScriptBlock
{

  param
  (
    [ScriptBlock]
    [Parameter(Mandatory = $true)]
    $ScriptBlock
  )

  $ErrorActionPreference = 'Stop'
  try
  {
```

```
    $ScriptBlock.Invoke()
  }

  catch [System.DivideByZeroException]
  {
    Write-Warning 'Sie haben durch null dividiert'
  }

  catch [System.Management.Automation.ActionPreferenceStopException]
  {
    try
    {
      Throw $_.Exception
    }
    catch [System.Management.Automation.ItemNotFoundException]
    {
      Write-Warning "Ein Element wurde nicht gefunden: $_"
    }

    catch [Microsoft.PowerShell.Commands.ProcessCommandException]
    {
      Write-Warning 'Sie haben Get-Process einen Prozessnamen genannt, aber solch ein Programm läuft
nicht.'
    }

    catch [System.Management.Automation.RemoteException]
    {
      Write-Warning "Es ist ein Problem beim Aufruf eines Konsolenbefehls aufgetreten: $_"
    }

    catch
    {
      Write-Warning "Es ist ein allgemeiner Fehler aufgetreten: $_"
    }
  }

  catch
  {
    Write-Warning "Es ist ein allgemeiner Fehler aufgetreten: $_"
  }
}

Invoke-ScriptBlock { Get-ChildItem -Path c:\gibtesnicht }
Invoke-ScriptBlock { 1/$null }
Invoke-ScriptBlock { Get-Process -Name gibtsnicht }
Invoke-ScriptBlock { net.exe user gibtsnicht }
```

Listing 21.23: Zentrales Fehlerhandling mit Invoke-ScriptBlock (korrigiert).

Hinweis

Falls Sie sich fragen, warum der Fehlerhandler für `DivisionByZeroException` nicht als verschachtelter Fehler behandelt wird, denken Sie daran: Nur Fehler, die aufgrund von `-ErrorAction Stop` ausgelöst werden, müssen im verschachtelten Handler behandelt werden. Das Teilen durch null ist aber ein »terminierender Fehler«, der immer und unabhängig von der Einstellung für `-ErrorAction` erscheint. Er kann also auch immer direkt behandelt werden.

Spezifizität des Fehlerhandlers justieren

Wie allgemein oder spezifisch ein Fehlerhandler sein soll, kann man auf verschiedenen Ebenen festlegen:

- **Völlig unspezifisch:** Geben Sie keinen speziellen Exception-Typ an. In diesem Fall behandelt der Fehlerhandler alle Fehler, die nicht von spezifischeren Fehlerhandlern abgedeckt werden.

- **Völlig spezifisch:** Geben Sie einen speziellen Exception-Typ an, zum Beispiel System.DivideByZeroException. Der Fehlerhandler behandelt nun ausschließlich diesen Fehlertyp.

- **Bereich:** Geben Sie einen allgemeineren Exception-Typ an, zum Beispiel System.Arithmetic Exception. Der Fehlerhandler behandelt nun alle Fehlertypen, die von dieser Exception abgeleitet wurden, in diesem Fall DivideByZeroException, NotFiniteNumberException und OverflowException.

Möchten Sie wissen, von welchem allgemeineren Typ eine Exception abgeleitet ist, geben Sie den Exception-Typ in die PowerShell-Konsole ein. Auf diese Weise finden Sie den allgemeineren Typ in der Spalte BaseType:

```
PS> [System.DivideByZeroException]
IsPublic IsSerial Name                                BaseType
-------- -------- ----                                --------
True     True     DivideByZeroException               System.ArithmeticException
```

Wollen Sie dagegen umgekehrt in Erfahrung bringen, welche Exceptions von einer allgemeineren Exception abgeleitet sind, gibt es dafür keinen einfachen Weg, weil niemand wissen kann, wer eigene Exceptions von einer allgemeinen Exception abgeleitet hat. Eine Übersicht über alle Exceptions liefert diese Zeile:

```
PS> [AppDomain]::CurrentDomain.GetAssemblies() | ForEach-Object { $_.GetExportedTypes() } |
Where-Object { $_.Name -like '*Exception*' }

IsPublic IsSerial Name                                BaseType
-------- -------- ----                                --------
True     False    _Exception
True     True     Exception                           System.Object
True     True     SystemException                     System.Exception
True     True     OutOfMemoryException                System.SystemExce...
True     True     StackOverflowException              System.SystemExce...
True     True     DataMisalignedException             System.SystemExce...
True     True     ExecutionEngineException            System.SystemExce...
True     True     MemberAccessException               System.SystemExce...
(…)
```

Möchten Sie herausfinden, welche Exceptions von einem bestimmten Exception-Typ abgeleitet sind, untersuchen Sie den BaseType der aufgelisteten Exceptions. Hier eine passende Funktion namens Get-DerivedException:

```
function Get-DerivedException {
  param
  (
    [Parameter(Mandatory=$true)]
    $ExceptionName
  )

  # alle geladenen .NET-Assemblies ...
```

```
[AppDomain]::CurrentDomain.GetAssemblies() |
  # ... auf alle exportierten Typen durchsuchen (falls möglich) ...
  ForEach-Object { try {$_.GetExportedTypes()} catch {} } |
  # ... aber nur solche, die im Namen "Exception" tragen ...
  Where-Object { $_.Name -like '*Exception*' } |
  # ... und nur solche, die vom angegebenen Typ abgeleitet sind ...
  Where-Object { $_.BaseType -like $ExceptionName } |
  # ... und davon bitte den Namen:
  Select-Object -ExpandProperty Name
}
```

Listing 21.24: Abgeleitete Exceptions ermitteln.

Um beispielsweise alle speziellen Exceptions der allgemeinen Exception System.Arithmetic Exception aufzulisten, gehen Sie so vor:

```
PS> Get-DerivedException System.ArithmeticException
DivideByZeroException
NotFiniteNumberException
OverflowException
```

Verwenden Sie mehrere spezifische Fehlerhandler, wählt PowerShell automatisch und unabhängig von der Reihenfolge den jeweils spezifischsten aus. Das folgende Skript enthält verschieden spezifische Traps, von denen bei einem Fehler nur eine ausgelöst wird, nämlich die spezifischste:

```
trap [System.ArithmeticException] {
  'Fehler in arithmetischer Operation'
  continue
}

trap [System.Exception] {
  'Allgemeine Exception'
  continue
}

trap [System.DivideByZeroException] {
  'Fehler beim Teilen durch Null'
  continue
}

trap {
  'Allgemeiner Fehler'
  continue
}

1/$null
```

Listing 21.25: Mehrere spezifische Traps verwenden.

Die Trap für System.DivideByZeroException wird ausgelöst, weil sie den Fehler am genauesten beschreibt. Streichen Sie die Trap, greift nun die nächstspezifischere Trap, nämlich System.ArithmeticException. Für jeden Gültigkeitsbereich kann also immer nur eine Trap auslösen. Bei verschachtelten Gültigkeitsbereichen allerdings können auch mehrere Traps auslösen, und zwar immer dann, wenn die Trap den Fehler nicht mit continue als behandelt kennzeichnet, sondern mit break an die nächsthöhere Trap weiterleitet:

```
& {
  trap [System.ArithmeticException] {
    'Fehler in arithmetischer Operation'
    break
  }
  & {
    trap [System.Exception] {
      'Allgemeine Exception'
      break
    }

    & {
      trap [System.DivideByZeroException] {
        'Fehler beim Teilen durch Null'
        break
      }

      & {
        trap {
          'Allgemeiner Fehler'
          break
        }

        1 / $null
      }
    }
  }
}
```

Listing 21.26: Traps in verschachtelten Gültigkeitsbereichen.

Das Ergebnis sieht so aus:

```
PS> & 'C:\skript.ps1'
Allgemeiner Fehler
Fehler beim Teilen durch Null
Allgemeine Exception
Fehler in arithmetischer Operation
Es wurde versucht, durch 0 (null) zu teilen.
Bei C:\skript.ps1:24 Zeichen:8
+           1 / <<<< $null
    + CategoryInfo          : NotSpecified: (:) [], ParentContainsErrorRecordException
    + FullyQualifiedErrorId : RuntimeException
```

Auch hier sieht man, dass PowerShell den Fehler abschließend behandelt, wenn dies keiner Ihrer eigenen Fehlerhandler übernimmt.

Eigene Fehler auslösen

In den letzten Abschnitten haben Sie mit Fehlerhandlern auf Fehler reagiert. Man kann Fehlerhandling auch als Kommunikationssystem »entgegen der Fahrtrichtung« verstehen. Normalerweise fließen Informationen immer vom Aufrufer zum Aufgerufenen (*Downstream*). Fehler beschreiten den umgekehrten Weg (*Upstream*) und sind eine Möglichkeit, wie der Aufgerufene Kontakt zum Aufrufer aufnehmen kann.

Ein anderes Bild, das diese Funktionsweise erklärt, ist das Eskalationssystem in den meisten Unternehmen. Kann ein Problem nicht vor Ort gelöst werden, eskaliert man es zur nächsthöheren Verantwortungsebene. Diese kann dann wiederum entscheiden, ob das Problem dort lösbar ist oder noch weiter nach oben gereicht wird. Genau so verhalten sich Fehler in Power-Shell.

Ein Fehlerhandler kann entscheiden, ob der Fehler lokal behandelt werden kann oder ob er Konsequenzen für den Aufrufer hat, die dieser besser selbst behandelt. Sie haben also die Möglichkeit, in Ihrem Fehlerhandler mit der Anweisung Throw eine neue Exception auszulösen. Diese wandert »entgegen der Fahrtrichtung« zum Aufrufer und kann in dessen Fehlerhandler behandelt werden. Behandelt niemand den Fehler, landet er irgendwann auf oberster Ebene bei PowerShell und wird in einer roten Fehlermeldung ausgegeben.

Hier ein Beispiel für einen Code, der sich nur schlecht in ein Eskalationssystem einbinden lässt:

```
function Get-Alter
{
  param
  (
    [Parameter(Mandatory=$true)]
    $datum
  )
  if (-not ($datum -as [DateTime])) {
    'Sie haben kein Datum angegeben!'
    break
  }
  $differenz = New-TimeSpan ($datum -as [DateTime])
  'Sie sind {0} Tage alt!' -f $differenz.Days
}
```

Listing 21.27: Der Aufrufer kann einen Fehler schlecht erkennen und behandeln.

Zwar funktioniert die Funktion Get-Alter und berechnet das Alter in Tagen, wenn Sie ein Datum angeben, aber wenn Sie etwas anderes als ein Datum eintippen, kümmert sich die Funktion selbst um die Fehlerbehandlung. Sie lässt dem Aufrufer also keine Wahl, wie bei einem Fehler verfahren werden soll:

```
PS> Get-Alter
Geben Sie Ihren Geburtstag an: 18. März 1988
Sie sind 8027 Tage alt!

PS> Get-Alter
Geben Sie Ihren Geburtstag an: sag ich nicht
Sie haben kein Datum angegeben!
```

Mit Throw einen Fehler auslösen

Bei sehr einfachen Funktionen wie dieser ist das in Ordnung, aber sobald Ihre Funktionen zu Lego-Bausteinen für andere größere Lösungen werden, sollten Sie es dem Aufrufer überlassen, wie dieser bei Fehlern weiter verfahren möchte. Dazu lösen Sie mit throw selbst einen Fehler aus:

```
function Get-Alter
{
  param
  (
    [Parameter(Mandatory=$true)]
```

```
    $datum
  )
  if (-not ($datum -as [DateTime])) {
    Throw "'$datum' ist kein gültiges Datum."
  }
  $differenz = New-TimeSpan ($datum -as [DateTime])
  'Sie sind {0:n0} Tage alt!' -f $differenz.Days
}
```

Listing 21.28: Der Aufrufer erhält eine Fehlermeldung, die sein Fehlerhandler behandeln kann.

Jetzt wird eine echte Exception ausgelöst, die vom Aufrufer nach den gleichen Prinzipien behandelt werden kann wie in den letzten Beispielen. Wird der Fehler nicht vom Aufrufer behandelt, kümmert sich PowerShell mit den roten Fehlermeldungen selbst darum:

```
PS> Get-Alter
Geben Sie Ihren Geburtstag an: 18. März 1988
Sie sind 8.027 Tage alt!

PS> Get-Alter
Geben Sie Ihren Geburtstag an: huch
'huch' ist kein gültiges Datum.
In Zeile:9 Zeichen:5
+     Throw "'$datum' ist kein gültiges Datum."
+     ~~~~~~~~~~~~~~~~~~~~~~~~~~~~~~~~~~~~~~~~~~~
    + CategoryInfo          : OperationStopped: ('ss' ist kein gültiges Datum.:String) [],
                              RuntimeException
    + FullyQualifiedErrorId : 'ss' ist kein gültiges Datum.
```

Und so könnte der Fehler vom Aufrufer behandelt werden:

```
do
{
  $ok = $false
  try
  {
    Get-Alter
    $ok = $true
  }
  catch
  {
    Write-Warning "Bitte geben Sie ein gültiges Datum ein!"
  }
} until ($ok)
```

Listing 21.29: Auf den Fehler eines anderen Befehls reagieren.

Weil Get-Alter eine Fehleingabe mit einer Exception quittiert, kann der Aufrufer also den Fehler feststellen und darauf reagieren. Im Beispiel wird der Anwender so lange gefragt, bis er ein gültiges Datum eingegeben hat.

Hinweis

Natürlich hätte man dieses sehr einfache Beispiel auch vollkommen ohne Modularisierung formulieren können:

```
do
{
  $datum = Read-Host -Prompt 'Datum eingeben'
} until ($datum -as [DateTime])

$differenz = New-TimeSpan $datum
'Sie sind {0:n0} Tage alt!' -f $differenz.Days
```

Listing 21.30: Ohne Modularisierung ist ein Skript kürzer, aber nicht mehr wiederverwendbar.

Darum geht es hier aber nicht. Dieses Beispiel soll Ihnen lediglich klarmachen, wie voneinander vollkommen getrennte Skriptbestandteile miteinander kommunizieren können. Das ist die Grundlage, um universell miteinander kombinier- und wiederverwertbare Komponenten herzustellen.

Spezifische Fehler auslösen

Fehler, die Sie selbst mit throw auslösen, sind normalerweise vom Typ RuntimeException, also sehr unspezifisch:

```
PS> $Error[0].Exception.GetType().FullName
System.Management.Automation.RuntimeException
```

Sie können aber auch spezifischere Exceptions auslösen, zum Beispiel wenn Sie es dem Aufrufer ermöglichen wollen, spezielle Fehlerhandler für diese Fehlertypen einzusetzen. Zum einen können Sie eine vorhandene Exception auslösen, beispielsweise so:

```
PS> throw New-Object System.DivideByZeroException
Es wurde versucht, durch 0 (null) zu teilen.
Bei Zeile:1 Zeichen:6
+ throw <<<<  New-Object System.DivideByZeroException
    + CategoryInfo          : OperationStopped: (:) [], DivideByZeroException
    + FullyQualifiedErrorId : Es wurde versucht, durch 0 (null) zu teilen.

PS> $Error[0].Exception.GetType().FullName
System.DivideByZeroException
```

Natürlich wäre es wenig sinnvoll, diese sehr spezielle Exception für andere Zwecke zu missbrauchen. Deshalb gibt es auch allgemeinere Exceptions wie System.ArgumentException, der Sie eine eigene Meldung und einen Parameterwert mitgeben können:

```
PS> throw New-Object System.ArgumentException('Ein schlimmer Fehler', 999)
Ein schlimmer Fehler
Parametername: 999
Bei Zeile:1 Zeichen:6
+ throw <<<<  New-Object System.ArgumentException('Ein schlimmer Fehler', 999)
    + CategoryInfo          : OperationStopped: (:) [], ArgumentException
    + FullyQualifiedErrorId : Ein schlimmer Fehler
Parametername: 999
```

```
PS> $Error[0].Exception.GetType().FullName
System.ArgumentException
```

Zum anderen können Sie auch Ihre eigenen Exceptions entwickeln, für die Sie allerdings auf eine Programmiersprache von .NET Framework zurückgreifen müssen, beispielsweise Visual Basic oder C#:

```
# Klasse wird mit Visual Basic erzeugt:
$source1 = @'
public class MeinFehler1
  Inherits System.ArgumentException
  Public Sub New(byval message as string, byval parameter as string)
    Mybase.New (message, parameter)
  End Sub
end class
'@

Add-Type -TypeDefinition $source1 -Language VisualBasic -WarningAction SilentlyContinue


# Klasse wird mit C# erzeugt:
$source2 = @'
public class MeinFehler2 : System.ArgumentException
{
    public MeinFehler2(string message, string parameter) : base(message, parameter)
    {
    }
}
'@

Add-Type -TypeDefinition $source2 -WarningAction SilentlyContinue
```

Ab sofort könnten Sie die speziellen Fehler MeinFehler1 und MeinFehler2 auslösen, die dieselben Argumente unterstützen wie System.ArgumentException. Die beiden Fehler sind gleich aufgebaut und unterscheiden sich nur in der Art, wie sie definiert wurden. MeinFehler1 liegt eine Definition in Visual Basic zugrunde, während MeinFehler2 in der Sprache C# definiert wurde. Für den späteren Einsatz ist dieser Ursprung unerheblich.

```
PS> throw New-Object MeinFehler1('Etwas Schlimmes ist passiert', 999)
Ein schlimmer Fehler
Parametername: 999
Bei Zeile:1 Zeichen:6
+ throw <<<<  New-Object MeinFehler1("Etwas Schlimmes ist passiert", 999)
    + CategoryInfo          : OperationStopped: (:) [], MeinFehler1
    + FullyQualifiedErrorId : Etwas Schlimmes ist passiert
Parametername: 999

PS> $Error[0].Exception.GetType().FullName
MeinFehler1
```

Tatsächlich ist es throw völlig egal, was für ein Objekt Sie übergeben, es sendet alles einfach an die nächsthöhere Instanz. Sie könnten mit diesem Kommunikationssystem also zum Beispiel auch Prozessobjekte an die nächsthöhere Instanz senden und keine Exceptions – solange der Empfänger etwas damit anzufangen weiß:

```
PS> throw (Get-Process -id $pid)
throw : System.Diagnostics.Process (PowerShell)
Bei Zeile:1 Zeichen:6
```

```
+ throw <<<<  (Get-Process -id $pid)
  + CategoryInfo          : OperationStopped: (System.Diagnostics.Process
  (PowerShell):Process) [], RuntimeException
  + FullyQualifiedErrorId : System.Diagnostics.Process (PowerShell)
```

Upstream-Kommunikation in der Pipeline

Fehler bewegen sich »entgegen der Fahrtrichtung« vom Aufgerufenen zum Aufrufer, wie Sie gerade gesehen haben. Dies wird in der PowerShell-Pipeline ganz besonders wichtig. Die Pipeline (|) verkettet ja vollkommen unabhängige Befehle miteinander. Ein Cmdlet am Anfang der Pipeline weiß nichts über die folgenden Befehle. Tritt in einem der folgenden Befehle ein Fehler auf, soll aber die gesamte Pipeline beendet werden.

Dank der »Upstream«-Kommunikation der Fehler ist das kein Problem: Kommt es in einem Cmdlet innerhalb der Pipeline zu einem Fehler, wird dieser in umgekehrter Fahrtrichtung der Reihe nach an die vorherigen Cmdlets der Pipeline weitergegeben und beendet diese.

Pipeline vorzeitig abbrechen

Aus diesem Grund würde Get-ChildItem im folgenden Beispiel sofort die Arbeit einstellen, wenn ein nachgelagertes Cmdlet einen Fehler auslöst:

```
Get-ChildItem -Path $env:windir -Recurse -ErrorAction SilentlyContinue |
  ForEach-Object -Begin {
    $c = 0
  } -Process {
    # empfangene Elemente zählen
    $c++

    # wenn mehr als 5 Elemente empfangen wurden, einen Fehler auslösen:
    if ($c -gt 5) { Throw 'Ich habe fünf Elemente, mehr will ich nicht!' }

    # empfangenes Element ausgeben
    $_
  }
```

Listing 21.31: Nach fünf empfangenen Elementen bricht Foreach-Object die Pipeline ab.

Das Ergebnis entspricht den Erwartungen, und die Pipeline liefert nur die ersten fünf Ergebnisse von Get-ChildItem. Sobald fünf Ergebnisse eingegangen sind, beendet Get-ChildItem aufgrund des Fehlers seine Arbeit:

```
    Verzeichnis: C:\WINDOWS


Mode              LastWriteTime      Length Name
----              -------------      ------ ----
d-----       30.10.2015     08:24           addins
d-----       14.11.2015     12:24           ADFS
d-----       16.11.2015     11:09           appcompat
d-----       02.02.2016     08:46           AppPatch
d-----       11.02.2016     07:59           AppReadiness
Get-ChildItem : Ich habe fünf Elemente, mehr will ich nicht!
```

```
In Zeile:1 Zeichen:1
+ Get-ChildItem -Path $env:windir -Recurse -ErrorAction SilentlyContinu ...
+ ~~~~~~~~~~~~~~~~~~~~~~~~~~~~~~~~~~~~~~~~~~~~~~~~~~~~~~~~~~~~~~~~~~~~~~~~~
    + CategoryInfo          : OperationStopped: (Ich habe fünf E...will ich nicht!:String)
    [Get-ChildItem], RuntimeException
    + FullyQualifiedErrorId : Ich habe fünf Elemente, mehr will ich nicht!,Microsoft.Power
    Shell.Commands.GetChildItemCommand
```

Pipeline mit Select-Object abbrechen

Wirklich nützlich ist dieses Beispiel indes nicht, denn aufgrund des Fehlers stellt die Pipeline sofort ihre Arbeit ein, und daher könnte man die fünf bereits ermittelten Ergebnisse nicht mehr einer Variablen zuweisen. Aber weil es durchaus sinnvoll sein kann, die Pipeline nach Empfang genügender Ergebnisse vorzeitig abzubrechen, macht sich Select-Object mit seinem Parameter -First genau dieses Verfahren zunutze: Sind die mit -First angegebenen Ergebnisse eingetroffen, bricht das Cmdlet die gesamte Pipeline ab:

```
$e = Get-ChildItem -Path $env:windir -Recurse -ErrorAction SilentlyContinue |
    Select-Object -First 5
$e
```

Listing 21.32: Maximal fünf Elemente von Get-ChildItem empfangen und dann abbrechen.

Es kann also viel Zeit sparen, wenn man wie eben beschrieben eine länger laufende Pipeline über Select-Object beendet, sobald die gewünschten Ergebnisse eingetroffen sind.

Pipeline manuell abbrechen

Wie eine Pipeline vorzeitig abgebrochen wird, ist nun klar geworden. Nicht immer aber genügen die Möglichkeiten, die Select-Object liefert, denn nicht immer weiß man, wie viele Ergebnisse man erwartet. Vielleicht möchte man die Pipeline abbrechen, wenn ein ganz bestimmtes Ergebnis ermittelt worden ist.

Listing 21.33 liest aus dem Security-Eventlog alle Ereignisse mit der ID 4624 aus, die nach Mitternacht protokolliert wurden. Das Ergebnis ist eine Liste mit Anmeldungen an diesem Computer, die am gegenwärtigen Tag stattgefunden haben.

Achtung

Da das Skript das Security-Eventlog ausliest, sind Administratorrechte erforderlich, um es auszuführen.

```
$stichtag = Get-Date -Hour 0 -Minute 0 -Second 0
$anmeldungen = Get-EventLog -LogName Security -InstanceId 4624 -After $stichtag
$anmeldungen.Count
$anmeldungen | Out-GridView
```

Listing 21.33: Anmeldungen des aktuellen Tags auslesen.

Allerdings benötigt Listing 21.33 relativ lange. Obwohl die Suchkriterien mit -After auf einen bestimmten Zeitraum eingeschränkt wurden, durchsucht Get-EventLog dennoch das gesamte Security-Eventlog und filtert die Ergebnisse erst nachträglich.

Da die Einträge in den EventLogs ohnehin in chronologischer Reihenfolge gelesen werden, wäre es sehr viel effizienter (und schneller), die Pipeline abzubrechen, sobald ein Eintrag gefunden wird, der vor dem gewünschten Zeitpunkt liegt. Nur wie bricht man eine Pipeline aufgrund solch einer Fragestellung ab? Einen Fehler kann man nicht auslösen, denn dann würde die Pipeline sofort abgebrochen, und die bis dahin ermittelten Ergebnisse wären ebenfalls verloren.

Stellt man indes eine Pipeline in eine Schleife, die genau einmal ausgeführt wird, kann man diese Schleife mit dem Schlüsselwort continue vorzeitig verlassen. Das funktioniert auch aus der Pipeline heraus. Der vorzeitige Abbruchbefehl für die Pipeline heißt also continue, vorausgesetzt, die Pipeline befindet sich in einer Schleife:

```
$stichtag = Get-Date -Hour 0 -Minute 0 -Second 0

# Scheife, die nur EINMAL läuft:
$anmeldungen = do
{
  Get-EventLog -LogName Security -InstanceId 4624 |
  ForEach-Object {
    # wenn ein Eintrag empfangen wird, der VOR dem Stichtag liegt,
    # abbrechen:
    if ($_.TimeGenerated -lt $Stichtag) { continue }
    # andernfalls Ergebnis zurückgeben:
    $_
  }
} while ($false)

$anmeldungen.Count
$anmeldungen | Out-GridView
```

Listing 21.34: Pipeline manuell vorzeitig abbrechen, wenn gewünschte Ergebnisse eingetroffen sind.

Listing 21.35 läuft je nach Größe und Füllzustand des Security-Eventlogs nun wesentlich schneller als Listing 21.33, liefert aber genau die gleichen Informationen.

Testaufgaben

Aufgabe: Sie haben einen kleinen Fehlerhandler gebastelt und wollen nun einen Fehler provozieren. Dummerweise wird Ihr Fehlerhandler nie aktiv. Wieso?

```
trap { 'Etwas Fürchterliches ist passiert!' }

# Fehler auslösen:
1/0
```

Stattdessen gibt PowerShell seine eigene Fehlermeldung aus, als gäbe es Ihre Trap gar nicht:

```
PS> C:\testskript.ps1
Es wurde versucht, durch 0 (null) zu teilen.
```

Lösung: Sie haben alles richtig gemacht. Die Anweisung 1/0 allerdings ist ein handwerklicher Fehler, kein Laufzeitfehler. Der PowerShell-Parser entdeckt also schon vor dem Start des Skripts, dass diese Anweisung Unsinn ist, und löst keinen Laufzeitfehler aus. Ihr Fehlerhandler reagiert jedoch nur auf Laufzeitfehler. Lösen Sie stattdessen einen Laufzeitfehler aus, zum Beispiel so:

```
1/$null
```

Aufgabe: Sie haben das Skript aus dem letzten Beispiel angepasst, und tatsächlich wird Ihr Fehlerhandler nun aktiv. Allerdings folgt Ihrer eigenen Fehlermeldung anschließend die Power-Shell-Fehlermeldung:

```
PS> C:\testskript.ps1
Etwas Fürchterliches ist passiert!
Es wurde versucht, durch 0 (null) zu teilen.
```

Wie kann man den Fehler abfangen? Was fehlt Ihrem Fehlerhandler noch?

Lösung: Ihr Fehlerhandler behandelt den Fehler zwar bereits, erklärt ihn aber noch nicht als erledigt. Deshalb wird der Fehler an den nächsten Fehlerhandler weitergegeben, in diesem Fall an das Standardfehlerhandling von PowerShell. Fügen Sie in Ihren Fehlerhandler zusätzlich die Anweisung continue ein:

```
trap { 'Etwas Fürchterliches ist passiert!'; continue }

# Fehler auslösen:
1/$null
```

Aufgabe: Wieso wird Ihr Fehlerhandler in dem folgenden Fall nicht aktiv?

```
trap { 'Etwas Fürchterliches ist passiert!'; continue }

# Fehler auslösen:
dir zumsel:
```

Lösung: Cmdlets verwenden ihr eigenes, internes Fehlerhandling, es sei denn, Sie setzen -ErrorAction auf Stop. Alle Fehler, die von Cmdlets ausgelöst werden, sind also nur dann behandelbar, wenn das Cmdlet den Fehler auch an die Außenwelt übermittelt. Legen Sie entweder für das Cmdlet individuell -ErrorAction fest auf Stop ...

```
trap { 'Etwas Fürchterliches ist passiert!'; continue }

# Fehler auslösen:
dir zumsel: -ea Stop
```

... oder erklären Sie Stop zum Standard für Ihr Skript:

```
$script:ErrorActionPreference = 'Stop'
trap { 'Etwas Fürchterliches ist passiert!'; continue }

# Fehler auslösen:
dir zumsel:
```

Aufgabe: Sie wollen sich den genauen Aufbau des ErrorRecord des letzten Fehlers ansehen. Dazu lösen Sie zuerst den Fehler aus und schauen dann in $Error[0] nach. Um alle Eigenschaften von ErrorRecord zu sehen, leiten Sie ihn weiter an Format-List *. Erstaunlicherweise sehen Sie aber weiterhin nur die Fehlermeldung. Wieso zeigt Format-List nicht den Aufbau des ErrorRecord an?

```
PS> 1/$null
Es wurde versucht, durch 0 (null) zu teilen.
Bei Zeile:1 Zeichen:3
+ 1/ <<<< $null
    + CategoryInfo          : NotSpecified: (:) [], RuntimeException
    + FullyQualifiedErrorId : RuntimeException

PS> $Error[0]
```

Automationssprache

```
Es wurde versucht, durch 0 (null) zu teilen.
Bei Zeile:1 Zeichen:3
+ 1/ <<<< $null
    + CategoryInfo          : NotSpecified: (:) [], RuntimeException
    + FullyQualifiedErrorId : RuntimeException

PS> $Error[0] | Format-List *
Es wurde versucht, durch 0 (null) zu teilen.
Bei Zeile:1 Zeichen:3
+ 1/ <<<< $null
    + CategoryInfo          : NotSpecified: (:) [], RuntimeException
    + FullyQualifiedErrorId : RuntimeException
```

Lösung: Format-*-Cmdlets verwenden zur Ausgabeformatierung die im ETS (*Extended Type System*) hinterlegten Informationen. ErrorRecords werden immer nur als Fehlermeldung ausgegeben. Um den detaillierten Aufbau des ErrorRecord zu sehen, umgehen Sie das ETS durch Angabe von -Force:

```
PS> $Error[0] | Format-List * -Force

PSMessageDetails    :
Exception           : System.Management.Automation.RuntimeException: Es wurde versucht, dur
                      ch 0 (null) zu teilen. ---> System.DivideByZeroException: Es wurde ve
                      rsucht, durch 0 (null) zu teilen.
                         bei System.Management.Automation.ParserOps.PolyDiv(ExecutionContex
                      t context, Token opToken, Object lval, Object rval)
                         --- Ende der internen Ausnahmestapelüberwachung ---
                         bei System.Management.Automation.ExpressionNode.ExecuteOp(Executio
                      nContext context, Object left, OperatorToken op, Object right)
                         bei System.Management.Automation.ExpressionNode.Execute(Array inpu
                      t, Pipe outputPipe, ExecutionContext context)
                         bei System.Management.Automation.ParseTreeNode.Execute(Array input
                      , Pipe outputPipe, ArrayList& resultList, ExecutionContext context)
                         bei System.Management.Automation.StatementListNode.ExecuteStatemen
                      t(ParseTreeNode statement, Array input, Pipe outputPipe, ArrayList& r
                      esultList, ExecutionContext context)
TargetObject        :
CategoryInfo        : NotSpecified: (:) [], RuntimeException
FullyQualifiedErrorId : RuntimeException
ErrorDetails        :
InvocationInfo      : System.Management.Automation.InvocationInfo
PipelineIterationInfo : {}
```

Sie können den ErrorRecord auch zuerst in ein geklontes Objekt packen, was bei Select-Object automatisch geschieht. Jetzt erkennt das ETS den Originalobjekttyp nicht mehr und gibt alle Details aus:

```
PS> $Error[0] | Select-Object *
```

Die Ausgabe entspricht der vorangehenden.

Aufgabe: Schauen Sie sich den folgenden Fehlerhandler genau an. Was ist seine Aufgabe? Fällt Ihnen ein Problem auf?

```
'Beginne...'
try { 1/$null }
catch { 'Ein Fehler ist passiert!'; continue }
'Fertig!'
```

Wenn Sie dieses Skript starten, gibt es zwar die eigene Fehlermeldung aus, bricht dann aber ab. Die Meldung Fertig! erscheint nicht. Was ist hier los?

```
PS> C:\testskript.ps1
Beginne...
Ein Fehler ist passiert!
```

Lösung: Der Fehlerhandler überwacht den Code im try-Block. Der Fehler, der dort ausgelöst wird, wird vom Code im catch-Block behandelt. Das scheint auch einwandfrei zu funktionieren. Allerdings findet sich im catch-Code die Anweisung continue. Diese sorgt dafür, dass das Skript an dieser Stelle abgebrochen wird, denn continue setzt die Anweisung immer mit dem nächsthöheren Gültigkeitsbereich fort. Weil es hier keinen nächsthöheren Gültigkeitsbereich gibt, beendet PowerShell das Skript. Möglicherweise irritiert Sie das jetzt? Sollte continue nicht eigentlich den Fehler als erledigt erklären? Hierbei kommt es darauf an, wo genau Sie continue aufrufen. Nur wenn continue direkt innerhalb eines Fehlerhandlers steht, also entweder in einer Trap oder im try-Block, führt es diese Aufgabe aus. In diesem Fall ist continue also versehentlich aus dem try- in den catch-Block gerutscht. Sobald Sie dieses Malheur behoben haben, funktioniert alles wie geplant:

```
'Beginne...'
try { 1/$null; continue }
catch { 'Ein Fehler ist passiert!' }
'Fertig!'
```

Grundsätzlich sollten Sie continue und break nicht in einem catch-Block verwenden. Diese gehören in den try-Block.

Aufgabe: Sie haben versucht, den aktuellen ErrorRecord in einer Variablen zu speichern, aber eine sonderbare Fehlermeldung erhalten. Wieso wohl?

```
PS> $a = $Error[0]
Der Wert "Es wurde versucht, durch 0 (null) zu teilen." vom Typ
"System.Management.Automation.ErrorRecord" kann nicht in den Typ "System.Int32" konvertiert werden.
```

Lösung: Dieser Fehler hat nichts mit dem Fehlerhandling zu tun und tritt eher zufällig auf. Sie haben offenbar vorher die Variable $a streng typisiert, zum Beispiel so:

```
PS> [int]$a = 1
```

Sie kann jetzt nur noch Zahlenwerte speichern und weigert sich, einen ErrorRecord in eine Zahl umzuwandeln.

Aufgabe: Sie möchten gern einen speziellen Fehler abfangen, und zwar den Fall, dass ein Laufwerk nicht gefunden werden kann. Dazu haben Sie zuerst den Fehlertyp dieses Fehlers ermittelt:

```
PS> dir zumsel:
Get-ChildItem : Das Laufwerk wurde nicht gefunden. Ein Laufwerk mit dem Namen "zumsel" ist nicht
vorhanden.

PS> $Error[0].Exception.GetType().FullName
System.Management.Automation.DriveNotFoundException
```

Anschließend haben Sie einen speziellen Fehlerhandler für diesen Fehlertyp geschrieben. Der allerdings scheint nicht zu funktionieren:

```
trap [System.Management.Automation.DriveNotFoundException] {
  'Laufwerk ungültig!'
  continue
}

dir zumsel: -ea Stop
```

Wieso? Was kann man tun?

Lösung: Sie erleben hier ein kleines Dilemma. Führen Sie das Cmdlet interaktiv aus, meldet es den echten Fehler, nämlich eine System.Management.Automation.DriveNotFoundException. Wie immer behandelt das Cmdlet diesen Fehler aber intern. Damit Ihr Fehlerhandler reagieren kann, muss -ErrorAction des Cmdlets auf Stop eingestellt werden. Wenn Sie das aber tun, löst das Cmdlet einen anderen Fehler aus, nämlich:

```
PS> dir zumsel: -ea Stop
Get-ChildItem : Das Laufwerk wurde nicht gefunden. Ein Laufwerk mit dem Namen "zumsel" ist nicht
vorhanden.
Bei Zeile:1 Zeichen:4

PS> $Error[0].GetType().FullName
System.Management.Automation.ActionPreferenceStopException
```

Tatsächlich ist alles sogar noch viel komplexer, denn der ausgelöste Fehler ist kein normaler ErrorRecord, sondern eine direkte System.Management.Automation.ActionPreferenceStopException. Ihr Fehlerhandler könnte nun zwar darauf reagieren, würde jetzt aber alle Fehler empfangen, die von Cmdlets ausgelöst werden:

```
trap [System.Management.Automation.ActionPreferenceStopException] {
  'Laufwerk ungültig!'
  continue
}

dir zumsel: -ea Stop
Get-Process -Id 99999 -ea Stop
```

Ihr Fehlerhandler wird jetzt in beiden Fällen aktiv. Der einzige Weg, das zu umgehen, besteht darin, innerhalb des Fehlerhandlers anschließend die tatsächlich zugrunde liegende Exception auszuwerten.

Teil D
Remoting und Parallelverarbeitung

Kapitel 22

Fernzugriff und Netzwerk-Troubleshooting

Ausführlich werden in diesem Kapitel die folgenden Aspekte erläutert:

- **Fernzugriffe und Protokolle:** Befehle können den Fernzugriff auf Remotesysteme implementieren. Ob und wie sie das tun und welche Technologien dabei zum Einsatz kommen, ist den Befehlen selbst überlassen, was die Konfiguration der notwendigen Netzwerktechnologien manchmal schwierig macht. Deshalb wurde mit PowerShell 2 eine Alternative namens *PowerShell Remoting* eingeführt, die beliebige Befehle auf einheitliche Weise remote ausführen kann und im nächsten Kapitel beschrieben wird.

- **DCOM:** *Distributed Component Object Model* wird von vielen Befehlen für Remotezugriffe eingesetzt. Es ist eine Erweiterung, mit der COM-Komponenten über Netzwerkgrenzen hinweg über *Remote Procedure Calls* (RPC) miteinander kommunizieren können. Es wurde 1995 mit Windows NT 4 eingeführt und gilt inzwischen als schwerfällig und unflexibel. Insbesondere bei der Firewall-Verwaltung ist es problematisch, dass DCOM dynamische Ports einsetzt. DCOM kommt nach wie vor häufig zum Einsatz, zum Beispiel für Fernzugriffe mit WMI (*Windows Management Instrumentation*) oder MMC (*Microsoft Management Console*).

- SMB und Dateifreigaben: Nachrichtenformat, mit dem Dateien, Ordner und Dienste über ein Netzwerk geteilt werden können. Windows nutzt SMB für Dateifreigaben, die auch über UNC-Pfade ansprechbar sind. Die meisten PowerShell-Cmdlets unterstützen bei Pfadangaben UNC-Pfadnamen direkt.

- Netzwerkport: Endpunkt einer Netzwerkverbindung auf dem Zielsystem, mit dem eine Verbindung aufgebaut werden kann. Ports werden mit einer Zahl gekennzeichnet. Je nach Fernzugriff werden unterschiedliche Ports und die dahinterstehenden Dienste angesprochen. Damit das funktioniert, muss der Port erreichbar sein und darf nicht durch eine Firewall blockiert werden.

In der professionellen Automation wird es immer wieder notwendig, Informationen von anderen Computern über das Netzwerk zu erfragen. In diesem Kapitel erfahren Sie, wie solche Fernzugriffe von einzelnen Befehlen selbst realisiert werden. Im nächsten Kapitel lernen Sie dann das alternative PowerShell-Remoting kennen, mit dem sich beliebige Befehle remote auf anderen Computern ausführen lassen.

Klassische Fernzugriffe

Klassische Fernzugriffe funktionieren unabhängig von PowerShell und werden vom jeweiligen Befehl selbst implementiert. Daher gibt es auch keine Standards, und die benötigten Netzwerkvoraussetzungen und Berechtigungen hängen jeweils vom Befehl und der von ihm verwendeten Technik ab. Dennoch werden klassische Fernzugriffe auch in PowerShell-Code häufig und gern genutzt.

Dateisystem

Manche Cmdlets wie zum Beispiel Get-ChildItem (und die gesamte Familie der Item-Cmdlets) unterstützen UNC-Pfadnamen, sodass Sie remote auf Netzwerkfreigaben zugreifen können. Hierfür wird SMB *(Server Message Block)* eingesetzt und Port 445 verwendet. Die Ports 137 bis 139 sind zusätzlich für NetBIOS-Namensauflösungen nötig, falls nicht mit IP-Adressen gearbeitet wird.

Um also beispielsweise den Ordnerinhalt einer Netzwerkfreigabe in PowerShell auszulesen, genügt:

```
PS> Get-ChildItem -Path \\ServerABC\Freigabename
```

Vorausgesetzt, der Netzwerkzugriff auf *ServerABC* ist überhaupt möglich, stellt der ISE-Editor sogar IntelliSense-Vorschlagslisten für den UNC-Pfad bereit, zeigt also die verfügbaren Netzwerkordner auf *ServerABC*.

Konsolenbefehle

Viele Konsolenbefehle verfügen über Parameter, mit denen sich Remotesysteme ansprechen lassen. Wie diese Parameter heißen, welche Technik die Konsolenbefehle für den Remotezugriff einsetzen und ob eine gesonderte Anmeldung möglich ist oder die aktuelle Aufruferidentität verwendet wird, hängt vom jeweiligen Befehl ab.

Solche Konsolenbefehle funktionieren auch innerhalb von PowerShell. Die folgende Zeile liefert beispielsweise lokal und remote ein Systeminventar:

```
# lokaler Aufruf
PS> systeminfo.exe
# Remoteaufruf "ServerABC" als aktueller Benutzer
PS> systeminfo.exe /S serverABC
# Remoteaufruf "ServerABC" mit anderem Benutzerkonto
PS> systeminfo.exe /S serverABC /U corp\ServerAdmin /P topsecret
```

Hinweis

Wenn Sie Konsolenbefehle im ISE-Editor ausführen, können keine nachträglichen Rückfragen des Befehls angezeigt werden. Stimmt beispielsweise das Anmeldekennwort nicht oder ist die Angabe eines Benutzerkontos erforderlich, wird die entsprechende Rückmeldung des Konsolenbefehls in der ISE nicht angezeigt. Falls also ein Konsolenbefehl in der ISE längere Zeit nicht reagiert, brechen Sie den Befehl ab und testen ihn in einer PowerShell-Konsole. Höchstwahrscheinlich wartete der Befehl in der ISE auf eine Eingabe von Ihnen, die von der ISE aber nicht abgefragt wurde.

Remotefähige Cmdlets

Einige Cmdlets wie `Get-WmiObject`, `Get-Process`, `Set-Service` oder `Restart-Computer` implementieren selbst den Remotezugriff und unterstützen Parameter wie `-ComputerName` und gegebenenfalls `-Credential`, mit denen Sie explizit ein oder mehrere Remotesysteme sowie die dazugehörigen Anmeldedaten angeben und auf diese Weise die Aktion remote ausführen können. Auf der Gegenseite muss dazu kein PowerShell vorhanden sein.

```
PS> Get-WmiObject -Class Win32_BIOS -ComputerName testserver
SMBIOSBIOSVersion : MBA41.88Z.0077.BOE.1110141154
(…)

PS> Get-Process -ComputerName testserver

Handles  NPM(K)    PM(K)      WS(K) VM(M)   CPU(s)     Id ProcessName
-------  ------    -----      ----- -----   ------     -- -----------
     76       8     1220       3920    42            1764 armsvc
    320      12     8716      10944    97            3740 Bootcamp
(…)

PS> Get-EventLog -LogName System -EntryType Error -ComputerName testserver

   Index Time          EntryType  Source             InstanceID Message
   ----- ----          ---------  ------             ---------- -------
   52827 Nov 25 06:49  Error      NetBT              3221229793 Der Name "W...
(…)

PS> Get-Service -ComputerName testserver

Status   Name        DisplayName
------   ----        -----------
Stopped  AppMgmt     Application Management
Running  arXfrSvc    Windows Media Center TV Archive Tra...
Stopped  aspnet_state ASP.NET State Service

(…)
```

Troubleshooting für Fernzugriffe

Beim klassischen Fernzugriff entscheidet jeder Befehl selbst, wie er den Fernzugriff realisiert, und kann dazu die unterschiedlichsten Technologien einsetzen. Manche sind vielleicht bereits einwandfrei eingerichtet und funktionieren sofort, während andere noch nicht richtig konfiguriert sind und scheitern. Das kann frustrierend sein.

Deshalb finden Sie in diesem Abschnitt einen Troubleshooting-Guide, der Ihnen helfen wird, Netzwerkprobleme zu identifizieren und die notwendigen Konfigurationen vorzunehmen.

Firewall für DCOM einrichten

Viele Fernzugriffe werden über DCOM abgewickelt. Damit das funktioniert, muss die Firewall des Zielcomputers die für DCOM nötigen Ports freigeben. Andernfalls scheitert der Fernzugriff mit einem »RPC-Fehler«, denn bei geschlossenen Ports kann der Zielcomputer nicht gefunden werden – denselben Fehler erhalten Sie also auch, wenn der Zielcomputer ausgeschaltet ist oder Sie sich bei der Angabe des Namens vertippt haben.

```
PS> Get-WmiObject -Class Win32_BIOS -ComputerName testserver
Get-WmiObject : Der RPC-Server ist nicht verfügbar. (Exception from HRESULT: 0x800706BA)
```

Der einfachste Weg, die Firewall für administrative DCOM-Anfragen zu öffnen, ist der folgende (veraltete, aber nach wie vor funktionsfähige) Befehl, der einmalig auf dem Zielsystem in einer PowerShell mit vollen Administratorrechten eingegeben werden muss:

```
PS> netsh firewall set service RemoteAdmin enable

WICHTIG: Der Befehl wurde erfolgreich ausgeführt.
"netsh firewall" ist jedoch veraltet.
Verwenden Sie stattdessen "netsh advfirewall firewall".
Weitere Informationen zur Verwendung von "netsh advfirewall firewall" anstelle
von "netsh firewall" finden Sie im KB-Artikel 947709
unter "http://go.microsoft.com/fwlink/?linkid=121488".
```

Seine modernere Alternative netsh.exe verlangt leider die lokalisierten Namen der betroffenen Firewall-Regeln, muss also je nach verwendeter Sprache angepasst werden:

```
# deutsches System:
PS> netsh advfirewall firewall set rule group='Remoteverwaltung' new enable=yes

# englisches System:
PS> netsh advfirewall firewall set rule group='remote administration' new enable=yes
```

Danach sollte die Remoteabfrage per WMI funktionieren – jedenfalls aber zumindest keinen RPC-Fehler mehr liefern:

```
PS> Get-WmiObject -Class Win32_BIOS -ComputerName testserver

SMBIOSBIOSVersion : MBA41.88Z.0077.B0E.1110141154
Manufacturer      : Apple Inc.
Name              : Default System BIOS
SerialNumber      : C02GW04RDRQ4
Version           : APPLE  - 60
```

Auch mit der WMI verwandte Cmdlets und Befehle, also solche, die dieselbe Remoting-Technik einsetzen, funktionieren nun, etwa das Cmdlet `Get-Hotfix` und der Konsolenbefehl `schtasks.exe`:

```
PS> Get-Hotfix -ComputerName testserver -Description Secu*,Sich*

Source       Description       HotFixID    InstalledBy         InstalledOn
------       -----------       --------    -----------         -----------
TESTSERVER   Security Update   KB2425227   Testserver\Tobias   01.08.2012 00:00:00
TESTSERVER   Security Update   KB2479943   Testserver\Tobias   01.08.2012 00:00:00
TESTSERVER   Security Update   KB2491683   NT AUTHORITY\SYSTEM 01.08.2012 00:00:00
TESTSERVER   Security Update   KB2503665   NT AUTHORITY\SYSTEM 01.08.2012 00:00:00
TESTSERVER   Security Update   KB2506212   Testserver\Tobias   01.08.2012 00:00:00


PS> schtasks /query /S testserver

Ordner: \
Aufgabenname                                 Nächste Laufzeit        Status
========================================     =====================   ===============
Microsoft_Hardware_Launch_IPoint_exe         Nicht zutreffend        Bereit

Ordner: \Microsoft\Microsoft Antimalware
Aufgabenname                                 Nächste Laufzeit        Status
========================================     =====================   ===============
Microsoft Antimalware Scheduled Scan         02.12.2012 01:58:38     Bereit
(...)
```

Namensauflösung überprüfen

Für den Fernzugriff maßgeblich ist am Ende des Tages nur die IP-Adresse des Zielsystems, nicht dessen Name. Üblicherweise wird jedoch ein Computername eingegeben, und das ist auch sinnvoll, denn IP-Adressen können sich ändern, Computernamen ändern sich normalerweise nicht. Der Computername muss zuerst »aufgelöst«, die zugehörige IP-Adresse muss also in Erfahrung gebracht werden. Wenn die Namensauflösung scheitert, dann scheitert der Fernzugriff, noch bevor er richtig begonnen hat.

Überprüfen Sie deshalb bei RPC-Fehlern, ob der angegebene Computername überhaupt aufgelöst werden kann:

```
PS> [System.Net.DNS]::GetHostByName('testserver')
Ausnahme beim Aufrufen von "GetHostByName" mit 1 Argument(en):  "Der angegebene Host ist unbekannt"

PS> ping testserver /n 1
Ping-Anforderung konnte Host "tobiasair" nicht finden. Überprüfen Sie den Namen, und versuchen Sie
es erneut.
```

Kann der Name des Testsystems nicht aufgelöst werden, überprüfen Sie, ob seine IP-Adresse eine Namensauflösung ermöglicht:

```
PS> [System.Net.DNS]::GetHostByAddress('192.168.2.101')

HostName         Aliases              AddressList
--------         -------              -----------
TESTSERVER       {}                   {192.168.2.101}
```

Falls auch die IP-Adresse nicht bekannt ist, sollten Sie zunächst prüfen, ob der Remotecomputer tatsächlich online ist und sich im gleichen Netzwerk befindet. Stellen Sie außerdem sicher, dass seine Netzwerkkarte im Netzwerk- und Freigabecenter nicht auf *Öffentliches Netzwerk* eingestellt ist.

Tipp

Ab Windows 8 und Server 2012 stehen weitere Module mit zusätzlichen Cmdlets zur Verfügung. Darunter ist auch `Set-NetConnectionProfile`, mit dem Sie das Profil Ihres Netzwerks ändern können. Sie sollten natürlich nur davon Gebrauch machen, wenn die Netzwerkverbindung tatsächlich sicher ist – Sie also nicht gerade in einem Internetcafé sitzen –, weil die Umstellung die Firewall-Regeln lockert. Das bedeutet gleichzeitig eine größere Angriffsfläche:

```
PS> Set-NetConnectionProfile -NetworkCategory Private
```

Kann die IP-Adresse des Zielsystems erreicht, aber dessen Name nicht aufgelöst werden und haben Sie keine Möglichkeit, die Einstellungen Ihres DNS-Servers zu überprüfen (oder verwenden Sie gar keinen), tragen Sie Namen und IP-Adresse des Remotesystems notfalls statisch in die *hosts*-Datei ein. Diese öffnen Sie mit Administratorrechten von PowerShell aus so:

```
PS> Start-Process -Verb runas -FilePath notepad.exe -ArgumentList "$env:windir\System32\drivers\etc\hosts"
```

Nach der Aktualisierung sollte das Remotesystem auch über seinen Namen ansprechbar sein:

```
PS> ping testserver

Ping wird ausgeführt für testserver [192.168.2.101] mit 32 Bytes Daten:
Antwort von 192.168.2.101: Bytes=32 Zeit=3ms TTL=128
Antwort von 192.168.2.101: Bytes=32 Zeit=3ms TTL=128
```

Remote-Registrierungszugriff erlauben

Eine weitere Gruppe von Cmdlets benötigt auf dem Remotesystem besondere Dienste. Ob diese noch eingerichtet werden müssen, findet ein Test schnell heraus:

```
PS> Get-Process -ComputerName testserver
Get-Process : Mit dem Remotecomputer konnte keine Verbindung hergestellt werden.

PS> Get-EventLog -LogName system -EntryType Error -ComputerName testserver
Get-EventLog : Der Netzwerkpfad wurde nicht gefunden.
```

Können diese Cmdlets keine Remoteverbindung aufbauen, muss auf dem Remotesystem der Dienst *Remoteregistrierung* (*RemoteRegistry*) gestartet werden.

```
PS> Set-Service -Name RemoteRegistry -StartupType Automatic -Status Running -ComputerName testserver
```

Alternativ kann der Dienst auch über WMI gestartet werden, falls `Set-Service` fehlschlägt:

```
# Dienst remote ansprechen:
PS> $dienst = Get-WmiObject -Class Win32_Service -Filter 'Name="RemoteRegistry"' -ComputerName testserver

PS> $dienst
ExitCode  : 0
Name      : RemoteRegistry
ProcessId : 0
```

```
StartMode : Manual
State     : Stopped
Status    : OK

# Dienst auf Remotesystem starten:
PS> $dienst.StartService().ReturnValue
0

# jetzt können auch die Cmdlets der Familie "Service" verwendet werden:
PS> Get-Service -Name RemoteRegistry -ComputerName testserver

Status   Name             DisplayName
------   ----             -----------
Running  RemoteRegistry   Remote Registry

# Dienst auf automatischen Start stellen:
PS> Set-Service -Name RemoteRegistry -ComputerName testserver -StartupType Automatic
```

Sobald der *RemoteRegistry*-Dienst auf dem Remotesystem ausgeführt wird, arbeiten die Cmdlets einwandfrei:

```
PS> Get-Process -ComputerName testserver

Handles NPM(K)    PM(K)      WS(K) VM(M)   CPU(s)     Id ProcessName
------- ------    -----      ----- -----   ------     -- -----------
    256     22     5068      12032    90            1812 AppleMobileDeviceService
     57      6     1616       3716    26            1856 AppleOSSMgr
     82      8     2416       5656    29            1892 AppleTimeSrv
     76      8     1220       3920    42            1764 armsvc
    320     12     8716      10944    97            3740 Bootcamp
(...)

PS> Get-EventLog -LogName system -EntryType Error -ComputerName testserver

  Index Time        EntryType  Source          InstanceID Message
  ----- ----        ---------  ------          ---------- -------
  52827 Nov 25 06:49 Error     NetBT           3221229793 Der Name "WORKGR...
  52350 Nov 20 07:40 Error     Disk            3221487627 Der Treiber hat ...
  52096 Nov 19 07:59 Error     Service Control M... 3221232483 Das Zeitlimit (...
  52064 Nov 18 17:54 Error     volsnap         3221618723 Die Schattenkopi...
  52015 Nov 18 17:04 Error     WinRM               468907 The description for...
(...)
```

Access Denied: mit passenden Rechten anmelden

Die meisten Fernzugriffe erfordern auf der Zielseite Administratorrechte. Wenn Sie also einen *Access Denied*-Fehler erhalten, reichen Ihre aktuellen Rechte nicht für den Fernzugriff aus.

Haben Sie ein Cmdlet für den Fernzugriff eingesetzt, zum Beispiel Get-WMIObject, schauen Sie, ob das Cmdlet den Parameter -Credential unterstützt. Wenn ja, können Sie einen Benutzernamen angeben und werden danach in einem separaten Fenster zur Eingabe des zugehörigen Kennworts aufgefordert. Die Fernverbindung nutzt nun dieses Konto, um sich am Zielsystem auszuweisen. Ist Ihr Computer ein Domänenmitglied und greifen Sie auf ein Nicht-Domänenmitglied zu, müssen Sie sich übrigens immer auf diese Weise ausweisen.

Remoting und Parallelverarbeitung

Tipp

Der Parameter `-Credential` erwartet eigentlich ein `PSCredential`-Objekt. Moderne Cmdlets akzeptieren aber auch einen Anmeldenamen und öffnen dann automatisch ein Anmeldefenster. Ist das unerwünscht, können die Anmeldedaten einmalig mit `Get-Credential` erfragt und danach mehrfach verwendet werden:

```
PS> $anmeldeinfos = Get-Credential test\user1
```

Alternativ kann ein `Credential`-Objekt auch vollständig synthetisiert werden, sodass keine Kennworteingabeaufforderung erscheint (siehe auch Kapitel 13). Dann aber ist das Kennwort im Klartext im Skript zu sehen:

```
PS> $anmeldeinfos = New-Object -TypeName PSCredential test\user1, ('Password' |
ConvertTo-SecureString -Force -AsPlainText)
```

Bei Konsolenbefehlen ist möglicherweise ebenfalls eine Anmeldung mit anderem Benutzernamen möglich. Wie die dafür erforderlichen Parameter heißen, ist hier jedoch nicht standardisiert, sodass Sie sich die verfügbaren Parameter näher anschauen müssten.

Manche Cmdlets verfügen zwar über einen Parameter `-ComputerName` für den Fernzugriff, aber der Parameter `-Credential` fehlt – `Get-Process` und `Get-Service` zum Beispiel. Hier wird immer Ihre aktuelle Identität verwendet, es sei denn, Sie haben sich über eine sogenannte IPC-Verbindung entweder anonym oder unter Angabe eines Benutzernamens und eines Kennworts angemeldet. Eine solche Verbindung kann zum Beispiel in der PowerShell Konsole folgendermaßen eingerichtet werden:

```
PS> net use \\192.168.2.101\IPC$ * /USER:Tobias
Geben Sie das Kennwort für \\192.168.2.101\IPC$ ein:
Der Befehl wurde erfolgreich ausgeführt.
```

Im ISE-Editor müssten Sie das Kennwort für die Verbindung im Klartext mit in den Befehlsaufruf setzen, weil keine Rückfragen von Konsolenbefehlen möglich sind.

LocalAccountTokenFilterPolicy

Melden Sie auf einem Remotesystem mit dem speziellen lokalen Administratorkonto an und ist dort die Benutzerkontensteuerung (*UAC, User Account Control*) aktiv, werden die administrativen Rechte von der UAC entfernt. Sie werden zwar möglicherweise angemeldet, verfügen aber nicht mehr über administrative Berechtigungen. In der Folge kommt es zu einem »Zugriff verweigert«-Fehler. Dieses Problem besteht ausschließlich bei lokalen Administratorkonten, nicht aber bei Mitgliedern der Gruppe der Administratoren wie zum Beispiel der *Domänen-Admins*.

Falls Sie lokale Administratorkonten für die Anmeldung verwenden, muss auf dem Zielsystem die `LocalAccountTokenFilterPolicy` gesetzt werden. Sie sorgt dafür, dass das lokale Administratorkonto auch bei Remotezugriff volle Rechte behält. Um diese Policy manuell zu setzen, öffnen Sie auf dem Zielsystem eine PowerShell mit Administratorrechten und geben dann diesen Befehl in einer Zeile ein:

```
PS> Set-ItemProperty -Path HKLM:\SOFTWARE\Microsoft\Windows\CurrentVersion\Policies\system -Name
LocalAccountTokenFilterPolicy -Value 1 -Type DWord
```

Ports überprüfen

Die jeweiligen Fernzugriffstechnologien benötigen Zugang zu spezifischen Netzwerkports auf dem Zielsystem. Ein Port ist nur erreichbar, wenn der dahinterstehende Dienst ausgeführt wird und der Port in der Firewall geöffnet ist.

Wenn Sie die Portnummern kennen, die ein Fernzugriff benötigt, kann die Funktion Test-NetworkPort aus Listing 22.1 einen oder mehrere Ports lokal oder remote überprüfen, um festzustellen, ob die Firewall korrekt konfiguriert ist und/oder die zugrunde liegenden Dienste laufen.

```
PS> Test-NetworkPort -ComputerName dell1

Port Open Type ComputerName
---- ---- ---- ------------
139  True TCP  dell1
445  True TCP  dell1
5985 True TCP  dell1
```

Als Vorgabe überprüft Test-NetworkPort die Ports 137 bis 139 (Namensauflösung), 445 (SMB für Fileshares) und 5985 (PowerShell Remoting über HTTP). Sie können mit dem Parameter -Port aber auch beliebige andere Ports testen:

```
function Test-NetworkPort
{
  param
  (
    $ComputerName = $env:COMPUTERNAME,

    [int32[]]
    [Parameter(ValueFromPipeline=$true)]
    $Port = $(137..139 + 445 + 5985),

    [int32]
    $Timeout=1000,

    [switch]
    $AllResults
  )

  process
  {
    $count = 0
    ForEach ($PortNumber in $Port)
    {
      $count ++
      $perc = $count * 100 / $Port.Count
      Write-Progress -Activity "Scanning on \\$ComputerName" -Status "Port $PortNumber" -PercentComplete $perc

      # in PowerShell 2.0 muss [Ordered] entfernt werden
      # dann ist die Reihenfolge der Eigenschaften aber zufällig.
      $result = New-Object PSObject -Property ([Ordered]@{
        Port="$PortNumber"; Open=$False; Type='TCP'; ComputerName=$ComputerName})

      $TCPClient = New-Object System.Net.Sockets.TcpClient
      $Connection = $TCPClient.BeginConnect($ComputerName, $PortNumber, $null, $null)
```

```
    try
    {
      if ($Connection.AsyncWaitHandle.WaitOne($Timeout, $false))
      {
        $null = $TCPClient.EndConnect($Connection)
        $result.Open = $true
      }
    }
    catch {} finally { $TCPClient.Close() }

    $result | Where-Object { $AllResults -or $_.Open }
  }
 }
}
```

Listing 22.1: Ports eines Remotesystems überprüfen.

Die Bedeutung der wichtigsten Ports verrät Tabelle 22.1:

Port	Funktion
20, 21	FTP
22	Secure Shell (SSH)
23	TelNet
25	SMTP
135	RPC (z. B. WMI)
137–139	NetBIOS-Namensauflösung
161–162	SNMP
445	Freigaben (SMB), Active Directory
445	WMI
464	Kerberos Change/Set Password
5985	PowerShell-Remoting (HTTP)
5986	PowerShell-Remoting (HTTPS)

Tabelle 22.1: Wichtige Portnummern und ihre Bedeutung für Remoting-Technologien.

Kapitel 23

Windows PowerShell-Remoting

Ausführlich werden in diesem Kapitel die folgenden Aspekte erläutert:

- **PowerShell-Remoting:** *Remoting* ist eine .NET-Technologie, mit der Objekte aus verschiedenen Anwendungen miteinander kommunizieren können. Remoting kann sowohl lokal zur Kommunikation parallel laufender Programme als auch über ein Netzwerk für den Fernzugriff eingesetzt werden. Die Protokolle, die dabei zum Einsatz kommen, sind flexibel. PowerShell-Remoting ist eine spezielle Implementation dieses .NET-Remotings und dient dazu, Befehle auf Remotesystemen auszuführen und Dateien oder Ordner zwischen einem lokalen und einem Remotesystem auszutauschen (neu in PowerShell 5).

- **Voraussetzungen:** Das Zielsystem muss über PowerShell 2 oder höher verfügen. Dort muss außerdem der *WinRM-Dienst* ausgeführt und PowerShell-Remoting aktiviert sein, was über das Cmdlet `Enable-PSRemoting` in nur einem Schritt erledigt werden kann. Der Aufrufer muss ebenfalls mindestens PowerShell 2 verwenden.

- **PSSession:** PSSession entspricht einer Remoting-Sitzung auf einem Remotesystem und wird durch den Prozess *wsmprovhost.exe* repräsentiert. Sitzungen können temporär oder

Remoting und Parallelverarbeitung

dauerhaft eingerichtet werden und lassen sich auch trennen. Der Anwender, der eine getrennte Sitzung ursprünglich angelegt hat, kann sich mit ihr von einem anderen Computer aus wieder neu verbinden.

- **Endpunkte:** Remoting-Befehle können sich über `-ConfigurationName` mit einem bestimmten Endpunkt auf dem Zielsystem verbinden, der dann festlegt, wie die Remote-PowerShell konfiguriert sein soll und wer darauf Zugriff hat. Eingeschränkte Endpunkte schränken die Funktionalität der PowerShell weiter ein und blenden zum Beispiel nur diejenigen PowerShell-Befehle ein, die zur Lösung einer bestimmten Aufgabe tatsächlich gebraucht werden.

- **Implizites Remoting:** Werden die Befehle aus einer PSSession in die lokale PowerShell importiert, spricht man vom »impliziten Remoting«: Die importierten Befehle des Remotesystems verhalten sich jetzt wie lokale Cmdlets, werden aber in Wirklichkeit nach wie vor von PowerShell auf dem Remotesystem ausgeführt. Importierte Cmdlets lassen sich auch als PowerShell-Modul exportieren. Wird das Modul später eingesetzt, stellt PowerShell automatisch die notwendige Remoteverbindung her und importiert die Cmdlets in die lokale PowerShell.

Eigentlich ergibt es keinen Sinn, dass ein Befehl selbst die Logik für Fernzugriffe auf Remotesysteme implementiert. Dies führt zu Redundanz und Inkonsistenz. Viel sinnvoller ist es, die Remoting-Technologien zentral bereitzustellen, und genau dies ist ab PowerShell 2 möglich.

PowerShell-Remoting macht beliebige Befehle remotefähig, und zwar ohne dass dazu der Befehl irgendetwas Besonderes wissen oder tun müsste. Die Befehle bemerken noch nicht einmal, dass sie remote auf einem anderen Computer ausgeführt werden. In Wirklichkeit sendet PowerShell-Remoting die Befehle nämlich nur an eine separate zweite PowerShell auf dem Remotesystem. Dort werden sie dann ausgeführt, und ihre Ergebnisse werden zum Aufrufer zurücktransportiert.

Weil Befehle beim PowerShell-Remoting also eigentlich weiterhin lokal ausgeführt werden, nur eben auf einer anderen Maschine, ist diese Technik für sämtliche Befehle geeignet, sogar für klassische Konsolenbefehle. Auch ganze Skripte lassen sich auf diese Weise remote ausführen.

PowerShell-Remoting kann außerdem die sichtbaren Befehle einschränken und sie wahlweise ähnlich wie ein Dienst unter einem anderen Benutzerkonto ausführen. Damit ist PowerShell-Remoting längst nicht mehr einfach nur eine Technik, um Code remote auszuführen. Es bietet außerdem das Fundament für moderne Sicherheitskonfiguration und Elevation, wie sie in PowerShell 5 auch von der rollenbasierten Sicherheitsarchitektur *Just Enough Admin* (JEA) verwendet wird (siehe nächstes Kapitel). Neu in PowerShell 5 ist zudem die Möglichkeit, auch Dateien und Ordner per PowerShell-Remoting zu transferieren.

PowerShell-Remoting aktivieren

Um PowerShell-Remoting auf dem Zielsystem einzurichten, ist nur ein einziger Befehl nötig, für den Administratorrechte erforderlich sind:

```
PS> Enable-PSRemoting -SkipNetworkProfileCheck -Force

WinRM wurde aktualisiert, um Anforderungen zu empfangen.
Der WinRM-Diensttyp wurde erfolgreich geändert.
Der WinRM-Dienst wurde gestartet.

WinRM wurde für die Remoteverwaltung aktualisiert.
```

Auf HTTP://* wurde ein WinRM-Listener erstellt, um die WS-Verwaltungsanforderungen an eine
beliebige IP-Adresse auf diesem Computer zu akzeptieren.
Die WinRM-Firewallausnahme ist aktiviert.
"LocalAccountTokenFilterPolicy" wurde so konfiguriert, dass lokalen Benutzern remote
Administratorrechte gewährt werden

Tipp

Der Parameter -SkipNetworkProfileCheck wurde mit PowerShell 3 eingeführt und sorgt dafür, dass die
lokale Firewall Remoting-Anfragen an öffentliche Netzwerke nur von Computern aus demselben Sub-
netz zulässt. Bei Servern hat dieser Parameter keinen Effekt, weil dort bereits eine entsprechende
Firewall-Regel vorhanden ist. Ohne diesen Parameter kann PowerShell-Remoting auf Clients nur eingerichtet werden, wenn es keine aktiven öffentlichen Netzwerkadapter gibt.

Insgesamt werden folgende Änderungen durchgeführt:

- **WinRM-Dienst:** Dieser Dienst wird gestartet und danach für den Automatikstart konfiguriert. Er empfängt später die Remoteanfragen. Auf Servern läuft dieser Dienst ohnehin.

- **Listener:** Es wird für den WinRM-Dienst ein *Listener* eingerichtet, der auf Port 5985 an
  allen Netzwerkkarten auf Anforderungen wartet, um diese dann zu bearbeiten.

- **Firewall:** Die Firewall des Systems wird so konfiguriert, dass Anforderungen zum Port
  5985 den Listener auch erreichen.

- **LocalAccountTokenFilterPolicy:** Sorgt dafür, dass lokale Administratorkonten für die
  Remoteanmeldung verwendet werden können, wenn die Benutzerkontensteuerung (UAC)
  aktiviert ist. Diese würde andernfalls lokalen Administratorkonten bei der Remoteanmeldung die administrativen Rechte entziehen und das Konto nur mit normalen Benutzerrech-
  ten anmelden, was für PowerShell-Remoting nicht ausreicht.

Profitipp

Sollte Enable-PSRemoting mit einer kryptischen Fehlermeldung melden, der Zustand der Firewall könne
nicht überprüft werden, kann dies mehrere Ursachen haben:

- **Windows 7:** Hier existieren ein Bug und ein entsprechendes Hotfix (*https://support.micro-
  soft.com/en-us/kb/2697738*).

- **Windows 8/Server 2012 oder höher:** Aktivieren Sie die Firewall-Ausnahmen manuell (wofür
  Administratorrechte erforderlich sind) und richten Sie ebenfalls manuell einen *WSMan-Listener*
  ein. Danach rufen Sie Enable-PSRemoting erneut auf:

```
PS> Enable-NetFirewallRule -Name WINRM-HTTP-In*
PS> winrm create winrm/config/Listener?Address=*+Transport=HTTP
```

Sobald auf dem Zielsystem das Remoting aktiv ist, können Sie die Verbindung mit Test-WSMan
testen:

```
PS> Test-WSMan -ComputerName testserver

wsmid           : http://schemas.dmtf.org/wbem/wsman/identity/1/wsmanidentity.xsd
ProtocolVersion : http://schemas.dmtf.org/wbem/wsman/1/wsman.xsd
ProductVendor   : Microsoft Corporation
ProductVersion  : OS: 0.0.0 SP: 0.0 Stack: 3.0
```

Remoting und Parallelverarbeitung

Hinweis

`Test-WSMan` nutzt für die Kontaktaufnahme einen anonymen Request, benötigt also keine besonderen Benutzerrechte. Wenn `Test-WSMan` erfolgreich verläuft, wissen Sie, dass die Netzwerkverbindung zum Remotesystem funktioniert und PowerShell-Remoting dort korrekt eingerichtet ist. Schlägt er fehl, schauen Sie sich bitte den Troubleshooting-Abschnitt am Ende dieses Kapitels an.

`Test-WSMan` testet nicht, ob Ihre Benutzerrechte ausreichen, um Befehle über PowerShell-Remoting abzusetzen. Wenn also `Test-WSMan` erfolgreich verläuft und Sie in den späteren Beispielen dennoch `Access Denied`-Fehler erhalten, verfügt Ihr Benutzerkonto nicht über die notwendigen Berechtigungen, um auf den jeweiligen PowerShell-Remoting-Endpunkt zuzugreifen. Was »Endpunkte« sind und wie Sie festlegen, welche Benutzerrechte für einen Endpunkt nötig sind, erfahren Sie etwas weiter unten in diesem Kapitel.

Ohne Kerberos und Domäne

Wollen Sie PowerShell-Remoting außerhalb einer Domäne einsetzen (zum Beispiel zu Hause in einem Peer-to-Peer-Netzwerk) oder domänenübergreifend zwischen verschiedenen Domänen, sind auch auf dem Quellsystem (das die Anforderung versendet) Konfigurationsarbeiten nötig. Dasselbe gilt, wenn Sie innerhalb einer Domäne zum Ansprechen des Zielsystems IP-Adressen anstelle von Computernamen verwenden wollen.

Als Vorgabe akzeptiert PowerShell-Remoting nämlich nur die besonders sichere *gegenseitige* Kerberos-Authentifizierung, bei der nicht nur das Zielsystem weiß, wer sich anmelden will, sondern auch der Anmelder sicher sein kann, es tatsächlich mit dem gewünschten Zielsystem zu tun zu haben. Kerberos setzt eine gemeinsame Domäne voraus und funktioniert nur mit Computernamen, nicht mit IP-Adressen. Deshalb ist PowerShell-Remoting in allen anderen Fällen zunächst nicht möglich.

Um sich auch per einseitiger NTLM-Authentifizierung anmelden zu können, ist auf dem System des Aufrufers (nicht des Zielsystems) eine weitere Einstellung nötig, für die Administratorrechte erforderlich sind. Diese Einstellung kann allerdings nur gesetzt werden, wenn auch auf dem System des Aufrufers wenigstens vorübergehend PowerShell-Remoting aktiviert wird:

```
PS> Enable-PSRemoting -Force
PS> Set-Item wsman:\localhost\client\trustedhosts * -Force
```

Anschließend kann PowerShell-Remoting sofort wieder deaktiviert werden. Es muss nur auf denjenigen Systemen aktiv sein, die PowerShell-Remoting-Anfragen empfangen sollen.

```
PS> Disable-PSRemoting -Force
```

```
WARNUNG: Durch Deaktivieren der Sitzungskonfigurationen werden nicht alle Änderungen rückgängig
gemacht, die vom Cmdlet "Enable-PSRemoting" oder
"Enable-PSSessionConfiguration" vorgenommen wurden.

Möglicherweise müssen Sie die Änderungen manuell rückgängig machen, indem Sie die folgenden
Schritte ausführen:

    1. Beenden und deaktivieren Sie den WinRM-Dienst.
    2. Löschen Sie den Listener, der Anforderungen auf beliebigen IP-Adressen
       akzeptiert.
    3. Deaktivieren Sie die Firewallausnahmen für die WS-Verwaltungskommunikation.
```

4. Setzen Sie den Wert von "LocalAccountTokenFilterPolicy" auf 0 zurück. Dadurch wird der Remotezugriff auf Mitglieder der Gruppe "Administratoren" auf dem Computer eingeschränkt.

Eine längere Meldung weist darauf hin, dass Disable-PSRemoting nicht die Änderungen rückgängig macht, die Enable-PSRemoting eingerichtet hat, sondern nur die Remoting-Berechtigungen ändert: Dem Konto *Network* wird die Zugriffsberechtigung verweigert, wodurch niemand mehr über das Netzwerk auf PowerShell-Remoting zugreifen kann. Die eigentlichen Änderungen, die Enable-PSRemoting vorgenommen hat, bleiben erhalten und müssten falls gewünscht manuell rückgängig gemacht werden.

TrustedHosts-Liste

Die TrustedHosts-Liste, die Sie gerade auf der Aufruferseite geändert haben, kontrolliert also, zu welchen Computern Sie sich verbinden dürfen, wenn Kerberos nicht zur Verfügung steht – wem Sie also vertrauen.

Denken Sie daran: Verbinden Sie sich mit einem System ohne Kerberos, können Sie nie wirklich sicher sein, mit welchem System Sie gerade Kontakt haben. Ein Angreifer könnte den Zielserver vom Netzwerk trennen und stattdessen seinen eigenen Computer mit derselben IP-Adresse verbinden. Ihre Anmeldung würde dann vom Angreifer empfangen. Nur Kerberos als zweiseitiges Anmeldeverfahren würde diesen Austausch bemerken.

Die TrustedHosts-Liste ist also ein weiterer Sicherheitsgurt für Sie selbst, was erklärt, warum die Liste auf dem Quell- und nicht auf dem Zielsystem konfiguriert wird. Das Zielsystem schützt sich vor unbefugten Zugriffen ausschließlich über seine Firewall-Regeln.

Indem Sie ein Sternchen in die Liste eintragen, dürfen Sie sich fortan mit jedem beliebigen Computer verbinden. Möchten Sie den Schutz nicht komplett ablegen, tragen Sie in TrustedHosts Adress- und Namensbereiche ein, wobei Platzhalter erlaubt sind:

```
PS> Set-Item wsman:\localhost\client\trustedhosts server_* -Force
PS> Set-Item wsman:\localhost\client\trustedhosts 10.10.10.* -Force -Concat
PS> Set-Item wsman:\localhost\client\trustedhosts 192.168.2.110 -Force -Concat
PS> Get-ChildItem wsman:\localhost\client
```

In diesem Beispiel dürfen Sie sich anschließend nur noch mit Computern verbinden, deren Namen mit server_ oder deren IP-Adressen mit 10.10.10. beginnen. Außerdem ist der Zugang zum System mit der IP-Adresse 192.168.2.110 freigegeben.

PowerShell-Remoting überprüfen

Wenn Sie sichergehen möchten, dass die Einrichtung von PowerShell-Remoting erfolgreich durchgeführt wurde (und mindestens Windows 8 oder Server 2012 einsetzen), nutzen Sie die Funktion Test-PSRemoting aus Listing 23.1. Test-PSRemoting muss in einer PowerShell mit vollen Administratorrechten ausgeführt werden und informiert Sie darüber, ob die wesentlichen Bestandteile des PowerShell-Remotings erfolgreich eingerichtet wurden:

```
PS> Test-PSRemoting


WinRM-Service läuft        : True
Firewall erlaubt Zugriff   : True
```

```
Unterstützung für lokale Adminkonten : True
WSMan-Listener konfiguriert         : True
PSSessionConfigurations aktiv       : True
```

Hinweis

Die Einstellung `Unterstützung für lokale Adminkonten` ist für das PowerShell-Remoting nicht zwingend notwendig und wird von `Enable-PSRemoting` nur aktiviert, wenn die Benutzerkontensteuerung (UAC) eingeschaltet ist. Ist die Einstellung nicht aktiv, können keine lokalen Administratorkonten für die Remoteanmeldung verwendet werden, wenn beim Zielsystem die Benutzerkontensteuerung aktiviert ist (UAC).

Falls Sie sowieso nicht vorhaben, das lokale Administratorkonto für Remotezugriffe einzusetzen, ist diese Einstellung also egal. Andernfalls haben Sie bereits im vorangegangenen Kapitel erfahren, wie die Einstellung aktiviert wird.

`Test-PSRemoting` steht erst zur Verfügung, wenn Sie die folgende Funktion angelegt haben. Sie setzt mindestens Windows 8 oder Server 2012 voraus.

```powershell
function Test-PSRemoting
{
  # WinRM-Dienst
  $service = Get-Service -Name WinRM

  # Firewall-Ausnahmen...
  $firewall = @(Get-NetFirewallRule -Name WINRM-HTTP-In* |
                  # ...die nicht disabled sind
                  Where-Object { $_.Enabled -eq $true })

  # Unterstützung für lokale Adminkonten
  $Path = 'HKLM:\SOFTWARE\Microsoft\Windows\CurrentVersion\policies\system'
  $key = Get-ItemProperty -Path $Path

  # WSMan-Listener
  $Application = 'winrm/config/Listener'
  $Selector = @{Address='*';Transport='http'}
  $listener = @(Get-WSManInstance $Application -SelectorSet $Selector)

  # PSSessionConfigurations ...
  $config = @(Get-PSSessionConfiguration |
                  # ...die nicht disabled sind
                  Where-Object { $_.SecurityDescriptorSDDL -notlike '*(D;;GA;;;NU)*' })

  $test = [Ordered]@{
      'WinRM-Service läuft' = $service.Status -eq 'Running'
      'Firewall erlaubt Zugriff' = $firewall.Count -eq 2
      'Unterstützung für lokale Adminkonten' = $key.LocalAccountTokenFilterPolicy -eq 1
      'WSMan-Listener konfiguriert' = $listener.Count -gt 0
      'PSSessionConfigurations aktiv' = $config.Count -gt 0
  }

  New-Object -TypeName PSObject -Property $test
}
```

Listing 23.1: Korrekte Einrichtung des PowerShell-Remotings überprüfen.

Test-PSRemoting »beweist« übrigens, dass die meisten Änderungen von Enable-PSRemoting durch Disable-PSRemoting nicht rückgängig gemacht werden. Schalten Sie das Remoting mit Disable-Remoting aus, liefert Test-PSRemoting dieses erstaunliche Ergebnis:

```
PS> Test-PSRemoting


WinRM-Service läuft                        : True
Firewall erlaubt Zugriff                   : True
Unterstützung für lokale Adminkonten       : True
WSMan-Listener konfiguriert                : True
PSSessionConfigurations aktiv              : False
```

Disable-PSRemoting konfiguriert die Sicherheitseinstellungen des Remotings so, dass niemand mehr Zugriff erhält. Dies ergibt durchaus Sinn, denn die vom PowerShell-Remoting vorgenommenen Einstellungen wie der Start des WinRM-Diensts oder die Konfiguration der Firewall-Regeln betreffen nicht nur das Remoting selbst. Auch andere Dienste und Programme könnten (zwischenzeitlich) darauf zugreifen, sodass diese Einstellungen nicht einfach wieder rückgängig gemacht werden können.

Erste Schritte mit PowerShell-Remoting

Am besten probieren Sie Ihre neuen Remotefähigkeiten gleich aus und schalten sich dazu zunächst einmal mit Enter-PSSession auf ein anderes System auf, auf dem PowerShell-Remoting aktiviert ist.

```
PS> Enter-PSSession -ComputerName testserver
[testserver]: PS C:\Dokumente und Einstellungen\Administrator\Eigene Dateien>
```

In der PowerShell-Konsole wird jetzt vor der Eingabeaufforderung in eckigen Klammern der Name des Zielsystems angezeigt. Alles, was Sie eingeben, wird auf dem Remotesystem ausgeführt, und alle Ergebnisse erscheinen wieder in Ihrer Konsole. Als Beleg dafür, dass Ihre Konsole nun tatsächlich auf dem Remotesystem ausgeführt wird, rufen Sie die Umgebungsvariable COMPUTERNAME sowie die WMI-BIOS-Informationen ab:

```
[testserver]: PS> $env:COMPUTERNAME
TESTSERVER
[testserver]: PS> Get-WmiObject Win32_BIOS


SMBIOSBIOSVersion : P03
Manufacturer      : Phoenix Technologies LTD
Name              : Ver 1.00PARTTBLw
SerialNumber      : 98H340ED2H9300237A30A1
Version           : PTLTD  - 6040000
```

Sie können prinzipiell ganz beliebige Befehle aufrufen, zum Beispiel neben Cmdlets auch ipconfig oder ping.exe. Die Befehle müssen allerdings auf dem Remotesystem tatsächlich vorhanden sein.

Das Einzige, was Sie tunlichst vermeiden sollten, ist das Starten von Anwendungen mit grafischer Oberfläche, denn dadurch würden Sie Ihre PowerShell blockieren. Alle Befehle werden nämlich synchron ausgeführt: PowerShell-Remoting startet den Befehl und wartet danach auf seine Rückgabewerte, um diese zurück zu Ihnen zu transportieren. Starten Sie also eine Windows-Anwendung wie beispielsweise *notepad.exe*, würde PowerShell auch diesen Befehl auf dem Remotesystem synchron ausführen und danach auf Rückgabewerte warten. Und warten. Und warten.

Das Fenster der Anwendung würde nämlich niemand zu Gesicht bekommen, es startet unsichtbar. Und so gäbe es auch keine Möglichkeit, die gestartete Anwendung wieder zu beenden. Die Blockade könnte nur aufgehoben werden, indem Sie den herrenlosen Windows-Editor über den Windows Task-Manager des Zielsystems (oder eine zweite PowerShell-Remoteverbindung) beenden.

Wenn Sie fertig sind, verlassen Sie die Remotesitzung mit `Exit-PSSession` (oder `exit`) und gelangen so zurück zu Ihrer lokalen Sitzung.

```
[testserver]: PS> Exit-PSSession
PS>
```

Remoting-Unterstützung im ISE-Editor

Auch der ISE-Skripteditor unterstützt interaktives Remoting: Mit *Datei/Neue Remote-Power-Shell-Registerkarte* (oder `Strg`+`⇧`+`R`) öffnet sich ein Dialogfeld, in das Sie den Namen des Zielsystems und den Benutzernamen eintragen (Abbildung 23.1).

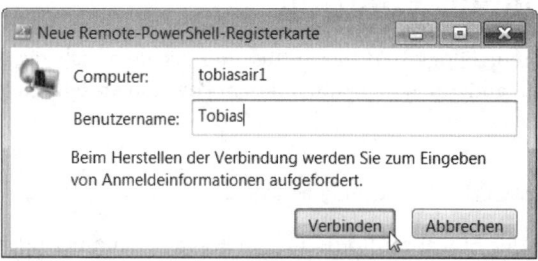

Abbildung 23.1: Verbindung zu einem Remotesystem im ISE-Editor herstellen.

Die eigentliche Anmeldung am Zielsystem erfolgt danach. Anschließend zeigt der ISE-Editor eine neue Registerkarte mit dem Namen des Zielsystems an. Alle Skripte, die auf dieser Registerkarte ausgeführt werden, führt PowerShell auf dem Zielsystem aus. So kann man Skripte auch auf Remotesystemen erstellen, auf denen möglicherweise besondere Bedingungen herrschen.

Sogar Debugging wird ab PowerShell 5 unterstützt, wenn Sie mit dem Befehl `psedit` eine Skriptdatei vom Remotesystem in den ISE-Editor laden. Sie können dann wie gewohnt Haltepunkte setzen und das Skript auch remote schrittweise ausführen. Mehr zum Remote-Debugging haben Sie bereits in Kapitel 20 erfahren.

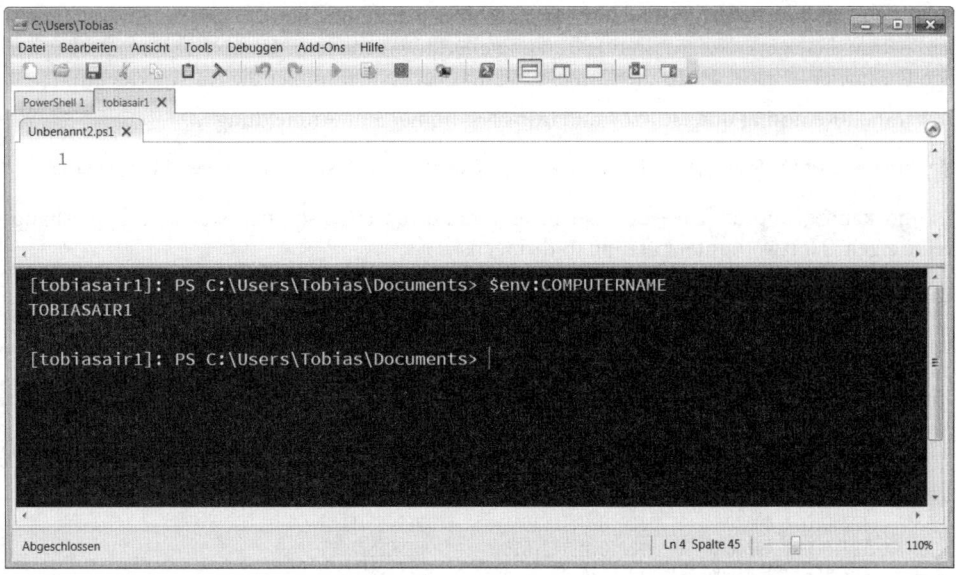

Abbildung 23.2: Mit dem ISE-Editor Skripte auf einem Remotesystem entwickeln.

Befehle und Skripte remote ausführen

`Enter-PSSession` reagiert ausschließlich auf interaktive Eingaben. Sie können damit weder Befehle noch ganze Skripte an ein Remotesystem senden. In Skriptcode hat `Enter-PSSession` grundsätzlich nichts zu suchen. Möchten Sie von einem Skript aus Code an ein Remotesystem senden, greifen Sie stattdessen zu `Invoke-Command`.

Die folgende Zeile führt beispielsweise den Befehl `Get-Service` auf dem Computer `testserver` aus. Die Dienste dieses Computers werden automatisch zurück zu Ihnen geliefert und angezeigt:

```
PS> Invoke-Command -ScriptBlock { Get-Service } -ComputerName testserver
```

`Invoke-Command` überträgt den übergebenen Skriptblock zuerst ans Zielsystem. Alternativ kann mit dem Parameter `-FilePath` auch eine lokale Skriptdatei angegeben werden. PowerShell würde dann den Code in dieser Skriptdatei automatisch als Skriptblock verpacken und auf gleiche Weise ans Zielsystem schicken.

Auf dem Zielsystem wird eine unsichtbare PowerShell-Sitzung gestartet, ganz ähnlich wie bei `Enter-PSSession`. Der Code wird in dieser Sitzung auf dem Remotesystem ausgeführt. Alle Ergebnisse transportiert das PowerShell-Remoting wieder zurück zu Ihnen. Dank `Invoke-Command` wird also grundsätzlich jeder Befehl remotefähig und sorgt für verlässliche Standards.

`Get-Service` wäre zwar auch selbst in der Lage gewesen, die Informationen remote zu beschaffen, allerdings nur dann, wenn die speziellen Netzwerkvoraussetzungen gegeben wären, die der Befehl für seinen eigenen Remotezugriff benötigt:

```
PS> Get-Service -ComputerName testserver
```

Remoting und Parallelverarbeitung

Spätestens wenn Sie sich am Remotesystem mit einem anderen Benutzerkonto ausweisen müssten, würde die eigene Netzwerkunterstützung allerdings scheitern. Get-Service verfügt über keinen Parameter -Credential für die Anmeldung und verwendet immer die Aufruferidentität.

PowerShell-Remoting unterstützt standardmäßig immer eine Anmeldung ...

```
PS> Invoke-Command -ScriptBlock { Get-Service } -ComputerName testserver -Credential test\user
```

... und kann grundsätzlich jeden Befehl remote ausführen, also auch solche, die überhaupt keine eigene Netzwerkunterstützung mitbringen.

```
PS> Invoke-Command -ScriptBlock { netstat -n } -ComputerName testserver

Aktive Verbindungen

  Proto  Lokale Adresse          Remoteadresse          Status
  TCP    127.0.0.1:5354          127.0.0.1:49669        HERGESTELLT
  TCP    127.0.0.1:5354          127.0.0.1:49670        HERGESTELLT
  TCP    127.0.0.1:27015         127.0.0.1:49740        HERGESTELLT
  TCP    127.0.0.1:49669         127.0.0.1:5354         HERGESTELLT
  TCP    127.0.0.1:49670         127.0.0.1:5354         HERGESTELLT
  TCP    127.0.0.1:49740         127.0.0.1:27015        HERGESTELLT
  TCP    192.168.2.105:50664     104.214.40.24:443      WARTEND
  TCP    192.168.2.105:50673     88.221.235.59:80       HERGESTELLT
  TCP    192.168.2.105:50674     88.221.235.59:80       WARTEND
(…)
```

Kontrolle: Wer besucht »meinen« Computer?

Möchten Sie feststellen, wer gerade aktive PowerShell-Remoting-Sitzungen auf Ihrem Computer ausführt, sollten Sie den jeweils zugrunde liegenden Hosting-Prozess namens *wsmprovhost.exe* suchen und dessen Eigentümer bestimmen. Die folgende Funktion Get-RemoteSessionUser liefert das gewünschte Ergebnis:

```
function Get-RemoteSessionUser
{
  param
  (
      $ComputerName,
      $Credential
  )

  Get-WmiObject -Class Win32_Process -Filter 'Name="wsmprovhost.exe"' @PSBoundParameters |
    ForEach-Object {
      $owner = $_.GetOwner()

      $rv = $_ | Select-Object -Property User, StartTime, ID
      $rv.StartTime = $_.ConvertToDateTime($_.CreationDate)
      $rv.User = '{0}\{1}' -f $owner.Domain, $owner.User
      $rv.ID = $_.ProcessID
      $rv
    }
}
```

Listing 23.2: Aktive Remoting-Sitzungen auf einem Computer bestimmen.

Sie dürfen `Get-RemoteSessionUser` mit dem Parameter `-ComputerName` gern auch remote aufrufen, können also feststellen, welche Remotesitzungen es auf anderen Computern gerade gibt. Voraussetzung ist nur, dass Sie auf dem betreffenden System über Administratorrechte verfügen.

```
PS> Get-RemoteSessionUser

User                          StartTime                                      ID
----                          ---------                                      --
powertheshell\Administrator   25.11.2015 13:34:40                          5552
TobiasAir1\Tobias             25.11.2015 13:44:33                          7152
```

Remotefähigen Code entwickeln

Sobald Ihre Skripte damit beginnen, über `Invoke-Command` Code auch auf Remotesystemen auszuführen, kann es verwirrend werden. Wo genau wird welcher Code jetzt eigentlich ausgeführt?

Der Code, der mit `Invoke-Command` an ein Remotesystem gesendet wird, läuft eigentlich in einer separaten PowerShell auf dem Remotesystem. Das bedeutet auch, dass alle Befehle, Module, Cmdlets und sonstigen Abhängigkeiten, die Sie darin verwenden, auf diesem Zielsystem auch vorhanden sein müssen. Rufen Sie beispielsweise *robocopy.exe* mit `Invoke-Command` remote auf, muss dieses Tool auf dem Zielsystem auch existieren.

Argumente an Remotecode übergeben

Noch wichtiger: Ihre eigene (lokale) PowerShell und die remote ausgeführte PowerShell sind unterschiedliche Anwendungen, die nichts voneinander wissen. Ihre eigenen Variablen stehen in der Remote-PowerShell nicht zur Verfügung und umgekehrt. Der einzige Kommunikationsweg zwischen den beiden PowerShells ist `Invoke-Command`.

Schauen Sie sich dazu das folgende typische Anfängerskript an (Listing 23.3), das mit der Funktion `Get-ErrorEvent` Fehlerereignisse aus Logbüchern eines Remotesystems auslesen soll.

```
function Get-ErrorEvent
{
  param
  (
    [Parameter(Mandatory=$true)]
    $ComputerName,

    $LogName='System'
  )

  $code = { Get-EventLog -LogName $LogName -EntryType Error |
          Export-Csv $env:TEMP\result.csv -NoTypeInformation -Encoding UTF8 -UseCulture }
  Invoke-Command -ScriptBlock $code -ComputerName $ComputerName
}
```

Listing 23.3: Fehlerereignisse von einem Remotesystem abrufen (enthält Fehler).

Wenn Sie es aufrufen, erhalten Sie folgende Fehlermeldung:

```
PS> Get-ErrorEvent -ComputerName testserver -LogName System
Das Argument kann nicht an den Parameter "LogName" gebunden werden, da es NULL ist.
```

```
  + CategoryInfo          : InvalidData: (:) [Get-EventLog], ParameterBindingVal
idationException
  + FullyQualifiedErrorId : ParameterArgumentValidationErrorNullNotAllowed,Micro
soft.PowerShell.Commands.GetEventLogCommand
```

Offenbar ist das Argument $LogName nicht im Skriptblock angekommen, und das leuchtet auch ein: Der Skriptblock wurde zuerst an das Remotesystem gesendet und dann dort in einer ganz anderen PowerShell-Sitzung ausgeführt. Ihre lokalen Variablen, so auch $LogName, existieren dort nicht.

Sie müssen also lokale Variablen an den Skriptblock übergeben, bevor er zum Remotesystem gesendet wird. Dazu kann man Invoke-Command Argumente übergeben, die der remote ausgeführte Skriptblock dann als Parameter empfangen kann:

```
function Get-ErrorEvent
{
  param
  (
    [Parameter(Mandatory=$true)]
    $ComputerName,

    $LogName='System'
  )

    $code =
    {
      param($LogName)

      Get-EventLog -LogName $LogName -EntryType Error |
        Export-Csv $env:TEMP\result.csv -NoTypeInformation -Encoding UTF8 -UseCulture
    }

  Invoke-Command -ScriptBlock $code -ComputerName $ComputerName -ArgumentList $LogName
}
```

Listing 23.4: Argumente an remote ausgeführten Code übergeben.

Ab PowerShell 3.0 besteht zusätzlich die Möglichkeit, lokale Variablen im Skriptblock mit dem Präfix Using: zu kennzeichnen. So kann der Skriptblock ebenfalls auf lokale Variablen des Aufrufers zugreifen:

```
function Get-ErrorEvent
{
  param
  (
    [Parameter(Mandatory=$true)]
    $ComputerName,

    $LogName='System'
  )

    $code =
    {
      Get-EventLog -LogName $Using:LogName -EntryType Error |
        Export-Csv $env:TEMP\result.csv -NoTypeInformation -Encoding UTF8 -UseCulture
    }

  Invoke-Command -ScriptBlock $code -ComputerName $ComputerName
}
```

Listing 23.5: Remote auf lokale Variablen zugreifen.

Ergebnisse vom Remotecode an den Aufrufer übertragen

Die verbesserten Funktionen laufen nun ohne Fehlermeldung. Allerdings schließt sich gleich die nächste Frage an: Wie gelangen die Daten, die der remote ausgeführte Code auf dem Remotesystem in eine CSV-Datei geschrieben hat, zurück zu Ihnen?

Die Antwort ist die gleiche: Kommunikation läuft ausschließlich über Invoke-Command, und zwar in beide Richtungen. Remoting ist keine Einbahnstraße, und Invoke-Command bringt Ergebnisse automatisch zu Ihnen zurück – wenn Sie das zulassen und die Ergebnisse nicht bereits auf dem Zielsystem verarbeiten.

Es genügt deshalb, Export-CSV einfach aus dem Skriptblock ins lokale Skript zu verschieben:

```
function Get-ErrorEvent
{
  param
  (
    [Parameter(Mandatory=$true)]
    $ComputerName,

    $LogName='System'
  )

    $code =
    {
      param($LogName)

      Get-EventLog -LogName $LogName -EntryType Error
    }

  Invoke-Command -ScriptBlock $code -ComputerName $ComputerName -ArgumentList $LogName |
      Export-Csv $env:temp\result.csv -NoTypeInformation -Encoding UTF8 -UseCulture
}
```

Listing 23.6: Ergebnisse vom Remotesystem zurück zum Aufrufer transportieren und dort speichern.

Das hat gleich noch einen zweiten Vorteil: Da die CSV-Datei nun auf Ihrem eigenen System angelegt wird, verwendet PowerShell mit dem Parameter -UseCulture Ihre eigenen kulturspezifischen Trennzeichen, also in Deutschland das Semikolon. Hätten Sie die CSV-Dateien jeweils auf den Remotesystemen erzeugt, wären die dortigen Kultureinstellungen verwendet worden, und bei einem multinationalen Unternehmen hätten Sie CSV-Dateien mit verschiedenen Trennzeichen erzeugt.

Fan-Out: integrierte Parallelverarbeitung

Invoke-Command macht Ihren Code nicht nur remotefähig, sondern gleichzeitig auch multitaskingfähig. Zwar ist PowerShell an sich »Single-Threaded« – kann also stets nur eine Aufgabe nach der nächsten erledigen –, da Sie beim PowerShell-Remoting die Arbeit aber nicht auf Ihrem System erledigen, sondern an andere PowerShells weiterreichen, kann das auch parallel geschehen.

Abbildung 23.3: Fan-Out: mehrere Sitzungen auf verschiedenen Computern gleichzeitig ansprechen.

Ihre Funktion Get-ErrorEvent aus Listing 23.6 braucht dazu nichts Besonderes zu tun. Sie dürften dem Parameter -ComputerName beliebig viele Computernamen übergeben, zum Beispiel als eine Liste von kommaseparierten Namen. Invoke-Command wird dann Ihren Code an alle angegebenen Computer gleichzeitig übergeben und dort auch gleichzeitig bearbeiten lassen.

Dies wirft aber die nächste Frage auf: Wenn die Ergebnisse von verschiedenen Computern zu Ihnen zurückkehren, woher weiß man dann, welches Ergebnis von welchem Computer stammt? Invoke-Command fügt an die Ergebnisse zusätzliche Informationen an, zumindest wenn es sich bei diesen Informationen um Objekte handelt. In der angefügten Eigenschaft PSComputerName findet sich immer der Name des Absendercomputers. Das wird deutlich, wenn Sie die Informationen aus der generierten CSV-Datei in Microsoft Excel importieren:

```
PS> Get-ErrorEvent -ComputerName dell1, 127.0.0.1
PS> Invoke-Item $env:temp\result.csv
```

Im Excel-Sheet fällt die Spalte *PSComputerName* ins Auge. Sie enthält den Namen des Systems, von dem diese Information kam (Abbildung 23.4).

Daneben befindet sich die Spalte *RunspaceID*. Sie stammt ebenfalls vom PowerShell-Remoting und enthält die eindeutige Kennung der PowerShell-Sitzung. Diese Information wird wesentlich seltener benötigt, zum Beispiel aber dann, wenn mehrere Verbindungen zum selben Computer aufgebaut wurden.

Noch etwas fällt auf: Die Ergebnisse in *PSComputerName* sind bunt gemischt. Ihr System empfängt die Informationen von den Remotesystemen in dem Augenblick, in dem die Remotesysteme sie zurücksenden. Die Ergebnisse treffen also in mehr oder weniger zufälliger Reihenfolge ein.

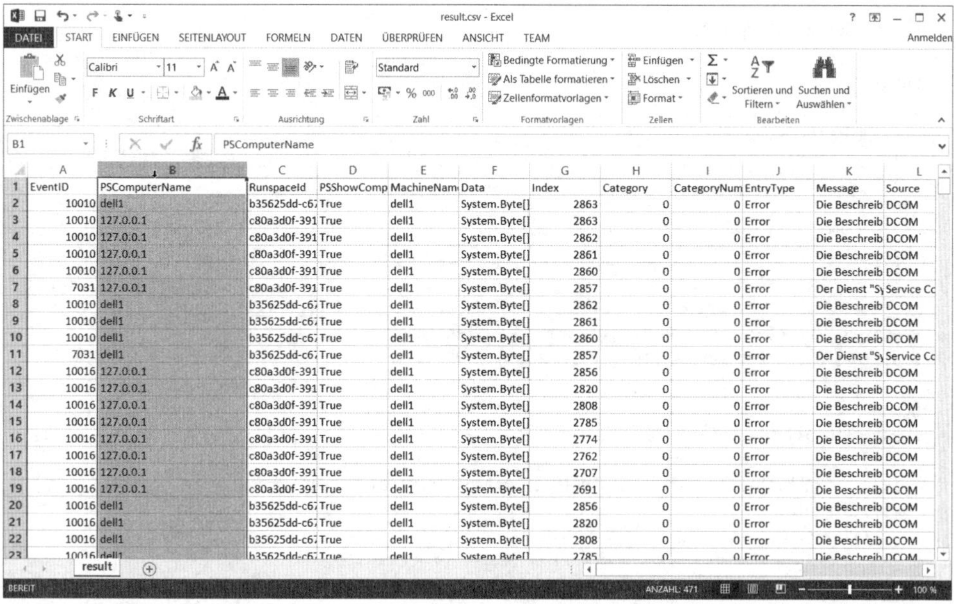

EventID	PSComputerName	RunspaceId	PSShowComp	MachineNam	Data	Index	Category	CategoryNum	EntryType	Message	Source
10010	dell1	b35625dd-c67	True	dell1	System.Byte[]	2863	0	0	Error	Die Beschreib	DCOM
10010	127.0.0.1	c80a3d0f-391	True	dell1	System.Byte[]	2863	0	0	Error	Die Beschreib	DCOM
10010	127.0.0.1	c80a3d0f-391	True	dell1	System.Byte[]	2862	0	0	Error	Die Beschreib	DCOM
10010	127.0.0.1	c80a3d0f-391	True	dell1	System.Byte[]	2861	0	0	Error	Die Beschreib	DCOM
10010	127.0.0.1	c80a3d0f-391	True	dell1	System.Byte[]	2860	0	0	Error	Die Beschreib	DCOM
7031	127.0.0.1	c80a3d0f-391	True	dell1	System.Byte[]	2857	0	0	Error	Der Dienst "Sy	Service Cc
10010	dell1	b35625dd-c67	True	dell1	System.Byte[]	2862	0	0	Error	Die Beschreib	DCOM
10010	dell1	b35625dd-c67	True	dell1	System.Byte[]	2861	0	0	Error	Die Beschreib	DCOM
10010	dell1	b35625dd-c67	True	dell1	System.Byte[]	2860	0	0	Error	Die Beschreib	DCOM
7031	dell1	b35625dd-c67	True	dell1	System.Byte[]	2857	0	0	Error	Der Dienst "Sy	Service Cc
10016	127.0.0.1	c80a3d0f-391	True	dell1	System.Byte[]	2856	0	0	Error	Die Beschreib	DCOM
10016	127.0.0.1	c80a3d0f-391	True	dell1	System.Byte[]	2820	0	0	Error	Die Beschreib	DCOM
10016	127.0.0.1	c80a3d0f-391	True	dell1	System.Byte[]	2808	0	0	Error	Die Beschreib	DCOM
10016	127.0.0.1	c80a3d0f-391	True	dell1	System.Byte[]	2785	0	0	Error	Die Beschreib	DCOM
10016	127.0.0.1	c80a3d0f-391	True	dell1	System.Byte[]	2774	0	0	Error	Die Beschreib	DCOM
10016	127.0.0.1	c80a3d0f-391	True	dell1	System.Byte[]	2762	0	0	Error	Die Beschreib	DCOM
10016	127.0.0.1	c80a3d0f-391	True	dell1	System.Byte[]	2707	0	0	Error	Die Beschreib	DCOM
10016	127.0.0.1	c80a3d0f-391	True	dell1	System.Byte[]	2691	0	0	Error	Die Beschreib	DCOM
10016	dell1	b35625dd-c67	True	dell1	System.Byte[]	2856	0	0	Error	Die Beschreib	DCOM
10016	dell1	b35625dd-c67	True	dell1	System.Byte[]	2820	0	0	Error	Die Beschreib	DCOM
10016	dell1	b35625dd-c67	True	dell1	System.Byte[]	2808	0	0	Error	Die Beschreib	DCOM
10016	dell1	b35625dd-c67	True	dell1	System.Byte[]	2785	0	0	Error	Die Beschreib	DCOM

Abbildung 23.4: PowerShell-Remoting fügt den Namen des Absendersystems in PSComputerName hinzu.

ThrottleLimit: Parallelverarbeitung begrenzen

Die integrierte Parallelverarbeitung von `Invoke-Command` kann beliebig viele Computer gleichzeitig ansprechen, doch führt dies zur nächsten Herausforderung. Fragen Sie beispielsweise Hunderte oder Tausende von Systemen gleichzeitig ab, können riesige Datenlawinen auf Ihr System treffen. Alle abgefragten Systeme antworten schließlich mehr oder weniger gleichzeitig, was zu Netzwerkproblemen und hausgemachten Denial-of-Service-Angriffen führen kann.

Daher enthält `Invoke-Command` einen Begrenzungsmechanismus, der als Vorgabe auf den Wert 32 eingestellt ist: Nur 32 Verbindungen arbeiten wirklich gleichzeitig. Sobald die erste davon ihre Arbeit erledigt hat, kann die 33. die Arbeit aufnehmen. Dies nennt man »ThrottleLimit« (*Throttle* = Ventilrad), und wenn Sie tatsächlich größere Mengen von Computern gleichzeitig ansprechen, ist es sinnvoll, dieses Limit anzupassen.

Liefert Ihr Code nur wenige oder gar keine Daten zurück, kann man das Limit gefahrlos erhöhen und damit die Ausführungsgeschwindigkeit noch erheblich steigern. Werden dagegen viele Daten erwartet, kann man es auch senken. Zuständig ist der Parameter `-ThrottleLimit`.

Skriptautomation ist zwar enorm leistungsfähig, lohnt sich aber nur, wenn man Aufgaben tatsächlich häufig wiederholen muss. Für kurze und selten notwendige Aufgaben ist der Griff zur Maus immer noch einfacher, insbesondere im Zeitalter des Remote Desktop. Tatsächlich gibt es Situationen, in denen der Remote Desktop-Zugriff unverzichtbar ist, zum Beispiel dann, wenn andere Formen des Remotings zuerst aktiviert werden müssen. Dazu zählt auch das sogenannte *CredSSP*, von dem im nächsten Abschnitt die Rede sein wird. Quasi zur Vorbereitung soll nun eine Funktion namens `Set-RemoteDesktop` entstehen, die den Remote Desktop auf Zielsystemen ein- und ausschalten kann:

Remoting und Parallelverarbeitung

```
function Set-RemoteDesktop
{
  param
  (
    $ComputerName,

    $Credential,

    [switch]
    $Disable
  )

  # diesen Parameter nicht an Invoke-Command weitergeben
  $null = $PSBoundParameters.Remove('Disable')

  $code = {
    param([bool]$Disable)

    $key = 'HKLM:\SYSTEM\CurrentControlSet\Control\Terminal Server'
    if ($Disable) {
        $Value = 1
    }
    else {
        $Value = 0
    }
    Set-ItemProperty -Path $key -Name fDenyTSConnections -Value ([int]$Value) -Type DWORD

    if ($Disable)
    {
      netsh.exe advfirewall firewall set rule group="Remotedesktop" new enable=no
      Write-Warning "Remote Desktop disabled on \\$env:COMPUTERNAME"
    }
    else
    {
      netsh.exe advfirewall firewall set rule group="Remotedesktop" new enable=yes
      Write-Warning "Remote Desktop enabled on \\$env:COMPUTERNAME"
    }
  }

  Invoke-Command -ScriptBlock $code @PSBoundParameters -ArgumentList $Disable
}
```

Listing 23.7: Remote Desktop-Zugriff remote ein- und ausschalten.

Double-Hop und CredSSP: Anmeldeinfos weiterreichen

Remotecode wird zwar unter Ihrem Benutzerkonto ausgeführt, darf aber diese Anmeldeinformationen nicht für weitere Authentifizierungen verwenden. Wenn Ihr Remotecode sich nun erneut authentifizieren muss, zum Beispiel um auf ein Netzlaufwerk zugreifen zu können, führt das zum *Double-Hop*-Problem.

Hier ein Beispiel: Angenommen, Sie besitzen Administratorrechte auf den Servern testserver und storage1. Sie können beide Systeme von Ihrem lokalen System aus remote erreichen:

```
PS> Get-WmiObject -Class Win32_OperatingSystem -ComputerName testserver, storage1 |
      Select-Object -ExpandProperty Caption
```

```
Microsoft Windows 7 Ultimate
Microsoft(R) Windows(R) Server 2003 für Small Business Server
```

Versuchen Sie dagegen den Remotezugriff von Code, den Sie per PowerShell-Remoting auf einem anderen System ausführen, wird dieser Code zwar ausgeführt, darf sich aber nicht am dritten System authentifizieren:

```
$code =
{
  Get-WmiObject Win32_OperatingSystem -ComputerName storage1 |
    Select-Object -ExpandProperty Caption
}

Invoke-Command -ScriptBlock $code -ComputerName testserver
```

Listing 23.8: Eine transparente zweite Anmeldung ist nicht erlaubt.

```
Zugriff verweigert (Ausnahme von HRESULT: 0x80070005 (E_ACCESSDENIED))
```

Erlaubt ist dagegen eine explizite zweite Anmeldung, bei der Benutzername und Kennwort erneut übergeben werden. So lassen sich viele Double-Hop-Probleme lösen: Dem Remotecode wird das für die Anmeldung erforderliche Credential-Objekt (oder, falls erforderlich, der Anmeldename und das Kennwort) über Argumente übergeben. So kann das Remoteskript eine neue, frische Anmeldung vornehmen:

```
$anmeldung = Get-Credential "$env:USERDOMAIN\$env:USERNAME"
$code =
{
  param($Credential)
  Get-WmiObject Win32_OperatingSystem -ComputerName storage1 -Credential $Credential |
    Select-Object -ExpandProperty Caption
}

Invoke-Command -ScriptBlock $code -ComputerName testserver -ArgumentList $anmeldung
```

Listing 23.9: Explizite erneute Anmeldungen sind erlaubt.

Der Remotecode wird korrekt ausgeführt und kann sich am dritten System ausweisen. Dasselbe Verfahren kann man auch für Netzlaufwerke einsetzen. Der Remotecode legt dazu vorübergehend ein Netzlaufwerk an, zum Beispiel mit net use, und kann auch hier die notwendigen Anmeldeinformationen übergeben.

Alternativ kann man die transparente Weitergabe von Identitäten aber auch gestatten. Dazu wird eine Technik namens *CredSSP* verwendet, die ebenfalls beim Remote Desktop eingesetzt wird. Weil das die Sicherheit beeinträchtigt, darf eine solche Vertrauensstellung nur zwischen besonders vertrauenswürdigen Computern geschehen. Bevor CredSSP verwendet werden kann, muss es auf beiden Seiten eingerichtet werden.

Auf dem Quellcomputer (der die Anfrage sendet) schalten Sie CredSSP mit Enable-WSManCredSSP und der Rolle Client frei. Dafür sind Administratorrechte notwendig:

```
PS> Enable-WSManCredSSP -Role Client -DelegateComputer testserver
```

Remoting und Parallelverarbeitung

```
C:\Windows\system32
PS> Enable-WSManCredSSP -Role Client -DelegateComputer tobiasair1

CredSSP-Authentifizierungskonfiguration für die WS-Verwaltung
Die CredSSP-Authentifizierung ermöglicht das Senden von
Benutzeranmeldeinformationen an einen Remotecomputer. Wenn Sie die
CredSSP-Authentifizierung für eine Verbindung mit einem für bösartige Zwecke
verwendeten oder gefährdeten Computer verwenden, verfügt dieser Computer über
Zugriff auf Ihren Benutzernamen und Ihr Kennwort. Weitere Informationen finden Sie
 im Hilfethema zu "Enable-WSManCredSSP".
Möchten Sie die CredSSP-Authentifizierung aktivieren?
[J] Ja  [N] Nein  [H] Anhalten  [?] Hilfe (Standard ist "J"): j


cfg        : http://schemas.microsoft.com/wbem/wsman/1/config/client/auth
lang       : de-DE
Basic      : true
Digest     : true
Kerberos   : true
Negotiate  : true
Certificate : true
CredSSP    : true


PS>
```

Abbildung 23.5: Auf beiden beteiligten Computern muss CredSSP aktiviert werden, denn es lockert die Sicherheit.

Auf dem Zielsystem wird CredSSP entsprechend mit der Rolle `Server` aktiviert:

```
PS> Enable-WSManCredSSP -Role Server -Force
```

Wieder sind Administratorrechte erforderlich. Wenn Sie die Einstellung auf einem Remotesystem vornehmen wollen, schauen Sie sich die Funktion `Set-RemoteDesktop` von vorhin an (Listing 23.7). Damit aktivieren Sie den Remote Desktop und können darüber den Befehl auch ferngesteuert absetzen. Nachdem CredSSP auf beiden Seiten erfolgreich aktiviert wurde, funktioniert Listing 23.8 ohne Fehlermeldung, wenn Sie:

- zusätzlich den Parameter `-Authentication Credssp` angeben und
- explizit die Anmeldeinformationen mit `-Credential` übergeben:

```
$remotecode =
{
  Get-WmiObject Win32_OperatingSystem -ComputerName storage1 |
    Select-Object -ExpandProperty Caption
}

Invoke-Command -ScriptBlock $code -ComputerName testserver -Authentication Credssp -Credential
"$env:USERDOMAIN\$env:USERNAME"
```

Listing 23.10: Remotecode über eine CredSSP-Verbindung ausführen.

Achtung

Außerhalb eines Domänennetzwerks und ohne die sichere Kerberos-Authentifizierung wird CredSSP nicht sofort aktiv. Auf dem Quellcomputer (der die Verbindung initiiert und seine Anmeldedaten ans Remotesystem übergibt) muss dies nochmals ausdrücklich erlaubt werden. Andernfalls erhalten Sie eine Fehlermeldung wie diese hier:

```
[testserver] Beim Verbinden mit dem Remoteserver "testserver" ist folgender Fehler aufgetreten: Die
Anforderung kann vom WinRM-Client nicht verarbeitet werden. Eine Computerrichtlinie ermöglicht
nicht die Delegierung der Benutzeranmeldeinformationen an den Zielcomputer, da der Computer als
nicht vertrauenswürdig eingestuft wird. (…)  Sofern der SPN bereits vorhanden ist, die Identität
```

des Zielcomputers jedoch nicht mit Kerberos überprüft werden kann und die Delegierung der Benutzeranmeldeinformationen zum Zielcomputer nach wie vor zugelassen werden soll, verwenden Sie **"gpedit.msc"**, und betrachten Sie die folgende Richtlinie: **Computerkonfiguration -> Administrative Vorlagen -> System -> Delegierung der Anmeldeinformationen -> Aktuelle Anmeldeinformationen mit reiner NTLM-Serverauthentifizierung zulassen.** Stellen Sie sicher, dass die Anwendung aktiviert und mit einem für den Zielcomputer geeigneten SPN konfiguriert ist. Beispiel: Für den Zielcomputernamen "myserver.domain.com" kann der SPN eine der folgenden Bezeichnungen besitzen: WSMAN/ myserver.domain.com or **WSMAN/*.domain.com.** Wiederholen Sie die Anforderung nach diesen Änderungen.

Geben Sie also diesen Befehl in eine PowerShell-Sitzung mit erhöhten Rechten ein:

```
PS> gpedit.msc
```

Es öffnet sich der *Editor für lokale Gruppenrichtlinien.* Darin navigieren Sie zu *Computerkonfiguration/ Administrative Vorlagen/System/Delegierung von Anmeldeinformationen.*

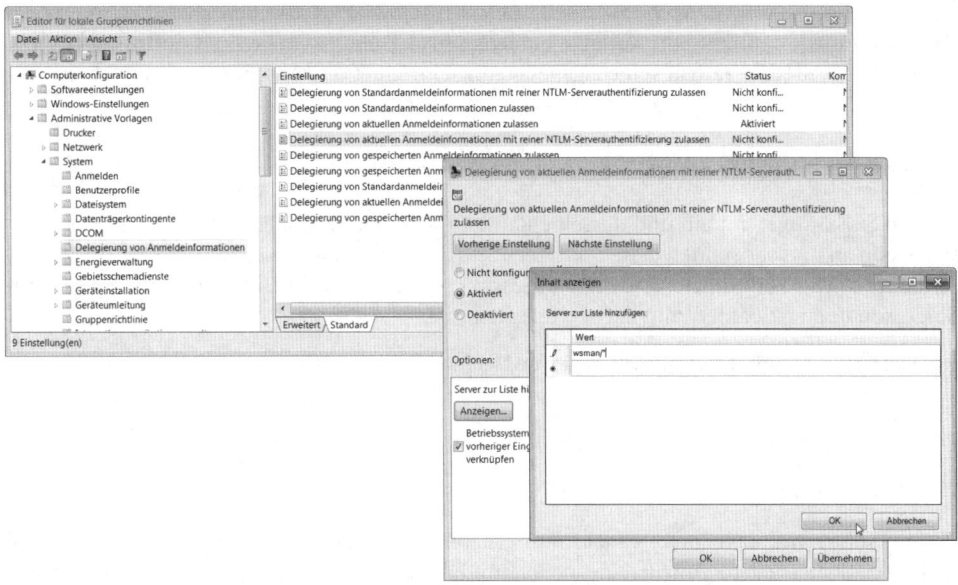

Abbildung 23.6: CredSSP-Verbindungen zu anderen Computern müssen außerhalb der Domäne erlaubt werden.

Die notwendige Richtlinie auf der rechten Seite heißt *Delegierung von aktuellen Anmeldeinformationen mit reiner NTLM-Serverauthentifizierung zulassen.* Doppelklicken Sie darauf und aktivieren Sie die Richtlinie. Klicken Sie außerdem auf *Anzeigen.* Ein weiteres Dialogfeld öffnet sich, in dem Sie die Computer angeben, an die Ihre Anmeldedaten bei einer CredSSP-Verbindung weitergegeben werden dürfen. Möchten Sie keine Einschränkungen, tragen Sie ein:

```
wsman/*
```

Klicken Sie anschließend auf *Hinzufügen.*

Die Einstellung erinnert etwas an die **TrustedHosts**-Liste: Sie ist ebenso nur ein persönlicher Sicherheitsgurt, der verhindern soll, dass Sie versehentlich Ihre Anmeldedaten an nicht vertrauenswürdige Computer weitergeben.

Remoting und Parallelverarbeitung

Eigene Sitzungen verwenden

Immer wenn Sie Enter-PSSession oder Invoke-Command verwenden, wird für den Fernzugriff vorübergehend eine Remote-PowerShell namens *wsmprovhost.exe* gestartet. Sie entspricht einer *PSSession*, also einem Ort, an dem PowerShell-Code ausgeführt werden kann. Wenn Sie sich nicht selbst um PSSessions kümmern, wird also bei jedem Befehlsaufruf eine neue Sitzung angelegt und anschließend wieder verworfen.

Weil das Anlegen einer neuen PSSession Zeit kostet, ist dieser Weg besonders dann unsinnig, wenn Sie mehrfach auf dasselbe System zugreifen wollen. Außerdem wird der Zustand einer Sitzung jedes Mal gelöscht:

```
PS> Invoke-Command { $wert=1 } -ComputerName testserver
PS> Invoke-Command { $wert } -ComputerName testserver
PS>
```

Der erste Aufruf definiert eine Variable namens $wert1. Diese ist im zweiten Aufruf nicht mehr vorhanden, weil jeder Aufruf seine eigene Sitzung einrichtet und anschließend vernichtet.

Eigene Sitzungen anlegen

Wollen Sie häufiger auf ein und dasselbe Remotesystem zugreifen, legen Sie besser selbst eine PSSession an und verwenden diese mit Enter-PSSession und Invoke-Command anstelle eines Computernamens. Jetzt kontrollieren Sie diese PSSession selbst. Sie wird nicht mehr automatisch entsorgt, sondern erst dann, wenn Sie es wünschen.

```
PS> $session = New-PSSession -ComputerName testserver

PS> Invoke-Command { $wert=1 } -Session $session
PS> Invoke-Command { $wert } -Session $session
1
PS> Remove-PSSession -Session $session
```

Es fällt sofort auf, dass Invoke-Command nun erheblich schneller ausgeführt wird, weil diesmal nicht zuerst bei jedem Aufruf eine neue Einmalsession angelegt werden muss. Außerdem bleibt der Zustand der Sitzung über mehrere Aufrufe hinweg erhalten, sodass der zweite Aufruf den Inhalt der Variablen abrufen kann, die beim ersten Aufruf angelegt wurde. Dieser Umstand wird von großer Wichtigkeit sein, wenn Sie etwas später Befehle aus einer PSSession in Ihre lokale PowerShell importieren.

Benötigen Sie die Sitzung nicht mehr, müssen Sie allerdings selbst daran denken, die Sitzung mit Remove-PSSession wieder zu schließen. Der folgende Aufruf darf am Ende also auf keinen Fall fehlen:

```
PS> Remove-PSSession $session
```

Andernfalls würde die Sitzung auf dem Remotesystem weiter bestehen bleiben, bis irgendwann das eingebaute Timeout die Selbstzerstörung einleitet. Weil das jedoch dauern kann und die Zahl der gleichzeitigen Sitzungen genauso begrenzt ist wie die Ressourcen des Remotesystems, führen nicht freigegebene Sitzungen schnell zu Blockaden.

Um alle PSSessions eines Systems auf einen Schlag zu beenden (und alle darin ablaufenden Daten und Vorgänge sofort zu löschen), zum Beispiel nach ausgiebigen Experimenten, kann die folgende Holzhammermethode eingesetzt werden. Sie benötigen dafür allerdings eine

PowerShell mit vollen Administratorrechten und müssen diese Zeile auf dem Remotesystem ausführen:

```
PS> Get-Process -Name wsmprovhost | Stop-Process -Force
```

Allerdings können Sie dank des PowerShell-Remotings die Prozesse auch remote vom Client aus stoppen:

```
PS> Invoke-Command { Get-Process -Name wsmprovhost | Stop-Process -Force } -ComputerName testserver
```

Wollen Sie alle Sitzungen der aktuellen PowerShell beenden, geben Sie ein Sternchen als Platzhalter an:

```
PS> Remove-PSSession *
```

Parallelverarbeitung mit PSSessions

Auch mit selbst angelegten PSSessions lässt sich Parallelverarbeitung betreiben, denn der Parameter -ComputerName von New-PSSession verhält sich ganz ähnlich wie bei Invoke-Command: Sie dürfen beliebig viele Computernamen angeben. Geben Sie mehr als einen an, werden mehrere PSSessions geliefert, und Sie erhalten als Ergebnis ein Array dieser PSSession-Objekte zurück.

Dieses Array kann dann dem Parameter -Session von Invoke-Command übergeben werden, um Code in allen diesen Sessions gleichzeitig auszuführen.

```
PS> $session = New-PSSession testserver, localhost, storage1
PS> $session
```

Id	Name	ComputerName	State	ConfigurationName	Availability
1	Session1	testserver	Opened	Microsoft.PowerShell	Available
2	Session2	localhost	Opened	Microsoft.PowerShell	Available
3	Session3	storage1	Opened	Microsoft.PowerShell	Available

Entsprechend legt der folgende Aufruf auf allen drei Computern einen Registrierungsschlüssel an:

```
PS> Invoke-Command { New-Item -Path HKLM:\Software\Test } -Session $session
```

Da Sie selbst kontrollieren, wie PSSessions angelegt werden, haben Sie sogar weitaus mehr Kontrolle und könnten beispielsweise pro Computer unterschiedliche Benutzerkonten verwenden. Das folgende Beispiel zeigt, wie mit PSSessions auf zwei verschiedene Computer gleichzeitig zugegriffen und mit systeminfo.exe ein Systeminventar abgerufen wird:

```
# Hinweis: Wenn Sie den lokalen Computer abfragen wollen,
# muss dieses Skript mit Administratorrechten ausgeführt
# werden.

# diesen Computer mit aktueller Identität abfragen
$Computer1 = 'dell1'

# diesen Computer mit dem Benutzerkonto "PSRemoting" abfragen
# (Konto muss auf dem Computer existieren und über Adminrechte verfügen)
$Computer2 = 'tobiasair1'
$Credential2 = Get-Credential -Credential PSRemoting
```

```
# ein leeres Array anlegen:
$Sessions = @()
# nacheinander beliebig viele manuell konfigurierte Sessions hinzufügen
$Sessions += New-PSSession -ComputerName $Computer1
$Sessions += New-PSSession -ComputerName $Computer2 -Credential $Credential2

# Code, der in den Sessions ausgeführt werden soll:
$code =
{
  # Systeminventar als CSV generieren und in Objekte wandeln:
  $Spaltennamen = 'Hostname',
  'Betriebssystemname',
  'Betriebssystemversion',
  'Betriebssystemhersteller',
  'Betriebssystemkonfiguration',
  'BetriebssystemBuildtyp',
  'RegistrierterBenutzer',
  'RegistrierteOrganisation',
  'ProduktID',
  'Installationsdatum',
  'Systemstartzeit',
  'Systemhersteller',
  'Systemmodell',
  'Systemtyp',
  'Prozessor',
  'BIOSVersion',
  'WindowsVerzeichnis',
  'SystemVerzeichnis',
  'Startgeraet',
  'Systemgebietsschema',
  'Eingabegebietsschema',
  'Zeitzone',
  'GesamterPhysischerSpeicher',
  'VerfügbarerPhysischerSpeicher',
  'VirtuellerArbeitsspeicherMax',
  'VirtuellerArbeitsspeicherVerfügbar',
  'VirtuellerArbeitsspeicherVerwendet',
  'Auslagerungsdateipfad',
  'Domaene',
  'Anmeldeserver',
  'Hotfixes',
  'Netzwerkkarte',
  'HyperV'


  systeminfo.exe /FO CSV |
  Select-Object -Skip 1 |
  ConvertFrom-CSV -Header $Spaltennamen
}

# Code in allen Sessions gleichzeitig ausführen:
Invoke-Command -ScriptBlock $code -Session $sessions |
  Out-GridView -Title Systemübersicht

# Sessions am Ende entfernen
Remove-PSSession -Session $Sessions
```

Listing 23.11: Systeminformationen remote von zwei Computern abfragen.

Das Ergebnis erscheint schrittweise pro Computer im GridView-Fenster und kann je nach Geschwindigkeit der Remoteverbindung und des Zielsystems einige Sekunden dauern, doch dank der Parallelverarbeitung wird `systeminfo.exe` auf allen angegebenen Systemen gleichzeitig ausgeführt. Das Skript benötigt also insgesamt nur so lange wie der längste Einzelzugriff. Das Ergebnis sieht danach ähnlich aus wie das in Abbildung 23.7:

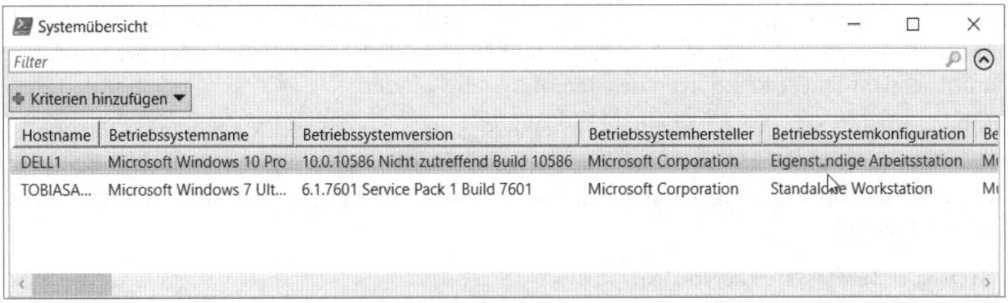

Abbildung 23.7: Systeminformationen von mehreren Computern abfragen.

Hinweis

Wenn Sie sich Abbildung 23.7 genauer anschauen, werden Sie Phänomene entdecken, die teilweise mit PowerShell-Remoting zu tun haben.

Dass die Computer im Beispiel von gerade eben ihre Informationen einmal in Deutsch und einmal in Englisch zurückliefern, ist dem Befehl `systeminfo.exe` geschuldet, der sich wie alle Konsolenbefehle strikt nach der Sprache des Systems richtet, auf dem er ausgeführt wird.

Unangenehmer sind Encoding-Probleme, wie sie in der Spalte *Betriebssystemkonfiguration* sichtbar sind: Das deutsche »ä« ist darin durch ein Anführungszeichen ersetzt. Hierfür ist PowerShell-Remoting verantwortlich.

Wenn Sie in einer PSSession einen Konsolenbefehl wie `systeminfo.exe` ausführen, wird dazu ähnlich wie im ISE-Editor eine Hilfskonsole im Hintergrund gestartet und der Konsolenbefehl darin ausgeführt. Leider gibt es anders als in der ISE aber hier keine Möglichkeit, das Encoding – also die Art, wie Sonderzeichen dargestellt werden – anzupassen. Das Encoding-Problem betrifft daher alle nativen Konsolenbefehle, die in einer PSSession ausgeführt werden.

Es gibt allerdings einen Workaround, der etwas sonderbar anmutet: Wird der native Konsolenbefehl auf dem Remotesystem innerhalb eines Hintergrundjobs ausgeführt, stimmt das Encoding. Den Grund hierfür werden Sie im nächsten Kapitel genauer verstehen, wenn Hintergrundjobs besprochen werden. Weil hierbei jedoch eine separate (reguläre) PowerShell den nativen Befehl ausführt, kann sich das eingeschränkte Encoding des PowerShell-Remotings nicht mehr auswirken.

```
$befehl = { systeminfo.exe /FO CSV | ConvertFrom-CSV  }

$remotecode =
{
    param($Code)
    $job = Start-Job ([ScriptBlock]::Create($Code)) -Name Aufgabe1
    $null = Wait-Job $job
    Receive-Job -Name Aufgabe1
    Remove-Job -Name Aufgabe1
}

Invoke-Command -ComputerName dell1 -ArgumentList $befehl -ScriptBlock $remotecode
```

Listing 23.12: Nativen Konsolenbefehl remote ausführen (korrektes Encoding).

Sitzungen trennen und wiederverbinden

Ein besonderes Merkmal der PSSessions ist, dass diese auf dem Remotesystem erhalten bleiben und für mehrere Aufrufe eingesetzt werden können, aber nur von der PowerShell aus, in der die PSSession angelegt wurde. Wird die lokale PowerShell geschlossen, verlieren Sie den Zugriff auf die PSSession (und sollten diese deshalb unbedingt vorher mit Remove-PSSession entsorgen, damit sie nicht länger Ressourcen des Remotesystems bindet).

Ab PowerShell 3 besteht die Möglichkeit, eine Sitzung zu trennen. Eine getrennte Sitzung ist später von einer anderen PowerShell aus wieder erreichbar, allerdings nur von dem Benutzer, der die PSSession ursprünglich angelegt hat. Das folgende Beispiel legt eine Sitzung an und trennt sie dann:

```
# Sitzung zu Remotesystem herstellen:
PS> $session1 = New-PSSession -ComputerName dell1 -Name Aufgabe1

# von der Sitzung trennen:
PS> Disconnect-PSSession $session1

PS> Get-PSSession


Id Name          ComputerName    State          ConfigurationName    Availability
-- ----          ------------    -----          -----------------    ------------
11 Aufgabe1      dell1           Disconnected   Microsoft.PowerShell         None
```

Öffnen Sie nun auf demselben Computer eine neue PowerShell und geben Sie ein:

```
PS> Get-PSSession -ComputerName dell1


Id Name          ComputerName    State          ConfigurationName    Availability
-- ----          ------------    -----          -----------------    ------------
 1 Aufgabe1      dell1           Disconnected   Microsoft.PowerShell         None


PS> $session = Connect-PSSession -ComputerName dell1 -Name Aufgabe1
PS> $session


Id Name          ComputerName    State          ConfigurationName    Availability
-- ----          ------------    -----          -----------------    ------------
 2 Aufgabe1      dell1           Opened         Microsoft.PowerShell    Available
```

Wie Sie sehen, können Sie weiterhin auf die Sitzung zugreifen und sich mit Connect-PSSession mit der Sitzung neu verbinden. Danach kann die wiederhergestellte Sitzung ganz genauso wie eine neu angelegte PSSession mit Invoke-Command und Enter-PSSession eingesetzt werden.

Der Zugriff auf getrennte Sitzungen ist sogar von anderen Computern aus möglich. Sie könnten also zum Beispiel am Arbeitsplatz eine PSSession anlegen, darin einen länger dauernden Befehl ausführen und später von zu Hause aus nachschauen, wie weit die Arbeit in der PSSession gediehen ist. Ein Beispiel dazu sehen Sie gleich.

Aktive PSSessions trennen

Solange eine PSSession aktiv, also »busy« ist, können Sie sich weder davon trennen noch mit ihr verbinden. Was die Frage aufwirft, wie man eigentlich in PSSessions länger dauernde Aufgaben startet und sich danach zu einem späteren Zeitpunkt mit ihr verbindet. Dazu gibt es zwei Möglichkeiten:

- **Invoke-Command:** Senden Sie mit Invoke-Command einen Befehl zu einem Remotecomputer, können Sie den Parameter -InDisconnectedSession angeben. Hierdurch wird der Befehl in einer neuen und von vornherein unverbundenen PSSession gestartet.

- **Start-Job:** Führen Sie eine Aufgabe mit Start-Job als Hintergrundjob aus, können Sie im Vordergrund der PSSession weitere Befehle ausführen und sich so auch mit Disconnect-PSSession von der Sitzung trennen.

Beispiel: Invoke-Command -InDisconnectedSession

Das folgende Beispiel führt einen langwierigen Befehl in einer unverbundenen Session aus. Der Befehl listet alle DLL-Dateien des Systemordners auf und benötigt einige Zeit:

```
PS> $code =
{
    Get-ChildItem -Path $env:windir\system32 -Filter *.dll -ErrorAction SilentlyContinue
}

PS> $session = Invoke-Command -ScriptBlock $code -ComputerName $env:COMPUTERNAME -InDisconnectedSe
ssion -SessionName Aufgabe1
$session
```

Id	Name	ComputerName	State	ConfigurationName	Availability
28	Aufgabe1	DELL1	Disconnected	Microsoft.PowerShell	None

Auf getrennte PSSession von überall zugreifen

Sie können die unverbundene PSSession namens Aufgabe1 nun mit Get-PSSession von allen PowerShell-Umgebungen aus sehen, also auch von anderen PowerShells – jedenfalls dann, wenn diese zwei Kriterien erfüllt sind:

- **Computername angegeben:** Sie müssen bei Get-PSSession den Parameter -Computername verwenden und den Namen des Computers angeben, auf dem die PSSession ausgeführt wird. Ohne den Parameter -Computername liefert Get-PSSession immer nur die PSSessions, die in der aktuellen PowerShell angelegt worden sind.

- **Benutzername:** Die PowerShell, aus der heraus Sie Get-PSSession aufrufen, muss mit demselben Benutzerkonto ausgeführt werden, das die PSSession ursprünglich angelegt hat. Sie können nicht den Parameter -Credential verwenden.

Hier das Ergebnis:

```
PS> Get-PSSession -ComputerName dell1
```

Id	Name	ComputerName	State	ConfigurationName	Availability
12	Aufgabe1	dell1	Disconnected	Microsoft.PowerShell	None

Achtung

Die ID-Nummer einer PSSession, die in der Spalte Id ausgegeben wird, ist nie eine eindeutige Bezeichnung für diese Sitzung. Die ID-Nummer wird jeweils von der lokalen PowerShell generiert. Für den eindeutigen Zugriff auf eine PSSession verwenden Sie deshalb besser ihren Namen.

Remoting und Parallelverarbeitung

Aus dem gleichen Grund sollten Sie einer PSSession stets einen eindeutigen Namen zuweisen, wenn sie angelegt wird. Bei New-PSSession verwenden Sie dafür den Parameter -Name und bei Invoke-Command -InDisconnectedSession den Parameter -SessionName.

Mit getrennter Sitzung verbinden

Um mehr über den Zustand der Sitzung zu erfahren oder sogar Ergebnisse daraus abzurufen, verbinden Sie sich mittels Connect-PSSession mit der PSSession:

```
PS> $session = Get-PSSession -ComputerName dell1 -Name Aufgabe1
PS> Connect-PSSession -Session $session
```

Id	Name	ComputerName	State	ConfigurationName	Availability
16	Aufgabe1	dell1	Opened	Microsoft.PowerShell	Busy

Die Eigenschaft Availability verrät Ihnen jetzt, ob die PSSession gerade eine Aufgabe bearbeitet (Busy) oder neue Befehle akzeptieren kann (Available). Eine PSSession meldet zum Beispiel auch dann Busy, wenn der darin ausgeführte Befehl zwar bereits beendet ist, aber noch Ergebnisse abzuholen sind. Diese werden mit Receive-PSSession aus der PSSession ausgelesen:

```
PS> Receive-PSSession -Session $session
```

Sobald die Availability einer PSSession wieder Available meldet, können Sie mit Invoke-Command neue Befehle an die PSSession senden oder sich sogar interaktiv über Enter-PSSession mit ihr verbinden:

```
Enter-PSSession $session
```

Oder aber Sie trennen die PSSession mit Disconnect-PSSession wieder (falls Sie sich später von einer anderen PowerShell aus mit ihr verbinden möchten) oder schließen und entfernen die PSSession mit Remove-PSSession (falls Sie sie nicht mehr benötigen und die Ressourcen auf dem Zielsystem wieder freigeben wollen).

Datenpuffer kontrollieren

In einer getrennten PSSession kann beliebiger Code ausgeführt werden, der natürlich auch beliebig viele Ergebnisse produzieren kann. Der Speicher einer PSSession ist jedoch begrenzt, sodass PowerShell nur maximal 1 MB Ergebnisdaten einer PSSession zwischenspeichert. Ist der Puffer voll, wird der Befehl in der PSSession so lange angehalten, bis die Ergebnisse mit Receive-PSSession abgerufen sind und neuer Platz geschaffen wurde.

Diese Vorgabe sorgt zwar dafür, dass keine Ergebnisse verloren gehen können, kann aber umgekehrt dazu führen, dass der Code in einer PSSession unbeabsichtigt angehalten wird, wenn der Puffer keinen Platz mehr hat.

Geht es Ihnen weniger um die Ergebnisse als eher darum, Anweisungen remote auszuführen, kann der OutputBufferingMode auch auf Drop umgestellt werden – dann speichert die PSSession maximal 1 MB der jüngsten Ergebnisse. Ist der Puffer erschöpft, werden ältere Ergebnisse verworfen:

```
PS> $session = Invoke-Command -ScriptBlock $code -ComputerName $env:COMPUTERNAME -InDisconnectedSe
ssion -SessionName Aufgabe1 -SessionOption @{OutputBufferingMode='Drop'}
```

Wollen Sie dagegen sämtliche Ergebnisse erhalten, aber dennoch nicht riskieren, dass der Befehl wegen zu vieler noch nicht abgerufener Ergebnisse unterbrochen wird, speichern Sie die Ergebnisse in einer Variablen. Gezählt werden nämlich nur Daten, die unmittelbar zurückgeliefert werden:

```
PS> $code =
{
    $result = Get-ChildItem $env:windir\system32 -Filter *.dll -ErrorAction Ignore
}

PS> $session = Invoke-Command -ScriptBlock $code -ComputerName $env:COMPUTERNAME -InDisconnectedSe
ssion -SessionName Aufgabe1
```

Sie müssen sich in diesem Fall die Variable nur merken und sie später auch abrufen, wenn Sie sich mit der Sitzung verbunden haben:

```
PS> Connect-PSSession -Session $session
PS> $daten = Invoke-Command { $result } -Session $session
PS> Remove-PSSession -Session $session
```

Endpunkte verwalten

Immer wenn Sie PowerShell-Remoting einsetzen, verbinden Sie sich dabei mit einem sogenannten »Endpunkt« auf dem Zielsystem. Der Endpunkt legt die Konfiguration der PSSession fest und kann zum Beispiel bestimmen, welche Personen sich mit ihm verbinden dürfen, welche PowerShell-Befehle in der PSSession verfügbar sind und in welchem Benutzerkontext diese Befehle ausgeführt werden.

Vorhandene Endpunkte anzeigen

PowerShell repräsentiert Endpunkte durch PSSessionConfigurations. Mit Get-PSSessionConfiguration kann man die verfügbaren Endpunkte sichtbar machen, jedenfalls dann, wenn die PowerShell über volle Administratorrechte verfügt:

```
PS> Get-PSSessionConfiguration


Name          : microsoft.PowerShell
PSVersion     : 5.0
StartupScript :
RunAsUser     :
Permission    : NT AUTHORITY\INTERACTIVE AccessAllowed, BUILTIN\Administrators AccessAllowed,
                BUILTIN\Remote
                Management Users AccessAllowed

Name          : microsoft.PowerShell.workflow
PSVersion     : 5.0
StartupScript :
RunAsUser     :
Permission    : BUILTIN\Administrators AccessAllowed, BUILTIN\Remote Management Users AccessAllowed

Name          : microsoft.PowerShell32
PSVersion     : 5.0
StartupScript :
RunAsUser     :
Permission    : NT AUTHORITY\INTERACTIVE AccessAllowed, BUILTIN\Administrators AccessAllowed,
                BUILTIN\Remote
                Management Users AccessAllowed
```

Standardendpunkt festlegen

Geben Sie bei der Verbindungsaufnahme keinen besonderen Endpunkt mit -ConfigurationName an, verwendet PowerShell den vordefinierten Endpunkt Microsoft.PowerShell. Diese Vorgabe ist in der Variablen $PSSessionConfigurationName gespeichert und kann dort auch geändert werden. Die PSSessionConfiguration legt alle technischen Details fest, die für die PSSession gelten sollen:

```
PS> $PSSessionConfigurationName
http://schemas.microsoft.com/PowerShell/Microsoft.PowerShell


PS> Get-PSSessionConfiguration | Where-Object URI -eq $PSSessionConfigurationName |
Select-Object -Property *
```

```
Architecture               : 64
Filename                   : %windir%\system32\pwrshplugin.dll
ResourceUri                : http://schemas.microsoft.com/PowerShell/microsof
                             t.PowerShell
MaxConcurrentCommandsPerShell : 1000
Capability                 : {Shell}
xmlns                      : http://schemas.microsoft.com/wbem/wsman/1/config
                             /PluginConfiguration
MaxConcurrentUsers         : 5
Name                       : microsoft.PowerShell
SupportsOptions            : true
ProcessIdleTimeoutSec      : 0
ExactMatch                 : False
RunAsUser                  :
RunAsVirtualAccountGroups  :
IdleTimeoutms              : 7200000
RunAsVirtualAccount        : false
OutputBufferingMode        : Block
PSVersion                  : 5.0
SecurityDescriptorSddl     : O:NSG:BAD:P(A;;GA;;;IU)(A;;GA;;;BA)(A;;GA;;;RM)S
                             :P(AU;FA;GA;;;WD)(AU;SA;GXGW;;;WD)
MaxShellsPerUser           : 25
AutoRestart                : false
MaxShells                  : 25
MaxIdleTimeoutms           : 2147483647
Uri                        : http://schemas.microsoft.com/PowerShell/microsof
                             t.PowerShell
SDKVersion                 : 2
XmlRenderingType           : text
RunAsPassword              :
MaxProcessesPerShell       : 15
ParentResourceUri          : http://schemas.microsoft.com/PowerShell/microsof
                             t.PowerShell
Enabled                    : true
UseSharedProcess           : false
MaxMemoryPerShellMB        : 1024
lang                       : de-DE
Permission                 : NT AUTHORITY\INTERACTIVE AccessAllowed,
                             BUILTIN\Administrators AccessAllowed,
                             BUILTIN\Remote Management Users AccessAllowed
```

Die PSSessionConfiguration bestimmt zum Beispiel, wer diese Verbindung nutzen darf. Als Vorgabe wird der Zugriff allen interaktiv angemeldeten Benutzern gewährt, die entweder in der lokalen Gruppe der *Administratoren* oder in der lokalen Gruppe der *Remote Management Users* Mitglied sind.

PSSessionConfigurations definieren also auf dem Zielsystem die versteckte PowerShell (*wsmprovhost.exe*), in der Ihr Remotecode ausgeführt werden soll. Möchten Sie beispielsweise PowerShell-Code auf einem 64-Bit-Zielsystem ausdrücklich in einer 32-Bit-PowerShell-Sitzung ausführen, geben Sie mit dem Parameter -ConfigurationName die auf 64-Bit-Systemen vordefinierte Konfiguration Microsoft.PowerShell32 an:

```
PS> Invoke-Command { [Intptr]::Size } -ComputerName tobiasair1 -ConfigurationName Microsoft.PowerSh
ell
8
PS> Invoke-Command { [Intptr]::Size } -ComputerName tobiasair1 -ConfigurationName Microsoft.PowerSh
ell32
4
```

Remote auf Endpunkte zugreifen

Ein Endpunkt wird auf dem Zielsystem einer Verbindung aktiv. Get-PSSessionConfiguration verfügt selbst zwar nicht über einen Parameter -Computername, mit dem man die Endpunkte eines Remotesystems auflisten könnte, aber Sie haben bei eingeschaltetem PowerShell-Remoting die Möglichkeit, den Befehl auf dem Zielsystem auszuführen:

```
PS> Invoke-Command { Get-PSSessionConfiguration } -ComputerName server02
```

Profitipp

Die Namen der Endpunkte eines Remotesystems lassen sich auch über Connect-WSMan und das *wsman:*-Laufwerk der PowerShell abrufen. Ändern Sie dazu im folgenden Listing lediglich den Namen des Zielsystems in $computername:

```
$computername = 'server02'

Connect-WSMan $computername
Get-ChildItem -Path "wsman:\$computername\plugin\*\Filename" |
    Where-Object Value -like '*pwrshplugin.dll' | ForEach-Object {
Split-Path -Leaf $_.PSParentPath }
```

Listing 23.13: Namen der PowerShell-Endpunkte von einem Remotesystem abrufen.

Connect-WSMan stellt eine Verbindung zu einem Remotesystem her und gewährt dann über das Laufwerk *wsman:* den lesenden und auch schreibenden Zugriff auf alle seine Remoting-Konfigurationsdaten.

Remoting und Parallelverarbeitung

Neue Endpunkte anlegen

Für einfache Aufgaben sind die automatisch angelegten Endpunkte vollkommen ausreichend, aber ein Administrator kann weitere Endpunkte hinzufügen, um besondere Aufgaben und Situationen abzubilden, von denen diese beiden nur einen kleinen Teilbereich darstellen:

- **Elevation:** Einer Gruppe von Mitarbeitern soll Remotezugriff mit Administratorrechten auf ein System eingeräumt werden, auch wenn diesen Mitarbeitern auf dem Zielsystem eigentlich keine Administratorrechte zur Verfügung stehen.

- **Einschränkung:** Die Befehle eines Endpunkts sollen eingeschränkt werden, damit Mitarbeiter über diesen Endpunkt nur ganz bestimmte Aufgaben ausführen, aber keine vollwertige PowerShell-Konsole zur Verfügung haben.

Denken Sie daran, dass Endpunkte auf dem Zielsystem angelegt werden müssen, also auf dem System, auf das per PowerShell-Remoting zugegriffen werden soll. Neue Endpunkte werden mit `Register-PSSessionConfiguration` hinzugefügt, wofür Administratorrechte notwendig sind.

Wichtig

Jeder Endpunkt, den Sie einrichten, startet beim Zugriff einen eigenen unsichtbaren Hostprozess. Richten Sie Endpunkte ein, über die viele verschiedene Anwender nur wenige Befehle absetzen können sollen, führt das zu einer extremen Ressourcenbelastung.

Deshalb geben Sie bei `Register-PSSessionConfiguration` in solchen Fällen unbedingt den Parameter `-UseSharedProcess` an. Der Endpunkt verwendet dann einen gemeinsam genutzten Prozess und startet nicht bei jedem Zugriff einen neuen.

Zugriffsberechtigungen für Endpunkt festlegen

Im folgenden Beispiel soll ein neuer Endpunkt namens `ServerAdministration` angelegt werden, auf den nur eine eng beschränkte Personengruppe zugreifen dürfen soll. Dazu starten Sie auf dem Zielsystem eine PowerShell mit Administratorrechten und geben diesen Befehl ein:

```
PS> Register-PSSessionConfiguration -Name ServerAdministration -ShowSecurityDescriptorUI -Force
```

Ein Dialogfenster öffnet sich, mit dem die gewünschten Zugriffsberechtigungen bequem definiert werden können. Klicken Sie auf *Add*, um weiteren Personen oder Gruppen Zugriff zu erlauben, und aktivieren Sie die Berechtigung *Full Control*. Klicken Sie dagegen auf *Remove*, um vorhandene Einträge zu löschen.

Achtung

Die Liste aus Abbildung 23.8 kontrolliert nur, wer eine Verbindung mit diesem Endpunkt herstellen darf. Sie ändert aber nicht den Benutzerkontext. Die Sicherheitseinstellungen gelten nur für die Verbindungsaufnahme. Der Code, der anschließend darüber remote ausgeführt wird, läuft aber nach wie vor im Kontext des Aufrufers. Ein regulärer Anwender verfügt also auf dem Zielsystem über dieselben Berechtigungen wie vorher – möglicherweise über gar keine.

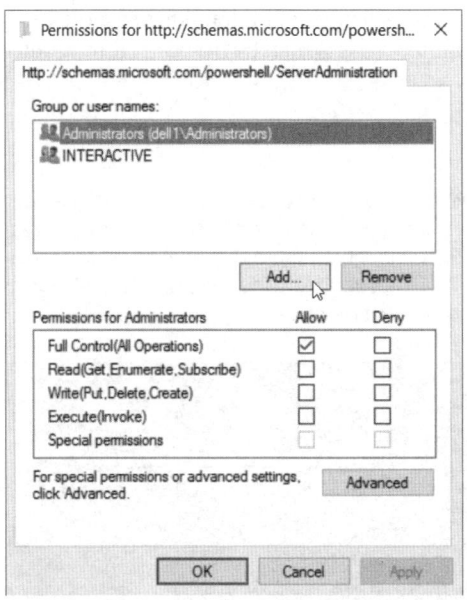

Abbildung 23.8: Festlegen, wer einen Endpunkt verwenden darf.

Sobald die neue PSSessionConfiguration angelegt ist, können sich Berechtigte darüber mit dem Zielsystem verbinden. Die Berechtigten müssten nun entweder mit -ConfigurationName den Namen des Endpunkts angeben, also ServerAdministration, oder der Inhalt der Variablen $PSSessionConfigurationName müsste auf ServerAdministration geändert werden, um diesen Endpunkt künftig als Default zu verwenden:

```
PS> Enter-PSSession -Computername [NameDesZielsystems] -ConfigurationName ServerAdministration
```

Benutzerkontext ändern

Normalerweise übernimmt ein Endpunkt den Benutzerkontext vom Aufrufer. Der Aufrufer bleibt also »er selbst« und führt alle Befehle in seinem eigenen Benutzerkontext aus. Wahlweise kann ein Endpunkt aber auch den Benutzerkontext ändern. Dazu wird ähnlich wie bei einem Dienst ein Benutzerkonto angegeben. Alle Benutzer, die sich mit solch einem Endpunkt verbinden, führen danach Code unter demselben alternativen Benutzerkonto aus.

Diese Technologie des Identitätswechsels ist enorm mächtig und in falschen Händen auch enorm gefährlich. Wenn Sie beispielsweise wie zuvor gezeigt die Zugriffsberechtigungen eines Endpunkts ändern und der Gruppe *Jeder(Everyone)* Zugriff gewähren und anschließend den Benutzerkontext des Endpunkts auf ein Administratorkonto ändern, hätte jeder beliebige Benutzer über diesen Endpunkt volle Administratorrechte, wenn er sich über diesen Endpunkt mit dem Zielsystem verbindet.

Sinnvoll wird der Identitätswechsel aber dann, wenn gleichzeitig der Befehlsumfang des Endpunkts reduziert wird. So kann man regulären Benutzern auf eine sehr sichere Weise »Self-Service«-Dienste bereitstellen.

Remoting und Parallelverarbeitung

Schauen wir uns daher zunächst an, wie der Benutzerkontext eines Endpunkts festgelegt wird. Als Beispiel dient der bereits eben angelegte Endpunkt ServerAdministration. Er soll nun unter ein bestimmtes Benutzerkonto gestellt werden.

Hinweis

In diesem Beispiel wird das Beispielbenutzerkonto *PSRemoting* verwendet. Ersetzen Sie den Namen des Benutzerkontos in den folgenden Beispielen entweder durch den Namen eines Kontos, das auf Ihrem System auch tatsächlich existiert, oder legen Sie das Beispielbenutzerkonto *PSRemoting* selbst an, beispielsweise mit dem Befehl `control userpasswords2`, das ein Dialogfeld öffnet, in dem Sie dann zuerst auf das Register *Erweitert* und dann auf die Schaltfläche *Erweitert* klicken.

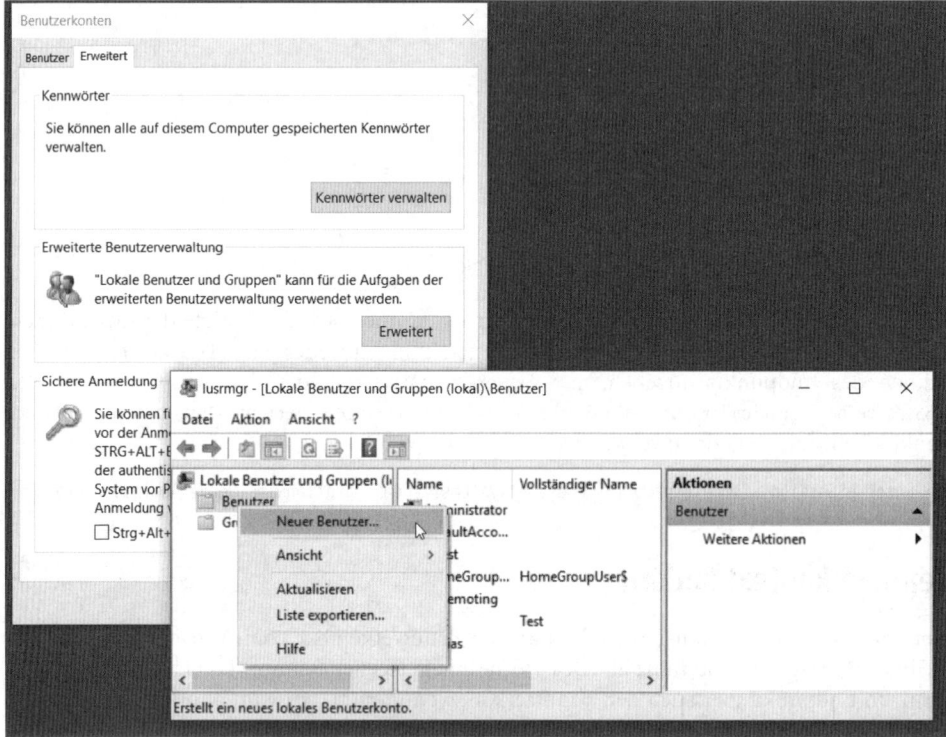

Abbildung 23.9: Ein neues lokales Testbenutzerkonto anlegen.

Änderungen an einem bestehenden Endpunkt nimmt Set-PSSessionConfiguration vor, und mit dem Parameter -RunAsCredential wird der Name des Benutzerkontos festgelegt, in dessen Kontext der Endpunkt laufen soll.

Zur Bestätigung muss das Kennwort des Benutzerkontos angegeben werden:

```
PS C:\> Set-PSSessionConfiguration -Name ServerAdministration -RunAsCredential dell1\PSRemoting
-Force

WARNING: When RunAs is enabled in a Windows PowerShell session configuration, the Windows security
model cannot enforce a security boundary between different user sessions that are created by using
this endpoint. Verify that the Windows PowerShell runspace configuration is restricted to only the
necessary set of cmdlets and capabilities.
```

Set-PSSessionConfiguration weist in einer Warnung auf die Konsequenzen hin, die Sie sehr ernst nehmen sollten: Weil der Endpunkt nun unter einem bestimmten Benutzerkonto läuft, aber von anderen Personen aus angesprochen werden kann, sind jetzt Sie dafür verantwortlich, sicherzustellen, dass Ihr Sicherheitsmodell weiterhin stimmt. Dazu muss der Endpunkt unbedingt noch eingeschränkt werden. Wie das geschieht, lesen Sie als Nächstes.

Doch zuvor schauen Sie sich rasch den Identitätswechsel an:

```
PS> $env:USERNAME
Tobias
PS> Enter-PSSession -ComputerName dell1 -ConfigurationName ServerAdministration
[dell1]: PS> $env:USERNAME
PSRemoting
[dell1]: PS> Exit-PSSession
PS> $env:USERNAME
Tobias
```

Eingeschränkte Endpunkte anlegen

Unter einem »eingeschränkten Endpunkt« (*Constrained Endpoint*) versteht man einen Endpunkt, der nicht den vollen Sprachumfang der PowerShell bereitstellt, sondern nur einen Teilbereich. Dies sind einige Einsatzszenarien für eingeschränkte Endpunkte:

- **Elevation:** Sie haben den Benutzerkontext eines Endpunkts geändert, um eingeschränkten Benutzern administrative Aufgaben zu erlauben. Dann muss der Sprachumfang der PowerShell, die über diesen Endpunkt erreichbar ist, unbedingt auf diejenigen Befehle eingeschränkt werden, die gefahrlos von den Benutzern ausgeführt werden dürfen. Andernfalls erzeugen Sie ein ernstes Sicherheitsloch.

- **Least Privilege:** Sie möchten nur die für bestimmte Fernwartungsaufgaben notwendigen Befehle bereitstellen, aber aus Sicherheitsgründen alle übrigen Befehle abschalten.

- **JEA (Just Enough Admin):** Eingeschränkte Endpunkte bilden in PowerShell 5 die technische Grundlage für eine Microsoft-Initiative namens *Just Enough Admin* (JEA), mit der man administrative Privilegien wesentlich aufgabenbezogener vergeben kann als früher (siehe Kapitel 24).

Mit einer Konfigurationsdatei (PSSessionConfigurationFile) lassen sich ab PowerShell 3.0 Endpunkte besonders leicht anlegen und einschränken. Den genauen Aufbau einer solchen Datei muss man dazu gar nicht kennen, denn diese Arbeit erledigt New-PSSessionConfigurationFile. Sie geben mit den Parametern lediglich Ihre Wünsche an den Endpunkt an.

Im folgenden Beispiel soll ein eingeschränkter Endpunkt definiert werden, der automatisch das Modul PrintManagement (ab Windows 8/Server 2012) lädt und daraus die Funktionen Get-Printer und Add-Printer verfügbar macht:

```
# Pfadname zu einer neuen pssc-Datei festlegen
$Path = "$env:temp\DruckerAdmin.pssc"

# Datei anlegen
New-PSSessionConfigurationFile -Path $Path -SessionType RestrictedRemoteServer -LanguageMode NoLanguage -ExecutionPolicy Restricted -ModulesToImport PrintManagement -VisibleFunctions Get-Printer, Add-Printer
```

```
# Dateiinhalt anzeigen
notepad $path
```

Listing 23.14: Eine neue .pssc-Datei zur Definition eines Endpunkts anlegen.

Die Einschränkungen werden in diesem Fall über die folgenden Parameter wirksam:

- **SessionType:** RestrictedRemoteServer erlaubt standardmäßig nur die Basisbefehle Exit-PSSession, Get-Command, Get-FormatData, Get-Help, Measure-Object, Out-Default und Select-Object, die als sicher gelten und für die Arbeit mit weiteren Befehlen hilfreich sind. Alle übrigen Befehle und auch der Zugriff auf Provider (Laufwerke) muss mit den übrigen Parametern ausdrücklich gestattet werden.

- **LanguageMode:** NoLanguage erlaubt nur die Ausführung der zugelassenen Befehle. Alle übrigen Sprachelemente, wie der Einsatz von Skriptblöcken, Variablen oder Operatoren, und der direkte Zugriff auf .NET sind nicht möglich.

- **ExecutionPolicy:** Restricted verbietet den Aufruf von Skripten. Wenn der Endpunkt skriptbasierte Module über -ModulesToImport laden soll, muss diese Einstellung zum Beispiel RemoteSigned lauten, also die Skriptausführung auch erlauben.

Das Ergebnis ist eine Textdatei, die eine PowerShell-Hashtable mit den gewünschten Angaben enthält:

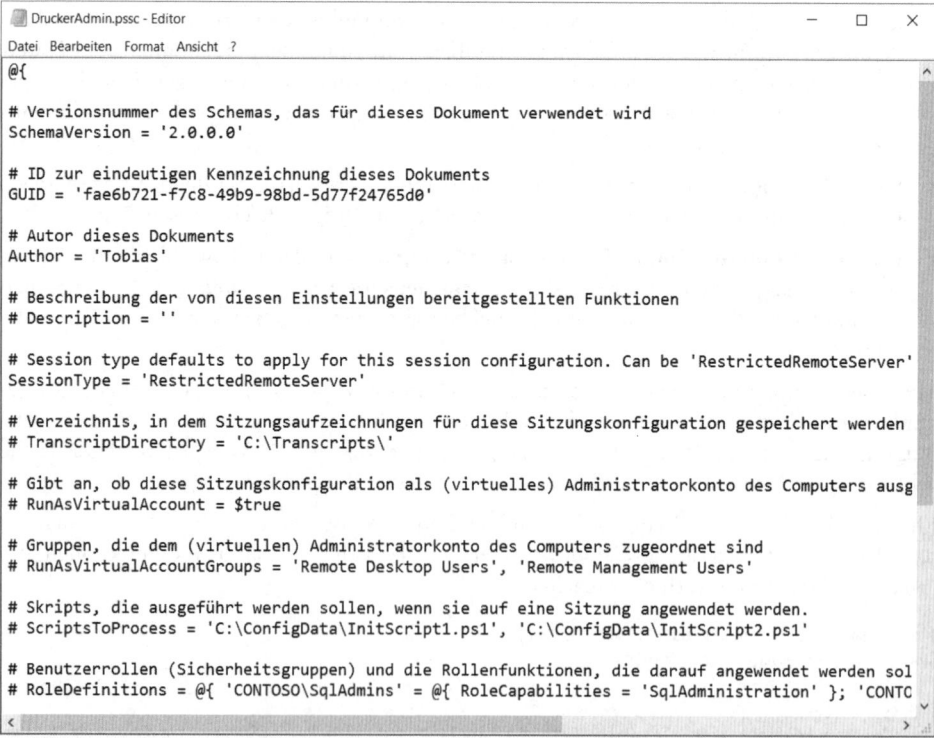

Abbildung 23.10: Inhalt einer .pssc-Datei zur Konfiguration eines Endpunkts.

Die Datei enthält stets alle Einstellungen und kommentiert die nicht verwendeten Einstellungen lediglich aus, sodass Sie auch nachträglich leicht Änderungen und Erweiterungen vornehmen können. Allerdings haben Sie bis zu diesem Punkt nichts weiter getan, als eine Textdatei zu generieren. An den Endpunkten hat sich noch nichts verändert.

Die Konfigurationsdatei kann nun mit `Set-PSSessionConfiguration` auf einen bestehenden Endpunkt angewendet oder mit `Register-PSSessionConfiguration` zum Anlegen eines neuen Endpunkts eingesetzt werden.

Achtung

`Set-PSSessionConfiguration` kann zwar einen Endpunkt auf Grundlage einer Konfigurationsdatei umkonfigurieren, aber nur, wenn der Endpunkt ursprünglich auch über eine Konfigurationsdatei angelegt worden war. Vermutlich handelt es sich dabei um einen Bug, der möglicherweise inzwischen behoben wurde.

Mit der folgenden Zeile wird ein neuer Endpunkt namens `DruckAdmins` angelegt, der nun eingeschränkt ist:

```
PS> Register-PSSessionConfiguration -Name DruckAdmins -Path $env:temp\DruckerAdmin.pssc -Force
```

Wenn Sie sich mit diesem Endpunkt verbinden, bietet er nur noch die explizit erlaubten Funktionen `Get-Printer` und `Add-Printer`.

```
PS> Enter-PSSession -ConfigurationName DruckAdmins -ComputerName dell1
[dell1]: PS>get-command

CommandType     Name                   Version     Source
-----------     ----                   -------     ------
Function        Add-Printer            1.1         PrintManagement
Function        Clear-Host
Function        Exit-PSSession
Function        Get-Command
Function        Get-FormatData
Function        Get-Help
Function        Get-Printer            1.1         PrintManagement
Function        Measure-Object
Function        Out-Default
Function        Select-Object


[dell1]: PS>exit
PS C:\>
```

Aufgrund des `SessionType` `RestrictedRemoteServer` stehen zudem die übrigen Standardbefehle zur Verfügung. Mehr als aufrufen kann man die Befehle allerdings nicht, denn aufgrund des `LanguageMode` `NoLanguage` ist sogar der Einsatz von Variablen verboten.

Hinweis

Auch der Zugriff auf sämtliche Provider ist nun gesperrt. Selbst wenn Sie also ausdrücklich einen Dateisystembefehl wie Get-ChildItem erlaubt hätten, würde dieser keine Laufwerke »sehen« können. Provider müssen in der PSSessionConfiguration-Datei ausdrücklich erlaubt werden. Dazu gibt man bei New-PSSessionConfigurationFile mit dem Parameter -VisibleProviders die Namen der erlaubten Provider an, zum Beispiel FileSystem. Wenn Sie allerdings den Zugriff auf das Dateisystem prinzipiell ermöglichen, wird es umso wichtiger, die erlaubten Befehle genau auszuwählen, denn selbst ein so einfaches Cmdlet wie Get-Content könnte nun bei einem Endpunkt, der mit elevierten Rechten ausgestattet ist, auch auf kritische Systemdateien zugreifen.

Sogar die Funktion prompt, die die Eingabeaufforderung anzeigt, ist nun abgeschaltet, und stattdessen erscheint nur der Minimalprompt PS>. Auch alle Arten von Autovervollständigung, zum Beispiel über ⬅, funktionieren nicht mehr, weil die dafür zuständige Funktion tabexpansion2 ebenfalls jetzt fehlt.

Sie werden allerdings etwas später in diesem Kapitel erfahren, wie sich viele dieser Einschränkungen lockern lassen, sobald die Befehle eines eingeschränkten Endpunkts kurzerhand in die lokale PowerShell-Sitzung importiert werden.

Die *.pssc*-Datei, die zum Anlegen des Endpunkts verwendet wurde, wird anschließend nicht länger benötigt und kann gelöscht werden. PowerShell hat für den Endpunkt eine eigene Konfigurationsdatei an einem geschützten Ort hinterlegt:

```
PS> (Get-PSSessionConfiguration -Name DruckAdmins).ConfigFilePath C:\Windows\System32\WindowsPowerS
hell\v1.0\SessionConfig\DruckAdmins_fae6b721-f7c8-49b9-98bd-5d77f24765d0.pssc
```

Bereitgestellte Befehle weiter einschränken

Die sichtbaren Befehle eines Endpunkts lassen sich weiter einschränken: Sie dürfen nicht nur festlegen, welche Befehle sichtbar sein sollen, sondern auch, welche Parameter eines Befehls sichtbar sind.

Vielleicht soll ein Anwender zwar die Möglichkeit haben, den eigenen Computer herunterzufahren, aber der Parameter -ComputerName für den Remotezugriff auf andere Systeme soll nicht verwendbar sein. Oder der Anwender soll zwar prinzipiell Dienste stoppen dürfen, aber nur bestimmte Dienste.

Hierfür ist nur eine kleine Anpassung der Konfigurationsdatei nötig. Das folgende Beispiel richtet den Endpunkt ServerAdmins ein und stellt die folgenden Befehle zur Verfügung:

- **Stop-Computer:** Nur der Parameter -Force steht zur Verfügung. Remotesysteme können mit -ComputerName nicht heruntergefahren werden.

- **Stop-Service:** Nur der Parameter -Name steht zur Verfügung. Es dürfen für ihn nur die Werte Spooler und WebClient angegeben werden.

- **Get-WMIObject:** Über -Class dürfen nur WMI-Klassen abgerufen werden, die mit Win32_ beginnen. Ein Remotezugriff über -Computername ist nur zu Systemen möglich, die server heißen, gefolgt von einer ein- bis vierstelligen Zahl.

```
# Pfadname zu einer neuen pssc-Datei festlegen
$Path = "$env:temp\DruckerAdmin.pssc"

# erlaubte Befehle definieren
$stopComputer = @{
  Name = 'Stop-Computer'
  Parameters = @{Name = 'Force'}
}

$stopService = @{
  Name = 'Stop-Service'
  Parameters = @{Name = 'Name'; ValidateSet = 'Spooler', 'WebClient' }
}

$getWMIObject = @{
  Name = 'Get-WMIObject'
  Parameters = @{Name = 'Class'; ValidatePattern = 'Win32_.*' }, @{Name = 'ComputerName';
ValidatePattern = 'server\d{1,4}' }
}


# Datei anlegen
New-PSSessionConfigurationFile -Path $Path –SessionType RestrictedRemoteServer -LanguageMode NoLang
uage –ExecutionPolicy Restricted -VisibleCmdlets $stopservice, $stopcomputer, $getWMIObject

# Endpunkt anlegen
Register-PSSessionConfiguration -Path $Path -Name ServerAdmins -Force
```

Listing 23.15: Sichtbarkeit von Befehlen und ihren Befehlsparametern festlegen.

Die Konfiguration der Befehlsparameter erfolgt über Hashtables. Schauen Sie sich die Definition für Stop-Computer näher an:

```
# erlaubte Befehle definieren
$stopComputer = @{
  Name = 'Stop-Computer'
  Parameters = @{Name = 'Force'}
}
```

Der Schlüssel Name gibt den Befehlsnamen an. Der Schlüssel Parameters erwartet ein Array von weiteren Hashtables. Im einfachsten Fall wird wie im Beispiel nur eine Hashtable angegeben. Darin legt Name den Namen des erlaubten Parameters fest.

Etwas komplexer ist diese Definition für Stop-Service:

```
$stopService = @{
  Name = 'Stop-Service'
  Parameters = @{Name = 'Name'; ValidateSet = 'Spooler', 'WebClient' }
}
```

Hier wird dem Parameter -Name ein ValidateSet zugewiesen, also eine Liste erlaubter Werte. Gibt der Anwender für diesen Parameter später einen anderen Wert an, kommt es zu einem Fehler.

Wie mehrere Parameter definiert werden, zeigt die Definition für Get-WMIobject:

```
$getWMIObject = @{
  Name = 'Get-WMIObject'
  Parameters = @{Name = 'Class'; ValidatePattern = 'Win32_.*' }, @{Name = 'ComputerName';
ValidatePattern = 'server\d{1,4}' }
}
```

Remoting und Parallelverarbeitung

759

Hier werden zwei Parameter sichtbar gemacht: -Class und -Name. Diesmal legt ein ValidatePattern die für diese Parameter erlaubten Werte fest und verwendet dazu einen regulären Ausdruck, beschreibt also ein erlaubtes Textmuster.

Wenn Sie sich mit dem neuen Endpunkt verbinden, stehen bei den sichtbar gemachten Befehlen nur noch die festgelegten Parameter zur Verfügung und dürfen auch nur noch die erlaubten Werte verarbeiten:

```
PS> Enter-PSSession -ConfigurationName ServerAdmins -ComputerName $env:COMPUTERNAME

[DELL1]: PS> Get-WMIObject -Class Win32_BIOS


SMBIOSBIOSVersion : A07
Manufacturer      : Dell Inc.
Name              : A07
SerialNumber      : 5TQLM32
Version           : DELL   - 1072009


[DELL1]: PS> Get-WMIObject -Class CIM_DataFile
Das Argument für den Parameter "Class" kann nicht überprüft werden. Das Argument "CIM_DataFile"
entspricht nicht dem Muster "^(Win32_.*)$". Geben Sie ein Argument an, das "^(Win32_.*)$"
entspricht, und führen Sie den Befehl erneut aus.
    + CategoryInfo          : InvalidData: (:) [Get-WMIObject], ParameterBindingValidationException
    + FullyQualifiedErrorId : ParameterArgumentValidationError,Get-WMIObject


[DELL1]: PS> Stop-Service -Name Spooler

[DELL1]: PS> Stop-Service -Name Wuauserv
Das Argument für den Parameter "Name" kann nicht überprüft werden. Das Argument "Wuauserv" gehört
nicht zu dem vom ValidateSet-Attribut angegebenen Satz "Spooler,WebClient". Geben Sie ein Argument
an, das in dem Satz enthalten ist, und führen Sie dann den Befehl erneut aus.
    + CategoryInfo          : InvalidData: (:) [Stop-Service], ParameterBindingValidationException
    + FullyQualifiedErrorId : ParameterArgumentValidationError,Stop-Service


[DELL1]: PS> exit

PS>
```

Profitipp

Innerhalb der Remoteshell erhalten Sie weder Autovervollständigung noch IntelliSense, weil die dafür notwendige Funktion tabexpansion2 nicht sichtbar ist. Sie können diese Funktion aber sichtbar machen, wenn Sie die Konfigurationsdatei mit New-PSSessionConfigurationFile anlegen. Fügen Sie einfach den Parameter -VisibleFunctions tabexpansion2 hinzu.

Wenn Sie sich danach über Enter-PSSession aus dem ISE-Editor heraus mit dem Endpunkt verbinden, erhalten Sie wie gewohnt IntelliSense. Allerdings zeigt das Menü alle Befehle an, auch die versteckten. Ausführen können Sie die versteckten Befehle natürlich trotzdem nicht.

Interessant ist das Einschalten von IntelliSense insbesondere, um die Einschränkung der Parameter zu sehen. Die Befehle zeigen in den IntelliSense-Listen nur noch die zugelassenen Parameter (sowie die immer vorhandenen *Common Parameter*).

Eigene Funktionen definieren und bereitstellen

Wollen Sie komplexere Aufgaben formulieren, die vielleicht aus mehreren Befehlen bestehen, definieren Sie eigene, neue Funktionen. Auch sie kann man in Endpunkten bereitstellen.

Der besondere Clou dabei ist: Eigene Funktionen unterliegen intern keinerlei Beschränkungen und können alle Befehle und Möglichkeiten der PowerShell voll ausnutzen. Das Innenleben einer Funktion wird also durch den Endpunkt nicht eingeschränkt. Der Nutzer eines Endpunkts kann allerdings nur die Funktion aufrufen.

Auf diese Weise kann man bestehende Befehle weiter einschränken. Vielleicht soll ein Anwender zwar grundsätzlich in der Lage sein, mit `Restart-Service` Computer neu zu starten, das soll aber nur möglich für eine bestimmte Liste von Servern sein.

Hinweis

Für einfache Szenarien könnten Sie wie im letzten Beispiel einfach `ValidateSet` verwenden, um die für den Parameter gültigen Werte fest vorzugeben. Ist die Anforderung komplexer, sind eigene Funktionen natürlich sehr viel leistungsfähiger und flexibler.

Im folgenden Beispiel soll ein Endpunkt namens `ServerAdmins` erstellt werden, der den Befehl `Restart-Server` für beliebige Anwender mit vollen Administratorrechten bereitstellt. `Restart-Server` soll nur bestimmte Computer neu starten können, die in einer Whitelist angegeben sind.

```
# Anmeldeinformationen für den Benutzer angeben,
# unter dem der Endpunkt ausgeführt werden soll
$msg = 'Geben Sie das Konto an, unter dem dieser Endpunkt ausgeführt werden soll!'
$Credential = Get-Credential -UserName PSRemoting -Message $msg

# Pfadname zu einer neuen pssc-Datei festlegen
$Path = "$env:temp\jea1.pssc"

# eigene Funktionen festlegen

# Get-UserInfo liefert den Wert von $PSSenderInfo zurück
# darin ist der Name des aufrufenden Anwenders zu finden
$getUserInfo = @{
  Name='Get-UserInfo'

  ScriptBlock=
  {
    $PSSenderInfo
  }
}

# Restart-Computer startet nur die Computer neu, die in einer
# Whitelist zugelassen sind
$restartServer = @{
  Name='Restart-Server'

  ScriptBlock=
  {
    param
    (
      [Parameter(Mandatory=$true)]
```

Remoting und Parallelverarbeitung

```
        [String[]]
        $ComputerName
    )


    # Liste der zugelassenen Servernamen:
    $WhiteList = 'server1', 'exch12', $env:COMPUTERNAME

    $ComputerName |
        Foreach-Object {
            # ist der Servername zugelassen?
            if ($WhiteList -notcontains $_)
            {
                Write-Warning "$_ kann nicht neu gestartet werden. Fehlende Berechtigungen."
            }
            else
            {
                $_
            }
        } |
        Restart-Computer -WhatIf  # <- ACHTUNG: erst wenn -WhatIf entfernt wird,
                                  # werden Systeme tatsächlich neu gestartet!
    }
}

# Datei anlegen
New-PSSessionConfigurationFile -Path $Path –SessionType RestrictedRemoteServer -LanguageMode NoLang
uage –ExecutionPolicy Restricted -FunctionDefinitions $getUserInfo, $restartServer

# Endpunkt anlegen:
Register-PSSessionConfiguration -Name ServerAdmins -Path $Path -RunAsCredential $Credential
-ShowSecurityDescriptorUI -Force
```

Listing 23.16: Abgesicherten Endpunkt »JEA1« mit selbst definierten Funktionen anlegen.

Wenn Sie Listing 23.16 in einer PowerShell mit vollen Administratorrechten starten, erscheint zunächst ein Anmeldefenster und erfragt das Benutzerkonto, in dessen Kontext dieser Endpunkt gestellt werden soll. Wählen Sie ein Konto mit Administratorrechten (beziehungsweise in einem Domänenszenario mit domänenweiten Administratorrechten) aus.

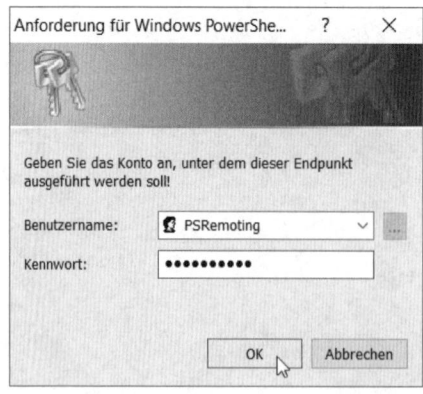

Abbildung 23.11: Administratorkonto festlegen, unter dem der Endpunkt ausgeführt wird.

Danach erscheint ein Auswahldialog, in dem Sie bestimmen, wer diesen Endpunkt benutzen dürfen soll. Wenn Sie hier *Jeder* (bzw. *Everyone*) eintragen, könnte jeder beliebige Benutzer später die von diesem Endpunkt bereitgestellten Befehle im Kontext des angegebenen Administratorkontos ausführen.

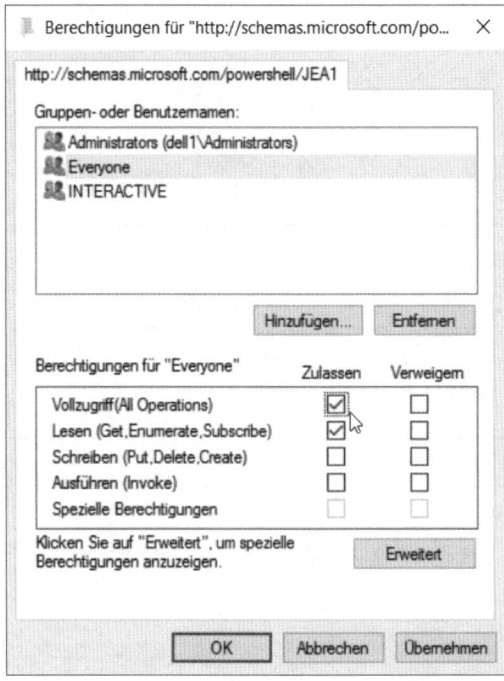

Abbildung 23.12: Festlegen, welche Benutzer den Endpunkt verwenden dürfen.

Danach ist der Endpunkt `ServerAdmins` eingerichtet und kann nun von allen Personen benutzt werden, die Sie in Abbildung 23.12 berechtigt haben. Zur Verfügung stehen über diesen Endpunkt nur die Basisbefehle sowie die selbst definierten Funktionen `Get-UserInfo` und `Restart-Server`:

```
PS C:\> Enter-PSSession -ComputerName $env:computername -ConfigurationName ServerAdmins

[dell1]: PS> get-command

CommandType     Name                                               Version    Source
-----------     ----                                               -------    ------
Function        Clear-Host
Function        Exit-PSSession
Function        Get-Command
Function        Get-FormatData
Function        Get-Help
Function        Get-UserInfo
Function        Measure-Object
Function        Out-Default
Function        Restart-Server
Function        Select-Object
```

In Listing 23.16 wurden diese beiden selbst definierten Funktionen in Form von Hashtables festgelegt. Der Schlüssel Name definiert dabei den Namen der Funktion, und dem Schlüssel Expression wird der Skriptblock mit dem Code der Funktion zugewiesen. Die Funktion Get-UserInfo wurde zum Beispiel so definiert:

```
$getUserInfo = @{
  Name='Get-UserInfo'

  ScriptBlock=
  {
    $PSSenderInfo
  }
}
```

Wichtig

Funktionen, die Sie über -FunctionDefinitions direkt im Endpunkt definieren, müssen nicht mehr ausdrücklich mit -VisibleFunctions sichtbar gemacht werden. Diese Funktionen sind automatisch sichtbar. Alles andere würde auch keinen Sinn ergeben. -VisibleFunctions ist nur erforderlich für Funktionen, die über Module oder Startup-Skripte nachgeladen werden.

Danach wurden die selbst definierten Funktionen beim Aufruf von New-PSSessionConfigurationFile nur noch über -VisibleFunctions als sichtbar markiert.

Wenn Sie in der Remotesitzung die Funktion Get-UserInfo aufrufen, erhalten Sie wichtige Informationen über den Benutzerkontext:

```
[dell]: PS> get-userinfo


UserInfo            : System.Management.Automation.Remoting.PSPrincipal
ClientTimeZone      : System.CurrentSystemTimeZone
ConnectionString    : http://dell:5985/wsman?PSVersion=5.0.10586.0
ApplicationArguments : {PSVersionTable}
ConnectedUser       : dell\Tobias
RunAsUser           : dell\PSRemoting
```

In ConnectedUser sehen Sie, welcher Anwender die Remoting-Verbindung aufgebaut hat. In RunAsUser steht dagegen der Name des Benutzerkontos, unter dem der Code tatsächlich ausgeführt wird. Hier kann man den Identitätswechsel also genau erkennen und nötigenfalls auch protokollieren.

Eigentlich stammt diese Information aus der automatischen Variablen $PSSenderInfo, aber weil der Endpunkt eingeschränkt ist, können keine Variablen verwendet werden. Das ist der Grund, warum stattdessen Get-UserInfo definiert wurde, das eigentlich nur den Inhalt dieser Variablen zurückliefert.

Denn für die selbst definierten Funktionen gelten besondere Regeln: Ihr Innenleben ist nicht eingeschränkt. Eine Funktion kann also intern tun und lassen, was ihr gefällt. Der Nutzer des Endpunkts ist von diesem Innenleben dagegen hermetisch abgeschottet und kann nur die Funktion als »Black Box« verwenden.

Und so funktioniert auch die Funktion Restart-Server, die intern Restart-Computer verwendet. Nur wenn der angegebene Computername in der Whitelist der Funktion angegeben ist, kann er neu gestartet werden. Andernfalls beklagt die Funktion »fehlende Berechtigungen«.

```
[dell]: PS> restart-server -comp abc
WARNUNG: abc kann nicht neu gestartet werden. Fehlende Berechtigungen.
[dell]: PS> exit

PS C:\>
```

Berechtigungen lassen sich so aufgabenbasiert und nicht mehr nach dem »Alles-oder-Nichts-Prinzip« vergeben. Dieses Grundprinzip wird von JEA (siehe nächstes Kapitel) in PowerShell 5 wieder aufgegriffen und weiterentwickelt.

Hinweis

Denken Sie daran, dass das Beispiel in Listing 23.16 aus Sicherheitsgründen Restart-Computer mit dem Parameter -WhatIf aufruft, also »nur so tut, als ob …«. Möchten Sie die Funktion Restart-Server scharf schalten, entfernen Sie im Listing den Parameter -WhatIf und legen den Endpunkt danach neu an.

Um einen Endpunkt neu anzulegen, sollten Sie einen gleichnamigen bereits exstierenden Endpunkt zuerst mit Unregister-PSSessionConfiguration löschen:

```
PS> Unregister-PSSessionConfiguration -Name JEA1
```

Reguläre PowerShell-Sitzungen einschränken

Endpunkte des PowerShell-Remotings sollten nur noch über Konfigurationsdateien eingeschränkt werden, weil dies der einfachste und sicherste Weg ist. Allerdings besteht diese Möglichkeit erst ab PowerShell 3 und kann ausschließlich Endpunkte absichern, keine normalen PowerShell-Sitzungen.

In früheren PowerShell-Versionen wurden relativ komplexe Konfigurationsskripte verwendet, um den Funktionsumfang der PowerShell einzuschränken. Dieser Weg ist nach wie vor möglich und kann nicht nur Endpunkte absichern, sondern auch normale PowerShell-Umgebungen konfigurieren.

Limit-Runspace: Befehlsumfang und Sprachmodus bestimmen

Die Einschränkung des Funktionsumfangs einer PowerShell über Programmcode ist nicht eben trivial, aber die Funktion Limit-Runspace erledigt diese Aufgabe weitgehend automatisch für Sie. Auch wenig erfahrene PowerShell-Anwender legen damit den erwünschten Funktionsumfang einer PowerShell schnell und einfach fest:

```
function Limit-Runspace
{
  [CmdletBinding()]
  param
  (
    # kommaseparierte Liste erlaubter PowerShell-Befehle
    # Platzhalterzeichen sind nicht erlaubt
    [String[]]
    $AllowedCommands,

    # kommaseparierte Liste der absoluten Pfadnamen zu nativen Befehlen
```

Remoting und Parallelverarbeitung

```
# Platzhalterzeichen wie "*" sind erlaubt
# Beispiel: *\notepad.exe
[String[]]
$AllowedNativeCommands,

# in einer normalen PowerShell ist der Default-Wert "RestrictedLanguage"
# in einer Remote-PowerShell ist der Default-Wert "NoLanguage"
[System.Management.Automation.PSLanguageMode]
$LanguageMode = $(if ($host.Name -eq 'ServerRemoteHost') { 'NoLanguage' } else {
'RestrictedLanguage' }),

# werden die Basis-Cmdlets der PowerShell entfernt, kann die Sitzung
# nicht mehr interaktiv ausgeführt werden. Die Sitzung kann dann
# nur noch mit Invoke-Command verwendet werden.
[Switch]
$ExcludeDefaultCommands,

[Switch]
$IncludeTabExpansion,

[Microsoft.PowerShell.ExecutionPolicy]
$ExecutionPolicy = 'Restricted'
)

# läuft diese Funktion in einer Remote-PowrShell?
$isRemote = $host.Name -eq 'ServerRemoteHost'
Write-Verbose "Remotesession? $isRemote"

# DefaultCommands dürfen nur in einer Remote-PowerShell entfernt werden
# eine normale PowerShell benötigt diese für den Betrieb
if ($ExcludeDefaultCommands -and !$isRemote)
{
  Write-Warning 'DefaultCommands können in lokaler PowerShell nicht entfernt werden.'
  $ExcludeDefaultCommands = $false
}
Write-Verbose "Exclude Default Commands? $ExcludeDefaultCommands"

# Anwendungsliste löschen
$ExecutionContext.SessionState.Applications.Clear()
Write-Verbose 'Removing Applications.'
if ($AllowedNativeCommands.Count -gt 0)
{
  $ExecutionContext.SessionState.Applications.AddRange($AllowedNativeCommands)
  Write-Verbose "Adding Applications: $AllowedNativeCommands"
}

# Skriptliste löschen
$ExecutionContext.SessionState.Scripts.Clear()
Write-Verbose 'Removing Scripts.'

# Erlaubte Befehle definieren
$issHash = @{}

[System.Collections.ArrayList]$BaseCommands = New-Object System.Collections.ArrayList
if (!$ExcludeDefaultCommands)
{
  $type = [Management.Automation.Runspaces.InitialSessionState]
  $iss = $type::CreateRestricted('RemoteServer')

  # wenn dies eine Remote-PowerShell ist, werden die Basisbefehle als
```

```
# Proxycommands importiert
# bei einer lokalen Shell werden die vorhandenen Befehle nicht entfernt
if ($isRemote)
{
  foreach($proxy in $iss.Commands | Where-Object { $_.CommandType -eq 'Function'})
  {
    Set-Item "function:global:$($proxy.Name)" $proxy.Definition
    $name = '{0}-{1}' -f $proxy.Name, $proxy.CommandType
    $issHash[$name] = $proxy
    Write-Verbose ("Adding Proxy Command " + $proxy.Name)
  }
}
else
{
  [System.Collections.ArrayList]$BaseCommands = $iss.Commands |
  Where-Object { $_.Visibility -eq 'Public' } |
  Select-Object -ExpandProperty Name
  Write-Verbose 'Enabling Default PowerShell Commands'
}
}


# aktiviert Tab-Vervollständigung
# ACHTUNG: Tab-Vervollständigung zeigt auch versteckte Befehlsnamen an,
# obwohl diese Befehle nicht ausführbar sind
if ($IncludeTabExpansion)
{
  $null = $BaseCommands.Add('tabexpansion2')
  Write-Verbose 'Enabling Tabexpansion'
}

if ($AllowedCommands.Count -gt 0)
{
  $BaseCommands.AddRange($AllowedCommands)
  Write-Verbose "Enabling Explicit Commands: $AllowedCommands"
}


# ExecutionPolicy setzen
Set-ExecutionPolicy -Scope Process -ExecutionPolicy $ExecutionPolicy -ErrorAction SilentlyContinue
Write-Verbose "Setting Execution Policy: $ExecutionPolicy"

# Alle Befehle mit Ausnahme der erlaubten Befehle verstecken
[System.Collections.ArrayList]$hide = @(Get-Command |
Where-Object {$BaseCommands -notcontains $_.Name}) |
Where-Object {
  $name = '{0}-{1}' -f $_.Name, $_.CommandType

  $issCmd = $issHash[$name]
  !$issCmd -or $issCmd.Visibility -ne 'Public'
}

# Alle Aliase mit Ausnahme der erlaubten verstecken:
Get-Alias |
Where-Object {$BaseCommands -notcontains $_.Name} |
ForEach-Object { $null = $hide.Add($_) }

Write-Verbose "Language Mode = $LanguageMode"

foreach($hidden in $hide)
{
  Write-Verbose ('Hiding {0} ({1})' -f $hidden.Name, $hidden.CommandType)
```

```
}

foreach($hidden in $hide)
{
  $hidden.Visibility = 'Private'
}

# LanguageMode setzen
$ExecutionContext.SessionState.LanguageMode = $LanguageMode
}
```

Listing 23.17: Mit Limit-Runspace den Funktionsumfang einer beliebigen PowerShell einschränken.

Weil Limit-Runspace nicht auf Remoting-Endpunkte beschränkt ist, kann sie zunächst in einer normalen PowerShell getestet werden. Öffnen Sie dazu eine PowerShell, führen Sie darin Listing 23.17 aus und rufen Sie dann Limit-Runspace folgendermaßen auf:

```
PS> Limit-Runspace -AllowedCommands Get-Service -IncludeTabExpansion

PS> Get-Command

CommandType     Name                                               Version
-----------     ----                                               -------
Function        Clear-Host
Function        TabExpansion2
Cmdlet          Exit-PSSession                                     3.0.0.0
Cmdlet          Get-Command                                        3.0.0.0
Cmdlet          Get-FormatData                                     3.1.0.0
Cmdlet          Get-Help                                           3.0.0.0
Cmdlet          Get-Service                                        3.1.0.0
Cmdlet          Measure-Object                                     3.1.0.0
Cmdlet          Out-Default                                        3.0.0.0
Cmdlet          Select-Object                                      3.1.0.0
```

Die PowerShell-Sitzung ist nun eingeschränkt und verfügt nur noch über die nötigsten Befehle sowie die zusätzlichen Befehle, die Sie mit -AllowedCommands hinzugefügt haben, also Get-Service. Der Parameter -IncludeTabExpansion fügt außerdem die zur Tab-Vervollständigung notwendige Funktion tabexpansion2 hinzu. Ohne sie würde ein Druck auf ⇥ keine Autovervollständigung mehr liefern. Allerdings zeigt die Autovervollständigung leider nach wie vor sämtliche Befehle an, auch wenn die meisten davon aufgrund der Einschränkung nicht mehr vorhanden sind.

Der Befehl Get-Service funktioniert dagegen einwandfrei, denn diesen Befehl hatten Sie ja zugelassen. Allerdings sind viele weitere PowerShell-Funktionalitäten nun ebenfalls verboten, zum Beispiel der Einsatz von Variablen:

```
PS> $a = Get-Service
In Zeile:1 Zeichen:1
+ $a = Get-Service
+ ~~~~~~~~~~~~~~~~~
Zuweisungen sind im eingeschränkten Sprachmodus oder in einem "Data"-Abschnitt nicht zulässig.
In Zeile:1 Zeichen:1
+ $a = Get-Service
```

Wenn Sie das nicht möchten, könnten Sie mit -LanguageMode auch den Modus FullLanguage verwenden. So würden zwar die Befehle weiterhin eingeschränkt, aber alle anderen PowerShell-Funktionalitäten (wie zum Beispiel Variablen) wären nach wie vor verwendbar.

Achtung

Überlegen Sie sich dies allerdings genau: Der Modus `FullLanguage` gilt als unsicher, weil Anwender damit auch Zugriff auf native .NET-Methoden hätten und über direkte Systemaufrufe sehr viel mehr ausführen könnten, als Ihre Einschränkung eigentlich zulassen soll.

Endpunkte per Skript absichern

Um einen Endpunkt mit `Limit-Runspace` abzusichern, benötigen Sie ein Startup-Skript, welches jedes Mal, wenn der Endpunkt verwendet werden soll, diesen konfiguriert. Dieses Skript entspricht im Wesentlichen Listing 23.17 und muss nur noch um den eigentlichen Aufruf von `Limit-Runspace` ergänzt werden. Listing 23.18 legt dieselben Einschränkungen fest wie die Konfigurationsdatei, die in Listing 23.14 generiert wurde:

```
function Limit-Runspace
{
    ... (abgekürzt, hier muss die Funktion Limit-Runspace eingefügt werden)
}

Import-Module PrintManagement
Limit-Runspace -AllowedCommands Get-Printer, Add-Printer
```

Listing 23.18: Startup-Skript für Endpunkt (verkürzte Fassung).

Achtung

Einen wichtigen Unterschied gibt es zwischen `Limit-Runspace` und der Absicherung über eine Konfigurationsdatei: `Limit-Runspace` kann nur die Befehle und den Sprachmodus der PowerShell ändern, aber nicht den Zugriff auf Provider (und damit die Laufwerke) regeln. Bei `Limit-Runspace` stehen stets alle Provider zur Verfügung.

Damit dieses Skript einen Endpunkt absichert, muss es als Startup-Skript (Autostartskript) für den Endpunkt hinterlegt werden. Dazu ist es erforderlich, das Skript an einem sicheren Ort dauerhaft zu hinterlegen. Anders als bei Konfigurationsdateien legt PowerShell nämlich keine eigene abgesicherte Kopie an, sondern überlässt es Ihnen, den Pfad zum Startskript anzugeben.

Wichtig

Für Tests ist es unerheblich, aber in Produktivumgebungen ist es natürlich essenziell, Änderungen an diesem Startskript (oder das Löschen des Skripts) auszuschließen, zum Beispiel über geeignete NTFS-Berechtigungen.

Im folgenden Beispiel wird angenommen, dass das Startskript als *$pshome\restricted1.ps1* gespeichert wurde. Diese Zeile legt einen neuen Endpunkt namens `DruckAdmin2` an, und wenn der Endpunkt verwendet wird, führt PowerShell zur Initialisierung das angegebene Startup-Skript aus:

Remoting und Parallelverarbeitung

```
PS> Register-PSSessionConfiguration -Name DruckAdmin2 -StartupScript $pshome\Startscripts\restricte
d1.ps1 -Force
```

Verbinden Sie sich mit dem Endpunkt `DruckAdmin2`, sind wie beim Einsatz der Konfigurationsdatei nur die Funktionen `Get-Printer` und `Add-Printer` sowie die Basis-Cmdlets der PowerShell verfügbar:

```
PS> Enter-PSSession -ConfigurationName DruckAdmin2 -ComputerName dell1

[dell1]: PS> Get-Command

CommandType     Name                                                Version
-----------     ----                                                -------
Function        Add-Printer                                         1.
Function        Clear-Host
Function        Exit-PSSession
Function        Get-Command
Function        Get-FormatData
Function        Get-Help
Function        Get-Printer                                         1.
Function        Measure-Object
Function        Out-Default
Function        Select-Object


[dell1]: PS>
```

Eigene Funktionen einsetzen

Das folgende Skript (23.9) zeigt ein Beispiel für ein Startup-Skript, das die Funktion `Test-WMI` definiert und mit `Limit-Runspace` dem Anwender zur Verfügung stellt. Intern greift `Test-WMI` auf `Get-WMIObject` zu, aber der Anwender kann nur die Funktion `Test-WMI` aufrufen. Effektiv wird damit lediglich ein Teilbereich von `Get-WMIObject` für den Anwender verfügbar gemacht:

```
function Limit-Runspace
{
   ... (abgekürzt, hier muss die Funktion Limit-Runspace eingefügt werden)
}

function Test-WMI
{
  Get-WMIObject -Class Win32_BIOS
}


Limit-Runspace -AllowedCommands Test-WMI
```

Listing 23.19: Startup-Skript, das nur die Funktion Test-WMI zulässt, die intern jedoch auf Get-WMIObject zugreift.

Dieses Skript kann sowohl zur Absicherung eines Endpunkts über `-StartupScript` als auch zur Einschränkung einer lokalen PowerShell verwendet werden.

Sitzungsinhalte importieren

Eine Remoting-Sitzung repräsentiert eine remote ausgeführte PowerShell, und diese enthält Befehle. Diese Befehle kann man aus der Sitzung in die lokale PowerShell importieren. Die importierten Befehle lassen sich so vollkommen transparent in der lokalen PowerShell verwenden. Weil das Remoting dabei kaum zutage tritt, spricht man auch vom »impliziten Remoting« – im Gegensatz zum »expliziten Remoting« mit Invoke-Command, bei dem Befehle explizit an ein Remotesystem gesendet werden.

Es gibt viele gute Gründe für implizites Remoting, zum Beispiel diese:

- **Zugriff auf weitere Cmdlets und Module:** Sie möchten beispielsweise Ihr Active Directory verwalten und benötigen dafür eigentlich das Modul ActiveDirectory mit den Verwaltungs-Cmdlets. Anstatt dieses Modul auf dem lokalen Computer zu installieren und zu verwenden, greifen Sie mit PowerShell-Remoting direkt auf einen Domänencontroller zu und importieren von dort die Cmdlets des Moduls ActiveDirectory. Ähnlich wird auch bei der Verwaltung von Microsoft Exchange verfahren.

- **Eingeschränkte Endpunkte ohne störende Beschränkungen:** Sie haben einen Endpunkt eingeschränkt und so dafür gesorgt, dass nur eine Handvoll wirklich erforderlicher Befehle darin zur Verfügung stehen. Durch diese Einschränkung funktionieren nun aber auch einige praktische PowerShell-Funktionalitäten nicht mehr. Es fehlt beispielsweise die Autovervollständigung, und Variablen dürfen ebenfalls nicht mehr eingesetzt werden. Wenn Sie die Befehle des eingeschränkten Endpunkts in die lokale PowerShell importieren, übernimmt die lokale PowerShell die Autovervollständigung, und auch Variablen sowie alle weiteren regulären PowerShell-Funktionalitäten stehen wieder zur Verfügung, weil Ihre lokale PowerShell nicht eingeschränkt ist. Auf dem Remotesystem indes werden nach wie vor ausschließlich diejenigen Befehle ausgeführt, die der Endpunkt zulässt.

Cmdlets eines Remotesystems importieren

Schauen Sie sich zuerst an, wie Sie Cmdlets und Module eines Remotesystems via PowerShell-Remoting in Ihre lokale PowerShell einblenden können. Dazu wird zunächst eine PSSession zu dem Remotesystem aufgebaut, das über die gewünschten Cmdlets verfügt. Im Beispiel ist das der Server DC01:

```
PS> $session = New-PSSession -ComputerName DC01
```

Anschließend werden aus dieser Sitzung mit Import-PSSession alle Cmdlets des Moduls ActiveDirectory in Ihre lokale PowerShell importiert:

```
PS> $ergebnis = Import-PSSession -Session $session -Module ActiveDirectory
PS> $ergebnis.ExportedCommands
```

Hinweis

Die Befehle des Moduls ActiveDirectory können natürlich nur importiert werden, wenn dieses Modul auf dem Zielsystem auch tatsächlich vorhanden ist. Geladen braucht es nicht zu sein, denn ab PowerShell 3 lädt PowerShell Module automatisch bei Bedarf.

Sollte das Modul nicht automatisch geladen worden sein, zum Beispiel weil das Zielsystem PowerShell 2 verwendet oder weil sich das Modul nicht an einem der Standardorte für Module befindet und also nicht automatisch gefunden wird, können Sie Module jederzeit manuell in die Remotesitzung importieren, zum Beispiel so:

```
PS> Invoke-Command { Import-Module ActiveDirectory } -Session $session
```

Der anschließende Importvorgang von `Import-PSSession` verwendet übrigens intern PowerShell-Skripte, die in Ihrer lokalen PowerShell ausgeführt werden. Stellen Sie im Zweifelsfall also sicher, dass die `ExecutionPolicy` Ihrer lokalen PowerShell die Ausführung von Skripten erlaubt.

Sie können jetzt auf alle Befehle dieses Moduls direkt aus der lokalen PowerShell heraus zugreifen:

```
PS> Get-ADUser -Filter '*'
```

Ein Ausweg bei Namensgleichheiten (gleichnamige Cmdlets existieren sowohl in der Remotesitzung als auch in Ihrer lokalen PowerShell-Sitzung) ist die Verwendung des Parameters `-Prefix`. Diesem Parameter übergeben Sie einen beliebigen Text als Präfix, der dann dem Substantiv des Remotebefehls angefügt wird. Hier ein Beispiel, mit dem Sie den Befehl `Get-Process` aus einer Remotesitzung unter dem Namen `Get-RemoteProcess` auch lokal verfügbar machen:

```
PS> $session = New-PSSession -ComputerName DC01
PS> $null = Import-PSSession -Session $session -CommandName Get-Process -Prefix Remote

PS> (Get-Process).Count
74
PS> (Get-RemoteProcess).Count
63
```

Die importierten Befehle basieren weiterhin auf der Sitzung, aus der sie importiert wurden. Wird diese Sitzung durch `Remove-PSSession` beendet, entfernt PowerShell auch alle daraus importierten Befehle. Geht die Sitzung dagegen auf der Serverseite verloren, zum Beispiel weil das Remotesystem neu gestartet wurde, versucht PowerShell automatisch, die Sitzung wiederherzustellen, indem eine neue Sitzung eingerichtet wird:

```
PS> Get-RemoteProcess
Neue Sitzung für implizite Remotevorgänge des Befehls "Get-Process" wird erstellt...

Handles  NPM(K)    PM(K)    WS(K) VM(M)   CPU(s)    Id ProcessName
-------  ------    -----    ----- -----   ------    -- -----------
     93       5      856     3148    21     0,08  3712 alg
    575      16    29712    27448   182   735,13  2936 cqvSvc
    797       6     1740     4784    66    11,89   412 csrss
(...)
```

Remotesitzungen als Modul exportieren

Das Importieren von Cmdlets aus einer Remotesitzung ist beeindruckend, aber sicher nicht beeindruckend genug, um es jeden Tag zu wiederholen. Deshalb kann man die Cmdlets, die man aus einer Remotesitzung lokal nutzen möchte, mit `Export-PSSession` automatisch als Modul speichern.

Im folgenden Beispiel wird eine Verbindung zum Remotesystem DC01 aufgebaut, auf dem das Modul ActiveDirectory installiert ist. Anschließend werden die Befehle des Moduls ActiveDirectory aus dieser Sitzung in ein neues Modul namens ADServer exportiert. Dieses neue Modul wird auf dem lokalen Computer mit Export-PSSession gespeichert:

```
PS> $session = New-PSSession -ComputerName dc01

PS> Export-PSSession -OutputModule ADServer -Module ActiveDirectory -Session $session


    Verzeichnis: C:\Users\Tobias\Documents\WindowsPowerShell\Modules\ADServer


Mode        LastWriteTime        Length Name
----        -------------        ------ ----
-a----      04.01.2016           12:06  99 ADServer.format.ps1xml
-a----      04.01.2016           12:06  581 ADServer.psd1
-a----      04.01.2016           12:06  209340 ADServer.psm1
```

Das Modul verhält sich nun wie jedes andere Modul auch und stellt die darin enthaltenen Cmdlets wie zum Beispiel Get-ADUser sofort in jeder PowerShell-Sitzung zur Verfügung. Der Befehl stammt jedoch nun aus dem Modul ADServer und nicht mehr aus dem Modul ActiveDirectory:

```
PS> Get-Command Get-ADUser

CommandType   Name                                    Version   Source
-----------   ----                                    -------   ------
Function      Get-ADUser                              1.0       ADServer
```

Wenn Sie einen Befehl aus dem Modul tatsächlich einsetzen, baut das Modul die Remoting-Verbindung zu dem Remotesystem automatisch wieder auf, von dem die Befehle stammen (falls diese Verbindung nicht mehr besteht).

```
PS> Get-ADUser -Filter *
Neue Sitzung für implizite Remotevorgänge des Befehls "Get-ADUser" wird erstellt...
```

Danach wird das Cmdlet ausgeführt und liefert die gewünschten Ergebnisse. Tatsächlich wird es auf dem Remotesystem ausgeführt, also im Beispiel auf dem Domänencontroller DC01.

Hier gilt analog dasselbe wie beim direkten Import von Befehlen aus einer PSSession mittels Import-PSSession: PowerShell lädt benötigte Module in der Remotesitzung automatisch nach, wenn die Voraussetzungen dafür erfüllt sind. Andernfalls muss man auch hier die benötigten Module manuell in die Remotesitzung laden und kann das über die Konfiguration des Endpunkts regeln: Hinterlegen Sie hier ein Startup-Skript, das die benötigten Module lädt, falls erforderlich.

Der Remotezugriff auf die Cmdlets von Microsoft Exchange funktioniert übrigens ganz ähnlich über einen speziell konfigurierten Endpunkt des Exchange Servers:

```
# Anmeldedaten erfassen:
$cred = Get-Credential "$env:USERDOMAIN\$env:USERNAME"

# Remotesitzung auf dem Exchange Server öffnen:
$session = New-PSSession -ConfigurationName Microsoft.Exchange -ConnectionUri https://mycompany.com/PowerShell/ -Credential $cred -Authentication Basic -AllowRedirection

# Cmdlets festlegen, die exportiert werden sollen:
```

```
$commands = 'Get-Mailbox','Get-User'

# Cmdlets aus der Remotesession in ein neues Modul namens "MyExchange" exportieren:
Export-PSSession $session -CommandName $commands -ModuleName MyExchange

# Session kann nun entsorgt werden:
Remove-PSSession $session

# Cmdlets können zusammen mit Remotesitzung aus dem Modul wiederhergestellt werden:
Import-Module MyExchange
```

Datentransfer und Optimierung

Beim PowerShell-Remoting werden alle Daten in Textform übermittelt, denn die Kommunikation erfolgt über einen Webservice. Liefert ein Befehl auf dem Remotesystem Ergebnisse, müssen diese Ergebnisse zuerst in Textform verpackt werden. Diesen Vorgang nennt man *Serialisierung*. Er ist nicht nur zeitintensiv, sondern verändert die zurückgelieferten Objekte auch. Versteht man genauer, wie das abläuft, kann man Remotezugriffe deutlich beschleunigen.

Darüber hinaus kann PowerShell-Remoting nicht nur Ergebnisse von Befehlen übertragen, sondern beliebige Informationen. Auf diese Weise könnte man auch binäre Daten wie zum Beispiel Dateien per PowerShell-Remoting übertragen. Zwar ist diese Art des Kopierens nicht sehr performant, aber wenn zu einem Zielsystem nur eine PowerShell-Remoting-Verbindung besteht, ist das immerhin besser als nichts. PowerShell 5 führt neue Cmdlets ein, mit denen der Dateitransfer über PowerShell-Remoting möglich ist. Auch dieser soll im Folgenden kurz demonstriert werden.

Deserialisierte Objekte

Liefert remote ausgeführter Code Ergebnisse zurück, werden diese Ergebnisse von PowerShell serialisiert, also vorübergehend in Textform gespeichert. Der Text wird dann über den PowerShell-Remoting-Webservice an den Aufrufer zurückgeliefert und dort automatisch wieder deserialisiert. Aus Anwendersicht ist der Vorgang auf den ersten Blick vollkommen transparent. Das folgende Beispiel ruft den Spooler-Dienst zuerst lokal und danach per PowerShell-Remoting von einem Remotesystem ab:

```
# Spooler-Dienst lokal abrufen
$dienst = Get-Service -Name Spooler
$dienst

# Spooler-Dienst über PowerShell-Remoting abrufen
$dienst = Invoke-Command -ScriptBlock { Get-Service -Name Spooler } -Computername dell1
$dienst
```

Listing 23.20: Spooler-Dienst lokal und remote abrufen.

Achtung

Ändern Sie den Namen des Remotesystems im Beispielcode, wenn Sie die Beispiele nachvollziehen wollen, und ersetzen sie ihn durch den Namen eines Remotesystems, das bei Ihnen tatsächlich existiert und auf das Sie Zugriff haben.

Möchten Sie die Beispiele auf einem einzelnen Computer nachstellen, starten Sie die PowerShell mit Administratorrechten und stellen sicher, dass PowerShell-Remoting auf Ihrem Computer aktiv ist. Verwenden Sie dann als Remotesystem den Namen Ihres eigenen Computers, den Sie in `$env:computername` finden.

Beide Varianten liefern das Dienst-Objekt zurück:

```
Status   Name        DisplayName
------   ----        -----------
Running  Spooler     Druckwarteschlange
Running  Spooler     Druckwarteschlange
```

Tatsächlich wurde das Dienst-Objekt bei `Invoke-Command` aber auf dem Zielsystem zuerst serialisiert, danach zum Aufrufer transportiert und dort wieder deserialisiert. Dadurch ändert sich der Objekttyp, wie das folgende Beispiel beweist:

```
# Spooler-Dienst lokal abrufen
$dienst = Get-Service -Name Spooler
$dienst.GetType().FullName
$dienst.PSTypeNames[0]

# Spooler-Dienst über PowerShell-Remoting abrufen
$dienst = Invoke-Command -ScriptBlock { Get-Service -Name Spooler } -Computername dell1
$dienst.GetType().FullName
$dienst.PSTypeNames[0]
```

Listing 23.21: Objekttypen ändern sich, wenn Objekte über PowerShell-Remoting abgerufen werden.

Das Ergebnis sieht so aus:

```
System.ServiceProcess.ServiceController
System.ServiceProcess.ServiceController
System.Management.Automation.PSObject
Deserialized.System.ServiceProcess.ServiceController
```

- Beim lokalen Aufruf erhalten Sie ein `System.ServiceProcess.ServiceController`-Objekt zurück, und es spielt keine Rolle, ob Sie den Objekttyp über `GetType()` oder `PSTypeNames` ermitteln.

- Beim Remotezugriff wird ein `Deserialized.System.ServiceProcess.ServiceController`-Objekt zurückgeliefert, das von PowerShell in einem .NET-Objekt vom Typ `PSObject` geliefert wird.

Ein deserialisiertes Objekt enthält nur noch statische Informationen und ist nicht länger mit dem zugrunde liegenden Systembestandteil verbunden, repräsentiert also nicht länger den Spooler-Dienst. Ein deserialisiertes Objekt verhält sich also wie eine Momentaufnahme, eine Kopie des Objekts zu dem Zeitpunkt, als es abgerufen wurde.

Die Unterschiede zwischen beiden Objekte macht das folgende Beispiel sichtbar. Es ruft wieder den Spooler-Dienst lokal und remote ab, aber erfragt diesmal mit `Get-Member` die Eigenschaften und Methoden beider Objekte. Außerdem fügt das Skript mit `Add-Member` eine neue Eigenschaft namens `Origin` hinzu, sodass später erkennbar ist, von welchem Objekt ein Member stammt.

Danach werden die Unterschiede mit `Compare-Object` ermittelt:

```
# Member des Dienst-Objekts lokal und remote abrufen:
$lokal = Get-Service -Name Spooler |
    Get-Member |
    Add-Member -MemberType NoteProperty -Name 'Origin' -Value 'local' -PassThru
```

```
$remote = Invoke-Command { Get-Service -Name Spooler } -Computername dell1 |
    Get-Member |
    Add-Member -MemberType NoteProperty -Name 'Origin' -Value 'remote' -PassThru

# Namen der Member vergleichen:
Compare-Object -Reference $lokal -Difference $remote -Property Name -PassThru |
    Sort-Object -Property Origin, Name |
    Select-Object -Property Origin, Name, MemberType, Definition
```

Listing 23.22: Unterschiede zwischen Originalobjekten und deserialisierten Objekten sichtbar machen.

Das Ergebnis zeigt die Natur deserialisierter Objekte:

```
Origin Name                     MemberType Definition
------ ----                     ---------- ----------
local  Close                    Method void Close()
local  Continue                 Method void Continue()
local  CreateObjRef             Method System.Runtime.Remoting.ObjRef ...
local  Dispose                  Method void Dispose(), void IDisposable.Dispose()
local  Disposed                 Event System.EventHandler Disposed(...
local  Equals                   Method bool Equals(System.Object obj)
local  ExecuteCommand           Method void ExecuteCommand(int command)
local  GetHashCode              Method int GetHashCode()
local  GetLifetimeService       Method System.Object GetLifetimeService()
local  InitializeLifetimeService Method System.Object InitializeLifetimeService()
local  Pause                    Method void Pause()
local  Refresh                  Method void Refresh()
local  Start                    Method void Start(), void Start(string[] args)
local  Stop                     Method void Stop()
local  WaitForStatus            Method void WaitForStatus(System....
remote PSComputerName           NoteProperty string PSComputerName=dell1
remote PSShowComputerName       NoteProperty bool PSShowComputerName=True
remote RunspaceId               NoteProperty guid RunspaceId=23639f96-59dd-408d-...
```

Methoden und Events sind nur beim lokalen Originalobjekt vorhanden und aus dem deserialisierten Objekt verschwunden. Das ergibt Sinn, denn weil das deserialisierte Objekt eine Kopie ist, kann man darüber den zugrunde liegenden Dienst nicht länger kontrollieren.

Im deserialisierten Objekt sind allerdings auch neue Eigenschaften hinzugekommen: `PSComputerName`, `PSShowComputerName` und `RunspaceId` wurden vom PowerShell-Remoting automatisch hinzugefügt und geben an, von welchem Computer und aus welcher PSSession die Daten stammen.

Profitipp

Wenn Sie also auf die Methoden eines Objekts remote zugreifen wollen, muss das in Ihrem Remotecode geschehen. Dort liegen noch die Originalobjekte vor. Sobald Objekte vom PowerShell-Remoting zum Aufrufer zurücktransportiert worden sind, stehen die Methoden nicht mehr zur Verfügung.

Serialisierungsvorgang

Die Serialisierung stellt einen Mechanismus dar, mit dem beliebige Objekte »transportabel« gemacht werden. Dieser ist nicht auf PowerShell-Remoting beschränkt, sondern steht Ihnen auch in einer normalen PowerShell für eigene Zwecke zur Verfügung. So kann man sich den Performanceeinfluss der Serialisierung gut vor Augen führen.

Beim Zugriff auf den Spooler-Dienst auf dem Remotesystem hat PowerShell-Remoting das ServiceController-Objekt auf der Remoteseite in ungefähr der gleichen Weise serialisiert, wie es der folgende Code lokal nachstellt:

```
# Objekt in Textform hier speichern
$path = "$env:temp\dienst.txt"

# Spooler-Dienst lokal abrufen
$dienstOriginal = Get-Service -Name Spooler, WUAUServ

# Zeitmessung
$start = Get-Date

# Objekt in Textform serialisieren
$dienstOriginal | Export-Clixml $path
# Objektkopie aus Textform deserialisieren
$dienstKopie = Import-Clixml $path

# Zeitmessung
$ende = Get-Date

# Analyse
$ausgabe = [Ordered]@{}

$ausgabe.Originaltyp = $dienstOriginal |
                       Get-Member |
                       Select-Object -ExpandProperty TypeName |
                       Sort-Object -Unique

$ausgabe.'Deserialisierter Typ' = $dienstKopie |
                       Get-Member |
                       Select-Object -ExpandProperty TypeName |
                       Sort-Object -Unique

$ausgabe.'Zeit (ms)' = [int]($ende - $start).TotalMilliseconds
$ausgabe.'Methoden im Original' = ($dienstOriginal | Get-Member -MemberType *Method).Count
$ausgabe.'Methoden in Kopie' = ($dienstKopie | Get-Member -MemberType *Method).Count
$ausgabe.Datenmenge = '{0:n1} KB' -f ((Get-Item -Path $Path).Length / 1KB)

New-Object -TypeName PSObject -Property $ausgabe

# Textdatei öffnen
notepad $path
```

Listing 23.23: Objekte lokal serialisieren und deserialisieren.

Listing 23.23 öffnet das serialisierte Dienst-Objekt im Windows Editor, und man sieht, wie das Objekt mit allen seinen Eigenschaften als XML in Textform beschrieben wird.

Abbildung 23.13: Der Spooler-Dienst als serialisiertes Objekt in Textformdarstellung.

Außerdem gibt das Skript einige wichtige Informationen aus:

```
Originaltyp            : System.ServiceProcess.ServiceController
Deserialisierter Typ : Deserialized.System.ServiceProcess.ServiceController
Zeit (ms)              : 87
Methoden im Original  : 16
Methoden in Kopie     : 2
Datenmenge            : 22,3 KB
```

Wie Sie sehen, ist es auch hier genau wie beim PowerShell-Remoting zur Änderung des Objekttyps gekommen, und die Objektkopie enthält nur noch zwei Methoden: Alle eigenen Methoden sind verloren gegangen, und nur noch die .NET-Standardmethoden toString() und GetType(), die bei allen .NET-Objekten vorhanden sind, bleiben übrig. Diese haben nichts mehr mit dem ursprünglichen Dienst-Objekt zu tun.

Performanceoptimierung

Der Vorgang der Serialisierung und anschließenden Deserialisierung ist aufwendig und kostet Zeit. Im letzten Beispiel hat der Vorgang zwar nur 74 Millisekunden gedauert, doch ist dieser Wert von der Leistungsfähigkeit des Computers und noch viel mehr von der Datenmenge und der Komplexität der Daten abhängig. Schließlich hatte das letzte Beispiel nur einen einzigen Dienst abgerufen und serialisiert.

Hinweis

Alle Ausführungszeiten in den vergangenen und folgenden Beispielen sind natürlich relativ zu verstehen und können auf Ihrem System abweichen. Es geht um Tendenzen. Auch die Datenmengen können variieren, je nachdem, wie viele Ergebnisse durch die Befehle in den Beispielen konkret geliefert werden.

Was passiert, wenn Sie alle Dienste abrufen, zeigt diese Statistik:

```
Originaltyp          : System.ServiceProcess.ServiceController
Deserialisierter Typ : Deserialized.System.ServiceProcess.ServiceController
Zeit (ms)            : 6829
Methoden im Original : 16
Methoden in Kopie    : 2
Datenmenge           : 3.626,0 KB
```

Der Vorgang benötigt nun bereits fast 7 Sekunden, und bei der Serialisierung sind mehr als 3 MB Daten angefallen. Dabei sind Dienst-Objekte relativ simpel aufgebaut. Rufen Sie stattdessen den Inhalt des Systemordners *System32* ab, ergibt sich ein noch fürchterlicheres Bild:

```
Originaltyp          : {System.IO.DirectoryInfo, System.IO.FileInfo}
Deserialisierter Typ : {Deserialized.System.IO.DirectoryInfo, Deserialized.System.IO.FileInfo}
Zeit (ms)            : 19665
Methoden im Original : 45
Methoden in Kopie    : 4
Datenmenge           : 39.030,5 KB
```

Nun sind fast 40 MB Daten entstanden, und der Vorgang hat beinahe 20 Sekunden gedauert.

Zwar ist die lokale Serialisierung/Deserialisierung aus den vergangenen Beispielen nicht vollständig vergleichbar mit dem, was beim PowerShell-Remoting passiert: Während `Export-CliXML` die Objekte lokal stets mit der gleichen Serialisierungstiefe serialisiert (also der Anzahl verschachtelter Untereigenschaften – Standardwert 3, festlegbar über `-Depth`), kann dies beim PowerShell-Remoting pro Objekttyp individuell unterschiedlich sein.

Klar ist aber: Der Serialisierungsprozess stellt beim PowerShell-Remoting einen der wesentlichen Flaschenhälse dar und ist für einen Großteil der Ausführungszeit verantwortlich. Und deshalb ergibt sich daraus ein sehr simpler, aber hocheffektiver Optimierungsansatz: Reduzieren Sie die Daten, die PowerShell-Remoting vom Remotesystem zurückliefert, auf das absolute Mindestmaß. Lassen Sie sich nur solche Daten zurückliefern, die Sie auch tatsächlich weiterverwenden. Und versuchen Sie, den Großteil der Logik bereits auf der Serverseite abzuwickeln.

Das folgende Beispiel soll von einem Remotesystem die Namen aller DLL-Dateien liefern, deren Version größer ist als 6.x.x.x. Lokal kann die Information zum Beispiel so gefunden werden:

```
$Version = @{Name='Version'; Expression={ $_.VersionInfo.ProductVersion }}

Get-ChildItem -Path c:\windows\system32 |
    Where-Object { ($_.VersionInfo.ProductVersion -as [Version]) -gt '6.0.0.0' } |
    Select-Object -Property Name, $Version
```

Listing 23.24: System-DLLs ab einer bestimmten Versionsnummer finden.

Remoting und Parallelverarbeitung

Soll die Aufgabe remote ausgeführt werden, wäre der Ansatz, nur die Rohdaten vom Remotesystem abzurufen und die weitere Filterung lokal durchzuführen, schlecht. Das folgende Skript leistet zwar die Aufgabe, benötigte dafür auf dem Testsystem aber 78 Sekunden:

```
$start = Get-Date

$Version = @{Name='Version'; Expression={ $_.VersionInfo.ProductVersion }}

$dateien = Invoke-Command { Get-ChildItem -Path c:\windows\system32 } -Computername dell1

$dateien |
  Where-Object { ($_.VersionInfo.ProductVersion -as [Version]) -gt '6.0.0.0' } |
  Select-Object -Property Name, $Version

$ende = Get-Date
$sekunden = ($ende-$start).TotalSeconds
Write-Warning "Gesamtdauer $sekunden sec."
```

Listing 23.25: Filterung auf der Clientseite führt beim Remoting zu starken Verzögerungen.

Verlagern Sie dagegen die gesamte Logik auf die Serverseite, verringert sich die Informationsmenge beträchtlich, die über Serialisierung an den Aufrufer transportiert werden muss. Sie erhalten dasselbe Resultat in nur 7 Sekunden:

```
$start = Get-Date

# gesamte Logik als Skriptblock verpacken ...
$code =
{
  $Version = @{Name='Version'; Expression={ $_.VersionInfo.ProductVersion }}

  Get-ChildItem -Path c:\windows\system32 |
  Where-Object { ($_.VersionInfo.ProductVersion -as [Version]) -gt '6.0.0.0' } |
  Select-Object -Property Name, $Version
}

# ...und dann komplett auf der Serverseite ausführen:
$dateien = Invoke-Command $code -Computername dell1

$ende = Get-Date
$sekunden = ($ende-$start).TotalSeconds
Write-Warning "Gesamtdauer $sekunden sec."
```

Listing 23.26: Filterung sollte auf der Serverseite erfolgen, um die Datenmengen zu reduzieren.

Datentransfer mit PowerShell-Remoting

PowerShell 5 unterstützt auch den Datei- und Ordnertransfer via PowerShell-Remoting. Allerdings ist dieser Transfer aufgrund des Webservice-Charakters des PowerShell-Remotings nicht besonders effizient. Diese Möglichkeit wurde in erster Linie hinzugefügt, um mit reinen PowerShell-Bordmitteln kleinere Datenmengen mit einem Nanoserver austauschen zu können.

Zwar funktioniert das Kopieren über PowerShell-Remoting auch zwischen herkömmlichen Systemen, aber dort sind Netzwerkfreigaben sowie die Kommunikation über SMB und Werkzeuge wie *robocopy.exe* wesentlich performanter.

Die neue Kopierunterstützung ist ins Cmdlet `Copy-Item` integriert worden, das nun über die Parameter `-FromSession` und `-ToSession` verfügt. Diese beiden Parameter schließen sich gegenseitig aus. Es kann also nur von oder zum lokalen System kopiert werden.

Um beispielsweise eine Datei vom lokalen System auf ein Remotesystem zu transferieren, setzt man `Copy-Item` ein und gibt mit `-ToSession` die PSSession an, über die der Datentransfer laufen soll. In diesem Fall ist der Pfad, der bei `-DestinationPath` angegeben wird, also im Kontext der Session zu sehen und bezeichnet den Zielpfad auf dem Remotesystem.

Hier wird die lokale Datei *c:\daten\4302.jpg* in den Ordner *c:* des Zielsystems *server02* kopiert:

```
$session = New-PSSession -ComputerName server02
Copy-Item -Path C:\daten\4302.jpg -Destination C:\ -ToSession $session
```

Listing 23.27: Datei über PowerShell-Remoting kopieren.

Umgekehrt kann man Dateien und Ordner auch vom Zielsystem auf das lokale System kopieren, indem man `-FromSession` verwendet. Jetzt muss der Pfad in `-Path` im Kontext der Session angegeben werden und bezeichnet also den Ursprungspfad auf dem Zielsystem. Sollen Ordner samt Inhalt kopiert werden, darf außerdem der Parameter `-Recurse` nicht vergessen werden.

Das folgende Beispiel kopiert den Ordner *c:\protokolle* vom Zielsystem *server02* in den Ordner *c:\daten* auf dem eigenen lokalen System:

```
# neuen lokalen Ordner anlegen:
New-Item -Path c:\daten -ItemType Directory | Out-Null

$session = New-PSSession -ComputerName server02
Copy-Item -Path C:\protokolle -Destination c:\daten -FromSession $session -Recurse
```

Listing 23.28: Ordner von einem Zielsystem via PowerShell-Remoting auf das lokale System kopieren.

Weitere Remoting-Einstellungen

PowerShell-Remoting ist äußerst transparent und lässt sich durch zahlreiche Konfigurationsmöglichkeiten sehr genau an Ihre Bedürfnisse anpassen. In diesem Abschnitt werden einige der wichtigeren Anpassungsmöglichkeiten vorgestellt. Grundsätzlich lassen sich alle Einstellungen des PowerShell-Remotings aber auch zentral über Gruppenrichtlinien festlegen.

Auf der Serverseite wollen Sie jedoch möglicherweise die Ressourcen beschränken, die eine Remotesitzung dort belegen darf.

Clientseitige Sitzungsoptionen

Angenommen, Sie möchten auf der Clientseite eine bestimmte Kultur einstellen, damit Datumsinformationen nicht im Datumsformat des Servers zu Ihnen gelangen, sondern in Ihrem eigenen Datumsformat angezeigt werden. Alle diese Einstellungen werden durch ein `PSSessionOption`-Objekt verwaltet. Die Standardeinstellungen bestimmt das `PSSessionOption`-Objekt in der Variablen `$PSSessionOption`. Ändern Sie die Vorgaben in dieser Variablen, wirken sich die Änderungen auf alle weiteren Sitzungen aus, die Sie von diesem Computer aus öffnen:

```
PS C:\> $PSSessionOption
```

```
MaximumConnectionRedirectionCount : 5
NoCompression                     : False
NoMachineProfile                  : False
ProxyAccessType                   : None
ProxyAuthentication               : Negotiate
ProxyCredential                   :
SkipCACheck                       : False
SkipCNCheck                       : False
SkipRevocationCheck               : False
OperationTimeout                  : 00:03:00
NoEncryption                      : False
UseUTF16                          : False
IncludePortInSPN                  : False
OutputBufferingMode               : None
MaxConnectionRetryCount           : 5
Culture                           :
UICulture                         :
MaximumReceivedDataSizePerCommand :
MaximumReceivedObjectSize         : 209715200
ApplicationArguments              :
OpenTimeout                       : 00:03:00
CancelTimeout                     : 00:01:00
IdleTimeout                       : -00:00:00.0010000
```

Sie können die Optionen auch von Fall zu Fall ändern, indem Sie sich mit `New-PSSessionOption` ein neues individuelles Optionsobjekt geben lassen, es danach anpassen und dann bei der Verbindungsaufnahme angeben.

```
# Kultur auf Spanisch festlegen:
$options = New-PSSessionOption -Culture "es-es"
$session = New-PSSession -ComputerName dell1 -SessionOption $options
Invoke-Command $session { Get-Date | Out-String }
```

Listing 23.29: Datumsinformationen in spanischer Formatierung anzeigen.

Das Datum wird nun in Spanisch ausgegeben:

```
lunes, 4 de enero de 2016 10:01:23
```

Zugriff auf Remoting-Einstellungen

Alle Einstellungen, die das eigentliche PowerShell-Remoting betreffen, verwaltet das Laufwerk *wsman:*. Sie können es lediglich in einer PowerShell mit vollen Administratorrechten abfragen.

Hinweis

In älteren PowerShell-Versionen konnte der Inhalt des Laufwerks *wsman:* nur abgefragt werden, wenn PowerShell-Remoting auf dem System aktiviert war. Ab PowerShell 5 genügt es, wenn der `WinRM`-Dienst ausgeführt wird, den Sie gegebenenfalls mit vollen Administratorrechten folgendermaßen starten:

```
PS> Start-Service -Name WinRM
```

Das Laufwerk zeigt im Ordner *localhost* die Einstellungen des lokalen Systems. Die meisten Einstellungen sind in weitere Unterkategorien eingeteilt:

```
PS> Get-ChildItem -Path WSMan:\localhost


   WSManConfig: Microsoft.WSMan.Management\WSMan::localhost

Type            Name                     SourceOfValue   Value
----            ----                     -------------   -----
System.String   MaxEnvelopeSizekb                        500
System.String   MaxTimeoutms                             60000
System.String   MaxBatchItems                            32000
System.String   MaxProviderRequests                      4294967295
Container       Client
Container       Service
Container       Shell
Container       Listener
Container       Plugin
Container       ClientCertificate
```

Unterordner	Zuständigkeit
Client	Einzige nicht serverseitige Einstellung. Hier befindet sich die TrustedHosts-Liste, die angibt, mit welchen Computern sich dieser Client über PowerShell-Remoting verbinden darf, sofern kein Kerberos zur Verfügung steht (außerhalb einer Domäne oder Cross-Domain).
Shell	Ressourcenbegrenzung für Remotesitzungen, beispielsweise maximale Anzahl gleichzeitig geöffneter Shells oder maximal erlaubte Speicherbelegung.
Listener	Port, Protokoll und Netzwerkkartenbindung.
Plugin	Sitzungskonfigurationen.

Tabelle 23.1: Bedeutung der wichtigsten Unterordner auf dem wsman:-Laufwerk.

Tipp

Um die Einstellungen eines Remotesystems zu verwalten, verwenden Sie Connect-WSMan:

```
PS> Connect-WSMan -ComputerName testserver
```

Anschließend erscheint dieser Computer ebenfalls in Ihrem lokalen *wsman:*-Laufwerk und kann von dort aus verwaltet werden:

```
PS> Get-ChildItem wsman:\testserver
```

Einstellungen ändern

Um eine Einstellung zu ändern, verwenden Sie das für Laufwerke zuständige Cmdlet Set-Item. Das folgende Beispiel zeigt, wie man die Anzahl gleichzeitig verbundener Anwender vom Vorgabewert 10 auf den Wert 5 absenken kann:

```
# aktuelle Einstellungen anzeigen:
PS> Get-ChildItem -Path WSMan:\localhost\Shell


   WSManConfig: Microsoft.WSMan.Management\WSMan::localhost\Shell
```

```
Type                Name                      SourceOfValue   Value
----                ----                      -------------   -----
System.String       AllowRemoteShellAccess                    true
System.String       IdleTimeout                               7200000
System.String       MaxConcurrentUsers                        10
System.String       MaxShellRunTime                           2147483647
System.String       MaxProcessesPerShell                      25
System.String       MaxMemoryPerShellMB                        1024
System.String       MaxShellsPerUser                          30

# Einstellung ändern:
PS> Set-Item -Path WSMan:\localhost\Shell\MaxConcurrentUsers -Value 5
```

Fehler finden und beheben

Stellen sich bei Ihnen Schwierigkeiten mit dem Remotezugriff ein, liegt das meist an den vielfältigen Sicherheitseinstellungen, die dafür nötig sind und passend konfiguriert sein müssen. Die wichtigsten Fehlkonfigurationen sind in diesem Abschnitt für Sie zusammengefasst.

RPC-Server nicht verfügbar

Hintergrund:

Das von Ihnen im Parameter -ComputerName angegebene Zielsystem konnte nicht erreicht werden.

Mögliche Gründe:

- **Falscher Name/falsche IP-Adresse:** Sie haben sich bei der Angabe des Computernamens oder seiner IP-Adresse vertippt.
- **Offline:** Das System ist derzeit nicht eingeschaltet.
- **Firewall:** Eine Firewall blockiert den Zugang zum Remotesystem.

Abhilfe:

- Stellen Sie sicher, dass das System tatsächlich online ist.
- Kontrollieren Sie, ob auf dem Zielsystem das PowerShell-Remoting mit Enable-PSRemoting aktiviert ist und dabei die entsprechenden Firewall-Ausnahmen eingerichtet wurden.
- Stellen Sie sicher, dass das Netzwerk des Zielsystems nicht auf *Öffentliches Netzwerk* eingestellt ist, weil dann die Firewall-Ausnahmen nicht greifen.
- Testen Sie mit dem Cmdlet Get-WmiObject, ob das Problem das klassische Remoting, das neue PowerShell-Remoting oder beide Verfahren betrifft:

```
# lokaler Zugriff:
PS> Get-WmiObject Win32_BIOS

# klassisches Remoting:
PS> Get-WmiObject Win32_BIOS -ComputerName storage1

# PowerShell-Remoting:
PS> Invoke-Command { Get-WmiObject Win32_BIOS } -ComputerName storage1
```

```
# mit expliziten Anmeldeinformationen:
PS> Get-WmiObject Win32_BIOS -ComputerName storage1 -Credential (Get-Credential)
PS> Invoke-Command { Get-WmiObject Win32_BIOS } -ComputerName storage1 -Credential (Get-Credential)
```

- Falls das Problem nur das klassische Remoting betrifft, stellen Sie sicher, dass auf dem Zielsystem die Remoteverwaltungsausnahme der Firewall aktiviert ist.

Profitipp

Bei der integrierten Windows-Firewall muss für das klassische Remoting die sogenannte *Remoteverwaltungsausnahme* aktiviert sein, damit Remotezugriffe auf Basis von RPC nicht blockiert werden. Durch sie werden die TCP-Ports 135 und 445 geöffnet. Die Remoteverwaltungsausnahme kann über Gruppenrichtlinien eingerichtet werden, beispielsweise über die lokale Gruppenrichtlinie des Computers:

1. Drücken Sie ⊞+R und geben Sie ins Dialogfeld *Ausführen* ein: `gpedit.msc` ↵. Es öffnet sich der *Editor für lokale Gruppenrichtlinien*.

2. Erweitern Sie links in der Baumansicht den Zweig *Richtlinien für Lokaler Computer/Computerkonfiguration/Administrative Vorlagen/Netzwerk/Netzwerkverbindungen/Windows-Firewall/Standardprofil* bzw. *Domänenprofil*, wenn Sie mit einem Domänennetzwerk verbunden sind.

3. Klicken Sie dann in der rechten Spalte doppelt auf die Richtlinie *Windows-Firewall: Eingehende Remoteverwaltungsausnahme zulassen*. Es öffnet sich ein weiteres Dialogfeld.

4. Wählen Sie darin oben links die Einstellung *Aktiviert* und geben Sie im Textfeld im Bereich *Optionen* darunter ein Sternchen * (beliebige Verbindungen zugelassen) oder einen IP-Adressbereich an. Dann klicken Sie auf *OK* und schließen alle Fenster.

- Falls das Problem durch die explizite Angabe des Parameters `-Credential` gelöst wird, sind Sie entweder augenblicklich nicht mit einem Konto angemeldet, das auf dem Zielsystem Administratorrechte besitzt, oder Sie greifen von einem Nicht-Domänencomputer auf einen Domänencomputer zu. In diesen Fällen müssen die Anmeldeinformationen immer explizit angegeben werden.

Zugriff verweigert

Hintergrund:

Das Zielsystem konnte zwar erreicht werden, hat aber Ihre Anfrage zurückgewiesen, weil Sie auf dem Zielsystem nicht über die notwendigen Berechtigungen verfügen.

Mögliche Gründe:

- **Kein lokaler Administrator:** Bei Remoting-Verbindungen zu Ihrem eigenen Computer (`localhost`) führen Sie die PowerShell-Konsole möglicherweise nicht mit vollen Administratorrechten aus.

- **Keine Remoteberechtigungen:** Sie sind mit einem Konto angemeldet, das auf dem Zielsystem nicht über lokale Administratorrechte verfügt.

- **Domänenprobleme:** Sie greifen von einem Nicht-Domänencomputer auf einen Domänencomputer zu und haben keine expliziten Anmeldeinformationen angegeben.

Abhilfe:

- Bei Zugriffen auf das eigene (lokale) System: Starten Sie eine PowerShell-Konsole mit vollen Administratorrechten, zum Beispiel indem Sie die PowerShell-Verknüpfung mit der rechten Maustaste anklicken und *Als Administrator ausführen* wählen.

Profitipp

Sollten Sie danach weiterhin *Zugriff verweigert*-Meldungen erhalten, ist dafür wahrscheinlich ein Bug verantwortlich, der im Zusammenhang mit der Benutzerkontensteuerung auftreten kann. Entweder deaktivieren Sie die Benutzerkontensteuerung, oder Sie melden sich mit dem eingebauten Konto *Administrator* an, das den Sicherheitsbeschränkungen nicht unterliegt. Dazu muss das eingebaute Administratorkonto in der Benutzersteuerung zuerst aktiviert werden, wenn Sie es zur Anmeldung einsetzen möchten. Mit dem Befehl `control userpasswords2` öffnen Sie das entsprechende Dialogfeld und gelangen über die Registerkarte *Erweitert* und einen Klick auf die Schaltfläche *Erweitert* zu den lokalen Benutzerkonten. Per Doppelklick auf *Administrator* sehen Sie dessen Einstellungen und können das Konto so aktivieren. Anschließend weisen Sie dem Konto ein Kennwort zu. Nun können Sie damit eine PowerShell-Konsole öffnen:

```
Runas /user:Administrator PowerShell
```

Sie werden dann nach dem Kennwort für das angegebene Benutzerkonto gefragt. War die Eingabe korrekt, öffnet sich wenig später eine PowerShell-Konsole unter der Identität des Kontos *Administrator*. Geben Sie darin erneut den Befehl `Enable-PSRemoting` ein.

Erhalten Sie *Zugriff verweigert*-Meldungen, wenn Sie die lokalen PowerShell-Remoting-Einstellungen ändern wollen, können dafür auch die folgenden beiden Registrierungsschlüssel verantwortlich sein:

- *HKEY_LOCAL_MACHINE\SOFTWARE\Microsoft\Windows\CurrentVersion\WSMAN\Plugin*

- *HKEY_LOCAL_MACHINE\SOFTWARE\Microsoft\Windows\CurrentVersion\WSMAN\Service\rootSDDL*

Der erste Schlüssel listet die Sitzungskonfigurationen auf, die auf Ihrem Computer registriert wurden. Enthält eine Sitzungskonfiguration einen ungültigen Sicherheitsbezeichner – zum Beispiel weil Sie die Sitzungskonfiguration eingerichtet hatten, als Ihr Computer Mitglied einer Domäne war, er es inzwischen aber nicht mehr ist –, löschen Sie den entsprechenden Unterschlüssel. Der zweite Schlüssel legt in *rootSDDL* die Standardsicherheit für Sitzungskonfigurationen fest. Er ist nicht immer vorhanden. Auch hier kann eine fehlerhafte Sicherheitsbeschreibung Zugriffsprobleme verursachen.

- Versuchen Sie den Zugriff mit Angabe expliziter Anmeldeinformationen, indem Sie den Parameter -Credential nutzen:

```
Invoke-Command { $env:COMPUTERNAME } -ComputerName Server01 -Credential (Get-Credential)
```

Kerberos-Fehlermeldung

Hintergrund:

Sie erhalten eine Fehlermeldung, wenn Sie versuchen, sich mit einem Computer zu verbinden, der nicht Mitglied in Ihrer Domäne ist, oder Sie verwenden gar keine Domäne.

```
PS> Enter-PSSession storage1
Enter-PSSession : Beim Verbinden mit dem Remoteserver ist folgender Fehler aufgetreten: Der WinRM-
Client kann die Anforderung nicht verarbeiten. Wenn das Authentifizierungsschema nicht Kerberos ist
oder der Clientcomputer nicht Mitglied einer Domäne ist, muss der HTTPS-Datentransport verwendet
werden, oder der Zielcomputer muss der TrustedHosts-Konfigurationseinstellung hinzugefügt werden.
Verwenden Sie "winrm.cmd", um TrustedHosts zu konfigurieren. Beachten Sie, dass Computer in der
```

TrustedHosts-Liste möglicherweise nicht authentifiziert sind. Weitere Informationen hierzu erhalten Sie, indem Sie den folgenden Befehl ausführen: "winrm help config". Weitere Informationen finden Sie im Hilfethema "about_Remote_Troubleshooting".

Mögliche Gründe:

- **Peer-to-Peer-Netz:** Sie sind kein Domänenmitglied, sondern betreiben ein Peer-to-Peer-Netzwerk.

- **Keine Vertrauensstellung:** Das Zielsystem ist nicht Mitglied in Ihrer eigenen Domäne, und es bestehen keine Vertrauensstellungen.

- **Kein Kerberos:** Sie haben das Zielsystem nicht über dessen Namen angesprochen, sondern über seine IP-Adresse. Kerberos kann nur Computernamen validieren, aber keine IP-Adressen.

- **Kein Kerberos:** Kerberos steht aufgrund eines Ressourcenengpasses nicht zur Verfügung, oder der Domänencontroller ist nicht erreichbar.

Abhilfe:

- Konfigurieren Sie die TrustedHosts-Liste und nehmen Sie darin alle Computer auf, zu denen Sie Verbindungen herstellen wollen. Oder tragen Sie ein Sternchen (*) ein, um selbst entscheiden zu können, mit welchen Computern Sie sich verbinden:

```
PS> Set-Item wsman:\localhost\client\trustedhosts * -Force
```

Öffentliche Netzwerke entdeckt

Hintergrund:

Wenn Sie versuchen, mit Enable-PSRemoting das PowerShell-Remoting zu aktivieren, zeigt eine Fehlermeldung öffentliche Netzwerke an und bricht ab.

Mögliche Gründe:

- **Öffentliches Netzwerk:** Eine aktive Netzwerkverbindung ist als öffentlich eingestuft. Für diese Verbindung kann keine Firewall-Ausnahme eingerichtet werden. Bei diesen Verbindungen kann es sich um echte öffentliche Verbindungen (zum Beispiel Verbindungen im Internetcafé), falsch eingestufte Netzwerke (Heim- oder Arbeitsplatznetzwerk wurde noch nicht richtig klassifiziert) und unbekannte Netzwerke handeln (Netzwerk wurde nicht erkannt, beispielsweise Testnetzwerke mit dem *Microsoft Loopbackadapter*).

Abhilfe:

- Bei PowerShell 3.0: Fügen Sie den Parameter -SkipNetworkProfileCheck hinzu.

- Öffnen Sie das *Netzwerk- und Freigabecenter* und identifizieren Sie darin die öffentlichen Verbindungen.

- Handelt es sich bei dem öffentlichen Netzwerk in Wirklichkeit um ein privates Netzwerk, klicken Sie auf den Verbindungstyp, um ihn zu ändern.

- Ist es ein echtes öffentliches Netzwerk, trennen Sie es vorübergehend, bis das PowerShell-Remoting eingerichtet ist. Sind Sie zum Beispiel per WLAN mit einem öffentlichen Netzwerk verbunden, trennen Sie die Verbindung.

Remoting und Parallelverarbeitung

- Handelt es sich um ein unbekanntes Netzwerk und können Sie die Verbindung nicht trennen, weil es sich beispielsweise um den *Microsoft Loopbackadapter* handelt, klicken Sie im *Netzwerk- und Freigabecenter* in der linken Spalte auf *Adaptereinstellungen ändern* (bei Vista: *Netzwerkverbindungen verwalten*) und deaktivieren dann per Rechtsklick die Adapter, die die öffentlichen Netzwerkverbindungen herstellen.

Profitipp

Weder die Remoteverwaltungsausnahme noch die PowerShell-Remoting-Ausnahmen werden in öffentlichen Netzwerken wirksam. Entscheidend ist die Klassifikation des Netzwerks auf der Serverseite, also bei dem System, auf das Sie zugreifen wollen. Stellen Sie also sicher, dass im *Netzwerk- und Freigabecenter* Ihre Netzwerkverbindung richtig eingestuft ist. Dazu klicken Sie im Infobereich der Taskleiste auf das Netzwerksymbol und wählen dann im Dialogfeld *Netzwerk- und Freigabecenter öffnen*. Im Bereich *Aktive Netzwerke anzeigen* wird die Klassifikation des Netzwerks genannt. Steht hier *Öffentliches Netzwerk*, sind keine Remoteverbindungen möglich. Klicken Sie in diesem Fall auf *Öffentliches Netzwerk*, um das Netzwerk umzustellen, falls es sich in Wirklichkeit gar nicht um ein öffentliches Netzwerk, sondern um das Arbeits- oder Privatnetzwerk handelt. Diese Umstellung ist nur dann nicht möglich, wenn das Netzwerk nicht identifiziert werden konnte.

Andere Fehler

Hintergrund:

Beim Versuch, eine Remoteverbindung herzustellen, treten andere als die hier beschriebenen Fehler auf.

Mögliche Gründe:

- **Voraussetzungen prüfen:** Wenn Sie klassisches Remoting einsetzen, sind die dafür notwendigen Grundlagen eventuell nicht gegeben.

Abhilfe:

- Geben Sie beim Parameter `-ComputerName` anstelle einer IP-Adresse einen Computernamen an.
- Stellen Sie sicher, dass auf dem Zielsystem der Dienst *Remoteregistrierung (RemoteRegistry)* ausgeführt wird.

Kapitel 24

Just Enough Admin (JEA)

Ausführlich werden in diesem Kapitel die folgenden Aspekte erläutert:

- **Elevierung:** Bei der Elevierung werden Befehle von einem Endpunkt nicht im Kontext des aktuellen Benutzers ausgeführt, sondern stattdessen entweder über ein statisches oder über ein von JEA vorübergehend generiertes dynamisches Administratorkonto. Ein Anwender kann auf diese Weise ausgewählte Befehle mit Administratorrechten ausführen, obwohl sein Konto eigentlich keine Administratorrechte besitzt.

- **Rolle:** Eine Rolle wird von einer Benutzergruppe repräsentiert. Die Rollenmitglieder sind die Mitglieder der Gruppe. In der Konfigurationsdatei eines Endpunkts legt man fest, welche Rollen der Endpunkt unterstützen soll und welche Benutzergruppe die Rolle repräsentiert. Jeder Rolle können Fähigkeiten zugewiesen werden. JEA unterstützt derzeit nur domänenbasierte Gruppen.

- **Fähigkeit:** Eine Fähigkeit beschreibt ein Set an erlaubten Befehlen und Funktionalitäten. Rollen geben die Namen der Fähigkeiten an, die ihren Mitgliedern gewährt werden sollen. Welche Fähigkeiten das konkret sind, bestimmen PowerShell-Module mit einer *Role Capability*-Datei. Diese Datei ist der einzige Inhalt solcher Module und beschreibt, welche Befehle und Funktionalitäten der Endpunkt freigeben soll.

Remoting und Parallelverarbeitung

Just Enough Admin (JEA)

Administratoren stellen im Unternehmen eine Angriffsfläche dar: Sowohl direkter Missbrauch, der von einem Administrator selbst ausgeht, als auch das Kapern von Anmeldedaten über Social Engineering sind real und gefährlich, weil Administratoren sich über die Sicherheitsregeln des Unternehmens hinwegsetzen dürfen.

Um dem entgegenzuwirken, gibt es schon lange die *Least Privilege-Regel*, nach der ein Mitarbeiter nur die Berechtigungen erhalten soll, die er für seine Arbeit tatsächlich benötigt. Umsetzbar ist diese Regel auf Windows-Systemen aber kaum, weil das Sicherheitssystem grobkörnig und beinahe binär ist: Entweder ist ein Benutzer eingeschränkt oder nicht. Ein nicht eingeschränkter Benutzer (Administrator) kann alles tun und nicht nur das, was seine Arbeit erfordert – also zum Beispiel auch einen Keylogger installieren, um Kollegen auszuspähen.

Virtuelle Administratorkonten

JEA kann die Mitglieder von festgelegten Gruppen automatisch elevieren und ihnen damit Administratorrechte zuweisen. Verwendet wird hierfür ein temporär generiertes Konto. Anders als im letzten Kapitel brauchen Sie dem Endpunkt also nicht selbst mit -RunAsCredential ein festes Administratorkonto zuzuweisen.

Sinnvoll ist die Elevierung natürlich nur, wenn der Endpunkt gleichzeitig eingeschränkt wird und nur noch Zugriff auf die wirklich benötigten Befehle liefert.

Rollenmodell

JEA kann ein rollenbasiertes Rechtesystem implementieren, das es Anwendern ermöglicht, privilegierte Aufgaben durchzuführen, ohne dafür Administrator sein zu müssen. Dazu werden genau die gleichen eingeschränkten Endpunkte eingesetzt, die Sie im letzten Kapitel kennengelernt haben. JEA erweitert diese Endpunkte auf Wunsch mit einem rollenbasierten Sicherheitssystem.

Allein die Mitgliedschaft in bestimmten Benutzergruppen (Rollen) legt hierbei fest, welche Befehle ein Anwender ausführen kann. Systemrechte müssen dem Anwender dafür nicht mehr gewährt werden. Er braucht also nicht länger *allumfassende* Administratorrechte, nur um *bestimmte* administrative Aufgaben durchzuführen.

Hinweis

Um JEA zu verstehen und sinnvoll einsetzen zu können, sollten Sie das vorangegangene Kapitel sorgfältig durchgearbeitet und vollständig verstanden haben. JEA erweitert lediglich die dort vorgestellten Konzepte um virtuelle Administratorkonten und ein Rollenmodell.

In der aktuellen Implementation von JEA werden nur domänenbasierte Benutzerkonten und Gruppen unterstützt. Auf Systemen ohne Domänenanbindung und mit lokalen Konten und Gruppen funktioniert JEA derzeit nicht. Für die Zukunft ist allerdings geplant, diese Einschränkung zu beheben.

Virtuelle Administratorkonten

Um Berechtigungen von klassischen Systemrechten zu lösen und aufgabenorientiert zu gewähren, benötigt man einen Mechanismus, der diese Aufgaben klar beschreibt. Das leisten bereits die Endpunkte aus dem letzten Kapitel: Sie definieren haargenau, welche PowerShell-Befehle ein Anwender verwenden kann und welche nicht. Sie können bei Bedarf auch selbst definierte Funktionen bereitstellen, die der Anwender zwar ausführen, in dessen Quellcode er aber nicht hineinsehen kann.

Ein Endpunkt definiert also bereits, was ein Anwender tun darf. Die notwendigen Rechte dazu musste man bisher mit `-RunAsCredential` dem Endpunkt ausdrücklich zuweisen. Benötigt wurde dafür ein Benutzerkonto mit Administratorrechten, in dessen Kontext der Endpunkt die Befehle ausführt.

JEA macht diesen Schritt überflüssig und kann Benutzer automatisch mit einem vorübergehend generierten Administratorkonto elevieren, wenn die Konfiguration des Endpunkts `RunAsVirtualAccount` aktiviert.

Diese automatische Elevation soll in den folgenden Beispielen demonstriert werden.

Voraussetzungen

Um JEA und seine virtuellen Benutzerkonten in Aktion zu erleben, soll ein Beispiel auf Ihrem lokalen System eingerichtet werden. Hierfür werden die folgenden Voraussetzungen benötigt:

- **Active Directory:** JEA unterstützt aktuell keine lokalen Benutzerkonten und Gruppen. Daher benötigen Sie mindestens einen Computer, der in ein Active Directory eingebunden ist.

- **PowerShell 5 mit Administratorrechten:** JEA wird ab PowerShell 5 unterstützt. Zur Einrichtung dieses Beispiels benötigen Sie eine PowerShell mit vollen Administratorrechten.

- **PowerShell-Remoting:** JEA basiert auf den Endpunkten des PowerShell-Remotings. Selbst wenn Sie gar nicht remote auf ein anderes System zugreifen wollen, sondern JEA ausschließlich lokal nutzen möchten, muss das Remoting auf Ihrem System aktiviert sein (siehe letztes Kapitel).

- **Eine Gruppe namens JEA_Admin:** Mitglieder dieser Gruppe sollen automatisch eleviert werden.

- **Zwei Beispielkonten ohne Administratorrechte:** Um zu testen, wie ein normaler Anwender mit JEA eleviert wird und danach administrative Tätigkeiten durchführen kann, benötigen Sie zusätzlich zwei reguläre Benutzerkonten. Nur eins davon wird in die JEA-Gruppe aufgenommen, um den Unterschied zu demonstrieren.

Die Gruppen und Anwender lassen sich mit dem folgenden Skript anlegen, sofern das Modul ActiveDirectory verfügbar ist:

```
$jeaAdmin = New-ADGroup -Name JEA_Admin -GroupScope DomainLocal -PassThru

$password = ConvertTo-SecureString -String P@ssw0rd -AsPlainText -Force

$operator = New-ADUser -Name TestOperator -AccountPassword $password -PassThru
Enable-ADAccount -Identity $operator

$normaluser = New-ADUser -Name Normaluser -AccountPassword $password -PassThru
```

```
Enable-ADAccount -Identity $normaluser


Add-ADGroupMember -Identity $jeaAdmin -Members $operator
```

Listing 24.1: Testgruppen und Testanwender anlegen.

PowerShell-Remoting überprüfen

Da JEA auf PowerShell-Remoting aufsetzt, überprüfen Sie zunächst, ob PowerShell-Remoting korrekt eingerichtet ist:

```
PS> winrm quickconfig
WinRM service is already running on this machine.
WinRM is already set up for remote management on this computer.
```

Falls Sie direkt auf einem Testdomänencontroller arbeiten, ist möglicherweise noch kein Listener eingerichtet, und Sie erhalten stattdessen diese Meldung:

```
PS> winrm quickconfig
WinRM service is already running on this machine.
WinRM is not set up to allow remote access to this machine for management.
The following changes must be made:

Create a WinRM listener on HTTP://* to accept WS-Man requests to any IP on this machine.
```

Legen Sie in dem Fall einen Listener manuell an:

```
PS> winrm create winrm/config/Listener?Address=*+Transport=HTTP
ResourceCreated
    Address = http://schemas.xmlsoap.org/ws/2004/08/addressing/role/anonymous
    ReferenceParameters
        ResourceURI = http://schemas.microsoft.com/wbem/wsman/1/config/listener
        SelectorSet
            Selector: Address = *, Transport = HTTP


PS> winrm quickconfig
WinRM service is already running on this machine.
WinRM is already set up for remote management on this computer.
```

JEA-Endpunkt einrichten

Nun soll ein Endpunkt eingerichtet werden, der den Mitgliedern der Gruppen *JEA_Service* und *JEA_Info* ermöglicht, alle Befehle zur Verwaltung von Diensten sowie generell alle Cmdlets und Funktionen mit dem Verb Get, die aus Microsoft-Modulen stammen, mit Administratorrechten auszuführen.

```
# Pfadname zu einer neuen pssc-Datei festlegen
$Path = "$env:temp\jea1.pssc"

# Get-UserInfo liefert den Wert von $PSSenderInfo zurück
# darin ist der Name des aufrufenden Anwenders zu finden
$getUserInfo = @{
  Name='Get-UserInfo'
```

```
  ScriptBlock=
  {
    $PSSenderInfo
  }
}

# Datei anlegen
New-PSSessionConfigurationFile -Path $Path –SessionType RestrictedRemoteServer -LanguageMode NoLa
nguage –ExecutionPolicy Restricted -RunAsVirtualAccount -VisibleCmdlets Microsoft.PowerShell.Mana
gement\*-Service, Get-* -ModulesToImport Microsoft.* -FunctionDefinitions $getUserInfo

# Endpunkt anlegen
Register-PSSessionConfiguration -Path $Path -Name JEA1 -Force

# JEA-Gruppe berechtigen
Set-PSSessionConfiguration -Name JEA1 -ShowSecurityDescriptorUI -Force
```

Listing 24.2: Endpunkt mit JEA-Elevation einrichten.

Wichtig

Jeder Endpunkt, den Sie einrichten, startet beim Zugriff einen eigenen unsichtbaren Hostprozess. Richten Sie Endpunkte ein, über die viele verschiedene Anwender nur wenige Befehle absetzen können sollen, führt das zu einer extremen Ressourcenbelastung. Mit dem Parameter **-UseSharedProcess** sorgen Sie auf Wunsch dafür, dass der Endpunkt für alle Zugriffe einen gemeinsam genutzten Prozess verwendet.

Beim Anlegen des Endpunkts JEA1 erscheint ein Berechtigungsdialog. Darin legen Sie fest, wer Zugriff auf diesen Endpunkt haben soll. Entfernen Sie die vorhandenen Einträge und fügen Sie stattdessen die Gruppe *JEA_Admin* hinzu, die Sie vorhin angelegt haben. Gewähren Sie dieser Gruppe Vollzugriff (*FullControl*).

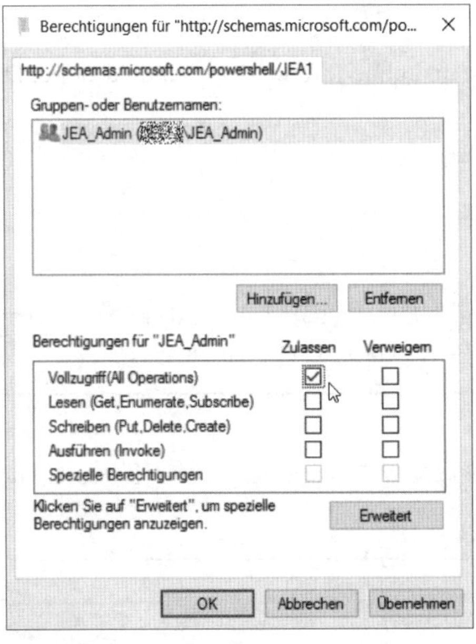

Abbildung 24.1: Endpunkt für die Gruppe JEA_Admin berechtigen.

Hinweis

Die Berechtigung des Endpunkts legt nur fest, wer sich mit ihm verbinden darf. Die Befehle, die über diesen Endpunkt ausgeführt werden, sind hiervon nicht berührt.

JEA kann die Berechtigungen für den Zugriff auf einen Endpunkt automatisch verwalten, wenn sogenannte »Rollen« eingesetzt werden. Rollen werden im nächsten Abschnitt beschrieben. Ohne Rollen muss der Zugriff auf den Endpunkt selbst festgelegt werden, wie im Beispiel gezeigt.

Überprüfen Sie anschließend, ob der Endpunkt korrekt angelegt wurde:

```
PS> Get-PSSessionConfiguration -Name JEA1


Name          : JEA1
PSVersion     : 5.0
StartupScript :
RunAsUser     :
Permission    : MYCOMPANY\JEA_Admin AccessAllowed
```

Wie Sie sehen, dürfen nur Mitglieder der Gruppe *JEA_Admin* auf diesen Endpunkt zugreifen. Weil die Eigenschaft RunAsUser nicht gesetzt ist, werden Befehle dieses Endpunkts aktuell im Kontext des Aufrufers ausgeführt. Verbindet sich also ein regulärer Anwender ohne Administratorrechte mit diesem Endpunkt, verfügt er eigentlich nicht über Administratorrechte. Weil aber Listing 24.2 den Endpunkt mit der Option -RunAsVirtualAccount angelegt hat, stellt JEA den Endpunkt automatisch in den Kontext eines temporär angelegten Administratorkontos, wie Sie gleich sehen werden.

JEA-Endpunkt verwenden

Prüfen Sie zunächst, ob Sie sich als Administrator und ohne JEA mit dem Standardendpunkt verbinden können:

```
PS C:\> Enter-PSSession -ComputerName $env:computername

[DC01]: PS C:\Users\Tobias\Documents> exit

PS C:\>
```

Testen Sie den Endpunkt nun mit dem neu angelegten Endpunkt und verwenden Sie dazu entweder Ihr aktuelles Administratorkonto oder das zuvor angelegte Konto *Testuser*.

Hinweis

Die beiden Konten *Testuser* und *Testoperator*, die in Listing 24.6 angelegt wurden, verwenden das Kennwort »P@ssw0rd«.

Beide Konten dürfen den Endpunkt nicht verwenden, weil sie nicht Mitglied der Gruppe *JEA_Admin* sind:

```
PS> Enter-PSSession -ComputerName $env:computername -ConfigurationName jea1
Enter-PSSession : Connecting to remote server DCO1 failed with the following error message : Access
is denied. For more information, see the about_Remote_Troubleshooting Help topic.
At line:1 char:1
+ Enter-PSSession -ComputerName $env:computername -ConfigurationName je ...
+ ~~~~~~~~~~~~~~~~~~~~~~~~~~~~~~~~~~~~~~~~~~~~~~~~~~~~~~~~~~~~~~~~~~~~~~~~
    + CategoryInfo          : InvalidArgument: (DCO1:String) [Enter-PSSession],
PSRemotingTransportException
    + FullyQualifiedErrorId : CreateRemoteRunspaceFailed
```

```
PS> Enter-PSSession -ComputerName $env:computername -ConfigurationName jea1 -Credential Testkonto
Enter-PSSession : Connecting to remote server DCO1 failed with the following error message : Access
is denied. For more information, see the about_Remote_Troubleshooting Help topic.
At line:1 char:1
+ Enter-PSSession -ComputerName $env:computername -ConfigurationName je ...
+ ~~~~~~~~~~~~~~~~~~~~~~~~~~~~~~~~~~~~~~~~~~~~~~~~~~~~~~~~~~~~~~~~~~~~~~~~
    + CategoryInfo          : InvalidArgument: (DCO1:String) [Enter-PSSession],
PSRemotingTransportException
    + FullyQualifiedErrorId : CreateRemoteRunspaceFailed
```

```
PS C:\>
```

Wenn Sie allerdings das Konto *Testoperator* verwenden, das Mitglied der Gruppe *JEA_Admin* ist, funktioniert die Verbindungsaufnahme:

```
PS> Enter-PSSession -ComputerName $env:computername -ConfigurationName jea1 -Credential Testoperator
WARNING: The 'Microsoft.PowerShell.Management' module was not imported because the
'Microsoft.PowerShell.Management' snap-in was already imported.
```

```
[DCO1]: PS>
```

Es ist aber noch mehr passiert: JEA hat den Endpunkt automatisch eleviert und unter den Kontext eines vorübergehend generierten virtuellen Administratorkontos gestellt:

```
[DCO1]: PS> get-userinfo
```

```
UserInfo              : System.Management.Automation.Remoting.PSPrincipal
ClientTimeZone        : System.CurrentSystemTimeZone
ConnectionString      : http://dc01:5985/wsman?PSVersion=5.0.10586.0
ApplicationArguments  : {PSVersionTable}
ConnectedUser         : MYCOMPANY\TestOperator
RunAsUser             : WinRM Virtual Users\WinRM VA_1452154931_MYCOMPANY_TestOperator
```

Die Befehle, die *Testoperator* über diesen Endpunkt abruft, werden also nicht in seinem (einge-schränkten) Benutzerkontext als regulärer Anwender ausgeführt, sondern unter dem Konto *WinRM Virtual Users\WinRM VA_1452154931_MYCOMPANY_TestOperator*. Dieses Konto exis-tiert nur für die Dauer der Verbindung zum Endpunkt und verfügt über Administratorrechte.

Profitipp

Das virtuelle und vorübergehend angelegte Konto ist Mitglied der lokalen Gruppe der Administratoren. Auf einem Domänencontroller ist es außerdem Mitglied der Gruppe *Domänen-Admins*.

Möchten Sie dieses Verhalten ändern, können Sie mit `-RunAsVirtualAccountGroups` bei `New-PSSessionConfigurationFile` auch eine Liste von eigenen Gruppennamen angeben. In diesem Fall ist das virtuelle Konto Mitglied in den angegebenen Gruppen.

Daher kann der normale Anwender nun über diesen Endpunkt beispielsweise Dienste stoppen. Eigentlich sind hierfür Administratorrechte erforderlich, über die *Testoperator* gar nicht verfügt:

```
[DC01]: PS> stop-service -name spooler

[DC01]: PS> start-service -name spooler

[DC01]: PS>
```

Der Endpunkt gewährt Zugriff nur auf die eingangs vereinbarten Befehle, also auf alle Cmdlets zur Verwaltung von Diensten sowie alle Cmdlets mit dem Verb `Get`, die aus einem Modul stammen, dessen Name mit `Microsoft.` beginnt:

```
PS> [DC01]: PS> get-command

CommandType     Name                    Version   Source
-----------     ----                    -------   ------
Function        Clear-Host
Function        Exit-PSSession
Function        Get-Command
Function        Get-FormatData
Function        Get-Help
Function        Get-UserInfo
Function        Get-Verb
Function        Measure-Object
Function        Out-Default
Function        Select-Object
Cmdlet          Get-Acl                 3.0.0.0   Microsoft.PowerShell.Security
Cmdlet          Get-Alias               3.0.0.0   Microsoft.PowerShell.Utility
Cmdlet          Get-AuthenticodeSignature 3.0.0.0 Microsoft.PowerShell.Security
Cmdlet          Get-ChildItem           3.0.0.0   Microsoft.PowerShell.Management
Cmdlet          Get-Clipboard           3.0.0.0   Microsoft.PowerShell.Management
Cmdlet          Get-CmsMessage          3.0.0.0   Microsoft.PowerShell.Security
Cmdlet          Get-Command             3.0.0.0   Microsoft.PowerShell.Core
Cmdlet          Get-ComputerRestorePoint 3.0.0.0  Microsoft.PowerShell.Management
Cmdlet          Get-Content             3.0.0.0   Microsoft.PowerShell.Management
Cmdlet          Get-ControlPanelItem    3.0.0.0   Microsoft.PowerShell.Management
Cmdlet          Get-Counter             3.0.0.0   Microsoft.PowerShell.Diagnostics
Cmdlet          Get-Credential          3.0.0.0   Microsoft.PowerShell.Security
Cmdlet          Get-Culture             3.0.0.0   Microsoft.PowerShell.Utility
Cmdlet          Get-Date                3.0.0.0   Microsoft.PowerShell.Utility
Cmdlet          Get-Event               3.0.0.0   Microsoft.PowerShell.Utility
Cmdlet          Get-EventLog            3.0.0.0   Microsoft.PowerShell.Management
Cmdlet          Get-EventSubscriber     3.0.0.0   Microsoft.PowerShell.Utility
Cmdlet          Get-ExecutionPolicy     3.0.0.0   Microsoft.PowerShell.Security
Cmdlet          Get-FormatData          3.0.0.0   Microsoft.PowerShell.Utility
```

Cmdlet	Get-Help	3.0.0.0	Microsoft.PowerShell.Core
Cmdlet	Get-History	3.0.0.0	Microsoft.PowerShell.Core
Cmdlet	Get-Host	3.0.0.0	Microsoft.PowerShell.Utility
Cmdlet	Get-HotFix	3.0.0.0	Microsoft.PowerShell.Management
Cmdlet	Get-Item	3.0.0.0	Microsoft.PowerShell.Management
Cmdlet	Get-ItemProperty	3.0.0.0	Microsoft.PowerShell.Management
Cmdlet	Get-ItemPropertyValue	3.0.0.0	Microsoft.PowerShell.Management
Cmdlet	Get-Job	3.0.0.0	Microsoft.PowerShell.Core
Cmdlet	Get-Location	3.0.0.0	Microsoft.PowerShell.Management
Cmdlet	Get-Member	3.0.0.0	Microsoft.PowerShell.Utility
Cmdlet	Get-Module	3.0.0.0	Microsoft.PowerShell.Core
Cmdlet	Get-PfxCertificate	3.0.0.0	Microsoft.PowerShell.Security
Cmdlet	Get-Process	3.0.0.0	Microsoft.PowerShell.Management
Cmdlet	Get-PSBreakpoint	3.0.0.0	Microsoft.PowerShell.Utility
Cmdlet	Get-PSCallStack	3.0.0.0	Microsoft.PowerShell.Utility
Cmdlet	Get-PSDrive	3.0.0.0	Microsoft.PowerShell.Management
Cmdlet	Get-PSHostProcessInfo	3.0.0.0	Microsoft.PowerShell.Core
Cmdlet	Get-PSProvider	3.0.0.0	Microsoft.PowerShell.Management
Cmdlet	Get-PSSession	3.0.0.0	Microsoft.PowerShell.Core
Cmdlet	Get-PSSessionCapability	3.0.0.0	Microsoft.PowerShell.Core
Cmdlet	Get-PSSessionConfiguration	3.0.0.0	Microsoft.PowerShell.Core
Cmdlet	Get-PSSnapin	3.0.0.0	Microsoft.PowerShell.Core
Cmdlet	Get-Random	3.0.0.0	Microsoft.PowerShell.Utility
Cmdlet	Get-Runspace	3.0.0.0	Microsoft.PowerShell.Utility
Cmdlet	Get-RunspaceDebug	3.0.0.0	Microsoft.PowerShell.Utility
Cmdlet	Get-Service	3.0.0.0	Microsoft.PowerShell.Management
Cmdlet	Get-TraceSource	3.0.0.0	Microsoft.PowerShell.Utility
Cmdlet	Get-Transaction	3.0.0.0	Microsoft.PowerShell.Management
Cmdlet	Get-TypeData	3.0.0.0	Microsoft.PowerShell.Utility
Cmdlet	Get-UICulture	3.0.0.0	Microsoft.PowerShell.Utility
Cmdlet	Get-Unique	3.0.0.0	Microsoft.PowerShell.Utility
Cmdlet	Get-Variable	3.0.0.0	Microsoft.PowerShell.Utility
Cmdlet	Get-WinEvent	3.0.0.0	Microsoft.PowerShell.Diagnostics
Cmdlet	Get-WmiObject	3.0.0.0	Microsoft.PowerShell.Management
Cmdlet	Get-WSManCredSSP	3.0.0.0	Microsoft.WSMan.Management
Cmdlet	Get-WSManInstance	3.0.0.0	Microsoft.WSMan.Management
Cmdlet	New-Service	3.0.0.0	Microsoft.PowerShell.Management
Cmdlet	Restart-Service	3.0.0.0	Microsoft.PowerShell.Management
Cmdlet	Resume-Service	3.0.0.0	Microsoft.PowerShell.Management
Cmdlet	Set-Service	3.0.0.0	Microsoft.PowerShell.Management
Cmdlet	Start-Service	3.0.0.0	Microsoft.PowerShell.Management
Cmdlet	Stop-Service	3.0.0.0	Microsoft.PowerShell.Management
Cmdlet	Suspend-Service	3.0.0.0	Microsoft.PowerShell.Management

Meldet sich *Testoperator* wieder vom Endpunkt ab, kann er Dienste nicht mehr starten oder stoppen. Meldet er sich erneut am Endpunkt an, verfügt er wieder über Administratorrechte für die vom Endpunkt bereitgestellten Befehle. Bei der zweiten Verbindungsaufnahme heißt sein virtuelles Administratorkonto nun allerdings anders. Es wird tatsächlich jedes Mal neu und nur vorübergehend angelegt:

```
[DC01]: PS> get-userinfo


UserInfo             : System.Management.Automation.Remoting.PSPrincipal
ClientTimeZone       : System.CurrentSystemTimeZone
ConnectionString     : http://dc01:5985/wsman?PSVersion=5.0.10586.0
ApplicationArguments : {PSVersionTable}
ConnectedUser        : MYCOMPANY\TestOperator
RunAsUser            : WinRM Virtual Users\WinRM VA_1452154931_MYCOMPANY_TestOperator
```

```
[DC01]: PS> exit

PS C:\> Enter-PSSession -ComputerName $env:computername -ConfigurationName jea1 -Credential
Testoperator
WARNING: The 'Microsoft.PowerShell.Management' module was not imported because the
'Microsoft.PowerShell.Management' snap-in was already imported.

[DC01]: PS> get-userinfo
```

```
UserInfo            : System.Management.Automation.Remoting.PSPrincipal
ClientTimeZone      : System.CurrentSystemTimeZone
ConnectionString    : http://dc01:5985/wsman?PSVersion=5.0.10586.0
ApplicationArguments : {PSVersionTable}
ConnectedUser       : MYCOMPANY\TestOperator
RunAsUser           : WinRM Virtual Users\WinRM VA_1452155349_MYCOMPANY_TestOperator
```

Gefahren bei der Elevation

Jede Elevation ist immer ein potenzielles Sicherheitsrisiko und muss genauso sorgfältig konzipiert und kontrolliert werden wie die Zuweisung von klassischen Administratorrechten an
Benutzerkonten.

Sobald Sie einen Endpunkt elevieren, also unter ein anderes Benutzerkonto stellen – gleichgültig ob über JEA mit -RunAsVirtualAccount oder über -RunAsCredential mit einem fest vergebenen
Administratorkonto –, sind Sie dafür verantwortlich, den Befehlsumfang festzulegen, für den
diese Rechte gelten sollen.

Während Sie also bei der klassischen Administration nur entscheiden müssen, ob ein
bestimmter Benutzer Administratorrechte erhält oder nicht, und dann mit den Konsequenzen
leben müssen, bietet die Elevation ausgewählter Befehle sehr viel mehr Flexibilität und Sicherheit: Berechtigungen können endlich maßgeschneidert für bestimmte Aufgaben und Befehle
vergeben werden. Allerdings darf das nicht darüber hinwegtäuschen, dass Sie auch bei JEA am
Ende des Tages mächtige Administratorrechte vergeben – eben nur auf Teilbereiche
beschränkt.

Entsprechend sorgfältig muss die Konfiguration von JEA erfolgen. Verstehen Sie das Konzept
dahinter nicht, öffnen Sie mit JEA möglicherweise unbeabsichtigt riesige Sicherheitslücken.

Allerdings gilt auch: Selbst die schlimmste JEA-Fehlkonfiguration kann nicht mehr Schaden
anrichten, als wenn Sie wie früher einem Anwender vollständige Administratorrechte zugewiesen hätten. Denn schlimmstenfalls würde auch JEA dem Anwender lediglich genau diese
Rechte zur Verfügung stellen – möglicherweise aber einfach nicht mit den Einschränkungen,
die Sie sich gewünscht hätten.

Was das bedeutet und worauf Sie bei der Konfiguration ganz besonders achten müssen,
schauen wir uns nun an.

Unterschieben bösartiger Module und Befehle

Im Beispiel eben wurde *Testoperator* der Zugriff auf alle Cmdlets mit dem Verb Get gewährt, die aus einem der Module stammen, deren Name mit Microsoft. beginnt. Ist das sicher?

Natürlich nicht. Jeder kann seinen Modulen beliebige Namen geben. Ein Angreifer könnte also ein eigenes PowerShell-Modul verfassen und es zum Beispiel Microsoft.Angriff nennen. Darin könnte er dann eine Funktion namens Get-SomeData hinterlegen, die bösartige Dinge unternimmt. *Testoperator* wäre nun in der Lage, Get-SomeData mit vollen Administratorrechten auszuführen.

Sobald Sie also Platzhalterzeichen bei der Definition sichtbarer Befehle verwenden, so wie in Listing 24.2 geschehen, sorgen Sie prinzipiell für Sicherheitslücken. Allerdings ist JEA auch hier so konzipiert, dass Risiken so weit wie möglich ausgeschaltet werden. Ein Angreifer könnte eigene Befehle nicht ganz so leicht unterschieben:

- **Virtuelles Administratorkonto:** JEA verwendet zur Elevation bei jedem Zugriff ein neues, zufällig benanntes, virtuelles Administratorkonto. Nun erkennt man die Idee dahinter: Der Angreifer kann nicht wissen, wie das Benutzerkonto heißt, und daher eigene Angriffsmodule auch nicht im Benutzerprofil dieses Kontos hinterlegen. Er würde also Administratorrechte benötigen, um seine Module in einen der abgesicherten Modulordner zu legen, die für alle Anwender gelten und in $env:PSModulePath aufgelistet sind. Aufgrund des Identitätswechsels könnte er also keine Module aus seinem eigenen lokalen Benutzerprofil laden.

- **ExecutionPolicy:** Der JEA-Endpunkt verwendet als ExecutionPolicy die Einstellung Restricted, erlaubt also keine Ausführung von Skripten. Ein skriptbasiertes Modul könnte daher nur nachgeladen werden, wenn dem Endpunkt ausdrücklich die Ausführung von Skripten gestattet wäre. Allerdings kann das durchaus nötig sein, zum Beispiel weil über den Endpunkt auch andere skriptbasierte Module verwendet werden sollen. Und selbst wenn die Ausführung von Skripten verboten bliebe, könnte der Angreifer binäre Module einsetzen.

- **Dateisystemzugriff:** JEA-Endpunkte verhindern als Vorgabe den Zugriff auf sämtliche Provider, also auch auf das Dateisystem. Damit ist ausgeschlossen, dass der Anwender mit einem der zugelassenen Befehle sicherheitskritische Dateien ändern kann.

Angriffsszenario mit Administratorrechten

Ein Angriff auf den JEA-Endpunkt wäre aus den eben genannten Gründen in der Regel nur möglich, wenn sich der Angreifer lokale Administratorrechte auf dem System verschafft hätte, auf dem der Endpunkt eingerichtet ist.

Weil der Angreifer mit gekaperten lokalen Administratorrechten ohnehin tun und lassen könnte, was er möchte, handelt es sich im Folgenden nicht wirklich um einen realistischen Angriff. Mit lokalen Administratorrechten würde der Angreifer sofort andere und effizientere Wege nutzen, um seine Interessen durchzusetzen.

Die Beispiele sollen aber zeigen, welche Auswirkungen Module auf die Sicherheitseinstellungen von JEA haben – denn das wird im nächsten Abschnitt bei der rollenbasierten Konfiguration noch einmal sehr wichtig. Außerdem finden Sie gleich im Anschluss ein weiteres Angriffsszenario, das ähnliche Wege beschreitet, aber kein gekapertes Administratorkonto benötigt.

Ein gefälschtes »Microsoft«-Modul herstellen

Der JEA-Endpunkt, der in diesem Kapitel angelegt wurde, gewährt Zugriff auf alle Cmdlets mit dem Verb Get aus einem Modul, dessen Namen mit Microsoft. beginnt. Solch ein Modul soll nun gefälscht werden und bösartigen Code enthalten.

Wirklich bösartig ist der Code indes nicht. Schauen Sie sich zunächst die folgende Funktion an:

```
function Get-SomeData
{
  $wid = [System.Security.Principal.WindowsIdentity]::GetCurrent()
  $prp = New-Object System.Security.Principal.WindowsPrincipal($wid)
  $adm = [System.Security.Principal.WindowsBuiltInRole]::Administrator
  $isAdmin = $prp.IsInRole($adm)

  $info = [ordered]@{}
  $info.'Current User' = $env:USERDOMAIN + "\" + $env:username
  $info.'Is Admin?' = $isAdmin
  New-Object PSObject -Property $info
}
```

Listing 24.3: Prüfen, ob das aktuelle Konto über Administratorrechte verfügt.

Wenn Sie diese Funktion als *Testoperator* ausführen, erhalten Sie folgendes Resultat:

```
PS> Get-SomeData

Current User          Is Admin?
------------          ---------
MYCOMPANY\Testoperator    False
```

Get-SomeData zeigt also nur den aktuellen Rechtestatus. Eine wirklich bösartige Funktion könnte an dieser Stelle mit den angezeigten Rechten tun und lassen, was sie mag.

Speichern Sie Listing 24.3 nun mit Administratorrechten auf diese Weise:

```
$Code = @'

function Get-SomeData
{
  $wid = [System.Security.Principal.WindowsIdentity]::GetCurrent()
  $prp = New-Object System.Security.Principal.WindowsPrincipal($wid)
  $adm = [System.Security.Principal.WindowsBuiltInRole]::Administrator
  $isAdmin = $prp.IsInRole($adm)

  $info = [ordered]@{}
  $info.'Current User' = $env:USERDOMAIN + "\" + $env:username
  $info.'Is Admin?' = $isAdmin
  New-Object PSObject -Property $info
}

'@

New-Item -Path "$env:ProgramFiles\WindowsPowerShell\Modules\Microsoft.Angriff\Microsoft.Angriff.psm1"
-ItemType File -Value $Code -Force
```

Listing 24.4: Ein simples PowerShell-Modul namens »Microsoft.Angriff« anlegen.

Sie haben hierdurch ein neues simples PowerShell-Modul namens Microsoft.Angriff geschaffen, das über genau einen Befehl verfügt: Get-SomeData. Weil es in einem Modulverzeichnis gespeichert wurde, das für alle Anwender offen steht, kann es von jeder PowerShell gefunden und geladen werden.

Zur Kontrolle wechseln Sie in eine andere PowerShell und geben dort Get-SomeData ein:

```
PS> Get-SomeData

Current User     Is Admin?
------------     ---------
MYCOMPANY\Tobias     True


PS> Get-Command -Name Get-SomeData

CommandType    Name            Version    Source
-----------    ----            -------    ------
Function       Get-SomeData    0.0        Microsoft.Angriff


PS>
```

Wie üblich findet PowerShells Modul-Autoloading auch die Befehle in Ihrem neuen Modul, lädt das Modul automatisch nach und führt den Befehl aus. Das Modul heißt tatsächlich Microsoft.Angriff und erfüllt damit die Kriterien des JEA-Endpunkts aus dem letzten Abschnitt.

Privilegierter Zugriff auf gefälschtes Modul

Wenn sich nun also der nicht privilegierte *Testoperator* mit dem JEA-Endpunkt neu verbindet, passiert indes Folgendes:

```
PS> Enter-PSSession -ConfigurationName JEA1 -ComputerName $env:COMPUTERNAME -Credential Testoperator
Enter-PSSession : File C:\Program Files\WindowsPowerShell\Modules\Microsoft.Angriff\Microsoft.Angr
iff.psm1 cannot be loaded because running scripts is disabled on this system. For more information,
see about_Execution_Policies at http://go.microsoft.com/fwlink/?LinkID=135170.
At line:1 char:1
+ Enter-PSSession -ConfigurationName JEA1 -ComputerName $env:COMPUTERNA ...
+ ~~~~~~~~~~~~~~~~~~~~~~~~~~~~~~~~~~~~~~~~~~~~~~~~~~~~~~~~~~~~~~~~~~~~~~~~
    + CategoryInfo          : SecurityError: (:) [Import-Module], PSSecurityException
    + FullyQualifiedErrorId : UnauthorizedAccess,Microsoft.PowerShell.Commands.ImportModuleCommand

PS>
```

Der Angreifer war also durchaus erfolgreich, und sein neues Modul wurde vom Endpunkt erkannt und es wurde versucht, dieses Modul zu laden. Weil der JEA-Endpunkt aber die Skriptausführung nicht erlaubt, kann dieses skriptbasierte Modul nicht geladen werden. Allerdings hätte es durchaus sein können, dass der JEA-Endpunkt die Skriptausführung zulässt, zum Beispiel um auch andere skriptbasierte Module nutzen zu können.

Ändern Sie den Endpunkt einfach entsprechend. Legen Sie ihn noch einmal mit Listing 24.2 neu an und weisen Sie diesmal dem Parameter -ExecutionPolicy nicht den Wert Restricted zu, sondern RemoteSigned. Vergeben Sie der Gruppe *JEA_Admin* wie beim ersten Mal wieder Zugriffsrechte auf den Endpunkt.

Nun erlangt der nicht privilegierte *Testoperator* tatsächlich Zugriff auf Get-SomeData aus Microsoft.Angriff, und zwar mit vollen Administratorrechten:

```
PS> Enter-PSSession -ConfigurationName JEA1 -ComputerName $env:COMPUTERNAME -Credential Testoperator
WARNING: The 'Microsoft.PowerShell.Management' module was not imported because the
'Microsoft.PowerShell.Management' snap-in was already imported.

[DC01]: PS> get-somedata

Current User   Is Admin?
------------   ---------
MYCOMPANY\DC01$     True


[DC01]: PS> Get-Command Get-SomeData

CommandType    Name              Version   Source
-----------    ----              -------   ------
Function       Get-SomeData      0.0       Microsoft.Angriff
```

Angriffsszenario ohne Administratorrechte

Ein falsch konfigurierter Endpunkt kann bereits in sich den Samen des Bösen tragen und erlaubt dem Angreifer dann ganz ohne zusätzliche Administratorrechte, seinen Befehlsumfang auszudehnen. Immerhin führt der Endpunkt die von ihm zugelassenen Befehle ja bereits mit Administratorrechten aus, die man sich für den Angriff möglicherweise zunutze machen kann.

Achtung

Sie werden in diesem Beispiel ein »gefälschtes« Modul namens `Microsoft.PowerShell.Management` anlegen, das missbräuchlich eingesetzt werden kann. Folgen Sie diesen Beispielen auf keinen Fall auf einem Produktivsystem. Verwenden Sie ausschließlich ein Testsystem. Entfernen Sie das Modul nach dem Test wieder.

Wenn ein Endpunkt dem Anwender Zugriff auf das Dateisystem erlaubt, benötigt der Angreifer lediglich einen Weg, um mit den zugelassenen Befehlen daran Änderungen vorzunehmen, und kann so die Einschränkungen des Endpunkts aufheben.

Der folgende Endpunkt wäre ein offensichtliches Sicherheitsrisiko, weil er undifferenziert alle Cmdlets aus dem Modul `Microsoft.PowerShell.Management` sowie den Zugriff auf das Dateisystem erlaubt:

```
# Pfadname zu einer neuen pssc-Datei festlegen
$Path = "$env:temp\jea2.pssc"

# Get-UserInfo liefert den Wert von $PSSenderInfo zurück
# darin ist der Name des aufrufenden Anwenders zu finden
$getUserInfo = @{
  Name='Get-UserInfo'

  ScriptBlock=
  {
    $PSSenderInfo
  }
}
```

```
# Datei anlegen
New-PSSessionConfigurationFile -Path $Path –SessionType RestrictedRemoteServer -LanguageMode NoLang
uage –ExecutionPolicy RemoteSigned -RunAsVirtualAccount -VisibleCmdlets Microsoft.PowerShell.Manage
ment\* -FunctionDefinitions $getUserInfo -VisibleProviders FileSystem

# Endpunkt anlegen
Register-PSSessionConfiguration -Path $Path -Name JEA2 -Force

# JEA-Gruppe berechtigen
Set-PSSessionConfiguration -Name JEA2 -ShowSecurityDescriptorUI -Force
```

Listing 24.5: Beispiel für einen grob fahrlässig abgesicherten Endpunkt.

Wenn Sie diesen Endpunkt JEA2 einrichten und wieder die Gruppe *JEA_Admin* berechtigen, würde sich *Testoperator* nun zunächst mit diesem Endpunkt verbinden. Die bereitgestellten Befehle verfügen bereits über Administratorrechte, und mit New-Item könnte der Angreifer ein neues PowerShell-Modul mit beliebigen Befehlen erzeugen.

Damit sein neues »gefälschtes« Modul künftig ebenfalls alle seine enthaltenen Befehle über den Endpunkt ausführen kann, muss es nur denselben Namen tragen wie eines der zugelassenen Module, zum Beispiel Microsoft.PowerShell.Management:

```
PS> Enter-PSSession -ConfigurationName JEA2 -ComputerName $env:COMPUTERNAME -Credential Testoperator

[DC01]: PS> New-Item -path 'C:\Program Files\WindowsPowerShell\Modules\Microsoft.PowerShell.Manage
ment\Microsoft.PowerShell.Management.psm1' -ItemType File -Value 'function test($Code) { Invoke-Co
mmand -ScriptBlock ([ScriptBlock]::Create($Code)) }' -Force


    Directory: C:\Program Files\WindowsPowerShell\Modules\Microsoft.PowerShell.Management


Mode              LastWriteTime         Length Name
----              -------------         ------ ----
-a----        1/7/2016  10:00 AM             31 Microsoft.PowerShell.Management.psm1


[DC01]: PS> exit

PS C:\>
```

Meldet sich der Angreifer jetzt vom Endpunkt ab und danach neu an, hat er Zugriff auf seine eigene Funktion test, die mit vollen Administratorrechten läuft und beliebigen Code ausführen kann.

Obwohl ihm eigentlich das Cmdlet Get-ACL nicht zur Verfügung steht, mit dem sich NTFS-Berechtigungen verwalten lassen, kann das Cmdlet mit der eingeschmuggelten Funktion test problemlos als Administrator ausgeführt werden:

```
PS> Enter-PSSession -ConfigurationName JEA2 -ComputerName $env:COMPUTERNAME -Credential Testoperator

[DC01]: PS> Get-ACL c:\windows
The term 'Get-Acl' is not recognized as the name of a cmdlet, function, script file, or operable
program. Check the spelling of the name, or if a path was included, verify that the path is correct
and try again.
    + CategoryInfo          : ObjectNotFound: (Get-Acl:String) [], CommandNotFoundException
    + FullyQualifiedErrorId : CommandNotFoundException
```

```
[DC01]: PS> test 'Get-ACL c:\windows'


    Directory: C:\


Path    Owner                 Access
----    -----                 ------
windows NT SERVICE\TrustedInstaller CREATOR OWNER Allow  268435456...



[DC01]: PS>
```

Dasselbe gilt für jedes andere Cmdlet, denn die Funktion test führt uneingeschränkt Power-Shell-Code aus, ist also nicht mehr an die Sicherheitskonfiguration des Endpunkts gebunden.

Achtung

Entfernen Sie das selbst gemachte Modul namens `Microsoft.PowerShell.Management` unbedingt nach dem Test wieder. Es ist ein Sicherheitsrisiko und kann außerdem Fehler verursachen, wenn Endpunkte ohne Skriptausführungsberechtigung verwendet werden.

Best Practices für JEA-Endpunkte

Aus den Beispielen ergeben sich die folgenden wichtigen Punkte, die beim Einsatz von Elevierungen unbedingt zu beachten sind:

- **Platzhalterzeichen:** Verzichten Sie bei sicherheitskritischen Konfigurationen auf Platzhalterzeichen, zum Beispiel wenn Sie festlegen, welche Befehle sichtbar sein sollen oder welche Module geladen werden.

- **Vollqualifizierte Befehlsnamen:** Geben Sie bei Cmdlets und Funktionen den vollqualifizierten Namen ein, also einschließlich des Modulnamens, aus dem der Befehl stammt. So verhindern Sie, dass ein gleichnamiger Befehl aus einem anderen Modul verwendet werden kann.

- **Absicherung der Modulverzeichnisse:** Stellen Sie unbedingt sicher, dass die Modulverzeichnisse in `$env:PSModulePath`, die für alle Anwender sichtbar sind, nur mit Administratorrechten geändert werden können.

- **Skriptausführung:** Achten Sie penibel darauf, dem Endpunkt nur die tatsächlich benötigten Funktionalitäten zu geben. Verwenden Sie als `ExecutionPolicy` daher die Einstellung `Restricted`, wenn keine skriptbasierten Module geladen werden müssen.

- **Dateisystemzugriff:** Gewähren Sie den Zugriff auf Provider, insbesondere den Provider `FileSystem`, mit `-VisibleProviders` nur dann, wenn die Befehle des Endpunkts tatsächlich unbedingt auf Laufwerke zugreifen müssen. Wenn Sie den Zugriff auf das Dateisystem erlauben, unterziehen Sie alle erlaubten Befehle akribisch einem Review. Stellen Sie dabei sicher, dass diese Befehle keine sicherheitskritischen Änderungen am Dateisystem vornehmen können. Wenn ein Befehl beliebigen Inhalt in eine Datei schreiben oder existierende Dateien überschreiben (beschädigen) kann, ist das regelmäßig ein sicherheitskritischer Vorgang. Möglicherweise können Sie die zugelassenen Befehle aber entschärfen, indem Sie, wie im letzten Kapitel gezeigt, die kritischen Parameter des Befehls ausblenden oder den Befehl durch eine eigene Funktion ersetzen.

Rollenbasierte Rechtevergabe

Bei der rollenbasierten Rechtevergabe definiert der Endpunkt eine beliebige Liste von Rollennamen und weist diese bestimmten Gruppen zu. Jede Gruppe erhält automatisch Zugriff auf den Endpunkt, womit geklärt ist, *wer* den Endpunkt benutzen darf. *Was* jemand mit dem Endpunkt tun darf, also welche Befehle zur Verfügung stehen, wird von JEA indes nicht bestimmt. Der Befehlsumfang einer Rolle wird nachträglich über PowerShell-Module festgelegt.

Das ist ziemlich interessant, weil es die Konfigurationsarbeit stark erleichtert. Im ersten Schritt legen Sie einfach nur fest, welche Rollen es geben soll und welche Benutzergruppen diese Rollen repräsentieren.

Rollen anlegen

Rollen werden pro Endpunkt festgelegt, und im folgenden Beispiel sollen zwei Rollen festgelegt werden:

- **JEA_Service:** Mitglieder sollen übliche Servicedienstleistungen durchführen können, zum Beispiel Dienste starten und stoppen
- **JEA_Info:** Mitglieder sollen Informationen über ein System abrufen, aber keine Änderungen durchführen dürfen.

Dazu legen Sie die beiden Gruppen an, die die Rollen repräsentieren. Außerdem werden zwei Testbenutzer angelegt, die jeweils Mitglied in einer der beiden Gruppen sind:

```
$serviceAdmins = New-ADGroup -Name JEA_Service -GroupScope DomainLocal -PassThru
$infoAdmins = New-ADGroup -Name JEA_Info -GroupScope DomainLocal -PassThru

$password = ConvertTo-SecureString -String P@ssw0rd -AsPlainText -Force

$serviceUser = New-ADUser -Name ServiceUser -AccountPassword $password -PassThru
Enable-ADAccount -Identity $serviceUser

$infoUser = New-ADUser -Name InfoUser -AccountPassword $password -PassThru
Enable-ADAccount -Identity $infoUser


Add-ADGroupMember -Identity $serviceAdmins -Members $serviceUser
Add-ADGroupMember -Identity $infoAdmins -Members $infoUser
```

Listing 24.6: Testgruppen und Testanwender anlegen.

Nun wird der Endpunkt JEA3 angelegt, und die beiden Rollen werden definiert:

```
# Pfadname zu einer neuen pssc-Datei festlegen
$Path = "$env:temp\jea3.pssc"
```

Remoting und Parallelverarbeitung

```
# Rollen definieren
$roles = @{
  'mycompany\JEA_Info' = @{RoleCapabilities = 'Information', 'Generic'}
  'mycompany\JEA_Service' = @{RoleCapabilities = 'ManageService', 'ManageLog', 'Generic'}
}

# Datei anlegen
New-PSSessionConfigurationFile -Path $Path –SessionType RestrictedRemoteServer -LanguageMode
NoLanguage –ExecutionPolicy Restricted -RunAsVirtualAccount -RoleDefinitions $roles

# Endpunkt anlegen
Register-PSSessionConfiguration -Path $Path -Name JEA3 -Force
```

Listing 24.7: JEA-Endpunkt »JEA3« mit zwei Rollen definieren.

Überprüfen Sie zunächst, ob der Endpunkt JEA3 korrekt angelegt wurde:

```
PS> Get-PSSessionConfiguration -Name JEA3


Name           : JEA3
PSVersion      : 5.0
StartupScript  :
RunAsUser      :
Permission     : MYCOMPANY\JEA_Service AccessAllowed, MYCOMPANY\JEA_Info AccessAllowed
```

JEA hat den Zugriff auf den Endpunkt automatisch berechtigt. Die beiden angegebenen Rollen erhalten ausschließlichen Zugriff auf diesen Endpunkt. Es können sich nun also alle Mitglieder dieser Gruppen mit dem Endpunkt verbinden.

Hinweis

Die beiden Konten *InfoUser* und *ServiceUser*, die in Listing 24.6 angelegt wurden, verwenden beide das Kennwort »P@ssw0rd«.

Allerdings scheitert die Verbindung:

```
PS> Enter-PSSession -ConfigurationName JEA3 -ComputerName $env:COMPUTERNAME -Credential InfoUser
Enter-PSSession : Processing data from remote server DC01 failed with the following error message:
Could not find the role capability, 'Information'. The role capability must be a file named
'Information.psrc' within a 'RoleCapabilities' directory in a module in the current module path.
For more information, see the about_Remote_Troubleshooting Help topic.
At line:1 char:1
+ Enter-PSSession -ConfigurationName JEA3 -ComputerName $env:COMPUTERNA ...
+ ~~~~~~~~~~~~~~~~~~~~~~~~~~~~~~~~~~~~~~~~~~~~~~~~~~~~~~~~~~~~~~~~~~~~~~~~
    + CategoryInfo          : InvalidArgument: (DC01:String) [Enter-PSSession],
PSRemotingTransportException
    + FullyQualifiedErrorId : CreateRemoteRunspaceFailed


PS>
```

Die Fehlermeldung beschreibt, was geschehen ist. Sie haben bisher nur die Rollen definiert, aber noch nicht, welche Befehle die Rollen eigentlich bereitstellen.

Im Beispiel hat sich der Benutzer *InfoUser* am Endpunkt angemeldet. PowerShell hat daraufhin in den Rollendefinitionen des Endpunkts nachgeschaut, in welcher Rolle *InfoUser* eingetragen ist, und die Rollen `Information` und `Generic` ermittelt. Allerdings war bereits die erste Rolle, `Information`, undefiniert, es wurde noch nirgendwo festgelegt, welche Befehle die Rolle `Information` eigentlich bereitstellen soll. Daher scheiterte die Verbindungsaufnahme.

Bisher ist also nur die erste Hälfte konfiguriert: die Rollen. Was die Rollen tun sollen, muss als Nächstes festgelegt werden.

Befehlsumfang der Rollen definieren

Was eine Rolle tun soll, wird nicht vom Endpunkt festgelegt. Ihm ist das egal. Was eine Rolle tun soll, wird just in dem Moment dynamisch bestimmt, in dem die Rolle tatsächlich benötigt wird.

Erst jetzt schaut PowerShell in allen seinen Modulverzeichnissen nach einer *Role Capability*-Datei (mit der Endung *.psrc* für *PowerShell Role Capability*). Es kann für eine Rolle also viele solcher Dateien geben, und PowerShell kombiniert die Inhalte dieser Dateien automatisch. Nur muss eben wenigstens eine solche *Role Capability* gefunden werden, denn sonst kommt es zum Fehler von eben.

Role Capability-Dateien müssen innerhalb eines PowerShell-Moduls im Ordner *RoleCapability* angelegt werden, damit JEA sie finden kann. Lassen Sie uns also noch ein paar *Role Capability*-Dateien anlegen, damit die Rollen `Information`, `Generic`, `ManageService` und `ManageLog` aus Listing 24.7 auch ordnungsgemäß festgelegt sind.

Generic: Allgemeine Befehle

Die Fähigkeit `Generic` wird in Listing 24.7 beiden Rollen zugewiesen. Hier kann man also Befehle definieren, die in allen Rollen vorhanden sein sollen, zum Beispiel die Hilfsfunktion `Get-UserInfo`, die die aktuelle Identität des Anwenders verrät. So wird sie angelegt:

```
# Name der Fähigkeit:
$Name = 'Generic'


# private Funktion definieren:
$GetUserInfo = @{
  Name = 'Get-UserInfo'
  ScriptBlock = { $PSSenderInfo }
}

# Konfiguration definieren:
$Config = @{
    FunctionDefinitions = $GetUserInfo
}

# Name des neuen Moduls:
$guid = [Guid]::NewGuid().toString('d')
$ModuleName = 'Role{0}_{1}' -f $Name,$guid
$modulePath = "$env:programfiles\WindowsPowerShell\Modules\$ModuleName"

# Modul herstellen:
New-Item -Path "$modulePath\RoleCapabilities" -ItemType Directory -Force
```

```
New-PSRoleCapabilityFile -Path "$modulePath\RoleCapabilities\$Name.psrc" @Config
New-ModuleManifest -Path "$modulePath\$ModuleName.psd1"
```

Listing 24.8: Fähigkeiten für »Generic« definieren.

»Information«: Ausgewählte Informationsbefehle

Die Fähigkeit Information soll eine Reihe ausgewählter Befehle enthalten, mit denen man Informationen über das System auslesen kann:

```
# Name der Fähigkeit:
$Name = 'Information'


# Konfiguration definieren:
$Config = @{
    VisibleExternalCommands = 'c:\windows\system32\systeminfo.exe', 'c:\windows\system32\netstat.exe'
    VisibleCmdlets = 'Get-WMIObject', 'Get-ACL'
}

# Name des neuen Moduls:
$guid = [Guid]::NewGuid().toString('d')
$ModuleName = 'Role{0}_{1}' -f $Name,$guid
$modulePath = "$env:programfiles\WindowsPowerShell\Modules\$ModuleName"

# Modul herstellen:
New-Item -Path "$modulePath\RoleCapabilities" -ItemType Directory -Force
New-PSRoleCapabilityFile -Path "$modulePath\RoleCapabilities\$Name.psrc" @Config
New-ModuleManifest -Path "$modulePath\$ModuleName.psd1"
```

Listing 24.9: Fähigkeiten für »Information« definieren.

Achtung

VisibleExternalCommands erwartet den absoluten Pfad zur ausführbaren Datei. Erlaubt sind Platzhalterzeichen wie *. Platzhalterzeichen stellen jedoch ein Sicherheitsrisiko dar, weil sie eine Datei nicht mehr eindeutig angeben.

Da nun die beiden Fähigkeiten Generic und Information definiert sind, sollten sich die Mitglieder der Rolle *JEA_Information* jetzt am Endpunkt anmelden können:

```
PS> Enter-PSSession -ComputerName $env:COMPUTERNAME -ConfigurationName JEA3 -Credential InfoUser

[DC01]: PS> get-command
```

CommandType	Name	Version	Source
Function	Clear-Host		
Function	Exit-PSSession		
Function	Get-Command		
Function	Get-FormatData		
Function	Get-Help		
Function	**Get-UserInfo**		
Function	Measure-Object		
Function	Out-Default		
Function	Select-Object		
Cmdlet	**Get-Acl**	3.0.0.0	Microsoft.PowerShell.Security

```
Cmdlet          Get-WmiObject       3.0.0.0     Microsoft.PowerShell.Management

[DC01]: PS> get-command -commandtype application

CommandType     Name                    Version Source
-----------     ----                    ------- ------
Application     NETSTAT.EXE             10.0.10..C:\Windows\system32\NETSTAT.EXE
Application     systeminfo.exe         10.0.10..C:\Windows\system32\systeminfo.exe

[DC01]: PS> exit

PS>
```

Tatsächlich klappt die Verbindungsaufnahme, und *InfoUser* stehen die Befehle aus den Fähigkeiten Generic und Information zur Verfügung. Damit auch *ServiceUser* sich anmelden kann, müssen noch dessen Fähigkeiten definiert werden:

»ManageService« und »ManageLog«

Die Fähigkeit ManageService soll in diesem einfachen Beispiel die Cmdlets der Familie Service bereitstellen. ManageLog macht dasselbe für die Cmdlets der Familie EventLog:

```
# Name der Fähigkeit:
$Name = 'ManageService'


# Konfiguration definieren:
$Config = @{
    VisibleCmdlets = 'Microsoft.PowerShell.Management\*-Service'
}

# Name des neuen Moduls:
$guid = [Guid]::NewGuid().toString('d')
$ModuleName = 'Role{0}_{1}' -f $Name,$guid
$modulePath = "$env:programfiles\WindowsPowerShell\Modules\$ModuleName"

# Modul herstellen:
New-Item -Path "$modulePath\RoleCapabilities" -ItemType Directory -Force
New-PSRoleCapabilityFile -Path "$modulePath\RoleCapabilities\$Name.psrc" @Config
New-ModuleManifest -Path "$modulePath\$ModuleName.psd1"


# Name der Fähigkeit:
$Name = 'ManageLog'


# Konfiguration definieren:
$Config = @{
    VisibleCmdlets = 'Microsoft.PowerShell.Management\*-EventLog'
}

# Name des neuen Moduls:
$guid = [Guid]::NewGuid().toString('d')
$ModuleName = 'Role{0}_{1}' -f $Name,$guid
$modulePath = "$env:programfiles\WindowsPowerShell\Modules\$ModuleName"

# Modul herstellen:
New-Item -Path "$modulePath\RoleCapabilities" -ItemType Directory -Force
```

```
New-PSRoleCapabilityFile -Path "$modulePath\RoleCapabilities\$Name.psrc" @Config
New-ModuleManifest -Path "$modulePath\$ModuleName.psd1"
```

Listing 24.10: Fähigkeiten »ManageService« und »ManageLog« definieren.

Nun kann auch *ServiceUser* sich anmelden und erhält Zugriff auf genau die Befehle, die seine Rolle und die darin hinterlegten Fähigkeiten festlegen:

```
PS> Enter-PSSession -ComputerName $env:COMPUTERNAME -ConfigurationName JEA3 -Credential ServiceUser

[DC01]: PS> get-command

CommandType     Name              Version   Source
-----------     ----              -------   ------
Function        Clear-Host
Function        Exit-PSSession
Function        Get-Command
Function        Get-FormatData
Function        Get-Help
Function        Get-UserInfo
Function        Measure-Object
Function        Out-Default
Function        Select-Object
Cmdlet          Clear-EventLog    3.0.0.0   Microsoft.PowerShell.Management
Cmdlet          Get-EventLog      3.0.0.0   Microsoft.PowerShell.Management
Cmdlet          Get-Service       3.0.0.0   Microsoft.PowerShell.Management
Cmdlet          Limit-EventLog    3.0.0.0   Microsoft.PowerShell.Management
Cmdlet          New-EventLog      3.0.0.0   Microsoft.PowerShell.Management
Cmdlet          New-Service       3.0.0.0   Microsoft.PowerShell.Management
Cmdlet          Remove-EventLog   3.0.0.0   Microsoft.PowerShell.Management
Cmdlet          Restart-Service   3.0.0.0   Microsoft.PowerShell.Management
Cmdlet          Resume-Service    3.0.0.0   Microsoft.PowerShell.Management
Cmdlet          Set-Service       3.0.0.0   Microsoft.PowerShell.Management
Cmdlet          Show-EventLog     3.0.0.0   Microsoft.PowerShell.Management
Cmdlet          Start-Service     3.0.0.0   Microsoft.PowerShell.Management
Cmdlet          Stop-Service      3.0.0.0   Microsoft.PowerShell.Management
Cmdlet          Suspend-Service   3.0.0.0   Microsoft.PowerShell.Management
Cmdlet          Write-EventLog    3.0.0.0   Microsoft.PowerShell.Management
```

Praxisbeispiel: Verwaltung im Active Directory

Um JEA in echten Praxisprojekten einzusetzen, ist zuerst eine Bestandsaufnahme notwendig:

- Welche Befehle sind notwendig?
- Welche Befehle müssen »entschärft« werden?
- Welche Befehle sind ungeeignet und müssen durch eigene Funktionen ersetzt werden?

Danach stellt sich die Frage, ob die notwendigen Befehle über einen Endpunkt bereitgestellt werden sollen oder über Rollen. Im ersten Fall liefert der Endpunkt für alle, denen der Zugriff erlaubt wird, ein festes Set an Verwaltungsbefehlen. Im zweiten Fall können dagegen Rollen kombiniert und gemeinsam über einen einzigen Endpunkt ausgeübt werden.

Endpunkt für die Verwaltung des Active Directory

Im folgenden Beispiel wird ein Endpunkt namens ADAdmin auf einem Domänencontroller eingerichtet, der ein Subset der Verwaltungsbefehle bereitstellt, um alltägliche Aufgaben rund um
das Active Directory abzuwickeln.

Das Beispiel zeigt, wie die notwendigen Befehle aus dem Modul ActiveDirectory gewählt und
teilweise zusätzlich nur bestimmte Parameter der Befehle sichtbar gemacht werden. Weil der
Umgang mit Kennwörtern über Konsolenbefehle nicht immer einfach ist, wurde zudem eine
eigene Funktion namens Reset-ADPassword hinzugefügt, die intern ein Kennwort abfragt, es
einem Konto neu zuweist und die dann bei der folgenden Anmeldung ein neues Kennwort verlangt.

```
# Pfadname zu einer neuen pssc-Datei festlegen
$Path = "$env:temp\jeaAD.pssc"

# Get-UserInfo liefert den Wert von $PSSenderInfo zurück
# darin ist der Name des aufrufenden Anwenders zu finden
$getUserInfo = @{
  Name='Get-UserInfo'

  ScriptBlock=
  {
    $PSSenderInfo
  }
}


$resetADPassword = @{
  Name='Reset-ADPassword'

  ScriptBlock=
  {
    param($Identity)
    $NewPassword = Read-Host -Prompt 'Enter New Password' -AsSecureString
    # Reset the password
    ActiveDirectory\Set-ADAccountPassword -Identity $Identity -NewPassword $NewPassword -Reset
    # Require the user to reset at next logon
    ActiveDirectory\Set-ADUser -Identity $Identity -ChangePasswordAtLogon $true
  }
}


$VisibleCmdlets = 'Get-ADUser',
'Unlock-ADAccount',
@{ Name = 'Set-ADUser'; Parameters = @{ Name = 'Title'; ValidateSet = 'Manager', 'Engineer' }},
'Search-ADAccount',
@{ Name = 'Add-ADGroupMember'; Parameters =
  @{Name = 'Identity'; ValidateSet = 'TestGroup'},
@{Name = 'Members'}},
@{ Name = 'Remove-ADGroupMember'; Parameters =
  @{Name = 'Identity'; ValidateSet = 'TestGroup'},
@{Name = 'Members'}},
'Enable-ADAccount',
'Disable-ADAccount'
```

```
# Datei anlegen
New-PSSessionConfigurationFile -Path $Path —SessionType RestrictedRemoteServer -LanguageMode
NoLanguage —ExecutionPolicy Restricted -RunAsVirtualAccount -VisibleCmdlets $VisibleCmdlets
-FunctionDefinitions $resetADPassword, $getUserInfo

# Endpunkt anlegen
Register-PSSessionConfiguration -Path $Path -Name ADAdmin -ShowSecurityDescriptorUI -Force
```

Listing 24.11: Endpunkt »ADAdmin« zur Verwaltung des Active Directory auf Domänencontroller einrichten.

Verwenden kann diesen Endpunkt jeder, der bei der Einrichtung des Endpunkts berechtigt wurde. Alle Befehle des Endpunkts werden mit Administratorrechten ausgeführt. Mit `-RunAsVirtualAccountGroups` lassen sich die Gruppenmitgliedschaften des virtuellen Kontos auch selbst festlegen.

Alternativ zu `-RunAsVirtualAccount` kann bei `Register-PSSessionConfiguration` mit `-RunAsCredential` ein festes Benutzerkonto angegeben werden, in dessen Kontext die Befehle dann ausgeführt werden.

Die freigegebenen Befehle stehen unter der vereinbarten Identität über `Enter-PSSession` zur Verfügung:

```
PS> Enter-PSSession -ConfigurationName ADAdmin -ComputerName DC01
```

Modul für die Verwaltung des Active Directory

In der Praxis wesentlich besser verwendbar wird der im letzten Abschnitt angelegte Endpunkt, wenn er als Modul exportiert wird. Dann können die von ihm bereitgestellten Befehle direkt in der lokalen PowerShell zusammen mit anderen lokalen Befehlen verwendet werden, und auch IntelliSense sowie Variablen und andere Sprachfunktionalitäten stehen zur Verfügung:

```
# Session verwenden
$session = New-PSSession -ComputerName DC01 -ConfigurationName ADAdmin

# Inhalt als Modul "ADAdmin" exportieren
Export-PSSession -OutputModule ADAdmin -CommandName * -CommandType Cmdlet, Function -Session
$session -Force

# Session verwerfen
Remove-PSSession $session
```

Listing 24.12: Elevierte Befehle implizit über Modul »ADAdmin« in lokale PowerShell laden

Exportieren Sie die Session auf demselben Computer, auf dem auch der Endpunkt läuft, werden Sie Fehlermeldungen aufgrund von Namenskonflikten sehen. Dort gibt es ja bereits schon die Cmdlets des Moduls `ActiveDirectory`, und namensgleiche vorhandene Befehle werden nicht überschrieben.

Auf einem Client dagegen wird das Modul ganz ohne Fehler erstellt und stellt fortan die exportierten Befehle dort in jeder PowerShell zur Verfügung.

Rollenbasierte Verwaltung

Möchten Sie die ActiveDirectory-Verwaltungsbefehle lieber rollenbasiert zuweisen, definieren Sie dafür lediglich eine neue »Fähigkeit«, zum Beispiel eine namens ADAdmin:

```
# Name der Fähigkeit:
$Name = 'ADAdmin'

# Funktionen definieren:
$getUserInfo = @{
  Name='Get-UserInfo'

  ScriptBlock=
  {
    $PSSenderInfo
  }
}


$resetADPassword = @{
  Name='Reset-ADPassword'

  ScriptBlock=
  {
    param($Identity)
    $NewPassword = Read-Host -Prompt 'Enter New Password' -AsSecureString
    # Reset the password
    ActiveDirectory\Set-ADAccountPassword -Identity $Identity -NewPassword $NewPassword -Reset
    # Require the user to reset at next logon
    ActiveDirectory\Set-ADUser -Identity $Identity -ChangePasswordAtLogon $true
  }
}


# sichtbare Cmdlets definieren:
$VisibleCmdlets = 'Get-ADUser',
'Unlock-ADAccount',
@{ Name = 'Set-ADUser'; Parameters = @{ Name = 'Title'; ValidateSet = 'Manager', 'Engineer' }},
'Search-ADAccount',
@{ Name = 'Add-ADGroupMember'; Parameters =
  @{Name = 'Identity'; ValidateSet = 'TestGroup'},
@{Name = 'Members'}},
@{ Name = 'Remove-ADGroupMember'; Parameters =
  @{Name = 'Identity'; ValidateSet = 'TestGroup'},
@{Name = 'Members'}},
'Enable-ADAccount',
'Disable-ADAccount'


# Konfiguration definieren:
$Config = @{
    FunctionDefinitions = $getUserInfo, $resetADPassword
    VisibleCmdlets = $VisibleCmdlets
}

# Name des neuen Moduls:
$guid = [Guid]::NewGuid().toString('d')
$ModuleName = 'Role{0}_{1}' -f $Name,$guid
```

```
$modulePath = "$env:programfiles\WindowsPowerShell\Modules\$ModuleName"

# Modul herstellen:
New-Item -Path "$modulePath\RoleCapabilities" -ItemType Directory -Force
New-PSRoleCapabilityFile -Path "$modulePath\RoleCapabilities\$Name.psrc" @Config
New-ModuleManifest -Path "$modulePath\$ModuleName.psd1"
```

Listing 24.13: Neue rollenbasierte Fähigkeit »ADAdmin« definieren.

Sie könnten diese neue Fähigkeit nun wie in Listing 24.7 Ihren Rollen zuweisen. Eine Anpassung dieses Listings könnte so aussehen:

```
# Pfadname zu einer neuen pssc-Datei festlegen
$Path = "$env:temp\jea3.pssc"

# Rollen definieren
$roles = @{
  'mycompany\JEA_Info' = @{RoleCapabilities = 'Information', 'Generic'}
  'mycompany\JEA_Service' = @{RoleCapabilities = 'ManageService', 'ManageLog', 'ADAdmin', 'Generic'}
}

# Datei anlegen
New-PSSessionConfigurationFile -Path $Path –SessionType RestrictedRemoteServer -LanguageMode
NoLanguage –ExecutionPolicy Restricted -RunAsVirtualAccount -RoleDefinitions $roles

# Endpunkt anlegen
Register-PSSessionConfiguration -Path $Path -Name JEA3 -Force
```

Listing 24.14: Rolle »JEA_Service« kann nun auch Active Directory verwalten.

Die Mitglieder der Gruppe *JEA_Service* würden jetzt also zusätzlich die Befehle nutzen können, die in der Fähigkeit ADAdmin (Listing 24.13) definiert wurden:

```
PS> Enter-PSSession -ComputerName $env:COMPUTERNAME -ConfigurationName JEA3 -Credential ServiceUser

[DC01]: PS> get-command
```

CommandType	Name	Version	Source
Function	Add-ADGroupMember		
Function	Clear-Host		
Function	Exit-PSSession		
Function	Get-Command		
Function	Get-FormatData		
Function	Get-Help		
Function	Get-UserInfo		
Function	Measure-Object		
Function	Out-Default		
Function	Remove-ADGroupMember		
Function	Reset-ADPassword		
Function	Select-Object		
Function	Set-ADUser		
Cmdlet	Clear-EventLog	3.0.0.0	Microsoft.PowerShell.Management
Cmdlet	Disable-ADAccount	1.0.0.0	ActiveDirectory
Cmdlet	Enable-ADAccount	1.0.0.0	ActiveDirectory
Cmdlet	Get-ADUser	1.0.0.0	ActiveDirectory
Cmdlet	Get-EventLog	3.0.0.0	Microsoft.PowerShell.Management
Cmdlet	Get-Service	3.0.0.0	Microsoft.PowerShell.Management
Cmdlet	Limit-EventLog	3.0.0.0	Microsoft.PowerShell.Management

```
Cmdlet          New-EventLog         3.0.0.0    Microsoft.PowerShell.Management
Cmdlet          New-Service          3.0.0.0    Microsoft.PowerShell.Management
Cmdlet          Remove-EventLog      3.0.0.0    Microsoft.PowerShell.Management
Cmdlet          Restart-Service      3.0.0.0    Microsoft.PowerShell.Management
Cmdlet          Resume-Service       3.0.0.0    Microsoft.PowerShell.Management
Cmdlet          Search-ADAccount     1.0.0.0    ActiveDirectory
Cmdlet          Set-Service          3.0.0.0    Microsoft.PowerShell.Management
Cmdlet          Show-EventLog        3.0.0.0    Microsoft.PowerShell.Management
Cmdlet          Start-Service        3.0.0.0    Microsoft.PowerShell.Management
Cmdlet          Stop-Service         3.0.0.0    Microsoft.PowerShell.Management
Cmdlet          Suspend-Service      3.0.0.0    Microsoft.PowerShell.Management
Cmdlet          Unlock-ADAccount     1.0.0.0    ActiveDirectory
Cmdlet          Write-EventLog       3.0.0.0    Microsoft.PowerShell.Management


[DC01]: PS>
```

Kapitel 25

Hintergrundjobs und Parallelverarbeitung

Ausführlich werden in diesem Kapitel die folgenden Aspekte erläutert:

- **Parallelverarbeitung:** PowerShell unterstützt kein Multitasking und kann daher nur eine Aufgabe nach der anderen bearbeiten. Mit Hintergrundjobs lassen sich Aufgaben aber auf mehrere PowerShells verteilen und koordinieren. Alternativ können Aufgaben auch innerhalb einer PowerShell auf weitere Threads verteilt werden. Dies kann die Ausführung von Skripten stark beschleunigen.

- **Hintergrundjob:** Wird durch einen separaten *PowerShell.exe*-Prozess repräsentiert, in dem PowerShell-Code ausgeführt werden kann. Die Cmdlets der Familie Job koordinieren den Start und den Transfer der Ergebnisse. Ähnlich wie beim PowerShell-Remoting müssen Ergebnisse serialisiert werden, bevor sie zum Aufrufer zurücktransportiert werden, was viel Zeit kosten kann.

- **Thread:** Repräsentiert einen eigenständigen Bereich innerhalb derselben PowerShell-Anwendung, in dem PowerShell-Code parallel zu anderen Threads ausgeführt werden kann. Anders als bei Hintergrundjobs müssen Ergebnisse hierbei nicht serialisiert werden.

Threads sind also ein besonders performanter Weg, um Aufgaben parallel zu verarbeiten. Es gibt zwar keine eingebaute Cmdlet-Unterstützung für sie, doch kann man extrem mächtige Funktionen wie `Foreach-Parallel` mit ihrer Hilfe selbst nachrüsten.

- **InProcess-Hintergrundjobs:** Über eine kleine Erweiterung lassen sich die Vorteile von Hintergrundjobs mit den Vorteilen der Threads kombinieren. So lassen sich Hintergrundjobs anlegen, die nicht in einer separaten PowerShell ausgeführt werden, sondern in einem neuen Thread innerhalb derselben PowerShell.

Manchmal müssen Skripte komplexe Dinge erledigen, und das kann viel Zeit kosten. Ist die Zeit kostbar, zum Beispiel während eines Anmeldevorgangs, haben Sie die Möglichkeit, Aufgaben auch parallel (gleichzeitig) durchführen zu lassen.

Hintergrundjobs

Hintergrundjobs dienen dazu, Skripte zu beschleunigen. Erledigt ein Skript mehrere Aufgaben, die unabhängig voneinander sind, kann man sie mit Hintergrundjobs auch gleichzeitig ausführen lassen.

Das Prinzip der Hintergrundjobs ähnelt dem Remoting aus dem vorletzten Kapitel, nur dass diesmal die zusätzlichen PowerShell-Sitzungen nicht auf einem Remotecomputer angelegt werden, sondern auf demselben lokalen Computer (Abbildung 25.1). So lassen sich mehrere Aufgaben auf verschiedene PowerShells verteilen und gleichzeitig ausführen.

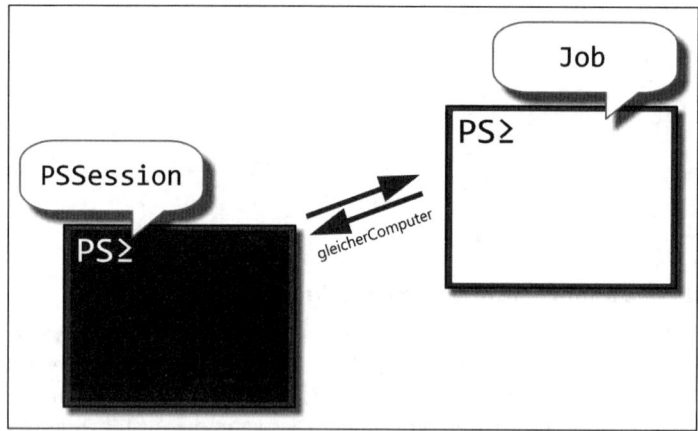

Abbildung 25.1: Hintergrundjobs sind separate PowerShell-Sitzungen auf demselben Computer.

Daraus ergeben sich allerdings auch die gleichen Einschränkungen wie beim Remoting: Die Ergebnisse eines Hintergrundjobs können nur über den Weg der Serialisierung an den Aufrufer zurücktransportiert werden. Hintergrundjobs haben deshalb einen nicht zu unterschätzenden Overhead, der den Vorteil der Parallelverarbeitung schnell wieder zunichtemachen kann, falls sehr viele Ergebnisse anfallen.

Mehrere Aufgaben parallelisieren

Stellen Sie sich vor, es wären die folgenden drei Aufgaben auszuführen:

```
$code1 = { Start-Sleep -Seconds 5; "A" }
$code2 = { Start-Sleep -Seconds 6; "B" }
$code3 = { Start-Sleep -Seconds 7; "C" }
```

Im Beispiel simulieren diese Aufgaben jeweils unterschiedlich lange Tätigkeiten, indem sie sich mit Start-Sleep schlafen legen und anschließend einen Buchstaben zurückgeben.

```
$start = Get-Date

& $code1
& $code2
& $code3

$end = Get-Date
$timespan = $end - $start
$seconds = $timespan.TotalSeconds
Write-Host "Gesamtdauer: $seconds sec."
```

Listing 25.1: Drei Aufgaben nacheinander ausführen.

Würden Sie diese Aufgaben auf normale Weise nacheinander ausführen, würde dies ziemlich genau 18 Sekunden dauern und im Ergebnis die Buchstaben A, B und C liefern.

```
A
B
C
Gesamtdauer: 18.0101628 sec.
```

Mit Hintergrundjobs kann man die Ausführungszeit deutlich beschleunigen. Das Grundprinzip macht Listing 25.2 deutlich. Hier wird nur eine Aufgabe in der eigenen PowerShell ausgeführt, die anderen beiden Aufgaben werden mit Start-Job in jeweils eigenständige und unsichtbare weitere PowerShells ausgelagert. Alle drei Aufgaben laufen also gleichzeitig, aber jeweils in einer anderen PowerShell.

```
$start = Get-Date

# drei Aufgaben definieren
$code1 = { Start-Sleep -Seconds 5; "A" }
$code2 = { Start-Sleep -Seconds 6; "B" }
$code3 = { Start-Sleep -Seconds 7; "C" }

# zwei Aufgaben in Hintergrundjobs verlagern und dort ausführen:
$job1 = Start-Job -ScriptBlock $code1
$job2 = Start-Job -ScriptBlock $code2

# die voraussichtlich längste Aufgabe in der eigenen PowerShell ausführen:
$result3 = & $code3

# warten, bis alle Hintergrundjobs ihre Aufgabe erledigt haben:
$alljobs = Wait-Job $job1, $job2

# Ergebnisse der Hintergrundjobs abfragen:
$result1 = Receive-Job $job1
$result2 = Receive-Job $job2
```

```
# Hintergrundjobs wieder entfernen
Remove-Job $alljobs

$end = Get-Date

# Ergebnisse ausgeben
$result1, $result2, $result3

$timespan = $end - $start
$seconds = $timespan.TotalSeconds
Write-Host "Gesamtdauer: $seconds sec."
```

Listing 25.2: Mehrere Aufgaben parallel mit Hintergrundjobs ausführen.

Die voraussichtlich am längsten dauernde Aufgabe ($code3) wird in der eigenen PowerShell ausgeführt, weil dann die Wahrscheinlichkeit am größten ist, dass die übrigen beiden Aufgaben ebenfalls fertiggestellt sind. Um sicherzugehen, wartet das Skript mit Wait-Job, bis alle angegebenen Hintergrundjobs beendet sind.

Über Receive-Job werden die Ergebnisse dann aus den Hintergrundjobs ausgelesen, mit Remove-Job werden sie anschließend entsorgt. Der ganze Vorgang sollte theoretisch nur so lange dauern wie die längste Einzelaufgabe, also 7 Sekunden. In der Praxis ergibt sich dieses Ergebnis:

```
A
B
C
Gesamtdauer: 11.7949932 sec.
```

Das zweite Skript konnte mit Hintergrundjobs viel Zeit sparen, zeigt aber auch, dass der Start der weiteren PowerShells sowie die Kommunikation zwischen den Anwendungen einen erheblichen Overhead produzieren kann. Dieser Overhead ist umso größer, je mehr Daten die Aufgaben in den Hintergrundjobs zurückliefern, denn ähnlich wie beim Remoting müssen diese Daten aufwendig serialisiert werden. Deshalb eignen sich Hintergrundjobs in erster Linie für Aufgaben, die gar keine Informationen zurückgeben oder höchstens einen Status melden. Wer dagegen Aufgaben in Hintergrundjobs verlagert, die viele Ergebnisse liefern, kann ein Skript auf diese Weise sogar verlangsamen.

Hinweis

Die folgenden Beispiele sollen den Einfluss der Serialisierung unter Praxisbedingungen zeigen. Die genannten Ausführungszeiten sind natürlich nur Näherungswerte und hängen im Einzelfall von vielen Faktoren wie der Leistungsfähigkeit des Festplattenlaufwerks und der tatsächlichen Datenmenge ab. Sie können also bei Ihnen stark abweichen, zeigen aber eine Tendenz.

Die folgenden Aufgaben benötigten auf dem Testsystem rund 0,2 Sekunden:

```
$code1 = { Get-Service }
$code2 = { Get-Process }
$code3 = { Get-Hotfix }

$start = Get-Date

$ergebnis1 = & $code1
$ergebnis2 = & $code2
```

```
$ergebnis3 = & $code3

$end = Get-Date
$timespan = $end - $start
$seconds = $timespan.TotalSeconds
Write-Host "Gesamtdauer: $seconds sec."
```

Listing 25.3: Aufgaben ausführen, die viele Ergebnisse liefern.

Würde man diese Aufgaben mit Hintergrundjobs parallelisieren, dauerte die Ausführung plötzlich 9,6 Sekunden. Setzen Sie Hintergrundjobs deshalb nur dann ein, wenn die folgenden Bedingungen gegeben sind:

- **Langwierige Aufgabe:** Die Aufgabe dauert mindestens einige Sekunden, jedenfalls aber deutlich länger als der Overhead an Zeit, den es kostet, eine weitere PowerShell zu öffnen.

- **Wenige oder keine Ergebnisse:** Die Aufgabe liefert nur sehr wenige oder keine Ergebnisse, sodass die gewonnene Zeitersparnis nicht durch eine langwierige Datenserialisierung wieder zunichtegemacht wird (Abbildung 25.2).

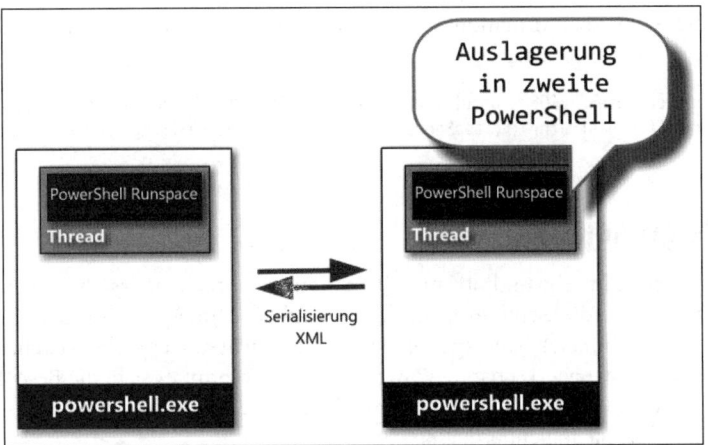

Abbildung 25.2: Hintergrundjobs sind separate PowerShell-Anwendungen, die miteinander kommunizieren.

- **Kurze Lebensdauer:** Alle Hintergrundjobs werden von der Sitzung verwaltet, aus der heraus sie angelegt wurden. Schließen Sie diese Sitzung, gehen auch alle Hintergrundjobs verloren. Benötigen Sie Hintergrundjobs, die unabhängig von der aktuellen PowerShell-Sitzung ausgeführt werden, greifen Sie zu geplanten Aufgaben und richten darin ein PowerShell-Skript ein, das von Windows (und nicht von PowerShell) in festgelegten Intervallen automatisch ausgeführt wird. Oder verwenden Sie auf Remotesystemen *Disconnected Sessions* (siehe Kapitel 23).

- **Double-Hop:** Für einen Hintergrundjob gelten die gleichen Einschränkungen wie für Remotesitzungen: Ihre Anmeldedaten können nicht transparent an Dritte weitergegeben werden. Wie bei Remotesitzungen müssen Sie auch hier die Anmeldedaten explizit mitgeben. Das folgende Beispiel möchte vom Hintergrundjob aus auf ein anderes System zugreifen und kann dies nur tun, wenn über -Credential die notwendigen Anmeldeinformationen an den Hintergrundjob weitergegeben werden:

```
# Hintergrundjob unter anderen Anmeldeinformationen ausführen:
PS> Start-Job { Get-WmiObject Win32_BIOS -ComputerName dell1 } -Credential (Get-Credential) -Name Job1

Id    Name       PSJobTypeName    State    HasMoreData    Location    Command
--    ----       -------------    -----    -----------    --------    -------
32    Job1       BackgroundJob    Running  True           localhost   Get-WmiObje...

PS> Receive-Job -Name Job1

SMBIOSBIOSVersion : A07
Manufacturer      : Dell Inc.
Name              : A07
SerialNumber      : 5TQLM32
Version           : DELL   - 1072009

PS> Remove-Job -Name Job1
```

Sie können die Anmeldeinformationen auch als Argument übergeben:

```
PS> Start-Job { param($cred) Get-WmiObject Win32_BIOS -ComputerName tobiasair1 -Credential $cred }
-Name Job1 -ArgumentList (Get-Credential PSRemoting)
```

Oder Sie generieren die Anmeldeinformationen im Code des Hintergrundjobs, müssen dann allerdings das Kennwort im Klartext angeben:

```
PS> Start-Job { Get-WmiObject Win32_BIOS -Computer dell1 -Credential (New-Object System.Managemen
t.Automation.PSCredential('Administrator', ('topSecret99' | ConvertTo-SecureString -Force -AsPlainT
ext))) } -Name Job1
```

Integrierte Hintergrundjobs

Einige Cmdlets unterstützen Hintergrundjobs mit einem Parameter namens -AsJob. Geben Sie den Parameter an, führt das Cmdlet seine Aufgabe automatisch als Hintergrundjob aus. Cmdlets, die den Parameter -AsJob anbieten, sind speziell darauf ausgerichtet, zu parallelisieren, und verwenden dafür auch nicht zwingend separate PowerShells. Daher lohnt es sich, die Beschleunigungsmöglichkeiten solcher Cmdlets genauer zu betrachten. Eine Übersicht der Cmdlets mit -AsJob-Unterstützung erhalten Sie folgendermaßen:

```
PS> Get-Help * -Parameter AsJob
```

Name	Category	Synopsis
----	--------	--------
Invoke-Command	Cmdlet	Führt Befehle auf lokalen Comput...
Get-WmiObject	Cmdlet	Ruft Instanzen von WMI-Klassen (...
Invoke-WmiMethod	Cmdlet	Ruft Methoden der Windows-Verwal...
Remove-WmiObject	Cmdlet	Löscht eine Instanz einer vorhan...
Set-WmiInstance	Cmdlet	Erstellt oder aktualisiert eine ...
Test-Connection	Cmdlet	Sendet ICMP-Echoanforderungspake...
Restart-Computer	Cmdlet	Startet das Betriebssystem auf d...
Stop-Computer	Cmdlet	Beendet lokale und Remotecompute...

Möchten Sie beispielsweise prüfen, welche Systeme in einem IP-Adressbereich online sind (oder, genauer gesagt, auf ICMP-Echo-Requests antworten), sieht der synchrone und langwierige Ansatz mit Test-Connection so aus:

```
PS> $ips = 1..255 | ForEach-Object { "192.168.2.$_" }
PS> Test-Connection $ips -ea SilentlyContinue -Count 1 | Where-Object { $_.ResponseTime -ne $null }
| Select-Object Address, ResponseTime
```

Address	ResponseTime
192.168.2.103	0
192.168.2.1	2
192.168.2.108	17
192.168.2.102	242
192.168.2.101	310
192.168.2.100	313
(…)	

Die Ausführung dauert eine gefühlte Ewigkeit, insbesondere wenn sich im Adresssegment viele Adressen befinden, auf die kein Computer antwortet. Sehr viel schneller geht es, wenn Sie dem Cmdlet erlauben, die Aufgabe intern auf mehrere Jobs zu verteilen. Dazu geben Sie den Parameter -AsJob an:

```
$ips = 1..255 | ForEach-Object { "192.168.2.$_" }
$job = Test-Connection $ips -ErrorAction SilentlyContinue -Count 1 -AsJob
$null = Wait-Job $job
Receive-Job $job | Where-Object { $_.ResponseTime -ne $null } |
    Select-Object Address, ResponseTime

Remove-Job $job
```

Listing 254: Gleichzeitig mehrere Computer anpingen.

Das Ergebnis liegt beinahe augenblicklich vor:

Address	ResponseTime
192.168.2.105	0
192.168.2.1	3
192.168.2.101	5
192.168.2.107	21
192.168.2.100	22
192.168.2.118	20
192.168.2.124	20
192.168.2.122	20
192.168.2.111	21
192.168.2.110	21
192.168.2.125	1414
192.168.2.104	1415
192.168.2.112	1559

Auffällig ist, dass die IP-Adressen unsortiert erscheinen, und tatsächlich scheint die Ergebnisliste nach der ResponseTime sortiert zu sein. In Wahrheit ist die Liste überhaupt nicht sortiert, sondern zeigt die Ergebnisse in der Reihenfolge an, in der die Hintergrundjobs die Information geliefert haben. Weil das stark von der Responsezeit abhängt, erscheinen die Ergebnisse mit der höchsten Responsezeit zuletzt.

Profitipp

Schön wäre es, wenn die Ergebnisse nach IP-Adressen sortiert erschienen. Doch wie sortiert man nach einer IP-Adresse? Mit einem Trick: **Sort-Object** konvertiert dazu die IPv4-Adresse vorübergehend in eine Versionsnummer. Versionsnummern bestehen wie IPv4-Adressen aus vier Zahlen und können von PowerShell korrekt sortiert werden:

Remoting und Parallelverarbeitung

```
$ips = 1..255 | ForEach-Object { "192.168.2.$_" }
$job = Test-Connection $ips -ErrorAction SilentlyContinue -Count 1 -AsJob
$null = Wait-Job $job
Receive-Job $job | Where-Object { $_.ResponseTime -ne $null } |
    Select-Object Address, ResponseTime |
    Sort-Object -Property { $_.Address -as [Version] } }

Remove-Job $job
```

Listing 25.5: Massenping mit korrekter Sortierung nach IPv4-Adresse.

Falls Sie die Ergebnisse des Jobs übrigens direkt abrufen und anzeigen lassen, fällt Ihnen vielleicht auf, dass der Code nun sehr viel länger braucht als in Listing 25.5. Die Objekte, die `Test-Connection` liefert, lösen den Computernamen erst beim Anzeigen auf, und das kann dauern. Wenn Sie also mit `Select-Object` dafür sorgen, dass der Computername nicht angezeigt wird, wird er auch nicht aufgelöst, und das spart viel Zeit.

Hintergrundjobs auf Remotecomputern

Hintergrundjobs können auch remote auf anderen Computern gestartet werden. Dabei wird der Hintergrundjob nicht auf Ihrem Computer gestartet, sondern auf einem anderen. Das Cmdlet `Invoke-Command`, mit dem man, wie im letzten Kapitel gezeigt, remote Code ausführen kann, unterstützt den Parameter `-AsJob` und kann so Aufgaben auf einem Remotesystem auch als Hintergrundjob starten. Ohne `-AsJob` wird die Aufgabe auf dem Remotesystem synchron ausgeführt, und Sie müssen darauf warten:

```
PS C:\> Invoke-Command { powercfg.exe /LIST } -ComputerName dell1

Bestehende Energieschemen (* Aktiv)
-----------------------------------
GUID des Energieschemas: 381b4222-f694-41f0-9685-ff5bb260df2e  (Ausbalanciert)
GUID des Energieschemas: 49ef8fc0-bb7f-488e-b6a0-f1fc77ec649b  (Dell)
GUID des Energieschemas: 8c5e7fda-e8bf-4a96-9a85-a6e23a8c635c  (H"chstleistung) *
GUID des Energieschemas: a1841308-3541-4fab-bc81-f71556f20b4a  (Energiesparmodus)
```

Mit `-AsJob` erhalten Sie stattdessen sofort ein Job-Objekt zurück, mit dem Sie genauso umgehen können wie in den vorherigen Beispielen:

```
PS C:\> $job = Invoke-Command { powercfg.exe /LIST } -ComputerName dell1 -asJob
PS C:\> $job
```

Id	Name	PSJobTypeName	State	HasMoreData	Location	Command
--	----	-------------	-----	-----------	--------	-------
7	Job7	RemoteJob	Running	True	dell1	powercfg.exe /L...

Die Spalte `Location` der Job-Objekte zeigt Ihnen jeweils an, wo ein Hintergrundjob ausgeführt wird. Um die Ergebnisse abzurufen, verwenden Sie wie bei lokalen Hintergrundjobs `Receive-Job`:

```
# Ergebnisse des Jobs abrufen:
PS C:\> Receive-Job $job

Bestehende Energieschemen (* Aktiv)
-----------------------------------
GUID des Energieschemas: 381b4222-f694-41f0-9685-ff5bb260df2e  (Ausbalanciert)
GUID des Energieschemas: 49ef8fc0-bb7f-488e-b6a0-f1fc77ec649b  (Dell)
```

```
GUID des Energieschemas: 8c5e7fda-e8bf-4a96-9a85-a6e23a8c635c  (H"chstleistung) *
GUID des Energieschemas: a1841308-3541-4fab-bc81-f71556f20b4a  (Energiesparmodus)

# Job abschließen:
PS> Remove-Job $job
```

Egal welchen Weg Sie beschreiten: Die zurückgelieferten Informationen sind leider etwas »verstümmelt«. Dies ist eine Begleiterscheinung des Remotings und passiert, wenn Sie native Konsolenbefehle mit PowerShell-Remoting ausführen. Der Grund ist ein fehlerhaftes Encoding, das die deutschen Umlaute betrifft. Hintergrundjobs sind davon aber nicht betroffen, sodass Sie dieses Problem lösen können, indem Sie den Befehl innerhalb einer Remotesitzung in einem Hintergrundjob ausführen:

```
$befehl = { powercfg.exe /LIST }

$remotecode =
{
    param($Code)
    $job = Start-Job ([ScriptBlock]::Create($Code)) -Name Aufgabe1
    $null = Wait-Job $job
    Receive-Job -Name Aufgabe1
    Remove-Job -Name Aufgabe1
}

Invoke-Command -ComputerName dell1 -ArgumentList $befehl -ScriptBlock $remotecode
```

Listing 25.6: Konsolenbefehl mit korrektem Encoding remote ausführen.

Nun stimmt das Ergebnis auch beim Remoteaufruf:

```
Bestehende Energieschemen (* Aktiv)
-----------------------------------
GUID des Energieschemas: 381b4222-f694-41f0-9685-ff5bb260df2e  (Ausbalanciert)
GUID des Energieschemas: 49ef8fc0-bb7f-488e-b6a0-f1fc77ec649b  (Dell)
GUID des Energieschemas: 8c5e7fda-e8bf-4a96-9a85-a6e23a8c635c  (Höchstleistung) *
GUID des Energieschemas: a1841308-3541-4fab-bc81-f71556f20b4a  (Energiesparmodus)
```

Multithreading

Während Hintergrundjobs separate vollwertige PowerShell-Anwendungen sind, die man als *PowerShell.exe* sogar im Task-Manager sehen kann, lassen sich Aufgaben auch ohne zusätzliche PowerShell-Anwendungen gleichzeitig ausführen. Hierbei werden zusätzliche Threads innerhalb derselben PowerShell-Anwendung angelegt und ausgeführt.

Weil die Aufgaben hierbei nur auf unterschiedliche Threads innerhalb desselben Prozesses verteilt sind, können die Threads direkt miteinander kommunizieren und benötigen nicht länger den aufwendigen Umweg über Serialisierungen. Threads können sogar gemeinsame Variablen und Objekte teilen. Allerdings wird dieser Ansatz von PowerShell nicht mit Cmdlets unterstützt, sodass etwas Programmierarbeit notwendig ist.

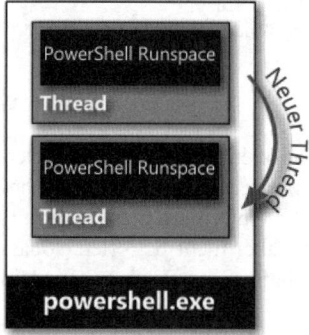

Abbildung 25.3: Hintergrundjob in separatem Thread innerhalb einer PowerShell-Sitzung.

Einen separaten Thread erzeugen

PowerShell bringt den Typ [PowerShell] mit, und über dessen statische Methode Create() lassen sich neue Threads inklusive Runspace anlegen. Ein *Runspace* ist der Teil eines Threads, der PowerShell-Code versteht und ausführt. Der folgende Code legt einen neuen Thread an, der PowerShell-Code ausführt und das Ergebnis dann in der aktuellen PowerShell-Sitzung anzeigt:

```
$code = {
    Start-Sleep -Seconds 2
    "Hello"
}

$newPowerShell = [PowerShell]::Create().AddScript($code)
$newPowerShell.Invoke()
```

Listing 25.7: Einen Thread anlegen und synchron ausführen.

Der neue Thread läuft synchron, hält also den ursprünglichen Thread an. Deshalb müssen Sie zwei Sekunden auf das Ergebnis warten. Synchrone Threads sind durchaus nützlich, denn damit können Sie beispielsweise vorübergehend eine neue, »frische« PowerShell-Umgebung verwenden. Für eine Parallelverarbeitung sind sie aber ungeeignet. Rufen Sie den Thread jedoch asynchron auf, arbeitet er im Hintergrund und liefert einen Handle zurück, über den Sie den Status des Threads überwachen können:

```
$code = {
  Start-Sleep -Seconds 2
  'Hello'
}

# neuen Thread erzeugen:
$newPowerShell = [PowerShell]::Create().AddScript($code)

# Thread asynchron starten:
$handle = $newPowerShell.BeginInvoke()

# auf Beendigung warten und währenddessen etwas
# anderes tun:
while ($handle.IsCompleted -eq $false) {
  Write-Host '.' -NoNewline
  Start-Sleep -Milliseconds 500
```

```
}
Write-Host ''

# Ergebnis aus anderem Thread abrufen:
$newPowerShell.EndInvoke($handle)
```

Listing 25.8: Thread anlegen und parallel im Hintergrund ausführen.

Diesmal kann der Vordergrund-Thread also weiterarbeiten und zeigt während der Bearbeitung des Hintergrund-Threads eine Reihe von Punkten als Fortschrittsanzeige an. Das allein kann man sich bereits zunutze machen, um mit der Funktion Start-Progress langwierige Befehle mit einer automatischen Fortschrittsanzeige auszustatten:

```
function Start-Progress
{
  param
  (
    [scriptblock]
    $code
  )

  $newPowerShell = [PowerShell]::Create().AddScript($code)
  $handle = $newPowerShell.BeginInvoke()

  while ($handle.IsCompleted -eq $false) {
    Write-Host '.' -NoNewline
    Start-Sleep -Milliseconds 500
  }
  Write-Host ''

  $newPowerShell.EndInvoke($handle)

  # zweiten Thread ordnungsgemäß entsorgen:
  $newPowerShell.Runspace.Close()
  $newPowerShell.Dispose()
}
```

Listing 25.9: Eine Fortschrittsanzeige für beliebigen PowerShell-Code.

Übergeben Sie dazu Start-Progress beliebigen Code. Er wird im Hintergrund-Thread ausgeführt, und währenddessen zeigt der Vordergrund-Thread seine Fortschrittsanzeige an, um dem Anwender zu zeigen, dass etwas geschieht. Sobald der Hintergrund-Thread den Auftrag bearbeitet hat, erscheinen die Ergebnisse in der Konsole und können natürlich auch in einer Variablen gespeichert werden.

Abbildung 25.4: Länger andauernde Befehle erhalten eine automatische Fortschrittsanzeige.

Hintergrundüberwachungen einrichten

Ein separater Hintergrund-Thread kann auch Überwachungsaufgaben durchführen. Im einfachsten Fall prüft er lediglich die Laufzeit eines Skripts, und wenn das Skript länger benötigt als erlaubt, bricht der Hintergrund-Thread nicht nur sich selbst ab, sondern beendet auch den gesamten PowerShell-Prozess. Das ist das Prinzip hinter `Start-Timebomb`. Rufen Sie innerhalb der gewählten Frist nicht rechtzeitig `Stop-Timebomb` auf, wird PowerShell beendet:

```
function Start-Timebomb
{
  param
  (
    [int32]
    [Parameter(Mandatory=$true)]
    [ValidateRange(5,600)]
    $Seconds,

    [scriptblock]
    $Action = { Stop-Process -Id $PID }
  )


  $Wait = "Start-Sleep -seconds $seconds"
  $script:newPowerShell = [PowerShell]::Create().AddScript($Wait).AddScript($Action)
  $handle = $newPowerShell.BeginInvoke()
  Write-Warning "Timebomb is active and will go off in $Seconds seconds unless you call
                Stop-Timebomb before."
}

function Stop-Timebomb
{
  if ($script:newPowerShell -ne $null)
  {
    Write-Host 'Trying to stop timebomb...' -NoNewline
    $script:newPowerShell.Stop()
    $script:newPowerShell.Runspace.Close()
    $script:newPowerShell.Dispose()
    Remove-Variable newPowerShell -Scope script
    Write-Host 'Done!'
  }
  else
  {
    Write-Warning 'No timebomb found.'
  }
}
```

Listing 25.10: Skript nach vorgewählter Zeit abbrechen.

`Start-Timebomb` erwartet mindestens den Parameter `-Seconds`, mit dem Sie die maximale Laufzeit des Skripts festlegen. Optional kann mit `-Action` auch ein Skriptblock hinterlegt werden, der nach Ablauf der Frist ausgeführt wird. Als Vorgabe beendet dieser Skriptblock den aktuellen PowerShell-Prozess, aber wenn Sie möchten, können Sie auch nur einen Protokolleintrag schreiben oder eine Meldung ausgeben. Der Countdown kann mit `Stop-Timebomb` jederzeit unterbrochen werden. Dazu wird der Hintergrund-Thread mit `Stop()` angehalten und entsorgt.

```
PS> $action = { (New-Object -ComObject WScript.Shell).Popup('Das dauert aber lange!', 5, 'Oh je',
16) }
PS> Start-Timebomb -Seconds 10 -Action $action
WARNUNG: Timebomb is active and will go off in 10 seconds unless you call Stop-Timebomb before.
```

Nach genau 10 Sekunden erscheint ein Dialogfeld (Abbildung 25.5).

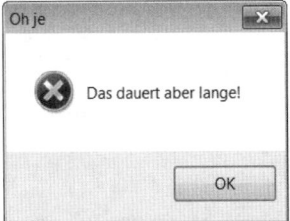

Abbildung 25.5: Der Überwachungs-Thread zeigt nach Ablauf des Timeouts ein Dialogfeld an.

Achtung

Der Code im Hintergrund-Thread wird in einem separaten Runspace ausgeführt. Cmdlets der Familie Write (wie zum Beispiel Write-Host) haben also keinen sichtbaren Effekt, und auch normale Ausgaben laufen ins Leere, weil die Ergebnisse des Hintergrund-Threads vom Vordergrund-Thread nicht abgerufen werden. Wenn Sie wie im Beispiel eine eigene Aktion festlegen und PowerShell nicht beenden, müssen Sie natürlich selbst dafür sorgen, den Hintergrund-Thread anschließend wieder zu entsorgen.

Foreach-Schleife mit Parallelbearbeitung

Eine Schleife bearbeitet Aufgaben normalerweise der Reihe nach. Wenn die Aufgaben allerdings unabhängig voneinander sind, spricht technisch nichts dagegen, sie auch gleichzeitig auszuführen. Sie wissen inzwischen, wie man Aufgaben innerhalb der PowerShell an zusätzliche Threads übergeben kann, nur war das ein wenig komplex. Schauen wir uns deshalb nun an, wie man eine Foreach-Schleife dazu bringen kann, die Aufgaben parallel anstatt sequenziell abzuarbeiten. Normalerweise arbeitet die Pipeline sequenziell. Deshalb dauert der folgende Aufruf auch 20 Sekunden:

```
PS> 1..20 | Foreach-Object { Start-Sleep -Seconds 1 }
```

Jede einzelne »Aufgabe« benötigt in diesem Beispiel eine Sekunde. Könnte die Schleife die Aufgaben parallel bearbeiten, würde es nur eine Sekunde dauern:

```
PS> 1..20 | Foreach-Parallel { Start-Sleep -Seconds 1 }
```

Foreach-Parallel nachrüsten

Leider ist Foreach-Parallel in PowerShell nicht fest eingebaut, jedoch lässt sich diese Schleife nachrüsten. Nicht erschrecken: Listing 25.11 ist ziemlich umfangreich. Es ist bereits für den Praxiseinsatz konzipiert und enthält deshalb eine Reihe von Funktionalitäten, die gleich näher beschrieben werden.

```
function Foreach-Parallel {
  param (
    [Parameter(Mandatory=$true)]
    [ScriptBlock]
    $Process,
```

```powershell
    [Parameter(Mandatory=$true,ValueFromPipeline=$true)]
    $InputObject,

    [Int]
    [ValidateRange(2,200)]
    $ThrottleLimit = 32,

    [Int]
    [ValidateRange(100,10000)]
    $CheckIntervalMilliseconds = 200,

    [Int]
    $TimeoutSec = -1,

    [Switch]
    $UseLocalVariables
)

# Initialisierungsarbeiten durchführen
Begin {
  # einen initialen Standardzustand der PowerShell beschaffen:
  $SessionState = [System.Management.Automation.Runspaces.InitialSessionState]::CreateDefault()

  # darin auf Wunsch alle lokalen Variablen einblenden:
  if ($UseLocalVariables)
  {
    # zuerst in einer "frischen" PowerShell alle Standardvariablen ermitteln:
    $ps = [PowerShell]::Create()
    $null = $ps.AddCommand('Get-Variable')
    $oldVars = $ps.Invoke().Name
    $ps.Runspace.Close()
    $ps.Dispose()

    # nun aus der vorhandenen PowerShell alle eigenen Variablen in der neuen PowerShell einblenden
    # (die nicht zu den Standardvariablen zählen):
    Get-Variable |
    Where-Object { $_.Name -notin $oldVars } |
    Foreach-Object {
      $SessionState.Variables.Add((New-Object
System.Management.Automation.Runspaces.SessionStateVariableEntry($_.Name, $_.Value, $null)))
    }
  }

  # einen Runspace-Pool mit den nötigen Threads anlegen:
  $RunspacePool = [Runspacefactory]::CreateRunspacePool(1, $ThrottleLimit, $SessionState, $host)
  $RunspacePool.Open()

  # in dieser Liste die aktuell noch laufenden Threads vermerken:
  $ThreadList = New-Object System.Collections.ArrayList
}


# für jedes empfangene Pipeline-Element einen Thread starten:
Process
{
  # Code in eine Pipeline einbetten, damit $_ gefüllt ist:
  $Code = '$args | Foreach-Object { ' + $Process.toString() + '}'

  # Thread anlegen:
```

```
  $PowerShell = [PowerShell]::Create()
  $null = $PowerShell.AddScript($Code).AddArgument($InputObject)
  $PowerShell.RunspacePool = $RunspacePool

  # Informationen über diesen Thread in einer Hashtable speichern:
  $threadID++
  Write-Verbose "Starte Thread $threadID"
  $threadInfo = @{
    PowerShell = $PowerShell
    StartTime = Get-Date
    ThreadID = $threadID
    Runspace = $PowerShell.BeginInvoke()
  }

  # diese Information in der Liste der laufenden Threads vermerken:
  $null = $ThreadList.Add($threadInfo)
}


# am Ende überprüfen, welche Threads inzwischen fertiggestellt sind:
End
{
  $aborted = 0
  try
  {
    Do {
      # alle noch vorhandenen Threads untersuchen:
      Foreach($thread in $ThreadList) {
        If ($thread.Runspace.isCompleted) {
          # wenn der Thread abgeschlossen ist, Ergebnis abrufen und
          # Thread als "erledigt" kennzeichnen:
          if($thread.PowerShell.Streams.Error.Count -gt 0)
          {
            # falls es zu Fehlern kam, Fehler ausgeben:
            foreach($ErrorRecord in $thread.PowerShell.Streams.Error) {
              Write-Error -ErrorRecord $ErrorRecord
            }
          }
          if ($thread.TimedOut -ne $true)
          {
            # Ergebnisse des Threads lesen:
            $thread.PowerShell.EndInvoke($thread.Runspace)
            Write-Verbose "empfange Thread $($thread.ThreadID)"
          }
          $thread.Done = $true
        }
        # falls eine maximale Laufzeit festgelegt ist, diese überprüfen:
        elseif ($TimeoutSec -gt 0 -and $thread.TimedOut -ne $true)
        {
          # Thread abbrechen, falls er zu lange lief:
          $runtimeSeconds = ((Get-Date) - $thread.StartTime).TotalSeconds
          if ($runtimeSeconds -gt $TimeoutSec)
          {
            Write-Error -Message "Thread $($thread.ThreadID) timed out."
            $thread.TimedOut = $true
            $null = $thread.PowerShell.BeginStop({}, $null)
          }
        }
      }
```

```
      # alle abgeschlossenen Threads ermitteln:
      $ThreadCompletedList = $ThreadList | Where-Object { $_.Done -eq $true }
      if ($ThreadCompletedList.Count -gt 0)
      {
        # diese Threads aus der Liste der aktuellen Threads entfernen:
        foreach($threadCompleted in $ThreadCompletedList)
        {
          # Thread entsorgen:
          $threadCompleted.PowerShell.Stop()
          $threadCompleted.PowerShell.dispose()
          $threadCompleted.Runspace = $null
          $threadCompleted.PowerShell = $null
          $ThreadList.remove($threadCompleted)
        }

        Start-Sleep -milliseconds $CheckIntervalMilliseconds
      }
      # erneut versuchen, falls es weitere unerledigte Threads gibt:
    } while ($ThreadList.Count -gt 0)

  }
  # abschließend Aufräumarbeiten durchführen:
  finally
  {
    # falls es noch laufende Threads gibt (Benutzer hat CTRL+C gedrückt)
    # diese abbrechen und entsorgen:
    foreach($thread in $ThreadList)
    {
      $thread.PowerShell.dispose()
      $thread.Runspace = $null
      $thread.PowerShell = $null
    }
    # RunspacePool schließen:
    $RunspacePool.close()
    # Speicher aufräumen:
    [GC]::Collect()
  }
 }
}
```

Listing 25.11: Foreach-Parallel zur parallelen Aufgabenverarbeitung.

Sobald Sie Listing 25.11 ausgeführt haben, können Sie Aufgaben mit Foreach-Parallel nun sehr einfach parallel bearbeiten und stark beschleunigen:

```
PS> (Measure-Command {
    1..10 | ForEach-Object { Start-Sleep -Seconds 1 }
}).TotalSeconds
10,0297065
```

```
PS> (Measure-Command {
    1..10 | ForEach-Parallel { Start-Sleep -Seconds 1 }
}).TotalSeconds
2,2513305
```

Hinweis

Workflows kennen ein sehr ähnliches Konstrukt: `foreach -parallel`. Sie werden in Kapitel 26 noch mehr über Workflows erfahren. Allerdings verursachen Workflows einen erheblichen Overhead, der den Zeitgewinn der Parallelbearbeitung schnell wieder zunichtemacht. Außerdem müssen Workflows die Ein- und Ausgaben sehr aufwendig »serialisieren«, was viele weitere Einschränkungen mit sich bringt. Die hier vorgestellte `Foreach-Parallel`-Schleife ist schneller und einfacher zu bedienen.

Maximale Thread-Anzahl festlegen

Parallelbearbeitung birgt immer das Risiko der Überlastung in sich: Was, wenn Sie Hunderte oder gar Tausende von Schleifendurchläufen haben? Sie alle gleichzeitig auszuführen würde den Computer an seine Grenzen bringen, und das Ergebnis wäre kein Geschwindigkeitsgewinn, sondern das Gegenteil – die Festplatte wäre damit beschäftigt, knappen Speicher auszulagern. Damit also bei gleichzeitiger Ausführung die Computerressourcen nicht überlastet werden, kann man die maximale Anzahl von gleichzeitig laufenden Aufgaben mit `-ThrottleLimit` festlegen.

Werden mehr Daten in `Foreach-Parallel` geleitet, als mit `-ThrottleLimit` festgelegt, führt die Schleife immer nur so viele Aufgaben gleichzeitig aus, wie mit `-ThrottleLimit` erlaubt wurde. Erst nach Beendigung einer Aufgabe kann dann eine weitere gestartet werden.

```
1..6 | Foreach-Parallel {
    $start = Get-Date -Format 'HH:mm:ss:ffffff'
    Write-Host "$start : Starte $_" -ForegroundColor Green
    Start-Sleep -Seconds 2
    $ende = Get-Date -Format 'HH:mm:ss:ffffff'
    Write-Host "$ende : Beende $_" -ForegroundColor Red

} -ThrottleLimit 2
```

Listing 25.12: Jeweils zwei Aufgaben gleichzeitig ausführen.

Die Ausgabe zeigt deutlich, dass zuerst nur zwei Aufgaben ausgeführt werden. Erst wenn eine davon beendet ist, startet die nächste.

Achtung

Die Ergebnisse eines Hintergrund-Threads können erst angezeigt werden, wenn dieser fertiggestellt ist. Allerdings kann der Hintergrund-Thread durchaus mit den `Write`-Cmdlets wie `Write-Host` oder `Write-Progress` während seiner Ausführung sichtbare Informationen in der PowerShell-Konsole anzeigen.

Threads können also wie in Listing 25.12 mit `Write-Host` Nachrichten in die PowerShell-Konsole ausgeben. Das funktioniert sogar mit Fortschrittsanzeigen, wenn Sie `Write-Progress` einsetzen:

```
1..4 | Foreach-Parallel {
    # an den Thread übergebene Zahl merken:
    $id = $_

    # Aufgabe mit Fortschrittsanzeige durchführen:
    1..100 | ForEach-Object {
```

Remoting und Parallelverarbeitung

```
    Write-Progress -id $id -Activity "Task $id" -Status 'Working...' -PercentComplete $_
    Start-Sleep -Milliseconds 30
    }
  Write-Progress -id $id -Activity "Task $id" -Status 'Completed!' -PercentComplete 100
} -ThrottleLimit 2
```

Listing 25.13: Pro Thread eine eigene Fortschrittsanzeige einblenden.

Allerdings ist die Fortschrittsanzeige in PowerShell nicht für so etwas ausgelegt und kann nicht wesentlich mehr als vier oder fünf Fortschrittsbalken gleichzeitig anzeigen.

Abbildung 25.6: Threads geben den Fortschritt über Fortschrittsbalken aus.

Maximale Ausführungszeit festlegen

Damit Foreach-Parallel wirklich praxistauglich ist, benötigt es einen Timeout, mit dem festgelegt werden kann, wie lange eine Aufgabe maximal ausgeführt werden darf. Dauert es länger, soll die Aufgabe abgebrochen werden. Das erledigt -TimeoutSec. Hier ein Beispiel:

```
1..5 | Foreach-Parallel {
  $s = Get-Random -Minimum 1 -Maximum 5
  Write-Host "Thread $_ wird $s sec. benötigen" -ForegroundColor Green

  Start-Sleep -Seconds $s

  return "Thread $_ wurde beendet"
  } -TimeoutSec 3
```

Listing 25.14: Maximale Ausführungszeit eines Threads festlegen.

In diesem Beispiel werden fünf Threads gleichzeitig ausgeführt. Jeder Thread bestimmt mit Get-Random eine zufällige Verzögerungszeit zwischen einer und vier Sekunden. Das Timeout liegt bei 3 Sekunden. Alle Threads, die länger benötigen, werden abgebrochen:

```
Thread 1 wird 1 sec. benötigen
Thread 2 wird 3 sec. benötigen
Thread 3 wird 4 sec. benötigen
Thread 4 wird 4 sec. benötigen
Thread 5 wird 2 sec. benötigen
Thread 1 wurde beendet
```

```
Thread 5 wurde beendet
Foreach-Parallel : Thread 2 timed out.
In Zeile:1 Zeichen:8
+ 1..5 | Foreach-Parallel {
+        ~~~~~~~~~~~~~~~~~~
    + CategoryInfo          : NotSpecified: (:) [Write-Error], WriteErrorException
    + FullyQualifiedErrorId : Microsoft.PowerShell.Commands.WriteErrorException,Foreach-Parallel

Foreach-Parallel : Thread 3 timed out.
In Zeile:1 Zeichen:8
+ 1..5 | Foreach-Parallel {
+        ~~~~~~~~~~~~~~~~~~
    + CategoryInfo          : NotSpecified: (:) [Write-Error], WriteErrorException
    + FullyQualifiedErrorId : Microsoft.PowerShell.Commands.WriteErrorException,Foreach-Parallel

Foreach-Parallel : Thread 4 timed out.
In Zeile:1 Zeichen:8
+ 1..5 | Foreach-Parallel {
+        ~~~~~~~~~~~~~~~~~~
    + CategoryInfo          : NotSpecified: (:) [Write-Error], WriteErrorException
    + FullyQualifiedErrorId : Microsoft.PowerShell.Commands.WriteErrorException,Foreach-Parallel
```

Lokale Variablen einblenden

Jeder Thread läuft in der Parallelschleife in seiner eigenen frischen PowerShell-Umgebung. Sie haben also keinen Zugriff auf Variablen oder importierte Module der lokalen Sitzung. Wenn Ihr Code innerhalb der Schleife Zugriff auf bestimmte Module benötigt, importiert Power-Shell diese kurzerhand automatisch in die neue Sitzung. Bei Variablen ist das indes nicht so leicht zu lösen. Wie Sie in Listing 25.15 sehen werden, hat der Schleifencode keinen Zugriff auf den Inhalt von $Information:

```
$Information = 'Dies ist eine lokale Variable'

1..5 | Foreach-Parallel { "Durchlauf $_ : Information ist: $Information" }
```

Listing 25.15: Threads sind isolierte PowerShell-Umgebungen ohne Zugriff auf lokale Variablen.

Das Ergebnis sieht so aus:

```
Durchlauf 1 : Information ist:
Durchlauf 2 : Information ist:
Durchlauf 3 : Information ist:
Durchlauf 4 : Information ist:
Durchlauf 5 : Information ist:
```

Darum kann man mit dem Parameter -UseLocalVariables bei Bedarf alle lokalen Variablen in den Thread einblenden. Man sollte dies natürlich nur dann tun, wenn der Code Zugriff auf die Variablen benötigt, denn das Einblenden kostet etwas Zeit:

```
$Information = 'Dies ist eine lokale Variable'
```

```
1..5 | Foreach-Parallel { "Durchlauf $_ : Information ist: $Information" } -UseLocalVariables
```

Listing 25.16: Lokale Variablen lassen sich in die Threads einblenden.

Nun stimmt das Ergebnis:

```
Durchlauf 1 : Information ist: Dies ist eine lokale Variable
Durchlauf 2 : Information ist: Dies ist eine lokale Variable
Durchlauf 3 : Information ist: Dies ist eine lokale Variable
Durchlauf 4 : Information ist: Dies ist eine lokale Variable
Durchlauf 5 : Information ist: Dies ist eine lokale Variable
```

Achtung

Ein Thread kann zwar die eingeblendeten lokalen Variablen nicht nur *lesen*, sondern auch *ändern*, veranlassen sollten Sie dies aber besser nicht. Wenn viele verschiedene Threads auf ein- und dieselbe Variable zugreifen, können sie sich dabei ins Gehege kommen. Was passiert zum Beispiel, wenn ein Thread eine Variable verändert, während ein anderer sie genau zum selben Zeitpunkt liest? Im einfachsten Fall erhält man Datenmüll. Im schlimmsten Fall stürzt PowerShell einfach ab.

Normalerweise sind komplexe Verfahren nötig, um den parallelen Zugriff zu regeln, also *Thread-safe* zu machen. Dies geschieht bei `Foreach-Parallel` nicht, sodass Sie sich auf den reinen Lesezugriff beschränken sollten. Hier ein Beispiel, das zeigt, was geschieht, wenn Sie es trotzdem tun:

```
$Information = 'Dies ist eine lokale Variable'

1..5 | Foreach-Parallel {
    "Durchlauf $_ : Information ist $Information"

    # Variablen sollten NICHT geändert werden!
    $Information = Get-Random
} -UseLocalVariables
```

Listing 25.17: Eingeblendete Variablen dürfen nicht verändert werden, weil unkontrollierte Ergebnisse drohen.

Das Ergebnis wäre eine nicht vorhersehbare Situation, bei der Threads jeweils ganz unterschiedliche Informationen erhalten:

```
Durchlauf 1 : Information ist Dies ist eine lokale Variable
Durchlauf 2 : Information ist Dies ist eine lokale Variable
Durchlauf 3 : Information ist 804614140
Durchlauf 4 : Information ist 1204332683
Durchlauf 5 : Information ist Dies ist eine lokale Variable
```

Allerdings gibt es einen einfachen Weg, wie Threads dennoch Informationen untereinander und auch mit der lokalen PowerShell austauschen können: eine sogenannte »synchronisierte Hashtable«, die Thread-safe ist. Man kann sie also gefahrlos gleichzeitig beschreiben und auslesen.

```
$hash = [hashtable]::Synchronized(@{})
$hash.Info = 'es geht los!'

1..5 | Foreach-Parallel {
    "Durchlauf $_ : Information ist: " + $hash.Info

    # Variablen sollten NICHT geändert werden!
    $hash.Info = "thread $_ war hier!"
} -UseLocalVariables
```

Listing 25.18: Eine Thread-sichere synchronisierte Hashtable kann zum Datenaustausch verwendet werden.

Das Ergebnis ist diesmal kein unvorhersehbares Chaos, sondern funktioniert nachvollziehbar und sicher:

```
Durchlauf 1 : Information ist: es geht los!
Durchlauf 2 : Information ist: thread 1 war hier!
Durchlauf 3 : Information ist: thread 2 war hier!
Durchlauf 4 : Information ist: thread 3 war hier!
Durchlauf 5 : Information ist: thread 4 war hier!

PS C:\> $hash.Info
thread 5 war hier!
```

Hintergrundjobs auf Thread-Basis

Während Hintergrundjobs praktische Cmdlets bereitstellen, um parallele Aufgaben zu koordinieren, sind Threads wesentlich schneller und benötigen sehr viel weniger Ressourcen. Das Beste dieser beiden Welten kann man verbinden und Hintergrundjobs auch auf Basis von Threads realisieren. Sie lassen sich dann genauso komfortabel wie klassische Hintergrundjobs über Start-Job und die übrigen Cmdlets der Familie Job verwalten. Weil sie aber nicht mit separaten PowerShell-Anwendungen arbeiten, sondern sich alles innerhalb derselben PowerShell abspielt, entfällt das aufwendige Serialisieren.

Listing 25.19 definiert dazu eine neue Funktion namens Start-JobInProcess. Diese Funktion stellt danach eine Alternative zu Start-Job dar. Mit Start-JobInProcess lassen sich genau wie mit Start-Job nun Jobs erzeugen, allerdings basieren die Jobs, die Start-JobInProcess herstellt, auf Threads und nicht auf separaten PowerShell-Anwendungen.

```
$code = @'
using System;
using System.Collections.Generic;
using System.Text;
using System.Management.Automation;
using System.Management.Automation.Runspaces;

namespace InProcess
{
    public class InMemoryJob : System.Management.Automation.Job
    {
        public InMemoryJob(ScriptBlock scriptBlock, string name)
        {
            _PowerShell = PowerShell.Create().AddScript(scriptBlock.ToString());
            SetUpStreams(name);
        }

        public InMemoryJob(PowerShell PowerShell, string name)
        {
            _PowerShell = PowerShell;
            SetUpStreams(name);
        }

        private void SetUpStreams(string name)
        {
            _PowerShell.Streams.Verbose = this.Verbose;
            _PowerShell.Streams.Error = this.Error;
            _PowerShell.Streams.Debug = this.Debug;
            _PowerShell.Streams.Warning = this.Warning;
```

```
        _PowerShell.Runspace.AvailabilityChanged +=
            new EventHandler<RunspaceAvailabilityEventArgs>(Runspace_AvailabilityChanged);

        int id = System.Threading.Interlocked.Add(ref InMemoryJobNumber, 1);
        if (!string.IsNullOrEmpty(name))
        {
            this.Name = name;
        }
        else
        {
            this.Name = "InProcessJob" + id;
        }
    }

    void Runspace_AvailabilityChanged(object sender, RunspaceAvailabilityEventArgs e)
    {
        if (e.RunspaceAvailability == RunspaceAvailability.Available)
        {
            this.SetJobState(JobState.Completed);
        }
    }

    PowerShell _PowerShell;
    static int InMemoryJobNumber = 0;

    public override bool HasMoreData
    {
        get {
            return (Output.Count > 0);
        }
    }
    public override string Location
    {
        get { return "In Process"; }
    }

    public override string StatusMessage
    {
        get { return "A new status message"; }
    }

    protected override void Dispose(bool disposing)
    {
        if (disposing)
        {
            if (!isDisposed)
            {
                isDisposed = true;
                try
                {
                    if (!IsFinishedState(JobStateInfo.State))
                    {
                        StopJob();
                    }

                    foreach (Job job in ChildJobs)
                    {
                        job.Dispose();
                    }
                }
                finally
```

```
                {
                    base.Dispose(disposing);
                }
            }
        }
    }

    private bool isDisposed = false;

    internal bool IsFinishedState(JobState state)
    {
        return (state == JobState.Completed || state == JobState.Failed || state ==
JobState.Stopped);
    }

    public override void StopJob()
    {
        _PowerShell.Stop();
        _PowerShell.EndInvoke(_asyncResult);
        SetJobState(JobState.Stopped);
    }

    public void Start()
    {
        _asyncResult = _PowerShell.BeginInvoke<PSObject, PSObject>(null, Output);
        SetJobState(JobState.Running);
    }
    IAsyncResult _asyncResult;

    public void WaitJob()
    {
        _asyncResult.AsyncWaitHandle.WaitOne();
    }

    public void WaitJob(TimeSpan timeout)
    {
        _asyncResult.AsyncWaitHandle.WaitOne(timeout);
    }
    }

}
'@

Add-Type -TypeDefinition $code

function Start-JobInProcess
{
  [CmdletBinding()]
   param
  (
    [scriptblock] $ScriptBlock,

    $ArgumentList,

    [string] $Name
  )

  function Get-JobRepository
  {
    [cmdletbinding()]
    param()
```

```
    $pscmdlet.JobRepository
  }

  function Add-Job
  {
    [cmdletbinding()]
    param
    (
      $job
    )

    $pscmdlet.JobRepository.Add($job)
  }

  if ($ArgumentList)
  {
    $PowerShell = [PowerShell]::Create().AddScript($ScriptBlock).AddArgument($argumentlist)
    $MemoryJob = New-Object InProcess.InMemoryJob $PowerShell, $Name
  }
  else
  {
    $MemoryJob = New-Object InProcess.InMemoryJob $ScriptBlock, $Name
  }

  $MemoryJob.Start()
  Add-Job $MemoryJob
  $MemoryJob
}
```

Listing 25.19: Start-JobInProcess liefert Hintergrundjobs auf Thread-Basis.

Immer dann, wenn eine Aufgabe sehr viele Daten liefert, zeigt sich der enorme Performancege-winn durch Hintergrundjobs, die von Start-JobInProcess geliefert werden. Im folgenden Beispiel benötigt ein klassischer Hintergrundjob für die Aufgabe 70 Sekunden, während der Thread-basierte Hintergrundjob von Start-JobInProcess nur 0,39 Sekunden erfordert:

```
PS> Measure-Command { Start-Job { Get-ChildItem -Path $env:windir\system32 } | Wait-Job |
Receive-Job }


Days             : 0
Hours            : 0
Minutes          : 1
Seconds          : 10
Milliseconds     : 7
Ticks            : 700076319
TotalDays        : 0,000810273517361111
TotalHours       : 0,0194465644166667
TotalMinutes     : 1,166793865
TotalSeconds     : 70,0076319
TotalMilliseconds : 70007,6319




PS> Measure-Command { Start-JobInProcess { Get-ChildItem -Path $env:windir\system32 } | Wait-Job |
Receive-Job }


Days             : 0
```

```
Hours            : 0
Minutes          : 0
Seconds          : 0
Milliseconds     : 387
Ticks            : 3876597
TotalDays        : 4,48680208333333E-06
TotalHours       : 0,00010768325
TotalMinutes     : 0,006460995
TotalSeconds     : 0,3876597
TotalMilliseconds : 387,6597
```

Teil E
DevOps und Enterprise

Kapitel 26
Workflows

Ausführlich werden in diesem Kapitel die folgenden Aspekte erläutert:

- **Workflow:** Repräsentiert eine Aktivität innerhalb der *Windows Workflow Foundation*-Engine. PowerShell erleichtert die Definition solcher Aktivitäten mit einer Syntax, die stark an PowerShell-Funktionen angelehnt ist. Workflows werden aber weder von PowerShell ausgeführt noch unterstützen sie den vollen PowerShell-Sprachumfang.

- **Robust, langfristig, universell:** Workflows sind besonders geeignet für Aufgaben, die über einen langen Zeitraum ausgeführt werden müssen und dabei auftretende Unterbrechungen tolerieren. Workflows können also nach einer Unterbrechung wie dem Neustart eines Systems wieder am zuletzt ausgeführten Punkt fortgesetzt werden. Darüber hinaus kann der Code, den ein Workflow ausführt, auf verschiedenen Computern und auch parallel ausgeführt werden.

- **Eingeschränkter Funktionsumfang:** Weil Workflow nur wie PowerShell-Code aussieht, in Wirklichkeit aber in eine Aktivität der Workflow-Engine übersetzt wird, unterstützen Workflows längst nicht alle Cmdlets und sonstigen PowerShell-Funktionalitäten. Workflows sind ein sehr spezieller Randbereich von PowerShell, der nicht die alltägliche Skriptautomation betrifft.

DevOps und Enterprise

Ein Workflow funktioniert wie der Dirigent eines großen Symphonieorchesters und dient der »Orchestrierung« von Aufgaben, die aus sehr vielen Teilbereichen bestehen. Diese Tatsache macht auch sofort deutlich, dass die meisten Skriptautoren Workflows nicht benötigen. Müssen Sie tatsächlich ein »großes Symphonieorchester dirigieren«? Oder sollen Ihre Skripte bloß überschaubare Aufgaben meistern und werden meist isoliert für sich aufgerufen?

Brauche ich Workflows?

Workflows orchestrieren Aufgaben. Sie sorgen also dafür, dass viele voneinander unabhängige Aufgaben in der richtigen Reihenfolge zuverlässig ausgeführt werden. Punkt.

Zwar beherrschen Workflows auch Parallelverarbeitung und Remoting, und häufig beginnen Kapitel über Workflows mit spektakulären Beispielen aus diesen Bereichen, doch sind dies Nebenschauplätze. Sie sind vollkommen unwichtig, denn wenn es Ihnen hauptsächlich auf Parallelverarbeitung und/oder Remoting ankommt, blättern Sie einfach zurück zu den entsprechenden Kapiteln. Diese zeigen, wie normaler PowerShell-Code effizient parallel verarbeitet oder remote ausgeführt werden kann – ganz ohne den enormen Overhead, den Workflows verursachen.

Wichtig

Workflows werden von PowerShell nur auf der nativen Architektur des Betriebssystems unterstützt. Sie funktionieren auf 32-Bit-Systemen in einer 32-Bit-PowerShell. Sie funktionieren aber nicht in einer 32-Bit-PowerShell auf einem 64-Bit-System. Auf 64-Bit-Systemen verwenden Sie also für Workflows nur die »normale« PowerShell (64 Bit) und greifen nicht auf die 32-Bit-Variante der PowerShell zurück. Andernfalls erhalten Sie eine Fehlermeldung wie diese:

```
Der Windows PowerShell-Workflow wird in einer x86-basierten Windows PowerShell-Konsole nicht
unterstützt. Öffnen Sie eine x64-basierte Windows PowerShell-Konsole, und versuchen Sie es erneut.
```

Workflows orchestrieren also. Workflows bestimmen, wann welche Aufgabe in welcher Reihenfolge und auf welchem System ausgeführt wird. Und deshalb ist die Frage, ob und wann Workflows für Sie wichtig sind, auch sehr leicht zu beantworten. Das folgende Bild hilft:

Für ein großes Symphonieorchester ist ein Dirigent unverzichtbar. Für drei Flötenspieler wirkt er dagegen etwas deplatziert, und spätestens wenn ein Dirigent hektisch vor nur einem einzelnen Gitarrenspieler wedelt, ist er überflüssig. Solange Ihre Aufgaben also mit einem einzelnen kleinen Skript abzubilden sind, spielen Workflows überhaupt keine Rolle und sind sogar kontraproduktiv.

Sobald Sie allerdings mehrere Aufgaben zu koordinieren haben, die voneinander abhängig sind, und zudem dafür sorgen wollen, dass Ihre gesamte Orchestrierung bei einer Unterbrechung auf eine definierte Weise fortgesetzt werden kann, sind Workflows interessant. Genau dies sind die beiden *exklusiven* Features, die ein Workflow bietet:

- **Aufgabe kombiniert sequenzielle und parallele Teilbereiche:** Workflows können Bereiche definieren, deren Schritte so wie bei einem Skript streng *sequenziell* (nacheinander) abgearbeitet werden, sowie Bereiche, in denen die Schritte *parallel* zueinander ausgeführt werden, und diese Bereiche kombinieren. Genau in dieser Kombination liegt die Stärke eines Workflows. Müssten alle Schritte sequenziell ausgeführt werden, könnte man ein normales Skript verwenden. Müssten alle Schritte parallel ausgeführt werden, könnte man zu Hintergrundjobs oder Threads greifen oder Remoting einsetzen. Die Kombination aber leistet nur ein Workflow.

- **Aufgabe kann unterbrochen und fortgesetzt werden:** Workflows können den aktuellen Zustand mit Checkpoint-Workflow speichern, danach unterbrochen und später an derselben Stelle fortgesetzt werden. Das kann Workflows unempfindlich machen gegenüber Neustarts und Abstürzen und ist eine weitere besondere Eigenschaft der Workflows.

Alles andere, was einem Workflow zugeschrieben werden könnte, kann man auch anders erreichen, und in diesen Fällen sollte man besser auf Workflows verzichten. Workflows verlangen nämlich einen hohen Preis: Obwohl ein Workflow aussieht wie PowerShell-Code, ist es in Wirklichkeit keiner. Workflows werden nicht von PowerShell ausgeführt, sondern von der *Windows Workflow Foundation*-Engine. Der »PowerShell-artige« Code eines Workflows wird dazu in sogenannte *Aktivitäten* übersetzt, und längst nicht alle Cmdlets (und noch sehr viel weniger PowerShell-Funktionalitäten) werden dabei unterstützt.

Wie relevant sind Workflows wirklich?

Bevor Sie in das Thema der Workflows einsteigen: Workflows sind meistens keine geeignete Technik für typische Administrationsskripte und schon gar keine »Weiterentwicklung« klassischer PowerShell-Funktionen.

Workflows wurden ursprünglich für »DevOps«-Aufgaben eingeführt, also um in größeren Unternehmen Infrastruktur als Code bereitzustellen. Dabei sind die beiden Kernkompetenzen der Workflows unabdingbar: Unzählige Konfigurationsarbeiten müssen bei der automatisierten Bereitstellung von Servern oder Services koordiniert werden, und wenn eine Teilaufgabe abbricht oder ein System einen Neustart erfordert, soll die Konfiguration nicht in einem undefinierten Zustand hängen bleiben, sondern wieder aufgenommen und zuverlässig zu Ende gebracht werden.

Das hört sich eigentlich auch für kleinere Aufgaben und normale Administrationsskripte interessant an – wäre da nicht der Preis:

- **Inkompatibilität:** Workflows werden nicht von PowerShell ausgeführt, und nur ein eingeschränktes Subset der PowerShell kann in Workflows überhaupt verwendet werden. Sobald man tiefer in Workflows einsteigt, wird man auf immer neue Einschränkungen stoßen und kann also nicht einfach gewohnten PowerShell-Code in Workflows hineinkopieren.

- **Infrastruktur:** Damit Workflows bei einer Unterbrechung fortgesetzt werden können, ist sinnvollerweise ein separater Workflow-Server notwendig. Der aber steht den meisten Administratoren in ihrer Umgebung nicht zur Verfügung.

- **Overhead:** Workflows übersetzen Befehle in sogenannte *Activities* und führen PowerShell-Code teilweise in separaten PowerShell-Prozessen aus. Das macht Workflows sehr aufwendig und langsam. Komplexere Workflows lassen sich nur noch schwer durchschauen, geschweige denn debuggen.

- **Alternativen:** Vieles von dem, was ein Workflow leisten kann, lässt sich in kleineren Umfeldern wesentlich schneller und einfacher lösen. Parallelverarbeitung wird auch von Hintergrundjobs, Threads und PowerShell-Remoting geleistet (siehe entsprechende Kapitel). Der Fernzugriff auf Remotesysteme kann über Invoke-Command in vielfältiger Weise gesteuert werden. Und auch die Orchestrierung kleinerer Aufgaben ist kein Problem: Skripte arbeiten als Vorgabe ohnehin sequenziell, und wenn Aufgaben parallelisiert werden sollen, greift man zusätzlich zu den eben genannten Möglichkeiten der Parallelverarbeitung. Die neue *Desired State Configuration* (DSC), die mit PowerShell 4 eingeführt wurde, kann komplexere Orchestrierungsaufgaben übernehmen und ist wesentlich besser als Workflows für typische Administrationsaufgaben geeignet.

DevOps und Enterprise

Was bleibt, sind in der Regel nur drei Bereiche, in denen tatsächlich kein Weg an Workflows vorbeigeht:

- **Unterbrechen und Wiederaufnehmen:** Muss ein Skript immun gegen Unterbrechungen sein und seine Aufgabe bei einer Unterbrechung an einer definierten Stelle wieder aufnehmen können, gibt es keine überzeugende Alternative zu Workflows.

- **Hochkomplexe Orchestrierung:** Spielen Ihre Automationsanforderungen in derselben Liga wie Azure und wollen Sie ebenfalls hochkomplexe und aus zahllosen zusammenhängenden Einzelschritten bestehende Aufgaben automatisieren, lohnt sich der Overhead der Workflows.

- **Azure Automation:** Die *Service Management Automation* (SMA) von Azure unterstützt bislang nur Workflows, um PowerShell-Code auszuführen. Die native Unterstützung von PowerShell-Code ist allerdings in Arbeit und steht vielleicht bereits zur Verfügung, wenn Sie dies lesen.

Aufgaben orchestrieren

Um verstehen zu können, worin die Rolle des Dirigenten bei einem Workflow besteht, stellen Sie sich die folgende (abstrakte) Aufgabe vor: Auf dem Remotesystem AppServer1 soll zunächst Dienst MyApp gestoppt werden. Danach erst kann der Dienst MyAppQueue gestoppt werden. Sobald die Dienste auf AppServer1 gestoppt sind, sollen die Logdateien *QueueLog.xml* von den beiden anderen Remotesystemen ServerA und ServerB gelöscht werden. Anschließend soll zuerst der Dienst MyAppQueue und danach der Dienst MyApp auf AppServer1 wieder gestartet werden. Können Sie folgen?

Orchestrierung in klassischer Funktion

In einem traditionellen Skript kann man durchaus verschiedene Teilschritte orchestrieren und würde obige Aufgabe vielleicht folgendermaßen formulieren:

```
function Restart-Service
{
  Invoke-Command -ComputerName AppServer1 {
    Stop-Service -Name MyApp -Force
    Stop-Service -Name MyAppQueue -Force
  }

  Invoke-Command -ComputerName ServerA, ServerB {
    Remove-Item -Path "D:\MyApp\Files\QueueLog.xml" —Force
  }

  Invoke-Command -ComputerName AppServer1 {
    Start-Service -Name MyAppQueue -Force
    Start-Service -Name MyApp -Force
  }
}
```

Listing 26.1: Mehrere Aufgaben remote sequenziell und parallel ausführen.

Mit Invoke-Command und einer klassischen Funktion kann man also bereits ohne Workflows sowohl den Remotezugriff als auch die Parallelisierung abbilden.

Orchestrierung mit Workflow: sequence und parallel

Bei einem Workflow setzt man zur Orchestrierung stattdessen die Schlüsselwörter sequence und parallel ein:

```
workflow Restart-Service
{
  sequence
  {
    InlineScript
    {
        Stop-Service -Name MyApp -Force
        Stop-Service -name MyAppQueue -Force
    } -PSComputerName AppServer1


    parallel
    {
      InlineScript
      {
        Remove-Item -Path "D:\MyApp\Files\MyAppQueue.xml" -Force
      } -PSComputerName ServerA

      InlineScript
      {
        Remove-Item -Path "D:\MyApp\Files\MyAppQueue.xml" -Force
      } -PSComputerName ServerB


    }

    InlineScript
    {
        Start-Service -Name MyAppQueue -Force
        Start-Service -name MyApp -Force
    } -PSComputerName AppServer1
  }
}
```

Listing 26.2: Mehrere Aufgaben mit Workflow sequenziell und parallel auf Remotesystemen ausführen.

Die Anweisungen in einem sequence-Block werden der Reihe nach ausgeführt, die Anweisungen in einem parallel-Block dagegen gleichzeitig. Diese Blöcke können zudem verschachtelt werden, so wie im Beispiel. InlineScript definiert darin PowerShell-Code, der lokal oder mit -PSComputerName auch auf einem Remotesystem ausgeführt wird. Sie werden in einem Moment mehr dazu erfahren.

Bei genauer Betrachtung wird ein erster Vorteil des Workflows deutlich: Listing 26.1 konnte die parallel durchzuführenden Arbeiten nur deshalb erledigen, weil die Aufgaben identisch waren. Invoke-Command unterstützt zwar Parallelverarbeitung, kann aber nur ein und denselben Skriptblock parallel auf mehreren Computern ausführen. In Listing 26.2 dagegen kann der parallel-Block die unterschiedlichsten Aufgaben parallelisieren. Ein Workflow bietet also mit sequence und parallel ein universelles Verfahren an, um die Schritte innerhalb eines Workflows zu orchestrieren. Schauen Sie sich das näher an:

DevOps und Enterprise

```
function Write-DelayMessage
{
    param($Info)
    "beginne Schritt $Info."
    Start-Sleep -Seconds 2
    "beende Schritt $Info."
}

workflow Test-Workflow
{
  sequence
  {
    Write-DelayMessage 1


    parallel
    {
      Write-DelayMessage 2
      Write-DelayMessage 3
      Write-DelayMessage 4
    }

    Write-DelayMessage 5
  }
}
```

Listing 26.3: Ablaufsteuerung eines Workflows untersuchen.

Die Funktion `Write-DelayMessage` repräsentiert im Beispiel eine beliebige auszuführende Aufgabe und verzögert die Ausführung jeweils um zwei Sekunden. Jeweils zu Beginn und zum Ende der Aufgabe wird eine Meldung ausgegeben:

```
PS> Write-DelayMessage 1
beginne Schritt 1.
beende Schritt 1.
```

Wenn Sie den Workflow `Test-Workflow` ausführen, sehen Sie diese Ausgabe:

```
PS> Test-Workflow
beginne Schritt 1.
beende Schritt 1.
beginne Schritt 3.
beginne Schritt 2.
beginne Schritt 4.
beende Schritt 3.
beende Schritt 2.
beende Schritt 4.
beginne Schritt 5.
beende Schritt 5.
```

Es werden hier also alle Schritte im `parallel`-Block gleichzeitig gestartet. Die genaue Ausführungsreihenfolge können Sie allerdings nicht mehr vorhersagen, und so wäre auch dies ein gültiges Ergebnis:

```
PS> Test-Workflow
beginne Schritt 1.
beende Schritt 1.
beginne Schritt 2.
beende Schritt 2.
```

```
beginne Schritt 4.
beginne Schritt 3.
beende Schritt 4.
beende Schritt 3.
beginne Schritt 5.
beende Schritt 5.
```

Sichergestellt ist nur, dass Aufgabe 5 nicht startet, bevor nicht die Schritte 2 bis 4 abgeschlossen sind.

Workflows sind kein PowerShell-Code

Obwohl der Workflow `Test-Workflow` einer PowerShell-Funktion sehr ähnlich sieht, ist das Ergebnis kein PowerShell-Code. Dazu betrachten Sie sich den eben definierten Workflow `Test-Workflow` etwas genauer:

```
PS> $command = Get-Command Test-Workflow

PS> $command.CommandType
Workflow

PS> $command.GetType().FullName
System.Management.Automation.WorkflowInfo

PS> $command.XamlDefinition
<Activity
    x:Class="Microsoft.PowerShell.DynamicActivities.Activity_1422531324"
    xmlns="http://schemas.microsoft.com/netfx/2009/xaml/activities"
    xmlns:sad="clr-namespace:System.Activities.Debugger;assembly=System.Activiti...
    xmlns:local="clr-namespace:Microsoft.PowerShell.DynamicActivities"
    xmlns:mva="clr-namespace:Microsoft.VisualBasic.Activities;assembly=System.Ac...
    mva:VisualBasic.Settings="Assembly references and imported namespaces serial...
    xmlns:x="http://schemas.microsoft.com/winfx/2006/xaml"
    xmlns:ns0="clr-namespace:System;assembly=mscorlib"
    xmlns:ns1="clr-namespace:Microsoft.PowerShell.Activities;assembly=Microsoft....
    xmlns:ns2="clr-namespace:System.Activities;assembly=System.Activities"
    xmlns:ns3="clr-namespace:Microsoft.PowerShell.Utility.Activities;assembly=Mi...
    xmlns:ns4="clr-namespace:System.Collections;assembly=mscorlib"
    >
    <Sequence>
        <ns1:SetPSWorkflowData>
            <ns1:SetPSWorkflowData.OtherVariableName>Position</ns1:SetPSWorkflow...
            <ns1:SetPSWorkflowData.Value>
                <ns2:InArgument x:TypeArguments="ns0:Object">
                    <ns1:PowerShellValue x:TypeArguments="ns0:Object" Expression...
                </ns2:InArgument>
            </ns1:SetPSWorkflowData.Value>
        </ns1:SetPSWorkflowData>
        <Sequence>
            <ns1:SetPSWorkflowData>
                <ns1:SetPSWorkflowData.OtherVariableName>Position</ns1:SetPSWork...
                <ns1:SetPSWorkflowData.Value>
                    <ns2:InArgument x:TypeArguments="ns0:Object">
                        <ns1:PowerShellValue x:TypeArguments="ns0:Object" Expres...
                    </ns2:InArgument>
                </ns1:SetPSWorkflowData.Value>
            </ns1:SetPSWorkflowData>
```

```
                    <ns1:InlineScript Command="trap { break }&#xD;&#xA;function Write-De...
                        <ns1:InlineScript.DisplayName>Write-DelayMessage</ns1:InlineScri...
                    </ns1:InlineScript>
                    <ns1:SetPSWorkflowData>
                        <ns1:SetPSWorkflowData.OtherVariableName>Position</ns1:SetPSWork...
                        <ns1:SetPSWorkflowData.Value>
                            <ns2:InArgument x:TypeArguments="ns0:Object">
                                <ns1:PowerShellValue x:TypeArguments="ns0:Object" Expres...
                            </ns2:InArgument>
                        </ns1:SetPSWorkflowData.Value>
                    </ns1:SetPSWorkflowData>
                    <Parallel>
                        <TryCatch>
                            <TryCatch.Try>
                                <Sequence>
                                    <ns1:SetPSWorkflowData>
                                        <ns1:SetPSWorkflowData.OtherVariableName>Positio...
                                        <ns1:SetPSWorkflowData.Value>
                                            <ns2:InArgument x:TypeArguments="ns0:Object"...
                                                <ns1:PowerShellValue x:TypeArguments="ns...
                                            </ns2:InArgument>
                                        </ns1:SetPSWorkflowData.Value>
                                    </ns1:SetPSWorkflowData>
                                    <ns1:InlineScript Command="trap { break }&#xD;&#xA;f...
                                        <ns1:InlineScript.DisplayName>Write-DelayMessage...
                                    </ns1:InlineScript>
                                </Sequence>
                            </TryCatch.Try>
(...)
                    </Parallel>
                    <ns1:SetPSWorkflowData>
                        <ns1:SetPSWorkflowData.OtherVariableName>Position</ns1:SetPSWork...
                        <ns1:SetPSWorkflowData.Value>
                            <ns2:InArgument x:TypeArguments="ns0:Object">
                                <ns1:PowerShellValue x:TypeArguments="ns0:Object" Expres...
                            </ns2:InArgument>
                        </ns1:SetPSWorkflowData.Value>
                    </ns1:SetPSWorkflowData>
                    <ns1:InlineScript Command="trap { break }&#xD;&#xA;function Write-De...
                        <ns1:InlineScript.DisplayName>Write-DelayMessage</ns1:InlineScri...
                    </ns1:InlineScript>
                </Sequence>
                <Sequence.Variables>
                    <Variable Name="WorkflowCommandName" x:TypeArguments="ns0:String" De...
                </Sequence.Variables>
            </Sequence>
        </Activity>

PS C:\>
```

Hinter den Kulissen ist ein Workflow also eine XAML-basierte *Activity*, die gar nicht von PowerShell ausgeführt wird, sondern von der *Windows Workflow Engine* (WF). Das Schlüsselwort `workflow` dient also bloß dazu, mit PowerShell-ähnlicher Syntax eine *WF-Activity* herzustellen. Der Code eines Workflows muss immer zuerst in *Activities* übersetzt werden, was auch erklärt, warum es beim ersten Start eines Workflows eine kleine Verzögerung gibt.

Führen Sie in einem Workflow zum Beispiel den Befehl `Get-Service` aus, wird nicht etwa das gewohnte PowerShell-Cmdlet `Get-Service` ausgeführt, sondern eine gleichnamige Aktivität der Workflow-Engine, die dieses Cmdlet nachbildet. In einem Workflow sind deshalb längst nicht alle Cmdlets erlaubt, sondern nur diejenigen, für die es Nachbildungen gibt. Obwohl das nur die halbe Wahrheit ist – genau genommen werden viele Cmdlets in einer universellen Activity ausgeführt, die dann letzten Endes doch wieder den Code des Cmdlets aufruft.

Syntaktische Unterschiede und Kompatibilitätsprobleme

In jedem Fall werden Sie sich bei Workflows auf ernst zu nehmende Kompatibilitätsprobleme einstellen müssen, denn viele PowerShell-Techniken sind in Workflows nicht erlaubt, weil sie sich entweder nicht in Activities übersetzen lassen oder aus dem Blickwinkel von Workflows keinen Sinn ergeben. Manchmal sind die syntaktischen Unterschiede marginal. So wird bei Cmdlets und Activities in Workflows beispielsweise *Splatting* nicht unterstützt:

```
workflow Test-Workflow
{
    # Splatting wird nicht unterstützt:
    $hash = @{Name = 'Spooler'}
    Get-Service  @hash
}
```

Listing 26.4: Splatting ist innerhalb von Workflows nicht möglich.

Die Inkompatibilität zeigt sich beim Aufruf des Workflows:

```
PS> test-workflow
Der Workflow "test-workflow" konnte nicht gestartet werden: Folgende Fehler traten bei der
Verarbeitung der Workflowstruktur auf:
'DynamicActivity': Überprüfungsfehler bei der privaten Implementierung von Aktivität '1:
DynamicActivity':    [1, 1]: Der Splat-Operator "@" kann nicht dazu verwendet werden, auf Variablen
in einem Ausdruck zu verweisen. "@hash" kann nur als Argument für einen Befehl verwendet werden.
Wenn Sie auf Variablen in einem Ausdruck verweisen möchten, verwenden Sie "$hash".
```

Und falls Sie versuchen, eine Hashtable dynamisch zu generieren, meldet bereits der Parser eine weitere Inkompatibilität, und der ISE-Editor zeigt eine rote Wellenlinie:

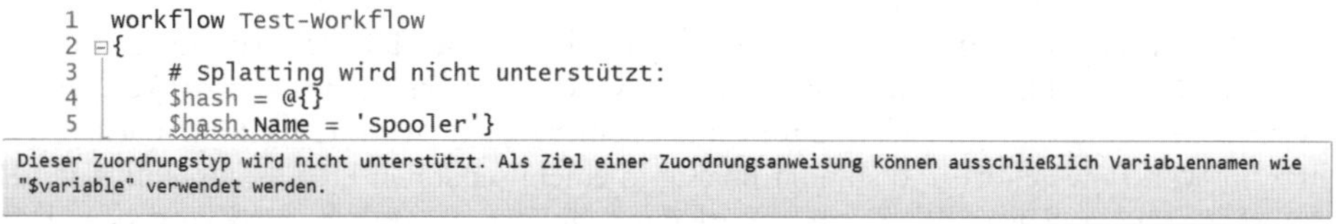

```
1   workflow Test-Workflow
2 ⊟{
3       # Splatting wird nicht unterstützt:
4       $hash = @{}
5       $hash.Name = 'Spooler'}
```

Dieser Zuordnungstyp wird nicht unterstützt. Als Ziel einer Zuordnungsanweisung können ausschließlich Variablennamen wie "$variable" verwendet werden.

Abbildung 26.1: Zuweisungen an Objekteigenschaften sind in Workflows nicht erlaubt.

Tabelle 26.1 fasst die wichtigsten syntaktischen Unterschiede zwischen normalem PowerShell-Code und Workflows zusammen und nennt die Gründe dafür:

Sprachelement	Grund
begin, process, end	Activities unterstützen keine Echtzeitverarbeitung in der Pipeline.
break, continue	Werden von Activities nicht unterstützt.
Unterausdrücke wie $(Get-Process)	Activities sind keine PowerShell-Umgebung und können deshalb auch keine zweite Pipeline erstellen.

Tabelle 26.1: Die wichtigsten syntaktischen Inkompatibilitäten der Workflows.

DevOps und Enterprise

Sprachelement	Grund
Positionale und dynamische Parameter	Ab PowerShell 4 unterstützen Befehle innerhalb von Workflows auch positionale Parameter. Dynamische Parameter werden indes nicht unterstützt, weil dazu eine separate PowerShell-Umgebung nötig wäre, die im Workflow aber fehlt.
Splatting	Das Zuweisen von Argumenten über eine Hashtable mithilfe des Splatting-Operators (@) ist in Workflows nicht implementiert.
Zuweisungen zu Objekteigenschaften und Aufruf von Objektmethoden	Weil die Umgebung einer Activity im Unterbrechungsfall serialisiert wird und die Objekte bei der Wiederaufnahme aus dem Schnappschuss deserialisiert werden, verfügen sie über keine Methoden mehr, und Änderungen an Eigenschaften würden sich nicht länger auf das Originalobjekt auswirken. Da ein Workflow nicht wissen kann, ob der Code »frisch« oder auf der Basis eines deserialisierten Schnappschusses ausgeführt wird, ist weder der Zugriff auf Methoden noch das Zuweisen neuer Werte an Eigenschaften erlaubt. Eigenschaften können indes gelesen werden.
Mehrfache Zuweisungen	Variablen kann stets nur ein fester Ausdruck zugewiesen werden, zum Beispiel das Ergebnis eines Befehls. Mehrfache Zuweisungen wie die folgende sind verboten: `$service = $process = $null`
`Switch`	Die Anweisung `Switch` kann nur zusammen mit der Option `-CaseSensitive` in Workflows verwendet werden. Workflows unterstützen keine `Switch`-Anweisungen, bei denen die Groß- und Kleinschreibung unbeachtet bleibt.
Dot-Sourcing und Call-Operator (&)	Dot-Sourcing (Aufruf von Befehlen mit vorangestelltem `.`) und der Aufruf über den Call-Operator werden nicht unterstützt. Beide werden in PowerShell dazu verwendet, den Gültigkeitsbereich des aufgerufenen Befehls festzulegen. Da bei Workflows alle Activities immer eigenständige Gültigkeitsbereiche sind, ergeben diese Operatoren in Workflows keinen Sinn.
Zuweisungen zu Umgebungsvariablen und anderen Drive-spezifischen Variablen	Umgebungsvariablen wie `$env:windir` können in Workflows abgerufen, aber nicht geändert werden. Dies gilt für alle Zuweisungen zu Variablen, die mit einem Laufwerkbuchstaben qualifiziert werden.

Tabelle 26.1: Die wichtigsten syntaktischen Inkompatibilitäten der Workflows. (Forts.)

InlineScript: echten PowerShell-Code ausführen

Um auch in Workflows ohne die lästige Inkompatibilitäten aus Tabelle 26.1 ganz normalen PowerShell-Code ausführen zu können, steht eine Activity namens InlineScript zur Verfügung. Diese akzeptiert einen Skriptblock und führt ihn in einer separaten PowerShell-Sitzung aus, die nicht zum Workflow gehört und standardmäßig in einem separaten Prozess ausgeführt wird. Die Ausgabe dieser PowerShell-Sitzung wird dann an den Workflow zurückgegeben. Der Workflow in Listing 26.5 enthält zum Beispiel PowerShell-Code, der nicht in eine Activity übersetzt werden kann:

```
workflow Test-Workflow
{
  $wid = [System.Security.Principal.WindowsIdentity]::GetCurrent()
  $prp = New-Object System.Security.Principal.WindowsPrincipal($wid)
  $adm = [System.Security.Principal.WindowsBuiltInRole]::Administrator
  $prp.IsInRole($adm)
}
```

Listing 26.5: Inkompatibler Code in einem Workflow.

Geben Sie diesen Code im ISE-Editor ein, wird mit einer roten Wellenlinie der Code hervorgehoben, der inkompatibel ist (Abbildung 26.2):

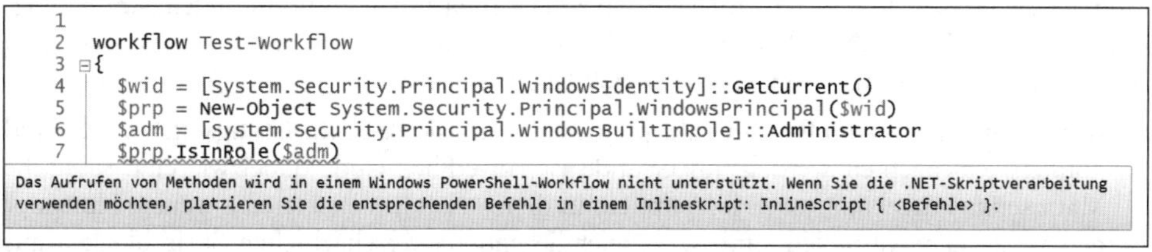

```
1
2  workflow Test-Workflow
3  {
4      $wid = [System.Security.Principal.WindowsIdentity]::GetCurrent()
5      $prp = New-Object System.Security.Principal.WindowsPrincipal($wid)
6      $adm = [System.Security.Principal.WindowsBuiltInRole]::Administrator
7      $prp.IsInRole($adm)
```

Das Aufrufen von Methoden wird in einem Windows PowerShell-Workflow nicht unterstützt. Wenn Sie die .NET-Skriptverarbeitung verwenden möchten, platzieren Sie die entsprechenden Befehle in einem Inlineskript: InlineScript { <Befehle> }.

Abbildung 26.2: Inkompatibler Code wird vom ISE-Editor während der Eingabe markiert.

Der Tooltipp schlägt vor, was zu tun ist, um den inkompatiblen Code dennoch innerhalb des Workflows ausführen zu können: Verwenden Sie die InlineScript-Aktivität:

```
workflow Test-Workflow
{
  InlineScript {
    $wid = [System.Security.Principal.WindowsIdentity]::GetCurrent()
    $prp = New-Object System.Security.Principal.WindowsPrincipal($wid)
    $adm = [System.Security.Principal.WindowsBuiltInRole]::Administrator
    $prp.IsInRole($adm)
  }
}
```

Listing 26.6: Code mit der InlineScript-Aktivität in einer eigene PowerShell-Umgebung ausführen.

Jetzt kann der Workflow angelegt und ausgeführt werden. Im Beispiel meldet er $true zurück, wenn der Code mit vollen Administratorrechten ausgeführt wird, sonst $false:

```
PS C:\> Test-Workflow
True
```

In einem InlineScript-Block werden also echte Cmdlets in einer echten PowerShell ausgeführt, und auch die übrigen PowerShell-Mechanismen wie Variablen oder der Zugriff auf Objektmethoden stehen darin in einem eigenständigen Gültigkeitsbereich zur Verfügung. Sie erhalten so also eine einigermaßen gewohnte PowerShell-Umgebung innerhalb des Workflows.

Nutzen Sie also eine InlineScript-Aktivität in diesen Fällen:

- **Inkompatibler Code:** Sie wollen PowerShell-Code einsetzen, der sich nicht in eine Workflow-Activity übersetzen lässt. Dazu zählt beispielsweise auch Code, der über Import-Module bestimmte PowerShell-Module nachladen muss.
- **Eigenständiger Scope:** Sie möchten einen eigenständigen Gültigkeitsbereich für Variablen verwenden.
- **Remoting:** Sie möchten den Code auf einem bestimmten Remotesystem ausführen.

Achtung

Da der Code einer InlineScript-Aktivität in einer separaten PowerShell ausgeführt wird, gilt für ihn das »Alles-oder-Nichts-Prinzip«: Der Code kann also nicht vom Workflow unterbrochen und später an einer vorgesehenen Stelle wieder aufgenommen werden – eigentlich einer der großen Vorteile eines Workflows. Bei der Unterbrechung eines Workflows kann ein InlineScript nur komplett neu gestartet werden. Es ist nämlich kein nativer Teil eines Workflows, sondern lediglich ein Workaround für PowerShell-Code, der sich anderweitig nicht mit einem Workflow ausführen ließe.

Variablen und Gültigkeitsbereiche

Eine der ersten Schwierigkeiten, auf die Sie bei der Arbeit mit Workflows treffen, sind Gültigkeitsbereiche. Welche Variablen sind in welchen Abschnitten sichtbar? Workflows verhalten sich hier völlig anders als normaler PowerShell-Code:

- **Klassischer PowerShell-Code:** Skriptblöcke bilden die Basis für Gültigkeitsbereiche und können verschachtelt werden. Im Grunde ist PowerShell-Code dabei wie eine russische Matroschka aufgebaut, jene Holzpuppen, in denen sich immer kleinere weitere Holzpuppen verstecken: Variablen sind von »tiefer liegenden« verschachtelten Skriptblöcken aus sichtbar, aber nicht umgekehrt. Dieses Konzept ergibt Sinn, weil klassischer PowerShell-Code immer innerhalb einer gemeinsamen PowerShell-Sitzung lebt und die Anweisungen darin nacheinander ausgeführt werden.

- **Workflow-Code:** Activities bilden die Basis für Gültigkeitsbereiche und sind vollkommen unabhängig voneinander. Eine Activity hat keinen direkten Zugriff auf den Gültigkeitsbereich einer anderen Activity, und auch das ergibt Sinn: Workflows und Activities können zu ganz unterschiedlichen Zeitpunkten, teilweise auch parallel zueinander, auf ganz unterschiedlichen Systemen ausgeführt werden. Sie leben daher jeweils in eigenen Umgebungen, die voneinander nichts wissen. Genau deshalb eignen sich Workflows ja so hervorragend für die Orchestrierung verschiedener Aufgaben über Zeit- und Rechnergrenzen hinweg.

Zugriff auf »fremde« Variablen

Am besten stellt man sich die Activities innerhalb eines Workflows und sogar den Workflow selbst wie Inseln vor, die nur über Parameter und Rückgabewerte miteinander kommunizieren sollten. Hier ein Beispiel, das die Isolation deutlich macht:

```
workflow Test-Workflow
{
    "Ausgabe: $Text"
}

function Test-Function
{
    "Ausgabe: $Text"
}

$Text = "Hallo!"

Test-Workflow
Test-Function
```

Listing 26.7: Zugriff auf externe Variablen bei Workflows und Funktionen.

Das Ergebnis zeigt: Für Test-Workflow ist die Variable $Text unsichtbar, für Test-Function dagegen nicht:

```
PS C:\> Test-Workflow
Ausgabe:

PS C:\> Test-Function
Ausgabe: Hallo!
```

Der Grund: Der Workflow wird nicht in Ihrer PowerShell ausgeführt, sondern in einer eigenständigen Umgebung, und hat deshalb keinen Zugriff auf die Variablen Ihrer PowerShell. Was anfangs sonderbar wirkt, wird deutlich, wenn man die Ortsunabhängigkeit eines Workflows berücksichtigt. Ein Workflow kann nicht nur lokal, sondern über PowerShell-Remoting auf beliebigen Rechnern ausgeführt werden. Jeder Workflow unterstützt hierfür die Parameter -PSComputerName und -PSCredential.

Der folgende Aufruf würde Test-Workflow also mit dem Benutzerkonto PSRemoting auf dem Remotesystem tobiasair1 ausführen:

```
PS> Test-Workflow -PSComputerName tobiasair1 -PSCredential PSRemoting
Ausgabe:
```

Spätestens jetzt ist klar, dass der Workflow in einer separaten Umgebung ausgeführt werden *muss* und keinen Zugriff auf die Variablen Ihrer PowerShell mehr hat. Hier verhalten sich Workflows also genauso wie PowerShell-Code, den Sie mit Invoke-Command auf einem Remotesystem ausführen.

Workflow-globale Variablen

Ein Workflow ist zwar hermetisch nach außen abgeschirmt, innerhalb des Workflows gelten aber ähnliche Regeln wie bei PowerShell, und Variablen einer verschachtelten Activity können auf die Variablen in höheren Ebenen zugreifen:

```
workflow Test-Workflow
{
    $wert = 1
    sequence
    {
        $wert

        sequence
        {
            $wert
        }
    }
}
```

Listing 26.8: Interne Variablen eines Workflows sind in untergeordneten Bereichen sichtbar.

Allerdings gibt es einen wichtigen Unterschied: Es darf keine gleichnamigen Variablen in verschiedenen Gültigkeitsbereichen geben. Sie dürfen in Listing 26.8 also weder innerhalb einer der sequence-Bereiche der Variablen $wert einen neuen Wert zuweisen noch diese Variable anderweitig ändern, zum Beispiel über den Operator ++ – wobei genau das gelogen ist und auch der Grund ist für viele Missverständnisse:

Die Variable $wert darf durchaus geändert werden, auch von verschachtelten Gültigkeitsbereichen aus. Wenn Sie indes in einem untergeordneten Gültigkeitsbereich $wert einen neuen Wert zuweisen, wird dadurch im aktuellen Gültigkeitsbereich in Wahrheit eine neue gleichnamige Variable angelegt, und genau dies ist bei Workflows untersagt.

Die Lösung sind Workflow-globale Variablen, die Sie mit dem Präfix `workflow:` kennzeichnen:

```
workflow Test-Workflow
{
    $wert = 1
    sequence
    {
        $wert
        $workflow:wert += 1

        sequence
        {
            $wert
            $workflow:wert++
        }
    }
    $wert
}
```

Listing 26.9: Workflow-globale Variablen sind von allen Gültigkeitsbereichen aus beschreibbar.

Wenn Sie den Workflow starten, wird der Inhalt von $wert in den verschiedenen verschachtelten Bereichen geändert:

```
PS> test-workflow
1
2
3
```

Es gibt im gesamten Workflow jetzt also nur eine einzige Variable namens $wert, die auf oberster Ebene angelegt wurde. Diese oberste Ebene können untergeordnete Bereiche stets über `workflow:` ansprechen. Das ist auch der Grund dafür, dass die Variable $wert in der obersten Ebene diese Angabe nicht benötigt hatte. Auch beim Lesen der Variablen war die Angabe nicht nötig.

Wenn es Ihnen lieber ist, können Sie indes `workflow:` auch grundsätzlich für alle Variablen innerhalb eines Workflows angeben. Nur an einer Stelle ist das nicht erlaubt: bei der Zuweisung auf oberster Ebene des Workflows:

```
workflow Test-Workflow
{
    # bei der Zuweisung einer Variablen auf oberster Workflow-Ebene
    # darf workflow: nicht eingesetzt werden!
    $wert = 1
    sequence
    {
        $workflow:wert
        $workflow:wert += 1

        sequence
        {
            $workflow:wert
            $workflow:wert++
        }
    }
    $workflow:wert
}
```

Listing 26.10: Das Präfix kann der besseren Übersichtlichkeit wegen beinahe überall angegeben werden.

Variablen in InlineScript

InlineScripts repräsentieren separate PowerShell-Umgebungen außerhalb des Workflows. Deshalb kann der Code in einem InlineScript nicht auf Workflow-Variablen zugreifen. Das Schlüsselwort workflow: ist schließlich kein gültiges PowerShell-Schlüsselwort und in normalem PowerShell-Code unbekannt:

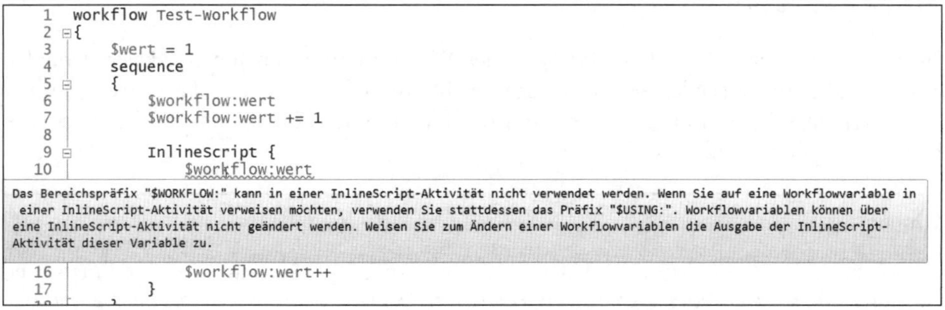

```
 1  workflow Test-Workflow
 2  {
 3      $wert = 1
 4      sequence
 5      {
 6          $workflow:wert
 7          $workflow:wert += 1
 8
 9          InlineScript {
10              $workflow:wert
```

Das Bereichspräfix "$WORKFLOW:" kann in einer InlineScript-Aktivität nicht verwendet werden. Wenn Sie auf eine Workflowvariable in einer InlineScript-Aktivität verweisen möchten, verwenden Sie stattdessen das Präfix "$USING:". Workflowvariablen können über eine InlineScript-Aktivität nicht geändert werden. Weisen Sie zum Ändern einer Workflowvariablen die Ausgabe der InlineScript-Aktivität dieser Variable zu.

```
16          $workflow:wert++
17      }
```

Abbildung 26.3: Code in InlineScripts verwendet das Präfix »using:«, um auf Variablen des Aufrufers zuzugreifen.

Der ISE-Editor zeigt in solch einem Fall indes in einem Tooltipp an, was zu tun ist: Der Code im InlineScript nutzt die bei PowerShell übliche Taktik, um aus einer Remoting-Umgebung heraus auf Variablen des Aufruferkontexts zuzugreifen, und nutzt anstelle von workflow: das Präfix using:. Allerdings kann man auf diese Weise die Variable grundsätzlich nur lesen, nicht verändern.

Informationen mit Parametern übergeben

Möchten Sie Informationen aus Ihrer PowerShell an einen Workflow übergeben, muss dies immer über Parameter erfolgen. Die Parameter eines Workflows werden genauso definiert wie Parameter für eine Funktion:

```
workflow Test-Workflow
{
    param
    (
        $EineInformation
    )

    "Parameter: $EineInformation"
    'Variable $text: ' + $Text
}

function Test-Function
{
    param
    (
        $EineInformation
    )

    "Parameter: $EineInformation"
    'Variable $text: ' + $Text
}

$Text = "Hallo!"
```

Listing 26.11: Informationen über Parameter einem Workflow übergeben.

Entsprechend ergibt sich nun dieses Bild:

```
PS> Test-Workflow -EineInformation $Text
Parameter: Hallo!
Variable $text:

PS> Test-Function -EineInformation $Text
Parameter: Hallo!
Variable $text: Hallo!
```

Über den Parameter -EineInformation kann der Workflow nun den Inhalt lokaler Variablen erhalten, über die Variablen selbst hingegen nicht. Workflows sind also hermetisch von der Außenwelt abgeriegelt und empfangen vom Aufrufer ausschließlich Parameter. Für klassische Funktionen gilt diese Abriegelung nicht.

Achtung

Parameternamen in einem Workflow dürfen nur Buchstaben, Zahlen, Bindestriche (-) und Unterstriche (_) enthalten. Bindestriche sollten jedoch vermieden werden, weil der Parametername sonst in geschwungene Klammern gestellt werden müsste.

Ergebnisse über Rückgabewerte zurückliefern

Für den Rückweg nutzt ein Workflow ausschließlich seine Rückgabewerte, ganz ähnlich wie bei Funktionen. Sie können das Ergebnis eines Workflows also genau wie bei Funktionen einer Variablen zuweisen und weiterverarbeiten.

Listing 26.12 zeigt das an einem einfachen Beispiel: Sowohl ein Workflow als auch eine Funktion akzeptieren über den Parameter -Name den Namen eines Diensts und liefern den Dienst dann als Rückgabewert zurück. Das Ergebnis kann jeweils in einer Variablen gespeichert und weiterverarbeitet werden.

```
workflow Test-Workflow
{
    param
    (
        $Name
    )

    Get-Service -Name $Name
}

function Test-Function
{
    param
    (
        $Name
    )

    Get-Service -Name $Name
}

$dienstWorkflow = Test-Workflow -Name Spooler
$dienstFunktion = Test-Function -Name Spooler
```

Listing 26.12: Informationen über einen Dienst mit Workflow und mit Funktion abrufen.

Rückgabewerte werden immer serialisiert

Allerdings gibt es auch hier einen wesentlichen Unterschied: Weil ein Workflow prinzipiell ortsunabhängig ausgeführt wird und also in seiner eigenen Umgebung läuft, muss er die Ergebnisse »serialisieren«, also vorübergehend in einen Text umwandeln. Deshalb unterscheiden sich die Objekttypen der Ergebnisse, und der Workflow kann niemals die Originalergebnisse liefern.

Genau wie bei der Serialisierung, die Sie vom PowerShell-Remoting und von Hintergrundjobs kennen, sind die Ergebnisse nur noch Kopien der Objekte und enthalten lediglich Eigenschaften, aber nicht mehr die ursprünglichen Objektmethoden:

```
PS> $dienstFunktion.PSTypeNames[0]
System.ServiceProcess.ServiceController
```

```
PS> $dienstWorkflow.PSTypeNames[0]
Deserialized.System.ServiceProcess.ServiceController
```

Das hat auch Einfluss auf die Ausführungsgeschwindigkeit. Serialisierung ist ein aufwendiger Vorgang, und der dadurch entstehende Overhead ist umso größer, je mehr Ergebnisse serialisiert werden müssen:

```
# einen Dienst abrufen:
```

```
PS> (Measure-Command { Test-Workflow -Name Spooler } ).TotalMilliseconds
64,3036
```

```
PS> (Measure-Command { Test-Function -Name Spooler } ).TotalMilliseconds
1,6511
```

```
# viele Dienste abrufen:
```

```
PS> (Measure-Command { Test-Workflow -Name * } ).TotalMilliseconds
717,6084
```

```
PS> (Measure-Command { Test-Function -Name * } ).TotalMilliseconds
34,459
```

Profitipp

Grundsätzlich kostet allein der Start eines Workflows Extrazeit: Auf dem Zielsystem – lokal oder remote – muss zuerst eine neue Umgebung gestartet werden, in der der Workflow ausgeführt wird.

Rufen Sie einen Workflow mehrmals schnell hintereinander auf, ist diese Extrazeit nur beim ersten Aufruf spürbar. Die folgenden Aufrufe werden schneller ausgeführt, weil der Workflow-Prozess noch vorhanden ist und wiederverwendet werden kann. Warten Sie hingegen einige Sekunden, ist der Workflow-Prozess wieder beendet und muss wie beim ersten Aufruf erneut gestartet werden. Deshalb fällt hier die Extrazeit dann wieder ins Gewicht.

DevOps und Enterprise

Fehlende Echtzeitverarbeitung bei Rückgabewerten

Weil Workflows zeit- und ortsungebunden sind, können sie keine Ergebnisse in Echtzeit zurückliefern. Stattdessen werden die Ergebnisse eines Befehls stets gepuffert, und erst wenn alle Ergebnisse vorliegen, gibt ein Workflow sie zurück. Das kann erhebliche Auswirkungen haben:

```
function Test-Function
{
    Get-ChildItem -Path $env:windir\system32 |
      Select-Object { $_.FullName }
}

workflow Test-Workflow
{
    Get-ChildItem -Path $env:windir\system32 |
      Select-Object { $_.FullName }
}
```

Listing 26.13: Workflows unterstützen im Gegensatz zu Funktionen keine Echtzeitverarbeitung.

Rufen Sie Test-Function auf, liefert die Funktion den Inhalt des *System32*-Ordners in Echtzeit zurück: Sie erhalten die Ergebnisse also bereits, noch während Get-ChildItem damit beschäftigt ist, den Ordnerinhalt aufzulisten.

Test-Workflow verhält sich anders. Hier sehen Sie zunächst nur eine Fortschrittsanzeige, und erst wenn der gesamte Ordnerinhalt aufgelistet ist, wird der Inhalt zurückgegeben. Wegen der dabei außerdem notwendigen Serialisierung der Ergebnisse fühlt sich die Ausführung des Workflows nicht nur länger an, es dauert tatsächlich sehr viel länger.

Funktionen verwenden

Obwohl Workflows hermetisch gegenüber dem Aufrufer abgeschottet sind und wie bereits gezeigt nicht auf die Variablen der lokalen PowerShell zugreifen können, sind Funktionen für Workflows sehr wohl sichtbar. Sie können also PowerShell-Funktionen definieren und dann aus einem Workflow darauf zugreifen:

```
function Get-Environment
{
    $hash = [Ordered]@{}
    $hash.'64bit-Betriebssystem?' = [Environment]::Is64BitOperatingSystem
    $hash.'64bit-Prozess?' = [Environment]::Is64BitProcess
    $hash.'Computername' = [Environment]::MachineName
    $hash.'Betriebssystem?' = [Environment]::OSVersion
    $hash.'Anzahl Kerne' = [Environment]::ProcessorCount

    New-Object PSObject -Property $hash
}

workflow Test-Workflow
{
    Get-Environment
}
```

Listing 26.14: Workflows können auf lokale PowerShell-Funktionen zugreifen.

Rufen Sie `Test-Workflow` auf, kann dieser problemlos auf die PowerShell-Funktion `Get-Environment` zugreifen:

```
PS> Test-Workflow


64bit Betriebsystem?  : True
64bit Prozess?        : True
Computername          : DELL1
Betriebsystem?        : Microsoft Windows NT 10.0.10586.0
Anzahl Kerne          : 4
PSComputerName        : localhost
PSSourceJobInstanceId : 20a9abc0-7163-437a-b8b5-6c8a61ae8fc3
```

Das funktioniert auch über das in Workflows integrierte Remoting auf anderen Rechnern:

```
PS> Test-Workflow -PSComputerName tobiasair1 -PSCredential PSRemoting


64bit Betriebsystem?  : True
64bit Prozess?        : True
Computername          : TOBIASAIR1
Betriebsystem?        : Microsoft Windows NT 6.1.7601 Service Pack 1
Anzahl Kerne          : 4
PSComputerName        : tobiasair1
PSSourceJobInstanceId : f7638976-b9ad-43e2-bf19-370305056fe8
```

Vielleicht ahnen Sie schon, wieso das so ist. Tatsächlich hat der Workflow einfach die Funktion in eine `InlineScript`-Aktivität verwandelt, die Sie sogar sehen können, wenn Sie sich die XAML-Definition des Workflows anschauen:

```
PS> (((Get-Command Test-Workflow).XamlDefinition) -split '\n') | Select-String InlineScript

       <ns1:InlineScript Command="trap { break }&#xD;&#xA;function
Get-Environment&#xD;&#xA;{&#xD;&#xA;
  $hash = [Ordered]@{}&#xD;&#xA;      $hash.'64bit Betriebsystem?' =
[Environment]::Is64BitOperatingSystem&#xD;&#xA;     $hash.'64bit Prozess?' =
[Environment]::Is64BitProcess&#xD;&#xA;       $hash.'Computername' =
[Environment]::MachineName&#xD;&#xA;
 $hash.'Betriebsystem?' = [Environment]::OSVersion&#xD;&#xA;      $hash.'Anzahl Kerne' =
[Environment]::ProcessorCount&#xD;&#xA;&#xD;&#xA;    New-Object PSObject -Property
$hash&#xD;&#xA;}&#xD;&#xA;Get-Environment">
            <ns1:InlineScript.DisplayName>Get-Environment</ns1:InlineScript.DisplayName>
       </ns1:InlineScript>
```

Sie hätten die Logik von `Get-Environment` also ebenso gut als `InlineScript` direkt in den Workflow einfügen können:

```
workflow Test-Workflow
{
    InlineScript
    {
      $hash = [Ordered]@{}
      $hash.'64bit-Betriebssystem?' = [Environment]::Is64BitOperatingSystem
      $hash.'64bit-Prozess?' = [Environment]::Is64BitProcess
      $hash.'Computername' = [Environment]::MachineName
      $hash.'Betriebssystem?' = [Environment]::OSVersion
      $hash.'Anzahl Kerne' = [Environment]::ProcessorCount

      New-Object PSObject -Property $hash
    }
}
```

Listing 26.15: Workflow mit integrierter PowerShell-Funktion (InlineScript).

Profitipp

Die automatische Einbindung von Funktionen als `InlineScript` in Workflows ist äußerst bequem. Man kann sie gut dazu nutzen, Workflows leserlicher zu formulieren. Überall dort, wo Sie in einem Workflow eine einfache `InlineScript`-Aktivität verwenden, könnte man ebenso gut eine lokal definierte Power-Shell-Funktion aufrufen. Der generierte Workflow wäre in beiden Fällen nahezu identisch aufgebaut.

Verschachtelte Workflows

Während Sie in Workflows problemlos PowerShell-Funktionen einbetten können, wie der letzte Abschnitt gezeigt hat, ist der Aufruf von anderen Workflows aus einem Workflow heraus nicht empfehlenswert.

Technisch ist das zwar möglich, aber weil Workflows hinter den Kulissen hochkomplexe Gebilde sind, ergeben sich durch die Verschachtelung mehrerer Workflows noch komplexere Konstruktionen. Die Folge sind unter Umständen extrem lange Ausführungszeiten, ganz abgesehen davon, dass solche verschachtelten Workflows kaum noch nachvollzogen und debuggt werden können. Verzichten Sie also besser darauf.

Remotezugriff

Ein Workflow liefert immer automatisch Unterstützung für PowerShell-Remoting. Dasselbe gilt für InlineScripts. Beide unterstützen die Parameter -PSComputername und -PSCredential, über die der Code remote ausgeführt wird. `InlineScript` verhält sich damit in etwa so wie Invoke-Command in der regulären PowerShell und kann Code sowohl lokal als auch auf Remotesystemen ausführen. Die folgenden Funktionen liefern stets dasselbe Resultat, nämlich die Liste der Dienste des Computers dell1:

```
function Get-RemoteService1
{
    # Invoke-Command führt beliebigen PowerShell-Code auf einem
    # lokalen oder Remotesystem aus
    Invoke-Command { Get-Service } -ComputerName dell1
}

Workflow Get-RemoteService2
{
    # InlineScript verhält sich wie Invoke-Command
    InlineScript { Get-Service } -PSComputerName dell1
}

Workflow Get-RemoteService3
{
    # ein Workflow kann insgesamt lokal oder remote ausgeführt werden,
    # wenn der Parameter -PSComputerName beim Aufruf verwendet wird
    # das InlineScript wird dann auf demselben Computer ausgeführt wie
    # der Workflow, sofern es nicht selbst -PSComputerName festlegt
    InlineScript { Get-Service }
}

Workflow Get-RemoteService4
{
    # Get-Service ist ein unterstütztes Cmdlet und kann deshalb auch
```

```
    # ohne InlineScript direkt ausgeführt werden
    Get-Service
}

$a = Get-RemoteService1
$b = Get-RemoteService2
$c = Get-RemoteService3 -PSComputerName dell1
$d = Get-RemoteService4 -PSComputerName dell1
```

Listing 26.16: Verschiedene Wege, Code remote auszuführen.

Das Ergebnis ist bei allen vier Aufrufen absolut identisch:

```
PS> $a.Count -eq $b.Count -eq $c.Count -eq $d.Count
True

PS> (Compare-Object $a $b -Property Name, Status, PSCOmputerName, { $_.PSTypeNames[0] }
-PassThru).Count -eq 0
True

PS> (Compare-Object $c $d -Property Name, Status, PSCOmputerName, { $_.PSTypeNames[0] }
-PassThru).Count -eq 0
True

PS> (Compare-Object $a $d -Property Name, Status, PSCOmputerName, { $_.PSTypeNames[0] }
-PassThru).Count -eq 0
True
```

Parallelverarbeitung

Die Parallelverarbeitung mehrerer Aufgaben ist genau wie das Remoting keine Spezialität von Workflows. Sie haben bereits in Kapitel 25 viele Wege kennengelernt, um Aufgaben auch in einer normalen PowerShell und ohne Workflows parallel auszuführen, und wenn es Ihnen nur um die Parallelverarbeitung geht, sind die dort vorgestellten Wege sehr viel schneller.

Bei Workflows ist die Parallelverarbeitung nur ein Nebeneffekt der Orchestrierung. Sie haben bereits gesehen, wie Sie mit sequence und parallel festlegen, ob Workflows die Anweisungen nacheinander oder gleichzeitig ausführen (Listing 26.3). Möchten Sie also drei Befehle gleichzeitig ausführen, greifen Sie zu parallel:

```
function Write-DelayMessage
{
    param($Info)
    "beginne Schritt $Info."
    Start-Sleep -Seconds 2
    "beende Schritt $Info."
}

workflow Test-Workflow
{
  parallel
    {
      Write-DelayMessage 1
      Write-DelayMessage 2
      Write-DelayMessage 3
    }
}
```

Listing 26.17: Drei Aufgaben parallel ausführen.

Das Ergebnis sieht so aus und zeigt, dass alle drei Aufgaben gleichzeitig ausgeführt werden:

```
PS C:\> Test-Workflow
beginne Schritt 1.
beginne Schritt 2.
beginne Schritt 3.
beende Schritt 1.
beende Schritt 2.
beende Schritt 3.
```

Hinweis

Was bei diesem sehr simplen Beispiel vielversprechend aussieht, wird sich in den nachfolgenden Praxisbeispielen relativieren. Zwar bleibt es bei der Parallelausführung, doch sorgt der Overhead der Workflows dafür, dass die folgenden Beispielskripte teilweise mehr Zeit benötigen, als wären die Aufgaben einfach nacheinander und ohne Workflow ausgeführt worden.

Auf die Gründe dafür und mögliche Optimierungen wird später noch eingegangen. An dieser Stelle interessiert zuerst einmal nur die »Mechanik« des Workflows und seiner Parallelverarbeitung.

Globale Variablen synchronisieren parallele Aufgaben

Herausfordernder wird es, wenn Sie drei Aufgaben ausführen, die Ergebnislisten liefern. Weil alle drei Aufgaben gleichzeitig gestartet werden, senden sie ihre Ergebnisse auch alle gleichzeitig zurück. Das Ergebnis wäre also eine bunte Mischung aus den Ergebnissen aller drei Befehle:

```
workflow Test-Workflow
{
  parallel
    {
      Get-HotFix
      Get-Service
      Get-Process
    }
}

$ergebnis = Test-Workflow
$ergebnis.Count
```

Listing 26.18: Drei Befehle parallel ausführen, die Ergebnisse zurückliefern.

Um die Ergebnisse zu trennen, können Sie sie aber in globalen Workflow-Variablen speichern, die Sie bereits in einem der vergangenen Abschnitte kennengelernt haben. Dazu wird das Präfix workflow: verwendet:

```
workflow Test-Workflow
{
  parallel
  {
    $workflow:hotfix = Get-HotFix
    $workflow:service = Get-Service
    $workflow:process = Get-Process
  }
```

```
  $hotfix, $service, $process
}

$ergebnis = Test-Workflow
$ergebnis.Count
```

Listing 26.19: Workflow-Variablen einsetzen.

Das Ergebnis ist jetzt ein Array mit drei Elementen, und über $ergebnis[0] würden Sie beispielsweise die Liste der gefundenen Hotfixes sehen.

Achtung

Vermeiden Sie es, innerhalb eines parallel-Blocks von verschiedenen Befehlen aus auf dieselbe Workflow-Variable zuzugreifen. Weil Sie keinen Einfluss darauf haben, wann und in welcher Reihenfolge die Befehle dies vornehmen, käme es zu unkontrollierten Parallelzugriffen – auch *Race Condition* (kritischer Wettlauf, Wettlaufsituation) genannt.

Da InlineScripts keine Workflow-Variablen ändern können, würden Sie beim Einsatz von InlineScript kurzerhand das Ergebnis des gesamten InlineScripts einer Workflow-Variablen zuweisen:

```
workflow Test-Workflow
{
  parallel
  {
    $workflow:hotfix = InlineScript { Get-HotFix }
    $workflow:service = InlineScript { Get-Service }
    $workflow:process = InlineScript { Get-Process }
  }

  $hotfix, $service, $process
}

$ergebnis = Test-Workflow
$ergebnis.Count
```

Listing 26.20: Echte PowerShell-Cmdlets mit InlineScript ausführen und Ergebnis in Workflow-Variable schreiben.

Parallelbearbeitung in einer Schleife

Möchte man die Parallelbearbeitung eines Workflows über Argumente steuern und zum Beispiel eine Liste von Computern parallel verarbeiten, wird die foreach-Schleife eingesetzt. Ihre Schleifendurchläufe können innerhalb eines Workflows auch parallel ausgeführt werden. Dazu fügen Sie lediglich die Anweisung -parallel hinzu.

Das Beispiel Test-ParallelForeach simuliert eine Aufgabe, die mit verschiedenen Servern durchgeführt werden soll. Der Workflow bearbeitet jeden Computer in einer foreach-Schleife, und für jeden Computer sind 4 Sekunden Bearbeitungszeit notwendig.

```
workflow Test-ParallelForeach
{
  param
```

```
(
  [String[]]
  $ComputerName
)

foreach -parallel ($Machine in $ComputerName)
{
  "Beginn $Machine"
  Start-Sleep -Seconds 4
  "Ende $Machine"
}
}
```

Listing 26.21: Schleifendurchläufe parallel bearbeiten.

In einer klassischen Schleife würde der folgende Aufruf deshalb 16 Sekunden benötigen – 4 Sekunden pro Computer. Der Workflow mit seiner Parallelschleife schafft das hingegen in kaum mehr als 4 Sekunden, denn er bearbeitet alle Schleifendurchläufe parallel. Entfernen Sie im Listing -parallel, um zu sehen, wie eine klassische Schleife arbeiten würde.

```
PS> Test-ParallelForeach -ComputerName server1, server2, server3, server4
Beginn server4
Beginn server3
Beginn server2
Beginn server1
Ende server4
Ende server1
Ende server3
Ende server2
```

Throttling für Parallelschleifen

Da man bei einer Schleife nicht unbedingt weiß, wie oft sie ausgeführt wird – dies hängt meist von den Rahmenbedingungen und den gelieferten Argumenten ab –, kann die Parallelverarbeitung problematisch sein. Übergeben Sie einem Workflow beispielsweise eine Liste mit Computern, die dann alle parallel angepingt werden sollen, ist das zwar prinzipiell eine gute Idee. Wenn die Liste allerdings Tausende von Computern enthält, würde der Workflow enorme Ressourcen belegen und vermutlich zusammenbrechen.

Deshalb kann man ab PowerShell 4 zusätzlich ein sogenanntes *ThrottleLimit* festlegen. Es gibt an, wie viele Aufgaben maximal parallel bearbeitet werden dürfen. Im folgenden Fall soll mit dem Workflow Ping-Computer geprüft werden, ob die angegebenen Computer oder IP-Adressen erreichbar sind. Jeweils 40 Computer sollen gleichzeitig geprüft werden.

Achtung

Listing 26.22 liest die Liste der anzupingenden Computer aus einer Datei. Diese Datei müssten Sie also zuerst anlegen und den Pfad zur Datei im Skript anpassen. Alternativ könnten Sie $Computer auch eine kommaseparierte Liste mit Computernamen zuweisen:

```
$Computer = 'server1', 'server2', 'server3'
```

Ping-Computer liefert Ergebnisse nur für antwortende Computer. Antwortet gar kein Computer, liefert der Workflow kein Ergebnis.

```
workflow Ping-Computer
{
  param
  (
    [String[]]
    $ComputerName
  )

  foreach -parallel -throttlelimit 40 ($Machine in $ComputerName)
  {
    Test-Connection -Count 1 -ComputerName $Machine -ErrorAction Ignore
  }
}

$Computer = Get-Content -Path 'c:\...\computerliste.txt'
Ping-Computer -ComputerName $Computer | Select-Object -Property Address, ResponseTime
```

Listing 26.22: Eine Liste mit Computernamen einlesen und jeweils 40 Computer anpingen.

Der Workflow überprüft jeweils 40 Computer. Ping-Computer verwendet ein eingebautes Timeout von vier Sekunden, sodass die Überprüfung eines solchen Blocks maximal 4 Sekunden dauern sollte.

Profitipp

Auch wenn die parallel arbeitende Workflow-Schleife attraktiv erscheint: Geht es Ihnen ausschließlich um die Parallelverarbeitung, finden sich häufig schnellere und einfachere Wege. Die folgende Funktion Ping-Computer leistet ebenfalls einen parallel ausgeführten Ping. Nur ist sie deutlich schneller, benötigt weniger Ressourcen, und Sie können hierbei ein Timeout angeben:

```
function Ping-Computer
{
  param
  (
    [Parameter(Mandatory=$true)]
    [String[]]
    $ComputerName,

    $Timeout = 4000
  )

  $Filter = ($ComputerName |
    ForEach-Object { 'Address="{0}" and Timeout={1}' -f $_, $Timeout}) -join ' or '

  Get-WmiObject -Class Win32_PingStatus -Filter $filter |
  Select-Object -Property Address, ProtocolAddress, ResponseTime, Timeout

}


$liste = 'powertheshell.com', 'PowerShellmagazine.com', 'PowerShell.com'
Ping-Computer -ComputerName $liste
```

Listing 26.23: Mehrere Computer parallel anpingen (klassische Funktion ohne Workflow).

Unterbrechung und Wiederaufnahme

Ein besonderer Schwerpunkt von Workflows ist ihre Persistenz. Workflows können – wenn sie entsprechend gestaltet werden – jederzeit unterbrochen und später fortgesetzt werden:

- **Manuelle Unterbrechung:** Verwenden Sie Suspend-Workflow, wenn Sie aus Ihrem Code heraus einen Workflow unterbrechen wollen. Gründe könnten zum Beispiel sein, dass Ihr Code einen Zustand entdeckt hat, der die weitere Ausführung des Workflows momentan nicht zulässt. Der Workflow setzt seine Arbeit später mit der nächsten Anweisung fort, die nach Suspend-Workflow folgt.

- **Automatische Unterbrechung:** Ein Workflow kann auch von außen unterbrochen werden, zum Beispiel durch den geplanten oder unerwarteten Neustart des Computers oder durch einen Absturz. Mit Checkpoint-Workflow legen Sie an Schlüsselstellen in Ihrem Code Schnappschüsse an. Bei einer ungeplanten Unterbrechung setzt der Workflow später dann an dieser Stelle seine Arbeit fort.

Wird ein Workflow unterbrochen, speichert PowerShell ihn in Form eines speziellen Hintergrundjobs. Der Workflow setzt seine Arbeit fort, sobald dieser Hintergrundjob mit Resume-Job fortgesetzt wird. Dies kann manuell und auch automatisch geschehen.

Manuelle Unterbrechung

Bemerkt ein Workflow eine Situation, die die Fortsetzung der Aufgabe zurzeit unmöglich macht, kann er sich mit Suspend-Workflow selbst unterbrechen. Vielleicht soll ein Workflow eine sehr rechenintensive Aufgabe durchführen, die nur während eines bestimmten Wartungsfensters möglich ist. Der Workflow könnte also prüfen, ob aktuell ein solches Wartungsfenster gegeben ist (zum Beispiel Wochenende oder nach Geschäftsschluss). Falls nicht, unterbricht er sich selbst.

Test-RestartComputer simuliert dies, indem die aktuelle Zeit in eine Datei geschrieben und dann der Workflow unterbrochen wird. Sobald der Workflow fortgesetzt wird, schreibt er die dann aktuelle Zeit in eine zweite Datei:

```
# Logdateien löschen, falls vorhanden:
Remove-Item $env:temp\beforeSuspend.txt -ErrorAction Ignore
Remove-Item $env:temp\afterResume.txt -ErrorAction Ignore

workflow Test-RestartComputer
{
    Get-Date | Out-File -FilePath $env:temp\beforeSuspend.txt

    # Workflow unterbrechen
    Suspend-Workflow

    Get-Date | Out-File -FilePath $env:temp\afterResume.txt
}
```

Listing 26.24: Der Workflow unterbricht sich mit Suspend-Workflow.

Wird der Workflow gestartet, liefert er erstaunlicherweise einen Hintergrundjob mit dem speziellen PSJobTypeName PSWorkflowJob zurück:

```
PS> Test-RestartComputer

Id   Name   PSJobTypeName   State       HasMoreData   Location
--   ----   -------------   -----       -----------   --------
1    Job1   PSWorkflowJob   Suspended   True          localhost
```

Der Workflow wird nicht mehr ausgeführt. Bis zu diesem Punkt hat er aber die erste Logdatei angelegt:

```
PS> Get-Content -Path $env:temp\beforeSuspend.txt
```

```
DisplayHint            : DateTime
PSComputerName         : localhost
PSSourceJobInstanceId  : d7c75ef4-7de8-4859-9c4f-baaa25c33907
Date                   : 08.01.2016 00:00:00
Day                    : 8
DayOfWeek              : Friday
DayOfYear              : 8
Hour                   : 13
Kind                   : Local
Millisecond            : 258
Minute                 : 33
Month                  : 1
Second                 : 45
Ticks                  : 635878568252588911
TimeOfDay              : 13:33:45.2588911
Year                   : 2016
DateTime               : Freitag, 8. Januar 2016 13:33:45
```

Die zweite Logdatei wurde nicht angelegt, denn der Workflow ist vorher ja unterbrochen worden:

```
PS C:\> Get-Content -Path $env:temp\afterResume.txt
Get-Content : Der Pfad "C:\Users\Tobias\AppData\Local\Temp\afterResume.txt" kann nicht gefunden
werden, da er nicht vorhanden ist.
```

Um den Job fortzusetzen, muss sein Hintergrundjob mit Resume-Job wieder aufgenommen werden:

```
PS> Get-Job | Resume-Job
```

Id	Name	PSJobTypeName	State	HasMoreData	Location
1	Job1	PSWorkflowJob	Running	True	localhost

```
PS> Get-Job
```

Id	Name	PSJobTypeName	State	HasMoreData	Location
1	Job1	PSWorkflowJob	Completed	True	localhost

Sobald der Job vollständig abgearbeitet ist, hat der Workflow auch die zweite Datei angelegt:

```
PS> Get-Content -Path $env:temp\afterResume.txt
```

```
DisplayHint            : DateTime
PSComputerName         : localhost
PSSourceJobInstanceId  : d7c75ef4-7de8-4859-9c4f-baaa25c33907
Date                   : 08.01.2016 00:00:00
Day                    : 8
DayOfWeek              : Friday
DayOfYear              : 8
```

DevOps und Enterprise

```
Hour              : 13
Kind              : Local
Millisecond       : 189
Minute            : 38
Month             : 1
Second            : 18
Ticks             : 635878570981899161
TimeOfDay         : 13:38:18.1899161
Year              : 2016
DateTime          : Freitag, 8. Januar 2016 13:38:18
```

Zum Beweis, dass der Workflow tatsächlich fortgesetzt und nicht neu gestartet wurde, schauen Sie sich die erste Datei noch einmal an. Ihr Inhalt bleibt unverändert:

```
PS> Get-Content -Path $env:temp\beforeSuspend.txt
```

```
DisplayHint          : DateTime
PSComputerName       : localhost
PSSourceJobInstanceId : d7c75ef4-7de8-4859-9c4f-baaa25c33907
Date                 : 08.01.2016 00:00:00
Day                  : 8
DayOfWeek            : Friday
DayOfYear            : 8
Hour                 : 13
Kind                 : Local
Millisecond          : 258
Minute               : 33
Month                : 1
Second               : 45
Ticks                : 635878568252588911
TimeOfDay            : 13:33:45.2588911
Year                 : 2016
DateTime             : Freitag, 8. Januar 2016 13:33:45
```

Dieses Beispiel zeigt, wie Unterbrechung und Wiederaufnahme prinzipiell funktionieren, hat aber noch einige Schwächen:

- **Unbekannter Jobname:** Der Workflow verrät nicht den Namen des Hintergrundjobs, in dem er ausgeführt wird. Wenn mehrere Hintergrundjobs aktiv sind, kann nicht eindeutig bestimmt werden, welcher dem Workflow entspricht.

- **Keine automatische Wiederaufnahme:** Die Wiederaufnahme des Workflows erfolgt manuell. Für viele Szenarien wäre es wünschenswert, wenn der Workflow automatisch seine Arbeit fortsetzte, sobald ein bestimmtes Kriterium erfüllt ist.

Deshalb folgt nun ein zweites, praxisnäheres Beispiel: Code soll über den Neustart eines Systems hinweg ausgeführt werden.

Automatische Unterbrechung

Um zu demonstrieren, wie sich ein Workflow bei einem Neustart des Systems verhält, soll nun anstelle von Suspend-Workflow der Befehl Restart-Computer verwendet werden. Der übrige Code bleibt der Gleiche wie in Listing 26.24:

```
# Logdateien löschen, falls vorhanden:
Remove-Item $env:temp\beforeSuspend.txt -ErrorAction Ignore
Remove-Item $env:temp\afterResume.txt -ErrorAction Ignore

workflow Test-RestartComputer
{
    Get-Date | Out-File -FilePath $env:temp\beforeSuspend.txt

    # Workflow unterbrechen durch Neustart des Systems
    Restart-Computer -Wait

    Get-Date | Out-File -FilePath $env:temp\afterResume.txt
}
```

Listing 26.25: Workflow wird von System-Neustart unterbrochen.

Achtung

Wenn Sie dieses Beispiel ausführen, wird Ihr Computer neu starten! Sichern Sie alle ungespeicherten Arbeiten, bevor Sie das tun, und stellen Sie sicher, dass Ihr Computer kein produktionswichtiger Server ist, also gefahrlos neu gestartet werden kann!

Diesmal wird der Workflow mit dem Parameter -AsJob aufgerufen. Hierdurch wird er von vornherein als Hintergrundjob gestartet, und das entsprechende Job-Objekt wird zurückgegeben. Damit kennen Sie nun auch den eindeutigen Namen dieses Jobs – auch wenn Sie davon im Moment noch nicht viel haben. Der Computer startet danach nämlich umgehend neu.

```
PS> Test-RestartComputer -AsJob

Id   Name   PSJobTypeName   State     HasMoreData   Location
--   ----   -------------   -----     -----------   --------
3    Job3   PSWorkflowJob   Running   True          localhost
```

Nachdem der Computer neu gestartet ist und Sie sich wieder angemeldet haben, öffnen Sie erneut die PowerShell. Geben Sie dann ein:

```
PS> Get-Job

Id   Name   PSJobTypeName   State       HasMoreData   Location
--   ----   -------------   -----       -----------   --------
4    Job3   PSWorkflowJob   Completed   True          localhost
```

Zwei Überraschungen: Erstens ist der Hintergrundjob namens Job3 trotz des Neustarts noch vorhanden, und zweitens zeigt er in State an: Completed.

Hinweis

Die automatische Wiederaufnahme eines Workflows wurde in PowerShell 4 eingeführt. In PowerShell 3 muss ein Workflow manuell mit Resume-Job fortgesetzt werden. Dasselbe gilt, wenn der Workflow vollkommen unkontrolliert abbricht, beispielsweise durch einen Stromausfall oder Absturz.

DevOps und Enterprise

Tatsächlich wurde der Workflow wieder aufgenommen, und die zweite Logdatei wurde erstellt:

```
PS> Get-Content -Path $env:temp\afterResume.txt
```

```
DisplayHint          : DateTime
PSComputerName       : localhost
PSSourceJobInstanceId : 928a6525-f80d-4801-95ba-33bb4085dbc9
Date                 : 08.01.2016 00:00:00
Day                  : 8
DayOfWeek            : Friday
DayOfYear            : 8
Hour                 : 13
Kind                 : Local
Millisecond          : 214
Minute               : 55
Month                : 1
Second               : 28
Ticks                : 635878581282140666
TimeOfDay            : 13:55:28.2140666
Year                 : 2016
DateTime             : Freitag, 8. Januar 2016 13:55:28
```

Der Grund für die Wiederaufnahme liegt in der Art, wie der Workflow unterbrochen wurde: Restart-Computer ist clever genug, um beim Neustart den angehaltenen Workflow fortzusetzen.

Persistierende Hintergrundjobs

Erstaunlich ist, dass der Hintergrundjob, der den Workflow repräsentiert, nach dem Neustart *überhaupt* noch existiert. Hintergrundjobs sind normalerweise Teil einer PowerShell-Sitzung, und sobald diese PowerShell-Sitzung geschlossen wird, sind auch alle ihre Hintergrundjobs verschwunden. Glauben Sie nicht? Führen Sie diese Zeilen aus:

```
PS> Start-Job { Start-Sleep -Seconds 60 }
```

Id	Name	PSJobTypeName	State	HasMoreData	Location
--	----	-------------	-----	-----------	--------
1	Job1	**BackgroundJob**	Running	True	localhost

Öffnen Sie eine andere PowerShell und versuchen Sie von dort, mit Get-Job den Hintergrund zu sehen. Es geht nicht. Nun führen Sie in der ersten PowerShell diesen Code aus:

```
workflow Test-Job
{
    Suspend-Workflow
}

Test-Job -AsJob
```

Listing 26.26: Einen persistenten Hintergrundjob erzeugen.

Das Ergebnis ist wiederum ein Hintergrundjob:

Id	Name	PSJobTypeName	State	HasMoreData	Location
--	----	-------------	-----	-----------	--------
2	**Job5**	**PSWorkflowJob**	Suspended	True	localhost

Starten Sie eine neue PowerShell und prüfen Sie erneut mit `Get-Job`:

```
PS> Get-Job

Id    Name          PSJobTypeName   State       HasMoreData   Location
--    ----          -------------   -----       -----------   --------
2     Job5          PSWorkflowJob   Suspended   True          localhost
```

Workflows generieren also spezielle Hintergrundjobs vom Typ `PSWorkflowJob` (normalerweise lautet der Typ `BackgroundJob`).

PSJobType	Beschreibung
Kein Eintrag	Ein Eventhandler, der von `Register-ObjectEvent` stammt.
BackgroundJob	Ein regulärer Hintergrundjob.
PSWorkflowJob	Ein angehaltener Workflow.

Tabelle 26.2: Drei verschiedene Einsatzbereiche für Hintergrundjobs.

Diese Hintergrundjobs werden erst dann persistent, wenn der Workflow unterbrochen wird. Sie können jetzt von einer anderen PowerShell aus mit `Get-Job` gesehen und verwaltet werden. Diese PowerShell muss gestartet worden sein, *nachdem* der Workflow unterbrochen wurde.

Der Grund für diese Persistenz ist der sogenannte *Workflow Job Store*, in dem die Hintergrundjobs angehaltener Workflows anwendungsübergreifend aufbewahrt werden. Sobald eine PowerShell startet, schaut sie in diesem Store nach, ob es wartende Workflows gibt. Falls ja, wird ein entsprechender Hintergrundjob in dieser PowerShell-Sitzung eingefügt. Das erklärt auch, warum die Hintergrundjobs angehaltener Workflows in anderen PowerShell-Anwendungen nur sichtbar sind, wenn diese Anwendung gestartet wurde, nachdem der Workflow stoppte.

Der Workflow Job Store verwendet intern einen eindeutigen Pfadnamen, der aus den folgenden Komponenten zusammengesetzt wird und so nur demjenigen Zugriff auf angehaltene Workflows bietet, der sie aus seiner Umgebung heraus auch selbst gestartet hat:

- Endpunkt oder Anwendung
- Benutzerkontext
- Authentifizierungsmechanismus
- eleviert oder nicht-eleviert
- interaktiv oder nicht-interaktiv

Weil Workflows also in persistenten Hintergrundjobs auch Neustarts und andere Ereignisse »überleben«, liegt ein Fokus der Workflows auf der Ausführung jeglicher Aufgaben, die länger dauern, als eine PowerShell-Sitzung potenziell aufrechterhalten werden kann.

Prüfpunkte für eine kontrollierte Wiederaufnahme

Damit ein Workflow nach einer Unterbrechung an einer sinnvollen Stelle wieder aufgenommen werden kann, benötigt er Prüfpunkte. Prüfpunkte legen nicht nur fest, *wo* ein Workflow nach der Unterbrechung fortsetzt, sondern auch *wie*.

Wird ein Workflow abgebrochen und soll er nach dem Neustart an einer bestimmten Stelle fortgesetzt werden, muss der Workflow dazu alle Zustände und Variableninhalte wiederher-

DevOps und Enterprise

stellen, die bis zu diesem Punkt bereits beim ersten Durchlauf angelegt wurden. Genau das ermöglicht der Prüfpunkt. Er speichert ein Abbild des Workflow-Zustands und speichert das Abbild als Datei in das Benutzerprofil des Aufrufers. Er wird mit `Checkpoint-Workflow` angelegt. Nach einer Unterbrechung setzt der Workflow am zuletzt erreichten Prüfpunkt seine Arbeit fort.

Tipp

Prüfpunkte können auch automatisch nach jeder Activity angelegt werden. Dazu verwendet man den Parameter `-PSPersist $true`, den jeder Workflow unterstützt. `Restart-Computer` legt automatisch einen Prüfpunkt an.

Prüfpunkte sind sehr aufwendig und können große Datenmengen sowie Ausführungsverzögerungen produzieren. Deshalb sollte man sie äußerst sparsam nur nach einer vernünftigen Kosten-Nutzen-Analyse einsetzen:

- **Wiederholung einer Teilaufgabe ist nicht möglich:** Ist ein bestimmter Teil der Workflow-Aufgabe nicht so einfach wiederholbar, weil zum Beispiel bereits im Active Directory bestimmte Benutzerkonten angelegt wurden, die nicht ein zweites Mal angelegt werden können, verwenden Sie nach Abschluss der Aufgabe einen Prüfpunkt. So verhindern Sie, dass dieser Teil bei einem Abbruch erneut ausgeführt wird.

- **Wiederholung ist langsamer als Prüfpunkterstellung:** Ist die Durchführung einer Aufgabe sehr aufwendig und dauert sehr lange, verwenden Sie auch hier einen Prüfpunkt, damit die Aufgabe bei einem Abbruch nicht erneut ausgeführt werden muss. Bei allen Aufgaben, die schnell vollzogen sind und auch gefahrlos wiederholt werden können – beispielsweise das Anlegen von Registry-Schlüsseln –, verwenden Sie keinen Prüfpunkt.

Workflow-Server: Schutz vor unkontrollierten Abstürzen

Wie verhält sich ein Workflow eigentlich im Fall einer unkontrollierten Unterbrechung, zum Beispiel durch Stromausfall oder Absturz? Wird er als Hintergrundjob persistiert, und kann er wieder aufgenommen werden? Natürlich nicht. Jedenfalls nicht, wenn das System abstürzt, auf dem der Workflow ausgeführt wird.

Ein Workflow wird nur dann als persistenter Hintergrundjob angelegt, wenn er kontrolliert unterbrochen wird. Er benötigt ja noch einige Zeit, um sich im Workflow Job Store zu hinterlegen. Stürzt die Maschine unvermittelt ab, geht der Workflow unweigerlich verloren.

Um sich davor zu schützen, werden Workflow-Server eingesetzt. Das Prinzip ist simpel: Der Workflow wird nicht auf dem System ausgeführt, auf dem er Änderungen durchführen soll, sondern auf einem hochverfügbaren anderen System. Solange nicht ausgerechnet dieses hochverfügbare System abstürzt, ist der Workflow sicher und »überlebt« auch Abstürze oder sonstige unkontrollierte Zustände auf den Systemen, die er konfiguriert. Da der Workflow selbst geräteunabhängig ist und per Remoting andere Systeme ansprechen kann, ist er in der Lage, aus der »sicheren« Umgebung des Workflow-Servers auf andere Systeme zuzugreifen.

Sie können einen Workflow genau wie in den vergangenen Beispielen manuell auf dem Workflow-Server anlegen und ausführen. Da Sie nun nicht das lokale System verwalten wollen, sondern Remotesysteme, müssten Sie lediglich mit `-PSComputerName` die Zielsysteme angeben.

Workflow manuell auf Workflow-Server anlegen

Im folgenden Szenario benötigen Sie zwei Computer, die über PowerShell-Remoting miteinander kommunizieren können, und ein Benutzerkonto, das berechtigt ist, über PowerShell-Remoting von System A auf System B zuzugreifen.

System A soll der Workflow-Server sein. Auf System B sollen Aufgaben durchgeführt werden. Ein Workflow auf Server A könnte so aussehen und würde Listing 26.25 stark ähneln:

```
workflow Test-RestartComputer
{
    # Logdateien löschen, falls vorhanden:
    Remove-Item $env:temp\beforeSuspend.txt -ErrorAction Ignore
    Remove-Item $env:temp\afterResume.txt -ErrorAction Ignore

    Get-Date | Out-File -FilePath $env:temp\beforeSuspend.txt

    # Workflow unterbrechen durch Neustart des Systems
    # -Force meldet angemeldete Anwender sofort ab. Datenverlust möglich.
    Restart-Computer -Wait -Force

    Get-Date | Out-File -FilePath $env:temp\afterResume.txt
}
```

Um auf System B die erste Logdatei anzulegen, das System dann neu zu starten und schließlich die zweite Logdatei anzulegen, würden Sie lediglich beim Start des Workflows auf System A den Parameter -PSComputername (und optional -PSCredential) verwenden:

```
PS> Test-RestartComputer -PSComputerName ServerB -PSCredential BerechtigterUser
```

Der Workflow führt die Arbeit durch und informiert Sie über eine Fortschrittsanzeige:

```
Restart-Computer.
    Wird ausgeführt..., 1.12: Test-RestartComputer Zeile:10 Zeichen:10.

| Computer ▓▓▓▓▓▓ wird neu gestartet..
    Es wird überprüft, ob der Computer neu gestartet wurde....
```

Abbildung 26.4: Eine Fortschrittsanzeige informiert über den aktuellen Zustand.

Zunächst wird die erste Logdatei angelegt. Sobald der Neustart durchgeführt ist, wird der Workflow abgeschlossen. Die zweite Logdatei ist nun ebenfalls angelegt.

Workflow per Remotesitzung verwalten

Prinzipiell kann auf den Workflow-Server auch remote zugegriffen werden. Alle Workflows werden als Vorgabe über den speziellen Endpunkt Microsoft.PowerShell.Workflow ausgeführt. Mit diesem Endpunkt kann man sich über New-PSWorkflowSession verbinden:

```
PS> $session = New-PSWorkflowSession -ComputerName ServerA
PS> $session

PS> $session

Id Name          ComputerName   State    ConfigurationName    Availability
-- ----          ------------   -----    -----------------    ------------
 1 Session1      tobiasair1     Opened   Microsoft.PowerSh... Available
```

Sie können jetzt mit den üblichen Remoting-Befehlen `Enter-PSSession` und `Invoke-Command` nach Belieben Workflows in der Remotesitzung anlegen und ausführen. Details dazu finden Sie in Kapitel 23 über PowerShell-Remoting. Die Workflow-Sitzung in `$session` unterscheidet sich in der Anwendung nicht von herkömmlichen Remoting-Sitzungen, die Sie über `New-PSSession` öffnen. In der Sitzung kann nun `Get-Job` aufgerufen werden, um die unterbrochenen Workflows in Augenschein zu nehmen und bei Bedarf mit `Resume-Job` wieder aufzunehmen.

Hier ein simples Beispiel:

```
# Sitzung zum Workflow-Server aufbauen:
PS> $session = New-PSWorkflowSession -ComputerName ServerA

# Sitzung interaktiv betreten und Workflow Test-Workflow in Sitzung anlegen:
PS C:\> Enter-PSSession -Session $session
[tobiasair1]: PS>workflow test-workflow { "Erstes Ergebnis"; Suspend-Workflow; "Zweites Ergebnis" }
[tobiasair1]: PS>exit

# Sitzung kann auch über Invoke-Command remote angesprochen werden
# Workflow als Job starten
PS> Invoke-Command { test-workflow -AsJob } -Session $session

Id    Name          PSJobTypeName    State     HasMoreData    Location
--    ----          -------------    -----     -----------    --------
3     Job3          PSWorkflowJob    Running   True           localhost


# Job-Zustand überprüfen: Workflow ist angehalten worden
PS> Invoke-Command { Get-Job -Name Job3 } -Session $session

Id    Name          PSJobTypeName    State       HasMoreData    Location
--    ----          -------------    -----       -----------    --------
3     Job3          PSWorkflowJob    Suspended   True           localhost


# Workflow mit Resume-Job fortsetzen:
PS> Invoke-Command { Get-Job -Name Job3 | Resume-Job } -Session $session

Id    Name          PSJobTypeName    State     HasMoreData    Location
--    ----          -------------    -----     -----------    --------
3     Job3          PSWorkflowJob    Running   True           localhost


# Job-Zustand überprüfen: Workflow ist abgeschlossen:
PS> Invoke-Command { Get-Job -Name Job3 } -Session $session

Id    Name          PSJobTypeName    State       HasMoreData    Location
--    ----          -------------    -----       -----------    --------
3     Job3          PSWorkflowJob    Completed   True           localhost


# Ergebnisse des Workflows abholen:
PS> Invoke-Command { Get-Job -Name Job3 | Receive-Job } -Session $session
Erstes Ergebnis
Zweites Ergebnis

# Job entfernen:
PS> Invoke-Command { Get-Job -Name Job3 | Remove-Job } -Session $session
```

Achtung

Wenn Sie einen Workflow über Hintergrundjobs verwalten wollen, sollten Sie den Workflow grundsätzlich von vornherein mit -AsJob starten. Andernfalls würde sich der Workflow erst dann in einen Hintergrundjob verwandeln, wenn er angehalten wird.

Alle Ergebnisse, die der Workflow bis dahin ausgibt, erscheinen interaktiv, während die übrigen Ergebnisse vom Hintergrundjob über Receive-Job geliefert werden. Nur wenn also der Workflow von vornherein mit -AsJob als Hintergrundjob ausgeführt wird, können Sie sicher sein, auch sämtliche Ergebnisse von Receive-Job zu erhalten.

Workflows optimieren

Alle Workflows werden als Vorgabe über den besonderen Remoting-Endpunkt Microsoft.PowerShell.Workflow ausgeführt. Wie auch beim herkömmlichen Remoting steuert dieser Endpunkt viele Aspekte der Umgebung, in der der Workflow ausgeführt wird.

Er bestimmt zum Beispiel den maximal verfügbaren Speicher. Er legt auch die Ausführungsart von InlineScript-Aktivitäten fest. Diese können wahlweise innerhalb des Workflow-Prozesses oder *out-of-process* in einem separaten Prozess laufen (Letzteres ist die Vorgabe). Mit dem Parameter -PSConfigurationName, den jeder Workflow unterstützt, kann auch ein alternativer Endpunkt angegeben werden. Für Sonderfälle oder bei Optimierungsbedarf richten Sie sich einen neuen Endpunkt folgendermaßen ein:

```
mkdir c:\workflow | Out-Null

$options = New-PSWorkflowExecutionOption -OutOfProcessActivity ""
$options.MaxPersistenceStoreSizeGB = 3
$options.PersistencePath = 'c:\workflow'
Register-PSSessionConfiguration -Name Microsoft.PowerShell.CustomWorkflow -SessionType Workflow
-SessionTypeOption $options
```

Listing 26.27: Einen alternativen Endpunkt für Workflows mit abweichenden Einstellungen anlegen.

Der neue Endpunkt legt abweichende Werte für die Speicherung von persistierenden Daten fest und führt InlineScript-Anweisungen im Prozess des Workflows aus. Ein Workflow kann den neuen Endpunkt Microsoft.PowerShell.CustomWorkflow danach über -PSConfigurationName nutzen:

```
PS> Test-Workflow -PSConfigurationName Microsoft.PowerShell.CustomWorkflow
```

DevOps und Enterprise

Kapitel 27
Desired State Configuration (DSC)

Ausführlich werden in diesem Kapitel die folgenden Aspekte erläutert:

- **DSC (Desired State Configuration):** Bezeichnet eine Technik in PowerShell 4 und neuer, mit der Konfigurationen auf ein oder mehrere Computersysteme angewendet werden können. Diese Technik bildet die Grundlage für »DevOps«-Taktiken, bei der IT-Infrastruktur wiederverwendbar über Code definiert wird.

- **Konfiguration:** Wird von PowerShell mit dem Schlüsselwort Configuration angelegt und definiert die notwendigen Konfigurationsschritte. Dabei bezieht sich die Konfiguration auf einzelne DSC-Ressourcen. Eine Konfiguration enthält also keinerlei Logik, um die Konfiguration tatsächlich umzusetzen, sie beschreibt sie nur. Beim Aufruf einer Konfiguration wird eine Metadatei mit der Erweiterung *.MOF* generiert. Diese MOF-Datei kann dann auf Systeme angewendet werden.

- **Ressourcen:** Eine DSC-Ressource enthält die Logik, um eine bestimmte Konfigurationsart durchzuführen. Dazu wird die DSC-Ressource entweder manuell oder im Rahmen einer Konfiguration mit den konkreten Konfigurationsdaten gefüttert und setzt diese dann um.

DevOps und Enterprise

Ressourcen können in reinem PowerShell-Code geschrieben oder auch binär kompiliert sein und werden über PowerShell-Module verteilt.

- **Local Configuration Manager (LCM):** Er repräsentiert die »DSC-Engine« eines lokalen Systems. Der LCM empfängt Konfigurationen, analysiert ihren Inhalt, identifiziert und lädt die notwendigen Ressourcen und testet die Konfiguration. Angewendet werden nur die Teile einer Konfiguration, die nicht bereits im gewünschten Zustand sind. Je nach Konfiguration des LCM kann dieser auch automatisch in regelmäßigen Intervallen aktualisierte Konfigurationen von einem zentralen Pullserver beziehen und Konfigurationen kontinuierlich überwachen und wiederherstellen.

- **Konfiguration anwenden:** Konfigurationen können manuell über `Start-DscConfiguration` und automatisch im Pull-and-push-Verfahren angewendet werden. Die jeweils letzte Konfiguration wird im LCM gespeichert und kann anschließend manuell oder automatisch erneut angewendet werden.

- **Pullserver:** Ein Computersystem, über das Clients die für sie geltenden Konfigurationen automatisch und zentral abrufen können. Soll die Kommunikation über Webservices erfolgen, ist ein Windows Server erforderlich. Eine einfachere Variante nutzt einen freigegebenen Ordner für die Sicherheitsvorlagen und erfordert keinen Windows-Server.

- **Complicance-Check:** Konfigurationen können mit `Test-DscConfiguration` als Sicherheitsvorlage für Tests verwendet werden, um festzustellen, ob ein bestimmtes System in der gewünschten Konfiguration ist. Hierbei wird eine Konfiguration nur geprüft, aber nicht angewendet. Für Compliance-Checks können MOF-Dateien auf beliebige Computer angewendet werden, die DSC unterstützen. Konfigurationen, die als Sicherheitsvorlage verwendet werden, müssen also nicht für jeden zu testenden Computer spezifisch sein.

Wird ein Datenbankserver in liebevoller Handarbeit perfekt konfiguriert und optimiert, ist das für diesen Einzelfall zwar sehr schön. Aber der Server wird zum Unikat, und selten ist ausreichend dokumentiert, was genau getan wurde, um den Server in den gewünschten Zustand zu bringen. Ganz zu schweigen von dem Aufwand, den es bedeutet, einen weiteren Server in identischer Konfiguration bereitzustellen oder eine alten durch einen neuen Server zu ersetzen, ohne dass es dabei zu Ausfällen kommt. Selbst mit klassischen Skripten kann man solche Infrastrukturelemente nur sehr schwer automatisiert einrichten.

Heute muss IT »agiler« sein als früher. Schnellere Update- und Innovationszyklen, Anforderungen an Ausfallsicherheit und Lastenausgleich, die Notwendigkeit für Testumgebungen und nicht zuletzt Zertifizierungsanforderungen an eine belastbare Dokumentation sind nur einige Herausforderungen, die an eine IT gestellt werden, die in Echtzeit geschäftskritische Prozesse abbildet. Wer also heute noch genau wie vor zehn Jahren seine Server und die übrigen Elemente der IT-Infrastruktur von Hand oder über maßgeschneiderte kleine Skripte »zusammenstrickt«, steht mit diesen Methoden vor einer schier unlösbaren Aufgabe und einem Berg an Arbeit.

DevOps (*Development* und *Operations* = *DevOps*) beschreibt eine neue, moderne Unternehmenskultur, bei der Infrastruktur ganz ähnlich wie Software über Code definiert wird (»Infrastructure as Code«). So kann man ganz einfach identische Server (oder andere Elemente der Infrastruktur) ausrollen, defekte Geräte ersetzen, die Produktivumgebung in Testszenarien abbilden oder bestehende Konfigurationen auf neue Serverversionen »umziehen«. DevOps verwendet dabei Strategien aus der professionellen Softwareentwicklung für die moderne Verwaltung von Infrastruktur.

PowerShell liefert mit DSC (*Desired State Configuration«* ab PowerShell 4 die Plattform, um DevOps-Strategien im eigenen Unternehmen umzusetzen.

Workflows und DSC – eine Reise ins DevOps-Land

Bereits Workflows aus dem letzten Kapitel waren für die »große Orchestrierung« im Unternehmen gedacht, sollten also helfen, DevOps-Strategien umzusetzen. Sie wurden in PowerShell 3 eingeführt. Weil sich Workflows aber nicht wirklich bewährt haben, wurde mit DSC ab PowerShell 4 ein neues Konzept hinzugefügt, das die DevOps-Anforderungen besser umsetzen kann als Workflows. Workflows und DSC hängen in keiner Weise zusammen und sind separate Techniken, die aber gemeinsame Ziele verfolgen.

Schon Workflows sollten primär zwei DevOps-relevante Aufgaben bewältigen: die zuverlässige Ausführung von Skripten auch bei *Unterbrechungen* und die *Orchestrierung* vieler Teilaufgaben, die teilweise voneinander abhängen. Aus DevOps-Perspektive hatten Workflows allerdings einige Schwächen, die sich auch nicht verbessern ließen:

- **Unterbrechungen:** Wird ein Skript unterbrochen, kann ein Workflow es zwar später fortsetzen, das setzt aber voraus, dass die gesamte Arbeitsumgebung einschließlich aller Variablen und anderer Zustände eingefroren und wiederhergestellt werden kann. Dies ist nicht nur extrem aufwendig, langsam und erfordert eine sorgfältige Planung mit Blick darauf, wo und wann im Workflow Prüfpunkte eingerichtet werden müssen, es ist zudem auch noch nicht einmal besonders hilfreich. Niemand kann sagen, ob die unterbrochene Aufgabe zu einem späteren Zeitpunkt überhaupt sinnvoll fortgesetzt werden kann, weil ja oft nicht klar ist, wann das ein wird. Außerdem sind für belastbare unterbrechungsresistente Workflows spezielle Workflow-Server nötig.

- **Wiederaufnahme:** Wird ein Workflow unterbrochen, muss er über separate Logik zu einem späteren Zeitpunkt manuell fortgesetzt werden. Damit Workflows also trotz Unterbrechungen zum Abschluss kommen, ist eine separate Überwachungslogik nötig, die angehaltene Workflows erkennt und zu einem geeigneten Zeitpunkt aktiv fortsetzt.

- **Orchestrierung:** Die Orchestrierung vieler Teilaufgaben kann zu sehr komplexen Workflows führen, die nur noch schwer nachzuvollziehen, geschweige denn zu debuggen sind.

- **Workflow-Engine:** Workflows werden von der *Windows Workflow Engine* (WF) ausgeführt und nicht von PowerShell. Deshalb muss der Code eines Workflows in *Activities* übersetzt werden und führt zu vielen Inkompatibilitäten. Weitere Inkompatibilitäten kommen hinzu, weil Workflows grundsätzlich davon ausgehen müssen, dass ihre Umgebung aus einem vorherigen Prüfpunkt wiederhergestellt worden ist.

Da diese Schwächen konzeptionell bedingt sind, also nicht nachgebessert werden können, wurde mit PowerShell 4 DSC eingeführt, das die Ziele anders erreicht als Workflows:

- **DSC-Resourcen:** Aufgaben werden in sogenannte *Ressourcen* ausgegliedert. Ressourcen können aus normalen PowerShell-Funktionen bestehen, die keinen Inkompatibilitäten unterliegen. Alles, was in klassischen PowerShell-Skripten möglich ist, kann auch in diesen Ressourcen verwendet werden.

- **Unterbrechungen:** Zwar ist DSC nicht resistent gegen Unterbrechungen, aber das ist auch gar nicht nötig. Es ist aus Sicht von DSC völlig unerheblich, ob eine Konfiguration unterbrochen wurde oder nicht. Jedes Mal, wenn eine Konfiguration angewendet wird, prüfen die Ressourcen selbsttätig, ob die gewünschte Konfigurationsarbeit vielleicht schon erledigt ist, und werden nur aktiv, wenn es Abweichungen gibt. Sie können deshalb fehlgeschlagene vorherige Durchläufe automatisch korrigieren. Aufwendige Prüfpunkte entfallen völlig.

- **Wiederaufnahme:** Eine separate Wiederaufnahmelogik entfällt bei DSC, denn DSC-Durchläufe werden bei Unterbrechungen nicht fortgesetzt, sondern neu gestartet. DSC kann Konfigurationen per *Pull-* oder *Pushverfahren* manuell oder auch automatisch in regelmäßigen Intervallen ausführen.

- **Orchestrierung:** DSC unterstützt ausgefeilte Orchestrierung, indem es Abhängigkeiten zwischen Konfigurationsaufgaben festlegen kann: Erst wenn Aufgabe »A« erfolgreich abgeschlossen ist, soll Aufgabe »B« starten. Durch partielle Konfigurationen lassen sich auch komplexe Szenarien in übersichtlichen Teilschritten formulieren, und Abhängigkeiten lassen sich in komplexen Infrastrukturszenarien, an denen mehrere Systeme beteiligt sind, auch über Computergrenzen hinweg definieren.

- **Reiner PowerShell-Code:** DSC wird von PowerShell ausgeführt. Weder die Ressourcen noch die Konfigurationen unterliegen deshalb sprachlichen Einschränkungen. Der volle PowerShell-Funktionsumfang kann wie in herkömmlichen Skripten genutzt werden. Es ist anders als bei Workflows also kein Umdenken nötig.

Voraussetzungen für DSC

DSC wurde mit PowerShell 4 eingeführt und in PowerShell 5 vervollständigt. Setzen Sie daher möglichst PowerShell 5 ein, wenn Sie mit DSC arbeiten möchten. PowerShell 5 wird mit Server 2016 und Windows 10 ausgeliefert und steht als kostenfreies Updatepaket auch bis herab zu Windows 7 SP1 und Server 2008 R2 SP1 bereit. DSC baut ähnlich wie Workflows auf PowerShell-Remoting auf. Daher sollten Sie Kapitel 23 durchgearbeitet und verstanden haben.

Auf lokalen Systemen wird mindestens der Dienst *WinRM* benötigt, und es muss ein *WinRM-Listener* eingerichtet sein. Beides geschieht bei der Einrichtung von PowerShell-Remoting mit `Enable-PSRemoting` automatisch, kann aber auch manuell konfiguriert werden. Wenn es Ihnen ausschließlich darum geht, DSC auf einem lokalen System zu testen, und der Fernzugriff nicht wichtig ist, kann das PowerShell-Remoting anschließend sofort wieder deaktiviert werden. Nur den WinRM-Dienst dürfen Sie nicht stoppen.

DSC führt Konfigurationen im Kontext des lokalen Systems aus. Weil dies ein sehr privilegierter Kontext ist, ist sichergestellt, dass Konfigurationsaufgaben nicht an mangelnden Rechten scheitern. Andererseits muss natürlich gewährleistet sein, dass nur Administratoren Aufgaben über DSC ausführen dürfen. Alle Beispiele in diesem Kapitel müssen also mit einer PowerShell nachvollzogen werden, die über volle Administratorrechte verfügt.

Viele DSC-Ressourcen sind skriptbasiert. Damit DSC solche Ressourcen nutzen kann, sollte die ExecutionPolicy die Ausführung von Skripten zulassen. Führen Sie gegebenenfalls `Set-ExecutionPolicy RemoteSigned` oder `Set-ExecutionPolicy Bypass` aus.

Zusammengefasst, ergeben sich also die folgenden Voraussetzungen für Systeme, die mit DSC verwaltet werden sollen:

- **PowerShell 5:** Installieren Sie das *Windows Management Framework 5* (WMF5), das PowerShell 5 und die neueste Version von DSC enthält.

- **Remoting:** Aktivieren Sie PowerShell-Remoting, damit DSC remote auf andere Systeme zugreifen kann. Dies ist auch bei rein lokalen Testszenarien sinnvoll, wenngleich dort nur Teile des Remotings benötigt werden.

- **ExecutionPolicy:** Stellen Sie sicher, dass die PowerShell-ExecutionPolicy die Ausführung von Skripten erlaubt.

- **Administratorrechte:** Um DSC zu verwalten und Konfigurationen anzuwenden, benötigen Sie immer Administratorrechte.

Architektur

Aus der Vogelperspektive betrachtet, besteht DSC aus drei Kernbestandteilen:

- **Local Configuration Manager (LCM):** Dieser Manager entspricht der DSC-Engine und existiert auf jedem Computer, auf dem PowerShell 4 oder 5 installiert ist. Der LCM läuft als Vorgabe im Kontext des lokalen Systems, empfängt Konfigurationen in Form von Metadateien mit der Erweiterung *.MOF* oder ruft Metadaten selbsttätig in Intervallen von einem sogenannten Pullserver aus dem Netzwerk ab und wendet diese Konfigurationen auf das lokale System an.

- **Konfigurationen:** Konfigurationen legen fest, welche prinzipiellen Konfigurationsaufgaben in welcher Reihenfolge und mit welchen Abhängigkeiten auf einem bestimmten System vorhanden sein sollen. Die individuellen Parameter für die Konfiguration, also zum Beispiel die konkret einzurichtende IP-Adresse oder der konkret festzulegende Hostname eines Servers, kann man als Argumente übergeben. PowerShell beschreibt Konfigurationen mithilfe des Schlüsselworts `Configuration` und einer Syntax, die an Funktionen erinnert. Beim Aufruf solch einer `Configuration` wird indes lediglich eine Metadatei im MOF-Format generiert, die die Konfiguration abbildet und vom LSM verarbeitet werden kann.

- **Ressourcen:** Ressourcen enthalten den Code, der eine bestimmte Konfigurationsaufgabe prüfen und umsetzen kann. Ressourcen werden über PowerShell-Module geladen. Ähnlich wie bei Cmdlets und Providern verwendet DSC also nicht ein festes Set an Ressourcen, sondern kann zusätzliche Ressourcen auch aus anderen Quellen nachladen. Ressourcen können zudem mit reinen PowerShell-Bordmitteln für die Fälle hergestellt werden, in denen es (noch) keine passende Ressource für die zu leistende Aufgabe gibt.

Wie Abbildung 27.1 zeigt, lassen sich Konfigurationen in PowerShell erstellen, ergeben aber immer zunächst eine Metadatei mit der Erweiterung *.MOF*.

Solche Metadateien kann der LCM verstehen. Lädt man die Metadatei in den LCM, analysiert dieser den Inhalt der Datei. Die darin genannten Ressourcen werden dann vom LCM unter Berücksichtigung möglicher Abhängigkeiten zueinander in der richtigen Reihenfolge aufgerufen.

Der LCM selbst nimmt also keine Änderungen am System vor, sondern orchestriert lediglich den Aufruf der gewünschten Ressourcen. Die Ressourcen nehmen die konkreten Konfigurationsarbeiten vor.

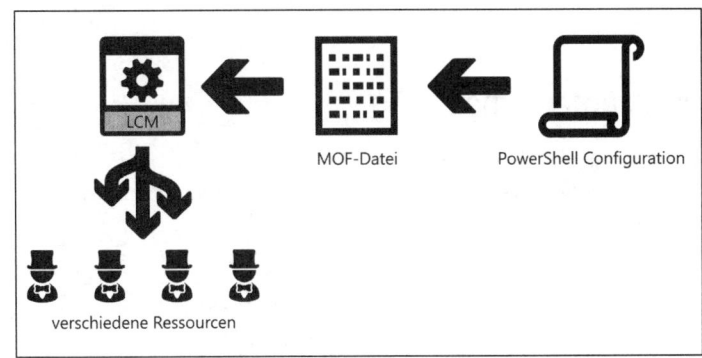

MOF-Datei   PowerShell Configuration

verschiedene Ressourcen

Abbildung 27.1: Beteiligte DSC-Komponenten.

Und weil dies so ist, schauen wir uns im nächsten Abschnitt genau diese Ressourcen näher an. Sie sind es schließlich, die die eigentliche Konfigurationsarbeit leisten.

Konfigurationen und LCM bilden nur einen von vielen möglichen Wegen, um den Aufruf der Ressourcen zu steuern. Lebensnotwendig sind indes lediglich die Ressourcen selbst. Sie kann man auch ganz ohne LCM oder Konfigurationen von Hand ausführen.

Hinweis

Wobei das nur *technisch* stimmt. *Praktisch* sind Ressourcen natürlich von Anfang an als Teil von DSC konzipiert worden und nicht wirklich darauf ausgerichtet, manuell aufgerufen zu werden. Es funktioniert, und es ist auch sinnvoll, um sich zunächst voll auf die Funktionsweise von Ressourcen zu konzentrieren, aber praxistauglich werden Ressourcen tatsächlich erst im Zusammenspiel mit den übrigen DSC-Komponenten.

Was sind Ressourcen?

Wenn eine beliebige Konfiguration durchgeführt werden soll, muss sie zuerst einmal technisch umgesetzt werden. Soll zum Beispiel ein Dienst auf einem Computer eingerichtet und konfiguriert werden, muss es jemanden geben, der weiß, wie man das macht. Diese Aufgabe gliedert DSC in externe Ressourcen aus. Diese bestimmen, wie eine bestimmte Konfiguration durchgesetzt wird. Die dafür notwendigen individuellen Konfigurationsdaten liefert DSC.

Folgendes ist wichtig: DSC selbst verfügt über keinerlei Intelligenz, um bestimmte Konfigurationen umzusetzen, und kann selbst auch keinen PowerShell-Code ausführen. DSC orchestriert lediglich den Einsatz externer Ressourcen. Diese Ressourcen erledigen also die eigentliche Arbeit, und Ressourcen können – müssen aber nicht – regulärem PowerShell-Code enthalten.

DSC liefert eine Reihe von Basisressourcen mit, die die grundlegendsten Konfigurationsarbeiten abdecken, aber für anspruchsvollere Konfigurationsarbeiten nicht ausreichen. Zusätzliche Ressourcen lassen sich deshalb, ähnlich wie bei Cmdlets und Providern, über PowerShell-Module nachladen. Eine wichtige Quelle für solche zusätzlichen Ressourcen ist die neue PowerShell Gallery, in der Microsoft und auch andere Autoren kostenfrei zahlreiche weitere Ressourcen anbieten – allerdings sind diese Ressourcen grundsätzlich ohne Support.

Ressourcen können ebenso gut selbst erstellt werden. Hier kommen meist PowerShell-basierte Ressourcen zum Einsatz, in denen reiner PowerShell-Code gewünschte Konfigurationsaufgaben umsetzt.

Mitgelieferte Ressourcen untersuchen

Eine der mitgelieferten Ressourcen heißt File und stammt aus dem Modul PSDesiredStateConfiguration. Mit Get-DSCResource und dem Parameter -Syntax kann man sich den Aufbau dieser Ressource ansehen:

```
PS> Get-DscResource -Name File -Syntax
File [String] #ResourceName
{
    DestinationPath = [string]
    [Attributes = [string[]]{ Archive | Hidden | ReadOnly | System }]
    [Checksum = [string]{ CreatedDate | ModifiedDate | SHA-1 | SHA-256 | SHA-512 }]
    [Contents = [string]]
    [Credential = [PSCredential]]
    [DependsOn = [string[]]]
```

```
    [Ensure = [string]{ Absent | Present }]
    [Force = [bool]]
    [MatchSource = [bool]]
    [PsDscRunAsCredential = [PSCredential]]
    [Recurse = [bool]]
    [SourcePath = [string]]
    [Type = [string]{ Directory | File }]
}
```

Diese Ressource legt Dateien und Ordner an und kopiert oder löscht sie. Normalerweise würde diese Ressource als »Lego-Stein« in einer DSC-Konfiguration auftauchen, aber Ressourcen lassen sich auch manuell aufrufen, und genau das soll jetzt geschehen. DSC-Konfigurationen sollen so noch einen Moment ausgeklammert werden, um sich erst mal ausschließlich auf das Verständnis von Ressourcen zu beschränken.

Jede Ressource unterstützt drei Methoden:

* **Test:** Prüfen, ob eine bestimmte Aufgabe bereits erfüllt ist.

* **Get:** Zustand der Aufgabe ermitteln.

* **Set:** Umsetzen einer bestimmten Aufgabe, wenn diese noch nicht erfüllt ist.

Diese Methoden werden normalerweise intern von DSC aufgerufen, wenn eine Konfiguration angewendet wird, die die Ressourcen verwendet. Man kann Ressourcen aber auch vollkommen losgelöst von DSC manuell über Invoke-DscResource aufrufen, und dies ist ein guter Weg, um sich zunächst auf die Funktionsweise von Ressourcen zu konzentrieren.

Integrierte Testfunktion in Ressourcen

Eine Ressource kann nicht nur eine bestimmte Aufgabe leisten, sondern außerdem immer auch feststellen, ob diese Aufgabe schon erledigt ist. Das bildet die Grundlage für die Unempfindlichkeit von DSC gegenüber Unterbrechungen: Die Ressource (Resource) prüft eigenständig, ob sie überhaupt noch angewendet werden muss.

Selbst wenn ein vorheriger Konfigurationsversuch also »mittendrin« gescheitert ist und jetzt eigentlich ein undefinierter Zwischenstand vorliegt, kann ein neuer Aufruf immer den gewünschten Endzustand erreichen. Bereits vorher erfolgreiche Konfigurationen werden beim zweiten Durchlauf übersprungen, und nur dann, wenn die Ressource feststellt, dass die gewünschte Konfiguration noch nicht vorliegt, wird sie hergestellt.

Normalerweise brauchen Sie sich um diese Überprüfung nicht selbst zu kümmern. Ressourcen nutzen die Testergebnisse intern, um festzustellen, ob eine bestimmte Konfiguration überhaupt noch angewendet werden muss. Sie können die interne Testfunktion einer Ressource aber auch manuell aufrufen und selbst die Testergebnisse auswerten.

Wie eine Ressource überprüft, ob die gewünschte Aufgabe schon erledigt ist, zeigt das folgende Beispiel. Der nachfolgende Aufruf überprüft mit der Methode Test, ob der angegebene Ordner *c:\newfolderDSC* existiert – jedenfalls dann, wenn Sie die Zeile aus einer PowerShell heraus aufrufen, die über volle Administratorrechte verfügt:

```
PS> Invoke-DscResource -Name File -Method Test -ModuleName PSDesiredStateConfiguration -Property
@{Type = 'Directory'; Ensure = 'Present'; DestinationPath = 'c:\newfolderDSC'; Force = $true}

InDesiredState
--------------
False
```

Die Argumente für die Methode Test werden als Hashtable über den Parameter Property übergeben. Im Beispiel wird der Ordner *c:\newfolderDSC* auf seine Existenz hin überprüft.

In der Eigenschaft InDesiredState wird zurückgemeldet, ob die gewünschte Konfiguration vorhanden ist ($true) oder nicht ($false), ob der Ordner also existiert oder nicht. Wollen Sie genau umgekehrt prüfen, nämlich ob der Ordner nicht existiert, ändern Sie den Parameter Ensure='Present' um in Ensure='Absent'.

Aktuellen Zustand ermitteln

Mit der Methode Get wird der aktuelle Zustand einer Konfiguration gelesen, für die die Ressource zuständig ist:

```
PS> Invoke-DscResource -Name File -Method Get -ModuleName PSDesiredStateConfiguration -Property
@{Type = 'Directory'; Ensure = 'Present'; DestinationPath = 'c:\newfolderDSC'; Force = $true}
```

```
ConfigurationName     :
DependsOn             :
ModuleName            : PSDesiredStateConfiguration
ModuleVersion         : 1.1
PsDscRunAsCredential  :
ResourceId            :
SourceInfo            :
Attributes            : {directory}
Checksum              :
Contents              :
CreatedDate           : 16.11.2015 11:39:40
Credential            :
DestinationPath       : c:\newfolderDSC
Ensure                : present
Force                 :
MatchSource           :
ModifiedDate          : 16.11.2015 11:39:40
Recurse               :
Size                  : 0
SourcePath            :
SubItems              :
Type                  : directory
PSComputerName        :
```

Mit diesen Informationen könnten Sie selbst ermitteln, ob der aktuelle Zustand Ihren Wünschen entspricht oder nicht, und entsprechend handeln.

Änderung durchführen

Mit der Methode Set wird die Konfigurationsaufgabe umgesetzt. Es werden also Änderungen am Zielsystem vorgenommen – aber nur sofern der gewünschte Zustand noch nicht gegeben war –, und Sie erhalten als Ergebnis den Hinweis, ob ein Neustart zur endgültigen Anwendung der Konfiguration erforderlich ist.

Die Methode Set ruft also intern und ohne Ihr Zutun zuerst die Methode Test auf, und nur wenn der Zustand noch nicht vorliegt, wird er hergestellt. Die folgende Zeile legt demnach den Ordner *c:\newfolderDSC* nur an, wenn er noch nicht existieren sollte:

```
PS> Invoke-DscResource -Name File -Method Set -ModuleName PSDesiredStateConfiguration -Property
@{Type = 'Directory'; Ensure = 'Present'; DestinationPath = 'c:\newfolderDSC'; Force = $true}

RebootRequired
--------------
False
```

Was sind Konfigurationen?

Die *Ressource* setzt lediglich einzelne Konfigurationswünsche technisch um, so wie zum Beispiel das Anlegen eines Ordners im letzten Abschnitt. Die *Konfiguration* eines Systems besteht aber normalerweise nicht nur aus einer einzelnen Aufgabe, sondern aus vielfältigen Konfigurationswünschen, die orchestriert werden müssen und teilweise voneinander abhängen. Ein Dienst soll zum Beispiel gestartet werden, aber vielleicht erst, wenn vorher ein Ordner angelegt und eine Komponente installiert wurde.

Orchestriert werden diese Wünsche durch eine DSC-Konfiguration. Sie kombiniert alle Konfigurationsanforderungen, setzt sie in Bezug zueinander und kann von DSC danach automatisch oder manuell auf ein einzelnes oder auch viele Systeme gleichzeitig angewendet werden. Mehr tut sie indes nicht. Eine Konfiguration nimmt selbst also weder Änderungen am System vor noch enthält sie überhaupt die Logik dazu. Eine Konfiguration beschreibt nur, welche Änderungen nötig sind, und liefert die dafür notwendigen individuellen Konfigurationsdaten wie zum Beispiel konkrete Pfadnamen, IP-Adressen oder Hostnamen.

Mit dem Schlüsselwort Configuration legt man eine Konfiguration fest. Diese Konfiguration orchestriert dann eine oder (meist) mehrere Ressourcen und kann zum Beispiel festlegen, in welcher Reihenfolge die verschiedenen Konfigurationsschritte erfolgen sollen und ob sie beispielsweise aufeinander aufbauen oder unabhängig voneinander sind und parallel umgesetzt werden können.

Ist die Konfiguration fertiggestellt und wird sie ähnlich wie eine PowerShell-Funktion aufgerufen, generiert sie eine Metadatei im MOF-Format, die die Konfigurationsanweisungen beinhaltet. Diese Datei kann danach auf ein oder auf mehrere Systeme angewendet werden (Abbildung 27.1).

Eine einfache DSC-Konfiguration erstellen

Im letzten Abschnitt haben Sie die Ressource File kennengelernt und manuell aufgerufen. Nun soll dieselbe Ressource als Teil einer DSC-Konfiguration verwendet werden. Die folgende Konfiguration namens createDSCFolder würde nichts weiter tun, als sicherzustellen, dass ein bestimmter Ordner existiert:

```
Configuration createDSCFolder
{
    Import-DscResource –ModuleName 'PSDesiredStateConfiguration'

    Node "localhost"
    {
        File createFolder
        {
            Type = 'Directory'
            Ensure = 'Present'
            DestinationPath = 'c:\newfolderDSC'
```

```
            Force = $true
        }
    }
}

$file = createDSCFolder -OutputPath c:\myDSCDefinitions
```

Listing 27.1: Eine simple »Configuration«.

Die Konfiguration namens `createDSCFolder` deklariert zunächst mit `Import-DSCResource`, welche Ressourcen sie benötigt. Im vorliegenden Fall verwendet sie wie in den manuellen Aufrufen zuvor nur die Ressource `File` aus dem Modul `PSDesiredStateConfiguration`.

Hinweis

Es ist nicht zwingend nötig, mit `Import-DSCResource` die Module anzugeben, deren Ressourcen man nutzen möchte. Wenn DSC die Module automatisch finden kann, ist alles gut, und mindestens bei den von DSC mitgelieferten Ressourcen aus dem Modul `PSDesiredStateConfiguration` ist dies der Fall.

Verwenden Sie indes Ressourcen aus Modulen, die Sie nicht mit `Import-DSCResource` explizit angeben, erhalten Sie in jedem Fall eine Warnmeldung (die Ihnen dann übrigens zuvorkommenderweise auch gleich den fehlenden Aufruf nennt, sodass Sie ihn schnell hinzufügen können):

```
WARNUNG: Von der Konfiguration "createDSCFolder" wird mindestens eine integrierte Ressource
heruntergeladen, ohne die zugehörigen Module explizit zu importieren. Fügen Sie Ihrer Konfiguration
"Import-DscResource –ModuleName 'PSDesiredStateConfiguration'" hinzu, damit diese Meldung nicht
mehr angezeigt wird.
```

Geben Sie daher immer die Module an, deren Ressourcen in der Konfiguration verwendet werden.

Der Begriff *Node* (engl. Knoten) bezeichnet den Computer, der konfiguriert werden soll. Innerhalb von `Node` wird die Konfiguration dieses Computers mithilfe von Ressourcen festgelegt, denen man Namen gibt. Im Beispiel wird eine Konfiguration für den lokalen Computer (`localhost`) gezeigt. Dann wird die Ressource `File` verwendet und unter dem Namen `createFolder` festgelegt, welchen Ordner diese Ressource überprüfen soll und ob der Ordner vorhanden oder nicht vorhanden sein soll.

Die Angabe von `Node` ist für `localhost` nicht unbedingt erforderlich. Soll die Konfiguration also nicht auf einem Remotesystem ausgeführt werden, könnten Sie sie auch so formulieren:

```
Configuration createDSCFolder
{
  Import-DscResource –ModuleName 'PSDesiredStateConfiguration'

  File createFolder
  {
      Type = 'Directory'
      Ensure = 'Present'
      DestinationPath = 'c:\newfolderDSC'
      Force = $true
  }
}
```

Listing 27.2: Configuration ohne Node-Element.

Clever ist das aber nicht. Konfigurationen benötigen das Node-Element, wenn man ihnen später zusätzliche Informationen übergeben möchte. Das scheitert, wenn das Node-Element fehlt. Geben Sie es also grundsätzlich an.

Konfiguration als MOF-Datei speichern

createDSCFolder kann anschließend ganz ähnlich wie eine PowerShell-Funktion ausgeführt werden. Wird dabei mit dem Parameter -OutputPath ein Ordnerpfad angegeben, speichert die Konfiguration in diesem Ordner die MOF-Datei, die die Konfiguration in DSC-kompatiblem Format beschreibt. Ohne -OutputPath wird die MOF-Datei im aktuellen Ordner gespeichert. Weil dieser zufällig gewählt sein kann, empfiehlt sich die ausdrückliche Angabe eines Ausgabeordners. Dieser Ordner wird automatisch angelegt, falls er noch nicht existiert. Als Ergebnis wird die von DSC benötigte MOF-Datei zurückgeliefert.

Der Aufruf der Konfiguration createDSCFolder wendet die Konfiguration also nicht etwa an, sondern produziert nur eine Metadatei. Den Inhalt dieser Datei kann man sich anschließend im Editor anschauen.

```
PS> notepad $file.FullName
```

Er sieht ungefähr so aus:

```
/*
@TargetNode='localhost'
@GeneratedBy=Tobias
@GenerationDate=11/16/2015 11:58:13
@GenerationHost=DELL1
*/

instance of MSFT_FileDirectoryConfiguration as $MSFT_FileDirectoryConfiguration1ref
{
 ResourceID = "[File]createFolder";
 Type = "Directory";
 Ensure = "Present";
 DestinationPath = "c:\\newfolderDSC";
 Force = True;
 ModuleName = "PSDesiredStateConfiguration";
 SourceInfo = "::8::9::File";
 ModuleVersion = "1.0";
 ConfigurationName = "createDSCFolder";
};

instance of OMI_ConfigurationDocument
{
 Version="2.0.0";
 MinimumCompatibleVersion = "1.0.0";
 CompatibleVersionAdditionalProperties= {"Omi_BaseResource:ConfigurationName"};
 Author="Tobias";
 GenerationDate="11/16/2015 11:58:13";
 GenerationHost="DELL1";
 Name="createDSCFolder";
};
```

Konfiguration auf Computer anwenden

Die eben generierte MOF-Datei beschreibt den Zustand der gewünschten Konfiguration. Man kann diesen Zustand nun entweder testen oder herbeiführen.

Soll der Zustand nur getestet werden, beispielsweise als Compliance-Check, verwenden Sie Test-DscConfiguration und geben den Ordner an, in dem die MOF-Datei gespeichert wurde:

```
PS> Test-DscConfiguration -Path c:\myDSCDefinitions

PSComputerName  ResourcesInDesiredState ResourcesNotInDesiredState  InDesiredState
--------------  ----------------------- --------------------------  --------------
localhost       {[File]createFolder}                                False
```

Sie erfahren dadurch, ob sich der Computer im gewünschten Zustand befindet, ob er also im konkreten Beispiel über einen Ordner namens *c:\newfolderDSC* verfügt. Dieses Ergebnis steht in InDesiredState zur Verfügung.

Die in der MOF-Datei definierte Konfiguration kann aber auch auf das Zielsystem angewendet werden. Dazu verwenden Sie Start-DscConfiguration.

Wichtig

Konfigurationen werden normalerweise automatisch und unbeaufsichtigt angewendet. Dazu legt Start-DscConfiguration einen Hintergrundjob an. Weil man nun aber nicht mehr mitverfolgen kann, was die Konfiguration eigentlich tut, gibt man zu Diagnosezwecken zusätzlich die Parameter **-Wait** und **-Verbose** an.

Der Parameter **-Wait** sorgt dafür, dass die Konfiguration nicht in einen Hintergrundjob ausgelagert, sondern im Vordergrund (sichtbar) ausgeführt wird. Und **-Verbose** blendet zusätzliche Meldungen ein, die Aufschluss darüber geben, welche Schritte eine Konfiguration gerade vollzieht.

Beim ersten Aufruf könnte das Ergebnis so aussehen:

```
PS> Start-DscConfiguration -Path c:\myDSCDefinitions -Wait -Verbose

AUSFÜHRLICH: Vorgang "CIM-Methode aufrufen" mit den folgenden Parametern durchführen, "'methodName'
= SendConfigurationApply,'className' = MSFT_DSCLocalConfigurationManager,'namespaceName' =
root/Microsoft/Windows/DesiredStateConfiguration".
AUSFÜHRLICH: An LCM method call arrived from computer DELL1 with user sid S-1-5-21-2251065066-
2898161010-2820936129-1001.
AUSFÜHRLICH: [DELL1]: LCM: [ Start  Set      ]
AUSFÜHRLICH: [DELL1]: LCM: [ Start  Resource ] [[File]createFolder]
AUSFÜHRLICH: [DELL1]: LCM: [ Start  Test     ] [[File]createFolder]
AUSFÜHRLICH: [DELL1]:                           [[File]createFolder]
                                                The system cannot find the file specified.
AUSFÜHRLICH: [DELL1]:                           [[File]createFolder]
                                                The related file/directory is: c:\newfolderDSC.
AUSFÜHRLICH: [DELL1]: LCM: [ End    Test     ] [[File]createFolder]  in 0.0400 seconds.
AUSFÜHRLICH: [DELL1]: LCM: [ Start  Set      ] [[File]createFolder]
AUSFÜHRLICH: [DELL1]:                           [[File]createFolder]
                                                The system cannot find the file specified.
AUSFÜHRLICH: [DELL1]:                           [[File]createFolder]
                                                The related file/directory is: c:\newfolderDSC.
AUSFÜHRLICH: [DELL1]: LCM: [ End    Set      ] [[File]createFolder]  in 0.0250 seconds.
AUSFÜHRLICH: [DELL1]: LCM: [ End    Resource ] [[File]createFolder]
```

```
AUSFÜHRLICH: [DELL1]: LCM:  [ End    Set     ]
AUSFÜHRLICH: [DELL1]: LCM:  [ End    Set     ]    in  0.5840 seconds.
AUSFÜHRLICH: Vorgang "CIM-Methode aufrufen" wurde abgeschlossen.
AUSFÜHRLICH: Die Ausführung des Konfigurationsauftrags hat 0.925 Sekunden gedauert.
```

Die Ressource führt zuerst die Methode Test der File-Ressource auf, um zu ermitteln, ob Handlungsbedarf besteht. Falls der gewünschte Ordner noch nicht existiert, legt ihn die Methode Set der File-Ressource an.

Rufen Sie den Befehl danach noch einmal auf, ergibt sich ein anderes Resultat:

```
PS> Start-DscConfiguration -Path c:\myDSCDefinitions -Wait -Verbose

AUSFÜHRLICH: Vorgang "CIM-Methode aufrufen" mit den folgenden Parametern durchführen, "'methodName'
= SendConfigurationApply,'className' = MSFT_DSCLocalConfigurationManager,'namespaceName' =
root/Microsoft/Windows/DesiredStateConfiguration".
AUSFÜHRLICH: An LCM method call arrived from computer DELL1 with user sid S-1-5-21-2251065066-
2898161010-2820936129-1001.
AUSFÜHRLICH: [DELL1]: LCM:  [ Start  Set      ]
AUSFÜHRLICH: [DELL1]: LCM:  [ Start  Resource ] [[File]createFolder]
AUSFÜHRLICH: [DELL1]: LCM:  [ Start  Test     ] [[File]createFolder]
AUSFÜHRLICH: [DELL1]:                            [[File]createFolder]
                                                 The destination object was found and
                                                 no action is required.
AUSFÜHRLICH: [DELL1]: LCM:  [ End    Test     ] [[File]createFolder] in 0.0480 seconds.
AUSFÜHRLICH: [DELL1]: LCM:  [ Skip   Set      ] [[File]createFolder]
AUSFÜHRLICH: [DELL1]: LCM:  [ End    Resource ] [[File]createFolder]
AUSFÜHRLICH: [DELL1]: LCM:  [ End    Set      ]
AUSFÜHRLICH: [DELL1]: LCM:  [ End    Set      ]    in  0.5710 seconds.
AUSFÜHRLICH: Vorgang "CIM-Methode aufrufen" wurde abgeschlossen.
AUSFÜHRLICH: Die Ausführung des Konfigurationsauftrags hat 0.895 Sekunden gedauert.
```

Hier entdeckt die Methode Test, dass der Ordner schon existiert, und überspringt daher die Methode Set.

Start-DscConfiguration arbeitet normalerweise asynchron im Hintergrund, sodass Sie nicht auf den Abschluss zu warten brauchen. Andererseits liefert das Cmdlet genau deshalb normalerweise auch kein sichtbares Resultat zurück. Nur wenn Sie wie im Beispiel den Parameter -Wait angeben, wird die Konfiguration synchron ausgeführt. Der Parameter -Wait ist also für Diagnosezwecke gedacht.

Sie haben soeben manuell eine Konfiguration auf ein System angewendet. Dabei sind folgende Erkenntnisse gewonnen worden:

- **Eine Konfiguration liegt stets als MOF-Datei vor:** Das PowerShell-Konstrukt Configuration dient nur dazu, diese MOF-Datei zu erzeugen, und ist später für die eigentliche Verwendung der Konfiguration nicht mehr erforderlich.

- **Anwenden einer MOF-Datei:** Eine MOF-Datei kann mit den Cmdlets Test-DscConfiguration und Start-DscConfiguration angewendet werden. Der Name des Zielsystems befindet sich bereits hardcodiert in der MOF-Datei. Für jeden Computer muss also eine eigene MOF-Datei hergestellt werden.

Das manuelle Anwenden einer Konfiguration geschieht nach dem *Pushverfahren*. Daneben besteht für Clients aber auch die Möglichkeit, in regelmäßigen Intervallen ähnlich wie bei Gruppenrichtlinien ihre Konfigurationen zentral von einem *Pullserver* zu ziehen.

DevOps und Enterprise

Was ist der Local Configuration Manager?

Der *Local Configuration Manager* (LCM) ist die DSC-Engine eines Computers, und Sie haben in den letzten Abschnitten bereits damit gearbeitet. Der LCM empfängt Konfigurationen, die Sie zum Beispiel mit Start-DscConfiguration an den Computer senden, und wendet sie an.

Der LCM läuft unabhängig von gerade angemeldeten Benutzern im Kontext des lokalen Systems. Die Ressourcen, die eine Konfiguration verwendet, und der Code in diesen Ressourcen werden also vom LCM mit vollen Systemrechten ausgeführt. Das ist der Grund dafür, dass nur Administratoren mit dem LCM »sprechen«, ihm also beispielsweise Aufträge erteilen dürfen.

Der LCM kann aber nicht nur Konfigurationen verarbeiten, die Sie ihm geschickt haben. Er kann sich Konfigurationen auch selbsttätig abholen und in Intervallen kontinuierlich überprüfen und erneut anwenden. Damit hat der LCM also nicht nur die Aufgabe, eine Konfiguration anzuwenden, er muss auch sicherstellen, dass diese Konfiguration beibehalten wird.

In diesem Abschnitt erfahren Sie, wie der LCM Konfigurationen verwaltet. Wie Sie das Verhalten des LCM umkonfigurieren können, sodass er beispielsweise eine Konfiguration selbsttätig überwacht, Teilkonfigurationen erlaubt oder Konfigurationen auch selbsttätig von einem sogenannten Pullserver abruft, erfahren Sie etwas später im Abschnitt »LCM konfigurieren«.

Profitipp

Der LCM ist als WMI-Provider implementiert. Den zugehörigen Prozess kann man auf folgende Weise ermitteln:

```
$LCM = Get-WmiObject MSFT_Providers | Where-Object { $_.Provider -like 'dsccore' }
$id = $LCM.HostProcessIdentifier
Get-Process -Id $id
```

Listing 27.3: LCM-Prozess ermitteln und ausgeben.

Die Master-Konfiguration

Sie können mit Start-DscConfiguration beliebig oft die unterschiedlichsten Konfigurationen an den LCM schicken und anwenden lassen. Der LCM »merkt« sich aber immer nur die zuletzt empfangene Konfiguration.

Das ist nicht weiter schlimm, wenn es Ihnen nur darum geht, Konfigurationen einmalig anzuwenden und danach zu vergessen, zum Beispiel um eine bestimmte Funktionalität zu installieren. Eine wesentliche Aufgabe des LCM ist indes, Konfigurationen auch über die Anwendung hinaus weiterhin zu überwachen, um sicherzustellen, dass die Konfiguration stets aktuell und auch erfüllt ist.

Wenn Sie diese Überwachungs- und Autokorrekturfunktion des LCM nutzen wollen, darf es nur eine einzige Konfiguration geben, denn für den LCM ist immer nur die zuletzt angewendete Konfiguration maßgeblich.

Diese Konfiguration darf selbstverständlich gepflegt, weiterentwickelt und mit Start-DscConfiguration im LCM aktualisiert werden. Sie dürfen aber nicht mehr völlig unterschiedliche Konfigurationen wild durcheinander an den LCM senden. Er überwacht sonst immer nur die zuletzt gesendete (Teil-)Konfiguration.

Müssen Konfigurationen aus organisatorischen Gründen aufgeteilt werden, etwa weil verschiedene Fachabteilungen daran mitwirken, verwendet man sogenannte Teilkonfigurationen. Der LCM wird dann informiert, welche Fachabteilungen welche Teilkonfigurationen schicken, und kombiniert sie intern zu einer Gesamtkonfiguration. Im Abschnitt »Orchestrierung« erfahren Sie, wie sich Teilkonfigurationen einrichten lassen.

Übrigens kann der LCM immer nur eine Anforderung nach der anderen bearbeiten, und wendet er gerade eine Konfiguration an, kann er in dieser Zeit keine neuen Konfigurationen annehmen. Ist der LCM beschäftigt, führt `Start-DscConfiguration` deshalb zu einem Fehler:

```
PS> Start-DscConfiguration -Path C:\SomeConfiguration -Verbose -Wait

A configuration is pending. If you are in Pull mode, please run Update-DscConfiguration to pull a
new configuration and apply it. If you are in Push mode, please run Start-DscConfiguration command
with -Force parameter to apply a new configuration or run Start-DscConfiguration command with
-UseExisting parameter to finish the existing configuration.
```

Allerdings unterstützt `Start-DscConfiguration` den Parameter `-Force`. Er bricht eine eventuell gerade durchgeführte Konfiguration ab und sendet dann die neue.

Reset: LCM zurücksetzen

Sollte der LCM eine Konfiguration erhalten haben, die sich nicht umsetzen lässt oder extrem viel Zeit beansprucht, wird er möglicherweise über einen langen Zeitraum hinweg für andere Dinge nicht handlungsfähig sein – sogar über Neustarts hinweg. Das muss nicht schlimm sein, denn der LCM ist für die unbeaufsichtigte Arbeit konzipiert und empfängt normalerweise nicht ständig neue Konfigurationen.

Wenn Sie aber den Verdacht haben, dass eine fehlerhafte Konfiguration den LCM dauerhaft blockiert, kann man ihn auch zurücksetzen. Beim einfachen Zurücksetzen entfernt man lediglich die aktuell im LCM gespeicherte Konfiguration:

```
PS> Remove-DscConfigurationDocument -Stage Current -Force
PS> Remove-DscConfigurationDocument -Stage Pending -Force
```

In der Regel ist das völlig ausreichend, damit der LCM wieder den Zustand Idle meldet, also »unbeschäftigt« und bereit für neue Aufträge ist:

```
PS> Get-DscLocalConfigurationManager | Select-Object -Property LCM*

LCMCompatibleVersions LCMState LCMStateDetail LCMVersion
--------------------- -------- -------------- ----------
{1.0, 2.0}            Idle                    2.0
```

Ist auch die Konfiguration des LCM selbst fehlerhaft, setzt man diese auf die Ausgangswerte zurück. Sie werden mehr über die Konfiguration des LCM in Abschnitt »LCM konfigurieren« lesen, doch für einen Reset genügt es einstweilen, nur die Einstellung `RebootNodeIfNeeded` an den LCM zu senden. Alle seine übrigen Einstellungen werden daraufhin auf die Vorgabewerte zurückgesetzt.

```
Configuration LCMDefaultConfig
{
    Param([string]$ComputerName)

    node ($ComputerName)
```

```
    {
        LocalConfigurationManager
        {
            RebootNodeIfNeeded = $false
        }
    }
}

# Metadatei für LCM generieren
$path = 'C:\LCMConfig'
$file = LCMDefaultConfig -OutputPath $path -ComputerName localhost

# Metadatei an LCM senden
Set-DscLocalConfigurationManager -Path $path -ComputerName localhost
```

Listing 274: LCM-Konfiguration auf Ausgangswerte zurücksetzen.

Falls auch dies in extrem hartnäckigen Fällen noch nicht den Ursprungszustand des LCM wiederherstellt, kann man schließlich den internen Cache-Speicher des LCM von Hand löschen:

```
PS> Remove-Item -Path $env:windir\System32\Configuration\DscEngineCache.mof -Force
```

Konfiguration überprüfen

Sie haben bereits gesehen, wie man mit `Test-DscConfiguration` und dem Parameter `-ReferenceConfiguration` überprüfen kann, ob ein Computer den Vorgaben einer bestimmten Konfiguration entspricht. `Test-DscConfiguration` kann aber auch ganz ohne Parameter aufgerufen werden und verwendet dann die vom LCM zuletzt empfangene Konfiguration für den Test. So kann man schnell ermitteln, ob sich ein Computer noch im gewünschten Zustand befindet:

```
PS> Test-DscConfiguration
False

PS> Test-DscConfiguration -Detailed

PSComputerName  ResourcesInDesiredState  ResourcesNotInDesiredState  InDesiredState
--------------  -----------------------  --------------------------  --------------
localhost                                {[xMpPreference]Test1, [xMp... False


PS> Test-DscConfiguration -Detailed | Format-List


InDesiredState            : False
ResourcesInDesiredState   :
ResourcesNotInDesiredState : {[xMpPreference]Test1, [xMpPreference]HighThreatAction}
ReturnValue               : 0
PSComputerName            : localhost
```

Getestet wird aber immer nur die zuletzt vom DSC angewendete Konfiguration. Der Test kann also ganz unterschiedliche Ergebnisse liefern, je nachdem, welche Konfiguration der LCM zuletzt empfangen hat. Die zuletzt angewendete Konfiguration liefert `Get-DscConfiguration`.

Profitipp

Die aktuelle Konfiguration speichert DSC zusammen mit vielen weiteren Informationen im Ordner *$env:SystemRoot\system32\Configuration*:

```
PS> Get-ChildItem -Path $env:SystemRoot\system32\Configuration


    Verzeichnis: C:\WINDOWS\system32\Configuration


Mode            LastWriteTime         Length Name
----            -------------         ------ ----
d---s-      14.11.2015     21:16             BaseRegistration
d-----      17.11.2015     09:57             BuiltinProvCache
d---s-      12.01.2016     09:02             ConfigurationStatus
d---s-      30.10.2015     08:24             JobLogs
d---s-      30.10.2015     08:24             PartialConfigurations
d---s-      30.10.2015     08:24             Registration
d---s-      30.10.2015     08:24             Schema
-a----      12.01.2016     09:02       2726 Current.mof
-a----      12.01.2016     09:03        684 DSCEngineCache.mof
-a----      12.01.2016     09:03       1650 DSCResourceStateCache.mof
-a----      12.01.2016     09:02     244674 DSCStatusHistory.mof
-a----      17.11.2015     07:56       2006 MetaConfig.backup.mof
-a----      17.11.2015     07:56       2006 MetaConfig.mof
-a----      12.01.2016     09:02       2726 Previous.mof
```

Die aktuelle Konfiguration befindet sich in *current.mof*, allerdings in verschlüsselter Form. Andernfalls könnten Angreifer aus den hier hinterlegten Konfigurationsinformationen wertvolle Schlüssel ziehen oder hinterlegte sensible Informationen abgreifen.

Möchten Sie eine Konfiguration vom System entfernen, könnten Sie zwar manuell die entsprechenden MOF-Dateien aus diesem Ordner löschen, sicherer ist indes der Weg über Remove-DscConfigurationDocument:

```
# aktuelle Konfiguration löschen:
PS> Test-Path $env:SystemRoot\system32\Configuration\current.mof
True
PS> Remove-DscConfigurationDocument -Stage Current -Force
PS> Test-Path $env:SystemRoot\system32\Configuration\current.mof
False


# vorherige Konfiguration löschen:
PS> Test-Path $env:SystemRoot\system32\Configuration\previous.mof
True
PS> Remove-DscConfigurationDocument -Stage Previous -Force
PS> Test-Path $env:SystemRoot\system32\Configuration\previous.mof
False

# Konfiguration ist verschwunden:
PS> Start-DscConfiguration -UseExisting -Wait

Current configuration does not exist. Execute Start-DscConfiguration command with -Path parameter
to specify a configuration file and create a current configuration first.
```

DevOps und Enterprise

Konfigurationshistorie abrufen

Die zuletzt angewendete Konfiguration liefert `Get-DscConfigurationStatus` und kann auch eine Historie liefern, wenn der Parameter `-All` angegeben wird:

```
PS> Get-DscConfigurationStatus

Status  StartDate             Type         Mode RebootRequested NumberOfResources
------  ---------             ----         ---- --------------- -----------------
Success 12.01.2016 08:46:48 Consistency PUSH False                   2
```

```
# die letzten 10 Konfigurationen abrufen
PS> Get-DscConfigurationStatus -All | Select-Object -First 10

Status  StartDate             Type         Mode RebootRequested NumberOfResources
------  ---------             ----         ---- --------------- -----------------
Success 12.01.2016 09:18:00 Initial     PUSH False                   2
Failure 12.01.2016 09:16:39 Initial     PUSH False
Failure 12.01.2016 09:16:30 Initial     PUSH False
Failure 12.01.2016 09:15:39 Initial     PUSH False
Success 12.01.2016 09:11:40 Initial     PUSH False
Success 12.01.2016 09:11:15 Initial     PUSH False
Success 12.01.2016 09:02:15 Initial     PUSH False                   2
Success 12.01.2016 09:02:01 Initial     PUSH False                   2
Success 12.01.2016 09:01:47 Consistency PUSH False                   2
Success 12.01.2016 08:46:48 Consistency PUSH False                   2...
```

Die Historie verrät Ihnen jedoch nur, wann Konfigurationen durchgeführt wurden und um welche Art es sich handelt (Tabelle 27.1). Wie die Konfiguration gestaltet war und welche Konfigurationswünsche sie enthielt, erfahren Sie hier nicht. Der LCM speichert immer nur die komplette aktuelle und die komplette direkt vorherige Konfiguration verschlüsselt in den Dateien *current.mof* und *previous.mof* ab. Die Einstellungen der zuletzt angewendeten und in *current.mof* gespeicherten Konfiguration liefert `Get-DscConfiguration`.

Typ	Beschreibung
Initial	Eine neue Konfiguration wurde vom LCM angewendet.
Consistency	Eine existierende Konfiguration wurde vom LCM überprüft.
Reboot	Die Konfiguration wird nach einem Neustart fortgesetzt.
ReadOnly	LCM hat eine reine Leseoperation durchgeführt, zum Beispiel seinen Status ermittelt.
LocalConfigurationManager	Die Einstellungen des LCM selbst wurden mit Set-DscLocalConfigurationManager geändert.
DirectResourceAccess	Eine Ressource wurde direkt mit Invoke-DscRessource aufgerufen.

Tabelle 27.1: Erklärung der Konfigurationstypen.

Hinweis

Nicht alle Aktionen des LCM werden von **Get-DscConfigurationStatus** auch zurückgeliefert. Manche Aktionen werden nur intern protokolliert, beispielsweise der direkte Ressourcenzugriff oder ein **ReadOnly**-Zugriff auf Einstellungen des LCM.

Das »Was?« vom »Wo?« abgrenzen

DSC unterscheidet zwischen *strukturellen Informationen* (dem »Was?«: Welche Konfigurationsarbeiten sind zu erledigen?) und den *Umgebungsinformationen* (dem »Wo?«: Auf welchen Computern und mit welchen Konfigurationsdaten sollen diese Arbeiten erledigt werden?). Anders gesagt: Ein und dieselbe Konfiguration kann auf Tausende von Computern einer Produktivumgebung oder auch auf einige Computer einer Testumgebung angewendet werden – jedenfalls dann, wenn man diese beiden Informationsarten sauber voneinander trennt.

Schlecht: Umgebungsinformationen in Konfigurationen

Je mehr Umgebungsinformationen eine Konfiguration enthält, desto unflexibler ist sie einsetzbar. Hier ein einfaches Beispiel, die folgende Konfiguration startet den Spooler-Dienst:

```
Configuration SpoolerService
{
  Import-DscResource -ModuleName 'PSDesiredStateConfiguration'

  node localhost
  {
    Service SpoolerService
    {
      Ensure = 'Present'
      Name = 'Spooler'
      StartupType = 'Automatic'
      State = 'Running'
    }
  }
}

$file = SpoolerService -OutputPath c:\dscSpooler

Start-DscConfiguration -Path C:\dscSpooler -Wait -Verbose
```

Listing 27.5: Spooler-Dienst auf dem lokalen System konfigurieren.

Wenn Sie Listing 27.5 ausführen, wird der Spooler-Dienst wunschgemäß auf dem lokalen Computer konfiguriert. Sie haben aber in dieser Konfiguration konkrete Umgebungsinformationen verwendet, nämlich den Computernamen, auf den die Konfiguration angewendet werden soll: localhost.

Deshalb kann diese Konfiguration jetzt nicht mehr flexibel auf beliebigen Systemen angewendet werden. Versuchen Sie, die Konfiguration auf ein Remotesystem anzuwenden, schlägt das fehl:

```
PS> Start-DscConfiguration -Path C:\dscSpooler -Wait -Verbose -ComputerName SERVER_B
Start-DscConfiguration : Die computerspezifische MOF-Datei für den Computer "SERVER_B" ist im aktu-
ellen Verzeichnis nicht vorhanden.
```

Tipp

Falls Sie sich explizit mit einem bestimmten Benutzerkonto am Zielsystem anmelden wollen, verwenden Sie den Parameter -Credential von Start-DscConfiguration.

DevOps und Enterprise

Wollen Sie in einem Nicht-Domänen-Umfeld auf ein Remotesystem zugreifen oder anstelle eines Computernamens eine IP-Adresse verwenden, achten Sie darauf, dass die Einstellung `TrustedHosts` des PowerShell-Remotings auf dem Clientsystem (nicht dem Zielsystem) entsprechend eingerichtet ist (siehe Kapitel 23):

```
PS> Set-Item -Path WSMan:\localhost\Client\TrustedHosts -Value * -Force
```

Die Konfiguration `SpoolerService` aus Listing 27.5 ist mit der Angabe `Node` ausdrücklich an das Computersystem `localhost` gebunden worden, und als die Konfiguration aufgerufen wurde, hat PowerShell daraus eine für `localhost` spezifische MOF-Datei namens *localhost.mof* angelegt:

```
PS> Get-ChildItem C:\dscSpooler

    Verzeichnis: C:\dscSpooler

Mode                LastWriteTime         Length Name
----                -------------         ------ ----
-a----        15.01.2016     08:06          1940 localhost.mof
```

```
PS> Get-Content C:\dscSpooler\localhost.mof
/*
@TargetNode='localhost'
@GeneratedBy=Tobias
@GenerationDate=01/15/2016 08:06:04
@GenerationHost=DELL1
*/
...
```

Umgebungsinformationen ausgliedern

Gute Konfigurationen enthalten keine Umgebungsinformationen, sondern gliedern diese aus. Die Umgebungsinformationen lassen sich so separat von den Konfigurationen verwalten, und Konfigurationen können je nach Anforderung die unterschiedlichsten Umgebungen konfigurieren.

Im einfachen Beispiel aus Listing 27.5 müsste also die feste Computerangabe hinter `Node` eine variable Information sein. Tatsächlich würde es genügen, die feste Angabe durch eine PowerShell-Variable zu ersetzen und diese dann von Fall zu Fall mit unterschiedlichen Werten zu belegen:

```
$Computer = 'SERVER_B'

Configuration SpoolerService
{
  Import-DscResource -ModuleName 'PSDesiredStateConfiguration'

  node $Computer
  {
    Service SpoolerService
    {
      Ensure = 'Present'
      Name = 'Spooler'
      StartupType = 'Automatic'
```

```
        State = 'Running'
      }
    }
  }
}

$file = SpoolerService -OutputPath c:\dscSpooler

Start-DscConfiguration -Path C:\dscSpooler -Wait -Verbose -ComputerName $Computer
```

Listing 27.6: Eine flexible Konfiguration remote auf einem anderen Computer ausführen.

Tatsächlich funktioniert die Remoteanwendung nun und liefert dieses Ergebnis:

```
AUSFÜHRLICH: Vorgang "CIM-Methode aufrufen" mit den folgenden Parametern durchführen, "'methodName'
= SendConfigurationApply,'className' = MSFT_DSCLocalConfigurationManager,'namespaceName' = root/
Microsoft/Windows/DesiredStateConfiguration".
AUSFÜHRLICH: An LCM method call arrived from computer DELL1 with user sid S-1...
AUSFÜHRLICH: [SERVER_B]: LCM:  [ Start  Set      ]
AUSFÜHRLICH: [SERVER_B]: LCM:  [ Start  Resource ]  [[Service]SpoolerService]
AUSFÜHRLICH: [SERVER_B]: LCM:  [ Start  Test     ]  [[Service]SpoolerService]
AUSFÜHRLICH: [SERVER_B]: LCM:  [ End    Test     ]  [[Service]SpoolerService]  in 1.0310 seconds.
AUSFÜHRLICH: [SERVER_B]: LCM:  [ Skip   Set      ]  [[Service]SpoolerService]
AUSFÜHRLICH: [SERVER_B]: LCM:  [ End    Resource ]  [[Service]SpoolerService]
AUSFÜHRLICH: [SERVER_B]: LCM:  [ End    Set      ]
AUSFÜHRLICH: [SERVER_B]: LCM:  [ End    Set      ]  in  6.1090 seconds.
AUSFÜHRLICH: Vorgang "CIM-Methode aufrufen" wurde abgeschlossen.
AUSFÜHRLICH: Die Ausführung des Konfigurationsauftrags hat 11.837 Sekunden gedauert.
```

Umgebungsinformationen als ConfigurationData übergeben

In komplexeren Szenarien enthält eine Konfiguration nicht nur eine variable Information, sondern zahlreiche. Würde man diese Informationen jeweils durch eigene PowerShell-Variablen ersetzen, wäre das Ergebnis unübersichtlich. Deshalb unterstützt jede Konfiguration von Haus aus die Abgrenzung der Umgebungsinformationen über den Parameter -ConfigurationData. Ihm kann man entweder direkt eine Hashtable übergeben oder indirekt einen Pfadnamen auf eine *.psd1*-Datei, die die Hashtable enthält.

Damit ändert sich Listing 27.6 und sieht nun so aus:

```
$info =
@{
  AllNodes =
  @(
    @{
      NodeName = 'SERVER_B'
    }
  )
}

Configuration SpoolerService
{
  Import-DscResource -ModuleName 'PSDesiredStateConfiguration'

  node $AllNodes.NodeName
  {
    Service SpoolerService
    {
```

```
        Ensure = 'Present'
        Name = 'Spooler'
        StartupType = 'Automatic'
        State = 'Running'
      }
    }
  }
}

$file = SpoolerService -OutputPath c:\dscSpooler -ConfigurationData $info


Start-DscConfiguration -Path C:\dscSpooler -Wait -Verbose -ComputerName $info.AllNodes.NodeName
```

Listing 27.7: Eine Konfiguration mit ausgegliederten Umgebungsinformationen.

Die Hashtable, die in `$info` angelegt wird, enthält nur einen einzigen Schlüssel namens `AllNodes`. Dieser Schlüssel enthält seinerseits ein oder mehrere weitere Hashtables, die nun die Umgebung beschreiben. `$info` wird mit -ConfigurationData an die Konfiguration übergeben. Die Konfiguration greift intern über die spezielle Variable `$AllNodes` auf die Umgebungsinformationen zu, die mit -ConfigurationData übergeben wurden.

Tipp

Neben **$AllNodes** gibt es noch die weitere Variable **$Node**. Sie repräsentiert innerhalb eines Nodes die Hashtable für diesen Node.

Das wirkt im Augenblick alles etwas verschachtelt und kompliziert, aber Sie werden gleich sehen, wie sich dadurch die Erstellung von Konfigurationen sehr verkürzt und vereinfacht. Wollten Sie zum Beispiel nicht einen Computer konfigurieren, sondern mehrere, brauchen Sie nur noch die Umgebungsinformationen zu ändern, aber nicht die Konfiguration. Ändern Sie in Listing 27.7 lediglich die Hashtable mit den Umgebungsinformationen, und schon wird nun der Spooler-Dienst auf »SERVER_B« und »SERVER_C« konfiguriert.

```
$info =
@{
  AllNodes =
  @(
    @{
      NodeName = 'SERVER_B'
    },
    @{
      NodeName = 'SERVER_C'
    }
  )
}
```

Listing 27.8: Umgebungsinformationen auf zwei Computer ausdehnen.

Komplexere Umgebungen definieren

Eine Umgebung definiert sich natürlich nicht nur durch die Namen der Computer, sondern kennt viele Parameter. Einer könnte die Rolle eines Computers sein, die er in der Infrastruktur spielt. Die folgende Hashtable bildet eine solche Umgebung mit einem Server und zwei Clients ab:

```
$info =
@{
  AllNodes =
  @(
    @{
      NodeName = 'win10box1'
      Role = 'Client'
    },
    @{
      NodeName = 'SERVER_A'
      Role = 'Server'
    },
    @{
      NodeName = 'win8box99'
      Role = 'Client'
    }
  );
}
```

Listing 27.9: Umgebungsinformationen mit Computernamen und Computerrollen.

In Listing 27.9 wurde den Hashtables jeweils ein weiterer Schlüssel namens Role hinzugefügt. Der Name dieses Schlüssels ist ebenso beliebig wie sein Inhalt, in diesem Beispiel Client und Server. Entscheidend ist nur, dass die Konfiguration, der diese Informationen übergeben werden, damit etwas anzufangen weiß.

Achtung

Ändern Sie in Listing 27.9 die Computernamen in solche, die es in Ihrer Umgebung tatsächlich gibt und ändern Sie $info in Listing 27.9 entsprechend. Führen Sie danach Listing 27.9 aus, um $info zu definieren, bevor Sie die eigentliche Konfiguration starten.

Definieren Sie dann zuerst $info aus Listing 27.9, bevor Sie Listing 27.10 ausführen. Oder fassen Sie beide zusammen und kopieren den Inhalt von Listing 27.9 in Listing 27.10 hinein.

Die folgende Konfiguration führt nun verschiedene Konfigurationsarbeiten durch, und zwar getrennt nach Computerrolle:

```
Configuration ClientServerConfig
{
  Import-DscResource -ModuleName PSDesiredStateConfiguration

  # diesen Teil nur für Server durchführen:
  node $AllNodes.Where{$_.Role -eq 'Server'}.NodeName
  {
    File ServerFile
    {
      Ensure = 'Present'
```

```
      DestinationPath = 'c:\DSC\serverfolder\info.txt'
      Contents = 'I am a server'
    }
  }

  # diesen Teil nur für Clients durchführen:
  node $AllNodes.Where{$_.Role -eq 'Client'}.NodeName
  {
    File ClientFile
    {
      Ensure = 'Present'
      DestinationPath = 'c:\DSC\clientfolder\info.txt'
      Contents = 'I am a client'
    }
  }

  # diesen Teil für alle Computer durchführen:
  node $AllNodes.NodeName
  {
    File AllFile
    {
      Ensure = 'Present'
      DestinationPath = 'c:\DSC\info.txt'
      Contents = 'I am a computer'
    }
  }
}

$file = ClientServerConfig -OutputPath c:\dscSpooler -ConfigurationData $info


Start-DscConfiguration -Path C:\dscSpooler -Wait -Verbose -ComputerName $info.AllNodes.NodeName
-Credential PSRemoting
Clients und Server mit nur einer Konfiguration in unterschiedlicher Weise konfigurieren.
```

Nachdem diese Konfiguration angewendet wurde, finden Sie auf allen Computern im Ordner *c:\DSC* die Textdatei *info.txt*. Auf Clients existiert darüber hinaus der Unterordner *clientfolder*, auf Servern der Unterordner *serverfolder*. Beide enthalten jeweils eine weitere Datei namens *info.txt*, jedoch mit unterschiedlichem Inhalt.

Das unterschiedliche Verhalten der Konfiguration wird also durch die drei Node-Blöcke hervorgerufen. Auf welche Computer diese Blöcke angewendet werden, wird dynamisch aus $AllNode ermittelt. Die Methode Where() funktioniert hier ganz ähnlich wie Where-Object in einer klassischen PowerShell-Pipeline und wählt nur bestimmte Computer aus, auf die ein bestimmtes Kriterium zutrifft. So wird zwischen Servern und Clients unterschieden, indem der Schlüssel Role ausgewertet wird.

Beispiel: Webseiten auf Webserver einrichten

Auf diese Weise lassen sich auch komplexe Umgebungen sehr effektiv beschreiben. Die Konfiguration erstellt aus den Umgebungsinformationen alle benötigten MOF-Dateien und passt deren Inhalt entsprechend an. Natürlich stehen Sie nun erst am Anfang, aber wenn Sie diese Möglichkeiten zu verstehen beginnen, ergeben sich extrem leistungsfähige Konfigurationsmöglichkeiten. Die folgende Hashtable definiert zum Beispiel die Umgebungsinformationen, um eine Website auf zwei Webservern einzurichten.

Dabei werden vollautomatisch sämtliche Daten der Website auf die Webserver übertragen. Falls die Server noch gar keine Webserver sind, werden sie zu Webservern gemacht:

```
# neue Website auf zwei Webservern einrichten:

@{
  AllNodes = @(
    @{
      # diese Angaben gelten für alle Computer
      NodeName           = "*"
      WebsiteName        = "powertheshell.com"
      SourcePath         = "C:\PTS\"
      DestinationPath    = "C:\inetpub\PowerTheShell"
      DefaultWebSitePath = "C:\inetpub\wwwroot"
    },

    @{
      NodeName           = "WebServer1.PTS.com"
      Role               = "Web"
    },

    @{
      NodeName           = "WebServer2.PTS.com"
      Role               = "Web"
    }
  )
}
```

Listing 27.10: Umgebungsinformationen für zwei Webserver festlegen.

Globale Informationen: NodeName entspricht »*«

Auffällig ist dabei die erste enthaltene Hashtable: Sie legt als NodeName den Wert * fest und gilt damit für alle Nodes. Hier kann man also Informationen hinterlegen, die für alle Computer in der Konfiguration gelten sollen.

Umgebungsinformationen aus Datei nachladen

Auffällig ist außerdem, dass die umgebende Hashtable diesmal nicht in einer Variablen gespeichert wird. Speichern Sie stattdessen diesmal Listing 27.10 als Datei in *c:\webserverConfig\webPTS.psd1*.

Um die Webserver tatsächlich einzurichten, könnte eine Konfiguration wie die folgende eingesetzt werden. Sie liest die Umgebungsinformationen aus der eben angelegten Datei. So kann die Konfiguration noch besser von den Umgebungsinformationen abgegrenzt werden, und verschiedene Fachabteilungen oder Teams könnten diese Dateien separat verwalten.

```
configuration ConfigWebsite
{
  # Module für alle verwendeten Ressourcen importieren
  Import-DscResource -Module xWebAdministration, PSDesiredStateConfiguration

  # Betroffene Computer aus ConfigurationData ermitteln
  Node $AllNodes.where{$_.Role -eq "Web"}.NodeName
  {

    # Existierende Webseite stoppen
    xWebsite DefaultSite
```

```
    {
      Ensure         = "Present"
      Name           = "Default Web Site"
      State          = "Stopped"
      PhysicalPath   = $Node.DefaultWebSitePath
      DependsOn      = "[WindowsFeature]IIS"
    }

    # IIS-Rolle installieren
    WindowsFeature IIS
    {
      Ensure         = "Present"
      Name           = "Web-Server"
    }

    # .NET 4.5 installieren
    WindowsFeature AspNet45
    {
      Ensure         = "Present"
      Name           = "Web-Asp-Net45"
    }

    # Webseiteninhalt kopieren
    File WebContent
    {
      Ensure           = "Present"
      SourcePath       = $Node.SourcePath
      DestinationPath  = $Node.DestinationPath
      Recurse          = $true
      Type             = "Directory"
      DependsOn        = "[WindowsFeature]AspNet45"
    }

    # neue Webseite generieren
    xWebsite NewWebSite
    {
      Ensure         = "Present"
      Name           = $Node.WebsiteName
      State          = "Started"
      PhysicalPath   = $Node.DestinationPath
      DependsOn      = "[File]WebContent"
    }
  }
}

ConfigWebsite -ConfigurationData C:\webserverConfig\webpts.psd1 -OutputPath c:\DSCConfigsWebServer
```

Listing 27.11: Eine Konfiguration zur Einrichtung von Webseiten auf Webservern.

Wichtig sind dabei die Variablen $AllNodes und $Node. $AllNodes macht die Hashtable mit den gesamten Umgebungsinformationen verfügbar. $Node liefert innerhalb einer Node-Struktur die Hashtable, die diesem konkreten Node entspricht.

Fehlende Ressourcen nachladen

Allerdings meldet der ISE-Editor mit einer roten Wellenlinie, dass die verwendete Ressource xWebSite aus dem Modul xWebAdministration nicht vorhanden ist.

```
 1   configuration ConfigWebsite
 2   {
 3       # Module für alle verwendeten Ressourcen importieren
 4       Import-DscResource -Module xWebAdministration, PSDesiredStateConfiguration
 5
 6       # Betroffene Computer aus ConfigurationData ermitteln
 7       Node $AllNodes.where{$_.Role -eq "Web"}.NodeName
 8       {
 9
10           # Existierende Webseite stoppen
11           xWebsite DefaultSite
     Nicht definierte DSC-Ressource 'xWebsite'. Verwenden Sie 'Import-DSCResource' zum Importieren der Ressource.
14           Name                = "Default Web Site"
```

Abbildung 27.2: Die Konfiguration enthält eine nicht vorhandene Ressource.

DSC liefert nur die grundlegendsten Ressourcen mit, aber wie Sie im Abschnitt »Zusätzliche Ressourcen« noch genauer erfahren, ist es ganz simpel, weitere Ressourcen aus der PowerShell Gallery nachzuladen. Zum Beispiel so:

```
# Modul fehlt noch:
PS> Get-Module -Name xWebAdministration -ListAvailable

# Modul aus Internet laden:
PS> Install-Module -Name xWebAdministration

# Modul ist vorhanden:
PS> Get-Module -Name xWebAdministration -ListAvailable


    Verzeichnis: C:\Program Files\WindowsPowerShell\Modules


ModuleType Version    Name                         ExportedCommands
---------- -------    ----                         ----------------
Manifest   1.8.0.0    xWebAdministration
```

Die roten Wellenlinien im ISE-Editor sind bei der nächsten Änderung des Skriptcodes nun verschwunden. Es genügt, ein Leerzeichen einzufügen. Wenn Sie das Skript ausführen, generiert die Konfiguration anstandslos die MOF-Dateien für die Konfiguration der beiden Webserver:

```
    Verzeichnis: C:\DSCConfigsWebServer


Mode                LastWriteTime     Length Name
----                -------------     ------ ----
-a----       15.01.2016     09:39       4996 WebServer1.PTS.com.mof
-a----       15.01.2016     09:39       4996 WebServer2.PTS.com.mof
```

Achtung

Wie Sie gesehen haben, nutzt die Konfiguration Ressourcen aus einem Modul, das nicht zum Standardumfang gehört. Dieses Modul muss nicht nur auf dem Computer vorhanden sein, der eine Konfiguration anlegt, sondern auch auf den Zielsystemen. Dort schließlich sollen die Ressourcen aus dem Modul die entsprechenden Änderungen vornehmen.

Entweder richten Sie die benötigten Module selbst auf den Zielsystemen ein – auch das kann man per Konfiguration abwickeln –, oder Sie verwenden einen Pullserver, der später beschrieben wird. Dieser liefert nicht nur die Konfigurationen für ein System, sondern kann auch gleich die benötigten Module, falls sie auf dem Zielsystem noch fehlen.

Identität und Umgang mit Geheimnissen

Umgebungsinformationen können sehr sensible Informationen wie zum Beispiel Kennwörter enthalten. Diese Informationen werden in der MOF-Datei gespeichert. Ohne besondere Vorkehrungen können die Informationen nur im Klartext gespeichert werden, was natürlich ein enormes Sicherheitsrisiko darstellt. Deshalb erfahren Sie in diesem Abschnitt, warum sicherheitskritische Kennwörter überhaupt in MOF-Dateien notwendig sein können und wie man sie sicher verschlüsselt.

Konfigurationen im Benutzerkontext ausführen

Schauen wir uns zunächst an, wieso es überhaupt erforderlich sein könnte, das Kennwort eines Benutzerkontos als Teil einer DSC-Konfiguration in einer MOF-Datei zu speichern.

Normalerweise werden Konfigurationen vom LCM im Kontext des lokalen Systems ausgeführt, aber manche Aufgaben lassen sich so nicht lösen. Sie müssen vielleicht im Kontext eines anderen Benutzerkontos ausgeführt werden, um Zugriff auf bestimmte Dateisystembereiche oder das Benutzerprofil des Anwenders zu erhalten.

Hierfür unterstützt jede Ressource ab PowerShell 5 den Parameter -PsDscRunAsCredential, dem dann das Credential-Objekt für das Benutzerkonto übergeben wird.

Achtung

Bei Drucklegung dieses Buchs wurde PsDscRunAsCredential noch nicht für binäre Ressourcen unterstützt, was sich aber inzwischen geändert haben kann. Wie eine Ressource implementiert ist, können Sie mit Get-DscResource herausfinden:

```
PS> Get-DscResource
```

ImplementedAs	Name	ModuleName	Version
Binary	**File**		
PowerShell	Archive	PSDesiredStateConfiguration	1.1
PowerShell	Environment	PSDesiredStateConfiguration	1.1
PowerShell	Group	PSDesiredStateConfiguration	1.1
Composite	GroupSet	PSDesiredStateConfiguration	1.1
Binary	**Log**	PSDesiredStateConfiguration	1.1

```
PowerShell    Package         PSDesiredStateConfiguration 1.1
Composite     ProcessSet      PSDesiredStateConfiguration 1.1
PowerShell    Registry        PSDesiredStateConfiguration 1.1
PowerShell    Script          PSDesiredStateConfiguration 1.1
PowerShell    Service         PSDesiredStateConfiguration 1.1
Composite     ServiceSet      PSDesiredStateConfiguration 1.1
PowerShell    User            PSDesiredStateConfiguration 1.1
PowerShell    WaitForAll      PSDesiredStateConfiguration 1.1
PowerShell    WaitForAny      PSDesiredStateConfiguration 1.1
PowerShell    WaitForSome     PSDesiredStateConfiguration 1.1
PowerShell    WindowsFeature  PSDesiredStateConfiguration 1.1
...
```

Die in der Spalte `ImplementedAs` mit `Binary` markierten Ressourcen unterstützen also den Wechsel des Benutzerkontexts mit `PsDscRunAsCredential` möglicherweise noch nicht, obwohl dieser Parameter auch bei diesen Ressourcen bereits vorhanden ist.

In den Benutzerzweig der Registrierungsdatenbank schreiben

Im folgenden Beispiel soll die Farbe der *cmd.exe*-Konsole über einen Eintrag in den benutzerspezifischen Zweig der Registrierungsdatenbank geändert werden.

```
$info = @{
  AllNodes = @(
    @{
      NodeName = 'localhost'
      PSDscAllowPlainTextPassword = $true
      Credential = Get-Credential $env:username
      ConsoleTextColor = '0E'
    }
  )
}

Configuration SetPSConsoleTextColor
{
  Import-DscResource -ModuleName PSDesiredStateConfiguration

  Node $AllNodes.NodeName
  {
    Registry regKey
    {
      Key = 'HKEY_CURRENT_USER\Software\Microsoft\Command Processor'
      ValueName = 'DefaultColor'
      ValueData = $Node.ConsoleTextColor
      ValueType = 'DWORD'
      Ensure = 'Present'
      Force = $true
      Hex = $true
      PsDscRunAsCredential = $Node.Credential
    }
  }
}

$file = SetPSConsoleTextColor -ConfigurationData $info -OutputPath c:\dscConsole
Start-DscConfiguration -Path c:\dscConsole -Wait -Verbose -ComputerName $info.AllNodes.NodeName
-Force
```

Listing 27.12: Hintergrundfarbe einer cmd.exe-Konsole für einen Benutzer ändern.

DevOps und Enterprise

Wird das Skript ausgeführt, erfragt es die Anmeldedaten für einen beliebigen Benutzer (schlägt dabei aber den Benutzernamen des aktuell angemeldeten Benutzers vor) und trägt dann in dessen Zweig der Registrierungsdatenbank den gewünschten Wert ein.

Achtung

Wie Sie gleich sehen werden, liegen die Anmeldedaten, die Sie eingeben, anschließend im Klartext vor. Verwenden Sie an dieser Stelle also nur ein Testkonto und lesen Sie unbedingt auch den nächsten Abschnitt, um diese sensiblen Informationen wieder zu entfernen!

Starten Sie eine neue *cmd.exe*, ist der Text darin nun gelb.

```
PS> Start-Process cmd.exe
```

Ohne Angabe von `PsDscRunAsCredential` wäre das nicht möglich gewesen. Der LCM hätte die Änderung der Registrierungsdatenbank zwar auch durchgeführt, aber in seinem eigenen Kontext und nicht in dem des angegebenen Anwenders. Die Farbe der Konsole hätte sich also für den Anwender nicht geändert.

Wobei es übrigens völlig egal ist, ob Sie die Anmeldeinformationen mithilfe der Umgebungsinformationen an die Ressource übergeben (wie in diesem Beispiel) oder eine Hilfsvariable verwenden oder direkt in der Ressource `Get-Credential` aufrufen oder aber der Konfiguration das Credential per Parameter zuweisen. Am Ende des Tages zählt nur, dass `PsDscRunAsCredential` innerhalb der Ressource ein `Credential`-Objekt erhält, damit diese Ressource im gewünschten Kontext ausgeführt wird.

Hinweis

Der Eingriff in die Registrierungsdatenbank ändert nur die Textfarbe der *cmd.exe*-Konsole, nicht die der PowerShell. Deren Farbverwaltung ist leider ein Thema für sich. An dieser Stelle geht es nur darum, zu beweisen, dass der LCM eine Einstellung im Kontext eines beliebigen Anwenders vorgenommen hat.

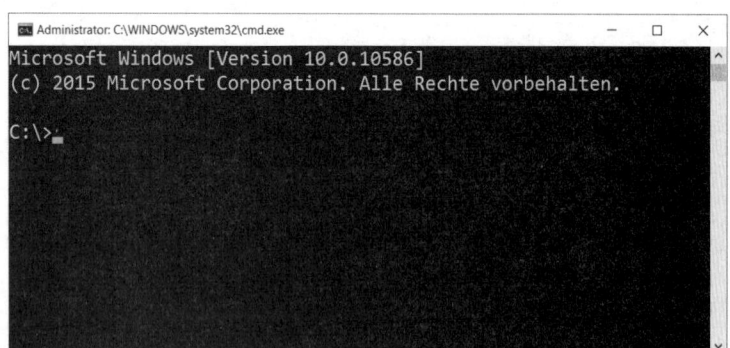

Abbildung 27.3: Die Konfiguration hat die benutzerspezifische Einstellung der Konsolentextfarbe geändert.

Profitipp

Um die Identität nachzuweisen, mit der eine Ressource läuft, kann man die Ressource **Script** verwenden. Mit ihr kann im Rahmen einer Konfiguration beliebiger PowerShell-Code ausgeführt werden.

Das folgende Beispiel zeigt, wie das funktioniert. Im Grunde stellt die Ressource **Script** eine frei programmierbare Ressource dar und muss also ebenfalls die für Ressourcen üblichen Funktionen **Get**, **Test** und **Set** implementieren. **GetScript** wird in diesem Fall nicht gebraucht, muss aber immer eine Hashtable zurückliefern, auch wenn es sich um eine leere Hashtable handelt. **TestScript** liefert stets **$false** zurück und informiert den LSM damit, dass die Konfiguration aktuell nicht vorliegt. So wird sichergestellt, dass das **SetScript** immer ausgeführt wird.

```powershell
$info = @{
  AllNodes = @(
    @{
      NodeName = 'localhost'
      PSDscAllowPlainTextPassword = $true
      Credential = Get-Credential "$env:userdomain\$env:username"
    }
  )
}

Configuration TestUserCredential
{
  Import-DscResource -ModuleName PSDesiredStateConfiguration

  Node $AllNodes.NodeName
  {
    Script customScript
    {
      PsDscRunAsCredential = $Node.Credential
      GetScript = '@{}'
      TestScript = '$false'
      SetScript = {
        New-Item -ItemType File -Path c:\dscTestIdentity\identity.txt -Value "$env:userdomain\$en
v:username" -Force
      }
    }
  }
}

$file = TestUserCredential -ConfigurationData $info -OutputPath c:\dscTestIdentity
Start-DscConfiguration -Path c:\dscTestIdentity -Wait -Verbose -ComputerName $info.AllNodes.NodeNa
me -Force
notepad c:\dscTestIdentity\identity.txt
```

Listing 27.13: Identität überprüfen, mit der die Konfiguration ausgeführt wird.

In **SetScript** wird die aktuelle Benutzeridentität aus den Umgebungsvariablen ausgelesen und in eine Datei geschrieben. Diese Datei kann nach Anwenden der Konfiguration dann auslesen werden.

DevOps und Enterprise

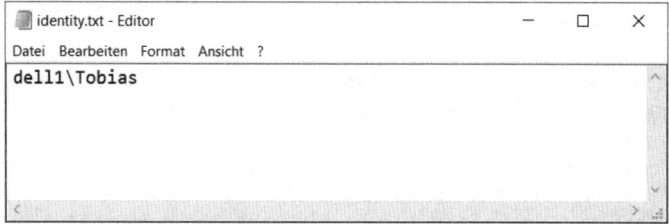

Abbildung 27.4: Identität ausgeben, mit der eine Ressource ausgeführt wird.

Ändern Sie Listing 27.13 und verzichten auf `PsDscRunAsCredential`, werden die Ressourcen (und damit auch das Skript im Beispiel) immer im Kontext des lokalen Systems ausgeführt.

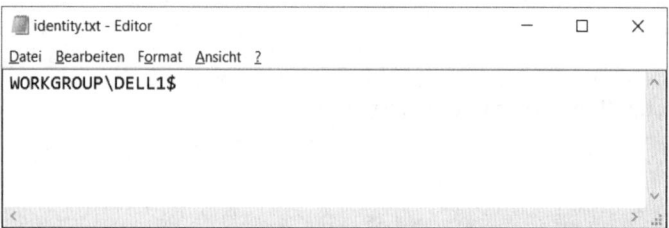

Abbildung 27.5: Als Vorgabe führt der LCM alle Ressourcen im lokalen Systemkontext aus.

Geheimnisse liegen im Klartext vor

Die letzten Beispiele haben ein enormes Sicherheitsrisiko verursacht, das Sie schnellstens beheben sollten. Die Anmeldedaten wurden nämlich im Klartext in die MOF-Datei geschrieben und können dort auch wiedergefunden werden:

```
PS> notepad C:\dscConsole\localhost.mof
```

Der Inhalt der MOF-Datei sieht ungefähr so aus:

```
/*
@TargetNode='localhost'
@GeneratedBy=Tobias
@GenerationDate=01/17/2016 19:07:56
@GenerationHost=DELL1
*/

instance of MSFT_Credential as $MSFT_Credential1ref
{
Password = "topSecret123";
 UserName = "Tobias";

};

instance of MSFT_RegistryResource as $MSFT_RegistryResource1ref
{
ResourceID = "[Registry]regKey";
 ValueName = "DefaultColor";
 PsDscRunAsCredential = $MSFT_Credential1ref;
 Key = "HKEY_CURRENT_USER\\Software\\Microsoft\\Command Processor";
...
```

Dass die Anmeldeinformationen in der MOF-Datei gespeichert werden, ist grundsätzlich sinnvoll und auch nötig. Schließlich soll die Konfiguration später jederzeit und auch unbeaufsichtigt ohne Eingabe von Kennwörtern ablaufen. Dass diese Informationen in der MOF-Datei hingegen im Klartext vorliegen, ist nicht akzeptabel und war auch nur möglich, weil Listing 27.13 dies für ein Testszenario mit `PSDscAllowPlainTextPassword` zugelassen hat:

```
$info = @{
  AllNodes = @(
    @{
      NodeName = 'localhost'
      PSDscAllowPlainTextPassword = $true
      Credential = Get-Credential $env:username
      ConsoleTextColor = 'OE'
    }
  )
}
```

Normalerweise würde DSC es niemals erlauben, solch sensible Informationen im Klartext abzulegen. Klartextkennwörter sind ausschließlich für einfache Testszenarien in gesicherten Umgebungen akzeptabel. Für die sichere (nämlich verschlüsselte) Speicherung solcher Geheimnisse ist etwas mehr Aufwand nötig. Schauen wir uns aber zunächst ein ganz anderes Beispiel an, das zeigt, wie PowerShell 5 Geheimnisse sicher verschlüsseln kann.

Sensible Informationen verschlüsseln

Um Informationen sicher an jemand anderen übergeben zu können, kommt eine symmetrische Verschlüsselung mit einem gemeinsamen Ver- und Entschlüsselungspasswort nicht infrage. Dieses Geheimnis müsste ja beiden Seiten bekannt sein. Damit würde sich ein Problem ergeben: Wie kann das geheime Passwort zwischen Sender und Empfänger ausgetauscht werden? Gerät es während des Transports in falsche Hände, ist der Schutz perdu.

Deshalb wird für den verschlüsselten Informationsaustausch eine asymmetrische Verschlüsselung verwendet, bei der es zwei Passwörter gibt: eines zum Verschlüsseln und ein anderes zum Entschlüsseln. Jetzt ist das Problem des Passwortaustauschs gelöst:

- **Absender:** Dieser erhält vom Empfänger nur einen der beiden Schlüssel und kann damit die Daten verschlüsseln. Würde der Schlüssel abhandenkommen, wäre das völlig unproblematisch. Der Dieb könnte damit höchstens weitere Informationen verschlüsseln, aber keine davon entschlüsseln.

- **Empfänger:** Dieser behält den zweiten Schlüssel für sich und kann damit alle Nachrichten entschlüsseln, die andere mit seinem ersten Schlüssel verschlüsselt haben. Niemand sonst kann die Informationen entschlüsseln, und der sicherheitskritische zweite Schlüssel braucht nicht transportiert zu werden.

Voraussetzung: zwei Schlüssel = ein Zertifikat

Benötigt werden also zwei Schlüssel, und zwar nicht irgendwelche Schlüssel. Sie müssen mathematisch zusammenpassen, damit der eine nur ver- und der andere nur entschlüsseln kann. Hierfür werden digitale Zertifikate verwendet. Sie enthalten einen öffentlichen Schlüssel (den man gefahrlos an Dritte weitergeben kann) und einen privaten Schlüssel (den man tunlichst geheim hält).

DevOps und Enterprise

In Unternehmen werden Zertifikate üblicherweise von einer Zertifizierungsstelle hergestellt und ausgegeben, ähnlich einem Betriebsausweis. Man kann diese Zertifikate ab Windows 10 und Windows Server 2016 aber auch mit `New-SelfSignedCertificate` anlegen.

Achtung

`New-SelfSignedCertificate` aus dem PowerShell-Modul `PKI` wurde bereits mit Windows Server 2012 und Windows 8 eingeführt. Allerdings verfügt das Cmdlet erst ab Windows Server 2016 und Windows 10 über die benötigte Funktionalität, um die für den Datenaustausch notwendigen Zertifikate herzustellen.

Sie können allerdings auf diese Weise hergestellte Zertifikate als Zertifikatdatei exportieren und danach auf anderen Windows-Versionen importieren. Nur erzeugen lassen sich die Zertifikate mit reinen Bordmitteln auf älteren Windows-Versionen nicht.

Listing 27.14 zeigt, wie sich ein für den Informationsaustausch geeignetes Zertifikat anlegen lässt:

```
function New-CMSTestCert
{
  param
  (
    [SecureString]
    [Parameter(Mandatory=$true)]
    $Password,

    $FriendlyName = 'CMS Test Cert',

    $CN = 'CMSTestCert',

    $OutputPath = "$env:temp\CMSTestCertificate",

    $ValidUntil = (Get-Date).AddYears(5)
  )

  # Zertifikat im User-Store ablegen:
  $cert = New-SelfSignedCertificate -KeyUsage DataEncipherment, KeyEncipherment -KeySpec
KeyExchange -FriendlyName $FriendlyName -Subject "CN=$CN" -KeyExportPolicy ExportableEncrypted
-CertStoreLocation Cert:\CurrentUser\My -NotAfter $ValidUntil -TextExtension
@('2.5.29.37={text}1.3.6.1.4.1.311.80.1')

  # öffentlichen Teil als cert-Datei exportieren:
  if (!(Test-Path -Path $OutputPath)) { $null = New-Item -Path $outputPath -ItemType Directory
-Force }
  $pathCer = Join-Path -Path $OutputPath -ChildPath "$CN.cer"
  $null = Export-Certificate -Type CERT -FilePath $pathCer -Cert $cert -Force

  # privaten Teil als pfx-Datei exportieren:
  $pathPfx = Join-Path -Path $OutputPath -ChildPath "$CN.pfx"
  $null = $cert | Export-PfxCertificate -Password $Password -FilePath $pathPfx

  # Zertifikat aus Zertifikat-Speicher löschen:
  $cert | Remove-Item
  Get-Item Cert:\CurrentUser\CA\$($cert.Thumbprint) | Remove-Item

  # Ergebnis anzeigen
  explorer $OutputPath
}
```

Listing 27.14: Selbst signiertes Testzertifikat für den Informationsaustausch herstellen.

Wenn Sie nun `New-CMSTestCert` aufrufen, werden Sie zunächst nach einem Kennwort gefragt. Dieses Kennwort schützt später den sicherheitskritischen privaten Schlüssel. Danach erstellt die Funktion ein Zertifikat mit privatem Schlüssel (für die Entschlüsselung) und ein Zertifikat ohne privaten Schlüssel (für die Verschlüsselung). Beide Zertifikate liegen als Dateien vor und werden automatisch im Explorer angezeigt:

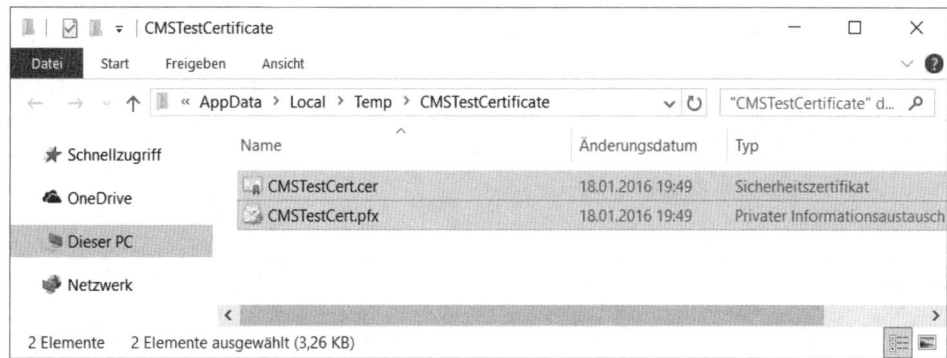

Abbildung 27.6: Die beiden für den Informationsaustausch notwendigen Dateien erstellen.

Ab sofort könnten Sie die Datei *CMSTestCert.cer* an Dritte weitergeben. Diese könnten dann damit Informationen verschlüsseln, die nur noch Sie selbst mit der Datei *CMSTestCert.pfx* wieder entschlüsseln können. Die folgenden Beispiele demonstrieren das. Passen Sie gegebenenfalls die Pfadnamen zu Ihren Zertifikatdateien entsprechend an.

Geheimnis mit öffentlichem Schlüssel verschlüsseln

Um einen geheimen Text zu verschlüsseln, setzt man `Protect-CmsMessage` ein und gibt den öffentlichen Schlüssel aus der *.cer*-Datei an:

```
PS> $geheim = Protect-CmsMessage -Content 'Geheimer Text' -To C:\Users\Tobias\AppData\Local\Temp\CM
STestCertificate\CMSTestCert.cer

PS> $geheim
-----BEGIN CMS-----
MIIBngYJKoZIhvcNAQcDoIIBjzCCAYsCAQAxggFGMIIBQgIBADAqMBYxFDASBgNVBAMMCONNU1R1
c3RDZXJOAhAtZfLpu8+4tkqIo4c6d6hQMAOGCSqGSIb3DQEBBzAABIIBACFgM8L/xmoAL2qOnmZR
1D2dWyC1H1w1MTbBdvZvUkd3Jg2wOrxLvg7NV3aeyPJ3V9yBQYq1NDL4zhKj+I4zejNJ5I5tjJoV
qXK6P+BAxnRXYK2hYeCWCYH1du3yGL4gOAvNo1W7V7Xjh8OwnSfKP1zJvemWpp1V6BQ8ffA4veHp
TtWiC+73go96DAo+59jcMmib67xKRyYLCkED16GQaSDzV19ufxRYCaYRB2gLL2f11GO1IzeOtv4v
X4N2f7VP7DuzKfjoeLnXqKJF8DO2Xn8vkqDNH7AqUO6TsfuSfh2K7WS//b2JGJdLONOBvb3aaiJs
5oP+ZxT4+3RgDWOz5wkwPAYJKoZIhvcNAQcBMBOGCWCGSAFlAwQBKgQQ1gVeibawRWKEq94ag1aR
64AQF+kvNY+C5Nb7RoSfugUqig==
-----END CMS-----
```

Verschlüsselte Botschaft mit privatem Schlüssel entschlüsseln

Um das Geheimnis wieder zu entschlüsseln, verwendet man `Unprotect-CmsMessage` und den privaten Schlüssel aus der *.pfx*-Datei. Um diesen mit `Get-PfxCertificate` laden zu können, muss das Kennwort angegeben werden, das beim Anlegen der Datei erfragt wurde.

```
$info = @'
-----BEGIN CMS-----
MIIBngYJKoZIhvcNAQcDoIIBjzCCAYsCAQAxggFGMIIBQgIBADAqMBYxFDASBgNVBAMMCONNU1R1
```

```
c3RDZXJOAhAtZfLpu8+4tkqIo4c6d6hQMAOGCSqGSIb3DQEBBzAABIIBACFgM8L/xmoAL2qOnmZR
1D2dWyClH1w1MTbBdvZvUkd3Jg2wOrxLvg7NV3aeyPJ3V9yBQYq1NDL4zhKj+I4zejNJ5I5tjJoV
qXK6P+BAxnRXYK2hYeCWCYH1du3yGL4gOAvNo1W7V7Xjh8OwnSfKP1zJvemWpp1V6BQ8ffA4veHp
TtWiC+73go96DAo+59jcMmib67xKRyYLCkED16GQaSDzV19ufxRYCaYRB2gLL2f11GO1IzeOtv4v
X4N2f7VP7DuzKfjoeLnXqKJF8DO2Xn8vkqDNH7AqUO6TsfuSfh2K7WS//b2JGJdLONOBvb3aaiJs
5oP+ZxT4+3RgDWOz5wkwPAYJKoZIhvcNAQcBMBOGCWCGSAF1AwQBKgQQ1gVeibawRWKEq94ag1aR
64AQF+kvNY+C5Nb7RoSfugUqig==
-----END CMS-----
'@

PS> $cert = Get-PfxCertificate -FilePath
C:\Users\Tobias\AppData\Local\Temp\CMSTestCertificate\CMSTestCert.pfx
Geben Sie das Kennwort ein:

PS> Unprotect-CmsMessage -Content $info -To $cert
Geheimer Text
```

Hinweis

Die Beispiele sollen demonstrieren, wie der verschlüsselte Informationsaustausch mit zwei separaten Schlüsseln technisch funktioniert.

In der Praxis macht man es sich einfacher und doppelklickt auf die *.pfx*-Datei. Dadurch wird diese in den persönlichen Zertifikatspeicher importiert. So kann man sich künftig bei **Unprotect-CmsMessage** die Angabe des Entschlüsselungszertifikats und auch die Eingabe des Zertifikatkennworts sparen.

In der verschlüsselten Botschaft ist nämlich vermerkt, welches Zertifikat für die Entschlüsselung benötigt wird. Und wenn Sie mit **-To** kein Entschlüsselungszertifikat angeben, schaut Windows automatisch in Ihrem Zertifikatspeicher nach, ob es dort zu finden ist. Deshalb ist das Entschlüsseln ein Kinderspiel, sobald das passende Zertifikat in Ihrem Zertifikatspeicher liegt.

```
$info = @'
-----BEGIN CMS-----
MIIBngYJKoZIhvcNAQcDoIIBjzCCAYsCAQAxggFGMIIBQgIBADAqMBYxFDASBgNVBAMMCONNU1R1
c3RDZXJOAhAtZfLpu8+4tkqIo4c6d6hQMAOGCSqGSIb3DQEBBzAABIIBACFgM8L/xmoAL2qOnmZR
1D2dWyClH1w1MTbBdvZvUkd3Jg2wOrxLvg7NV3aeyPJ3V9yBQYq1NDL4zhKj+I4zejNJ5I5tjJoV
qXK6P+BAxnRXYK2hYeCWCYH1du3yGL4gOAvNo1W7V7Xjh8OwnSfKP1zJvemWpp1V6BQ8ffA4veHp
TtWiC+73go96DAo+59jcMmib67xKRyYLCkED16GQaSDzV19ufxRYCaYRB2gLL2f11GO1IzeOtv4v
X4N2f7VP7DuzKfjoeLnXqKJF8DO2Xn8vkqDNH7AqUO6TsfuSfh2K7WS//b2JGJdLONOBvb3aaiJs
5oP+ZxT4+3RgDWOz5wkwPAYJKoZIhvcNAQcBMBOGCWCGSAF1AwQBKgQQ1gVeibawRWKEq94ag1aR
64AQF+kvNY+C5Nb7RoSfugUqig==
-----END CMS-----
'@

$message = $info | Get-CmsMessage
$message.RecipientInfos[0].RecipientIdentifier.Value
```

Listing 27.15: Benötigtes Entschlüsselungszertifikat aus verschlüsselter Botschaft lesen.

Das Ergebnis könnte so aussehen:

```
IssuerName        SerialNumber

----------        ------------

CN=CMSTestCert 2D65F2E9BBCFB8B64A88A3873A77A850
```

Kennwörter in DSC-Konfigurationen verschlüsseln

DSC erledigt die Verschlüsselung von Kennwörtern ganz genauso wie im Beispiel eben und benötigt dafür ebenfalls ein Zertifikat. Allerdings muss das Zertifikat für den LCM auch zugänglich sein. Weil der LCM im Kontext des lokalen Systems ausgeführt wird, speichert man es daher im Zertifikatspeicher des Computers.

DSC-Zertifikat generieren

Die folgende Funktion New-DSCTestCert generiert ein passendes Zertifikat und speichert es im Zertifikatspeicher des Computers. Dafür sind Administratorrechte erforderlich. Anschließend gibt die Funktion eine Textinformation zum generierten Zertifikat zurück sowie wiederum die beiden Dateien.

```
#Requires -RunAsAdministrator

function New-DSCTestCert
{
  param
  (
    [SecureString]
    [Parameter(Mandatory=$true)]
    $Password,

    $FriendlyName = 'DSC Test Cert',

    $CN = 'DSCTestCert',

    $OutputPath = "$env:temp\DSCTestCertificate",

    $ValidUntil = (Get-Date).AddYears(5)
  )

  # Zertifikat im User-Store ablegen:
  $cert = New-SelfSignedCertificate -KeyUsage DataEncipherment, KeyEncipherment -KeySpec
KeyExchange -FriendlyName $FriendlyName -Subject "CN=$CN" -KeyExportPolicy ExportableEncrypted
-CertStoreLocation Cert:\LocalMachine\My -NotAfter $ValidUntil -TextExtension
@('2.5.29.37={text}1.3.6.1.4.1.311.80.1')

  # öffentlichen Teil als cert-Datei exportieren:
  if (!(Test-Path -Path $OutputPath)) { $null = New-Item -Path $outputPath -ItemType Directory
-Force }
  $pathCer = Join-Path -Path $OutputPath -ChildPath "$CN.cert"
  $null = Export-Certificate -Type CERT -FilePath $pathCer -Cert $cert -Force

  # privaten Teil als pfx-Datei exportieren:
  $pathPfx = Join-Path -Path $OutputPath -ChildPath "$CN.pfx"
  $null = $cert | Export-PfxCertificate -Password $Password -FilePath $pathPfx

  # Zertifikat aus Liste der Zwischenzertifizierungsstellen löschen:
  Get-Item Cert:\CurrentUser\CA\$($cert.Thumbprint) | Remove-Item

  # Ergebnis anzeigen
  explorer $OutputPath

  # Zertifikatinfos zurückgeben
  $thumbprint = $cert.Thumbprint
  "Thumbprint =        '$thumbprint'"
  "CertificateFile = '$pathCer'"
}
```

Listing 27.16: Testzertifikat für DSC-Verschlüsselung anlegen.

Wenn Sie New-DSCTestCert ausführen, legen Sie zuerst wieder ein Kennwort zum Schutz des privaten Schlüssels fest. Sodann öffnet sich der Explorer und zeigt die beiden generierten Dateien an. Noch wichtiger aber ist die Textinformation, die Sie erhalten:

```
PS> New-DSCTestCert

Cmdlet New-DSCTestCert an der Befehlspipelineposition 1
Geben Sie Werte für die folgenden Parameter an: Kennwort eingeben
Thumbprint =    '3C11ED594A9E34554B09614784FA555932498FF7'
CertificateFile = 'C:\Users\Tobias\AppData\Local\Temp\DSCTestCertificate\DSCTestCert.cert'
```

Öffentlichen Schlüssel in Konfiguration angeben

Diese beiden Informationen werden benötigt, damit DSC Ihre Konfiguration mit diesem Zertifikat verschlüsselt. Ersetzen Sie in Listing 27.13 den Eintrag PSDscAllowPlainTextPassword = $true durch die beiden zurückgelieferten Zeilen, sodass sich der folgende Code ergibt:

```
$info = @{
  AllNodes = @(
    @{
      NodeName = 'localhost'
      Thumbprint =    '3C11ED594A9E34554B09614784FA555932498FF7'
      CertificateFile = 'C:\Users\Tobias\AppData\Local\Temp\DSCTestCertificate\DSCTestCert.cert'
      Credential = Get-Credential $env:username
      ConsoleTextColor = 'OE'
    }
  )
}
Configuration SetPSConsoleTextColor
{
  Import-DscResource -ModuleName PSDesiredStateConfiguration

  Node $AllNodes.NodeName
  {
    LocalConfigurationManager
    {
      CertificateId = $node.Thumbprint
    }

    Registry regKey
    {
      Key = 'HKEY_CURRENT_USER\Software\Microsoft\Command Processor'
      ValueName = 'DefaultColor'
      ValueData = $Node.ConsoleTextColor
      ValueType = 'DWORD'
      Ensure = 'Present'
      Force = $true
      Hex = $true
      PsDscRunAsCredential = $Node.Credential
    }
  }
}

$file = SetPSConsoleTextColor -ConfigurationData $info -OutputPath c:\dscConsole
```

Listing 27.17: Konfiguration speichert Umgebungsinformationen in verschlüsselter Form.

Denken Sie daran: Die *.cer*-Datei und auch der Thumbprint sind völlig unsensible Informationen. Jeder darf sie kennen. Schützenswert ist nur die *.pfx*-Datei, und die liegt sicher im Zertifikatspeicher des Computers.

Wenn Sie sich die generierte *localhost.mof* diesmal anschauen, ist das Kennwort nun verschlüsselt:

```
PS> notepad c:\dscConsole\localhost.mof
/*
@TargetNode='localhost'
@GeneratedBy=Tobias
@GenerationDate=01/17/2016 19:49:39
@GenerationHost=DELL1
*/

instance of MSFT_Credential as $MSFT_Credential1ref
{
Password = "-----BEGIN CMS-----
\nMIIBqQYJKoZIhvcNAQcDoIIBmjCCAZYCAQAxggFRMIIBTQIBADA1MCExHzAdBgNVBAMMFkRTQOxv\nY2FsRW5jcnlwdGlv
blRlc3QCEG5H+13+wZiCQLI7/7JPBRwwDQYJKoZIhvcNAQEHMAAEggEAQKSO\nmmzQFcrb+XRLuvD8tsxQg/idb
bph1P3iDOPgVOnzTHNYsP5MUuPSRXqA8qriUaMYHHRf5Zp3Dv3y\nLKGZZqdgtlIdyFMm9KeU5Bg9dTaWf9g5OzE6c8/pLJDK
Qk5/cBMQuCYTuQcybqoTFjX4v9p08uZD\nV97Y325mEpL6i/GReHLEwmdnSyGjjrZXbk4x3x6sJhOUaLtJ/70q6FoP4CEO
GRhq95+1JFlu17rX\nRaiCpZLJuhNGn2HVSWj7qeSZH3ifYCPFhvf37EwrrhWXQAJGt+3KcammTzMkp10PX4pZJa4uKgZE\nPx
cLuijIekuo3t5qXXcAWcNUWv9VRgQaAjA8BgkqhkiG9wOBBwEwHQYJYIZIAWUDBAEqBBCCFIsa\nzDfbmSjsJK2x1yo/gBDP
QrtC6J6bV7frbAJJyeWX\n-----END CMS-----";
 UserName = "Tobias";

};

instance of MSFT_RegistryResource as $MSFT_RegistryResource1ref
{
ResourceID = "[Registry]regKey";
 ValueName = "DefaultColor";
 PsDscRunAsCredential = $MSFT_Credential1ref;
 Key = "HKEY_CURRENT_USER\\Software\\Microsoft\\Command Processor";
...
```

Privaten Schlüssel an LCM mitteilen

Die Verschlüsselung hat bereits funktioniert, doch wenn Sie die MOF-Datei zur Ausführung an den LCM senden, meldet dieser, dass er die MOF-Datei nicht entschlüsseln kann:

```
PS> Start-DscConfiguration -Path C:\dscConsole -Wait -ComputerName localhost -Force

The Local Configuration Manager is not configured with a certificate. Resource '[Registry]regKey'
in configuration 'SetPSConsoleTextColor' cannot be processed.
    + CategoryInfo        : ObjectNotFound: (root/Microsoft/...gurationManager:String) [],
CimException
    + FullyQualifiedErrorId : MI RESULT 6
    + PSComputerName      : localhost
```

Der LCM muss zuerst noch wissen, wo sich der private Schlüssel zum Entschlüsseln befindet. Glücklicherweise hat Listing 27.18 die nötige LCM-Konfiguration als *localhost.meta.mof* bereits ebenfalls angelegt:

```
PS> dir C:\dscConsole


    Verzeichnis: C:\dscConsole
```

DevOps und Enterprise

```
Mode                LastWriteTime     Length Name
----                -------------     ------ ----
-a----    17.01.2016     19:59          1126 localhost.meta.mof
-a----    17.01.2016     19:59          3860 localhost.mof
```

Sie brauchen also nur noch *localhost.meta.mof* mit `Set-DscLocalConfigurationManager` an den LCM zu senden, damit der LCM weiß, welches Zertifikat zu verwenden ist:

```
PS> Set-DscLocalConfigurationManager -Path C:\dscConsole

PS> Get-DscLocalConfigurationManager | Select-Object -Property CertificateID

CertificateID
-------------
3C11ED594A9E34554B09614784FA555932498FF7
```

Sobald dies geschehen ist, kann die MOF-Datei mit dem verschlüsselten Kennwort vom LCM entschlüsselt und angewendet werden:

```
PS> Start-DscConfiguration -Path C:\dscConsole -Wait -Force

PS>
```

Hinweis

Der LCM findet den für die Entschlüsselung nötigen privaten Schlüssel im Zertifikatspeicher des lokalen Systems, denn dort hat ihn **New-DscTestCert** angelegt und belassen.

Wollen Sie die Konfiguration auf einem anderen Computer anwenden, muss auch dort der private Schlüssel installiert werden. Dazu kopieren Sie die *.pfx*-Datei auf den gewünschten Computer und führen sie dort per Doppelklick aus. Importieren Sie das Zertifikat dann in den Zertifikatspeicher des Computers, nicht des Benutzers. Fortan kann auch der LCM dieses Systems die verschlüsselten MOF-Dateien lesen.

Mitgelieferte Ressourcen

Ressourcen setzen die einzelnen Konfigurationswünsche um, wie Sie eingangs am Beispiel der Ressource `File` bereits gesehen haben. DSC bringt Ressourcen nur für die grundlegendsten Konfigurationswünsche mit. Wahrscheinlich werden diese Ressourcen nicht genügen, um die vielfältigen Konfigurationswünsche einer modernen IT abzubilden. Deshalb können weitere Ressourcen nachgeladen oder selbst hergestellt werden.

Verfügbare Ressourcen auflisten

Welche Ressourcen insgesamt zur Verfügung stehen und wie diese Ressourcen intern funktionieren, verrät `Get-DscResource`. Ressourcen, die intern aus PowerShell-Code bestehen, werden in der Eigenschaft `ImplementedAs` mit PowerShell markiert. Die Eigenschaft `Path` gibt in diesem Fall an, wo das zugehörige PowerShell-Modul mit dem Quellcode zu finden ist.

Ressourcen vom Typ `Binary` dagegen sind fest in DSC verdrahtet. Den Quellcode dieser Ressourcen kann man nicht sichtbar machen.

```
PS> Get-DscResource | Sort-Object -Property Name | Select-Object -Property Name, ImplementedAs,
Path | Format-Table -Wrap -AutoSize

Name           ImplementedAs Path
----           ------------- ----
Archive          PowerShell  C:\WINDOWS\system32\WindowsPowerShell\v
                             1.0\Modules\PsDesiredStateConfiguration
                             \DSCResources\MSFT_ArchiveResource\MSFT
                             _ArchiveResource.psm1
Environment      PowerShell  C:\WINDOWS\system32\WindowsPowerShell\v
                             1.0\Modules\PsDesiredStateConfiguration
                             \DSCResources\MSFT_EnvironmentResource\
                             MSFT_EnvironmentResource.psm1
File                 Binary
Group            PowerShell  C:\WINDOWS\system32\WindowsPowerShell\v
                             1.0\Modules\PsDesiredStateConfiguration
                             \DSCResources\MSFT_GroupResource\MSFT_G
                             roupResource.psm1
GroupSet          Composite  C:\WINDOWS\system32\WindowsPowerShell\v
                             1.0\Modules\PSDesiredStateConfiguration
                             \DSCResources\GroupSet\GroupSet.Schema.
                             psm1
Log                  Binary
Package          PowerShell  C:\WINDOWS\system32\WindowsPowerShell\v
                             1.0\Modules\PsDesiredStateConfiguration
                             \DSCResources\MSFT_PackageResource\MSFT
                             _PackageResource.psm1
ProcessSet        Composite  C:\WINDOWS\system32\WindowsPowerShell\v
                             1.0\Modules\PSDesiredStateConfiguration
                             \DSCResources\ProcessSet\ProcessSet.Sch
                             ema.psm1
Registry         PowerShell  C:\WINDOWS\system32\WindowsPowerShell\v
                             1.0\Modules\PsDesiredStateConfiguration
                             \DSCResources\MSFT_RegistryResource\MSF
                             T_RegistryResource.psm1
Script           PowerShell  C:\WINDOWS\system32\WindowsPowerShell\v
                             1.0\Modules\PsDesiredStateConfiguration
                             \DSCResources\MSFT_ScriptResource\MSFT_
                             ScriptResource.psm1
Service          PowerShell  C:\WINDOWS\system32\WindowsPowerShell\v
                             1.0\Modules\PsDesiredStateConfiguration
                             \DSCResources\MSFT_ServiceResource\MSFT
                             _ServiceResource.psm1
ServiceSet        Composite  C:\WINDOWS\system32\WindowsPowerShell\v
                             1.0\Modules\PSDesiredStateConfiguration
                             \DSCResources\ServiceSet\ServiceSet.Sch
                             ema.psm1
User             PowerShell  C:\WINDOWS\system32\WindowsPowerShell\v
                             1.0\Modules\PsDesiredStateConfiguration
                             \DSCResources\MSFT_UserResource\MSFT_Us
                             erResource.psm1
WaitForAll       PowerShell  C:\WINDOWS\system32\WindowsPowerShell\v
                             1.0\Modules\PsDesiredStateConfiguration
                             \DSCResources\MSFT_WaitForAll\MSFT_Wait
                             ForAll.psm1
WaitForAny       PowerShell  C:\WINDOWS\system32\WindowsPowerShell\v
                             1.0\Modules\PsDesiredStateConfiguration
                             \DSCResources\MSFT_WaitForAny\MSFT_Wait
                             ForAny.psm1
WaitForSome      PowerShell  C:\WINDOWS\system32\WindowsPowerShell\v
                             1.0\Modules\PsDesiredStateConfiguration
                             \DSCResources\MSFT_WaitForSome\MSFT_Wai
                             tForSome.psm1
```

WindowsFeature	PowerShell	C:\WINDOWS\system32\WindowsPowerShell\v 1.0\Modules\PsDesiredStateConfiguration \DSCResources\MSFT_RoleResource\MSFT_Ro leResource.psm1
WindowsFeatureSe	Composite	C:\WINDOWS\system32\WindowsPowerShell\v 1.0\Modules\PSDesiredStateConfiguration \DSCResources\WindowsFeatureSet\Windows FeatureSet.Schema.psm1
WindowsOptionalF...	PowerShell	C:\WINDOWS\system32\WindowsPowerShell\v 1.0\Modules\PsDesiredStateConfiguration \DSCResources\MSFT_WindowsOptionalFeatu re\MSFT_WindowsOptionalFeature.psm1
WindowsOptionalF...	Composite	C:\WINDOWS\system32\WindowsPowerShell\v 1.0\Modules\PSDesiredStateConfiguration \DSCResources\WindowsOptionalFeatureSet \WindowsOptionalFeatureSet.Schema.psm1
WindowsProcess	PowerShell	C:\WINDOWS\system32\WindowsPowerShell\v 1.0\Modules\PsDesiredStateConfiguration \DSCResources\MSFT_ProcessResource\MSFT _ProcessResource.psm1
xRobocopy	PowerShell	C:\Program Files\WindowsPowerShell\Modu les\xRobocopy\1.1.0.0\DSCResources\MSFT _xRobocopy\MSFT_xRobocopy.psm1

Am besten lässt sich die Wirkung einer Ressource verstehen, wenn man sie ganz ohne eine DSC-Konfiguration selbst aufruft – ähnlich wie in den Beispielen eingangs mit der Ressource File. Das soll exemplarisch an einigen mitgelieferten Ressourcen demonstriert werden.

Achtung

Denken Sie bitte an die Grundvoraussetzungen für DSC und seine Ressourcen: Sie benötigen lokale Administratorrechte. Außerdem sollte PowerShell-Remoting eingerichtet sein, zumindest aber müssten der WinRM-Dienst gestartet und ein WinRM-Listener installiert sein.

Ressource »Archive«

Diese Ressource entpackt ZIP-Archive. Falls Sie das interaktiv tun wollen, stehen dafür – völlig unabhängig von DSC und Ressourcen – ab PowerShell 5 die Cmdlets Compress-Archive und Expand-Archive zur Verfügung. Um also gleich die DSC-Ressource Archive in Aktion zu erleben, erstellen Sie sich zunächst mit Compress-Archive eine ZIP-Datei. Sie soll alle PowerShell-Skripte des Windows-Ordners in eine ZIP-Datei verpacken.

```
#requires -Version 5

$archive = Join-Path -Path $env:temp -ChildPath winScripts.zip

# alle PowerShell-Skripte im gesamten Windows-Ordner finden
# (ersetzen Sie $env:windir durch $home, wenn Sie stattdessen alle
# PowerShell-Skripte in Ihrem Benutzerprofil sichern wollen)
Get-ChildItem -Path $env:windir -Filter *.ps1 -Recurse -ErrorAction SilentlyContinue -File |
    # Get-ChildItem liefert trotz des Filters auch *.ps1xml Dateien, daher zusätzlich
    # hier ein clientseitiger Filter:
    Where-Object Extension -eq '.ps1' |
```

```
# Dateien in ZIP-Datei schreiben und vorhandene ZIP-Datei
# ggf. überschreiben (-Update):
Compress-Archive -DestinationPath $archive -CompressionLevel Optimal -Update

# angelegte oder aktualisierte ZIP-Datei im Explorer anzeigen
explorer "/select,$destinationPath"
```

Listing 27.18: Alle PowerShell-Skripte im Windows-Ordner in eine ZIP-Datei verpacken.

Die neu angelegte ZIP-Datei wird anschließend im Windows-Ordner angezeigt. Es handelt sich bei ihr um eine ganz normale ZIP-Datei, die Sie per Doppelklick öffnen und den Inhalt begutachten können.

Um diese ZIP-Datei manuell auf herkömmliche Weise auszupacken, könnten Sie Expand-Archive einsetzen, zum Beispiel so:

```
#requires -Version 5

$archive = Join-Path -Path $env:temp -ChildPath winScripts.zip
$target = Join-Path -Path $env:temp -ChildPath WinScripts

# Entblocken ist nur erforderlich für ZIP-Archive, die aus dem
# Internet oder anderen potenziell unsicheren Quellen heruntergeladen
# wurden, und wird hier nur der Vollständigkeit halber aufgeführt:
Unblock-File -Path $archive

# Inhalt der ZIP-Datei auspacken und vorhandene Dateien ggf.
# überschreiben (-Force)
Expand-Archive -Path $archive -DestinationPath $target -Force

# entpackten Ordner im Explorer anzeigen
explorer.exe $target
```

Listing 27.19: Eine ZIP-Datei mit Expand-Archive auspacken.

Nun soll dieselbe ZIP-Datei mit der DSC-Ressource Archive entpackt werden. Dazu wird die Ressource manuell aufgerufen, und alle notwendigen Parameter werden mitgegeben:

```
# Quelle und Ziel angeben
$archive = Join-Path -Path $env:temp -ChildPath winScripts.zip
$target = Join-Path -Path $env:temp -ChildPath WinScriptsDSC
# mit DSC auspacken

Invoke-DscResource -Name Archive -Method Set -ModuleName PSDesiredStateConfiguration -Property
@{Path = $archive; Destination = $target;  Ensure = 'Present'; Force = $true}

# im Explorer anzeigen
explorer $target
```

Listing 27.20: Archive-Ressource direkt aufrufen.

Die Ressource wird mit Invoke-DscResource von DSC ausgeführt. Das setzt die üblichen DSC-Vorgaben voraus: Der Aufruf muss mit Administratorrechten ausgeführt werden, und der WinRM-Dienst ist erforderlich.

Die Archive-Ressource selbst benötigt diese Voraussetzungen eigentlich nicht. Jede PowerShell-implementierte Ressource ist ein ganz normales PowerShell-Modul, und Invoke-DscResource ruft darin nur die Funktion Set-TargetResource auf. Deshalb kann die gleiche Arbeit auch ohne DSC und im Namen des Aufruferkontexts auf folgende Weise geleistet werden:

```
# Quelle und Ziel angeben
$archive = Join-Path -Path $env:temp -ChildPath winScripts.zip
```

DevOps und Enterprise

```
$target = Join-Path -Path $env:temp -ChildPath WinScriptsDSCManual

# DSC-Ressource finden
$resource = Get-DscResource -Name Archive
# DSC-Ressource als Modul laden
$module = import-module $resource.Path -PassThru

# Variable in Modul nachträglich ändern
# (die Cache-Variable zeigt auf einen geschützten Systemordner;
# damit die Ressource ohne Adminrechte aufrufbar wird, muss der
# Cache-Ordner in einen Bereich verlegt werden, der keine
# Adminrechte erfordert)
. $module { $CacheLocation = Join-Path -Path $env:temp -ChildPath ArchiveCache }

# DSC-Ressource aufrufen (heißt immer Set-TargetResource)
Set-TargetResource -Path $archive -Destination $target -Ensure Present -Force $true -Credential
(Get-Credential)

# Targetordner im Explorer öffnen
explorer $target
```

Listing 27.21: DSC-Ressource ohne Administratorrechte außerhalb von DSC ausführen.

Und auf diese Weise kann die Ressource Archive als PowerShell-Funktion namens Set-ArchiveResource gekapselt werden:

```
function Set-ArchiveResource
{
    param
    (
        [parameter(Mandatory = $true)]
        [ValidateNotNullOrEmpty()]
        [string] $Path,

        [parameter(Mandatory = $true)]
        [ValidateNotNullOrEmpty()]
        [string] $Destination,

        [Switch] $Validate,

        [ValidateSet("", "SHA-1", "SHA-256", "SHA-512", "CreatedDate", "ModifiedDate")]
        [string] $Checksum,

        [Switch] $Force,

        [pscredential] $Credential,

        [ValidateSet("Present", "Absent")]
        [string] $Ensure = "Present"
    )

# DSC-Ressource finden
$ProgressPreference = 'SilentlyContinue'

#$resource = Get-DscResource -Name Archive
# DSC-Ressource als Modul laden
#$module = import-module $resource.Path -PassThru
$module = Import-Module -PassThru -Name "$PSHOME\Modules\PsDesiredStateConfiguration\DSCResources\M
SFT_ArchiveResource\MSFT_ArchiveResource.psm1"
# Variable in Modul nachträglich ändern
```

```
# (die Cache-Variable zeigt auf einen geschützten Systemordner;
# damit die Ressource ohne Adminrechte aufrufbar wird, muss der
# Cache-Ordner in einen Bereich verlegt werden, der keine
# Adminrechte erfordert)
. $module { $CacheLocation = Join-Path -Path $env:temp -ChildPath ArchiveCache }

# DSC-Ressource aufrufen (heißt immer Set-TargetResource)
Set-TargetResource @PSBoundParameters

# Modul entladen
Remove-Module $module

# Targetordner im Explorer öffnen
explorer $Destination
}

# Quelle und Ziel angeben
$archive = Join-Path -Path $env:temp -ChildPath winScripts.zip
$target = Join-Path -Path $env:temp -ChildPath WinScriptsDSCManual

Set-ArchiveResource -Path $archive -Destination $target
```

Listing 27.22: Archive-Ressource als PowerShell-Funktion verfügbar machen.

Ressource »Environment«

Die Ressource Environment verwaltet Windows-Umgebungsvariablen und kann diese setzen und löschen. Aus klassischem PowerShell-Code heraus werden Umgebungsvariablen folgendermaßen angelegt und gelöscht:

```
#requires -Version 1

# Umgebungsvariablen im "Process"-Set
# (gelten nur für die aktuelle Anwendung und
# alle von ihr gestarteten Anwendungen)

# anlegen:
$env:NewVariable = 'test'

# lesen:
$env:NewVariable

# löschen:
# ACHTUNG: nicht $env:NewVariable angeben, sondern env:NewVariable
# andernfalls wird der INHALT der Variablen gelesen und dieser Pfad
# gelöscht!
Remove-Item -Path env:NewVariable

# Umgebungsvariablen im "User"-Set
# (gelten für den aktuellen Anwender)

# anlegen:
[Environment]::SetEnvironmentVariable('test', '100', 'user')

# lesen:
[Environment]::GetEnvironmentVariable('test', 'user')

# löschen:
```

DevOps und Enterprise

```
[Environment]::SetEnvironmentVariable('test', '', 'user')


# Umgebungsvariablen im "Machine"-Set
# (gelten für alle Anwender, das Anlegen erfordert
# Administratorrechte)

# anlegen:
[Environment]::SetEnvironmentVariable('test', '100', 'machine')

# lesen:
[Environment]::GetEnvironmentVariable('test', 'machine')

# löschen:
[Environment]::SetEnvironmentVariable('test', '', 'machine')
```

Listing 27.23: Windows-Umgebungsvariablen mit PowerShell verwalten.

Nun werden die Windows-Umgebungsvariablen alternativ mit der Ressource Environment verwaltet. Weil hierbei DSC die Änderungen vornimmt, sind wieder die Grundvoraussetzungen für DSC zu erfüllen. Das Skript muss also mit Administratorrechten ausgeführt werden, und WinRM muss konfiguriert sein.

Der folgende Aufruf fügt einen weiteren Pfadnamen an die Umgebungsvariable Path an:

```
# Pfad in %PATH% aufnehmen ("Machine"-Set für alle User)
Invoke-DscResource -Name Environment -Method Set -ModuleName PSDesiredStateConfiguration -Property
@{Name = 'Path'; Path = $true; Value = 'c:\newfolder';  Ensure = 'Present'}

# Erfolg überprüfen:
[Environment]::GetEnvironmentVariable('Path', 'machine') -split ';'
```

Listing 27.24: Weiteren Pfadnamen an Path-Umgebungsvariable anfügen.

Achtung

Die Ressource Environment ist für Verwaltungs- und Konfigurationsaufgaben gedacht. Sie legt Umgebungsvariablen ausschließlich im Machine-Set an.

Entsprechend kann sie auch selektiv Inhalte aus einer Umgebungsvariablen entfernen, beispielsweise einen nicht länger benötigten Pfad. Dieses Beispiel entfernt den Eintrag c:\newfolder wieder aus der Umgebungsvariablen:

```
# Pfad in %PATH% aufnehmen ("Machine"-Set für alle User)
Invoke-DscResource -Name Environment -Method Set -ModuleName PSDesiredStateConfiguration -Property
@{Name = 'Path'; Path = $true; Value = 'c:\newfolder';  Ensure = 'Absent'}

# Erfolg überprüfen:
[Environment]::GetEnvironmentVariable('Path', 'machine') -split ';'
```

Listing 27.25: Einen Pfadnamen selektiv aus der Path-Umgebungsvariablen entfernen.

Wird der Parameter Path auf $false eingestellt, legt die Ressource Umgebungsvariablen neu an oder entfernt sie. Das folgende Beispiel legt eine neue Umgebungsvariable namens Test mit dem Wert 100 an:

```
# Pfad in %PATH% aufnehmen ("Machine"-Set für alle User)
Invoke-DscResource -Name Environment -Method Set -ModuleName PSDesiredStateConfiguration -Property
@{Name = 'Test'; Path = $false; Value = '100'; Ensure = 'Present'}

# Erfolg überprüfen:
[Environment]::GetEnvironmentVariable('Test', 'machine')
```

Listing 27.26: Neue Umgebungsvariable anlegen.

Soll die Umgebungsvariable Test gelöscht werden, wird Ensure auf den Wert Absent eingestellt.

Ressource »Group«

Die Ressource Group verwaltet lokale Gruppen. Im einfachsten Fall stellt die Ressource sicher, dass eine bestimmte lokale Gruppe existiert (oder nicht existiert).

Der folgende Aufruf garantiert, dass die lokale Gruppe PowerShellUsers existiert:

```
Invoke-DscResource -Name Group -Method Set -ModuleName PSDesiredStateConfiguration -Property
@{GroupName = 'PowerShellUsers'; Description = 'created by DSC'; Ensure = 'Present'}

# überprüfen
net localgroup
```

Listing 27.27: Sicherstellen, dass eine lokale Benutzergruppe existiert.

Zusätzliche Ressourcen

DSC-Ressourcen sind wiederverwendbare Bausteine, die eine bestimmte Konfigurationsarbeit leisten. Sie lassen sich – ähnlich wie Cmdlets und Provider – über ganz normale PowerShell-Module nachladen. Deshalb können zusätzliche Ressourcen auch aus denselben Quellen stammen:

- **Aus dem Internet:** In der neuen PowerShell Gallery von Microsoft bieten Microsoft selbst und viele andere PowerShell-Nutzer Module mit zusätzlichen DSC-Ressourcen an. Die überwiegende Mehrheit dieser Module darf kostenlos genutzt werden, aber speziellen Support kann man nicht erwarten.

- **Selbst erstellt:** Eigene Module mit selbst erstellten Ressourcen lassen sich in wenigen Schritten mit reinen PowerShell-Bordmitteln herstellen – vorausgesetzt, Sie wissen, wie der entsprechende Konfigurationswunsch mit PowerShell-Code umgesetzt werden kann.

- **Von Anbietern und Kollegen:** Auch intern im Unternehmen lassen sich selbst erstellte oder im Auftrag hergestellte Ressourcen weitergeben.

Hinweis

Ursprünglich hatte Microsoft eine Reihe zusätzlicher Ressourcen als *DSC Resource Kit* zum separaten Download bereitgestellt. Diese Downloads werden nicht weiter gepflegt. Die darin enthaltenen Module und Ressourcen sind nun in aktueller Fassung über die PowerShell Gallery abrufbar.

DevOps und Enterprise

Ressourcen aus der PowerShell Gallery beziehen

Schauen Sie sich an, wie Sie in der öffentlichen PowerShell Gallery nach zusätzlichen DSC-Ressourcen suchen und diese installieren können. Die folgenden Beispiele setzen voraus, dass Sie entweder PowerShell 5 verwenden oder das Modul PowerShellGet installiert haben und außerdem PowerShell mit vollen Administratorrechten ausführen.

Hinweis

Die PowerShell Gallery ist so PowerShell-spezifisch, dass man sogar zum Herunterladen PowerShell-Cmdlets benötigt. Ein direktes Herunterladen von der Webseite wird nicht unterstützt. PowerShell 5 enthält bereits die Cmdlets, die für die PowerShell Gallery gebraucht werden. Sie können für Power-Shell 3 und 4 separat in Form eines Moduls namens PowerShellGet nachgerüstet werden. Den Download-Link hierfür finden Sie auf der Startseite der PowerShell Gallery: *www.PowerShellgallery.com*.

Verfügbare Ressourcen finden

Find-DscResource durchsucht die in PowerShellGet konfigurierten Repositories und findet dort gezielt DSC-Ressourcen, die in Modulen enthalten sind:

```
Find-DscResource |
  Select-Object Name, Version, ModuleName |
  Out-GridView
```

Listing 27.28: Gezielt nach DSC-Ressourcen in der PowerShell Gallery suchen.

Allerdings ist das Ergebnis nicht besonders aussagekräftig, weil die Beschreibung und das Erscheinungsdatum nicht in den Ressourcen gespeichert sind, sondern in dem Modul, das eine Ressource enthält.

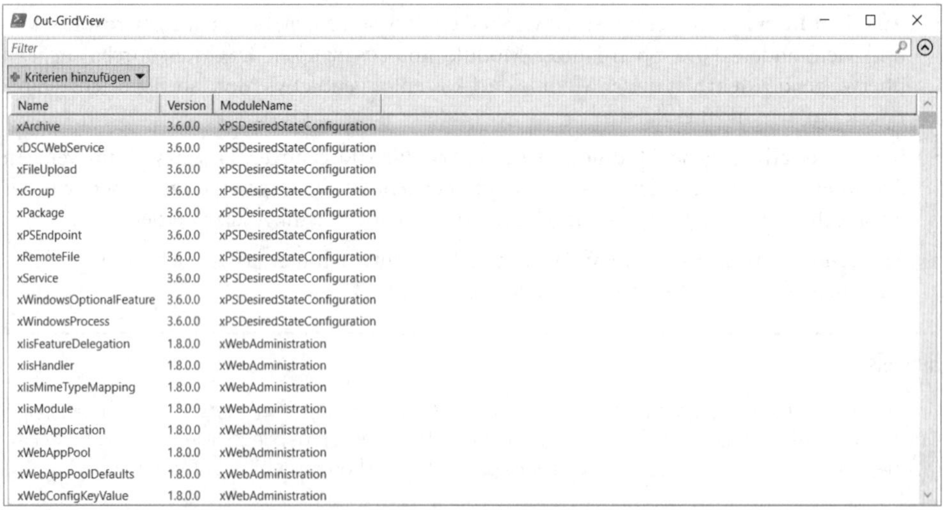

Abbildung 27.7: Verfügbare DSC-Ressourcen in der PowerShell Gallery.

Interessanter ist deshalb die Suche nach Modulen, die mit dem Schlüsselbegriff DSC markiert sind. Find-Module erledigt diese Aufgabe:

```
Find-Module -Tag DSC |
  Select -Property Name, Author, Version, PublishedDate, Description, ProjectUri |
  Sort-Object -Property PublishedDate -Descending |
  Out-GridView
```

Listing 27.29: Verfügbare DSC-Ressourcen aus der PowerShell Gallery abrufen (neueste zuerst).

Das GridView zeigt jetzt die neuesten DSC-spezifischen Module zuerst an und macht in der Spalte *Author* deutlich, dass die PowerShell Gallery nicht nur PowerShell-Erweiterungen von Microsoft enthält. Jedermann kann dort nach einer Anmeldung Erweiterungen anbieten. Klicken Sie im GridView oben in das *Filter*-Feld und geben Sie ein Stichwort ein, um das Ergebnis weiter zu filtern.

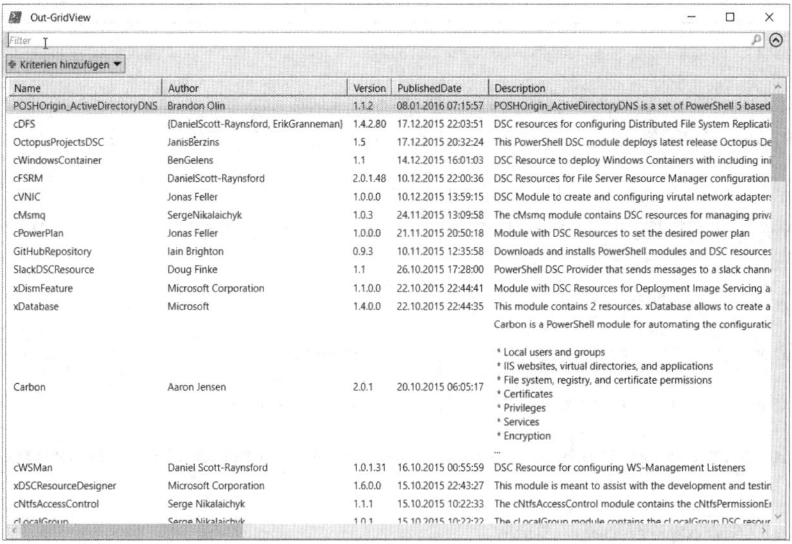

Abbildung 27.8: Weitere DSC-Ressourcen in der PowerShell Gallery.

Hinweis

Microsoft hat den Namen seiner eigenen Ressourcen ein x für »Experimental« hinzugefügt und macht damit deutlich, dass diese Ressourcen kein fester Teil von DSC sind und seitens Microsoft auch nicht supported sind. Neben Microsoft als Unternehmen finden sich in der Spalte *Author* auch Einträge wie *PowerShell DSC* (stammen vom DSC-Team innerhalb von Microsoft) und *PowerShell Team* (stammen vom PowerShell-Kernteam).

Neue Ressource herunterladen

Im folgenden Beispiel soll das Modul xDefender heruntergeladen werden. Es enthält gemäß seiner Beschreibung eine DSC-Ressource, mit der die Einstellungen des Antivirenprogramms Microsoft Defender konfiguriert werden können. Starten Sie eine PowerShell mit Administratorrechten und geben Sie ein:

```
PS> Install-Module -Name xDefender
```

DevOps und Enterprise

Wenn Sie dies zum ersten Mal tun, werden Sie eventuell aufgefordert, zuerst den *NuGet-Provider* herunterzuladen und zu installieren. Er ist für den Dateitransfer zuständig.

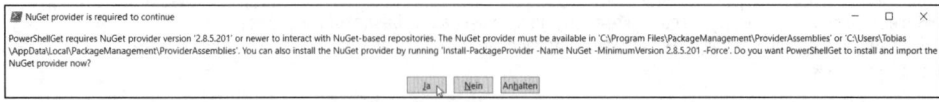

Abbildung 27.9: PowerShellGet erfordert den NuGet-Provider zum Herunterladen von Daten.

Anschließend erhalten Sie möglicherweise eine zweite Sicherheitsabfrage, die Sie darauf hinweist, dass die PowerShell Gallery ein öffentliches Repository ist. Jeder kann dort Module und Skripte hochladen. Zwar überprüft die PowerShell Gallery hochgeladene Materialien mit einer Checkliste, um bösartige Inhalte auszuschließen, aber Sie allein sind dafür verantwortlich, heruntergeladene Materialen vor der Verwendung zu überprüfen und zuzulassen.

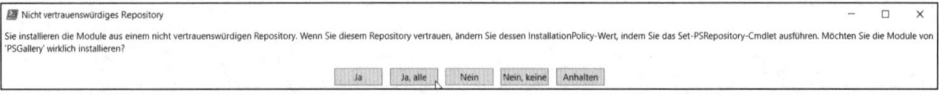

Abbildung 27.10: Für die Inhalte, die Sie von der PowerShell Gallery herunterladen, sind Sie selbst verantwortlich.

Nachdem das Modul xDefender heruntergeladen ist, können Sie die darin enthaltenen Ressourcen untersuchen:

```
PS> Get-DscResource -Module xDefender

ImplementedAs   Name           ModuleName    Version   Properties
-------------   ----           ----------    -------   ----------
PowerShell      xMpPreference  xDefender     0.2.0.0   {Name, CheckForSig...
```

Die eigentliche Ressource im Modul heißt also xMpPreference. Ihre Syntax macht Get-DSCResource sichtbar:

```
PS> Get-DscResource -Name xMpPreference -Syntax
xMpPreference [String] #ResourceName
{
    Name = [string]
    [CheckForSignaturesBeforeRunningScan = [bool]]
    [DependsOn = [string[]]]
    [DisableArchiveScanning = [bool]]
    [DisableAutoExclusions = [bool]]
    [DisableBehaviorMonitoring = [bool]]
    [DisableCatchupFullScan = [bool]]
    [DisableCatchupQuickScan = [bool]]
    [DisableEmailScanning = [bool]]
    [DisableIntrusionPreventionSystem = [bool]]
    [DisableIOAVProtection = [bool]]
    [DisablePrivacyMode = [bool]]
    [DisableRealtimeMonitoring = [bool]]
    [DisableRemovableDriveScanning = [bool]]
    [DisableRestorePoint = [bool]]
    [DisableScanningMappedNetworkDrivesForFullScan = [bool]]
    [DisableScanningNetworkFiles = [bool]]
    [DisableScriptScanning = [bool]]
    [ExclusionExtension = [string[]]]
    [ExclusionPath = [string[]]]
```

```
    [ExclusionProcess = [string[]]]
    [HighThreatDefaultAction = [string]{ Allow | Block | Clean | NoAction | Quarantine | Remove |
UserDefined }]
    [LowThreatDefaultAction = [string]{ Allow | Block | Clean | NoAction | Quarantine | Remove |
UserDefined }]
    [MAPSReporting = [string]{ Advanced | Basic | Disabled }]
    [ModerateThreatDefaultAction = [string]{ Allow | Block | Clean | NoAction | Quarantine |
Remove | UserDefined }]
    [PsDscRunAsCredential = [PSCredential]]
    [QuarantinePurgeItemsAfterDelay = [UInt32]]
    [RandomizeScheduleTaskTimes = [bool]]
    [RealTimeScanDirection = [string]{ Both | Incoming | Outgoing }]
    [RemediationScheduleDay = [string]{ Everyday | Friday | Monday | Never | Saturday | Sunday |
Thursday | Tuesday | Wednesday }]
    [RemediationScheduleTime = [DateTime]]
    [ReportingAdditionalActionTimeOut = [UInt32]]
    [ReportingCriticalFailureTimeOut = [UInt32]]
    [ReportingNonCriticalTimeOut = [UInt32]]
    [ScanAvgCPULoadFactor = [UInt32]]
    [ScanOnlyIfIdleEnabled = [bool]]
    [ScanParameters = [string]{ FullSCan | QuickScan }]
    [ScanPurgeItemsAfterDelay = [UInt32]]
    [ScanScheduleDay = [string]{ Everyday | Friday | Monday | Never | Saturday | Sunday |
Thursday | Tuesday | Wednesday }]
    [ScanScheduleQuickScanTime = [DateTime]]
    [ScanScheduleTime = [DateTime]]
    [SevereThreatDefaultAction = [string]{ Allow | Block | Clean | NoAction | Quarantine | Remove |
UserDefined }]
    [SignatureAuGracePeriod = [UInt32]]
    [SignatureDefinitionUpdateFileShaResources = [string]]
    [SignatureDisableUpdateOnStartupWithoutEngine = [bool]]
    [SignatureFallbackOrder = [string]]
    [SignatureFirstAuGracePeriod = [UInt32]]
    [SignatureScheduleDay = [string]{ Everyday | Friday | Monday | Never | Saturday | Sunday |
Thursday | Tuesday | Wednesday }]
    [SignatureScheduleTime = [DateTime]]
    [SignatureUpdateCatchupInterval = [UInt32]]
    [SignatureUpdateInterval = [UInt32]]
    [SubmitSamplesConsent = [string]{ Allways Prompt | Never send | Send all samples automatically |
Send safe samples automatically }]
    [ThreatIDDefaultAction_Actions = [string]{ Allow | Block | Clean | NoAction | Quarantine |
Remove | UserDefined }]
    [ThreatIDDefaultAction_Ids = [UInt64]]
    [UILockdown = [bool]]
    [UnknownThreatDefaultAction = [string]{ Allow | Block | Clean | NoAction | Quarantine |
Remove | UserD
efined }]
}
```

Möchten Sie sich den Quellcode ansehen oder die Dokumentation über die Ressource finden, besuchen Sie die Projekt-Homepage des Moduls, die Sie in der Eigenschaft ProjectUri finden (falls vom Autor angegeben):

```
PS C:\> $uri = (Find-Module -Name xDefender).ProjectUri.AbsoluteUri

PS> $uri
https://github.com/PowerShell/xDefender

PS> Start-Process -FilePath $uri
```

DevOps und Enterprise

Diese Homepage liefert meist zusätzliche Dokumentation und Hinweise zur Verwendung.

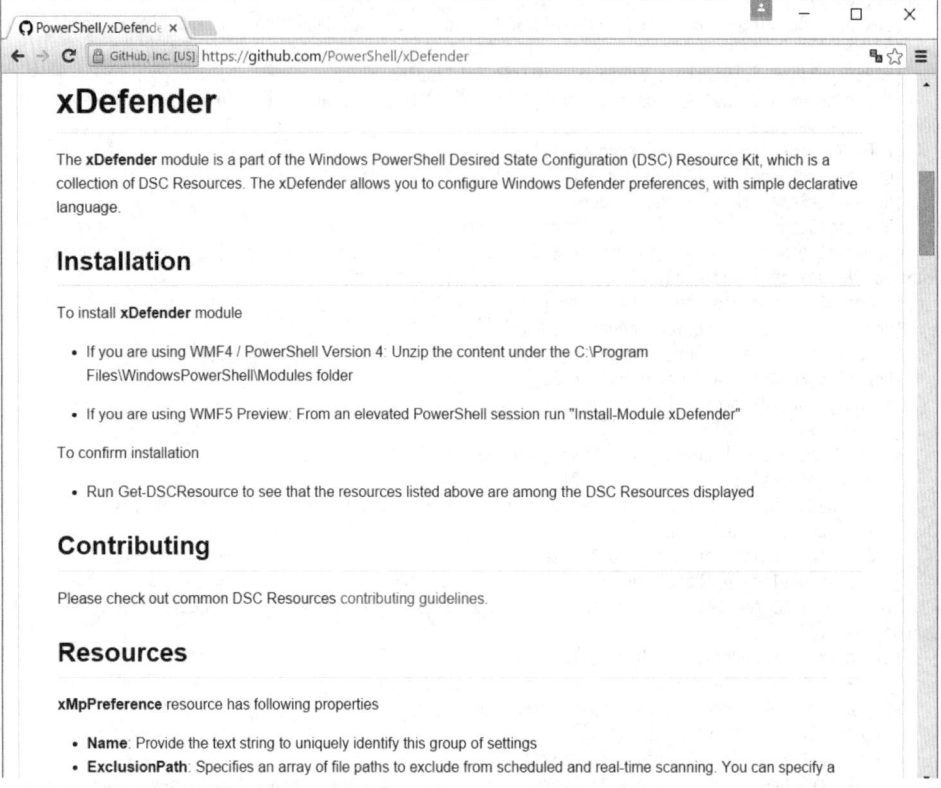

Abbildung 27.11: Zusätzliche Dokumentation für ein DSC-Modul auf der Projekt-Homepage.

Neue Ressource einsetzen

Sie können die neu heruntergeladene Ressource nun genau wie mitgelieferte Ressourcen einsetzen und zum Beispiel als Teil einer DSC-Konfiguration aufrufen, vorausgesetzt natürlich, Windows Defender ist auf Ihrem Computer installiert. Windows Defender ist zum Beispiel Teil von Windows 10.

Eine Beispiel-DSC-Konfiguration zeigt Listing 27.30. Diese konfiguriert Windows Defender so, dass nur signierte Virusdefinitionen eingesetzt werden. Wird eine schwerwiegende Bedrohung gefunden, bereinigt Defender diese sofort automatisch.

Achtung

Weil die Änderungen an den Einstellungen von Windows Defender Administratorrechte voraussetzen, führen Sie die folgenden Beispiele in einer PowerShell mit vollen Administratorrechten aus.

Für die manuelle Konfiguration von Windows Defender stehen in Windows 10 die Cmdlets `Get-/Set-MpPreference` aus dem Modul `Defender` zur Verfügung. `Get-MpPreference` wird in den folgenden Beispielen dazu verwendet, den Erfolg der DSC-Konfiguration zu überprüfen.

```
configuration Defender
{
  Import-DscResource -ModuleName xDefender
  node Localhost
  {
    xMpPreference Test1
    {
      Name = 'MyPreferences1'
      CheckForSignaturesBeforeRunningScan = $True
      HighThreatDefaultAction = 'Clean'
    }
  }
}
```

Listing 27.30: Windows Defender über eine DSC-Konfiguration einrichten.

Um die Konfiguration auf dem lokalen Computer testweise anzuwenden, rufen Sie die Konfiguration `Defender` zunächst auf, damit die MOF-Datei im angegebenen Ordner erstellt wird:

```
PS> Defender -OutputPath 'c:\DSC_Defender\'


    Verzeichnis: C:\DSC_Defender


Mode                LastWriteTime        Length Name
----                -------------        ------ ----
-a----        11.01.2016    16:04          1920 Localhost.mof
```

Lassen Sie sich dann die aktuellen Einstellungen für Windows Defender anzeigen:

```
PS> Get-MpPreference | Select-Object -Property High*, Check*

HighThreatDefaultAction CheckForSignaturesBeforeRunningScan
----------------------- -----------------------------------
                      0                               False
```

Nun wenden Sie die Konfiguration mit `Start-DscConfiguration` an:

```
PS> Start-DscConfiguration -Wait -Force -Path 'c:\DSC_Defender\' -ComputerName localhost -Verbose


AUSFÜHRLICH: Vorgang "CIM-Methode aufrufen" mit den folgenden Parametern durchführen, "'methodName'
= SendConfigurationApply,'className' = MSFT_DSCLocalConfigurationManager,'namespaceName' = root/
Microsoft/Window
s/DesiredStateConfiguration".
AUSFÜHRLICH: An LCM method call arrived from computer DELL1 with user sid S-1-...
AUSFÜHRLICH: [DELL1]: LCM:  [ Start  Set      ]
AUSFÜHRLICH: [DELL1]: LCM:  [ Start  Resource ]  [[xMpPreference]Test1]
AUSFÜHRLICH: [DELL1]: LCM:  [ Start  Test     ]  [[xMpPreference]Test1]
AUSFÜHRLICH: [DELL1]:                            [[xMpPreference]Test1] Clean not equal
                                                   to  for value HighThreatDefaultAction
AUSFÜHRLICH: [DELL1]:                            [[xMpPreference]Test1] True not equal
                                                   to False for value
                                                   CheckForSignaturesBeforeRunningScan
AUSFÜHRLICH: [DELL1]: LCM:  [ End    Test     ]  [[xMpPreference]Test1]  in 1.8910 sec.
AUSFÜHRLICH: [DELL1]: LCM:  [ Start  Set      ]  [[xMpPreference]Test1]
AUSFÜHRLICH: [DELL1]: LCM:  [ End    Set      ]  [[xMpPreference]Test1]  in 0.0700 sec.
AUSFÜHRLICH: [DELL1]: LCM:  [ End    Resource ]  [[xMpPreference]Test1]
AUSFÜHRLICH: [DELL1]: LCM:  [ End    Set      ]
```

DevOps und Enterprise

```
AUSFÜHRLICH: [DELL1]: LCM: [ End    Set    ]  in 2.2400 seconds.
AUSFÜHRLICH: Vorgang "CIM-Methode aufrufen" wurde abgeschlossen.
AUSFÜHRLICH: Die Ausführung des Konfigurationsauftrags hat 2.337 Sekunden gedauert.
```

Wenn Sie jetzt erneut die Einstellungen von Windows Defender mit `Get-MpPreference` überprüfen, zeigt sich die Wirkung der Konfiguration:

```
PS> Get-MpPreference | Select-Object -Property High*, Check*

HighThreatDefaultAction CheckForSignaturesBeforeRunningScan
---------------------- -----------------------------------
                     1                                True
```

Konfiguration überprüfen

DSC-Konfigurationen sind nicht nur dazu da, um die Einstellungen eines Systems zu ändern, man kann sie auch lediglich überprüfen und als Compliance-Checks einsetzen.

Wenn Sie den Beispielen gefolgt sind (Listing 27.31), befindet sich im Ordner *C:\DSC_Defender* die Datei *localhost.mof*, die die zwingende Konfiguration von Windows Defender auf dem lokalen Computer beschreibt. Möchten Sie herausfinden, ob das System (noch) in dieser Konfiguration ist, verwenden Sie `Test-DscConfiguration` und geben den Ordner mit den MOF-Dateien der zu überprüfenden Konfigurationsdateien an:

```
PS> Test-DscConfiguration -Path C:\DSC_Defender\
```

PSComputerName	ResourcesInDesiredState	ResourcesNotInDesiredState	**InDesiredState**
Localhost	{**[xMpPreference]Test1**}		**True**

Das Ergebnis zeigt: Der Computer befindet sich noch im gewünschten Zustand, was nicht verwundert, da die Konfiguration ja im Rahmen der Beispiele auch angewendet wurde. Würde aber jemand die von der Konfiguration überwachten Einstellungen ändern, ergäbe sich ein anderes Bild:

```
PS> Set-MpPreference -HighThreatDefaultAction NoAction

PS> Test-DscConfiguration -Path C:\DSC_Defender\
```

PSComputerName	ResourcesInDesiredState	ResourcesNotInDesiredState	**InDesiredState**
Localhost		{**[xMpPreference]Test1**}	**False**

Detaillierte Testergebnisse

Die Meldung von `Test-DSCConfiguration` zeigt in `ResourcesNotInDesiredState` genau an, welche Einstellungen nicht den Vorgaben entsprechen. Da die Konfiguration beide Einstellungen in einem gemeinsamen Block definiert hat, kann also nicht gesagt werden, welche von beiden – oder ob beide – falsch konfiguriert sind.

Das ist allerdings nur eine Frage davon, wie die Konfiguration definiert ist. Verwenden Sie folgende Konfiguration statt der aus Listing 27.30, sieht das Ergebnis differenzierter aus.

```
configuration Defender
{
  Import-DscResource -ModuleName xDefender
  node Localhost
  {
```

```
  xMpPreference SignatureSetting
  {
    Name = 'SignatureCheck'
    CheckForSignaturesBeforeRunningScan = $True
  }

  xMpPreference HighThreatAction
  {
    Name = 'HighThreadAction'
    HighThreatDefaultAction = 'Clean'
  }
  }
}
```

Listing 27.31: Einstellungen separat überprüfbar machen.

Nachdem Sie die Konfiguration aufgerufen haben, zeigt der Test an, welche der beiden Einstellungen im korrekten Zustand ist und welche nicht:

```
PS> Defender -OutputPath 'c:\DSC_Defender\'
PS> Test-DscConfiguration -Path C:\DSC_Defender\ | Format-List


InDesiredState            : False
ResourcesInDesiredState    : {[xMpPreference]SignatureSetting}
ResourcesNotInDesiredState : {[xMpPreference]HighThreatAction}
ReturnValue               : 0
PSComputerName            : Localhost
```

Arbeit mit Sicherheitsvorlagen

Mit Test-DscConfiguration und dem Parameter -Path geben Sie einen Ordner an, in dem die Metadaten der zu testenden Konfigurationen vorliegen müssen. Solche Metadaten sind bereits jeweils spezifisch für einen bestimmten Computer.

Möchten Sie mit einer Konfiguration ganz allgemein beliebige Computer überprüfen, also die Konfiguration wie eine Sicherheitsvorlage verwenden, nutzen Sie stattdessen den Parameter -ReferenceConfiguration und geben den Pfadnamen zu derjenigen MOF-Datei an, die die Konfiguration beschreibt. Mit dem Parameter -ComputerName können nun beliebig viele Computer angegeben und überprüft werden, und mit -Credential kann optional ein Benutzerkonto angegeben werden, das Zugriffsberechtigungen auf die angegebenen Systeme besitzt:

```
PS> Test-DscConfiguration -ReferenceConfiguration C:\DSC_Defender\localhost.mof -Computername
server1, server2, server3 -Credential ServiceAccount
```

Hinweis

Ob Sie von den Zielsystemen sinnvolle Ergebnisse oder Fehlermeldungen erhalten, hängt auch davon ab, ob die Konfiguration auf dem Zielsystem getestet werden kann. Wenn im Beispiel die Einstellungen von Windows Defender überprüft werden und entweder Windows Defender gar nicht auf dem Zielsystem vorhanden ist oder die für die Überprüfung nötigen WMI-Systemerweiterungen für Windows Defender nicht installiert sind (wie bei Windows 7), liefert das überprüfte System nur einen Fehler zurück.

DevOps und Enterprise

Eigene DSC-Ressourcen schreiben

Zwar kann man DSC-Ressourcen mit reinen PowerShell-Bordmitteln auch komplett von Hand erstellen, doch einfacher und sicherer geht es mithilfe des Moduls xDSCResourceDesigner, das aus der PowerShell Gallery heruntergeladen werden kann – jedenfalls dann, wenn Sie PowerShell 5 verwenden oder das Modul PowerShellGet installiert haben und natürlich über Internetzugang verfügen.

Hinweis

Es ist nicht immer gleich nötig, eine vollständige DSC-Ressource zu entwickeln, nur weil für eine bestimmte Konfigurationsaufgabe keine passende Ressource vorliegt. Die Ressource Script stellt eine Ad-hoc-Ressource dar, die beliebigen PowerShell-Code ausführen kann.

Allerdings ist es für den Umgang mit ihr keine schlechte Idee, zuerst eine »echte« Ressource erstellt zu haben. Also lesen Sie bitte weiter. Wir werden auf die Ressource Script an passender Stelle wieder zu sprechen kommen.

ResourceDesigner installieren

Die Installation der Hilfsfunktionen zum Erstellen eigener Ressourcen kostet Sie nur einen Einzeiler:

```
PS> Install-Module -Name xDSCResourceDesigner -Scope CurrentUser -Force
```

Schauen Sie sich danach die Dokumentationsseite des Moduls an:

```
PS> $url = (Find-Module -Name xDSCResourceDesigner).ProjectURI.AbsoluteUri
PS> $url
https://github.com/PowerShell/xDSCResourceDesigner
PS> Start-Process -FilePath $url
```

Description

The *xDSCResourceDesigner * module exposes 6 functions: *New-xDscResourceProperty, New-xDscResource, Update-xDscResource, Test-xDscResource, Test-xDscSchema and Import-xDscSchema *. These uses of these functions are given below.

Details

xDSCResourceDesigner module exposes the following functions:

- **New-xDscResourceProperty**: For creating a property for the resource
- **New-xDscResource**: for creating the actual resource containing the schema and module skeleton
- **Update-xDscResource**: for updating an existing resource with new properties
- **Test-xDscResource**: for testing whether an existing resource conforms to the rules required by DSC
- **Test-xDscSchema**: for testing whether an existing schema (schema mof) conforms to the rules required by DSC
- **Import-xDscSchema**: for getting the properties in a schema returned as a hashtable

Versions

Unreleased

1.6.0.0

- Fixed issue with not being able to import the module twice

Abbildung 27.12: Die ProjectUri-Eigenschaft des Moduls verweist auf die Webseite der Erweiterung.

Ressource konzipieren

Als Nächstes muss geplant werden, was die neue Ressource tun soll und welche Parameter dafür erforderlich sind. Windows-Systeme blenden beispielsweise in ihrem *Info*-Dialog den Namen und den Firmennamen des Lizenznehmers ein. Sie können diesen *Info*-Dialog von PowerShell aus jederzeit mit dem Befehl winver öffnen:

Wenn Sie bei der Konfiguration von Systemen diese Informationen selbst bestimmen möchten, benötigen Sie dafür eine DSC-Ressource. Mitgeliefert wird keine, aber wie Sie gleich sehen werden, kann man die nötige Ressource auch relativ schnell selbst erstellen und dann mit allen seinen DSC-Konfigurationen nutzen.

Abbildung 27.13: Die Benutzerinformationen werden im unteren Teil des Info-Dialogs eingeblendet.

Dazu braucht die Ressource zwei Angaben: den Benutzernamen und den Namen des Unternehmens. Benötigt werden also diese beiden Parameter:

* **RegisteredOwner:** der Name des Eigentümers

* **RegisteredOrganization:** der Firmenname

Darüber hinaus soll die Ressource den Parameter Ensure unterstützen, den sehr viele Ressourcen verwenden. Wird hier Present angegeben, sorgt die Ressource dafür, dass die Konfiguration vorhanden ist. Die Einstellung Absent soll die Konfiguration entfernen (also eigentlich rückgängig machen). Rückgängig machen kann man die Änderung der Eigentümerinformationen zwar nicht, aber zumindest löschen.

Außerdem benötigt die Ressource einen eindeutigen Namen: xSetOwnerInfo. Auch das Modul, in dem die Ressource gespeichert wird, benötigt einen Namen: xConfPersonalData. Mehr Angaben werden zunächst nicht benötigt.

Modul- und Ressourcenname können identisch sein, zumindest dann, wenn im Modul nur eine einzige Ressource untergebracht werden soll. Da Module aber beliebig viele Ressourcen enthalten dürfen, sollte man für das Modul besser einen allgemeinen Überbegriff wählen.

Ressource anlegen

Als Nächstes wird aufgrund dieser Angaben mit New-xDSCResource das Grundgerüst der Ressource erstellt:

```
# Angaben zu Modul und Ressource:
$ModuleName = 'xConfigPersonalData'
$ResourceName = 'xSetOwnerInfo'
$parameters = @()
$parameters += New-xDscResourceProperty –Name RegisteredOwner –Type String –Attribute Key
$parameters += New-xDscResourceProperty –Name RegisteredOrganization –Type String –Attribute Key


# Default-Property hinzufügen
$parameters += New-xDscResourceProperty –Name Ensure –Type String –Attribute Write –ValidateSet
'Absent', 'Present'

# Modul und Ressource anlegen:
$ModulePath = "$env:ProgramFiles\WindowsPowerShell\Modules\$ModuleName"
New-xDscResource –Name $ResourceName -Property $parameters -Path $ModulePath

# Modulmanifest hinzufügen (Version, Beschreibung etc.)
New-ModuleManifest -Path "$ModulePath\$ModuleName.psd1" -Author Tobias -Description 'Verwaltet
persönliche Einstellungen wie z.B. Angaben über den Besitzer des Computers' -ModuleVersion 1.0

# Moduldatei im ISE-Editor öffnen
ise "$ModulePath\$ModuleName.psm1"
```

Listing 27.32: Eine neue DSC-Ressource anlegen (Grundgerüst).

Wenn Sie Listing 27.32 ausführen, wird von New-xDscResource eine Reihe von Ordnern und Dateien angelegt, die das Grundgerüst für ein Modul mit einer Ressource bilden. New-ModuleManifest fügt danach die Manifestdatei des Moduls hinzu.

Dieser Schritt ist außerordentlich wichtig, denn ohne diese Manifestdatei würde PowerShell später das Modul nicht als solches erkennen, also weder finden noch laden.

Schließlich öffnet sich im ISE-Editor eine wichtige Datei namens *xSetOwnerInfo.psm1*. Sie enthält die Logik der Ressource, die also bestimmt, wie diese neue Ressource ihre Konfigurationsarbeit umsetzt. Eine skriptbasierte Ressource enthält immer diese drei Funktionen:

- **Get-TargetResource:** Liefert die aktuellen Einstellungen einer Konfiguration.

- **Test-TargetResource:** Testet, ob die aktuellen Einstellungen von den gewünschten Einstellungen abweichen, und liefert, falls ja, $false zurück, sonst $true.

- **Set-TargetResource:** Wendet die Konfiguration auf das System an.

Der Inhalt dieser Datei enthält bereits die Grundstruktur dieser drei Funktionen. Auch die Parameter der Funktionen wurden bereits gemäß den oben festgelegten Anforderungen korrekt festgelegt:

```
function Get-TargetResource
{
    [CmdletBinding()]
    [OutputType([System.Collections.Hashtable])]
    param
    (
        [parameter(Mandatory = $true)]
        [System.String]
        $RegisterdOwner,

        [parameter(Mandatory = $true)]
        [System.String]
        $RegisterdOrganization
    )

    #Write-Verbose "Use this cmdlet to deliver information about command processing."

    #Write-Debug "Use this cmdlet to write debug information while troubleshooting."


    <#
    $returnValue = @{
    RegisterdOwner = [System.String]
    RegisterdOrganization = [System.String]
    Ensure = [System.String]
    }

    $returnValue
    #>
}


function Set-TargetResource
{
    [CmdletBinding()]
    param
    (
        [parameter(Mandatory = $true)]
        [System.String]
        $RegisterdOwner,

        [parameter(Mandatory = $true)]
        [System.String]
        $RegisterdOrganization,

        [ValidateSet("Absent","Present")]
        [System.String]
        $Ensure
    )

    #Write-Verbose "Use this cmdlet to deliver information about command processing."

    #Write-Debug "Use this cmdlet to write debug information while troubleshooting."

    #Include this line if the resource requires a system reboot.
    #$global:DSCMachineStatus = 1

}
```

```
function Test-TargetResource
{
    [CmdletBinding()]
    [OutputType([System.Boolean])]
    param
    (
        [parameter(Mandatory = $true)]
        [System.String]
        $RegisterdOwner,

        [parameter(Mandatory = $true)]
        [System.String]
        $RegisterdOrganization,

        [ValidateSet("Absent","Present")]
        [System.String]
        $Ensure
    )

    #Write-Verbose "Use this cmdlet to deliver information about command processing."

    #Write-Debug "Use this cmdlet to write debug information while troubleshooting."


    <#
    $result = [System.Boolean]

    $result
    #>
}


Export-ModuleMember -Function *-TargetResource
```

Listing 27.33: Das Grundgerüst einer DSC-Ressource.

Nur die eigentliche »Intelligenz« fehlt noch, die die Aufgaben der drei Funktionen auch tatsächlich umsetzt. Das soll als Nächstes in Angriff genommen werden. Hierzu muss man selbstverständlich wissen, wie sich die gewünschte Konfiguration technisch umsetzen lässt. Im Fall der Benutzerangaben handelt es sich ganz einfach um Einträge in der Registrierungsdatenbank. Sie finden sich im Schlüssel *HKLM\SOFTWARE\Microsoft\Windows NT\CurrentVersion* in den Werten *RegisteredOwner* und *RegisteredOrganization*.

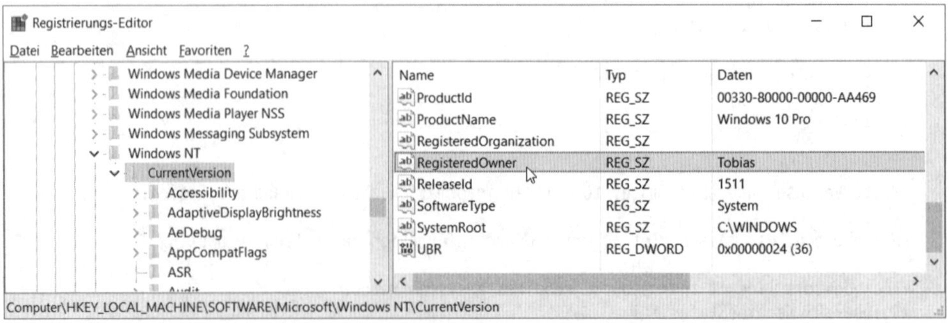

Abbildung 27.14: Benutzer- und Firmenname stammen aus der Windows-Registrierungsdatenbank.

Get-TargetResource entwerfen

Man beginnt die Programmierung einer neuen Ressource am besten mit `Get-TargetResource`. Diese Funktion liefert Informationen über den aktuellen Konfigurationszustand, also im aktuellen Beispiel die beiden Werte `RegisteredOwner` und `RegisteredOrganization` aus der Windows-Registrierungsdatenbank.

Kopieren Sie sich dazu die Funktion `Get-TargetResource` aus der eben generierten Vorlage in ein neues Registerblatt der ISE (Strg+N öffnet ein neues Registerblatt). Danach entwerfen Sie in Ruhe die benötigte Funktion und können diese im neuen Registerblatt wie bei jeder anderen PowerShell-Funktion auch ausgiebig testen und debuggen. Das Ergebnis könnte am Ende so aussehen:

```
function Get-TargetResource
{
  [CmdletBinding()]
  [OutputType([System.Collections.Hashtable])]
  param
  (
    [Parameter(Mandatory=$true)]
    [AllowEmptyString()]
    [System.String]
    $RegisteredOwner = '',

    [Parameter(Mandatory=$true)]
    [AllowEmptyString()]
    [System.String]
    $RegisteredOrganization = '',

    [ValidateSet('Absent','Present')]
    [System.String]
    $Ensure
  )

  # Registry ansprechen und Werte aus einem Schlüssel lesen:
  $key = 'Registry::HKLM\SOFTWARE\Microsoft\Windows NT\CurrentVersion'
  $values = Get-ItemProperty -Path $key

  # für diese Konfiguration relevante Werte als Hashtable zurückliefern:
  $returnValue = @{
    RegisteredOwner = $values.RegisteredOwner
    RegisteredOrganization = $values.RegisteredOrganization
  }

  $returnValue

}
```

Listing 27.34: Get-TargetResource mit implementierter Logik.

Schauen Sie sich die Anpassungen genauer an! Zwar benötigt `Get-TargetResource` eigentlich keine Parameter, um ihre Aufgabe zu erfüllen. Für eine DSC-Ressource ist es aber vorgeschrieben, dass `Get-TargetResource` über mindestens einen zwingenden Parameter verfügt, und so lassen Sie die Parameterdefinition am besten unverändert. Jedenfalls, sofern das überhaupt möglich ist, denn es gibt eine Herausforderung: Zwingende Parameter dürfen keine Leerwerte akzeptieren. In unserem Beispiel kann es aber durchaus sein, dass Leerwerte übergeben werden. Daher müssen diese Parameter mit dem Attribut `[AllowEmptyString()]` versehen werden.

Die Ergebnisse müssen von der Funktion in Form einer Hashtable zurückgeliefert werden. Wie Sie die Schlüssel benennen, mit denen Sie in der Hashtable die einzelnen Informationen zurückliefern, bleibt ganz Ihnen überlassen. Die Informationen in der Hashtable werden später von `Test-TargetResource` gelesen und ausgewertet.

Testen Sie nun `Get-TargetResource` ausgiebig. Sie müssen beim Aufruf lediglich den zwingenden Parametern beliebige Werte zuweisen. Diese Werte werden von der Funktion aber nicht weiter verwendet. Haben Sie alles richtig gemacht, liefert die Funktion die aktuellen Werte für `RegisteredOwner` und `RegisteredOrganization`:

```
PS> Get-TargetResource -RegisteredOwner '' -RegisteredOrganization ''

Name                      Value
----                      -----
RegisteredOrganization
RegisteredOwner           Tobias
```

Wenn Ihre Funktion `Get-TargetResource` tut, was sie soll, kopieren Sie sie zurück in die Vorlage und ersetzen also in *xSetOwnerInfo.psm1* die alte leere Hülle von `Get-TargetResource` mit Ihrer neuen implementierten Funktion.

Test-TargetResource

Als Nächstes kann die Funktion `Test-TargetResource` in Angriff genommen werden. Kopieren Sie auch sie aus der Vorlage in ein neues ISE-Registerblatt.

Diese Funktion soll feststellen, ob die aktuelle Konfiguration bereits den Wünschen entspricht oder nicht. Sie liefert immer $true oder $false zurück. Damit `Test-TargetResource` diese Aussage treffen kann, muss sie also die aktuelle Konfiguration zuerst lesen. Diesen Teil haben Sie schon erledigt, denn genau das leistet `Get-TargetResource`.

Das Ergebnis von `Get-TargetResource` ist eine Hashtable mit den aktuellen Einstellungen des Systems. Diese braucht man nun nur noch mit den gewünschten Einstellungen zu vergleichen. Deshalb müssen bei `Test-TargetResource` die beiden Parameter `RegisteredOrganization` und `RegisteredOwner` erhalten bleiben. Über sie empfängt die Funktion später die gewünschten neuen Einstellungen.

Und so könnte `Test-TargetResource` am Ende aussehen:

```
function Test-TargetResource
{
  [CmdletBinding()]
  [OutputType([System.Boolean])]
  param
  (
    [Parameter(Mandatory=$true)]
    [AllowEmptyString()]
    [System.String]
    $RegisteredOwner = '',

    [Parameter(Mandatory=$true)]
    [AllowEmptyString()]
    [System.String]
    $RegisteredOrganization = '',

    [ValidateSet('Absent','Present')]
```

```
    [System.String]
    $Ensure
  )

  # aktuelle Konfiguration lesen
  $aktuell = Get-TargetResource -RegisteredOwner $RegisteredOwner -RegisteredOrganization
$RegisteredOwner

  # entspricht diese den Wünschen?
  $wert1OK = $aktuell.RegisteredOwner -eq $RegisteredOwner
  $wert2OK = $aktuell.RegisteredOrganization -eq $RegisteredOrganization

  $wert1OK -and $wert2OK
}
```

Listing 27.35: Test-TargetResource mit implementierter Logik.

Auch hier gibt es eine wichtige Regel: Test-TargetResource muss die identischen Parameter verwenden wie Set-TargetResource. Am besten übernehmen Sie die Parameter, die auch schon Get-TargetResource verwendet hat. Auch Test-TargetResource sollte ausgiebig getestet werden. Rufen Sie sie mit den Einstellungen auf, die aktuell in der Registrierungsdatenbank vorhanden sind, sollte die Funktion $true liefern, andernfalls $false:

```
PS> Test-TargetResource -RegisteredOwner Tobias -RegisteredOrganization ''
True

PS> Test-TargetResource -RegisteredOwner Tobias -RegisteredOrganization 'psconf.eu'
False

PS> Test-TargetResource -RegisteredOwner Frank -RegisteredOrganization ''
False
```

Verläuft der Test erfolgreich, kopieren Sie auch diese Funktion zurück in die Ressource und ersetzen also in *xSetOwnerInfo.psm1* die alte leere Hülle von Test-TargetResource mit Ihrer neuen implementierten Funktion.

Set-TargetResource

Nun braucht nur noch die Funktion Set-TargetResource mit Leben gefüllt zu werden. Sie soll die gewünschte Konfiguration durchführen. Kopieren Sie deshalb die Funktion Set-TargetResource aus der Vorlage in ein neues ISE-Registerblatt und implementieren Sie den Code. Er könnte so aussehen:

```
function Set-TargetResource
{
  [CmdletBinding()]
  param
  (
    [Parameter(Mandatory=$true)]
    [AllowEmptyString()]
    [System.String]
    $RegisteredOwner = '',

    [Parameter(Mandatory=$true)]
    [AllowEmptyString()]
    [System.String]
```

```
    $RegisteredOrganization = '',

    [ValidateSet('Absent','Present')]
    [System.String]
    $Ensure
)

# Registrierungsschlüssel, der geändert wird
$key = 'Registry::HKLM\SOFTWARE\Microsoft\Windows NT\CurrentVersion'

# Werte neu eintragen
if ($Ensure -eq 'Present')
{
    Write-Verbose "Updating Owner Info: $RegisteredOwner $RegisteredOrganization"
    Set-ItemProperty -Path $key -Name RegisteredOwner -Value $RegisteredOwner
    Set-ItemProperty -Path $key -Name RegisteredOrganization -Value $RegisteredOrganization
}
# Werte entfernen
elseif ($Ensure -eq 'Absent')
{
    Write-Verbose 'Clearing Owner Info'
    Clear-ItemProperty -Path $key -Name RegisteredOwner
    Clear-ItemProperty -Path $key -Name RegisteredOrganization
}
}
```

Listing 27.36: Set-TargetResource mit implementierter Logik.

Set-TargetResource muss zwingend genau dieselben Parameter definieren wie Test-TargetResource. Mit Set-TargetResource können nun die Eigentümerinformationen Ihres Windows-Systems bequem geändert werden:

```
# aktuelle Einstellungen lesen:
PS> Get-TargetResource -RegisteredOwner '' -RegisteredOrganization ''

Name                        Value
----                        -----
RegisteredOwner             Tobias
RegisteredOrganization


# neue Einstellungen setzen:
PS> Set-TargetResource -RegisterdOwner 'Tobias Weltner' -RegisterdOrganization 'powertheshell.com'
-Ensure Present

PS> Get-TargetResource -RegisteredOwner '' -RegisteredOrganization ''

Name                        Value
----                        -----
RegisteredOwner             Tobias Weltner
RegisteredOrganization      powertheshell.com


# Info-Dialog aufrufen und schauen, ob neue Informationen darin erscheinen:
PS> winver

# Eigentümerinformationen entfernen:
PS> Set-TargetResource -Ensure Absent
```

```
# Einstellungen kontrollieren:
PS> Get-TargetResource -RegisteredOwner '' -RegisteredOrganization ''

Name                    Value
----                    -----
RegisteredOwner
RegisteredOrganization

PS> winver
```

Der Test verläuft erfolgreich, und die Eigentümerangaben können jetzt nach Belieben neu gesetzt oder entfernt werden. Der *Info*-Dialog, der mit dem Befehl winver geöffnet werden kann, zeigt jeweils den Erfolg.

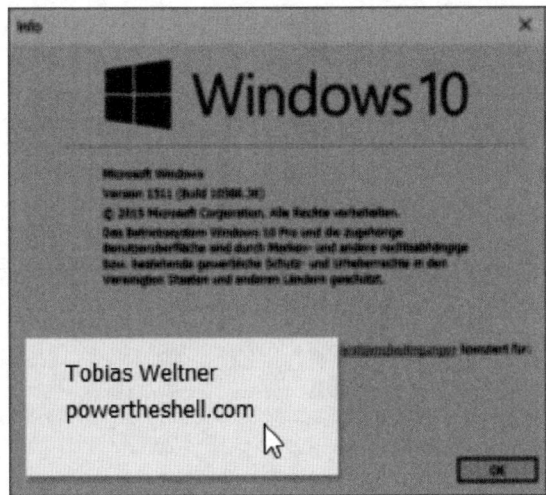

Abbildung 27.15: Die geänderten Informationen werden im Windows-Dialog angezeigt.

Nun kopieren Sie auch diese Funktion zurück in die Vorlage. Speichern Sie die Vorlage, damit Ihre Änderungen daran auch wirksam werden.

Die Ressource ist jetzt einsatzbereit und sieht so aus:

```
function Get-TargetResource
{
  [CmdletBinding()]
  [OutputType([System.Collections.Hashtable])]
  param
  (
    [Parameter(Mandatory=$true)]
    [AllowEmptyString()]
    [System.String]
    $RegisteredOwner = '',

    [Parameter(Mandatory=$true)]
    [AllowEmptyString()]
    [System.String]
    $RegisteredOrganization = '',

    [ValidateSet('Absent','Present')]
    [System.String]
```

```
    $Ensure
  )

  # Registry ansprechen und Werte aus einem Schlüssel lesen:
  $key = 'Registry::HKLM\SOFTWARE\Microsoft\Windows NT\CurrentVersion'
  $values = Get-ItemProperty -Path $key

  # für diese Konfiguration relevante Werte als Hashtable zurückliefern:
  $returnValue = @{
    RegisteredOwner = $values.RegisteredOwner
    RegisteredOrganization = $values.RegisteredOrganization
  }

  $returnValue

}

function Set-TargetResource
{
  [CmdletBinding()]
  param
  (
    [Parameter(Mandatory=$true)]
    [AllowEmptyString()]
    [System.String]
    $RegisteredOwner = '',

    [Parameter(Mandatory=$true)]
    [AllowEmptyString()]
    [System.String]
    $RegisteredOrganization = '',

    [ValidateSet('Absent','Present')]
    [System.String]
    $Ensure
  )

  # Registrierungsschlüssel, der geändert wird
  $key = 'Registry::HKLM\SOFTWARE\Microsoft\Windows NT\CurrentVersion'

  # Werte neu eintragen
  if ($Ensure -eq 'Present')
  {
    Write-Verbose "Updating Owner Info: $RegisteredOwner $RegisteredOrganization"
    Set-ItemProperty -Path $key -Name RegisteredOwner -Value $RegisteredOwner
    Set-ItemProperty -Path $key -Name RegisteredOrganization -Value $RegisteredOrganization
  }
  # Werte entfernen
  elseif ($Ensure -eq 'Absent')
  {
    Write-Verbose 'Clearing Owner Info'
    Clear-ItemProperty -Path $key -Name RegisteredOwner
    Clear-ItemProperty -Path $key -Name RegisteredOrganization
  }
}

function Test-TargetResource
{
  [CmdletBinding()]
  [OutputType([System.Boolean]])]
```

```
param
(
  [Parameter(Mandatory=$true)]
  [AllowEmptyString()]
  [System.String]
  $RegisteredOwner = '',

  [Parameter(Mandatory=$true)]
  [AllowEmptyString()]
  [System.String]
  $RegisteredOrganization = '',

  [ValidateSet('Absent','Present')]
  [System.String]
  $Ensure
)

# aktuelle Konfiguration lesen
$aktuell = Get-TargetResource -RegisteredOwner $RegisteredOwner -RegisteredOrganization
$RegisteredOwner

# entspricht diese den Wünschen?
$wert1OK = $aktuell.RegisteredOwner -eq $RegisteredOwner
$wert2OK = $aktuell.RegisteredOrganization -eq $RegisteredOrganization

$wert1OK -and $wert2OK
}

Export-ModuleMember -Function *-TargetResource
```

Listing 27.37: Neue DSC-Ressource zum Konfigurieren von Besitzerinformationen.

Profitipp

Nun, da Sie wissen, wie eine »echte« Ressource aufgebaut ist, schauen wir uns kurz an, wie dieselbe Konfigurationslösung mit der universellen Ressource **Script** gelöst werden kann:

```
Configuration TestScriptResource
{
  Import-DscResource -ModuleName PSDesiredStateConfiguration

  Node localhost
  {
    Script customScript
    {
      GetScript = {
        # Registry ansprechen und Werte aus einem Schlüssel lesen:
        $key = 'Registry::HKLM\SOFTWARE\Microsoft\Windows NT\CurrentVersion'
        $values = Get-ItemProperty -Path $key

        # für diese Konfiguration relevante Werte als Hashtable zurückliefern:
        $returnValue = @{
          RegisteredOwner = $values.RegisteredOwner
          RegisteredOrganization = $values.RegisteredOrganization
        }

        $returnValue
      }
      TestScript = {
        $RegisteredOwner = 'Tobias Weltner'
```

```
        $RegisteredOrganization = 'powertheshell.com'

        $key = 'Registry::HKLM\SOFTWARE\Microsoft\Windows NT\CurrentVersion'
        $values = Get-ItemProperty -Path $key

        # entspricht diese den Wünschen?
        $wert1OK = $values.RegisteredOwner -eq $RegisteredOwner
        $wert2OK = $values.RegisteredOrganization -eq $RegisteredOrganization

        $wert1OK -and $wert2OK
      }

      SetScript = {
        $RegisteredOwner = 'Tobias Weltner'
        $RegisteredOrganization = 'powertheshell.com'

        # Registrierungsschlüssel, der geändert wird
        $key = 'Registry::HKLM\SOFTWARE\Microsoft\Windows NT\CurrentVersion'
        Write-Verbose "Updating Owner Info: $RegisteredOwner $RegisteredOrganization"
        Set-ItemProperty -Path $key -Name RegisteredOwner -Value $RegisteredOwner
        Set-ItemProperty -Path $key -Name RegisteredOrganization -Value $RegisteredOrganization
      }
    }
  }
}

$file = TestScriptResource -ConfigurationData $info -OutputPath c:\dscTest
Start-DscConfiguration -Path c:\dscTest -Wait -Verbose -ComputerName localhost -Force

# Erfolg der Konfiguration prüfen:
winver.exe
```

Listing 27.38: Besitzerinformationen über eine Script-Ressource ändern.

Diese Konfiguration kommt ganz ohne eine selbst erstellte Ressource aus und leistet dasselbe: Die Besitzerinformationen werden geändert. Die Konfiguration erkennt auch korrekt, ob die aktuellen Einstellungen bereits der gewünschten Konfiguration entsprechen. Beim ersten Aufruf ergibt sich:

```
AUSFÜHRLICH: Vorgang "CIM-Methode aufrufen" mit den folgenden Parametern durchführen, "'methodName'
= SendConfigurationApply,'className' = MSFT_DSCLocalConfigurationManager,'namespaceName' = root/
Microsoft/Windows/DesiredStateConfiguration".
AUSFÜHRLICH: An LCM method call arrived from computer DELL1 with user sid S-1-...
AUSFÜHRLICH: [DELL1]: LCM:  [ Start  Set      ]
AUSFÜHRLICH: [DELL1]: LCM:  [ Start  Resource ]  [[Script]customScript]
AUSFÜHRLICH: [DELL1]: LCM:  [ Start  Test     ]  [[Script]customScript]
AUSFÜHRLICH: [DELL1]: LCM:  [ End    Test     ]  [[Script]customScript]  in 0.1720 seconds.
AUSFÜHRLICH: [DELL1]: LCM:  [ Start  Set      ]  [[Script]customScript]
AUSFÜHRLICH: [DELL1]:                             [[Script]customScript] Performing the operation
                                                 "Set-TargetResource" on target "Executing the
                                                 SetScript with the user supplied credential".
AUSFÜHRLICH: [DELL1]:                             [[Script]customScript] Updating Owner Info:
                                                 Tobias Weltner powertheshell.com
AUSFÜHRLICH: [DELL1]: LCM:  [ End    Set      ]  [[Script]customScript]  in 0.0290 seconds.
AUSFÜHRLICH: [DELL1]: LCM:  [ End    Resource ]  [[Script]customScript]
AUSFÜHRLICH: [DELL1]: LCM:  [ End    Set      ]
AUSFÜHRLICH: [DELL1]: LCM:  [ End    Set      ]   in  0.4520 seconds.
AUSFÜHRLICH: Vorgang "CIM-Methode aufrufen" wurde abgeschlossen.
AUSFÜHRLICH: Die Ausführung des Konfigurationsauftrags hat 0.536 Sekunden gedauert..
```

Beim erneuten Aufruf dagegen wird SetScript nicht ausgeführt:

```
PS C:\> Start-DscConfiguration -Path c:\dscTest -Wait -Verbose -ComputerName localhost -Force
AUSFÜHRLICH: Vorgang "CIM-Methode aufrufen" mit den folgenden Parametern durchführen, "'methodName'
= SendConfigurationApply,'className' = MSFT_DSCLocalConfigurationManager,'namespaceName' = root/
Microsoft/Windows/DesiredStateConfiguration".
AUSFÜHRLICH: An LCM method call arrived from computer DELL1 with user sid S-...
AUSFÜHRLICH: [DELL1]: LCM:  [ Start  Set      ]
AUSFÜHRLICH: [DELL1]: LCM:  [ Start  Resource ]  [[Script]customScript]
AUSFÜHRLICH: [DELL1]: LCM:  [ Start  Test     ]  [[Script]customScript]
AUSFÜHRLICH: [DELL1]: LCM:  [ End    Test     ]  [[Script]customScript]  in 0.0050 seconds.
AUSFÜHRLICH: [DELL1]: LCM:  [ Skip   Set      ]  [[Script]customScript]
AUSFÜHRLICH: [DELL1]: LCM:  [ End    Resource ]  [[Script]customScript]
AUSFÜHRLICH: [DELL1]: LCM:  [ End    Set      ]
AUSFÜHRLICH: [DELL1]: LCM:  [ End    Set      ]    in  0.1030 seconds.
AUSFÜHRLICH: Vorgang "CIM-Methode aufrufen" wurde abgeschlossen.
AUSFÜHRLICH: Die Ausführung des Konfigurationsauftrags hat 0.164 Sekunden gedauert.
```

Allerdings ist die Script-Ressource nicht besonders vielseitig einsetzbar. Man kann ihr keine Parameter übergeben, und die zu setzenden Werte müssen fest im Skriptcode hinterlegt werden. Tatsächlich wandelt die Ressource die übergebenen Skriptblöcke sogar in Text um:

```
PS> Get-DscResource -Name Script -Syntax
Script [String] #ResourceName
{
    GetScript = [string]
    SetScript = [string]
    TestScript = [string]
    [Credential = [PSCredential]]
    [DependsOn = [string[]]]
    [PsDscRunAsCredential = [PSCredential]]
}
```

Script-Ressourcen sind also immer dann eine gute Wahl, wenn Sie eine sehr spezielle Aufgabe durchführen müssen, für die es sich nicht lohnen würde, eine »echte« Ressource zu entwickeln. Script-Ressourcen machen allerdings Konfigurationen sehr viel schwerer lesbar, weil der implementierende Code nicht länger in eine separate Ressource ausgegliedert ist.

Im Grunde verhalten sich »echte« Ressourcen so wie die Cmdlets und Funktionen in klassischen Skripten: Diese kapseln den Code und machen das Hauptskript übersichtlich. Script-Ressourcen stehen für unmodularisierten Code – so, als würden Sie anstelle von Cmdlets und Funktionen in Ihren klassischen Skripten jedes Mal von Neuem den notwendigen Code direkt ins Skript schreiben.

Neue Ressource testen

Bevor Sie Ihre neue Ressource in DSC einsetzen, sollten Sie abschließend einige Tests durchführen, um sicherzustellen, dass sich keine Fehler eingeschlichen haben. DSC-Ressourcen bestehen aus vielen Komponenten, und es gibt zahllose Regeln, die eingehalten werden wollen.

Wenn Sie alles richtig gemacht haben, sollte PowerShell sowohl Ihr neues Modul xConfigPersonalData als auch die darin enthaltene DSC-Ressource namens xSetOwnerInfo finden:

```
PS> Get-Module -Name xConfigPersonalData -ListAvailable
```

DevOps und Enterprise

```
    Verzeichnis: C:\Program Files\WindowsPowerShell\Modules


ModuleType Version  Name                              ExportedCommands
---------- -------  ----                              ----------------
Manifest   1.0      xConfigPersonalData


PS> Get-DscResource -Name xSetOwnerInfo

ImplementedAs   Name          ModuleName         Version   Properties
-------------   ----          ----------         -------   ----------
PowerShell      xSetOwnerInfo xConfigPersonalData 1.0      {RegisterdOrganization
```

Als Nächstes folgt ein inhaltlicher Test, für den der ResourceDesigner aus dem Modul xDSCResourceDesigner passende Befehle bereitstellt. Test-xDscResource überprüft die Parameter der einzelnen Funktionen auf Übereinstimmung. Auch das sogenannte Schema der Ressource wird überprüft. Ist alles in Ordnung, erhalten Sie $true zurück, andernfalls $false. Wurden Fehler gefunden, listet der Befehl alle Regelverletzungen auf. Wenn Sie indes dem Beispiel genau gefolgt sind, sollte der Test keine Beanstandungen liefern:

```
PS> Test-xDscResource -Name xSetOwnerInfo
True

PS>
```

Profitipp

Ein kniffliger Punkt bei DSC-Ressourcen sind die Parameter Ihrer drei Funktionen. Weil diese Funktionen eng zusammenspielen, gelten einige Regeln. Die Parameter von Test-TargetResource und Set-TargetResource müssen genau übereinstimmen, und Get-TargetResource benötigt mindestens einen zwingenden Parameter.

Außerdem müssen die Parameter mit dem Schema der Ressource übereinstimmen. Dieses Schema findet sich in der Datei *xSetOwnerInfo.schema.mof* innerhalb Ihres neu erstellten Moduls und sieht so aus:

```
[ClassVersion("1.0.0.0"), FriendlyName("xSetOwnerInfo")]
class xSetOwnerInfo : OMI_BaseResource
{
    [Key] String RegisteredOwner;
    [Key] String RegisteredOrganization;
    [Write, ValueMap{"Absent","Present"}, Values{"Absent","Present"}] String Ensure;
};
```

Es beschreibt die Parameter Ihrer Funktionen, die mit New-xDscResourceProperty in Listing 27.32 festgelegt wurden. Wenn Sie also die Parameter Ihrer Funktion nachträglich ändern, muss auch das Schema entsprechend angepasst werden.

Das Schema kann ebenfalls überprüft werden. Die folgende Befehlszeile setzt voraus, dass noch die Variablen existieren, die Listing 27.32 angelegt hat:

```
PS> Test-xDscSchema -Path "$ModulePath\DSCResources\$ResourceName\$ResourceName.schema.mof"
True
```

Neue Ressource in DSC-Konfiguration nutzen

Ab sofort können DSC-Konfigurationen mithilfe Ihrer neuen Ressource die Besitzangaben eines Systems ändern. Das folgende Beispiel erstellt eine entsprechende DSC-Konfiguration:

```
Configuration changeSystemOwner
{
    Import-DscResource –ModuleName xConfigPersonalData

    Node 'localhost'
    {
        xSetOwnerInfo OwnerConfig
        {
            RegisteredOwner = 'Dr. Tobias Weltner'
            RegisteredOrganization = 'powertheshell.com'
            Ensure = 'Present'
        }
    }
}

$file = changeSystemOwner -OutputPath c:\myDSCDefinitions
```

Listing 27.39: DSC-Konfiguration, die Besitzerinformationen des lokalen Computers ändert.

Wird die Konfiguration aufgerufen, generiert sie wie immer im angegebenen Ausgabeordner die MOF-Datei, die die Konfiguration enthält. Diese kann jetzt wie jede andere Konfiguration von DSC verarbeitet und angewendet werden. Um die Besitzerinformationen zu setzen, führen Sie mit Administratorrechten den folgenden Befehl aus:

```
PS> Start-DscConfiguration -Path C:\myDSCDefinitions -ComputerName localhost -Wait
```

Mit dem Befehl winver öffnen Sie den *Info*-Dialog des Betriebssystems und finden darin die eben gesetzten Werte wieder. Die Konfiguration wurde erfolgreich angewendet.

```
PS> winver
```

Profitipp

Wenden Sie die Konfiguration ein zweites Mal an und geben den Parameter -Verbose an, kann man erkennen, dass DSC automatisch zuerst die Funktion **Test-TargetResource** innerhalb Ihrer Ressource aufruft, um zu prüfen, ob die Änderung überhaupt nötig ist. Beim zweiten Aufruf sind bereits die richtigen Werte gesetzt, sodass die Änderung übersprungen wird:

```
PS> Start-DscConfiguration -Path C:\myDSCDefinitions -ComputerName localhost -Wait -Verbose
```

```
AUSFÜHRLICH: Vorgang "CIM-Methode aufrufen" mit den folgenden Parametern durchführen, "'methodName'
= Send ConfigurationApply,'className' = MSFT_DSCLocalConfigurationManager,'namespaceName' = root/
Microsoft/Windows/DesiredStateConfiguration".
AUSFÜHRLICH: An LCM method call arrived from computer DELL1 with user sid S-1-...
AUSFÜHRLICH: [DELL1]: LCM:  [ Start  Set      ]
AUSFÜHRLICH: [DELL1]: LCM:  [ Start  Resource ]  [[xSetOwnerInfo]OwnerConfig]
AUSFÜHRLICH: [DELL1]: LCM:  [ Start  Test     ]  [[xSetOwnerInfo]OwnerConfig]
AUSFÜHRLICH: [DELL1]: LCM:  [ End    Test     ]  [[xSetOwnerInfo]OwnerConfig]  in 0.0030 seconds.
AUSFÜHRLICH: [DELL1]: LCM:  [ Skip   Set      ]  [[xSetOwnerInfo]OwnerConfig]
AUSFÜHRLICH: [DELL1]: LCM:  [ End    Resource ]  [[xSetOwnerInfo]OwnerConfig]
AUSFÜHRLICH: [DELL1]: LCM:  [ End    Set      ]
```

DevOps und Enterprise

```
AUSFÜHRLICH: [DELL1]: LCM:  [ End    Set    ]   in  0.1360 seconds.
AUSFÜHRLICH: Vorgang "CIM-Methode aufrufen" wurde abgeschlossen.
AUSFÜHRLICH: Die Ausführung des Konfigurationsauftrags hat 0.38 Sekunden gedauert.
```

Orchestrierung

Unter »Orchestrierung« versteht man die Arbeit eines Dirigenten, der das Zusammenspiel verschiedener Akteure koordiniert. Auch DSC kann und muss orchestrieren, also das Zusammenspiel der verschiedenen Konfigurationsaufgaben koordinieren. Vielleicht soll zunächst ein Server zum Webserver gemacht werden, bevor dann darauf einzelne Webseiten eingerichtet werden. Dies darf selbstverständlich nicht gleichzeitig geschehen. Die einzelnen Konfigurationsarbeiten hängen meistens voneinander ab.

Abhängigkeiten definieren

Das Einfachste bei der Orchestrierungsarbeit ist die Definition von Abhängigkeiten: Erst wenn Aufgabe »A« abgeschlossen ist, darf Aufgabe »B« beginnen. Aufgaben beschreibt DSC über seine Ressourcen. Um eine Abhängigkeit zwischen Ressourcen festzulegen, benutzt man DependsOn und gibt an, welche andere Ressource zuerst bearbeitet worden sein muss, bevor die aktuelle Ressource an die Reihe kommt.

Das folgende sehr simple Beispiel soll ein lokales Benutzerkonto sowie eine lokale Benutzergruppe anlegen. Die neue Gruppe soll den Benutzer enthalten. Das kann natürlich erst geschehen, nachdem der Benutzer angelegt wurde. DependsOn legt in der folgenden Konfiguration diese Abhängigkeit fest:

```
Configuration LocalUserConfig {

  Import-DscResource –ModuleName PSDesiredStateConfiguration

  Node localhost
  {
    Group PSGroup
    {
      Ensure = 'Present'
      GroupName = 'PowerShellUsers'
      MembersToInclude = 'Dozent'
      DependsOn = '[User]GroupMember'
    }

    User GroupMember {
      Ensure = 'Present'
      UserName = 'Dozent'
      PasswordNeverExpires = $true
    }
  }
}

$file = LocalUserConfig -OutputPath c:\DSCLocalUser
Start-DscConfiguration -Path c:\DSCLocalUser -ComputerName localhost -Wait -Verbose
```

Listing 27.40: Lokalen Benutzer und Gruppe anlegen und Benutzer in Gruppe aufnehmen

Wird die Konfiguration ausgeführt, sieht man genau, wie DSC die beiden Aufgaben abwickelt:

```
PS> Start-DscConfiguration -Path c:\DSCLocalUser -ComputerName localhost -Wait -Verbose

AUSFÜHRLICH: Vorgang "CIM-Methode aufrufen" mit den folgenden Parametern durchführen, "'methodName'
= Send ConfigurationApply,'className' = MSFT_DSCLocalConfigurationManager,'namespaceName' = root/
Microsoft/Windows/DesiredStateConfiguration".
AUSFÜHRLICH: An LCM method call arrived from computer DELL1 with user sid S-1...
AUSFÜHRLICH: [DELL1]: LCM:  [ Start  Set      ]
```

Zuerst wird die Aufgabe GroupMember ausgeführt, die den Benutzer anlegen soll. Sie prüft, ob es den Benutzer schon gibt. Weil er noch nicht existiert, wird er angelegt:

```
AUSFÜHRLICH: [DELL1]: LCM:  [ Start  Resource ]  [[User]GroupMember]
AUSFÜHRLICH: [DELL1]: LCM:  [ Start  Test     ]  [[User]GroupMember]
AUSFÜHRLICH: [DELL1]:                            [[User]GroupMember] A user with the name Dozent
                                                 does not exist.
AUSFÜHRLICH: [DELL1]: LCM:  [ End    Test     ]  [[User]GroupMember]  in 2.2720 seconds.
AUSFÜHRLICH: [DELL1]: LCM:  [ Start  Set      ]  [[User]GroupMember]
AUSFÜHRLICH: [DELL1]:                            [[User]GroupMember] Configuration of user Dozent
                                                 started.
AUSFÜHRLICH: [DELL1]:                            [[User]GroupMember] Performing the operation
                                                 "Add" on target "User: Dozent".
AUSFÜHRLICH: [DELL1]:                            [[User]GroupMember] User Dozent created
                                                 successfully.
AUSFÜHRLICH: [DELL1]:                            [[User]GroupMember] Configuration of user Dozent
                                                 completed successfully.
AUSFÜHRLICH: [DELL1]: LCM:  [ End    Set      ]  [[User]GroupMember]  in 2.3260 seconds.
AUSFÜHRLICH: [DELL1]: LCM:  [ End    Resource ]  [[User]GroupMember]
```

Danach erst wird die abhängige Aufgabe PSGroup ausgeführt, die ebenfalls zuerst prüft, ob die gewünschte Gruppe schon existiert. Weil sie noch fehlt, wird auch sie nun angelegt, und der Benutzer wird der Gruppe hinzugefügt:

```
AUSFÜHRLICH: [DELL1]: LCM:  [ Start  Resource ]  [[Group]PSGroup]
AUSFÜHRLICH: [DELL1]: LCM:  [ Start  Test     ]  [[Group]PSGroup]
AUSFÜHRLICH: [DELL1]:                            [[Group]PSGroup] A group with the name
                                                 PowerShellUsers does not exist.
AUSFÜHRLICH: [DELL1]: LCM:  [ End    Test     ]  [[Group]PSGroup]  in 2.2620 seconds.
AUSFÜHRLICH: [DELL1]: LCM:  [ Start  Set      ]  [[Group]PSGroup]
AUSFÜHRLICH: [DELL1]:                            [[Group]PSGroup] Performing the operation "Add"
                                                 on target "Group: PowerShellUsers".
AUSFÜHRLICH: [DELL1]:                            [[Group]PSGroup] Resolving dozent as a local
                                                 account.
AUSFÜHRLICH: [DELL1]:                            [[Group]PSGroup] Group PowerShellUsers created
                                                 successfully.
AUSFÜHRLICH: [DELL1]: LCM:  [ End    Set      ]  [[Group]PSGroup]  in 2.3130 seconds.
AUSFÜHRLICH: [DELL1]: LCM:  [ End    Resource ]  [[Group]PSGroup]
AUSFÜHRLICH: [DELL1]: LCM:  [ End    Set      ]
AUSFÜHRLICH: [DELL1]: LCM:  [ End    Set      ]   in  9.3150 seconds.
AUSFÜHRLICH: Vorgang "CIM-Methode aufrufen" wurde abgeschlossen.
AUSFÜHRLICH: Die Ausführung des Konfigurationsauftrags hat 9.382 Sekunden gedauert.
```

DevOps und Enterprise

Systemübergreifende Abhängigkeiten

Mitunter sind Abhängigkeiten nicht auf den lokalen Computer beschränkt. Bei anspruchsvolleren Infrastrukturkonfigurationen können Abhängigkeiten auch computerübergreifend auftreten. Vielleicht soll die Netzwerkkonfiguration eines Clients erst vorgenommen werden, wenn DNS- und DHCP-Server korrekt eingerichtet sind. Für solche Synchronisationen werden die Ressourcen verwendet, die mit WaitFor beginnen:

```
PS> Get-DscResource -Name WaitFor*

ImplementedAs  Name        ModuleName                 Version  Properties
-------------  ----        ----------                 -------  ----------
PowerShell     WaitForAll  PSDesiredStateConfiguration 1.1     {NodeName, Resourc...
PowerShell     WaitForAny  PSDesiredStateConfiguration 1.1     {NodeName, Resourc...
PowerShell     WaitForSome PSDesiredStateConfiguration 1.1     {NodeCount, NodeNa...
```

Diese Ressourcen sorgen dafür, dass der lokale LCM Kontakt aufnimmt zum LCM einer anderen Maschine und dort nachfragt, ob eine bestimmte Aufgabe dort bereits erledigt ist. Dazu teilt man den WaitFor-Ressourcen mit, wie die abhängige Ressource auf dem Remotesystem heißt, ähnlich wie bei DependsOn. Zusätzlich gibt man an, wie das Remotesystem heißt, wie oft überprüft werden soll und in welchen Intervallen.

Ressource	Beschreibung
WaitForAll	Alle angegebenen Computer müssen die abhängige Ressource erfolgreich konfiguriert haben.
WaitForSome	Mindestens die in NodeCount angegebene Anzahl von Computern muss die abhängige Ressource erfolgreich konfiguriert haben.
WaitForAny	Mindestens einer der angegebenen Computer muss die abhängige Ressource erfolgreich konfiguriert haben.

Tabelle 27.2: Beschreibung der WaitFor-Ressourcen.

Um computerübergreifende Abhängigkeiten auszuprobieren, benötigen Sie verständlicherweise mindestens zwei Computer. Die Konfiguration auf System A soll abhängig sein von der erfolgreichen Konfiguration auf System B. Wenn Sie also die Konfiguration auf System A starten, wird sie nicht durchgeführt. Erst wenn die Konfiguration auf System B erfolgreich abgeschlossen ist, wendet auch System A seine Konfiguration an.

Auf System A wird dazu die folgende Konfiguration erstellt und im Ordner *c:\DSCWaitFor* abgelegt:

```
Configuration CreateTextFileClient
{
  Import-DscResource -ModuleName 'PSDesiredStateConfiguration'
  WaitForAny WaitForB
  {
    ResourceName = '[File]CreateTextFileServer'
    NodeName = 'SYSTEM_B'
    RetryIntervalSec = 30
    RetryCount = 30
  }
  File TestFile
  {
    DestinationPath = 'C:\DSCWaitFor\test.txt'
    Contents = 'beliebiger Inhalt'
  }
}
```

```
}

CreateTextFileClient -OutputPath c:\DSCWaitFor
```

Listing 27.41: Die Konfiguration für System A ist abhängig von Konfiguration auf System B.

Auf System B wird diese Konfiguration im Ordner *c:\DSCWaitFor* dieses Systems angelegt:

```
Configuration CreateTextFileServer
{
  Import-DscResource -ModuleName 'PSDesiredStateConfiguration'

  File TestFile
  {
    DestinationPath = 'C:\DSCWaitFor\test.txt'
    Contents = 'anderer beliebiger Inhalt'
  }
}

CreateTextFileServer -OutputPath c:\DSCWaitFor
```

Listing 27.42: Konfiguration für System B.

Bis jetzt hat sich alles außerhalb des LCM abgespielt, und es wurden nur die Metadateien für die Konfigurationen, jeweils lokal auf beiden Systemen, angelegt.

Wenn Sie nun die Konfiguration auf System A anwenden, nimmt der lokale LCM Kontakt auf zum LCM von System B und fragt dort nach, ob die Abhängigkeit erfolgreich bearbeitet wurde. Ist das nicht der Fall oder kann System B erst gar nicht kontaktiert werden, wartet der lokale LCM wie festgelegt 30 Sekunden und versucht es danach erneut – insgesamt, ebenfalls wie angegeben, bis zu 30 Mal.

```
PS> Start-DscConfiguration -Path C:\DSCWaitFor -Verbose -Wait

AUSFÜHRLICH: Vorgang "CIM-Methode aufrufen" mit den folgenden Parametern durchführen, "'methodName'
= SendConfigurationApply,'className' = MSFT_DSCLocalConfigurationManager,'namespaceName' = root/
Microsoft/Windows/DesiredStateConfiguration".
AUSFÜHRLICH: An LCM method call arrived from computer SYSTEM_A with user sid S-1-5...
AUSFÜHRLICH: [SYSTEM_A]: LCM:  [ Start  Set      ]
AUSFÜHRLICH: [SYSTEM_A]: LCM:  [ Start  Resource ] [[WaitForAny]WaitForB]
AUSFÜHRLICH: [SYSTEM_A]: LCM:  [ Start  Test     ] [[WaitForAny]WaitForB]
AUSFÜHRLICH: [SYSTEM_A]:                            [[WaitForAny]WaitForB]
Remote resource '[File]CreateTextFileServer' is not ready.
AUSFÜHRLICH: [SYSTEM_A]: LCM:  [ End    Test     ] [[WaitForAny]WaitForB] in 3.3910 s.
AUSFÜHRLICH: [SYSTEM_A]: LCM:  [ Start  Set      ] [[WaitForAny]WaitForB]
AUSFÜHRLICH: [SYSTEM_A]:                            [[WaitForAny]WaitForB]
Remote resource '[File]CreateTextFileServer' is not ready. Retrying after 30 seconds
AUSFÜHRLICH: [SYSTEM_A]:                            [[WaitForAny]WaitForB]
Remote resource '[File]CreateTextFileServer' is not ready. Retrying after 30 seconds
```

Erst wenn Sie auf System B die Konfiguration starten und sie erfolgreich angewendet worden ist, wird System A seine eigene Konfiguration anwenden.

Achtung

Wenn Sie die Ausführung von `Start-DscConfiguration` abbrechen, weil alles nur ein Test war, und das abhängige Zielsystem gar nicht erreichbar ist, versucht der LCM trotzdem, die Konfiguration weiter anzuwenden. Stellen Sie deshalb unbedingt sicher, dass Sie sowohl die laufende als auch die aktuelle Konfiguration mit `Remove-DscConfigurationDocument` löschen! Nur so ist sichergestellt, dass der LCM die Konfiguration abbricht:

```
PS> Remove-DscConfigurationDocument -Stage Pending -Force
PS> Remove-DscConfigurationDocument -Stage Current -Force
```

Was die Frage aufwirft, wie System A eigentlich mit System B kommuniziert, während eine `WaitFor...`-Ressource auf System A den Zustand von System B erfragen möchte. Welche Berechtigungen sind dafür nötig? Antwort: Keine. Die Kommunikation wird von einem neuen WMI-Provider erledigt, der ähnlich wie `Test-WsMan` hierfür einen anonymen Request verwendet. Wenn Sie also mit `Test-WsMan` erfolgreich ein Remotesystem ansprechen können, funktionieren auch die `WaitFor...`-Ressourcen. Jedenfalls theoretisch. Auf dem Zielsystem muss mindestens einmal eine Konfiguration angewendet worden sein, damit der Test eingesetzt werden kann.

Partielle Konfigurationen

Wenn Teams zusammenarbeiten, ist es wünschenswert, dass jedes Team eigene Konfigurationen verfassen kann, zum Beispiel um ihr jeweiliges Fachgebiet zu administrieren. Das aber war bei DSC lange Zeit ein Problem, denn für DSC und seinen LCM ist immer nur eine Gesamtkonfiguration maßgeblich. Zwar können Sie verschiedenste Konfigurationen unabhängig voneinander über `Start-DscConfiguration` anwenden, der LCM speichert aber immer nur die zuletzt angewendete.

Spätestens wenn Sie also die speziellen Vorteile des LCM nutzen wollen und beispielsweise eine Konfiguration überwachen möchten oder Abhängigkeiten zwischen Konfigurationsteilen herstellen wollen, benötigen Sie eine einzelne Gesamtkonfiguration.

DSC unterstützt deshalb mit PowerShell 5 das Zusammenführen verschiedener Teilkonfigurationen zu einer Gesamtkonfiguration. Teams haben damit die Möglichkeit, jeweils für ihr Fachgebiet die notwendigen Teilkonfigurationen zu verfassen. Diese werden dann zu einer einzelnen Konfiguration kombiniert.

1. Schritt: Teilkonfigurationen dem LCM mitteilen

Der LCM erhält eine Liste mit den Namen der Teilkonfigurationen, die er berücksichtigen soll. Hier können auch die Abhängigkeiten zwischen Teilkonfigurationen festgelegt werden. Es geht in diesem Schritt ausschließlich darum, dem LCM die beteiligten Teilkonfigurationen zu benennen. Was diese Konfigurationen später tun werden, ist an dieser Stelle nicht wichtig.

Im folgenden Beispiel wird der LCM angewiesen, die beiden Teilkonfigurationen `TextFile` und `SpoolerService` zu berücksichtigen. Die Teilkonfiguration `TextFile` soll von der Teilkonfiguration `SpoolerService` abhängig sein.

```
[DscLocalConfigurationManager()]
Configuration SetupPartialConfig
{
  PartialConfiguration SpoolerService
  {
    Description = 'Enables the Spooler Service'
    RefreshMode = 'Push'
  }

  PartialConfiguration TextFile
  {
    Description = 'Create a text file'
    RefreshMode = 'Push'
    DependsOn = '[PartialConfiguration]SpoolerService'
  }
}

# Metadata generieren
SetupPartialConfig -OutputPath c:\TestPartialConfigs

# LCM konfigurieren
Set-DscLocalConfigurationManager -Path c:\TestPartialConfigs -Verbose
```

Listing 27.43: Teilkonfigurationen im LCM angeben.

2. Schritt: Teilkonfigurationen an LCM senden

Nun können die beteiligten Teilkonfigurationen an den LCM gesendet werden. Das geschieht völlig unabhängig voneinander. Die Teilkonfigurationen werden hierbei mit Publish-DscConfiguration an den LCM gesendet und nicht mit Start-DscConfiguration, denn Start-DscConfiguration würde die vorhandene Konfiguration im LCM überschreiben. Publish-DscConfiguration fügt sie hingegen lediglich hinzu und kann später auch Teilkonfigurationen unabhängig von anderen Teilkonfigurationen aktualisieren.

Die erste Teilkonfiguration namens SpoolerService wird definiert und an den LCM gesendet:

```
Configuration SpoolerService
{
  Import-DscResource -ModuleName 'PSDesiredStateConfiguration'
  Service SpoolerService
  {
    Ensure = 'Present'
    Name = 'Spooler'
    StartupType = 'Automatic'
    State = 'Running'
  }
}
SpoolerService -OutputPath c:\SpoolerService
Publish-DscConfiguration -Path c:\SpoolerService -Verbose
```

Listing 27.44: Eine Konfiguration zum Verwalten des Spooler-Diensts.

Nun wird auch die zweite Teilkonfiguration definiert und an den LCM gesendet:

```
Configuration TextFile
{
  Import-DscResource -ModuleName 'PSDesiredStateConfiguration'
  File TestFile
  {
```

DevOps und Enterprise

```
    DestinationPath = 'C:\TextFile\test.txt'
    Contents = 'beliebiger Inhalt'
  }
}
TextFile -OutputPath c:\TextFile
Publish-DscConfiguration -Path c:\TextFile -Verbose
```

Listing 27.45: Eine Konfiguration zum Anlegen einer Textdatei.

3. Schritt: Teilkonfigurationen kombinieren und anwenden

Jetzt kann der LCM die beiden Teilkonfigurationen mit den zwischen ihnen definierten Abhängigkeiten zusammenführen und anwenden. Das soll hier mit Start-DscConfiguration manuell geschehen, könnte aber ebenso gut auch automatisch in Intervallen passieren, wenn der LCM entsprechend eingerichtet ist (siehe Seite 964).

```
PS> Start-DscConfiguration -UseExisting -Verbose -Wait
```

```
AUSFÜHRLICH: Vorgang "CIM-Methode aufrufen" mit den folgenden Parametern durchführen, "'methodName'
= ApplyConfiguration,'className' = MSFT_DSCLocalConfigurationManager,'namespaceName' = root/Micro-
soft/Windows/DesiredStateConfiguration".
AUSFÜHRLICH: An LCM method call arrived from computer DELL1 with user sid S-1...
AUSFÜHRLICH: [DELL1]:                                 [] Starting consistency engine.
AUSFÜHRLICH: [DELL1]:                                 [] Checking consistency for current configuration.
AUSFÜHRLICH: [DELL1]: LCM:  [ Start  Resource ]  [[Service]SpoolerService]
AUSFÜHRLICH: [DELL1]: LCM:  [ Start  Test     ]  [[Service]SpoolerService]
AUSFÜHRLICH: [DELL1]: LCM:  [ End    Test     ]  [[Service]SpoolerService]  in 0.0100 seconds.
AUSFÜHRLICH: [DELL1]: LCM:  [ Start  Set      ]  [[Service]SpoolerService]
AUSFÜHRLICH: [DELL1]:                                 [[Service]SpoolerService] Service 'Spooler'
                                                      already exists. Write properties such as Status,
                                                      DisplayName, Description, Dependencies will be
                                                      ignored for existing services.
AUSFÜHRLICH: [DELL1]:                                 [[Service]SpoolerService] Service 'Spooler'
                                                      started.
AUSFÜHRLICH: [DELL1]: LCM:  [ End    Set      ]  [[Service]SpoolerService]  in 0.1060 seconds.
AUSFÜHRLICH: [DELL1]: LCM:  [ End    Resource ]  [[Service]SpoolerService]
AUSFÜHRLICH: [DELL1]: LCM:  [ Start  Resource ]  [[File]TestFile]
AUSFÜHRLICH: [DELL1]: LCM:  [ Start  Test     ]  [[File]TestFile]
AUSFÜHRLICH: [DELL1]:                                 [[File]TestFile] The system cannot find the file
                                                      specified.
AUSFÜHRLICH: [DELL1]:                                 [[File]TestFile] The related file/directory is:
C:\TextFile\test.txt.
AUSFÜHRLICH: [DELL1]: LCM:  [ End    Test     ]  [[File]TestFile]  in 0.0050 seconds.
AUSFÜHRLICH: [DELL1]: LCM:  [ Start  Set      ]  [[File]TestFile]
AUSFÜHRLICH: [DELL1]:                                 [[File]TestFile] The system cannot find the file
specified.
AUSFÜHRLICH: [DELL1]:                                 [[File]TestFile] The related file/directory is:
                                                      C:\TextFile\test.txt.
AUSFÜHRLICH: [DELL1]: LCM:  [ End    Set      ]  [[File]TestFile]  in 0.0080 seconds.
AUSFÜHRLICH: [DELL1]: LCM:  [ End    Resource ]  [[File]TestFile]
AUSFÜHRLICH: [DELL1]:                                 [] Consistency check completed.
AUSFÜHRLICH: Vorgang "CIM-Methode aufrufen" wurde abgeschlossen.
AUSFÜHRLICH: Die Ausführung des Konfigurationsauftrags hat 0.295 Sekunden gedauert.
```

Nach Anwendung der Konfiguration existiert die Textdatei, und auch der Spooler-Dienst ist wunschgemäß konfiguriert:

```
PS> Get-Content -Path C:\TextFile\test.txt
beliebiger Inhalt

PS> Get-Service -Name Spooler | Select-Object Name, State, StartType, DisplayName

PS C:\> Get-Service -Name Spooler | Select-Object Name, Status, StartType, DisplayName

Name     Status StartType DisplayName
----     ------ --------- -----------
Spooler Running Automatic Druckwarteschlange
```

Die Konfiguration kann nun jederzeit erneut angewendet werden.

4. Schritt: Teams aktualisieren ihre Teilkonfiguration

Sind die Teilkonfigurationen erst einmal – wie in Listing 27.44 gezeigt – im LCM eingerichtet, können die beteiligten Teams ihre Teilkonfigurationen jederzeit mit Publish-DscConfiguration aktualisieren. Der LCM kümmert sich darum, die aktualisierte Teilkonfiguration mit den schon vorhandenen übrigen Teilkonfigurationen zu kombinieren.

Dazu soll die Teilkonfiguration SpoolerService nachträglich geändert werden:

```
Configuration SpoolerService
{
  Import-DscResource -ModuleName 'PSDesiredStateConfiguration'
  Service SpoolerService
  {
    Ensure = 'Present'
    Name = 'Spooler'
    StartupType = 'Disabled'
    State = 'Stopped'
  }
}
SpoolerService -OutputPath c:\SpoolerService
Publish-DscConfiguration -Path c:\SpoolerService -Verbose
```

Listing 27.46: Teilkonfiguration für den Spooler-Service nachträglich ändern und an LCM senden.

Sobald der LCM beauftragt wird, die Gesamtkonfiguration neu anzuwenden, ändert sich die Konfiguration des Spooler-Diensts. Die übrigen Teilkonfigurationen bleiben davon unberücksichtigt und werden weiter wie gewohnt umgesetzt:

```
PS> Get-Service -Name Spooler | Select-Object Name, Status, StartType, DisplayName

Name     Status StartType DisplayName
----     ------ --------- -----------
Spooler Running Automatic Druckwarteschlange


PS> Start-DscConfiguration -UseExisting -Wait

PS> Get-Service -Name Spooler | Select-Object Name, Status, StartType, DisplayName

Name     Status StartType DisplayName
----     ------ --------- -----------
Spooler Stopped  Disabled Druckwarteschlange
```

Die einzelnen Konfigurationsaufgaben sämtlicher Teilkonfigurationen befinden sich wieder im gewünschten Zustand:

```
PS> (Get-DscConfigurationStatus).ResourcesInDesiredState
```

```
ConfigurationName    : TextFile
DependsOn            :
ModuleName          : PSDesiredStateConfiguration
ModuleVersion       : 1.1
PsDscRunAsCredential :
ResourceId          : [File]TestFile
SourceInfo          : ::4::3::File
DurationInSeconds   : 0,016
Error               :
FinalState          :
InDesiredState      : True
InitialState        :
InstanceName        : TestFile
RebootRequested     : False
ResourceName        : File
StartDate           : 13.01.2016 18:46:48
PSComputerName      :
```

LCM konfigurieren

Der LCM kann nur von Administratoren angesprochen werden, was einleuchtend ist, wenn man bedenkt, dass alle Konfigurationen, die der LCM ausführt, im Kontext des lokalen Systems laufen – einem sehr privilegierten Benutzerkontext. So ist sichergestellt, dass Konfigurationsaufgaben nicht an fehlenden Berechtigungen scheitern. Andererseits muss sichergestellt sein, dass nur Administratoren den LCM beauftragen dürfen.

Achten Sie in den folgenden Beispielen also darauf, eine PowerShell mit vollen Administratorrechten zu starten. Mit `Get-DscLocalConfigurationManager` sieht man die Standardeinstellungen des LCM:

```
PS> Get-DscLocalConfigurationManager
```

```
ActionAfterReboot              : ContinueConfiguration
AgentId                        : 537C3712-8C4E-11E5-889E-346895ECC3D6
AllowModuleOverWrite           : False
CertificateID                  : 30566BFB698E86627B74C7571F77F7D9205D1FC9
ConfigurationDownloadManagers  : {}
ConfigurationID                :
ConfigurationMode              : ApplyAndMonitor
ConfigurationModeFrequencyMins : 15
Credential                     :
DebugMode                      : {NONE}
DownloadManagerCustomData      :
DownloadManagerName            :
LCMCompatibleVersions          : {1.0, 2.0}
LCMState                       : Idle
LCMStateDetail                 :
LCMVersion                     : 2.0
StatusRetentionTimeInDays      : 10
PartialConfigurations          :
RebootNodeIfNeeded             : False
```

```
RefreshFrequencyMins        : 30
RefreshMode                 : PUSH
ReportManagers              : {}
ResourceModuleManagers      : {}
PSComputerName              :
```

Die Bedeutung der Einstellungen erklärt Tabelle 27.3.

Einstellung	Beschreibung
AllowModuleOverwrite	Wenn $true, überschreiben neue Module, die von einem Pullserver geladen werden, bereits vorhandene gleichnamige Module.
CertificateID	GUID des eindeutigen Zertifikats.
ConfigurationID	GUID, unter der im Pullmodus auf dem Pullserver die Konfiguration für diesen Computer gefunden wird.
ConfigurationMode	Legt fest, wie LCM-Konfigurationen anwenden soll:
	ApplyOnly: Konfiguration wird einmalig angewendet.
	ApplyAndMonitor: Konfiguration wird einmalig angewendet und von LCM in Intervallen überwacht. Bei Abweichungen erfolgt ein Logeintrag.
	ApplyAndAutoCorrect: Konfiguration wird angewendet und von LCM in Intervallen überwacht. Bei Abweichungen wendet LCM die Konfiguration erneut an.
ConfigurationModeFrequencyMins	Intervall (in Minuten) für die automatische Überprüfung von Konfigurationen.
Credential	Anmeldeinformation für den Zugriff auf Remotesysteme.
DownloadManagerCustomData	Zusätzliche Informationen, die an den Downloadmanager gesendet werden.
DownloadManagerName	Name des zu verwendenden Downloadmanagers. Als Vorgabe stehen WebDownloadManager und DscFileDownloadManager zur Verfügung.
RebootNodeIfNeeded	$true, wenn der Computer von LCM automatisch neu gestartet werden soll, sofern eine Konfiguration dies verlangt.
RefreshFrequencyMins	Intervall (in Minuten), in dem LCM versucht, von einem Pullserver eine Konfiguration für den Computer abzurufen.
RefreshMode	Modus für die Anwendung von Konfigurationen:
	Push: Konfiguration wird mit Start-DscConfiguration an den Computer gesendet.
	Pull: Computer bezieht Konfigurationen in Intervallen automatisch von einem Pullserver.

Tabelle 27.3: Konfigurationseinstellungen des Local Configuration Manager.

Profitipp

Die Eigenschaft LCMStateDetail des LCM ist übrigens meistens leer, denn hier findet sich der aktuelle Status des LCM nur dann, wenn LCM auch tatsächlich etwas tut.

Mit Hintergrund-Threads kann man PowerShell beauftragen, ein »Auge auf diese Eigenschaft« zu haben und ihren Wert zum Beispiel in der PowerShell-Titelliste anzuzeigen. So erhält man eine Power-Shell, deren Titelleiste immer anzeigt, was der LCM gerade tut – auch dann, wenn der es eigentlich klammheimlich im Hintergrund tun will.

```
function Start-DscMonitor
{
  $code = {
```

DevOps und Enterprise

```
    param($hostobj)
    do
    {
        $status = (Get-DscLocalConfigurationManager).LCMStateDetail
        if (!$status) { $status = 'LCM is idle' }
        $hostobj.ui.RawUI.WindowTitle = $status
        Start-Sleep -Milliseconds 300
    } while ($true)
}

$global:OldTitle = $host.UI.RawUI.WindowTitle
$global:DSCMonitor = [PowerShell]::Create()
$null = $global:DSCMonitor.AddScript($code).AddArgument($host)
$null = $global:DSCMonitor.BeginInvoke()
Write-Warning 'DSC Monitor enabled. Use Stop-DscMonitor to disable'
}

function Stop-DscMonitor
{
    if ($global:DSCMonitor -eq $null) { return }

    $global:DSCMonitor.Runspace.Close()
    $global:DSCMonitor.Dispose()
    $global:DSCMonitor = $null
    $host.UI.RawUI.WindowTitle = $global:OldTitle
}
```

Listing 27.47: LCM-Status in der PowerShell-Titelleiste einblenden.

Mit **Start-DscMonitor** wird die LCM-Überwachung eingeschaltet und mit **Stop-DscMonitor** wieder ausge-schaltet. Klar ist, dass die kontinuierliche Hintergrundüberwachung ein wenig Rechenzeit kostet. Sie sollte nur eingeschaltet werden, wenn man dem LCM tatsächlich auf die Finger schauen möchte.

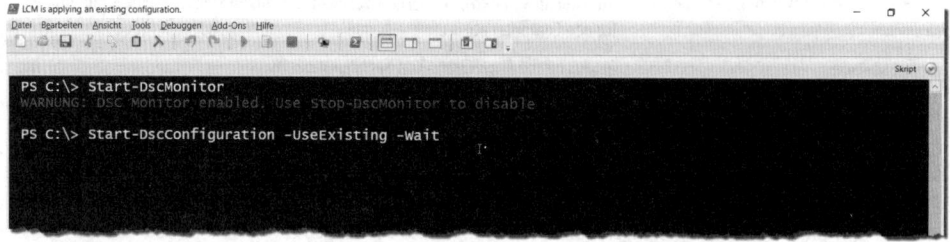

Abbildung 27.16: Aktuellen Status des LCM in der Titelleiste von PowerShell einblenden.

Letzte Konfiguration wiederherstellen

Warum speichert der LCM die zuletzt angewendete Konfiguration eigentlich überhaupt ab? Antwort: Damit man diese Konfiguration erneut anwenden kann.

Manuell könnte man dazu Start-DscConfiguration mit dem Parameter -UseExisting nutzen, aber viel wichtiger ist das automatische Anwenden in festen Intervallen. Tatsächlich kann man dies sogar als *Überwachung mit Autokorrektur* bezeichnen, denn wie Sie bereits gesehen haben, prüft DSC jede Konfiguration zuerst und führt nur die Konfigurationsaufgaben aus, die nicht bereits umgesetzt sind.

Wichtig

DSC ist kein Echtzeitüberwachungssystem. Das minimal mögliche automatische Überwachungsintervall beträgt in PowerShell 5 genau 15 Minuten. Benötigen Sie eine engmaschigere Kontrolle und wollen dafür DSC einsetzen, müssten Sie eine eigene Logik entwerfen, die den Befehl Start-DscConfiguration -UseExisting in eigenen Intervallen aufruft.

Schauen Sie sich das an einem – absichtlich auf das Wesentliche simplifizierten – Beispiel an. Es soll sichergestellt werden, dass der Spooler-Dienst ausgeführt wird. Eine entsprechende Konfiguration sieht so aus:

```
configuration SpoolerWatch
{
    Import-DscResource -ModuleName 'PSDesiredStateConfiguration'

    service Spoolerüberwachung
    {
        Name = 'Spooler'
        StartupType = 'Automatic'
        State = 'Running'
        Ensure = 'Present'
    }
}

$file = SpoolerWatch -OutputPath C:\SpoolerConfig
```

Listing 27.48: Konfiguration für den Spooler-Dienst.

Um diese Konfiguration einmalig anzuwenden, führen Sie danach mit Administratorrechten diesen Befehl aus:

```
PS> Start-DscConfiguration -Path C:\SpoolerConfig -ComputerName localhost -Wait
```

Der Dienst Spooler ist nun im gewünschten Zustand:

```
PS> Get-Service -Name Spooler | Select-Object Status, StartType, Name, DisplayName

Status  StartType Name    DisplayName
------  --------- ----    -----------
Running Automatic Spooler Druckwarteschlange
```

Allerdings kümmert es DSC wenig, wenn der Dienst nachträglich in einen anderen Zustand gebracht wird:

```
PS> Stop-Service -Name Spooler -Force

PS> Set-Service -Name Spooler -StartupType Manual

PS> Get-Service -Name Spooler | Select-Object Status, StartType, Name, DisplayName

Status  StartType Name    DisplayName
------  --------- ----    -----------
Stopped Manual    Spooler Druckwarteschlange
```

DevOps und Enterprise

Sie könnten die erwünschte Konfiguration aber zumindest bequem wiederherstellen, indem Sie die letzte Konfiguration erneut anwenden:

```
PS> Get-Service -Name Spooler | Select-Object Status, StartType, Name, DisplayName

Status StartType Name    DisplayName
------ --------- ----    -----------
Stopped   Manual Spooler Druckwarteschlange
```

```
PS> Start-DscConfiguration -UseExisting -Wait
```

```
PS> Get-Service -Name Spooler | Select-Object Status, StartType, Name, DisplayName

Status StartType Name    DisplayName
------ --------- ----    -----------
Running Automatic Spooler Druckwarteschlange
```

Konfigurationen automatisch überwachen und anwenden

Genau der Schritt der Überwachung und Wiederherstellung der zuletzt angewendeten Konfiguration soll jetzt automatisch vom LCM durchgeführt werden. Dazu dienen die Einstellungen des LCM (Tabelle 27.3), von denen die folgenden beiden gebraucht werden:

- **ConfigurationMode:** Einstellung `ApplyAndAutocorrect`. Hierdurch wird die zuletzt angewendete Konfiguration automatisch in festgelegten Intervallen erneut überprüft und bei Abweichungen erneut angewendet.

- **ConfigurationModeFrequencyMins:** Legt das Überprüfungsintervall fest (in Minuten). Der Mindestwert liegt bei 15 Minuten (PowerShell 5). Beim Einsatz eines Pullservers kann der Wert nicht kleiner sein als der Wert für `RefreshFrequencyMins`, der das Intervall angibt, mit dem der Pullserver kontaktiert wird. Hier muss der Wert für `ConfigurationModeFrequencyMins` ein Vielfaches des Werts für `RefreshFrequencyMinKs` sein.

Die Einstellungen des LCM werden ebenfalls über eine Konfiguration beschrieben, die aber nicht vom LCM angewendet wird. Hier ein Beispiel für eine automatische Überwachung und Korrektur im Intervall von einer Minute:

```
Configuration LCMConfigMonitor
{
    Param([string]$ComputerName)

    node ($ComputerName)
    {
        LocalConfigurationManager
        {
            ConfigurationMode = 'ApplyAndAutoCorrect'
            ConfigurationModeFrequencyMins = 15
            RefreshFrequencyMins = 30
        }
    }
}

# Metadatei für LCM generieren
$path = 'C:\LCMConfig'
$file = LCMConfigMonitor -OutputPath $path -ComputerName localhost
```

```
# Metadatei an LCM senden
Set-DscLocalConfigurationManager -Path $path -ComputerName localhost
```

Listing 27.49: LCM überwacht die zuletzt angewendete Konfiguration automatisch.

Den Erfolg der Änderungen zeigt `Get-DscLocalConfigurationManager`:

```
PS> Get-DscLocalConfigurationManager | Select-Object ConfigurationMode*, Refresh*

ConfigurationMode    ConfigurationModeFrequencyMins RefreshFrequencyMins RefreshMode
-----------------    ------------------------------ -------------------- -----------
ApplyAndAutoCorrect                              15                   30 PUSH
```

Wenn Sie nun den `Spooler`-Dienst manuell beenden, dauert es maximal 15 Minuten, bis DSC dies erkennt und korrigiert. Schauen Sie sich dazu folgendes Beispiel an:

```
PS> Get-DscConfigurationStatus

Status   StartDate            Type        Mode  RebootRequested
------   ---------            ----        ----  ---------------
Success  13.01.2016 16:13:18 Consistency  PUSH  False


PS> Get-Service -Name Spooler | Select-Object Status, StartType, Name, DisplayName

 Status StartType Name    DisplayName
 ------ --------- ----    -----------
Running Automatic Spooler Druckwarteschlange

PS> Get-Date

Mittwoch, 13. Januar 2016 16:15:25
```

Die letzte Konfiguration wurde um 16:13 Uhr angewendet, und der `Spooler`-Dienst befindet sich noch im gewünschten Zustand. Augenblicklich ist es 16:15 Uhr. Zu diesem Zeitpunkt wird der `Spooler`-Dienst manuell beendet. Das System entspricht nun nicht mehr der gewünschten Konfiguration:

```
PS> Stop-Service -Name Spooler -Force

PS> Get-Service -Name Spooler

Status  Name     DisplayName
------  ----     -----------
Stopped Spooler  Druckwarteschlange
```

Eine Viertelstunde später, es ist jetzt 16:36 Uhr, läuft der `Spooler`-Dienst jedoch wieder. Die Konfiguration entspricht wieder dem gewünschten Zustand:

```
PS C:\> Get-Date

Mittwoch, 13. Januar 2016 16:36:30


PS C:\> Get-Service -Name Spooler | Select-Object Status, StartType, Name, DisplayName

 Status StartType Name    DisplayName
 ------ --------- ----    -----------
Running Automatic Spooler Druckwarteschlange
```

Verantwortlich dafür ist DSC, das die Konfiguration um 16:28 Uhr erneut überprüft und dabei Abweichungen festgestellt hat. Die Überprüfung fand also 13 Minuten nach der Konfigurationsabweichung und (wie im LCM festgelegt) 15 Minuten nach der letzten Überprüfung der Konfiguration statt.

Wegen der festgestellten Abweichung wird die Konfiguration automatisch und erfolgreich neu angewendet. Hierdurch befindet sich der Spooler-Dienst wieder im gewünschten Konfigurationszustand:

```
PS C:\> Get-DscConfigurationStatus

Status     StartDate              Type          Mode   RebootRequested
------     ---------              ----          ----   ---------------
Success    13.01.2016 16:28:18    Consistency   PUSH   False
```

Achtung

Vergessen Sie nicht, die automatische Überwachung in Ihrem LCM wieder auszuschalten, falls alles nur ein Test war. Andernfalls würde der LCM die Überwachung fortsetzen, und wenn Sie später andere Konfigurationen mit Start-DscConfiguration an den LCM senden, würde er diese dann überwachen.

Die Überwachungseinstellungen des LCM sind grundsätzlich unabhängig von bestimmten Konfigurationen. Der LCM wendet sie immer auf die zuletzt empfangene Konfiguration an.

So schalten Sie die Überwachung wieder aus:

```
Configuration LCMConfigMonitor
{
    Param([string]$ComputerName)

    node ($ComputerName)
    {
        LocalConfigurationManager
        {
            ConfigurationMode = 'ApplyOnly'
        }
    }
}

# Metadatei für LCM generieren
$path = 'C:\LCMConfig'
$file = LCMConfigMonitor -OutputPath $path -ComputerName localhost

# Metadatei an LCM senden
Set-DscLocalConfigurationManager -Path $path -ComputerName localhost
```

Listing 27.50: Automatische Überwachung im LCM wieder abschalten.

Teil F
Spezielle Techniken

Kapitel 28

Ereignisverarbeitung mit Events

Ausführlich werden in diesem Kapitel die folgenden Aspekte erläutert:

- **Event:** Objekte können über Events verfügen, die ausgelöst werden, wenn ein bestimmtes Ereignis eintritt. PowerShell kann auf solche Events reagieren und Code ausführen, wenn das Ereignis eintritt. Allerdings kann PowerShell nur dann auf Events reagieren, wenn es nicht gerade selbst mit der Ausführung von anderem Code beschäftigt ist.

- **Überwachung:** Mit geeigneten Objekten kann PowerShell das System überwachen. Ein *FileSystemWatcher* beispielsweise löst Events aus, wenn sich der Inhalt eines Ordners ändert.

- **WMI:** Auch die WMI (*Windows Management Instrumentation*) kann Events auslösen, zum Beispiel wenn neue WMI-Instanzen angelegt worden sind oder sich bestehende Instanzen ändern. Darüber lassen sich besonders flexible Überwachungen erstellen, die zum Beispiel automatisch darauf reagieren, wenn ein Dienst nicht länger ausgeführt wird.

Nicht alles ist vorhersagbar. Manche Dinge geschehen »irgendwann«. Der Inhalt eines Ordners kann sich zum Beispiel zu einem beliebigen Zeitpunkt ändern, wenn irgendein Anwender darin neue Dateien speichert. In solchen Fällen lösen Objekte sogenannte *Events* aus und weisen damit auf ein besonderes Ereignis hin.

PowerShell kann auf diese Events reagieren und als Konsequenz Code ausführen. Überwacht PowerShell Events synchron, richtet es seine volle Aufmerksamkeit auf diese Überwachung und kann in der Zwischenzeit keine anderen Dinge erledigen. Bei der asynchronen Überwachung dagegen werden Events in einem separaten Hintergrundjob überwacht. PowerShell kann also im Vordergrund weiterhin aktiv sein und anderen Code ausführen.

Im Gegensatz zu klassischen Hintergrundjobs wird dieser aber innerhalb der aktuellen PowerShell-Sitzung angelegt und kann erst dann auf den Event reagieren, wenn PowerShell gerade sonst nichts zu tun hat. Die asynchronen Ereignishandler (Eventhandler) können also keine sofortige und verzögerungsfreie Reaktion auf Events garantieren. Weil das so ist, können mit PowerShell keine Informationen an Events zurückgeliefert werden.

Ereignisse verwenden

Objekte können neben Eigenschaften und Methoden außerdem Events enthalten. Betrachten Sie dies einmal anhand des Timer-Objekts aus dem .NET Framework:

```
PS> $timer = New-Object Timers.Timer
PS> $timer | Get-Member -MemberType Event


   TypeName: System.Timers.Timer

Name       MemberType Definition
----       ---------- ----------
Disposed   Event      System.EventHandler Disposed(System.Object, System.EventArgs)
Elapsed    Event      System.Timers.ElapsedEventHandler Elapsed(System.Object, System.Timers...
```

Das Timer-Objekt weist zwei Events auf: Disposed und Elapsed. Das Ereignis Elapsed wird ausgelöst, wenn der Timer ähnlich einer Eieruhr in der Küche abgelaufen ist. Anders als die Eieruhr beginnt das Timer-Objekt nach Ablauf der eingestellten Zeit aber nicht von selbst, Alarm zu schlagen, sondern löst einen Event aus. Wer auf ihn reagiert und was dann passiert, ist dem Timer egal.

Damit tatsächlich etwas geschieht, wenn der Timer abläuft, müssen Sie das Ereignis überwachen und darauf reagieren, wenn der Event auslöst.

Ein Ereignis asynchron überwachen

Um auf einen Event asynchron zu reagieren, fügt man dem Event mit Register-ObjectEvent einen Ereignishandler hinzu. Der Ereignishandler besteht aus beliebigem PowerShell-Code.

```
PS> $job = Register-ObjectEvent $timer -EventName Elapsed -Action { Write-Host 'Eieruhr abgelaufen!' }
PS> $job

Id   Name          PSJobTypeName   State       HasMoreData   Location
--   ----          -------------   -----       -----------   --------
8    e7e3fefa-b8e...               NotStarted  False
```

Wie sich herausstellt, produziert Register-ObjectEvent einen Hintergrundjob, der allerdings anders als normale Hintergrundjobs nicht in einem separaten PowerShell-Prozess läuft, sondern sich den Prozess mit PowerShell nur teilt. Die Aufgabe des Hintergrundjobs ist es nun, auf das Ereignis zu warten, und wenn es eintritt, den hinterlegten PowerShell-Code auszuführen. Um das in Aktion zu erleben, stellen Sie als Nächstes die Zeit des Timers ein und starten ihn:

```
PS> $timer.Interval = 5000
PS> $timer.Enabled = $true
PS> Eieruhr abgelaufen!
Eieruhr abgelaufen!
Eieruhr abgelaufen!
$tEieruhr abgelaufen!
$t
imer.Enabled Eieruhr abgelaufen!
= $false
```

Ab sofort beginnt der Timer, alle fünf Sekunden auszulösen, und schreibt einen Text in die Konsole. Um den Timer wieder abzuschalten, stellen Sie dessen Eigenschaft Enabled zurück auf $false. Wie Sie sehen, kann das zu einer kleineren Herausforderung werden, weil der Timer währenddessen ständig weiter Ausgaben in die Konsole schreibt.

Hinweis

Wäre der Eventhandler in einem »echten« Hintergrundjob untergebracht, könnte er diese Meldungen gar nicht ausgeben, denn er hätte keine Möglichkeit, mit Write-Host in die Konsole zu schreiben. Das hat allerdings auch Nachteile: Solange PowerShell beschäftigt ist, kann es sich nicht um Events kümmern. Der folgende Code gibt alle zwei Sekunden einen Signalton aus (schalten Sie Ihren Lautsprecher ein):

```
$timer = New-Object Timers.Timer
$job = Register-ObjectEvent $timer -EventName Elapsed -Action { [System.Console]::Beep(1000,500) }
$timer.Interval = 2000
$timer.Enabled = $true
```

Listing 28.1: Piepton in Intervallen ausgeben.

Allerdings eben nur, solange PowerShell sonst nichts zu tun hat. Sobald Sie PowerShell eine andere Aufgabe geben, schweigt der Lautsprecher:

```
PS> Start-Sleep -Seconds 10
```

Nach Ablauf der zehn Sekunden ertönt dafür eine Weile lang ein regelrechtes Signaltongewitter, denn die ausgefallenen Events wurden nur verschoben und werden jetzt nachgeholt.

Möchten Sie die asynchrone Ereignisüberwachung wieder abschalten, genügt es nicht, einfach den zugehörigen Hintergrundjob mit Remove-Job zu entfernen, zuerst muss der Hintergrundjob mit Unregister-Event deaktiviert werden. Alle laufenden Hintergrundjobs, die Ereignisse überwachen, erhalten Sie folgendermaßen:

```
PS> Get-Job | Where-Object { $_.GetType().Name -eq 'PSEventJob' } | Select-Object Id, Name, Command

    Id Name                            Command
    -- ----                            -------
   202 51485628-9b9e-4de3-aa6c-78c...  Write-Host 'Eieruhr abgela...
```

Profitipp

Das Cmdlet `Get-EventSubscriber` listet alle Ereignisse auf, die Sie gerade überwachen:

```
PS> Get-EventSubscriber

SubscriptionId   : 3
SourceObject     : System.Timers.Timer
EventName        : Elapsed
SourceIdentifier : 51485628-9b9e-4de3-aa6c-78c712e23079
Action           : System.Management.Automation.PSEventJob
HandlerDelegate  :
SupportEvent     : False
ForwardEvent     : False
```

Und so können alle Ereignishandler wieder von den Events getrennt werden:

```
PS> Get-EventSubscriber | Unregister-Event
```

Danach kann der Hintergrundjob entfernt werden. Die folgende Zeile entfernt sämtliche Hintergrundjobs (und geht davon aus, dass Sie gerade keine anderen wichtigen Hintergrundjobs ausführen):

```
PS> Get-Job | Remove-Job 202
```

Ein Ereignis synchron überwachen

PowerShell kann ein Ereignis auch im Vordergrund überwachen. Hierbei kümmert sich es exklusiv um die Ereignisüberwachung. Die PowerShell-Sitzung kann währenddessen nichts anderes mehr erledigen, reagiert dafür aber sofort auf Events. Der folgende Code wartet mit `Wait-Event` beispielsweise auf den `Elapsed`-Event des Timers:

```
PS> $timer = New-Object Timers.Timer
PS> Register-ObjectEvent $timer Elapsed -SourceIdentifier Timer.Elapsed
PS> Get-EventSubscriber

SubscriptionId   : 26
SourceObject     : System.Timers.Timer
EventName        : Elapsed
SourceIdentifier : Timer.Elapsed
Action           :
HandlerDelegate  :
SupportEvent     : False
ForwardEvent     : False

PS> $timer.Interval = 5000
PS> $timer.Autoreset = $false
PS> $timer.Enabled = $true
PS> Wait-Event Timer.Elapsed

ComputerName   :
RunspaceId     : 91e6ef97-4396-4f7b-9946-c7652f699907
EventIdentifier : 116
Sender         : System.Timers.Timer
SourceEventArgs : System.Timers.ElapsedEventArgs
```

```
SourceArgs       : {System.Timers.Timer, System.Timers.ElapsedEventArgs}
SourceIdentifier : Timer.Elapsed
TimeGenerated    : 11.12.2012 11:59:07
MessageData      :

PS> Unregister-Event Timer.Elapsed
```

Oft allerdings ist die synchrone Überwachung von Events nicht besonders hilfreich. In diesem Beispiel hätten Sie ebenso gut Start-Sleep einsetzen können.

Hintergrundjobs überwachen

Interessanterweise kann man Hintergrundjobs mit der Ereignisüberwachung überwachen. Ein Hintergrundjob überwacht dabei also quasi einen anderen Hintergrundjob und meldet dessen Ergebnisse zurück, sobald der Job seine Arbeit erledigt hat.

Manuelle Überwachung

Schauen Sie sich das wieder an einem Beispiel an. Dabei soll ein Hintergrundjob auf einem Remotesystem ausgeführt werden und dort alle Protokolldateien im Windows-Ordner finden, was eine Weile dauern kann. Normalerweise müssten Sie also selbst von Zeit zu Zeit mit Get-Job prüfen, ob der Job seine Arbeit erledigt hat, und dann mit Receive-Job die Ergebnisse abrufen. Das ist relativ lästig:

```
# Remotehintergrundjob starten:
PS> $job = Invoke-Command -Computer storage1 { dir $env:windir *.log -Recurse -ea 0 } -AsJob

# prüfen, ob der Job erledigt ist:
PS> $job

Id   Name   PSJobTypeName   State     HasMoreData   Location
--   ----   -------------   -----     -----------   --------
2    Job2   RemoteJob       Running   True          storage1

# wenn erledigt, Ergebnisse abrufen:
PS> $job

Id   Name   PSJobTypeName   State       HasMoreData   Location
--   ----   -------------   -----       -----------   --------
2    Job2   RemoteJob       Completed   True          storage1

PS> Receive-Job 2

    Verzeichnis: C:\WINDOWS

Mode            LastWriteTime       Length Name            PSComputerName
----            -------------       ------ ----            --------------
-a---       11.03.2010    03:05          0 0.log           storage1
-a---       11.03.2010    03:00     160292 aspnetocm.log   storage1
-a---       11.03.2010    03:00     204129 certocm.log     storage1
(…)

PS> Remove-Job 2
```

Automatische Überwachung

Wenn Sie sich das Job-Objekt mit `Get-Member` näher ansehen, werden Sie entdecken, dass es ein Ereignis namens StateChanged enthält:

```
PS> $job | Get-Member -MemberType Event

    TypeName: System.Management.Automation.PSRemotingJob

Name          MemberType Definition
----          ---------- ----------
StateChanged  Event      System.EventHandler`1[System.Management.Automation.J...
```

Dieses Ereignis wird immer dann ausgelöst, wenn sich der Zustand des Hintergrundjobs ändert – wenn er also beispielsweise von Running auf Completed wechselt. Sie können damit den Hintergrundjob automatisch überwachen lassen, um benachrichtigt zu werden, sobald er seine Arbeit erledigt hat, anstatt ständig selbst nachfragen zu müssen:

```
PS> $job = Invoke-Command -Computer storage1 { dir $env:windir *.log -Recurse -ea 0 } -AsJob
PS> Register-ObjectEvent $job -EventName StateChanged -SourceIdentifier JobEnd -Action {
  if($job.State -eq "Completed")
    {
      Write-Host 'Hintergrundjob ist fertig!' -Back 'White' -Fore 'Red'
      Unregister-Event -SourceIdentifier JobEnd
      Remove-Job -Name JobEnd
    }
} | Out-Null
```

Wenn Sie diesen Code starten, wird erneut der Remotehintergrundjob gestartet, diesmal wird aber zusätzlich eine Überwachung eingerichtet. Sobald der Hintergrundjob abgearbeitet ist, erscheint diesmal eine Hinweismeldung direkt in Ihrer Konsole:

```
PS> Hintergrundjob ist fertig!
```

Die Überwachung vollbringt aber noch mehr. Mit `Unregister-Event` entfernt sie die Überwachung automatisch wieder und schließt mit `Remove-Job` auch den Überwachungshintergrundjob ab. Anders als in den vorangegangenen Beispielen muss dazu diesmal nicht die kryptische Kennziffer angegeben werden, weil der Überwachungsjob mit dem Parameter `-SourceIdentifier` einen besser zu merkenden eigenen Namen erhalten hat. Jetzt brauchen Sie nur noch die Ergebnisse des Hintergrundjobs abzurufen und den Job danach zu entfernen. Aber auch das lässt sich automatisieren. Das nächste Beispiel gibt anstelle eines Hinweises die Ergebnisse direkt in die Konsole aus und schließt danach den Hintergrundjob ab:

```
$job = Invoke-Command -Computer storage1 { dir $env:windir *.log -Recurse -ea 0 } -AsJob
Register-ObjectEvent $job -EventName StateChanged -SourceIdentifier JobEnd -Action {
  if($job.State -eq "Completed")
    {
      Write-Host 'Hintergrundjob ist fertig!' -Back 'White' -Fore 'Red'
      Write-Host "$(Receive-Job $job | Out-String)"
      Unregister-Event -SourceIdentifier JobEnd
      Remove-Job -Name JobEnd
      Remove-Job $job
    }
} | Out-Null
```

Listing 28.2: Änderungen im Jobstatus melden.

Es funktioniert: Sobald der Hintergrundjob alle Ergebnisse gesammelt hat, werden diese in die Konsole ausgegeben. Alle daran beteiligten Hintergrundjobs werden automatisch entfernt:

```
PS> Get-Job
PS>
```

Achtung

Weil der Überwachungscode eigentlich in einer anderen Sitzung ausgeführt wird, hat er keine Möglichkeit, die Ergebnisse des Hintergrundjobs als echte Objekte in Ihre eigene Sitzung zu schreiben. Er kann mit Write-Host nur Text ausgeben und muss die Objekte dazu in Text konvertieren. Sind Sie also an den echten Objekten interessiert, sollten Sie die Variante mit der Benachrichtigung einsetzen und die Ergebnisse dann selbst mit Receive-Job empfangen.

Ordner überwachen

In der Praxis der Systemadministration muss man nicht selten darauf reagieren, sobald sich der Inhalt eines Ordners ändert – zum Beispiel um auf diese Weise einfache »Drop-Verzeichnisse« einzurichten: Wenn jemand einen »Auftrag« in einen bestimmten Ordner speichert, soll ein PowerShell-Skript alarmiert werden und den Auftrag bearbeiten. Genau das leistet ein FileSystemWatcher-Objekt. Anders als der Timer löst es keine regelmäßigen Interval-Events aus, sondern nur dann, wenn sich der Inhalt eines Ordners ändert.

Listing 28.3 definiert die Befehle Monitor-Folder, mit dem die Überwachung eines Ordners aktiviert wird, und Unmonitor-Folder, mit dem sie wieder abgeschaltet wird. Beide Funktionen nutzen die neuen Erkenntnisse aus den vorangegangenen Abschnitten. Wirklich neu ist nur das System.IO.FileSystemWatcher-Objekt:

```
function Monitor-Folder {
    param([string]$folder)

    $fsw = New-Object System.IO.FileSystemWatcher
    $fsw.Path = $folder

    $global:folderchange = @()

    $action = {
        [System.Console]::Beep(440,100)
    $info = @{}
    $info.Path = $eventArgs.FullPath
    $info.Type = $eventArgs.ChangeType
    $info.Timestamp = (Get-Date)
    $global:folderchange += (New-Object PSObject -Property $info)
    }

    Register-ObjectEvent $fsw -EventName Created -Action $action -SourceIdentifier Watch1 | Out-Null
    Register-ObjectEvent $fsw -EventName Changed -Action $action -SourceIdentifier Watch2 | Out-Null
    Register-ObjectEvent $fsw -EventName Deleted -Action $action -SourceIdentifier Watch3 | Out-Null
}

function Unmonitor-Folder {
    Unregister-Event Watch*
    Remove-Job -Name Watch*
}
```

Listing 28.3: Änderungen an einem Ordnerinhalt melden.

Um den Inhalt Ihres Benutzerprofils zu überwachen, geben Sie beispielsweise diesen Befehl ein:

```
PS> Monitor-Folder $HOME
```

Ändert sich der Inhalt des Ordners, hören Sie für jede Änderung einen dezenten Signalton. In der Variablen $folderchange können Sie dann nachschauen, was genau geschehen ist:

```
PS> Monitor-Folder $HOME
PS> "Hallo" > $HOME\test.txt
PS> del $HOME\test.txt
PS> $folderchange
```

Timestamp	Path	Type
11.03.2010 11:48:39	C:\Users\w7-pc9\test.txt	Changed
11.03.2010 11:48:39	C:\Users\w7-pc9\test.txt	Changed
11.03.2010 11:48:44	C:\Users\w7-pc9\test.txt	Deleted
11.03.2010 11:48:44	C:\Users\w7-pc9\ntuser.dat....	Changed
11.03.2010 11:48:44	C:\Users\w7-pc9\NTUSER.DAT	Changed
11.03.2010 11:48:44	C:\Users\w7-pc9\NTUSER.DAT	Changed
11.03.2010 11:48:45	C:\Users\w7-pc9\NTUSER.DAT	Changed

```
PS> Unmonitor-Folder
```

Hinweis

Dieses einfache Beispiel kann immer nur einen Ordner überwachen, weil es intern feste Namen für die Ereignishandler vergibt. Wenn Sie Dateien überwachen, kann es passieren, dass Änderungen an der Datei nicht oder erst mit großer Verzögerung ein entsprechendes Ereignis auslösen. Schuld daran ist nicht PowerShell, sondern die Art, wie Windows diese Dateiänderungen registriert. Je nach Laufwerk, auf dem sich die Datei befindet, und den Caching-Einstellungen kann es zu diesem Phänomen kommen oder auch nicht.

Ein Workaround für dieses Problem ist aber ebenfalls bekannt: Sobald Sie die Eigenschaften einer Datei lesen (nicht den Inhalt), bemerkt Windows sofort Änderungen an der Datei und löst die entsprechenden Ereignisse aus. Für eine zuverlässige und zeitnahe Überwachung einer einzelnen Datei würde es zum Beispiel genügen, die Datei oder den Ordner in einem weiteren Hintergrundjob in Intervallen von einigen Sekunden mit Get-Item »anzustoßen«.

Aufgaben regelmäßig durchführen

Möchten Sie bestimmte Aktionen in regelmäßigen Abständen automatisch ausführen, können Sie dazu ganz einfach eine Schleife und eine Verzögerung mit Start-Sleep verwenden. Der folgende Code produziert beispielsweise alle drei Sekunden einen Signalton (und könnte alternativ auch sinnvolle Aufgaben erledigen):

```
While ($true) {
  [System.Console]::Beep(500,100)
  Start-Sleep -Seconds 3
}
```

Listing 28.4: Einfache Schleife.

Allerdings generiert PowerShell jetzt wirklich nur noch Signaltöne und verrichtet sonst rein gar nichts. Mit der asynchronen Ereignisüberwachung lässt sich die Aufgabe dagegen auch galant im Hintergrund ausführen. Die beiden folgenden Funktionen Do-Every und Clean-Every aus Listing 28.5 helfen dabei:

```
function Do-Every
{
    param([int] $seconds,[scriptblock] $action )
    $timer = New-Object System.Timers.Timer
    $timer.Interval = $seconds * 1000
    $timer.Enabled = $true
    Register-ObjectEvent $timer "Elapsed" -SourceIdentifier 'DoEvery' -Action $action
}

function Clean-Every
{
    Unregister-Event DoEvery
    Remove-Job -name DoEvery
}
```

Listing 28.5: Aufgabe in regelmäßigen Intervallen ausführen.

Mit Do-Every beauftragen Sie PowerShell, Code regelmäßig im Hintergrund auszuführen:

```
PS> $action = { [System.Console]::Beep(1000,300) }
PS> Do-Every 3 $action
PS> Get-Job

Id   Name        PSJobTypeName   State   HasMoreData   Location
--   ----        -------------   -----   -----------   --------
8    DoEvery                     Running True
```

Mit Clean-Every wird der Hintergrundcode wieder abgeschaltet:

```
PS> Clean-Every
```

Hinweis

Ob das Timer-Objekt und seine Events wirklich optimal dafür geeignet sind, Aufgaben regelmäßig im Hintergrund durchzuführen, darf indes bezweifelt werden, denn Sie haben bereits gesehen, dass die Aufgaben verschoben werden, wenn PowerShell gerade beschäftigt ist. Ein besserer Weg hierfür sind sicher zusätzliche Threads, die Sie im letzten Kapitel bereits zur zuverlässigen Hintergrundüberwachung eingesetzt haben. Weil hierbei die Aufgaben wirklich parallel ausgeführt werden, spielt es keine Rolle mehr, ob PowerShell im Vordergrund anderweitig Aufgaben durchführt oder nicht.

WMI-Ereignisse empfangen

Die *Windows-Verwaltungsinstrumentation* (*Windows Management Instrumentation*, WMI) kann Ereignisse auslösen, die über Register-WmiEvent empfangen und ausgewertet werden. Beispielsweise feuert WMI Ereignisse, wenn Instanzen neu angelegt, geändert oder entfernt werden. Möchten Sie zum Beispiel darüber informiert werden, wenn ein neues Programm gestartet wird, müssen Sie lediglich den Namen der WMI-Klasse kennen, die Programme repräsentiert: Win32_Process. Anschließend formulieren Sie eine Überwachungsabfrage:

```
PS> $query = "SELECT * FROM __InstanceCreationEvent WITHIN 2 WHERE TargetInstance ISA 'Win32_Proce
ss'"
```

Nun übergeben Sie diese Abfrage an `Register-WmiEvent` und legen fest, was beim Auslösen des Ereignisses geschehen soll:

```
PS> Register-WmiEvent -Query $query -Action { Write-Host 'Ein Programm wurde gestartet!'} `
-SourceIdentifier WMI1
```

Sobald Sie nun ein (beliebiges) Programm starten, gibt PowerShell eine Meldung aus. Die Überwachung schalten Sie durch Entfernen des Ereignishandlers und des Hintergrundjobs wieder aus:

```
PS> Unregister-Event WMI1
PS> Remove-Job -Name WMI1
```

Details zum Event erfahren

Das Beispiel von eben funktionierte zwar bereits einwandfrei, verriet aber nicht, welches Programm denn nun genau gestartet wurde. Die Begleitinformationen zu einem Ereignis stehen innerhalb des Skriptblocks, den Sie dem Parameter -Action übergeben, in der vordefinierten Variablen $Event, die in den Eigenschaften SourceEventArgs und NewEvent die Informationen zurückliefert. Damit können Sie Ihren Ereignishandler etwas cleverer machen:

```
Register-WmiEvent -Query $query -Action { Write-Host "Ein Programm wurde gestartet: $($Event.Sourc
eEventArgs.NewEvent.TargetInstance.Name)"} -SourceIdentifier WMI1
```

Dieser Handler meldet nun nicht nur, dass ein Programm gestartet wurde, sondern auch, welches. Dabei steht in `$Event.SourceEventArgs.NewEvent.TargetInstance` immer die Instanz des WMI-Objekts zur Verfügung, das ein Ereignis ausgelöst hat, also in diesem Fall ein `Win32_Process`-Objekt. In dessen `Name`-Eigenschaft findet sich der Name des Programms. Möchten Sie lieber alle Informationen über das auslösende Objekt sehen, gehen Sie so vor:

```
PS> Register-WmiEvent -Query $query -Action { Write-Host "Ein Programm wurde gestartet: $($Event.so
urceeventargs.NewEvent.TargetInstance | Select-Object * | Out-String)"} -SourceIdentifier WMI1
PS> notepad
PS> Ein Programm wurde gestartet:


__GENUS                   : 2
__CLASS                   : Win32_Process
(...)
Caption                   : notepad.exe
CommandLine               : "C:\Windows\system32\notepad.exe"
CreationClassName         : Win32_Process
CreationDate              : 20100311130014.304533+060
CSCreationClassName       : Win32_ComputerSystem
CSName                    : DEMO5
Description               : notepad.exe
ExecutablePath            : C:\Windows\system32\notepad.exe
ExecutionState            :
(...)
WindowsVersion            : 6.1.7600
WorkingSetSize            : 6017024
WriteOperationCount       : 0
WriteTransferCount        : 0
(...)
```

Systemänderungen erkennen

Im letzten Beispiel wurden mit _InstanceCreationEvent neu hinzugekommene WMI-Objekte erkannt, beispielsweise neue Prozesse. Wollen Sie benachrichtigt werden, wenn Objekte entfernt werden, verwenden Sie dagegen _InstanceDeletionEvent. Was aber, wenn Sie Änderungen an Objekteinstellungen erkennen wollen? Vielleicht möchten Sie wissen, ob ein Dienst von Start auf Stop oder umgekehrt umgestellt wurde. Da der Dienst vorher und nachher weiterhin vorhanden ist, kommt hier ein _InstanceModificationEvent zum Zuge:

```
PS> $query = "SELECT * FROM _InstanceModificationEvent WITHIN 2 WHERE TargetInstance ISA 'Win32_S
ervice'"
PS> Register-WmiEvent -Query $query -Action {
$vorher = $event.SourceEventArgs.NewEvent.PreviousInstance
$nachher = $event.SourceEventArgs.NewEvent.TargetInstance
$difference = $vorher |
  Get-Member -MemberType *property |
  Select-Object -ExpandProperty Name |
  Where-Object { -not $_.StartsWith('_')} |
  Where-Object { $vorher.$_ -ne $nachher.$_ } |
  ForEach-Object { "$_" }
Write-Host "DIENSTÄNDERUNG $($vorher.Caption)" -Fore 'Blue' -Back 'White'
Write-Host ($vorher, $nachher | Select-Object -Property $difference | Out-String)
Write-Host (Prompt) -NoNewline
} -SourceIdentifier WMI2
```

Ändert sich nun der Zustand eines Diensts, liefert der Ereignishandler nicht nur eine Meldung, sondern zeigt auch genau, welche Einstellungen des Diensts sich geändert haben:

```
PS> Stop-Service wscsvc
PS> DIENSTÄNDERUNG Sicherheitscenter


    AcceptStop       ProcessId       Started State
    ----------       ---------       ------- -----
          True             388          True Running
         False               0         False Stopped

PS> Start-Service wscsvc
PS> DIENSTÄNDERUNG Sicherheitscenter


    AcceptStop       ProcessId       Started State
    ----------       ---------       ------- -----
         False               0         False Stopped
          True             388          True Running
```

Profitipp

Da Ereignishandler ihre Ergebnisse mit **Write-Host** direkt in die Konsole schreiben, führt das normalerweise dazu, dass anschließend der Eingabeprompt verschwunden ist. Setzen Sie die folgende Zeile ans Ende Ihres Ereignishandlers – so wie im letzten Beispiel –, wird der Prompt restauriert:

```
Write-Host (Prompt) -NoNewline
```

Eigene Ereignisse auslösen

Bisher haben Sie stets auf Ereignisse reagiert, die andere auslösten. Aber auch Ihre eigenen Skripte und Funktionen dürfen mit New-Event Ereignisse generieren. Diese Ereignisse können dann in anderen Sitzungen empfangen und behandelt werden. Im einfachsten Fall benötigen Sie dazu einen Ereignishandler, der auf Ihre eigenen Ereignisse lauert, und New-Event, um neue Ereignisse auszulösen. Die folgende Zeile legt einen Ereignishandler an, der auf Ereignisse namens myEvent reagiert und dann das Wort Hello in die Konsole ausgibt:

```
PS> Register-EngineEvent -SourceIdentifier myEvent -Action { Write-Host 'Hello'}

Id     Name          PSJobTypeName   State        HasMoreData   Location

--     ----          -------------   -----        -----------   --------

3      myEvent                       NotStarted   False
```

Sobald Sie nun das Ereignis auslösen, schreibt PowerShell das Wort in die Konsole:

```
PS> New-Event myEvent | Out-Null
Hello
```

Automatische Variablenüberwachung einrichten

Wie könnten Sie sich in Kenntnis setzen lassen, wenn sich der Inhalt einer Variablen ändert? Ein entsprechendes Ereignis gibt es nicht. Noch nicht jedenfalls. Im Folgenden soll betrachtet werden, wie sich ein entsprechendes Ereignis generieren ließe: Wann immer einer Variablen ein Wert zugewiesen wird, kann ein sogenannter *Validator* prüfen, ob der Wert für diese Variable geeignet ist. So was geschieht in der Regel unsichtbar hinter den Kulissen, aber Sie können sich diesen Mechanismus zunutze machen.

Dazu wird der Variablen, die Sie überwachen wollen, ein eigener Validator hinzugefügt. Normalerweise ist seine Aufgabe nur, die geplante Zuweisung zu überprüfen, aber weil Sie in diesem Fall wissen, dass der Inhalt der Variablen geändert werden soll, können Sie damit natürlich auch Warnungen ausgeben:

```
PS> $test = 1
PS> (Get-Variable test).Attributes.Add((New-Object System.Management.Automation.ValidateScriptAtt
ribute { $true; Write-Host 'Variable hat sich geändert!' }))
Variable hat sich geändert!

PS> $test = 2
Variable hat sich geändert!

PS> $test = 5
Variable hat sich geändert!
```

Sie erhalten jetzt bei jeder Variablenzuweisung an die überwachte Variable eine Meldung. Anstelle dieser Meldung könnten Sie aber natürlich mit New-Event auch ein Ereignis auslösen und dann wie auf jedes andere Ereignis darauf reagieren. Die folgenden Zeilen implementieren einen Ereignishandler, der auf Ereignisse mit Namen VariableChange reagiert, sowie eine Funktion namens Monitor-Variable, mit der man Variablen eine Überwachung hinzufügt, die bei Variablenzuweisungen ein Ereignis vom Typ VariableChange auslöst:

```
Register-EngineEvent -SourceIdentifier VariableChange -Action { Write-Host ($event.MessageData)
-Fore 'DarkGreen' -Back 'White'} | Out-Null

function Monitor-Variable($variablename) {
  $action = '$true; New-Event -SourceIdentifier VariableChange -MessageData "Neuer Wert $_ für Var
iable {0}"' -f $variablename
  (Get-Variable $variablename).Attributes.Add((New-Object System.Management.Automation.ValidateScr
iptAttribute ([scriptblock]::Create($action))))
}
```

Listing 28.6: Änderungen an Variablen überwachen.

Ab sofort können Variablen überwacht werden:

```
PS> $wert = 100
PS> Monitor-Variable wert
Neuer Wert 100 für Variable wert

PS> $wert = 200
Neuer Wert 200 für Variable wert

PS> $wert = 500
Neuer Wert 500 für Variable wert
```

Kapitel 29
Extended Type System (ETS)

Ausführlich werden in diesem Kapitel die folgenden Aspekte erläutert:

- **Erweiterte Objekte:** PowerShell nutzt Objekttypen aus dem .NET Framework und kann diese dynamisch erweitern, also zusätzliche Eigenschaften und Methoden hinzufügen.

- **Add-Member:** Fügt zusätzliche Eigenschaften und Methoden einem bestimmten individuellen Objekt hinzu.

- **Update-TypeData:** Legt Erweiterungen für einen bestimmten Datentyp fest. Alle Objekte dieses Typs werden automatisch von PowerShell erweitert.

Fast alles, was Ihnen in PowerShell zu Gesicht kommt, sind Objekte. PowerShell verwendet dabei nicht etwa eigene Objekte, sondern nutzt die vorhandenen Objekttypen, die das Betriebssystem (über .NET Framework) zur Verfügung stellt. Allerdings »verbessert« und erweitert PowerShell diese Objekte häufig. Zuständig dafür ist das *Extended Type System* (ETS).

PowerShell-Objekte verstehen

PowerShell ist für Administratoren und ITPros gedacht, weniger für erfahrene Programmierer. Dennoch arbeiten Sie in der PowerShell beinahe ständig mit dem sogenannten *.NET Framework*, einer riesigen Bibliothek von Systemfunktionen. Das fällt Ihnen indes meist nicht auf, weil PowerShell die benutzerunfreundliche und programmierlastige Seite des .NET Framework vor Ihnen versteckt und in Cmdlets kapselt, die sich wie einfache kleine Befehle aufrufen lassen.

Auch die Ergebnisse von Cmdlets sind im Grunde hochkomplexe Gebilde, sogenannte Objekte. Sie könnte man normalerweise ohne Programmierkenntnisse noch nicht einmal darstellen. Es ist eine Spezialeinheit der PowerShell, nämlich das sogenannte *Extended Type System* (ETS), das Objekte automatisch in lesbaren Text verwandelt, sobald Sie sie ausgeben.

PowerShell bildet also lediglich eine dünne Schicht rund um das .NET Framework und sorgt dafür, dass sich die Illusion einer textbasierten Befehlskonsole ergibt. Tatsächlich aber unterscheiden sich die Ergebnisse von Cmdlets in den meisten Fällen kaum oder gar nicht von direkten Systemfunktionsaufrufen.

Möchten Sie auf einen laufenden Prozess zugreifen, beispielsweise Ihre PowerShell, setzen Sie dafür normalerweise das Cmdlet `Get-Process` ein:

```
PS> Get-Process -id $pid

Handles  NPM(K)    PM(K)     WS(K) VM(M)   CPU(s)     Id  SI ProcessName
-------  ------    -----     ----- -----   ------     --  -- -----------
   2206     106   294132    224192  1301   103,56  12296   1 PowerShell_ise
```

Sie hätten aber ebenso gut auch die Systemfunktion `GetCurrentProcess()` aus dem .NET Framework direkt aufrufen können:

```
PS> [System.Diagnostics.Process]::GetCurrentProcess()

Handles  NPM(K)    PM(K)     WS(K) VM(M)   CPU(s)     Id  SI ProcessName
-------  ------    -----     ----- -----   ------     --  -- -----------
   2223     106   294116    228044  1301   105,30  12296   1 PowerShell_ise
```

Das Ergebnis sieht identisch aus. Man kann also sagen: Cmdlets sind lediglich freundliche Verpackungen, die es besonders einfach und sicher machen, Systemfunktionen aufzurufen. Sie können dasselbe aber immer auch ohne Cmdlets durch direkten Low-Level-Code erreichen.

Erweiterte PowerShell-Objekte

PowerShell setzt also lediglich auf .NET Framework auf, was clever ist: Es wäre zu viel Arbeit (und sinnlose noch dazu), für alle Cmdlets sämtliche Typen und Objekte neu zu erfinden. Stattdessen greift PowerShell auf die Typen und Objekte des .NET Framework zu. Allerdings nimmt sich PowerShell die Freiheit, diese Typen und Objekte bei Bedarf zu erweitern. Die Erweiterungen, die PowerShell vornimmt, lassen sich mit `Get-Member` sichtbar machen.

Die folgende Zeile etwa liefert eine Übersicht sämtlicher Bestandteile, die ein Cmdlet wie `Get-Process` zurückliefert:

```
PS> Get-Process | Get-Member | Group-Object MemberType -NoElement | Sort-Object Count

Count Name
----- ----
    1 NoteProperty
    2 PropertySet
    4 Event
    7 AliasProperty
    7 ScriptProperty
   19 Method
   52 Property
```

Nur die 52 *Properties*, 19 *Methoden* und 4 *Events* stammen aus dem .NET Framework. Die *NoteProperty* sowie die übrigen 7 *ScriptProperties* und 7 *AliasProperties* wurden von Power-Shell nachträglich hinzugefügt. Außerdem sind noch 2 *PropertySets* vorhanden. Wollen Sie von vornherein nur das sehen, was PowerShell »hinzuerfunden« hat, setzen Sie den Parameter -View ein:

```
PS> Get-Process | Get-Member -View Extended
```


```
   TypeName: System.Diagnostics.Process

Name            MemberType     Definition
----            ----------     ----------
Handles         AliasProperty  Handles = Handlecount
Name            AliasProperty  Name = ProcessName
NPM             AliasProperty  NPM = NonpagedSystemMemorySize64
PM              AliasProperty  PM = PagedMemorySize64
SI              AliasProperty  SI = SessionId
VM              AliasProperty  VM = VirtualMemorySize64
WS              AliasProperty  WS = WorkingSet64
_NounName       NoteProperty   string _NounName=Process
PSConfiguration PropertySet    PSConfiguration {Name, Id, PriorityClass, FileVersion}
PSResources     PropertySet    PSResources {Name, Id, Handlecount, WorkingSet, NonPa...
Company         ScriptProperty System.Object Company {get=$this.Mainmodule.FileVersio...
CPU             ScriptProperty System.Object CPU {get=$this.TotalProcessorTime.TotalS...
Description     ScriptProperty System.Object Description {get=$this.Mainmodule.FileVe...
FileVersion     ScriptProperty System.Object FileVersion {get=$this.Mainmodule.FileVe...
Path            ScriptProperty System.Object Path {get=$this.Mainmodule.FileName;}
Product         ScriptProperty System.Object Product {get=$this.Mainmodule.FileVersio...
ProductVersion  ScriptProperty System.Object ProductVersion {get=$this.Mainmodule.Fil...
```

Die verschiedenen Arten der Erweiterung listet Tabelle 29.1 auf.

Membertyp	Beschreibung
AliasProperty	Zweitname für eine vorhandene Eigenschaft.
NoteProperty	Eigenschaft mit fest hinterlegtem Inhalt. Mit NoteProperties kann man Zusatzinformationen an ein Objekt anheften.
ParameterizedProperty	Eigenschaft mit Parametern. Formal sieht der Aufruf einer solchen Eigenschaft aus wie die einer Methode.
ScriptMethod	Methode mit hinterlegtem Skriptcode, der ausgeführt wird, wenn die Methode aufgerufen wird.
ScriptProperty	Eigenschaft mit hinterlegtem Skriptcode, der ausgeführt wird, wenn die Eigenschaft abgefragt wird. Der Skriptcode berechnet also zur Laufzeit den Wert dieser Eigenschaft.

Tabelle 29.1: Nachträglich in Objekte eingefügte Eigenschaften und Methoden.

Membertyp	Beschreibung
CodeMethod	Interner Gebrauch (siehe Abschnitt »Membertypen für den internen Gebrauch« auf Seite 1000).
CodeProperty	
MemberSet	
PropertySet	

Tabelle 29.1: Nachträglich in Objekte eingefügte Eigenschaften und Methoden. (Forts.)

Objekte mit Add-Member erweitern

Sie können sich entweder still darüber freuen, dass PowerShell die .NET-Objekte um weitere nützliche Funktionalität ergänzt, und den Rest dieses Kapitels überspringen, oder Sie fahren hier fort und setzen den Erweiterungsmechanismus, über den PowerShell die Objekte erweitert, für eigene Zwecke ein.

Informationen hinzufügen

Mit dem Cmdlet Add-Member fügt man beliebigen Objekten weitere Informationen (Eigenschaften) und Befehle (Methoden) hinzu.

Im einfachsten Fall könnte man Objekte mit zusätzlichen Informationen bestücken, zum Beispiel um zu dokumentieren, woher die Objekte stammen. Listing 29.1 startet zum Beispiel einen Prozess, merkt sich dann alle laufenden Prozesse, nimmt Änderungen an den laufenden Prozessen vor und vergleicht die noch laufenden Prozesse mit der eingangs angelegten Liste. Compare-Object listet danach auf, welche Prozesse neu hinzugekommen sind und welche nicht mehr ausgeführt werden. Auf ähnliche Weise könnte man zum Beispiel den Zustand vor und nach einer Softwareinstallation vergleichen.

```
# Notepad starten
$notepad = Start-Process -FilePath notepad -PassThru

# alle aktuell laufenden Prozesse merken
$vorher = Get-Process |
  Add-Member -MemberType NoteProperty -Name Status -Value entfernt -PassThru

# Notepad beenden und Webseite öffnen:
$notepad | Stop-Process
Start-Process -FilePath http://www.tagesschau.de

# wieder alle aktuell laufenden Prozesse merken:
$nachher = Get-Process |
  Add-Member -MemberType NoteProperty -Name Status -Value hinzugekommen -PassThru

# Prozesslisten vergleichen
Compare-Object -Reference $vorher -Difference $nachher -Property Name, ID -PassThru |
  Select-Object -Property Name, Id, Status
```

Listing 29.1: Zwei Prozesslisten miteinander vergleichen.

Weil Listing 29.1 die Prozesse in den beiden Listen mithilfe von Add-Member gekennzeichnet hat, kann man aus dem Ergebnis in der hinzugefügten Eigenschaft Status sofort ersehen, welcher Prozess hinzugekommen ist und welcher nicht mehr läuft.

```
Name      Id Status
----      -- ------
chrome 26636 hinzugekommen
notepad 11212 entfernt
```

Add-Member hat den Prozessen jeweils eine neue Eigenschaft vom Typ NoteProperty (Notiz) namens Status hinzugefügt und darin jeweils vermerkt, wann der Prozess gelesen wurde.

Methoden hinzufügen

Add-Member kann aber auch Methoden hinzufügen. Im folgenden Beispiel wird einer Variablen die Methode ShowMB() hinzugefügt, mit der ihr Inhalt in Megabyte umgerechnet werden kann:

```
$size = 21367125376521 | Add-Member -MemberType ScriptMethod -Name ShowMB -Value {
[Math]::Round(($this / 1MB),1) } -PassThru
```

Listing 29.2: Einer Variablen eine neue Methode namens ShowMB() hinzufügen.

Ab sofort kann der Inhalt der Variablen entweder unverändert oder in Megabyte abgerufen werden:

```
PS> $size
21367125376521

PS> $size.ShowMB()
20377278,7
```

Die Methode ShowMB() führt den übergebenen Skriptblock aus, und darin repräsentiert die besondere Variable $this das Objekt selbst, von dem aus die Methode aufgerufen wurde. $this ist also der Zahlenwert der Variablen und wird durch 1MB geteilt. Das Ergebnis kann dann mit Round() gerundet werden. Im Beispiel wird auf eine Nachkommastelle genau gerundet.

Achtung

Die Erweiterungen, die Add-Member durchführt, gelten nur für das jeweilige Objekt. Deshalb geht die Erweiterung auch sofort wieder verloren, wenn Sie der Variablen $size einen anderen Wert zuweisen. Dabei nämlich legt PowerShell ein neues Objekt an, dem die Erweiterung fehlt:

```
PS> $size.ShowMB()
20377279

PS> $size = 672168736281763872

PS> $size.ShowMB()
Fehler beim Aufrufen der Methode, da [System.Int64] keine Methode mit dem Namen "ShowMB" enthält.
In Zeile:1 Zeichen:1
+ $size.ShowInMB()
+ ~~~~~~~~~~~~~~~~
    + CategoryInfo          : InvalidOperation: (:) [], RuntimeException
    + FullyQualifiedErrorId : MethodNotFound
```

Add-Member führt also nur individuelle und objektbasierte Erweiterungen durch.

Dauerhafte Erweiterungen

Die Erweiterungen der Process-Objekte wurden von PowerShell automatisch hinzugefügt und sind typgebunden. Jedes Process-Objekt verfügt wiederum automatisch über diese Erweiterungen. Ihre eigenen Erweiterungen dagegen, die Sie mit Add-Member hinzugefügt haben, bezogen sich immer nur auf ein ganz bestimmtes Objekt. Das wirft die Frage auf, wie PowerShell es schafft, ganze Typklassen automatisch mit neuen Eigenschaften und Methoden auszurüsten, wie etwa bei Process-Objekten.

Das ist gar nicht schwer. Hierzu wird die gewünschte Erweiterung lediglich mit Update-TypeData dem ETS gemeldet. Es kümmert sich danach vollautomatisch darum, neue Objekte der angegebenen Typen entsprechend zu erweitern:

```
$code = {[Math]::Round(($this / 1MB),1) }

Update-TypeData -MemberType ScriptMethod -MemberName ShowMB -Value $code -TypeName System.Int64
-Force

Update-TypeData -MemberType ScriptMethod -MemberName ShowMB -Value $code -TypeName System.Int32
-Force
```

Listing 29.3: Alle Objekte vom Typ Int32 und Int64 um die Methode ShowMB() ergänzen.

Hinweis

Listing 29.4 verwendet beim Aufruf von Update-TypeData den Parameter -Force. Notwendig ist das nur, wenn es den angegebenen Member schon gibt, denn dank -Force kann man ihn überschreiben. Aus diesem Grund dürfen Sie Listing 29.4 mehrmals ausführen: Bei jedem Aufruf wird der Member ShowMB erneut definiert. Ohne -Force wäre das Überschreiben verboten.

Mit -Force kann man auch andere bereits vorhandene Member überschreiben, was man aber nur mit größter Vorsicht tun sollte. Etwas später in diesem Kapitel erfahren Sie zum Beispiel, wie man die Methode toString() überschreiben kann, um zu beeinflussen, wie ein Objekt in Textform dargestellt wird.

Alle Änderungen, die Sie mit Update-TypeData vornehmen, gelten stets nur für die aktuelle PowerShell-Sitzung. Sobald Sie die PowerShell schließen und neu öffnen, sind sämtliche Spuren getilgt. Es besteht also keine Gefahr, die PowerShell durch Experimente dauerhaft zu beschädigen.

Sobald Sie Listing 29.4 ausgeführt haben, verfügen alle Objekte vom Typ Int32 (entspricht der Kurzform Int) und Int64 über die neue Methode ShowMB():

```
PS> $neu = 687123687638

PS> $neu.ShowMB()
655292,2
```

Ähnlich macht es PowerShell mit den eingebauten dauerhaften Erweiterungen, nur liegen hier die Informationen in XML-Dateien vor:

```
PS> $Host.Runspace.InitialSessionState.Types.FileName
C:\Windows\System32\WindowsPowerShell\v1.0\types.ps1xml
C:\Windows\System32\WindowsPowerShell\v1.0\typesv3.ps1xml
C:\windows\system32\windowsPowerShell\v1.0\Modules\DnsClient\DnsCmdlets.Types.ps1xml
```

```
C:\windows\system32\windowsPowerShell\v1.0\Modules\DnsClient\DnsConfig.Types.ps1xml
C:\windows\system32\windowsPowerShell\v1.0\Modules\DnsClient\DnsClientPSProvider.Types.ps1xml
C:\WINDOWS\system32\WindowsPowerShell\v1.0\Modules\PSDesiredStateConfiguration\PSDesiredStateConf
iguration.types.ps1xml
```

Wie man schnell erkennt, stammen die Erweiterungsdateien nicht nur von PowerShell selbst.
Jedes Modul kann seine eigenen Typerweiterungen mitbringen. PowerShell liest diese Dateien
ein und setzt die darin vermerkten Änderungen ähnlich um wie im letzten Beispiel bei Update-
TypeData.

Die XML-Dateien verwenden die folgenden Strukturen, um Erweiterungen zu definieren:

AliasProperty

```
<AliasProperty>
  <Name>NameDerEigenschaft</Name>
  <ReferencedMemberName>
    NameDerVorhandenenEigenschaft
  </ReferencedMemberName>
</AliasProperty>
```

NoteProperty

```
<NoteProperty>
  <Name>NameDerEigenschaft</Name>
  <Value>
    Inhalt der Eigenschaft
  </Value>
</NoteProperty>
```

ScriptProperty (nur lesbar):

```
<ScriptProperty>
  <Name>NameDerEigenschaft</Name>
  <GetScriptBlock>
    # wird beim Abruf der Eigenschaft aufgerufen
    # $this ist das Objekt, von dem die Eigenschaft abgerufen wird
  </GetScriptBlock>
</ScriptProperty>
```

ScriptProperty (lesbar und schreibbar):

```
<ScriptProperty>
  <Name>NameDerEigenschaft</Name>
  <GetScriptBlock>
    # wird beim Abruf der Eigenschaft aufgerufen
    # $this ist das Objekt, von dem die Eigenschaft abgerufen wird
  </GetScriptBlock>
  <SetScriptBlock>
    # wird beim Ändern der Eigenschaft aufgerufen
    # $this ist das Objekt, von dem die Eigenschaft abgerufen wird
    # $args sind die Werte, die der Eigenschaft zugewiesen werden
    # $args[0] ist der erste Wert
  </SetScriptBlock>
</ScriptProperty>
```

ScriptMethod

```
<ScriptMethod>
  <Name>NameDerMethode</Name>
  <Script>
    # wird beim Ändern der Eigenschaft aufgerufen
    # $this ist das Objekt, von dem die Eigenschaft abgerufen wird
    # $args sind die Werte, die der Eigenschaft zugewiesen werden
    # $args[0] ist der erste Wert
  </Script>
</ScriptMethod>
```

CodeProperty

```
<CodeProperty>
  <Name>NameDerEigenschaft</Name>
  <GetCodeReference>
    <TypeName>
      VollständigerNameDesVorhandenenTyps
    </TypeName>
    <MethodName>
      NameDerStatischenMethode
    </MethodName>
  </GetCodeReference>
</CodeProperty>
```

CodeMethod

```
<CodeMethod>
  <Name>NameDerMethode</Name>
  <CodeReference>
    <TypeName>
      VollständigerNameDesVorhandenenTyps
    </TypeName>
    <MethodName>
      NameDerStatischenMethode
    </MethodName>
  </CodeReference>
</CodeMethod>
```

PropertySet

```
<Name>NameDesPropertySets</Name>
<ReferencedProperties>
  <Name>NameEinerVorhandenenEigenschaft</Name>
  <Name>NameEinerVorhandenenEigenschaft</Name>
  <Name>NameEinerVorhandenenEigenschaft</Name>
  (...)
</ReferencedProperties>
```

MemberSet

```
<Name>NameDesMemberSets</Name>
<Members>
  [Erweiterung(en)]
</Members>
```

Schauen Sie sich die verschiedenen Erweiterungsmöglichkeiten in den nächsten Abschnitten anhand konkreter Beispiele an.

AliasProperty: Eigenschaften »umbenennen«

Eine *AliasProperty* macht vorhandene Eigenschaften unter einem Zweitnamen verfügbar. So kann man Eigenschaften umbenennen. Und es erklärt, warum die Größe eines Arrays sowohl über Length als auch über Count abgefragt werden darf:

```
PS> (1..10).Count
10

PS> (1..10).Length
10
```

Ein Blick hinter die Kulissen zeigt, dass das .NET-Objekt vom Typ Array eigentlich nur die Eigenschaft Length kennt, die von PowerShell aber über eine AliasProperty auch unter dem Namen Count zugänglich gemacht wurde:

```
PS> Get-Member -InputObject (1..10) -Name Count, Length

   TypeName: System.Object[]

Name   MemberType    Definition
----   ----------    ----------
Count  AliasProperty Count = Length
Length Property      int Length {get;}
```

Dies ist ein Beispiel für eine Konsistenzverbesserung: Über AliasProperties sorgt PowerShell dafür, dass Objekte unterschiedlichen Typs ähnliche Informationen über dieselben Eigenschaften anbieten.

Dasselbe dürfen Sie auch tun. Hier eine Aufgabe, die sich mit AliasProperties lösen lässt:

Es sollen über die WMI BIOS-Informationen abgerufen werden: Hersteller, Version und Sprache. Diese Informationen sollen genau unter diesen Namen ausgegeben werden.

Die gewünschten BIOS-Informationen liefert Get-WmiObject in einer Zeile:

```
PS> Get-WmiObject -Class Win32_BIOS | Select-Object -Property Manufacturer, Version,
CurrentLanguage

Manufacturer            Version            CurrentLanguage
------------            -------            ---------------
American Megatrends Inc. _ASUS_ - 1072009  en|US|iso8859-1
```

Um die Spaltennamen umzubenennen, kann man AliasProperties einsetzen:

```
PS> $infos = Get-WmiObject -Class Win32_BIOS
PS> $infos | Add-Member -MemberType AliasProperty -Name Hersteller -Value Manufacturer
PS> $infos | Add-Member -MemberType AliasProperty -Name Sprache -Value CurrentLanguage
PS> $infos | Select-Object -Property Hersteller, Version, Sprache
```

Die gewünschten Eigenschaften stehen nun doppelt zur Verfügung: unter dem Originalnamen und unter dem neuen Aliasnamen. Mit Select-Object suchen Sie sich anschließend die Eigenschaften aus, die Sie anzeigen wollen. Das Ergebnis verwendet jetzt deutsche Spaltenüberschriften:

```
Hersteller              Version            Sprache
----------              -------            -------
American Megatrends Inc. _ASUS_ - 1072009  en|US|iso8859-1
```

NoteProperty: Objekte »taggen«

Eine *NoteProperty* ist eine »Notiz«, also eine Eigenschaft mit statischem Inhalt. Mit NoteProperties kann man wie im Beispiel eingangs beliebige Zusatzinformationen an ein Objekt anfügen (*taggen* genannt). PowerShell nutzt NoteProperties fast gar nicht. Umso wichtiger sind diese Properties für Sie.

Im folgenden Beispiel wird der Inhalt des Systemordners *System32* von zwei verschiedenen Servern gelesen. Damit klar ist, welche Datei von welchem Server stammt, fügt Add-Member zu jedem Objekt eine NoteProperty mit dem Namen des jeweiligen Servers hinzu. Der Parameter -PassThru sorgt dafür, dass Add-Member das ergänzte Objekt einfach weitergibt:

```
$server1 = '\\storage1'
$server2 = '\\PowerShellpc'

$fileList1 = Get-ChildItem $server1\c$\windows\system32\*.dll |
  Sort-Object -Property Name |
  # eine neue Eigenschaft namens "ComputerName" anfügen und den Herkunftsserver darin angeben:
  Add-Member -MemberType NoteProperty -Name ComputerName -Value $server1 -PassThru

$fileList2 = Get-ChildItem $server2\c$\windows\system32\*.dll |
  Sort-Object -Property Name |
  # eine neue Eigenschaft namens "ComputerName" anfügen und den Herkunftsserver darin angeben:
  Add-Member -MemberType NoteProperty -Name ComputerName -Value $server2 -PassThru

# unterschiedliche Dateien finden (basierend auf "Name" und "Length") und Objekte mit -PassThru
# weitergeben:
Compare-Object -ReferenceObject $fileList1 -DifferenceObject $fileList2 -Property Name,
Length -PassThru |
  Sort-Object -Property Name |
  Select-Object -Property ComputerName, Name, Length, LastWriteTime |
  Out-GridView
```

Listing 294: DLL-Listen zweier Computer miteinander vergleichen.

Das Ergebnis wird im GridView angezeigt und meldet lediglich die Dateien, die entweder nur auf dem einen oder nur auf dem anderen System vorkommen. Compare-Object unterscheidet dabei Dateien anhand ihres Namens und ihrer Größe (Length). Durch die hinzugefügte Eigenschaft ComputerName bleibt im Ergebnis klar ersichtlich, welche Datei auf welchem System vorhanden ist.

ScriptProperty: »berechnete« Eigenschaften

Eine *ScriptProperty* kann beliebigen PowerShell-Code ausführen, wenn die Eigenschaft *abgerufen* wird. Sie kann auch PowerShell-Code ausführen, wenn die Eigenschaft *geändert* wird.

Lesbare Eigenschaften

PowerShell nutzt ScriptProperties an vielen Orten. Diese Properties werden eingesetzt, wenn eine Information in den vorhandenen Eigenschaften nicht vorliegt und zunächst durch eine Berechnung oder von einem anderen Ort beschafft werden soll. Dazu ein Beispiel:

```
# auf eine Datei zugreifen:
PS> $datei = Get-Item -Path $env:windir\explorer.exe

# Namensbestandteile über Eigenschaften abrufen:
PS> $datei.Name
explorer.exe

PS> $datei.Extension
.exe

PS> $datei.BaseName
explorer
```

Woher diese Eigenschaften stammen, verrät Get-Member:

```
PS> $datei | Get-Member -Name Name, Extension, BaseName

    TypeName: System.IO.FileInfo

Name      MemberType     Definition
----      ----------     ----------
Name      Property       System.String Name {get;}
Extension Property       System.String Extension {get;}
BaseName  ScriptProperty System.Object BaseName {get=if ($this.Extension.Length -gt 0){$this.Nam...
```

Die Eigenschaften Name und Extension sind also reguläre Eigenschaften. BaseName dagegen wurde von PowerShell als ScriptProperty hinzugefügt. Ein Teil des Quellcodes ist bereits in der Spalte Definition zu sehen. Der vollständige Quellcode sieht so aus:

```
PS> ($datei | Get-Member -Name BaseName).Definition
System.Object BaseName {get=if ($this.Extension.Length -gt 0){$this.Name.Remove($this.Name.Length
- $this.Extension.Length)}else{$this.Name};}
```

Wenn Sie also BaseName aufrufen, führt PowerShell diesen Code aus:

```
if ($this.Extension.Length -gt 0)
{
    $this.Name.Remove($this.Name.Length - $this.Extension.Length)
}
else
{
    $this.Name
}
```

Die Variable $this repräsentiert das Objekt selbst. Wenn also dessen Eigenschaft Extension nicht leer ist, wird der Name des Objekts aus der Eigenschaft Name gelesen. Das Ergebnis ist ein Objekt vom Typ String. Solche Objekte verfügen über die Methode Remove(), mit der Zeichen abgeschnitten werden. Sie müssen nur sagen, wie viele:

```
PS> 'Dieser Text ist zu lang'.Remove(10)
Dieser Tex
```

Die Anzahl der abzutrennenden Zeichen ist die Gesamtlänge des Namens (Eigenschaft Length) minus der Gesamtlänge der Dateierweiterung.

Spezielle Techniken

Lesbare und schreibbare Eigenschaften

Manche Eigenschaften wie `BaseName` dürfen nur gelesen, aber nicht verändert werden. Andere akzeptieren auch neue Werte. Das gilt ebenso für ScriptProperties. Zertifikate verfügen zum Beispiel über die Eigenschaft `SendAsTrustedIssuer`:

```
# erstbestes Root-Zertifikat verwenden:
PS> $cert = Get-ChildItem -Path Cert:\CurrentUser\root | Select-Object -first 1

PS> $cert | Get-Member -Name *send*

   TypeName: System.Security.Cryptography.X509Certificates.X509Certificate2

Name               MemberType     Definition
----               ----------     ----------
SendAsTrustedIssuer ScriptProperty System.Object SendAsTrustedIssuer {get=[Microsoft.PowerShell....
```

Diese Eigenschaft kann gelesen, aber auch verändert werden. Die Definition sieht so aus:

```
PS> ($cert | Get-Member -Name *send*).Definition
System.Object SendAsTrustedIssuer {
  get=[Microsoft.PowerShell.Commands.SendAsTrustedIssuerProperty]::ReadSendAsTrustedIssuerPropert
y($this);

  set=$sendAsTrustedIssuer = $args[0]
  [Microsoft.PowerShell.Commands.SendAsTrustedIssuerProperty]::WriteSendAsTrustedIssuerProperty($
this,
    $this.PsPath,$sendAsTrustedIssuer);
}
```

Die Definition legt also diesmal zwei Skripte fest, eines zum Lesen der Eigenschaft (get) und eines zum Ändern (set). Wird die Eigenschaft gelesen, liefert sie das Ergebnis von `ReadSendAsTrustedIssuerProperty()`. Wird ihr dagegen ein neuer Wert zugewiesen, setzt sie diesen mit `WriteSendAsTrustedIssuerProperty()`. `$args(0)` steht hierbei für den neuen Wert, der der Eigenschaft zugewiesen wurde, und `$this` steht für das konkrete Objekt, dessen Eigenschaft gerade verwendet wird.

Formal dürfen Sie `SendAsTrustedIssuer` also auch ändern, aber ob das wirklich funktioniert oder ob es eine Fehlermeldung nach sich zieht, hängt von den Umständen ab. Verfügen Sie über die nötigen Rechte, und ist das ausgewählte Zertifikat dafür überhaupt geeignet? `SendAsTrustedIssuer` ist sicher eine eher exotische Eigenschaft, aber leider die einzige beschreibbare ScriptProperty, die PowerShell hinzufügt. Mit dem Wissen, das Sie anhand dieses Anschauungsobjekts gewonnen haben, können Sie nun allerdings auch Ihre eigenen lesbaren und schreibbaren ScriptProperties entwickeln.

ScriptProperties werden häufig dazu verwendet, ansonsten schwer zugängliche Informationen einfacher bereitzustellen. Interessieren Sie sich zum Beispiel für die Dateiversion einer Anwendung oder einer DLL-Bibliothek, finden Sie diese Informationen in der Eigenschaft `VersionInfo`. Die Version der Datei *explorer.exe* ermitteln Sie also so:

```
PS> $file = Get-Item $env:windir\explorer.exe
PS> $file.VersionInfo
```

`VersionInfo` ist wiederum eine `ScriptProperty`:

```
PS> ($file | Get-Member -Name VersionInfo ).Definition
System.Object VersionInfo {get=[System.Diagnostics.FileVersionInfo]::GetVersionInfo($this.FullName);}
```

Tatsächlich können die Versionsinformationen einer beliebigen Datei also auch mit GetVersionInfo() unter Angabe eines Pfadnamens abgerufen werden:

```
PS> [System.Diagnostics.FileVersionInfo]::GetVersionInfo("$env:windir\regedit.exe")

ProductVersion    FileVersion      FileName
--------------    -----------      --------
6.1.7600.16385    6.1.7600.1638... C:\Windows\regedit.exe
```

Das, was VersionInfo liefert, ist wiederum ein Objekt mit verschiedenen Eigenschaften. Genau das kann problematisch sein: Vielleicht möchten Sie eine Dateiliste generieren, in der auch die Dateiversion eingeblendet ist. Mit einer ScriptProperty ist das problemlos möglich:

```
PS> Get-ChildItem -Path $env:windir -Filter *.exe | Add-Member -MemberType ScriptProperty
-Name Version -Value { $this.VersionInfo.ProductVersion } -PassThru | Add-Member -MemberType
ScriptProperty -Name Description -Value { $this.VersionInfo.FileDescription } -PassThru |
Select-Object -Property Mode, LastWriteTime, Length, Version, Name, Description | Out-GridView
```

Erinnern Sie sich noch an Listing 29.5? Dort wurden zwei Server miteinander verglichen und die Dateien gemeldet, die unterschiedlich waren. Wenn die Dateiversion in die Überprüfung einbezogen werden kann, wird das Ergebnis noch sehr viel nützlicher. Jetzt sehen Sie alle Dateien, die in unterschiedlichen Versionen auf den beiden Computern liegen:

```
$server1 = '\\storage1'
$server2 = '\\PowerShellpc'

$fileList1 = Get-ChildItem $server1\c$\windows\system32\*.dll |
  Sort-Object -Property Name |
  # eine neue Eigenschaft namens "ComputerName" anfügen und den Herkunftsserver darin angeben:
  Add-Member -MemberType NoteProperty -Name ComputerName -Value $server1 -PassThru |
  Add-Member -MemberType ScriptProperty -Name Version -Value { $this.VersionInfo.ProductVersion }
-PassThru

$fileList2 = Get-ChildItem $server2\c$\windows\system32\*.dll |
  Sort-Object -Property Name |
  # eine neue Eigenschaft namens "ComputerName" anfügen und den Herkunftsserver darin angeben:
  Add-Member -MemberType NoteProperty -Name ComputerName -Value $server2 -PassThru |
  Add-Member -MemberType ScriptProperty -Name Version -Value { $this.VersionInfo.ProductVersion }
-PassThru

# unterschiedliche Dateien finden (basierend auf "Name" und "Length") und Objekte mit -PassThru
# weitergeben:
Compare-Object -ReferenceObject $fileList1 -DifferenceObject $fileList2 -Property Name, Version
-PassThru |
  Sort-Object -Property Name |
  Select-Object -Property ComputerName, Name, Version |
  Out-GridView
```

Listing 29.5: DLL-Versionen auf zwei unterschiedlichen Systemen miteinander vergleichen.

ScriptMethod und ParameterizedProperty

Eine *ScriptMethod* ist im Grunde dasselbe wie eine *ScriptProperty*, nur verhält sie sich wie eine Methode (ein Befehl) und kann vom Aufrufer deshalb Argumente empfangen. Dasselbe gilt für eine *ParameterizedProperty*: Dabei handelt es sich um eine Eigenschaft, die wie eine Methode Argumente empfangen kann. Rufen Sie über die WMI Datums- oder Zeitinformationen ab, zum Beispiel das Installationsdatum Ihres Betriebssystems oder den Zeitpunkt des letzten Systemstarts, liefert WMI diese zum Beispiel in einem sonderbaren Format:

```
PS> $os = Get-WmiObject -Class Win32_OperatingSystem
PS> $InstallDate = $os.InstallDate
PS> $LastBootDate = $os.LastBootUpTime

PS> $InstallDate
20120806185927.000000+120

PS> $LastBootDate
20121113065721.356498+060
```

Listing 29.6: Installations- und Bootzeitpunkt werden von WMI im eigenen Format geliefert.

In jedes WMI-Objekt ist jedoch die passende Methode zum Entschlüsseln eingebaut: ConvertToDateTime().

```
PS> $os.ConvertToDateTime($InstallDate)
Montag, 6. August 2012 18:59:27

PS> $os.ConvertToDateTime($LastBootDate)
Dienstag, 13. November 2012 06:57:21
```

ConvertToDateTime() ist eigentlich aber gar nicht vorhanden, sondern wurde von PowerShell zuvorkommenderweise als ScriptMethod hinzugefügt. Was genau diese ScriptMethod macht, ist diesmal allerdings nicht so leicht zu entschlüsseln, denn der zugrunde liegende PowerShell-Code wird bei einer ScriptMethod in der Eigenschaft Definition nicht verraten:

```
PS> $os | Get-Member -Name ConvertToDateTime

    TypeName: System.Management.ManagementObject#root\cimv2\Win32_OperatingSystem

Name                MemberType   Definition
----                ----------   ----------
ConvertToDateTime ScriptMethod System.Object ConvertToDateTime();
```

Über einen kleinen Kniff kommen Sie aber doch noch elegant an den Code: Rufen Sie die Signatur der Methode ab, indem Sie die Methode ohne die runden Klammern angeben:

```
PS> $os.ConvertToDateTime

Script              : [System.Management.ManagementDateTimeConverter]::ToDateTime($args[0])
OverloadDefinitions : {System.Object ConvertToDateTime();}
MemberType          : ScriptMethod
TypeNameOfValue     : System.Object
Value               : System.Object ConvertToDateTime();
Name                : ConvertToDateTime
IsInstance          : False
```

Oder aber Sie begeben sich in den zugrunde liegenden TypeDefinition-Dateien auf Spurensuche. Wissen Sie noch, welche das waren? Genau:

```
PS> $Host.Runspace.InitialSessionState.Types | Select-Object -ExpandProperty FileName
C:\Windows\System32\WindowsPowerShell\v1.0\types.ps1xml
C:\Windows\System32\WindowsPowerShell\v1.0\typesv3.ps1xml
```

In *types.ps1xml* würden Sie dann nach etwas Suchen fündig werden:

```
<Type>
  <Name>System.Management.ManagementObject</Name>
  <Members>
    <ScriptMethod>
      <Name>ConvertToDateTime</Name>
      <Script>
        [System.Management.ManagementDateTimeConverter]::ToDateTime($args[0])
      </Script>
    </ScriptMethod>
    <ScriptMethod>
      <Name>ConvertFromDateTime</Name>
      <Script>
        [System.Management.ManagementDateTimeConverter]::ToDmtfDateTime($args[0])
      </Script>
    </ScriptMethod>
  </Members>
</Type>
```

Der Blick hinter die Kulissen verrät also grundsätzliches Know-how, das man auch an anderer Stelle nutzen kann:

```
PS> $datum = Get-Date
PS> $wmidatum = [System.Management.ManagementDateTimeConverter]::ToDmtfDateTime($datum)
PS> $datum
Sonntag, 18. November 2012 19:28:08

PS> $wmidatum
20121118192808.366713+060

PS> [System.Management.ManagementDateTimeConverter]::ToDateTime($wmidatum)
Sonntag, 18. November 2012 19:28:08
```

Nun folgt noch der Auftritt einer ParameterizedProperty:

```
PS> 'Hallo'.Chars(3)
l
```

Auf den ersten Blick sieht hier alles so aus, als wäre Chars() eine Methode, denn es stehen ja runde Klammern am Namensende. In Wirklichkeit aber handelt es sich um eine Eigenschaft, die Argumente empfangen kann, eine ParameterizedProperty.

Manchmal bestehen nur philosophische Unterschiede zwischen Eigenschaften und Methoden und dem, was sie tun. Eigenschaften sind für den Anwender leichter abzurufen und suggerieren, dass dabei nur statische Daten bewegt werden, aber kein Code ausgeführt wird. Sie wissen inzwischen, dass das nicht stimmt. Auch beim Abruf einer Eigenschaft kann Code ausgeführt werden (ScriptProperty), und Eigenschaften und Methoden können grundsätzlich dasselbe leisten.

Allerdings gibt es eine wesentliche Verhaltensregel für die Entwickler: Der Abruf einer Eigenschaft muss *sicher* sein. Zwar könnten Sie durchaus eine ScriptProperty entwerfen, die beim Abruf die Festplatte formatiert, aber das wäre ein unverzeihlicher Regelverstoß. Eigenschaften dürfen beim Lesen also durchaus Code ausführen, aber dieser darf keine bleibenden Änderungen am System verursachen oder langwierig sein. Schließlich zeigt PowerShell den Inhalt von Eigenschaften jedes Mal automatisch an, wenn Sie Objekte ausgeben, und dabei werden alle angezeigten Eigenschaften stets abgerufen. Es wäre also schlimm, würden dabei jedes Mal Systemveränderungen eintreten oder es käme zu längeren Verzögerungen.

Technisch gesehen, gibt es eigentlich Eigenschaften überhaupt nicht. Denn Eigenschaften werden hinter den Kulissen ebenfalls über Methoden abgebildet, die lediglich versteckt sind. Wie das alles zusammenhängt, zeigt die folgende Zeile, die jeweils die Eigenschaften mit ihren zugrunde liegenden Methoden anzeigt:

```
# alle Prozesse abrufen:
PS> Get-Process |
  # für diese Prozesse ALLE Member auflisten, auch die normalerweise versteckten:
  Get-Member -force |
  # gruppieren nach Member-Name, aber "get_" und "set_" dabei nicht berücksichtigen:
  Group-Object { $_.Name -replace '(get_|set_)' } |
  # nur Gruppen mit mindestens 2 Elementen anzeigen (Eigenschaft und zugehörige Methode):
  Where-Object { $_.Count -gt 1 } |
  # Gruppenmitglieder ausgeben:
  Select-Object -ExpandProperty Group |
  # im GridView anzeigen:
  Out-GridView
```

Das Ergebnis sind Gruppen bestehend aus der Eigenschaft und ihrer get_-Methode (wenn sie nur lesbar ist) sowie ihrer set_-Methode (wenn sie auch änderbar ist).

Die Entscheidung, ob Sie für eigene Zwecke zu einer ScriptProperty oder doch lieber zu einer ScriptMethod greifen, sollte also auf der Überlegung beruhen, ob der Abruf von Daten sicher ist und ob vom Benutzer zusätzliche Argumente erforderlich sind. Wichtig wird die Wahl auch dann, wenn Sie eine vorhandene Methode überschreiben wollen. In diesem Fall müssen Sie dafür natürlich entsprechend auf eine ScriptMethod zurückgreifen.

Jedes Objekt besitzt zum Beispiel die Methode ToString(), mit der es in darstellbaren Text verwandelt wird. Wie diese Umwandlung passieren muss, bestimmt das Objekt selbst – normalerweise. Wenn Sie eine ScriptMethod namens ToString() hinzufügen, können plötzlich Sie bestimmen, wie sich ein Objekt darstellt. Das kann nützlich sein, wenn Sie beispielsweise numerische Daten besser lesbar machen wollen, ohne ihren numerischen Charakter zu zerstören.

Name	MemberType	Definition	
get_BasePriority	Method	int get_BasePriority()	
BasePriority	Property	int BasePriority {get;}	
get_Container	Method	System.ComponentModel.IContainer get_Container()	
Container	Property	System.ComponentModel.IContainer Container {get;}	
get_EnableRaisingEvents	Method	bool get_EnableRaisingEvents()	
set_EnableRaisingEvents	Method	void set_EnableRaisingEvents(bool value)	
EnableRaisingEvents	Property	bool EnableRaisingEvents {get;set;}	
get_ExitCode	Method	int get_ExitCode()	
ExitCode	Property	int ExitCode {get;}	
get_ExitTime	Method	datetime get_ExitTime()	
ExitTime	Property	datetime ExitTime {get;}	
get_Handle	Method	System.IntPtr get_Handle()	
Handle	Property	System.IntPtr Handle {get;}	
get_HandleCount	Method	int get_HandleCount()	
HandleCount	Property	int HandleCount {get;}	
get_HasExited	Method	bool get_HasExited()	
HasExited	Property	bool HasExited {get;}	
get_Id	Method	int get_Id()	

Abbildung 29.1: Eigenschaften sind technisch gesehen eigentlich auch nur Methoden.

Der folgende Code speichert in $zahl eine große Zahl. Danach wird die eingebaute Methode ToString() mit einer eigenen überschrieben. Diese teilt den Inhalt der Zahl ($this ist der Inhalt) durch 1GB und formatiert die Ausgabe mit dem Operator -f als Zahl mit Tausendertrennzeichen und zwei Nachkommastellen. Das Ergebnis ist also ein Text.

```
PS> $zahl = 56757564723234
PS> $zahl | Add-Member -MemberType ScriptMethod -Name ToString -Value { '{0:n2} GB' -f ($this/
1GB) } -Force
PS> $zahl
52.859,60 GB
```

Tatsächlich wird die Zahl jetzt in Gigabyte angezeigt. Ihr Inhalt hat sich aber nicht verändert und ist immer noch eine Zahl, mit der man auch immer noch sortieren oder Vergleiche durchführen kann:

```
PS> $zahl.GetType().FullName
System.Int64

PS> $zahl -gt 435675364
True

PS> $zahl -gt 4356753646786387
False
```

Allerdings geht die neue ScriptMethod sofort verloren, wenn der Zahl ein neuer Wert zugewiesen wird, was indirekt auch beim Inkrementieren passiert. PowerShell speichert dabei die alte Zahl nämlich in einer neuen Variablen:

```
PS> $zahl++
PS> $zahl
56757564723235
```

Membertypen für den internen Gebrauch

Einige Erweiterungstypen werden von PowerShell für interne Zwecke benötigt. Sie können diese Membertypen zwar ignorieren, wenn Sie gerade in Zeitnot sind, jedoch verstehen Sie deutlich besser, wie PowerShell eigentlich funktioniert, wenn Sie noch einen Moment am Ball bleiben.

PropertySet: Gruppen von Eigenschaften

PropertySet-Erweiterungen sind Gruppen von Eigenschaften. Möchte man beispielsweise von bestimmten Objekten für gewisse Fragestellungen immer wieder genau die gleichen Eigenschaften abrufen, braucht man sie nicht jedes Mal einzeln anzugeben. Stattdessen erweitert man den Objekttyp um ein neues PropertySet, in dem dann die gewünschten Eigenschaften zusammengefasst sind. Process-Objekte verfügen zum Beispiel über zwei vordefinierte PropertySets:

```
PS> Get-Process | Get-Member -MemberType PropertySet

    TypeName: System.Diagnostics.Process

Name            MemberType  Definition
----            ----------  ----------
PSConfiguration PropertySet PSConfiguration {Name, Id, PriorityClass, Fil...
PSResources     PropertySet PSResources {Name, Id, Handlecount, WorkingSe...
```

Sie können Prozesslisten also gezielt nach den Fragestellungen »Konfiguration« und »Ressourceneinsatz« abrufen. Ein und derselbe Befehl (Get-Process in diesem Fall) liefert so ganz unterschiedliche Ergebnisse:

```
# Standardeigenschaften anzeigen:
PS> Get-Process | Select-Object -First 5

Handles  NPM(K)    PM(K)     WS(K) VM(M)   CPU(s)     Id ProcessName
-------  ------    -----     ----- -----   ------     -- -----------
     95      14     2848      3252    59     6,01   5724 ACEngSvr
    108      11     2368      2768    75     3,63   7048 ACMON
    281      29    56792      3624   229    86,21    924 AcroRd32
    291      20     6668      1800   101     0,61   6896 AcroRd32
     39       6     1868       340    55     0,05   8096 ADDEL

# Eigenschaften für Fragestellung "Konfiguration" abrufen:
PS> Get-Process | Select-Object -Property PSConfiguration -First 5

Name                      Id    PriorityClass FileVersion
----                      --    ------------- -----------
ACEngSvr                5724           Normal 1, 0, 0, 4
ACMON                   7048           Normal 1, 0, 9, 0
AcroRd32                 924           Normal 10.1.4.38
AcroRd32                6896           Normal 10.1.4.38
ADDEL                   8096

# Eigenschaften für Fragestellung "Ressourceneinsatz" abrufen:
PS> Get-Process | Select-Object -Property PSResources -First 5
```

```
Name               : ACEngSvr
Id                 : 5724
HandleCount        : 95
WorkingSet         : 3330048
PagedMemorySize    : 2916352
PrivateMemorySize  : 2916352
VirtualMemorySize  : 61751296
TotalProcessorTime : 00:00:06.0060385

Name               : ACMON
Id                 : 7048
HandleCount        : 108
WorkingSet         : 2834432
PagedMemorySize    : 2424832
PrivateMemorySize  : 2424832
VirtualMemorySize  : 78458880
TotalProcessorTime : 00:00:03.6348233

Name               : AcroRd32
Id                 : 924
(...)
```

MemberSet: Wie soll PowerShell das Objekt behandeln?

MemberSets werden ausschließlich für interne Zwecke eingesetzt und legt fest, wie PowerShell mit den Membern eines Objekts umgehen soll. So wird zum Beispiel bestimmt, welche Eigenschaften von PowerShell als Vorgabe angezeigt werden:

```
PS> Get-Process -ID $pid | Format-List

Id      : 11724
Handles : 492
CPU     : 15,9433022
Name    : PowerShell
```

Warum zum Beispiel zeigt Format-List ausgerechnet diese Eigenschaften an? Die Antwort liefert das MemberSet mit dem Namen PSStandardMembers, das allerdings normalerweise versteckt ist und deshalb nur gezeigt wird, wenn Sie auf den Tisch hauen und -Force sagen:

```
PS> Get-Process -ID $pid | Get-Member PSStandardMembers

PS> Get-Process -ID $pid | Get-Member PSStandardMembers -Force

   TypeName: System.Diagnostics.Process

Name             MemberType Definition
----             ---------- ----------
PSStandardMembers MemberSet  PSStandardMembers {DefaultDisplayPropertySet}
```

In diesem MemberSet ist in der Eigenschaft DefaultDisplayPropertySet hinterlegt, welche die Standardeigenschaften sind, die PowerShell dann anzeigt, wenn nicht anderweitig bestimmt wird, welche Eigenschaften anzuzeigen sind:

```
PS> (Get-Process -ID $pid).PSStandardMembers.DefaultDisplayPropertySet

ReferencedPropertyNames : {Id, Handles, CPU, Name}
MemberType              : PropertySet
Value                   : DefaultDisplayPropertySet {Id, Handles, CPU, Name}
```

```
TypeNameOfValue      : System.Management.Automation.PSPropertySet
Name                 : DefaultDisplayPropertySet
IsInstance           : False

PS> (Get-Process -ID $pid).PSStandardMembers.DefaultDisplayPropertySet.ReferencedPropertyNames
Id
Handles
CPU
Name
```

Profitipp

Was die Frage aufwirft, wieso **Get-Process** ganz andere Eigenschaften liefert, wenn anstelle von **Format-List** das Cmdlet **Format-Table** verwendet wird – oder gar keins. Die Liste der Eigenschaften im Member-Set wird nur verwendet, wenn die gewünschten Eigenschaften *nicht anderweitig* angegeben sind. Muss PowerShell ein Objekt in Text umwandeln, geht es so vor:

- **Objekttyp bestimmt Formatierung:** PowerShell ermittelt zuerst den Typ des Objekts. Alle Objekte desselben Typs werden von PowerShell auf die gleiche Weise formatiert.

- **Interne Format-»Datenbank« bestimmt Standardformatierung:** Danach schlägt PowerShell in seinen *.format.ps1xml*-Dateien nach, ob für diesen Objekttyp eine eigene View definiert ist. Die Standardformatdateien liegen im Ordner *$PSHOME*, tragen die Erweiterung *.format.ps1xml* und enthalten XML. Ihr Aufbau ist relativ kompliziert. Diese Formatinformationen können von Modulen erweitert werden.

- Die aktuelle Liste aller geladenen Formatdateien liefert diese Zeile:

```
PS> $Host.Runspace.InitialSessionState.Formats.FileName
C:\Windows\System32\WindowsPowerShell\v1.0\Certificate.format.ps1xml
C:\Windows\System32\WindowsPowerShell\v1.0\DotNetTypes.format.ps1xml
C:\Windows\System32\WindowsPowerShell\v1.0\FileSystem.format.ps1xml
C:\Windows\System32\WindowsPowerShell\v1.0\Help.format.ps1xml
C:\Windows\System32\WindowsPowerShell\v1.0\HelpV3.format.ps1xml
C:\Windows\System32\WindowsPowerShell\v1.0\PowerShellCore.format.ps1xml
C:\Windows\System32\WindowsPowerShell\v1.0\PowerShellTrace.format.ps1xml
C:\Windows\System32\WindowsPowerShell\v1.0\Registry.format.ps1xml
C:\WINDOWS\system32\WindowsPowerShell\v1.0\WSMan.format.ps1xml
C:\Program Files\WindowsPowerShell\Modules\PackageManagement\1.0.0.1\PackageManagement.f
ormat.ps1xml
C:\Program Files\WindowsPowerShell\Modules\PowerShellGet\1.0.0.1\PSGet.Format.ps1xml
C:\quarantaine\NtpTime\1.1\NtpTime.format.ps1xml
C:\windows\system32\windowsPowerShell\v1.0\Modules\DnsClient\DnsCmdlets.Format.ps1xml
C:\windows\system32\windowsPowerShell\v1.0\Modules\DnsClient\DnsConfig.Format.ps1xml
C:\windows\system32\windowsPower-
Shell\v1.0\Modules\DnsClient\DnsClientPSProvider.Format.ps1xm
l
C:\WINDOWS\system32\WindowsPowerShell\v1.0\Modules\PSDesiredStateConfiguration\PSDesiredState
Configuration.format.ps1xml
```

- **DefaultDisplayPropertySet wird nur bei Bedarf konsultiert:** Nur wenn für die gewünschte Anzeige in keiner der *.format.ps1xml*-Dateien eine Anweisung gefunden wurde, schaut PowerShell, ob das Objekt über ein MemberSet namens **DefaultDisplayPropertySet** verfügt. Falls ja, werden die darin genannten Eigenschaften angezeigt. Allerdings wird bei einer Tabellendarstellung die Spaltenbreite jetzt nicht mehr vorgegeben, daher müssen die Spalten gleichmäßig über die Breite verteilt werden.

- **Standardverhalten:** Ist auch kein MemberSet vorhanden, zeigt PowerShell sämtliche Objekteigenschaften an. Bei vier oder weniger erscheint eine Tabelle, sonst eine Liste. In der Tabellendarstellung werden die Spalten gleichmäßig über die Breite verteilt.

In den *.format.ps1xml*-Dateien von PowerShell ist für Objekte vom Typ `System.Diagnostics.Process` hinterlegt, dass die Standardanzeige (*Default View*) ein `TableControl` sein soll. Hier steht auch, welche Spalten dann unter welchem Namen in der Tabelle angezeigt werden und wie breit sie sein sollen.

Setzen Sie also keinen besonderen `Format`-Befehl ein, verwendet PowerShell diese Angaben und produziert eine Tabelle. Wünschen Sie mit `Format-Table` ausdrücklich eine Tabelle, ist das ebenfalls kompatibel zur Standardanzeige, die ja eine Tabelle wünscht. `Format-List` hingegen hat keine Standardanzeige. Deshalb nutzt PowerShell in diesem Fall als absolut letzte Möglichkeit den Inhalt des MemberSet.

MemberSets definieren nicht nur die Standardeigenschaften eines Objekts, sie legen zum Beispiel auch fest, wie Objekte" serialisiert werden (also welche Eigenschaften auf welche Weise bis zu welcher Verschachtelungstiefe in XML gespeichert werden). Dies allerdings soll hier nicht weiter vertieft werden.

Kapitel 30

Proxyfunktionen verstehen und einsetzen

In diesem Kapitel:

Ausführlich werden in diesem Kapitel die folgenden Aspekte erläutert:

- **Proxyfunktion:** Funktion, die die Logik einer anderen Funktion oder eines anderen Cmdlets ausführt. Hierdurch kann man an sich unveränderliche Cmdlets »kopieren« und dann Erweiterungen zur Kopie hinzufügen.

- **Implizites Remoting:** Automatisch erstellte Proxyfunktionen rufen hinter den Kulissen über PowerShell-Remoting die Cmdlets auf einem Remotesystem auf. Die Befehle erscheinen also so, als wären sie lokal vorhanden, werden aber in Wirklichkeit auf einem Remotesystem ausgeführt.

Proxyfunktionen sind Funktionen, die das Verhalten eines Cmdlets imitieren. Der Anwender verwendet die Proxyfunktion also wie das zugrunde liegende Cmdlet und bemerkt noch nicht einmal den Unterschied. Die Proxyfunktion schickt dann die Benutzereingaben an das echte Cmdlet und erhält von dort die Ergebnisse zurück.

Durch diese Maskerade ergibt sich eine Reihe von Anwendungsbereichen:

- **Remotefähigkeit und räumliche Trennung:** Mithilfe von Proxyfunktionen muss der Anwender nicht mehr dort sein, wo sich das zugrunde liegende Cmdlet befindet. Eine Proxyfunktion kann auf dem lokalen Computer ausgeführt werden, kommuniziert intern aber mit dem zugrunde liegenden Cmdlet auf einem anderen Computer. So lassen sich Cmdlets eines fremden Computers lokal einblenden. Man spricht auch von »implizitem Remoting«, also Remoting, das man selbst gar nicht steuert oder wahrnimmt.

- **Erweiterung:** Ein bestehender Befehl, ein Cmdlet beispielsweise, kann mit reinen Bordmitteln um zusätzliche Parameter und weiter reichende Funktionalität ergänzt werden, denn die Proxyfunktion ist editierbar und kann zusätzlich zu den Parametern des zugrunde liegenden Cmdlets weitere neue Parameter anbieten – oder einige Parameter des Cmdlets umgekehrt unzugänglich machen.

- **Steppable Pipeline:** Ein Cmdlet kann eng mit der Pipeline verzahnt und innerhalb der Proxyfunktion mehrmals aufgerufen werden

Eine Proxyfunktion erstellen

Die folgenden zwei Zeilen generieren eine Funktion, die das Verhalten des Cmdlets Stop-Process imitiert:

```
PS> $metadata = New-Object System.Management.Automation.CommandMetaData (Get-Command Stop-Process)
PS> [System.Management.Automation.ProxyCommand]::Create($metadata) | clip
```

Listing 30.1: Proxyfunktion für Stop-Process erstellen.

Das Ergebnis liegt anschließend in der Zwischenablage und kann in den PowerShell-Editor eingefügt werden. Es sieht ungefähr so aus:

```
[CmdletBinding(DefaultParameterSetName='Id', SupportsShouldProcess=$true, ConfirmImpact='Medium',
HelpUri='http://go.microsoft.com/fwlink/?LinkID=113412')]
param(
    [Parameter(ParameterSetName='Name', Mandatory=$true, ValueFromPipelineByPropertyName=$true)]
    [Alias('ProcessName')]
    [string[]]
    ${Name},

    [Parameter(ParameterSetName='Id', Mandatory=$true, Position=0,
ValueFromPipelineByPropertyName=$true)]
    [int[]]
    ${Id},

    [Parameter(ParameterSetName='InputObject', Mandatory=$true, Position=0,
ValueFromPipeline=$true)]
    [System.Diagnostics.Process[]]
    ${InputObject},

    [switch]
    ${PassThru},

    [ValidateNotNullOrEmpty()]
    [switch]
    ${Force})
(...)
```

Den Rest des folgenden Codes können Sie im Augenblick ignorieren. Er wird etwas später genauer durchleuchtet. Entscheidend ist der Anfang: Hier finden Sie die komplette Parameterdeklaration von Stop-Process. Daraus lässt sich zum einen sehr viel über Stop-Process lernen, beispielsweise die Tatsache, dass dessen Parameter -Name auch über den Aliasnamen -ProcessName ansprechbar ist.

Zum anderen sehen Sie, wie Stop-Process seine Parameter implementiert, und spätestens jetzt ist der Beweis erbracht, dass eigene Funktionen exakt die gleichen Parameter und Parametermerkmale implementieren können wie Cmdlets.

Mit Proxyfunktionen können Sie sich also jederzeit anzeigen, wie Cmdlets ihre Parameter definieren, und diesen Code danach für eigene Funktionen verwenden.

Bestehende Cmdlets erweitern

Eines der Anwendungsgebiete der Proxyfunktionen ist die Erweiterung bestehender Cmdlets mit neuen Funktionen oder Parametern. Da eine Erweiterung die Funktionsweise des Cmdlets nicht von Grund auf neu erfinden soll, wird ein Weg benötigt, die schon vorhandenen Funktionen weiterzunutzen.

Cmdlets sind aber keine PowerShell-Funktionen, und ihr Quellcode ist weder in PowerShell geschrieben, noch ist er öffentlich lesbar. Deshalb kann dieser Code auch nicht ausgelesen und als begin-, process- und end-Block sichtbar gemacht werden. Darum wird ein Weg benötigt, der den begin-, process- und end-Block eines Cmdlets aufrufen kann. Und dieser Weg nutzt eine sogenannte *Steppable Pipeline*. Diese gibt Ihnen die Möglichkeit, selbst zu entscheiden, wann und wie oft Sie den begin-, process- und end-Block eines Cmdlets aufrufen möchten.

Automatische Protokollfunktion

Bevor Sie gleich sehen, *wie* die Steppable Pipeline eingesetzt wird, ist es natürlich zuerst wichtig, zu wissen, *warum* man das überhaupt tun sollte. Sehen Sie sich dazu die folgende Aufgabenstellung an:

Schreiben Sie eine Funktion, die die Ergebnisse eines Befehls in einer Protokolldatei aufzeichnet!

Das hört sich zunächst nicht weiter schwierig an. Schnell könnte eine Funktion wie die folgende entwickelt sein:

```
function Out-LogFile
{
    param
    (
        [Parameter(Mandatory=$true)]
        $Path,

        [Parameter(ValueFromPipeline=$true)]
        $InputObject
    )

    end
    {
        $data = @($Input)
        $data | Out-File -FilePath $Path -Append
        $data
    }
}
```

Listing 30.2: Ausgaben in eine Protokolldatei schreiben.

Tatsächlich erfüllt die Funktion ihren Zweck:

```
PS> Get-Process | Out-LogFile $env:TEMP\protokoll.txt
(…)
```

```
PS> Get-Service | Out-LogFile $env:TEMP\protokoll.txt
(…)
```

Die Daten werden sowohl in die Konsole geschrieben als auch an die angegebene Protokolldatei angehängt. Allerdings werden Sie jeweils eine kleine Verzögerung bemerken. Weil die Funktion Out-LogFile erst sämtliche Daten vom vorausgehenden Befehl sammeln muss, um danach $input in die Protokolldatei zu schreiben, wird der Echtzeitcharakter der Pipeline außer Kraft gesetzt. Ergebnisse erscheinen also erst dann in der Konsole, wenn alle Ergebnisse komplett vorliegen. Die ursprüngliche Aufgabenstellung war also ungenau und müsste richtig eigentlich lauten:

Schreiben Sie eine Funktion, die die Ergebnisse eines Befehls in einer Protokolldatei aufzeichnet, ohne dass die Ausgabe in die Konsole davon beeinträchtigt wird!

»Na gut«, werden Sie denken und sich an die Möglichkeit erinnern, die eintreffenden Pipeline-Daten in Echtzeit mit einem process-Block zu bearbeiten. Schnell ist die Funktion entsprechend umgeschrieben:

```
function Out-LogFile
{
    param
    (
        [Parameter(Mandatory=$true)]
        $Path,

        [Parameter(ValueFromPipeline=$true)]
        $InputObject
    )

    process
    {
        $InputObject | Out-File -FilePath $Path -Append
        $InputObject
    }
}
```

Listing 30.3: Ausgabe in Echtzeit erzwingen.

Jetzt funktioniert zwar die Echtzeitausgabe in die Konsole (wenn auch spürbar langsamer als ohne das Logging), aber wenn Sie sich das Ergebnis in der Protokolldatei anschauen, ist nun wiederum dieses Resultat unbrauchbar. Weil nämlich jedes einzelne Objekt separat an Out-File gesendet wird, wird es auch jeweils separat formatiert und erscheint in der Logdatei jeweils mit separaten Tabellenüberschriften.

Eine wirklich sinnvolle Lösung ist nur über die Steppable Pipeline möglich:

```
function Out-LogFile
{
    param
    (
        [Parameter(Mandatory=$true)]
        $Path,
```

```
        [Parameter(ValueFromPipeline=$true)]
        $InputObject
    )

    begin
    {
        # Zugriff auf das Cmdlet, an das die Daten geliefert werden sollen:
        $Cmdlet = 'Out-File'
        $wrappedCmd = $ExecutionContext.InvokeCommand.GetCommand($cmdlet, 'Cmdlet')

        # Befehlszeile festlegen. $wrappedCmd steht für das Cmdlet "Out-File":
        $scriptCmd = {&  $wrappedCmd -FilePath $Path -Append }

        # Zugriff auf diesen Befehl erhalten:
        $steppablePipeline = $scriptCmd.GetSteppablePipeline($myInvocation.CommandOrigin)

        # begin-Block von "Out-File" aufrufen:
        $steppablePipeline.Begin($PSCmdlet)
    }

    process
    {
        # process-Bock von "Out-File" aufrufen:
        $steppablePipeline.Process($_)

        # HIER DIE ERWEITERUNG:
        # AUSSERDEM das einlaufende Element in die Konsole zurückgeben:
        $_
    }

    end
    {
        # end-Block von "Out-File" aufrufen:
        $steppablePipeline.End()
    }
}
```

Listing 30.4: Ausgaben in Echtzeit ausgeben und mitprotokollieren.

Diese Funktion gibt nun endlich die Informationen in Echtzeit in die Konsole aus und schreibt sie gleichzeitig mit identischer Formatierung in die angegebene Protokolldatei. Die eigentliche Erweiterung ist winzig, denn tatsächlich klont die Funktion Out-File nur. Im process-Block wird allerdings zusätzlich das eintreffende Objekt zurück an die Konsole geliefert.

Get-ChildItem mit neuen Parametern

Proxyfunktionen können dazu genutzt werden, zusätzliche Funktionalität in existierende Cmdlets zu integrieren. Fehlt Ihnen bei einem der vorhandenen Cmdlets eine bestimmte Funktionalität, lässt sie sich auf diese Weise leicht nachrüsten. Haben Sie zum Beispiel häufiger mit Dateisystemoperationen zu tun, wäre es interessant, die Funktionalität von Get-ChildItem so zu erweitern, dass dieser Befehl zusätzliche Fragestellungen selbsttätig und ohne weiteren Code lösen kann.

Hinweis

Nehmen Sie das folgende Beispiel sportlich. Es soll in erster Linie zeigen, wie Proxyfunktionen aufgebaut sind. In der Praxis ist es wenig sinnvoll, vorhandene Cmdlets über Proxyfunktionen zu erweitern, denn obwohl die resultierenden erweiterten Cmdlets danach vielleicht sehr viel praktischer wären, sind es nun doch Unikate. Skriptcode, der auf ihnen beruht, wäre inkompatibel zu allen anderen Power-Shells.

Die folgenden Erweiterungen für Get-ChildItem sollen hinzugerüstet werden:

- **Datumsfilter:** Zum Entrümpeln des Dateisystems wären Parameter wie -After oder -Before nützlich, um nur Dateien und Ordner zu sehen, die vor oder nach einem bestimmten Stichtag geändert wurden.

- **Sortierung:** Zwar könnte man das Ergebnis von Get-ChildItem an Sort-Object weiterleiten, aber warum nicht gleich einen Parameter namens -Sort einfügen, der das Ergebnis sortiert?

- **Dateigröße:** Vielleicht wollen Sie nur Speicherplatzfresser aufspüren. Wir brauchen also noch Parameter namens -MinFileSize und -MaxFileSize.

Proxyfunktion anlegen

Legen Sie zuerst eine neue nackte »Hülle« an, die das Verhalten von Get-ChildItem imitiert. Die folgende Funktion New-ProxyFunction erleichtert Ihnen diese Arbeit:

```
function New-ProxyFunction
{
  param
  (
    [Parameter(Mandatory=$true)]
    $CmdletName
  )

  $cmd = Get-Command $CmdletName -CommandType Cmdlet
  $meta = New-Object System.Management.Automation.CommandMetadata($cmd)
  $logic = [System.Management.Automation.ProxyCommand]::Create($meta)

  $FunctionName = '{0}_Ex' -f $CmdletName

  $code = "
function $FunctionName
{
$logic
}"

  $NewFile = $psISE.CurrentPowerShellTab.files.Add()
  $NewFile.Editor.Text = $code
}
```

Listing 30.5: Neue Proxyfunktionen für existierende Cmdlets schnell erstellen.

Diese Funktion muss innerhalb des ISE-Editors ausgeführt werden:

```
PS> New-ProxyFunction -CmdletName Get-ChildItem
```

Sofort öffnet sich eine neue Registerkarte, die den Funktionscode für die Funktion Get-ChildItem_Ex enthält.

Achtung

Wenn Sie ein bestehendes Cmdlet um neue Funktionen bereichern, geben Sie der Proxyfunktion unbedingt einen anderen Namen. Zwar könnten Sie die Funktion auch genauso nennen wie das zugrunde liegende Cmdlet und das Cmdlet sozusagen »ersetzen«, dann aber wird nicht mehr deutlich, dass es sich um eine erweiterte Funktion handelt, die nicht zum Standardumfang von PowerShell gehört. New-ProxyFunction hängt deshalb an den Cmdlet-Namen stets das Suffix _Ex an. Natürlich ist es Ihnen freigestellt, Ihre neue Funktion auch ganz anders zu nennen.

Fügen Sie nun die zusätzlich benötigten Parameterdeklarationen für Ihre Befehlserweiterung in den param-Block ein:

```
[datetime]
$Before,

[datetime]
$After,

[int64]
$MaxFileSize,

[int64]
$MinFileSize,

[int]
$OlderThan,

[int]
$NewerThan,

[string]
$Sort
```

Weil Ihre neuen Parameter nicht an das zugrunde liegende Cmdlet weitergereicht werden sollen, müssen sie außerdem aus $PSBoundParameters entfernt werden. Dazu fügen Sie den folgenden Codeblock hinter dem param()-Block ein, genauer zwischen begin…try und $outBuffer = $null:

```
$null = $PSBoundParameters.Remove('Before')
$null = $PSBoundParameters.Remove('After')
$null = $PSBoundParameters.Remove('MaxFileSize')
$null = $PSBoundParameters.Remove('MinFileSize')
$null = $PSBoundParameters.Remove('OlderThan')
$null = $PSBoundParameters.Remove('NewerThan')
$null = $PSBoundParameters.Remove('Sort')
```

Nun müssen Sie noch die Logik für Ihre zusätzlichen Parameter implementieren. Zu diesem Zweck fügen Sie vor den gerade eben eingefügten Codeblock diesen Teil ein:

```
# Initialize pre- and post-Pipeline command store:
[string[]]$PrePipeline = ''
[string[]]$PostPipeline = ''
[string[]]$Pipeline = '& $wrappedCmd @PSBoundParameters'
```

```
# add logic to the pipeline for each newly added parameter:
if ($PSBoundParameters.ContainsKey('Before'))
{
}

if ($PSBoundParameters.ContainsKey('After'))
{
}

if ($PSBoundParameters.ContainsKey('MaxFileSize'))
{
}

if ($PSBoundParameters.ContainsKey('MinFileSize'))
{
}

if ($PSBoundParameters.ContainsKey('OlderThan'))
{
}

if ($PSBoundParameters.ContainsKey('NewerThan'))
{
}

if ($PSBoundParameters.ContainsKey('Sort'))
{
}
```

Ersetzen Sie jetzt diese Zeile:

```
$scriptCmd = {& $wrappedCmd @PSBoundParameters }
```

Schreiben Sie stattdessen:

```
$scriptCmd=[scriptblock]::Create((($PrePipeline + $Pipeline + $PostPipeline) | Where-Object {$_})
-join ' | ')
```

Logik implementieren

Nun muss die eigentliche Logik implementiert werden, die also umsetzt, was die neuen Parameter bewirken sollen. Dabei ist zu unterscheiden, ob Ihre Zusatzaufgaben vor oder nach dem Aufruf von Get-ChildItem durchgeführt werden sollen. Aufgaben, die vorher erledigt werden müssen, weisen Sie $PrePipeline zu, und Aufgaben, die anschließend durchgeführt werden, $PostPipeline. Dazu füllen Sie lediglich die bereits vorbereiteten if-Blöcke mit Leben.

Dateialter filtern

Um nur Dateien bzw. Ordner zu finden, die älter sind als ein bestimmtes Datum, fügen Sie ein:

```
if ($PSBoundParameters.ContainsKey('Before'))
{
  $PostPipeline += { Where-Object { $_.LastWriteTime -lt $Before } }
}
```

Analog finden Sie Elemente, die jünger sind, folgendermaßen:

```
if ($PSBoundParameters.ContainsKey('After'))
{
  $PostPipeline += { Where-Object { $_.LastWriteTime -gt $After } }
}
```

Mindest- und Maximalgröße

Die Mindest- und Maximalgröße lässt sich durch einen Vergleich der Eigenschaft Length filtern, die nur bei Dateien vorhanden ist:

```
if ($PSBoundParameters.ContainsKey('MaxFileSize'))
{
  $PostPipeline += { Where-Object { $_.LastWriteTime -le $MaxFileSize -and -not $_.PSIsContainer }
}
}

if ($PSBoundParameters.ContainsKey('MinFileSize'))
{
  $PostPipeline += { Where-Object { $_.Length -ge $MinFileSize -and -not $_.PSIsContainer } }
}
```

Dateialter filtern

Um nur Dateien bzw. Ordner zu finden, die mindestens oder höchstens eine bestimmte Zahl von Tagen alt sind, ermitteln Sie das Dateialter in Tagen und filtern entsprechend:

```
if ($PSBoundParameters.ContainsKey('OlderThan'))
{
  $PostPipeline += { Where-Object { ((Get-Date) - (New-TimeSpan -Days $OlderThan)) -gt $_.LastWrit
eTime} }
}

if ($PSBoundParameters.ContainsKey('NewerThan'))
{
  $PostPipeline += { Where-Object { ((Get-Date) - (New-TimeSpan -Days $NewerThan)) -lt $_.LastWrit
eTime} }
}
```

Sortierung integrieren

Zum Sortieren der Ergebnisse wird noch ein Sort-Object angehängt:

```
if ($PSBoundParameters.ContainsKey('Sort'))
{
  $PostPipeline += { Sort-Object -Property $Sort }
}
```

Ab sofort ist Ihre Erweiterung von Get-ChildItem unter dem Namen Get-ChildItem_Ex einsatzbereit (und Sie können den Namen der Funktion natürlich gern in einen wohlklingenderen ändern):

```
function Get-ChildItem_Ex
{
<#
.ForwardHelpTargetName Get-ChildItem
.ForwardHelpCategory Cmdlet
#> [CmdletBinding(DefaultParameterSetName='Items', SupportsTransactions=$true,
    HelpUri='http://go.microsoft.com/fwlink/?LinkID=113308')]
    [OutputType('System.IO.FileInfo','System.IO.DirectoryInfo')]
```

```
param
(
  [Parameter(ParameterSetName='Items', Position=0, ValueFromPipeline=$true,
    ValueFromPipelineByPropertyName=$true)]
  [string[]]
  $Path,

  [Parameter(ParameterSetName='LiteralItems', Mandatory=$true, ValueFromPipelineByPropertyName=$
true)]
  [Alias('PSPath')]
  [string[]]
  $LiteralPath,

  [Parameter(Position=1)]
  [string]
  $Filter,

  [string[]]
  $Include,

  [string[]]
  $Exclude,

  [Alias('s')]
  [switch]
  $Recurse,

  [switch]
  $Force,

  [switch]
  $Name,

  [datetime]
  $Before,

  [datetime]
  $After,

  [int64]
  $MaxFileSize,

  [int64]
  $MinFileSize,

  [int]
  $OlderThan,

  [int]
  $NewerThan,

  [string]
  $Sort
)

begin
{
  try
  {
```

```powershell
# Initialize pre- and post-Pipeline command store:
[string[]]$PrePipeline = ''
[string[]]$PostPipeline = ''
[string[]]$Pipeline = '& $wrappedCmd @PSBoundParameters'

if ($PSBoundParameters.ContainsKey('Before'))
{
  $PostPipeline += { Where-Object { $_.LastWriteTime -lt $Before } }
}

if ($PSBoundParameters.ContainsKey('After'))
{
  $PostPipeline += { Where-Object { $_.LastWriteTime -gt $After } }
}

if ($PSBoundParameters.ContainsKey('MaxFileSize'))
{
  $PostPipeline += { Where-Object { $_.LastWriteTime -le $MaxFileSize -and -not $_.PSIsContai
ner }}
}

if ($PSBoundParameters.ContainsKey('MinFileSize'))
{
  $PostPipeline += { Where-Object { $_.Length -ge $MinFileSize -and -not $_.PSIsContainer}}
}

if ($PSBoundParameters.ContainsKey('OlderThan'))
{
  $PostPipeline += {Where-Object {((Get-Date) - (New-TimeSpan -Days $OlderThan)) -gt $_.LastW
riteTime}}
}

if ($PSBoundParameters.ContainsKey('NewerThan'))
{
  $PostPipeline += {Where-Object {((Get-Date) - (New-TimeSpan -Days $NewerThan)) -lt $_.LastW
riteTime}}
}

if ($PSBoundParameters.ContainsKey('Sort'))
{
  $PostPipeline += { Sort-Object -Property $Sort }
}

# Remove additional parameters before forwarding them to the original cmdlet:
$null = $PSBoundParameters.Remove('FileOnly')
$null = $PSBoundParameters.Remove('FolderOnly')
$null = $PSBoundParameters.Remove('Before')
$null = $PSBoundParameters.Remove('After')
$null = $PSBoundParameters.Remove('MaxFileSize')
$null = $PSBoundParameters.Remove('MinFileSize')
$null = $PSBoundParameters.Remove('OlderThan')
$null = $PSBoundParameters.Remove('NewerThan')
$null = $PSBoundParameters.Remove('Sort')

$outBuffer = $null

if ($PSBoundParameters.TryGetValue('OutBuffer', [ref]$outBuffer))
{
  $PSBoundParameters['OutBuffer'] = 1
}
```

```
$wrappedCmd = $ExecutionContext.InvokeCommand.GetCommand('Get-ChildItem', 'Cmdlet')

# add newly added pipeline components to the pipeline that gets executed:
$scriptCmd = [scriptblock]::Create( (($PrePipeline + $Pipeline + $PostPipeline) |
  Where-Object { $_ }) -join ' | ')

$steppablePipeline = $scriptCmd.GetSteppablePipeline($myInvocation.CommandOrigin)
$steppablePipeline.Begin($PSCmdlet)
  } catch {
    throw
  }
}

process
{
  try
  {
    $steppablePipeline.Process($_)
  } catch {
    throw
  }
}

end
{
  try
  {
    $steppablePipeline.End()
  } catch {
    throw
  }
}
}
```

Listing 30.6: Eine erweiterte Fassung von Get-ChildItem namens Get-ChildItem_Ex.

Wenn Sie die Funktion einsetzen, zeigt das IntelliSense-Menü des ISE-Editors bereits die zusätzlich hinzugekommenen Parameter an:

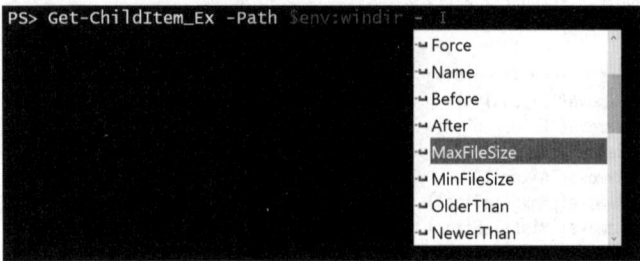

Abbildung 30.1: Der neue Befehl verfügt über zusätzliche Parameter.

Möchten Sie zum Beispiel alle Protokolldateien im Windows-Ordner auflisten, die mindestens 40 Tage alt und mindestens 1 KB groß sind, genügt diese Zeile:

```
PS> Get-ChildItem_Ex $env:windir *.log -OlderThan 40 -MinFileSize 1kb


    Verzeichnis: C:\WINDOWS


Mode                LastWriteTime        Length Name
----                -------------        ------ ----
-a----        14.11.2015     12:35        13353 comsetup.log
-a----        18.06.2015     08:47        29458 DirectX.log
-a----        23.12.2015     11:26        17878 DPINST.LOG
-a----        14.11.2015     12:29         3949 DtcInstall.log
```

Und um eine nach Größe sortierte Dateiliste mit allen Dateien aus dem Windows-Ordner zu erhalten, die größer als 20 KB sind und sich in den letzten 30 Tagen geändert haben, schreiben Sie:

```
PS> Get-ChildItem_Ex $env:windir -Sort Length -MinFileSize 20KB -NewerThan 30


    Verzeichnis: C:\WINDOWS


Mode                LastWriteTime        Length Name
----                -------------        ------ ----
-a----        19.01.2016     15:08        25117 setupact.log
-a--s-        11.02.2016     12:42        67584 bootstat.dat
```

Proxyfunktionen für Remoting

Beim sogenannten *impliziten Remoting* werden Cmdlets in die lokale PowerShell-Sitzung »eingeblendet«, die eigentlich auf einem ganz anderen Computer vorhanden sind. Dabei wird in Ihrer lokalen PowerShell-Sitzung eine Proxyfunktion definiert, die das Verhalten des Remotebefehls imitiert. Intern leitet die Proxyfunktion die Benutzereingaben an den Remotebefehl weiter und liefert dessen Ergebnisse zurück. Weil also die Proxyfunktion sich intern um die Abwicklung des Fernzugriffs kümmert, nennt man dies *implizit*.

PowerShell-Remoting füllt ein ganzes eigenständiges Kapitel. Die folgenden Beispiele setzen voraus, dass Sie das Remoting bereits in seinen Grundzügen verstanden, aktiviert und konfiguriert haben (siehe hierzu Kapitel 23). An dieser Stelle sollen nur die Proxyfunktionen beleuchtet werden, die im Rahmen des Remotings eingesetzt werden.

Eine Remotesitzung erstellen

Um eine Proxyfunktion für das implizite Remoting herzustellen, benötigen Sie zunächst eine Remotesitzung, die Ihnen beispielsweise New-PSSession liefert. Die folgende Zeile legt eine solche Sitzung auf dem Server *Storage1* an:

```
$Session = New-PSSession -ComputerName Storage1
```

Einen Remotebefehl in lokale Sitzung importieren

Sobald Sie Zugriff auf die Remotesitzung haben, können Sie auf die darin vorhandenen Funktionen und Cmdlets zugreifen und sie lokal verfügbar machen. Entweder beschränken Sie sich auf die Standardbefehle, oder Sie senden zunächst mit Invoke-Command einen Befehl, der zusätzliche Module nachlädt (diese Module müssen sich im Zugriffsbereich des Remotesystems befinden).

Im folgenden Beispiel soll das Cmdlet Get-Process aus der Remotesitzung importiert werden. Damit die Proxyfunktion nicht das gleichnamige lokale Cmdlet in Ihrer Sitzung überschreibt, wird über den Parameter -Prefix ein Präfix gewählt. Anschließend steht der Befehl in der lokalen Sitzung zur Verfügung (wird aber nach wie vor auf dem Remotesystem ausgeführt):

```
PS> $Proxy = Import-PSSession -Session $Session -CommandName Get-Process -Prefix Remote
PS> Get-RemoteProcess

Handles  NPM(K)    PM(K)      WS(K) VM(M)   CPU(s)     Id ProcessName
-------  ------    -----      ----- -----   ------     -- -----------
     93       5      844       3216    21     0,05   3628 alg
    544      14    25012      19956   164   707,66   2916 cqvSvc
    797       6     1812       4820    66     9,41    412 csrss
(…)
```

Hinter Get-RemoteProcess steckt nun eine automatisch generierte Proxyfunktion, deren Quellcode Sie sich ansehen können. Die folgende Zeile kopiert den Quellcode der Funktion in die Zwischenablage, von der aus Sie sie in einen beliebigen Editor einfügen können:

```
PS> (Get-Item function:Get-RemoteProcess).Definition | Clip
```

Im Wesentlichen wird wieder dasselbe Gerüst für die Proxyfunktion genutzt, und intern leitet diese die Parameter um an Invoke-Command:

```
$scriptCmd = { & $script:InvokeCommand `
                @clientSideParameters `
                -HideComputerName `
                -Session (Get-PSImplicitRemotingSession -CommandName 'Get-Process') `
                -Arg ('Get-Process', $PSBoundParameters, $positionalArguments) `
                -Script { param($name, $boundParams, $unboundParams) & $name @boundParams `
                    @unboundParams } }
```

Kapitel 31
Benutzeroberflächen gestalten

In diesem Kapitel:

Ausführlich werden in diesem Kapitel die folgenden Aspekte erläutert:

- **WPF (Windows Presentation Framework):** Eine besonders effiziente Technik, mit der grafische Benutzeroberflächen erzeugt werden. WPF erfordert mindestens .NET Framework 3.51, was bei PowerShell 3, 4 und 5 sichergestellt ist.

- **XAML:** Fenster und Fensterinhalte lassen sich über die Seitenbeschreibungssprache XAML definieren. XAML funktioniert ähnlich wie HTML im Web. XAML kann auch über grafische Tools wie VisualStudio erzeugt werden.

- **Datenbindung:** Grafische Elemente wie Comboboxen oder Grids können ihren Inhalt direkt aus PowerShell-Befehlen beziehen. Dazu übergibt man ihnen die Ergebnisse der Befehle und legt fest, welche Objekteigenschaften angezeigt werden sollen.

- **Ereignisse:** Ereignisse werden ausgelöst, wenn der Anwender mit den grafischen Elementen interagiert, also zum Beispiel auf eine Schaltfläche klickt. An die Ereignisse kann PowerShell-Code gebunden werden, der dann ausgeführt wird, wenn ein bestimmtes Ereignis eintritt.

- **Multithreading:** Damit Fenster stets reaktionsschnell bleiben, lassen sich länger dauernde Aufgaben in Hintergrund-Threads erledigen und die Ergebnisse später in der Benutzeroberfläche anzeigen.
- **Eingebettete Inhalte:** Binäre Inhalte wie Bilder, Icons oder auch Klänge lassen sich über Base64-Encoding in PowerShell-Skripte einbetten, falls Medien nicht als separate Dateien weitergegeben werden sollen.

PowerShell ist zwar primär eine textbasierte Automationssprache und verzichtet absichtlich auf grafische Oberflächen, um Aufgaben leicht automatisieren zu können. Allerdings erstreckt sich der Einsatzbereich von PowerShell inzwischen auf sehr viel mehr Bereiche als nur die ursprüngliche Automation. Es wird zum Beispiel auch zur (einfachen) Anwendungsentwicklung genutzt.

Sobald ein PowerShell-Skript nicht mehr primär unbeaufsichtigt automatisieren soll, sondern als Tool für Menschen eingesetzt wird, profitiert es wie jede Anwendung von einer leicht bedienbaren grafischen Oberfläche. Wie moderne grafische Oberflächen mit PowerShell-Bordmitteln erstellt werden, zeigt dieses Kapitel anhand vieler nützlicher Beispiele.

Eigene Fenster mit WPF erzeugen

Windows Presentation Foundation (WPF) ist der Name einer Technik, mit dem moderne Windows-Anwendungen ihre eigenen Oberflächen gestalten. PowerShell kann auf dieselben Systemfunktionen zugreifen und damit Oberflächen erzeugen. WPF steht ab PowerShell 3.0 automatisch zur Verfügung, denn PowerShell selbst (beziehungsweise sein ISE-Editor) basiert darauf. Nur wenn Sie WPF-Technologie in der PowerShell-Konsole ausführen wollen, müssen die entsprechenden Systembibliotheken mit der folgenden Zeile nachgeladen werden:

```
PS> Add-Type -AssemblyName PresentationFramework
```

Fügen Sie diese Zeile deshalb immer an den Anfang jedes WPF-Skripts, und schon ist sichergestellt, dass die Oberflächen in jedem PowerShell-Host wie geplant erscheinen.

Bitte beginnen Sie dieses Kapitel nur, wenn Sie ausgelassen und entspannt sind. Verstehen Sie es als Ausflug, der erst schrittweise alle Techniken erklärt, die Ihnen dabei begegnen. Am Anfang sollen Ihnen die Beispiele zuerst ein Gefühl dafür vermitteln, wie Fenster gestaltet werden, ohne dass dabei bereits haarklein sämtliche Schritte erklärt werden. Natürlich sind alle Beispiele sofort lauffähig, aber es ist eben nicht jeder Schritt sofort intuitiv verständlich.

Das Gestalten von grafischen Oberflächen – und insbesondere von guten, also benutzerfreundlichen – ist keine triviale Arbeit. Allerdings gilt auch hier der modulare Charakter der PowerShell: Haben Sie sich erst einmal die Mühe gemacht, ein nützliches Dialogfeld entworfen und es bis zu Ende entwickelt, können Sie es als Funktion und Modul überall einsetzen. Deshalb lohnt es sich durchaus, die Erstellung von Oberflächen genauer kennenzulernen.

Hinweis

Eine ältere Technik zur Gestaltung von grafischen Oberflächen wird »Windows Forms« genannt. Diese Technik ist veraltet und erfordert sehr viel und sehr schlecht verwaltbaren Code. Zudem reagieren mit Forms gestaltete Oberflächen ungünstig auf die heute üblichen Displays mit hohen Auflösungen, weil bei Forms die grafischen Elemente pixelgenau positioniert werden, während WPF eine logische Anordnung mit geräteunabhängigen Einheiten verwendet. Falls Sie also überhaupt grafischen Oberflächen mit PowerShell generieren wollen, sollten Sie unbedingt WPF einsetzen.

Ein Fenster gestalten – allein mit Code

WPF-Fenster lassen sich falls nötig allein mit PowerShell-Code definieren. Das ist allerdings eine Strafe und enorme Fleißarbeit, weil dabei alle Komponenten des Fensters jeweils als neues Objekt angelegt und dann über die Eigenschaften des Objekts konfiguriert werden müssen. Zumindest aber die Anordnung der Elemente auf dem Fenster ist zunächst mal relativ simpel, weil dazu ordnende Elemente wie zum Beispiel das *StackPanel* verwendet werden. Ein Stack-Panel kann über Add() beliebig viele grafische Elemente aufnehmen und diese dann entweder horizontal oder vertikal gruppieren.

```
Add-Type -AssemblyName PresentationFramework

$window = New-Object Windows.Window
$window.Title='Send Message'
$window.SizeToContent='WidthAndHeight'
$window.WindowStyle='ToolWindow'
$window.ResizeMode='NoResize'

$stackpanel1 = New-Object -TypeName Windows.Controls.StackPanel
$stackpanel1.Orientation = 'Vertical'
$stackpanel1.Margin = 10

$window.Content = $stackpanel1

$stackpanel2 = New-Object -TypeName Windows.Controls.StackPanel
$stackpanel2.Orientation = 'Horizontal'
$stackpanel2.Margin = 5

$stackpanel3 = New-Object -TypeName Windows.Controls.StackPanel
$stackpanel3.Orientation = 'Horizontal'
$stackpanel3.Margin = 5

$stackpanel4 = New-Object -TypeName Windows.Controls.StackPanel
$stackpanel4.Orientation = 'Horizontal'
$stackpanel4.Margin = 5
$stackpanel4.HorizontalAlignment = 'Right'

$null = $stackpanel1.Children.Add($stackpanel2)
$null = $stackpanel1.Children.Add($stackpanel3)
$null = $stackpanel1.Children.Add($stackpanel4)

$label1 = New-Object -TypeName Windows.Controls.Label
$label1.Width = 100
$label1.Content = 'Name'

$textBox1 = New-Object -TypeName Windows.Controls.TextBox
$textBox1.Width = 300
$textBox1.Name = 'txtName'

$null = $stackpanel2.Children.Add($label1)
$null = $stackpanel2.Children.Add($textBox1)

$label2 = New-Object -TypeName Windows.Controls.Label
$label2.Width = 100
$label2.Content = 'Email'

$textBox2 = New-Object -TypeName Windows.Controls.TextBox
$textBox2.Width = 300
```

```
$textBox2.Name = 'txtEmail'

$null = $stackpanel3.Children.Add($label2)
$null = $stackpanel3.Children.Add($textBox2)

$button1 = New-Object -TypeName Windows.Controls.Button
$button1.Width = 80
$button1.Content = 'Send'
$button1.Margin = 5

$button2 = New-Object -TypeName Windows.Controls.Button
$button2.Width = 80
$button2.Content = 'Cancel'
$button2.Margin = 5

$null = $stackpanel4.Children.Add($button1)
$null = $stackpanel4.Children.Add($button2)

$label = New-Object Windows.Controls.Label

$window.ShowDialog()
```

Listing 31.1: Ein einfaches Dialogfenster mit PowerShell definieren.

Immerhin produziert Listing 31.1 ein einfaches Dialogfeld, das auch bereits Texteingaben akzeptiert. Nur die Schaltflächen zeigen noch keine Wirkung.

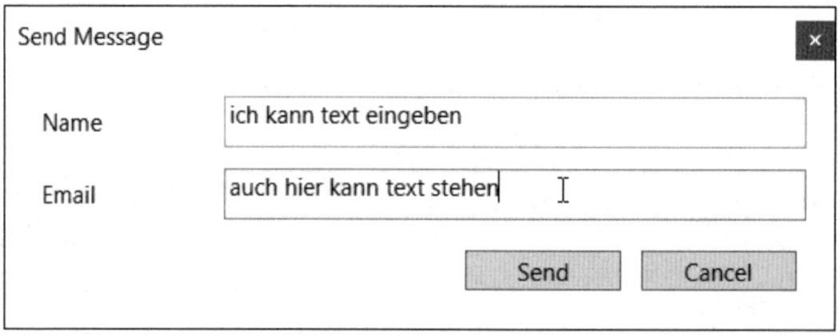

Abbildung 31.1: Ein einfaches WPF-Dialogfeld, das von PowerShell definiert wurde.

Achtung

Sobald das Skript `ShowDialog()` aufruft, erscheint das Fenster. PowerShell gibt jetzt die Kontrolle ab an das Fenster und wartet so lange, bis das Fenster wieder geschlossen wird. PowerShell ist also blockiert, solange das Fenster sichtbar ist. Wenn Sie das geöffnete Fenster »vergessen«, erhalten Sie in PowerShell kein IntelliSense und können auch sonst keine weiteren Befehle absetzen. Denken Sie also daran, das Fenster wieder zu schließen!

Ein Fenster gestalten – mit XAML

Ein wesentlicher Vorzug von WPF ist, dass es den Designpart vom Programmcode trennen kann. Das Design des Fensters wird dabei mit XAML in Textform festgelegt. XAML ähnelt vom Aufbau dem aus dem Web bekannten HTML, ist aber XML-basiert. Die Tags unterscheiden deshalb Groß- und Kleinschreibung. Listing 31.2 erzeugt dasselbe Fenster wie Listing 31.1, nur ist der Programmcode viel kürzer. Der Fensterinhalt lässt sich zudem leichter nachvollziehen und auch ändern.

```
$xaml = @'
<Window xmlns="http://schemas.microsoft.com/winfx/2006/xaml/presentation"
  Title="Send Message"
  SizeToContent="WidthAndHeight"
  WindowStyle="ToolWindow"
  ResizeMode="NoResize">

  <StackPanel Orientation="Vertical" Margin="10">

    <StackPanel Orientation="Horizontal" Margin="5">
      <Label Width="100">Name</Label>
      <TextBox  Name="txtName" Width="300"></TextBox>
    </StackPanel>

    <StackPanel Orientation="Horizontal" Margin="5">
      <Label Width="100">Email</Label>
      <TextBox  Name="txtEmail" Width="300"></TextBox>
    </StackPanel>

    <StackPanel Orientation="Horizontal" HorizontalAlignment="Right">
      <Button Name="butSend" Width="80" Margin="5">Send</Button>
      <Button Name="butCancel" Width="80" Margin="5">Cancel</Button>
    </StackPanel>

  </StackPanel>
</Window>
'@

Add-Type -AssemblyName PresentationFramework

$reader = [System.XML.XMLReader]::Create([System.IO.StringReader]$XAML)
$window = [System.Windows.Markup.XAMLReader]::Load($reader)

$window.ShowDialog()
```

Listing 31.2: Ein WPF-Fenster mit XAML-Definition designen.

Dafür aber muss das XAML zunächst in ein echtes Fenster-Objekt »übersetzt« werden. Diese Arbeit leisten die beiden Zeilen vor ShowDialog(). Sie sind immer gleich: Hinein kommt XAML, und heraus purzelt das Fenster – in Objektform. Dessen Methode ShowDialog() zeigt es dann an.

Achtung

Der ISE-Editor ist selbst eine WPF-Anwendung, und wenn man darin weitere WPF-Anwendungen gestaltet, kann der Editor mitunter an seine Ressourcengrenzen stoßen. Die ISE stürzt dann unvermittelt ab. Deshalb sollten Sie Ihre Skripte stets speichern, bevor Sie sie ausführen.

Sollten Sie bei der WPF-Entwicklung häufiger Abstürze erleben, vergrößern Sie bitte die Windows-Auslagerungsdatei.

Auf Elemente des Fensters zugreifen

Zwar können Sie bereits Text in die Textfelder eingeben, doch es stellt sich die berechtigte Frage, wie PowerShell auf diese Eingaben eigentlich später zugreifen kann. Dazu benötigt jedes Element des Fensters einen Namen – zumindest jedes Element, auf das Sie später zugreifen möchten. In Listing 31.2 haben die beiden TextBox-Elemente bereits Namen erhalten und heißen txtName und txtEmail.

Solange ein Fenster mit ShowDialog() angezeigt wird, pausiert PowerShell, und der Anwender kann sich in Ruhe mit dem Fenster und seinen Bedienelementen beschäftigen. Sobald das Fenster wieder geschlossen wird, setzt das Skript seine Arbeit fort. Jetzt kann es den Inhalt der TextBox-Elemente auslesen und herausfinden, was der Anwender darin eingetragen hat:

```
$xaml = @'
<Window xmlns="http://schemas.microsoft.com/winfx/2006/xaml/presentation"
  Title="Send Message"
  SizeToContent="WidthAndHeight"
  WindowStyle="ToolWindow"
  ResizeMode="NoResize">

  <StackPanel Orientation="Vertical" Margin="10">

    <StackPanel Orientation="Horizontal" Margin="5">
      <Label Width="100">Name</Label>
      <TextBox  Name="txtName" Width="300"></TextBox>
    </StackPanel>

    <StackPanel Orientation="Horizontal" Margin="5">
      <Label Width="100">Email</Label>
      <TextBox  Name="txtEmail" Width="300"></TextBox>
    </StackPanel>

    <StackPanel Orientation="Horizontal" HorizontalAlignment="Right">
      <Button Name="butSend" Width="80" Margin="5">Send</Button>
      <Button Name="butCancel" Width="80" Margin="5">Cancel</Button>
    </StackPanel>

  </StackPanel>
</Window>
'@

Add-Type -AssemblyName PresentationFramework

$reader = [System.XML.XMLReader]::Create([System.IO.StringReader]$XAML)
$window = [System.Windows.Markup.XAMLReader]::Load($reader)

$window.ShowDialog()

$name = $window.FindName('txtName').Text
$email = $window.FindName('txtEmail').Text

"Ich sende eine Email an $name. Die Adresse ist $email"
```

Listing 31.3: Die Eingaben aus den TextBox-Elementen auslesen, wenn das Fenster geschlossen wird.

FindName() findet also die grafischen Elemente anhand ihres Namens. Bei einem TextBox-Element steht der eingegebene Text in dessen Eigenschaft Text. Machen Sie den Test und führen Sie Listing 31.3 aus. Das Fenster erscheint, und Sie können in Ruhe die Textfelder ausfüllen.

Sobald Sie das Fenster schließen, greift PowerShell auf die TextBox-Elemente zu und liest den eingegebenen Text daraus:

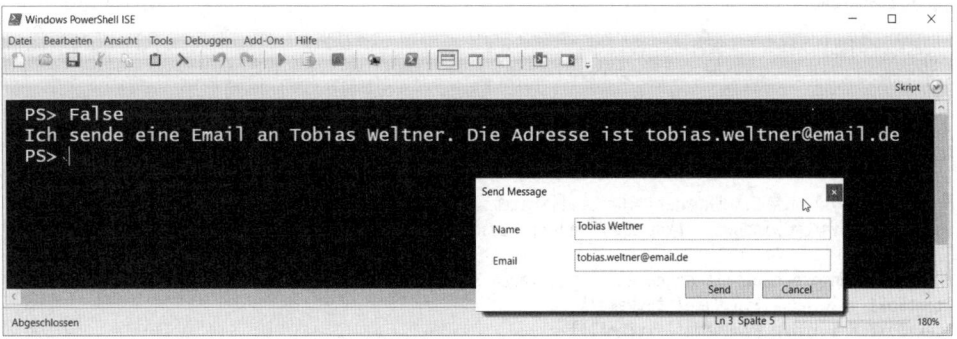

Abbildung 31.2: Informationen aus dem Fenster in die PowerShell übertragen.

Allerdings gibt das Skript nicht nur den Text zurück, der in den TextBox-Elementen gefunden wurde, sondern auch den Wert False. Diese Information ist der Rückgabewert von ShowDialog(). Sie werden gleich sehen, was es damit auf sich hat.

Auf Ereignisse reagieren

Bisher mussten Sie das Fenster von Hand schließen. Die Schaltflächen hatten keinerlei Wirkung, denn ihnen wurde bisher ja noch gar keine Aufgabe zugewiesen. Damit die Schaltflächen etwas bewirken, muss man ihren Ereignissen PowerShell-Code zuordnen. Der Power-Shell-Code wird dann ausgeführt, sobald das betreffende Ereignis ausgelöst wird. Das wichtigste Ereignis einer Schaltfläche heißt Click. Listing 31.4 sorgt dafür, dass sich das Fenster schließt, wenn man auf eine der Schaltflächen klickt.

Dazu wird die Eigenschaft DialogResult des Fensters mit $true oder $false gefüllt. Wie sich herausstellt, ist dieser Wert der Rückgabewert von ShowDialog(). Die Schaltflächen schließen so also nicht nur das Fenster, sondern geben dem Aufrufer außerdem zu verstehen, ob der Anwender das Fenster bestätigt oder abgebrochen hat.

```
$xaml = @'
<Window xmlns="http://schemas.microsoft.com/winfx/2006/xaml/presentation"
  Title="Send Message"
  SizeToContent="WidthAndHeight"
  WindowStyle="ToolWindow"
  ResizeMode="NoResize">

  <StackPanel Orientation="Vertical" Margin="10">

    <StackPanel Orientation="Horizontal" Margin="5">
      <Label Width="100">Name</Label>
      <TextBox  Name="txtName" Width="300"></TextBox>
    </StackPanel>

    <StackPanel Orientation="Horizontal" Margin="5">
      <Label Width="100">Email</Label>
      <TextBox  Name="txtEmail" Width="300"></TextBox>
    </StackPanel>
```

```
    <StackPanel Orientation="Horizontal" HorizontalAlignment="Right">
      <Button Name="butSend" Width="80" Margin="5">Send</Button>
      <Button Name="butCancel" Width="80" Margin="5">Cancel</Button>
    </StackPanel>

  </StackPanel>
</Window>
'@

Add-Type -AssemblyName PresentationFramework

$reader = [System.XML.XMLReader]::Create([System.IO.StringReader]$XAML)
$window = [System.Windows.Markup.XAMLReader]::Load($reader)

# Elemente ansprechen, mit denen etwas passieren soll:
$textBox1 = $window.FindName('txtName')
$textBox2 = $window.FindName('txtEmail')
$buttonSend = $window.FindName('butSend')
$buttonCancel = $window.FindName('butCancel')

# Eingabecursor in erstes Textfeld setzen:
$null = $textBox1.Focus()

# Click-Ereignisse der Schaltflächen mit Aktion versehen:
$code1 = { $window.DialogResult = $true }
$code2 = { $window.DialogResult = $false }

$buttonSend.add_Click($code1)
$buttonCancel.add_Click($code2)

$DialogResult = $window.ShowDialog()
if ($DialogResult -eq $true)
{
  $info = [Ordered]@{
    Name = $textBox1.Text
    Email = $textBox2.Text
  }
  New-Object -TypeName PSObject -Property $info
}
else
{
  Write-Warning 'Abbruch durch den User.'
}
```

Listing 31.4: Das Fenster reagiert nun auf die Schaltflächen und liefert Ergebnisse als Objekt zurück.

Auch die TextBox-Elemente verfügen über Ereignisse. Vielleicht möchten Sie die Navigation erleichtern und dazu folgende Automatismen einbauen:

- In der ersten TextBox soll ein Druck auf ⏎ den Wechsel zur zweiten TextBox bewirken. So spart sich der Anwender den Griff zur Maus.

- Ein weiterer Druck auf ⏎ in der zweiten TextBox soll das Fenster schließen, also die gleiche Wirkung haben wie ein Klick auf die *Send*-Schaltfläche. So wird es sehr viel einfacher, die Eingaben im Dialogfeld in einem Zug per Tastatur einzugeben.

Diese Komfortfunktionen könnten Sie über das Ereignis KeyUp realisieren, das immer auslöst, wenn innerhalb der TextBox eine Taste losgelassen wird. Sie bräuchten dann nur noch zu überprüfen, ob die gedrückte Taste ⏎ war, und entsprechend handeln. Listing 31.5 zeigt die Umsetzung.

```powershell
$xaml = @'
<Window xmlns="http://schemas.microsoft.com/winfx/2006/xaml/presentation"
  Title="Send Message"
  SizeToContent="WidthAndHeight"
  WindowStyle="ToolWindow"
  ResizeMode="NoResize">

  <StackPanel Orientation="Vertical" Margin="10">

    <StackPanel Orientation="Horizontal" Margin="5">
      <Label Width="100">Name</Label>
      <TextBox  Name="txtName" Width="300"></TextBox>
    </StackPanel>

    <StackPanel Orientation="Horizontal" Margin="5">
      <Label Width="100">Email</Label>
      <TextBox  Name="txtEmail" Width="300"></TextBox>
    </StackPanel>

    <StackPanel Orientation="Horizontal" HorizontalAlignment="Right">
      <Button Name="butSend" Width="80" Margin="5">Send</Button>
      <Button Name="butCancel" Width="80" Margin="5">Cancel</Button>
    </StackPanel>

  </StackPanel>
</Window>
'@

Add-Type -AssemblyName PresentationFramework

$reader = [System.XML.XMLReader]::Create([System.IO.StringReader]$XAML)
$window = [System.Windows.Markup.XAMLReader]::Load($reader)

# Elemente ansprechen, mit denen etwas passieren soll:
$textBox1 = $window.FindName('txtName')
$textBox2 = $window.FindName('txtEmail')
$buttonSend = $window.FindName('butSend')
$buttonCancel = $window.FindName('butCancel')

# Eingabecursor in erstes Textfeld setzen:
$null = $textBox1.Focus()

# Click-Ereignisse der Schaltflächen mit Aktion versehen:
$code1 = { $window.DialogResult = $true }
$code2 = { $window.DialogResult = $false }

$buttonSend.add_Click($code1)
$buttonCancel.add_Click($code2)

# KeyPress-Ereignisse der TextBox-Elemente definieren
$code3 = {
  [System.Windows.Input.KeyEventArgs]$e = $args[1]
  if ($e.Key -eq 'ENTER') { $textBox2.Focus() }
}

$code4 = {
  [System.Windows.Input.KeyEventArgs]$e = $args[1]
  if ($e.Key -eq 'ENTER') { $window.DialogResult = $true }
}
```

```
$textBox1.add_KeyUp($code3)
$textBox2.add_KeyUp($code4)

$DialogResult = $window.ShowDialog()
if ($DialogResult -eq $true)
{
  $info = [Ordered]@{
    Name = $textBox1.Text
    Email = $textBox2.Text
  }
  New-Object -TypeName PSObject -Property $info
}
else
{
  Write-Warning 'Abbruch durch den User.'
}
```

Listing 31.5: Auf einen Druck der Enter-Taste innerhalb der TextBox-Elemente reagieren.

Und tatsächlich: Wenn Sie Listing 31.5 ausführen, blinkt der Cursor bereits im ersten TextBox-Element. Das bewirkt die Methode Focus(), die für die erste TextBox aufgerufen wurde. Schließen Sie Ihre Eingabe darin mit ⏎ ab, wechselt der Cursor ins zweite TextBox-Element. Und wenn Sie darin ⏎ drücken, schließt sich das Fenster und meldet die eingegebenen Informationen zurück.

Wenn Sie sich den Code genauer ansehen, werden Sie in $code3 und $code4 den PowerShell-Code entdecken, der jeweils ausgeführt wird, wenn eine Taste innerhalb einer TextBox losgelassen wird. Das Ereignis KeyUp übergibt dem Skriptblock in $args[1] die Taste, die gedrückt wurde, sodass der Code nur reagiert, wenn ⏎ losgelassen wurde. $args[0] enthält übrigens immer das Objekt, das den Event ausgelöst hat, also die jeweilige TextBox selbst.

Werkzeuge für das WPF-Design

Reine PowerShell-Bordmittel genügen durchaus, um Fenster zu definieren und zu öffnen. Den PowerShell-Code dafür zu *entwickeln*, ist aber eine ganz andere Herausforderung: Dazu müssen Sie sich immer genau an die Groß- und Kleinschreibung von XAML halten und natürlich wissen, wie die verschiedenen grafischen Elemente überhaupt heißen, die man in einem Fenster anzeigen kann.

Dass PowerShell keine besondere Unterstützung für die Oberflächengestaltung mitbringt, ist verständlich, denn PowerShell wurde ursprünglich mit voller Absicht als eine rein textbasierte Automationssprache entwickelt und sollte ja ausdrücklich auf grafische Oberflächen verzichten, die die unbeaufsichtigte Ausführung stören könnten. Wenn aber Ihr PowerShell-Skript eine Anwendung sein soll (ein Tool für einen Helpdesk-Mitarbeiter zum Beispiel), ist es vollkommen legitim und auch sinnvoll, mit PowerShell Oberflächen hinzuzufügen. Um solche Oberflächen zu gestalten, sollten Sie allerdings auch zu entsprechenden Tools für Anwendungsentwickler greifen.

Hinweis

Einfache Oberflächen lassen sich mit PowerShell problemlos und mit geringem Aufwand herstellen. Übertreiben Sie es aber nicht. PowerShell ist nicht für grafische Oberflächen gemacht und »single-threaded«, kann also immer nur eine Aufgabe nach der anderen ausführen. Deshalb stößt man bei komplexen Oberflächen unweigerlich an Grenzen, die sich nur mit unverhältnismäßig hohem Aufwand überwinden lassen.

Als Faustregel gilt: Solange Ihr PowerShell-Code Fenster nur anzeigt, um Daten zu erfassen oder Ergebnisse anzuzeigen, ist alles in Ordnung. Sobald Fenster auch geöffnet bleiben sollen, während Power-Shell konkrete Aufgaben durchführt, wird eine reaktionsfreudige Oberfläche zur Herausforderung.

Mit dem WPF-Designer von Visual Studio arbeiten

WPF-Oberflächen lassen sich mit professionellen Werkzeugen aus der Anwendungsentwicklung sehr einfach gestalten, und die Entwicklungsumgebung VisualStudio von Microsoft ist hierfür am besten geeignet. VisualStudio ist in den sogenannten Express-Editions kostenlos.

Nachdem Sie Visual Studio installiert und gestartet haben, wählen Sie darin *Datei/Neu/Projekt* und legen ein neues C#-Projekt vom Typ *WPF-Anwendung* an. Nach einigen Sekunden ist das Projekt erstellt, und rechts in der Projektmappe finden Sie unter anderem die Datei *Main-Window.xaml*. Doppelklicken Sie darauf. Es öffnet sich der WPF-Designer.

Im oberen Bereich erscheint eine Vorschau auf das Fenster, und im unteren Bereich sehen Sie das XAML, das dieses Fenster beschreibt. Wenn Sie nun das XAML aus dem unteren Bereich durch das XAML aus Listing 31.5 ersetzen (und bitte nur das XAML, also ohne jeden Power-Shell-Code darum herum), erscheint das Fenster, das Ihnen die PowerShell geliefert hat, nun in exakter Darstellung im oberen Bereich (Abbildung 31.3).

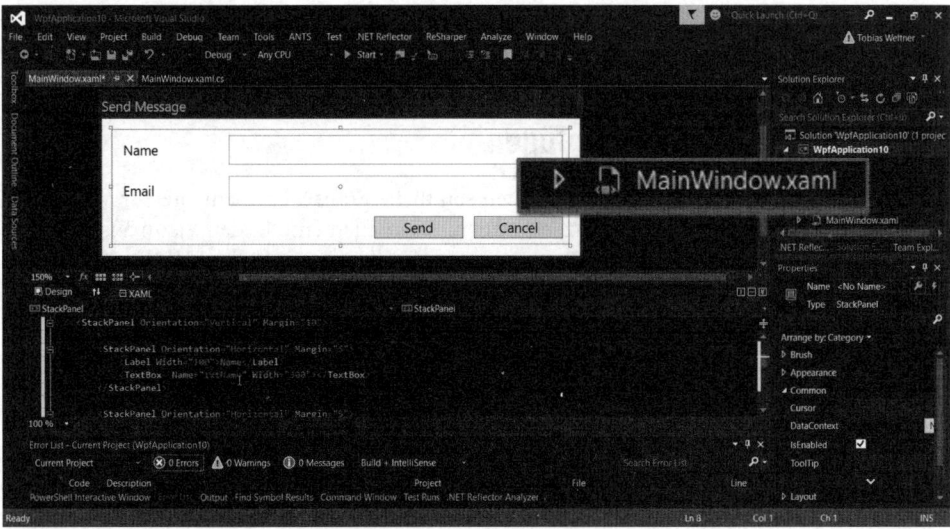

Abbildung 31.3: Der WPF-Designer von VisualStudio erleichtert das Design von WPF-Fenstern sehr.

Sie können jetzt sowohl im oberen als auch im unteren Bereich Veränderungen vornehmen – beide Ansichten sind synchronisiert. Ziehen Sie beispielsweise ein grafisches Element im oberen Bereich an eine neue Position, aktualisiert sich automatisch das XAML im unteren Bereich – und umgekehrt. Im unteren Bereich werden Sie mit IntelliSense unterstützt, das Ihnen zu den Elementen jeweils anzeigt, welche Attribute unterstützt werden. Nur wenn Sie verkehrte Eingaben machen und das XAML ungültig wird, verschwindet die Vorschau, und rote Wellenlinien zeigen das Malheur im XAML an – allzu forsch sollten Sie also nicht an Veränderungen herangehen.

Nachdem Sie das XAML in VisualStudio bearbeitet haben, können Sie es aus VisualStudio heraus- und in Ihr PowerShell-Skript hineinkopieren. PowerShell zeigt dann alle Änderungen, die Sie vorgenommen haben, ebenfalls an, wenn Sie das Skript starten.

Wichtig

Wenn Sie das XAML übernehmen, das VisualStudio automatisch generiert hat, kann PowerShell es zunächst noch nicht korrekt anzeigen. Das XAML enthält nämlich Verweise auf den übrigen Rest des VisualStudio-Projekts. Diese Verweise finden sich ganz oben im Bereich der Fensterdefinition und müssten entfernt werden. Nur der Verweis `xmlns="http://schemas.microsoft.com/winfx/2006/xaml/presentation"` muss erhalten bleiben.

```
Window x:Class="WpfApplication10.MainWindow"

        xmlns="http://schemas.microsoft.com/winfx/2006/xaml/presentation"

        xmlns:x="http://schemas.microsoft.com/winfx/2006/xaml"

        xmlns:d="http://schemas.microsoft.com/expression/blend/2008"

        xmlns:mc="http://schemas.openxmlformats.org/markup-compatibility/2006"

        xmlns:local="clr-namespace:WpfApplication10"

        mc:Ignorable="d"
```

Neue grafische Elemente einfügen

Bei der Gestaltung Ihrer Fenster stehen Ihnen sämtliche grafischen Elemente zur Verfügung, die auch Anwendungsentwickler nutzen können. Diese Elemente finden Sie in VisualStudio auf der linken Seite im *Werkzeugkasten* (bzw. in der *Toolbox* in englischen Versionen). Ziehen Sie die gewünschten Elemente einfach in die Vorschau des Fensters.

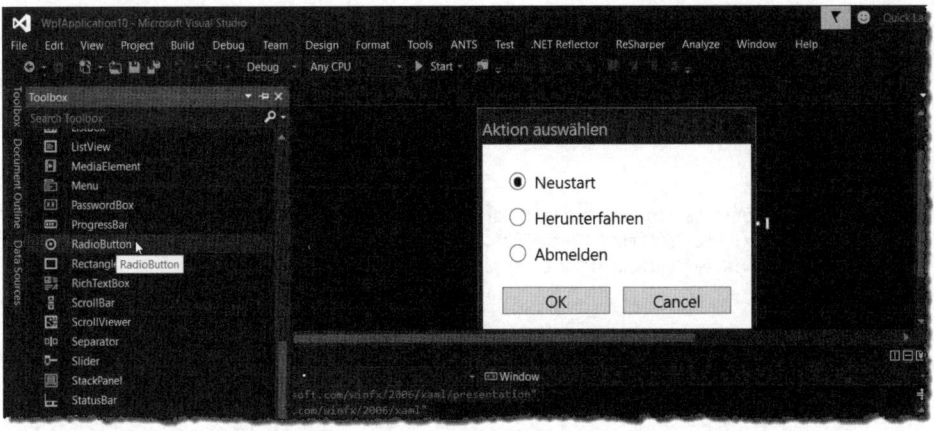

Abbildung 31.4: Neue grafische Elemente aus dem Werkzeugkasten auf die Fenstervorschau ziehen.

Das folgende XAML würde zum Beispiel ein Fenster mit drei Radiobuttons definieren:

```
<Window xmlns="http://schemas.microsoft.com/winfx/2006/xaml/presentation"
  xmlns:x="http://schemas.microsoft.com/winfx/2006/xaml"
  Title="Aktion auswählen"
  SizeToContent="WidthAndHeight"
  WindowStyle="ToolWindow"
  ResizeMode="NoResize">

    <StackPanel Orientation="Vertical" Margin="10">

        <StackPanel Orientation="Vertical" Margin="5">
            <RadioButton x:Name="radioButton1" Content="Neustart" Margin="5" IsChecked="True"/>
            <RadioButton x:Name="radioButton2" Content="Herunterfahren" Margin="5"/>
            <RadioButton x:Name="radioButton3" Content="Abmelden" Margin="5"/>
        </StackPanel>


        <StackPanel Orientation="Horizontal" HorizontalAlignment="Right">
            <Button x:Name="butSend" Width="80" Margin="5" Content="OK"/>
            <Button x:Name="butCancel" Width="80" Margin="5" Content="Cancel"/>
        </StackPanel>

    </StackPanel>
</Window>
```

Listing 31.6: Drei Radiobuttons in einem Fenster anzeigen und einen davon vorwählen.

Sie brauchen das XAML anschließend nur noch in Listing 31.5 einzufügen und den Skriptcode ein wenig anzupassen:

```
$xaml = @'
<Window xmlns="http://schemas.microsoft.com/winfx/2006/xaml/presentation"
  xmlns:x="http://schemas.microsoft.com/winfx/2006/xaml"
  Title="Aktion auswählen"
  SizeToContent="WidthAndHeight"
  WindowStyle="ToolWindow"
  ResizeMode="NoResize">

    <StackPanel Orientation="Vertical" Margin="10">
```

```
        <StackPanel Orientation="Vertical" Margin="5">
            <RadioButton x:Name="radioButton1" Content="Neustart" Margin="5" IsChecked="True"/>
            <RadioButton x:Name="radioButton2" Content="Herunterfahren" Margin="5"/>
            <RadioButton x:Name="radioButton3" Content="Abmelden" Margin="5"/>
        </StackPanel>


        <StackPanel Orientation="Horizontal" HorizontalAlignment="Right">
            <Button x:Name="butSend" Width="80" Margin="5" Content="OK"/>
            <Button x:Name="butCancel" Width="80" Margin="5" Content="Cancel"/>
        </StackPanel>

    </StackPanel>
</Window>
'@

Add-Type -AssemblyName PresentationFramework

$reader = [System.XML.XMLReader]::Create([System.IO.StringReader]$XAML)
$window = [System.Windows.Markup.XAMLReader]::Load($reader)

# Elemente ansprechen, mit denen etwas passieren soll:
$buttonSend = $window.FindName('butSend')
$buttonCancel = $window.FindName('butCancel')

$radio1 = $window.FindName('radioButton1')
$radio2 = $window.FindName('radioButton2')
$radio3 = $window.FindName('radioButton3')

# Click-Ereignisse der Schaltflächen mit Aktion versehen:
$code1 = { $window.DialogResult = $true }
$code2 = { $window.DialogResult = $false }

$buttonSend.add_Click($code1)
$buttonCancel.add_Click($code2)

$DialogResult = $window.ShowDialog()
if ($DialogResult -eq $true)
{
  if ($radio1.isChecked)
  {
    1
  }
  elseif ($radio2.isChecked)
  {
    2
  }
  elseif ($radio3.isChecked)
  {
    3
  }
}
else
{
  Write-Warning 'Abbruch durch den User.'
}
```

Listing 31.7: Ein Dialogfeld mit drei Auswahlmöglichkeiten anzeigen.

Sobald Sie Listing 31.7 ausführen, erscheint ein Dialogfeld mit drei Auswahlmöglichkeiten, und wenn der Anwender auf *OK* klickt, wird je nach Auswahl eine Zahl zwischen 1 und 3 zurückgeliefert.

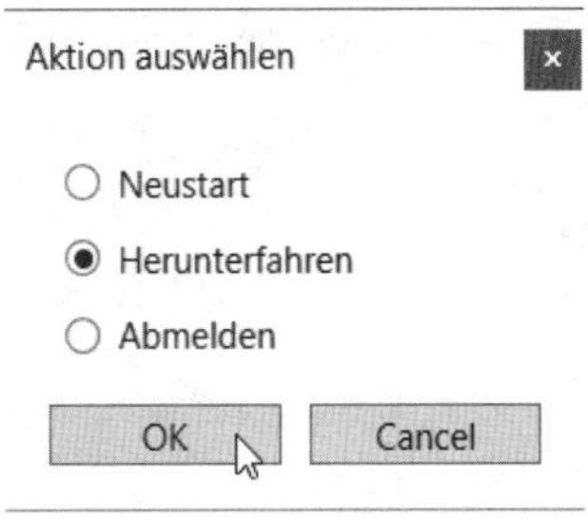

Abbildung 31.5: Ein Dialogfeld mit drei Optionen.

Hinweis

Entscheidend ist am Ende des Tages das XAML. Ob Sie es von Hand erstellen, mit der Hilfe des WPF-Designers in VisualStudio erzeugen, andere Werkzeuge einsetzen oder das XAML aus einem Beispiel herauskopieren, das Sie im Internet gefunden haben, ist egal.

Klar ist aber auch, dass nicht alles sofort funktionieren wird. Die Gestaltung von Oberflächen mit WPF ist eine Wissenschaft für sich, die PowerShell zwar wie gezeigt einsetzen kann, die aber keinesfalls zur Kernkompetenz von PowerShell gehört und deshalb in diesem Buch auch keine abendfüllende Rolle erhalten kann. WPF und XAML füllen separat ganze Fachbücher.

Elemente im Fenster anordnen

Sobald mehrere Bedienelemente in einem WPF-Fenster erscheinen sollen, stellt sich die Frage der Anordnung. Natürlich könnten Sie den Elementen von Hand feste Positionen zuweisen, indem Sie die Eigenschaften Top, Left, Width und Height der Elemente festlegen. Das ist aber nicht nur mühselig, sondern funktioniert auch nur bei statischen Fenstern, die sich nicht vergrößern lassen.

StackPanels

WPF bietet clevere Alternativen, von denen Sie mit dem StackPanel eine bereits in Aktion erlebt haben. *StackPanels* sind der einfachste Weg, mehrere Elemente in einem Fenster unterzubringen. Sie werden einfach »gestapelt«, entweder horizontal oder vertikal, und zwar in der Reihenfolge, in der die Elemente mit AddChild() dem StackPanel hinzugefügt werden. Legt man dann noch in der Eigenschaft Margin den Abstand der Elemente voneinander fest, lassen sich sehr einfach ansprechende Dialogfelder bauen.

Grids

Mehr Gestaltungsspielraum als mit StackPanels hat man mit dem *Grid*. Es definiert ähnlich wie bei Excel eine Tabellenstruktur, und anschließend werden die grafischen Elemente in die entsprechenden Zellen des Grids gelegt. Listing 31.8 definiert dasselbe Fenster wie Listing 31.5, setzt aber anstelle von StackPanels nun ein Grid ein:

```
$xaml = @'
<Window xmlns="http://schemas.microsoft.com/winfx/2006/xaml/presentation"
  Title="Send Message"
  Width="300"
  MinWidth ="200"
  SizeToContent="Height"
  WindowStyle="ToolWindow">
    <Grid Margin="5">
        <Grid.ColumnDefinitions>
            <ColumnDefinition Width="Auto"></ColumnDefinition>
            <ColumnDefinition Width="*"></ColumnDefinition>
        </Grid.ColumnDefinitions>
        <Grid.RowDefinitions>
            <RowDefinition Height="Auto"></RowDefinition>
            <RowDefinition Height="Auto"></RowDefinition>
            <RowDefinition Height="*"></RowDefinition>
        </Grid.RowDefinitions>

        <Label Grid.Column="0">Name</Label>
        <TextBox Grid.Column="1"  Name="txtName" Margin="5"></TextBox>

        <Label Grid.Column="0" Grid.Row="1">Email</Label>
        <TextBox  Grid.Column="1" Grid.Row="1" Name="txtEmail" Margin="5"></TextBox>

    <StackPanel Grid.ColumnSpan="2" Grid.Row="2" Orientation="Horizontal" HorizontalAlignment="Rig
ht" VerticalAlignment="Bottom">
        <Button Name="butSend" Width="80" Height="30" Margin="5">Send</Button>
        <Button Name="butCancel" Width="80" Height="30" Margin="5">Cancel</Button>
    </StackPanel>
    </Grid>
</Window>
'@

Add-Type -AssemblyName PresentationFramework

$reader = [System.XML.XMLReader]::Create([System.IO.StringReader]$XAML)
$window = [System.Windows.Markup.XAMLReader]::Load($reader)

# Elemente ansprechen, mit denen etwas passieren soll:
$textBox1 = $window.FindName('txtName')
$textBox2 = $window.FindName('txtEmail')
$buttonSend = $window.FindName('butSend')
$buttonCancel = $window.FindName('butCancel')

# Eingabecursor in erstes Textfeld setzen:
$null = $textBox1.Focus()

# Click-Ereignisse der Schaltflächen mit Aktion versehen:
$code1 = { $window.DialogResult = $true }
$code2 = { $window.DialogResult = $false }

$buttonSend.add_Click($code1)
```

```
$buttonCancel.add_Click($code2)

# KeyPress-Ereignisse der TextBox-Elemente definieren
$code3 = {
    [System.Windows.Input.KeyEventArgs]$e = $args[1]
    if ($e.Key -eq 'ENTER') { $textBox2.Focus() }
}

$code4 = {
    [System.Windows.Input.KeyEventArgs]$e = $args[1]
    if ($e.Key -eq 'ENTER') { $window.DialogResult = $true }
}

$textBox1.add_KeyUp($code3)
$textBox2.add_KeyUp($code4)

$DialogResult = $window.ShowDialog()
if ($DialogResult -eq $true)
{
    $info = [Ordered]@{
        Name = $textBox1.Text
        Email = $textBox2.Text
    }
    New-Object -TypeName PSObject -Property $info
}
else
{
    Write-Warning 'Abbruch durch den User.'
}
```

Listing 31.8: Ein Dialogfeld mithilfe eines Grids gestalten.

Der besondere Vorteil des Grids ist nicht nur die freie Aufteilbarkeit in Zellen und Spalten. Durch die relative Positionierung der Elemente kann ein Grid auch skaliert werden, ohne dass die Bezüge zu seinem Inhalt gestört werden. Deshalb ist das Fenster, das Listing 31.8 definiert, nicht mehr mit `NoResize` auf eine feste Größe beschränkt. Wenn Sie das Fenster vergrößern, werden die Elemente darin harmonisch mit verschoben.

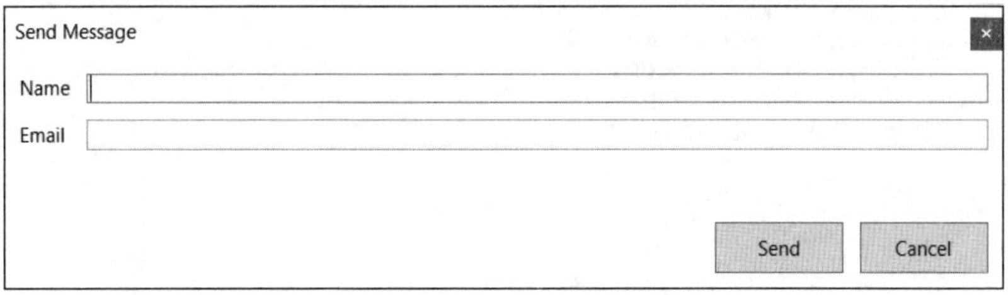

Abbildung 31.6: Wird das Fenster vergrößert, behalten die Elemente darin ihren Bezug.

DockPanels

DockPanels erlauben ähnlich wie ein Grid die relative Positionierung von Bildelementen, sodass das Fenster vergrößert werden kann, ohne dass sein Inhalt derangiert wirkt. Beim DockPanel »dockt« man die grafischen Elemente an die vier Seiten des DockPanels an.

Im nächsten Beispiel soll gezeigt werden, dass Sie nicht unbedingt XAML einzusetzen brauchen. Alle Elemente können auch allein mit Code erzeugt werden. Der Code wird dann aber, wie Listing 31.9 zeigt, umfangreicher. Listing 31.9 demonstriert außerdem, dass Sie WPF-Code natürlich auch als Funktion kapseln können. Es definiert die Funktion Find-Type. Wird sie aufgerufen, öffnet sich ein Dialogfeld, in dem man auf die Suche nach .NET-Typen gehen kann.

```powershell
function Find-Type
{
  Add-Type -AssemblyName PresentationFramework

  # falls Variable "$script" noch nicht gefüllt ist,
  # alle .NET-Typen ermitteln:
  if (!$script:types)
  {
    # geladene Assemblies bestimmen:
    $assemblies = [AppDomain]::CurrentDomain.GetAssemblies()

    # Anzahl für Fortschrittsbalken merken:
    $all = $assemblies.Count
    $i = 0

    # Variable nun füllen
    $script:types = $assemblies |
    # Fortschrittsbalken anzeigen
    ForEach-Object {
      $prozent = $i * 100 / $all
      Write-Progress -Activity 'Examining assemblies' -Status $_.FullName -PercentComplete $prozent
      $i++; $_
    } |
    ForEach-Object { try { $_.GetExportedTypes() } catch {} } |
    Where-Object { $_.isPublic} |
    Where-Object { $_.isClass } |
    Where-Object { $_.Name -notmatch '(Attribute|Handler|Args|Exception|Collection|Expression)$' }|
    Select-Object -ExpandProperty FullName

    # Fortschrittsbalken wieder ausblenden:
    Write-Progress -Activity 'Examining assemblies' -Completed
  }

  # Fensterelemente beschaffen:
  $window = New-Object Windows.Window
  $textBlock = New-Object Windows.Controls.TextBlock
  $textBox = New-Object Windows.Controls.TextBox
  $listBox = New-Object Windows.Controls.Listbox
  $dockPanel = New-Object Windows.Controls.DockPanel

  # Fenster konfigurieren:
  $window.Width = 500
  $window.Height = 300
  $window.Title = '.NET Type Finder by Dr. Tobias Weltner'
  $window.Content = $dockPanel
  $window.Background = 'Orange'
  $window.TopMost = $true

  # DockPanel konfigurieren:
  $dockPanel.LastChildFill = $true
  # Elemente ins DockPanel aufnehmen:
  $dockpanel.AddChild($textBlock)
  $dockpanel.AddChild($textBox)
  $dockpanel.AddChild($listBox)
  # Dockingposition festlegen:
  [Windows.Controls.DockPanel]::SetDock($textBlock, 'top')
```

```
[Windows.Controls.DockPanel]::SetDock($textbox, 'top')
[Windows.Controls.DockPanel]::SetDock($listbox, 'top')

# TextBlock konfigurieren:
$textBlock.Text = 'Enter part of a .NET type name (i.e. "Dialog"). Multiple keywords are permitt
ed. Press DOWN to switch to list and select type. Press ENTER to select type. Press ESC to clear se
arch field. Window will close on ESC if search field is empty.'
$textBlock.TextWrapping = 'Wrap'
$textBlock.Margin = 3
$textBlock.FontFamily = 'Tahoma'
$textblock.Background = 'Orange'

# TextBox konfigurieren:
$textBox.FontFamily = 'Tahoma'
$textBox.FontSize = 26
# wenn sich der Text in der TextBox ändert,
# sofort Liste aktualisieren:
$refreshCode = {
  # aktualisiert den Inhalt der ListBox
  # die Wörter in der ListBox werden gesplittet,
  # dann wird daraus ein regulärer Ausdruck erstellt, der nur die Texte
  # wählt, in denen ALLE Suchwörter gemeinsam vorkommen:
  $regex = '^(?=.*?({0})).*$' -f ($textbox.Text.Trim() -split '\s{1,}' -join ')(?=.*?(')
  # Inhalt der ListBox sind alle Typen, die dem RegEx entsprechen:
  $listBox.ItemsSource = @($types -match $regex)
}
$textBox.add_TextChanged({ & $refreshCode })
# festlegen, was bei Tastendrücken in der TextBox geschehen soll:
$keyDownCode = {
  Switch ($args[1].Key)
  {
    'Return' { & $refreshCode }
    'Escape' {
      # wenn ESCAPE gedrückt wird und die TextBox leer ist,
      # dann Fenster schließen ...
      if ($textbox.Text -eq '')
      {
        $window.Close()
      }
      # ... sonst TextBox-Inhalt leeren:
      else
      {
        $textBox.Text = ''
      }
    }
  }
}
# wenn in der TextBox DOWN gedrückt wird, den Fokus in die ListBox setzen:
$previewkeyDownCode = {
  if ($args[1].Key -eq 'Down')
  {
    & $refreshCode
    $listBox.Focus()
  }
}
# TextBox-Ereignishandler binden:
$textBox.add_KeyDown( $keyDownCode )
$textBox.add_PreviewKeyDown( $previewKeyDownCode )
# TextBox soll nach dem Start eingabebereit sein:
$null = $textBox.Focus()

# ListBox konfigurieren:
# wenn in der ListBox UP gedrückt wird und das oberste Element gewählt ist,
```

```
# dann den Fokus in die TextBox setzen:
$previewkeyDownCodeListBox = {
  if (($args[1].Key -eq 'Up') -and ($listbox.SelectedIndex -lt 1))
  {
    $listBox.SelectedIndex=-1
    $textBox.Focus()
  }
}
# festlegen, was bei Tastendrücken in der ListBox geschehen soll:
$keyDownCodeListBox = {
  Switch ($args[1].Key)
  {
    'Return' { $window.Close() }
    'Escape'  { $textBox.Focus() }
  }
}
# Ereignishandler an die ListBox binden:
$listBox.add_previewKeyDown($previewkeyDownCodeListBox)
$listBox.add_KeyDown($keyDownCodeListBox)

# Fenster anzeigen:
$null = $window.ShowDialog()

# ausgewählten Typ zurückgeben
$listBox.SelectedItem
}
```

Find-Type

Listing 31.9: Find-Type öffnet ein Dialogfenster, mit dem man .NET-Typen suchen kann.

Dazu geben Sie einfach ins Dialogfeld ein paar Stichwörter ein. Noch während der Eingabe aktualisiert das Dialogfeld seinen Inhalt (Abbildung 31.7).

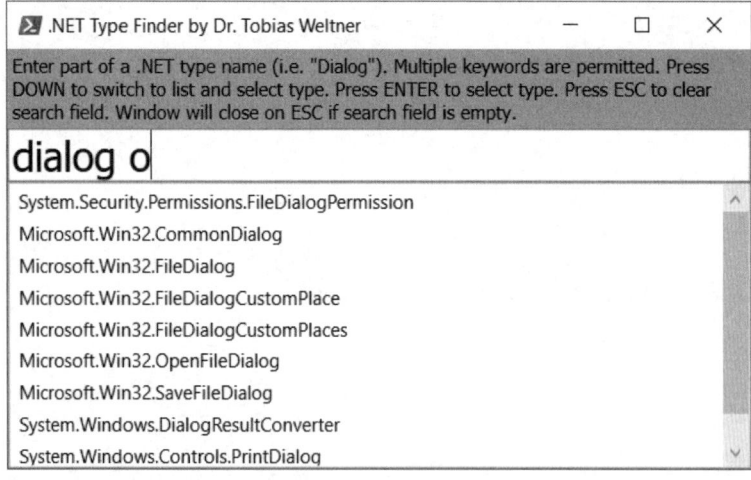

Abbildung 31.7: Mit Stichwörtern nach interessanten .NET-Typen suchen.

Haben Sie einen interessanten .NET-Typ entdeckt, könnten Sie ihn mit New-Object anzulegen versuchen und würden darüber schnell auch die in das Betriebssystem eingebauten Dialogfelder öffnen können. Diese sind ebenfalls nur WPF-Fenster und funktionieren ganz ähnlich:

`ShowDialog()` zeigt das Fenster an (Abbildung 31.8), und das Ergebnis ist wahlweise `$true` oder `$false`, je nachdem, ob der Benutzer das Dialogfeld bestätigt oder nicht.

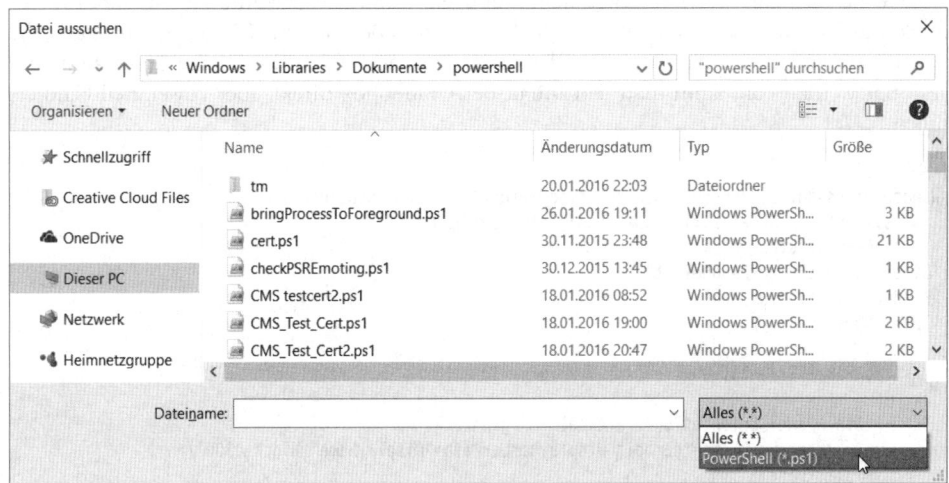

Abbildung 31.8: Dialogfelder des Betriebssystems sind häufig ebenfalls nur WPF-Fenster.

Auch muss die Assembly `PresentationFramework` zuerst geladen werden. Andernfalls steht das Dialogfeld in der PowerShell-Konsole nicht zur Verfügung. Allerdings bleibt Ihnen beim Zugriff auf die offiziellen Dialogfelder zumindest die Arbeit erspart, das Dialogfeld selbst zu gestalten.

```
Add-Type -AssemblyName PresentationFramework

$dialog = New-Object -TypeName Microsoft.Win32.OpenFileDialog
$dialog.Title = 'Datei aussuchen'
$dialog.Filter = 'Alles|*.*|PowerShell|*.ps1'
$dialog.InitialDirectory = "$home\Documents"
$result = $dialog.ShowDialog()

if ($result -eq $true)
{
  $dialog.FileName
}
```

Listing 31.10: Öffnen-Dialog des Betriebssystems anzeigen.

Achtung

Zwar können Sie **Find-Type** auch in der PowerShell-Konsole starten, doch werden dort sehr viel weniger Typen gefunden. Die klassische Konsole lädt nur die nötigsten Typen automatisch, während ISE (als WPF-Anwendung) auch die Typen für Fenster und Zeichenoperationen geladen hat.

Datenbindungen

Viele WPF-Elemente unterstützen Datenbindungen. Damit ist gemeint, dass sie ihren Inhalt direkt aus Objekten beziehen können. Möchten Sie zum Beispiel eine Combobox anzeigen, die alle derzeit laufenden Dienste anzeigt, damit der Anwender einen Dienst auswählen kann, der gestoppt werden soll, kann man den Inhalt der Combobox direkt über PowerShell-Cmdlets füllen.

```
$xaml = @'
<Window xmlns="http://schemas.microsoft.com/winfx/2006/xaml/presentation"
    xmlns:x="http://schemas.microsoft.com/winfx/2006/xaml"
    Title="Dienst stoppen"
    SizeToContent="WidthAndHeight"
    WindowStyle="ToolWindow"
    ResizeMode="NoResize">

    <StackPanel Orientation="Vertical" Margin="10">

        <StackPanel Orientation="Vertical" Margin="5">
            <ComboBox Name="combo1" DisplayMemberPath="DisplayName" Width="300"/>
        </StackPanel>


        <StackPanel Orientation="Horizontal" HorizontalAlignment="Right">
            <Button x:Name="butStop" Width="80" Margin="5" Content="Stop"/>
            <Button x:Name="butCancel" Width="80" Margin="5" Content="Cancel"/>
        </StackPanel>

    </StackPanel>
</Window>
'@

Add-Type -AssemblyName PresentationFramework

$reader = [System.XML.XMLReader]::Create([System.IO.StringReader]$XAML)
$window = [System.Windows.Markup.XAMLReader]::Load($reader)

# Elemente ansprechen, mit denen etwas passieren soll:
$buttonStop = $window.FindName('butStop')
$buttonCancel = $window.FindName('butCancel')
$comboBox1 = $window.FindName('combo1')

# Click-Ereignisse der Schaltflächen mit Aktion versehen:
$code1 = { $window.DialogResult = $true }
$code2 = { $window.DialogResult = $false }

$buttonStop.add_Click($code1)
$buttonCancel.add_Click($code2)

# Dienste-Liste füllen
$liste = Get-Service | Where-Object Status -eq Running
$comboBox1.ItemsSource = $liste
$comboBox1.SelectedIndex = 1

$DialogResult = $window.ShowDialog()

if ($DialogResult -eq $true)
{
```

```
  $comboBox1.SelectedItem | Stop-Service -WhatIf
}
else
{
  Write-Warning 'Abbruch durch den User.'
}
```

Listing 31.11: Laufende Dienste in einer Combobox anzeigen und ausgewählten Dienst stoppen.

Wenn Sie Listing 31.11 ausführen, öffnet sich ein Fenster mit einer Combobox, in der alle Dienste angezeigt werden, die augenblicklich ausgeführt werden. Der erste Dienst ist vorgewählt, weil das Skript mit SelectedIndex diese Auswahl bereits getroffen hat. Wenn der Anwender einen Dienst auswählt und dann auf Stop klickt, wird dieser beendet. Im Beispiel verhindert -WhatIf, dass der Dienst tatsächlich gestoppt wird.

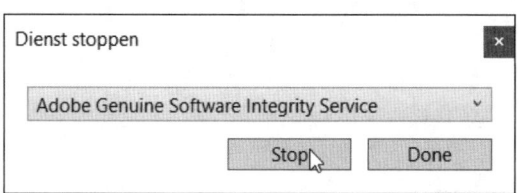

Abbildung 31.9: Liste mit laufenden Diensten anzeigen und ausgewählten Dienst stoppen.

Die Bindung der Liste mit den Diensten in $liste an die Combobox ist denkbar einfach: Die Combobox legt mit DisplayMemberPath die Eigenschaft der Objekte fest, die in der Combobox angezeigt werden soll. Die Eigenschaft ItemsSource nimmt die Liste selbst entgegen. Mehr ist nicht zu tun.

Soll das Dialogfeld geöffnet bleiben, sodass man mehrere Dienste stoppen kann, sind nur wenige Anpassungen nötig. Das Fenster aktualisiert nun die Dienstliste jedes Mal, wenn ein Dienst gestoppt wird, und wird geschlossen, wenn man auf *Done* klickt (Abbildung 31.9).

```
$xaml = @'
<Window xmlns="http://schemas.microsoft.com/winfx/2006/xaml/presentation"
  xmlns:x="http://schemas.microsoft.com/winfx/2006/xaml"
  Title="Dienst stoppen"
  SizeToContent="WidthAndHeight"
  WindowStyle="ToolWindow"
  ResizeMode="NoResize">

    <StackPanel Orientation="Vertical" Margin="10">

        <StackPanel Orientation="Vertical" Margin="5">
            <ComboBox Name="combo1" DisplayMemberPath="DisplayName" Width="300"/>
        </StackPanel>


        <StackPanel Orientation="Horizontal" HorizontalAlignment="Right">
            <Button x:Name="butStop" Width="80" Margin="5" Content="Stop"/>
            <Button x:Name="butCancel" Width="80" Margin="5" Content="Done"/>
        </StackPanel>

    </StackPanel>
</Window>
'@
```

```
Add-Type -AssemblyName PresentationFramework

$reader = [System.XML.XMLReader]::Create([System.IO.StringReader]$XAML)
$window = [System.Windows.Markup.XAMLReader]::Load($reader)

# Elemente ansprechen, mit denen etwas passieren soll:
$buttonStop = $window.FindName('butStop')
$buttonCancel = $window.FindName('butCancel')
$comboBox1 = $window.FindName('combo1')

# Click-Ereignisse der Schaltflächen mit Aktion versehen:
$code1 = {
  $comboBox1.SelectedItem | Stop-Service -WhatIf
  RefreshComboBox
}
$code2 = { $window.Close() }

$buttonStop.add_Click($code1)
$buttonCancel.add_Click($code2)

# Dienste-Liste füllen
function RefreshComboBox
{
  $liste = Get-Service | Where-Object Status -eq Running
  $comboBox1.ItemsSource = $liste
  $comboBox1.SelectedIndex = 1
}
RefreshComboBox
$null = $window.ShowDialog()
```

Listing 31.12: Fenster geöffnet halten, um mehrere Dienste stoppen zu können.

Tipp

Das Grundprinzip von Listing 31.12 kann man für vielfältige Aufgaben einsetzen. Anstelle der Dienste könnte die Combobox zum Beispiel ebenso gut gesperrte Benutzerkonten anzeigen und diese per Klick entsperren.

Das automatische Binden von Objekteigenschaften ist ein sehr mächtiges WPF-Konzept, das auch vom DataGrid beherrscht wird. Es erzeugt eine tabellarische Liste von Objekten ähnlich wie Out-GridView:

```
Add-Type -AssemblyName PresentationFramework

$xaml = @"
<Window
 xmlns='http://schemas.microsoft.com/winfx/2006/xaml/presentation'
 Title='Process Viewer'
 MinWidth='300'
 MinHeight='300'
 Height = '600'>

<Grid Margin="5">
  <Grid.RowDefinitions>
      <RowDefinition Height="*"></RowDefinition>
      <RowDefinition Height="Auto"></RowDefinition>
  </Grid.RowDefinitions>
```

```
  <ListView Name="View1">
    <ListView.View>
      <GridView>
        <GridViewColumn Width="140" Header="Name" DisplayMemberBinding="{Binding Name}"/>
        <GridViewColumn Width="350" Header="Fenstertitel" DisplayMemberBinding="{Binding MainWind
owTitle}"/>
        <GridViewColumn Width="140" Header="Beschreibung" DisplayMemberBinding="{Binding Descriptio
n}"/>
        <GridViewColumn Width="100" Header="Hersteller" DisplayMemberBinding="{Binding Company}"/>
      </GridView>
    </ListView.View>
  </ListView>
  <StackPanel Grid.Row="1" Orientation="Horizontal" HorizontalAlignment="Right" VerticalAlignment="
Bottom">
    <Button Name="butStop" Width="80" Height="30" Margin="5">Stop</Button>
    <Button Name="butCancel" Width="80" Height="30" Margin="5">Cancel</Button>
  </StackPanel>
</Grid>

</Window>
"@

$reader = [System.XML.XMLReader]::Create([System.IO.StringReader] $xaml)
$window = [System.Windows.Markup.XAMLReader]::Load($reader)

# Liste füllen
$view = $window.FindName('View1')

$view.ItemsSource = @(Get-Process | Where-Object { $_.MainWindowTitle }) |
# MINDESTENS die Properties auswählen, die angezeigt werden sollen
# UND die später von nachgeschalteten Cmdlets (z. B. Stop-Process)
# benötigt werden:
Select-Object -Property Name, MainWindowTitle, Description, Company, Id

$buttonStop = $window.FindName('butStop')
$buttonCancel = $window.FindName('butCancel')
$code1 = { $window.DialogResult = $true }
$code2 = { $window.DialogResult = $false }

$buttonStop.add_Click($code1)
$buttonCancel.add_Click($code2)


# Fenster anzeigen
if ($window.ShowDialog())
{
  # Ergebnisse auswerten:
  $view.SelectedItems | Stop-Process -WhatIf
}
else
{
  Write-Warning 'Abbruch...'
}
```

Listing 31.13: Alle laufenden Prozesse in einer Tabelle anzeigen und ausgewählte Prozesse beenden.

Ähnlich wie bei der Combobox wird auch dem Grid über ItemsSource die Liste der anzuzeigenden Objekte übergeben. DisplayMemberBinding legt fest, welche Objekteigenschaft in welcher Spalte des Grids angezeigt wird. Alle ausgewählten Prozesse werden beendet, wenn der Anwender auf Stop klickt. Halten Sie [Strg] fest, um mehrere Einträge im Grid zu markieren.

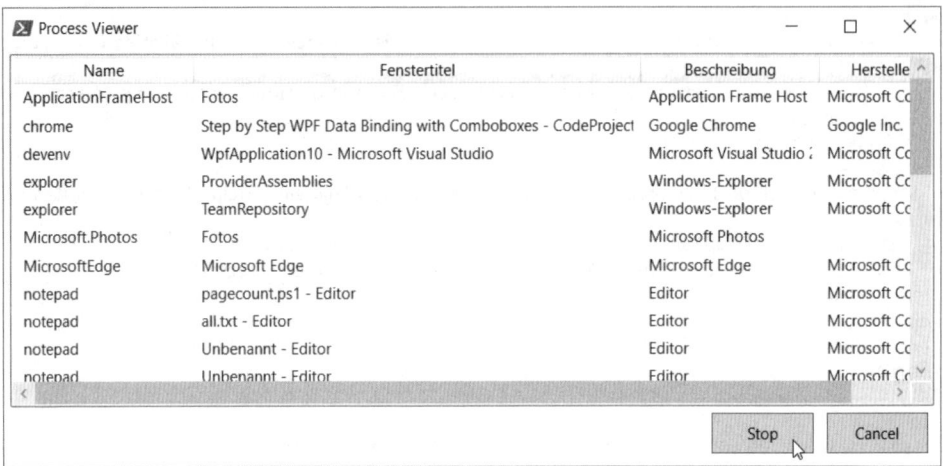

Abbildung 31.10: Alle laufenden Prozesse in einem Grid anzeigen und auf Wunsch Prozesse beenden.

Achtung

Am sichersten ist es, die Objekte, die PowerShell liefert, zuerst mit Select-Object in Objektkopien zu verwandeln, damit das Grid nur noch die Daten der Objekte anzeigt, aber Änderungen am Grid keine Änderungen an den Objekten nach sich ziehen.

Wenn Sie allerdings mit Select-Object die ursprünglichen Objekte verändern, müssen Sie genau verstehen, was Sie anschließend damit tun (und auch anrichten) können. Im Beispiel werden die im Grid ausgewählten Prozesse an Stop-Process übergeben. Allein die Tatsache, dass Select-Object die Eigenschaft Id mit ausgewählt hat, führt jetzt dazu, dass tatsächlich nur die ausgewählten Prozesse gestoppt werden. Hätten Sie die Eigenschaft Id nicht ausgewählt, sondern nur die Eigenschaft Name, hätte Stop-Process alle Prozesse mit diesem Namen gestoppt – also unter Umständen weitaus mehr, als ausgewählt worden waren. Stop-Process sieht nur, was Sie ihm geben.

Ereignisse behandeln

Damit grafische Elemente wie zum Beispiel Schaltflächen auch tatsächlich etwas tun, wenn der Anwender auf sie klickt oder Text eingibt, verfügen diese Elemente über Ereignisse. Das Ereignis Click wird zum Beispiel ausgelöst, wenn auf eine Schaltfläche geklickt wird. Diesen Ereignissen kann PowerShell-Code zugewiesen werden. Der Code wird dann ausgeführt, wenn das Ereignis eintritt. Das haben Sie in den vergangenen Beispielen bereits erlebt. Die Frage ist bloß, welche Ereignisse ein grafisches Element unterstützt.

Ereignisse mit Werkzeugen erforschen

Da die Gestaltung von grafischen Oberflächen nicht zu den Kernkompetenzen von PowerShell zählt, ist die Unterstützung des mitgelieferten ISE-Editors begrenzt. Kommerzielle Tools wie *ISESteroids* können Sie sehr viel detaillierter unterstützen und zum Beispiel die Events sichtbar machen, die ein WPF-Element bietet.

Wie die Gestaltung von Oberflächen mit professionellen Werkzeugen wie ISESteroids abläuft, soll ein kleines Beispiel verdeutlichen, bei dem das einfache Formular aus Listing 31.8 so erweitert wird, dass das Eingabefeld für die E-Mail-Adresse die Benutzereingaben überprüft. Die Schaltfläche *Send* soll nur wählbar sein, wenn der Anwender eine gültige E-Mail-Adresse eingegeben hat.

ISESteroids startklar machen

ISESteroids ist eine kommerzielle Erweiterung für den ISE-Editor und verwandelt diesen in eine umfassende PowerShell-Entwicklungsumgebung, die auch WPF-Unterstützung einschließt. ISESteroids kann testweise von *www.powertheshell.com* heruntergeladen oder direkt mit dem folgenden Cmdlet installiert werden, wenn Sie PowerShell 5 verwenden oder *Power-ShellGet* nachinstalliert haben:

```
PS> Install-Module -Name ISESteroids -Scope CurrentUser
```

Weil ISESteroids ein PowerShell-Modul ist, registriert es sich nirgendwo und kann nach dem Test einfach wieder gelöscht werden. Sobald das Modul vorhanden ist, starten Sie die Erweiterung innerhalb der ISE mit dem Cmdlet Start-Steroids.

XAML-Daten visuell editieren

Fügen Sie dann beliebigen XAML-Code in Ihr Skript ein, beispielsweise:

```
$xaml = @'
<Window xmlns="http://schemas.microsoft.com/winfx/2006/xaml/presentation"
  Title="Send Message"
  Width="300"
  MinWidth ="200"
  SizeToContent="Height"
  WindowStyle="ToolWindow">
    <Grid Margin="5">
        <Grid.ColumnDefinitions>
            <ColumnDefinition Width="Auto"></ColumnDefinition>
            <ColumnDefinition Width="*"></ColumnDefinition>
        </Grid.ColumnDefinitions>
        <Grid.RowDefinitions>
            <RowDefinition Height="Auto"></RowDefinition>
            <RowDefinition Height="Auto"></RowDefinition>
            <RowDefinition Height="*"></RowDefinition>
        </Grid.RowDefinitions>

        <Label Grid.Column="0">Name</Label>
        <TextBox Grid.Column="1"  Name="txtName" Margin="5"></TextBox>

        <Label Grid.Column="0" Grid.Row="1">Email</Label>
        <TextBox  Grid.Column="1" Grid.Row="1" Name="txtEmail" Margin="5"></TextBox>

    <StackPanel Grid.ColumnSpan="2" Grid.Row="2" Orientation="Horizontal" HorizontalAlignment="Righ
t" VerticalAlignment="Bottom">
```

```
      <Button Name="butSend" Width="80" Height="30" Margin="5">Send</Button>
      <Button Name="butCancel" Width="80" Height="30" Margin="5">Cancel</Button>
    </StackPanel>
  </Grid>
</Window>
'@
```

Listing 31.14: XAML definiert ein WPF-Fenster.

Das XAML kann nun direkt aus der ISE heraus wahlweise im mitgelieferten (einfachen) WPF-Editor *Kaxaml* oder in *VisualStudio* bearbeitet werden (sofern VisualStudio installiert ist). Dazu klicken Sie mit der rechten Maustaste auf das XAML. Im Kontextmenü wählen Sie *WPF* (Abbildung 31.11).

Entscheiden Sie sich darin *Edit with Kaxaml* oder *Edit in VisualStudio (1-way-sync)*. Im letzteren Fall wird in VisualStudio automatisch ein Beispielprojekt angelegt, das den XAML-Code aus der ISE übernimmt. Danach öffnen Sie den VisualStudio-WPF-Designer per Doppelklick auf *MainWindow.xaml* (Abbildung 31.3). Jetzt nutzen Sie die Tools von VisualStudio, um das XAML wunschgemäß zu editieren. Sobald Sie das Ergebnis in VisualStudio speichern und es dann schließen, übernimmt die ISE automatisch alle Änderungen am XAML in Ihren Code.

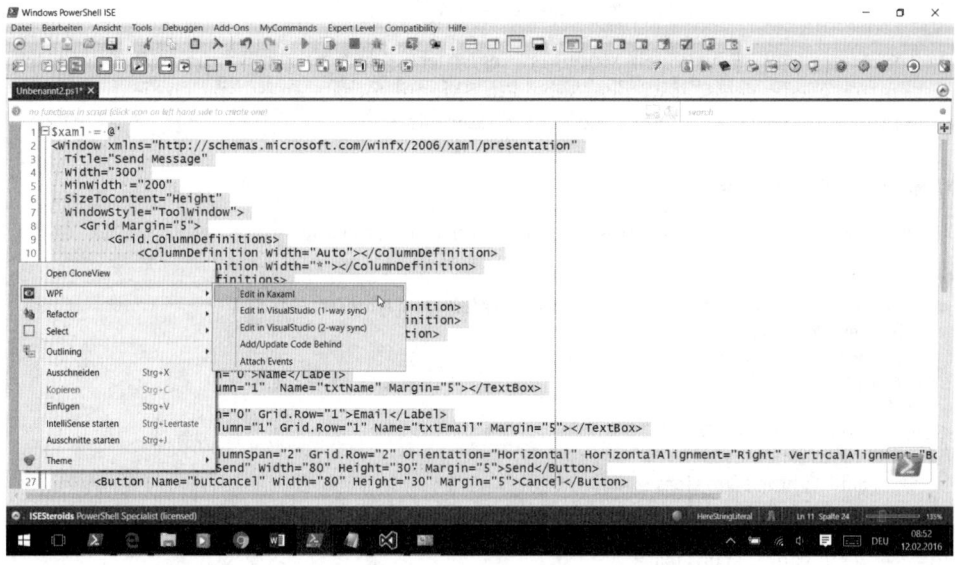

Abbildung 31.11: XAML direkt in der ISE mit der Erweiterung ISESteroids bearbeiten.

Das WPF-Kontextmenü fügt über *Add/Update Code-Behind* auch den notwendigen PowerShell-Code in Ihr Skript ein, um das XAML in ein echtes Fenster zu verwandeln. Eingefügt wird die Funktion `Convert-XAMLtoWindow`. Rufen Sie *Add/Update Code-Behind* jedes Mal auf, wenn Sie das XAML geändert haben. Um das WPF-Fenster anzuzeigen, fügen Sie lediglich diese Zeile ans Ende des Skripts an:

```
$window.ShowDialog()
```

Tipp

Wie Sie bereits gelesen haben, kann der ISE-Editor bei der Entwicklung von WPF-Anwendungen mitunter ein Ressourcenproblem bekommen und stürzt dann ab. In ISESteroids lassen sich Skripte zu Testzwecken in einer separaten, neuen PowerShell starten. So umgehen Sie nicht nur Ressourcenprobleme, sondern stellen in der neuen frischen Testumgebung auch stets sicher, dass Ihr Skript im Produktivumfeld einwandfrei läuft.

Um ein Skript in einer neuen separaten PowerShell zu starten, klicken Sie in der Werkzeugleiste auf das PowerShell-Symbol. Ein Rechtsklick auf das Symbol zeigt zusätzliche Testszenarien an, die Sie nutzen können.

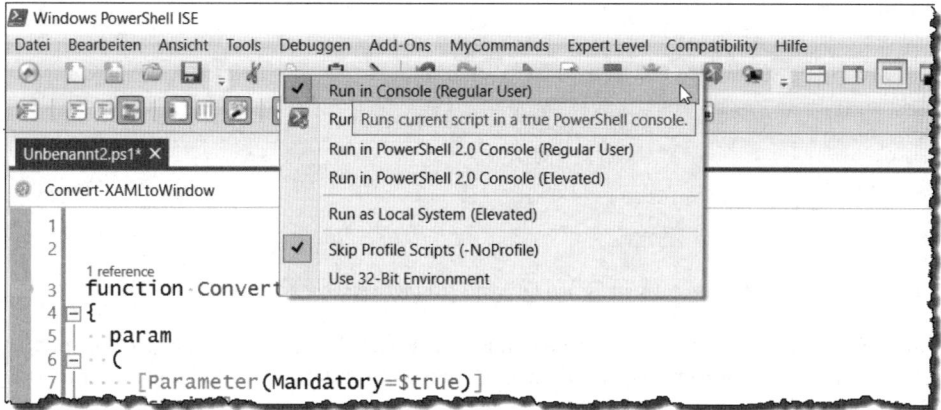

Abbildung 31.12: Ein Skript in einer neuen separaten Testumgebung starten (erfordert ISESteroids).

Ereignishandler einfügen

Um auf die Ereignisse der grafischen Elemente zu reagieren, klicken Sie mit der rechten Maustaste auf das XAML, wählen erneut im Kontextmenü *WPF* und dann *Attach Events*. Es öffnet sich ein weiteres Dialogfeld, in dessen oberer Combobox alle grafischen Elemente aufgelistet werden, denen Sie einen Namen gegeben haben. Um den Inhalt des E-Mail-Textfelds zu validieren, wählen Sie in der Combobox den Eintrag *txtEmail*, also den Namen des betreffenden Elements (Abbildung 31.13).

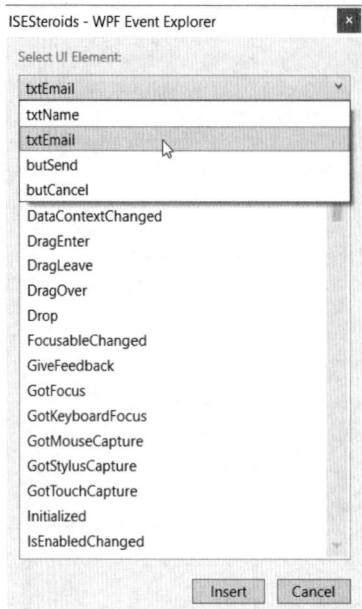

Abbildung 31.13: Die Ereignisse eines grafischen Elements sichtbar machen.

Wählen Sie dann in der Liste der verfügbaren Ereignisse das Ereignis *TextChanged* aus und klicken Sie auf *Insert*. ISESteroids fügt daraufhin den notwendigen Eventhandler Ihrem Code hinzu:

```
$window.txtEmail.add_TextChanged(
  {
    [System.Object]$sender = $args[0]
    [System.Windows.Controls.TextChangedEventArgs]$e = $args[1]

  }
)
```

Listing 31.15: Eventhandler für das Event TextChanged des grafischen Elements namens txtEmail.

Der PowerShell-Code, der ausgeführt werden soll, wenn das Ereignis eintritt, wird über die Methode add_[NameDesEvents]() in Form eines Skriptblocks angefügt. Der eingefügte Eventhandler aus Listing 31.15 verrät, dass das Ereignis TextChanged zwei Informationen mitliefert: in $sender das Element, das den Event ausgelöst hat, und in $e die Informationen zur Textänderung. Für $e liefert die ISE volle IntelliSense-Unterstützung (Abbildung 31.14):

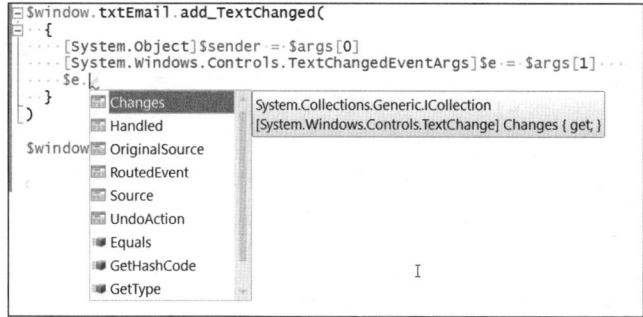

Abbildung 31.14: Das IntelliSense zeigt, welche Informationen das Ereignis Ihrem Handler mitteilt.

Die Zusatzinformationen werden in diesem Fall nicht benötigt, denn es soll nur überprüft werden, ob die Eingabe eine gültige E-Mail-Adresse ist. Dazu kann Ihr Code auf den aktuellen Text des Textfelds in $sender zugreifen. Wenn es sich um eine gültige E-Mail-Adresse handelt, soll die Schaltfläche *Send* wählbar sein, andernfalls nicht (Listing 31.16):

```
function Convert-XAMLtoWindow
{
  param
  (
    [Parameter(Mandatory=$true)]
    [string]
    $XAML,

    [string[]]
    $NamedElements,

    [switch]
    $PassThru
  )

  Add-Type -AssemblyName PresentationFramework

  $reader = [System.XML.XMLReader]::Create([System.IO.StringReader]$XAML)
  $result = [System.Windows.Markup.XAMLReader]::Load($reader)
  foreach($Name in $NamedElements)
  {
    $result | Add-Member NoteProperty -Name $Name -Value $result.FindName($Name) -Force
  }

  if ($PassThru)
  {
    $result
  }
  else
  {
    $result.ShowDialog()
  }
}

$xaml = @'
<Window xmlns="http://schemas.microsoft.com/winfx/2006/xaml/presentation"
  Title="Send Message"
  Width="300"
  MinWidth ="200"
  SizeToContent="Height"
  WindowStyle="ToolWindow">
```

```
<Grid Margin="5">
    <Grid.ColumnDefinitions>
        <ColumnDefinition Width="Auto"></ColumnDefinition>
        <ColumnDefinition Width="*"></ColumnDefinition>
    </Grid.ColumnDefinitions>
    <Grid.RowDefinitions>
        <RowDefinition Height="Auto"></RowDefinition>
        <RowDefinition Height="Auto"></RowDefinition>
        <RowDefinition Height="*"></RowDefinition>
    </Grid.RowDefinitions>

    <Label Grid.Column="0">Name</Label>
    <TextBox Grid.Column="1"  Name="txtName" Margin="5"></TextBox>

    <Label Grid.Column="0" Grid.Row="1">Email</Label>
    <TextBox  Grid.Column="1" Grid.Row="1" Name="txtEmail" Margin="5"></TextBox>

<StackPanel Grid.ColumnSpan="2" Grid.Row="2" Orientation="Horizontal" HorizontalAlignment="Rig
ht" VerticalAlignment="Bottom">
    <Button Name="butSend" Width="80" Height="30" Margin="5">Send</Button>
    <Button Name="butCancel" Width="80" Height="30" Margin="5">Cancel</Button>
</StackPanel>
</Grid>
</Window>
'@

$window = Convert-XAMLtoWindow -XAML $xaml -NamedElements 'txtName', 'txtEmail', 'butSend', 'butCa
ncel' -PassThru

# Send-Schaltfläche abschalten
$window.butSend.IsEnabled = $false

# wenn eine gültige Email-Adresse eingegeben wird,
# Send-Schaltfläche aktivieren
$window.txtEmail.add_TextChanged(
    {
        [System.Object]$sender = $args[0]
        [System.Windows.Controls.TextChangedEventArgs]$e = $args[1]
        $text = $sender.Text
        $window.butSend.IsEnabled = $text -like '*?.?*@*?.?*'
    }
)

$window.ShowDialog()
```

Listing 31.16: Send-Schaltfläche wird aktiviert, wenn eine gültige E-Mail-Adresse eingegeben wurde.

Ereignisse manuell erforschen

Falls Sie kein Freund kommerzieller Tools sind, können Sie die Informationen über Ereignisse auch von Hand ermitteln. Dazu legen Sie sich ein Objekt des gewünschten Typs an und lassen sich dann mit Get-Member die Events ausgeben;

```
$textbox = New-Object -TypeName Windows.Controls.TextBox
$textbox | Get-Member -MemberType Event | Out-GridView
```

Listing 31.17: Ereignisse eines WPF-Objekts mit Get-Member ermitteln.

In Listing 31.17 werden die Ergebnisse in einem GridView angezeigt (Abbildung 31.15). Die Namen der Ereignisse finden Sie in der Spalte *Name* und die Signatur des jeweiligen Ereignisses in der Spalte *Definition*. Geben Sie oben im Suchtextfeld des GridViews ein Stichwort wir TextCh an, um die Anzeige zu filtern.

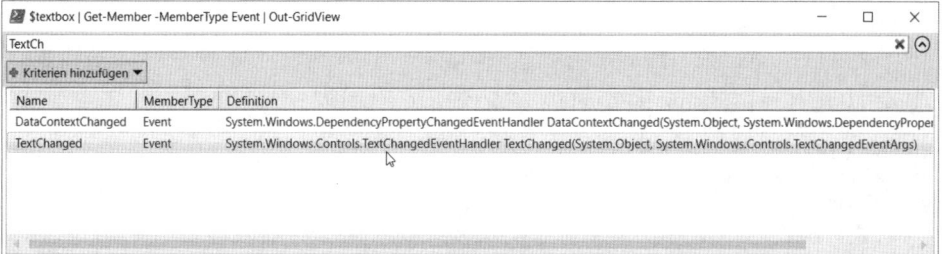

Abbildung 31.15: Die Ereignisse eines TextBox-Objekts sichtbar machen.

Das Ereignis *TextChanged* zeigt in der Spalte *Definition* zum Beispiel an, dass dieses Ereignis zwei Objekte liefert. Das erste ist vom Typ System.Object und immer das Objekt, das das Ereignis ausgelöst hat. Das zweite ist vom Typ System.Windows.Controls.TextChangedEventArgs. Alle diese Informationen stehen innerhalb des Ereignishandlers im Array $args zur Verfügung (Listing 31.15).

Multithreading

PowerShell ist »single-threaded«, kann also immer nur eine Aufgabe ausführen. Solange es das tut, steht PowerShell für keine anderen Aufgaben zur Verfügung. Wird ein WPF-Fenster angezeigt, kümmert sich PowerShell darum, dessen Ereignisse zu behandeln. Deshalb kann das Fenster wie jedes normale Fenster bewegt und vergrößert werden, und die Elemente im Fenster lassen sich bedienen.

Fenster anzeigen und weiterarbeiten

Anders ist das, wenn PowerShell beschäftigt ist. Dann kann es sich nicht mehr um das Fenster kümmern, und es wirkt leblos und lässt sich nicht bedienen. So etwas geschieht zum Beispiel immer dann, wenn ein Fenster nicht mit ShowDialog() geöffnet wird, sondern mit Show(). ShowDialog() zeigt das Fenster wie ein Dialogfeld an, und PowerShell führt keine weiteren Befehle aus. Show() dagegen zeigt das Fenster an, ohne PowerShell anzuhalten. PowerShell kann nun also unmittelbar weitere Befehle ausführen, aber als Folge kümmert es sich nicht mehr um das Fenster.

Abbildung 31.16: Eine Warnmeldung für fünf Sekunden erscheinen lassen.

Listing 31.18 nutzt Show(), um ein rahmenloses Meldungsfenster in der Mitte des Bildschirms anzuzeigen und es nach fünf Sekunden automatisch wieder zu schließen (Abbildung 31.16). Möglich ist das, weil Show() PowerShell nicht blockiert. PowerShell setzt also nach Öffnen des

Fensters seine Arbeit sofort fort und legt sich fünf Sekunden schlafen. Danach schließt es das Fenster wieder.

```
Add-Type -AssemblyName PresentationFramework

$xaml = @"
<Window
xmlns='http://schemas.microsoft.com/winfx/2006/xaml/presentation'
SizeToContent='WidthAndHeight'
WindowStartupLocation = 'CenterScreen'
ResizeMode = 'NoResize'
WindowStyle = 'None'
Topmost='True' >

  <Label FontSize="100" FontFamily='Stencil' Background='Red' Foreground='White'
BorderThickness='2' BorderBrush='Yellow'>
    Feueralarm!
  </Label>
</Window>
"@

$reader = [System.XML.XMLReader]::Create([System.IO.StringReader] $xaml)
$window = [System.Windows.Markup.XAMLReader]::Load($reader)

$null = $window.Show()
Start-Sleep -Seconds 5
$window.Close()
```

Listing 31.18: Eine Alarmmeldung für fünf Sekunden anzeigen.

Die Nebenwirkungen sehen Sie, wenn Sie die Maus über die Warnmeldung bringen: Der Mauszeiger verwandelt sich in einen Wartecursor, und das Fenster reagiert nicht. Muss es auch gar nicht (in diesem Beispiel), und so wären einfache modale Meldungsfenster tatsächlich vielleicht ein sinnvoller Einsatzbereich für Show().

Ähnlich ist es bei der Funktion Lock-Screen aus Listing 31.19. Sie blockiert den Bildschirm mit einem halb transparenten Fenster, zum Beispiel um Installationsaufgaben durchzuführen. Wieder reagiert das Fenster nicht, weil PowerShell nach Show() sofort weiterarbeitet.

```
function Lock-Screen
{
  param
  (
    $Title = 'Access temporarily unavailable',
    $Delay = 10
  )

  Add-Type -AssemblyName PresentationFramework

  $window = New-Object Windows.Window
  $label = New-Object Windows.Controls.Label
  $label.Content = $Title
  $label.FontSize = 60
  $label.FontFamily = 'Tahoma'
  $label.Background = 'Transparent'
  $label.Foreground = 'Red'
  $label.HorizontalAlignment = 'Center'
  $label.VerticalAlignment = 'Center'
  $Window.AllowsTransparency = $True
```

```
$Window.Opacity = 0.6
$window.WindowStyle = 'None'
$window.Content = $label
$window.Left = $window.Top = 0
$window.WindowState = 'Maximized'
$window.Topmost = $true
$null = $window.Show()
Start-Sleep -Seconds $Delay
$window.Close()
}

Lock-Screen -Title 'Zugang vorübergehend verboten!' -Delay 4
```

Listing 31.19: Zugang zum Bildschirm für vier Sekunden unterbinden.

Hinweis

Lock-Screen ist nur ein simples Beispiel und blockiert den Zugang nicht vollständig. Tastendrücke werden weiter an das aktuelle Fenster gesendet, und es wird bei mehr als einem Display auch nur ein Display gesperrt.

Oberfläche aktualisieren

Solange PowerShell eine Aufgabe ausführt, kann das Fenster nicht aktualisiert werden. Dieses Problem wird im nächsten Beispiel deutlich: Ein Klick auf eine Schaltfläche soll in einer Schleife eine Fortschrittsanzeige aktualisieren.

```
$xaml = @'
<Window xmlns="http://schemas.microsoft.com/winfx/2006/xaml/presentation"
  xmlns:x="http://schemas.microsoft.com/winfx/2006/xaml"
  Title="Fortschrittsanzeige"
  SizeToContent="WidthAndHeight"
  WindowStyle="ToolWindow"
  ResizeMode="NoResize">

    <StackPanel Orientation="Vertical" Margin="10">

        <StackPanel Orientation="Vertical" Margin="5">
            <ProgressBar Name="progress1" Minimum="0" Maximum="100" Value="0" Height="20"></Progr
essBar>
        </StackPanel>


        <StackPanel Orientation="Horizontal" HorizontalAlignment="Right">
            <Button x:Name="butStart" Width="80" Margin="5" Content="Start"/>
            <Button x:Name="butOk" Width="80" Margin="5" Content="OK"/>
        </StackPanel>

    </StackPanel>
</Window>
'@

Add-Type -AssemblyName PresentationFramework

$reader = [System.XML.XMLReader]::Create([System.IO.StringReader]$XAML)
```

```
$window = [System.Windows.Markup.XAMLReader]::Load($reader)

# Elemente ansprechen, mit denen etwas passieren soll:
$buttonStart = $window.FindName('butStart')
$buttonOk = $window.FindName('butOk')
$progressBar = $window.FindName('progress1')

# Click-Ereignisse der Schaltflächen mit Aktion versehen:
$code1 =
{
  # Schaltfläche ausgrauen:
  $buttonStart.IsEnabled = $false

  # 140 Schleifendurchläufe:
  $anzahl = 140
  $i = 0
  1..$anzahl | ForEach-Object {
    $i++
    # aktuellen Prozentsatz der Fertigstellung berechnen:
    $prozent = $i * 100 / $anzahl

    # Fortschrittsanzeige aktualisieren:
    $progressBar.Value = $prozent

    # etwas warten. Hier könnten später echte Aufgaben stehen,
    # die etwas Zeit kosten:
    Start-Sleep -Milliseconds 300
  }

  # Schaltfläche wieder aktivieren:
  $buttonStart.IsEnabled = $true
}
$code2 = { $window.DialogResult = $true }

$buttonStart.add_Click($code1)
$buttonOk.add_Click($code2)

$null = $window.ShowDialog()
```

Listing 31.20: Das Fenster reagiert nicht, während PowerShell beschäftigt ist.

Weil allerdings PowerShell die ganze Zeit über beschäftigt ist, wird die Fortschrittsanzeige leider nicht aktualisiert. Das Fenster bleibt vollkommen regungslos und kann noch nicht einmal geschlossen werden.

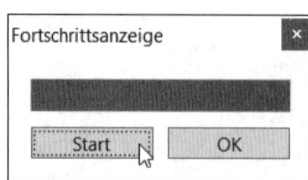

Abbildung 31.17: Die Fortschrittsanzeige und das Fenster werden nicht aktualisiert, während PowerShell arbeitet.

Wenn Sie nun nicht die Nerven verlieren, sich einen Kaffee besorgen und nach einigen Minuten zurückkommen, geht es dem Fenster wieder gut, und die Fortschrittsanzeige ist komplett gefüllt (Abbildung 31.17). Dieses blockierende Verhalten liegt daran, dass PowerShell sich immer nur auf eine Aufgabe konzentrieren kann, und wenn es die Fortschrittsanzeige aktualisiert (oder andere Aufgaben ausführt), können die Ereignisse des Fensters nicht länger bedient werden.

Eine einfache Lösung ist, die Arbeit der PowerShell in regelmäßigen Intervallen zu unterbrechen, damit WPF die Chance erhält, seine eigene Oberfläche zu aktualisieren. Listing 31.21 ist eine Weiterentwicklung von Listing 31.20, das mit nur einer einzigen zusätzlichen Zeile Code das Problem vollständig löst und eine sichtbare Fortschrittsanzeige und ein reagierendes Fenster erzeugt:

```
$xaml = @'
<Window xmlns="http://schemas.microsoft.com/winfx/2006/xaml/presentation"
  xmlns:x="http://schemas.microsoft.com/winfx/2006/xaml"
  Title="Fortschrittsanzeige"
  SizeToContent="WidthAndHeight"
  WindowStyle="ToolWindow"
  ResizeMode="NoResize">

    <StackPanel Orientation="Vertical" Margin="10">

        <StackPanel Orientation="Vertical" Margin="5">
            <ProgressBar Name="progress1" Minimum="0" Maximum="100" Value="0" Height="20"></Progre
ssBar>
        </StackPanel>


        <StackPanel Orientation="Horizontal" HorizontalAlignment="Right">
            <Button x:Name="butStart" Width="80" Margin="5" Content="Start"/>
            <Button x:Name="butOk" Width="80" Margin="5" Content="OK"/>
        </StackPanel>

    </StackPanel>
</Window>
'@

Add-Type -AssemblyName PresentationFramework

$reader = [System.XML.XMLReader]::Create([System.IO.StringReader]$XAML)
$window = [System.Windows.Markup.XAMLReader]::Load($reader)

# Elemente ansprechen, mit denen etwas passieren soll:
$buttonStart = $window.FindName('butStart')
$buttonOk = $window.FindName('butOk')
$progressBar = $window.FindName('progress1')

# Click-Ereignisse der Schaltflächen mit Aktion versehen:
$code1 =
{
  # Schaltfläche ausgrauen:
  $buttonStart.IsEnabled = $false

  # 140 Schleifendurchläufe:
  $anzahl = 140
  $i = 0
  1..$anzahl | ForEach-Object {
    $i++
    # aktuellen Prozentsatz der Fertigstellung berechnen:
    $prozent = $i * 100 / $anzahl

    # Fortschrittsanzeige aktualisieren:
    $progressBar.Value = $prozent
```

```
# WPF AKTUALISIEREN:
$window.Dispatcher.Invoke([System.Action]{}, 'Background')

    # etwas warten. Hier könnten später echte Aufgaben stehen,
    # die etwas Zeit kosten:
    Start-Sleep -Milliseconds 300
}

  # Schaltfläche wieder aktivieren:
  $buttonStart.IsEnabled = $true
}
$code2 = { $window.DialogResult = $true }

$buttonStart.add_Click($code1)
$buttonOk.add_Click($code2)

$null = $window.ShowDialog()
```

Listing 31.21: Vollständig reaktionsfreudiges Fenster mit aktualisierender Fortschrittsanzeige.

Allerdings handelt es sich hierbei nur um eine Notlösung. Eigentlich sollte das Problem gelöst werden, indem Aufgaben nicht im Vordergrund ausgeführt werden, sondern in einem separaten neuen Thread im Hintergrund. Wie das geschieht, wird als Nächstes beleuchtet.

Falls Sie sich gerade fragen, wie Listing 31.21 so erweitert werden könnte, dass sich die Aktion der PowerShell auch abbrechen lässt, dann schauen Sie sich Listing 31.22 an. Hier wird die skriptglobale Variable $script:isActive verwendet, um anzuzeigen, ob PowerShell gerade eine Aufgabe ausführt oder nicht. Wird auf die Schaltfläche *Start* geklickt, ändert sich ihr Name in *Stop*. Ein weiterer Klick auf die nun *Stop* genannte Schaltfläche bricht die PowerShell-Aufgabe ab.

Der Abbruch erfolgt über das Schlüsselwort break. Dieses Schlüsselwort bricht indes nur echte Schleifen ab, nicht aber die PowerShell-Pipeline. Deshalb wird die Aufgabe in eine do..while-Schleife gestellt, die nur ein einziges Mal iteriert. Das aber genügt, damit break den Code innerhalb dieser Schleife abbrechen kann.

Nützlich ist die Abbruchmöglichkeit auch, damit das Fenster vorzeitig geschlossen werden kann. Würde das Fenster nämlich einfach nur geschlossen, ohne eine länger dauernde PowerShell-Aufgabe zu beenden, würde PowerShell diese Aufgabe stur noch zu Ende bearbeiten.

```
$xaml = @'
<Window xmlns="http://schemas.microsoft.com/winfx/2006/xaml/presentation"
    xmlns:x="http://schemas.microsoft.com/winfx/2006/xaml"
    Title="Fortschrittsanzeige"
    SizeToContent="WidthAndHeight"
    WindowStyle="ToolWindow"
    ResizeMode="NoResize">

    <StackPanel Orientation="Vertical" Margin="10">

        <StackPanel Orientation="Vertical" Margin="5">
            <ProgressBar Name="progress1" Minimum="0" Maximum="100" Value="0" Height="20"></Prog
ressBar>
        </StackPanel>
```

```
            <StackPanel Orientation="Horizontal" HorizontalAlignment="Right">
                <Button x:Name="butStart" Width="80" Margin="5" Content="Start"/>
                <Button x:Name="butOk" Width="80" Margin="5" Content="OK"/>
            </StackPanel>

        </StackPanel>
</Window>
'@

Add-Type -AssemblyName PresentationFramework

$reader = [System.XML.XMLReader]::Create([System.IO.StringReader]$XAML)
$window = [System.Windows.Markup.XAMLReader]::Load($reader)

# Elemente ansprechen, mit denen etwas passieren soll:
$buttonStart = $window.FindName('butStart')
$buttonOk = $window.FindName('butOk')
$progressBar = $window.FindName('progress1')

$script:isActive =$false

# Click-Ereignisse der Schaltflächen mit Aktion versehen:
$code1 =
{
  $script:isActive = -not $script:isActive

  if ($script:isActive)
  {
    # Schaltfläche ändern:
    $buttonStart.Content = 'Stop'

    # 140 Schleifendurchläufe:
    $anzahl = 140
    $i = 0
    do
    {
      1..$anzahl | ForEach-Object {
        $i++
        # aktuellen Prozentsatz der Fertigstellung berechnen:
        $prozent = $i * 100 / $anzahl

        # Fortschrittsanzeige aktualisieren:
        $progressBar.Value = $prozent

        # WPF AKTUALISIEREN:
        $window.Dispatcher.Invoke([System.Action]{}, 'Background')

        # falls abgebrochen wurde, Schleife beenden
        if (-not $script:isActive) { break }

        # etwas warten. Hier könnten später echte Aufgaben stehen,
        # die etwas Zeit kosten:
        Start-Sleep -Milliseconds 300
      }
    } while ($false)
  }
  else
```

```
    {
        $progressBar.Value = 0
    }

    # Schaltfläche wiederherstellen:
    $buttonStart.Content = 'Start'
}
$code2 =
{
    $script:isActive = $false
    $window.DialogResult = $true
}

$buttonStart.add_Click($code1)
$buttonOk.add_Click($code2)

$null = $window.ShowDialog()
```

Listing 31.22: PowerShell-Aufgabe starten und stoppen.

Aufgaben im Hintergrund durchführen

Während es bei reinen Meldungsfenstern vielleicht verzeihlich ist, dass PowerShell sich nicht mehr um das Fenster kümmert, hat dies bei normalen Fenstern unerwünschte Konsequenzen. Koppeln Sie hier zum Beispiel an den Click-Event einer Schaltfläche eine länger dauernde Aufgabe, führt PowerShell diese Aufgabe bereitwillig aus – und das Fenster reagiert in dieser Zeit nicht mehr.

Listing 31.22 hat zwar gezeigt, wie man das Problem umgehen kann, indem man WPF regelmäßig die Gelegenheit gibt, seine Oberfläche zu aktualisieren, das aber ist oft gar nicht möglich, denn es setzt voraus, dass Sie den PowerShell-Code selbst kontrollieren und tatsächlich in kurzen Intervallen unterbrechen können. Rufen Sie fremde Cmdlets auf, besteht diese Möglichkeit der regelmäßigen Unterbrechung gar nicht.

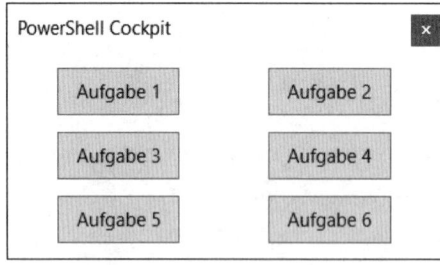

Abbildung 31.18: Ein Dialogfeld bietet an, sechs verschiedene Aufgaben auszuführen.

Listing 31.23 demonstriert das Problem und generiert ein kleines PowerShell-Cockpit mit sechs Schaltflächen, über die verschiedene Aufgaben gestartet werden können (Abbildung 31.18).

```
$xaml = @'
<Window xmlns="http://schemas.microsoft.com/winfx/2006/xaml/presentation"
   Title="PowerShell Cockpit"
   Width="300"
   MinWidth ="200"
   SizeToContent="Height"
```

```
    WindowStyle="ToolWindow">
      <Grid Margin="5">
        <Grid.ColumnDefinitions>
            <ColumnDefinition Width="50*"></ColumnDefinition>
            <ColumnDefinition Width="50*"></ColumnDefinition>
        </Grid.ColumnDefinitions>
        <Grid.RowDefinitions>
            <RowDefinition Height="Auto"></RowDefinition>
            <RowDefinition Height="Auto"></RowDefinition>
            <RowDefinition Height="*"></RowDefinition>
        </Grid.RowDefinitions>

        <Button Name="Aufgabe1" Width="80" Height="30" Margin="5" Grid.Column="0" Grid.Row=
          "0">Aufgabe 1</Button>
        <Button Name="Aufgabe2" Width="80" Height="30" Margin="5" Grid.Column="1" Grid.Row=
          "0">Aufgabe 2</Button>
        <Button Name="Aufgabe3" Width="80" Height="30" Margin="5" Grid.Column="0" Grid.Row=
          "1">Aufgabe 3</Button>
        <Button Name="Aufgabe4" Width="80" Height="30" Margin="5" Grid.Column="1" Grid.Row=
          "1">Aufgabe 4</Button>
        <Button Name="Aufgabe5" Width="80" Height="30" Margin="5" Grid.Column="0" Grid.Row=
          "2">Aufgabe 5</Button>
        <Button Name="Aufgabe6" Width="80" Height="30" Margin="5" Grid.Column="1" Grid.Row=
          "2">Aufgabe 6</Button>


      </Grid>
</Window>
'@

Add-Type -AssemblyName PresentationFramework

$reader = [System.XML.XMLReader]::Create([System.IO.StringReader]$XAML)
$window = [System.Windows.Markup.XAMLReader]::Load($reader)

# Aufgaben definieren
$code1 = { [Console]::Beep() }
$code2 = { Write-Host 'Du hast mich angeklickt!' }
$code3 = { Get-Service }
$code4 = { Get-Service | Out-Host }
$code5 = { Write-Warning 'Ich schlafe 5 Sekunden!'
           Start-Sleep -Seconds 5}
$code6 = { $antwort = [Windows.MessageBox]::Show('Wollen Sie das?', 'Mein Dialog', 'YesNo') }

# auf Schaltflächen zugreifen
$aufgabe1 = $window.FindName('Aufgabe1')
$aufgabe2 = $window.FindName('Aufgabe2')
$aufgabe3 = $window.FindName('Aufgabe3')
$aufgabe4 = $window.FindName('Aufgabe4')
$aufgabe5 = $window.FindName('Aufgabe5')
$aufgabe6 = $window.FindName('Aufgabe6')

# Code für das Click-Ereignis zuweisen
$aufgabe1.add_Click($code1)
$aufgabe2.add_Click($code2)
$aufgabe3.add_Click($code3)
$aufgabe4.add_Click($code4)
$aufgabe5.add_Click($code5)
$aufgabe6.add_Click($code6)

$null = $window.ShowDialog()
```

Listing 31.23: Ein Dashboard zeigt Schaltflächen für verschiedene Aufgaben an.

Wenn Sie auf eine Schaltfläche klicken, wird die hinterlegte Aufgabe ausgeführt. Bei der ersten Schaltfläche namens *Aufgabe 1* ertönt ein Piepton. *Aufgabe 2* gibt einen Text in die Konsole aus. *Aufgabe 3* ist einen Moment beschäftigt, produziert aber keine sichtbaren Ergebnisse, während *Aufgabe 4* die aktuellen Dienste in die Konsole schreibt.

Tipp

Aufgabe 3 gibt die Dienste einfach nur aus. Da PowerShell aber gerade ein Fenster anzeigt, fängt es diese Ergebnisse nicht auf und zeigt sie nicht in der Konsole an. Nur wenn die Ergebnisse ausdrücklich an Out-Host gesendet werden – wie bei *Aufgabe 4* –, erscheinen sie in der Konsole. Befehlsergebnisse dürfen also nicht einfach »liegen gelassen« werden, solange PowerShell ein Dialogfeld anzeigt, sondern müssen entweder einem anderen Befehl übergeben oder in einer Variablen gespeichert werden.

Problematisch wird es bei *Aufgabe 5*, die fünf Sekunden dauert. Während dieser Zeit ist das Fenster völlig reaktionslos und kann noch nicht einmal mehr verschoben werden. Ähnliches geschieht bei *Aufgabe 6*: Ein Dialogfeld öffnet sich, und solange es zu sehen ist, kann das Fenster ebenfalls nicht bedient werden. Das wird spätestens dann zu einem Problem, wenn das Dialogfeld einmal unsichtbar hinter dem WPF-Fenster platziert wird und nicht im Vordergrund.

Das Cockpit an sich ist also praktisch, und PowerShell führt auch anstandslos den Code in den Click-Ereignishandlern durch, aber wenn Aufgaben länger dauern als nur einen kurzen Augenblick, »hängt« das Fenster.

Dieses Problem kennt nicht nur PowerShell. Auch normale Anwendungsentwickler haben damit zu kämpfen und müssen stets die goldene Regel beherzigen: Länger dauernde Aufgaben dürfen nicht im *UI-Thread* ausgeführt werden, also in dem Thread, der die Benutzeroberfläche steuert. Allerdings: PowerShell hat nur einen Thread. Was also tun?

Mehrere Threads verwenden

In Kapitel 25 haben Sie bereits erfahren, wie PowerShell mehrere Aufgaben parallel verarbeiten kann, und dabei auch Möglichkeiten kennengelernt, weitere Threads zu öffnen. Genau auf diese Weise erzeugt man auch reaktionsfreudige WPF-Oberflächen: Die länger dauernden Aufgaben werden in separate Threads verlagert.

Bevor Sie weiterlesen und sehen, wie das geschieht: Multithreading ist kein Kindergeburtstag, und spätestens wenn Sie Multithreading in Benutzeroberflächen benötigen, sollten Sie sich überlegen, ob diese Aufgabe wirklich gut bei PowerShell aufgehoben ist oder ob es nicht einfacher wäre, jetzt eine normale Anwendung in einer anderen Programmiersprache zu entwerfen. Grafische Oberflächen in PowerShell sind immer dann in Ordnung, wenn sie lediglich Daten erfassen, die danach (nach Schließen des Fensters) von PowerShell weiterverarbeitet werden. Soll PowerShell indes die Aufgaben ausführen, noch während das Fenster geöffnet ist, wird alles sehr viel komplizierter.

Um Listing 31.23 vom Single- in den Multithread-Modus zu überführen, benötigen Sie einen Weg, PowerShell-Code in einem separaten Thread auszuführen. Die folgende Funktion Start-InNewThread übernimmt diese Aufgabe:

```
function Start-InNewThread
{
  param
  (
```

```
  [ScriptBlock]$Code,

  [Hashtable]$Parameters = @{}
)

$PowerShell = [PowerShell]::Create()
$action = {

  $status = $event.SourceEventArgs.InvocationStateInfo.State

  if ($status -eq 'Completed')
  {
    try
    {
      $PowerShell = $event.Sender
      $PowerShell.Runspace.Close()
      $PowerShell.Dispose()
      Unregister-Event -SourceIdentifier $event.SourceIdentifier
    }
    catch
    {
      Write-Warning "$_"
    }
  }
}

  $null = Register-ObjectEvent -InputObject $PowerShell -Action $action -EventName InvocationStateC
hanged
  $null = $PowerShell.AddScript($Code)

  foreach($key in $Parameters.Keys)
  {
    $null = $PowerShell.AddParameter($key, $Parameters.$key)
  }

  $handle = $PowerShell.BeginInvoke()
}
```

Listing 31.24: PowerShell-Code in separatem Thread ausführen.

Sie können nun Start-InNewThread einen Skriptblock übergeben. Der Code darin wird in einem separaten Thread ausgeführt. Sobald der Thread beendet ist, wird er automatisch wieder beseitigt. Die folgende Zeile gibt einen Piepton für fünf Sekunden aus. Wie Sie sehen, wartet Power-Shell nicht, bis der Piepton beendet ist, weil dieser von einem anderen Thread ausgegeben wird:

```
PS> Start-InNewThread -Code { [Console]::Beep(1000, 5000) }
```

Sie dürfen dem Hintergrund-Thread auch Parameter übergeben, wenn das nötig ist. Die Parameter werden dabei als Hashtable übergeben. Jeder Schlüssel in der Hashtable entspricht einem Parameternamen, und jeder zugeordnete Wert wird diesem Parameter übergeben. Listing 31.25 produziert einen Ton von 500 Hz für die Dauer von 3.000 Millisekunden:

```
$parameter = @{
  Dauer = 3000
  Frequenz = 500
}
```

```
Start-InNewThread -Code { param($Dauer, $Frequenz) [Console]::Beep($Frequenz, $Dauer) } -Parameters
$parameter
```

Listing 31.25: Parameter an den Hintergrund-Thread übergeben.

Achtung

Auch wenn `Start-InNewThread` den Großteil der Arbeit abnimmt, sind Hintergrund-Threads nicht unproblematisch. Der Code des Hintergrund-Threads kann nicht auf die normalen Ausgabekanäle zugreifen und deshalb weder Fehlermeldungen zurückgeben noch sonstige Ausgaben, beispielsweise über `Write-Host`.

Nun soll Listing 31.23 so umgestaltet werden, dass die Aufgaben in Hintergrund-Threads ausgeführt werden, damit die Benutzeroberfläche reaktionsfähig bleibt:

```
function Start-InNewThread
{
  param
  (
    [ScriptBlock]$Code,

    [Hashtable]$Parameters = @{}
  )

  $PowerShell = [PowerShell]::Create()
  $action = {

    $status = $event.SourceEventArgs.InvocationStateInfo.State

    if ($status -eq 'Completed')
    {
      try
      {
        $PowerShell = $event.Sender
        $PowerShell.Runspace.Close()
        $PowerShell.Dispose()
        Unregister-Event -SourceIdentifier $event.SourceIdentifier
      }
      catch
      {
        Write-Warning "$_"
      }
    }
  }

  $null = Register-ObjectEvent -InputObject $PowerShell -Action $action -EventName
          InvocationStateChanged
  $null = $PowerShell.AddScript($Code)

  foreach($key in $Parameters.Keys)
  {
    $null = $PowerShell.AddParameter($key, $Parameters.$key)
  }

  $handle = $PowerShell.BeginInvoke()
}
```

```powershell
$xaml = @'
<Window xmlns="http://schemas.microsoft.com/winfx/2006/xaml/presentation"
  Title="PowerShell Cockpit"
  Width="300"
  MinWidth ="200"
  SizeToContent="Height"
  WindowStyle="ToolWindow">
    <Grid Margin="5">
      <Grid.ColumnDefinitions>
          <ColumnDefinition Width="50*"></ColumnDefinition>
          <ColumnDefinition Width="50*"></ColumnDefinition>
      </Grid.ColumnDefinitions>
      <Grid.RowDefinitions>
          <RowDefinition Height="Auto"></RowDefinition>
          <RowDefinition Height="Auto"></RowDefinition>
          <RowDefinition Height="*"></RowDefinition>
      </Grid.RowDefinitions>

      <Button Name="Aufgabe1" Width="80" Height="30" Margin="5" Grid.Column="0"
       Grid.Row="0">Aufgabe 1</Button>
      <Button Name="Aufgabe2" Width="80" Height="30" Margin="5" Grid.Column="1"
       Grid.Row="0">Aufgabe 2</Button>
      <Button Name="Aufgabe3" Width="80" Height="30" Margin="5" Grid.Column="0"
       Grid.Row="1">Aufgabe 3</Button>
      <Button Name="Aufgabe4" Width="80" Height="30" Margin="5" Grid.Column="1"
       Grid.Row="1">Aufgabe 4</Button>
      <Button Name="Aufgabe5" Width="80" Height="30" Margin="5" Grid.Column="0"
       Grid.Row="2">Aufgabe 5</Button>
      <Button Name="Aufgabe6" Width="80" Height="30" Margin="5" Grid.Column="1"
       Grid.Row="2">Aufgabe 6</Button>


    </Grid>
</Window>
'@

Add-Type -AssemblyName PresentationFramework

$reader = [System.XML.XMLReader]::Create([System.IO.StringReader]$XAML)
$window = [System.Windows.Markup.XAMLReader]::Load($reader)

# Aufgaben definieren
$code1 = { [Console]::Beep(1000,1000) }
$code2 = { param($UI)
           $UI.WriteLine('Du hast mich angeklickt!') }
$code3 = { Get-Service }
$code4 = { param($UI)
           $UI.WriteLine((Get-Service | Out-String)) }
$code5 = { param($UI)
           $UI.WriteWarningLine('Ich schlafe 5 Sekunden!')
           Start-Sleep -Seconds 5}
$code6 = { $antwort = [Windows.MessageBox]::Show('Wollen Sie das?', 'Mein Dialog', 'YesNo') }

# auf Schaltflächen zugreifen
$aufgabe1 = $window.FindName('Aufgabe1')
$aufgabe2 = $window.FindName('Aufgabe2')
$aufgabe3 = $window.FindName('Aufgabe3')
$aufgabe4 = $window.FindName('Aufgabe4')
$aufgabe5 = $window.FindName('Aufgabe5')
```

```
$aufgabe6 = $window.FindName('Aufgabe6')

# Code für das Click-Ereignis zuweisen
$aufgabe1.add_Click({ Start-InNewThread -Code $code1 })
$aufgabe2.add_Click({ Start-InNewThread -Code $code2 -Parameter @{UI=$Host.UI} })
$aufgabe3.add_Click({ Start-InNewThread -Code $code3 })
$aufgabe4.add_Click({ Start-InNewThread -Code $code4 -Parameter @{UI=$Host.UI} })
$aufgabe5.add_Click({ Start-InNewThread -Code $code5 -Parameter @{UI=$Host.UI} })
$aufgabe6.add_Click({ Start-InNewThread -Code $code6 })

$null = $window.ShowDialog()
```

Listing 31.26: Aufgaben eines Dialogfelds in Hintergrund-Threads verlagern.

Wenn Sie Listing 31.26 ausführen, erscheint wieder das Dialogfeld mit den sechs *Aufgabe*-Schaltflächen. Diesmal allerdings blockiert die Benutzeroberfläche nicht, wenn Sie Aufgaben ausführen, weil diese jetzt in separaten Hintergrund-Threads ausgeführt werden.

Sogar die Ausgaben in das PowerShell-Fenster des Vordergrund-Threads funktionieren. Bei allen Aufgaben, die solche Ausgaben erfordern, wurde die UI-Schnittstelle in $host.UI über einen Parameter an den Hintergrund-Thread übergeben. Der konnte nun zwar nicht mehr die Ausgaben der üblichen Cmdlets wie Write-Host oder Write-Warning anzeigen, wohl aber die diesen Cmdlets zugrunde liegenden UI-Methoden aufrufen, wie zum Beispiel WriteWarningLine(). Hinter- und Vordergrund-Thread können also durchaus über Parameter miteinander kommunizieren.

Thread-übergreifende Aktionen

Zwar können Vorder- und Hintergrund-Thread über Parameter miteinander kommunizieren, jedoch sind Thread-übergreifende Aktionen hoch problematisch. Da beide Threads gleichzeitig ausgeführt werden, kann der eine Thread nicht wissen, ob der andere Thread überhaupt bereit ist, eine Aufgabe auszuführen. Das gilt ganz besonders, wenn der Hintergrund-Thread auf Elemente der Benutzeroberfläche zugreifen möchte, die ja vom Vordergrund-Thread verwaltet werden. Daher untersagt WPF solche Thread-übergreifenden Vorgänge. Versuchen Sie es dennoch, erhalten Sie eine Fehlermeldung.

Dabei wäre es sehr sinnvoll, nach erledigter Arbeit die Benutzeroberfläche zu aktualisieren. Im folgenden Beispiel soll eine Schaltfläche alle installierten Updates in einem Grid anzeigen.

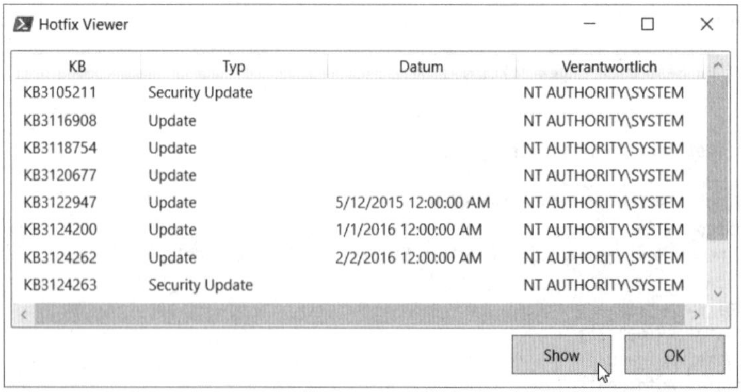

Abbildung 31.19: Ein Fenster soll per Klick auf »Show« alle installierten Updates anzeigen.

Weil der Abruf von Hotfixes über `Get-Hotfix` einige Zeit in Anspruch nehmen kann, wäre die Benutzeroberfläche während dieser Zeit eingefroren. Über einen Hintergrund-Thread kann man dieses Problem lösen und muss nun nur noch einen Weg finden, über den der Hintergrund-Thread seine Daten an den Vordergrund-Thread übergeben kann. Ohne Multithreading sähe ein Ansatz in Anlehnung an Listing 31.13 zunächst so aus:

```
Add-Type -AssemblyName PresentationFramework

$xaml = @"
<Window
 xmlns='http://schemas.microsoft.com/winfx/2006/xaml/presentation'
 Title='Process Viewer'
 MinWidth='300'
 Width='600'
 MinHeight='300'
 Height = '300'>

<Grid Margin="5">
  <Grid.RowDefinitions>
      <RowDefinition Height="*"></RowDefinition>
      <RowDefinition Height="Auto"></RowDefinition>
  </Grid.RowDefinitions>

  <ListView Name="View1">
    <ListView.View>
      <GridView>
        <GridViewColumn Width="100" Header="KB" DisplayMemberBinding="{Binding HotfixID}"/>
        <GridViewColumn Width="150" Header="Typ" DisplayMemberBinding="{Binding Description}"/>
        <GridViewColumn Width="150" Header="Datum" DisplayMemberBinding="{Binding InstalledOn}"/>
        <GridViewColumn Width="150" Header="Verantwortlich" DisplayMemberBinding="{Binding Installe
dBy}"/>
      </GridView>
    </ListView.View>
  </ListView>
  <StackPanel Grid.Row="1" Orientation="Horizontal" HorizontalAlignment="Right" VerticalAlignment="
Bottom">
    <Button Name="butShow" Width="80" Height="30" Margin="5">Show</Button>
    <Button Name="butOK" Width="80" Height="30" Margin="5">OK</Button>
  </StackPanel>
</Grid>

</Window>
"@

$reader = [System.XML.XMLReader]::Create([System.IO.StringReader] $xaml)
$window = [System.Windows.Markup.XAMLReader]::Load($reader)


$buttonOK = $window.FindName('butOK')
$buttonShow = $window.FindName('butShow')

$code1 = {
# Hotfixes abrufen und anzeigen
  [Windows.Input.Mouse]::OverrideCursor = 'Wait'
  $view = $window.FindName('View1')
  $view.ItemsSource = @(Get-Hotfix)
  [Windows.Input.Mouse]::OverrideCursor = $null
}
```

```
$code2 = { $window.Close() }

$buttonShow.add_Click($code1)
$buttonOK.add_Click($code2)


$null = $window.ShowDialog()
```

Listing 31.27: Mit der Schaltfläche »Show« eine Liste installierter Hotfixes anzeigen.

Das Fenster öffnet sich, und die Liste der Updates ist leer. Klicken Sie auf *Show*, erscheint ein Wartecursor. Das Fenster reagiert in dieser Zeit nicht. PowerShell ist damit beschäftigt, die Updates mit Get-Hotfix abzurufen. Erst wenn die Updates ermittelt sind und im Grid angezeigt werden, reagiert das Fenster wieder. Nun soll die Aufgabe in den Hintergrund verlegt werden:

```
Add-Type -AssemblyName PresentationFramework

function Start-InNewThread
{
  param
  (
    [ScriptBlock]$Code,

    [Hashtable]$Parameters = @{}
  )

  $PowerShell = [PowerShell]::Create()
  $action = {

    $status = $event.SourceEventArgs.InvocationStateInfo.State

    if ($status -eq 'Completed')
    {
      try
      {
        $PowerShell = $event.Sender
        $PowerShell.Runspace.Close()
        $PowerShell.Dispose()
        Unregister-Event -SourceIdentifier $event.SourceIdentifier
      }
      catch
      {
        Write-Warning "$_"
      }
    }
  }

  $null = Register-ObjectEvent -InputObject $PowerShell -Action $action -EventName InvocationStateC
hanged
  $null = $PowerShell.AddScript($Code)

  foreach($key in $Parameters.Keys)
  {
    $null = $PowerShell.AddParameter($key, $Parameters.$key)
  }

  $handle = $PowerShell.BeginInvoke()
}

$xaml = @"
<Window
 xmlns='http://schemas.microsoft.com/winfx/2006/xaml/presentation'
```

```
    Title='Hotfix Viewer'
    MinWidth='300'
    Width='600'
    MinHeight='300'
    Height = '300'>

<Grid Margin="5">
  <Grid.RowDefinitions>
      <RowDefinition Height="*"></RowDefinition>
      <RowDefinition Height="Auto"></RowDefinition>
  </Grid.RowDefinitions>

  <ListView Name="View1">
    <ListView.View>
      <GridView>
        <GridViewColumn Width="100" Header="KB" DisplayMemberBinding="{Binding HotfixID}"/>
        <GridViewColumn Width="150" Header="Typ" DisplayMemberBinding="{Binding Description}"/>
        <GridViewColumn Width="150" Header="Datum" DisplayMemberBinding="{Binding InstalledOn}"/>
        <GridViewColumn Width="150" Header="Verantwortlich" DisplayMemberBinding="{Binding Installe
dBy}"/>
      </GridView>
    </ListView.View>
  </ListView>
  <StackPanel Grid.Row="1" Orientation="Horizontal" HorizontalAlignment="Right" VerticalAlignment="
Bottom">
    <Button Name="butShow" Width="80" Height="30" Margin="5">Show</Button>
    <Button Name="butOK" Width="80" Height="30" Margin="5">OK</Button>
  </StackPanel>
</Grid>

</Window>
"@

$reader = [System.XML.XMLReader]::Create([System.IO.StringReader] $xaml)
$window = [System.Windows.Markup.XAMLReader]::Load($reader)


$buttonOK = $window.FindName('butOK')
$buttonShow = $window.FindName('butShow')

$code1 = {
  param($Fenster)

  # Hotfixes im Hintergrund-Thread abrufen ...
  [Console]::Beep(500,600)
  $hotfixes = Get-Hotfix
  [Console]::Beep(1500,600)

  # ... und dann im UI-Thread anwenden:
  $Fenster.Dispatcher.Invoke([Action]{
      $view = $Fenster.FindName('View1')
      $view.ItemsSource = @($hotfixes)
  },'Normal')
}
$code2 = { $window.Close() }

$buttonShow.add_Click({ Start-InNewThread -Code $code1 -Parameters @{Fenster=$window}})
$buttonOK.add_Click($code2)


$null = $window.ShowDialog()
```

Listing 31.28: Die Liste der Updates in einem Hintergrund-Thread beschaffen.

Starten Sie Listing 31.28 und klicken auf *Show*, hören Sie zunächst einen tiefen Ton. Er signalisiert, dass PowerShell nun im Hintergrund mit `Get-Hotfix` die Updates ermittelt. Während dieser Zeit bleibt das Fenster dennoch reaktionsfreudig. Sobald PowerShell die Liste der Hotfixes eingesammelt hat, hören Sie einen höheren Ton. Jetzt wird die Benutzeroberfläche mit diesen Informationen aktualisiert.

Dabei sendet der Hintergrund-Thread den Code, der die Benutzeroberfläche aktualisieren soll, an den sogenannten Dispatcher des Fensters. Dieser Dispatcher verwaltet die Aufgaben und kann auf sichere Weise dafür sorgen, dass die Aufgabe des Hintergrund-Threads nicht zur Unzeit beim Vordergrund-Thread eintrifft.

Allerdings werden Sie feststellen, dass allein die Aktualisierung des Grids etwas Zeit kostet. Weil der Vordergrund-Thread dabei beschäftigt ist, bleibt das Fenster in diesem Moment ebenfalls für kurze Zeit gelähmt. Dieser Zustand ist indes nun wesentlich kürzer als bei Listing 31.27.

Thread-übergreifendes Databinding

Um die Verzögerungen der Benutzeroberfläche weiter einzuschränken, kann eine besondere Technik angewendet werden. Sie ist nur bei datengebundenen Steuerelementen möglich, also solchen, die die anzuzeigenden Informationen über eine `ItemsSource`-Eigenschaft beziehen. Außerdem benötigt diese Technik mindestens .NET Framework 4.5 (was bei PowerShell 5 immer gewährleistet ist).

Die Idee: Sie weisen dem Steuerelement im Vordergrund-Thread als `ItemsSource` ein leeres Array zu. Das Array wird erst später von einem Hintergrund-Thread gefüllt. Damit die Benutzeroberfläche die Änderungen an der `ItemsSource`-Quelle erkennen kann, wird anstelle eines normalen Arrays eine sogenannte *ObservableCollection* verwendet. Dabei handelt es sich im Grunde um ein Array, das allerdings über Ereignisse mitteilt, dass sich sein Inhalt verändert.

Ab .NET Framework 4.5 kann man diese ObservableCollection so einrichten, dass ihr Inhalt aus beliebigen Threads heraus verändert werden kann.

```
Add-Type -AssemblyName PresentationFramework

function Start-InNewThread
{
  param
  (
    [ScriptBlock]$Code,

    [Hashtable]$Parameters = @{}
  )

  $PowerShell = [PowerShell]::Create()
  $action = {

    $status = $event.SourceEventArgs.InvocationStateInfo.State

    if ($status -eq 'Completed')
    {
      try
      {
        $PowerShell = $event.Sender
        $PowerShell.Runspace.Close()
```

```
      $PowerShell.Dispose()
      Unregister-Event -SourceIdentifier $event.SourceIdentifier
    }
    catch
    {
      Write-Warning "$_"
    }
  }
}

$null = Register-ObjectEvent -InputObject $PowerShell -Action $action -EventName InvocationStateC
hanged
  $null = $PowerShell.AddScript($Code)

  foreach($key in $Parameters.Keys)
  {
    $null = $PowerShell.AddParameter($key, $Parameters.$key)
  }

  $handle = $PowerShell.BeginInvoke()
}

$xaml = @"
<Window
 xmlns='http://schemas.microsoft.com/winfx/2006/xaml/presentation'
 Title='Hotfix Viewer'
 MinWidth='300'
 Width='600'
 MinHeight='300'
 Height = '300'>

<Grid Margin="5">
  <Grid.RowDefinitions>
      <RowDefinition Height="*"></RowDefinition>
      <RowDefinition Height="Auto"></RowDefinition>
  </Grid.RowDefinitions>

  <ListView Name="View1">
    <ListView.View>
      <GridView>
        <GridViewColumn Width="100" Header="KB" DisplayMemberBinding="{Binding HotfixID}"/>
        <GridViewColumn Width="150" Header="Typ" DisplayMemberBinding="{Binding Description}"/>
        <GridViewColumn Width="150" Header="Datum" DisplayMemberBinding="{Binding InstalledOn}"/>
        <GridViewColumn Width="150" Header="Verantwortlich" DisplayMemberBinding="{Binding Installe
dBy}"/>
      </GridView>
    </ListView.View>
  </ListView>
  <StackPanel Grid.Row="1" Orientation="Horizontal" HorizontalAlignment="Right" VerticalAlignment="
Bottom">
      <Button Name="butShow" Width="80" Height="30" Margin="5">Show</Button>
      <Button Name="butOK" Width="80" Height="30" Margin="5">OK</Button>
  </StackPanel>
</Grid>

</Window>
"@

$reader = [System.XML.XMLReader]::Create([System.IO.StringReader] $xaml)
$window = [System.Windows.Markup.XAMLReader]::Load($reader)
```

```
$buttonOK = $window.FindName('butOK')
$buttonShow = $window.FindName('butShow')

$code1 = {
  param($Info)

  # ObservableCollection löschen
  $Info.Clear()
  Get-Hotfix |
  # WICHTIG: mit Select-Object alle gewünschten Eigenschaften angeben:
  Select-Object -Property HotfixId, Description, InstalledBy, InstalledOn |
  # Ergebnisse neu in ObservableCollection einfügen
  ForEach-Object { $null = $info.Add($_) }
}
$code2 = { $window.Close() }

# ObservableCollection als Parameter an Hintergrundthread übergeben:
$buttonShow.add_Click({ Start-InNewThread -Code $code1 -Parameters @{Info=$data}})

$buttonOK.add_Click($code2)

# eine leere ObservableCollection beschaffen
$data = New-Object System.Collections.ObjectModel.ObservableCollection[Object]

# ObservableCollection Thread-sicher machen (erfordert .NET Framework 4.5)
$lock = 1
[Windows.Data.BindingOperations]::EnableCollectionSynchronization($data, $lock)

# als Datenquelle für das Grid setzen:
$view = $window.FindName('View1')
$view.ItemsSource = $data

$null = $window.ShowDialog()
```

Listing 31.29: Ab .NET Framework 4.5 die Daten des Hintergrund-Threads über Datenbindung übergeben.

Wenn Sie Listing 31.29 ausführen und auf *Show* klicken, bleibt das Fenster nun die ganze Zeit über reaktionsfreudig. Es kommt zu keinerlei Verzögerungen mehr.

Wichtig

Damit die Datenbindung funktioniert, müssen die Ergebnisse von Cmdlets zuerst mit `Select-Object` kopiert werden. Um diesen Vorgang zu beschleunigen, sollten nur Eigenschaften ausgewählt werden, die von der Benutzeroberfläche später auch benötigt werden.

Ohne `Select-Object` können nur Objekteigenschaften angezeigt werden, die in den zugrunde liegenden .NET-Objekten vorhanden sind. Alle nachträglich von PowerShell hinzugefügten Eigenschaften stehen im Hintergrund-Thread sonst nicht zur Verfügung.

Bilder in WPF einbetten

Möchte man WPF-Oberflächen mit Icons oder Bildern versehen, diese aber nicht als separate Dateien ausliefern, kann man solche binären Inhalte im Base64-Verfahren als Text encodieren. Weil dabei allerdings große Datenmengen anfallen, eignet sich das Verfahren nur für kleine Bilder oder Icons.

Bild in Text verwandeln

Um eine PNG-Datei in einen Base64-encodierten Text umzuwandeln, kann die folgende Funktion `Convert-PNG2Base64` eingesetzt werden:

```
function Convert-PNG2Base64
{
  param
  (
    [Parameter(Mandatory=$true)]
    $Path
  )

  $format = [System.Drawing.Imaging.ImageFormat]::Png

  $image = [System.Drawing.Image]::FromFile($Path)
  $stream = New-Object -TypeName System.IO.MemoryStream
  $image.Save($stream, $format)
  $bytes = [Byte[]]($stream.ToArray())
  [System.Convert]::ToBase64String($bytes, 'InsertLineBreaks')
}

Convert-PNG2Base64 -Path 'C:\...\bild.png' | clip.exe
```

Listing 31.30: PNG-Bild in Text verwandeln und in die Zwischenablage kopieren.

Tipp

Ändern Sie einfach das Bildformat in `$format` von `Png` beispielsweise zu `Jpeg`, um andere Bildformate in Text umzuwandeln.

Grundsätzlich können beliebige binäre Inhalte per Encoding in Textdateien eingebettet werden, also auch Klänge oder sogar ausführbare Programme.

Text in Bild verwandeln

Die (sehr umfangreiche) Textrepräsentation eines Bilds kann in ein PowerShell-Skript eingefügt und mit *Convert-Text2Image* wieder in ein Bild verwandelt werden:

Abbildung 31.20: Einen Goldbarrenhaufen aus einem Haufen Text erzeugen.

Das Fenster aus Abbildung 31.20 erscheint, wenn Sie Listing 31.31 ausführen:

```
Add-Type -AssemblyName PresentationFramework
```

```
$bild1 = @'
iVBORwOKGgoAAAANSUhEUgAAAIAAAACACAYAAADDPmHLAAAAAXNSR0IArs4c6QAAAARnQU1BAACx
jwv8YQUAAAArdEVYdENvcHlyaWdodABDb3B5cmlnaHQgqSAyMDA4LTIwMTEgSU5DT1JTIEdtYkkgQ
jiFPAAA44ElEQVR4Xu1dB3gUVde+wQAiKil06RORKaIoTVEUURSkN+kQmtJC771D6ASQ3k0J1ACh
905IryQkIYXXOnuz0+c+5M3d2drLB40/nx6d7n+c+S8JmMzvvve95T74ZZ13VZ13VZ13VZ13VZ13VZ
13VZ13VZ13VZ13VZ13VZ13VZ13VZ13VZ13X9Ty8b5dG6/ulr1iyWL8p/sF2s/8+fxvv2HpLg32dN
nEe3pT/9VKks/ncB+VnW9Y9YYPn5t3oz1HvheXKKB988SQocMTggb9FvFFvK9OK3nH0iIz16ZUR69JAi
n3STIh53NV5ybnPwO49LfYA/V1D+aev6n1kAzMb/cseCOc/ty8Q/Hf1FOvNfxqaED98d4z/0Xozf
kOgYvOHZL/wGQ0IxPPyna52cpyqu3FOXRExB8eO7eBSIedpLCH3QQnNjR6nDDekU/xJd8U35163ot
14GDE/LHxU2smBg/vl1S1PgpUYET9sUEj/aIe/pLctzTkVLc0xFSXPBwKTbIXooNHCrFBgyGFwED
```

[...]

Anmerkung: Hier wird nur ein Ausschnitt des Codebeispiels dargestellt; das komplette Beispiel finden Sie wie alle übrigen Begleitdateien zum Buch unter *http://downloads.oreilly.de/ 9783960090090*

[...]

```
0x9V0jZQrJL+mq43t09g8y6vsjV6HK1udHfrbXx8nj79oiPcPUKA15XcVhWVTs1hGbsd2NP5P7ML
3zVhu8sVZ0753+A+nGbYLQEuOmZWwF/zZfMTpoXHZjOP61sqGK5tryddXF1cOrXQNv3AZPZsSX92
8cembE+VMmwTDTLi87U9cSvg/5CVf91INsh1AfN1HMYudm7OAacxJwJ8Pm76y1g05qSdeiHA/331
9H/oIgDJR1P9nMAWc22Wxpys5dV/6KJonEhAYJOkWwH/ly4C2wq4dVmXdVmXdVmXdVmXdVmX
dVmXdVmXdVmXdVmXdVmXdVmXdVmXdVnXf2ox9n+xrmI6BWMR2wAAAABJRU5ErkJggg==
'@
```

```
function Convert-Text2Picture
{
  param([Parameter(Mandatory=$true)]$Base64Text)
```

```
$bitmap = New-Object System.Windows.Media.Imaging.BitmapImage
$bitmap.BeginInit()
$bitmap.StreamSource = [System.IO.MemoryStream][System.Convert]::FromBase64String($base64Text)
$bitmap.EndInit()
$bitmap.Freeze()
$bitmap
}


$xaml = @'
<Window
   xmlns="http://schemas.microsoft.com/winfx/2006/xaml/presentation"
   xmlns:x="http://schemas.microsoft.com/winfx/2006/xaml"
   FontFamily="Arial" Foreground="Blue" SizeToContent="Width"
   Title="Ein Bild anzeigen">
   <Grid Margin="20">
     <Image Name="Img1" Margin="20" HorizontalAlignment="Center"/>
     <TextBlock TextAlignment="Center" VerticalAlignment="Center" FontSize="40" HorizontalAlignmen
t="Center">
       <TextBlock.Effect><DropShadowEffect ShadowDepth="4" Color="DarkGray" BlurRadius="4"/></TextB
lock.Effect>
       PowerShell ist Gold wert!<LineBreak/><LineBreak/>Bild aus Text geladen
     </TextBlock>
   </Grid>
</Window>
'@

$reader = [System.XML.XMLReader]::Create([System.IO.StringReader]$XAML)
$window = [System.Windows.Markup.XAMLReader]::Load($reader)
$image =  $window.FindName('Img1')
$image.Source = Convert-Text2Picture -Base64Text $Bild1
$null = $window.ShowDialog()
```

Listing 31.31: Ein Bild als Base64-Text in ein Skript einbetten.

## Kapitel 32

Pester – »Test-Driven Development«

In diesem Kapitel:

Ausführlich werden in diesem Kapitel die folgenden Aspekte erläutert:

- **Test-Driven Development (TDD):** Hierbei werden zuerst die gewünschten Ergebnisse eines Skripts mithilfe von Testaufgaben definiert. Danach erst wird der eigentliche Skriptcode geschrieben. Über die Testaufgaben lässt sich so zu jeder Zeit feststellen, ob das Skript alle Anforderungen erfüllt.

- **Pester:** Ein Test-Framework für das TDD. Pester ist ein Open Source-Projekt, das bereits in PowerShell 5 enthalten ist. Es kann aber auch für ältere PowerShell-Versionen nachinstalliert werden. Pester liefert eine Testumgebung, mit der die erwünschten Ergebnisse von PowerShell-Funktionen definiert und überprüft werden können.

In der klassischen Programmierung – und noch viel mehr im Scripting-Umfeld – wird häufig sofort an einer konkreten Lösung gearbeitet. Erst später folgen die Dokumentation (vielleicht) und die entsprechenden Testfunktionen (ein noch stärkeres »vielleicht«).

Beim *Test-Driven Development* (TDD) geht man genau umgekehrt vor: Man denkt zuerst über die gewünschten Spezifikationen nach und formuliert Tests dafür. Danach erst implementiert man die Spezifikationen. Und wenn ein bestehendes Skript erweitert werden soll, wird auch hier zuerst ein Test geschrieben. So ist von vornherein sichergestellt, dass neue Spezifikationen bestehende Implementationen nicht beschädigen. Das ist zwar ungewohnt und klingt komplex, hat aber viele Vorteile:

- **Erst denken, danach gezielt handeln:** Beim TDD wird der Skriptautor gezwungen, zuerst seinen Kopf einzuschalten und genau über das zu lösende Problem nachzudenken. Kann man schon den Test für das Problem nicht schreiben, hat man das Problem wahrscheinlich noch gar nicht vollkommen verstanden und sollte die Finger von der Implementation lassen.

- **Klarer Fokus:** Weil jede Implementation über einen Test verfügt, können Sie sich beim Erweitern eines Skripts ganz auf die neue Anforderung konzentrieren und mit den vorhandenen Tests überprüfen, ob die bestehenden Funktionalitäten noch wie gewünscht funktionieren. Ohne solche Tests müssten Sie sich bei jeder Erweiterung zuerst wieder in die komplette Funktionalität eines Skripts eindenken, um mögliche Wechselwirkungen überhaupt erkennen zu können.

- **Bugs bleiben gebannt:** Wenn Sie erst einmal einen Test für einen Problemfall geschrieben haben und den Bug damit erkennen und korrigieren konnten, bleibt er für immer unter Kontrolle. Der Test bleibt schließlich erhalten und würde sofort melden, wenn das Problem erneut auftritt.

In diesem Kapitel erfahren Sie, wie *Test-Driven Development* (TDD) mit der PowerShell betrieben wird. Das Fundament dafür bietet *Pester*, wie Sie gleich lesen werden. So liegt der Fokus dieses Kapitels darauf, Ihnen anhand von Pester zu zeigen, was TDD eigentlich ist und wie es Ihre Skriptkünste bereichern kann.

Es ist aber weder möglich noch das Ziel dieses Kapitels, alle Features von Pester umfassend zu dokumentieren, denn Pester entwickelt sich ständig weiter. Gefällt Ihnen, was Sie in diesem Kapitel über TDD erfahren, können Sie anhand der jeweils aktuellen Dokumentation zu Pester unter *https://github.com/pester/Pester/wiki* mehr erfahren.

Pester installieren oder aktualisieren

Pester bildet das Framework für TDD, ist aber kein Microsoft-Produkt, sondern eine kostenfreie Entwicklung der PowerShell-Community. Gleichwohl ist es so wichtig, dass Microsoft es in Windows 10 und Server 2016 bereits vorinstalliert ausliefert.

Sie können sich auch mit älteren Windows-Versionen jederzeit aus dem Internet die aktuellste Version von Pester herunterladen und sollten das auch dann in Erwägung ziehen, wenn Pester bei Ihnen schon vorinstalliert ist. Da Pester ständig weiterentwickelt wird, ist die in Windows 10 enthaltene Version längst überholt. Der folgende Code überprüft Ihre Pester-Installation und schaut auch gleich im Internet nach, ob eine neuere Version vorliegt und sich ein Update lohnen könnte.

```
$info = [Ordered]@{
    'Pester vorhanden' = (Get-Module -Name Pester -ListAvailable) -ne $null
    Version = (Get-Module -Name Pester -ListAvailable).Version
    'Aktuelle Version' = (Find-Module -Name Pester).Version
}

New-Object -TypeName PSObject -Property $info
```

Listing 32.1: Pester-Installation überprüfen.

Hinweis

Listing 32.1 setzt voraus, dass das Modul `PowerShellGet` vorhanden ist und Sie über einen Internetzugang verfügen. `PowerShellGet` ist Teil von PowerShell 5 und kann für ältere PowerShell-Versionen separat kostenfrei heruntergeladen und installiert werden.

Das Ergebnis sieht bei Windows 10 zum Beispiel so aus:

```
Pester vorhanden Version Aktuelle Version
---------------- ------- ----------------
            True 3.3.5   3.3.14
```

Ist bei Ihnen Pester noch gar nicht vorhanden, installieren Sie es mithilfe von `PowerShellGet` und `Install-Module` einfach nach. Hierfür benötigen Sie Administratorrechte oder müssen zusätzlich den Parameter `-Scope CurrentUser` angeben. Dann allerdings wird Pester nur für Ihr Benutzerkonto installiert.

```
PS> Install-Module -Name Pester
```

Haben Sie Pester bereits früher mit `PowerShellGet` installiert und wollen es nun aktualisieren, verwenden Sie stattdessen `Update-Module`:

```
PS> Update-Module -Name Pester
```

Möchten Sie hingegen die in Windows 10 mitgelieferte Fassung von Pester aktualisieren, müssen Sie doch wieder `Install-Module` verwenden, denn die mitgelieferte Fassung wurde nicht mit `PowerShellGet` installiert. Starten Sie also eine PowerShell mit Administratorrechten und geben Sie ein:

```
PS> Install-Module -Name Pester -Force
```

```
Nicht vertrauenswürdiges Repository
Sie installieren die Module aus einem nicht vertrauenswürdigen Repository. Wenn Sie diesem
Repository vertrauen, ändern Sie dessen InstallationPolicy-Wert, indem Sie das
Set-PSRepository-Cmdlet ausführen. Möchten Sie die Module von 'PSGallery' wirklich installieren?
[J] Ja [A] Ja, alle [N] Nein [K] Nein, keine [H] Anhalten [?] Hilfe (Standard ist "N"): j
WARNUNG: Version '3.3.5' des Moduls 'Pester' ist bereits auf 'C:\Program Files\WindowsPowerShell\
Modules\Pester\3.3.5' installiert. Um Version '3.3.14' zu installieren, führen Sie
'Install-Module' aus und fügen den -Force-Parameter hinzu. Durch diesen Befehl wird sowohl Version
'3.3.5' als auch Version '3.3.14' installiert.
PS> (Get-Module -Name Pester -ListAvailable).Version
```

```
Major  Minor  Build  Revision
-----  -----  -----  --------
3      3      14     -1
3      3      5      -1
```

Die in Windows 10 integrierte Version von Pester wird dabei nicht überschrieben. Stattdessen wird parallel dazu die neue Version heruntergeladen und installiert, PowerShell verwendet indes fortan die neuere Version. Sie können die neuere Version mit `Uninstall-Module` aber jederzeit wieder entfernen und zur in Windows 10 integrierten Version zurückkehren.

Eine simple Funktion auf TDD-Art entwickeln

Um zu sehen, wie man in der Praxis PowerShell-Funktionen »Test-driven« entwickelt, soll zum Einstieg eine ganz simple Funktion erstellt werden. Diese Funktion hat nur eine Aufgabe – sie soll den Text »Hello World!« ausgeben.

Eine neue Funktion entwerfen

Ihre Arbeit beginnt mit der Definition eines Tests, der die gewünschte Aufgabe beschreibt. Dazu übergeben Sie New-Fixture mit -Path einen Ordner, in dem Sie Ihre neue PowerShell-Funktion entwickeln möchten, und mit -Name den Namen der geplanten PowerShell-Funktion.

```
PS> $testumgebung = 'C:\PesterTest\Projekt1'
PS> New-Fixture -Path $testumgebung -Name Get-HelloWorld


    Verzeichnis: C:\PesterTest\Projekt1


Mode                LastWriteTime     Length Name
----                -------------     ------ ----
-a----        22.01.2016     10:19         35 Get-HelloWorld.ps1
-a----        22.01.2016     10:19        265 Get-HelloWorld.Tests.ps1
PS> cd $testumgebung
```

Pester legt den angegebenen Ordner automatisch für Sie an und platziert darin zwei Dateien:

- Get-HelloWorld.ps1: Hier befindet sich später die Implementation der Aufgabe, also der eigentliche Skriptcode, der die gestellte Aufgabe löst. Noch findet sich in dieser Datei bloß ein leerer Funktionskörper, denn zum jetzigen Zeitpunkt ist noch nicht einmal klar, worin die Aufgabe bestehen soll.

- Get-HelloWorld.Tests.ps1: Dies ist die Skriptdatei mit den Pester-Tests. Ein einfacher Basistest ist darin schon vorformuliert. Mit ihm werden wir gleich ein Problem beschreiben.

Wichtig

Alle folgenden Beispiele setzen voraus, dass Sie, wie gerade beschrieben, auch wirklich in den Ordner mit Ihrem Projekt gewechselt sind:

```
PS> cd $testumgebung
```

Der aktuelle Ordner sollte nun also *C:\PesterTest\Projekt1* sein. Andernfalls erhalten Sie in den folgenden Beispielen Fehlermeldungen, weil PowerShell und auch Pester die gewünschten Dateien nicht finden können.

Einen Test formulieren

New-Fixture hat bereits einen Basistest für Sie vorformuliert, den Sie nun in den ISE-Editor laden:

```
PS> ise Get-HelloWorld.Tests.ps1
```

Der Code darin wird in der ISE angezeigt und sieht so aus:

```
$here = Split-Path -Parent $MyInvocation.MyCommand.Path
$sut = (Split-Path -Leaf $MyInvocation.MyCommand.Path).Replace(".Tests.", ".")
. "$here\$sut"

Describe "Get-HelloWorld" {
    It "does something useful" {
        $true | Should Be $false
    }
}
```

Listing 32.2: Ein einfacher Pester-Test.

Er reflektiert natürlich noch nicht die Aufgabe, die gelöst werden soll. Deshalb wird der Test nun der Aufgabe entsprechend umformuliert. Vergessen Sie nicht, die Datei nach der Anpassung gemäß Listing 32.3 abzuspeichern!

```
$here = Split-Path -Parent $MyInvocation.MyCommand.Path
$sut = (Split-Path -Leaf $MyInvocation.MyCommand.Path).Replace(".Tests.", ".")
. "$here\$sut"

Describe "Get-HelloWorld" {
    It "outputs 'Hello World!" {
        Get-HelloWorld | Should Be 'Hello World!'
    }
}
```

Listing 32.3: Ein Pester-Test für die geplante Hello World-Aufgabe.

It steht für die zu testende Funktionalität. Dahinter folgt beliebiger beschreibender Text, der später als Testergebnis ausgegeben wird. Ein Skriptblock enthält den eigentlichen Testaufruf: Get-HelloWorld wird aufgerufen, und Should Be testet das Ergebnis.

Wir haben hier also nur unseren »Wunsch« an die Funktion Get-HelloWorld formuliert. Die Funktion Get-HelloWorld existiert zwar bereits, denn sie wurde mit New-Fixture ja automatisch in *GetHelloWorld.ps1* angelegt, sie ist aber noch leer (nicht implementiert) und liefert daher bis jetzt nicht das Wunschergebnis. Der Test sollte also (noch) fehlschlagen.

Test ausführen

Und genau dies geschieht auch, wenn Sie mit Invoke-Pester die Tests Ihres Projekts ausführen. Aktuell ist das nur ein einziger Test, es könnten später aber weitere hinzukommen.

```
Describing Get-HelloWorld
  [-] outputs 'Hello World! 101ms
    Expected: {Hello World!}
    But was: {}
    (...)
```

```
Tests completed in 101ms
Passed: 0 Failed: 1 Skipped: 0 Pending: 0 Inconclusive: 0
```

Der Test berichtet akkurat, dass die Funktion `Get-HelloWorld` eigentlich den Text »Hello World!« hätte zurückliefern sollen, stattdessen aber »nichts« geliefert hat. Test vergeigt.

Funktionalität implementieren

Der Test sagt Ihnen nicht nur, was nicht stimmt mit Ihrer Funktion, er weist Sie jetzt auch klar dazu an, was Sie nachfolgend tun müssen, um die Funktion korrekt zu implementieren. Die Funktion liefert augenblicklich »nichts« zurück, soll aber »Hello World!« liefern. Das ist eine klare Direktive für jeden Entwickler.

Das nun folgende Verfahren ist also identisch, egal ob Sie ein neues Feature in die Funktion aufnehmen wollen, das Sie zuvor mit einem Test beschrieben haben, oder ein bereits vorhandenes, aber falsch funktionierendes Feature reparieren möchten: Öffnen Sie die Funktion `Get-HelloWorld` im ISE-Editor:

```
PS> ise Get-HelloWorld.ps1
```

Die ISE öffnet den leeren Funktionskörper, den `New-Fixture` für Sie bereits angelegt hat:

```
function Get-HelloWorld {

}
```

Listing 32.4: Leerer Funktionskörper.

Passen Sie diesen nun so an, dass er der Spezifikation entspricht, also den Text »Hello World!« liefert. Speichern Sie die Datei danach!

```
function Get-HelloWorld
{
    'Hello World!'
}
```

Listing 32.5: Fügen Sie Ihre Implementation der Funktionalität in die Funktion ein.

Ob Ihre Änderung erfolgreich war und die gewünschte Spezifikation erfüllt, verrät Ihnen Pester sofort. Lassen Sie den Test einfach noch einmal laufen:

```
Describing Get-HelloWorld
 [+] outputs 'Hello World! 133ms
Tests completed in 133ms
Passed: 1 Failed: 0 Skipped: 0 Pending: 0 Inconclusive: 0
```

Alles in Ordnung. Ihre Implementation entspricht den gewünschten Anforderungen. Sie können sich beruhigt zurücklegen.

Vielleicht sehen Sie Ihre Skriptentwicklung nun mit anderen Augen. Klassischerweise beginnt man sofort damit, Code zu schreiben, und oft fehlt eine ordentliche Planung. Noch problematischer wird es, wenn man neue Dinge in bereits bestehende Funktionen »hineinbastelt«, denn am Ende funktioniert vielleicht zwar das neue Feature, aber zuvor vorhandene Funktionalitäten sind beschädigt.

Das *Test-Driven Development* ist viel strukturierter: Sie definieren die Anforderungen zuerst mit jeweils einem Test. Erst danach kümmern Sie sich um die eigentliche Implementation, und mit `Invoke-Pester` sehen Sie nicht nur zu jedem Zeitpunkt, ob Ihre neue Funktionalität wunschgemäß arbeitet, sondern auch, ob alle vielleicht zuvor schon in der Funktion enthaltenen anderen Funktionalitäten unter Ihrem Eingriff gelitten haben oder ebenfalls noch die gewünschten Ergebnisse liefern.

Architektur der Pester-Tests

Wenn Sie sich noch einmal den verwendeten Pester-Test aus Listing 32.3 anschauen, fallen darin drei Schlüsselbegriffe auf:

- **Describe:** Repräsentiert eine Gruppe von Tests. Hinter `Describe` steht ein Text, der die getestete Funktion beschreibt und später im Testergebnis erscheint.

- **It:** Repräsentiert einen einzelnen Test, der eine bestimmte Funktionalität der Funktion überprüft.

- **Should Be:** Empfängt das Ergebnis der Funktion und überprüft, ob es dem gewünschten Ergebnis entspricht. Falls nicht, meldet dieser Test einen Fehler.

Technisch realisiert Pester seine Tests auf sehr simple Weise. Am Anfang des Testskripts findet sich immer dieser Code:

```
$here = Split-Path -Parent $MyInvocation.MyCommand.Path
$sut = (Split-Path -Leaf $MyInvocation.MyCommand.Path).Replace(".Tests.", ".")
. "$here\$sut"
```

Listing 32.6: Ladecode eines Pester-Tests.

In `$here` findet sich der Ordner, in dem das Testskript liegt. `$sut` enthält den vollständigen Pfadnamen zum Testskript und entfernt daraus .Tests., sodass danach in `$sut` der Pfadname zur Datei zu finden ist, die die Funktion implementiert. Diese Datei wird am Ende »dot-sourced« aufgerufen, also ausgeführt. Dadurch werden alle Funktionen, die die Datei definiert, in den Speicher geladen. Nur so kann `It` in seinem Skriptblock später die Funktion auch ausführen und ihre Ergebnisse überprüfen.

Profitipp

Die Art, wie Pester hier vorgeht, um die Skriptdatei zu laden, ist recht archaisch. Ein eleganter Code könnte folgendermaßen aussehen (würde dann allerdings mindestens PowerShell 3.0 voraussetzen):

```
. $PSCommandPath.Replace(".Tests.", ".")
```

In jedem Fall muss der Name der Testdatei die Endung *.Test.ps1* tragen. `Replace()` unterscheidet zwischen Groß- und Kleinschreibung, sodass die Endung »*.test.ps1*« fehlschlagen würde. Da Pester die Testdateien indes automatisch anlegt und dabei auf die richtige Schreibweise achtet, spielt dies in den meisten Fällen keine Rolle. Sicherer wäre aber wohl dieser Aufruf:

```
. $PSCommandPath.ToLower().Replace(".tests.", ".")
```

Da Pester ständig weiterentwickelt wird, kann es durchaus sein, dass der Ladecode inzwischen entsprechend optimiert worden ist und bei Ihnen deshalb anders aussieht als in Listing 32.6.

Gefahren und Vorsichtsmaßnahmen

Weil ein Pester-Test immer die Datei mit den zu testenden Funktionen ausführt, dürfen darin ausschließlich Funktionsdefinitionen enthalten sein. Würde Ihre Skriptdatei weiteren Code enthalten, der sofort ausgeführt wird und zum Beispiel die enthaltenen Funktionen aufruft, würde dies unbeabsichtigt bei jedem Aufruf von Invoke-Pester geschehen.

Probieren Sie es einfach aus und öffnen Sie noch einmal die Datei mit Ihrer Funktion:

```
PS> ise get-helloworld.ps1
```

Ändern Sie den Code und fügen Sie weitere Befehle hinzu, die nicht in Funktionen gekapselt sind. Speichern Sie die Änderungen dann:

```
function Get-HelloWorld
{
  'Hello World!'
}

Write-Host 'Ich könnte schlimme Dinge tun!' -ForegroundColor Red
```

Listing 32.7: Eine für Pester-Tests ungeeignete Skriptdatei.

Wenn Sie nun den Pester-Test mit Invoke-Pester starten, sehen Sie die rote Textmeldung. Write-Host wurde also ausgeführt, weil der Pester-Test die gesamte Datei ausführt, sobald ein Testlauf startet.

```
PS> Invoke-Pester
Ich könnte schlimme Dinge tun!
Describing GetHelloWorld
  [+] outputs 'Hello World! 71ms
Tests completed in 71ms
Passed: 1 Failed: 0 Skipped: 0 Pending: 0
```

Funktionen nachträglich erweitern

Das *Test-Driven Development* eignet sich nicht nur dazu, vollkommen neue PowerShell-Funktionen bei null zu beginnen. Mit den Strategien des TDD lassen sich Funktionen auch auf sehr sichere Weise nachträglich erweitern. Wie das geschieht, schauen wir uns jetzt an. Vorausgesetzt wird, dass Sie den vorherigen Beispielen gefolgt sind und die Funktion Get-HelloWorld wie beschrieben erstellt haben.

Diese Funktion soll nun eine weitere Aufgabe leisten: Wird der Funktion ein Name übergeben, soll sie diesen Namen in die Ausgabe einbauen. Der Name soll hinter der Ausgabe »Hello World«, aber vor dem Ausrufezeichen erscheinen.

Einen Test hinzufügen

Bevor Sie sich an die Arbeit machen, um die neue Funktionalität nachzurüsten, steht bei TDD zuerst die Definition eines Tests. Den fügen Sie der vorhandenen Testfunktion hinzu. Öffnen Sie diese also zuerst im ISE-Editor:

```
PS> ise get-helloworld.tests.ps1
```

Anschließend wird die neue Funktionalität als weiterer Test der Datei hinzugefügt. Sie sollte jetzt so aussehen:

```
$here = Split-Path -Parent $MyInvocation.MyCommand.Path
$sut = (Split-Path -Leaf $MyInvocation.MyCommand.Path).Replace(".Tests.", ".")
. "$here\$sut"

Describe "Get-HelloWorld" {
    It "outputs 'Hello World!" {
        Get-HelloWorld | Should Be 'Hello World!'
    }

    It "outputs 'Hello World [NAME]!" {
        Get-HelloWorld -Name Tobias | Should Be 'Hello World Tobias!'
    }
}
```

Listing 32.8: Ein weiterer Test überprüft, ob die Funktion den Parameter -Name richtig verarbeitet.

Wenn Sie nun die Tests ausführen, meldet Pester die fehlende Implementation für die neue Funktionalität:

```
Describing Get-HelloWorld
 [+] outputs 'Hello World! 109ms
 [-] outputs 'Hello World [NAME]! 72ms
   Expected string length 19 but was 12. Strings differ at index 11.
   Expected: {Hello World Tobias!}
   But was:  {Hello World!}
   ---------------------^
   11:          Get-HelloWorld -Name Tobias | Should Be 'Hello World Tobias!'
   (...)
Tests completed in 182ms
Passed: 1 Failed: 1 Skipped: 0 Pending: 0 Inconclusive: 0
```

Ein Test war erfolgreich, der zweite nicht. Nun ist klar, wie die Funktion erweitert werden muss. Öffnen Sie auch die Implementation im ISE-Editor:

```
PS> ise get-helloworld.ps1
```

Erweitern Sie die Funktion nun, damit sie einen Parameter -Name akzeptiert und den übergebenen Namen korrekt ausgibt:

```
function Get-HelloWorld
{
  param
  (
    $Name
  )

  "Hello World $Name!"
}
```

Listing 32.9: Eine bestehende Funktion nachträglich erweitern.

Wenn Sie nun denken, dass Sie die Lösung gefunden haben, belehrt Pester Sie eines Besseren. Der Test schlägt nämlich fehl:

```
PS> Invoke-Pester
Describing Get-HelloWorld
```

```
[-] outputs 'Hello World! 104ms
    Expected string length 12 but was 13. Strings differ at index 11.
    Expected: {Hello World!}
    But was:  {Hello World !}
    --------------------^
    (...)
[+] outputs 'Hello World [NAME]! 131ms
Tests completed in 235ms
Passed: 1 Failed: 1 Skipped: 0 Pending: 0 Inconclusive: 0
```

Wenn Sie sich das Testergebnis genau anschauen, stellen Sie fest: Die neue Funktionalität arbeitet einwandfrei. Sie hat aber eine bestehende Funktionalität beschädigt. Weil zwischen dem Text und der darin eingebetteten Variablen ein Leerzeichen eingefügt wurde, liefert die Funktion – wenn sie ohne Argument aufgerufen wird – zwischen Textende und Anführungszeichen ein unerwünschtes Leerzeichen. Wäre Ihnen das im hektischen Alltag ohne Pester auch so schnell aufgefallen?

Die Funktion muss also noch einmal korrigiert werden und sieht jetzt so aus:

```
function Get-HelloWorld
{
  param
  (
    $Name = ''
  )

  if ($Name.Length -gt 0)
  {
    $Name = ' ' + $Name
  }

  "Hello World$Name!"
}
```

Listing 32.10: Korrekte Implementation der zusätzlichen Funktionalität.

Es ist also gar nicht so trivial gewesen, einen optionalen Namen in den Text einzufügen, wie es zunächst schien. Pester gibt erst jetzt grünes Licht:

```
Describing Get-HelloWorld
 [+] outputs 'Hello World! 164ms
 [+] outputs 'Hello World [NAME]! 49ms
Tests completed in 214ms
Passed: 2 Failed: 0 Skipped: 0 Pending: 0 Inconclusive: 0
```

Wie Sie sehen, bewahren Pester und das TDD Sie vor leichtfertigen Schnitzern, die in Produktivskripten ungeahnte Auswirkungen haben könnten.

Hinweis

Jetzt, da Sie ein besseres Verständnis für Pester und TDD haben, können Sie sich vielleicht vorstellen, dass TDD ein wichtiges Qualitätsmerkmal ist.

Werden Skripte zusammen mit Tests ausgeliefert, ergeben sich aus den Tests nicht nur sofort die geforderten Spezifikationen, die Tests garantieren auch auf überprüfbare Weise, dass das Skript diese Spezifikationen tatsächlich einhält. Sie sind also ein wichtiges Hilfsmittel für den Empfänger eines Skripts, die Güte und Qualität eines Skripts zu überprüfen, ohne dafür langwierig den Code des Skripts nachvollziehen zu müssen.

Assertions – Ergebnisse überprüfen

Ein Pester-Test funktioniert – wie Sie inzwischen wissen – nach einem ganz einfachen Prinzip: Pester ruft die zu testende Funktion auf und überprüft dann dessen Ergebnisse. Entsprechen sie den Erwartungen, gilt der Test als erfüllt. Andernfalls schlägt er fehl. Geprüft wird das Ergebnis mit sogenannten *Assertions* (Zusicherungen). Der Test bestätigt also, dass die Funktion eine zugesicherte Eigenschaft hat.

In den Beispielen des letzten Abschnitts wurde eine Assertion namens Should Be verwendet. Sie prüft auf Gleichheit und trifft nur zu, wenn das Ergebnis exakt so wie vorgegeben ist (wobei dieser Assertion bei Textvergleichen die Groß- und Kleinschreibung egal ist).

Die richtige Assertion wählen

Should Be bildet zwar die meisten, aber längst nicht alle benötigten Testszenarien ab. Was zum Beispiel ist zu tun, wenn die Groß- und Kleinschreibung entscheidend sind? Deshalb gibt es weitere Zusicherungen für Ihre Tests (Tabelle 32.1):

Assertion	Beschreibung
Should Be Should Not Be	Prüft auf Gleichheit und verwendet -eq. Groß- und Kleinschreibung werden also nicht beachtet. Diese Assertion wird am häufigsten eingesetzt.
Should BeExactly Should Not BeExactly	Prüft auf Gleichheit und verwendet -ceq. Groß- und Kleinschreibung werden unterschieden.
Should BeNullOrEmpty Should Not BeNullOrEmpty	Prüft auf Nullwerte oder leere Strings. In der Praxis wird meist die negative Form Should Not BeNullOrEmpty eingesetzt.
Should Match Should Not Match	Verwendet -match und prüft mithilfe eines regulären Ausdrucks auf Textmuster. Groß- und Kleinschreibung werden nicht beachtet.
Should MatchExactly Should Not MatchExactly	Verwendet -cmatch und prüft mithilfe eines regulären Ausdrucks auf Textmuster. Groß- und Kleinschreibung werden unterschieden.
Should Exist Should Not Exist	Verwendet Test-Path und prüft, ob ein Pfad existiert. "C:\Windows" | Should Exist
Should Contain Should Not Contain	Akzeptiert einen Dateipfad und verwendet Get-Content, um zu prüfen, ob die Datei ein bestimmtes Textmuster enthält. Hierzu wird -match eingesetzt. Das Textmuster wird also als regulärer Ausdruck angegeben, bei dem Groß- und Kleinschreibung nicht unterschieden werden. Möchten Sie einen absoluten Text testen, stellen Sie folgendermaßen sicher, dass alle RegEx-Sonderzeichen korrekt mit Escape-Zeichen versehen sind: <Path> | Should Contain ([RegEx]::Escape(<Pattern>))
Should ContainExactly Should Not ContainExactly	Wie Should Contain, jedoch wird anstelle von -match der Operator -cmatch verwendet. Groß- und Kleinschreibung werden daher unterschieden.

Tabelle 32.1: Assertions, mit denen Ergebnisse überprüft werden.

Assertion	Beschreibung
Should Throw Should Not Throw	Prüft auf eine Fehlermeldung. Wichtig: Diese Assertion akzeptiert nur einen Skriptblock. Der Code muss also in geschweifte Klammern gesetzt werden: { Get-Process PowerShell_ise -ErrorAction Stop } | Should Not Throw **Wichtig:** Damit Should Throw den Fehler überhaupt erkennen kann, muss bei Cmdlets die -ErrorAction auf Stop oder die Vorgabe in $ErrorActionPreference auf Stop eingestellt sein. Andernfalls meldet PowerShell den Fehler direkt, und Pester kann ihn nicht abfangen. Da Pester in diesem Fall keinen Fehler bemerkt, wäre der Test dann falsch negativ. Handelt es sich dagegen um einen terminierenden Fehler (einen direkt von .NET ausgelösten Fehler also) oder hat die Funktion den Fehler selbst mit Throw ausgelöst, gelten diese Einschränkungen nicht.

Tabelle 32.1: Assertions, mit denen Ergebnisse überprüft werden. (Forts.)

Falls Ihnen eine Assertion für eine bestimmte Fragestellung fehlt, kann man das Ergebnis der zu testenden Funktion in den meisten Fällen so umformulieren, dass es über eine der eingebauten Assertions prüfbar wird. Wollen Sie zum Beispiel sicherstellen, dass eine Funktion Ergebnisse eines bestimmten Datentyps oder stets nur Arrays liefern soll, verwenden Sie einen passenden Vergleichsoperator und werten danach das boolesche Ergebnis mit Should Be aus:

```
( Some-Function ) -is [DateTime] | Should Be $true
( Some-Function ) -is [Array] | Should Be $true
```

Achtung

Pester funktioniert in PowerShell 2.0 unter Umständen nicht korrekt, weil PowerShell 2.0 anders mit Nullwerten in der Pipeline umgeht als folgende Versionen. Tests, die auf Nullwerte prüfen (Should NullOrEmpty), fallen in PowerShell 2.0 deshalb unter Umständen falsch negativ aus.

Um diesen Fehler zu umgehen, sollte man in PowerShell 2.0 tunlichst darauf achten, Testausdrücke nicht in runde Klammern zu setzen. Sie lösen dort das sonderbare Verhalten aus und geben Nullwerte nicht an folgende Pipeline-Befehle weiter.

Eine Assertion testen

Um sich mit dem Verhalten der unterschiedlichen Assertions besser vertraut machen zu können, kann man sie auch direkt aufrufen. Allerdings darf das nur innerhalb eines Describe-Blocks geschehen. In den folgenden Code können Sie indes beliebige Assertions einbetten und sie dort ausprobieren:

```
Import-Module Pester

Describe "Interaktive Demo" {
    It "Interaktive Demo" {
        { Get-Process PowerShell_ise -ErrorAction Stop } | Should Not Throw
    }
}
```

Listing 32.11: Assertions direkt aufrufen.

Listing 32.11 prüft beispielsweise, ob der Prozess `PowerShell_ise` vorhanden ist. Führen Sie das Skript in der ISE aus, verläuft der Test erfolgreich:

```
Describing Interaktive Demo
[+] Interaktive Demo 358ms
```

Schließen Sie dagegen alle ISE-Editoren, öffnen eine PowerShell-Konsole und führen Listing 32.11 in dieser Konsole aus, schlägt der Test fehl:

```
Describing Interaktive Demo
[-] Interaktive Demo 189ms
```

Mehrere Assertions kombinieren

Ein Test darf zwar beliebig viele Assertions kombinieren, doch sollte das wohlüberlegt sein. Der Sinn eines Tests ist, eine ganz bestimmte Funktionalität zu testen, sodass aus dem Testergebnis klar hervorgeht, wo ein mögliches Problem liegt. Dazu gibt der Test hinter It jeweils einen beschreibenden Text aus. Testen Sie innerhalb nur eines einzigen Tests mit mehreren Assertions ganz unterschiedliche Funktionalitäten, ist unter Umständen nicht mehr unmittelbar ersichtlich, was eigentlich schiefgelaufen ist. Das folgende Beispiel veranschaulicht das:

```
Import-Module Pester

Describe "Interaktive Demo" {
    It "Richtige Ausgabe" {
        { Get-Process PowerShell_ise -ErrorAction Stop } | Should Not Throw
        "Hello World" | Should Be 'hello world'
        "Hello World" | Should MatchExactly 'world'
    }
}
```

Listing 32.12: Assertions können kombiniert werden, was zu weniger aussagekräftigen Ergebnissen führt.

Führen Sie dieses Skript aus, meldet Pester wie geplant einen Fehler, denn die Ausgabe enthält nicht das Wort »world« in Kleinschreibung, so wie von der dritten Assertion verlangt. Allerdings ist nicht klar, welche weiteren Funktionalitäten ebenfalls getestet wurden und vielleicht erfolgreich verliefen:

```
Describing Interaktive Demo
[-] Richtige Ausgabe 148ms
  Expected: {Hello World} to exactly match the expression {world}
  7:       "Hello World" | Should MatchExactly 'world'
```

Einen sehr viel aussagekräftigeren Report bekommen Sie, wenn Sie mehrere separate Tests formulieren:

```
Import-Module Pester

Describe "Interaktive Demo" {
    It "ISE-Editor wird ausgeführt" {
        { Get-Process PowerShell_ise -ErrorAction Stop } | Should Not Throw
    }
}

Describe "Interaktive Demo" {
    It "gibt den Text 'Hello World' zurück (Groß- und Kleinschreibung egal)" {
```

```
        "Hello World" | Should Be 'hello world'
    }
}

Describe "Interaktive Demo" {
    It "enthält das Wort 'world' in Kleinschreibung" {
        "Hello World" | Should MatchExactly 'world'
    }
}
```

Listing 32.13: Verwenden Sie verschiedene Tests für einen detailreichen Report.

Führen Sie Listing 32.13 aus, ist das Testergebnis wesentlich detaillierter:

```
Describing Interaktive Demo
  [+] ISE-Editor wird ausgeführt 103ms
Describing Interaktive Demo
  [+] gibt den Text 'Hello World' zurück (Groß- und Kleinschreibung egal) 77ms
Describing Interaktive Demo
  [-] enthält das Wort 'world' in Kleinschreibung 94ms
    Expected: {Hello World} to exactly match the expression {world}
```

Simulationen und Alltagstests

Tests lassen sich für mathematische Algorithmen leicht formulieren, aber immer dann, wenn eine zu testende Funktion Änderungen am Computer vornimmt, sind Tests problematisch oder sogar gefährlich. Soll eine Funktion zum Beispiel ein neues Benutzerkonto anlegen, möchten Sie natürlich nicht unbedingt, dass diese Funktion bei Tests tatsächlich neue Konten anlegt.

Befehle vorübergehend außer Kraft setzen

Enthält eine Funktion Befehle, die bei Tests nicht ausgeführt werden sollen, kann Pester diese während des Testlaufs durch andere Befehle ersetzen. Vielleicht möchten Sie eine Funktion entwickeln, die den Computer nur dann neu startet, wenn aktuell kein Benutzer angemeldet ist. Lassen Sie uns dazu zunächst ein neues Pester-Projekt schaffen:

```
PS> New-Fixture -Path C:\PesterTest\Projekt2 -Name Restart-InactiveComputer


    Verzeichnis: C:\PesterTest\Projekt2


Mode                LastWriteTime     Length Name
----                -------------     ------ ----
-a----        25.01.2016     13:12         45 Restart-InactiveComputer.ps1
-a----        25.01.2016     13:12        277 Restart-InactiveComputer.Tests.ps1


PS> cd C:\PesterTest\Projekt2
```

Nun öffnen Sie die leere Funktion Restart-InactiveComputer und implementieren sie:

```
PS> ise restart-inactivecomputer.ps1
```

Die Implementation könnte aussehen wie die in 32.14: Wenn aktuell kein explorer-Prozess ausgeführt wird, kann angenommen werden, dass kein Anwender angemeldet ist. Nur dann wird der Neustart durchgeführt. Ändern Sie *restart-inactivecomputer.ps1* entsprechend und speichern Sie die Datei dann ab.

```
function Restart-InactiveComputer

{
    $explorer = Get-Process -Name explorer -ErrorAction SilentlyContinue
    if ($explorer.Count -eq 0)
    {
        Restart-Computer -Force
    }
}
```

Listing 32.14: Restart-InactiveComputer startet den Computer nur, wenn kein Benutzer angemeldet ist.

Wie könnte man diese Funktion nun gefahrlos mit Pester testen? Die Funktion hängt davon ab, ob Get-Process mindestens eine Instanz des explorer-Prozesses liefert, und im Erfolgsfall würde der Rechner neu gestartet. Das Ergebnis von Get-Process kann man nicht während des Testlaufs verändern (weil man natürlich nicht alle Explorer-Instanzen schließen möchte, nur um dieses Szenario zu testen), und natürlich soll der Computer während eines Tests auch nicht wirklich neu starten.

Deshalb manipuliert Pester die betroffenen Funktionen. Öffnen Sie zunächst den Pester-Test:

```
PS> ise restart-inactivecomputer.tests.ps1
```

Danach ändern Sie den Test folgendermaßen:

```
$here = Split-Path -Parent $MyInvocation.MyCommand.Path
$sut = (Split-Path -Leaf $MyInvocation.MyCommand.Path) -replace '\.Tests\.', '.'
. "$here\$sut"

Describe 'Restart-InactiveComputer' {

  Mock Restart-Computer { <# Neustart wird nur simuliert #> }

  Context 'Computer sollte neu starten' {
    It 'Neustart, wenn niemand angemeldet ist' {

      Mock Get-Process {}

      Restart-InactiveComputer

      Assert-MockCalled Restart-Computer -Exactly 1
    }
  }

  Context 'Computer sollte NICHT neu starten' {
    It 'Kein Neustart bei angemeldeten Benutzern' {

      Mock Get-Process { 'irgendetwas liefern' }

      Restart-InactiveComputer

      Assert-MockCalled Restart-Computer -Exactly 0
    }
  }
}
```

Listing 32.15: Pester-Test zum gefahrlosen Testen von Restart-InactiveComputer.

Wenn Sie nun den Test ausführen, prüft Pester beide Funktionalitäten und bestätigt die korrekte Arbeitsweise, ohne dass der Computer dabei neu startet oder sich alle Benutzer hätten abmelden müssen:

```
PS> Invoke-Pester
Describing Restart-InactiveComputer
    Context Computer sollte neu starten
    [+] Neustart, wenn niemand angemeldet ist 775ms
    Context Computer sollte NICHT neu starten
    [+] Kein Neustart bei angemeldeten Benutzern 552ms
Tests completed in 1.33s
Passed: 2 Failed: 0 Skipped: 0 Pending: 0 Inconclusive: 0
```

Die Lösung hierfür findet sich in der Testfunktion aus Listing 32.15:

- **Mock:** Eine Funktion wird für die Dauer des Tests durch eine andere Funktion ersetzt. Der Test ersetzt zum Beispiel `Restart-Computer` durch eine »ungefährliche« Kopie, die den Computer überhaupt nicht neu startet. Auch `Get-Process` wird ersetzt. Soll geprüft werden, wie sich die Funktion verhält, wenn kein Benutzer angemeldet ist, liefert die Kopie nichts zurück, andernfalls irgendetwas (Beliebiges). Die Funktion `Restart-InactiveComputer` prüft immerhin, ob `Get-Process` eine oder mehrere Informationen zurückliefert, ohne dass es dabei darauf ankommt, worum es sich handelt.

- **AssertMockCalled:** Prüft, ob eine `Mock`-Funktion tatsächlich aufgerufen wurde. Wenn kein User angemeldet ist, sollte dies genau einmal der Fall sein.

- **Context:** Stellt den Test in einen eigenen PowerShell-Kontext, sodass es keine Wechselwirkungen mit anderen Tests geben kann. Dies ist erforderlich, damit `AssertMockCalled` richtig funktioniert, denn der Zähler gilt übergreifend pro Kontext.

Hinweis

Mit dem Schlüsselwort `Mock` können also vorhandene Befehle für die Dauer des Tests durch anderen Code ersetzt werden. Der Gültigkeitsbereich einer `Mock`-Funktion hängt davon ab, wo sie definiert wurde: innerhalb eines `Describe`-Blocks, innerhalb eines `Context`-Blocks oder innerhalb eines `It`-Blocks. Wird eine `Mock`-Funktion innerhalb eines `It`-Blocks definiert, gilt sie allerdings im gesamten übergeordneten Scope.

Mock-Funktion über Parameter auswählen

Mitunter müssen Befehle intelligenter entschärft werden. Je nach übergebenem Parameter sollen dann unterschiedliche Ersatzfunktionen aufgerufen werden. Dies erreicht man mit *ParameterFiltern*.

Eine Funktion soll beispielsweise Logdateien löschen, falls sie existieren. Solch eine Funktion könnte so aussehen:

```
function Remove-LogFile
{
  param
  (
    $Path
  )
```

```
$exists = Test-Path $path

if ($exists)
{
   Remove-Item -Path $path
}
}
```

Listing 32.16: Eine Funktion soll Dateien löschen.

Um diese Funktion zu testen, möchte man natürlich keine echten Dateien löschen. Deshalb simuliert man das Verhalten von Test-Path in Abhängigkeit vom übergebenen Pfad:

```
$here = Split-Path -Parent $MyInvocation.MyCommand.Path
$sut = (Split-Path -Leaf $MyInvocation.MyCommand.Path) -replace '\.Tests\.', '.'
. "$here\$sut"

Describe 'Remove-LogFile' {
   Mock Remove-Item { <# es wird nicht wirklich gelöscht #> }
   Mock Test-Path { $true } -ParameterFilter { $Path -and $Path -eq "$env:temp\sample.txt" }
   Mock Test-Path { $false }
   It 'existierende Datei löschen' {
      Remove-Logfile -Path "$env:temp\sample.txt" | Should BeNullOrEmpty
   }
   It 'nicht vorhandene Datei liefert Fehler' {
      { Remove-LogFile -Path c:\doesnotexist.txt } | Should Throw
   }
}
```

Listing 32.17: Die simulierte Funktion Test-Path verhält sich in Abhängigkeit vom Pfadnamen jeweils anders.

Hinweis

Eine Mock-Funktion mit dem Parameter -ParameterFilter hat immer Vorrang vor einer gleichnamigen Mock-Funktion ohne diesen Parameter. Die speziellere Variante wird also unabhängig von der Reihenfolge der Definition vorgezogen.

Reale Tests und notwendige Aufräumarbeiten

Natürlich sollte es wohlüberlegt sein, welche Teile einer Funktion man simuliert, denn wenn simuliert wird, wird der simulierte Teil des Skripts natürlich nicht getestet. Simulationen sind wichtig, sofern das Ergebnis einer Aktion wie beim Neustart des Computers unerwünschte Wirkungen entfaltet. Mitunter genügt es aber auch, das Ergebnis des Testlaufs wieder rückgängig zu machen.

Stellen Sie sich beispielsweise vor, es wird eine PowerShell-Funktion benötigt, die lokale Benutzerkonten anlegen kann. Hierbei möchte man vielleicht die Logik genauer testen und deshalb tatsächlich neue Konten anlegen lassen. Um das auszuprobieren, legen Sie zunächst einen entsprechenden Test an und wechseln dann in den neuen Projektordner:

```
PS> New-Fixture -Path C:\PesterTest\Projekt3 -Name New-LocalUserAccount


   Verzeichnis: C:\PesterTest\Projekt3
```

```
Mode                LastWriteTime     Length Name
----                -------------     ------ ----
-a----     25.01.2016    12:10            41 New-LocalUserAccount.ps1
-a----     25.01.2016    12:10           273 New-LocalUserAccount.Tests.ps1
```

```
PS> cd C:\PesterTest\Projekt3
```

Nun implementieren Sie die Funktion New-LocalUserAccount. Öffnen Sie dazu zunächst die leere Funktion, die Pester bereits angelegt hat:

```
PS> ise new-localuseraccount.ps1
```

Danach implementieren Sie die gewünschte Funktionalität und greifen zum Beispiel auf den Befehl net.exe zurück, um das lokale Benutzerkonto anzulegen:

```
function New-LocalUserAccount
{
  param
  (
    [Parameter(Mandatory=$true)]
    [string]
    $Name
  )

  # Lokales Benutzerkonto anlegen und
  # Fehler an PowerShell zurückliefern
  $ErrorActionPreference = 'Stop'
  $null = net user $Name /ADD 2>&1
}
```

Listing 32.18: Funktion zum Anlegen neuer lokaler Benutzerkonten.

Anschließend laden Sie den Test *New-LocalUserAccount.Tests.ps1* in den ISE-Editor:

```
PS> ise new-localuseraccount.tests.ps1
```

Formulieren Sie dann den Testaufruf der Funktion New-LocalUserAccount. Die Funktion akzeptiert mit -Name den Namen des neuen Benutzerkontos. Verläuft alles korrekt, liefert die Funktion nichts zurück, andernfalls einen Fehler. Ein Fehler soll auch auftreten, wenn es das Konto bereits gibt.

Der Test könnte so aussehen:

```
$here = Split-Path -Parent $MyInvocation.MyCommand.Path
$sut = (Split-Path -Leaf $MyInvocation.MyCommand.Path) -replace '\.Tests\.', '.'
. "$here\$sut"

Describe 'New-LocalUserAccount' {
    It "Lokales Benutzerkonto 'testaccount' existiert noch nicht" {
        {
            # Testkonto versuchsweise abrufen. Wenn es nicht existiert,
            # kommt es zu einem Fehler. Ein Fehler ist also erwartet:
            $ErrorActionPreference = 'Stop'
            net user Testaccount 2>&1
        }| Should Throw
```

```
    }
    It "Neues Benutzerkonto namens 'Testaccount' anlegen" {
      {
          # Konto anlegen. Das Konto existiert danach tatsächlich.
          New-LocalUserAccount -Name Testaccount
      } | Should Not Throw

      {
          # Konto wird gesucht und sollte jetzt existieren:
          $ErrorActionPreference = 'Stop'
          net user Testaccount 2>&1
      }| Should Not Throw

      # Aufräumungsarbeiten: Das Testkonto muss wieder entfernt werden:
      $null =  net user Testaccount /DELETE
    }
}
```

Listing 32.19: Prüfen, ob ein lokales Benutzerkonto korrekt angelegt wird.

Achtung

Denken Sie daran: Wenn Sie mit Should Not Throw prüfen wollen, ob ein Befehl einen Fehler verursacht, muss der Befehl als Skriptblock in geschweiften Klammern übergeben werden!

Wenn Sie den Test ausführen, meldet Pester:

```
PS> Invoke-Pester
Describing New-LocalUserAccount
  [+] Lokales Benutzerkonto 'testaccount' existiert noch nicht 327ms
  [-] Neues Benutzerkonto namens 'Testaccount' anlegen 113ms
    Expected: the expression not to throw an exception. Message was {Systemfehler 5 aufgetreten.}
(...)
Tests completed in 440ms
Passed: 1 Failed: 1 Skipped: 0 Pending: 0 Inconclusive: 0
```

Wie sich herausstellt, existierte das Testkonto zwar tatsächlich nicht, aber zum Anlegen von lokalen Benutzerkonten verlangt net.exe volle Administratorrechte (Systemfehler 5).

Führen Sie den Test dagegen in einer PowerShell mit vollen Administratorrechten aus, verläuft der Test erfolgreich:

```
PS> Invoke-Pester
Describing New-LocalUserAccount
  [+] Lokales Benutzerkonto 'testaccount' existiert noch nicht 144ms
  [+] Neues Benutzerkonto namens 'Testaccount' anlegen 297ms
Tests completed in 441ms
Passed: 2 Failed: 0 Skipped: 0 Pending: 0 Inconclusive: 0
```

Dennoch ist anschließend kein Testkonto mehr vorhanden, weil der Testcode das testweise angelegte Benutzerkonto am Ende des Tests wieder entfernt hat.

```
PS> net user testaccount
Der Benutzername konnte nicht gefunden werden.

Sie erhalten weitere Hilfe, wenn Sie NET HELPMSG 2221 eingeben.
```

Ob Ihr Test vorübergehende Änderungen am System durchführen soll, so wie im letzten Beispiel, oder seine Wirkung vollständig simuliert werden muss, liegt in Ihrem eigenen Ermessen und hängt davon ab, ob sich die Auswirkungen mit vertretbarem Aufwand rückgängig machen lassen und/oder ob sich negative Wechselwirkungen entfalten könnten.

TestDrive – ein Ort für temporäre Daten

Nicht immer ist es notwendig, dass Sie selbst die beim Test erzeugten Ergebnisse aufräumen. Handelt es sich dabei um Dateien oder Ordner, greifen Sie einfach zum Laufwerk *TestDrive:*. Es wird von Pester vorübergehend bereitgestellt, besitzt immer Schreibzugriff und wird nach Ablauf des Tests von Pester automatisch samt Inhalt wieder gelöscht.

Wollen Sie zum Beispiel eine Funktion erstellen, die eine Datei zurückliefert und die, falls die Datei noch nicht existiert, diese Datei samt allen womöglich nötigen Unterordnern zuerst anlegt, würden Sie zunächst wieder eine Pester-Testumgebung anlegen:

```
PS> New-Fixture C:\PesterTest\Projekt4 -Name New-File


    Verzeichnis: C:\PesterTest\Projekt4


Mode                LastWriteTime     Length Name
----                -------------     ------ ----
-a----        25.01.2016     14:54         29 New-File.ps1
-a----        25.01.2016     14:54        261 New-File.Tests.ps1


PS> cd C:\PesterTest\Projekt4
```

Danach öffnen Sie *new-file.ps1* im ISE-Editor und implementieren die Funktion:

```
PS> ise new-file.ps1
```

Die Funktion könnte dann wie in Listing 32.20 aussehen und liefert wie gewünscht stets die Datei zurück, deren Pfad angegeben wird. Falls die Datei noch nicht existiert, wird sie angelegt:

```
function New-File
{
  param
  (
    [Parameter(Mandatory = $true)]
    $Path
  )

  $exists = Test-Path -Path "FileSystem::$Path"

  if (!$exists)
  {
    New-Item -Path $Path -ItemType File -Force
  }
  else
  {
    Get-Item -Path $Path
  }
}
```

Listing 32.20: Datei anlegen, falls sie noch nicht existiert, und sie zurückgeben.

Öffnen Sie nun im ISE-Editor den zugehörigen Test.

```
PS> ise new-file.tests.ps1
```

Weil Pester das temporäre Laufwerk *TestDrive:* bereitstellt, könnten Sie Ihren Test damit formulieren und bräuchten sich nicht mehr darum zu kümmern, die Testdateien nach dem Test selbst wieder zu entfernen:

```
$here = Split-Path -Parent $MyInvocation.MyCommand.Path
$sut = (Split-Path -Leaf $MyInvocation.MyCommand.Path) -replace '\.Tests\.', '.'
. "$here\$sut"

Describe 'New-File' {
    It 'löst keinen Fehler aus' {
        { New-File 'TestDrive:\somefolder\anotherfolder\file.txt' } | Should Not Throw
    }
    It 'legt eine neue Datei mit notwendigen Ordnern an' {
        New-File 'TestDrive:\somefolder\anotherfolder\file.txt' | Should Exist 'TestDrive:\somefolde
r\anotherfolder\file.txt'
    }
    It 'ruft eine vorhandene Datei ab' {
        New-File 'TestDrive:\somefolder\anotherfolder\file.txt' | Should Not BeNullOrEmpty
    }
}
```

Listing 32.21: Testfunktion für New-File überprüft die verschiedenen Szenarien mit TestDrive.

Achtung

Denken Sie daran: Wenn Sie mit `Should Not Throw` prüfen wollen, ob ein Befehl einen Fehler verursacht, muss der Befehl als Skriptblock in geschweiften Klammern übergeben werden!

Das Ergebnis bestätigt die korrekte Funktionsweise der Funktion `New-File`. Die beim Test angelegten Dateien und Ordner wurden von Pester automatisch wieder gelöscht.

```
PS> Invoke-Pester
Describing New-File
 [+] löst keinen Fehler aus 285ms
 [+] legt eine neue Datei mit notwendigen Ordnern an 40ms
 [+] ruft eine vorhandene Datei ab 67ms
Tests completed in 393ms
Passed: 3 Failed: 0 Skipped: 0 Pending: 0 Inconclusive: 0
```

»Test Cases« und Wiederverwertung

Möchten Sie einen Test mehrfach ausführen und dabei jeweils andere Testdaten verwenden, helfen »Test Cases«. Test Cases sind Hashtables, die die Parameter enthalten, die einer Testfunktion übergeben werden sollen. Die Testfunktion wird dann intern über Splatting mit den verschiedenen Test Cases wiederholt ausgeführt.

Im einfachsten Fall könnte man so beispielsweise Voraussetzungen prüfen, also feststellen, ob eine Reihe von notwendigen Dateien tatsächlich vorhanden sind:

```
Import-Module Pester

Describe 'Testet Voraussetzungen' {
    It 'Notwendige Datei vorhanden' -TestCases @{file = "$env:windir\explorer.exe"},
        @{file = "$env:windir\system32\WindowsPowerShell"},
        @{file = "$home\Documents\WindowsPowerShell\Modules"} -Test {
        param ([string]$file)

        $file | Should Exist
    }
}
```

Listing 32.22: Mehrere Parameter als Hashtable-Array an It übergeben.

Das Ergebnis sieht so aus:

```
Describing Testet Voraussetzungen
  [+] Notwendige Datei vorhanden 193ms
  [+] Notwendige Datei vorhanden 49ms
  [+] Notwendige Datei vorhanden 49ms
```

»Code Coverage« und Eigenentwicklungen

Pester ist so gut wie die Tests, die Sie verfassen. Enthält ein Skript beispielsweise nicht nur eine Funktion, sondern mehrere, sollten natürlich für alle diese Funktionen Pester-Tests formuliert werden.

Testabdeckung überprüfen

Einen einfachen Weg, um festzustellen, ob tatsächlich alle Funktionalitäten von Tests abgedeckt werden, bietet der Parameter -CodeCoverage. Er protokolliert, welche Funktionen von Tests angesprochen wurden, und gibt anschließend Hinweise auf ungetesteten Code aus:

```
PS> Invoke-Pester -CodeCoverage get-helloworld.ps1
Describing Get-HelloWorld
  [+] outputs 'Hello World!' 384ms
Tests completed in 384ms
Passed: 1 Failed: 0 Skipped: 0 Pending: 0 Inconclusive: 0

Code coverage report:
Covered 50,00 % of 2 analyzed commands in 1 file.

Missed commands:

File                  Function            Line Command
----                  --------            ---- -------
get-helloworld.ps1 test-somethingelse   11 "Zumsel"
```

Eigene Testtools auf Pester aufsetzen

Pester ist ein Framework und leistet die Testarbeit. Die Ergebnisse der Tests können aber nicht nur in die Konsole ausgegeben, sondern auch in Objektform weitergereicht werden. So lassen sich eigene Tools entwickeln, die die Pester-Testergebnisse aufgreifen und zum Beispiel zu Reports verarbeiten.

Damit Invoke-Pester die Ergebnisse in Objektform liefert, geben Sie den Parameter -PassThru an:

```
PS> $info = Invoke-Pester -CodeCoverage get-helloworld.ps1 -PassThru
Describing Get-HelloWorld
 [+] outputs 'Hello World!' 264ms
Tests completed in 264ms
Passed: 1 Failed: 0 Skipped: 0 Pending: 0 Inconclusive: 0


Code coverage report:
Covered 50,00 % of 2 analyzed commands in 1 file.

Missed commands:

File                Function           Line Command
----                --------           ---- -------
get-helloworld.ps1  test-somethingelse   11 "Zumsel"

PS> $info

TagFilter        : {}
ExcludeTagFilter : {}
TestNameFilter   :
TotalCount       : 1
PassedCount      : 1
FailedCount      : 0
SkippedCount     : 0
PendingCount     : 0
Time             : 00:00:00.2649269
(...)

PS> $info.TestResult

Describe               : Get-HelloWorld
Context                :
Name                   : outputs 'Hello World!'
Result                 : Passed
Passed                 : True
Time                   : 00:00:00.2649269
FailureMessage         :
StackTrace             :
ErrorRecord            :
ParameterizedSuiteName :
Parameters             : {}

PS> $info.CodeCoverage

NumberOfCommandsAnalyzed : 2
NumberOfFilesAnalyzed    : 1
NumberOfCommandsExecuted : 1
NumberOfCommandsMissed   : 1
MissedCommands           : {@{File=C:\PesterTest\Projekt1\get-helloworld.ps1; Line=11;
                             Function=test-somethingelse; Command="Zumsel"}}
HitCommands              : {@{File=C:\PesterTest\Projekt1\get-helloworld.ps1; Line=5;
                             Function=Get-HelloWorld; Command='Hello World!'}}
AnalyzedFiles            : {C:\PesterTest\Projekt1\get-helloworld.ps1}
```

PowerShell-Umgebung anpassen

Ausführlich werden in diesem Kapitel die folgenden Aspekte erläutert:

- **Profilskript:** Autostartskript der PowerShell. Falls vorhanden, wird das Profilskript beim Start der PowerShell ausgeführt. Anpassungen an der PowerShell lassen sich also automatisiert über Profilskripte ausführen. `$profile` listet die Pfade zu den Profilskripten auf, die PowerShell während des Starts prüft.

- **Eingabeaufforderung:** Ihr Inhalt wird von der speziellen Funktion `prompt` bestimmt. Man kann die Funktion `prompt` selbst definieren und so den Inhalt der Eingabeaufforderung ändern.

- **Konsolenanpassung:** Die PowerShell-Konsole kann angepasst werden und beispielsweise eine besser lesbare Schriftart erhalten. Über das Modul `PSReadLine` zeigt auch die PowerShell-Konsole ähnlich wie der ISE-Editor Codebestandteile farbig an.

- **ISE-Objektmodell:** Der ISE-Editor bietet Zugang zu seinem Objektmodell über die Variable `$psISE`. Das Objektmodell verwaltet alle Einstellungen des Editors und gewährt Zugang zu allen geöffneten Editoren und den darin angezeigten Skripten.

- **Add-Ons-Menü:** Das Menü *Add-Ons* der ISE kann erweitert werden. Hier lassen sich eigene Befehle unterbringen, die auch mit einem Tastaturkürzel ausgestattet werden können.

- **Parser:** Der PowerShell-Parser analysiert Skriptcode und verwandelt ihn in sinnvolle Bausteine, die Token. Token werden vom ISE-Editor farbig angezeigt. Der Parser kann dazu verwendet werden, beliebigen PowerShell-Code in Token zu verwandeln, um den Code inhaltlich zu analysieren. Der Parser liefert dabei auch Informationen über etwaige Syntaxfehler sowie ihre Position im Code.

- **Abstract Syntax Tree (AST):** Der AST gruppiert mehrere Token zu Strukturen wie Variablenzuweisungen, Schleifen, Funktionen oder Bedingungen. Mit dem AST kann man die Zusammenhänge der Token analysieren. Der AST bietet die wesentliche Grundlage für semantische Tools.

Wer nicht nur gelegentlich mit PowerShell arbeitet, sollte sich seine PowerShell-Umgebung »gemütlich« einrichten. Dazu bietet PowerShell eine ganze Reihe von Anpassungsmöglichkeiten, mit denen es nicht nur angenehmer, sondern auch sehr viel produktiver zu bedienen ist.

Profilskripte einsetzen

Fast alle Anpassungen der PowerShell haben eine sehr kurze Lebensspanne. Sobald Sie PowerShell schließen und wieder öffnen, hat es die allermeisten Anpassungen »vergessen«, und genau diese Vergesslichkeit macht PowerShell immun gegen dauerhafte Schäden, die durch falsche oder ungewollte Einstellungen verursacht werden. Spätestens wenn PowerShell neu startet, ist alles wieder gut.

Oder auch nicht. Wer seine PowerShell mit Hingabe personalisiert, ist wenig begeistert, wenn sie nach einem Neustart keinerlei Notiz mehr davon nimmt. Deshalb schauen Sie sich zuerst die Profilskripte der PowerShell an. Dies sind Autostartskripte, die bei jedem Start der PowerShell selbsttätig ausgeführt werden. Dort kann man seine Anpassungen hinterlegen – und die Profilskripte im Notfall einfach löschen oder überspringen lassen, um zu einer Standard-PowerShell zurückzukehren.

Achtung

Profilskripte werden nur ausgeführt, wenn die Skriptausführung mit `Set-ExecutionPolicy` grundsätzlich gestattet wurde. Andernfalls erhalten Sie eine Fehlermeldung, die darauf hinweist, dass das Profilskript zwar gefunden, aber nicht ausgeführt werden konnte.

Vier Profilskripte

PowerShell prüft beim Start an vier verschiedenen Orten, ob dort eine Skriptdatei mit festgelegtem Namen vorhanden ist. Falls ja, wird der Code darin ausgeführt. Welche Orte und Dateinamen das sind, verrät die Variable `$profile`:

- **`$profile.AllUsersAllHosts`:** Gilt für alle Benutzer dieses Computers und für alle PowerShell-Anwendungen – also sowohl für die Konsole als auch für die ISE. Um diese Datei zu ändern, sind Administratorrechte nötig.

- **$profile.AllUsersCurrentHost:** Gilt für alle Benutzer dieses Computers, aber nur für den aktuellen PowerShell-Host. Diese Eigenschaft enthält also unterschiedliche Pfade, je nachdem, ob Sie sie aus der PowerShell-Konsole heraus oder aus dem ISE-Editor abfragen. Um diese Datei zu ändern, sind Administratorrechte nötig.

- **$profile.CurrentUserAllHosts:** Gilt nur für Sie persönlich, aber für alle PowerShell-Anwendungen – also sowohl für die Konsole als auch für die ISE. Um diese Datei zu ändern, sind keine Administratorrechte nötig.

- **$profile** (bzw. **$profile.CurrentUserCurrentHost**): Gilt nur für Sie persönlich und nur für den aktuellen PowerShell-Host. Diese Eigenschaft enthält also unterschiedliche Pfade, je nachdem, ob Sie sie aus der PowerShell-Konsole heraus oder aus dem ISE-Editor abfragen. Um diese Datei zu ändern, sind keine Administratorrechte nötig.

Wenn mehr als ein Profilskript vorhanden ist, führt PowerShell alle Profilskripte in der eben genannten Reihenfolge nacheinander aus. Ob irgendeine Profildatei bereits vorhanden ist, kann mit Test-Path leicht herausgefunden werden. Sie könnten der Reihe nach die verschiedenen möglichen Pfadnamen der Profilskripte testen:

```
PS> Test-Path $profile
True

PS> Test-Path $profile.AllUsersAllHosts
False
```

Das ließe sich natürlich auch mit einer Schleife lösen:

```
$result = [Ordered]@{}

foreach($user in 'AllUsers', 'CurrentUser')
{
    foreach($scope in 'AllHosts', 'CurrentHost')
    {
        $name = "$user$scope"
        $result.$name = Test-Path -Path $profile.$name
    }
}

New-Object -TypeName PSObject -Property $result
```

Listing 33.1: Alle vier Profilskripte auf Existenz überprüfen.

Schon wissen Sie auf einen Blick, über welche Wege Ihre PowerShell-Umgebung aktuell angepasst wird:

```
AllUsersAllHosts AllUsersCurrentHost CurrentUserAllHosts CurrentUserCurrentHost
---------------- ------------------- ------------------- ----------------------
           False               False                True                   True
```

Profilskripte öffnen und ändern

Möchten Sie eine Profildatei öffnen, zum Beispiel um ihren Inhalt zu inspizieren oder die Datei zu verändern, verwenden Sie Listing 33.2. Es legt die Profildatei automatisch an, falls sie noch nicht existiert:

```
$Path = $profile.CurrentUserAllHosts
$exists = Test-Path -Path $Path

# Profildatei nur anlegen, wenn sie noch nicht existiert
# -Force legt auch alle fehlenden Unterordner mit an:
if ($exists -eq $false)
{
    $null = New-Item -Path $path -ItemType File -Force
}

# Profildatei im ISE-Editor öffnen
ise $Path
```

Listing 33.2: Profildatei im ISE-Editor öffnen (und zuvor anlegen, falls sie noch nicht existiert).

Sie könnten in Ihrem Profilskript nun zum Beispiel mit Set-Alias neue Befehlsaliase anlegen, die es Ihnen dann erleichtern, umfangreiche oder auch kryptische Befehle aufzurufen:

```
Set-Alias -Name Gerätemanager -Value devmgmt.msc
Set-Alias -Name Systemsteuerung -Value control
Set-Alias -Name ie -Value 'C:\Program Files\Internet Explorer\iexplore.exe'
```

Listing 33.3: Neue Befehlskürzel für häufig verwendete kryptische Befehle einrichten.

Oder Sie könnten die Farben der PowerShell-Systemmeldungen ändern. Damit Fehlermeldungen besser lesbar auf weißem Hintergrund erscheinen, nutzen Sie diese Zeile:

```
$host.PrivateData.ErrorBackgroundColor = 'White'
```

Hinweis

Profildateien werden nur beim Start der PowerShell automatisch ausgeführt. Neue Profildateien werden also erst wirksam, wenn Sie anschließend eine neue PowerShell starten. Sie können die Profildatei aber auch jederzeit von Hand manuell starten (sofern sie vorhanden ist):

```
PS> . $Profile.CurrentUserCurrentHost
```

Die Namenskonventionen der Profildateien sind übrigens sehr einfach: Eine Profildatei, die für beliebige PowerShell-Hosts gilt, heißt immer *profile.ps1*. Hostspezifische Profildateien verwenden als Präfix den Namen des Hosts, für den sie gelten:

```
PS> Split-Path -Path $profile.AllUsersAllHosts -Leaf
profile.ps1
```

```
PS> Split-Path -Path $profile.CurrentUserAllHosts -Leaf
profile.ps1
```

```
PS> Split-Path -Path $profile.AllUsersCurrentHost -Leaf
Microsoft.PowerShellISE_profile.ps1
```

```
PS> Split-Path -Path $profile.CurrentUserCurrentHost -Leaf
Microsoft.PowerShellISE_profile.ps1
```

Profildateien, die für alle Anwender gelten, liegen im Windows-Ordner, persönliche Profildateien dagegen befinden sich im Benutzerprofil des Anwenders:

```
PS> Split-Path -Path $profile.AllUsersAllHosts
C:\Windows\System32\WindowsPowerShell\v1.0

PS> Split-Path -Path $profile.AllUsersCurrentHost
C:\Windows\System32\WindowsPowerShell\v1.0

PS> Split-Path -Path $profile.CurrentUserAllHosts
C:\Users\Tobias\Documents\WindowsPowerShell

PS> Split-Path -Path $profile.CurrentUserCurrentHost
C:\Users\Tobias\Documents\WindowsPowerShell
```

Profilskripte bei Bedarf nachladen

Sie können PowerShell und auch die ISE immer mit dem Parameter -NoProfile starten. In diesem Fall überspringt PowerShell möglicherweise vorhandene Profilskripte und startet immer in seiner Vorgabekonfiguration. Das ist nützlich, sollte ein Profilskript Fehler enthalten. Es ist aber auch wichtig, wenn Sie Produktionsskripte von außerhalb der PowerShell über *PowerShell.exe* starten. Durch den Parameter -NoProfile wird zum einen der Start Ihrer Produktionsskripte beschleunigt. Zum anderen sind Sie nun sicher vor Anpassungen, die ein Profilskript vorgenommen hätte und die möglicherweise die Ausführung Ihres Produktionsskripts beeinflusst hätte.

Bei Profilskripten herrscht also zwar das »Alles-oder-Nichts-Prinzip«, aber innerhalb des Profilskripts können Sie durchaus Bedingungen auswerten und von Fall zu Fall unterschiedlichen Code ausführen.

Listing 33.4 prüft zum Beispiel, ob beim Start die Taste ⎡Strg⎤ gedrückt gehalten wird. Falls ja, werden Anpassungen vorgenommen, die für das Debuggen von Skripten nützlich sind. So wird der StrictMode eingeschaltet, der nicht initialisierte Variablen meldet, und Debug- sowie Verbose-Meldungen werden automatisch angezeigt:

```
if([System.Windows.Input.Keyboard]::IsKeyDown('Ctrl') -eq $true)
{
    Set-StrictMode -Version Latest
    $DebugPreference = 'Continue'
    $VerbosePreference = 'Continue'
    Write-Debug 'Debug-Mode aktiviert.'
}
```

Listing 33.4: Wird die Taste Strg beim Start festgehalten, aktiviert das Profilskript Debug-Einstellungen.

Eingabeaufforderung anpassen

Die Eingabeaufforderung (der Prompt) der PowerShell zeigt normalerweise den aktuellen Ordnerpfad an, in dem man sich gerade befindet. Dieser kann sehr lang sein und viel Raum beanspruchen, und manchmal wäre es angenehmer, wenn der Prompt weniger Platz belegen würde.

Der Text der Eingabeaufforderung wird über eine Funktion namens prompt festgelegt. Sie wird automatisch jedes Mal von PowerShell aufgerufen, wenn ein interaktiver Befehl fertiggestellt und die PowerShell bereit für neue Eingaben ist. Indem Sie eine eigene Funktion namens prompt definieren, übernehmen Sie selbst die Kontrolle über den Text der Eingabeaufforderung. Listing 33.5 verkürzt den Text der Eingabeaufforderung zum Beispiel auf PS> (mit einem anschlie-ßenden Leerzeichen) und zeigt den aktuellen Ordnerpfad stattdessen in der Titelleiste des PowerShell-Fensters an:

```
function prompt
{
    'PS> '
    $host.UI.RawUI.WindowTitle = Get-Location
}
```

Listing 33.5: Einen kurzen Prompt ausgeben und aktuellen Ordnerpfad in der Fenstertitelleiste anzeigen.

Auch mehrfarbige Ausgaben sind möglich, wenn man Write-Host einsetzt. Dabei ist aber zu bedenken, dass die Funktion prompt mindestens ein Zeichen als Rückgabewert liefern *muss*. Tut sie das nicht, gibt PowerShell einen Minimalprompt aus. Listing 33.6 zeigt wahlweise ein rotes beziehungsweise grünes Präfix vor dem Prompt an, je nachdem, ob die PowerShell mit vollen Administratorrechten ausgeführt wird oder nicht:

```
function prompt
{
  $wid = [System.Security.Principal.WindowsIdentity]::GetCurrent()
  $prp = New-Object System.Security.Principal.WindowsPrincipal($wid)
  $adm = [System.Security.Principal.WindowsBuiltInRole]::Administrator
  $isAdmin = $prp.IsInRole($adm)

  if ($isAdmin)
  {
    Write-Host '[ADMIN]' -ForegroundColor Red -NoNewline
  }
  else
  {
    Write-Host '[NONADMIN]' -ForegroundColor Green -NoNewline
  }

  # immer mindestens ein Zeichen ausgeben
  'PS> '
  $host.UI.RawUI.WindowTitle = Get-Location
}
```

Listing 33.6: Eine rote Admin-Warnung ausgeben, wenn PowerShell Administratorrechte besitzt.

Grundsätzlich dürfen Sie alles innerhalb der Funktion prompt tun, was Sie mögen. Bedenken Sie nur, dass die Funktion automatisch nach jedem interaktiven Befehl ausgeführt wird. Der von ihr ausgeführte Code sollte daher nicht allzu viel Zeit beanspruchen.

Wer vielleicht gern zum Abschluss eines Befehls jeweils einen Piepton hört, beispielsweise um seinen Kollegen im Großraumbüro subtil die eigene Emsigkeit unter Beweis zu stellen, fügt diese Zeile in die Funktion ein:

```
[Console]::Beep()
```

Konsolendarstellung verbessern

Die PowerShell-Konsole ist eine spartanische Umgebung, die man über einen Klick auf das Anwendungssymbol links in ihrer Titelleiste anpassen kann. Wenn Sie im Kontextmenü *Eigenschaften* wählen, lassen sich so bessere Farben und Schriftarten einstellen (Abbildung 33.1).

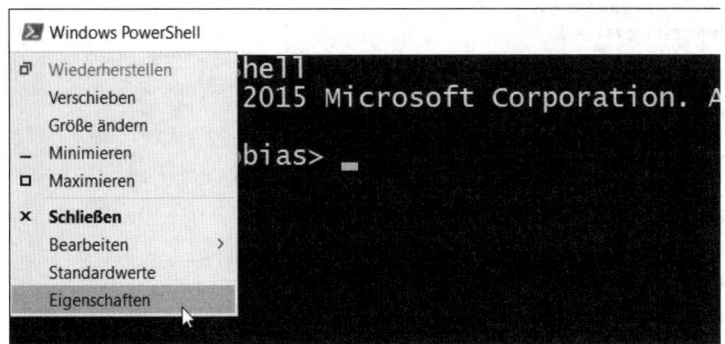

Abbildung 33.1: Einstellungen des Konsolenfensters ändern.

Diese Einstellungen speichert Windows in der Verknüpfung, mit der diese PowerShell geöffnet wurde. Die Einstellungen sind also dauerhaft, solange Sie die PowerShell beim nächsten Start über dieselbe Verknüpfung öffnen.

Damit Sie auch in der PowerShell-Konsole ähnlich wie in der ISE eine Farbhervorhebung der Befehlstoken erhalten, installieren Sie aus der PowerShell Gallery (siehe Kapitel 18) das Modul PSReadLine (es wird mit PowerShell 5 bereits mitgeliefert):

```
PS> Install-Module -Name PSReadLine -Scope CurrentUser
```

Die Farbhervorhebung erscheint, sobald dieses Modul importiert ist (was zum Beispiel über die Profildatei der Konsole automatisch geschehen kann, wenn Sie den folgenden Befehl darin eintragen):

```
PS> Import-Module -Name PSReadLine
```

Profitipp

PSReadLine ist eine große Erleichterung für alle, die die PowerShell-Konsole häufig verwenden. Es ist indes nicht für den ISE-Editor gedacht, der Befehlstoken von jeher auf eigene Weise farblich hervorhebt.

Allerdings kann PSReadLine auch für Probleme sorgen, wenn Sie in der PowerShell-Konsole keine PowerShell-Befehle eingeben. Starten Sie zum Beispiel den interaktiven Modus von nslookup, fängt PSReadLine möglicherweise Ihre Eingaben ab.

Falls Sie auf solche Probleme stoßen, können Sie PSReadLine in allen PowerShell-Versionen aber auch vorübergehend oder dauerhaft wieder entladen:

```
PS> Remove-Module -Name PSReadLine
```

ISE-Editor erweitern

Auch der mitgelieferte ISE-Editor lässt sich über PowerShell um zusätzliche Funktionalitäten erweitern. Über die Variable $psISE erhält man Zugang zu seinem Objektmodell und kann darüber beispielsweise alle Grundeinstellungen lesen und auch festlegen.

```
# häufig verwendete Editoreinstellungen:
$psISE.Options.AutoSaveMinuteInterval = 1
$psISE.Options.IntelliSenseTimeoutInSeconds = 1
$psISE.Options.ShowWarningBeforeSavingOnRun = $false
$psISE.Options.Zoom = 100

# Liste zuletzt geöffneter Skriptdateien im Menü "Datei" löschen:
$psISE.Options.MruCount = 0
$psISE.Options.MruCount = 15

# Farben der Token für "Variablen" in der Konsole auf vordefinierte Farbe setzen:
$psISE.Options.ConsoleTokenColors['Variable'] = 'Red'
# Farben der Token für "Variablen" im Editor auf selbst definierte Farbe setzen:
$psISE.Options.TokenColors['Variable'] = '#90FF1012'

# Farben der Standardfehlermeldungen ändern
$psISE.Options.ErrorBackgroundColor = 'White'
$psISE.Options.ErrorForegroundColor = 'Red'
```

Listing 33.7: Einige Einstellungen des ISE-Editors über PowerShell setzen.

Auf den Editor zugreifen

$psISE erlaubt in gewissem Umfang auch den Zugriff auf die geöffneten Editoren. Listing 33.8 zeigt, wie man ein gänzlich neues Skript in der ISE anlegt und Standardtext – zum Beispiel einen standardisierten Header – darin einfügt (Abbildung 33.2):

```
$Autor = '[Ihr Name]'
$Datum = Get-Date -Format 'yyyy-MM-dd'

$text = @"
#######################
#
# Autor:   $Autor
# Version: 1.0
# Datum:   $datum
#
#######################


"@

$file = $psise.CurrentPowerShellTab.Files.Add()
$file.Editor.Text = $text

# Cursorposition an den Anfang und dann an das
# Ende setzen, damit das Skript vollständig zu sehen ist:
$file.Editor.SetCaretPosition(1,1)
$file.Editor.SetCaretPosition($file.Editor.LineCount,1)
```

Listing 33.8: Ein neues Skript mit Standardkopf in ISE öffnen.

Hierbei wird deutlich, dass der Zugriff auf die ISE-Editoren relativ simpel gehalten ist. Listing 33.8 muss zum Beispiel nach dem Öffnen des neuen Editors dessen Cursor an den Dokumentanfang und dann ans Dokumentende setzen, damit der gesamte Text des Skripts, ohne scrollen zu müssen, sichtbar ist.

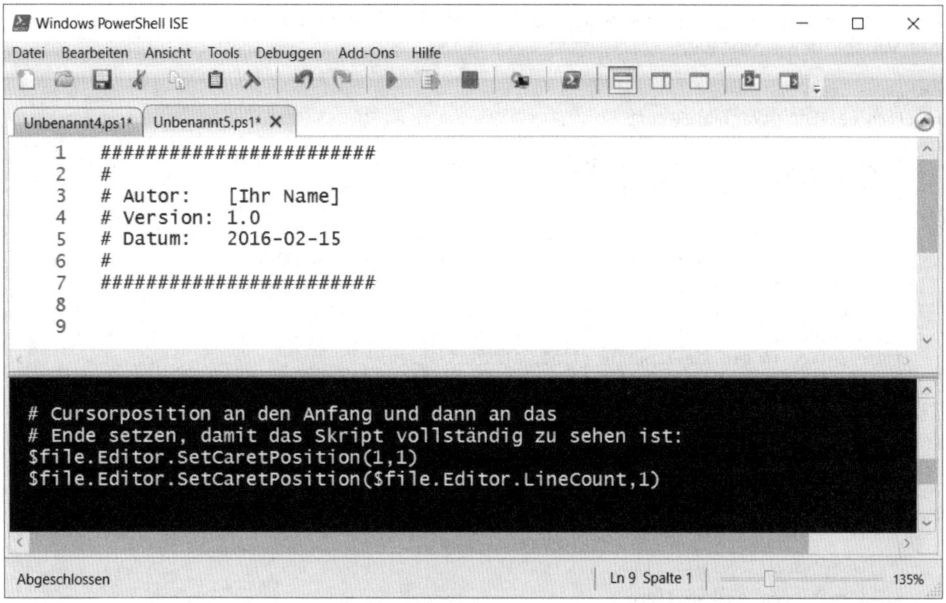

Abbildung 33.2: Einen neuen Editor mit PowerShell-Code in der ISE öffnen und auf den Text zugreifen.

Zwar wird der Inhalt des Editors nur als reiner Text zurückgegeben, aber wenn Sie diesen Text durch den PowerShell-Parser zerlegen lassen, können durchaus mächtige Werkzeuge entstehen. Die folgende Funktion `Get-ScriptVariable` listet zum Beispiel alle Variablennamen auf, die im aktuell geöffneten Skript der ISE verwendet werden:

```
function Get-ScriptVariable
{
  # Inhalt des aktuellen Skripts im ISE-Editor lesen:
  $text = $psISE.CurrentFile.Editor.Text

  # alle Variablen im Code finden
  [System.Management.Automation.PSParser]::Tokenize($text, [ref]$null) |
  Where-Object { $_.Type -eq 'Variable' } |
  Select-Object -ExpandProperty Content |
  Sort-Object -Unique
}
```

Listing 33.9: Alle Variablennamen, die in einem Skript verwendet werden, als Liste ausgeben.

Künftig brauchen Sie also nur die folgende Zeile in den ISE-Editor einzugeben, um die Namen sämtlicher Variablen aufzulisten, die im gerade geöffneten Skript verwendet werden:

```
PS> Get-ScriptVariable
```

Sie erfahren etwas später in diesem Kapitel mehr über den Parser.

Profitipp

Etwas schwieriger wird es bereits, wenn man versucht, eine bestimmte Textstelle im Skript zu lesen. Dies erlaubt das ISE-Objektmodell nur über selektierten Text, was langsam ist und nicht besonders schön aussieht. Gleichwohl könnte man die Variablenliste auf diese Weise auch detaillierter erstellen und beispielsweise einen Report erzeugen, der die jeweilige Zeile und die Zeilennummer nennt, in der eine Variable verwendet wird:

```
#requires -Version 3
function Get-ScriptVariableReport
{
  # Inhalt des aktuellen Skripts im ISE-Editor lesen:
  $text = $psISE.CurrentFile.Editor.Text

  # alle Variablen im Code finden
  [System.Management.Automation.PSParser]::Tokenize($text, [ref]$null) |
  Where-Object { $_.Type -eq 'Variable' } |
  # Name der Variable finden
  ForEach-Object {
    # die Zeile, in der die Variable steht, als Text lesen:
    $psISE.CurrentFile.Editor.SetCaretPosition($_.StartLine,1)
    $psISE.CurrentFile.Editor.SelectCaretLine()

    $hash = [Ordered]@{
      Name = $_.Content
      Line = $_.StartLine
      Code = $psISE.CurrentFile.Editor.SelectedText.Trim()
    }

    # Informationen zurückliefern
    New-Object -TypeName PSObject -Property $hash
  }
}
```

Listing 33.10: Variablen in einem Skript finden.

Wenn Sie Listing 33.10 ausgeführt haben und danach den folgenden Befehl absetzen, erhalten Sie für das gerade in der ISE angezeigte Skript einen solchen Report:

```
PS> Get-ScriptVariableReport | Out-GridView
```

Das Ergebnis sieht ähnlich aus wie das in Abbildung 33.3:

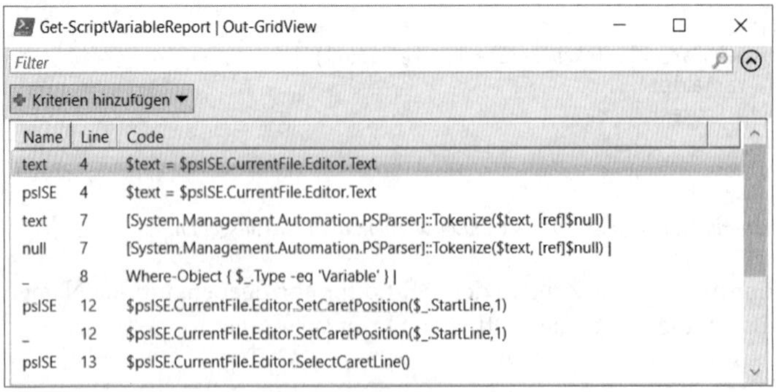

Abbildung 33.3: Gebrauch von Variablen in einem PowerShell-Skript protokollieren.

Befehle über das Menü anbieten

Zwar ist es bereits nützlich, neue ISE-Funktionen über eigene PowerShell-Funktionen nachrüsten zu können, jedoch muss man sich an diese neuen Funktionen auch erinnern. Einfacher geht es, wenn Sie sie direkt ins ISE-Menü integrieren. Hierfür ist der Menüpunkt *Add-Ons* gedacht, den Sie von PowerShell über `$psISE.CurrentPowerShellTab.AddonsMenu` ansprechen.

Im einfachsten Fall fügen Sie einen neuen Befehl direkt in dieses Menü ein und können diesem auch ein Tastaturkürzel zuweisen (sofern Sie eine noch unbenutzte Tastenkombination finden). Listing 33.11 greift die Logik von Listing 33.8 auf und fügt den neuen Befehl *Neues Skript* in das *Add-Ons*-Menü ein. Der Befehl ist auch über die Tastenkombination $\boxed{\text{Strg}}$+$\boxed{\text{Alt}}$+$\boxed{\text{N}}$ erreichbar und öffnet ein neues Skript mit einem Standardkopf.

```
$code =
{
  $Autor = '[Ihr Name]'
  $Datum = Get-Date -Format 'yyyy-MM-dd'

  $text = @"
#######################
#
# Autor:   $Autor
# Version: 1.0
# Datum:   $datum
#
#######################


"@

  $file = $psise.CurrentPowerShellTab.Files.Add()
  $file.Editor.Text = $text
  $file.Editor.SetCaretPosition(1,1)
  $file.Editor.SetCaretPosition($file.Editor.LineCount,1)
}

$null = $psISE.CurrentPowerShellTab.AddOnsMenu.Submenus.Add('Neues Skript', $code, 'CTRL+ALT+N')
```

Listing 33.11: Mit dem Befehl »Neues Skript« über das Add-Ons-Menü ein neues Skript anlegen.

Hinweis

Jedes Mal, wenn Sie einen eigenen Befehl aufrufen, zeigt die ISE den dabei ausgeführten Befehl sichtbar in der interaktiven Konsole an. Möchten Sie in der Konsole nicht den rohen Code sehen, der ein neues Skript anlegt, kapseln Sie ihn einfach in einer Funktion. Nun wird nur noch der Funktionsaufruf in der Konsole angezeigt, und das ist eine gute Sache: So werden Sie stets daran erinnert, dass Sie diese Funktionalität auch über einen PowerShell-Befehl direkt ausführen könnten, ohne zur Maus greifen zu müssen. Die Änderungen gegenüber Listing 33.11 sind minimal und in Listing 33.12 fett hervorgehoben:

```
function New-Script
{
  $Autor = '[Ihr Name]'
  $Datum = Get-Date -Format 'yyyy-MM-dd'

  $text = @"
```

```
#######################
#
# Autor:    $Autor
# Version: 1.0
# Datum:    $datum
#
#######################


"@

  $file = $psise.CurrentPowerShellTab.Files.Add()
  $file.Editor.Text = $text
  $file.Editor.SetCaretPosition(1,1)
  $file.Editor.SetCaretPosition($file.Editor.LineCount,1)
}

$null = $psISE.CurrentPowerShellTab.AddOnsMenu.Submenus.Add('Neues Skript', { New-Script },
'CTRL+ALT+N')
```

Listing 33.12: Bei der Ausführung eigener Befehle nur minimalen Code in der Befehlseingabe zeigen.

Damit Ihr neuer Befehl dauerhaft in der ISE angeboten wird, bräuchten Sie ihn nur noch in Ihr Profilskript zu übernehmen. Wählen Sie am besten das hostspezifische Profilskript in `$profile.CurrentUserCurrentHost` (beziehungsweise `$profile`), denn der Code kann nur in der ISE ausgeführt werden, aber nicht in der simplen PowerShell-Konsole.

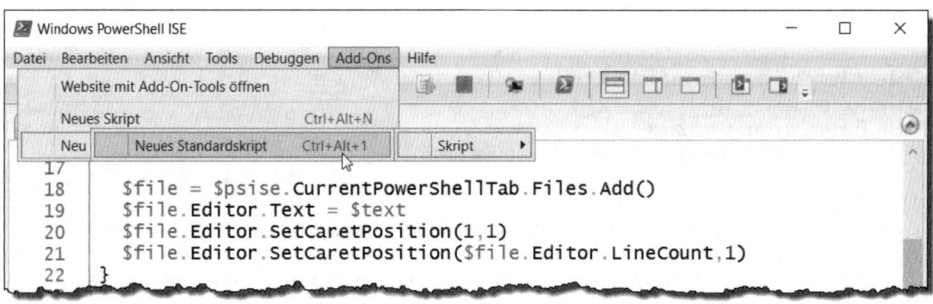

Abbildung 33.4: Eigene PowerShell-Funktionen ins Add-Ons-Menü integrieren.

Add-Ons-Menüs dürfen verschachtelt werden und können komplexe Menügebilde werden (Abbildung 33.4). Allerdings ist es nicht ganz trivial, verschachtelte Menüs von Hand herzustellen. Die drei folgenden Funktionen Find-AddonMenu, New-AddonMenu und Remove-AddonMenu machen das sehr viel einfacher, denn sie erzeugen mit nur einer Zeile ganze Menübäume.

```
function Find-AddonMenu
{
  param(
    $Title = '*',
    $MenuItem = $psISE.CurrentPowerShellTab.AddOnsMenu,
    [switch]
    $Recurse
  )

  foreach($item in $MenuItem.SubMenus)
```

```
  {
    if ($Recurse)
    {
      Find-AddonMenu -Title $title -MenuItem $item
    }

    if ($item.DisplayName -eq $Title)
    {
      $item
    }
  }
}

function New-AddonMenu
{
  param
  (
    [Parameter(Mandatory=$true)]
    $DisplayName,

    [ScriptBlock]
    $Action=$null,

    $Shortcut=$null
  )
  try
  {
    $Parent = $psISE.CurrentPowerShellTab.AddOnsMenu
    $Items = $DisplayName.Split('\')
    for($x=0; $x -lt $Items.Count-1; $x++)
    {
      $name = $Items[$x]
      $item = Find-AddonMenu -Title $name -MenuItem $parent
      if ($item -eq $null)
      {
        $item = $parent.SubMenus.Add($name, $null, $null)
      }
      $parent = $item
    }

    $item = Find-AddonMenu -Title $Items[-1] -MenuItem $parent
    if ($item -ne $null)
    {
      Write-Warning 'Menu item already exists.'
      break
    }

    try
    {
      $parent.SubMenus.Add($Items[-1], $Action, $Shortcut)
    }
    catch
    {
      try
      {
        $parent.SubMenus.Add($Items[-1], $Action, $null)
      }
      catch
      {
        Write-Warning "Unable to create addon menu item: $_"
```

```
      }
    }
  }
  catch
  {
    Write-Warning "Unable to create addon menu item: $_"
  }

}

function Remove-AddonMenu
{
  param
  (
    [Parameter(Mandatory=$true)]
    $DisplayName
  )

  $Parent = $psISE.CurrentPowerShellTab.AddOnsMenu
  $Items = $DisplayName -split '\\'
  $MenuItems = @($psISE.CurrentPowerShellTab.AddOnsMenu)
  for($x=0; $x -lt $Items.Count; $x++)
  {
    $name = $Items[$x]
    $parent = Find-AddonMenu -Title $name -MenuItem $parent
    $MenuItems += $parent
  }

  for($x=$MenuItems.Count -1; $x -gt 0; $x--)
  {
    if ($MenuItems[$x].SubMenus.Count -eq 0)
    {
      $null = $MenuItems[$x-1].Submenus.Remove($MenuItems[$x])
    }
  }
}
```

Listing 33.13: Einen Menübaum im ISE-Add-Ons-Menü einrichten.

Die folgende Zeile erzeugt dann in einem Schritt ein verschachteltes Menü:

```
PS> New-AddonMenu -DisplayName 'Neu\Skript\Neues Standardskript' -Action { New-Script } -Shortcut
'CTRL+ALT+1'
```

```
Action       DisplayName    Shortcut                       Submenus
------       -----------    --------                       --------
 New-Script  Neues Standardskript System.Windows.Input.KeyGesture {}
```

Add-On-Tools verwenden

Der ISE-Editor bietet auf seiner rechten Seite und unterhalb der Editorfläche Raum für zusätzliche Tools, die *Add-On-Tools* genannt werden. Eine solche Erweiterung namens *Befehle* ist bereits fest in den ISE-Editor integriert und kann über eine rechteckige Schaltfläche in der Werkzeugleiste ein- und ausgeblendet werden (Abbildung 33.5). Diese Erweiterung listet alle zur Verfügung stehenden Befehle auf. Klicken Sie einen Befehl in der Liste an, kann die Hilfe des Befehls abgerufen werden. Auch die Parameter des Befehls lassen sich nun bequem in ein Formular eingeben.

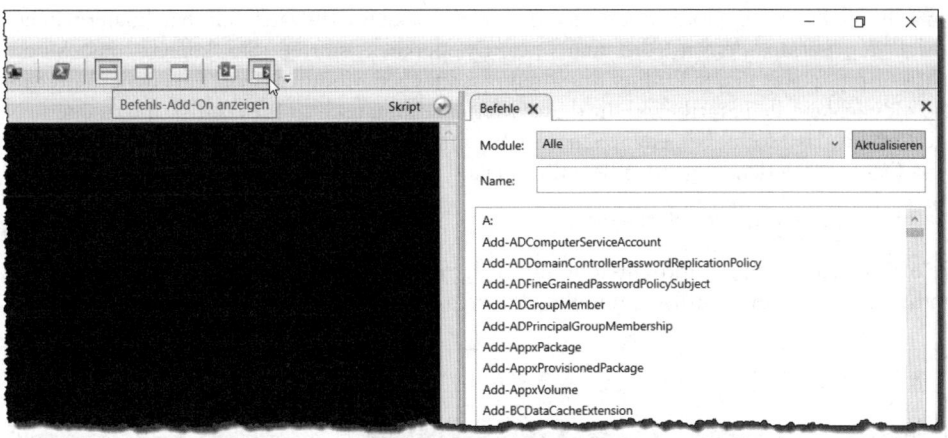

Abbildung 33.5: Das Befehls-Add-On-Tool im ISE-Editor einblenden.

Weitere Add-On-Tools können über das Internet nachinstalliert werden. Im Menü *Add-Ons* wählen Sie dazu im unteren Bereich eins der angebotenen Tools, zum Beispiel *Add-On-Tool Get Script Analyzer* (Abbildung 33.6). Allerdings sind die angebotenen Internetlinks teilweise veraltet.

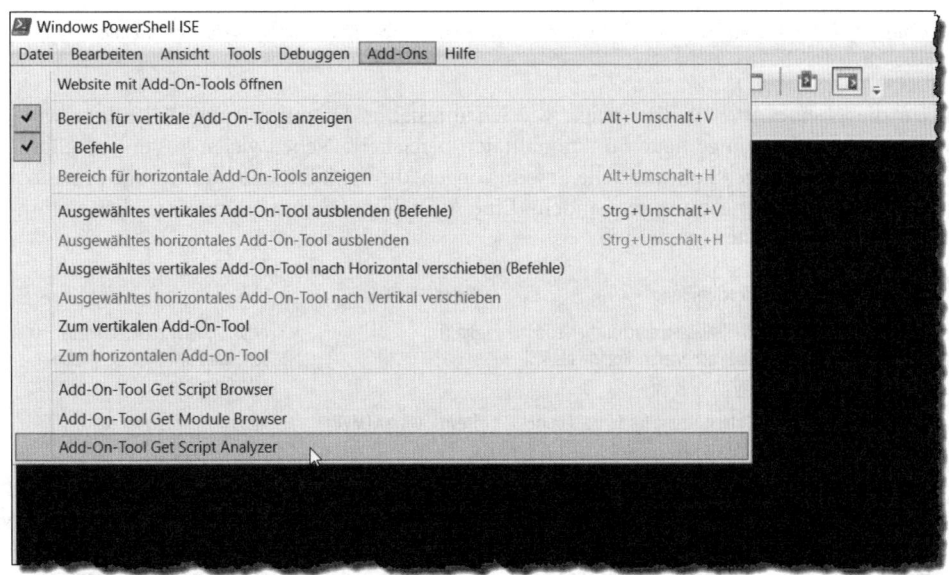

Abbildung 33.6: Weitere Add-On-Tools aus dem Internet herunterladen.

Mehr Erfolg haben Sie, wenn Sie sich im Internet selbst auf die Suche nach weiteren Add-On-Tools machen. So gibt es zum Beispiel einen kostenlosen Projekt-Explorer: *https://gallery.technet.microsoft.com/PowerShell-ISE-Explorer-bfc92307*. Wenn Sie solche Erweiterungen als ZIP-Datei herunterladen, vergessen Sie nicht, die ZIP-Datei zuerst per Rechtsklick und *Eigenschaften* zu entblocken. Dazu aktivieren Sie im *Eigenschaften*-Dialogfeld die Option *Zulassen*. Erst danach darf die ZIP-Datei ausgepackt werden.

Im Fall des Project Explorer finden Sie in der entpackten ZIP-Datei eine Batchdatei namens *Install_To_UserModules.bat*, die man per Doppelklick startet. Sie kopiert das Modul PsIseProjectExplorer in den Ordner mit Ihren persönlichen Modulen. Dort haben Sie außerdem die Möglichkeit, den Startbefehl für dieses Modul automatisch in Ihr Profilskript zu übernehmen, damit das Modul bei jedem Start der ISE mitgestartet wird. Andernfalls müssen Sie das Add-On-Tool mit dem folgenden Befehl von Hand in der ISE nachladen:

```
PS> Import-Module PsIseProjectExplorer
```

Es öffnet sich ein neues Add-On-Tool, mit dem Sie Ihre Skripte in Ordnern verwalten, darin enthaltene Funktionen auflisten und Projekte organisieren können (Abbildung 33.7).

Abbildung 33.7: Ein kostenfreier Project Explorer organisiert Ihre Skripte und die darin enthaltenen Funktionen.

Allein dieses eine Add-On-Tool zeigt, wie leistungsfähig der mitgelieferte ISE-Editor wird, wenn man ihn um einige neue Funktionalitäten bereichert. Neben vielen kostenlosen Tools gibt es inzwischen auch kommerzielle Erweiterungen, die die ISE in eine vollwertige professionelle Entwicklungsumgebung verwandeln. Eine Aufstellung einiger interessanter Erweiterungen liefert diese Tabelle:

Name	Beschreibung	Autor	Link
CIM Explorer	WMI-Klassen durchsuchen und Code generieren. Kommt als MSI-Paket.	Bin Yi	https://gallery.technet.microsoft.com/PoweShell-ISE-Addon-CIM-5c9af37a
IseHg	Unterstützung für Source Control (Mercurial).	Trevor Sullivan (MVP)	http://isehg.codeplex.com/
ISEProjectExplorer	Unterstützung für Projektverwaltung, organisiert Skripte in Ordnern.	Marcin Grzywa	https://gallery.technet.microsoft.com/PowerShell-ISE-Explorer-bfc92307
ISERegEx	Erleichtert das Erstellen und Analysieren von regulären Ausdrücken.	Kamil Kosek	http://nt-guys.com/iseregex-PowerShell-ise-addon/
ISESteroids	Verwandelt ISE in eine VisualStudio-artige PowerShell-Entwicklungsumgebung (kommerzielles Projekt).	Tobias Weltner (MVP)	www.powertheshell.com
PSharp	Navigationshilfe.	Doug Finke (MVP)	https://github.com/dfinke/PSharp

Tabelle 33.1: Auswahl an ISE-Add-On-Tools aus dem Internet.

Name	Beschreibung	Autor	Link
ShowDSCResource	Erleichtert das Schreiben von DSC-Konfigurationen, indem alle Details der DSC-Ressourcen nachgeschlagen werden können.	Inchara Shivalingaiah (Microsoft)	*https://github.com/inchara/ShowDscResource*

Tabelle 33.1: Auswahl an ISE-Add-On-Tools aus dem Internet. (Forts.)

Zugriff auf die Skriptstruktur

Eigentlich besteht jedes PowerShell-Skript nur aus Text, aus einem Strom einzelner Zeichen. In dieser Form empfängt auch PowerShell jedes Skript und leitet diesen Strom von Zeichen zuerst durch seinen Parser. Die Aufgabe des Parsers ist es, den Text in sinnvolle Einheiten zu zerlegen – in *Token*, und syntaktische Fehler sofort zu bemängeln.

Diese Token kann man sogar sehen, denn in der ISE (und in der Konsole, falls das Modul PSReadLine geladen ist) werden Token in jeweils unterschiedlichen Farben angezeigt. Die Farben verraten also auf einen Blick, wie PowerShell den eingegebenen Text versteht.

Zwei Parser: Text in Token verwandeln

Zwar liegen Skripte nur als Text vor, und auch das ISE-Objektmodell liefert über $psISE nur den Text, der in einem Editorfenster eingegeben ist, diese Texte können Sie aber anschließend vom PowerShell-Parser analysieren lassen und erhalten so die gleichen Token zurück, die auch PowerShell intern verarbeitet. Auf diese Weise lassen sich mit relativ wenig Aufwand mächtige Tools herstellen.

Zwei Parser stehen Ihnen zu diesem Zweck zur Verfügung:

- **Grober Parser:** Liefert 20 verschiedene Tokentypen und eignet sich für einfache Aufschlüsselungen, zum Beispiel das Finden von Variablennamen. Wird ab PowerShell 2 unterstützt.

- **Detaillierter Parser:** Liefert 137 verschiedene Tokentypen sowie Zugriff auf den *Abstract Syntax Tree* (AST). Der AST liefert Informationen über Strukturen wie zum Beispiel eine Bedingung oder Schleife sowie die daran beteiligten Token und ihre Positionen. Unterstützt ab PowerShell 3.

Beide Parser liefern außerdem Informationen über Syntaxfehler zurück. Listing 33.14 zeigt mit Get-TokenSimple, wie man den groben Parser anspricht. Die Funktion liefert entweder alle Token zurück oder nur die Tokenart, die mit -Kind angefragt wird, beispielsweise den Tokentyp »Variable«. Die Funktion analysiert als Vorgabe den Text des aktuell in der ISE angezeigten Editors. Alternativ kann man -Code aber auch jeden anderen PowerShell-Code übergeben.

```powershell
function Get-TokenSimple
{

  [CmdletBinding(DefaultParameterSetName='All')]
  param
  (
    [Parameter(Mandatory=$false, Position=0, ParameterSetName='Selected')]
    [System.Management.Automation.PSTokenType]
    $Kind = 'Variable',

    [String]
    $Code = $psise.CurrentFile.Editor.Text
  )


  # provide buckets for errors and tokens
  $Errors = $null

  # parse the code
  $Tokens = [System.Management.Automation.PSParser]::Tokenize($Code, [ref]$Errors)
  if ($PSCmdlet.ParameterSetName -eq 'All')
  {
    $Tokens
  }
  else
  {
    $Tokens | Where-Object { $_.Type -eq $Kind }
  }
}
```

Listing 33.14: Get-TokenSimple unterscheidet 20 grobe Tokenarten.

Das Ergebnis sind einzelne Token-Objekte, die unter anderem den Tokentyp sowie die Start- und Endposition des Tokens im Skript melden. Insgesamt unterscheidet der Parser 20 verschiedene Tokentypen.

Eine detailliertere Analyse ist mit Get-TokenDetailed aus Listing 33.15 möglich. Hier können die gesuchten Token über -Kind und -Flag wesentlich genauer eingegrenzt werden, und Get-TokenDetailed unterscheidet zwischen 137 verschiedenen Tokentypen.

```powershell
function Get-TokenDetailed
{

  [CmdletBinding(DefaultParameterSetName='All')]
  param
  (
    [Parameter(Mandatory=$false, Position=0, ParameterSetName='Kind')]
    [System.Management.Automation.Language.TokenKind]
    $Kind = 'Variable',

    [Parameter(Mandatory=$false, Position=0, ParameterSetName='Flag')]
    [System.Management.Automation.Language.TokenFlags]
    $Flag = 'CommandName',

    $Code = $psise.CurrentFile.Editor.Text
  )

  # provide buckets for errors and tokens
```

```
$Errors = $Tokens = $null

# parse the code
$null = [System.Management.Automation.Language.Parser]::ParseInput($Code, [ref]$Tokens,
[ref]$Errors)

if ($PSCmdlet.ParameterSetName -eq 'All')
{
  $Tokens
}
elseif ($PSCmdlet.ParameterSetName -eq 'Flag')
{
  $Tokens | Where-Object { $_.TokenFlags -eq $Flag }
}
else
{
  $Tokens | Where-Object { $_.Kind -eq $Kind }
}
}
```

Listing 33.15: Bis zu 137 verschiedene Tokentypen werden von Get-TokenDetailed unterschieden.

Hinweis

Beide Parser haben ihre eigenen Vor- und Nachteile. Der Detailreichtum von Listing 33.15 ist Segen und Fluch zugleich. Die grobe Tokenunterteilung von Listing 33.14 kann simple Aufgaben wie Variablenlisten häufig einfacher lösen. Kniffligere semantische Analysen sind dagegen nur mit Listing 33.15 machbar.

Kommentare entfernen

Vielleicht möchten Sie in Skripten, die Sie an Kunden weitergeben, alle Kommentare entfernen. Mithilfe des Parsers ist das kein Problem mehr. Kommentare findet beispielsweise Get-TokenSimple auf diese Weise für Sie:

```
PS> Get-TokenSimple -Kind Comment


Content     : # provide buckets for errors and tokens
Type        : Comment
Start       : 476
Length      : 39
StartLine   : 18
StartColumn : 3
EndLine     : 18
EndColumn   : 42

Content     : # parse the code
Type        : Comment
Start       : 554
Length      : 16
StartLine   : 21
StartColumn : 3
EndLine     : 21
EndColumn   : 19
```

Sie erhalten also alle Informationen und wissen nun, ob und wie viele Kommentare in einem Skript vorhanden sind, und falls Kommentare gefunden wurden, wo genau sie sich befinden. Das allerdings wirft ein Problem auf: Sobald Sie ein Skript mithilfe der gefundenen Tokeninformationen verändern, ändern sich auch alle Bezüge, und Sie müssten eigentlich nach jeder einzelnen Änderung die Token neu berechnen lassen.

Oft hilft hier eine simple Lösung. Beginnen Sie die Änderungen nicht mit dem ersten, sondern mit dem letzten Token, und arbeiten Sie sich bis zum Skriptanfang durch. Die Positionsänderungen finden dann in einem Bereich statt, der keine Rolle mehr spielt, da es dort nicht mehr zu Verschiebungen kommt.

Listing 33.16 verwendet dieselbe Technik wie Get-TokenSimple, um die Kommentartoken zu finden. Alle Textänderungen finden diesmal nicht in der ISE statt, die dafür jede zu ändernde Stelle zuerst selektieren und markieren müsste, sondern (sehr viel schneller) offline in einem StringBuilder-Objekt. Erst wenn alle Kommentare entfernt wurden, ersetzt Remove-ISEComment den bereinigten Text in der ISE.

```
function Remove-ISEComment
{
  # Inhalt des aktuellen Skripts im ISE-Editor lesen:
  $text = $psISE.CurrentFile.Editor.Text

  # für die schnelle Bearbeitung des Texts diesen in einen "StringBuilder" laden:
  $sb = New-Object System.Text.StringBuilder $text

  # alle Kommentare im Code in umgekehrter Reihenfolge finden
  # (letzter Kommentar zuerst):
  $comments = [System.Management.Automation.PSParser]::Tokenize($text, [ref]$null) |
    Where-Object { $_.Type -eq 'Comment' } |
    Sort-Object -Property Start -Descending |
    # alle Textstellen im Editor entfernen
    ForEach-Object {
      $sb.Remove($_.Start, $_.Length)

    }

  # aktualisierten Text in Editor ersetzen:
  $psISE.CurrentFile.Editor.Text = $sb.toString()
}
```

Listing 33.16: Kommentare aus einem Skript entfernen.

Aliase auflösen

Möchte man Aliasnamen in Skripten automatisiert in die zugrunde liegenden Befehlsnamen umwandeln, kommt wieder dasselbe Prinzip zum Zuge: Gesucht werden diesmal Token vom Typen Command. Und wieder müssen die Token in umgekehrter Reihenfolge bearbeitet werden.

Allerdings sagt der Tokenizer nichts darüber, um was für einen Befehlstyp es sich handelt. Deshalb untersucht Remove-ISEAlias jeden gefundenen Befehl mit Get-Command. Ist das Ergebnis ein AliasInfo-Objekt, handelt es sich um einen Alias, und die Eigenschaft ResolvedCommandName liefert dann den echten Befehlsnamen:

```
function Remove-ISEAlias
{
  # Inhalt des aktuellen Skripts im ISE-Editor lesen:
```

```
$text = $psISE.CurrentFile.Editor.Text

# für die schnelle Bearbeitung des Texts diesen in einen "StringBuilder" laden:
$sb = New-Object System.Text.StringBuilder $text

# alle Befehle im Code in umgekehrter Reihenfolge finden
# (letzter Befehl zuerst):
$befehle = [System.Management.Automation.PSParser]::Tokenize($text, [ref]$null) |
  Where-Object { $_.Type -eq 'Command' } |
  Sort-Object -Property Start -Descending |
    # alle Aliase auflösen
    ForEach-Object {
      $befehl = $text.Substring($_.Start, $_.Length)
      $befehlstyp = @(try {Get-Command $befehl -ErrorAction 0} catch {})[0]

      if ($befehlstyp -is [System.Management.Automation.AliasInfo])
      {
        $sb.Remove($_.Start, $_.Length)
        $sb.Insert($_.Start+1, $befehlstyp.ResolvedCommandName)
      }
    }

    # aktualisierten Text in Editor ersetzen:
    $psISE.CurrentFile.Editor.Text = $sb.toString()
  }
}
```

Listing 33.17: Aliasnamen durch die zugrunde liegenden echten Befehlsnamen ersetzen.

Syntaxfehler finden

Quasi nebenberuflich findet der Parser auch alle Formen von Syntaxfehlern. Wenn er nämlich den eingespeisten Code an irgendeiner Stelle nicht verstehen kann, ist genau das ein Syntaxfehler. Man kann den Parser also auch dazu verwenden, Skripte auf solche Fehler hin zu untersuchen.

Listing 33.18 liefert die Funktion Test-Script, der man einen Pfadnamen zu einer PowerShell-Datei übergeben kann – gern auch massenhaft über die Pipeline. Alle übergebenen Pfadnamen werden auf Syntaxfehler überprüft:

```
function Test-Script
{
  param
  (
    [Parameter(Mandatory=$true, ValueFromPipeline=$true,
    ValueFromPipelineByPropertyName=$true)]
    [String]
    [Alias('FullName')]
    $Path
  )

  process
  {
    $Errors = $null
    $exists = Test-Path -Path $Path
    if ($exists)
    {
      $text = Get-Content -Path $Path -Raw
```

```
    if ($text -eq $null) { $text = '' }
    $null = [System.Management.Automation.PSParser]::Tokenize($text, [ref]$Errors)
    $Message = ''
    if ($Errors.Count -gt 0)
    {
      $Message = $errors[0].Message
    }
    $result = [Ordered]@{
      Path = $Path
      Error = $Errors.Count -gt 0
      Message = $Message
      Errors = $Errors
    }

    New-Object -TypeName PSObject -Property $result
  }
 }
}
```

Listing 33.18: Mit Test-Script lassen sich PowerShell-Skripte schnell auf Syntaxfehler überprüfen.

So könnte man sehr schnell rekursiv einen ganzen Ordnerbaum voller PowerShell-Skripte überprüfen. Die folgende Zeile findet alle PowerShell-Skripte in Ihrem Benutzerprofil, in denen Syntaxfehler enthalten sind:

```
PS> Get-ChildItem -Path $Home\Documents -Filter *.ps1 -Include *.ps1 -Recurse | Test-Script |
Where-Object Error | Format-List
```

```
Path    : C:\Users\Tobias\Documents\PowerShell\tm\best practice.ps1
Error   : True
Message : Ausdruck fehlt nach dem unären Operator "-".
Errors  : ...
```

(...)

Abstract Syntax Tree (AST)

Token bilden »sinnvolle Basisbausteine« eines PowerShell-Skripts, und Sie haben gesehen, wie die Token zuverlässig Variablen, Kommentare oder auch Operatoren in einem Skript identifizieren. Die Token wiederum bilden größere Strukturen, zum Beispiel Bedingungen, Schleifen oder Funktionen. Der *Abstract Syntax Tree* (AST) liefert diese Strukturinformationen. Mit seiner Hilfe finden Sie also nicht nur die Befehle in einem Skript, sondern auch die Parameter und Argumente, die diesen Befehlen übergeben werden. Listing 33.19 übernimmt mit Get-Ast dabei den Löwenanteil der Arbeit. Sie brauchen im Grunde nur noch mit -AstType anzugeben, nach welcher Struktur Sie in einem Skript suchen:

```
function Get-Ast
{

  param
  (
    [ValidateSet('All','Array','ArrayLiteral','AssignmentStatement','Attribute',
        'AttributeBase','Attributed','Binary','BlockStatement','BreakStatement',
        'CatchClause','Command','CommandBase','CommandElement','CommandParameter',
        'Constant','ContinueStatement','Convert','DataStatement','DoUntilStatement',
```

```
        'DoWhileStatement','Error','ErrorStatement','ExitStatement','ExpandableString',
        'FileRedirection','ForEachStatement','ForStatement','FunctionDefinition',
        'Hashtable','IfStatement','Index','InvokeMember','LabeledStatement',
        'LoopStatement','Member','MergingRedirection','NamedAttributeArgument',
        'NamedBlock','ParamBlock','Parameter','Paren','Pipeline','PipelineBase',
        'Redirection','ReturnStatement','ScriptBlock','SequencePoint','Statement',
        'StatementBlock','StringConstant','Sub','SwitchStatement','ThrowStatement',
        'TrapStatement','TryStatement','Type','TypeConstraint','Unary',
        'Using','Variable','WhileStatement')]
    $AstType='All',

    [String]
    $Code = $psise.CurrentFile.Editor.Text,

    [Switch]
    $NonRecurse,

    [System.Management.Automation.Language.Ast]
    $Parent=$null
)

# provide buckets for errors and tokens
$Errors = $Tokens = $null

# ask PowerShell to parse code
$AST = [System.Management.Automation.Language.Parser]::ParseInput($Code, [ref]$Tokens,
[ref]$Errors)

[bool]$recurse = $NonRecurse.IsPresent -eq $false

# search for AST instances recursively
if ($AstType -eq 'All')
{
  $AST.FindAll({ $true }, $recurse) |
    Where-Object { $Parent -eq $null -or
    ($_.Extent.StartOffset -ge $Parent.Extent.StartOffset -and
    $_.Extent.EndOffset -le $Parent.Extent.EndOffset) } |
    Add-Member -Member ScriptProperty -Na ASTType -Value { $this.GetType().Name } -Pa
}
else
{
  $AST.FindAll({ $args[0].GetType().Name -like "*$ASTType*Ast" }, $recurse) |
    Where-Object { $Parent -eq $null -or
    ($_.Extent.StartOffset -ge $Parent.Extent.StartOffset -and
    $_.Extent.EndOffset -le $Parent.Extent.EndOffset) } |
    Add-Member -Member ScriptProperty -Na ASTType -Value { $this.GetType().Name } -Pa
}
}
```

Listing 33.19: Strukturen eines Skripts mithilfe des AST identifizieren.

Am besten verschaffen Sie sich mit Get-Ast bei einem neuen, unbekannten Skript zunächst einen Überblick über die darin enthaltenen Strukturen. Untersuchen Sie beispielsweise Listing 33.19 mit Get-Ast auf folgende Weise:

```
PS> Get-Ast | Select-Object -Property AstType, Extent
```

Schnell werden Sie entdecken, dass beispielsweise Variablenzuweisungen durch einen AssignmentStatementAst abgebildet werden. Um also alle Variablenzuweisungen in einem Skript zu finden, genügt diese Zeile:

```
PS C:\> Get-Ast -AstType AssignmentStatement | Select-Object -Property Left, Operator, Right |
Out-GridView
```

Das GridView zeigt nun in der Spalte *Left* alle Variablen an, denen ein Wert zugewiesen wird. In der Spalte *Right* findet sich dann der zugewiesene Wert.

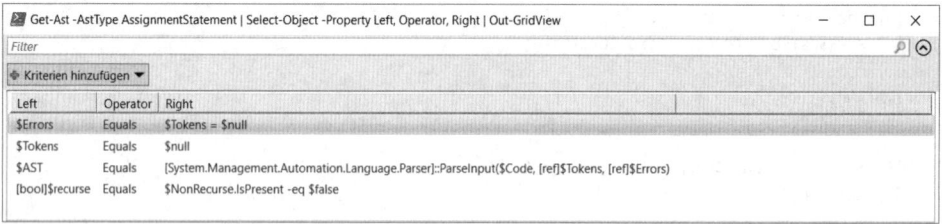

Abbildung 33.8: Alle Zuweisungen eines Skripts finden und anzeigen.

Kapitel 34
.NET Framework und PowerShell

Ausführlich werden in diesem Kapitel die folgenden Aspekte erläutert:

- **API-Funktionen (Application Programming Interface):** Low-Level-Funktionen des Betriebssystems, auf die das .NET Framework zugreift. PowerShell kann solche Funktionen über Add-Type ebenfalls ansprechen.

- **Klasse (auch »Typ« genannt):** Bauplan für Objekte. Kann Eigenschaften (Variablen) und Methoden (Funktionen) enthalten. PowerShell nutzt normalerweise die Klassen des .NET Framework, kann aber auch auf COM-Klassen zugreifen.

- **Native Klassenunterstützung:** Ab PowerShell 5 kann man Klassen über das Schlüsselwort Class direkt mit PowerShell-Code definieren und mit New-Object dann Objekte herstellen, die von der Klasse abstammen. Aufzählungen (Enumerationen) lassen sich mit dem Schlüsselwort Enum definieren.

- **Vererbung:** Klassen dürfen von bereits vorhandenen Klassen abgeleitet werden, zum Beispiel um bestehende Klassen zu erweitern. PowerShell-Klassen dürfen von allen gültigen .NET Framework-Klassen abgeleitet werden. Hierbei übernimmt die Klasse also die

Eigenschaften und Methoden einer anderen Klasse und fügt eigene weitere Eigenschaften und/oder Methoden hinzu.

- **C#-Kompilierung:** PowerShell kann C#-Programmcode einbetten und diesen Code im Speicher dynamisch kompilieren. So kann C#-Quellcode direkt in PowerShell verwendet werden, zum Beispiel um neue Klassen herzustellen, ohne die neuen (und teils eingeschränkten) Möglichkeiten der PowerShell 5 zu benötigen.

Im Grunde kann PowerShell nur zwei Dinge ausführen: vorgefertigte Anwendungen (mit der Erweiterung *.exe*) und .NET-Code. Da der typische Administrator kein Programmierer ist, versteckt PowerShell den .NET-Code normalerweise in Cmdlets, macht daraus also einfach zu bedienende Konsolenbefehle. Dennoch wird jedes Mal, wenn Sie ein Cmdlet aufrufen, in Wirklichkeit hinter den Kulissen .NET-Code ausgeführt. Dieser .NET-Code wird dabei in sogenannten Klassen organisiert. Alle Objekte, mit denen Sie bei PowerShell in Berührung kommen, stammen von solchen Klassen ab.

Die üblichen Automationsprobleme lassen sich mit vorgefertigten Cmdlets wunderbar und ohne größere Programmierkunst lösen, doch es ist klar, dass es nicht für jedes Problem der Welt bereits ein vorgefertigtes Cmdlet geben kann. Deshalb haben Sie schon an anderer Stelle erlebt, wie man schrittweise mithilfe von Funktionen eigene neue Befehle selbst nachrüsten kann und wie diese Funktionen nötigenfalls direkt auf das .NET Framework zugreifen können – PowerShell-Funktionen schlüpfen dabei also in die Rolle von Cmdlets.

PowerShell kann indes auch in die Rolle des .NET Framework selbst schlüpfen. Genügen die darin enthaltenen Klassen (Typen) ebenfalls nicht, um eine Aufgabe zu lösen, kann man eigene hinzufügen und so zum Beispiel das dem .NET Framework zugrunde liegende API (*Application Programming Interface*) des Betriebssystems ansprechen. Ab PowerShell 5 lassen sich zudem mit reinen Bordmitteln gänzlich neue Klassen definieren.

Und auch der Übergang zu klassischen Programmiersprachen wie C# ist fließend: C#-Quellcode kann in PowerShell eingebettet und zur Laufzeit im Speicher kompiliert werden. Wofür das nützlich sein könnte, erfahren Sie wie immer anhand vieler Beispiele.

Auf API-Funktionen zugreifen

Manche Aufgaben lassen sich noch nicht einmal mit den .NET-Funktionen des Betriebssystems lösen. Als letzte Instanz steht dann das API (*Application Programming Interface*) des Betriebssystems zur Verfügung. Es stellt auf noch tieferer Ebene als das .NET Framework Funktionen zur Verfügung. Um diese Funktionen ansprechen zu können, braucht man die sogenannte Signatur einer Funktion. Webseiten wie *pinvoke.net* haben es sich zur Aufgabe gemacht, API-Funktionen und ihre Signaturen zu dokumentieren. Möchten Sie zum Beispiel ein Programmfenster vorübergehend verstecken, kann so etwas von der API-Funktion ShowWindowAsync() erledigt werden. Die Signatur dieser Funktion sieht so aus:

```
[DllImport("user32.dll")] public static extern bool ShowWindowAsync(IntPtr hWnd, int nCmdShow);
```

Aus der Signatur geht hervor, dass die Funktion aus der Bibliothek *user32.dll* des Betriebssystems stammt, einen booleschen Wert zurückliefert und zwei Argumente erfordert: einen Pointer (IntPtr), der auf ein Fenster verweist, und einen Zahlenwert (int), der angibt, wie das Fenster angezeigt werden soll. Die Signatur verrät auch, dass es sich um eine statische Funktion handelt, die also mit zwei Doppelpunkten direkt aus dem Typ heraus aufgerufen werden kann.

Das hört sich sehr knifflig an und ist es auch. Wenn Sie allerdings einmal herausgefunden haben, wie die Funktion arbeitet, können Sie künftig die Fenster aller Prozesse kontrollieren.

API-Funktionen in PowerShell einblenden

Zuerst benötigt PowerShell einen Weg, um auf die API-Funktion `ShowWindowAsync()` überhaupt zuzugreifen. Das erledigt `Add-Type` und verlangt dafür die Signatur der Funktion:

```
$code = '[DllImport("user32.dll")] public static extern bool ShowWindowAsync(IntPtr hWnd, int nCmdS
how);'

$type = Add-Type -MemberDefinition $code -Name NativeMethods -namespace Win32 -PassThru
```

Listing 34.1: Eine Systemfunktion von Windows in PowerShell einblenden.

`Add-Type` liefert den Typ in `$type` zurück. Sie können die Funktion `ShowWindowAsync()` nun wahlweise über den Typ in `$type` oder über den Typnamen `[Win32.NativeMethods]` aufrufen:

```
PS> $type::ShowWindowAsync

OverloadDefinitions
-------------------
static bool ShowWindowAsync(System.IntPtr hWnd, int nCmdShow)


PS> [Win32.NativeMethods]::ShowWindowAsync

OverloadDefinitions
-------------------
static bool ShowWindowAsync(System.IntPtr hWnd, int nCmdShow)
```

API-Funktion einsetzen

Anschließend kann `ShowWindowAsync()` eingesetzt werden. Dazu ist natürlich etwas Hintergrundwissen über die Funktion nötig, die man sich notgedrungen ergoogeln muss. Um mit der Funktion das Fenster Ihrer PowerShell vorübergehend zu verstecken, könnten Sie Folgendes schreiben:

```
$code = '[DllImport("user32.dll")] public static extern bool ShowWindowAsync(IntPtr hWnd, int nCmdS
how);'
$type = Add-Type -MemberDefinition $code -Name NativeMethods -namespace Win32 -PassThru

# auf den PowerShell-Prozess zugreifen:
$process = Get-Process -Id $PID
# dessen Window-Handle erfragen:
$hwnd = $process.MainWindowHandle

# Fenster vorübergehend verstecken:
$type::ShowWindowAsync($hwnd, 0)

Start-Sleep -Seconds 2

# Fenster wiederherstellen:
$type::ShowWindowAsync($hwnd, 9)
```

Listing 34.2: Ein Anwendungsfenster vorübergehend unsichtbar machen.

Wiederverwertbare PowerShell-Funktion herstellen

Sobald Sie sich ausreichend mit der API-Funktion vertraut gemacht haben, sollten Sie dessen Funktionalität in einer zivilisierten PowerShell-Funktion kapseln. Schließlich wollen Sie sich nicht jeden Tag mit der spröden Wirklichkeit solcher API-Funktionen beschäftigen müssen, sondern auf gewohnte PowerShell-Weise lediglich eine weitere Fähigkeit hinzugewinnen – in diesem Fall die Fähigkeit, Fensterdarstellungen zu steuern. Listing 34.3 definiert die Funktion Set-Window:

```
#requires -Version 5

Enum ShowStates
{
    Hide                            = 0
    Normal                          = 1
    Minimized                       = 2
    Maximized                       = 3
    ShowNoActivateRecentPosition    = 4
    Show                            = 5
    MinimizeActivateNext            = 6
    MinimizeNoActivate              = 7
    ShowNoActivate                  = 8
    Restore                         = 9
    ShowDefault                     = 10
    ForceMinimize                   = 11
}

function Set-Window
{
    param
    (
        [System.Diagnostics.Process]
        [Parameter(Mandatory=$true, ValueFromPipeline=$true)]
        $Process,

        [ShowStates]
        $Window = [ShowStates]::Normal
    )

    begin
    {
        $code = '[DllImport("user32.dll")] public static extern bool ShowWindowAsync(IntPtr hWnd, int nCmdShow);'
        $type = Add-Type -MemberDefinition $code -Name NativeMethods -namespace Win32 -PassThru
    }

    process
    {
        if ($process.MainWindowHandle -eq 0)
        {
            Write-Warning "Process $process has no window."
        }
        else
        {
            $type::ShowWindowAsync($process.MainWindowHandle, $Window)
        }
    }
}
```

Listing 34.3: Set-Window kann die Fensterdarstellung von Prozessen kontrollieren.

Mit Set-Window können Sie nun das Fenster beliebiger Prozesse steuern und erhalten sogar Intel-liSense für den Parameter -Window:

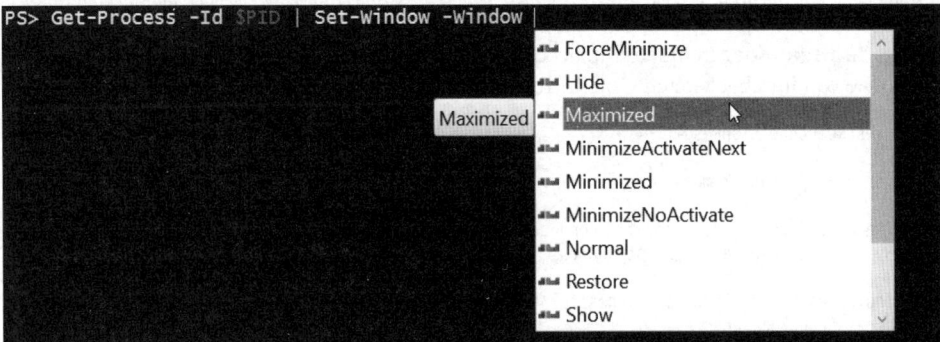

Abbildung 34.1: Mithilfe von API-Funktion die Fensterdarstellung der PowerShell ändern.

Sie könnten nun dank der Pipeline-Fähigkeit von Set-Windows auch ganze Gruppen von Anwendungen minimieren. Die folgende Zeile minimiert beispielsweise alle geöffneten Notepad-Editoren:

```
PS> Get-Process -Name notepad -ErrorAction Ignore | Set-Window -Window ForceMinimize
```

Achtung

Listing 34.3 verwendet das Schlüsselwort Enum, um eine Aufzählung namens ShowStates zu definieren. Dem Parameter -Window der Funktion Set-Window wird dieser Typ zugewiesen, sodass PowerShell automatisch ein praktisches IntelliSense-Menü anzeigt. Allerdings wird Enum erst in PowerShell 5 unterstützt.

Möchten Sie den Code in älteren Windows-Versionen einsetzen, könnten Sie dem Parameter -Window aber ebenso gut auch den Typ [Int] zuweisen und den gewünschten Fenstertyp direkt über den nackten Zahlenwert steuern. Entfernen Sie in diesem Fall also die Enum-Aufzählung.

PowerShell-Klassen einsetzen

Klassen funktionieren wie Blaupausen für Objekte. Das ist an sich überhaupt nichts Neues. Sie haben wahrscheinlich schon sehr häufig mit den Typen (Klassen) des .NET Framework gearbeitet – und mit den von ihnen abgeleiteten Objekten sowieso. Ab PowerShell 5 allerdings können Sie mit reinen Bordmitteln auch eigene Klassen herstellen.

Wofür das nützlich sein könnte, zeigt zunächst ein konkretes Beispiel. Denn natürlich verwenden auch die internen PowerShell-Funktionen (ab PowerShell 5 zumindest) selbst Klassen – so die Funktion Test-NetConnection, deren Quellcode Listing 34.4 im ISE-Editor offenlegt:

```
# im ISE-Editor ausführen!

Import-Module -Name NetTCPIP
$base = (Get-Module -Name NetTCPIP).ModuleBase
$path = Join-Path -Path $base -ChildPath 'Test-NetConnection.psml'

$file = $psise.CurrentPowerShellTab.Files.Add()
```

```
$file.Editor.Text = Get-Content -Path $path -Raw
$file.Editor.SetCaretPosition(1,1)
```

Listing 344: Den Quellcode einer PowerShell-Funktion, die Class-Anweisungen verwendet, im ISE-Editor öffnen.

Gleich zu Beginn des fremden Quellcodes wird eine Klasse namens TestConnectionResult definiert. Die von ihr abgeleiteten Objekte repräsentieren später die Ergebnisse des Befehls.

```
class TestNetConnectionResult
{
    [string] $ComputerName

    #The Remote IP address used for connectivity
    [System.Net.IPAddress] $RemoteAddress

    #Indicates if the Ping was successful
    [bool] $PingSucceeded

    #Details of the ping
    [System.Net.NetworkInformation.PingReply] $PingReplyDetails

    #The TCP socket
    [System.Net.Sockets.Socket] $TcpClientSocket

    #If the test succeeded
    [bool] $TcpTestSucceeded

    #Remote port used
    [uint32] $RemotePort

    #The results of the traceroute
    [string[]] $TraceRoute

    #An indicator to the formatter that details should be shown
    [bool] $Detailed

    #Information on the interface used for connectivity
    [string] $InterfaceAlias
    [uint32] $InterfaceIndex
    [string] $InterfaceDescription
    [Microsoft.Management.Infrastructure.CimInstance] $NetAdapter
    [Microsoft.Management.Infrastructure.CimInstance] $NetRoute

    #Source IP address
    [Microsoft.Management.Infrastructure.CimInstance] $SourceAddress

    #DNS information
    [bool] $NameResolutionSucceeded
    [object] $BasicNameResolution
    [object] $LLMNRNetbiosRecords
    [object] $DNSOnlyRecords
    [object] $AllNameResolutionResults

    #NetSec Info
    [bool] $IsAdmin #If the test succeeded
    [string] $NetworkIsolationContext
    [Microsoft.Management.Infrastructure.CimInstance[]] $MatchingIPsecRules
}
```

Listing 34.5: Die Klasse TestNetConnectionResult liefert Objekte, die Ping-Ergebnisse enthalten.

Profitipp

Wenn Sie bis zu dieser Stelle vorgedrungen sind, haben Sie inzwischen ein umfassendes Verständnis von der PowerShell. Jetzt kann es sich zunehmend lohnen, aus dem Quelltext fremder Funktionen zu lernen. `Test-NetConnection` verrät nicht nur, wie eine Klasse eingesetzt wird, sondern enthält in seinem Inneren auch weitere nützliche Funktionen wie beispielsweise die Funktion `CheckIfAdmin`, die verrät, ob PowerShell aktuell mit Administratorrechten ausgeführt wird oder nicht.

Klassen können also neue Objekte definieren, mit denen man wie im Fall von `Test-Connection` Ergebnisdaten speichert und an den Aufrufer zurückliefert. Klassen können aber noch weitaus mehr. Was genau das ist, soll ein praktisches Beispiel im folgenden Abschnitt zeigen.

Neue Klasse zur besseren Prozesse-Verwaltung

Prozesse zu starten, ist nicht schwer: `Start-Process` erledigt die Aufgabe, und als Ergebnis erhält man auf Wunsch ein Objekt vom Typ `System.Diagnostics.Process` zurück, das den gestarteten Prozess beschreibt:

```
PS> $process = Start-Process -FilePath notepad -PassThru
```

Der gestartete Prozess könnte nun mit den übrigen Cmdlets der Familie `Process` gesteuert und zum Beispiel mit `Stop-Process` auch wieder beendet werden. Allerdings ist es nicht ganz so leicht, einen Prozess so zu beenden, dass der Anwender etwaige ungespeicherte Daten noch schnell in Sicherheit bringen kann, und auch die Priorität des Prozesses lässt sich nicht auf offensichtliche Weise ändern.

Eine Lösungsmöglichkeit (von vielen) wäre, eine Klasse zu entwerfen, die Prozesse besser steuern kann als die Klasse (beziehungsweise der Typ) `System.Diagnostics.Process`. Listing 34.6 liefert die Klasse `AppInstance`. Führen Sie den Code aus, um die neue Klasse anzulegen:

```
#requires -Version 5


class AppInstance
{
  # öffentliche Eigenschaften:
  [string]$Name
  [System.Diagnostics.Process]$process

  # versteckte Eigenschaften:
  hidden [IntPtr]$hWnd

  # Konstruktor (wird beim Anlegen einer Instanz dieser Klasse aufgerufen)
  AppInstance([string]$Name)
  {
    $this.Name = $Name
    $this.process = Start-Process $this.Name -PassThru

    # warten, bis die Anwendung vollständig gestartet ist
    $this.process.WaitForInputIdle()
    $this.hWnd = $this.process.MainWindowHandle
  }
```

```
[void]Stop()
{
  $this.process.Kill()
}

[void]Close([Int]$Timeout = 0)
{
  # Aufforderung zum Schließen senden:
  $this.process.CloseMainWindow()

  # Auf Erfolg warten:
  if ($Timeout -gt 0)
  {
    $null = $this.process.WaitForExit($Timeout * 1000)
  }

  # falls Prozess immer noch läuft, sofort beenden
  if ($this.process.HasExited -eq $false)
  {
    $this.Stop()
  }
}

[void]SetPriority([System.Diagnostics.ProcessPriorityClass] $Priority)
{
  $this.process.PriorityClass = $Priority
}

[System.Diagnostics.ProcessPriorityClass]GetPriority()
{
  if ($this.process.HasExited -eq $false)
  {
    return $this.process.PriorityClass
  }
  else
  {
    Throw "Prozess mit PID $($this.process.Id) wird nicht mehr ausgeführt."
  }
}

static [System.Diagnostics.Process[]] GetAllProcesses()
{
  return [AppInstance]::GetAllProcesses($false)
}

static [System.Diagnostics.Process[]] GetAllProcesses([bool]$All)
{
  if ($All)
  {
    return Get-Process
  }
  else
  {
    return Get-Process | Where-Object { $_.MainWindowHandle -ne 0 }
  }
}
}
```

Listing 34.6: Eine Klasse zur einfacheren Verwaltung von Prozessen.

Wir werden gleich alle wichtigen Aspekte dieser Klasse beleuchten, aber zuvor soll die Klasse zeigen, was sie kann. Mit ihr lassen sich neue Prozesse starten, die dann jeweils als Objekt des Typs AppInstance erscheinen. Eine neue Instanz des Notepad-Editors bekommen Sie zum Beispiel so:

```
PS> $notepad = New-Object -TypeName AppInstance('notepad')

PS> $notepad.GetType().FullName
AppInstance

PS> $notepad.Close(5)
```

Sie erhalten daraufhin ein Objekt zurück, das den neu gestarteten Notepad-Editor repräsentiert und über weitere Eigenschaften und Methoden verfügt. Close() schließt den Editor zum Beispiel wieder und akzeptiert dabei eine positive Zahl von Sekunden. Wenn Sie vor Close() etwas in den Editor eingeben, ohne es zu speichern, werden Sie sehen, wie sich diese Methode vom kruden Stop-Process unterscheidet: Close() ruft das »Wollen Sie noch etwas speichern?«-Dialogfeld auf, und nur wenn der Anwender nicht innerhalb der in Sekunden angezeigten Wartefrist den Prozess beendet, wird dieser ohne weitere Rückfrage sofort gestoppt.

Profitipp

Sie können neue Instanzen eines Objekts in PowerShell 5 auch mit der folgenden Schreibweise erzeugen:

```
$notepad = [AppInstance]::new('notepad')
```

Lassen Sie uns Listing 34.6 nun systematisch erforschen.

Der Konstruktor

Jede Klasse benötigt mindestens einen Konstruktor, der so heißt wie die Klasse selbst (also in diesem Beispiel AppInstance). Der Konstruktor wird aufgerufen, wenn eine neue Instanz der Klasse gebraucht wird, und seine Aufgabe ist es, das neue Objekt zu initialisieren, also in unserem Beispiel einen Prozess zu starten:

```
AppInstance([string]$Name)
{
  $this.Name = $Name
  $this.process = Start-Process $this.Name -PassThru

  # warten, bis die Anwendung vollständig gestartet ist
  $this.process.WaitForInputIdle()
  $this.hWnd = $this.process.MainWindowHandle
}
```

Hinweis

Sollten keinerlei spezielle Initialisierungsarbeiten zu erledigen sein, kann der Konstruktor weggelassen werden. PowerShell verwendet dann automatisch einen Standardkonstruktor – wie in Listing 34.5 –, der ein »leeres« Objekt mit den in der Klasse definierten Eigenschaften und Methoden erzeugt.

Ein Konstruktor kann parameterlos sein oder Parameter verlangen. Im Beispiel verlangt der Konstruktor genau einen Parameter, nämlich den Namen des zu startenden Programms. Dieser Parameter wird dem Konstruktor übergeben, wenn ein neues Objekt angelegt wird:

```
$notepad = New-Object -TypeName AppInstance('notepad')
```

Der Konstruktor hat keinen Rückgabewert. Der Rückgabewert eines Konstruktors ist automatisch immer ein Objekt vom Typ der Klasse. Auf dieses Objekt greift der Konstruktor mit der besonderen Variablen $this zu. Im Beispiel speichert der Konstruktor beispielhaft einige Prozessinformationen in öffentlichen Eigenschaften, die über $this angesprochen werden. Die folgende Zeile vermerkt den vom Anwender übergebenen Prozessnamen in der Eigenschaft Name:

```
$this.Name = $Name
```

Später kann der Anwender dann in der Eigenschaft Name des Objekts den Prozessnamen auslesen.

Eigenschaften

Das Objekt, das mit New-Object von der Klasse abgeleitet wird, kann öffentliche Eigenschaften haben. Eigenschaften funktionieren nicht nur wie Variablen, es *sind* Variablen. Im Beispiel hat die Klasse AppInstance zwei öffentliche und eine versteckte Eigenschaft. Die versteckte Eigenschaft wird mit dem Schlüsselwort hidden gekennzeichnet:

```
# öffentliche Eigenschaften:
[string]$Name
[System.Diagnostics.Process]$process

# versteckte Eigenschaften:
hidden [IntPtr]$hWnd
```

Die öffentlichen Eigenschaften finden sich im Objekt wieder:

```
PS> $notepad = New-Object -TypeName AppInstance('notepad')

PS> $notepad

Name    process
----    -------
notepad System.Diagnostics.Process (notepad)
```

Die versteckte Eigenschaft hWnd wird zwar nicht vom IntelliSense angezeigt, und auch Get-Member würde sie unterschlagen, aber dennoch kann sie abgerufen werden, wenn man ihren Namen kennt:

```
PS> $notepad.hwnd
1977058
```

Methoden

Methoden entsprechen den Funktionen einer Klasse und sind auch ganz ähnlich aufgebaut. Eine Methode muss allerdings immer den Typ ihres Rückgabewerts deklarieren. Hat sie keinen, wird [void] angegeben.

Danach folgt der Name der Methode, und dahinter in runden Klammern kommen die Argumente, falls es welche gibt. Die Methode Close() liefert also keinen Rückgabewert und verlangt ein Argument vom Typ [Int]:

```
[void]Close([Int]$Timeout = 0)
{
  # Aufforderung zum Schließen senden:
  $this.process.CloseMainWindow()

  # Auf Erfolg warten:
  if ($Timeout -gt 0)
  {
    $null = $this.process.WaitForExit($Timeout * 1000)
  }

  # falls Prozess immer noch läuft, sofort beenden
  if ($this.process.HasExited -eq $false)
  {
    $this.Stop()
  }
}
```

Der Rest der Methode besteht aus normalem PowerShell-Code. Wie schon beim Konstruktor findet man auch hier die spezielle Variable $this, die das Objekt selbst repräsentiert. In $this.process wurde im Beispielcode der gestartete Prozess gespeichert, und die Methode Close() greift deshalb immer dann darauf zu, wenn sie den Originalprozess ansprechen möchte.

Wenn eine Methode einen Rückgabewert liefern soll, muss sie nicht nur den Typnamen des Rückgabewerts anstelle von [void] angeben, bei Methoden muss der Rückgabewert außerdem zwingend mit dem Schlüsselwort return definiert werden. Das unterscheidet Methoden von normalen PowerShell-Funktionen:

```
[System.Diagnostics.ProcessPriorityClass]GetPriority()
{
  if ($this.process.HasExited -eq $false)
  {
    return $this.process.PriorityClass
  }
  else
  {
    Throw "Prozess mit PID $($this.process.Id) wird nicht mehr ausgeführt."
  }
}
```

Statische Eigenschaften und Methoden

Mit dem Schlüsselbegriff static kennzeichnet man statische Eigenschaften und Methoden, die nicht von Objekten bereitgestellt werden, sondern von der Klasse selbst. Listing 34.6 besitzt eine statische Methode namens GetAllProcesses() mit zwei Signaturen, die alle laufenden Prozesse auflistet:

```
static [System.Diagnostics.Process[]] GetAllProcesses()
{
  return [AppInstance]::GetAllProcesses($false)
}

static [System.Diagnostics.Process[]] GetAllProcesses([bool]$All)
{
  if ($All)
  {
```

```
    return Get-Process
  }
  else
  {
    return Get-Process | Where-Object { $_.MainWindowHandle -ne 0 }
  }
}
```

GetAllProcesses() kann also auf zwei Arten aufgerufen werden:

```
PS> [AppInstance]::GetAllProcesses

OverloadDefinitions
-------------------
static System.Diagnostics.Process[] GetAllProcesses()
static System.Diagnostics.Process[] GetAllProcesses(bool All)
```

Ohne Argumente listet GetAllProcesses() alle Prozesse auf, die ein eigenes Fenster besitzen. Wird als Argument $true übergeben, listet die Methode sämtliche Prozesse auf, also auch diejenigen, die kein Fenster besitzen:

```
PS> [AppInstance]::GetAllProcesses().Count
21

PS> [AppInstance]::GetAllProcesses($true).Count
152
```

Wichtig

Statische Eigenschaften und Methoden werden direkt über den Typ mit zwei Doppelpunkten angesprochen. Weil sie also nicht an ein bestimmtes Objekt gebunden sind, darf man in ihnen auch nicht auf $this zugreifen.

Statische Eigenschaften und Methoden werden oft dazu genutzt, in Klassen zusätzliche allgemeine Funktionalität bereitzustellen.

Vererbung von Klassen

Eine Klasse muss nicht unbedingt vollkommen neu gestaltet werden. Man kann auch eine bestehende Klasse als Grundlage für eine neue Klasse verwenden. Und das ist keine schlechte Idee, denn es hilft dabei, Dinge simpel zu halten. Dinge sollten nicht von mehreren verschiedenen Objekten gleichzeitig repräsentiert werden, sondern nur von einem. Die Klasse AppInstance aus Listing 34.6 speicherte in ihrem Inneren weiterhin das Original-Process-Objekt, sodass ein Prozess nun über zwei verschiedene Objekte repräsentiert wurde: die alten Eigenschaften und Methoden aus dem Original-Process-Objekt und die neuen aus dem AppInstance-Objekt.

Das führt nicht nur zu komplexerem Code, sondern macht auch dem Anwender das Leben schwerer: Er muss jetzt wissen, in welchem der beiden Objekte jeweils die gewünschte Funktionalität zu finden ist.

Eine abgeleitete Klasse erstellen

Möchte man Prozesse nur über ein einziges Objekt repräsentieren, setzt man Vererbung ein: Die neue Klasse `AppInstance` basiert jetzt auf dem Typ des ursprünglichen Objekts und braucht nur noch um die *neuen* Eigenschaften und Methoden bereichert zu werden:

```powershell
#requires -Version 5


class AppInstance : System.Diagnostics.Process
{

  # Konstruktor (wird beim Anlegen einer Instanz dieser Klasse aufgerufen)
  AppInstance([string]$Name) : base()
  {

    $this.StartInfo.FileName = $Name
    $this.Start()

    # warten, bis die Anwendung vollständig gestartet ist
    $this.WaitForInputIdle()
  }

  [void]Stop()
  {
    $this.Kill()
  }

  [void]Close([Int]$Timeout = 0)
  {
    # Aufforderung zum Schließen senden:
    $this.CloseMainWindow()

    # Auf Erfolg warten:
    if ($Timeout -gt 0)
    {
      $null = $this.WaitForExit($Timeout * 1000)
    }

    # falls Prozess immer noch läuft, sofort beenden
    if ($this.HasExited -eq $false)
    {
      $this.Stop()
    }
  }

  [void]SetPriority([System.Diagnostics.ProcessPriorityClass] $Priority)
  {
    $this.PriorityClass = $Priority
  }

  [System.Diagnostics.ProcessPriorityClass]GetPriority()
  {
    if ($this.HasExited -eq $false)
    {
      return $this.PriorityClass
    }
    else
    {
```

```
        Throw "Prozess mit PID $($this.Id) wird nicht mehr ausgeführt."
    }
}

static [System.Diagnostics.Process[]] GetAllProcesses()
{
    return [AppInstance]::GetAllProcesses($false)
}
static [System.Diagnostics.Process[]] GetAllProcesses([bool]$All)
{
    if ($All)
    {
        return Get-Process
    }
    else
    {
        return Get-Process | Where-Object { $_.MainWindowHandle -ne 0 }
    }
}
}
```

Listing 34.7: Die Klasse AppInstance basiert auf der .NET-Klasse System.Diagnostics.Process.

Abgeleitete Klasse einsetzen

Die Klasse AppInstance funktioniert genau wie vorher, nur leidet sie nicht länger an einer gespaltenen Persönlichkeit. Sie ist nun abgeleitet von der Original-Process-Klasse:

```
PS> [AppInstance]

IsPublic IsSerial Name                                      BaseType
-------- -------- ----                                      --------
True     False    AppInstance                               System.Diagnostics.Process
```

Wenn Sie einen neuen Prozess starten, finden sich im AppInstance-Objekt die alten und die neuen Eigenschaften und Methoden friedlich nebeneinander:

```
PS> $notepad = New-Object -TypeName AppInstance('notepad')

# neue Methode:
PS> $notepad.GetPriority()
Normal

# alte Eigenschaft:
PS> $notepad.CPU
0,03125

# neue Methode:
PS> $notepad.Close(6)
```

Die wesentlichen Aspekte der Vererbung

Die entscheidenden Anpassungen bei der Erstellung einer abgeleiteten Klasse finden sich in der Klassendefinition und im Konstruktor. In der Klassendefinition gibt man den Typnamen der Klasse an, von der man die neue Klasse ableiten möchte. Die neue Klasse `AppInstance` soll also von der existierenden .NET-Klasse (Typ) `System.Diagnostics.Process` abgeleitet werden:

```
class AppInstance : System.Diagnostics.Process
{
...
```

Im Konstruktor legt man dann noch fest, wie der Konstruktor der Klasse aufgerufen werden soll, von der man ableiten möchte. Immerhin ist es die Aufgabe des Konstruktors, ein Objekt vom gewünschten Typ herzustellen. Wenn man also von einer anderen Klasse ableitet, muss man zuerst von dieser Klasse ein Ausgangsobjekt erhalten, also einen Konstruktor der zugrunde liegenden Klasse ansprechen.

```
# Konstruktor (wird beim Anlegen einer Instanz dieser Klasse aufgerufen)
  AppInstance([string]$Name) : base()
  {

    $this.StartInfo.FileName = $Name
    $this.Start()

    # warten, bis die Anwendung vollständig gestartet ist
    $this.WaitForInputIdle()
  }
```

Dazu ruft der Konstruktor mit `base` den Konstruktor der Basisklasse auf. Diesem Konstruktor können Parameter mitgegeben werden, wenn das nötig ist. Im Beispiel wird ein parameterloser Konstruktor verwendet, der also eine neue Instanz der Basisklasse beschafft, ganz ähnlich wie bei diesem Aufruf:

```
PS> $process = New-Object -TypeName System.Diagnostics.Process
```

Im Konstruktor steht dann das neu entstandene Objekt in der besonderen Variablen `$this` zur Verfügung.

Eine weitere abgeleitete Klasse

Möchte man bestehende Klassen um weitere Funktionalität bereichern, kann man also eigene Klassen entwickeln, die von der bestehenden Klasse abgeleitet sind und diese zusätzliche Funktionalität implementieren. Genau das geschieht auch in Listing 34.8. Hier wird die neue Klasse `MyWebClient` abgeleitet von der .NET Framework-Klasse `System.Net.WebClient`.

Der Konstruktor konfiguriert den Webclient vor und sorgt zum Beispiel dafür, dass SSL-Zertifikatfehler zu keiner Fehlermeldung führen. Der Webclient nutzt außerdem den Systemproxy für den Zugriff auf das Internet.

```
class MyWebClient : System.Net.WebClient
{
  MyWebClient() : base()
  {
    # bei SSL-Zertifikatfehlern trotzdem Webseite ansprechen
    [System.Net.ServicePointManager]::ServerCertificateValidationCallback = { $true }

    $proxy = [System.Net.WebRequest]::GetSystemWebProxy()
    $proxy.Credentials = [System.Net.CredentialCache]::DefaultCredentials
    $this.Proxy = $proxy
    $this.UseDefaultCredentials = $true
```

```
    $this.Proxy.Credentials = $this.Credentials
  }
}

$client = New-Object -TypeName MyWebClient
$client.DownloadString('http://www.tagesschau.de')
```

Listing 34.8: Eine abgeleitete Klasse basierend auf einer vorhandenen .NET-Klasse.

Mit dem Webclient rufen Sie nun sehr einfach den Inhalt von Webseiten ab. Allerdings gibt es dafür seit PowerShell 3 auch ein eigenes Cmdlet namens Invoke-WebRequest:

```
PS> $website = Invoke-WebRequest -Uri http://www.tagesschau.de -UseBasicParsing -UseDefaultCredent
ials
PS> $website.Content
```

C#-Code verwenden

Mithilfe der neuen Klassenunterstützung in PowerShell 5 kann man mit reinen Bordmitteln neue .NET-Klassen erzeugen, aber das ist nicht der einzige und oft auch nicht der beste Weg. Abgesehen davon, dass PowerShell-eigene Klassen erst ab PowerShell 5 unterstützt werden, unterliegen sie einigen Beschränkungen. Wenn Sie sich nicht davor scheuen, zur Programmiersprache C# zu greifen, können Sie auch nativen C#-Code in PowerShell einbetten und nutzen. Das funktioniert bereits ab PowerShell 3.0.

Um die Vor- und Nachteile beider Varianten besser abschätzen zu können, soll eine neue Klasse namens AppInstance auf beiden Wegen erstellt werden, mit der man Prozesse besser verwalten kann.

Klasse mit PowerShell-Mitteln erstellen

Ausgangspunkt des PowerShell-Ansatzes ist Listing 34.7. Die neue Klasse soll darüber hinaus auch die Fensterdarstellung des Prozesses ändern können und also die Logik von Listing 34.3 integrieren. Eine Lösung bietet Listing 34.9:

```
#requires -Version 5
Enum ShowStates
{
    Hide                            = 0
    Normal                          = 1
    Minimized                       = 2
    Maximized                       = 3
    ShowNoActivateRecentPosition    = 4
    Show                            = 5
    MinimizeActivateNext            = 6
    MinimizeNoActivate              = 7
    ShowNoActivate                  = 8
    Restore                         = 9
    ShowDefault                     = 10
    ForceMinimize                   = 11
}

function Set-Window
{
```

```
[CmdletBinding(DefaultParameterSetName='WindowStyle')]
param
(
  [System.Diagnostics.Process]
  [Parameter(Mandatory=$true, ValueFromPipeline=$true)]
  $Process,

  [Parameter(ParameterSetName='WindowStyle', Mandatory=$true)]
  [ShowStates]
  $Window = [ShowStates]::Normal,

  [Parameter(ParameterSetName='TopMost', Mandatory=$true)]
  [Switch]
  $TopMost

)

begin
{
  $code = @'
[DllImport("user32.dll")] public static extern bool ShowWindowAsync(IntPtr hWnd, int nCmdShow);
[DllImport("user32.dll")] public static extern bool SetWindowPos(IntPtr hWnd, IntPtr hWndInsertAft
er, int X, int Y, int cx, int cy, uint uFlags);

'@
  $type = Add-Type -MemberDefinition $code -Name API -namespace Win32 -PassThru
}

process
{
  if ($process.MainWindowHandle -eq 0)
  {
    Write-Warning "Process $process has no window."
  }
  else
  {
    if ($PSCmdlet.ParameterSetName -eq 'TopMost')
    {
      if ($TopMost.IsPresent)
      {
        $flag = New-Object -TypeName IntPtr(-1)
      }
      else
      {
        $flag = New-Object -TypeName IntPtr(-2)
      }
      $type::SetWindowPos($process.MainWindowHandle, $flag, 0, 0, 0, 0, 3)
    }
    else
    {
      $type::ShowWindowAsync($process.MainWindowHandle, $Window)
    }
  }
}
}


class AppInstance : System.Diagnostics.Process
{
```

```
# Konstruktor (wird beim Anlegen einer Instanz dieser Klasse aufgerufen)
AppInstance([string]$Name, [System.Diagnostics.ProcessWindowStyle]$Window) : base()
{
  $this.initialize($Name, $Window)
  $this.Hide()
}

AppInstance([string]$Name, [bool]$Hidden) : base()
{
  if ($Hidden)
  {
    $this.initialize($Name, [System.Diagnostics.ProcessWindowStyle]::Minimized)
    $this.Hide()
  }
  else
  {
    $this.Initialize($Name, [System.Diagnostics.ProcessWindowStyle]::Normal)
  }
}

AppInstance([string]$Name) : base()
{
  $this.Initialize($Name, [System.Diagnostics.ProcessWindowStyle]::Normal)
}

hidden [void]Initialize([string]$Name, [System.Diagnostics.ProcessWindowStyle]$Window)
{
  $this.StartInfo.FileName = $Name
  $this.Start()

  # warten, bis die Anwendung vollständig gestartet ist
  $this.WaitForInputIdle()
}


[void]Show()
{
  Set-Window -Process $this -Window ([ShowStates]::ShowDefault)
}

[void]Minimize()
{
  Set-Window -Process $this -Window ([ShowStates]::ForceMinimize)
}

[void]Maximize()
{
  Set-Window -Process $this -Window ([ShowStates]::Maximized)
}

[void]Hide()
{
  Set-Window -Process $this -Window ([ShowStates]::Hide)
}

[void]TopMost()
{
  Set-Window -Process $this -TopMost
}
```

```
[void]TopMost([bool]$ShowTopmost)
{
  Set-Window -Process $this -TopMost:$ShowTopmost
}


[void]Stop()
{
  $this.Kill()
}


[void]Close([Int]$Timeout = 0)
{
  # Aufforderung zum Schließen senden:
  $this.CloseMainWindow()

  # Auf Erfolg warten:
  if ($Timeout -gt 0)
  {
    $null = $this.WaitForExit($Timeout * 1000)
  }

  # falls Prozess immer noch läuft, sofort beenden
  if ($this.HasExited -eq $false)
  {
    $this.Stop()
  }
}

[void]SetPriority([System.Diagnostics.ProcessPriorityClass] $Priority)
{
  $this.PriorityClass = $Priority
}

[System.Diagnostics.ProcessPriorityClass]GetPriority()
{
  if ($this.HasExited -eq $false)
  {
    return $this.PriorityClass
  }
  else
  {
    Throw "Prozess mit PID $($this.Id) wird nicht mehr ausgeführt."
  }
}
}
```

Listing 34.9: Die erweiterte Klasse AppInstance kontrolliert Fensterzustände.

Lassen Sie uns zunächst sehen, was die Klasse leistet:

```
# Prozess starten
PS> $prozess = New-Object -TypeName AppInstance('notepad.exe')

# Fenster im Vordergrund halten
PS> $prozess.TopMost()

# Fenster verstecken
PS> $prozess.Hide()

# Fenster anzeigen
```

```
PS> $prozess.Show()

# Fenster nicht länger im Vordergrund halten
PS> $prozess.TopMost($false)

# Fenster minimieren
PS> $prozess.Minimize()

# Fenster schließen und ungesicherte Dinge speichern
PS> $prozess.Close(5)
```

Die Klasse verwaltet Prozesse einwandfrei und ist in der Lage, die Fenster der Prozesse zu kontrollieren. Allerdings ist der Code in Listing 34.9 komplex und besteht aus mehreren Teilen, nicht nur aus einer einzelnen Klassendefinition. Verantwortlich dafür sind die folgenden Limitationen:

- **Keine überladenen Konstruktoren:** PowerShell-Klassen können Konstruktoren nicht überladen. Anders gesagt: Ein Konstruktor kann nicht einen anderen Konstruktor aufrufen oder von ihm abgeleitet sein. Deshalb muss jeder Konstruktor eigenständig definiert werden.

- **Keine integrierten Enumerationen:** Klassen können keine Enumerationen enthalten. Enumerationen müssen mit dem Schlüsselwort Enum außerhalb der Klassen separat definiert werden. Klassen können allerdings dann auf die Enumerationen zugreifen.

- **Kein Zugriff auf fremde Typen:** Klassen dürfen nur Typen verwenden, die bereits existieren. Damit ist es nicht möglich, mithilfe von Add-Type neue Typen dynamisch hinzuzufügen. Der Zugriff auf die API-Funktionen muss deshalb außerhalb der Klasse in einer separaten Funktion geschehen.

- **Keine Default-Werte:** Parameter einer Methode sind immer zwingend. Es ist nicht möglich, optionale Parameter anzugeben. Deshalb müssen Methoden, die optionale Parameter unterstützen sollen, so wie bei ShowTopmost() mehrfach mit unterschiedlichen Signaturen angegeben werden.

Ein weiteres Problem ist das Hinzufügen von Typen mittels Add-Member, so wie dies in Set-Window geschieht. Eine nachträgliche Änderung des Typs ist nicht möglich. Wenn Sie also die Definition des Typs an dieser Stelle verändern, muss eine neue, frische PowerShell gestartet werden: PowerShell kann einmal mit Add-Type angelegte Typen nicht ändern.

Klasse mit C#-Code entwickeln

Vorausgesetzt, Sie sind vertraut mit C#-Code, ist es oftmals einfacher, neue Klassen direkt in C# zu implementieren. Spätestens wenn die Klasse intensiv mit API-Funktionen interagiert, werden PowerShell-Klassen ausgesprochen komplex, weil sie die API-Aufrufe ausgliedern müssen. Genau dies ist übrigens der Grund für eine weitere versteckte Limitation in Soll ein Prozess von vornherein unsichtbar gestartet werden, funktioniert das nur über einen unschönen Umweg:

```
# Prozess unsichtbar starten
PS> $prozess = New-Object -TypeName AppInstance('notepad.exe', $true)

# Prozess anzeigen
PS> $prozess.Show()
```

Das Fenster des Prozesses blitzt kurz auf und wird erst nach einer kurzen Verzögerung unsichtbar. Der Grund: Ein von vornherein unsichtbar gestarteter Prozess enthält kein Windows-Handle, das aber benötigt wird, um das Fenster nachträglich sichtbar zu machen. Dieses fehlende Handle kann zwar ermittelt werden, aber das erfordert weitere API-Aufrufe, die den PowerShell-Code noch komplexer gemacht hätten.

Wird die Klasse aus Listing 34.9 hingegen direkt in C#-Code formuliert, ist das kein Problem. Der Code hat direkten Zugang zu API-Funktionen und unterliegt auch sonst sehr viel weniger Beschränkungen, sodass er deutlich kürzer ist. Zudem funktioniert die Klasse, die Listing 34.10 erstellt, nicht erst in PowerShell 5, sondern ab PowerShell 3:

```
#requires -Version 3

$code = @'
using System;
using System.Diagnostics;
using System.Runtime.InteropServices;
namespace AppManager
{
  public enum ShowStates
  {
    Hide,
    Normal,
    Minimized,
    Maximized,
    ShowNoActivateRecentPosition,
    Show,
    MinimizeActivateNext,
    MinimizeNoActivate,
    ShowNoActivate,
    Restore,
    ShowDefault,
    ForceMinimize
  }

  public class AppInstance : System.Diagnostics.Process
  {
    [DllImport("User32")]
    private static extern int ShowWindow(IntPtr hwnd, ShowStates nCmdShow);
    [DllImport("User32.dll")]
    public static extern IntPtr FindWindowEx(IntPtr parent, IntPtr childAfter, string className,
string windowName);
    [DllImport("user32.dll")]
    private static extern int GetWindowThreadProcessId(IntPtr hWnd, out int ProcessId);
    [DllImport("user32.dll")]
    public static extern bool SetWindowPos(IntPtr hWnd, IntPtr hWndInsertAfter, int X, int Y, int
cx, int cy, uint uFlags);

    public IntPtr WindowHandle;


    public AppInstance(string Name, bool Hidden) : this(Name, ProcessWindowStyle.Hidden)
    {
      if (Hidden == false) this.Show();
    }

    public AppInstance(string Name, ProcessWindowStyle WindowStyle) : base()
    {
      this.StartInfo.FileName = Name;
```

```
        this.StartInfo.WorkingDirectory = Environment.CurrentDirectory;
        this.StartInfo.WindowStyle = WindowStyle;
        this.Start();
        this.WaitForInputIdle();
        this.WindowHandle = this.MainWindowHandle;

        if (this.WindowHandle == IntPtr.Zero)
        {
            this.WindowHandle = FindWindow(this.Id);
        }
    }

    public AppInstance(string Name) : this(Name, ProcessWindowStyle.Normal) { }

    public void Show()
    {
        ShowWindow(this.WindowHandle, ShowStates.ShowDefault);
    }

    public void Minimize()
    {
        ShowWindow(this.WindowHandle, ShowStates.ForceMinimize);
    }

    public void Maximize()
    {
        ShowWindow(this.WindowHandle, ShowStates.Maximized);
    }

    public void Hide()
    {
        ShowWindow(this.WindowHandle, ShowStates.Hide);
    }

    public void SetWindowStyle(ShowStates WindowStyle)
    {
        ShowWindow(this.WindowHandle, WindowStyle);
    }

    public void Topmost(bool ShowTopmost = true)
    {
        IntPtr flag = new IntPtr(-2);
        if (ShowTopmost)
        {
            flag = new IntPtr(-1);
        }
        SetWindowPos(this.WindowHandle, flag, 0, 0, 0, 0, 3);
    }

    public void Stop()
    {
        this.Kill();
    }


    public void Close(int Timeout = 0)
    {
        this.CloseMainWindow();
        if (Timeout > 0)
        {
```

```
        this.WaitForExit(Timeout * 1000);
        if (this.HasExited == false)
        {
          this.Stop();
        }
      }
    }

    private IntPtr FindWindow(int Pid)
    {
      IntPtr h = IntPtr.Zero;
      int tid;
      int pid;

      do
      {
        pid = 0;
        h = FindWindowEx(IntPtr.Zero, h, null, null);
        tid = GetWindowThreadProcessId(h, out pid);
        if (pid == Pid)
        {
          break;
        }
      } while (!h.Equals(IntPtr.Zero));

      return h;
    }
  }
}
'@

Add-Type -TypeDefinition $code
```

Listing 34.10: Eine in C# definierte Klasse zur besseren Steuerung von Anwendungsfenstern.

Ansonsten verhält sich die Klasse aus Listing 34.10 fast genau so wie die aus Listing 34.9. Der Klassenname heißt allerdings nicht AppInstance, sondern AppManager.AppInstance:

```
# Prozess starten
$prozess = New-Object -TypeName AppManager.AppInstance('notepad.exe')

# Fenster im Vordergrund halten
$prozess.TopMost()

# Fenster verstecken
$prozess.Hide()

# Fenster anzeigen
$prozess.Show()

# Fenster nicht länger im Vordergrund halten
$prozess.TopMost($false)

# Fenster minimieren
$prozess.Minimize()

# Fenster schließen und ungesicherte Dinge speichern
$prozess.Close(5)
```

Allerdings kann sie nun auch Prozesse ohne lästiges Flackern unsichtbar starten und erst später sichtbar machen:

```
# Prozess unsichtbar starten
$prozess = New-Object -TypeName AppManager.AppInstance('notepad.exe', $true)

# etwas warten
Start-Sleep -Seconds 2

# Prozess anzeigen und maximieren
$prozess.Maximize()
```

Listing 34.11: Notepad-Editor unsichtbar starten und nachträglich maximiert anzeigen.

Index